海事应用法学研究

饶中亨 主编

湖北人民出版社

鄂新登字 01 号
图书在版编目(CIP)数据

海事应用法学研究/饶中享主编.
武汉:湖北人民出版社,2004.10

ISBN 7—216—04105—4

Ⅰ.海…
Ⅱ.饶…
Ⅲ.海商法—文集
Ⅳ.D993.5—53

中国版本图书馆 CIP 数据核字(2004)第 094882 号

海事应用法学研究 饶中享 主编

出版: **发行:** 湖北人民出版社
地址:武汉市雄楚大街 268 号
邮编:430070

印刷:武汉中远印务有限公司
经销:湖北省新华书店
开本:787 毫米×1092 毫米 1/16
印张:42.75
字数:884 千字
插页:4
版次:2004 年 10 月第 1 版
印次:2004 年 10 月第 1 次印刷
印数:1—4 000
定价:80.00 元
书号:ISBN 7—216—04105—4/D·659

本社网址:http://www.hbpp.com.cn

▲ 武汉海事法院成立二十周年前夕,饶中享同志受武汉海事法院党组指派,前往北京拜望了原中共中央书记处书记、中央政法委书记、最高人民法院院长任建新同志。

▲ 饶中享同志向国际著名法学专家、武汉大学博士生导师韩德培教授介绍武汉海事法院海事应用法学研究的成果,受到韩先生的赞扬。

加强海事应用法学研究
发扬理论联系实际学风

韩德培题
二〇〇四年九月

《海事应用法学研究》
编辑委员会组成人员名单

《海事应用法学研究》
主编、副主编、撰稿人名单

主　编：饶中享
副主编：刘友元
撰稿人：（按姓氏笔画排序）

王建新　申　骞　左铭辉　刘友元
向阳海　许泽民　李开森　李　杰
汪水松　汪朝清　汪　琼　张江顺
张　瑜　陈　旗　姜春荣　饶中享
侯振坤　徐少林　潘绍龙

序　言

在海事法院建院20周年之际，武汉海事法官们运用理论与实践相结合的方法对《海商法》及司法实践进行了专题研究，这些研究成果以这本《海事应用法学研究》为载体出版发行，实属难能可贵。该书分审判管理科学、基本理论研究、案例实务研究、外国法律介绍四个部分，论文50篇、获奖裁判文书8篇、法官手记4篇、案例评析14篇、外国法律介绍4篇，内容涉及到审判管理、海事侵权法、海商合同法、海事特别法律制度、海事诉讼法及管辖和法律适用等方面。特别值得一提的是：有的论文及法律文书在全国法院系统获得一等奖，有的论文中直接提出了立法建议案。这些不仅在司法实践中具有参考价值，对促进国际国内的立法也是具有积极意义的。

当初，在全国的主要港口城市设立海事法院，特别是在武汉是否设立海事法院有不同的意见。我认为，之所以在武汉设立海事法院，就是为了长江的对外开放和长江港口的对外轮开放。20年过去了，长江实现了对外开放，长江中有22座港口对外轮开放。武汉海事法院的立案及结案数分别已超过万宗，其中有相当一部分是涉外案件。原来，中国的涉外海事案件要到外国诉讼，现在外国人告外国人的海事案件协议到武汉海事法院管辖，事实证明在武汉设立海事法院是正确的。

《海事应用法学研究》这部书既是20年该院司法实践的总结，也是海事理论的前沿研究结晶，值得一读。同时，也希望我们的海事法官们与时俱进，继续理论创新指导审判，为我国成为亚太地区海事司法中心而作出新的贡献。

任建新

2004年夏于北京

目　录

第一编　审判管理科学

第二编　基本理论研究

一、获奖论文

二、硕士论文

三、疑难问题研究

第三编　案例实务研究

一、获奖裁判文书

二、法官手记

三、疑难案例评析

第四编　外国法律介绍

第一编 审判管理科学

海事审判模式初探

姜春荣

【内容提要】本文写于全国法院审判方式改革时期，作者结合在武汉海事法院的工作经验，以统计数据说明展现了"纠问式"审判模式和"直接庭审"模式效果差别，然后通过举证责任的分摊、直接庭审的证据条件和专业技术问题指出海事审判特殊性，然后根据特殊性从举证责任分摊、当庭举证、质证、认证、技术咨询等环节上对海事案件的直接庭审做了具体的要求，最后作为庭审的的保障，作者特别提到了规范化问题，并从程序、语言、诉辩、认证四个方面对规范化提出了说明。

【关键词】纠问式、直接庭审、举证、规范化

经济体制改革逐步深入，必然要推进人民法院审判方式改革。经济民事案件可实行直接庭审、当庭举证、当庭质证、当庭认证和当庭裁判，海事、海商审判应采取什么模式呢？这是我们正在探索和实践的审判主题。

海事审判的收案范围，包括海商、海事两大类，海事侵权案件原本属于民事类，海商合同案件原本属于经济类。由于海事案件固有的专业技术性、涉外性和特殊性等特点，自1984年成立海事专门法院后，独立为专门的海事审判门类，同刑事、民事、经济、行政一起为五大审判门类之一。但是，海事审判的职能仍是调节经济关系。海商法的主要调整职能是海上（水上）运输关系和船舶关系，从审级来看，担任终审职能的是海事法院所在地的省高级法院。海事审判调节的经济关系职能从这个方面得以完全体现。建立社会主义市场经济，同国际（世界）经济接轨，海上运输起着极为重要的支持作用。运输合同是贸易合同的支持合同，又形成独立的完整的法律关系。海事审判能否适应市场经济的建立和发展，取决于是否发挥司法调节作用和服务效能。因此，海事审判必然服从于服务于经济体制，经济体制改革必然要求海事审判方式改革与之相适应，现实情况就是，海事法院本身就是为了适应改革开放而设立的。

直接庭审，强化庭审功能，是海事审判追求的基本模式。海事法院虽然成立仅有十多年，但海事审判方式仍沿袭习惯形成的纠问式，法官主动调查，背靠背

的着重调解等老模式，法官的主动作用成为包揽一切，甚至使海事诉讼当事人对法院产生了信任危机。审判职能淡化，调节功能削弱，一方面，在本来收案并不十分饱和的情况下，每年还积存一定数量的在审案件，我院至1995年上半年止，仍有1992年立案的在审案件；另一方面，当事人对审结后的输赢不服，有的案件虽已调解结案，但申请再审，审查案件卷宗材料时，发现没有证明案件事实的充分证据，特别是对涉外、涉港、澳、台案件，旧的审判方式更显不适应。如我院在1993年以前审结的涉外、涉港、澳、台案件中，无一案件是对实体裁判结案的。实践证明，旧的审判方式弊端甚多。1989年我院有的法官作直接庭审尝试，强调当事人举证，先开庭后调解，得以成功；1992年我院组织撰写了有关直接庭审的文章；1994年我院以直接庭审方式，对一涉外船舶碰撞案件实行当庭举证，当庭质证，当庭认证和当庭裁判，从立案到结案，仅用了112天的时间（该案上诉省法院在审）。在庭审中，原告一书面材料，因没有证明对象，在当庭质证中撤回，被告两份书面材料，因不构成证据要件，被当庭认证为没有证据效力，被告代理律师服气地说法院这样认证是正确的。我们认为，该案在审判方式上是成功的，这也是我们第一宗涉外、涉港澳台案件的实体裁判。1995年我院将审判方式改革列入责任管理目标之一。《法官法》颁布后，我们以此为契机，进一步强调了审判方式改革的要求，力求作出成效，激发了全院法官的改革意识。以海商庭七月份为例：该庭七月份共审理35件，审结28件，比往年同期审结数多一倍以上，当月审结数是当月立案数的158%，开庭率100%。全庭12人，仅2人次外出调查取证，比往年月出差率降低约5倍。总之，与旧的审判方式相比，新的审判模式有利于贯彻公开、公平、公正和诉讼经济（效率）的原则。

海事审判模式，除应具有一般经济民事审判模式的共性外，还应有自身的个性——即特殊性。海事纠纷，法律关系复杂，证据形式繁多且难以收集，专业技术性强，既受国内法的调整，又受国际海事法的调整，还要参照国际惯例和习惯性做法。这些内在的特殊性，必然要求形式的特殊性。如举证责任分摊问题，按民诉法的一般原则是谁主张谁举证，但在海事法上，某些情形是不能这样划分的。一船诉另一船碰撞致损，碰撞损害赔偿须有三个构成要件：（1）损害的事实存在；（2）他船有过失；（3）他船的过失与损害结果有因果联系。其中，他船的过失往往是一种事实推定（民法上叫法律推定，实质为证据推定），即只要损害的事实存在，又是他船造成的（我们称之构成碰撞法律关系），法律上就首先推定为他船有过失，他船如果不能证明自己没有过失，这种推定即成立。可见，海事请求权人并非对自己的全部主张承担完全的举证责任。所以，我们在强调当事人举证时，海事法官首先应对当事人各自的举证责任作初步合理的划分，在此基础上认定不举证的败诉风险。又如直接庭审的证据条件问题。直接庭审并不是盲目庭审，除法律手续齐全、合法、期间满足及诉讼主体合格外，还要求当事人及诉讼代理人有必要的证据准备。一般经济案件要求当事人举证的是实质证据，而海事案件则多为初步证据和表面证据。在时效期内行使索赔权（即海事索赔时效），就是初步证据，如果没有实质证据对抗初步证据的不真实，即可认定初步证据的证明力，这里面就包括举证责任的程度和举证责任转移的两个法律问题；提单是运输合同的证明，如果没有运输合同条款对抗提单条款的不真实性，则提单条款所证明的运输法律关系成立，提单即为运输合同的表面证据。所以，海事审判中，往往只要当事人准备或提供了初步或表面证据，即具备了开庭的证据条件。再如海事案件的专业技术性问题。我们虽然要求海事法官应当具备法律和航运双重知识结构，但从现状来看，达到这一要求，目前是有一定难度的。为了弥补法官驾驭审判专业知识的不足，有必要作出专业技术问题的鉴定和咨询，必要时聘请专家、学者作陪审员。咨询意见不能直接作为证据使用，但可供审判组织定案时参考。我院在这方面已作过尝试，效果是好的，当事人也是满意的。

综上所述，海事审判目前所追求的审判模式应该是在贯彻“三公”（公开、公平、公正）和诉讼经济原则的前提下，以直接庭审为主要方式，庭审前做好举证责任的初步分摊及举证要求，实行当庭举证、当庭质证、当庭认证、当庭裁判和辅之专业技术咨询。所谓以直接庭审为主要方式，是指凡是符合或能够直接开庭审理的案件都要实行直接开庭。法官原则上不主动调查和组织当事人进行开庭前的调解。只有当事人提供了证据线索及证据存在的形式，且不能取证，法院认为该证据应作为定案依据时，法官方才作补充的取证。取证是将已存在的书证、物证等证据取回来，这与调查的含义是有区别的。举证责任的初步分摊，是指法院在立案后，由案件的主审人或承办人（必要时须经合议庭）针对当事人的诉讼请求及主张理由，对其各自的举证范围和项目作出举证要求，以书面形式限制当事人举证，如果当事人提出异议，还要复议后再行通知或对其他当事人另行通知。当当事人提供或准备了所要求的证据后，再决定开庭审理，可以说这是庭审成功的前提条件。当庭举证，不仅是指当事人当庭向法庭提交证据，还包括当事人出庭出示证据，宣读证据和提交法庭三大内容。所有定案的证据都要在当庭出示。一方当事人可以对另一方当事人提出举证要求。当庭质证，原则是指当事人之间对对方所出示、宣读的证据，及其证据构成要件和证明的对象，提出肯定或否定意见，也可以提供反证予以对抗，还可以运用举证责任转移的法则，进行举证责任的再次分摊。凡证人证言，必须有证人出庭作证，接受双方当事人的提问。基于目前我国当事人的诉讼能力，在这一环节中，法院可以补充对证据的构成要求及证明对象作必要的提问，使证据能更客观地反映案件事实。当庭认证，是法院主导庭审的重要任务和中心环节，一方面要求法官具备当庭判断证据效力的素质能力，另一方面是对举证、质证的阶段性总结。既要求当事人一事一证，又要求法官一证一认；既要分层次认证，又要讲清道理，使当事人心悦诚服。认证既要要求法官全面地运用证据法审查证据的构成要件，又要掌握案件审查证据的证明对象，二者缺一不可。准确及时地认证，为公正裁判打下良好扎实的基础。只有举证、质证，没有认证是庭审的失败。一般地说，法官能否当庭认证，是对其审判水平和能力的检验。庭审方式改革与庭审规范化是相辅相成的，新的庭审模式必须有庭审规范化作保障。庭审规范化至少包括程序规范化，语言规范化，诉辩规范化，认证规范化等几个方面内容。所谓程序规范化，即严格按照"民诉法"规定的程序和"庭审规则"的操作规程，进行庭审的具体操作，决不允许逾越程序、颠倒程序，使当事人依照法律规定充分地行使各诉讼活动阶段的权利。语言规范化，在审理海事案件中尤为重要，海事案件当事人往往涉及到几个省、市、区，如果不要求用普通话（国语），即会造成当事人间的语言障碍，特别在涉外案件中，既要坚持用中国语言诉讼，又要强调语言规范化，为中外当事人提供诉讼方便。诉辩规范化，是指在法庭调查中，一事一举证、一质证，只有待认证后，方可转入下一事的举证质证；在辩论阶段应针对案件焦点的顺序，一个问题一个问题的说辩论，并做到有序发言。认证规范化，即认证词的标准化及准确化和海事专用名词化。这是对法官的要求，认证词是对证据的裁判，既要对证据全面评判，又要简明扼要；既要求准确，又要名词专业化（包括法言法语、海事国际公约、国际惯例用语等）。将新的海事庭审模式与审判规范化结合起来，使海事审判真正达到高质量、高效率、高效果的统一，为海事当事人提供优惠的服务，为我国社会主义市场经济的建立和发展，为改革开放，提供及时有效的司法保障。

浅谈中国入世后的海事审判

姜春荣

【内容提要】我国法院如何应对入世是我国法律工作者共同关心的话题，本文通过比较我国法律与入世要求的差异，从诉讼主体的平等、审判效率、法官素质等方面阐述了我国海事法院为应对入世所需要做的改进。

【关键词】入世、平等、效率、法官素质

中国的海事审判，自1984年经全国人大常委会决定成立第一批海事法院起，至今已走过了十六个春秋。十六年来，我国的海事法院从最初的六家，以后又先后成立了四家，目前全国的十家海事法院分布在沿海和与海相通的长江之畔，我国海事法院的合理布局已经形成。中国海事审判伴随着我国改革开放的步伐应运而生。去年12月，全国九届人大第十三次常委会审议通过的《中华人民共和国海事诉讼特别程序法》，自今年7月1日起实施，《海事诉讼特别程序法》的颁布实施，表明了中国的海事诉讼，已与刑事诉讼、民事诉讼和行政诉讼，同为当今中国的四大诉讼之一。中国的海事法院取得了应有的法律地位。

随着中国与美国、欧盟关于加入世界贸易组织协议的达成，我国加入世贸组织的步伐明显加快。对于即将到来的中国加入世贸组织的现实，充分表明中国必然会更深层次的开放，对外贸易会迅速增长，外商投资更为增多，必将对中国的海事审判提出新的课题和更高的要求。我国的审判活动一贯彻坚持为经济建设服务、为改革开放服务的指导思想和政治方向，作为中国的海事审判当然不能例外。那么，海事审判如何应对中国入世后的形势，为中国的经济改革开放服务，这是值得我们认真思考的，以笔者浅见，入世对中国的海事审判提出的基本要求有以下几点。

一、平等地保护国内外诉讼主体的合法权益

市场经济决定了主体平等的特征，如何使各个平等的主体在市场经济中有序的竞争，必须有立法和司法加以保障，也就是为市场经济的完善和发展，提供及时有效的司法保障。

入世后，世贸组织所倡导的国民待遇原则，明确要求对在我国境内的国内外企业，除有特别规定的例外情形，均应平等保护。在经济活动和民事权利方面，在我国境内的外国国民与本国国民享受同等待遇。海事审判工作就要遵循这个原则，通过法律规定的程序，让国内外诉讼主体充分地行使诉讼权利，承担相应的义务，实现国外当事人与本国当事人关于世界贸易组织规定的各个经济领域的实体权利的平等（指法律意义上的平等），依法保护国内外诉讼主体的合法权益。

二、提高审判效率，降低诉讼成本

入世后，我国的贸易及投资领域进一步向WTO成员开放，大量的外国企业进入我国境内开展投资和贸易活动，必须会有经济纠纷案件进入诉讼领域。就以进出口贸易中运输这个环节来说，我国90%以上的进出口贸易货物运输是通过水上运输完成的，在水运中，产生与船舶、港口等有关纠纷案件，依法应由海事法院审理，而且这样的纠纷案件，往往都是涉外案件，纠纷的一方当事人在国外，适用涉外案件诉讼程序，往往较国内案件诉讼程序繁杂。提高审判效率，对海事审判工作尤为紧迫。做到缩短办案周期，避免诉累，节约当事人的诉讼成本，就要对涉外纠纷案件根据案情，在保证办案质量的前提下，相对地规定案件办结期限，切不可久拖不决，久审不结，否则有损中国海事审判的形象，还可能对我国对外贸易的发展产生消极因素，进而影响我国在世界上的信誉。

三、坚持维护司法公正，树立中国海事司法权威

中国加入世贸组织后，海事审判工作中维护司法公正是海事法院必须坚持贯穿始终的一个核心。

维护司法公正，要求从事海事审判工作的人员，首先要更新观念。WTO 具有相当强的开放型特点，用固有的观念，传统的思维方式对待 WTO 是行不通的，在审判实践中会遇到各种新情况、新问题，与我国现实情况差距较大，审判人员要树立一种全新的观念，即全球意识。比如，当前我国正加紧进行国有企业改革，入世后外商企业和跨国公司参有企业的改革，参股兼并等势在必行。审判人员要注意保护国内企业的利益，但当其与 WTO 相关原则发生冲突时，应当适用我国已承诺的规则，并力求减少因适用规则而给国家造成的损失。其次要熟悉法律和相关的国际公约、国际惯例。涉外审判，审判人员要确定适用何国何种法律，特别是对最密切联系的法律、法规、国际公约和国际惯例要随时掌握，运用自如。第三、坚持以事实为根据，以法律为准绳的原则，做到程序合法、事实清楚、责任分明、适用法律准确，实体处理公正，除国家规定不公开审理的案件外，一般都要体现透明公开，达到公平公正。

四、着力培养造就一批高素质的海事审判法官

入世后，海事法院受理的涉外诉讼纠纷案件必然增多，要确保海事审判工作的质量必须着力培养一批高素质的海事审判法官。高素质的海事审判法官，除了党和国家对法官政治思想素质上的基本要求外，在业务上，有其特殊的要求，概括为“四懂”，即懂法律、懂外语、懂经济（贸易）、懂航运。对海事法官素质特殊要求，是海事审判工作的涉外特性所决定的，以我院为例，这几年涉外案件逐渐增多，数量约占受理案件的 12%左右，标的占受理案件总标的的 30%～40%。预计入世后涉外案件的比例定会增长，可见其影响之广。比如对航海知识的掌握，不了解船舶，不懂航运的基本知识和运输的基本规律、程序，怎么能审理船舶碰撞、货运质量、运费纠纷等案件呢？

如何培养高素质的海事法官，就目前海事法院的现实，一是要加强思想政治教育，坚持用马列主义、毛泽东思想、邓小平理论，特别是江泽民同志的“三个代表”的重要思想武装法官头脑，牢固树立全心全意为人民服务的宗旨；二是大力培养选拔德才兼备的充实各级海事法院领导岗位，为他们施展才华提供优良环境；三是采取送出去进修学习，培养高层次、高学历人才，使法官队伍的整体素质上一个台阶，另一方面引进高层次的人才，充实海事法官队伍，同时对不适应海事审判工作要求的人员或培训、或分流，使法官队伍结构更趋合理，适应工作的需要。

司法为民是法院最大的政治

姜春荣

【内容提要】司法为民不是一句简单的口号，本文以怎样实践司法为民为求索的目的，从法院宗旨、审判效果、审判人员的素质以及接受监督四个方面寻求答案，为司法为民的实现提供了新的思路。

【关键词】司法为民、宗旨、效果、素质、监督

江泽民同志最近指出，党的各级干部，特别是领导干部，一定要讲政治，包括政治方向、政治立场、政治观点、政治纪律、政治鉴别力、政治敏锐性。在政治问题上，一定要头脑清醒。学习江泽民同志的重要指示，结合思想工作实际，笔者体会到，就法院而言，司法为民就是最大的政治。

法院是代表国家行使审判权的审判机关，司法为民是党和国家赋予法院的神圣职责，是一切审判活动的出发点，也是衡量法院工作的基本准则。法律是党的路线、方针、政策和国家利益以及人民意志的集中体现。法院的责任就是充分发挥审判职能，严格执行法律，运用国家的强制力维护国家法制的权威和统一，保证党的路线、方针、政策的贯彻实施，保证国家法律的正确执行，保护公民和法人的合法权益，保障改革开放和社会主义现代化建设的顺利进行。由此可见，法院司法为民，同贯彻党的路线、方针、政策和取得良好的政治、社会效果是一致的。

建设有中国特色的社会主义，是一项复杂和系统工程，就经济建设来说，多重矛盾互相缠绕，相互交织；各类关系互相交错，彼此影响。要处理好各种矛盾，协调好各类关系，有行政的、法律的、经济的各种不同的手段，其目的都是为了促进经济的发展。其间，运用法律手段是必不可少的。随着社会主义市场经济逐步建立和完善，社会主义法制建设必须协调发展，这是必然的趋势。市场经济，从某种意义上讲，就是法制经济。运用法律、法规、规章，规范市场经济主体行为，把市场经济纳入法制轨道，保证公民、法人和其他组织有一个公平竞争、优胜劣汰的法制环境，法院代表国家行使审判权，审判机关，对法院而言，司法为民就是法院最大的政治。因为它直接关系国家的形象，关系公民法人和其他组织的合法权益能否得到保护和实现，关系社会主义市场经济能否健康有序地发展，关系社会主义现代化建设事业的兴衰成败。

武汉海事法院是国家权力机关批准设立的专门法院，是我国惟一的内河海事法院，履行对长江干线的海事、海商诉讼纠纷的专属管辖权。就武汉海事法院而言，讲政治、如何体现司法为民，笔者认为有以下几个方面。

一是树立为长江航运事业发展服务的宗旨。长江主干线横跨六省一市，武汉

海事法院的管辖范围上自重庆市的兰家沱，下至江苏省的浏河口，全长达2500多公里，辖区内有长江沿线的25个港口区域，目前，长江上有2000多家航运企业的船舶行驶，长江流域的经济发展，具有举足轻重的作用。特别是随着我国改革开放的不断深入，长江沿岸经济带的逐步形成，浦东开发，三峡建设，促进了长江的进一步对外开放，作为我国东西运输大动脉的长江，存在着极大的发展潜力。长江航运市场是一个集港口、船舶、外贸、金融、保险、货运等多行业、多战线的综合性市场，具有涉及面广、点多、线长的特点，加强长江海事法制建设，是促进长江航运市场健康有序发展的有力保障，武汉海事法院是国家设立在长江上的惟一海事审判机关，必须牢牢树立为长江航运事业发展服务的宗旨，切实担负起协调关系、处理矛盾、法制宣传的任务，增强公民、法人和其他组织的法制观念，自觉运用法律手段，保护自己的合法权益。必须牢固树立服务宗旨，增强服务意识。

二是审理案件必须坚持质量、效率、效果的三统一。法院工作千头万绪，但中心工作是审判，法院正是通过其具体的审判活动来维护法律尊严和社会政治经济、生活秩序的正常运行。因此法院必须要多办案、快办案、办好案。始终如一地坚持审判、效率和社会效果的高度统一。办案质量是司法为民的关键，是审判工作的生命，努力提高办案质量，首先必须坚持以事实为根据，以法律为准绳的执法原则。法官要以忠实于事实，忠实于法律、忠实于保护人民的合法权益为天职，依法公正、正确审理好每一个案件，以最大限度地树立司法裁判的权威，维护社会主义法制的尊严和统一。努力提高办案质量、还必须做到“公平、公正、公开”审判。建立公开、公正的审判模式是司法为民的保障。“公开审判是审判活动的重心”，坚持公开审判就是要让当事人有话说在法庭，有理讲在法庭，有证举在法庭，事实查清在法庭，是非辩明在法庭，裁决公开在法庭。从而在人民心目中树立人民法院最透明、最讲理、最公正、最有权威的形象。

坚持司法为民，必须提高办案效率。在市场经济中，提高效率是市场主体追求的目标之一，也是各项工作的基本原则，效率就是时间，时间就是金钱，已越来越根深蒂固地植入人们的观念中。在传统的审判方式中，强调法院职权，忽视当事人的作用，法官包揽过多，造成诉讼的拖延和低效率，不仅当事人感叹“拖不起”，法官自身也不堪负担。因此，提高办案效率，及时解决诉争，恢复当事人之间经济交往和民事法律关系的稳定，减少当事人的经济损失和诉讼耗时，已成为法院迫在眉睫的任务。提高审判效率最重要的手段就是实行审判方式改革，建立以当事人为基础的目标模式，强化庭审功能，进一步实现办案规范化，使当事人的合法权益能够得到及时维护，使司法为民落到实处。

坚持司法为民，必须重视办案社会效果。在这方面最重要的体现就是，审判工作决不能就案办案，要善于从大局出发，确立正确的办案指导思想。八届人大四次会议通过的我国《国民经济和社会发展“九五”计划和2010年远景目标纲要》，确定了在今后五年乃至更长的时间内，我国的经济体制从传统的计划经济体制向社会主义市场经济体制转变，经济增长方式从粗放型向集约型转变。实现这两个转变必然要涉及国民经济发展中的深层次问题，涉及到生产关系调整和生产力发展方式的改革，从而导致各种利益格局的变化，在经济、社会生活在引发一些新的矛盾和纠纷。因此，为实现两转变服务，成为法院审判工作重要任务。我们必须牢牢地把握改革、发展、稳定的大局，全面正确理解法律，千方百计地提高执法艺术，把能否促进两个根本转变，能否引导、推动和保障国民经济持续、快速、健康发展作为检验执法效果的根本依据。以使我们的工作取得良好的政治、社会效果，真正做到政治与法律的统一。

武汉海事法院，作为管辖长江海事审判的惟一专门机构，不但肩负着审理国内当事人之间海事、海商纠纷案件的任务，也担负着审理涉外海事案件的任务，特别是近几年，外轮进江日渐增多，涉外案件呈大幅度上升的趋势。办案质量的优劣，办案效率的高低，社会效果的好坏，直接关系到国家的主权能否完整保护的大问题。坚持审判质量、效率与效果的高度统一，对海事法院来讲，具有重要的现实意义。回顾我院的发展历史，十多年的审判实践，造就一批专业的海事审判队伍，审理了一大批国内、涉外案件，开拓了长江海事审判的新局面，为促进长江航运市场经济的发展发挥了积极的作用。但是我们看到，随着长江航运经济体制的改革和发展，各种新型的案件将不断出现。特别是近几年，随着各种民间商会、仲裁、调解中心的不断建立，海事法院面临着生存和发展竞争的压力，要通过我们的海事审判活动，让赢者赢得实在，让输者输得服气，让旁听者听得公正、合理。所以我们必须牢固树立服务意识，进一步提高审判质量和效率，使海事审判工作再上一个新台阶，奠定武汉海事法院审判的基础地位。

三是加强队伍建设，严禁贪赃枉法。加强队伍建设，提高审判人员的素质是搞好审判工作，保障司法为民的基础。审判人员是代表国家行使审判权，他们所作出的判决和裁决是以国家强制力作保证的，对于被运用的对象来说，是必须遵守执行的，具有极大的权威性。因此，可以说审判人员的执法行为是一种国家行为，审判人员的形象，代表国家形象。在审判实践中，我们始终把树立人民法官“依法、文明、廉洁、高效”的高大形象，作为重要工作来抓，大力加强思想政治工作，突出全心全意为人民服务的宗旨教育，组织全院干警认真学习马列主义、毛泽东思想和邓小平同志建设有中国特色的社会主义理论，时刻牢记我党的根本宗旨，牢固树立马克思主义的人生观、世界观和价值观，把能不能严格依法办事、能不能全心全意为人民服务，作为法院干警讲不讲政治、配不配当法官的标准来考察每一位干警。实践证明，我院的审判队伍总体是好的，是能够吃苦耐劳和廉洁执法的。但是我们也要清醒地看到，我们的审判人员决不是生活在真空中，对来自外界的享乐主义、拜金主义以及腐朽的资产阶级生活方式的侵蚀也在某种程度上冲击我们的法官队伍中的少数人员。有的吃请受礼，办“关系案”、“人情案”，贪赃枉法，违法裁判，严重败坏了法院的声誉和法官形象。因此我们时刻也不能放松加强法官队伍的廉政建设。把廉政建设当成一项重要的政治任务来抓。抓廉政建设，领导干部必须以身作则，廉洁自律，要求群众做到的，自己必须首先做到，才能为群众树立榜样。狠抓廉政建设，还必须从严治警，坚决纠正各种不正之风，要树立正气，树立典型，教育和鼓励干警做廉政、勤政模范。把建立一支清正廉洁、刚直不阿的法官队伍，当成一项党和人民交给的政治任务来完成。

四是自觉接受监督，不断总结提高。党的领导、人大的执法监督和上级法院的审判监督和业务指导，以及人民群众的监督，是人民法院审判工作健康发展的可靠保证。法院独立行使审判权，必须置于党的领导之下，决不允许片面强调审判权的独立行使而凌驾于党的领导之上，人为地割裂法律与党的政策的一致性和统一性。人大作为国家的立法机关，对法院的执法行为享有监督权，法院必须经常主动向党委、人大汇报请示工作，接受他们的监督和领导，及时改进审判工作中存在的问题，提高法院司法为民水平。对于上级法院的批示和决定必须严格执行，严禁明抗暗顶，我行我素。人民群众的监督，是多形式、多渠道、多方面的监督。法院应当自觉接受人民群众的监督，对于人民群众反映的情况和问题要自觉检查，及时处理。建立完善的法律监督体系，是社会主义法制建设的要求，也是法院司法为民的重要保证。

当前，党的大政方针已定，我们要以高度的责任感和事业心，以高昂的斗志，扎实地做好法院的各项工作，以实际行动把讲政治落实到法院工作的实处，充分发挥海事审判的职能作用，为维护长江航运事业的繁荣发展做出贡献。

统一执法尺度　规范航运市场

——对内河航运适用海事赔偿责任限制法律制度的思考

姜春荣

【内容提示】 本文的作者长期从事内河海事海商审判工作，积累了大量的审判实践经验，对我国内河航运的现状有深刻的了解，本文首先回顾了海事赔偿责任限制的发展，然后根据我国《海商法》对海事赔偿责任限制的适用从船舶、主体、适用条件和债权上做了说明和分析，最后，作者根据我国内河航运的实际情况，用数字化的语言说明海事赔偿责任限制同样适用于内河航运，并提出了建设性的意见。

【关键词】 责任限制、内河、适用、建议

我国是海洋和航运大国，漫长的大陆海岸线达 18000 多公里，随着我国改革开放的不断深入，远洋运输事业迅猛发展，在国际航运界，已成为公认的航运大国。同时，我国内河航道纵横交错，水网密布，尤以我国经济发达的长江流域地区，横贯东西的水运大动脉长江，自古以来被称之为黄金水道，其干线通航里程达 2800 多公里，与长江相通的支流、湖泊更是流经了大半个中国。如何充分利用黄金水道的航运资源，发挥水运量大、价廉的优势，是社会各界，特别是航运界所密切关注和不可忽视的重要课题之一。

振兴长江航运，必然涉及方方面面，是一个浩瀚的系统工程，本文从加强海事法制建设的角度，以海事赔偿责任限制法律制度适用这个点，作一番相关的思考，以求同仁、学者的指教。

笔者以为，当前执法尺度不一，市场规范不严，直接影响涉及公平公正的市场竞争机制的健康发展，问题还较为普遍和突出，与实施依法治国的战略极不适应。仅以设立海事赔偿责任限制法律制度而言，《中华人民共和国海商法》明确规定，此项法律制度只适用于海上运输，而内河运输当今显然不能适用。如此规定，对内河航运企业的保护和内河航运事业的发展是不利的。

1. 海事赔偿责任限制的渊源

海事赔偿责任限制是指在发生重大海损事故，给他人造成重大财产损失或人身伤亡时，责任方可根据法律的规定将其赔偿责任限制在一定范围内的法律制度，是基于鼓励船舶所有人从事海运业的目的而设立的一种有悖于民法损害赔偿的特殊赔偿制度。

起初，欧洲大陆一些国家允许船舶所有人将其责任限制在船舶的价值及运费之内，英国于 1734 年通过了《乔治法案》，确立了船舶所有人责任限制制度，采用了“船价制”。《1854 年商务航运法》又将“船价制”改为“金额制”，即根据

船舶吨位确立赔偿限额。1862 年修订的《商务航运法》明确规定，对人身伤害的赔偿，按每吨 15 英镑计算，一般的赔偿按每吨 8 英镑计算赔偿限额。

进入 20 世纪后，国际上先后制定并通过了三个关于责任限制的公约，即《1924 年关于统一海运船舶所有人责任限制若干法律规定的国际公约》，该公约采用了“金额制”和“船价制”并用的制度，但由于批准国未达到公约规定的国数而至今未生效。后来于比利时的布鲁塞尔通过的《1957 年海船舶所有人责任限制的国际公约》采用的是“金额制”，该公约于 1968 年起开始生效，但随着时间的推移，其内容显然满足不了国际海运业发展的需要，而且该公约某些规定给实践造成混乱，导致不公平的处理结果。为此，国际海事组织又在伦敦通过了《1976 年海事赔偿责任限制公约》，该公约扩大了责任主体范围，提高了责任限额，且更有利于保护船东的利益。另外，该公约仍采用“金额制”，但按“船舶吨位超额递减”办法计算，即“吨位超额递减金额制”，并以特别提款权作为责任限额的计算单位。

2. 海事赔偿责任限制的适用

根据我国《海商法》的规定，对适用海事赔偿责任限制的船舶、责任主体、适用条件以及限制的债权都作了具体的限制性规定。

2.1 适用的船舶是海商法意义上的船舶，即是指海船和其他海上移动式装置，包括船舶属县（不含军事的，政府公务的船舶和 20 总吨以下的小型船艇）。适用的船舶吨位是在 300 吨以上的船舶（含 300 吨）。

2.2 海事赔偿责任主体是指可根据海事赔偿责任限制的法律申请限制自己赔偿责任的人。根据我国《海商法》有关条款的规定，有权享受海事赔偿责任限制的责任主体具体是指：

（1）船舶所有人。包括船舶承租人和船舶经营人，船舶承租人又包括光船承租人、期租承租人和程租承租人。

（2）救助人。就是在海难、海损事故中实施援救的人。

（3）船舶所有人、救助人对其行为、过失负有责任的人员，即船舶所有人、救助人的代理人、受雇人。受雇人包括聘用的船长、船员以及其他相关人员。

（4）责任保险人。如果被保险人依法可以限制赔偿责任，则对该海事赔偿请求承担责任的保险人有权享受与被保险人相同的赔偿责任限制。

2.3 海事赔偿责任限制的适用条件，要根据我国《海商法》的有关规定，包括主观原因和特定事故限制两个方面，二者不可或缺。

2.3.1 主观原因。根据我国《海商法》第 209 条规定，我国海事赔偿责任限制的条件是只要引起赔偿请求的损失不是由于责任人的故意或明知可能造成损失而轻率地作为或不作为造成的，责任人都有权依照《海商法》海事赔偿责任限制的规定申请海事赔偿责任限制。不适用海事赔偿责任限制的主观原因并经过证明的是：

（1）责任故意作为或不作为。即责任人主观故意作为或不作为造成海难、海损事故；

（2）明知可能造成损失而轻率地作为或不作为。

2.3.2　特定事故限制

特定事故意为特定场合发生的事故，是指由于同一原因造成的相互之间存在因果关系的事故。该海事事故必须是特定的独立的事故。

2.4　海事赔偿责任限制适用的债权，根据我国《海商法》的有关规定，将海事赔偿责任限制的债权明确划分为限制性债权和非限制性债权。

2.4.1　限制性债权

限制性债权，简单讲就是可以适用限制的债权，是指海事赔偿责任主体根据海商法有关海事赔偿责任限制的规定可以限制其赔偿责任的海事赔偿请求。限制性债权无论赔偿责任的基础有何不同，无论提出的方式有何不同，责任主体均可以依法限制赔偿责任。具体包括：

（1）在海上发生的或者与船舶营运、救助作业直接相关的人身伤亡或者财产的灭失、损坏，包括对港口工程、港池、航道和助航设施造成的损坏以及由此引起的相应损失的赔偿请求，前提必须是在海上发生的或与船舶营运、救助作业直接相关的，如果不是在海上发生的或者与船舶营运、救助作业属于间接原因所造成的人身伤亡或者财产灭失、损坏，则不属于限制性债权。

（2）海上货物运输因迟延交付或者旅客及其行李因迟延到达造成损失的赔偿请求。如海上货物运输因迟延交付所造成的支付违约金、赔偿金以及时令货物错过时令季节所造成的损失等，海上旅客运输中旅客及其行李因迟延到达造成的直接损失等。

（3）与船舶营运或者救助作业直接相关的，侵犯非合同权利的行为造成其他损失的赔偿请求。非合同权利是指与责任人在合同中没有约定的权利。

（4）责任人以外的其他人为避免或者减少责任人依法可以限制责任的损失而采取措施的赔偿请求。以及因此项措施造成进一步损失的赔偿请求。但责任人以合同约定支付的报酬，责任人的支付责任不得援用赔偿责任限制。

2.4.2　非限制性债权

非限制性债权即不能适用限制的债权，是指责任主体无权根据海商法有关海事赔偿责任限制的规定限制其赔偿责任的海事赔偿请求。具体包括：

（1）对救助款项或者共同海损分摊的请求；

（2）中华人民共和国参加的国际油污损害民事责任公约规定油污损害的赔偿请求；

（3）中华人民共和国参加的国际核能损害民事责任公约规定核能损害赔偿请求；

（4）核动力船舶造成的核能损害的赔偿请求；

（5）船舶所有人或者救助人的受雇人提出的赔偿请求，根据调整劳务合同的法律，船舶所有人或者救助人对该类赔偿责任请求无权限制赔偿责任或者该项法律作出了高于海商法规定的赔偿限额的规定。

从以上分析可以看出，适用海事赔偿责任限制必须同时满足船舶适格、责任主体适格、条件适格、限制债权适格，这四个方面缺少一个就不能构成适用海事赔偿责任限制，因此作为船舶经营人、所有人、承租人、救助人及其代理人、受雇人、责任保险人在一旦发生海难、海损事故时应根据海事赔偿责任限制的适用范围进行判断，如全部符合或部分符合，都应及时、适时向有管辖权的法院对符合部分单独或诉讼中一并申请海事赔偿责任限制基金，在处理海事赔偿纠纷中积极掌握主动权。

3. 航运市场设立统一的海事赔偿责任限制法律制度的建议

笔者粗略地回顾了海事赔偿责任限制的法律制度设立的起因和历史发展过程，又根据我国《海商法》的规定，简要地介绍了海事赔偿责任限制的适用，可见，海事赔偿责任限制的设立和适用，对保护船舶所有人、救助人、及其代理人、受雇人和责任保险人的利益是必要的，对促进海上运输市场的发展具有积极的推动作用。

由于海事赔偿责任限制是基于海上运输的风险性而发生的，至今仅适用于海上运输。我国《海商法》规定也不例外。内河航运能否适用海事赔偿责任限制呢？笔者认为，从统一航运市场法制规范航运市场秩序的角度，对适用海事赔偿责任限制的法律制度，应一视同仁。

众所周知，航运业具有投资大、风险高、回报低、利润微的共同特性。以长江航运为例，投资建造一条客轮，少则 1000 万～2000 万元，多则 5000 万～6000 万元，高级、豪华游轮甚至高达亿元之多；拖轮、货轮一般都在千万元以上，长江港口建造一个千吨级泊位，一般都要千万元以上，长江下游港口一般都是 5000 吨级泊位以上，万吨级以上泊位占了大多数，其投资以亿元计。如此高昂的投资额加之兼有社会公益事业的职能，其回报甚微，更何况当今的长江港航企业，普遍亏损是面临的突出问题。谈到风险，内河航运业同样存在，就客观而言，长江上游礁石密布，水流湍急；长江中游九曲回肠，浅滩丛生；长江下游航道宽窄深浅不规，行船杂乱无章等等，造成长江航运险象环生，事故频发。据不完全统计，长江全线近十年来，共发生海损事故 3800 多起，沉船 2016 艘，死伤 2100 多人，直接经济损失 9 亿多元，平均每年发生海损事故近 400 起，直接经济损失近亿元。经有关部门认定，这些事故发生的原因，几乎都可归结为不是由于责任人的故意或明知可能造成损失而轻率地作为或不作为造成的，是符合申请海事赔偿责任限制主体资格要求的，就其具体海事事故而言，也属适用海事赔偿责任限制范围的。由于至今尚不能适用海事赔偿责任限制。与之有关的其他相关规定也是空白，造成长江航运企业负债累累，倒闭、破产屡屡发生，内河航运前景惨淡。

当前，振兴内河航运，繁荣长江航运经济，发挥长江运量大、运价低的黄金水道作用，有效地保护航运业主的利益事关重大，在内河航运中，确定海事赔偿责任限制是一项有效的法律制度，有利于司法公正。比如人身伤亡的赔偿，长期以来，内河没有一个统一的标准。为此笔者建议：

3.1 在修订《海商法》中，扩大《海商法》的适用范围，规定内河尤其是与海相通的长江航运，可以适用海事赔偿责任限制；

3.2 制定一部我国自己的《水上运输法》，统一我国水上运输（海上和内河）的法规，使我国水上运输业协调发展；

3.3 相关法律出台前，比照沿海运输，国务院交通主管部门应制定《关于内河运输、港口作业海事赔偿责任限额的规定》，此规章规范内河海事赔偿责任限额，作为实施统一的海事赔偿责任限制的法律制度的探究，为在内河运输中适用海事赔偿责任限制法律制度奠定基础。

参考文献：

[1] 沈木珠：《海商法比较研究》。

[2] 徐黎明、王春辉：《海事赔偿责任限制的适用范围及应注意的问题》。

论海事审判科学管理

饶中享

【内容摘要】 海事法院的专门管辖打破了行政区划的界线，具有管辖的区域性和专门性；当事人的国际性和广泛性；案件事实的复杂性和证据的特殊性；适用法律的涉外性及多元性特点。对如何促进海事审判管辖的规范化，科学化，现代化的问题，是摆在我们面前的一个崭新的新课题。本文力求围绕公正与效率的司法主题，贯穿现代司法理念；从法官队伍建设、基础工作、目标管理、工作地位及外部协调等方面，提出海事审判现代科学管理的基本理论。

【关键词】 海事　管理　科学

海事法院是为了适应我国海上运输和对外贸易事业发展的需要、有效地行使我国司法管辖权、及时审理海事海商案件、依法维护国内外当事人的合法权益而设立的，是国家审判机关的重要组成部分。由于我国海事法院的成立比国际上最早的海事法庭即英国的辛基港法庭晚六百多年，比国内地方法院晚三十多年；海事法院的专门管辖打破了行政区划的界线，有管辖区域长、案件类型相对单一及当事人辐射面广的特点，如何使海事审判工作管理规范化、科学化、现代化是摆在我们面前的一个崭新课题。本文仅就海事审判管理中的队伍建设、基础工作、目标管理和工作地位及外部协调的有关问题述一管之见，望指教。

1. 建设班子　训练队伍

现代科学管理的一大特点是强调以人为中心的管理。人是管理中的主体，对人的管理在法院管理中具有特殊的重要作用。

1.1　搞好领导班子的自身建设。毛泽东同志说过："政治路线确定之后，干部就是决定的因素。"领导班子是管理中的首要主体，领导班子的素质如何，直接影响到法院的管理水平。基于法院的工作职能和海事审判的专业特点，海事法院领导班子必须具备和培养以下几方面的素质和能力：第一，具有较高的马列主义理论水平和政策水平，这是社会主义法律的本质所决定的。马列主义、毛泽东思想是我党我国各项活动的指导思想，没有一定的马列毛泽东思想理论水平，各项活动就没有方向；政策是立法的依据，法律是政策的具体化，要适用好法律，就必须用政策作指导。第二，要掌握一定的法律知识。这是法院审判职能的要求。第三，要具备一定的水运管理和航运基本知识。这是海事审判专业性强的需要。第四，和其他机关的领导一样，要具备科学管理的能力。从某种意义上讲，管理科学就是领导的科学，领导干部不懂管理，就无从组织各项工作的计划和实施。领导者的具体工作就是管理，领导者的科学管理能力就是领导水平的体现。在法院的领导班子中，院长是核心人物。院长既是行政首长，又是党组的一把手，还是首席法官，三位一体。海事法院是改革开放的新生事物，海事法院院长除了具备以上四个基本素质能力外，还必须具有锐意改革的开拓精神。邓小平同志说："改革开放胆子要大些……看准了的，就要大胆地试，大胆地闯。"中国海事法院能否受到国际国内的承认，关键的一点是靠锐意创业的开拓精神，我院在这方面深有体会。1987年以前，人们对内河是否需要设海事法院有质疑，当时又面临长江航运体制改革，全院干警中有不稳定的情绪。一方面，时任最高人民法院任建新院长，以致力于中国司法改革的眼光，提出了"之所以在武汉设立海事法院，就是为了长江的对外开放和长江港口的对外轮开放。武汉海事法院要继续办下去"。另一方面，时任的院长陈明同志认准改革的大方向，敏锐地提出"创业立足"的指导思想，并带领全院干警在艰难的条件下办案，几年中我院的立、结案数均居全国各家海事法院之首。干出了成绩，干出了声誉，干出了知名度。以事实说明我国内河海事审判是整个海事审判中不可缺少的组成部分，促进了我院法律地位的解决。1994年以前，我院的基本工作定位是内河海事法院，1995年以后，时任的姜春荣院长明确提出武汉海事法院是涉外法院，理念的更新，更加明确了自己的工作地位，在这接近10年的时间里，我院受理涉外涉港澳台案件占20%～30%；其标的额占70%左右，案件当事人涉及38个国家和地区，仅当事人均为外国人的案件达几十件，在国际上具有一定的影响。胡兆满同志主持工作以后，真抓实干。院新审判综合楼设施竣工使用，2004年1—7月份海事海商一审案件的立、结案数及诉讼标的额均到历史最好水平。审判质量不断提高。实践证明，海事法院应改革开放而生，也必须在锐意改革中求发展、求完善。是否敢于开拓、锐意改革是改革开放对海事法院领导决策能力和魄力的考验，也是对海事审判科学管理提出的新要求。

法院领导班子一般由院、庭两级组成。院级领导班子是决策层。管理首先在于决策，决策集体必须具备决策素质。合理配备决策层结构，坚持决策原则，遵循决策程序，讲究决策方法，进行决策分析，正确行使决策权。庭级领导班子是执行层，同时又具有对具体工作现场指挥的职能。必须按政治素质、知识素质、能力素质和体格素质的标准定岗安职，以便正确执行决策。

1.2　加强审判队伍建设。审判人员是操作层。审判权是国家的重要权利，代表国家行使审判权是一项十分重要而庄严的工作。人民法院在审判活动中的主导地位是通过审判人员的具体工作体现出来的。审判人员的思想素质、业务素质和知识结构直接影响到审判质量。因此，海事法院对审判人员的科学化管理应体现以下几个特点。第一，将人员的调任、分配制和选用淘汰制结合起来，把住法院人员的进出关。调任分配制与计划经济相适应，但存在一些弊端。法院需要进什么样的人应根据法院的实际工作需要享有一定的自主权，保证审判队伍纯洁的思想品质、合理的知识结构、素质结构和年龄结构。法院人员的调出，除上级机关工作需要及自愿调出外，还要允许请"南郭先生"出宫，保持司法机关的整体素质处于良好状态。第二，正确行使用人权。用人权是管理者通过组织人事部门，把组织成员安排到恰当工作岗位，保证管理任务顺利完成的一种权利。用人要以德才兼备为原则。在用人方面领导者要有爱才之心、求才之渴、举才之德、护才之魄、容才之量，大胆地起用有法律和航运两专多能的人才。在西方一些国家的法官制度中，只有具备10年船长的航海经验加10年大律师的资历才有资格被任命为海事法官，这种法官制度虽然不符合我国国情，不能引进，但海事法官必须具备法律和航运双专知识才能适应海事审判工作需要。第三，努力培养双专人才。由于我们起步晚，国家教育能力有限，海事审判人员的双专素质还处在一个较低水平。时代和现实要求我们走中国特色的教育之路，即把国家集中培养同岗位培训结合起来，把单项学习和互补互学结合起来，强化培养审判人员的自学能力和知识更新能力，把知识更新程度列入考评项目。第四，建立科学的人事组织档案和审判业务档案。目前的人事档案制度现状缺乏科学性，如对一个人的优缺点往往是评定的，这种方法太单一，具有主观性和概括性，要全面客观地反映人的素质必须在量化上下功夫，即用具体数字全面记载一个人各方面的情况。审判业务素质档案相当于企业的科技人员技术档案。在企业中早已建立科技档案，这一管理制度是提升、晋级、聘用、定岗的重要依据，具有科学性。而法院却没有相应制度，这一薄弱环节应引起高度重视。第五，引入竞争机制。竞争机制是人们自我管理、自我控制、自我提高、相互监督、相互促进的有效方法。法院虽不同于企业搞自由竞争，但在组织法范围内的正当合法竞争是必要的。如在规定的知识结构、年龄结构选择范围内的优化组合，使优化体人数相对地低于全员人数，允许少数人落选。落选人员通过脱岗学习，提高个体素质后，再与组合体内相应人员竞争换位，形成不断竞争不断换位，不断提高组合体的整体素质。这种竞争机制同样适用于领导人员，如在双向选择中，领导者选择对象的百分比低、工作者有一定数额的人不选领导者，或者一定期限内不能完成应该完成的工作任务，这时对该领导人员就要报有关部门罢免或换位。这种“破三铁”的有效方法之一是应该引进法院管理系统的。

队伍建设瞄准法官职业化，必须坚持“三个代表”重要思想的指导，解放思想，实事求是，与时俱进，开拓创新。要不断提高法官的政治思想素质，增强法官的抗干扰能力和抗腐蚀能力。这是使我国法官职业化进程不断前行的保证。新时期的法院思想政治工作不能拘泥于固有的条条框框，而应当有所创新，有所突破。要着眼于培养法官的职业意识、职业道德和职业尊崇感，提升职业的神圣感和使命感。要增强法官的独立审判意识和中立意识，不受外界的影响和干扰独立裁判。增强法官的平等意识，坚持在适用法律上一律平等的原则，平等保护当事人的合法权益。要通过细致而富有成效的工作，让法官胸怀大局，自觉地把审判工作置于全面建设小康社会的全局中去考虑，从而减少工作的盲目性，提高审判工作效率。

队伍建设瞄准法官化，还要加强法官的教育培训工作。要为法官教育培训工作提供良好的师资力量和基础设施，从制度上保障法官教育培训工作的正常开展，使教育培训工作走上制度化、规范化的轨道，以不断提高现有法官的水平。同时，要通过教育培训工作使法官养成自觉学习、勤于钻研理论知识的习惯。在这方面，各级法院的领导干部要首先做出表率，要勤于学习，善于学习，根据审判工作的需要有针对性地学习，带出学习的院风，使审判工作及各项工作形成高效率。要通过学习法律专业知识，提高法官的职业技能，提高法官法律适用和准确裁判案件的业务水平，使每一位法官都成为相关审判领域的专才。

队伍建设瞄准法官职业化，还要求我们要有开阔的视野，善于学习借鉴国外有益的经验。

从院长到审判人员的整体素质，构成审判队伍的能力。只有提高整体素质，才能提高审判工作水平，行使好国家和人民赋予的审判权。

2. 抓实基础工作　完善管理制度

海事法院自身建设目前还处在基础阶段。完善机构设置，建立和健全各项规章制度十分重要。

2.1　完善中层组织建设。根据审判职能，法院内部的组织设置应取矩阵式组织结构，依据实际情况的需要将法院整个组织划分为若干个子系统，子系统与院指挥系统依等级责任制明确责权利，而每个子系统都有相应的计划、控制、奖惩和协调的工作职责，子系统之间又是相对独立自主的基本职能部门，即中层组织。这些职能部门由告申庭、海事庭、海商庭、执行庭、研究室、办公室、政治处和派出法庭组成。从海事法院的现状看，大部分法院未设执行庭和政治处，所有法院没有设告申庭和派出庭。按照专业化分工的组织设计原则，完成管理任务和决策目标不是由一两个职能部门能做到的，必须按专业化原则分成各个不同的部门，明确分工、互相协调、互相监督，才能实现总目标一致的愿望。如：告申庭是人民法院的"门面"，告诉申诉工作是法院与人民群众的第一联系点，立案是审判工作的第一个环节。告诉申诉工作的接待、审查、答复如何，直接影响到人民法院在群众中的形象和案件的审判质量。所以告申庭的设立十分重要。海事法院就审级而言属中级人民法院，但由于只受理一审案件，应根据海事法院管辖区域线长的特点设立若干个派出法庭，以解决当事人告状难和人民法院审判难，从组织设置上实现"两便"原则。

2.2　建立和健全各项规章制度。依法治院，照章办事是保证法院工作高效而有秩序的极其重要环节。为了顺利地完成管理任务，必须对组织中各部门、各岗位进行有效地控制。控制管理的原则之一就是建立和健全各种规章制度，把政策、法律变为具体的操作规程。明确各部门、组织、岗位的责任和权限，明确部门、组织、岗位相互配合和制约的办法。从我院的现状看，基本的规章制度还有待进一步完善，如《人民陪审员制度》还没有建立。海事法院只受理第一审案件，符合建立人民陪审员制度的法定条件；管辖区域长，法院人员少，专业性强，有建立人民陪审员制度的必要。

3. 实行目标管理责任制

目标管理是一个组织的上下级管理人员和组织内部所有成员共同制定目标、

共同实施目标的一种管理方法。目标管理具有激励、导向、鞭策目标执行者的责任感和工作积极性的效应，已被广泛运用于社会各种组织的管理活动中。海事审判工作也应实行目标管理责任制。结合海事审判工作实际，实行目标管理应遵循如下原则：

3.1　目标设立应科学地运用动力原则。动力即激励，是预先设想好的，诱导人们达到某种目标的手段。动力，分物质、精神和信息动力。物质动力，是人们通过工作后使组织或国家有高的经济效益，按照国家、集体、个人兼顾的分配原则，使工作者个人的工作与收入紧密结合起来而形成的一种物质力量。它既否定“吃大锅饭”又不是单纯的物质刺激。精神动力，可分为两大类，一类是以人们在精神心理方面普通需要作为激励的动力。包括自尊和被尊重、自信和被信任、成就和名誉、独立自主和社会交往、民主权利和正当自由、爱情和婚姻家庭等各方面的心理满足；一类是工作者高层次精神动力，如进步的理想、革命的气魄。崇高的志向、高尚的信仰、坚强的事业心、执着的追求、坚定的责任感。信息动力，是以人们对信息的需要或者信息对人们产生的效果作为激励的动力，如胜利、顺利、成功的消息，表扬、鼓励、立功受奖的消息会激励人心等。在运用动力原则时应根据具体情况综合使用三种动力：对素质较低的以物质动力为主，对素质较高的以精神动力为主；对个人适当以物质动力为主，对集体则以精神动力为主；当情况发生显著变化时，则应以信息动力为主；每一项的激励措施要以长远效果为主。法院应以精神动力和信息动力为主，物质动力为辅，以激励全体干警的力量源泉。

3.2　设立目标要具体化、明确化、分解化。目标的具体化是指预定的目标能够实施的数字量化。就审判工作而言，办案数量的量化程度明显，而质量和效果的量化程序则不明显，俗称“软指标”。按控制论原理，在“软指标”中科学地确定最高点和最低点，用百分点的方式表示出来，使定性转向定量化。量化的目标才称为是具体的。目标管理的明确化，是指制定的目标具有可实施性、控制性、监督性。可实施性要求目标起点和终点很明确；可控制性要求管理者的指挥程序和工作人员的操纵程序很明确；可监督性要求反馈系统迅速将目标执行情况，包括成功经验和亟待解决的问题反馈到决策指挥系统，以便及时调控。目标管理的分解化，是根据“能级分布原则”将目标由决策层→管理层→执行层→操作层自上而下地层层分解。自上而下的层层分解还能形成相对应的自下而上的逐级保证，使每个人或组织上面只有一个直接指挥系统。这就是能级目标管理的重要原则。我院在实行目标管理的几年中，明显地收到工作成效。今年又进一步制定了“目标管理责任书”，由分管院长和庭室负责人分别签字。但总的看来还要进一步完善，如能级责任的划分至少缺少两个环节，一是院长和副院长之间；二是庭室负责人和班、组或直接到个人之间。

3.3　目标管理要以实现审判工作“质量、效率、效果三统一”为目的。目标管理是手段，实现“质量、效率、效果三统一”是目的。质量是审判工作的生命。几年来海事审判工作质量不断有所提高，但仍处在一个低水平的层次。所以，目标管理必须把质量放在第一位，变“软件”为“硬件”纳入目标管理职责范围。效率是审判工作的数量指标。提高审判工作效率是目标管理的指标之一。效果是指法院审判工作带来的社会效果。海事审判是民商审判的一个组成部分，海事审判的社会效果，就是看审判工作为经济建设的服务程度，是否围绕经济建设这个中心，维护航运经济秩序，促进改革开放的深入发展。办案质量，办案效率和社会效果三者之间是辩证的统一。在保证质量的前提下提高办案效率，在提高效率的同时，丝毫不忽视质量，并把社会效果寓于质量和数量之中。这一综合指标是法院目标考查的最终指标。

4. 明确工作地位　协调横向关系

海事法院是国家司法机关的组成部分，具有审判独立性。但海事法院管辖打破了行政区划的界线，有较强的社会性。这两个特性要求我们在输入和输出的之间明确自己的工作地位，在社会的横向轴上协调各种关系。

4.1　明确工作地位。按照管理系统性原则，国家某一个职能机关不是凭空单独而存在的，必须有其输入系统和输出系统才有存在和工作的意义。海事法院的输入和输出系统不在同一轴线上，如我院的输入系统即上级单位有：主管人、财、物的湖北省委、省政府、省法院以及国家权利机关湖北省人民代表大会常务委员会、指导监督审判业务的湖北省高级人民法院。三机关构成我院的直接输入系统。我院的输出系统是维护长江水运经济秩序，为长江流域经济建设服务，为对外贸易及对外贸易运输保驾护航。服务对象涉及全国大部分省、市和国内外当事人。其输入系统基本符合行政区划的规定，而输出系统则打破了行政区划的界线，构成了我院工作地位的特殊性。在这种复杂的关系中找准自己的位子十分重要。我院的工作地位就是在湖北省委、省政府、省人大、省法院等上级机关的领导、监督、指导下独立行使海事案件一审审判权，以海事审判为中心，立足长江，搞好涉外，为长江航运事业和对外开放提供良好的司法环境，完成宪法和法律赋予的海事审判任务。

4.2　协调好各种横向关系明确自己的工作地位，是完成任务的一个立足点，协调与有关部门的横向关系，创造良好的审判工作环境是海事审判工作科学管理必不可少的工作之一。海事法院管辖区域线长，案件类型相对单一，法院人员少。海事案件第一手证据材料的持有人是港监机关；对外国船舶扣押案件需要港监、海关、边防、口岸、当地法院及时共同配合才能完成，巡回审理就地办案，法庭是兄弟法院提供的，法警是兄弟法院支持的；在外地执行，特别是强制执行更需要依靠当地法院的大力支持。实践证明，协调好与有关部门的横向关系是海事审判管理中一个不可缺少的组成部分。针对这种横向关系相互工作的独立性、联系点的单一性、具体案件的临时性和整体工作的长期性及工作上单方依靠性等特点，需要我们把固定的年度协调工作和要求审判人员临时的注重协调工作结合起来，提高整体的协调工作能力，为搞好海事审判创造一个良好的外部工作环境。

参考文献：

［1］夏恩龙、刘吉、冯之浚、张念椿著：《领导科学基础》，广西人民出版社 1985 年 4 月第 2 版。

［2］宇培杲著：《人民法院领导工作方略》，人民法院出版社 1997 年 2 月第 1 版。

［3］郭纪胜著：《法院管理概论》，人民法院出版社 1992 年 11 月第 1 版。

［4］唐代望、袁德君、刘熙瑞、卢汉桥等著：《现代行政管理学》，湖南科技技术出版社 1987 年 8 月第 1 版。

第二编

基本理论研究

一、获奖论文

论船舶碰撞新概念的理论和实践价值

饶中享

【内容摘要】船舶碰撞，专业性强，审理难度大。司法实践中常常为一海事案件是否认定为船舶碰撞，产生不同的意见。什么是船舶碰撞？它的内涵是什么？为什么提出了船舶碰撞的新概念？新概念的价值何在？本文仅就碰撞构成的问题，选择概念内涵的角度，以法学界提出的新概念为理论基础，从海事审判实践的需要出发，用辩证唯物主义的观点和"新"、"老"概念相比较的方法，根据法律的有关基本原则，论述了新概念的理论和实践价值。文中第一次提出了船舶碰撞是指船舶间直接接触或间接接触致损的任何船舶交通事故的观点。提出了船舶碰撞按碰撞形式不同可划分为直接碰撞和间接碰撞观点。提出了船舶碰撞在时间上容纳了碰撞之前，碰撞当时和碰撞之后的一个相应时间；在碰撞形式上集合了船舶间自发生避让关系开始至接触或不接触致损的全部内容的观点。大胆的提出了国际国内海商立法中逻辑上的混乱，建议将"船舶碰撞的新概念"作为法定概念。阐述了新概念使船舶碰撞法律关系完整地适用于船舶碰撞法的调整对象，提高了船舶碰撞法的调整效能，是海事司法实践的需要。用典型案例说明了新概念所揭示的内涵更符合内河船舶碰撞的客观实际。

【关键词】船舶碰撞　直接接触　间接接触　侵害赔偿

船舶碰撞是海事侵权纠纷中最普遍、专业性最强、审理难度最大的一类案件。司法实践中常常为一宗海事案件是否可认定为船舶碰撞，是两船间的碰撞还是数船间的碰撞产生不同的意见。那么，什么是船舶碰撞？它的内涵是什么？为什么提出了"船舶碰撞的新概念"，新概念的价值何在？笔者仅就以上问题略述己见，以求教于同仁。

1. 船舶碰撞的传统概念和新概念

船舶碰撞作为法律规范，是海上运输中客观风险责任向主观过错责任的归责原则转化而建立的，是过错责任原则的产物。法定概念上的船舶碰撞是指"海船与海船或海船与内河船发生碰撞，致使有关船舶或船上人身、财产遭受损害的事故”。法学理论上的“船舶碰撞是指船舶之间在水上互相接触而造成的损害事故”。法定概念与法学概念相比，仅在概念的外延上作了某些限制，内涵则完全相同，即：船舶间——接触——致损。按这一本质属性，构成船舶碰撞必须同时具备三个要件：第一，碰撞发生在船舶间，即碰撞主体必须是船舶；第二，船舶间要有直接接触，即钢体性直接碰撞；第三，要有损害，即构成船舶交通事故。法学理论上将以上概念称为船舶碰撞的传统概念。船舶碰撞的传统概念与过去一个世纪的航运经济和科学技术是基本相适应的，并对国际、国内的海商法和海事司法起过积极的作用。

概念是反映事物本质属性的思维形式，内涵是概念质的方面，外延是概念量的方面。概念的内涵和外延并不是永远不变的，当一个旧概念被赋予新的（或变更）内涵时，人们在认识上就会出现飞跃，使之成为新概念。船舶碰撞概念的内涵正是随着航运事业的发展而不断丰富的。由于航运事业的发展，船舶间即使没有实际接触也会造成损害。传统概念的内涵已不能科学地反映船舶碰撞的客观所在，过错责任原则的立法意图不能完全体现出来。为此，国际海事委员会（CMI）在1987年《船舶碰撞损害赔偿公约（草案）》（Preliminary Draft International Convention on the Assessment of Damages in Maritime Collisions）即《里斯本规则（草案）》，对船舶碰撞草拟了两个新的定义。

①“船舶碰撞系指船舶间，即使没有实际接触，发生的造成灭失或损害的任何事故”。②“船舶碰撞系指一船或多船的过失造成两船或多船间的相互作用所引起的灭失或损害，而不论船舶间是否发生接触”。

我国著名的海商法学者司玉琢教授根据上述两个新的定义第一次提出了船舶碰撞新概念的理论。从此，海商法学界就有船舶碰撞的传统概念和新概念之分。

《里斯本规则（草案）》对船舶碰撞草拟的两个新定义的一个共同点，在传统概念的基础上将船舶间“即使没有实际接触”或“不论是否发生接触”造成灭失或损害的任何事故都定义为船舶碰撞；不同点是定义②将“过失”列为船舶碰撞的构成要件。笔者认为，过失碰撞仅是船舶碰撞中的一个种类而不是全部，在侵害赔偿法上，过失是赔偿构成要件；在碰撞构成中，过失仅是充分条件而不是必要条件。所以，定义①比定义②更具有科学性。按照定义①的规定，构成船舶碰撞的要件是；第一，碰撞发生在船舶间；第二，船舶间有直接接触或间接接触；第三，要有损害。由此可见，船舶碰撞新概念对传统概念的一个实质性的改变是，船舶碰撞不要求船舶间有钢体性直接接触的构成要件，使直接接触在碰撞构成中由必要条件改变为充分条件，船舶碰撞概念的内涵扩大了。之所以称之为“新概念”，其根本原因即在如此。船舶碰撞新概念的提出，使船舶碰撞概念的内涵揭示得更深入，更符合客观实际，更能反映船舶碰撞的本质属性，为侵权构成提供了理论前提，因而是人类对船舶碰撞认识上的一次飞跃。

2．船舶碰撞新概念的理论和实践价值

如同新生事物的生命力一样，船舶碰撞新概念能否被国际、国内广泛接受，要看其本身所体现出来的价值如何。船舶碰撞新概念究竟有什么价值呢？笔者认为，新概念的理论和实践价值至少体现在以下几个方面。

2.1　为海商法学理论提供了新的更加广泛的研究领域

首先，增加了船舶碰撞的划分标准。传统划分标准是按碰撞责任和起因划分，而按新概念即可以碰撞的形式不同划分为直接碰撞和间接碰撞。直接碰撞是指船舶间钢体性直接接触致损的船舶交通事故，这与传统船舶碰撞概念的内涵是一致的。间接碰撞系指船舶间间接接触致损的船舶交通事故。所谓间接接触是基于船舶间存在避让关系或客观上负有不侵害他船之义务而建立的一种法律关系。船舶间避让关系包括，对驶关系、横越关系、尾随关系、并进关系以及在航船对不在航船的通过关系等；不侵害义务是指船舶间虽不存在避让关系，但船舶在行使航行权、锚泊权等各项权利时的一种不得对他船造成损害的客观的自然义务，包括作为和不作为。根据这一理论，我们还可以将间接碰撞的具体表现形式归纳为以下几类：其一，船舶间在避让过程中一船或数船为避免直接碰撞而搁浅、触礁、倒头挖黄（触坡岸）、碰撞固定建筑物或水上水下设施、与他船发生直接接触致损等船舶交通事故；其二，船舶间掀浪波击致损，俗称浪损；其三，船舶间因一船或数船的火灾、爆炸、油污污染、投物入水造成他船损害等。这样划分使原来某些船舶交通事故的性质得到了改变，如间接碰撞第一种情况中的搁浅、触礁、倒头挖黄等由单方海损划入了碰撞纠纷之中，符合船舶间侵权行为复杂多样化的特点，为过错责任原则的全面贯彻实施铺平了道路。

其次，扩充了建立船舶碰撞法律关系的因素。按传统船舶碰撞概念的理论，船舶碰撞法律关系的建立仅仅限制在船舶间的直接接触上。而按新概念则不然：从时间上讲，船舶碰撞容纳了碰撞之前、碰撞当时和碰撞之后的一个相应时间，因为在这个相应时间里无论船舶间是否直接接触，都存在船舶碰撞法律关系；从碰撞形成上讲，船舶碰撞集合了船舶间自发生避让关系开始至损害结果出现的避让关系、航路选择（内河）、避让行动（包括声号、信号、旗号、车、舵及其他航行和助航仪器的使用）、危局发生、临危措施、事故发生的全部内容，因为船舶发生避让关系就是一种间接接触，无论直接接触或间接接触致损，都可建立船舶碰撞法律关系。这一理论为寻找船舶碰撞事故的真正原因提供了可能。

2.2　为国际国内海商立法提供了新的理论基础

一方面，将船舶碰撞新概念作为法定概念，可以克服法律条文中逻辑上的混乱现象。1910 年《统一船舶碰撞某些法律规定的国际公约》（即《布鲁塞尔公约》）第一条规定“海船与海船或海船与内河船舶发生碰撞，致使有关船舶或船上人身、财物遭受损害时，不论碰撞发生在何种水域，都应按下列规定办理”。此条是船舶碰撞的法定概念，其内涵揭示为船舶间——接触——受损。而该公约第十三条又规定“本公约的规定扩及一艘船舶对另一艘船舶造成损害的赔偿案件，而不论这种损害是由于执行或不执行某项操纵，或是由于不遵守规章所造成。即使未曾发生碰撞也是如此”。这里的“即使未曾发生碰撞”也“扩及”适用公约，扩大了公约中船舶碰撞法定概念的内涵，使船舶碰撞不要求有直接接触的构成要件，改变了第一条船舶碰撞概念的本质属性。又如我国《海商法》规定的“船舶碰撞，是指船舶在海上或者与海相通的可航水域发生相互接触造成损害的事故”。另又规定：“……虽然实际上没有发生接触，……应当依照本章（船舶碰撞）规定负赔偿责任。”再如前《苏联海商法典》中的“船舶碰撞的损害赔偿”专章、《德意志联邦共和国海商法》中的“船舶碰撞损害”专节、《希腊海事私法典》中的“船舶碰撞”专章都将“虽然实际上没有发生接触”而造成损害的船舶交通事故扩大适用于船舶碰撞法律规范调整。这些国内立法与“布鲁塞尔公约”是一致的。在船舶碰撞的法定概念中要求有直接接触构成要件，而在扩大适用的调整对象中则不要求有直接接触要件，其结果在扩大适用的条款中改变了船舶碰撞法定概念的内涵，这样的立法形式违背了逻辑法则。依照逻辑科学，船舶碰撞之所以成为船舶碰撞而区别于其他船舶交通事故，是由其本质属性决定的。如前所述，国际国内船舶碰撞法定概念通过内涵反映的本质属性是：船舶间直接接触是必备要件之一。而在扩大适用的条款中又改变了“接触”这一本质属性要件，即“实际上没有发生接触”也构成船舶碰撞。碰撞构成不同，概念的本质属性就不是原来意义上的了。在同一部法律中概念内涵不统一，是立法中的一种逻辑上的混乱。若法律规范的适用范围改变了所调整对象的本质属性，还是该法律规范吗？显然不是。由此可见，船舶碰撞作为法律规范，如果是扩大适用，只能是概念外延的扩大；扩大了内涵，则改变了船舶碰撞概念的本质属性。国际国内海商立法上之所以出现逻辑上的混乱是因为船舶碰撞在传统概念中不能科学地揭示内涵而造成的。只有将船舶碰撞新概念作为法定概念才能避免这种法律条文中概念内涵的不统一。依照新概念，船舶碰撞是指船舶间直接或间接接触致损的任何船舶交通事故。这一概念本身扩充了船舶碰撞传统概念的内涵，船舶碰撞不要求有实际接触的构成要件，使船舶间“没有实际接触”的交通事故直接受船舶碰撞法律规范调整。运用船舶碰撞的新概念既符合客观实际，又符合按过错责任原则确定碰撞损害赔偿责任的立法意图，也不需要另立扩大适用的条款，自然避免了立法中逻辑上的混乱。

另一方面，使船舶碰撞法律关系完整地适用于船舶碰撞法的调整对象，提高了船舶碰撞法的调整效能。“船舶碰撞法，是调整有关船舶碰撞法律关系的规范的总称”。按照传统概念的理论，船舶碰撞法仅调整船舶间直接接触致损的法律关系。而依新概念则不然，船舶碰撞法不仅调整船舶间直接碰撞的法律关系，也调整间接碰撞的法律关系；不仅调整事故后的法律关系，也调整事故发生前的法律关系；不仅调整在航船舶间的法律关系，还调整不在航船舶间以及在航船舶与不在航船舶间的法律关系。总之，船舶碰撞的新概念为船舶碰撞法的发展和完善开辟了广阔的前景。

2.3　深入揭示船舶碰撞概念的内涵，使其成为新的更为科学的概念是海事司法实践的需要中华人民共和国最高人民法院《关于海事法院收案范围的规定》在海事侵权纠纷案件中规定了“船舶碰撞损害赔偿案，包括浪损等间接碰撞的损害赔偿案件”。这里“浪损等间接碰撞”的假定与船舶碰撞新概念中“船舶间虽未直接接触，但造成损害的任何船舶交通事故均属船舶碰撞”的理论一致。最高人民法院的这一规定显然突破了传统船舶碰撞概念内涵的限制，不仅为海事法院的收、立案提供了依据，而且为海事审判认定船舶交通事故性质、正确适用实体法、明确船舶碰撞法律关系中当事人的权利义务提供了司法依据。海事司法实践中经常遇到这样的案例：（1）甲船与乙船直接接触致损，而这一损害是由与之并无接触的丙船过失造成的。丙船是不是该船舶碰撞的当事船并承担责任呢？（2）大船追越小船，由于横距太近产生船吸现象，导致小船失控倒头触礁受损，这是不是船舶碰撞？大船应否承担赔偿责任？（3）A、B 两船相遇，在会船局面紧迫的情况下，A 船为了避免同 B 船直接碰撞而采取紧急措施，虽然实际上没有同 B 船直接接触，但却碰在山崖上受损，A、B 两船间是否存在碰撞关系？如果 B 船有航行过错是否应追究责任？

以上案例中提出的问题，用船舶碰撞的传统概念解释与用新概念解释，其结论是相反的。

例如，某海事法院审理的“望江 4 号”船舶碰撞案就是如此。“江津 204 号”船与“江渝 2 号”船在长江上游重庆港区发生直接碰撞，造成重大船舶交通事故。在以上两事故船实际接触前，“望江 4 号”船与“江津 204 号”及“江渝 2 号”船会过船，在会船局面紧迫的情况下，“望江 4 号”船抢档航行（即左舷会“江渝 2 号”，右舷会“江津 204 号”）。其船队左舷尾部擦碰了锚泊中正起锚待航的“江渝 2 号”右舷前部，虽未造成任何损失，但这一“抢档航行”是导致“江津 204 号”与“江渝 2 号”发生直接接触致损的原因之一。该案件中“望江 4 号”是不是事故当事船成为主要争议焦点。按传统船舶碰撞概念的理论解释，“望江 4 号”不是该船舶碰撞法律关系中的当事船。因为：第一，“望江 4 号”与“江渝 2 号”虽有直接接触，但这一接触没有造成任何损失，因缺少损害要件，不构成船舶碰撞；第二，“望江 4 号”与“江津 204 号”没有直接接触，缺乏直接碰撞要件，亦不构成船舶碰撞。“望江 4 号”与其他两艘事故船舶间都不构成船舶碰撞，故不是船舶碰撞法律关系中的当事船。不存在船舶碰撞法律关系，因而不受船舶碰撞法律规范的调整。那么，“望江 4 号”的航行过错责任如何能得以追究？用船舶碰撞新概念的理论则能合理地解决这一难题。虽然“望江 4 号”与“江津 204 号”没有直接接触，但在“江津 204”与“江渝 2 号”的碰撞形成过程中，有避让关系存在，这是一种间接接触，构成“望江 4 号”与其他两事故船的间接碰撞。所以，该船舶碰撞法律关系中的事故船舶不仅是“江津 204 号”和“江渝 2 号”，“望江 4 号”同样是事故船舶之一，其侵权损害的法律后果同样适用船舶碰撞法侵权损害民事责任的规定。第一，该船舶碰撞有损害事实存在；第二，“望江 4 号”在避让行动上有航行过失（抢档航行）；第三，“望江 4 号”

的抢档航行是造成“江津204号”和“江渝2号”直接接触致损的原因之一，即航行过失与损害的发生有因果关系。这三个要件构成了“望江4号”船方的船舶碰撞侵权赔偿责任。海事法院由此认定，“望江4号”承担事故的次要责任，并判决“望江4号”船舶所有人向受损方赔偿相应的经济损失。一审法院的认定和判决受到上诉审法院的肯定。这一案例充分说明船舶碰撞新概念具有重要的实践价值。

2.4 反映了内河船舶碰撞的客观实际

如果说船舶碰撞新概念是根据海上船舶间发生碰撞的复杂情况提出来的，那么这一新概念更符合内河船舶碰撞客观实际。内河通航水域航道狭窄且弯曲度大，通航密度大，船舶种类繁多，水流湍急，水文紊乱，船舶交通事故频繁，形成原因复杂，船舶碰撞时有发生。对某些事故，只有查清形成原因才能判断出是单方船舶交通事故，还是船舶碰撞事故；是两船碰撞纠纷，还是多船间的碰撞纠纷。如前所述，在船舶“对驶”关系中，一般为避让对遇船造成自损或与他船接触致损；在船舶“追越”关系中，因两船横距太近，产生船吸，造成一船失控倒头自损，或与他船接触致损；在船舶“尾随”关系中，前船发出的表示本船动向的声号，旗号或灯号错误，使尾随船采取相应避让行动造成自损或与他船碰撞致损；在船舶“横越”关系中，两船间已处于紧迫局面时，一船为避免与横越关系船相撞而背离规则造成自损，或与他船碰撞致损以及船舶掀浪波击他船致损等船舶间因间接接触致损的交通事故，在内河中更为多见。在内河海事司法实践中，只有用船舶碰撞新概念作理论指导才能对复杂的船舶交通事故做出正确的认定，从而正确审理好船舶碰撞损害赔偿纠纷案件，保护当事人的合法权益，制裁违法行为。

综上所述，怎样构成碰撞，船舶碰撞概念的内涵揭示程度如何，直接关系到海事司法机关对案件性质的认定，适用何种实体法，确定当事人间权利义务关系的重大问题。船舶碰撞新概念的提出，无论是在海商法学理论上，还是对国际国内海商立法及海事司法实践上都有其重要的理论和实践价值。但是，船舶碰撞是一种特殊的船舶交通事故，其形式多样，形成原因复杂。受主客观条件的限制和船舶交通事业不断发展等诸多因素的影响，我们还不可能在短时间内完整地揭示和掌握其科学的内涵，并正确地运用到审判实践之中。

注：此文于1992年荣获全国法院系统第四届学术讨论会一等奖。

参考文献：

[1] 司玉琢：《船舶碰撞的新概念》，载《海运法规通讯》1989年第1期。

[2] 任建新主编：《海商法讲义》，人民法院出版社1988年2月第1版，第129页。

[3] 吴家麟主编：《法律逻辑学》，群众出版社，1983年5月第1版。

[4] 王卫国：《过错责任原则：第三次勃兴》，浙江人民出版社。

论海事赔偿船舶所有人责任限制国内法冲突

饶中享　徐少林

【内容提要】 我国海船在海上或与海相通的可航水域发生海事赔偿时，船舶所有人按《海商法》的规定享受责任限制；内河船则依《民法通则》船舶所有人不享受责任限制，在适用法律上不统一，特别是海船与内河船在与海相通的内河水域发生侵权损害赔偿时，这一适用法律上的冲突更为突出。航海是冒险的代名词，海上有风险，内河也有风险。为促进内河航运的发展和适用法律的统一性，应建立内河海事赔偿船舶所有人责任限制法律制度，并妥善解决同一国家，同一法域，同一水域，不同船舶种类责任限制的法律适用冲突问题。全文分问题的提出、冲突的性质、解决冲突之必要、解决冲突的途径四个部分。并提出了《内河海事赔偿船舶所有人责任限制建议案》。

【关键词】 海事　赔偿　责任　限制

一、问题的提出

海事赔偿责任限制，是海商法中特有的并区别于民法损害赔偿的一项特殊法律制度，指因从事航运或与之有关的船舶因船长、船员的行为或其他原因，发生海损事故造成人命和财产的重大损失时，其船舶所有人依法在一定限额内予以赔偿的法律制度。这是基于航运事业的风险而设立的，国际上有《1957 年船舶所有人责任限制的国际公约》、《1976 年海事索赔责任限制公约》以及《雅典公约》等，我国《海商法》第十一章规定了"海事赔偿责任限制"专章，"船舶所有人、救助人，对本法第二百零七条所列海事赔偿请求，可以依照本章规定限制赔偿责任"。本章第二百一十条第二款还规定："总吨位不满 300 吨的船舶，从事中华人民共和国港口之间运输的船舶，以及从事沿海作业的船舶，其赔偿限额由国务院交通主管部门规定，报国务院批准后施行。"关于国内港口间海上旅客运输人身伤亡的问题，第二百一十一条第三款规定："中华人民共和国港口之间海上旅客运输的旅客人身伤亡，赔偿限额由国务院交通主管部门制定，报国务院批准后施行。"由此可见，300 总吨以上的远洋运输船舶按《海商法》第十一章的具体规定其船舶所有人享受海事赔偿责任限制；300 总吨以下的远洋船和从事我国港口之间运输的海船分别依国家主管部门制定国务院批准的"两个规定"其船舶所有人享受海事赔偿责任限制。而内河船舶，则依《海商法》第三条的规定，不受其调整，诚然不能依《海商法》享受海损赔偿船舶所有人责任限制；内河运输关系、船舶关系受《中华人民共和国民法通则》调整，《民法通则》实行的是严格责任制，无赔偿责任限制的规定。当海船在与海相通的内河水域发生海事赔偿时，海船与内河船在同一水域中，因船舶种类不同所适用的法律也不同，形成法律适用的冲突。若海船与内河船之间发生侵权损害赔偿纠纷（如船撞碰撞）时，是适用海事赔偿船舶所有人责任限制，还是不适用于责任限制，或者海船适用责任限制，内河船不适用责任限制？不难看出，这一冲突十分突出，有待及时解决。

二、冲突的性质

海事冲突法本是国际私法的研究对象，完全不涉及到国内法的问题。由于历史的原因，同一国家也存有不同制度，我国在收回香港、澳门以后实行一国两制，包括台湾在内将会出现一个国家四个海事法域。在法学理论上便开展了同一国家不同法域的区际海事法冲突研究。有人认为，这是“准国际海事私法”。然而，本文所称法律冲突与前两种法律冲突有其本质区别，是指国内法中同一法域、同一水域，不同船舶种类在适用实体法上的不统一。既不是国际间海事私法冲突，也不是区际间海事私法冲突，当然也就不是国际私法的研究对象。海事赔偿船舶所有人责任限制的国内法冲突，其特征主要体现在以下几个方面。

1. 立法机关的同一性。调整海船运输关系和船舶关系的我国《海商法》，其立法机关是中华人民共和国最高权力机关；调整内河运输关系和船舶关系的《民法通则》其立法机关亦是中华人民共和国最高权力机关。这区别于国际私法冲突规范的立法主体，也区别于区际海事法冲突规范的立法主体。

2. 同一法域性。海船和内河船船舶所有人责任限制适用法律的不统一，是同一法域的不统一，不涉及到国际间，也不涉及到区际间。而国际海事私法冲突，无论是国际间或区际间，至少是不同法域。

3. 解决冲突的自主性。在国际海事私法和区际海事法冲突中，解决冲突要么通过国际立法，约束缔约国和加入国，要么建立双边或多边条约，来调整法律适用的冲突。无论采取哪一种形式，都不是一个国家或区域能独自解决的，必须有相对方的合作才能实现其目的。而本文所述冲突则不同，只要经过我国立法或最高司法机关作出司法解释，即可发生法律效力。

总之，本文所称海事赔偿船舶所有人责任限制的国内法冲突，既不同于国际海事私法冲突，也不属于国内海事法的区际冲突，而是国内法在同一法域、同一水域，不同船舶种类在适用法律上的不统一。这属国内法范畴，是国内法的调整对象，只能从国内法的“废、改、立”上加以研究。

三、解决冲突之必要

海事赔偿船舶所有人责任限制的国内法冲突，影响我国法律的统一性和严肃性，使法院适用法律有诸多不便，与我国社会主义市场经济法制原则相悖。

1. 对我国法律统一性的影响。我国是法治国度，党的十一届三中全会以后，国家相继颁布了一系列法律。自确立了我国建立社会主义市场经济体制后，更进一步加强了经济立法，我国社会主义经济法律体系即将形成，其中立法工作的宗旨之一，就是加强法律的统一性和严肃性，有关部门正加强法律、法规的清理，通过“废、改、立”的立法途径，实现法律的统一性。如果保持现行的船舶所有人责任限制法律制度，这种部门法内部就存在不统一，难道不是阻碍了国家统一法度的进程吗？国际海事组织且有统一国际海事立法之规划，在航运大国的我国有什么理由不统一海事法度呢？

2. 法院适用法律的不便。我国司法原则之一，就是法律面前人人平等。对海船实行赔偿责任限制，内河船实行严格责任制，这显然不是适用法律上的平等。根据现行法律的规定，海船与内河船在内河水域发生碰撞，在赔偿责任上法院无法适用法律。按照我国《海商法》船舶碰撞专章的规定，海船与内河船发生碰撞受其调整，即按照完全过失责任原则的具体规定确定侵权损害赔偿责任。例如；海船与内河船发生碰撞后两船沉没，都推定全损，两船损失各100万元。若海船过失占碰撞因素80%，内河船20%，海船所有人依《海商法》享受赔偿责任限制在20万元之内对内河船承担赔偿责任，按过失责任海船所有人应赔偿内河船所有人60万元，因责任限制只赔20万元；假如内河船过失占碰撞因素80%，海船20%，则内河船所有人按过失责任赔偿海船所有人60万元。再若海船与内河船共同侵害第三人造成人身伤亡时，加害双方要承担连带责任，情形就更为复杂了。在同一责任制的归责原则下，采取不同的赔偿制度，是法律适用的畸形。法院如何适用法律？当事人怎会接受？岂不违背我国社会主义司法原则！

3. 不利于航运市场的公平竞争。我国社会主义市场经济的原则之一，就是将各经济主体都推向市场，实行公平竞争，航运业也不例外。既然船舶所有人责任限制的目的在于保护滞后于总体经济的航运事业，就应该将限额赔偿权利平等地给予每一位从事航运业的船舶所有人。如果将内河船与海船区别对待，就是一种重海轻河、损河益海，甚至是损内益外（如内河船与外轮碰撞时）。众所周知，我国内河运输远落后于海上运输，除历史和其他原因外，与计划经济下的重海轻河政策是有一定关系的。在市场经济体制下，如果在法律上保留这种倾斜，有碍于内河航运事业的发展，有损于公平竞争原则，与我国市场经济的法制原则相悖。

四、解决冲突的途径

我国《海商法》自1992年11月7日颁布后，已于1993年7月1日施行。交通部制定的《中国港口间海上旅客运输人身伤亡和行李损失赔偿责任限额规定》及《中国港口间海上运输、作业船舶及300总吨以下船舶海事赔偿责任限额规定》也即将颁布施行。为解决船舶所有人责任限制的国内法冲突，应当建立内河海事赔偿船舶所有人责任限制制度。

1. 内河航运同样有风险。航海是冒险的事业，内河也不例外，内河航道狭窄、弯曲度大、礁石林立、滩险漕浅，加之港口码头泊位密集、在航船舶密度大、船舶种类繁多，沿江、跨江建筑设施不断增多，仅长江上的大桥就达二十余座。一旦船长、船员在职务中犯有过失，就会造成灾难性后果。如南通“5.8海事”、原油船队起火爆炸、船队碰撞长江大桥等，其中一次海事死亡人数多达百余人，经济损失数百万元。航运业的“高投入、高风险”特点，在内河中完全地体现出来。从《海商法》的规定看，海船在与海相通在内河可航水域发生海事赔偿时，同海上一样适用责任限制规定，这说明《海商法》也肯定了内河航运的风险性。

2. 我国内河船舶所有人责任限制渊源。1959 年 9 月 19 日，中华人民共和国交通部以交海督（59）于字第 162 号颁发《关于海损赔偿的几项规定》（简称《海损规定》）第四条第一款规定：“海损的最高赔偿额，以船舶价值、运费和开航以后船舶受损未经修复所应得的赔偿为限。”在这里，我国船舶所有人责任限制以“最高赔偿额”为名出现了。交通部在给长江航运管理局的复函中，同意对由于在长江的引水员的过失造成的赔偿适用该《海损规定》。1979 年 6 月 25 日交通部发布的《水路货物运输规则》第三十七条规定，属于集体所有制水运企业承运货物造成货运事故才适用“最高赔偿额”。此后，集体船舶所有人责任以船价加运费予以限制制度的内河中得到了普遍地适用。个体船舶也视为适用。《民法通则》施行后，该海损最高赔偿额规定，在司法实践中视为自动失效。

3. 国际海事法主张内河实行船舶所有人责任限制。国际上对内河船舶所有人责任限制已有先例。1976 年责任限制公约第四章第二条前款第一项规定：缔约国可以通过国内法的具体规定，使责任限制制度适用于“依照该国法律规定，意欲在内陆水域中航行的船舶”。世界主要航运国家对内河船舶所有人责任也通过立法予以限制，以图保护、扶持内河航运业。如《美国法典》规定：有关责任限制的规定适用“所有海船以及所有用于湖泊或江河或内水航行的船舶”。前民主德国《海商法》第三条第四款规定：适用所有人责任限制的船舶是指“海上和与之相连的水域使用的水上航运工具（运动小艇除外）以及浮动和固定的设备”即内河船舶所有人亦可适用责任限制。从上述国际国内立法可以看到，适用责任限制的着眼点在于水上的航运工具及其他设备，而不是船舶赖以航行的媒介——海洋或内河。海洋或内河只是船舶航行的不同区域，无论何种区域，船舶都承担着运输风险，因此有必要对所有的船舶所有人进行责任限制。随着长江的对外开放，外轮已上驶到武汉港，在这种情况下，制定内河船舶所有人责任限制更具有紧迫性。例如，在内河中，中、外两船发生碰撞造成重大损失。根据侵权地法律适用原则，外籍船舶依照我国《海商法》规定可以实行船舶所有人责任限制。若内河船舶无责任限制规定，则国轮须对外轮承担无限赔偿责任，而外轮只对国轮承担有限赔偿责任。由此可见，我国内河适用责任限制，与国际通行法则、做法接轨，有利于公平地保护内河航运业健康发展，有利于内河航运业走向国际市场。

4. 内河船舶所有人责任限制制度

（1）适用船舶

《海损规定》对适用“船舶”没有作出定义。海事法院在审理海事纠纷案中，根据 1979 年《内河避碰规则》及其他河运法规精神，将责任限制船舶定义为

"航行和停泊于内河的各种船艇和其他水上运输工具，但不包括竹、木排"。随着我国内河航运立法的发展，1991 年我国又制定颁布了新的《内河避碰规则》。笔者认为，内河责任限制船舶可采用 1991 年《内河避碰规则》中关于船舶的定义，即"航行，停泊、作业于内河的各种船艇、移动式平台，水上飞机和其他水上运输工具，但不包括排筏"，以便同新的内河法规相衔接，保持内河司法的统一性和严肃性。《海损规定》对船舶大小没有限制，所有船舶均可适用，但排除国有船舶适用。这是出于当时计划经济的考虑。实践表明，营运船舶无论大小，无论是国有船舶、集体船舶、私营或个体船舶都是运输工具，凡作运输工具的船舶都应适用海事赔偿船舶所有人责任限制。

（2）限制性和非限制性债权

《海损规定》没有对限制性和非限制性债权作出明文规定，似乎船舶营运中产生的一切债务均可实行责任限制。这种立法的不完善导致内河船舶所有人动辄提出责任限制申请，将限制性债权的范围无限扩大，不公平地享有其不应享有的权利。因此，内河船舶限制性债权应明确为包括除责任人有"明知、故意、轻率"行为产生的债权之外的与船舶营运、救助作业直接相关的债权。还需要指出的是内河货物运输因迟延交付或旅客及行李运输因迟延到达造成重大损失情况，已由《水路货物运输规则》根据逾期天数占运到期限总天数的百分比，以违约金形式给予贷方以赔偿。故除延迟运输产生的债权外，内河限制债权可采用《海商法》之规定。内河非限制性债权则应根据我国承认、参加、缔结的国际公约由国内法作出调整的某些债权（如油污损害、核能损害等），以及限制责任明显不合理或与我国社会公共政策相违背的债权（如劳务赔偿等），可以完全适用《海商法》第 208 条关于非限制性债权的规定。

（3）责任限制方法和金额

我国内河船舶所有人责任限制渊源采用的是船价制度，以船舶造成海报事故后，船舶价值、运费和开船以后船舶受损未经修复所应得的赔偿作为所有人的责任限额。对人身伤亡不受最高赔偿额的限制。船价制运行多年表明，一旦船舶全损，对受害人的补偿就会落空。当事人唯希望船舶不发生损失，而船舶又不是货方所能掌握和控制的，况且船方有意无意地用低价值的旧小船来承担营运，即使船舶不是全损，也难对船舶准确估价以计算赔偿金额。考虑《海商法》已采用吨位制，根据内河海事审判的需要，在内河中确立吨位制是具有积极意义的。虽然《海损规定》对人身伤亡不受最高赔偿额的限制，然而内河人身伤亡实际赔偿数额很低，目前的习惯作法一人多则一万余元，少则数千元。随着我国保险事业的发展，内河中采用《海商法》吨位制及计算方法，适当降低赔偿限额既可满足财产和人身伤亡索赔请求，也有利于准确计算和有效限制内河船舶所有人的赔偿责任。

（4）实现内河船舶所有责任限制权利的程序

《海损规定》对实现责任限制权利的程序没有作出规定，审判实践中的船舶所有人责任限制纠纷案件，均混合在财产或人身伤亡索赔纠纷案件中，以船舶所有人利用责任限制来抵消索赔请求实现的。我们认为：内河船舶所有人责任限制的申请有具体的诉讼请求和事实、理由，是一个独立的诉，它是船舶所有人在承认索赔人的索赔请求的基础上，根据事实与法律规定来限制自己赔偿责任的一种请求，而不是否定索赔请求的证据或抵消请求的反诉。在受诉法院审理财产或人身伤亡索赔纠纷中，法院对责任限制请求也需要作出准许或驳回的裁定。所以，内河船舶所有人要限制其赔偿责任，应当向有管辖权的法律院提出独立的诉讼，经法院批准并向法院提交责任限制基金后，才能实现享受限制责任的权利。即使是港监机关调解的案件，其责任限制的裁定也应当由法院作出。

附：内河海事赔偿船舶所有人责任限制建议案

第1条 本规定所称内河是指中华人民共和国境内与海相通的可航水域，不包括水库和盆湖。

第2条 本规定所称船舶是指用于商业营运航行或停泊于内河的一切船舶，包括进江海船、外国籍船和内河船。

第3条 航行国际航线直达运输的船舶在内河发生海事赔偿时，船舶所有人责任限制适用《中华人民共和国海商法》第十章的规定。

第4条 内河船、航行国内港口之间的进江海船与航行国际航线直达运输船在内河发生侵权损害赔偿的船舶所有人责任限制，适用《中华人民共和国海商法》第十一章的规定。

第5条 航行国内港口之间的进江海船，在内河发生海事赔偿时，船舶所有人责任限制适用《中国港口间海上旅客运输人身伤亡和行李损失赔偿责任限额规定》、《中国港口间海上运输、作业船舶及300总吨以下船舶海事赔偿责任限制规定》的规定。

第6条 内河船与航行国内港口之间的进江海船，在内河发生侵权损害赔偿时，船舶所有人责任限制适用《中国港口间海上旅客运输人身伤亡和行李损失赔偿责任限额规定》、《中国港口间海上运输、作业船舶及300总吨以下船舶海事赔偿责任限制规定》的规定。

第7条 内河船海事赔偿船舶所有人责任限制的适用条件和范围依照《中华人民共和国海商法》第十一章的规定执行。

第8条 海事赔偿内河船舶所有人责任限制依照下列规定计算赔偿限额。

（一）关于人身伤亡的赔偿请求

1. 300总吨位以下的船舶，赔偿限额为实际吨位数×0.6666万元人民币；

2. 300总吨位至500总吨位的船舶，赔偿限额为200万人民币元；

3. 500总吨位至1000总吨位的船舶，赔偿限额为200万人民币元＋（实际总吨位－500）×0.4万人民币元；

4. 超过1000总吨位的船舶，赔偿限额为400万人民币元＋（实际总吨位－

1000）×0.2 万人民币元。

（二）关于非人身伤害的赔偿请求

1. 300 总吨位以下的船舶，赔偿限额为实际吨位×0.3 万人民币元；

2. 300 总吨位至 500 总吨位的船舶，赔偿限额为 130 万人民币元；

3. 500 总吨位至 1000 总吨位的船舶，赔偿限额为 130 万人民币元＋（实际总吨位－500）×0.15 万人民币元；

4. 超过 1000 总吨位的船舶，赔偿限额为 205 万人民币＋（实际总吨位－1000）×0.1 万人民币元。

第 9 条 依法从事我国港口之间拖带作业的外国籍拖轮，在内河发生海事赔偿时，船舶所有人责任限制适用本规定，法律另有规定除外。

第 10 条 江海直达的船舶，发生赔偿事故的当航次仅从事内河运输时，以内河船对待。

第 11 条 参与多式联运的内河船舶，其船舶所有人的责任限制的赔偿限额适用第 8 条的规定。

第 12 条 本规定所称“以下”包括本数，“以上”不包括本数。

此《建议案》供我国立法机关或最高司法机关参考。

注：此文于 1993 年荣获全国法院系统第五届学术讨论会一等奖。

参考文献：

[1] 赵相林著：《国际私法》，中国政法大学出版社，2000 年 1 月第 1 版。

[2] 司玉琢著：《新编海商法学》，人民交通出版社，1991 年 9 月第 1 版。

论船舶碰撞驾驶过失的要素分析法

饶中享

【内容摘要】 要素，即构成事物的必要因素。船舶碰撞形成由诸要素组成，用技术规范《避碰规则》确定要素过失，以法律规范分析要素过失与碰撞的因果关系，从而认定碰撞中的驾驶船舶过失，是一种新的船舶碰撞驾驶过失的分析方法。要素分析法将技术规范同法律规范有机地结合起来，旨在使专业问题普通化，复杂问题简单化，提高海事审判的质量和效率。全文分：船舶碰撞形成要素与要素过失；要素分析法的基本原则；要素分析法与其他碰撞过失原则及学说的关系；要素分析法的实践意义四个部分。

【关键词】 碰撞过失　要素分析

我国《海商法》确立了船舶碰撞过失责任原则，亦称过失赔偿原则。在船舶碰撞过失中驾驶船舶过失有着更强的专业性和复杂性。法律本身没有作出何为碰撞驾驶过失的规定，国内外的碰撞法学理论多从法律角度进行研究。本文采用技术和法律相结合的方法提出一种新的确定船舶碰撞驾驶过失的要素分析法。

1. 船舶碰撞形成要素与要素过失

碰撞形成，是船舶间从初见（包括互相实际发现或应当发现）开始到直接接触或间接接触致损的全过程。碰撞形成是一个复杂多变的过程，受人、船及其他各种外界条件的影响和制约，事故原因是多方面的，如果我们把所有的条件、因素、时间及事故证据都搬出来进行原因分析，认定碰撞过失，不仅会浪费大量的人力物力，而且难免出偏差，以致结论错误。如在某船舶碰撞案中，碰撞船队计划拖 9 艘驳船，实际只拖了 8 艘，调查人员纠缠不放，花了近 20 天时间行程数千里查证，还在初步分析时认为这提高了航速，并以此作为碰撞原因之一。这不能不说是办案的偏差。辩证唯物主义认为，一切事物都有他自身的客观规律，船舶碰撞之所以专，就在于它有其特殊规律。我们研究碰撞形成要素，就是根据船舶碰撞特有的客观规律总结出一般碰撞形成中与碰撞发生有本质联系的必要因素，使法院或当事人依法运用证据把待查的碰撞事实真相具体化、明确化。对与碰撞有密切关系的事实决不疏漏，对与碰撞无紧密联系的问题不纠缠，集中注意力，准确、及时地查明碰撞发生的真正原因。要素，即构成事物的必要因素。碰撞法中的“过失”是指行为人具有过失心理状态时作出的行为。驾驶人员在过失碰撞中的过失行为，存在于碰撞形成之中，碰撞形成又由诸要素组成，当驾驶船舶过失行为发生在某一特定要素时，该要素即为过失要素。在司法实践中，对船舶碰撞案件，无论是当事人还是法院，无不围绕瞭望、航速、航路、避碰行动、临危措施、时间和碰撞结局等七项要素进行查证、争辩、分析，并据以认定。如著名的南通“5·8”碰撞案中，被告律师的代理词就有4万多字的要素分析；另一船舶碰撞案庭审时长达7小时的法庭辩论，仅围绕避让行动一个要素进行。碰撞形成要素分述如下：

1.1　瞭望（Look out），是指船员用视觉、听觉及一切有效手段（包括用望远镜观察、瞭头，雷达观测等）随时掌握周围环境及来船动态以便对局面和碰撞危险作出充分估计。专家的公式是“发现＋判断＝瞭望”《1972年国际海上避碰规则》（下称《海规》）和《1991年中华人民共和国内河避碰规则》（下称《内规》）都将瞭望作为船舶行动通则的首要条款。在过失碰撞中，所称驾驶员责任心不强主要指疏忽瞭望。据有关资料分析，全世界二十多年来的过失碰撞中，由于疏忽瞭望造成的，占80%以上，有的案件中，疏忽瞭望是碰撞的唯一原因。驾驶人员在引航操作中应该发现他船而没有发现或发现他船后未作出正确估计，都是瞭望要素过失，前者为疏忽大意的过失，后者是自信可以避免的过失。

1.2　航速（Speed），是指船舶在航时，船对大地的相对速度。海上以节或海里/小时为单位，内河则以公里/小时为单位。《海规》和《内规》都有“安全航速”的规定，指“每一船舶在任何时候应用安全航速行驶，以便能采取适当而有效的避碰行动，并能在适合当时环境和情况的距离以内把船停住”。安全航速是规则的原则规定，其目的是使船舶有足够距离和时间进行避免碰撞的操纵。安全航速不是定量，只能依据不同船舶的快速性、操纵性、航段情况及其他有关规定由驾驶人员作出适量限速，具有主观标准性。控制速度是指港口或桥区为其安全由主管机关作出的定量航速，具有强制约束力，可用统一的客观标准衡量。船舶违反安全航速的规定或控制航速的规定，都是航速要素过失。

1.3　航路（Route），是指船舶根据航道的客观情况及本船的航行性能在航行中所选择的航行路线；船舶航行时投影在海底的运动迹线为航迹。航路是预定的航行路线，航迹是已经驶过的航行轨迹。航路有法定的和船员以通常做法选定的两种，如海上有分道通航制的规定，内河有下行船沿主流或航道中间行驶，上行船沿航道一侧或缓流行驶的规定。由于航道与船舶航行本身的规律，船舶的航路不可能像汽车那样单一靠右（或靠左）行驶，而有其任意和复杂多变的不同选择。航路选择错误，或航迹偏离正确航路即为航路要素过失。

1.4　避碰行动（Action to Avoid Collision），分避让关系（亦称避让原则）和避让行动。避让关系是指船舶间在航行会让中具体的权利义务关系，习惯上称让路船和被让路船关系，有法定和约定两种。法定避让关系是规则规定的避让原则，如：横越船要给直航船让船（横让直），上行船避让下行船（上让下），有他船在本船右舷者为他船让路（左让右），干流驶进支流的船让支流驶入干流的船（干让支），还有单行通行的特别避让规定等；约定避让关系是指船舶间通过联系，双方约定的会船地点及右舷会让或左舷会让。避让行动是指船舶间为防止碰撞而采取的各种引航操作，包括灯、旗、声号和车、舵及雷达等助航仪器的使用，含作为和不作为。避让关系是避让行动的前提，某些避让行动又寓于避让关系之中，如航行灯号、信号、显示和联系会让意图的表示等，两者不可分割，组成避碰行动整体。船舶没有遵循避让原则，避让关系选择错误或不采取避让行动、避让行动不当等，均为避碰行动要素过失。

1.5 临危措施，是指碰撞形成中处于紧迫危险时，在仅靠一船措施已不能避碰的情况下，无论是何种原因造成的也无论是让路船或被让路船都应主动采取合理避碰措施，并运用良好船艺直至“背离规则”的一切措施。临危措施是碰撞形成的最后环节，紧迫危险是背离规则适用的条件。如果应该采取措施而没采取，或措施明显不当，即构成临危措施要素过失。

1.6 时间（Time），作为碰撞形成要素，主要指它贯穿碰撞形成的全过程。一般有初见时间、联系会让时间。时间要素本身不能成为过失要素，但有着见证和推定作用，一旦确定它与其他要素的关系，往往起着举足轻重的作用。碰撞案中常常发生时间争执，如：一浪损（间接碰撞）案中，某小船称某年某月某日某时被某大船浪沉，大船却否认有这一事故，因浪损无钢体碰撞痕迹，无物证和直接证据可查，案件的焦点首先集中在小船所述沉船的时间是否与大船经过的时间相符。经查，小船在该时间的前一天因大风致沉。可见时间要素在此案中的决定性作用。

1.7 碰撞结局，是指船舶间直接接触或间接接触致损时的碰撞方位（海上叫地理坐标），船舶最初接触点和碰角，碰撞时及以后演变的物理形态。同时间要素一样，碰撞结局要素不能成为过失要素，但有重要的事实推定和印证要素过失的作用。

2. 要素分析法的基本原则

2.1 实际过失原则。指要素过失是直接证据证明的客观存在的过失。要素分析法以认定的要素过失为基础来判断碰撞过失，所以要求要素过失真。所谓真，即符合客观事实，只有真前提才能判断出真结果。在认定要素过失时，一般不应适用推定。如一船驾引人员没有发现小船，直到碰撞发生时，才知道出了事故，那么该船驾引人员就犯有瞭望要素过失。

2.2 因果联系原则。指当要素过失与碰撞发生有直接的本质的内在联系时才能认定为碰撞过失。要素过失不必然是碰撞的原因，但驾驶过失碰撞的原因必然存在于要素过失之中。有的过失碰撞中有几个要素过失，甚至所有的要素过失都是原因，有的则仅一个要素过失是碰撞的原因。如果要素过失不是碰撞发生的原因就是没有因果联系，没有因果联系就不构成碰撞过失。如果要素过失没有连续作用，在有足够避让安全距离前中断，称为原因链中断，原因链中断也不构成碰撞过失。此外，如果碰撞形成中有几个要素过失与碰撞有因果联系，也要视各要素过失对碰撞作用的大小来确定其各要素的过失程度。

2.3 要素间互相印证原则。指基本事实要素之间，过失要素之间，非过失要素之间，以及它们相互之间都能在要素的综合分析中得以相互印证。如果说单一要素过失与碰撞发生有必然联系才构成碰撞过失是必要条件，那么要素过失之间的有机联系就是充分条件。时间和碰撞结局之所以是碰撞的必要因素是因为此两项要素的证据最易查清，能有机印证各要素过失。如果要素间不能相互印证，应重新审查分析证据，直至矛盾之处合理排除。否则，不应轻易定案。

3. 要素分析法与其他碰撞过失原则及学说的关系

3.1　要素分析法与碰撞过失的一般原则。《内规》借鉴《海规》在“责任”条款中规定“船舶、排筏及其所有人、经营人以及船员对遵守本规则的疏忽而产生的后果，以及对船员通常做法所要求的或者当时特殊情况要求的任何戒备上的疏忽而产生的后果负责。”《海规》还同时规定，应当考虑“背离规则”、“特殊情况”、“船舶条件限制”三种因素。这一规定确定了碰撞过失的一般原则，即驾驶或管理船舶过失以“遵守本规则的疏忽”、“通常做法所要求的疏忽”、“特殊情况要求的任何戒备上的疏忽”的客观标准为前提，以“特殊情况”和“船舶条件限制”的主观标准作补充，以“背离规则”为例外的作为或不作为。要素分析法应遵循这一基本原则，两者之间是原则和具体的关系。规则对过失责任的原则规定是其本身发展的产物，更多地体现技术规范的特征，符合调整对象复杂多样化的实际情况。而在两千多年前的《罗得海法》中规定是具体的，“如果一艘航行的帆船在白天与另一艘锚泊或松帆的船相撞，碰撞及其损害的责任归于前一艘船舶的船长和船员，他们要把货物捐献出来”。航运事业及科学已经发展到今天，规则条款像这样具体规定是不可能的，要素分析法则可予以补充。

3.2　要素分析法与事实推定过失原则。事实推定过失是指发生船舶碰撞损害，如果受损方能够证明其受损害的事实以及其他符合一定要求的基本事实，由此推出假定事实的存在，并从中认定碰撞过失。在航船舶间的碰撞，时过境迁，往往没有碰撞现场可查，间接碰撞连钢体痕迹也没有，单凭实际过失原则是不能满足需要的。

在长期的司法实践中，海事法官借助事物的因果联系原则、逻辑法则和船舶航行的一般规律，确定了“事物本身说明问题”的事实推定过失原则。这一原则被国际海事司法界广泛接受。要素分析法从船舶碰撞的技术角度确定要素过失，由此分析要素间及要素与碰撞发生的必然联系。一方面，要素分析法为事实推定打下了良好基础，提供了可行的捷径，可以提高事实推定的准确性；另一方面，事实推定原则可以指导要素分析法的具体运用。

3.3　要素分析法与法律推定过失原则。碰撞法上的法律推定过失原则是指如果一船违反航行规则，法律便推定为碰撞过失。最早规定于英国 1873 年《商船航运法》上，后在 1894 年《商船航运法》第 419（4）条中规定“在碰撞案中，如果一船违反避碰规则，该船即被认为犯有过失”。1911 年在《海上公约法案》中被废除。1910 年《统一船舶碰撞某些法律的国际公约》第六条明文规定“有关碰撞责任的一切法律推定均应废除”。尽管最先规定这一原则的国家和国际碰撞公约都已废除，但在少数国家却一直延用至今。如美国在 1874 年最高法院对“宾西法尼亚”一案，以此原则作出判决，被确定为“宾西法尼亚规则”的判例法，该法对至今的判决仍具有约束力；加拿大也适用法律推定过失原则。我国法学理论不主张法律推定过失，但在实践中还存在受其影响的案例。因法律推定过失原则不考虑违规与碰撞的因果关系，而不被要素分析法所接受。要素分析法主张，要素过失除非与碰撞有因果联系，否则就不认为是碰撞过失。

3.4　要素分析法与最后机会原则。最后机会原则亦称最后避让机会原则，“指当两船发生碰撞，尽管船有过失，如违反航行规则，但如证明另一船已发现对方有过失，且有充裕的时间可以采取适当措施来避免碰撞的一方承担全部碰撞责任”。它来源于1842年英国的“驴案”判例。该原则以过失中断（原因链中断）为理论依据，以有最后避免机会为条件，将碰撞形成中与碰撞的发生在时间上最接近，距离上最短的过失因素确定为碰撞过失。要素分析法对最后机会原则不是完全采纳，而是扬弃。如最后机会原则中的“过失中断说”为要素分析法所接受，要素过失不必然是碰撞过失，其中就有一个过失中断的问题；而“条件说”则不能接受，要素分析法强调要素过失必须与碰撞的发生有因果联系，这种联系不是机械地、简单地以时间或距离为标准，而是以本质的、必然的内在联系为标准来衡量。譬如：甲船在长江某段沿航道左侧缓流下行，乙船在同侧上行；甲船要求互从右舷会让，乙船不表态，两船发生碰撞。按最后机会原则，尽管甲船有航道选择的过失，而乙船没有遵循上让下的避让关系，又未采取任何避碰行动，在有最后机会避让的条件下而没有采取，应承担事故全部过失责任。依要素分析法，下行船首先在航路要素中有过失，而这一要素过失与碰撞有直接因果联系，构成碰撞过失，即使避让行动要素过失全在上行船一方，下行船也应承担主要碰撞过失责任。因为上行船不可能为避让由航道一侧横向跨越航道行驶。最后机会原则不合理的一面在于，给先有过失的一方提供了不合理的免责，削弱了避碰规则的作用，不利于维护安全航行秩序。

3.5　要素分析法与碰撞过失的主观标准说和客观标准说。碰撞法上的“主观标准说”是指对行为人的过失判断以其预见能力为条件，若能够预见而没有预见即为过失；“客观标准说”则指对行为人的过失判断以其应当预见的范围为统一条件，若应当预见而没有预见即为过失。这两种不同的学术观点，在碰撞法学上共存，长期以来在学术交流中各持己见。要素分析法认为，对行为人的过失判断以客观标准为基本原则，适当考虑主观标准。对同一类或等级的船员，以及规则规定所有船员应具有的良好船艺方面应遵循客观标准；对不同等级或船舶间有驾驶能力差异时适当以主观标准判断过失及过失程度。理由是，船员是在船上工作的特种工作人员，《海商法》对船员作了专章规定。船上的持证人员（其中包括船长和驾驶轮机人员）必须是具有一定知识和航行操作能力的人担任，并按船舶等级和航线分别颁发证书，授予相应职称（高级、中级、初级不等），在取得证书考试时，对一般船员应知应会的知识和同等级船员以同等标准，对某些知识则以不同级船员用不同等标准，如果将不同等级船员过失标准统一用应该预见的客观标准是不公平的。只有在同等级船员中和一般应具有的知识程度上用客观标准才有统一尺度的基础。反之，如果将所有的船员用能够预见的范围为标准，与规则立法精神不相符合，不利于提高船员素质，确保海上安全，不利于认定碰撞过失，维护法律的严肃性。在具体适用中须持严肃态度，不能将应用统一尺度的客观标准行为，作主观标准判断。

3.6　要素分析法与海事诉讼的举证责任原则。举证责任原则，即诉讼当事人谁主张谁举证和举证责任转移的基本法则。首先，要素分析法对要素过失采取实际过失原则，要求当事人对自己主张的他船要素过失提供直接的证据予以证明，从而强调了当事人的举证责任。其次，要素分析法将证明对象科学地浓缩到碰撞形成要素和因果联系上，要求当事人举证不是漫无边际地提供所有证据，而是相关要素的证据，从此意义上讲又减轻了当事人的举证负担。再次，要素分析法只要求当事人对自己的主张提出初步证据，即可引起举证责任转移，这符合船舶碰撞举证责任的客观实际，因为船对另一船的过失不可能提供全部的实质证据，如车钟记录，航行记录等。由此可见，要素分析法为全面贯彻和正确运用海事诉讼当事人的举证责任原则提供了可能，增强了操作性。

4. 要素分析法的实践意义

产生于审判实践的要素分析法，将直接服务于海事审判实践。船舶碰撞专业性强，要求所有的海事法官都具有驾船基础是不可能的。要素分析法从专业技术中将碰撞形成要素提炼出来，使专业问题普通化，复杂问题简单化，便于审判人员掌握和操作，从而能动地驾驭船舶碰撞案件的审判。为保证审判质量，提高审判效率提供了一种科学的审判方法。

第一，合理缩小了举证和查证范围。如前所述，要素分析法将船舶碰撞有待查清的问题具体到基本要素及要素与碰撞有因果联系的事实上，有明确的证明对象。无论是当事人举证或法院查证范围都相对合理缩小了。

第二，为直接庭审和庭审质证创造了条件。直接开庭和庭审质证是提高审判质量和效率的方法之一。由于要素分析法只要求当事人对自己的主张提供初步证据即可导致举证责任转移，这一要求对于当事人来说是不难做到的，只要具备就可以直接开庭，并给予当事人在庭审中充分的质证机会。如某院在审理某航运公司与某轮船公司船舶碰撞损害赔偿纠纷一案时，试用要素分析法即获得良好效果。

1988 年 1 月 28 日 4 时 50 分，航运公司所属湘航 20101 号单船（下称单船）下行于长江下游莲花洲水道下口，航路偏航道左侧，沿陈吉洲渐转渐稳下驶，过陈吉洲下红灯标时，见轮船公司所属长江 22037 船队（下称船队），由吉阳矶红灯标下上驶。两船（队）相距 3 公里互见后，各自鸣放声号一短声，同时显示红色闪光灯，统一了互从左舷会让意图。船队过河至航道左侧沿缓流上驶，05：37 时平吉阳矶红浮。05：40 时两船（队）处于紧迫危险，单船先用右舵后用左舵企图避头后让艄；船队先右舵，后停车、倒车，两船（队）所采取的临危措施均未能奏效，于 05：44 时在长江下游陈吉洲 1 号白浮下的上水航路上，单船左舷尾部与船队左舷首驳接触，接触后单船横置于船队首部，约14分钟后，单船倾覆，所载货物全部倾入河流左侧航道外40米处，造成事故损失359987.1元（其中原告损失345644.9元，被告损失14342.2元）。这是一起驾驶船舶过失导致的碰撞事故，法院在审理中具体运用要素分析法如下：

4.1 确定与本案有关的要素。双方在1公里以上处互见，在判断对方流向后互相认定为对驶相遇船，发现早，判断正确，瞭望要素的过失得以排除；统一为左舷会让，符合航道要求和避让原则，避让关系要素过失亦可排除。航路选择、避让行动、临危措施可能构成过失要素，时间和碰撞结局两个基本事实要素有着重要的推定和印证作用。

4.2 直接开庭审理。在审查了初步证据后，传双方当事人到庭公开审理。首先全面听取了双方当事人的陈述，然后由当事人对与碰撞事故相关的要素过失事实当庭质证，最后由双方当事人展开辩论。经庭审的两个阶段后，过失要素及其与碰撞的因果关系即已清楚（法院清楚、当事人也清楚）。

4.2.1 关于航路要素过失：原告自称单船航路是顺主流偏航道右侧下驶，经当庭质证后的事实认定，实际航迹是，沿航道左侧缓流一侧下驶，单船航迹偏离航路；船队自确定避让关系后，过河沿航道左侧缓流上驶，航路选择与航迹相吻合。单船航迹占据了船队航路，犯有航路要素过失；船队航路正确。

4.2.2 关于避碰行动要素过失：两船（队）统一左舷会让，符合《内规》避让原则和航道条件的要求，是正确的。单船在统一会让意图后应让出上水航路，此处是左弯航道，只要在一公里以上处稳向（罗经向）航行，即可顺利让出。而该船却采取渐转（向左）渐稳的操纵逼近船队；船队在发现单船占据上水航路又未采取正确避让行动时，没有按《内规》要求发出怀疑对方行动的声号，引起注意，以致形成紧迫危险。此要素中，单船犯有避让行动驾驶操作（作为）的要素过失，船队犯有未发出怀疑声号（不作为）的要素过失。

4.2.3 关于临危措施要素过失：单船先采取右舵让艄，后左舵让艉的操作，符合通常做法，左舵还有背离规则之意，但为时过晚，背离规则没有达到有效的目的；船队采取右舵、停车、倒车，符合船队的操作方法和航道条件及格局的要求。此要素中，单船犯有临危措施过晚的过失，而船队因其操纵性能和航道及格局所限，已做到通常做法和特殊情况下的戒备，没有过失。

4.2.4 关于要素间的事实推定和印证：用时间要素，对航迹、碰撞概位进行推算（具体推算略），与认定的航迹和碰撞方位相印证，碰撞结局中的各事实要素又与航迹、避让行动相印证；此外，航迹与避让行动临危措施相印证。对要素过失的认定，没有矛盾之处。

4.2.5 关于因果联系分析：单船航路要素过失一直延续到碰撞发生，是事故的主要原因，构成碰撞的主要过失责任，具体为碰撞过失的60%。两船的避让行动要素过失都与碰撞有关。即如果单船采取了正确的避让行动，让出航路，该事故可以避免；若船队发出怀疑声号，引起单船注意，并纠正避让行动的错误或及早采取临危措施，有可能避免事故或减少事故损失。显然，单船过失大于船队，单船避让行动的作为过失是碰撞过失的 20%；船队避让行动的不作为过失占碰撞过失的 10%。临危措施要素中，单船措施过晚，占碰撞过失的 10%，背离规则行动的使用未奏效，也未扩大损失。不构成碰撞过失。

经对各要素和因果关系的综合分析，该船舶碰撞中，单船驾驶船舶的过失占碰撞过失因素的 90%；船队驾驶船舶的过失占碰撞过失因素的 10%。碰撞过失认定后，双方当事人提出调解要求，经休庭调解，双方自愿达成调解协议：由船队所有人（轮船公司）赔偿单船所有人（航运公司）碰撞事故损失 21657.8 元（此数加轮船公司自损，共占总损的 10%）；补偿 27142. 2 元，合计 48800 元。调解书生效时即履行完毕。

实践证明，运用要素分析法这种新的船舶碰撞驾驶过失的分析方法审理船舶碰撞案件，能够实现审判质量、效率和社会效果的三统一。

注：此文于 1993 年荣获全国法院系统第五届学术讨论会二等奖。

参考文献：

[1] 司玉琢、吴兆麟编著：《船舶碰撞法》，大连海运学院出版社，1991 年 7 月第 1 版。

[2] [英] 科克罗夫特、[荷] 拉梅查著（赵劲松译）：《海上避碰撞则指南》，大连海运学院出版社。

[3] 王怀安编：《中国民事诉讼法讲义》，人民法院出版社。

[4] 望作信编著：《船舶避碰实用手册》，大连海运学院出版社。

[5]《海商法论文集》，学术书刊出版社。

[6] 吴光正：《浅析安全航速》，载《中国河运》1992 年第 6 期。

[7] 饶中享：《论船舶碰撞新概念的理论与实践价值》，载《中国海商法年刊》第 3 卷。

论海事国际惯例的适用

饶中享　王建新

【内容摘要】 国际惯例的研究既是全球经济一体化和我国加入 WTO 后的需要，也是海事司法实践的需要。当前某些行业为了行业利益混淆了国际惯例的基本概念，理论上对其性质的认识亦极不统一，司法实践中对国际惯例用不用，怎样用，难以把握。国际惯例首先起源于海事国际惯例，海事国际惯例具有跨国性、任意性、普遍性、专业性和规范性特征，是实体法规范。尊重和适用海事国际惯例是全球经济一体化和海事司法实践的需要。本文以对海事国际惯例的概念、形式、性质的分析和评价为切入点，重点研究了海事国际惯例的适用，包括识别标准、查明途径和冲突形式等，最后提出了冲突解决的立法或司法解释建议。

【关键词】 海事惯例　适用原则

1. 问题的提出

在全球经济一体化及我国已加入 WTO 的大环境下，经济主体、政府部门、司法机关和其他行业都提出要“按国际惯例办事”，与“国际惯例接轨”。然而，究竟何为国际惯例，其类型与形成，性质与地位，识别与查明，冲突与解决等诸方面的问题，尚缺乏系统的研究，认识上不统一，适用中各取所需。如，有专著名为《国际条约与惯例》，实则找不到任何惯例条款。又如，某些行业为了行业利益，将行业规范当成国际惯例，实际是保护行业利益的借口，于是法律界的专家直言：“国际惯例”也需要打假[1]。还如，有的代理人在法庭“雄辩”中开口就要依照国际惯例，可根本不能提出适用什么样的国际惯例。有的审判人员在涉外商事、海事审判实践中，认为国内法或国际条约没有规定的就是没有法律依据；某些判决书则写道，“根据某某法及国际惯例判决如下……”什么惯例呢，前无陈述，后无引用。由此可见，国际惯例在当今被当成了“神”，需要就可以取之即来，来之能用，用而有利。为了防止国际惯例的滥用，我们必须对国际惯例的适用问题进行专门的研究。国际私法中的国际惯例主要规范民事主体之间的私法关系，海事国际惯例就属于这一范畴。

2. 惯例的概念

2.1　基本定义

国际惯例的概念在我国法律中没有明确的规定，理论界对国际惯例有三种代表性表述：(1) 国际惯例是在国际交往中逐渐形成的不成文的法律规范，它只有经过国家认可才有约束力[2]。(2) 国际惯例是在国际贸易实践中逐渐、自然形成，某一地区，某一行业或某类贸易中所经常遵守和普遍接受，并由此产生相应的义务感与合理期望的任意性行为规范[3]。(3)国际惯例指在国际交往中经过反复实践形成的公认的不成文规则，由国际“习惯”(CUSTOM)和“通例”(USAGE)两部分组成[4]。这三种表述各有侧重，都不同程度地揭示国际惯例的主要特征，但都不全面。第一种揭示了国际惯例与国内法及国际条约的区别，但外延过窄，因为国际惯例在一定条件下有约束力。第二种比较全面的揭示了国际惯例的普遍性特征，但没有表明国际惯例的编纂机关。第三种揭示了国际惯例的形成过程，但过于抽象，没有体现国际惯例的成文性特点。

综合上述几种表述，国际惯例是指在国际商业往来中经过长期实践形成，并由非政府性国际组织编纂成文的行为规范。由此可见，海事国际惯例是指国际海事行业在船舶关系和海运关系的长期实践中逐渐形成，由非政府组织编纂成文，在较大范围内被经常遵守和普遍接受，并由此产生合理期望的行为规范。海事国际惯例的基本特征是：(1)跨国性，它调整的是跨越一国国境的民商事行为与事件；(2)任意性，它由非政府组织编纂，不可能有强制力，在当事人明示或默示采用时才有约束力；(3)普遍性，它是在涉外经济往来的反复实践中形成，在较大范围内普遍知道或理应知道。(4)专业性，它是在船舶关系和海运关系的实践中形成的行为规范，海事专业性强。(5)规范性，它对船舶关系和海运关系国际海事行业的行为有规范作用，这是惯例成为法的本质属性之一。需要说明的是，海事国际惯例不同于行业的习惯性做法，两者的根本区别在于采用习惯性做法并非出自一种义务感，并非伴随着一种法律意识，习惯性做法达到一定的普遍程度和取得较强的稳定性时才可能发展成国际惯例。[5]

2.2　惯例的类型

国际惯例首先起源于海事国际惯例。普遍认为，公元前9世纪产生于地中海沿岸的航海习惯法—罗得海法是海事国际惯例的起源，该惯例是以共同海损为中心内容，用来解决争议的一种习惯。1160年的《奥列隆惯例集》(LEX OLERON)是英国海商法的基础，后来形成的《维斯比海法》(LAWS OF WISBY)适用波罗的海和北海沿岸地区，这些都是最早的海事国际惯例。海事国际惯例包括海上运输、海上货物或船舶保险、租船、海运代理等方面的内容。海事司法中涉及的国际惯例主要包括以下类型。

2.2.1　与海事审判密切相关的国际贸易惯例。有2000年《国际贸易术语解释通则》(INCOTERMS2000)与《跟单信用证统一惯例500》(UCP500)，由国际商会(ICC)编纂。在海上货物运输合同货损货差纠纷案件中，(INCOTERMS2000)是确定责任大小和风险的承担等重要定案依据。(UCP500)表述的是信用证业务当事人之间的法律关系。该惯例也是审理海上货物运输合同纠纷案件、提单纠纷案件和海事欺诈案件的重要定案依据。除此以外，国际商会还编纂了与海事审判有关的1978年《托收统一规则》(URC1978)。另一个重要国际惯例是《华沙—牛津规则》(WARSAW-OXFORD RULES)，由国际法协会(ILA)编纂。该惯例是为按CIF条款进行货物买卖但缺乏标准合同格式或共同交易条件的人们提供一套可在 CIF 合同中易于使用的统一规则，涉及涉外海事纠纷国际货物买卖中风险的划分与所有权转移问题。

2.2.2 国际货运代理方面，有国际货运代理标准交易条件范本、国际货运代理业示范法及制定的各种单证，由国际货运代理协会联合会（FIATA）编纂或制定。这些惯例都具有广泛的国际影响，对确定货运代理人在海上货物运输代理合同法律关系中所处的地位有重要作用。

2.2.3 海上运输及保险方面，有国际商会编纂的 1974 年《清洁提单问题》（CBL1974）、1973 年《国际多式联运单据统一规则》（URCTD1973）等国际惯例。另有国际海事委员会（IMC）制定的《约克—安特卫普规则》（YORK－ANTWERP RULES）及英国伦敦保险协会（ILU）制定的《伦敦保险协会货物保险条款》以及 2002 年《国际船壳险条款》（IHC2002）等。这些海事国际惯例分别对共同海损理算以及货物和船舶保险等方面的问题作出了规定，也是典型的海事国际惯例。此外还有 1990 年《国际海事委员会海运单统一规则》（CMI UNIFORM RULES FOR SEA WAYBILLS 1990），1990 年《国际海事委员会电子提单规则》（CMI RULES OF ELECTRONIC BILLS OF LADING 1990）等。

2.2.4 租船合同方面，国际标准合同（UNIFORM CONTRACT FORMS）是海事国际惯例的重要形式之一。这方面，既有非政府组织制定的，也有某种贸易或航运协会制定的。海事审判中经常碰到的两种租船合同格式由波罗的海国际航运公会（BIMCO）制定，分别是《航次租船合同（金康格式）》（VOYAGE CHARTER － GENCON），《定期租船合同（波尔的摩格式）》（TIME CHARTER）。此外还有《定期租船合同（土产格式）》（TIME CHARTER－NEW YORK PRODUCE EXCHANGE）、《澳大利亚谷物租船合同》、《油船航次租船合同》（由美国船舶经纪人和代理人协会制定）、《租船和航运用语》等。国际上的许多航运公司经常将上述合同条款并入提单，以此产生的管辖权纠纷十分常见。另外，英国航运总会和波罗的海航运分会联合编纂的 1980 年《租船合同装卸时间定义》也是一种确定滞期费和速遣费的重要海事国际惯例。

3. 惯例的性质

海事国际惯例是不是法，是什么性质的法，这是我们必须回答的问题。有三种观点：一种观点认为国际惯例是法，理由是认为国际惯例有普遍性、权威性和强制执行力，这是国际惯例作为法律区别于宗教、道德及其他一般社会规范的要件。[6]另一种观点认为国际惯例不是法，理由是认为国际惯例不具备可预见性和国家意志性，不能自动适用。[7]还有一种观点认为，国际惯例是一种“准法律”。理由是认为国际惯例尚未获得各国对其法律地位的普遍承认，而是一种法律漏洞的补充工具。[8]我们认为，海事国际惯例是一种跨国性行为规范，判断其性质不应停留在国内法角度，而应站在国际民商新秩序的角度来判断。“准法律”并不是对国际惯例的定性，而是从国际惯例作用的角度对其进行的概括性描述。海事国际惯例不仅是法，而且是一种需要得到尊重和正确适用的法。

3.1　法指普遍有效的政治原则和道德公理，是一种抽象概念；法律则指由国家机关制定和颁布的具体的行为规则，是法的具体表现形式。[9]法包括法律，但不仅指法律。“法律这一名称，不仅指由一个或几个国家立法机关制定的客观规范，而且还指当事人间订立的，在他们之间有着广泛法律约束力的合同；在此方面，单个合同以及典型广泛采用的合同格式，也可称为‘合同法’”。这是德国学者诺伯特·霍恩（NOBERT HORN）对法律的认识。根据这种观点，当事人约定采用某国际惯例时，该国际惯例就是一种法。国际贸易法的重要创始人施米托夫（CLIVE M. SCHMITTHOFF）曾说：“我们把法的地位也给予某一团体所普遍接受的惯例，行为法典，专业和准专业机构的指南，君子协定和被认为在法院没有强制执行力的其他安排”[10]。因此，法应包括国际海事行业普遍遵守的行为规则—国际惯例。

3.2　从现代国际私法发展的角度看，国际惯例不应该与政治制度片面结合。当今社会，无论是何种性质的国家，也无论是发达国家还是发展中国家，都存在各国都能接受的共同的或相似的基本原则和制度。国际惯例的生命力在于它本身是一整套为国际社会大多数认同的，为各地商人采纳的法律规范。要参与国际社会的竞争，谋求发展，各国在法律上有必要认可国际惯例的法律约束力。各国在国内民商法律创制和运作过程中越来越多地涵纳国际社会的普遍实践与国际惯例。根据系统论中运动和发展观点，我们在考察国际惯例的法律性质时，应习惯于新的法律概念。

3.3　国际惯例是实体法规范。从实践上考察，我们所见的国际惯例规定的都是当事人的权利和义务规范，本身就是一种实体性的权利与义务规范。在冲突法方面，目前还没有经过国际民间组织整理成文的惯例。有的观点以“不动产物权依不动产所在地法”等例子为由，认为这些普遍性冲突原则也是国际惯例。对此值得商榷，我们认为，这些规则没有经非政府组织编纂成文，缺乏确定性，只能算是各国司法机关的一种习惯做法，而习惯做法是不同于国际惯例的。任意性国际惯例仅指那种大量存在于国际合同、国际贸易、海事及国际商事仲裁中的实体性的国际商事惯例[11]。从法律规定上考察，我国法律规定的是国际惯例弥补国内立法和国际条约规定不足。从司法主权的角度，实体法性质的惯例才能弥补国内法或国际条约的不足。我国现阶段没有利用管辖权与法律适用方面的国际惯例来弥补国内法或国际条约的不足。非政府国际组织编纂冲突法性质或程序法性质的国际惯例缺乏权利基础。《民法通则》第 142 条规定“可以适用国际惯例”无疑是指可以适用实体性的国际惯例，这种理解更符合立法精神[12]。根据一国法律内在统一性原理，其他民事法律规范，如《海商法》、《票据法》、《民用航空法》等关于国际惯例的规定应该与此一致。

3.4　我国《民法通则》第 142 条、《海商法》第 268 条等法律都规定：“中华人民共和国法律和中华人民共和国缔结或参加的国际条约没有规定的，可以适用国际惯例。”1980 年《联合国国际货物销售合同公约》第 8 条、第 9 条也明确规定，当事人可以约定适用国际惯例。从国内立法及国际条约的规定可以看出，国际惯例是司法机关审理案件的法律依据，说明立法已认可其法律效力。国家对国际商事惯例的认可，即意味着国家赋予它任意性法律的性质[13]。一国的法律规范由强制性规范和任意性规范两部分组成，而任意性规范主要存在于民商法领域，并不给当事人产生强制约束力，但不能因此否认其法律约束力。

纵观国际，各国国内立法和国际条约关于国际惯例的法律效力的规定大致有三种情况：(1) 合同性效力，即国际惯例在当事人同意适用时才对当事人产生拘束力，往往是通过国内法和国际条约对当事人“意思自治原则”的承认而间接赋予的。海事案件中经常可见各种租船合同条款并入提单就是典型例证。(2) 强制性效力，即通过国内立法赋予国际惯例以普遍约束力，不管当事人是否协议选择，已取得等同于国内法效力的特定国际惯例必须适用，其效力是强制性的。如西班牙、伊拉克等国内法中有所体现。(3) 替补性效力，即在有关国内法和国家缔结或参加的国际条约对有关事项未作相应规定时，适用特定国际惯例补其空缺。如我国，国际惯例补缺原则是国际私法的一般原则。体现在两个方面，一是国内法和国际条约没有规定时适用国际惯例，如《海商法》第 268 条第 2 款规定，“中华人民共和国法律和中华人民共和国缔结或参加的条约没有规定的，可以适用国际惯例”.《民法通则》第 142 条第 3 款也有相同的规定。二是适用国际惯例解释，如《合同法》第 125 条规定，当事人对合同条款的理解有争议的，可以按照交易习惯确定该条款的真实意思。全球经济一体化的时代，许多涉外交易习惯已发展成国际惯例。我国原《涉外经济合同法》也有与《海商法》、《民法通则》类似规定，新《合同法》有所改变，体现了国际惯例的解释作用。当涉外商事、海事合同纠纷案件对合同条款理解有争议时，利用相关国际惯例进行解释，并不违反我国立法精神。

4. 惯例的适用

4.1 适用的必要性

随着全球经济一体化的发展，国际私法一体化进程的加快，遵守国际条约，尊重国际惯例显得十分重要。海事国际惯例不仅能弥补国内法和国际条约的不足，而且具有国内法和国际条约无法比拟的优越性，在海事审判实践中应严格遵守适用。适用海事国际惯例的必要性主要体现在以下两大方面。

4.1.1 海事国际惯例大都经过非政府间国际组织编纂，不必经过漫长的谈判和批准程序，而且，海事国际惯例适时修订，内容周密，普遍性强。如《国际贸易术语解释通则》共进行了 6 次修订，具有一定的代表性和适应性，得到了国际社会的普遍接受，是目前应用范围最广，影响最大的一种国际惯例[14]。适用海事国际惯例不仅可以节省当事人缔结合同的时间，而且可以避免或减少纠纷，有利于照顾当事人来源于不同文化传统和法制环境的特点，平等保护中外当事人的合法权益。世界上许多主权国家为适应国际民商事交流日益频繁的需要，广泛认可海事国际惯例的约束力。如在国际海上保险业务中影响最大的英国伦敦海上保险人协会的保险条款就明确规定该条款受国际惯例调整。

4.1.2　适用海事国际惯例是避免和消除法律冲突最简便的法律手段和调整方法，从而可以大量减少各国内法的冲突而代之以统一的、世界范围内普遍适用的惯例。中国法律如何与已形成的国际惯例接轨，如何借鉴、吸收外国先进的国际私法制度，是中国加入WTO后的重要法律适用制度，一方面需要理论界的深入探讨，另一方面也离不开海事司法实践的推动，遵守国际条约的同时，尊重国际惯例，以跨越世纪的眼光来构思符合世界潮流的中国法律适用制度。

当然，海事国际惯例是一种任意性规范，国际惯例不可能涵盖涉外商事、海事审判中的所有领域，但这并不影响国际惯例强大的生命力。21世纪将是统一国际私法条约和国际惯例蓬勃发展时期，从而导致国内法律在国际间的趋同，尤其在民商法领域，这种趋同走势将极为强劲[15]。

4.2　适用的条件

各国对适用国际惯例的态度不完全统一，但大体上采用比较宽松的态度，在发达和发展中国家很少有排除适用国际惯例实例。根据我国法律规定，结合海事国际惯例的特点，适用海事国际惯例应满足以下条件。

4.2.1　海事国际惯例在海事审判中适用时，案件争议问题的准据法应允许适用国际惯例。我国有关实体法规定了可以适用国际惯例，以我国国内法律为准据法时，如《海商法》、《民法通则》等，是可以适用有关国际惯例的。如果争议所适用的准据法不许适用国际惯例，则不能适用国际惯例。简而言之，是否适用国际惯例应首先解决准据法问题，准据法是适用国际惯例的前提。需要说明的是，我国《海商法》第269条规定，合同当事人没有选择法律的，可利用最密切联系原则适用法律。因国际惯例不是国内法律，当利用最密切联系原则确定适用法律时，应指向一国的内国法，而不包括国际惯例。

4.2.2　适用海事国际惯例不能与国内法及我国缔结或参加的国际条约相抵触。我国立法规定的是国际惯例补缺原则，当国内法及国际条约没有规定时，才可适用国际惯例，否则不予适用。这里的“抵触”是指与国内法或国际条约的强制性规定相抵触，对于任意性规定，则不存在抵触问题。据此可以推断涉外商事、海事案件中国际惯例，国内法及国际条约的效力高低，即国际条约、国内法、国际惯例。对于非强制性规定而言，当事人选择适用国际惯例而排除适用国内法时，应适用国际惯例。

4.2.3　案件事实应存在可适用的海事国际惯例。如果通过各种途径无法查明可适用的海事国际惯例，则适用海事国际惯例没有实际意义。在无法查明可适用的国际惯例时，有一种观点认为可参照我国未缔结或参加的国际条约，也有的观点提出以法理及判例来补充。结合审判实践，我们认为，此时应利用我国相关法律的基本原则或参照我国法律中最类似的条款进行解决比较切合中国实际。

4.2.4　当事人自愿选择适用或没有明示排除适用海事国际惯例。由于海事国际惯例是任意性法律规范，如果当事人自愿选择适用国际惯例，该惯例对当事人有拘束力。当事人没有明示排除适用国际惯例，也可以默示推定适用国际惯例来处理有关当事人的纠纷。国际惯例属于当事人意思自治范畴，如果当事人在合同中已明示排除某惯例的适用，则无论该惯例如何广为人知且被普遍遵守，均不可拘束此合同当事人[16]。

4.2.5 适用海事国际惯例不能违背公共秩序。公共秩序保留原则是我国适用外国法和国际惯例时所特有的一贯原则。1998 年武汉海事法院在审理“天裕”（TIAN YU）轮海盗船案件时，就是以“海事欺诈例外原则”排除《跟单信用证统一惯例》的适用，冻结信用证下的货款。该案适用的就是公共秩序保留原则，取得好的社会效果。如果法院按“信用证独立支付原则”，没有冻结信用证项下的货款，那么就是放任了海盗行为，而海盗行为已被列为国际犯罪行为，甚至列为国际恐怖主义行为，显然违反了公共秩序。有一种观点认为，我国立法中应废除利用公共秩序保留原则来排除国际惯例的适用的规定，理由是，在我国国内法及国际条约没有规定时才适用国际惯例，如果排除适用国际惯例，裁判就没有法律依据了。西方国家，并未放弃公共秩序保留的权利，既然适用国际条约时可以适用该原则，对国际惯例而言又有什么理由不适用该原则呢？审理涉外商事、海事案件在没有明文法律规定时，即使没有国际惯例，也可以适用“诚实信用”和“公平合理”等原则来处理纠纷。

4.3 适用的方式

海事国际惯例的适用方式与其性质，适用条件是一脉相承的，与国内法和国际条约的适用方式有较大区别，后者一般通过法律或冲突规范指引适用，前者却不同。根据海事国际惯例的性质和特征，可以有以下几种适用方式。

4.3.1 当事人在合同中明确选择适用某海事国际惯例。当事人在缔结合同时、缔结合同后，甚至在争议诉讼过程中可以明确选择适用特定的国际惯例作为解决他们之间争议的准据法。1994 年 4 月 21 日，英国上议院在审理“比吉拉”（BIJELA）轮一案时，就是根据当事人在租船合同中明确约定适用《1974 年约克—安特卫普规则》为由，推翻了英国上诉院的判决，认为该案应适用国际惯例，将临时性修理船舶列入共同海损，而不是根据上议院法官个人对法律的理解，从而维护了海事国际惯例的地位，在海事司法界有较大影响。

4.3.2 根据案件事实推定适用海事国际惯例。前文已提及在当事人没有明示排除适用国际惯例时，一定条件下，可默示推定适用海事国际惯例。1980 年《联合国国际货物销售合同公约》第 9 条第 2 款规定：“除非另有协议，双方当事人应视为已默示地同意对他们的合同或合同的订立适用双方当事人已知道或理应知道的惯例。”据此，在缺乏当事人明示选择的情况下，依一定事实认定当事人默示同意在国际商事、海事合同关系中适用特定海事国际惯例。

4.3.3 国内法或国际条约强制规定适用海事国际惯例。这种方式不需要当事人选择，也不需要默示推定，只要符合法律规定的条件即可适用。采取无条件适用的国家目前在世界上只有西班牙和伊拉克等国家，以国内法立法的形式，直接赋以法律拘束力，但并不是所有国际惯例都无条件强制适用，西班牙的一切进口交易和伊拉克的所有进出口交易都必须受《国际贸易术语解释通则》的约束。

4.3.4 参照适用海事国际惯例。目前仲裁方面对此种适用方式有规定，即不管适用什么样的准据法，都应考虑有关的国际惯例。如《联合国国际贸易法委员会仲裁规则》第 33 条第 3 款以及《国际商会仲裁规则》第 13 条第 5 款都规定仲裁员在所有情况下都应考虑有关的惯例。又如 1994 年《中华人民共和国国际经济贸易仲裁委员会仲裁规则》第 53 条规定："仲裁庭应当根据事实，依照法律和合同规定，参照国际惯例"。从国际商事仲裁与诉讼的实践来看，"法律不是裁决的惟一依据。"[17]

我国法律允许涉外合同当事人选择争议所适用的法律，但没有明确规定当事人可以选择适用国际惯例。在实践中，根据"当事人意思自治原则"，我国司法机关也没有令人信服的理由否定当事人选择适用海事国际惯例的约定，海事审判实践中应承认这种形式的效力，允许当事人选择适用海事国际惯例作为合同准据法。既然单独适用国际惯例在法理上是可行的，将海事国际惯例与国内法合并适用，相互弥补就更是可行的，只要所适用的海事国际惯例不违反我国法律和缔结或参加的国际条约中的强制性规定。

4.4 惯例的识别与查明

4.4.1 识别的标准

海事国际惯例的识别是在适用海事国际惯例时，依据一定的司法理念，对有关事实构成作出定性或分类，将其归入一定的海事国际惯例调整的范畴，从而确定应援用哪一种海事国际惯例的过程。海事国际惯例的识别应解决两个方面的问题，一是特定纠纷是否应归类于适用海事国际惯例，需要对特定国际商业或航运作法进行判断；二是特定范围海事国际惯例是否适用于某种纠纷，需要对国际惯例的约束主体和客体进行甄别。只有将两个方面正确结合起来，才能在审判实践中正确适用海事国际惯例。

海事国际惯例的识别标准有主观标准和客观标准。主观标准要求特定的商业或航运惯例的适用必须经当事人双方明示或默示同意。明示同意通常表现于合同或协议的明确规定，也可以在审判过程中征求双方当事人的意见后明示同意。默示同意则指在缺乏当事人的同意和相反表示时依据客观情况对当事人的内在意思所作的一种法律上的推论或拟制。客观标准是指某国际惯例所涉同类合同当事人普遍知道或理应知道某一特定惯例这一事实。如前所述，几种租船合同标准格式以及（UCP500）等是同行业之间普遍知道，并经常遵守的国际惯例。这种标准要求在空间上特定海事国际惯例被广泛知道，时间上反复实践并被广泛遵守。实际上这是以具体当事人以外的其他人是否知道该惯例为标准来确定该具体当事人是否"理应知道"。如果符合这一条件，就可以认为当事人理应知道某特定国际惯例[18]。

有种观点认为对国际惯例的识别有合理性标准问题，应对国际惯例的合理价值进行判断。实际上，没有必要运用这种标准。一方面，合理性的标准因当事人而异，因时间而异。既然已成为普遍性国际惯例必然有一定的合理性，不可能存在普遍性的不合理；另一方面，国际惯例是意思自治的体现，用不合理的标准来否认国际惯例违背国际私法的基本原则。海事国际惯例的编纂组织一般都能中立地对不同利益当事人同等保护，兼顾各方当事人的利益。广大发展中国家的努力正迫使一些国际组织去制定一些公正合理的国际惯例。惯例的合理性不需要证明，接受惯例的事实本身就可构成其合理性的初步证据[19]。合理乃是国际惯例的首要要素之一，不能确定一种不合理的或荒诞的习惯去影响当事人的权利[20]。我们在适用国际惯例时除涉及公共秩序保留原则外，不应利用所谓合理性标准问题。

4.4.2 查明的途径

海事国际惯例的查明是在审理涉外商事、海事案件时，确定何时适用国际惯例，如何证明海事国际惯例关于某一特定问题的规定。海事国际惯例的查明包括查明国际惯例的存在，查明国际惯例的规定，较外国法要复杂。通行的国际惯例已经国际组织或行业组织编纂成文或公布于世，其查明途径可参照外国法的查明方法。通常有：①法院利用所掌握的正规信息资料；②由当事人提供有关文件；③有针对性地咨询有关专家；④咨询相关国内国际组织机构或分支机构，如国际海事委员会中国分会等。

海事国际惯例涉及面广，类型多样，以国际标准租船合同范本为例，干货航次租约范本有 8 种，定期租约范本有 3 种；液体货航次租约范本有 4 种，定期租约范本有 3 种，光租租约范本有 2 种，要求审判人员全部通晓是不现实的。通过各种途径仍无法查明该怎么办呢？美国《统一商法典》第 1－205 节第（2）款明确规定，贸易惯例是否存在及其适用范围，应作为事实问题加以证明。瑞典法院则敦请瑞典商会就当事人所称的贸易惯例出具一份报告，以此作为审理案件的依据。根据我国民事审判方式改革的方向，海事国际惯例的查明，应以当事人举证为主。当事人无法举证时，可申请法院进行查明。当法院无法查明时，法院则可以当事人举证不足为由驳回当事人的诉讼请求。这里会出现一个问题，如何证明海事国际惯例的真实性，我们仍应该通过一般证明程序，结合国际惯例的构成理论去分析、判断和取舍。为了证明这种惯例的存在，法院同样可以征询专家或有关组织的意见，但不应按查明外国法那样向外国政府机构或使领馆查明，专家出具的这种意见应该是书面正式的材料。英国、德国、芬兰等国都采用这种方式，我国完全可以吸收这方面的经验。

下面通过一典型案例阐述海事国际惯例的识别标准和查明方法。

1991 年 3 月 25 日，中华人民共和国某海事法院受理了原告新加坡新和航运有限公司（下称新和公司）诉被告中国外轮代理公司北海分公司（下称北海外代）航次租船合同运费滞期费纠纷案。基本案情是，1990 年 9 月 15 日，新和公司与北海外代签订了一份租船合同。合同约定，北海外代租用新和公司的“新和”轮（M/V REUNION）将 9500 吨水泥由北海港运往马尼拉。合同中对运费率、装卸效率等作出了明确约定。同时，该合同约定其他未提到条款按 1976 年国际标准《航次租船合同》（金康格式）范本实行。1990 年 9 月 20 日 23：00 时，“新和”轮抵北海港，10 月 7 日 21：00 时装货完毕。10 月 12 日 06：00 时，“新和”轮抵达马尼拉。除去约定的卸货时间，10 月 24 日 02：08 时开始滞期。11 月 5 日，新和公司以未收取运费为由对船载货物行使留置权。1991 年 3 月 26 日，新和公司向海事法院提起诉讼，并提交了合同及《航次租船合同》（金康格式）范本等证据，要求北海外代支付运费和滞期费及利息。该院根据我国《民法通则》及海事国际惯例判决被告北海外代向原告新和公司支付运费及滞期费约 25 万美元及利息。二审维持了原判。

该案涉及海事国际惯例的识别及查明问题。新和公司和北海外代在租船合同中明确约定未提到条款按 1976 年《航次租船合同》（金康格式）履行。该标准格式租船合同第 6 条对装卸时间的起算及时间计算方法作出了规定，第 8 条对船东货物留置权也进行了规定，成为当事人之间租船合同条款的一部分。根据案件事实，双方当事人明示同意适用金康格式的《航次租船合同》，符合国际惯例识别的主观标准；由当事人提供海事国际惯例范本符合国际惯例的查明方法。这是一件成功适用国际惯例的案例。

4.5　惯例的冲突及解决

在我国，法律规定国际惯例在审判实践中原则上处于替补性地位，所以，海事司法实践中，海事国际惯例与国内法及相关国际条约一般不存在冲突。当按我国法律规定，需要适用国际惯例或当事人选择适用哪种版本的国际惯例不明确时，由于同一国际惯例存在不同的解释文本，可能产生同一国际惯例之间的冲突。如 FOB、CIF 贸易术语在 1941 年《美国对外贸易定义修订本》（REVISED AMERICAN FOREIGN TRADE DEFINITION 1941）和《国际贸易术语解释通则》都有规定，冲突不可避免存在；又如，定期租船合同，既有波尔的摩格式，又有土产格式，也可能产生冲突。海事国际惯例随着形势的变化经常被修订，新版本并不当然否定旧版本，同一解释文本的新旧版本之间会出现冲突。另外，由于都是权利义务条款，国际惯例与合同其他条款可能产生冲突。

在中国国际私法研究会讨论起草《中国国际私法示范法》的过程中，有的学者提出国际私法规范的范围要包括统一实体法规范和海事国际惯例[21]。我们认为，这种国际私法理念的建树是十分必要的。海事司法实践中在选择适用海事国际惯例时建立以下惯例适用理念或在立法及司法解释中作出指引规定是具有积极意义的。

4.5.1　当双方当事人同意适用海事国际惯例但适用何种版本意见不一致时，可参照“新法优于旧法”原则，适用最新版本海事国际惯例。按通常逻辑和社会发展规律，新惯例应该比旧惯例更公平合理。如（IHC1983）与（IHC2002）同属于国际船壳保险条款的不同版本，当事人同意适用该保险条款，但适用何种版本不一致时，可优先适用（IHC2002）。

4.5.2　当同一问题在不同国际组织或行业组织编纂的海事国际惯例中有不

同解释时，可适用我国属于成员国或会员国的非政府国际组织参与编纂的国际惯例，或采用我国通常适用的国际惯例。我国是该组织的成员国或会员国就意味着我国有关行业遵循该惯例，只有这样才更有说服力。如《国际贸易术语解释通则》与《华沙—牛津规则》分属不同国际组织编纂，对某种问题的解释有差别，我国就应优先适用前一种惯例，因为我国通常采用的是前一个国际惯例。

4.5.3 当某海事国际惯例对某一问题有规定，而另一海事国际惯例没有规定时，可适用有规定的国际惯例。如《华沙—牛津规则》对货物所有权转移的时间作了具体规定，但《国际贸易术语解释通则》等国际惯例却没有规定，当涉及货物所有权转移时间时可适用前者。

4.5.4 当法律、缔结或参加的国际条约和海事国际惯例对国际商业或航运合同中的不同法律问题分别作出规定时，分别适用国内法、国际条约、国际惯例。前文列举新和公司诉北海外代运费滞期费纠纷案就是这种适用方法。

4.5.5 当同一合同中其他条款与海事国际惯例相冲突时，合同条款在合法有效的前提下，优先适用合同条款。因为国际惯例是否适用主要取决于当事人是否同意，合同条款的效力优于海事国际惯例。这与我国法律中的非强制性规定、合同条款优先于法律的法理精神，当事人意思自治原则及国际惯例的任意性特点是一致的。《国际贸易术语解释通则》第6条，《华沙一牛津规则》第1条对此种解决方法都有明确规定。

5. 结束语

海事国际惯例是一种跨国性的任意性的行为规范。国际私法中的海事国际惯例指的是实体法规范性质的国际惯例。尊重海事国际惯例是全球经济一体化和法律趋同化发展的必然要求。海事国际惯例的适用应先解决准据法问题，遵循一定的规则，不得违背社会公共秩序。适用海事国际惯例的识别有主观和客观两种标准，但不应采用合理性标准。其查明途径多种，冲突形式多样，冲突解决方式应区别对待。海事国际惯例有鲜明的特点和相对独立性，是当今海事国际私法的一个重要组成部分，建立专章的海事国际惯例适用法律规范是具有积极意义的。

注：此文于2003年荣获全国法院系统第十五届学术讨论会二等奖。

参考文献：

[1] 王振宏、赵承：《调查“国际惯例”还是“行业利益”》，《市场报》2002年6月13日第1版。

[2] 韩德培主编：《国际私法新论》，武汉大学出版社1997年版，第46页。

[3] 单文华：《国际贸易惯例基本理论问题研究》，载梁慧星主编：《民商法论丛》第7卷。

[4] 刘想树：《国际私法基本问题研究》，法律出版社2001年版，第88页。

[5] 张兴全：《国际惯例与涉外商事海事审判》，网址：http//www.ccmt.org.cn/ss/explore/exploreDetial.phn 2003年4月20日访问。

[6] 柯泽东：《国际贸易习惯法与国际贸易》，载［台湾］《法治学刊》，1996年第1期。

[7] 程德钧等编著:《国际惯例与涉外仲裁》，中国青年出版社 1993 年版，第 7—8 页。

[8] 单文华:《国际贸易惯例基本理论问题研究》，载梁慧星主编:《民商法论丛》第 7 卷，第 645 页。

[9] 张文显主编:《法理学》，高等教育出版社 2001 年版，第 43 页。

[10] Clive M. Schmitthoff, *Commercial Law in a Changing Economic Climate*, London, 1981, P. 1.

[11] 李双元、徐国建主编:《国际民商新秩序的理论建构》，武汉大学出版社 1998 年版，第 262 页。

[12] 同上，第 263 页。

[13] 肖永平:《论国际商事惯例在我国的适用》，载《河南省政法管理干部学院学报》，2003 年第 1 期，第 73 页。

[14] 凌嵩、王会祥: 《漫谈国际惯例》，网址: http://www.qksoul.org/cn/tansuo/01102302001—0.htm. 2003 年 4 月 20 日访问。

[15] 李双元主编: 《中国与国际私法统一化进程》，武汉大学出版社 1993 年版，第 179 页。

[16] Clive M. Schmitthoff, *International Trade Usage, as a Special Issue of Newsletter of the Institute of Business Law and Practice*, 1987, p. 15.

[17] 王军、陈洪武:《国际商事合同的法律适用》，中国对外贸易出版社 1991 年版，第 38 页。

[18] Alejandro M. Garro, *The Coordination of All Kinds of Legal Orthodoxes in United Nations Convention on Contracts for the International Sale of Goods*, International Lawyer, (2) 1989, p. 150.

[19] Uniform Commercial Code, 1990 Official Text with Comments, 12th ed. p. 50.

[20] [美] 博登海默:《法理学——法哲学及其方法》，邓正来等译，华夏出版社 1983 年版，第 457 页。

[21] 肖永平:《肖永平论冲突法》，武汉大学出版社 2002 年版，第 282 页。

论行政诉讼的功能

饶中享

【内容摘要】在中国，行政诉讼与刑事诉讼、民事诉讼及海事诉讼一起，构成四大基本诉讼制度。四大诉讼同为诉讼制度，因而具有共性的诉讼功能，但作为一个独立的诉讼门类，又有自己独特的诉讼功能。即权利的救济、行政权的支持、合法性的审查、执法的统一。为了充分发挥行政审判的司法功能，本文在揭示行政诉讼功能的基础上，提出两点构想：一是建立独立体系的行政诉讼法院；二是把海事行政案件划归海事法院管辖。

【关键词】行政诉讼　海事管辖

行政诉讼是指公民、法人或其他组织认为行政机关的具体行政行为侵犯其合法权益时，依法向人民法院提起诉讼，由人民法院进行审理并作出裁判的活动。在法国，行政诉法称为行政审判，界定为“救济手段”，在英国行政诉讼称为司法审查，定性为司法审查。根据我国行政诉讼法的规定，行政诉讼概念的含义包括：（1）行政诉讼是处理、解决行政争议的司法活动；（2）行政诉讼活动是在人民法院的主导下进行的：（3）行政诉讼只能是公民、法人或其他组织认为行政机关的具体行政行为侵犯其合法权益而引起的。以上含义基本概括了行政诉讼的审判职能和特征。不难看出，行政诉讼功能是具体的充分的，从立法和实践的角度看，我们可将行政诉讼的功能归纳为权利的救济、合法性的审查、行政权的支持、执法的统一等四个方面。

一、权利的救济

行政诉讼在我国古代称为行政救济，现代讲权利救济是由其特定的诉讼特征而定的，由于行政争议是因为公民、法人或其他组织认为行政机关或行政机关工作人员在行使职权时有侵权行为而提起的，行政管理相对人在认为通过行政（复议）程序不能有效地行使权利时，才向法院提起的诉讼。所以，对于诉权求救，这是个救济程序或救济手段，这种权利即为救济权利，或权利救济。具体行政行为一旦以法律形式成立就具有法律约束力和既定力，非法定程序不能解除。所以行政争议的解决必须依法定途径，而不能由双方当事人自行协商或仲裁，这区别于民事和经济纠纷。原告要行使自己的权利必须通过司法途径进行诉讼。

行政诉讼是解决行政纠纷、实施权利救济的最为重要的途径。我国宪法确定的国家法制的基本原则是法律面前人人平等。当行政诉讼提起时，由人民法院对争议进行审理和公正裁判，从而最终和彻底地解决行政纠纷。行政管理相对人可以通过行政诉讼获得较为完善的救济手段，用以解决纠纷，维护自己的合法权益。行政诉讼是与现代宪法民主制度联系最直接的司法诉讼，宪法的根本作用是规定和调节国家权力和公民权利的相互关系，建立政治秩序。怎样防止和保护公民合法权益免受国家权力的不法侵害并使公民有面对国家的侵权通过法律得到救济的权利，即所谓公民权利的“安全”问题，既是宪法本身的内容，也是部门法实施宪法的重要内容。如果说法律的基本价值是建立秩序，控制社会冲突，用最和平的方法解决和化解冲突，那么行政诉讼就是用最和平的公正的方法解决现代社会最重要的冲突，即国家与公民的争议。而现代社会国家与公民的冲突就更多地表现在行政管理关系上。我国的政府的行政职能具有广泛性，第八届中央政府有 40 个部委，13 个直属机构，5 个办事机构，8 个事业单位，15 个部级管理局，26 个国务院议事协调临时机构。第九届政府作了合并和调整。但总的是加强宏观管理职权。政府和公民的关系必须以法律形式确定下来。行政法在调节政府与公民的关系中得到实行和运用，行政职能必须受到监督，遭受行政侵害的公民权利必须深刻有效的公正的救济，行政诉讼就是积极的救济途径。这是行政诉讼的基本功能。

二、合法性的审查

监督行政机关依法行使职权是行政诉讼的又一功能。行政诉讼是国家司法机关根据宪法和法律的授权，通过审理个案，对个案具体行政行为的合法性进行审查，监督行政机关依法行使行政职权的重要形式。国家行政机关是国家和社会事务的管理机关，对社会实行有效管理是法定职权，履行法定职权中必须拥有一定范围的处理权和自由裁量权。在行使权力的过程中，行政机关及其工作人员难免有滥用职权的行为，而发生导致损害公民、法人或其他组织合法权益的事件，在适用法律上也难免会出现失误。这些都需要有切实可行的监督机制加以监督，以便予以纠正。如某海轮出海后其轮机主轴断裂，发生海难事故，行政主管机关认定为责任事故，吊销了该轮轮机长（高级工程师级）执照。该轮机长不服，起诉到法院，法院经审理查明，该轮主轴系日本国出口商品的质量瑕疵（日本出口商后承认并作出赔偿），不属于责任事故，判决撤销了行政主管机关的处罚决定。此案受到了当事人及中外社会的广泛关注和好评。如果没有行政诉讼法律制度，该案将成为永久的冤案，一位高级人才将失去执业的人生。实践证明，如果没有相应的监督机制与行政执法相随，便难以纠正它在处理具体事务中可能发生的错误。特别是某些滥用职权行为发生导致损害的公民、法人或其他组织的合法权益时难以及时处理，而行政诉讼正是对行政机关作出的具体行政行为依法实行事后监督的重要方式，从而达到行政机关依法行政的目的。

三、行政权的支持

行政诉讼在一定程度上起到支持国家行政机关依法行使职权的作用。

行政诉讼制度保障当事人的诉讼权利，是绝对的，但对原告来讲是否胜诉则是不确定的，据有关资料统计，我国行政诉讼法颁布后，法院收受理的行政诉讼案件中，原告胜诉的约占 30%；被告胜诉的约占 70%。这说明一方面大部分行政行为是合法的，适用法律是准确的；另一方面法院判决维持行政机关的原决定的比例也是大的。这些行政诉讼案件，通过公开审理，公民、法人或其他组织与行政机关对簿公堂，法院作出的维持行政机关的决定，就是对行政执法的支持和肯定。行政执法的公开程度往往不及行政诉讼，行政诉讼实行公开，并组织有关人员和公民旁听，从查明事实到适用法律、宣判都在当庭进行，肯定行政执法的正确性，对于当事人和旁听者来说都是一种教育，可以提高行政执法的权威。

此外，行政诉讼法还规定了行政执行程序。当主管机关作出处罚或处理决定后，行政管理相对人拒不执行的，行政主管机关可以申请法院强制执行。法院的执行过程和执行效果就是直接地对行政机关的法律支持。

另外，行政机关可以通过行政诉讼检验自己的行政管理工作，不断总结经验教训，提高依法进行管理的质量和水平。

总之，以上各方面都说明，行政诉讼在促使行政机关依法行政方面具有重要作用。

四、执法的监督

行政诉讼通过保证行政机关具体行政行为的合法性和行政立法的规范化，从而起到维护国家法律尊严和统一的作用。

行政诉讼这一特有功能，使其对行政机关的行政权利具有重要的监督与控制作用。行政诉讼法规定，行政机关对具体行政行为如果不能提供足以证明其合法性的事实、证据和法律依据，法院即可判决撤销或变更。司法审查的这种有效性，确定性和权威性，促使行政机关在行使职权过程中，更加注重自己的执法形象，更加注重行政行为的规范性、合法性和正当性，更加注重行政行为的法律和社会效果。

行政诉讼法颁布实施后，中央和地方各级行政机关纷纷主动清理与法律、法规不相符合的规范性文件，制定和完善行政执法程序，建立、健全行政复议制度和机构，并不断从行政诉讼中，特别是败诉的个案中吸取经验教训，努力改进工作，使行政执法活动逐步走上法制化、规范化的轨迹。由此可见，行政诉讼通过促进行政行为的合法、高效，保障国家行政实体法的贯彻实施，从而维护了国家法律的尊严。

行政诉讼法颁布实施之前，有关行政行为的监督，行政相对人的权利救济、行政程序等方面的立法不够健全。已有的法律规范也不够完善，且规出多门，不统一，不协调。行政诉讼法实施后，行政诉讼的特有功能对于促进立法机关的立法主动性及立法行为的规范化所起的推动作用是显而易见的。

第一，促使与行政诉讼相关的法律、法规相继出台。随着国家赔偿法、行政处罚法、行政复议条例等法律、法规的先后出台，形成了与行政诉讼相配套的比较完善的行政法制度和救济体系。

第二，促使一些与法律不符的行政规范性文件的废止与修改，从而使我国行政法律体系更趋完善和统一。

第三，使国家立法机关和行政机关制定法律规范时，在有关内容、形式及立法技术上，与行政诉讼制度和司法审查的要求相衔接、协调，从而使行政立法活动和行政管理活动更加符合依法行政的要求。

正是由于行政诉讼这一特有功能的综合作用，使它在促进行政立法活动和立法行为不断规范的同时，继而维护了国家法律的尊严和统一。

五、结论

在论证行政诉讼功能的过程中，不难看出行政诉讼功能既是具体充分的，同时也是受到限制的。其主要限制在于司法体制的不顺和专业化分工不明确。为了充分发挥行政诉讼的特殊功能，笔者提出如下建议。

1. 建立独立体系的行政诉讼法院。行政诉讼功能的主要限制在于司法不顺。如：行政案件均由行政机关即被告所在地人民法院受理，而地方法院的人事任免、财政开支等由地方权力机关和政府部门行使和划拨。这毫无疑问地要受其影响，或难以避免地出现某种偏向或裁判不公。如果实行独立体系的行政诉讼法院，在最高人民法院的统一领导下，实行垂直管理。人、财、物直属中央管理，脱离地方管理。这对于行政诉讼的严肃执法，保证行政诉讼的司法公正，是具有积极意义的。行政诉讼法院体系独立，在国际上是有先例的，如德国等大陆法系的某些国家及英美都实行除治安法官以外的专业审判垂直系列，这是法院行政司法审查权有效体系编制方法。

2. 海事行政案件由海事法院管辖。要充分发挥行政诉讼的司法功能，除建立独立的行政审判体系外，还应依据专业性，划分行政审判管辖的权限分工。如海事行政案件，除具有行政案件的一般特点外，还具有自身的特殊性。其一，海事行政案件的被告是特定的船舶、水上（海上）运输、航道、渔政等行政主管机关，这些主管机关的隶属关系总体或主要是垂直的，海域或流域性的。其二，海事行政的具体行政行为是针对水上运输、渔业生产、资源开发、港口建设、环境保护航道维护等与水上运输生产有关的活动而作出的，而行政行为的相对人的海事行政责任和民事责任往往是紧密相连的，具有行政违法性与民事违法性的同一性。其三，水上主管机关作出具体行政行为所依据的法律、法规和条例，也往往是船舶民事当事人民事责任的依据。其四，根据《中华人民共和国行政复议法》的规定，行政管理相对人对行政机关作出的处罚，决定等不服的，都应申请其上级主管机关复议，即实行的复议前置原则。而海事主管机关的复议机关是区域性的，如长江，海事一级主管机关设在武汉，辖重庆、湖南、湖北、江西、安徽、江苏五省一市，各主要港口又有二级管理机关，有的还设三级、四级管理机关，二级管理机关作的行政决定、处罚等，其相对人不服的，须申请地处武汉的一级主管机关（如长江航务管理局、长江港航监督局、长江航道局）复议。这些行政管理的本身就打破了地域管辖，体现了专门行政管理的特性。其五，海事行政案件曾划归于海事法院管辖。1984 年 11 月 28 日，最高人民法院《关于设立海事法院几个问题的决定》第 3 条关于海事法院收案范围和受理的 18 类海事海商案件，与提请第六届全国人民代表大会常务委员会审议决定的内容完全一致，其第

16 类案件就是："因违反海事的法律、条例受主管行政机关处罚，当事人不服，在法律规定的期限内起诉的案件……"同时还规定了海事执行案件由海事法院受理。海事法院成立后，在受理海事民事案件的同时，也受理了部分行政诉讼案件和行政执行案件。司法实践证明，海事民事案件具有专业和涉外性，海事行政案件同样具有专业和涉外性。最高人民法院把"涉及海洋、内河主管机关的行政案件"归类于"其他海事海商案件"是科学的。《中华人民共和国行政诉讼法》颁布后，最高人民法院《关于贯彻执行〈中华人民共和国行政诉讼法〉若干问题的意见》第 9 条规定"专门人民法院不设行政审判庭，不受理行政案件"，从此，海事法院管辖海事行政案件的司法权又划归了地方法院。几年来的事实证明，海事行政案件划归地方后，一方面当事人意见大，即称外行审内行；另一方面照样有跨区域现象，如江苏省南京市的行政管理相对人如若起诉，须到湖北省武汉市江岸区人民法院；除此以外，海事法官承担了大量的海事行政诉讼的法科咨询任务，地方行政审判法官也不时叫苦，要是遇上涉外海事行政案件事情就更要麻烦些了。其六，海事行政案件由海事法院管辖更能发挥其司法职能。海事行政案件由海事法官审理，无论是事实审还是法律审，都可以将专业性、法律性和涉外性结合起来。对海事行政主管机关或机关工作人员的具体行政行为的定性及适用法律的审查，都具有司法实践的优势，同时也符合行政诉讼案件打破行政区域管辖的原则，具有超然性的特点。

综上所述，行政诉讼的功能在我国司法实践中既是具体的，明确的，又是在目前体制下受到限制的，要充分发其司法功能，必须实行审判体制改革和按专业化、科学化、合理化的要求分工，使我国的行政司法真正独立于行政，摆脱行政机关的制约，充分发挥救济、支持、监督和统一执法尺度的作用。使海事行政司法同海事审判一起，发挥其专业化功能，为我国成为亚太地区海事司法中心作出贡献。

注：此文于 1999 年荣获全国法院系统第十一届学术讨论会三等奖。

参考文献：

[1] 方世荣主编：《行政法与行政诉讼法》，中国政法大学出版社 1999 年版。

[2] 林莉红：《行政诉讼法学》，武汉大学出版社 1999 年版。

[3] 于安等编著：《行政诉讼法学》，法律出版社 1997 年版。

[4] 肖健明、陈如春：《依法治国与司法救济制度的完善》，载《人民司法》1998 年第 11 期。

[5] 李开森：《论海事行政案件的诉讼管辖》，载《法律适用》1994 年第 9 期。

[6] 于绍元等：《行政诉讼中的事实审与法律审》，载《现代法学》1999 年第 5 期。

船舶主体论

饶中享

【内容摘要】船舶属性一直是几百年以来国际海事法研究的主题之一，它与司法制度紧密相连。国际法以船舶浮动领土说，产生了船舶司法豁免权制度；英美法系的海运国视船舶拟自然人化，形成“对物诉讼”法律制度：中国法定船舶为水上运输工具的合成物，在法律关系中表现为物客体，变通制定了“诉前财产（船舶）保全”法律制度。由于国际间对船舶性质的认识不同，船舶在国际法及个内国法的法律关系中地位各异。司法制度的不统一，有碍统一国际海事立法的进程，也不利于海事司法的具体操作。人类对船舶的认识有过船舶经济作用的第一次飞跃和拟自然人化的第二次飞跃，并蕴含着拟法人化认识的第三次飞跃。当代船舶已具备限制性主体资格的法人的属性。根据这一属性建立国际统一的“船舶保全诉讼”的法律制度，充分体现海事诉讼的“两便”原则，切实保护海事诉讼当事人的合法权益。全文分问题、性质研究、法律途径、结束语等四个部分。另附有《船舶保全诉讼法律程序建议案》，供联合国贸易与发展会议、国际海事组织、国际海事委员会，修改《1952年关于扣押海运船舶的国际公约》时参考；供中华人民共和国最高人民法院修改《关于诉前扣押船舶的具体规定》和《关于强制变卖被扣押船舶清偿债务的具体规定》时参考。

【关键词】船舶主体　拟法人化

船舶属性一直是几百年以来国际海事法研究的主题之一，它与司法制度紧密相连。国际社会对船舶性质的认识不同，船舶在国际法及各内国法的法律关系中地位各异。建立船舶拟法人化的法律地位，有利于建立国际统一的“船舶保全诉讼”法律制度，充分体现海事诉讼的“两便”原则，切实保护海事诉讼当事人的合法权益。

1. 问题

国际法上，根据船舶浮动领土说的理论，规定了船舶司法豁免权制度。英美法系海运国以船舶拟人化的理论，视船舶具有独立的人格，称扣押船舶为“逮捕船舶”，并形成“对物诉讼”法律制度。这一制度被国际公约所接受，在《1952年扣留海运船舶的国际公约》中具体规定了对物诉讼的程序。中国坚持法律关系中的主体必须是人的原则，只承认船舶形式上拟人化，将船舶法定为作为水上运输工具的合成物，所以，中国的扣押船舶规范属财产保全制度范畴。由于对船舶属性的不同认识，和国际法、国内法不同的法律制度，船舶在法律关系中的地位各异。国际法与国内法间相互或自相冲突，如：一方面视船舶拟人化，另一方面又称“对物诉讼”；一方面只规定船舶为物；另一方面，在强制拍卖被扣押船舶的程序中又规定类似企业法人破产还债程序的债权登记，以船舶价值为限清偿。立法理论上相互矛盾，司法实践中不便操作。什么是船舶？如何揭示其法律属性？船舶可否成为法律关系中的主体？笔者以此作了探究，以求共识。

2. 性质研究

船舶属性是海商法学上一个重要的研究课题。纵观船舶发展史，船舶由筏到现代能组成各种专业化船队的船舶，人类对其认识上有过两次飞跃。

2.1 第一次认识飞跃——船舶经济作用和物属性的认识。“筏”用作人们渡水涉河，以免溺死，保持生存的工具，是人类对木自然浮性的原始认识。“舟”则是人类用“观落叶以为舟”的原理，有意识创造的“伐木为舟”的人造舟船。舟船用以运货载人，自“舟”开始，船舶具有水上运输工具的性质，这一经济作用一直延续至今，即船舶科学发展到现今之发达也仍然没有改变它原来的基本用途。既然是工具，当然是物。现代意义的船舶由船体、机器、属具及其他设备等部分组成，即为合成物。这一属性反映到法律上，即为法律关系中的物客体。船舶由筏到舟，其经济作用及物属性的揭示是人类对船舶认识的第一次理性上的飞跃。

2.2 第二次认识飞跃——船舶拟人化的认识。随着商品流通及国际贸易的形成与发展，船舶由短途运输到跨区域的长途运输，继而又发展到国际海洋运输。基于船舶海上航行安全管理、识别和管辖的需要，航运国及国际有关组织制定和颁布的法律、法规和公约中作出了对船舶类似于人管理的某些规定，如：船舶登记法上规定的船舶的船名、船籍、船籍港、船龄等，这同自然人姓名、国籍、户籍地、年龄等相似；船舶碰撞法上规定的船舶拟人化的行为规则体现在《海上避碰规则》上的有：船舶应经常用视觉、听觉及适合当时环境和情况下一切有效手段保持正规的瞭望……船舶在任何时候应用安全航速行驶……船舶应用适合当时环境和情况的一切手段断定是否存在碰撞危险……国际海事法学理论认为，这是船舶形式上的拟人化，是船舶的外部表现方面，法律赋予其一定的人格特征。此认识被国际海运国普遍承认，并被国际公约和航运法规具体运用。船舶由工具的物属性到拟人化的法律特征，是人类对船舶认识的第二次飞跃。

2.3 两次飞跃的认识特征。人类对船舶两次认识上的飞跃，都属性质上的认识。第一次认识飞跃，确定了船舶在劳动生产力中的工具作用和法律关系中物客体的地位，是人类对船舶自然属性的认识。第二次认识飞跃，确定了船舶有类似自然人属性的特征，是人类对船舶管理方面的需要。一方面，对船舶的自然属性予以肯定；另一方面，又认识到船舶参与国际海事活动具有自然人特征的社会属性。笔者认为，对船舶的认识有一个不断发展和完善的过程，基于船舶的经济作用及在国际经济活动中的地位，人类对船舶的认识将会产生第三次飞跃，即船舶具有自然属性和社会属性两方面的特征，船舶的社会属性蕴含着准法人的法律内涵。

2.4 第三次飞跃的理论基础和条件。

2.4.1 第三次飞跃的理论基础。马克思主义认为，人具有自然的生物属性和社会属性的两个方面。人的自然属性表现为人身躯体的生理生活需要。“任何人类历史的第一个前提无疑是有生命的个人的存在。因此第一个需要确定的具体事实就是这些个人的肉体组织，以及受肉体组织制约的他们与自然界的关系”。人的社会属性即为人与人之间关系的属性。人是在劳动中形成的，一开始就不是纯粹的自然生物，而是社会生物，具有社会属性。人的社会属性与自然属性是密切不可分割的。其中，人的社会属性特征是更重要的一个方面。由于人类社会活动的高度发展，当今世界法律上的人，已不是单纯的自然人本身，一般包括公民（自然人）和法人，中国法人制度下的法人，包括具有法人资格的法人和准法人的其他组织。法人也具有自然属性和社会属性。以企业法人中的工厂为例：一方面，工厂有厂房、机器及各种设备等物质组成，工厂法人的物质条件是法人资格的基本条件之一。工厂所有的物质构成合成物，是工厂法人的物质属性方面。另一方面，工厂有厂长及以厂长负责制的法人组织和工人。再加上法律对法人要求的其他实质要件和依法成立等形式要件，工厂即可成为企业法人。工厂的合成物是工厂的物质属性方面，工厂的法人表现则是工厂的社会属性方面。两者是不可分割的整体。社会，是人类的社会，凡具有社会属性的，皆为人的范畴。

2.4.2　第三次飞跃的条件。我们用以上认识论看待船舶。船舶的物属性是船舶的自然属性方面，而船舶有船长、船员及其严密的组织机构，船长是船舶的总负责人，全面负责管理和驾驶船舶；船舶建有船务会及船员大会制；每条船舶有船章；中国船舶还设有党、团、工会等基层组织等。这些说明，船舶不是单纯的物及拟自然人化的物客体，而是具备法律上法人的某些特征。准法人是船舶的社会属性方面。

如此说，船舶不是具有物、拟自然人化、准法人化三重属性吗？不是。如同人类认识其他事物一样，对船舶的认识有一个不断发展和完善的过程。船舶拟自然人化的认识，一方面是人类对事物认识发展中的一个过程和阶段的总结；另一方面是基于社会制度和认识论的方法论的局限。如登记法上的船名等拟自然人化仅是为了管理上的需要，而一艘可供海上航行的船舶，必须符合适航的全部要件，船舶必须配备足够的船员，其中包括法定持证船员。同法人一样，船员是船舶不可缺少的人的因素。又如碰撞法上的船舶行动问题，将船舶行动视为自然人个人行动是不符合客观实在的。众所周知，船舶在海上航行、避撞等，由船长、驾驶操纵人员、轮机人员、电报员等数人组成的操纵系统才能完成，每个自然人仅是船舶行动中的组成者之一。只有船员的组织系统才能综合地完成船舶在海上航行、避碰的各个行动。海事法上的船舶离不开船长、船员的管理和驾驶，船长和船员是管理和驾驶船舶组织体系，而不是某个自然人所能为的。所以，船舶准法人化比拟自然人化是认识科学的进步。认识到船舶准法人化特征后，船舶拟自然人化的特征即被吸收。船舶拟自然人化应成为历史。当今世界经济活动的连结点是法人，无论社会制度有何不同，都建立有法人制度。法人是国际经济活动的首要主体。法人是经济活动的细胞，又是经济责任的承担者。国际海事活动及海事国际私法的连结点是船舶，将法人连结点和船舶连结点有机结合起来，是国际海事法的发展方向。

2.4.3 船舶准法人化程度。船舶准法人化，是指船舶具备法人的主要实质要件，法律上往往将船舶拟作法人处理的法律规定。船舶准法人化的程度表现在：船舶具备法人的物质条件，即船舶本体及属具的财产基础，一艘海运船舶价值少则几十万元、几百万元，多则几千万元，船舶有船长负责制的组织机构，管理和驾驶船舶；船舶有在海上或与海相通的可航水域的经营场所，其经济范围是海上运输；船舶有一定范围内的权利能力和行为能力（第三部分详述）；但船舶不作法人登记，缺乏法人形式要件。

3. 法律途径

认识的目的在于利用。船舶属性被揭示后，我们应充分利用其属性拟订与之相适应的法律，以充分发挥法律的调整效能。适应经济基础的客观规律，切实为经济基础服务。

3.1 船舶拟自然人化与"对物诉讼"

"对物诉讼（Action in Rem)"是一种针对物的诉讼。指在符合法律规定的程序中，法院应申请人申请可以通知扣押被诉人的船舶，继而可将船舶拍卖，以拍卖所得的金额为限偿付债务。对物诉讼制度源于英国海事法，后在海事国际公约中予以规定。现大多数海运国家或接受公约，或自定对物诉讼的内国法，有的国家还将此制度作为民事诉讼中调整其他财产关系的法律。

3.1.1 对物诉讼的理论基础。船舶拟自然人化是"对物诉讼"的理论根据。船舶拟人化认为，船舶具有法律上人的特征，由船舶造成的海上侵权、合同违约以及具有其他海事请求权的债务，可由船舶本体偿还，"逮捕船舶"后，如无人保释，则以变卖船舶偿还。可见，人类对船舶拟自然人化认识的利用在法律上具有立法实践性意义。

3.1.2 对物诉讼的手段。对物诉讼是采取扣押船舶的手段，迫使船舶所有人应诉，当船舶所有人不出来应诉时，法院便强制拍卖船舶。先决条件是：(1) 船舶必须在受诉法院管辖范围之内：(2) 船拍必须存在并有经济价值。应该说，对物诉讼的手段是较高明的，原告不必费力去查找船舶所有人或责任人，法院也不必为寻找被告而为难，其诉讼既简单又方便。

3.1.3 对物诉讼之目的。对物诉讼的目的可分两个层次：第一层次是财产保全。通过扣押船舶，迫使被告出庭应诉，提供担保，以保证法院的判决得以执行，实现海事请求权人的权利；第二层次是债务清偿。如果被告一直不出庭应诉，法院可拍卖船舶，以拍卖的价款中清偿债务。这一目的可以使本诉债权人及其他债权人的权利直接得以实现。两个层次的目的，切实地保护了海事请求权人的合法权益，其意义重大。但是，海事请求权人对船舶起诉后，即使船舶价值或分摊份额不能全部满足其请求时，不得以同一请求的不足部分向船舶所有人或责任人起诉。即同一海事请求不能向两人（其中一"人"为船舶）起诉。如果被告出庭应诉，对物诉讼犹如对人诉讼。判决即是对船舶所有人或责任人的，法院可以对管辖权内的被告的任何财产实施强制执行，以使原告的海事请求得以全部满足。对于原告来说，这是最理想的诉讼结果。

3.1.4 对物诉讼合理性与局限性评价。从辩证唯物主义和历史唯物主义出发，我们认为，对物诉讼制度的产生和发展与英国及其他英美法系海运国的社会、法律相联系，它的合理性在于诉讼手段和诉讼目的。船舶的流动性强，国际海运中往往一时难以查清船舶所有人及责任人，如果不通过法院及时控制船舶，船舶一旦离港或离境，海事请求权人将无起诉对象，甚至根本不能实现其海事请求。保护权益人实现其权利，是法律的职能。所以，对物诉讼制度延续了几百年的历史，几乎被世界大多数国家所接受或变相接受，国际公约也予以接纳。对物诉讼的局限性在于，既然船舶具有人的特征，那么对船舶诉讼为什么又称对物诉讼呢？与理不通。究其原因，对物诉讼是在私有制下建立的，私有制中，财产私有化，船舶所有人即私人（个人老板），是自然人的个体。船舶拟人化仅是拟自然人化。而船舶本体为物，不可能成为自然人，即仍是物。故一方面承认船舶拟人化，另一方面又称扣押船舶为对物诉讼。这是历史和制度对人类认识事物造成的局限性在法律上的表现。在法人制度发展为现今之普遍、发达、健全的国际社会中，仍坚持船舶拟自然人化是一种与现实客观实在相悖的观念。对物诉讼制度已不能适应现代世界海事活动的经济基础，应根据船舶属性，建立相适应的保全诉讼法律制度。

3.2 船舶浮动领土说与豁免权的变革

船舶浮动领土说，在“平等者之间无管辖权”的国际法原则下，得到国际社会的普遍承认。不仅公权力享受司法豁免权，曾一度的私权利也享有司法豁免权。即国有船舶即使是从事商业运输，他国也不得对其诉讼（扣留）。如美国最高法院1812年在审理“交易号帆船”（Schoonef Exchange）诉“麦克·方舟”（MC Faddrn）一案时，英国法院1880年在审理“比利时国会号”案时，英国法院1920年在涉及葡萄牙“亚列山大号”案时，就是适用了豁免权。随着社会的发展与变革，社会主义国家的国际航运船舶，均为国有。西方国际海事法学者对国有商船享受司法豁免权大加抨击，认为显失国际海事法的公平。国际上于1926年4月10日制定的《统一国有船舶豁免权的某些规则的公约》及1934年该公约“议定书”中排除了对国有商船的司法豁免权，即对国有商船可以海事请求提起对物诉讼。苏联坚持绝对豁免权原则，在其1968年《海商法》中规定：“苏联国家所有的船舶未经苏联部长会议同意不得予以扣押和处罚。”在国际社会中，这种内国法的规定如同虚设。西方国家不仅对社会主义国家的国有船舶予以扣押，而且针对所有的国有船舶作同一船舶所有人提起扣押“姊妹”船诉讼。前苏联和中国等社会主义国家是深有体会的。浮动领土说下的国有船舶豁免权制度的变革，说明随着社会的发展与变革，船舶的法律地位是在不断地发生变化的。法人制度下的商船在法律上拟作法人对待与处理，是历史的必然。

3.3 中国扣船制度与拍卖船舶制度

中华人民共和国成立前，中国无涉外海事司法权。新中国成立后，1984年湛江市中级人民法院经海事请求权人申请，参照世界各国的通行做法，扣押了马尔他籍的“希罗埃斯号”轮。海事法院建立后，又积累了丰富的扣船和卖船的经验。最高人民法院在总结司法实践和参照国际惯例的前提下，于1986年1月31日制定了《关于诉讼前扣押船舶的具体规定》，于1987年8月29日制定了《关于强制变卖被扣押船舶清偿债务的具体规定》，（下称“两规定”）。“两规定”是在《中华人民共和国民事诉讼法（试行）》没有相应法律规定时作出的，无疑是一种向国际海事法靠拢的重大突破。

3.3.1 “两规定”的重大意义。“两规定”为我国法律填补了空白，其重大意义主要体现在：（1）维护了国家主权原则，进一步明确了我国海事法院对海上案件的司法管辖权；（2）可以保障其海事请求权的行使，及时保护海事请求权人的合法权益；（3）便于当事人诉讼和海事法院审理判决；（4）为《民事诉讼法》“诉前保全”法律制度提供了实践依据并被吸收；（5）对国际经济贸易和国际航运事业的发展具有促进作用。

3.3.2 “两规定”的理论基础。“两规定”是在我国海商法学上船舶担保物权论及诉讼法学中的诉讼主体唯人论的基础上建立起来的。所谓船舶担保物权，是海事债权人根据法律或协议而取得的，并以与债的发生有关的船舶为标的一种权利。是一种从物权和他物权，包括船舶优先权、船舶抵押权和船舶留置权三种。《1993年船舶优先权和抵押权国际公约》与我国海商法的规定是基本一致的。船舶担保物权的实现往往通过船舶保全的诉讼程序来实现，表现在诉讼法上为保全法律制度。诉讼主体唯人论即无论是法院还是当事人及其他诉讼参与人都是人。在法院的主导下，通过诉讼活动调整的关系，无论是实体上的给付、确认、变更，还是程序上的保全，都是人与人之间的社会关系。所以，“两规定”坚持对人诉讼的原则，对外国及国际公约中的对物诉讼采取回避的态度。即手段和目的一致，不承认对物诉讼，从此意义上讲，“两规定”坚持了诉讼主体为人的法律原则，而在手段和程序上作了灵活的运用。

3.3.3 “两规定”不协调的方面。第一，作为财产保全制度，扣押船舶和变卖船舶是一个程序整体。即船舶扣押后，被申请人提供了担保，船舶获释，诉讼终结；若被申请人不提供担保，则申请人可以直接申请法院拍卖船舶，以价款作全保。而我国的“两个规定”缺乏连续性，诉前扣押的船舶只能在诉讼中变卖，即“转程序”成为完成保全措施的必经程序。将同一程序的保全案件，分割为两个程序进行有些与理不通，实践中也不便操作。第二，既然我国不承认对物（船）诉讼，那么在强制变卖船舶的程序中为什么规定债权人登记受偿制度呢？《关于强制变卖被扣押船舶清偿债务的具体规定》有关债权人登记的规定是“与该船舶有关的债权人应自公告之日起60天内向受理法院办理债权登记；逾期不登记的，视为放弃在本次变卖中受偿的权利”，“债权人登记债权，应提交书面申请和享有债权的证据。受理法院经过审查认为符合条件的，发给接受申请通知书。申请人收到通知后，应向法院提交法定代表人身份证明书和委托代理人的授权委托书，缴纳登记费人民币500元”；“船舶强制拍卖后，受理法院应对起诉的案件及时审理，确认原告的债权及其数额，并确定该项债权将与其他债权人的债权一并以卖船价款按清偿顺序、按比例受偿”。由此可见，债权登记制度与我国财产保全制度不相吻合。财产保全制度中只规定了对查封、扣押的物品，不宜长期保存的，可以变卖，保存价款，申请人从价款中得到优先受偿。对于其他债权人的登记制度，则是我国企业法人破产还债程序中才有的规范。然而，破产程序中，申请人的申请是针对法人的，卖船登记程序中，申请人的申请是针对船舶的。除此之外，法院只对原告（扣船申请人）与被告（扣船被申请人）之间的纠纷作实体判决，而对登记债权人的申请只作审查，并可一并参与债务清偿。可见程序上对各海事请求权人是不公平的，显得有些混乱。第三，海事请求权人的诉权有失公平。“两规定”对可扣船舶范围有两个条件：“一是该当事船舶的所有人应对该海事请求权负有责任，二是除为行使优先受偿权申请扣船外，该当事船舶在申请扣押时和发生海事请求时必须属于同一船舶所有人”。说明一般海事请求权人的申请要受到船舶所有人的两个限制，即所有人自己有责任和扣船时仍是该船所有人。而这些都不是申请人能控制得了的。当今世界海运中，船舶转租再转租，即二船东、三船东的现象普遍皆是。同时产生于同一船舶的债权，由于受到两个条件的限制则不能享受同等的申请权（诉权）。司法实践中常遇此情况。如某法院1994年所扣押的两艘船舶，按此规定都属于限制性扣押范围。法院一致认为，如若不扣，则使申请人蒙受损失，是不公平的。最终以扣船后作谨慎处理的指导思想而裁定扣押。

3.4　建立船舶主体法律制度

在深刻揭示和认识船舶双重属性的基础上，全面剖析国际“对物诉讼”制度、船舶豁免权制度的变革和中国“扣船”“卖船”规范后，笔者认为，我们应根据现处的世界经济基础的客观实在，站在国际经济贸易和国际海运事业发展需要的高度，从建立国际统一海事法制的角度出发，建立船舶主体法律制度。

3.4.1　船舶主体定义。船舶主体，是指具有一定海事权利能力和行为能力，依法享有特定海事权利，承担特定海事义务的商业运输船舶。船舶主体的构成条件是：(1) 20总吨以上的国际商业营运船舶，（政府公务船、军事船、国内航行船舶及其他不具备条件的船舶不能成为主体）；(2) 机动船或组合体，（非机动船，如帆船、驳船不能成为主体）；(3) 有船员管理和驾驶；(4) 依法登记，具有一国国籍并享有海上航行权，但无国籍船或国籍不明的船舶可作义务主体。

3.4.2　船舶主体制度的意义。建立船舶主体法律制度至少有以下法律意义。

3.4.2.1　船舶拟人化由拟自然人化发展为拟法人化，是一个历史的进步和认识上的飞跃，应以法律的形式予以肯定。对于中国来讲是坚持了法律关系中的主体是人而不是物的原则。

3.4.2.2　是现行实体法和程序法中船舶主体法条的总结。如提单法上的船长签发提单行为；救助法上的船长签订救助合同行为；1989年《救助公约》及我国《海商法》规定救助费用的请求适用同一船舶所有人的两艘船舶，即船舶具有请求权和承担义务的能力；碰撞法上的船舶行动等；又如“对物诉讼”中不能因同一海事请求同时向两人（其中一人是船舶）起诉；我国“两规定”中的债权登记清偿程序将船舶拟作企业法人处理等。存在决定意识，既然法律中已有不可避免的船舶主体条款出现，为什么不明文规定呢？法律明朗化，亦是立法技术的基本要求之一。使海事国际私法的连接点真正统一到船舶上来，对统一国际海事法有促进作用。

3.4.2.3 体现了诉讼制度的“两便”原则。“两便”原则，即方便当事人诉讼、方便法院审理的原则。这是我国一贯坚持的诉讼原则之一。一方面，船舶受到某种侵害或具有海事请求时，船舶可及时行诉；对船舶具有海事请求权的人，也可以及时行诉，而船舶则可及时应诉；另一方面，法院对某些案件的送达、审理、执行可按法定程序顺利审理，变现行的复杂程序为便于操作的程序，为诉讼程序的简便合法奠定了基础。

此外，从加大了船长、船员的权利和职责来看，有利于国际海运船舶的严格登记制度的统一进程。

3.4.3 船舶主体的法律地位。船舶是准法人。所谓准法人，是指船舶属于法律上“人”的范畴，但不完成构成法人的资格，具有限制性法人的特征。一方面船舶具有人的法律地位；另一方面，船舶的权利能力和行为能力要受到法定限制。只有在法律规定的范围内和船舶所有人授权时，船舶才具有法人的权利能力和行为能力。从某种意义上讲，船舶同我国法人制度中的非法人组织（其他经济组织）的法律地位相似。一般情况下，船舶具有以下权利能力和行为能力：（1）船舶具有在海上航行、避碰、避难及其他特殊情况下为保护船上人命、财产及船舶本体的能力；（2）船舶具有签发提单、签订救助合同的能力，经船舶所有人或经营人授权还可以签订运输合同；（3）船舶具有为保护船员在劳动保险、工资待遇等请求权方面的能力；（4）船舶具有在特殊情况下对因本船所生海事之债的赔偿能力，其赔偿限额以本船价值为限；（5）船舶有对他人起诉本船的答辩应诉能力，但未经船舶所有人特别授权，不得以自己的意志处分船舶及船上财产；（6）船舶的船长在海事活动中是船舶所有人的法定代理人，在诉讼活动中是诉讼代表人。

3.4.4 船舶主体制度在海事诉讼程序上的意义。船舶主体制度是在海事司法实践需要的基础上建立起来的，具有广泛的意义。其最直接的程序法意义，是建立船舶保全之诉的前提。

3.4.4.1 船舶保全之诉的定义。保全之诉，是指当事人为了特定目的向法院请求保全一定的财产、证据等提起的诉讼。其特点有：（1）是程序之诉，无实体请求内容，但与实体权利紧密相连；（2）构成诉的要件，即有原告（申请人）、被告（被申请人）和具体的诉讼请求（保全措施）；（3）是一个独立的诉，当事人可以独立提出，法院也可以单独裁判。民诉法学理论上将诉分为确认之诉、给付之诉、变更之诉三种，是以实体请求的目的和内容划分的，未作程序诉的分类。中国现行民诉法中将财产保全分为诉前财产保全和诉讼财产保全两类。“诉前扣船”属诉前财产保全范围，强制拍卖船舶又属于诉讼财产保全。这种分类割裂了诉的独立性和整体性，且诉讼法中规定非诉程序与理不通。

船舶保全之诉，是指海事请求权人为保全海事请求的实现，向海事法院提起要求扣押当事船舶，责令其提供担保或从拍卖的价款获得担保的特定诉讼活动。其成立要件是：(1) 原告（海事请求权人）；(2) 被告（当事船舶）；(3) 具体的诉讼请求（获得海事请求的担保）；(4) 事实及理由（海事请求的证据及可扣押船舶范围的举证）。船舶保全之诉可以单独起诉，也可以同其他诉同时或增加提起；法院可以单独裁判，也可以合并审理。

3.4.4.2　船舶保全之诉的意义。

3.4.4.2.1　为保全之诉正名。法院的职能活动，全是诉讼活动。中国《宪法》、《人民法院组织法》规定，人民法院是国家的审判机关。审判是法院对案件进行审理和判决的统称。在诉讼程序中审判处于中心和重心的地位，没有诉即没有审判。人民法院的审判活动，岂有非诉之理？即船舶保全应纳入诉的范畴，名为船舶保全之诉。

3.4.4.2.2　一个程序全面完成之诉讼目的。“诉前扣船”仅指扣船和责令被申请人提供担保的程序，而当被申请人不提供担保及申请人不起诉时，即使扣押了船舶也达不到保全的目的。而船舶保全之诉既包括扣押船舶，责令被扣押船舶提供担保，还包括被扣船舶不提供担保时，法院拍卖船舶以船价款作保全，实现其诉讼目的。

3.4.4.2.3　缩短了船舶被扣押的时间。非诉扣船的裁定虽可直接向船长送达，但被申请人要提起复议时，只能是船舶所有人行使复议权。这无疑地延长了复议提起的实际期限；而船舶保全之诉，则可直接由船舶提出申请复议（或答辩），缩短了诉讼时间。

3.4.4.2.4　可以改革担保制度。在对物诉讼和我国的诉前扣船中，法院责令被申请人提供担保（包括他人为被申请人提供担保）。在船舶保全诉讼中，法院责令船舶提供担保，船舶在通常情况下，除船舶本体外是无担保能力的。船舶既可以告知所有人、责任人提供担保，也可以请求其他人为船舶提供担保，而使船舶获释。无论是谁提供的担保，只要充分可靠且声明为被扣押的特定船舶提供的担保，法院应予以接受，并裁定释放船舶，终结案件。这一担保制度的改革在于：被扣船船舶所有人往往难以确定，特别是海事债权纠纷中的海事请求权人往往只能认识船舶标志，对船舶所有人无所知，一时难以找到被申请人。如某院受理的一诉前扣船案，被申请人是第三国的船代商，船代商先以自己的名义提供担保，船舶释放后，再提出主体资格异议，造成法院诉讼程序受阻。如果改革这一担保制度，一方面由被诉船舶的船长（诉讼代表人）通知所有人或责任人提供担保，可以从根本上减轻原告的诉讼负担；另一方面，法院接受任何人为释放船舶而提供的担保，进入实体诉讼后，被告就是不出庭，其担保仍然可以作执行保证。从而进一步保护了海事请求权人的利益。

3.4.4.2.5　船舶保全之诉的船舶范围得到了合理的调整。首先，海事请求的范围应包括所有的基于船舶产生的债权，其债权人都可以提起船舶保全之诉。其次，非当事船产生的海事请求，其船舶保全之诉的被告则是船舶所有人，船舶仅是被扣押的财产。再次，无论船舶是否所有人经营也无论船舶所有人是否对海事请求负有责任，都可以对当事船舶提起船舶保全之诉。这一改革，使复杂的问题简单化。

3.4.4.2.6　理顺了保全之诉与海事请求权之诉的关系。船舶保全之诉不涉及到实体问题，原告为实现其海事请求权的目的，可以向船舶保全法院增加诉讼请求，即提起实体请求权之诉。既可以在船舶拍卖之前起诉，又可以在拍卖船舶之后提起，法院在受理实体请求之诉后，应向被告发出应诉通知书。船舶在扣押期间起诉时，以船舶为被告：船舶保全之诉终结后起诉时，以船舶所有人或责任人为被告。使两个不同的诉，既遵循各自的程序又有合理的衔接。

3.4.4.2.7　为依法清偿其他海事债权提供了合法途径。法院决定拍卖船舶后，依法向社会予以公告，并规定对该船舶具有海事请求权的人可以在一定期限内向保全法院提起诉讼，凡提起诉讼应针对船舶（以船舶为被告）。经受诉法院依法定程序审判后，其判决书确认的债权，参与船舶价款范围内的依照法定顺序受偿。这一改革，坚持了法院的审判原则，避免了对债权人的债权请求只作审查不作审判参与清偿的弊端，保护了原被告双方的诉权。

3.4.4.2.8　充分保护船舶优先权的行使。船舶优先权是一种特权，一直受到国际海事法的特别保护。从国际最新立法来看，这种特权仍在加强。《1993年船舶优先权和抵押权国际公约》明确规定，具有船舶优先权的海事请求通过优先权得到担保。船舶优先权随船存在而存在，而不论船舶的所有权或登记或船旗有何变更。船舶即使被保全法院拍卖，如果未按“公约”的规定和内国法的程序进行，其优先权仍依附于船舶。船舶保全之诉与船舶优先权的关系密切，可以说，船舶优先权是船舶保全之诉的首要保护对象。一方面，船舶优先权制度要求和制约船舶保全之诉法律程序的规范化；另一方面，船舶保全之诉从海事请求之诉中彻底分离出来，可以为船舶优先权的行使提供宽松的时间。

4. 结束语

自国际海运伊始，国际法及国际海事法学界对船舶性质的研究从未间断过。人们的认识在不断深入，船舶属性也不断被揭示。船舶是否可以成为民事法律关系及诉讼法律关系中的主体，国内外的法学理论中几乎难以寻觅。可以说，本文船舶主体论面临的是一个“禁区”。国际上只承认船舶拟自然人化（或形式上的拟人化），国内法学界限于船舶物属性的范围内。唯可喜的是，将船舶以主体对待的条款散见于国际公约及内国法之中。迫于海事司法实践的需要和国际海事立法的统一进程，笔者以亲身的海事司法实践及海事应用法学研究的撼动，以身试“禁”，斗胆提出建立船舶主体法律制度。

《船舶保全诉讼法律程序建议案》

第一条 定义

1. 船舶保全诉讼。是指海事请求权人为保全海事请求权的实现。以船舶或船舶所有人或责任人为被告，向海事法院提起要求扣押当事船舶．责令其提供担保或从拍卖的价款中获得担保的特定诉讼活动。

2. 海事请求权．是指基于船舶产生的船舶优先权、抵押权、所有权、占有权及其他与海运船舶的建造、买卖、租赁、营运、操作、救助、打捞等有关的海事索赔权利。

3. 当事人，是指船舶保全诉讼中的原告人和被告人。原告人，指具有海事请求权并向海事法院提起船舶保全诉讼的人，可以是自然人、合伙人、法人、其他组织、船舶、政府及政府机构、公共权利机构等；被告人，指被提起船舶保全诉讼的当事船舶或船舶所有人或其他责任人等。

4. 船舶，是指从事国际海运的商业运输船舶。可作船舶保全诉讼当事人的船舶应当具备：（1）20 总吨以上的国际商业运输船舶：（2）机动船或组合体；（3）有船员管理和驾驶；（4）依法登记，具有一国国籍，享有海上航行权；但无国籍船或国籍不明的船可作义务主体。

政府公务船、军事船、体育运动船、国内航行船舶、20 总吨以下的国际商船、帆船、驳船及其他不具备船舶主体资格的船舶不能作船舶保全诉讼中的当事人。

船舶是船舶保全诉讼当事人的．其船长以诉讼代表人参加诉讼并可以自己的名义委托他人参加诉讼。

在船舶保全诉讼中，船舶无当事人主体资格时，除政府公务船、军事船、体育运动船以外，其他船舶的法律地位是诉讼法律关系中的物客体。

5. 单独船舶保全之诉，指原告人只有船舶保全诉讼一项请求，法院为此单独裁判的诉讼活动。原告先提起船舶保全之诉，后提起海事请求权之诉的，其保全诉讼适用单独船舶保全之诉的程序。

单独船舶保全之诉的原告人及被告人可以是船舶。

当原告人请求扣押船舶所有权人及其他责任人所有的非当事船舶（所有人的其他船舶）的船舶保全诉讼时，其被告只能是船舶所有人。

6. 合并船舶保全之诉，是指原告在提起海事请求权之诉的同时或在已提起海事请求权之诉以后向受诉法院提起船舶保全之诉的诉讼活动。

合并船舶保全之诉的被告只能是海事请求权之诉的被告。

第二条 管辖

1. 被诉船舶所处地的法院具有单独船舶保全之诉的管辖权，并排除其他任何原则、形式下的管辖权。

2. 合并船舶保全之诉只能向已受理海事请求之诉的法院提起：但受理海事请求之诉的法院可以经原告申请或依职权决定，委托船舶所处地法院扣押及拍卖船舶，其诉讼程序依照本程序的规定进行。

第三条　诉讼

1. 船舶保全诉讼成立的条件是：（1）原告必须是具有海事请求权的人或取得权益转让书的代位求偿人；（2）被诉船舶正处受诉法院的管辖范围；（3）原告须持有具有海事请求权的初步或表面证据；（4）原告以担保形式承担可能败诉的责任。

2. 受诉法院在收到原告的诉状后，应在48小时内作出是否受理的决定。

法院认为不符合受理条件的，裁定不予受理；决定受理案件的，向原告发出受理案件通知书，令其交纳诉讼费及诉讼活动费并提供担保；原告不提供担保的，裁定驳回起诉。

3. 受诉法院应在受理船舶保全案后48小时内向被诉船舶送达应诉通知书，同时经院长签发扣押船舶的裁定和命令，扣押船舶命令应当面向船长宣读。

4. 凡一审法院对船舶保全诉讼案件作出的裁定，当事人不服的可以向上一级法院提起上诉；上诉审法院应在收到上诉状后48小时内，作出维持或撤销原审法院的裁定的裁定。

上诉期间不停止一审法院扣押船舶裁定的执行。

5. 法院在裁定扣押船舶的同时，应责令被告在30日内提供担保，超过30日后未提供担保，受诉法院可以公告拍卖扣押的船舶，也可以继续扣押。但最长不得超过180天；

6. 原告提供担保的数额参照被扣押船舶的月营利额以30日为基准计算，具体数额由法院决定：被告提供担保的数额依原告的请求或法院的审核数额为准。

法院应接受任何人为使船舶保全诉讼成立而提供的担保，非原告提供担保的，担保人应出具为原告×××提供担保的声明书；法院应接受任何人为使船舶获释而提供的担保，非被告或船舶所有人提供担保的，担保人应出具为特定船舶提供担保的声明书。

船舶保全诉讼中的担保，都可作为执行特定案件的保全。海事请求权人及船舶保全诉讼的被告人未向保全法院提起诉讼的，保全期限应不超过180天；但有关法院、仲裁机构请求保全法院延长保全期限的，经保全法院对请求理由审查后，认为请求理由成立的应予延长。

第四条　船舶保全之诉与海事请求权之诉

1. 受理船舶保全诉讼的法院决定拍卖船舶时，应依照《1993年船舶优先权和抵押权国际公约》第11条的规定，发出通知。

2. 受理船舶保全诉讼的法院决定拍卖船舶时，应依照国际公约及内国法的有关规定予以公告。公告应在国际范围，公告期限应不短于 30 日。

3. 对被拍卖的船舶具有海事请求权的人（包括船舶保全之诉的原告人）在收到通知或见到公告后可以向保全法院提起海事请求权之诉。法院认为符合立案条件的，予以立案审理；不符合立案条件的，裁定驳回起诉。

4. 凡经法定审理程序判决确认的债权，均可以参与拍卖船舶价款中的清偿；清偿限额以船舶价款为限，清债顺序依照有关际公约及内国法的规定执行。

海事请求权人没有在法院规定的日期内提起诉讼或被驳回起诉或其请求权不成立的，不得参与拍卖船舶价款的分摊清偿。

债务清偿受船舶阶款限制，不足部分或按清偿顺序全部得不到赔偿的，其债权债务关系自行消灭，债权人不得据此向船舶所有人索赔。

第五条　上诉程序

1. 凡一审法院依照本程序作出的裁定，当事人不服的，可以向上一级法院提起上诉。

上诉审法院应在受到上诉状后 48 小时内作出维持或撤销原审法院裁定的裁定。

2. 上诉期间不停止一审法院扣押船舶裁定的执行。

说　明：

此《建议案》是《船舶主体论》一文的附件，仅就船舶保全诉讼法律程序中的部分实质性条款提出了立法建议。供联合国贸易与发展会议、国际海事组织、国际海事委员会修改《1952 年关于扣留海运船舶的国际公约》时参考；供中华人民共和国最高人民法院修改《关于诉前扣押船舶的具体规定》和《关于强制变卖被扣押船舶清偿债务的具体规定》时参考。

注：此文于 1994 年荣获全国法院系统第六届学术讨论会三等奖。

参考文献：

[1] 王茂深、肖思礼：《论非诉讼保全扣船》，载《法学研究》1986 年第 5 期。

[2] 侯军、吕建：《当代国际海事法》，人民交通出版社 1992 年 9 月版。

[3] 司玉琢主编：《新编海商法学》，人民交通出版社 1991 年 9 月版。

[4] 司玉琢主编：《中国海商法年刊》第 1、2、3 卷，大连海运学院出版社。

[5] 何兰阶、鲁明健主编：《当代中国的审判工作》，当代中国出版社 1993 年版。

[6] 金正佳、翁子明：《中国海事审判的理论与实践》，海天出版社 1993 年版。

[7] 侯军主编：《当代海事国际私法》，上海科学技术文献出版社 1990 年版。

[8] 李秀林等主编：《辩证唯物主义和历史唯物主义原理》，中国人民大学出版社 1984 年 5 月第 2 版。

[9] 饶中享：《内河海事法概论》，载《远洋运输》1994 年第 1、2 期。

论海事行政案件的诉讼管辖

李开森

【内容摘要】 海事行政案件是行政案件的一部分，我国的海事行政案件的管辖分为两个阶段。前阶段是由各海事法院管辖受理海事行政诉讼案件：自1991年5月29日最高人民法院发布《关于贯彻执行〈中华人民共和国行政诉讼法〉若干问题的意见（试行）》后，我国海事行政案件的管辖法院变更。各海事法院不再受理海事行政诉讼案件。本文针对海事法院不能管辖海事行政案件的理由，着重从海事法院管辖海事行政诉讼案件的法律依据、级别管辖、地域管辖、海事行政案件特点及范围，以及完善海事审判制度几方面阐述了海事行政诉讼案件应该由海事法院管辖。并建议最高审判机关在适当的时候修改有关法律文件并增设海事法院的行政审判机构。供最高审判机关参考。

【关键词】 海事行政案件　诉讼管辖

一

海事行政案件是指公民、法人或其他组织认为海上或内河行政管理机关的具体行政行为侵犯其合法权益，而以海上或内河行政主管机关为被告提起诉讼的案件。海事行政案件的诉讼则是人民法院在有关当事人和其他诉讼参与人的参加下，依法审理解决因当事人不服海上或内河行政管理机关的具体行政行为而产生的，并以海上或内河行政主管机关为被告的海事行政案件的全部活动，俗称“打海事行政官司”。其意义是：人民法院通过对海事行政案件的审理，对海上或内河行政管理机关对公民、法人或其他组织的具体行政行为合法性进行审查。对主管机关作出的行政处罚决定作出维持、变更或者撤销的裁判。以达到保护公民、法人或其他组织的合法权益。维护正常的水上运输秩序，保护水上运输事业的正常发展，保障水上交通安全管理工作的正常进行。监督和促进海上或内河行政管理机关依法行使职权，严格秉公执法，纠正执法中的违法行为。同时树立起水上交通法规的权威性，维持这些法规的严肃性和公正性，引导公民、法人或其他经济组织自觉执行和遵守法律和交通安全法规。

海事行政案件的诉讼管辖则是指人民法院之间受理第一审海事行政案件的职权划分。即确定人民法院之间受理第一审行政案件的分工和权限。也就是公民、法人或其他组织认为海上或内河行政管理机关的具体行政行为侵犯其合法权益时，是向地方人民法院起诉还是向海事法院起诉；是由地方人民法院受理还是由海事法院受理。法律对此作出的规定就是海事行政案件的诉讼管辖。另一方面根据行政诉讼法的规定，当事人不服第一审人民法院的判决、裁定还可以提起上诉。地方基层人民法院判决、裁定的海事行政上诉案件，其上诉审是该基层人民法院的上级中级人民法院；中级人民法院判决、裁定的海事行政上诉案件是该中级人民法院的上级高级人民法院。海事法院判决、裁定的海事行政上诉案件，由海事法院所在地高级人民法院管辖。

二

海事行政案件曾是由海事法院管辖。1984 年 6 月我国广州、上海、武汉、青岛、天津、大连成立 6 家海事法院，以后又成立海口、厦门、宁波 3 家海事法院。从 1984 年 10 月开始受理案件到 1990 年 10 月 1 日《中华人民共和国行政诉讼法》似下简称我国《行政法》）正式施行以后，1991 年 5 月 29 日，最高人民法院发布了《关于贯彻执行〈中华人民共和国行政诉讼法〉若干问题的意见（试行)》以前这一段时间内，海事行政诉讼案件，由各海事法院管辖。在此期间各海事法院分别受理了一批海事行政案件。如某海事法院受理“人庆 215”轮船长叶某诉某港务监督一案。海事法院对海上行政主管机关的具体行政行为进行审理。认定该案行政主管机关在处理叶某的具体行政行为认定的事实清楚、证据确凿、适用法律、法规正确，符合法定程序。法院遂判决维持；又如“广河”轮轮机长胡某诉某港务监督一案。海事法院对海上行政主管机关对吊销胡某职务证书处罚的具体行政行为，认为事实不清，证据不足和与实际情况不符，适用法律、法规错误，违反法定程序，超越行政主管机关的职权范围，属于行政机关滥用职权，海事法院判决撤销具体行政行为。又如海事法院受理辽宁省某县渔政工作人员在追捕违章渔船时，撞翻了渔船，过后又没有采取及时的补救措施，造成死亡 11 人的严重后果。受害者家属向海事法院提起诉讼。经依法审理，某县渔政因有行政侵权行为，造成了他人死亡和财户损失，承担了侵权赔偿责任。海事法院通过这些行政案件的审理，取得了良好的社会效果。1991 年 5 月 29 日最高人民法院发布《关于贯彻执行〈中华人民共和国行政诉讼法〉若干问题的意见（试行)》，该文件规定：“专门人民法院不没行政审判庭，不受理行政案件。”该文件的贯彻实施，使海事行政案件管辖法院变更。据此，海事法院不再受理海事行政案件。

三

海事行政诉讼案件是海事法院管辖或是地方人民法院管辖，存在着两种不同的意见。认为海事法院不应该受理海事行政诉讼案件的理由有：

1. 权力机关没有特别授权海事法院受理行政案件。1984 年 11 月 14 日第六届全国人民代表大会常务委员会第八次会议通过《关于在沿海港口城市设立海事法院的决定》第三条规定：“海事法院管辖第一审海事案件和海商案件，不受理刑事案件和其他民事案件。”同时根据最高人民法院《关于海事法院收案范围的规定》规定海事法院受理我国法人、公民之间，我国法人、公民同外国或地区法人、公民之间，外国或者地区法人、公民之间的海事侵权纠纷、海商合同纠纷案件的规定。海事法院受理的海事、海商案件是平等主体之间有关因海事侵权、海商合同等发生纠纷，诉到法院的案件。

2. 最高人民法院《关于贯彻执行〈中华人民共和国行政诉讼法〉若干问题的意见（试行）》第九条规定："专门人民法院不设行政审判庭，不受理行政案件。"

3. 海事法院受理海事行政案件有悖行政诉讼立法原意。其理由是海事法院受理海事行政案件提高了审级。我国海事法院相当于中级人民法院，下面无基层法院。根据行政诉讼法的规定，第一审行政案件由基层人民法院管辖。如果海事法院受理涉及海事方面行政案件，不论这类案件是否重大复杂，都由中级法院审理，提高了案件的审级，与行政诉讼法有关级别管辖的规定不相符。

4. 有悖行政诉讼有关地域管辖的规定。根据我国《行政法》规定，行政案件由最初作出具体行政行为所在地人民法院管辖，经过复议的案件，复议机关改变原具体行政行为的，也可以由复议机关所在地人民法院管辖，对限制人身强制措施不服提起诉讼，由被告所在地或者原告所在地人民法院管辖。海事法院管辖范围都是跨省、自治区、直辖市的。行政管理相对人不服海上或内河行政主管机关所作出的具体行政行为，由海事法院受理，就会出现原告、被告与受诉法院不在一地的问题。所以，如果海事法院受理海事行政案件与行政诉讼法有关地域管辖的规定不相符合。

5. 海事法院受理海事行政案件不便于当事人诉讼和法院办案。根据海上交通安全法、内河交通安全管理条例、海洋环境保护法等法律、法规规定，沿海水域的交通安全、内河交通安全和海洋环境保护等行政管理工作，分别由沿海、内河各港口的港务监督机构、海洋管理部门、渔政渔港监督管理机构和环境保护部门负责。上述管理监督机构部门除港务监督和海洋管理部门外，都属当地人民政府的职能部门。由于负责管理海上、内河交通安全和海洋环境保护行政管理的行政部门多，而且都分散在沿海、沿江各地区。目前我国只有少数几个城市设有海事法院，如果海事法院受理海事行政案件，大多数案件不方便原告和被告参加诉讼，也不方便法院办案。

6. 地方人民法院受理海事行政案件，可以解决有关专业技术问题。可以给地方人民法院适当配备一些具有海事专业知识和法律业务的审判人员；或者聘请有海事专业知识的人员作陪审员；还可以向港航监督机关了解有关的专业知识，以解决不熟悉专业技术问题。

四

海事法院应该管辖海事行政诉讼案件，对涉及到海上或者内河行政管理机关为被告的海事行政诉讼案件应该由海事法院受理。

1. 海事法院受理海事行政案件的法律依据。

1984 年 11 月 14 日第六届全国人民代表大会常务委员会第八次会议通过了《关于在沿海港口城市设立海事法院的决定》。在该决定草案提请全国人大常委会审议时，最高人民法院院长就《关于在沿海港口城市设立海事法院的决定（草案)》报告中对海事法院职权作了明确的说明："海事法院是国家审判机关的组成部分，它与普通中级人民法院同级，管辖国内和涉外第一审海事案件和海商案件，不受理刑事案件和其他民事案件。”同时说明："海事法院收案范围暂定为国内企业、组织、公民之间、中国企业、组织、公民同外国企业、组织、个人之间，外国企业、组织、个人之间的依法应当由我国管辖下列海事案件和海商案件。”《决定》（草案）说明共列举了十八类海事海商案件。其中第十六类案件就是"因违反有关海事的法律、条例受主管行政机关处罚，当事人不服，在法律规定的期限内起诉的案件……”1984 年 11 月 28 日，最高人民法院《关于设立海事法院几个问题的决定》第三条海事法院收案范围和受理的十八类海事案件和海商案件与提请第六届全国人民代表大会常务委员会第八次会议审议决定的内容完全一致。最高人民法院《关于设立海事法院几个问题的决定》第十六类案件就是；"因违反海事的法律、条例受主管行政机关处罚，当事人不服，在法律规定的期限内起诉的案件……”1989 年 5 月 13 日，最高人民法院法（交）发(1989）6 号文下发了《关于海事法院收案范围的规定》。该规定将海事法院的收案范围规定为：(1）海事侵权纠纷案件；(2）海商合同纠纷案件；(3）其他海事海商案件；(4）海事执行案件；(5）海事请求保全案件等五大类。该规定修改和扩大了海事法院收案范围。在第三类其他海事海商案件第九条明确规定，海事法院受理"涉及海洋、内河主管机关的行政案件"。我国《人民法院组织法》也明确规定：中华人民共和国审判权由下列人民法院行使：(一）地方各级人民法院；(二）军事等专门人民法院；(三）最高人民法院。海事法院属于专门人民法院，同是国家审判机关的组织部分，也应该行使行政审判权。海事法院管辖和受理海事行政案件是有法律依据的。

2. 海事行政案件性质决定海事行政案件应由海事法院管辖。

海事行政案件既不属刑事案件，也不属其他民事案件。海事行政案件是行政案件的一种，除具有行政案件的一般特点外，还具有自身的特殊性。第一，海事行政案件的被告是海上或内河行政主管机关。如港务监督机关、航政机关、渔政渔监机关。第二，海事行政案件所涉及的行政行为是海上或内河行政主管机关在行使其行政职能中作出的行为，这些行为是针对海上或内河运输、渔业生产、资源开发、港口建设、环境保护等与海上运输、生产有关的活动而作出的。而行政行为的相对人的海事行政责任和民事责任往往是紧密相连。具有行政违法性与民事违法性的同一性。如航行船舶在航行中，因违章造成海上交通事故，碰撞水上建筑（大桥）或沿江建筑设施。在这一个行为中，它既违反海上交通事故管理的行为，同时也构成对水上建筑（大桥）或沿江建筑设施所有人的侵权行为。如果造成重大事故的，行政管理机关可以对违章人员处以 100 元至 300 元罚款或扣留适任证书12至24个月直至吊销适任证书的行政处罚；同时对水上建筑（大桥）或沿江建筑设施造成的损害，还要承担经济赔偿责任。行为人行政违法性和民事违法性基于同一法律事实。但他构成两种不同性质的法律关系。前者是行政管理机关与相对人之间的行政法律关系；后者则是水上建筑（大桥）或沿江建筑设施所有人与侵权人之间民事法律关系。第三，海上或内河行政主管机关作出具体行政行为所依据的法律是有关海事的法律、法规和条例。这些法律、法规和条例也是处理行为人民事责任所适用的法律、法规和条例。由此可见，海事行政案件实质上是处理海上运输、生产活动中产生的行政纠纷，属于海事案件的范畴。所以1989年5月13日最高人民法院《关于海事法院收案范围的规定》把“涉及海洋、内河主管机关的行政案件”归类于“其他海事海商案件”是科学的。同时与《全国人大常委会关于在沿海港口城市设立海事法院的决定》中“海事法院管辖第一审海事案件和海商案件，不受理刑事案件和其他民事案件”精神也是一致的。所以，从海事行政案件的性质看，海事行政案件由海事法院管辖与受理为宜。

3. 海事行政案件由海事法院管辖，并不有悖行政诉讼有关级别管辖的立法原意。

根据全国人大常委会《关于在沿海港口城市设立海事法院的决定》，海事法院管辖第一审海事和海商案件。决定了海事法院无论是对事实清楚、权利义务关系明确、争议不大的简单海事海商案件和对重大、疑难复杂、权利义务关系不明确、争议标的额大的海事、海商案件及涉外、涉港、澳、台的海事、海商案件，只要这些案件发生在沿海和长江主干线上都由海事法院作为第一审法院受理；如果这些案件不发生在沿海和长江主干线上，而发生在其他内河及支流上。这些事实清楚、权利义务关系明确、争议不大的简单海事海商案件，按照我国《民事诉讼法》规定的级别管辖原则，应由基层人民法院和它派出的法庭审理。海事法院对这些简单和一般海事海商案件的管辖和受理，不是同样有一个提高了审级、有悖民事诉讼级别管辖立法原意吗？不能简单的认为海事法院受理第一审海事行政案件就提高了审级。同时，我国《行政诉讼法》也不是一概排斥中级人民法院管辖第一审行政案件。对确认发明专利权的案件、海关处理的案件、对国务院各部门或者省、自治区、直辖市人民政府所作的具体行政行为提起诉讼的案件、本辖区内重大、复杂的案件可以由中级人民法院管辖和受理。在海事行政案件中，也有一些重大、复杂、疑难的海事行政案件，并不是地方基层人民法院可以审理的。如发生在长江干线上的“南通5.8海事”和最近发生的“万县2.1海事”。类似这样重大、复杂的水上交通事故，如果提起海事行政案件诉讼，由海事法院管辖无论从执法环境、审判水平就要比地方基层人民法院管辖好得多。所以，海事行政案件由海事法院管辖，并不有悖行政诉讼有关级别管辖的立法原意。

4. 海事行政案件由海事法院管辖不违背行政诉讼地域管辖的原则。

根据我国《行政诉讼法》的规定。行政案件由最初作出具体行政行为的机关所在地人民法院管辖，经复议的案件，复议机关改变原具体行政行为的，也可以由复议机关所在地人民法院管辖，对限制人身自由的行政强制措施不服提起的诉讼由被告所在地或原告所在地人民法院管辖。因不动产提起行政诉讼，由不动产所在地人民法院管辖。这些地域管辖的诉讼原则对一般的行政诉讼是比较明确的。如土地管理行政案件，食品卫生监督管理行政案件，工商行政管理案件，这些行政主管机关的行政行为的相对人必须是其所管辖所在地的公民、法人或其他组织。这些行政主管机关对其行政行为的相对人所进行的行政处罚相对人不服，可以申请该行政主管机关的上一级行政主管机关复议；也可以向行政主管机关所在地的基层人民法院提起诉讼。原告、被告与受诉法院同在一地。符合行政诉讼的地域管辖原则。海事行政案件通常是与海上或内河运输、生产、海洋资源开发等活动有关的单位或个人，如航运企业、船舶所有人或经营人、船长等。其生产活动的工具是各种船舶，而船舶是流动的。经营活动的范围广泛。违犯海事法律、法规和规章制度后，对其行使行政处罚的海上或内河行政主管机关大多数不可能是船籍港的海上或内河行政主管机关。这就形成了行政管理机关行政行为的相对人与行政管理机关不可能在同一所在地；另一方面我国《海上交通安全法》和《内河交通安全管理条例》都分别规定了违反《海上交通安全法》和《内河交通安全管理条例》的法律责任。对违反《海上交通安全法》的，主管机关可视情节，给予下列一种或几种处罚：一、警告；二、扣留或吊销职务证书；三、罚款。对违反《内河交通安全管理条例》或对交通事故负有责任者，主管机关可给予下列一种或者几种处罚：一、警告；二、扣留或者吊销证书、证件；三、罚款。根据上述法律、条例，交通部于1990年9月分别以“中华人民共和国交通部令”第20号发布《中华人民共和国海上交通监督管理处罚规定（试行）》（简称海上处罚规定）、第21号发布《中华人民共和国内河交通安全管理违章处罚规定（试行）》（简称内河处罚规定）。这两个《处罚规定》对处罚权限与执行作了明确的规定。如《海上处罚规定》第六十四条规定主管机关执行处罚时，不得超越各自的权限。现场监督员只有口头警告和20元以下罚款决定；县港航监督或科级港务监督站对个人只有口头警告、书面警告、50元以下罚款；对船舶、单位口头警告、书面警告、400元以下罚款决定；县港航监督或科级监督港务机构可以做出对个人口头警告、书面警告、100元以下罚款、扣留适任证书3个月和对船舶、设施、单位口头警告、书面警告、1000元以下罚款的决定；地、市港航监督或县团级港务监督机构可以做出对个人口头警告、书面警告、200元以下罚款、扣留适任证书3至6个月和对船舶、设施、单位口头警告、书面警告、2000元以下罚款的决定；省、自治区、直辖市港航监督、地师级港务监督机构或经中华人民共和国港务监督局授权的县团级港务监督机构可以做出各种处罚的决定，即警告、扣留、吊销适任证书、罚款。《内河处罚规定》对违章人员处以100元以上至200元以下罚款、扣留证书、证件1个月的处罚和对违章船舶、设施、单位或所有人处书面警告或者200元以上至500元以下罚款，罚款的处罚由县港航监督机关或者交通部长江、黑龙江港航监督局所属港航监督处批准后执行；而对违章人员处以扣留证书、证件7至18个月或者吊销证书、证件的处罚和对违章船舶、设施、单位或者所有人处以1000元以上至3000元以下罚款处罚则由省、自治区、直辖市港航监督机关或者交通部长江、黑龙江港航监督局批准后执行。根据这两个处罚规定划分的处理权限。行政处罚罚款数额较大、扣留职务证书甚至吊销职务证书行政处罚，只能是由省、自治区、直辖市港航监督机关和交通部长江港航监督局作出的；地、市港航监督机关和长江港航监督局和黑龙江港航监督局所属港航监督分局作出的行政处罚决定也要经过他们批准后才能执行。相对人不服的行政处罚决定，也可以向他们提出申请复议。所以，省、自治区、直辖市港航监督机关以及交通部长江港航监督局、黑龙江港航监督局作为海事行政案件被告的机会就要比地（市）和交通部长江港航监督局、黑龙江港航监督局所属港航监督分局、监督处多。而这些行政主管机关与9家海事法院基本上驻在同一城市，不存在所谓海事行政案件诉讼时原告、被告与受诉法院不在同一地的问题。所以说海事法院管辖和受理海事行政诉讼案件不违背行政诉讼法地域管辖的原则。同时也不存在海事法院受理海事行政案件后不便于当事人诉讼和法院办案等问题。

5. 海事行政案件由海事法院管辖和受理是完善海事法律制度的需要。

最高人民法院《关于海事法院收案范围的规定》第四类海事执行案件中第一条就是受理“海洋、内河主管机关依法申请强制执行的案件”。最高人民法院《关于贯彻执行中华人民共和国行政诉讼法若干意见（试行）》中规定“专门法院不设行政庭，不审理行政案件”。海事行政案件由地方人民法院管辖。造成了海事执行案件与海事行政案管件辖上不一致。由于海事行政诉讼案件不属海法院管辖，而海事行政执行案件却由海事法院受理，致使二者相互脱节，这在一定程度上影响了海事审判工作的拓展。反而给当事人造成诉讼上不方便。如我国《海上交通安全法》第四十五条规定：“当事人对主管机关给予的罚款、吊销职务证书处罚不服的，可以在接到处罚通知之日起十五天内，向人民法院起诉：期满不起诉又不履行的，由主管机关申请人民法院强制执行。”如果按照目前这种海事法院不管辖海事行政案件，而又管辖海上或内河行政主管机关申请强制执行的案件。行政主管机关对违反海事法律当事人给予行政处罚后，行政行为的相对人如不服行政主管机关的处罚只能向地方人民法院起诉，如果地方人民法院作出维持原处罚的裁判后，如果当事人还不履行，这时行政主管机关只能申请海事法院强制执行。按照执行程序，海事法院也将会对行政主管机关作出处罚决定按照执行程序进行审查。这样是不是反而不方便当事人诉讼，不方便法院办案。更主要的是将一个完整的海事审判体系人为的分裂开来。所以说从完善海事审判法律制度的需要，应该将海事行政诉讼案件重新变更由海事法院管辖。

6. 从海事行政案件的专业技术和适用法律的复杂性应由海事法院管辖为宜。

涉及海上、内河的海事行政诉讼案件专业技术比其他行政诉讼案件要复杂的多，它包括违反船舶管理的行为、违反海员证管理的行为，违反船员管理的行为、违反交通秩序和通航环境管理的行为、违反危险货物运输监督管理和船舶装载安全管理的行为、违反海上交通事故管理的行为、违反防止船舶污染管理的行为以及其他违反海上交通管理的行为。这些海事行政案件几乎总要涉及船舶及航行方面的技术问题和商业运输方面的专门知识。了解这些技术问题和专门知识直接关系到能否正确地认定事实、分清是非。确定责任。客观要求海事行政案件的审判人员必须具备相应的专业知识和审判业务水平，既要精通法律，又要熟悉水运管理和航海知识。作为海事法院对海事行政诉讼案件审判要比地方人民法院方便得多，不需要去聘请专业技术人员充当陪审员，更不需要去向行政主管机关去了解有关的专业技术知识。从适用的法律上既包括国家权力机关制定的法律和国务院、交通部制订的大量行政法规以及行政主管机关就某一地区、某一方面制定的专门性规章制度。有些行政法规和专门性规章制度既具有法律规范的性质，同时还具备技术规范的要求。也需要认真地适用。所以说从海事行政案件专业技术和适用法律、法规、条例、规章的复杂性特点出发，海事行政案件由海事法院管辖比地方人民法院管辖更为有利。

五

海事行政案件诉讼由海事法院管辖，无论是从海事审判实践还是从建立健全与社会主义市场经济体制相适应的海事法制架构，都需要对海事行政案件诉讼管辖法院作出变更。在这方面有的海事法院征得上诉审高级人民法院同意，适应当地改革开放的实际情况。对各海事行政执法机关处罚后一方不服所形成的海事行政案件将考虑统由所在地的海事法院管辖，各行政执法机关对该地区的海事行政案件归口由海事法院受理这一举措表示诚挚的欢迎，认为这是众望所归。海事法院作为专门法院，直接审理与海上或内河行政主管机关相关联的海事行政案件。无论是对提高海事执法水平，加强海事法制建设都有十分重要的意义。针对海事行政案件诉讼的管辖问题，最高人民法院要对《关于贯彻执行〈中华人民共和国行政诉讼法〉若干问题的意见（试行）》第九条作必要的修改完善：同时，根据全国人大常委会《关于在沿海港口城市设立海事法院的决定》，最高人民法院可以在海事法院设置行政审判庭，受理行政案件。

注：此文于1994年荣获全国法院系统第六届学术讨论会三等奖，湖北省法院系统第四届学术讨论会二等奖。

参考文献：

［1］金正佳、翁子明著：《中国海事审判的理论与实践》。

［2］最高人民法院《人民司法》1991年第九期。

［3］交通部长江港航监督局编：《水上交通安全管理法规汇集》（1990）。

建立海事诉讼专家证人制度的设想

汪水松

【内容提要】海事诉讼因其专业性强、涉及技术领域广泛，案件的审理较一般民事诉讼而言更需要借助专家证人。但我国《民事诉讼法》和《海事诉讼特别程序法》对此并没有作出具体的规定，而最高人民法院关于民事诉讼证据的司法解释建立的也仅是专家辅助人制度而非专家证人制度。也就是说，现行的专家证人制度由于先天的不足而呈现出多种弊端。本文从当事人应享有专家证人申请权、质证权，专家证人的资格及知情权的角度出发，分析了建立我国海事诉讼中专家证人制度的意义。

【关键词】海事诉讼　专家证人

随着现代科技的发展，在民事诉讼中不断出现各类专门性问题，这一点在海事诉讼中表现得尤为突出。如，船舶碰撞损害赔偿案件碰撞事实的确认和碰撞责任的划分，海洋污染案件油污海域的面积、位置的确定，海上救助纠纷救助人采取的救助措施是否合理、正确、及时，共同海损赔偿纠纷案件中共同海损的理算等。对上述专门性问题的认知和确定通常会使用鉴定和专家证人两种办法。毫无疑问，我们常常采用鉴定这种办法，却忽视了专家证人在海事诉讼中运用的广泛性和普遍性，忽略了专家证人对案件事实的确定所发挥作用的重要性。鉴于我国关于专家证人制度的规定并不完善。为使海事诉讼中对专门性问题的认知和确定更符合民事诉讼自身的规律，本文借鉴国外成功的经验，结合我国司法实践，提出完善我国专家证人制度的几点思考，旨在抛砖引玉。

1. 我国海事诉讼中的专家证人的现状及存在的问题

所谓专家证人制度是指，由一方当事人委托的具有相应专业知识和实践经验的专家就案件涉及的专门性问题，在法庭上运用专业知识发表意见，作出推论或作出结论的一项法律活动。这种做法有助于改进和完善现行鉴定人制度。英美法系国家称这种具有专门知识的人员为“专家证人”[1]。应该说我国民事诉讼法并没有关于专家证人的明确规定，虽然海事诉讼因专业性强、涉及的技术领域广泛以致审理案件更需借助于专家证人，但作为调整海事诉讼的海事诉讼特别程序法也未就专家证人作出相关规定。直到最高人民法院关于民事诉讼证据的若干规定的颁布、施行后民事诉讼中才出现了专家证人制度，但是该司法解释创设的仅仅是专家辅助人制度[2]，而不是完全意义的专家证人制度。该司法解释第 61 条规定：“当事人可以向人民法院申请一至二名具有专门知识的人员出庭就案件的专门性问题进行说明。人民法院准许其申请的，有关费用由提出申请的当事人负担。审判人员和当事人可以对出庭的具有专门知识的人员进行询问。经人民法院准许，可以由当事人各自申请的具有专门知识的人员就有关案件中的问题进行对质。具有专业知识的人员可以对鉴定人员进行询问。”根据本条规定，当事人可以向人民法院申请由一至二名具有专门知识的人员就案件的专门性问题进行说明。人民法院应当根据案件中涉及的具体专门性问题的复杂、争议程度等因素决定是否允许。人民法院准许其申请的，有关费用由提出申请的当事人负担。专家辅助人在诉讼中的作用主要是：⑴就案件的专门性问题进行说明和接受询问或者对质。一方面，当事人可以聘请专家辅助人对案件的专门性问题进行说明，帮助当事人、其他诉讼参与人和法庭对这些问题作出适当理解，澄清不当的认识；另一方面，审判人员和当事人可以对出庭的具有专门知识的人员进行询问。经人民法院准许，当事人各自聘请的具有专门知识的人员可以就案件中的专门性问题进行必要的对质。⑵帮助当事人对鉴定人进行询问。无疑，在现行立法规定的鉴定制度没有改变的情况下，专家辅助人（下文中称现行专家证人）制度的创建提高了当事人对专门问题判断的参与性，有助于避免法官介入当事人的纷争而保持必要的独立性，对于查明事实真相和保证过程的客观公正会发挥一定的作用，但其暴露的弊端也是显而易见的。

现行专家证人制度存在的问题主要表现在：一方面，我国民事诉讼中的专家辅助人的意见并不是证据的一种，其作用是阐释和说明，而不像美国的专家证人的意见是对案件中专门性问题所作的结论性意见，因而专家辅助人的意见不是一种法定证据，并不具有证明力，专家辅助人发表的意见在法律上的效力常常远低于一般的证人证言和当事人陈述，仅仅作为法官审理案件的参考。虽然专家辅助人和鉴定人都是具有专门知识的人才，但其参加诉讼的作用和地位却有着天壤之别：前者由当事人申请，并须人民法院准许，其发表的意见并不构成民事诉讼中的一种证据，其作用是就案件中的专门性问题进行说明，以及对鉴定人进行询问。无论诉讼结果如何，费用由申请方承担。后者由人民法院委托，其鉴定结论是证明力一般大于其他书证、视听资料和证人证言的一种法定证据，作用是就案件的专门性问题作出结论性意见，费用由败诉方承担。尽管现行的鉴定制度带有浓重的职权主义色彩，这种职权主义审理模式混淆了当事人的证明责任与法官查明责任之间的界限，不恰当地使用公权力与国家资源来介入当事人之间的私权纷争，直接动摇了法官中立地位[3]。但是我国现行专家证人制度并没有从根本上限制现行鉴定制度的职权主义色彩，作为对现行鉴定制度的一种补充和完善，虽然从形式上体现了诉讼上的对抗，但并不能真正发挥诉讼上的攻击或防御的作用。显然，在司法实践中，法官青睐的是鉴定结论而不是专家证言。而且，在我们的民事诉讼中，“专家证人”并不像鉴定人一样享用对案情的知情权，专家证人是站在“暗处”的，即，他没有直接找当事人、证人询问的权利。同时，作为专家证人的资格在法律上也没有作出保护性的规定；另一方面，当事人申请专业人员出庭作证是否准许由人民法院决定，一旦当事人的申请未获准许，则该方当事人对鉴定人的鉴定结论或对专门性问题的认知就无法提出有效质疑，当事人就会承担不利的质证后果。因为法官在认定案件事实上具有审理和裁判的职权，对于是否同意当事人申请专业人员出庭作证享有决定权。同时，由于当事人不享有对专家证言的质证权，以致于法官能否采用正常的逻辑思维方式与通常的审判经验对这些专门性问题进行合理认知并作出正确判断也不得而知。

由于现行专家证人结论不是一种法定的证据，既没有对专家证人为取得公正的专家证人结论必须享有的知情权、作为专家证人的资格作出保护性的规定，也没有明文规定当事人充分享有对专家证人的申请权和对专家证人结论可予质证的权利，因此，这种处于两端空缺状态下的专家证人很难达到由当事人通过行使诉讼权利、履行诉讼义务并承担诉讼风险来推动诉讼的进程，充分维护自己的诉讼权利的目的。

2. 英美法系、大陆法系关于专家证人的做法

英美法系和大陆法系在对专门性问题的认知上均采用专家证人形式，但在实践操作中仍存在一定的差异。

英美法系对鉴定人的选择，虽然立法上赋予法官享有指定专家的职权，但在实践中，这一职权的行使十分罕见。由于英美法系的诉讼机制实行的是抗辩式，鉴定人一般由当事人选定，被作为广义上的证人予以看待，由当事人带上法庭，像对待一般证人那样对其进行主询问和交叉询问，故其所作之鉴定结论不被作为独立的证据方式[4]。关于专家证人在美国采用下列做法，根据美国《联邦证据规则》第 702 条规定："如果科学、技术或其他专业知识将有助于事实审判者理解证据或确定争议事实，凭其知识、技能、经验、训练或教育够格为专家的证人可以用意见或其他的方式作证。"[5]但与一般证人不同的是，一般证人必须陈述他曾经察觉到的事实（fact），而专家证人可以表示意见（opinion）。专家证人所具有知识、技能、经验或训练，或来自经验或者来自所受教育或者来自这两者。因此，他对某一问题的发言能力往往是以传闻为依据[6]。当事人选定的这些专家证人，许多情况下与代理律师合为一体置于同一当事人阵营而与对方对抗，故在美国经常发生所谓的"鉴定大战"[7]。而在大陆法系，鉴定人通常被作为与物证相对应的人证来看待，在其诉讼功能上一些大陆法系国家侧重于将鉴定人看作为法官的助手，即由专家代替法官在对待证事实及专门性技术领域从事调查、了解，补充法官的认知能力，同时鉴定人兼具证据方法功能，故鉴定人主要由法庭从可作为鉴定人的登记名册中指派[8]。如法国，它在民事诉讼法中采用"书面证据优先原则"，而且存在预审制度，作出判决的法官并不直接进行证据调查。所以，法国在诉讼传统上一般采用鉴定手段对涉及专门性问题的案件事实进行认定。其作法是：鉴定是由当事人申请或由法官依职权而采取的。最高法院办公厅每年制作全国性鉴定人名册，各上诉法院也可按不同专业作成鉴定人名单，公布所列的自然人和法人作为鉴定人，法院通常从中指定具体诉讼中的鉴定人。鉴定人登入名册或被删除的程序由行政规章予以规定。鉴定人在程序上通常是借助调查，形成书面意见结论后提交法院，该意见结论在诉讼上即可构成案件记录的内容之一，由双方当事人在庭审过程中进行质疑、辩论，然后由法院根据情况作出判决[9]。当法庭决定采用专家鉴定时，法庭用判决指定一位专家并规定该专家的任务。专家研究遇到的问题，然后向法庭提交书面鉴定报告。双方律师可以就该报告到法庭交换文书并进行辩论．在德国，根据法律，一旦决定采用鉴定，(法院)即要求双方当事人各自提出鉴定人的候补名单，如果双方当事人都提出要求某位专家作为鉴定人，则法院必须受此要求的拘束。但是，审判实践中当事人本人一般不得提供鉴定人，由法官主动指定鉴定人[10]，以保持诉讼的公正，维护鉴定结论这一证据方式的真实、可靠性。但是在对事实的认定上，法官依然坚持自由心证，不受鉴定人意见的束缚或限制[11]，并从立法和司法上通过特定的程序规则使鉴定人的意见接受当事人及其律师的质疑。

在英美法系鉴定人与证人相对统一的诉讼机制下，由当事人自己选定专家作证。由于鉴定人系当事人所聘用，所作的鉴定结论具有倾向性，这种取得专家结论的方式导致了无法将科学的鉴定意见所形成的公正结果交给法院以供作为裁判的基础[12]。大陆法系将对鉴定人的选任规定为法院所固有的职权，是基于民事诉讼职权进行主义，在立法精神上要求对鉴定人的选择应超越当事人各自的诉讼利益，从而确保鉴定结论的客观真实，限制了当事人所拥有的诉讼权利。

3. 建立我国海事诉讼专家证人制度的思考

应该说专家证人在海事诉讼中发挥着极其关键的作用，这一点在武汉海事法院审结的原告巴拿马·天裕轮船有限公司（TENYU SHIPPING S. A. PANAMA）诉被告洪都拉斯·皮·体·迦亚航运公司（P. T. JAYA MARINE，HONDOURAS）船舶所有权纠纷案中表现得尤为突出。该案的案情为：原告巴拿马·天裕轮船有限公司所属“天裕”（TENYU）轮，是一艘巴拿马籍钢质杂货轮，1985年建造于日本三洋造船厂，其国际海事组织（IMO）编号是8514241，呼号是3EHV－7. 主发动机制造商为日本赤阪铁工所株式会社，主机编号为9152。1998年9月，该轮装载3006吨铝锭从印度尼西亚库拉天琼港启航前往韩国仁川港，1998年9月27日后，船、货及船员全部失踪。1998年12月17日，一艘悬挂洪都拉斯旗名为“姗妮1号”（SANEI－1）的货轮，配备16名印度尼西亚船员，装载3000吨棕榈油，驶进中华人民共和国张家港港。“姗妮1号”轮的船舶证书载明：“姗妮1号”属洪都拉斯钢质杂货轮，1981年建造于日本，其国际海事组织（IMO）编号为981114（国际海事组织并无上述编号），呼号为3ETD7，船东是洪都拉斯·皮·体·迦亚航运公司。主发动机制造商为日本赤阪铁工所株式会社，主机编号为9152。1999年11月22日武汉海事法院开庭审理了此案。虽然原告巴拿马·天裕轮船有限公司向法庭提供了大量的如“天裕”轮相关证书、国际商会——国际海事局中国海上搜救中心的传真电函等证据，但能够直接证明原告主张的待证事实（所谓的“姗妮1号”就是失踪的“天裕”轮）是一份由多名验船师、工程师联合出具的专家意见书，该意见中专家通过对“姗妮1号”轮和“天裕”轮的船舶种类、船体材料、船舶结构和外表状况、主机种类、生产厂商、型号、序号进行比较、分析并得出了“姗妮 1 号”就是“天裕”轮的结论。原告提交的这一由专家们出具的结论意见在审理时被法庭作为书证予以采信。法庭认为，由多名验船师、工程师联合出具的专家意见书从形式要件上符合法律关于书证的规定；其内容表现为专家们利用自身的专业知识对本案涉及的船舶专门性问题进行检测、分析、判断得出的结论，科学、公正，不仅对证明“姗妮 1 号”就是失踪的“天裕”轮的案件事实起到了直接的证明作用，而且对原告提交的其他证据（当事人陈述）具有补强和印证作用。最后，法庭据此作出了原告胜诉的判决。在海事诉讼中，一些专门性问题的界定和把握对于审理案件、认定案件事实有时会起到决定性作用，本案就是很好的例子。几乎大部分的海事案件都存在对专门性问题的界定，比如，船舶碰撞损害赔偿案件碰撞事实的确认和碰撞责任的划分，海洋污染案件油污海域的面积、位置的确定，海上救助纠纷救助人采取的救助措施是否合理、正确、及时等，而这些专业领域往往超出了法官这一职业所应当具备的知识结构与业务素养。因而，海事诉讼会越来越离不开专家证人。专家证人在海事诉讼中至少可以发挥以下两方面的具体职能作用：一方面，专家证人需要陈述就航海、贸易等专门性问题所感受到的印象，并就此发表专家意见，对于法官在认定案件事实上所具有的证明效力而言，这种专家意见无疑也起到证据方式的作用；另一方面，涉及案件事实的基础证据材料，一般由当事人提供，对此，法官限于自身知识、经验、技能的不足，往往难以对有关证据材料作出合理的评价，从而在认定案件事实上显得无能为力，在此选聘专家证人对有关证据材料就专业技术问题进行合理、有效判断，无疑是填补了法官在认定特殊领域海事案件事实的职能空白。为此，笔者建议借鉴两大法系成功的经验将专家证人作为一种独立于证人证言和鉴定结论以外的新的证据在法律上明文规定，并通过规定当事人享有专家证人申请权、当事人对专家证言的质证权、专家证人应具备的资格、专家证人享有案情知情权、专家证人结论予以采信的证据规则，来建立和完善专家证人制度。

首先，明确规定当事人享有专家证人申请权。将当事人具有的专家证人申请权予以明文规定，而不是现在须经人民法院准许。因为当事人是距离案件事实最近的人，他们对案件的理解和了解比其他的诉讼参加人更深入。特别是在大力推进法治建设的现代，律师队伍正在壮大，当事人遇事找律师的观念正在形成，在代理律师的帮助下，当事人在提起诉讼以前就有可能对自己应当掌握哪些证据材料具有一个比较清晰的认识。明确赋予当事人享有专家证人申请权，能够保证案件在提起诉讼后，即刻就对某些需要及时聘请专家证人作证的事实申请专家证人出庭。特别是，当法庭已经展示了对对方当事人有利的专家证人结论的情况下，应当允许当事人提出与之不同的专家证人申请。对当事人提出的专家证人申请，除无正当理由的外，法官均应当予以准允，以保证专家证人制度所具有的作为当事人对对方实施攻击和防御的方式的作用得到充分发挥。同时作出专家证人申请费用由败诉方负担的规定，以便对当事人滥用申请权起到限制作用。

其次，规定专家证人应当出庭作证，接受当事人的质询。为保证证人出庭作证，大陆法系国家在诉讼中确立了直接言词原则，英美法系国家在诉讼中确立了反对传闻证据规则。无论是直接言辞原则，还是反对证据传闻规则，其适用的结果，都是要求证人必须出庭[13]。设置专家证人出庭作证制度，是实行审判方式改革所产生的由职权主义审判模式向当事人主义审判模式转变的一种必然选择。该制度可以解决因法官知识结构的局限性与特殊专门经验的贫乏性对于正确认定案件事实所产生的不利影响。建立专家证人制度，由当事人根据情况需要向法院申请专家证人出庭作证，是履行其证明责任的必要形式，是借助一切可能的社会资源、运用司法程序的必然结果，从而使得审判中对案件事实的认定能够建立在现代科学技术、专业人才、专门设备充分运用的基础之上，使法官对案件事实的认定能够具备广泛的科学性与充分的客观性。同时，由当事人申请专家证人出庭作证作为一种证据方式，无疑也成为双方当事人采用攻击与防御的一种正当手段，使其诉讼权利的运用能够发挥得淋漓尽致。因为根据现代法律精神以及程序的理性，尽可能地为当事人设置充分的诉讼权利，并且使当事人所应当享有的这些诉讼权利用尽，以便尽量排除司法者可能产生的任何恣意与任性，这实际已构成当代正当程序的价值与理念。明文规定当事人享有对专家证人结论的质证权。专家证人结论是专家证人对专家证人客体所作的主观判断和分析，而且涉及的是专业知识。专家证人结论是否能够客观地反映专家证人对象的真实状态，其所采取的专家证人方法是否科学，专家证人所作的专家证人结论是否具有科学理论依据，该专家证人是否具有证明力，不是仅凭书面审查就可以得到准确判断的，道理是越辩越明。所以，专家证人必须出庭接受当事人对专家证人结论的质证。专家证人可以向对方聘请的专家证人、对方当事人、鉴定人等进行询问。当事人对专家证人的陈述有不同意见的，应当允许其询问、提出相反的意见。未经双方当事人质证的专家证人结论，不得作为案件的证据予以采信。以便从专业知识的角度对法院的审判活动进行有效地制约和监督。赋予当事人对专家证人结论的质证权，保证当事人专家证人质证权的实现，可以防止可能发生的专家证人暗箱操作，令其整个过程公开化、透明化。庭审中，专家证人必须确认他们首先要向法庭负责，及表明愿意遵循行为守则行事，而法庭亦以此作为听取专家报告并由双方进行质证的前提条件。专家证人提交的书面报告以供法庭使用时，须写明草拟报告的基础，即其当事人不论以何种形式给予他的所有重要指示的实质内容。

第三，建立严格的专家证人资格认证制，赋予专家证人一定权限的调查权、从而享有对案情的知情权。建立专家证人库，作为一个专家证人，一方面他至少应当具有较高的职业道德素养，能够不偏不倚、保持独立地提供证据，并深知自己的责任是协助法院查明案件的事实，维护当事人的合法权益。另一方面他精通业务（如航运、贸易、保险）并具有相应专业职称如工程师、会计师、理算师、验船师等。规定具备上述条件的人员可以向司法机关（可以确定为司法行政机关）提出享有专家证人资格的申请，由司法行政机关对其进行形式审查，将具有专家证人资格的专家证人进行注册、登记、公示建立专家库，由当事人在专家库中选择。然后保证实施专家证人所需要的具有专门化、技术化知识的人能够进入到专家证人人员的队伍中，为制作客观、公正的专家证人结论打下良好的基础。通过完善专家证人规则，赋予专家证人以知情权，使接受指定的专家证人应能无妨碍地取得专家证人所需要的一切必要的素材。保证专家证人享有充分的知情权，才可保证专家证人结论的客观与准确，并可使专家证人在依法行使专家证人工作发生阻却事由时，能够采取必要的法律救济措施。

完善我国海事诉讼中的专家证人制度，需要从多视角进行问题分析和论证，进行系统化的研究，限于本文的篇幅和研究重点，上述所作有关问题的简要分析，其分析的视角仅是，保证当事人能够有效地利用专家证人，把它作为诉讼中向对方当事人发起攻击或进行防御的一种方式，最终实现自我权益的保护。故，本文所述有关专家证人制度的完善化建议，也仅是站在上述角度上思考所得的一点心得。

注：此文于2003年荣获全国法院系统第十五届学术讨论会三等奖。

注 释：

[1] 毕玉谦：《民事证据原理与实务研究》，人民法院出版社2003年版，第267页。

[2] 李国光：《最高人民法院〈关于民事诉讼证据的若干规定〉的理解与适用》，中国法制出版社2002年版，第399页。

[3] 前引[1]，第269页。

[4] 沈达明：《英美证据法》，中信出版社1996年版，第90页。

[5] 白绿铉、卞建林译：《美国联邦民事诉讼规则证据规则》，中国法制出版社2000年版，第226页。

[6] 前引[4]，第265页。

[7] [日] 谷口平安：《程序正义与诉讼》，中国政法大学出版社1996年版，第265页。

[8]《法国刑事诉讼法》，第157条。

[9] 毕玉谦：《民事证据判例实务研究》，法律出版社1999年版，第232页。

[10] 前引[7]，第258页。

[11] 前引[9]，第244—245页。

[12] 前引[9]，第232页。

[13] 前引[2]，第361页。

论国际货物多式联运合同纠纷案件的法律适用

侯振坤

【内容提要】 国际货物多式联运合同纠纷案件的法律适用问题，一直是海事审判实践中的一个难点，本文通过对比分析有关国际公约、区域性组织协定和有关国家调整国际货物多式联运合同法律的不同规定，分析了国际公约和有关内国法对确定多联运合同纠纷适用法律的影响，归纳总结了审判实践遇到的一些问题，并提出了解决的方法。

【关键词】 国际货物　多式联运合同　法律适用

20世纪60年代，集装箱化和其他货物成组的方法等新的运输技术的发展，促成了国际货物多式联运的产生和发展。特别是集装箱运输将港口到港口的运输很快延伸到门到门运输，并且当从一种运输方式转移到另一种运输方式时，不需要开箱分类或验证。在发生多式联运货物灭失、损坏的情况下，托运人或收货人只需向对全部运输负责的经营人追索即可，而不需要向涉及的几个单一运输方式的承运人索赔。这种方便快捷的运输方式，需要有完整统一的法律制度与之配套。然而遗憾的是，国际社会虽然为此作出了努力，但至今尚未有生效的公约和规则诞生，目前调整国际货物多式联运的法律，仍然存在于各国不同的法律规定之中，这就造成了审理国际货物多式联运合同纠纷案件适用法律的困难。本文拟在介绍有关国际组织制订的多式联运公约和规则以及有关国家的法律规定的基础上，总结国际货物多式联运合同适用法律方面的特点，并结合我国海事审判实践中遇到的问题，加以探讨，以求教于同仁。限于篇幅，文中所指的国际货物多式联运系指按照多式联运合同，以至少两种不同运输方式，其中必须有一种涉及到海运方式，由多式联运经营人将货物从一国境内接管货物的地点运至另一国境内指定交付货物的地点。

1. 有关国际组织、地区组织和部分国家对多式联运经营人承担责任的基础和责任限额适用法律的规定

1.1　《1980年联合国国际货物多式联运公约》（以下简称MT公约）的规定

该公约于1980年5月在日内瓦召开的，由84个联合国贸易和发展会议成员国参加的国际多式联运会议上通过，由于未到达生效条件规定的30个国家参加[1]，迄今未生效。MT公约制订的目的在于成为调整国际货物多式联运的统一实体法公约，因此公约的内容涉及到国际货物多式联运的方方面面。关于货物发生灭失或损坏时，联运承运人的责任基础以及责任限额，公约规定货物灭失或损坏发生的运输区段无论是确定或是不确定，联运经营人的赔偿责任应按公约规定确定，即实行统一责任制[2]。但在损坏发生的运输区段确定时，公约规定，如果适用于该区段的国际公约或强制适用的国内法规定的责任限额大于公约规定的责任限额，则应按该责任限额赔偿[3]。上述规定被称为经修改的统一责任制。

1.2 《联合国贸易和发展会议/国际商会多式联运单证规则》的规定

该规则是联合国贸发会和国际商会 1991 年共同制定，1992 年 1 月 1 日起生效。它不是统一的国际实体法公约，仅是作为民间规则，供当事人在订立多式联运合同或单证时采用。如同 MT 公约一样，《规则》规定了多式联运经营人的责任基础和货物灭失、损坏的责任限额。对于确定区段发生的货物的灭失或损坏，同样规定了适用法律的例外，即当货物的灭失或损坏发生在某一运输区段时，如果在对该区段已订有一份独立的合同的情况下，适用于该区段的国际公约或强制适用的国内法规定了另一责任限额（无论是否高于规则的规定），则多式联运经营人对此种灭失或损坏的赔偿限额应按适用于该区段的国际公约或强制性国内法的规定确定。

1.3 CMI《关于运输法统一问题框架文件》的规定

正在制订的 CMI《关于运输法统一问题框架文件》尚未最后通过。《统一运输法》调整的范围包括经海路运输的所有运输方式，规定缔约承运人承担统一责任制，无论货损发生的区段是否确定，其应承担的责任及责任限额均按《统一运输法》的规定确定。惟一的例外是承运双方已约定了货物的价值高于规定的限额，且在运输单证中载明。

1.4 有关区域性组织协定的规定

有关地区性组织主要有安第斯共同体[4]（Andean Community）、拉丁美洲统一协会[5]（ALADI）、东南亚国家联盟[6]（ASEAN）等，他们均以协定形式通过了调整多式联运合同的法律。这些组织的协定吸收了 MT 公约的规定。对于区段确定或不确定情况下发生的灭失或损坏均在各自的协议里规定了统一的责任基础和责任限额；不同的是对于确定区段发生的货损或灭失，确定联运经营人的责任限额而不是责任基础适用法律的规定。安第斯共同体的《决定》规定，如果该区段所适用的国际公约或国内法规定了比本法更高的责任限额，则联运承运人的责任限额应按国际公约或国内强制法律的规定确定；而拉美协会和东盟的《协议》规定在区段确定情况下，发生的货损或灭失直接适用调整该区段的国际公约或强制性国内法律的规定确定（不一定是较高）。

1.5 有关国家的法律规定

世界多数国家以单行法的形式或在有关运输法里以独立章节或者在其《民法典》中以独立的条款的形式，对货物多式联运合同进行了特别规定[7]。关于联运经营人的责任形式，大多国家法律规定了单一责任制[8]。在单一责任制的原则下，依据确定联运经营人对货损或灭失所承担的责任基础和责任限额适用法律的不同规定，大体可以划分为两类：一类是实行统一责任制，即多式联运经营人对全程运输负责，无论货物发生损坏或灭失的区段是否明确，联运承运人承担赔偿责任的基础均适用统一的内国法的规定；只对区段明确的情况下，联运经营人承担赔偿责任的限额应根据该区段的相关法律来确定（又称为经修改的统一责任制），如哥伦比亚、厄瓜多尔、安第斯共同体国家等。另一类实行的是网状责任制，如德国、荷兰、中国等，规定明确区段的货损或灭失，联运经营人应依调整该区段的法律规定承担赔偿责任（当然包括责任限额）[9]。

上述国际公约、准则、区域性组织的协定和有关国家的法律规定的差异表明，解决国际多式联运合同纠纷的法律适用问题远比单一运输合同困难得多，原因在于“调整不同运输方式的规则之间有很大的区别。不同的责任基础、不同的责任限制、具有不同的法律价值的不同单证、不同的诉讼时效。当单一运输方式仍处于支配地位时，可以说这种特殊性不构成这样一种难以解决的问题，但当试将不同的运输方式和它们不同的法律制度合并为由一个合同控制的一项运输操作时，它的缺点就变得非常明显。”[10]面对国际多式联运合同适用法律的困难，连一些专家们也不得不发出这样的感叹：“大量的可以更好地用于商业的钱被花费在法律争议上，来决定是适用合同条款还是公约（如果是公约，是哪个公约）来调整合同当事方的关系上。”[11]

2. 国际货物多式联运合同纠纷适用法律的确定

2.1　确定国际货物多式联运合同纠纷案件准据法的一般原则

尽管解决国际货物多式联运合同纠纷适用法律的问题较为复杂，但也并非毫无规律可言。涉外合同准据法的确定以当事人自主选择为主，而在未选择或选择无效时，适用最密切联系的法律，此项原则已为国际社会所公认，国际货物多式联运合同的准据法也应首先遵循这个原则，自不待言。其次，通过对比研究上述国际公约、准则、地区组织协定和有关国家的法律规定，我们可以看出，在多式联运中，货物损坏或灭失发生的区段不确定的情况下，确定经营人责任包括责任限额适用法律的具有相对单一的特点，只适用一个国际公约或一国内国法的一般规定即可；在区段确定的情况下，才须适用两个甚至两个以上法律（或公约），而其中决定联运经营人在该区段的责任基础或责任限额所适用的法律（公约）[12]，往往在一国有关多式联运一般法律规定中已有原则指向[13]，需要解决是所指向的法律（公约）的查明问题。

不过，我们还应看到，掌握了上述原则，并不意味着所有问题都迎刃而解。调整国际间运输合同的法律中，国际公约无论从数量上，还是适用范围上均具有重要地位和影响，特别是一些适用于单一运输区段的国际实体法公约，已把它们的适用范围扩展到多式联运。如 1956 年《关于国际公路货物运输合同的公约》(CMR)[14]、1980 年《关于国际铁路运输公约》（COTIF）附录 B《关于国际铁路货物运输合同的统一规则》（CIM)[15]和 1999 年《蒙特利尔公约》，特别包括了处理超过一种方式运输货物的规定。还有一些公约其适用范围并未扩展，由于其加入国较多，如调整海上运输的《海牙规则》，其影响可以称为是“世界法”，对加入国产生强制适用的效力。因此我们在决定国际多式联运合同准据法时，必须注意到这些公约的影响。

2.2 国际统一实体法公约在国际货物多式联运合同纠纷中的适用

国际统一实体法公约在国际货物多式联运合同纠纷中的适用问题，应根据每个条约的具体规定和具体案件当事人所属国是否为缔约国等情况分别确定其适用规则。

作为公约缔约国，在使公约生效实施的方法上，主要有两种：一是把公约直接转化为法律，纳入国内法，使该国国内法中只有一种调整有关事项的法律，它不仅适用于缔约国国民，也同样适用于非缔约国国民。二是不把公约纳入国内法，以公约的形式单独存在。这样该缔约国在有关法律领域内存在两套法律：一套是统一实体私法公约，缔约国有义务将之适用于缔约国所有国民，但不适用于非缔约国国民；另一套是缔约国自己制定的有关国内法，它可以适用于非缔约国国民，但不适用于缔约国国民[16]。

2.2.1 如果具体案件的当事人所属国都是某一国际实体私法公约的缔约国，条约的规定应得到优先直接适用，而不需要冲突规范的指引。条约当事人的权利和义务将直接由条约的规定来调整。

2.2.2 如果案件的当事人只有一方所属国是某一国际实体私法公约的缔约国，该条约不能直接适用。法院必须依据本国冲突规范的指引确定适用的法律。如果确定应适用缔约国的法律，是否应当适用该国际公约，取决于该国国内法的具体规定。

2.2.3 如果具体案件的当事人所属国都不是某一国际实体私法条约的缔约国，该条约当然不能直接适用，但当事人可以选择用此种统一实体法条约。我国法律确定了这种选择的有效性[17]。

到目前为止，调整涉及海上运输方式的多式联运合同的法律，还没有生效的统一的实体私法公约，审理此类案件暂不涉及公约的直接适用问题。但地区组织有关多式联运的协定，对于该组织的成员国而言，属于多边条约，对于成员国的当事人之间有优先直接适用的效力。成员国当事人和非成员国当事人之间以及非成员国当事人之间的争议，是否适用，依上述原则确定。

有些地区和国家关于多式联运的法律（条约）规定，确定区段的运输，联运经营人的责任基础或责任限额必须适用调整该区段的公约或强制的国内法的规定。因此在确定某一区段运输应适用的法律时，必须注意到争议的当事人是否是调整该区段运输的国际公约的缔约国，从而根据适用公约的原则加以取舍。

2.3 依当事人选择确定准据法存在的问题

相对于单一运输方式的运输合同而言，国际多式联运合同纠纷适用法律具有复杂性和不确定性的特点。当事人为了能预知行为的后果和维护法律关系的稳定性，也为了将来发生纠纷时能迅速解决，大多在订立的合同或签发的提单中事先规定了适用的法律，真正依密切联系原则确定准据法的情况较少，为法院审理案件确定准据法提供了便利。问题在于，由于当事人选择法律的不完全，或与有关国家强行法的规定相冲突，使审判中完全适用当事人选择的法律的机率大打折扣。

实践中，当事人在国际货物多式联运合同或提单中选择适用法律有以下三种情况：

2.3.1 合同或提单中仅约定了货损或灭失发生在各个区段时应适用的法律，而未选择整个联运合同适用的法律；

2.3.2 合同或提单中仅约定了调整提单（包括所证明的合同）关系应适用的法律，而未约定各区段运输应适用的法律；

2.3.3 合同或提单中不仅约定了区段应适用的法律，而且也约定了调整提单（包括所证明的合同）关系应适用的法律。

出现第一种选择方式的原因，主要是受前述联合国贸发会和国际商会《多式联运单证规则》的影响，该规则已经被并入国际上广泛使用的多式联运单证，如货运代理人协会国际联合会 1992 年多式联运单证（FIATA FBL 1992）和波罗的海国际航运公会的 1995 年多式联运单证（MULTIDOC 95）[18]。这些提单的内容，规定详尽，惟一与《规则》的不同在于约定了确定区段发生货损或灭失时，联运经营人责任限额应适用的国际公约或内国法。在这种情况下，如果对特定区段发生的货损或灭失产生争议，联运经营人的责任该如何确定？如果是在不明确区段发生货损或灭失产生的争议，联运经营人的责任又该如何确定？对此，实践中有三种争议：一种意见认为，无论争议发生的区段是否明确，均应依密切联系原则（或由合同当事人再选择）确定联运合同的准据法，依准据法的规定来确定经营人的责任或限额。因为提单条款的实质属于合同条款，更何况对于区段适用法律的规定仅限于确定责任限额的范围，而对联运经营人承担责任的基础欠缺法律调整。第二种意见认为，如果争议发生的区段明确，无需再确定合同准据法，当事人对区段法律的选择应视为可以调整双方权利义务的法律加以适用（即使是确定赔偿限额的约定）。如果发生争议的区段不能确定，再确定合同准据法，依准据法的规定来确定双方的权利义务。第三种意见认为，依合同自由原则，既然双方的权利义务提单（合同）规定的较为明确，这种约定对双方而言就是法律，无论发生争议的区段是否明确，均无须确定准据法，只不过在区段明确时，在责任限额的问题上，依双方约定的法律规定确定即可。

笔者赞成第一种观点，需要补充的是确定准据法后，在区段确定的情况下，应以准据法的规定判断提单中关于区段法律适用的约定，是否与准据法的禁止性规定相违背，无论是责任基础或是责任限额。如相违背，应排除约定的区段法律的适用。对于第二种意见，笔者认为在承认当事人默示选择法律的国家如英国，也许是可行的，在不承认默示选择法律的国家是难以得到肯定的。第三种意见，只能是表达了涉外合同适用法律的美好愿望。在当今社会，契约自由原则越来越受到限制，并且在国际间运输合同中，对物权凭征的效力等问题只能由法律或惯例来赋予，抛开法律，当事人的权利和义务将无法得到保障。

第二种法律选择的方式，比较明确，惟一存在的问题是发生争议的区段确定的情况下，强制适用于该区段的外国法无法查明时如何解决？（该问题在下文中论及）

第三种选择适用法律的方式，应当说较为全面，实践中产生的争议在于，货损或灭失发生的区段明确时，选择的合同适用的法律与区段法律的关系如何处理？为了说明这个问题，笔者以武汉海事法院审理的原告中国人民保险公司扬州分公司诉被告新加坡太平船务有限公司国际货物多式联运合同保险代位求偿纠纷案为例，加以分析。2000年10月，仪征化纤股份有限公司从马来西亚进口化工原料精对苯二酸（PTA）992吨，交由被告太平船务公司所属的KOTA JAYA轮负责从马来西亚的关丹港（KUANTAN PORT）运到卸货港中国南京。仪征化纤作为被保险人向扬州保险公司投保了货运险，承保险别为一切险及战争险。同年11月7日，KOTA JAYA轮抵达上海港，将货物转驳到内河船上后，负责内河运输的船舶倾覆，将其中的25个集装箱货物滑入江中，造成货损。保险公司理赔后向联运经营人太平船务提索赔诉讼。太平船务公司签发的多式联运提单规定："提单以及提单证明的合同，受新加坡法律约束……"同时提单第7条特别条款（Special provision）规定了货损发生的不同区段应分别适用的法律；同时该条（C）规定："根据《海牙规则》，如果灭失或损坏被证明发生于海上或内陆水路，为了本款的目的，根据海牙规则的责任限制应被认为联合王国合法货币100英镑每件或每单位，并且有关《海牙规则》中海运的参考，应被认为包括有关内陆水路的参考，海牙规则应相应地解释。"该案在审理过程中，关于如何适用法律，(1) 二审法院产生了分歧。一审法院认为，虽然新加坡法律是提单条款约定适用的法律，应作为审理本案的准据法，但提单背面特别条款又有货损发生在海上或内河区段，应适用《海牙规则》的约定，应视为当事人对特别区段的运输适用特别法律的约定，依"特别条款优于一般条款的惯例"，本案的准据法应是《海牙规则》，排除了新加坡法律的适用，依《海牙规则》规定作出了判决。被告不服上诉后，二审法院把新加坡法律作为解释整个提单条款内容的准据法，《海牙规则》仅是确定联运经营人承担赔偿责任限额的依据，认为一审法院适用法律错误，遂进行了改判。(2) 二审法院适用法律上的这种分歧，除了是对提单条款理解的差异外，还包含着这样一个问题：货损发生区段确定的情况下，如果本案中《海牙规则》不仅是当事人选择的确定联运经营人责任限额的法律，而且也是确认经营人责任基础的法律，同时新加坡有关国际货物多式联运的法律中也有关于特定区段联运经营人责任基础的规定。在同一问题上存在两个不同的法律，应如何取舍？笔者认为应分以下几种情况加以解决：一是如果新加坡法律（关于多式联运的实体法）对于特定区段适用的法律没有强制适用的规定，即允许当事人单独选择，那么《海牙规则》可以适用；二是如果新加坡法律规定了关于特定区段的适用的法律是强制适用的法律，那么《海牙规则》将不能得到适用；三是如果新加坡是《海牙规则》的参加国，且已把《海牙规则》的适用范围扩大到内河运输区段，那么从履行公约义务角度而言，即使当事人没有选择《海牙规则》，该规则也应当适用[19]。当然，如果仅把《海牙规则》作为确定经营人责任限额的法律，也应当和新加坡法律的规定加以对比、说明，如违反了新加坡法律的禁止性规定，也应排除《海牙规则》的适用，对上述案件而言，二审法院未对此作出说明，这不能不说是一个遗憾。

3. 我国法律在国际货物多式联运合同纠纷案件中的适用问题

3.1　有关法律规定

我国涉及多式联运的法律和规章主要有：1993 年 7 月 1 日起施行的《海商法》第 4 章第 8 节：多式联运合同的特别规定；1997 年交通部、铁道部颁布的《国际集装箱多式联运管理规则》；1999 年《合同法》第 17 章第 4 节：多式联运合同。

我国《合同法》作为普通法，与《海商法》相比，相关条款适用于所有合同包括多式联运合同。而《海商法》的相关条款主要调整海上运输合同，包括至少有一种是经海上运输方式的多式联运合同。两部法律对联运经营人责任基础的规定采纳了网状责任制，均规定："货物的灭失或者损坏发生于多式联运的某运输区段的，多式联运经营人的赔偿责任和责任限额，适用调整该区段运输方式的有关法律规定。"[20]不同在于，根据《合同法》第 8 章第 123 条："其他法律对合同另有规定的，依照其规定"的规定表明，如果涉及远洋运输的多式联运合同，在货物的损坏、灭失发生的运输区段不能确定的，或者是发生在远洋运输区段，联运承运人的赔偿责任和责任限额，只能适用《海商法》第 4 章的规定；其他运输区段的，应适用《合同法》的规定。不涉及远洋运输方式的多式联运合同，在货物的损坏或者灭失发生的运输区段不能确定时，适用《合同法》的有关规定。

3.2　司法实践中适用我国法律存在的问题

3.2.1　关于 1997 年《国际集装箱多式联运管理规则》（下称管规）与 2000 年《国内水路货物运输规则》（下称水规）的适用。

《管规》是交通部、铁道路于 1997 年发布的，调整当时集装箱国际多式联运的行政规章，很多内容参照了我国《海商法》的规定，关于多式联运经营人的责任基础，规定与海商法基本相同。《水规》是交通部 2000 修订后发布的调整我国内河和沿海运输的行政规章，其内容基本是在吸收《海商法》和《合同法》规定的基础上重新修订的。目前由于我国《海商法》第 4 章不适用于国内港口之间的运输，《合同法》有关运输合同的规定比较原则，我国还没有单独的《水上运输法》，《水规》在调整我国国内水上运输方面发挥着重要作用。但是无论是《管规》或是《水规》均属于行政规章，不属于我国《合同法》第 123 条、321 条，《海商法》105 条规定的"其他法律"和调整某区段运输方式的"有关法律"，因此，其中任何与《海商法》或《合同法》的规定违背的规定将被认为无效。在处理涉外多式联运合同纠纷案件中，两规不能作为准据法加以适用，但对于一些具体的和法律规定不相冲突的规定，可以在分析说理时适用。

3.2.2 关于确定联运经营人迟延交付责任应适用的法律。

我国《合同法》和《海商法》关于多式联运合同的规定，仅对货物灭失或损坏时，确定联运经营人的赔偿责任基础和限额应适用的法律作出了专门规定，对迟延交付的构成及责任限额的规定散见于其他章节。这并不意味着，多式联运经营人对迟延交付可以不承担责任。在涉及海上运输方式的国际多式联运合同，发生迟延交付的区段明确时，应适用调整该区段运输的法律；如果区段不明确，应适用海商法的规定。比如迟延交付发生在内河或沿海运输区段，不能适用《海商法》的规定，只能适用《合同法》的有关规定，因为《海商法》第2条第2款规定："本法第四章海上货物运输合同的规定，不适用于中华人民共和国港口之间的海上货物运输。"同理，即使是国际多式联运合同（提单）当事人明确约定迟延交付适用中国《海商法》，也只有在发生区段不明确或发生在远洋运输区段的情况下，才能成为有效约定。

3.2.3 调整确定区段的外国法无法查明时的解决办法

通过前文对有关国际公约、地区组织协议和不同国家对多式联运的法律规定对比可以看出，在损失区段确定的情况下，联运经营人的责任基础或责任限额均应适用相关的国际公约或强制的内国法来确认。我国法院在审理国际多式联运合同纠纷案件中，确认了适用某外国法作为准据法，根据该外国法的指向还应查明应适用该国调整某区段运输的法律。如果该区段法律无法查明，应当如何处理。实践中有两种观点：第一种观点认为应根据最高人民法院《关于贯彻执行〈中华人民共和国民法通则〉若干问题的意见（试行）》第193条的规定直接适用我国法律。第二种观点认为，应区分不同情况，如果无法查明的法律直接涉及到确定联运经营人的责任基础，依法理，当事人的责任只能由法律来确定，属于法律问题，应适用中国法。如果仅涉及到责任限额，可以推定适用该外国法对区段不明确时应适用的法律规定的责任限额来确定，因为这个问题如同确定货损数额一样，属于"事实"问题，在"一般规定"[21]已经查明的情况下，当事人无须再举证，这也有利于法院尽快判决。笔者认为，各国的司法实践，关于外国法无法查明时的解决方法很多，但上升到立法上的规定则只有适用内国法和驳回诉讼请求两种[22]。并且在我国民事诉讼采取"以事实为根据，以法律为准绳"的原则未改变之前[23]，是没有必要明确外国法到底是"事实"或是"法律"问题，更不能根据争议内容人为地对某个问题作实质问题或非实质问题的区分，从而确定适用不同的法律，应当完整看待外国法无法查明的问题，依我国的法律规定来解决，因此笔者同意第一种意见。

3.2.4 关于《合同法》和《海商法》的适用顺序问题。如果一件涉及远洋运输的涉外多式联运合同货损索赔纠纷案，货损发生在内河运输区段，以我国法律为准据法时，是必须通过《海商法》第105条规定的指引而确定适用我国《合同法》的有关规定，作为确定联运经营人责任的准据法，还是可以直接根据我国

《合同法》第321条的规定，适用《合同法》的有关规定确定联运经营人的责任。两种方式从适用法律的结果看，最终对经营人的责任的确定适用的是相同的法律（《合同法》），经营人也将按严格责任原则承担赔偿责任，似不应存在争议。但是，由于我国独特的引用法律的规定，选择准据法的方式不同，法院在裁判中引用的法律条款不同。如上例中，关系着是否必须引用《海商法》第105条或是引用《合同法》第321条的问题。更有一种极端的观点，认为如果直接以第二种方式确定准据法，违背了特别法优先于普通法的原则。笔者认为，这样的争议没有意义，两种方式最终指向的法律是相同的，因而均是可取的。关于特别法优先于普通的适法原则，仅在确定当事人某项权利义务时，普通法没有规定或者特别法有不同规定时，才得以体现。写到此，附带插一点题外话。我国法院的部分裁判文书，在适用法律时采取“宁繁勿简，宁全勿漏”的原则，表现在一份裁判文书中在引用法律时，不仅引用了程序法、实体法，而且在引用程序法和实体法时，从普通法到特别法再到司法解释，只要与案件内容有牵连的法律条文，不加取舍加以堆砌。这样做的结果容易使人产生杂乱，看不明白的感觉。关于审判案件如何适用法律，最高法院也有明确的规定，不必重述。笔者倒是有一设想，不妨作为建议提供参考。随着我国裁判文书改革的不断深入，裁判文书的说理性不断得到增强。在文书的说理部分，甚至证据的认定部分，法官们已经就个案应当适用的法律结合案件事实进行了充分的分析论证，没有必要再在裁判文书的主文前，又将适用的法律条款逐条加以列举，应直接列明裁判结果。这样一则避免重复，二则实际上是仅引用条款，“条”“文”是分离的，更难以使人明白。

注：此文于2003年荣获湖北省法院系统第十三届学术讨论会三等奖。

注　释：

[1] 朱曾杰、梁宏、徐步译：联合国贸易和发展会议秘书处编，《现行国际多式联运法规概览》，人民交通出版社2002年5月版，第8页。

[2] 同前引［1］，第8页。

[3] 同前引［1］，第9页。

[4] 适用这些法律和规章的安第斯共同体国家有：玻利维亚、哥伦比亚、厄瓜多尔、秘鲁、委内瑞拉。见前引［1］，第18页。

[5] 拉丁美洲统一协会中适用这些协议的成员国有阿根廷、玻利维亚、巴西、哥伦比亚、智利、厄瓜多尔、巴拉圭和委内瑞拉。到目前为止，只有玻利维亚、秘鲁和委内瑞拉提交了确认书。见前引［1］，第26页。

[6] 东南亚联盟的成员国有文莱、柬埔寨、印尼、老挝、马来西亚、缅甸、菲律宾、新加坡、泰国、越南。见前引［1］，第29页。

[7] 比如巴西1998年2月19日关于货物多式联运的第9.61号法律，即是单行法律；荷兰《民法商》第40—43条就是荷兰关于多式联运法律的主要规定。见前引［1］，第36、54页。

[8] 单一责任制的核心内容是联运经营人须对全程运输负责。见司玉琢等编著：《新编海商法学》，大连海事大学出版社1999年4月新1版，第242页。

[9] 见前引 [1]，第 48、55 页。

[10] 摘自 Dewit R. 著：《多式联运：承运人的责任和单证》，伦敦劳氏出版社 1995 年，第 7 页，见前引 [1] 第 6 页。

[11] 转引自前引 [1]，第 5 页。

[12] 指一国调整区段运输的法律，通俗地讲可称为“第二法律”。

[13] 指一国关于多式联运合同实体法的一般规定，可称为“第一法律”。

[14] 见 1956 年 CMR 公约第 2 条。参见《国际条约汇编》，大连海事大学出版社 1993 年。

[15] 见 1980 年 CIM 公约第 2 条。参见《国际条约汇编》，大连海事大学出版社 1993 年。

[16] 沈达明、冯大同编著：《国际贸易法新论》，法律出版社 1989 年版，第 5—6 页。

[17] 肖永平：《冲突法专论》，武汉大学出版社 1999 年版，第 222—226 页。

[18] 见前引 [1] 第 11 页。

[19] 本节内容，并不是对新加坡法律规定的现状的分析，仅以新加坡为例而已。

[20] 见中国《海商法》第 105 条，《合同法》第 321 条。

[21] 同前引 [13]。

[22] 韩德培主编：《国际私法新论》，武汉大学出版社 1991 年 9 月第 1 版，第 205 页。

[23] 指我国理论界和司法界对“事实”的认识基本统一到是指“法律事实”，而非“客观事实”，事实的内涵与以前相比有了一定的变化。

二、硕士论文

海事欺诈有关法律问题研究

饶中享

【内容摘要】海事欺诈是国际社会关注的重要问题，但相关立法空白；航运实务界谈预防多，论制裁少；民商法学者研究一般法多，探讨特别法律制度少；国际法论坛中，要么重宏观，轻具体，要么重实体，轻程序；国际私法领域也未涉足海事欺诈的冲突规范。司法实践处于无法可依，认识不一，程序各异，尺度不准的状态。本文在分析海事欺诈的概念、性质、分类、管辖和法律适用等问题的基础上，着重研究海事欺诈的民事制裁及司法救济程序，并提出立法建议，以促进国际海事欺诈制裁立法和司法实践的统一。

【关键词】海事欺诈　司法管辖　法律适用　立法建议

导　言

在跨国运输中海运占据总货运量的80%以上。在国际航运发展过程中，海事欺诈十分猖獗。据美国保险人协会统计，每年发生的海事欺诈案件有133000余件。20世纪末，联合国贸发会统计资料表明，每年因海事欺诈损失的贸易额高达130多亿美元。[1]然而，有关国际公约和国内立法中却几乎没有海事欺诈的规定。航运实务界谈预防措施的多，论法律制度的少；民商法学者研究一般法的多，探讨特别法律制度的少；国际私法领域也鲜有海事欺诈的冲突规范。总之，海事欺诈不仅在立法中是空白，在司法实践中往往处于无法可依，程序各异，尺度不准的状态。法学领域在这一问题上的研究也甚为薄弱。我国已成为WTO的成员之一，在国际经济大循环中，任何一个法律上的空白都会给国际贸易主体带来不可估量的损失，建立及完善国际海事欺诈这一特别领域的法律制度，就更显重要和迫切了。笔者以多年的海事审判实践和海事应用法学研究的实践及理论基础，通过对海事欺诈领域若干基本问题研究，着重讨论了海事欺诈的司法管辖权和法律适用问题，力求揭示海事欺诈的内涵，剖析其法律性质，探究司法尺度，提出立法建议，推进国际海事欺诈法律制度建立的统一进程。

第1章　海事欺诈概述

人类在16～17世纪时期，英国、荷兰等国家曾把海盗行为当作原始积累的一种手段加以鼓励，这种海上暴行在当时被认为是合法的。著名国际法学家惠特曼说过："海上劫掠并不是在所有时代里都是不光彩的，某种海盗肯定曾被认为是当地的英雄。具有相当权力的政治实体授权他人从事海盗行为。"[2]在国际商品经济不发达的条件下，有些国家甚至鼓励海盗行为以积聚财富，使海盗行为受到法律的保护。随着国际贸易和海运事业的发展，海盗行为受到各国法律制裁，国际法也采取了对打击海盗适用普遍管辖原则。在这种情况下，海上敛财的主要手段，由海盗行为逐渐转向欺诈。海事欺诈相对于海盗行为而言海事欺诈有以下特点：（1）容易得手，诱使他人就范即可；（2）不需要武装成本，一般仅利用合同即可；（3）可以逃避法律的严厉制裁，一般不会受到刑事处罚；（4）欺诈者混入国际经济组织体系中，不像海盗分子在海岛中东躲西藏。由于海事欺诈敛财的特点，所以其发展极快，到目前已发展到十分猖獗的程度。据有关资料统计，海事欺诈经过60年代到90年代的发展，显示出惊人的数字。国际海上运输因海事欺诈遭受的损失年均约130多亿美元。80年代，在世界范围内平均每月发生8起海事欺诈案件；1980年还发生了百年来最大的海事欺诈案，"塞勒姆（SALEM）"油轮沉没，船货损失高达8400万美元。美国保险人协会统计称，远东地区每年发生的欺诈案为133000余件。而披露的案件仅仅是实际发案的一小部分。另据国际海事局统计，中国大陆在2000年的进出口贸易总额为4743亿美元，而海运欺诈所涉经济损失约200亿美元。[3]以上数字表明，海运欺诈不但盛行于国际海运，而且中国是受害的重灾区之一。

1.1　海事欺诈概念

在各国海事法及国际海事公约中，均无明确的海事欺诈概念。人们习惯地将海事欺诈归属于民事欺诈，而一般民法中的欺诈即属侵权法上的欺诈，也就是广义上的民事欺诈。[4]然而各国及有关学者对欺诈有不同的表述和见解。

英国是最早制定《欺诈行为法》的国家，1677年颁布了《防止欺诈和伪证法》，1967年颁布《错误陈述法》，对欺诈虽作了规定，但将欺诈与错误性误述混同，不易界定。欺诈仅在法律中表述为，欺诈性之虚伪意思表示（Fraudulent misrepresentation）。英国最高法院法官赫谢尔（Herschell）在1889年的DERRY V. PEEK案中解释为，虚伪陈述，只要符合下列任何一个条件，即是欺诈：（1）知情（Knowingly），（2）不相信其真实性（Without belief in its truth），（3）丝毫未注意其是真是假（Recklessly careless whether it be true or false）。[5]由此可见，英国法的欺诈构成条件是较宽松的。

美国基本采纳了英国法，除路易安那斯州外，其他各州都沿用了《1677年欺诈行为法》，《美国统一商法典》保留了该法的基本内容，只是弱化了合同书面形式的要求。美国法学界将欺诈的构成要件概括为：（1）陈述与事实不符，说明人有意作了虚假陈述；（2）陈述说明人具有使被说明方发生误解的企图；（3）被说明人对陈述产生了依赖；（4）被说明人的依赖是有正当理由的。看来，美国法上的欺诈构成要件很严格。

《法国民法典》第1109条规定："如同意系因错误所致，因胁迫而为，因欺诈之结果，不为有效同意。"第116条规定："如当事人一方不使用欺诈手段与伎俩，另一方当事人显然不会与之缔结契约，在此程度上，欺诈为契约无效之原因。欺诈不得推定，应当证明。"结合法国传统理论和法律规定，法国法上的欺诈，是指使用狡猾的手段使他人发生认识错误而决定订立合同。可见，欺诈需具备的条件有：(1) 须有欺诈行为的存在，即当事人实施的某种欺骗行为，包括物质的因素、精神的因素和不公正性。物质的因素即行为人的谋划行为，着手实现其欺骗的计划。精神的因素是指行为人有欺诈的故意，即有意使对方上当受骗。欺诈的不公正性是指欺诈违反了道德的要求而达到一定的程度，背离商业习惯；(2) 欺诈行为应为一方当事人所施；(3) 欺诈行为对合同的订立具有决定性作用。[6]法国法上的欺诈重点强调了欺诈行为及其作用。

《德国民法典》第 123 条规定："因被欺诈或者被不法胁迫而做出意思表示的，表意人可以撤销该意思表示。"德国法中的欺诈系指旨在引诱表意人陷于错误，以便取得其意思表示从而所施展的欺骗性的或者不诚实的手段。欺诈的构成条件是：(1) 欺诈必须是受害人意思的表示原因，即欺诈人为影响相对方的意思所使用的手段；(2) 欺诈是行为人主观上的故意所为；(3) 具有欺诈行为的存在。[7]在德国法中的欺诈，强调了"故意"和"因果联系"这两个要件。

我国台湾地区"民法典"第 92 条对欺诈作出了法律规定，"欺诈谓使他人陷于错误之故意行为"。台湾法学理论将欺诈构成的要件概括为：(1) 须有欺骗他人之行为，包括故意以不真实之事项为真实而表示之行为，及虚构、变造或者隐蔽事实，在所不问；(2) 欺诈人需有故意，包括两层含义，第一层含义是使相对人陷于错误之故意，即对于自己的行为之虚伪有认识及因此相对人陷于错误之可能有认识。第二层含义是使相对人依其错误而为一定的意思表示；(3) 欺诈人须有意思能力；(4) 欺诈行为必须至于有背于诚信原则之程序；(5) 须因欺诈而使表意人陷于错误；(6) 须表意人因错误而为意思表示。[8]看来，台湾学者对欺诈的界定要求很严。我国民法对欺诈未直接作出法律概念，但可以从有关法律及司法解释中见到有关反欺诈的制度。不妨从这些制度中归纳一下我国法上的欺诈概念。我国《民法通则》未对欺诈作出规定，1988 年 1 月 26 日最高人民法院审判委员会公布的《关于贯彻执行〈中华人民共和国民法通则〉若干问题的意见（试行）》第 68 条规定："一方当事人故意告知对方虚假情况，或者故意隐瞒真实情况，诱使对方当事人作出错误意思表示的，可以认定为欺诈行为。"可以说，这一司法解释是我国法中民事欺诈的基本内涵，其构成要件可以归纳为：(1) 欺诈一方当事人有欺诈的故意；(2) 要有欺诈另一方的行为；(3) 受欺诈方作出意思表示是由于受欺诈的结果。除《民法通则》的司法解释外，《合同法》、《担保法》、《消费者权益保护法》及《反不正当竞争法》等法律都规定有制裁欺诈的法律条文。

现代法学领域也将欺诈分为狭义的民事欺诈和广义的民事欺诈。狭义的民事欺诈"是一种意思表示行为，即欺诈人为了引起一定民事活动，并达到一定目的所表示的行为"。"广义的民事欺诈，除狭义中的欺诈外，还包括侵权法上的诈欺。"此种欺诈行为通过欺骗或者隐瞒等手段不法侵害他人的生命、身体、健康、自由、所有权或其他权利者，对被害人负损害赔偿责任的行为。[9]此外，各学者对民事欺诈也作了不同的表述：(1)“民事欺诈，是指在民事活动中，行为人故意以不真实的情况（积极地捏造事实或者掩盖真实的事实）为真实的意思不一致的意思表示的民事违法行为。”[10] (2)“合同欺诈，顾名思义，是发生在合同领域中，利用合同这一法律形式所进行的欺诈。”[11] (3)所谓保险欺诈，“即是投保人、被保险人或受益人以骗取保险金为目的，以虚构保险标的、编造保险事故或保险事故发生原因、夸大损失程度、故意制造保险事故等手段，致使保险人陷于错误认识而向其支付保险金的行为”。[12] (4)“国际贸易欺诈是指在国际贸易中，行为人故意捏造事实隐瞒真相，诱使他人依赖于该事实而形成错误认识并为不真实的意思表示而失去属于自己的利益或者危害社会利益的行为。”[13] (5)“所谓欺诈，就是一方当事人故意制造假相，隐瞒事实真相，使对方当事人产生错误的认识，从而骗取对方的信任，在这种情况下与之发生民事关系，使对方受骗上当。”[14]

海商法学领域对海事欺诈所作的定义有以下：(1)“在国际贸易和航运过程中，一方或几方当事人以非法占有为目的，用虚构事实或隐瞒真相的方法从另一方当事人骗取资金、货物或者船舶的行为。”(2)“国际海事欺诈通常是指在国际货物贸易和航运过程中，一方当事人故意告知对方虚假情况或者故意隐瞒真实情况，承诺为另一方当事人履行某项特定贸易、运输或者金钱方面的义务，以诱使对方当事人作出错误的意思表示，从而借机以非法手段谋取对方当事人的金钱、货物或者船舶的行为。还认为，海事欺诈行为是一种商业犯罪。”[15] (3)“海运欺诈也称国际贸易欺诈，它是指在国际贸易和航运过程中，一方或者几方当事人根据其从表面上为另一方当事人履行的某项特定贸易、运输和财务义务而非法地从另一方当事人那里获取金钱、货物或者船舶的行为。”[16]

综观以上有关欺诈、民事欺诈、海事欺诈的定义，笔者以为，以上定义均从相关部门法领域出发，揭示了欺诈、民事欺诈、海事欺诈或其他形式的欺诈的内涵，为民商法及海商法学的研究提供了研究成果，值得借鉴。但是，欺诈本身的复杂性，给我们认识欺诈的本质，揭示其真实的和全部的内涵造成了困难。所以，我们必须在总结各学者研究成果的基础上深入研究。

首先，我们先研究被定义项。其一，关于“欺诈”二字的基本含义和法律属性。欺诈在我国古代法中称为诈伪，即以欺骗、伪造的手段达到某种目的的行为。三国曹魏时将《贼律》中的“欺漫、诈伪、封、矫制”与《囚律》中的“诈伪生死”合而为一，首创《诈伪律》，后北齐改为“欺诈”。《唐律》中的欺诈大致可分为政治性诈伪和一般性的诈伪。[17]它是我国古代民刑合体的缩影，说明欺诈既是民法概念，也是刑法概念。而近代和现代中，1911年的《大清民律草案》中规定了“民事欺诈”的法律制度；1929年国民政府公布的《中华民国民法典》又对“民事诈欺”作出了规定。说明从清末开始欺诈就不再是刑法上的概念了，而纯属民法概念。将“欺诈”在法律条文中明确表述，是我国的现行法律《中华人民共和国民法通则》，该法第58条规定“一方以欺诈、胁迫的手段或乘人之危，使对方在违背真实意思的情况下所为的”民事行为无效。说明在我国现行的法律中，“欺诈”是民法概念。欺诈在英文中称为“Fraud”。世界大多数国家一般把欺诈归类于民法管辖的范围。但是在外国法上只有“Fraud”这一概念，这可能与英语名词的适用有关，在英语中，同样一个名词用在不同的地方，其含义或属性是不同的。同中国古代的“诈欺”一样，刑法可以用，民法也可以用。相比之下，我国不但在民法中明确地将欺诈使用到法律条款中，并将由“欺诈”分离出的“诈骗”运用到刑法上。将诈骗作为一个罪名规定在刑法分则中。根据我国的语言演变及法律部门的分工，欺诈应是一个民法概念，这一概念不但在中国可通用，在国际上也是可通用的。把这一问题弄清楚了，我们就可以明确地弄清民事欺诈的含义了。其二，“海事”的基本含义是什么？是否可以通用于“海运”？海商法学者对“海事”和“海运”的内涵和外延几乎没有争议，笔者觉得有研究之处。海事和海运这两个专业术语，有相同之处，也有不同之处，确切地说，它们是包含关系，而不是重合关系。海运作为基本词，通常指海上运输。海事有广义和狭义之分。广义上讲，海事指与人类所从事的海上运输、船舶保险、海上救助、海洋工程以及海洋开发有关的一切事务。狭义上讲，海事仅指水上事故[18]。本文取的是广义上的海事，由此可见，海事是大概念，海运是小概念。从海事欺诈的分类看，除了主要的类别是海运欺诈外，还有修船欺诈、租船欺诈、船舶买卖欺诈以及海洋工程、海洋开发利用中的欺诈等等。总之，我们将被定义项界定为海事欺诈要比海运欺诈科学，解决了逻辑上周延的问题，但海事欺诈中主要包含海运欺诈。本文这样界定的另一个法律意义在于欺诈有合同欺诈和非合同欺诈，海运欺诈仅指合同欺诈。而海事欺诈既包括合同欺诈也包括非合同欺诈，如伪造单证欺诈、侵权行为引起的船舶优先权欺诈、国家规费引起的船舶优先权欺诈等。

其次，我们怎样给海事欺诈下定义呢？也就是说被定义项怎样确定呢？第一，故意是构成欺诈的要件之一。无论是虚假或是隐瞒都必须是故意的，即行为人是有意地诱使他人，过失不构成欺诈。第二，实施了欺诈行为，没有行为，故意留存于心里活动，达不到诱使的目的。第三，受欺诈人须有遭受损失的事实存在。第四，受欺诈人错误的意思表示及损失与欺诈有因果联系，这是事物联系原则的基本要求。确定了以上欺诈的四个要件后，再将海事这一特别领域界定其中，海事欺诈就可定义为：海事欺诈是指海事行为人故意以虚假、隐瞒等足以诱使他人作出错误意思表示，而致他人遭受人身、财产损失的违法行为。

1.2 海事欺诈与刑事诈骗及行政欺诈的关系

1.2.1 海事欺诈与刑事诈骗

海事欺诈属民事欺诈的范畴。从语言学角度讲，欺诈和诈骗是一个层次的概念，即采取狡猾奸诈的手段骗人。我国民法采用的是欺诈，而刑法采用的是诈骗，它们之间既有联系又有区别。

1.2.1.1 两者的联系：（1）两者同出一源，即原本为一个法律概念；（2）

两者的行为人的手段相同，即采取狡猾奸诈的手段骗人；(3) 两者的行为人主观上都有欺骗对方的直接故意，即故意既是欺诈的构成要件，又是诈骗的构成要件；(4) 受害人都是听信了对方的谎言而作出错误判断，从而受到损害的，即受损与欺诈（诈骗）行为之间存在因果联系。(5) 两者的客观方面相同，即都是实施了欺诈手段。实际发生的大量案例表明二者是交织在一起的，有人故此称其为模糊区域。

1.2.1.2　两者之间的区别：(1) 法定概念不同，民法对欺诈的解释是："当事人故意告知对虚假情况，或者故意隐瞒真实情况，诱使对方当事人作出错误意思表示的，可以为欺诈行为。"刑法则将诈骗罪规定为"以非法占有为目的，在签订、履行合同过程中，骗取对方当事人财物，数额较大的"行为；(2) 构成要件不完全相同，以非法占有诈骗必须以数额较大为要件而欺诈则无此要件；(3) 责任性质不同，即诈骗构成刑事处罚或者说刑事责任，而欺诈则只构成民事责任；(4) 行为人承担法律后果的层次不同，刑事诈骗一般是分为对行为人构成的刑罚的程度；而民事欺诈则分别有可撤销、无效及赔偿损失等；(5) 追诉的主体不同，刑事诈骗是由国家刑事主管机关直接追诉，而民事欺诈则是受害人自诉。

1.2.2　海事欺诈与行政欺诈

行政欺诈尽管在行政法学中未形成概念，但有关行政欺诈的行政制裁条款，却散见于单行法律法规之中，如我国的《公司登记管理条例》第58条规定："办理公司登记时虚报注册资本，取得公司登记的，由公司登记机关责令改正，处以虚报注册资本总额百分之五以上百分之十以下的罚款；情节严重的，撤销公司登记，吊销营业执照。"第59条规定："办理公司登记时提交虚假证明文件或者采取其他欺诈手段，取得公司登记的，由公司登记机关责令改正，处以1万元以上10万元以下的罚款；情节严重的，撤销公司登记，吊销营业执照。"我国的《反不正当竞争法》中对欺诈性交易行为规定，主要是指经营者采用假冒、虚构或者其他虚假手段进行市场交易，牟取非法利益的行为。为贯彻实施《消费者权益保护法》，我国还于1996年3月15日施行了《欺诈消费者行为处罚办法》。此外，我国的《广告法》、《破产法》、《禁止证券欺诈行为暂行办法》等法律法规中规定了行政欺诈的法律后果。所谓行政欺诈是指行为人故意实施欺诈手段，违反或者规避行政法律法规，取得非法利益应受到行政处罚的行为。

1.2.2.1　两者之间的联系。(1) 两者同出一源；(2) 两者的行为人的手段相同；(3) 两者行为人主观上都是直接故意；(4) 两者之间的客观方面相同；(5) 有时候行为人既实施海事民事欺诈，又实施海事行政欺诈。

1.2.2.2　两者之间的区别。(1) 受诈主体不同，海事欺诈以平等主体为欺诈对象，而行政欺诈则以国家行政主管机关或其委托和授权的机构为欺诈对象；(2) 构成要件不完全相同，海事欺诈使受诈方有损失，而行政欺诈则以欺诈方获利为要件；(3) 法律后果不同，海事欺诈的法律后果是承担民事责任，而行政欺诈则要承担行政责任。

由此可见，海事欺诈与刑事诈骗、行政欺诈既有联系，又有区别，理论上的构成要件不同或者不完全相同，实践中个案的表现形式及主客观方面也都有所不同，正确划定三者之间的关系，有利于我们对海事欺诈的正确界定。

第 2 章　海事欺诈分类

海事欺诈类型的划分标准有许多种，可以按主体分类，也可以按客体分类，还可以按欺诈的手段和性质分类等等。为了便于本文的研究，本文仅以欺诈主体和欺诈手段作分类标准。

2.1　海事欺诈主体的分类

海事欺诈主体是指海事欺诈法律关系中的人，包括海事欺诈行为主体和受诈主体。

2.1.1　海事欺诈主体。海事欺诈主体是指实施海事欺诈行为并承担欺诈法律后果的人。可以是法人，其他组织，也可以是自然人。

2.1.1.1　收货人欺诈。收货人即有权提取货物的人，由于海事欺诈的特殊性，还包括实际提取货物的人。如非正本提单持有人伪造了正本提单提走货物等。

2.1.1.2　托运人欺诈。托运人是指将货物交给承运人的人或与承运人签订海上货物运输合同的人，他们往往也是买卖合同中的卖方。如西方一欺诈者把自己装扮成有名望的社会福利事业者，到古巴声称进行有利于该国经济建设的贸易活动。古巴时任总统卡斯特罗先生亲自接见了他。于是这位欺诈者打着总统的旗号，顺利地与古巴外贸公司签订了 260 万美元咖啡的合同，价格条件为 CIF，付款方式为即期不可撤销信用证，该合同对古巴来讲是一个进口便宜的买卖。欺诈者回国后伪造了一份假提单，并在议付行办理了结汇手续，骗走了古巴 260 万美元的巨款。[19]

2.1.1.3　承运人欺诈。海商法上的承运人是指与托运人订立海上货物运输合同的人。除此之外，还有实际承运人，实际承运人是指接受承运人委托，从事货物运输或者部分运输合同的人，包括接受转委托从事此项运输的其他人。承运人，特别是实际承运人，利用货物装船后在海上航行的便利，将货物异地私下卖掉，欺诈到手即逃之夭夭。如 HH 企业有限公司向某船公司租用“A”轮承运一批胶合板，装货港印尼，卸货港中国新港，被保险人向香港一家保险公司投保，保险金额为 799004. 67 美元。“A”轮在从印尼运往新港途中突然失踪。货物保险人委托香港律师调查时发现该轮曾在基隆港停留，但船上已无此货物，确信受欺诈了。[20]

2.1.1.4　承租人欺诈，又称租船人欺诈。承租人是指租用他人船舶经营的人。承租人的欺诈对象主要是船东。如澳大利亚一位租船人在收取从澳大利亚运载木材至波斯湾的全部预付费后，将船又转租给另外一租船人，获取了租金。在未向船东支付任何租金的情况下溜掉了。真可谓是“一诈二”。

2.1.1.5　投保人欺诈。海上保险是一个综合性的险种，其投保人包括船东、租船人、托运人、收货人等多种保险当事人。原始的保险欺诈是船东将已陈旧的船舶以高保额投保，到海上航行中将船以各种手段弄沉，再向保险人索赔。后来发展到船货都以投保欺诈，一旦欺诈成功，欺诈者便成了富翁。这种例子举不胜举。

2.1.2　受诈主体

受诈主体是指海事欺诈法律关系中的受诈人，包括承运人、托运人、收货人、船舶所有人、船舶优先权人、船舶抵押权人、船舶买卖当事人、船舶建造人、船舶修理人、求助人、海洋工程当事人、海洋开发利用当事人、保险人、银行、以及国家等。一般来讲，受诈主体要比欺诈主体的范围要广。

从近几十年的情况看，受欺诈主体多以货主即托运人、收货人或进出口商及保险人为主。这与海上货物运输的特征有关。一旦货物装上船后，实际占有货物和控制船舶的是承运人、实际承运人和船员，在海上的自由世界中，凭着大海可以选择的任意航线，货主对船载货物失控，仅凭运输单证，往往是提单或船舶动态信息掌握货物命运，显得十分微弱，故欺诈分子容易施诈得手。反之，货方欺诈船方是较为困难的。

2.2　海事欺诈手段的分类

海事欺诈手段各种各样，笔者仅对几类主要的和常见的手段作一剖析，包括：提单欺诈、租船欺诈、单船公司欺诈、保险欺诈、共同海损欺诈、鬼船欺诈、集装箱欺诈，以及海盗行为等。

2.2.1　提单运输中的欺诈

提单欺诈是指欺诈行为人在提单项下或利用提单进行欺诈的一种手段。主要包括预借提单、倒签提单、无单放货、副本提单加保函提货、盗用他人提单、伪造他人提单、一货多单、有单无货等。提单欺诈是海事欺诈中的主要手段。

2.2.1.1　预借提单方式欺诈（Advanced B/L）。该方式是指承运人已接管货物，但未装船，应托运人（卖方）的请求即时签发的提单。国际、国内法均规定，提单系装船后签发，而预借提单是在未装船之前签发的，即构成欺诈。预借提单符合海事欺诈，主要特征是将签发提单时间上的提前。如福建省宁德地区经济技术协作公司诉日本国日欧集装箱运输公司预借提单一案中，预借提单 26 天，在该船载货物市场行情下跌的情况下，原告损失 141.7 万元人民币，海事法院以海事欺诈定性，判令予以赔偿。

2.2.1.2　倒签提单方式欺诈（Anti-dated B/L）。该方式是指承运人在货物装船完毕后，应托运人请求，将提单签发日期提前至满足信用证的装船日期或便于早结汇的日期。同预借提单类似，倒签提单欺诈也是表现在将签发提单的日期提前上。如 1991 年 4 月，香港华润机械有限公司同卖方日本丸红株式会社签订了一份进口 9000 米 220 千伏电缆及配件合同。合同约定，每米电缆价格 200 美元，由卖方租船定舱，买方买保险，信用证付款，使用已装船清洁提单结汇，提单由船长签发，所购电缆及配件应于 1991 年 9 月 28 日由日本神户港装船运至中国天津新港。卖方租用的“东方神鹰”轮于26日抵神户港装货，27日因台风装货中止，1991年10月2日，“东方神鹰”轮装货完毕离开神户港，10月10日，抵中国新港卸货。而东方汽车班轮有限公司却代表船长签发了日期为1991年9月27日的已装船提单。卸货后，香港华润机械有限公司发现损失计632424.03美元。保险公司按保险合同向华润公司支付了713283. 85美元，并以此为诉讼请求向承运人UUIE公司及代理人东方公司行使代位求偿权。海事法院认定，这一倒签提单行为违反了《海牙规则》规定的义务，应承担欺诈的全部赔偿责任。[21]

2.2.1.3　无单放货方式欺诈（Deliver without documents)。该方式是指承运人或其代理人在收货人未出示正本提单的情况下交付所承运货物的行为。无单放货方式欺诈，主要是在FOB贸易条件下，契约承运人接受进口商的订舱指示，自己签发HOUSE提单（运输代理行提单）交给托运人（一般为出口商），进口商则依据实际承运人签发的海洋提单，在目的港提货。托运人因无法结汇，据此起诉契约承运人无单放货。[22]我国目前遭受无单放货欺诈的形式主要有三种。(1）进口商根据FOB价格条件指定境外货代安排运输，境外货代再委托国内货代具体接受货物，而自己直接获取海上货物运输提单，无须付款赎单，即将货物从实际承运人手中提取，使托运人无法承兑货款。2. 进口商委托某境外船公司或货代公司安排贸易合同项下的货物运输，境外船公司或货代公司再委托国内货代公司具体接受货物，向实际承运人订舱，取得海上货物运输提单，而托运人（出口商）只获得货代提单而结汇不成。(3）进口商根据FOB价格条件和信用证规定，直接规定凭境外船公司提单结款。将货经货代交付运输后，境外船公司要么没有签发提单，要么将提单直接交给进口商。出口商实际上已丧失了对货物的控制和货款收回的权利。

2.2.1.4　副本提单加保函方式欺诈。该方式是指收货人将所持副本提单向承运人出示并由某一公司或自行出一保函将货提取，而使出口商（托运人）结汇落空的欺诈行为。这种欺诈手段在我国进出口运输中时有发生。如安庆市进出口公司同香港德泰行签订菜籽粕《售货确认书》，约定出口3000吨，价格条件是FOB南通（即从南通港出口），每吨价136.50美元，信用证结汇。安庆进出口公司为履行合同航次租用丹东市沿江开发区船务公司所属“永发”轮承运到韩国的仁川港。“永发”轮船长在货物装上船后在南通港签发了已装船清洁提单（托运人为安庆进出口公司，收货人凭指示，装船净重3233.40吨），“永发”轮抵韩国仁川港后，香港德泰行下属的昌发船务公司向“永发”轮出具提单副本及书面保函，要求放货。“永发”轮接受其保函，将货物在无正本提单下放行。安庆市进出口公司收到正本提单后，以全套单据通过银行申请议付。信用证开证行RABOBANK香港分行以“单据不符，需与开证申请人协商”为由，不同意议付。致使信用证超期无效，安庆市进出口公司货款损失441359.10美元，利息损失人民币244151.14元。安庆进出口公司以承运人丹东市沿江开发区船务公司海上货物运输合同无正本提单放货为由诉至海事法院。海事法院经审理认为，承运人无正本提单放行货物，违反了法定义务及航运习惯，造成提单未经银行正常流转，使托运人结汇落空，应赔偿货款损失及相应银行利息。根据《中华人民共和国海商法》第55条、第59条、第71条的规定，判决丹东市沿江开发区船务公司赔偿安庆市进出口公司货款损失441359.10美元，银行利息损失人民币244151.14元。该案经上诉审法院二审及提起再审均维持原判。[23]

2.2.1.5 以盗用他人提单方式欺诈。该方式是指在日常业务往来中，行为人将他人船舶公司的空白提单有意留下，然后以此提单签发给托运人，从而获得运费或货物的一种欺诈手段。如一欺诈行为人通过盗窃某班轮经营人的空白提单，然后伪造一枚巴拿马结算银行的图章，一枚巴拿马船务代理的图章，持这份盖有伪造图章的提单，在巴拿马港务局提走了一票斜纹布。后该案在香港法院予以查清。[24]

2.2.1.6 以伪造提单方式欺诈。该方式是指行为人伪造假提单，骗取货款或提取货物的欺诈手段。如希腊人与索马里政府签订白糖销售合同后，伪造了一套2万吨白糖的提单向银行结汇，而实际只向索马里政府运去500吨白糖，欺诈了1.95万吨白糖的货款。[25]又如，我国天津某公司与加拿大一侨商签订了一批供货合同，价款约200万加元，分十批运出，10套单据，6份合同，D/P即期付款方式，即货到后付款赎单。货到加拿大后，有8批已被提走，经查核8套提单均是伪造的假单，正本提单仍在银行未被赎走。加拿大侨商潜逃无踪，天津公司损失巨大。[26]

2.2.1.7 以一货多单方式欺诈。该方式是指承运人或其代理人在接受货物装船后，签发了两套及以上的正本提单的欺诈行为。这是典型的一货两卖的欺诈。如中国锦州美凌铜业有限公司与美国三得利铜业有限公司签订买卖合同，中国公司向美国公司购买旧塑料200吨，废旧金属及电线100吨。承运人美国埃尔西航运有限公司签发了一套（三份）正本提单，中国公司根据合同CIF价格条件，以信用证付款方式支付合同款项，获得该套提单。然而，承运人又在美国公司的要求下签发了第二套正本提单，造成中国公司第一套正本提单持有人提货不着。海事法院审理认定，承运人没有遵守应当恪尽的职责，违反法律规定和航运惯例，擅自签发两套正本提单，使两套提单同时流转，造成该批货在大连、上海出现两个收货人，导致第一套正本提单持有人付了货款而取不到货。故判决承运人埃尔西航运公司应依法赔偿原告的经济损失，并不享受承运人责任限制。[27]

2.2.1.8 以有单无货方式欺诈。该方式是指行为人在船载货物根本不存在的情况下，而签发了海上货物运输提单的欺诈手段。如意大利的一位“国际名流”卡雷萨纳就是以此起家而得上亿美元的惯犯。一次，他自称是热那亚的“工程师”与德国一位商人成交了5000吨钢材买卖。德国商人在意大利米兰的德里斯顿银行开立了ORPAL责任公司为受益人，金额为100万美元的信用证，用于支付提单项下停靠于拉维那港（意大利）的“SITROR SKY”号轮装载的5000

吨条钢货款。卡雷萨纳成功地从银行开出了可转让支票。后银行发现在拉维那港并没有一艘名为"SITROR SKY"轮停靠，更没有任何货物可供提取。[28]

提单运输中欺诈的手段是多种多样的，还可以列举其他，以上列举几种典型的主要手段足以证明提单欺诈的本质，余不赘述。

2.2.2 租船合同中的欺诈

租船合同中的欺诈是指行为人在租船活动中或在船舶租赁合同下或利用船舶租赁合同进行欺诈的手段。主要表现在定期租船合同和航次租船合同中。

2.2.2.1 定期租船合同中的欺诈。该类欺诈是指定期租船人在向托运人收取运费后，不付租金或只付部分租金即潜逃的欺诈行为。希腊一租船人已成为租约欺诈的传奇人物，他先后登记了12家公司，在收到预付运费后，就宣布倒闭停业，利用这种欺诈手段已骗取了数百万美元。如日本一家"A"船公司将三艘船舶期租给另一家"B"公司，"B"公司又分别以程租的方式租给他人。"B"公司在收取100多万美元后溜之大吉。造成船东不仅分文未收，还要去履行程租的全部航程义务。[29]

2.2.2.2 航次租船合同中的欺诈。该类欺诈主要是指在航次租船活动中，租船人以欺诈手段造成船东的损失。如某希腊船东的油轮，被美国休斯顿一租船人租用，拟从E港装10万吨原油单程运往欧洲某港口卸货。当该油轮驶抵装油港时，船东已再联系不到租船人了，致使巨型油轮在油港白等17天，船东损失70多万美元。为保护船东利益，国际独立油轮船东组织（Iintertanko）特制订"朱比特（Jupiter Clause)"，该条款为："船东取消租约的选择权：如果不是由于船舶和/或船东的原因（1）租船人未按照本租约第2条的规定，向船东下达航次指示或未下达装货的命令，而未下达的时间超过10天以上，或者（2）在船方有效的装货备妥通知书提交后未开始装货，而在20天内一直未开始装货，船东就有权取消本租约。如果船东行使了这种选择权，租期的延误又是租船人所引起的，租船人就应对丧失此租约负责，不论船东行使或不行使此选择权，船东对船期的损失均不得向租船人提出索赔，船东的这种权利也不因此而受到损害。"[30]这是防止租船人欺诈船东的产物。

2.2.3 以单船公司方式欺诈

单船公司是指一个公司的财产就只有一艘船舶。国际航运界为了保护船东的利益广泛地实行了单船公司制，其目的是防止为了公司一艘船的债务，而被扣押了"姊妹"船，即同一公司的其他船舶。有的船东，即使是有数艘船舶，也要将每艘船舶登记为一个公司，尽管各公司的法定代表人同为一个自然人，但也不影响公司法人独自对外承担债务。有时一艘船舶被扣押拍卖承担了债务，甚至还不足以承担债务，也不影响船东的其他单船公司物权和债权债务的独立性。单船公司的发展随着国际上部分开放登记国的登记制度形成了欺诈的实体。所谓以单船公司方式欺诈，是指船东以价值不高或旧老龄船登记为一个公司，在船上设定抵押权，有的还附有优先权，当该船承揽业务收取运费或租金后，不履行运输义务的欺诈行为。如中国新光集团公司与加拿大多伦多商业贸易有限公司签订了出口一批货物的买卖合同，合同约定目的港加拿大多伦多，以 CIF 价格条款成交，由新光集团公司与新加坡马来船务代理公司签订了运输合同，并向其支付了运费138 万美元。然而到约定的装货日期却未见船东提供的“雅戈尔”轮到港。加拿大多伦多商业贸易公司在迟迟得不到货物已装船的单证后，向新光集团索赔违约金。新光集团为行使救济权利向海事法院对船东提起诉讼，要求退还运费、承担违约金和赔偿损失。海事法院受理后查明，新加坡马来船务代理公司为单船公司，该公司惟一的货轮“雅戈尔”号早因公司负债累累已被其他法院予以扣押，根本无法承运该合同项下的运输任务。即使该轮经法院拍卖清偿债务，因还不足以清偿银行设定的船舶抵押贷款的债务，新光集团也不可能得到任何赔偿，只得自行承担了全部经济损失。[31]又如某船东保赔协会在巴哈马·曲母普航运有限公司的单船“曲母普·海”轮的会费长期拖欠达 40 万美元的情况下，向中国海事法院申请扣押船舶后在起诉后又申请公开拍卖了该轮，拍卖款 120 万美元，因该轮于 1994 年 12 月 15 日被英国·达拉阿尔拉卡投资公司作 175 万美元贷款抵押，该抵押权经法院判决确认，并被列入优先于会费受偿。[32]故船东保赔协会经过一系列的诉讼活动也收不到会费。像这样的案件近些年来越来越多。

在单船公司中更为严重的是一种“纸片”公司。所谓“纸片”公司是指甲国人以一艘船舶，甚至只有一套船舶资料到乙国登记一个丙国船公司。不难看出，法定代表人（自然人）的国籍属甲国，公司及船舶登记机关的代办机构在乙国，船舶所悬挂的是丙国的国旗；法定代表人的住所地是隐形的，登记机关是代办的，公司营业地在丙国是找不到的。故笔者从审判实践中总结这类公司为“纸片公司”，之所以称之为“纸片公司”，是因为船东只要花上 1000 美元就可以注册这样一个公司，除登记文件外，其他公司的构成要件基本没有。“纸片”公司不仅给欺诈创造了条件，给诉讼也制造了很多障碍。如送达只能是以公告的方式，执行只能是白条等。

2.2.4　海上保险合同中的欺诈

海上保险合同中的欺诈也是海事欺诈的主要种类。是指船东或贸易商及船东伙同贸易商利用保险方式向承保人骗取保险赔偿金的手段。典型的保险欺诈主要有：隐瞒性保险欺诈、超出承保范围的欺诈、超值保险欺诈、船载货物保险欺诈、无可保利益的保险欺诈、伪造短残报告欺诈、以“共同海损”名义欺诈等。由于保险人是海上运输关系和船舶关系（船东、货主、保险人）中的三方之一，又由于保险人“远离”货物和船舶，故容易受到欺诈。这里，笔者仅举一例：尼日利亚进口商与远东地区出口商及船东合谋，将手电筒的装船与相关单证做成两套，一套为手电筒，一套为价值极贵的电子产品。当船到达尼日利亚港口时，进口商以货物灭失为由向保险公司索赔。[33]只要保险公司稍有不慎就会被欺诈成功。

2.2.5　共同海损中的欺诈

共同海损法律制度本是为海上风险的分摊而设的，是指船舶在海上航行过程中船舶有危险，货物也有危险，船长或船员有意地合理地对货物或船舶作出牺牲，该牺牲的部分由船主与货主按船货获救比例共同分摊的一种海商法制度，世界各航运国几乎都设立了这一项制度。这项制度一个重要的特征是共同海损的证据是船员在航海日志上的记录，一般情况下，除非有实质证据证明与之对抗，船东宣布共同海损即成立。所谓共同海损中的欺诈，是指船东在无共同海损事实或不构成共同海损的情况下，宣布共同海损，从而欺诈货方或保险方的一种欺诈行为。如1983年1月，巴拿马籍“S”轮，承运我国公司进口前苏联尿素5250吨，价值96. 6万美元。当年2月12日船方称发生螺旋桨被水下不明物体碰损的海上事故。15日，船东突然宣布共同海损，放弃航程，随后又宣布推定全损。事实上，该轮受损后并未就近避难或修理。验船师也证实：“S”轮是一艘25年船龄的破旧船，已退出保赔协会，技术状况极差，不适于远洋航行，根本不可能航行到中国。公司经营管理的为兄弟两人，此事后即宣布破产。[34]这种欺诈背后即是倒卖货物。

2.2.6 鬼船欺诈

“鬼船”在英文中为“Phantom Ship”，即幽灵似的船舶。称船舶为鬼是与船舶拟人化相对称的。“鬼船”的基本特征是，注销的船舶再出现在航运市场上，并出没无常，时隐时现。同一条船舶能持有几套不同船名及船舶所有人的证书，在甲港装货使用一套证书，在乙港卸货又是另一套证书。鬼船的来源主要是以下几种：（1）从市场上购买；（2）武装劫持；（3）在组织内部改换所有人；（4）对已宣布全损或以拆船注销的船舶加以维修；（5）租用老旧船等。“鬼船”的登记主要是向开放式登记国登记机关登记，其中特别是向跨国登记代理机构提出申请，如在利比尼亚申请一个塞浦路斯的船舶国籍证书是较容易的事。目前世界上第一大船舶登记国是巴拿马，其中鬼船就有一定的数量。鬼船欺诈的主要手段或表现形式有：低运费招揽货主；改头换面；更换包装唛头；换船承运等。

2.2.6.1 以低运费招揽货物方式的欺诈。该方式是指鬼船船东或其代理人在掌握海运市场行情后，故意将鬼船运费价格降低到最低点，甚至低于成本，以招揽货主成交，将货装上船后再提出种种理由提出增加运费，若不成就将货物找另一港口卖掉。如在泰国登记的名为“好景一号（BOAPA UISTA NO. 1）”在某一港口以低于市场价一倍的运费承运了价值700多万美元的货物，船舶开航后，船东以船舶遇上海上恶劣天气需要绕航为由提出增加高于市场运费一倍的款项，托运人及收货人不同意，于是该轮在某一港口将船舶刷上新一层油漆，并改名为“LAPLOMA”轮，再到新的港口将船上所有货物以低价卖掉。从此，国际上再也未见“海景一号”了。[35]

2.2.6.2 以更换船名方式的欺诈。该方式是指鬼船船东同收货人合谋，当货装上船后更换船舶的名称、船籍港，另行伪造新船名的提单，重新指示收货人的欺诈手段。如“B”轮装货后第二天失踪（电讯设备联系不上），后将船名改为"L"轮，并将另行签发的提单通过托运人流转给另一收货人，待两套提单承兑后，该轮将货物交给了新的收货人，然而第一套提单收货人再也找不到"B"轮了。[36]事后，经过广泛的调查才得知是被欺诈，而这时该鬼船船东已消迹无踪。

2.2.6.3 以更换唛头方式的欺诈。该方式是指鬼船船东当货装上船后中断与托运人及收货人的联系，更换货物单证上的唛头，制造假提单将货物卖给他人的欺诈行为。如我国海口某公司通过香港一中间商，从新加坡进口1000吨橡胶和1000吨棕榈油，投保金额为192万美元，付款方为D/P。承运船舶"S"轮于1988年12月20日在新加坡开航，至1989年1月26日仍未来华。经查明，该轮在菲律宾的SUBICBAY港，将货物自行更换唛头以低价卖出。后该轮被菲律宾当局扣留，货物被海关没收。收货人遭受了惨重的损失。[37]

2.2.6.4 以换船承运方式的欺诈。该方式是指鬼船公司在货物装上船后，航行至某一岛屿或港口，将船载货物装上另一船舶卖掉，并宣告原承运船舶失踪的欺诈行为。如1987年3月中国银行代B公司开出一笔信用证，其金额为112.563万美元，受益人为香港A公司。购买印尼三夹板3000立方米，由印尼港运往中国的连云港。1987年9月10日，承运船舶"S"轮下落不明，买卖双方发生争执。后经调查，"S"船是一条老龄船，以30万美元购置于日本，在菲律宾注册，然后租给"A"公司。该轮在印尼装货后，在公海上更换船名，又开回了印尼的一个小岛，货物卸下，改装他船，从此"S"轮不知去向。

2.2.6.5 以注销船方式的欺诈。该方式是指鬼船船舶本早已注销，即法律上早已不存在该船舶，可鬼船船舶又以原登记船名、国籍出现，装货后又失踪的欺诈行为。如1998年，某一船舶在南京港申报装货，经货主托运，船上装有大米1000吨，开航后，经一个月的查询仍不见该船下落，又经船舶主管机关查核，该船已于5年前以失踪推定全损作了注销登记，只是货主没有事先调查清楚，而使整船货物被欺诈。

"鬼船欺诈"是船东欺诈中最典型的海事欺诈手段，发案率高，欺诈的数额往往是一整船货物。货物一旦装上鬼船就等于进入了坟墓。

2.2.7 集装箱运输中的欺诈

集装箱运输是从20世纪50年代开始的。集装箱运输具有速度快，成本低，运输损耗小等优势，经过近几年的发展，集装箱运输已成为国际海运及多式联运的发展方向。国际航运船队的更新换代，主要就是向集装箱自航船、集装箱运输组合体方向发展。然而欺诈分子利用集装箱清点和分箱的机会进行欺诈活动。集装箱欺诈可归纳为以下几种。

2.2.7.1 以空集装箱方式欺诈。该方式是指在批量或整船集装箱运输中，托运人（收货人）将其中部分集装箱不装货进行以已装货集装箱交承运人装上船舶的一种欺诈手段。如我国A公司与香港B公司签订进口马口铁和镀锌铁皮的合同，共计1019公吨，金额20万美元，合同约定付款方式为信用证，并由H

公司为承运人，又以M公司为实际承运人。香港B公司在自装、自点、自封的过程中做了手脚，经承运船舶到港验箱验货，发现船载集装箱中有3箱系空箱，只是盛满了污水。当我国A公司通过申请行向议付行提出单不符点，拒付货款时，香港银行认为已超过合理时间。

2.2.7.2　原依合同托运的货未装进集装箱，而是将其他廉价物品装进箱内的一种欺诈手段。如中国某原料进出口公司从T国进口弹力锦纶丝1079公斤。一个月后，货物分装了3只集装箱，目的港的海关人员开封验关时发现，其中一只集装箱内装的却是700块空心砖。

在该方式中，“洋垃圾”欺诈是集装箱运输中最典型的一种欺诈手段。所谓洋垃圾是指从国外运进的废弃物的代名词。即承运人或托运人伙同承运人利用装箱的便利，将集装箱中装上废弃物，以代替提单中载明的货物品种。自有国际海运集装箱到我国港口，“洋垃圾”欺诈案件就不断发生。如我国的上海、南京、南通、镇江、青岛等港口都发生过“洋垃圾”现象。有时整船集装箱装的都是废弃物。“洋垃圾”的危害性要比其他欺诈手段恶劣的多，他不仅欺诈的是收货人的现有经济，更重要的是污染环境，危及子孙。

2.2.8　海盗行为

将海盗行为列入海事欺诈的范畴，是传统的海事法理论上的分类。一方面，海事欺诈是由海盗行为发展和演变而来；另一方面，海事欺诈与海盗行为在某些案件当中具有竞合的特征。如：鬼船欺诈，既构成海事欺诈的要件，也构成海盗行为的要件。同时海事欺诈与海盗行为又是相互转化的，行为人往往先是用欺诈的手段施诈，施诈未成即采取海盗行为劫持。所以，我们研究海事欺诈，也不得不研究海盗行为。据国际海事局海盗事件报告中心统计：国际海盗行为每年呈上升趋势，1991年107起，1998年202起，1999年300起，2000年469起，其中印度尼西亚沿海就有119起。而联合国政府间海事协商组织的统计是：近几年，在东南亚海域遭海盗袭击的船只高达2万艘次，每3天就有2天发生海上抢劫，仅泰国沿海10年间就有1300多人死于非命，3000人遭抢劫或绑架。这些惊人的数据说明，海盗行为十分猖厥。[38]关于海盗的定义目前主要有以下几种：

2.2.8.1　1958年日内瓦《公海公约》、1982年《海洋法公约》列举了以下海盗行为：“私有船舶和私有飞机的乘务员或乘客，为了私人目的所从事的任何非法强暴行为，扣留行为或掠夺行为，即（1）在公海上或在任何国家管辖范围以外的地方，对其他船舶或飞机以及船上或机内的人员或财物所从事的上述活动；（2）明知是海盗而自愿参加其活动；（3）教唆或故意便利上述行为的任何行为。”

2.2.8.2　国际商会1992年的定义是：“海盗指在公海上对其他船舶施加非法暴行和掠夺的人。”

2.2.8.3　国际法辞典称“海盗”指在公海上对其他船舶施加非法暴行和掠夺的人。

2.2.8.4　国际海事委员会联合国际工作组于2001年2月16日草拟的一项《关于海盗和海上暴力行为的国内示范法》，第一条给海盗及海上暴力行为的定义是：(1) 海盗是指当任何人或人们，为了任何非法目的，有意地或轻率地：a) 从事1958年公海公约第15条所定义的海盗行为；b) 从事1982年海洋公约法公约第101条所定义的海盗行为。(2) 海盗也是指当任何人或人们，为了任何非法的目的，有意地或轻率地：a) 从事根据（某一制定国）刑法典规定构成海盗的行为；或b) 从事先前被（某一制定国的最高法院）认为是构成海盗的行为；或c) 从事国际惯例法被认为是具有海盗性质的行为。(3) 海上暴力犯罪是指当任何人或人们，为了任何非法目的，有意地或轻率地：a) 与犯下或试图犯下在第一章第3条第b款至第h款提出的任何罪行相联系的伤害或杀害任何人或人们或b) 进行针对在船上的人或人们的暴力行为；或c) 用武力或其他恐吓方式捕获或控制船舶或在船上的任何人或人们；或d) 摧毁或损坏船舶或船载货物、近岸设施或助航设施；或e) 使用任何可能摧毁或损坏船舶、船上设备或货物、或助航设施的装置或物质；f) 摧毁或损坏海上航行设施，或妨碍它们的操作，如果这种行为将可能危及船舶的安全航行；或g) 从事涉及妨碍航行、生命支援、应急反应或其他安全装置的行为，如果这些行为将可能危及船舶的安全操作或航行或船上的人或人们；或h) 传播错误信息危及或可能危及船舶的安全操作或航行；或i) 从事1988年制止危及大陆架固定平台安全非法行为公约的第3条规定构成犯罪的行为；或j) 从事根据1988年制止危及大陆架固定平台安全非法行为议定书的第2条规定构成犯罪的行为；或k) 第二章第3条第a款至第i款里所描述的任何行为，就其适用范围而言，这些行为涉及近岸设施或影响近岸设置上的人或人们。(4) 海上暴力也是指当任何人或人们，为了非法目的，有意地或轻率地危及或损坏海洋环境，或海岸线、海上设施或相关国家的利益。[39]

笔者认为，以上定义尽管从不同角度出发，阐述海盗行为的特征和构成要件，特别是《海盗和海上暴力的示范国内法》，在时间、空间和人的适用范围上都有扩大和具体的表述。但还不能揭示现代意义上的海盗或海盗行为的法律本质及内涵，更不便于对海盗行为的打击和制裁。第一，定义以列举方式表述，既显得文字过长，又不能以此概全；第二，仅从刑法上下定义，而不涉及到民事，似乎忽略了民事责任问题，在我国刑事案件的构成必须有被告出庭，而很多情况下将海盗犯罪嫌疑人送上法庭是十分困难的。如a. 海盗行为人作案后往往逃之夭夭，甚至根本无法知晓是何人所为，有资料表明国际刑警对海盗行为的侦破率是极低的；b. 即使查明了海盗行为人的身份，但其在逃逸不能提起公诉，构不成刑事诉讼案件；c. 侦查时间过长，受侵害者不能及时行使诉权，其损失只能是越来越大，甚至根本等不起。我国同国际上的通行做法一样，在刑事诉讼制度中规定了刑事诉讼附带民事诉讼的原则，这一原则显得单一，将刑事案同民事案合并审理是无可非议的，但是，当刑事案件不构成诉讼条件或不方便附带民事诉讼时，为何又不能将两类不同责任的案件分别规定管辖权和法律适用呢？所以，笔者主张，对海盗行为作民事责任研究有利于确定民事管辖权和法律适用，从而达到保护受侵害者利益的司法目的。第三，根据公约的定义，海盗行为有广义和狭义之分，广义的海盗行为包括在航空器上的犯罪。本文的研究对象仅限于海上，所以取狭义的概念。狭义的海盗行为，是指在海上对船舶、船上财产、船上人员及海上设施以公然或秘密的暴力和类似的其他手段进行偷窃、劫持、伤害和杀害的犯罪及应承担民事责任的行为。关于本定义的地（海）域范围划定为海上，不仅包括公海，还包括各适用国的领海及与海相通的可航水域。这是因为一艘国际航行船舶不仅通过公海，还要通过领海，在很多情况下还要经过或到达与海相通的可航水域。如泰国的湄公河，中国的黄浦江、长江等都设有国际直达运输船舶的起运和到达港，如果仅限于公海或自然科学界定的“海”或者“海洋”的范围，对海盗行为的制裁法就人为留下了法制的空白领域。关于本定义中的“民事责任”，一方面，海盗行为本身并不只是触犯刑法，应该说这种行为首先是以掠夺财物为目的，构成对他人财产的侵犯，应该承担民事责任；另一方面，一部法律的立法宗旨，总是要体现保护什么，限制什么，制裁什么，没有保护只有制裁是不完整的设定。对合法的，合理的，善意的就要保护。非法的，不合理的，恶意的就要制裁。此外，本文研究的是海事民事责任范畴，故海盗行为民事责任是本文的主要内容。如我国某海事法院受理的“天裕”轮案，虽已审结，并在国际国内具有深远的影响，但这是对某些法律问题突破的结果，有诸多法律问题值得研究和探讨。

第3章　海事欺诈的性质及其特征

3.1　海事欺诈的性质

海事欺诈的性质可以从几个层面进行研究。一是海事欺诈的民事性，即海事欺诈是海事民事欺诈，属民商法调整的范围，此问题在第一章已作了论证，本章不予重述；二是以提单运输方式欺诈的违约性、侵权性和违约侵权责任的竞合性，这是我国海商法学界和海事司法实践中对以提单运输方式欺诈性质研究的主要三种观点。本文将重点研究这三种观点。

3.1.1　以提单运输方式欺诈的违约性

第一，海事欺诈往往是以合同为基础或者诱饵的，违约性自然渗透其中，然而根本违约或利用合同欺诈，又往往构成了侵权的要件，或者说，受损害方运用侵权法保护自己更有效，由此可见，海事欺诈可以是一个行为产生违约、侵权两种责任。所以，对海事欺诈的性质研究必须是具体案件具体分析，具体定性，或者说个案定性。第二，司法实践中，当事人的选择也是多方面的，抗辩理由是多方面的，适用法律和处理结果也是多方面的，不具体研究就很难保证定性的准确。

这种观点源于合同或合同法，如《中华人民共和国合同法》第54条第2款规定：“一方以欺诈、胁迫的手段或者乘人之危，使对方在违背真实意思的情况下订立的合同，受损害方有权请求人民法院或者仲裁机构变更或者撤销。”这显然是欺诈违约论的立法例。我国《民法通则》、《海商法》、《保险法》、《消费者权益保护法》等相关法律都就合同欺诈违约作出了规定。海上货物运输合同中的倒签提单、预借提单、无单放货等就是违约性的海事欺诈。最高人民法院于1996年提审的“奥海电子有限公司诉招商局仓码运输公司无正本提单提货纠纷”一案就是定性为违约。

3.1.2 以提单运输方式欺诈的侵权性

古罗马法中，侵权就是债的根据之一。侵权行为就是侵害他人权利或者利益的违法行为，罗马法中的“私犯”即是致他人蒙受损害的不法行为。美国法学家普罗泽所著的《侵权行为》一书指出：“广义上讲，侵权行为是一种民事过错，而不是一种违约。”英美法中，侵权行为分故意侵权、过失侵权及无过失侵权。在法国，侵权行为被直译为不法行为的民事责任，处于犯罪和合同责任之间。德国法认为，侵权行为就是指对他人的权利及利益的侵犯。[40]我国《民法通则》第106条对侵权行为作了规定，是指行为人由于过错侵害他人的财产、人身，依法应承担民事责任的行为。

海事司法实践中，将海运提单欺诈案件以侵权定性已有先例，如《中华人民共和国最高人民法院公报》上刊登的中国·福建省宁德地区经济技术协作公司与日本国·日欧集装箱运输公司预借提单案，以及中国·海南省木材公司与新加坡泰坦船务私人有限公司、新加坡达斌（私人）有限公司提单欺诈案，[41]均以侵权定性，适用侵权法进行处理。所以，海事欺诈侵权论已贯穿于立法和司法之中。

3.1.3 以提单运输方式欺诈责任的竞合性

法律竞合“是指由于某种法律事实的出现，而导致两种或两种以上法律概念发生，并使这些概念之间发生重叠或冲突，甚至使法律运行难以顺利进行的现象”。[42]法律竞合的理论基础是马克思主义唯物辩证法的普遍联系原理。按照唯物辩证法的观点，事物总是互相联系的、互相渗透和相互作用的。唯物辩证法认为，联系不是个别事物的暂时的特殊现象，而是一切事物、现象和过程所共有的客观的、普遍的本性；任何事物的存在都不是绝对孤立的，而是同周围其他事物联系的；整个世界是由万事万物联系构成统一体，每一事物都是联系网上的部分或者环节，都体现着整体的联系。法律承认竞合是人们主观世界对客观世界的正确反映。

外国法中对竞合论持三种态度：（1）禁止竞合。以法国民法为代表的立法例规定，在违约的情况下，合同当事人只能寻求合同的救济方法，而不能认为对方是侵权行为，受欺诈只是一个通行证，而通行的途径是既定的。（2）允许竞合。以德国法为代表的立法例规定，假若行为人因欺诈而撤销，被欺诈人可以请求欺诈人按返还不当得利原则返还财产，也可以直接要求欺诈人承担民事责任，同时还认为，如即对典型的欺诈，如预借提单、倒签提单造成受诈人严重损失，或无单放货造成货款无法收回时，受欺人可以侵权提起诉讼，余则只能按违约行使诉权。若一项请求因时效届满而被驳回时，当事人还可以行使另一项请求权。（3）

限制地选择诉讼模式，这是以英国法为代表的，即对典型的欺诈，如预借提单、倒签提单造成受诈人严重损失，或无单放货造成货款无法收回时，受欺人可以侵权提起诉讼，余则只能按违约行使诉权。[43]

我国的《合同法》对责任竞合作了明文规定。《中华人民共和国合同法》第122条的表述是“因当事人一方的违约行为，侵害对方人身、财产权益的，受损害方有权选择依照本法要求其承担违约责任或者依照其他法律要求其承担侵权责任”。合同法的这一规定不但具有理论基础和对外国法的借鉴，也是我国司法实践的总结。最高人民法院于1986年1月在《全国沿海地区涉外、涉港澳经济工作座谈会纪要》中指出：“一个法律事实或法律行为内有时可以同时产生两个法律关系，最常见的是债权关系或物权关系并存，或被告的行为内有时可以同时构成破坏合同和民事损害，原告可以选择两者中有利于自己的一个诉因提起诉讼，有管辖权的受诉法院不应以存在其他诉因为由拒绝受理，但当事人不得就同一法律事实或法律行为分别以不同的诉因提起两个诉讼。”但这一纪要在当时只适用于涉外及涉港澳案件的指导。然而，海事司法界对竞合的争论却更为激烈。对无正本提单交付货物构成的海事欺诈，一种观点认为，承运人无正本交付货物违反了有关国际公约和海商法的法律规定，既是一种违约行为，又是一种侵权行为。《合同法》的颁布实施，海事欺诈的竞合性便有法可依，争论的焦点可以释然。海事欺诈竞合责任定性的构成要件是：(1) 当事人之间存在海上货物运输合同或与之相关的海事合同关系；(2) 一方的行为不仅违反了合同义务，而且构成侵权；(3) 受欺诈人在两种责任之间作出选择。

3.2　海事欺诈的特征

如果说海事欺诈的性质研究是揭示其本质内涵的话，那么，海事欺诈的特征概括即为其表现形式的归纳。海事欺诈与其他类型的欺诈相比，在性质上是基本相同的，但在表现形式上确有许多不同的特征。包括案发区域的国际性、主体多样的复杂性、高度严密的组织性、现代化与高智能性等。

3.2.1　案发区域的国际性

国际间买卖是国际贸易，要实现物流的目的，必须由运输作支持，海上运输就是国际贸易的支持合同。买卖标的物从出卖方所在的国家或地区，转移到他国或地区经过这样的跨国海运占所有运输形式总和80%。海事欺诈行为人也正是利用跨国运输的这一特点乘机欺诈。所以，海事欺诈案发区域的国际性是其表现形式的第一特点。

3.2.2　主体多样的复杂性

海事欺诈的主体包括施诈主体与被施诈主体、单一主体与混合主体、法人主体与自然人主体等。

3.2.2.1　欺诈主体，即实施欺诈行为的人。根据国际航运网络的基本构成，施诈主体包括卖方、托运人、承运人、实际承运人、船舶所有人或船舶经营人、船员、船长、买方、收货人、船舶代理人、货物代理人、投保人、保险受益人或被保险人等等。

3.2.2.2 受诈主体，即海事欺诈的受害人。施诈主体都有可能成为受害主体，除此之外，还有保险人、银行、国家机关，甚至是国家。

3.2.2.3 混合主体，即指为二人以上以合谋实施欺诈行为，包括自然人与自然人、法人与法人、法人与自然人的施诈主体，还包括本国人与外国人以及无国籍人参与的欺诈。

国际航运贸易由多个环节组成，每一个环节都有发生欺诈的可能，由于海上货物运输常常是人货分离，单证交易，究竟是哪一个环节发生的欺诈，欺诈的时间、地点、欺诈主体的参与人往往是一下子难以掌握和判断的，有时即使是调查清楚了，欺诈行为也早已完成了，甚至是欺诈分子隐姓埋名逃之夭夭了。

3.2.3 高度严密的组织性

国际海事欺诈规模，已经从自然人个体发展到法人，从法人演变为混合，由混合扩展到庞大严密的组织。从70年代开始，海事欺诈分子就已结成组织。如：在远东地区就发现有辛迪加组织。辛迪加组织拥有严密的高级组织系统和地下银行，有人还在政府中有显赫的地位。辛迪加成员往往持有多个国家的护照，他们频繁地穿梭于各个国家，全面地了解和掌握市场、运输合同、物流、船舶以及国情。他们从事着海盗、沉船、绕航、销售、伪造单证、走私、通过地下银行洗黑钱等活动。1990年8月，国际海事局在调查中国某当事人从印度尼西亚购买的两船货物没有到货一案时，发现了辛迪加组织的欺诈行为。

3.2.4 现代化与高智能性

现代化与高智能性是当代海事欺诈的重要特征之一。

3.2.4.1 欺诈行为人的装备现代化。第一，现代化电子网络的发展被欺诈行为人所利用，他们以专业化的手法作案，利用电脑、传真、E-mail、英特网、移动式通讯电话等高效率的设施，不仅迅速掌握信息，而且作案快，得手快，销赃快，转移赃款快，逃离隐蔽快，加之高科技的发展，复印、制版、印刷技术的不断改进，使得他们伪造的各种单据足以达到以假乱真的程度。第二，现代化武器及装备成为欺诈及海盗分子的作案工具。欺诈及海盗集团配备了各种新式武器和精良的装备，利用雷达搜索装置探测海上的目标，甚至干扰货轮的通讯系统。他们在海上的交通工具是现代化快艇和高速摩托艇，航速快，可以避开雷达监视。有的甚至装备了火箭和导弹，手持先进的美式自动步枪。所以，有人说海事欺诈及海盗分子武装到了牙齿。

3.2.4.2 高智能性。海事欺诈作案手段的发展使70年代凿沉船舶为主到现在的单据欺诈、鬼船欺诈为主。说明欺诈分子既精通贸易，又精通海运，还熟悉和掌握银行业务，有的对受欺诈国或作案国的政治、经济、国情十分了解。他们发挥高智能通过银行洗钱，还伪造单证和印章，让受欺诈的人无法辨别出真伪。他们总是比单证的合法持有人提前到银行兑钱；总是比提单持有人提前或顺利地提走货物。

明确海事欺诈的管辖，是制裁海事欺诈行为的前提；正确适用海事欺诈的法律，是制裁海事欺诈行为的有力武器。尽管国际社会制定了若干有关问题的国际公约，但无一部海事欺诈制裁法的条约或公约。各国出于自身法文化、诉讼制度及司法主权的考虑，在国内法中制定了有关司法管辖原则和法律适用原则，从而产生了海事欺诈司法管辖和法律适用的冲突。本章将从解决这一冲突出发，重点研究海事欺诈的主要管辖原则和法律适用原则。

4.1　海事欺诈的管辖权

一方面，海事诉讼管辖是民事诉讼管辖的组成部分，海事欺诈管辖是海事诉讼管辖的组成部分，从这一层次看，海事欺诈管辖涉及的面较小；另一方面，海事欺诈管辖属国际民事管辖范畴，根据涉外无小事的原则，海事欺诈管辖既是一个复杂的问题，又是一个较大的问题。司法管辖权是指法院受理案件的权限范围，是案件启动诉讼程序的基础。英美法系国家一般把民事诉讼分为对人的诉讼（Action in personam）和对物的诉讼（Action in rnm）。由于海事诉讼的特殊性，英美法系也采用特别规则。英国海事庭审理海事案件根据英国“最高法院规则”第 75 号令，适用海事诉讼特别程序规定。美国除适用《美国民事诉讼法》中有关海事索赔的特殊规定外，还适用《美国地区法院联邦民事诉讼规则关于若干海事索赔的补充规则》。国际民事管辖权的公约主要有 1971 年海牙《关于承认和执行外国民商事判决的公约》及其《补充协定书》、1968 年《布鲁塞尔公约》和 1988 年卢加诺《民商事司法管辖权和判决执行公约》。在海事管辖权方面有 1978 年《联合国海上货物运输公约》、1952 年《统一扣押海运船舶若干规定的国际公约》、1993 年《船舶优先权和抵押权公约》等。我国制定有《民事诉讼法》、《海事诉讼特别程序法》，最高人民法院还曾经作出了《关于涉外海事诉讼管辖的具体规定》、《关于海事法院收案范围的规定》，后修改为《关于海事法院收案范围若干问题的规定》。这些法律和司法解释表现出我国海事欺诈管辖的基本原则，其中海事欺诈管辖的基本原则包括属地管辖原则、属人管辖原则、意思自治原则、有效管辖原则、最密切联系原则、专属管辖原则、便利管辖原则。基于海事欺诈条件的特殊性，本文重点研究属地管辖原则、有效管辖原则和便利管辖原则。

4.1.1　属地管辖原则

4.1.1.1　属地管辖原则，又称地域原则。是指以涉外民商争议与某一国家地域上或空间上的联系作为确定国际民事管辖权的根据。属地管辖的依据是国际私法重视客观连接因素思想在国际民事管辖权领域的表现。[44]强调一国法院基于领土主权，对其所属国领域内的一切人和物以及法律事件和行为具有管辖权，是国家主权原则在民事案件管辖权上的体现。它侧重于有关法律或法律行为的地域性质或属地性质。[45]联合国大会 1949 年决议通过的《国家权利义务宣言》规定“各国对其领土以及境内一切人与物，除国际公认豁免者外，有行使管辖之权”。可见，属地管辖原则是国际公法和私法都予以公认的。属地管辖原则可以对海事欺诈案件广泛地行使海事司法管辖权。在海事欺诈中还应广泛地利用和丰富地域为连结点的管辖。主要有：

4.1.1.1.1 当事人所在地。该连结点包括被告所在地，也包括原告所在地。无论是合同之诉还是侵权之诉，被告所在地是最基本的普遍的连结点，原告所在地是基于船员劳务合同纠纷这一特殊诉因而确定的。如《海事诉讼特别程序法》第六条第二款第（五）项规定："因海船的船员劳务合同纠纷提起的诉讼，由原告住所地、船员登船港或离船港所在地、被告所在地海事法院管辖。"原告所在地在海事欺诈的司法管辖中，应广泛地得到运用，这是对受诈人诉权特别保护的需要。

4.1.1.1.2 侵权地。该连结点包括侵权行为实施地和侵权结果发生地。侵权行为实施地和侵权结果发生地是国际上普遍适用的管辖权连结点。海事欺诈多为侵权，侵权地管辖权连结点应充分地运用。

4.1.1.1.3 合同履行地。该连结点包括合同履行的起运地、到达地、转运地、交船地和还船地。转运地是《海事诉讼特别程序法》的特别规定，如该法规定："因海上运输合同纠纷提起的诉讼，除依照《中华人民共和国民事诉讼法》第二十八条的规定以外，还可以由转运港所在地海事法院管辖。"交船地、还船地对于租赁关系来讲属于合同履行地。当受诈人的原告主张海事欺诈违约时，合同履行地就是连结点。

4.1.1.1.4 船舶最初到达地。该连结点是我国《民事诉讼法》确定的，该法规定了水上事故、救助费用、共同海损引起的诉讼可由船舶第一到达港地法院管辖。笔者认为，海事欺诈案件也可运用船舶第一到达港连结点，达到受诈人及时行使诉讼权利的目的。

4.1.1.1.5 物之所在地。该连结点是客体与领域的实在联系而确定的，在对物诉讼中得以广泛运用，海事欺诈司法管辖运用这一连结点，既可以使管辖有效地控制标的物，又可以促使被告出庭应诉。除不动产外，在海事诉讼中还包括船舶所在地、船载货物所在地及其他财产在我国可被扣押的，都可以适用物之所在地管辖连结点。物之所在地不仅是诉讼管辖的连结点，还适用于诉前程序，即诉前财产保全、诉前证据保全和诉前海事强制令的管辖权都以物之所在地为管辖权连结点。

4.1.1.1.6 船籍港所在地。对船舶所有权、占有权、使用权、优先权和海事担保等纠纷案件，以船籍港所在地作为确定管辖权连结点在国际上得到普遍承认。我国《海事诉讼特别程序法》还特别规定："因海事侵权提起的诉讼的，除依照《中华人民共和国民事诉讼法》第二十九条至第三十一条的规定以外，还可以由船籍港所在地海事法院管辖。"这一规定为海事欺诈适用船籍港所在地连结点确定管辖权提供了法律依据。

4.1.1.1.7 诉前措施地。这里的诉前措施是指在诉讼之前经申请人申请，海事法院采取海事请求保全、海事强制令、海事证据保全等措施的案件。采取上述强制措施的法院对海事欺诈案件可以取得管辖权。这符合 1952 年《统一扣押海运船舶若干规定的国际公约》，也符合我国《海事诉讼特别程序法》的立法宗旨。如《1952 年统一海运船舶扣押若干规定的国际公约》第 2 条规定“悬挂缔约国之一的旗帜的船舶，可因任何海事请求而在任何缔约国的管辖区域内被扣押，但不得因其他请求被扣押。”第 7 条还规定：“实施扣押的国家的法院具有依据案件事实审理的管辖权……”《海事诉讼特别程序法》第 19 条、第 61 条、第 71 条均规定，当事人可以向诉讼前采取海事请求保全、海事强制令、海事证据保全的海事法院提起诉讼。这里所述提起诉讼的案件是指采取诉前措施的本案。

4.1.1.1.8 强制拍卖地。当海事法院对扣押的船舶实行强制拍卖的，对被拍卖的船舶享受债权的人，可以申请登记债权，《海事诉讼特别程序法》第 116 条规定：“债权人提供其他海事请求证据的应当在办理登记以后，在受理债权登记的海事法院提起确权诉讼……”这里的确权之诉的管辖，就是强制拍卖地管辖连结点的具体运用，也是我国《海事诉讼特别程序法》的经典独创。该连结点完全适用海事欺诈的司法管辖。

4.1.1.2 有效管辖原则。该原则也称实际控制原则。英美法中的有效管辖原则是十分盛行的，只要认为能将案件管辖下来就是成功地维护了国家主权。在英国，法院对自然人诉讼的实际控制表现为只要传票能送达在英格兰或威尔士被告人（而不一定要求被告在那里有住所或居所），英国法院就有管辖权。[47]既不需要住所或居所，也不需要国籍，对人的诉讼就是对自然人诉讼。“对法人诉讼的实际控制表现为只要该法人在英国注册或活动，就可以认为该法人存在于英国而英国法院拥有对它的管辖权。”[48]法人的注册地管辖是世界上普遍适用的连结点，而活动地连结点就是有效管辖的充分体现。在美国，法院对自然人诉讼中的实际控制表现为对在法院地的被告能送达传票，或被告在法院虽是暂时的“有形到场”（如被告乘坐的飞机飞越法院所属州的上空）的，法院即拥有管辖权。[49]有形到场，就是有效管辖的属地理论依据。对法人诉讼的实际控制表现为以“法人存在”理论作为确定管辖权的依据，即只要法人在某一州内有“连续性和系统性”的经营活动，该州法院即拥有对该法人的管辖权。在海事管辖方面，只要提单是在美国签发，或者运用的美国提单，美国就认为有管辖权。

有效原则不仅适用于对人的诉讼，还适用于对物诉讼。对物诉讼源于罗马法，在英国法中得以发展和完善。所谓对物诉讼“即把物作为诉讼法律关系的当事人一方——诉讼法律关系主体的诉讼”。[50]在海事诉讼中对物诉讼就是对船诉讼。根据英国法的规定，船舶的起运港、到达港、转运港、修理港、救助港等等，只要船舶所在地属英国领土或领海，英国法院对其均有管辖权。美国与英国的对物诉讼管辖制度基本一致，以“最低联系”原则为实际控制标准，最低联系，亦称最低限度的接触，即法院行使属物管辖权的依据是法院地与争议之间要有最低限度的联系。[51]对物诉讼的有效管辖原则也被国际公约所吸收。

对物诉讼的有效管辖原则几乎被各海运国家所接受。我国对人的有效管辖原则应该说在立法上到现在还没有突破，对物的有效管辖原则以实践与理论相互矛盾允许共存的方法作了处理。理论上中国坚持法律关系中的主体必须是人的原则，只承认船舶形式上的拟人化，将船舶法定为作为运输工具的合成物，所以，中国的扣押船舶规范属财产保全制度范畴。[52]海事欺诈的司法管辖，应充分借鉴英美法系的有效管辖理论及法律制度，规定对人、对物广泛的连结点为海事欺诈司法管辖的依据，是具有积极意义的。

4.1.1.3　便利管辖原则。该原则是指当依管辖国的立法规定对某一特定涉外案件本无管辖权，而由于诉讼的便利条件，当事人迫切要求在该国获得法律救济时，管辖国法院应从便利当事人出发，裁定本国享有审判管辖权。[53]与便利管辖原则对立统一的是非方便法院原则，非方便法院原则是指对某一涉外案件具有管辖权的法院，由于其本身就审理该案而言是不方便的，故裁定不予受理或中止诉讼，目的是促使当事人在另一更为方便的法院进行诉讼。如美国等一些国家认为，如果具有管辖权的法院审理某一涉外民事案件将给当事人及司法带来极大的不便，法官可以根据案情，衡量多种因素，拒绝行使管辖权，让当事人到具有管辖权的另一更为方便的法院去进行诉讼。海事欺诈践踏了诚实信用原则，破坏了国际海上运输及国际贸易秩序。然而，由于欺诈分子欺诈得手后逃逸世界各国，且银行存款也实行与人分离等特点，为了切实保护受诈人的利益，国际社会应对海事欺诈案件采用便利管辖原则，并辅以非方便法院原则。如在海事欺诈案件中对自然人欺诈的欺诈分子，无论是否住所或居所在该国，只要该自然人在该国出现，明确其身份，该国法院就可以行使管辖权，且诉讼前或诉讼中可以采取限制出境的强制措施；又如欺诈人为法人的纸片公司，因其公司地的不确定性，财产的私下转移性，银行的资金的地下流转性和票据兑现的快速性等特点，只要受诈人的原告认为或有证据证明便利诉讼，其被告所在地、申请登记（代理登记机构）地、银行的资金流转地、票据兑现等国家的法院，应适用便利管辖原则裁定享有管辖权。对海事欺诈这类特殊案件建立特别的司法管辖制度是具有积极意义的。

4.1.1.4　涉嫌海盗行为案的刑民分离管辖原则。众所周知，海盗行为是一种海上犯罪，依刑事诉讼法确定管辖权。国际社会及我国已将海盗行为案实行普遍管辖原则。但是，海盗行为侵犯的不仅仅是法律保护的公权利，因其是以剑财为目的的，更大程度上侵害的人身、财产的私权利。保护自然人、法人和其他组织的人身、财产权利亦是法律的基本任务。如前所述海盗行为案的刑事附带民事诉讼，往往造成受侵害人的诉讼不能。将涉嫌海盗行为的民事请求部分单列后由海事法院管辖，更能体现法律调整社会关系的功能。若能将涉嫌海盗行为的海事请求按人身关系、财产关系归类为海事法院的受案范围，明确规定为涉嫌海盗行为的海事侵权案件类，既可以进一步明确海事法院的审判职能范围，又可避免海事法院与有关机关在管辖权上的争议。

4.2　海事欺诈的法律适用

4.2.1 海事欺诈船舶物权关系的法律适用

船舶物权是指权利人直接对船舶行使并排除他人干涉的权利，通常包括船舶所有权、船舶抵押权和船舶优先权。我国《民法通则》第八章、《海商法》第十四章分别作出了“涉外民事关系的法律适用”和“涉外关系的法律适用”，对涉外民事、海事关系的适用作出了原则规定，这是我国国际私法的基本规定。海事欺诈，也可以称国际海事欺诈，受涉外关系法律适用规范的调整。

4.2.1.1 船舶所有权欺诈的法律适用。船舶在法律属性上表现为动产，但一艘船舶就像一个密集型的工厂，所以，各国法律对船舶都适用不动产的规定，要求船舶所有权的取得、转让和消灭都必须登记，未经登记的不得对抗第三人。船舶登记制度既明确了船舶物权关系又确定了船舶物权关系适用法律的连结点。船旗国法就是这一连结点的产物。所谓船旗国法，指的是船舶悬挂旗帜所属国家的法律。一艘船舶取得航行权首先必须在某国注册登记，取得该国的国籍，并有权悬挂该国的国旗，受该国法律保护和制约。船旗国法原则的适用还能实现使有关海事法律关系的处理结果达到一致的价值目标。[54]我国的《海商法》对船舶所有权适用法律的规定与国际通行做法相一致，该法第270条规定：“船舶所有权的取得、转让和消灭，适用船旗国法律。”船舶所有权欺诈包括对船舶的物权的占有、使用、收益和处分的一项或多项权能的欺诈侵权，适用船旗国法，具有适用法律稳定性特征，体现了物权法排他性的特点，从而实现法律对船舶所有权强制性保护的目的。

4.2.1.2 船舶抵押权欺诈的法律适用。抵押权是担保物权的一种。罗马法上属于他物权。船舶抵押权就是指抵押权人对于抵押人提供的作为债务担保的船舶，在抵押人不履行债务时，可以依法拍卖，从卖得的价款中优先受偿的权利。船舶融资是国际上普遍的一种方式。船舶造价高，有的船舶高达上亿美元，船舶所有人自己往往是不可能有这大笔资金的，必须从银行贷款，银行为了贷款能得以收回，就在该船上或以其所有人的其他船舶作抵押。同船舶所有权一样，船舶抵押权应当登记。国际上通行这一制度，同时，国际公约也加强了统一立法。如《1926年统一船舶优先权和抵押权某些法律规定的国际公约》、《1967年统一船舶优先权和抵押权某些规定的国际公约》、《1993年船舶优先权和抵押权国际公约》都就抵押权的登记和行使作出了规定。我国《海商法》第13条的表述是：“设定船舶抵押权，由抵押权人共同向船舶登记机关办理抵押权登记，未经登记的，不得对抗第三人。”船舶抵押权欺诈典型手段是在甲国设定船舶抵押权的船舶，到乙国变卖，并以伪造的船舶登记证书证明为清洁船舶，船舶转让后，船舶抵押权人除非能查清变更情况并能抓住船舶，否则抵押权人的担保物权即为落空。买受人的风险也是极大的，一旦抵押权人向新的船舶所有人或针对船舶提起对人或对物诉讼，将会承担败诉的风险。船舶抵押权适用有两种选择，一是船舶登记国法律，二是执行国法律，如《1993年船舶优先和抵押权公约》第2条规定：“已登记的抵押权，‘质权’或担保物权彼此间的排列次序及其在不妨害本公约规定的条件下对第三方的效力应根据登记国法律确定；然而，不妨害本公约规定的条件下，与执行程序有关的所有事项均应遵守执行国法律的规定。”我国《海商法》第171条规定：“船舶抵押权适用船旗国法律。”同时还规定：“船舶在光船租赁以前或者光船租赁期间，设立船舶抵押权的，适用原船舶登记国的法律。”一般情况下，登记国即为船旗国，但跨国光租进行光租登记后，船旗国发生变化。船舶抵押权欺诈主要是指假抵押、多重抵押、及光租人再抵押的行为。适用船旗国法或原船舶登记国法可以有效地保护第三人的权利。

4.2.1.3 船舶优先权欺诈的法律适用。船舶优先权又称为船舶优先请求权、海上优先请求权、海上留置权和优先受偿权等。实际上应该称对船舶的优先请求权。因为站在债权人角度，船舶优先权依附于船上，站在债务人的角度，是债务依附于船上。称船舶优先权有船舶所有人是债权人之嫌。但船舶优先权在国际已形成通称，只是一个正确理解和认识的问题。船舶优先权突出的特点是，法定性、依附性和优先受偿性。即船舶优先权的种类或项目是法定的，追偿程序是法定的，船舶优先权先于其他所有债权受偿。船舶优先权依法附于船上，除非法定理由、法定事实可以洗清外，船舶优先权无论所有权人是否发生变化，船舶所处地在何国，其依附性不消灭。这一特征充分体现了法律对优先权人的强制性保护。由于船舶优先权的追偿必须是扣押船舶及拍卖船舶，往往是在拍卖船舶的债务清偿程序中进行，在适用法律方面，即采取了法院地法的连接点。我国《海商法》第272条规定，“船舶优先权适用受理案件的法院地法律。”如某公司向巴拿马海洋霸王航运公司购买了一艘“贝尔·比”轮，由于该轮附有船舶优先权，优先权人前德国格市·舍马尔有限合伙公司在我国法院提起诉讼，我国法院依法保护了优先权人的权利。船舶优先权欺诈适用法院地法，为优先权人择地诉讼提供了便利。船舶优先权人当得知产生优先权的船舶被私下（未公示催告即转移）处分时，为防止欺诈，可申请法院扣船，以至拍卖船舶，从而优先受偿。

4.2.1.4 鬼船欺诈的法律适用。鬼船是应欺诈而产生的非法船舶。首先，伪造的鬼船登记不言而喻是无效的，即证书载明的船籍或船旗国自始至终处于不存在的状况。船旗国法或登记地法当然不适用。其次是双重登记，国际上普遍不承认双重登记，我国《船舶登记条例》第四条规定：“船舶不得具备双重国籍。凡在外国登记的船舶，未中止或者注销原登记国籍，不得取得中华人民共和国国籍。”仅有巴哈马、利比利亚、巴拿马等国允许双重登记，其前提条件是必须提交光船租赁的文件，即光船租赁人可以在他国另行登记，而原登记不予注销。这一制度给鬼船船东钻了空子，他们往往提交的所谓的光租文件包括合同都是伪造的，同时又向登记官员行贿，伪造加行贿，照样是欺诈所生之物，这种登记也应该是认定为无效的。故，鬼船欺诈应排除船旗国法、登记地国法的适用，而应适用侵权地法、法院地法、受诈人原告所在地国法。

4.2.2 海上提单运输中海事欺诈的法律适用

4.2.2.1 以提单方式欺诈的法律适用。由于海运提单欺诈具有违约与侵权的双重违约性，构成竞合责任。竞合责任给予了当事人选择的权利，即体现当事人意思自治的原则。意思自治原则是法国法学家杜摩兰在继承前人的基础上于16世纪初提出的，后被世界各国广泛接受。1760年，英国曼斯菲尔德勋爵在罗宾逊诉布兰德一案中，首次采用意思自治原则。[55]1865年《意大利民法典》最早在立法上明确接受意思自治原则，并将其提到合同准据法首要原则高度，规定“在任何情况下，如当事人另有意思表示，从当事人选择。”我国《民法通则》、《海商法》、《合同法》都规定涉外合同当事人可以选择所适用的法律条款，《合同法》同时还对竞合责任予以了明确的规定，该法第122条规定：“因当事人一方的违约行为，侵害对方人身财产权益的，受损害方有权选择依照本法要求其承担违约责任或者依照其他法律要求其承担侵权责任。”提单欺诈中的预借提单、倒签提单、无单放货等欺诈案件，受诈方的原告可选择违约之诉或者侵权之诉。

选择违约之诉的依据是，提单是合同的证明，提单持有人与承运人之间依据提单构成合同关系，承运人依据提单法律制度的规定，应当按照诚实信用的原则履行义务，而预借提单、倒签提单、无单放货就是没有履行义务，且属故意违约，应承担违约责任。如：安庆粮油进出口公司诉丹东船务公司海上货物运输合同无单放货纠纷一案，原告以违约之诉请求被告赔偿无单放货造成货款损失，海事法院受理后，经开庭审理，判决被告赔偿因违约造成原告的货款损失。被告不服上诉至上诉审法院，二审维持原判。被告仍不服，提出申诉，再诉仍维持原判。又如：厦门中贸进出口公司诉广州远洋运输公司倒签提单侵权案。原告与日本三井签订了进口日本产310吨聚丙稀的销售合同。日本三井为履行合同向被告所属的“安涛江”轮订舱，“安涛江”轮在货物装上船后将提单上的装船日期倒填7天，造成原告损失。原告以倒签提单侵权为由，向海事法院提起侵权之诉。海事法院依据《民法通则》的侵权法规定，及参照国际惯例，判决被告赔偿倒签提单侵权造成的损失。被告服判，并履行了赔偿义务。[56]以上两案都属于提单欺诈，但原告的选择法律适用却各不相同，法院分别予以支持，这是竞合责任制度在我国海事司法实践中的实例。

4.2.2.2　伪造单证欺诈的法律适用。包括伪造提单、发票、装箱单许可证、产地证、品质单、船公司和船名等。这些都是利用合同和无合同或无有效合同为基础的欺诈。所谓利用合同欺诈，就是以有效合同存在的名义进行欺诈，如一货多单，这其中有一单是可以证明船载货物存在或在履行其中，而另一单则什么都不能证明，只是利用了或借用了前一单证明的运输合同。伪造的发票、装箱单、许可证、产地证、品质单、船公司或船名等无论从法律制度上还是行为上都是一种侵权行为，所以伪造单证欺诈应以侵权论处，适用侵权行为法。受欺诈的原告无论是主张适用行为地法还是适用结果地法，法院应当支持其主张。对于承运人来讲并不得享受责任限制。如：原告海南省木材公司诉被告新加坡泰坦船务私人有限公司、被告新加坡达斌有限公司伪造提单欺诈损害赔偿纠纷一案，我国海事法院适用《民法通则》第六十一条、第一百三十条的规定，判决两被告承担侵权的民事责任，并承担连带赔偿责任。

4.2.2.3 海事欺诈中信用证欺诈例外原则的法律适用。信用证例外原则是美国纽约最高法院1941年审理SZTEYN V·JHENRY SHRODER BANFING CORPRATTON案中首次确定的法律适用原则。商事交易的利己性与个体利益追求的极大化，不可避免地引发一些利欲熏心之徒践踏公平交易原则。如果市场缺乏有效规范手段，市场就会变成贪婪、欺诈、血腥的战场。[57]信用证欺诈例外原则就是出于有效的规范手段的需要，在信用证独立原则之后而形成的，且被国际社会普遍认可。构成海事欺诈中信用证欺诈例外原则的法律适用的条件是：(1) 欺诈须有信用证受益人，即卖方所为，也就是说托运人（卖方）与承运人共同欺诈，托运人实施欺诈行为是获得信用证项下的款项利益，这时的托运人已失去信用证兑付权的法律基础。(2) 欺诈必须是实质性的。即海运提单中的欺诈因素对提单持有人而言是实质性的，或者欺诈行为对国际货物买卖合同的参加人有重大影响。如有单无货、一货多单、此单彼货（典型的就是洋垃圾）等。故欺诈例外原则所适用的海事欺诈必须是实质性欺诈。(3) 受诈人的申请方必须有充分的证据。停止支付信用证项下的款项是一项十分严肃的司法措施，不仅使受益人获取资金的权利明显落空，而且使开证行与议付行之间的银行业务关系处于不稳定状态。(4) 开证行在信用证上的责任尚未变成票据上无条件付款的责任，即信用证未承兑及议付。[58]如我国海事法院在审理海南省木材公司诉新加坡泰坦船务私人有限公司、新加坡达斌有限公司海事欺诈一案中，法院裁定停止支付了中国银行海口分行开具的以达斌公司为受益人的信用证项下的款项，有效地禁止了欺诈目的的达成。欺诈例外原则在我国司法实践中虽有适用的案例，但从立法上讲，仍是空白，有待我们的不懈努力，去实现法律制度的形成。

4.2.3 涉嫌海盗行为海事民事请求权的法律适用

涉嫌海盗行为海事民事法律适用是一个极其复杂的法律问题，本文仅就船舶所有权确认之诉、船舶所有人提起的侵权之诉、船载货物所有人的返还或赔偿之诉中的法律适用问题进行具体分析。

4.2.3.1 船舶所有权确认之诉的法律适用。海盗劫持船舶之后，首先是改变了船舶标记和表面识别特征，其次是伪造了船舶证书，更换船旗，从船舶外部特征是很难认定为是谁所有的船舶。除对诉讼标物的船舶进行现场勘验和必要的技术鉴定外，必须审查两个方面。一是原告主张对争议船舶所有权的取得途径、登记国当局出具的登记证书副本，以及其他能够证明原告具有合法所有权的证明文件。二是审查被告或第三人（往往是有独立请求权的第三人）所持船舶证书的真实性和合法性。这样就涉及到两个船旗国法，双重登记的还涉及到三个船旗国法的适用。第一，当被告或第三人到庭应诉，首先应适用其主张船舶登记国的法律，审查登记证书的真实性、合法性，及船证之间的关联性。然后适用原告主张的船舶登记国的法律，审查登记证书的真实性、合法性，及船证之间的关联性。若审查认定船舶所有权属原告所有，即适用原告主张的船舶登记国的法律判决；

若审查认定船舶所有权属被告或第三人所有，即适用被告或第三人主张的船舶登记国的法律判决。第二，若被告或第三人经合法传唤未到庭应诉，也未提出理由或证据材料抗辩的，在审查随船证书无效后，可直接适用原告主张的船舶登记国的法律。

4.2.3.2　原告提起的侵权之诉的法律适用。海盗劫持船舶，在侵犯物权的同时还产生了其他侵权之债，如船舶损坏、原告寻找船舶所开支的费用、船舶的营运损失、船舶燃物料损失等。对于这些侵权所生之债，适用侵权地法即侵权行为实施地法或侵权结果地法。若原、被告同属一个国籍还可以选择适用当事人所在国法，因海盗劫持船舶是一种恶性侵权，所以，原告主张以上连结点中任何一个有利于自己的国家的法律，法院是应该支持的。

4.2.3.3　船载货物所有人提起货的返还或赔偿损失的法律适用。第一，提单证明的海上货物运输合同，船载货物所有人可以向承运人提起合同之诉，适用约定的法律或根据最密切联系原则选择的法律或国际公约等。第二，根据物权追及原则，船载货物所有人可以向物之占有人提起物之返还之诉。现代国际私法通说认为，对动产提起的诉讼应适用动产所在地法。即认定动产的取得、转让、消灭的法律效力必须以动产所在地法为准据法。[59]第三，根据海上侵权法，船载货物所有人可以向海盗嫌疑人提起侵权之诉，则适用侵权法，包括侵权行为地法，结果地法，被告所在地法等，若原告在任何的连接点上选择对自己有利的法律，法院是应该支持的。这有利于制裁海盗行为。

我国海事法院审结的涉嫌海盗劫持的“天裕（TENYU)”轮船舶所有权纠纷一案，就是选择适用船旗国法而确认船舶所有权，适用法院地法调整侵权损害赔偿责任的。一方面，坚持了船旗国法的适用原则；另一方面，又体现了法律的累积适用，这是对我国现行法律制度的突破。

“天裕”轮系钢质杂货船，1985年建造于日本三洋造船厂，后由天裕轮轮船公司在巴拿马登记注册，取得马拿马国籍，并悬挂巴拿马国旗航行。1998年9月7日该轮在公海失踪。1998年12月17日，一艘悬挂洪都拉斯国旗的“姗妮1号（SANE－1)”轮停靠中国张家港港。1998年12月23日，“天裕”轮的船壳保险人向我国海事法院以“姗妮1号”轮就是“天裕”轮为由申请扣押了该轮。1999年1月11日，巴拿马“天裕”轮船公司以“姗妮1号”轮证书载明的船东洪都拉斯．皮．体．迦亚航运公司提起诉讼，请求确认“姗妮1号”就是“天裕”并予以返还；请求赔偿因被告侵犯原告船舶所有权而造成的损失人民币963346.5元。海事法院经审理查明：“天裕”轮在巴拿马有其符合该国法律的船舶国籍登记证书，证书载明的船舶主尺度、船舶主动力型号、编号、航行及助航仪器序号等船舶特征与停靠在张家港的“姗妮1号”轮完全一致，只是船名、船旗和船舶呼号不同。经审查，所称“姗妮1号”轮随船船籍证书等全系伪造。同时查明，真正的“姗妮1号”系在日本注册，昆阳轮船公司所有，1998年12月29日正停靠于日本大阪港，没有进入中国港口。1999年4月，海事法院作出先予执行的裁定，将“天裕”轮返还给了天裕轮船有限公司。该案的判决词是这样表述的“本院认为，本案系船舶所有权纠纷案。根据《中华人民共和国海商法》第二百七十条关于船舶所有权的取得、转让和消灭，适用船旗国法律的规定，本案船舶所有权的确认应适用船旗国法律。”并根据《巴拿马商法典（COMMERCIAL CODE OF PANAMA）》第1077条、第1082条．第1083条、第1085条、第1089条、《中华人民共和国民法通则》第117条第2款、第3款的规定判决“一、本院于1998年12月23日扣押的冒名为‘姗妮1号’轮实为‘天裕’轮的船舶所有权属巴拿马·天裕轮船有限公司；二、被告洪都拉斯·皮·体·迦亚航运公司应当将‘天裕’轮返还给巴拿马·天裕轮船有限公司；三、被告洪都拉斯·皮·体·迦亚航运公司赔偿原告巴拿马·天裕轮船公司损失人民币963346.54元。”该案被称为我国审理涉嫌海盗行为海事案件的范例。

结束语

海事欺诈得不到根治，海事欺诈的法律问题研究就不能结束，这是历史赋予我们的使命。何况本文的研究范围只是“有关问题”，并在主文中作过几次限制，更谈不上结束了。为了给本文一个阶段性的小结，更为了引起社会的普遍关注，笔者在研究海事欺诈若干法律问题后，提出如下立法建议，供国际社会和我国有关立法、司法机关在制定公约、国内程序法、国内实体法时参考和司法实践中借鉴。

《海事欺诈法律制度立法建议》

第一条（定义）海事欺诈是指海事欺诈行为人故意以虚假、隐瞒等足以诱使受诈人作出错误意思表示，而导致受诈人遭受人身、财产损失的违法行为。

本条第一款所指海事欺诈行为人是指一切从事或参与海事、托运、收货、代理、签单、制作文件、装箱、转移、船舶建造、修理、买卖、租用、保险、海上救助、海洋工程、海洋开发利用、海盗洗钱及通信联络及其他直接参与或间接参与海事欺诈的人，包括自然人、法人和其他组织。

第二条（定义）海盗行为是指在海上对船舶、船上财产、船上人员、海上设施、近岸设施，以公然或秘密的暴力和类似的其他手段进行偷窃、劫持、伤害和杀害的犯罪并应承担民事责任的行为。

本条第一款所称海上，是指海洋、海上岛屿及与海相通可供海船到达的可航水域和港口。

第三条（管辖）海事欺诈适用特别管辖原则，包括海事欺诈的属地管辖原则、有效管辖原则、便利管辖原则和涉嫌海盗行为的刑民分离管辖原则。

第四条（管辖）海事欺诈行为人的住所地、经常居住地、临时居住地、隐匿地、旅行地、监管地、受诈人的原告所在地法院享有管辖权。

第五条（管辖）海事欺诈行为人为无国籍人、多国籍人的，其居所地、经常居住地、临时居住地、旅行地、隐匿地、监管地、受诈人的原告所在地法院享有管辖权。

第六条（管辖）海事欺诈行为人为法人或其他组织的，其法人登记地、法人或其他组织的经常活动地、外派机构所在地、代办机构所在地、受诈人的原告所在地法院享有管辖权。

第七条（管辖）法人或其他组织的成员中，其参与欺诈自然人的住所地、临时居住地、旅行地、隐匿地、监管地法院享有管辖权。

第八条（管辖）船舶参与欺诈和利用船舶进行欺诈的，其船舶登记地、船舶所有人所在地、船舶所在地、扣押船舶地、拍卖或变卖地法院享有管辖权。

第九条（管辖）海事欺诈行为人占有物所在地、票据流转地、票据承兑地、银行存款地、以任何存在形式的财产窝藏地法院享有管辖权。

本条第一款规定的欺诈标的物、票据、存款适用于海事欺诈行为人为法人或其他组织中参与欺诈人个人的财产或以个人名义占有的财产。

第十条（管辖）海事欺诈行为人是“纸片公司”的，其代办登记地、财产所在地、受诈人原告所在地法院享有管辖权。

前款所指“纸片公司”，是指甲国人在乙国（或地区）登记丙国公司为其法人或经营管理人的单船公司。

第十一条（管辖）海事欺诈行为人利用“鬼船”欺诈的，船舶所在地、船舶登记地、伪造证书地、受诈人原告所在地法院享有管辖权。

前款所指“鬼船”是指已注销的船舶参与船舶航运市场营运，或一艘船舶备有几套不同国籍的船舶国籍证书，或任意改变船名、船舶标志或无国籍的船舶等。

第十二条（管辖）海盗行为引起的人身伤亡、侵害财产的海事民事赔偿案件由海事法院管辖。但已提起刑事公诉附带民事诉讼的除外。

第十三条（管辖）海盗行为引起的海事民事赔偿案件，其海盗行为人的住所地、临时居住地、旅行地、隐匿地、监管地、海盗行为实施地、海盗行为结果地、海盗行为非法占有财产地、海盗行为人的财产地、票据流转地、票据承兑地、银行存款地、受侵害人原告所在地法院享有管辖权。

第十四条（管辖）预借提单、倒签提单、无单放货的海事欺诈提单纠纷案件，其受诈人的原告可以依据提单管辖原则选择法院诉讼，也可以依据侵权赔偿管辖原则选择法院诉讼。但不得同时适用两种管辖原则，选择两个法院诉讼。

第十五条（管辖）受诈人的原告向无管辖权国家的法院提起诉讼，该诉讼符合便利当事人诉讼、便利法院审理条件的，受诉法院享有管辖权。

受诉法院对海事欺诈案件具有管辖权，如果认为既不方便当事人诉讼又不便于法院审理的，可以裁定不予受理。但受诈人的原告坚持向受诉法院起诉的除外。

第十六条（法律适用）预借提单、倒签提单、无单放货的海事欺诈提单纠纷案件，根据受诈人的原告的选择可以适用合同违约的法律规定，也可以适用侵权赔偿的法律规定。但不得同时适用以上两种法律制度的规定。

第十七条（法律适用）海事欺诈中船舶双重登记的，适用原登记机关国家的法律；原登记被确认无效的，适用法院所在地或受诈人原告住所地或营业地国家的法律。

第十八条（法律适用）伪造船舶证书实施海事欺诈的，适用海事欺诈行为实施地或欺诈结果发生地或法院所在地或受诈人原告所在地国家的法律。

第十九条（法律适用）利用“鬼船”欺诈的，适用欺诈行为实施地或欺诈结果发生地或法院所在地或受诈人原告所在地国家的法律。

第二十条（法律适用）“纸片公司”欺诈适用代办登记机构地、法院地、受诈人原告所在地国家的法律。

第二十一条（法律适用）以运费为诉讼标的的海事欺诈案件，适用船旗国法，如果适用被告所在地、欺诈行为实施地、欺诈结果发生地法律更利于受诈人的，法院应当支持受诈人原告的主张。

第二十二条（法律适用）以“垃圾”实施海事欺诈的，适用“垃圾”到达地或收货人所在地国家的法律；如果发货人所在地国家的法律对收货人更有利，则可适用发货人所在地国家的法律。

第二十三条（法律适用）海事欺诈适用海事侵权法调整的，其侵权损害赔偿范围应适用完全求偿权，即包括受诈人因此所受的一切损失。

第二十四条（法律适用）海事欺诈行为人为两人以上的，海事欺诈行为人承担连带赔偿责任，连带责任的财产包括个人占有或所有的财产。但适用违约责任的除外。

第二十五条（法律适用）海事行为人利用“鬼船”、“纸片公司”、“洋垃圾”、伪造单证及文件欺诈的，对海事欺诈行为人应处以罚款或没收其赃款赃物。但善意第三人的财产应当返还。

第二十六条（程序法适用）海事欺诈行为构成犯罪嫌疑的，海事法院应当将刑事部分，依刑事诉讼管辖原则移送有关刑事机关处理；对其民事部分应继续审理。

附注：《本建议案》是对有关国际公约、国内程序法、实体法的补充条款的立法建议，故凡法律有规定的未予涉及。

注　释：

[1] 邹振林主编：《中外船务大全》，红旗出版社 1996 年版，第 2376 页。

[2] 张进先：《论防止海运欺诈》，《中国海商法年刊》，大连海事大学出版社 1994 年版，210 页。

[3] 孟于群、陈振英：《海运欺诈及其法律对策》，人民法院出版社 1999 年版，第 3 页。

[4] 梁慧星主编：《民商法论丛》第 3 卷，法律出版社 1995 年版，第 485 页。

[5] 杨桢：《英美契约法论》，北京大学出版社 1997 年版，第 227 页。

[6] 尹田：《法国现代合同法》，法律出版社 1995 年版，第 86—89 页。

[7] 沈达明、梁仁洁著：《德国法上的法律行为》，对外贸易出版社 1992 年版，第 145 页。

[8] 徐少林：《海运提单欺诈的若干法律问题》，武汉大学学位论文第 4—5 页。

[9] 竺琳：《民事诈欺制度研究》，《民商法论丛》第 9 卷，法律出版社 1997 年版，第 470—471 页。

[10] 蔡磊、刘波著：《国际贸易欺诈及其防范》，法律出版社 1996 年版，第 6 页。

[11] 陈传法等：《合同欺诈及其防治》，法律出版社 1996 年版，第 11 页。

[12] 李玉泉：《保险欺诈及其对策》，人民法院出版社 1998 年版，第 1 页。

[13] 蔡磊、刘波：《国际贸易欺诈及其防范》，法律出版社 1996 年版，第 11 页。

[14] 孟于群、陈振英：《海运欺诈及其法律对策》，人民法院出版社 1999 年版，第 1 页。

[15] 张湘兰：《国际海事欺诈法律问题研究》，载《法学评论》2000 年第 1 期，第 107 页。

[16] 张进先：《论防止海运欺诈》，载《中国海商法年刊》1994 年版，第 209 页。

[17] 竺琳：《民事欺诈制度研究》，《民商法论丛》第 9 卷，法律出版社 1997 年版，第 470 页。

[18] 朱国伟、魏宇主编：《水运技术词典》，人民交通出版社 2000 年版，第 1620 页。

[19] 孟于群、陈震英：《海运欺诈及其法律对策》，人民出版社 1999 年版，第 23—24 页。

[20] 孟于群、陈震英：《海运欺诈及其法律对策》，人民出版社 1999 年版，第 33 页。

[21] 徐孝先：《"东方雄鹰"轮倒签提单案》，载《海事审判》1993 年第 4 期，第 20—30 页。

[22] 杨桂荣：《无单放货案件中的欺诈行为》，《中国航务周刊》2001 年第 45 期，第 29 页。

[23] 武汉海事法院（1996）武海法商字第 8 号民事判决书，湖北省高级人民法院（1997）鄂经终字第 10 号民事判决书，湖北省高级人民法院（1998）鄂法审监经申监字第 63 号通知书。

[24] 孟于群、陈震英：《海运欺诈及其法律对策》，人民出版社 1999 年版，第 45—46 页。

[25] 孟于群、陈震英：《海运欺诈及其法律对策》，人民法院出版社 1999 年版，第 45 页。

[26] 孟于群、陈震英：《海运欺诈及其法律对策》，人民法院出版社 1999 年版，第 45 页。

[27] 徐少林：《海运提单欺诈的若干法律问题》，武汉大学硕士学位论文第 11—12 页。

[28] 孟于群、陈震英：《海运欺诈及其法律对策》，人民法院出版社 1999 年版，第 60—61 页。

[29] 孟于群、陈震英：《海运欺诈及其法律对策》，人民法院出版社 1999 年版，第 77 页。

[30] 孟于群、陈震英：《海运欺诈及其法律对策》，人民法院出版社 1999 年版，第 78 页。

[31] 孟于群、陈震英：《海运欺诈及其法律对策》，人民法院出版社 1999 年版，第 80—81 页。

[32] 武汉海事法院（1998）武海法通商字第 3 号民事判决书。

[33] 孟于群、陈震英：《海运欺诈及其法律对策》，人民法院出版社 1999 年版，第 98 页。

[34] 孟于群、陈震英：《海运欺诈及其法律对策》，人民法院出版社 1999 年版，第 107 页。

[35] 孟于群、陈震英：《海运欺诈及其法律对策》，人民法院出版社 1999 年版，第 113 页。

[36] 孟于群、陈震英：《海运欺诈及其法律对策》，人民法院出版社 1999 年版，第

114 页。

[37] 孟于群、陈震英:《海运欺诈及其法律对策》, 人民法院出版社 1999 年版, 第 116 页。

[38] 孟于群、陈震英:《海运欺诈及其法律对策》, 人民法院出版社 1999 年版, 第 6 页。

[39] 国际海事委员会联合国际工作组:《关于〈海盗和海上暴力行为的示范国内法〉》, 徐步译、朱曾杰校, 载《中国海商法协会通讯》2001 年增刊, 第 58—59 页。

[40] 徐少林:《海运提单欺诈的若干法律问题》, 武汉大学硕士学位论文第 28 页。

[41]《中华人民共和国人民法院公报全集(1985—1994)》, 人民法院出版社 1995 年版, 第 763—769 页。

[42] 见《法律竞合初论》, 载《现代法学》2001 年 4 月刊, 第 141 页。

[43] 张希舟:《海运欺诈案件的审理及其相关法律问题的思考》, 载《中国海商法协会通讯》2001 年增刊, 第 28 页。

[44] 刘卫国:《论国际民事管辖权的立法趋向》, 载《法商研究》2001 年第 6 期, 第 41 页。

[45] 韩德培主编:《国际私法新论》, 武汉大学出版社 1997 版, 第 621 页。

[46] 韩德培主编:《国际私法新论》, 武汉大学出版社 1997 版, 第 621 页。

[47] 刘仁山主编:《国际私法》, 中国法制出版社 1999 年版, 第 451 页。

[48] 刘仁山主编:《国际私法》, 中国法制出版社 1999 年版, 第 451 页。

[49] 韩德培、韩健著:《美国国际私法办(冲突法)导论》, 法律出版社 1994 年版, 第 27 页。

[50] 张鸿午:《简论对物诉讼》, 中国海商法年刊 1995 年版, 第 199 页。

[51] 刘仁山主编:《国际私法》, 中国法制出版社 1999 年版。

[52] 饶中享:《建立船舶主体法律制度探究》, 载《中国海商法年刊》1994 年版, 第 177 页。

[53] 刘仁山主编:《国际民商事程序法通论》, 中国法制出版社 2000 年版, 第 88—89 页。

[54] 田园:《论海事冲突法中的船旗国法原则》, 载《法商研究》2001 年第 6 期, 第 112 页。

[55] 韩德培主编:《国际私法新论》, 武汉大学出版社 1997 年版, 第 294 页。

[56] 刘家琛主编, 杨洪逵编著:《海商法案例选编》, 法律出版社 1998 年版, 第 71—74 页。

[57] 张秀全:《商法基本原则》, 载《当代法学》1999 年第 5 期, 第 61 页。

[58] 徐少林:《海运提单欺诈的若干法律问题》, 武汉大学硕士学位论文第 42—45 页。

[59] 韩德培主编:《国际私法》, 武汉大学出版社 1998 年版, 第 271 页。

论提单条款的法律规制

申 骞

【内容摘要】提单条款的法律规制即提单的规范化是相对于提单自由化而出现的概念。提单自由化的主要依据是“私法自治”及“契约自由”的理论。这种观念在19世纪的西方尤其盛行。虽然提单条款的自由缔结和生效能够反映出法律所欲追求的自由与效率价值。但是大量的、零散的、模糊的、证明困难的提单条款不仅妨碍了提单自身的完善与发展，而且也不能适应国际贸易与航运的发展要求。因此，英美法系国家就通过其判例法甚至制定法来加强对提单条款的规制；大陆法系国家更是多以成文法来规制提单条款。提单条款法律规制的目的即在于在社会利益的天平上平衡契约自由与契约正义，平衡效率和公平，维护相对方的合法权益。现代条件下对提单条款的规制包括立法规制、司法规制、行政规制、社团规制。每种规制手段都有其长处和不足。本文对提单条款的产生与演进及其存在的法理基础进行了若干思考，对中外提单条款的规制进行了研究与比较分析，并对提单中一些重要条款进行了实务研究。提单条款虽具有其存在的必然性和必要性，但由于各国传统、体制、观念、价值取向等方面的原因，各种规制手段的适用，都还远未达到理想境界。特别近几年来，提单的各种问题日趋复杂，而关于统一提单的国际立法道路仍然漫长。

我国是一个经济发展较快的世界上最大的发展中国家，既不是单纯的航运大国，也不是单纯的贸易大国。因此，我国进行提单规制必须要结合我国海上运输和经贸发展的实际现状，综合考虑国际海上货物运输法律发展的现状及未来统一的趋势。要在继续立足于《海牙—维斯比规则》的责任体系并适当吸收《汉堡规则》中合理、成熟的部分的基础上，修改、完善我国的《海商法》。同时，要运用多种手段，协调发挥多种功能使立法、行政、司法等规制手段形成通力协作和良性互动，共同条构筑一个结构精致、功能完备的提单条款规制机制，实现真实可见的公平和正义。

【关键词】提单　提单条款　法律规制

第1章　引　言

提单这份源于欧洲商人“发明”的单证，通过几百年来的实践、习惯做法与改良，已成为国际贸易与航运的基石。提单条款，作为当事人协议承担、排除或限制其未来责任的条款，无论在过去还是现在，也无论在理论上还是实践中，都是一个让人争论不休的问题。

提单条款的法律规制即提单的规范化是相对于提单自由化而出现的概念。提单自由化的主要依据是“私法自治”及“契约自由”的理论。这种观念在19世纪的西方尤其盛行。虽然提单条款的自由缔结和生效能够反映出法律所欲追求的自由与效率价值。但是大量的、零散的、模糊的、证明困难的提单条款不仅妨碍了提单自身的完善与发展，而且也不能适应国际贸易与航运的发展要求。因此，英美法系国家就通过其判例法甚至制定法来加强对提单条款的规制；大陆法系国家更是多以成文法来规制提单条款。提单条款法律规制的目的即在于在社会利益的天平上平衡契约自由与契约正义，平衡效率和公平，维护相对方的合法权益。通过对提单条款规制方法的探讨与比较分析，可以看出，各国规制模式的差异与其各自的法律文化传统和价值取向有关，不同国家所选择的规制提单条款的途径反映了它们的民商法及其司法或行政传统，每种规制手段都有其长处和不足。构筑一个结构精致、功能完备的提单条款规制机制，需要立法、行政、司法等的通力协作和良性互动。

本文重点对提单条款的产生与演进，对中外提单条款的立法规制与司法规制进行研究与比较分析，并对提单中一些重要条款进行了实务研究。提单条款虽具有其存在的必然性和必要性，但由于各国传统、体制、观念、价值取向方面的原因，各种规制手段的适用，都还远未达到理想境界。特别近几年来，提单的各种问题日趋复杂，而关于统一提单的国际立法道路仍然漫长。但维护契约正义与交易安全始终是学者与法官共同的不可推卸的神圣使命，因为人们所关注的，是超越口号的真实可见的公平与正义。

第 2 章　提单条款的形成与发展

2.1　提单条款形成的时代背景

提单，英文原称 Bill of Loading，16 世纪末在牛津字典里才开始改用 Bill of Lading 的表述方式。提单是海上货物运输特有的重要的运输单证。大陆法系国家将提单称为有价证券。英美法系国家通常称之为权利证券或流通证券。提单具有一般物权凭证和运输单证的特点，也有其特殊属性和发展规律。

提单是海上运输发展到一定历史阶段的产物。大约 1000 多年前就有货物装载于海上船舶的记载，现代意义上的第一份提单产生于大约 1500 年前。欧洲在 17 世纪以前尚无专门经营海上运输的职业承运人。当时，贸易与运输不分，船主与货主往往是同一个人，他们从事海上运输的目的是为了实现商品交换，带有自运自销的性质。在这种情形下，货物发生短少破损，并不存在货物索赔，自然不需要提单。其后是从商航一体向商航分离过渡的阶段。在这一时期，装运货物的口头证据已完全由船舶账簿所取代。商业簿记和商务通讯的使用使得 13 世纪以来的流动商贩变为现代的远距离商人。在 1534 年的 Chapman v. peers 案明确地判定，船长或船主对未载入装船簿记（Book of lading）的货物不负责任是长期以来的商人习惯和法律。中世纪初期，由于大量货物运输的需要，出现了货主租赁船舶并雇用船员进行运输的情况。于是，货主、船主和船员开始实现明显的分工。此后，又出现了货主租赁船舶的全部或一部，并签定运输合同进行运输的情况。至此，贸易和航海混为一体的经济结构发生了彻底的变革。运输逐渐脱离贸易而成为一个独立的部门，并随之出现了托运制。这就为提单的产生提供了基本条件。由于装上船舶的货物已经不再属于船主所有，而是由托运人委托船主所承运的，过去所采取的那种只凭船上账簿来记录货物情况的做法显然对岸上的托运人缺少保障，这就需要一份经签署的船舶文书的摘录作为独立的凭证，因此，货主开始要求船长签发收到装船货物的收据，要求随船的船舶文书（书记）提供已将货物交付给作为船主的海上承运人的证明。应货主的要求，船舶文书即将记载运输合同条款的船舶账簿中与该货主的货物有关部分的抄本交付给货主，以资证明。这个证明虽不是运输合同当事人编制的，但由于船舶文书具有像公证人那样的第三者的地位，所以，它仍起着有关货物证明的作用。因而，持有收据的托运人就有了安全感。这就是提单的起源。

提单条款形成的另一背景，在于商人习惯法和海事惯例的逐步统一。公元600至800年间，起源于腓尼基人和希腊人的海事法，发展成为我们现在所说的《罗德法》，进而发展为巴塞罗那《海事法汇编》（Consullado del Mar），成为地中海沿岸的海事法典；1160年的《奥莱龙法》（The Judgements of Oleron），成为英国海事法的基础；《维斯比海事法》（The Sea Laws of Wsiby）则适用于波罗的海沿岸地区。提单法的许多原则在上述各法典编纂中都是共同的。

因此，提单及其条款是海上运输发展到一定历史阶段的产物，它来源于商人们的实践。

2.2　提单条款的发展过程

提单产生以后，起先，其格式很简单，一式两联，从骑缝处截开，船货双方各执一联，到目的港对接无误，即可提货。这时提单仅是在目的港向承运人提货的惟一凭证，并无其他条款和文字，即使有了货物内容以外的文字记载，也只是祈求上天保佑航行安全的祷文。从13世纪始，提单增加了关于合同内容的记载。这时，提单中出现了确认船主、租船人、船长收到托运人交付的货物并归纳海运合同主要内容的条款。然而，提单仅是租船合同或运输合同的附件，仍然只是收到货物的证明。16世纪下半叶，提单已被广泛用来证明整个船舶装载或许多托运人的具体货物的装载。提单条款也一般都是用几种语言打印。按照要求，提单上必须明确地写出货物的标志以及托运人和收货人。当时，提单已经是由一式三份组成：一份封于承运船舶书写的信件之中；一份送往货物受让人或其代理人；另一份由商人留存，当船主不严格履行运输合同时，用作对抗船长的证明。但是，第三份提单主要留待货损时使用，以便与货方共担风险的保险人追偿货物价值。17世纪的提单已经成为一种“必须”的文件。尤其是在英国的提单中，已经包括了船舶名称、起运日期、货物、货物装运人已付或应付运费的条件、不履行合同的抗辩或免除、将货物完好地交付给商人或其受让人的承诺等方面的条款。提单的“三种功能”也逐步得到体现。17世纪后，由于航海贸易的发展，提单条款的内容逐渐完备。同时，随着商业的扩展和商业复杂性的增加，提单条款的无序化或自由化的倾向日益明显。起先，由于航海技术的限制及航运投入的风险，货主凭其实力要求在提单中订入有利于货方利益的条款；后来，随着海运的发展，承运人凭其对海上货物运输的垄断，在提单中订入了大量的偏袒承运人利益的条款。由于提单中免责条款的大量出现，承运人根据提单所负责任既不明确又不合理，从而使提单条款规范化运动成为航运历史发展的必然。

2.3 提单条款规范化运动的走向

20世纪之前，航运业毕竟是一个较具危险的事业，每年单就海上运送途中的货物损失就达数十亿美元。而最现实的问题就是这些损失究竟应该由谁负责？历史上，根据英、美普通法（Common Law），作为合约上不必写明的准则，规定货物在遇到下列五种情形造成的损失，船东无须负责。（1）天灾（Act of God）。（2）公敌行为（Act of public enemy）。（3）固有缺陷及不善包装（Inherent vice and insufficient packing）。（4）共同海损牺牲（G. A. Sacrifice）。（5）火灾（Fire）。同时，普通法亦加诸船东身上三种默示义务。即使双方合约没有订明这些义务，船东亦要遵守。（1）使船舶处于绝对适航（Absolute seaworthy）状态。（2）禁止船舶不合理绕航（Unlawful deviation）。（3）尽责速遣(Due despatch)。可见，普通法加诸船东身上的责任是很大的，对船东来说，幸好有所谓“订约自由”（Freedom of Contract），他们可以任意地在订约时加入一些免责条款，扩大免责范围。于是，提单中的免责条款从18世纪开始出现，到19世纪中期，便发展到不可收拾的地步。有的提单上的免责事项甚至多达六七十项，以至于有人说，承运人只有收取运费的权利，而无责任可言。这种状况，使收货人或提单受让人的权益无从保障，严重妨碍了提单的流通作用，银行不肯汇兑，保险公司不敢承保货物运输风险。随着国际贸易的急剧发展，若承运人应付什么责任的问题不能解决，将严重动摇提单的信用地位。

进入20世纪后，在海商法领域，对提单条款进行规制的呼声越来越强烈，在海上货物运输法领域实现国际一体化的重要性被普遍认同。实现国际海上货物运输法律国际一体化的价值被普遍认同。尤其是提单法律制度的统一，将使航运业的参加主体获得对其行为结果的合理预期，节省交易成本而提高经济效益。另外，它还将促进提单的商业流通，保护交易安全，从而推动国际贸易的发展。针对承运人滥用“合同自由”原则的现象，首先通过国内立法进行限制的，是代表货主利益的美国。美国国会于1893年通过《哈特法》（Harter Act），即《关于船舶航行、提单以及与财产运输有关的某些义务、职责和权利的法案》。它规定了从事美国与外国港口之间货物运输的承运人最低限度的义务，即承运人对其掌管的货物，应妥善地装载、积载、保管、照料和交付，以及谨慎处理使船舶适航，并能完成预定的航次，妥善地配备船员，装备船舶和配备供应品；同时，明确了承运人最大限度的免责范围，即承运人如已谨慎处理使船舶在各方面适航，并妥善地配备船员，装备船舶和配备供应品，则船长、船员等驾驶船舶或管理船舶的过失或错误，海上或其他可航水域的危险、天灾、公敌行为，货物的固有缺陷或品质或包装不当，依法律程序的扣押，托运人、货主、其代理人或代表的行为，为救助或企图救助海上人命和财产及因此而进行的绕航，所造成的货物灭失或损坏，承运人不负责任。《哈特法》的产生，对以后的国际航运立法乃至国际公约的制定都产生了巨大的影响。澳大利亚于1904年制定了海上货物运输法；新西兰于1908年制定了航运及船员法；加拿大于1910年制定水上货物运输法。这些立法都采纳了《哈特法》确定的基本原则。其后，货主、保险公司、银行从各自的利益出发，均要求提单标准化，各国政府也开始对这一问题进行调查研究，制定统一的提单规则被提到议事日程上来。1924年8月25日在比利时首都布鲁塞尔召开了有26国代表出席的外交会议上，通过了《关于统一提单若干法律规定的国际公约》，简称《海牙规则》（Hague Rules－H. R.）。《海牙规则》采纳了《哈特法》的基本原则，明确了承运人最低限度的义务和最大限度的权利。此外，还规定了货物损失通知与诉讼时效，以及适用范围等内容。在这之后，1968年2月23日在布鲁塞尔召开的第12届海洋法外交会议上，通过了《修订统一提单若干法律问题的国际公约议定书》，简称《海牙—维斯比规则》（Hague－Visby Rules)。该协议书于1977年6月23日生效。1978年6月31日在德国汉堡召开的联合国海上货物运输会议上，通过了由联合国国际贸易法委员会国际航运立法工作组起草的《1978年联合国海上货物运输公约》，简称《汉堡规则》（Ham－burg Rules)。该公约于1993年11月23日生效。

在国际海商法领域，目前有三个国际公约并存，且彼此存在差异，加之尚有一些国家至今游离于公约的体系之外，这使得当前国际上有关提单运输及承运人责任制度并未实现统一。然而，伴随着商法的“国际主义复归”的必然趋势，无论是发达国家还是发展中国家，也无论是代表船东利益还是代表货主利益的国家，都有统一海上货物运输法律的愿望。

从提单规范化运动的发展轨迹可以看出，有关提单的法律规范经历了一个较长的演变过程，海上运输是如此的重要，如此的广泛，船方和货方无论哪一方想要主宰这种交易是不可能的。提单条款的规范化运动始终围绕船货双方的利益均衡而进行，逐步打破承运人的垄断，以实现公平分摊风险，即向在社会利益的天平上平衡契约自由与契约正义，平衡效率和公平，维护相对方的合法权益的方向发展。使得国际海运立法的发展潮流符合公平、正义的时代要求和法律要求。

第3章　提单条款的法理思考

3.1　自由资本主义“契约自由”理论在提单发展中的功与过

提单条款，作为当事人协议承担、排除或限制其未来责任的条款，无论在过去还是在现在，也无论在理论上还是在实践中，都是一个令人争论不休的问题。答案的分歧反映了不同的法理依据和价值取向。对提单条款进行一番法理剖析，无疑会有助于我们的理解。

分析“契约自由”理论对提单发展的功绩，可以看出，赞同将格式条款订入提单并主张对其赋予完全效力的观点大多是从“私法自治”及“契约自由”来论证这一问题的。这种观念在19世纪的西方尤其盛行，“契约当事人被认为是自己利益的最好裁判者，如果他们自由自愿地缔结契约，那么法律的惟一作用就是使之发生效力。至于当事人一方比另一方在经济上占有强大的讨价还价的地位，那是无关重要的。如果一方对他的责任引进一些限制和免除，那么，对于双方所同意的就会给予完全的效力”。契约自由原则意味着“个人意思之行动，应绝对自由。缔结契约时，就其内容，方式以及相对人之选择，皆应属当事人之自由，国家不能加以干涉”。意味着“依法成立的契约，在缔约当事人之间有相当于法律的效力”。民事责任之所以可由当事人约定免除，乃是因为民事责任主要关涉当事人的利益得失，一般与第三人无关，而当事人自己的事情自己处理，无须第三人乃至国家的涉足，这乃是那个时代盛行的个人主义、自由主义和经济上的自由放任主义的当然结论。

同时，提单条款的产生具有经济上的必然性，反映了现代化的生产经营活动的高速度、低耗费、高效益的特点，体现了专业分工严格的科学性和复杂性。“这些标准合同的目的之一是要节省时间”。“标准合同还是一种分配合同风险的手段：它们能被用来事先决定谁去承担抵御那些风险的保险费用”。由于国际贸易采取的是大量制造和大宗交易的方式，航运所涉及的许多交易活动是不断重复进行的，所以通过让提单条款格式化和标准化能使订约基础明确，费用节省、时间节约，从而大大降低了交易成本，适应了现代化社会商品经济高度发展的要求。提单条款还因其本身具有的优点而得以迅速发展。首先，提单条款简便而快捷，顺应了现代生活的高速节奏；大批量运输成为贸易的必要组成部分，由于边际利润取决于效率，承运人没有时间和金钱去缔结个别商议的合同。对这一问题的解决便是对印刷的和批量制作的条款的引进。这种条款可以被一遍遍地使用，因而，提单条款是国际航运发展的自然产物和补充。其次，提单条款因其标准和明确而确实保护了缺乏相关知识的一般托运人和收货人的利益，并且因其形式上的固定而呈现一种强制的平等。在今天，没有这些统一的条款，很多贸易和商业部门的运作将难以想象。因此，可以说，提单条款产生及蓬勃发展的法理基础恰恰在于“私法自治”及“契约自由”。“契约自由”理论使初期的航海贸易有了法律上的依托，降低了航运的风险和有效地维护了货主的利益。

至于“契约自由”理论在提单发展中的过错，可以认为，虽然“契约自由”理论使提单条款的自由缔结和生效能够反映出法律所欲追求的自由与效率价值。但提单条款的缺陷也是显而易见的。第一，相对人缺乏选择订约伙伴和完全表达意思表示的自由。一方在交易之前确定合同的全部条款并予以印刷，相对方在交易时只能回答是否承诺，而不能讨价还价提出任何反要约。换句话说，订约一方通常只能按照格式条款与另一方订约，并未就合同内容进行个别磋商。于是合同就成了单项选择题：签或者不签（to be or not to be）。签，就是要接受另一方所提出的所有条件（不论是对自己有利的还是不利的）；不签，那就彻底分道扬镳。第二，提单条款制订一方可能利用其经济优势形成诸多不公平条款，严重背离诚实信用和公序良俗。如居于事实垄断地位的航运公司在提单中大量订入免责条款或加重对方责任条款，鱼肉弱方利益。正像一位法律学者所形容的：“当我们的民法、合同法教科书还在津津乐道于阐述古典平等、自愿的公平色彩并略带几许早期交易烙印的合同法概念的时候，当我们的合同法还堂而皇之地将合同定义为双方当事人协商一致产物的时候，现实经济生活中的合同实践却冲破法学家们的理性约束和国家的立法框架，用定式合同开辟了自己新的发展道路。只要稍加留心就会发现，原来我们订立的合同很少是协商一致的产物，而是由对方一手操纵的”。因此，“任何自由都容易被肆无忌惮的个人和群体所滥用”，绝对的“契约自由的意义，与其说是机会的开始，利益的贯彻，毋宁说是强者利用其经济力量制定契约条款的开端”。提单条款发展的事实也已表明，处于航运垄断地位的承运人，往往依其强势地位制定提单的条款，强要处于弱势地位的托运人或货主无条件接受，以至于剥夺了托运人或货主对运输条件进行商定的自由。从而为承运人滥用免责权利创造了条件。

3.2　现代民法理论对提单条款的引导作用

自由资本主义时期的国家将促进自由视为政府政策的首要任务，但如果自由不加限制，任何人都会成为自由的潜在受害者。无限制的经济自由导致了垄断的产生；契约自由如不予以限制或限制不力，同样会殃及广大的经济弱者。特别是在民法从个人本位走向社会本位的现代社会，契约亦不再如古时那般神圣不可改变，代之而起的，是“诚实信用”被奉为“帝王条款”；而“情势变更”原则也将民法的形式正义导向实质正义。“在某种意义上，一部契约自由的历史，就是契约如何受到限制，经由醇化，而促进实践契约正义的记录”。一句话，意思自治权利的绝对性正在受到限制。

如果说基于提单条款的“私人性”而允许免责，这种将契约自由奉为圭臬的近代民法理论体现了对自由之价值的追求，那么，在社会利益的天平上合理地平衡自由与公平这一现代民法理论则要求限制免责条款在提单中的滥用。对提单条款进行规制，其理论基础过去是现在是以后也将依然是“社会利益”，其所欲追求的法律价值过去是现在是以后也将依然是“公平与正义”。

对“契约自由”原则的反思，实际已表明了这样一个原理：现代民法中的法律行为制度需要解决两个方面的问题，一方面，法律制度须确定法律行为不得逾越的合法范围和有效成立的条件，它体现着民法对法律行为的控制和约束，因而必须采取强行性规范形式；另一方面，高度发展的法律行为制度又不能不建立详尽的法律推定规范体系，以弥补当事人具体意思表示不明确或不完整的漏洞，尽量使社会生活中每一次具体表意行为均具有确定而完整的法律意义。对交易双方的真实利益进行衡量从而实现实质上的平等和自由就成为在新的形势下适用法律的更为妥当的原则。为此，国家不得不介入到合同的订立过程中，对合同的一般条款加以限制，从而实现当事人公平参与交易的利益平衡。当事人的意思自治违反法定规则的问题实际上是传统合同法实践中始终悬而未解的矛盾，而提单条款的盛行不过是将这一固有矛盾表现为外部冲突。因此，对于提单条款的批判不应单纯针对其形式，而应针对其不公正的内容。事实上，提单条款对合同自由原则的妨害只是一种表象，合同自由受到防害的真正原因仍是垄断的形成和国家对经济干预的强化。

目前，在世界范围内，不论是立法机关还是法院，都已开始承认不受限制的契约自由必须让位于现代社会所遵守的其他价值。根据契约正义原则，法律应对提单条款的订立，生效、解释等规则作出明确规定；对提单条款的适用作出规范。从而达到对提单条款的规制。

3.3 当代海商立法对契约自由理论的冲击与限制

契约自由处于近代民法的核心地位，然而，现代民法对契约有着更高的法律要求，即在契约上表现为对契约正义的追求。当代海商立法对契约自由理论的冲击主要表现在：一是从抽象人格到具体人格。当代海商立法根据当事人的具体人格，对强者课以更多义务和限制，对弱者赋予更多的权利和保护。从而使人格平等的内涵得到深化。二是从自由放任到国家干预。进入20世纪以后，在海商法领域，由于“合同扬弃了它作为本质的个别契约自由，而成为以遵从社会普遍意志为前提而设定权利义务的一种方式”。国家借助身份对契约进行干预，调整强者与弱者、组织起来的人与未组织起来的人的利益平衡，使得提单条款越来越多地受到国家立法和司法的干预。三是从形式正义到实质正义。近代民法认为当事人自由订立的契约就体现了正义，因此它追求的是形式正义。20世纪社会经济生活的巨变迫使立法者、法官和法学家正视市场主体之间经济地位不平等的严峻事实，抛弃形式正义观念而追求实质正义。当代海商立法逐步在尝试解决人格上的支配和经济上的无形支配，体现了从形式正义到实质正义的发展。四是从个人本位到社会本位。当代海商立法的实践表明，要实现公平的目标，靠契约的自我调节是远远不够的，必须用代表社会普遍意志的身份来引导和规制。

提单条款以意思表示为要素，以免责为目的，因而属于民事行为。对于这种民事行为的规制，可分别从民法规范的“强行法规制”和“任意法（推定法）规制”两个方面进行探讨。当代海商立法迎合了20世纪以来民法“私法公法化”的趋势，以法律直接规定行为人履行一定的义务或承担一定的责任来限制承运人利用契约自由在提单中订入偏袒其利益的条款。通过对承运人的责任以强行法的形式予以规范，不允许承运人以约定减轻的特征，体现出当代海商立法对交易安全的价值关注和对公平、正义的法律追求。

3.4 我国提单规制的时代背景与法政策选择

我国有长达18700公里的大陆海岸线和14000公里的岛屿海岸线。另外，还有2000多个港口，每年的货物吞吐量超过1亿吨。来自世界100多个国家和地区的30000多艘船舶停靠在70个开放口岸。悬挂中华人民共和国国旗的商船吨位占世界总吨位的4%，名列世界第9位。同时，我国的国际贸易也有巨大的发展。2002年，我国的国际贸易总额占世界贸易总量的5.7%，名列第5位，其中90%是通过海上运输的。因此，我国现已成为国际航运和国际贸易大国。我国于

1993年7月1日起实施的《中华人民共和国海商法》正是从我国的海上运输和经济贸易的实际情况出发，以目前通行的海事国际条约为基础，吸收了体现国际海事惯例的民间规则，并适当考虑国际海事立法的发展趋势而制定的。

在我国，对提单条款规制问题作适宜的法政策选择主要是要回答，什么是规制提单条款的法理基础。

我们所欲探讨的规制提单条款的法理基础，亦存在于“社会利益”这一基本点上。“历史上，随着法律越来越复杂化，法律越是将人作为个人而不是群体看待，其着重点就越集中在人的权利和义务上。然而这并不意味着个人具有与社会整体利益相违背的特殊个人价值”。“交易自由不应被扩大到包括与道德或占支配地位的公共政策相矛盾的协议”。正是由于以契约自由为表征的私人协议的内容触动了社会利益，才招致作为社会利益的代表及维护者的国家地干预，恩格斯曾说：“政治统治到处都是以执行某种社会职能为基础，而政治统治只有在它执行了它的这种职能时才能持续下去。”对于国家和政府而言，维护社会利益乃是其天职，正是基于这种天职，才可促成其对“私域”的介入与干涉，经济立法、国家干预的合理依据亦不外于此。立法、行政、司法对提单条款的干预、规制只有以此为基点才能作出合理的解释。

第4章　现代条件下对提单条款的规制

就世界范围观察，对提单条款的规制主要有立法规制、司法规制、行政规制和社团规制四种，前两种是世界各国通用的最有效的规制方法。

4.1　立法规制

4.1.1　国际公约的规定

《海牙规则》的核心内容是：（1）承运人的最低责任与义务；（2）承运人应享有的免责范围；（3）承运人对货物灭失和损害的赔偿限额。《海牙规则》统一了当时提单的主要条款，缓和了船货双方的矛盾，迫使船方不得不作出较大让步，其重要标志就是对承运人在提单上任意订立免责条款给予法定限制，从而使货方、保险方、银行等有关方面的利益受到了基本的保障，促进了国际航运的新发展。

《海牙一维斯比规则》对《海牙规则》的修改主要有以下6个方面：（1）提高了承运人责任限制的数额；（2）规定了提单的最终证据效力，保护了善意提单持有人的利益；（3）增加了集装箱条款，以适应国际集装箱运输的发展；（4）强调了承运人的代理人、受雇人的责任限制；（5）扩大了规则的适用范围；（6）延长了诉讼时效。

《汉堡规则》重新调整了船货双方的权利义务，对《海牙规则》进行了比较彻底的修改，主要表现在：（1）延长了承运人的责任期间；（2）变更了承运人的赔偿责任基础，实行“完全过失责任制”；（3）提高了承运人的赔偿责任限额；（4）增加了承运人迟延交付的规定；（5）明确了保函的效力；（6）增加了活动物与舱面货条款；（7）扩大了管辖权范围，货物责任；（8）延长了诉讼时效。

4.1.2 各国的立法

在上述三项国际公约并存的体制下，各国均享有参加或不参加哪一个公约的自由。目前直接批准或加入某一项国际公约的国家已达140个。其余尚未参加任何一个国际公约的国家也多数通过制定国内法，全部或部分的接受了有关公约的内容。根据CMI的调查，目前世界上至少存在五种海上货物运输的法律制度和九种承运人单位责任限制制度。(1) 没有关于三项公约的立法的国家，如巴西、哥伦比亚、巴拿马、委内瑞拉等国；(2) 不论是否批准或加入《海牙规则》，已将该规则订入本国法的国家，如美国、印度、葡萄牙以及许多英属前殖民地国家等；(3) 已批准或加入《海牙—维斯比规则》，并且大多已批准或加入《1979年特别提款权议定书》的世界主要航运国家，如英国、希腊、日本等国；(4) 批准或加入《汉堡规则》的国家，如智利、喀麦隆、几内亚等国；(5) 已将《汉堡规则》的许多规定订入本国法，并采纳或维持《海牙规则》或《海牙—维斯比规则》基本原则的国家，如中国和斯堪的纳维亚国家等。

五种主要的海上货物运输法律制度中关于承运人责任限制的规定，各国目前至少有九种类型：(1) 既非国际公约的成员国，在国内法中又没有相关规定，责任限制完全以提单规定为准非国际公约成员国，国内法又无关于责任限制的规定，以提单规定为准的国家，如巴西、巴拿马等国；(2) 采用《海牙规则》100英镑责任限额的国家，如印度、阿根廷等国；(3) 适用《海牙规则》，但按本国货币限定最高责任限额的国家，如爱尔兰、葡萄牙等国；(4) 适用《海牙—维斯比规则》每件10，000金法郎或每公斤30金法郎责任限额的国家，如南非、汤加等国；(5) 适用《海牙—维斯比规则》的《1979年特别提款权议定书》每件666.67SDR或每公斤2SDR责任限额的国家，如英国、希腊等国；(6) 最高限额只适用666.67SDR，但不适用每公斤2SDR责任限额的国家，如德国；(7) 适用《1979年特别提款权议定书》每件666.67SDR的责任限额，但国内法规定将其转换成本国货币的国家，如中国；(8) 适用《汉堡规则》每件835SDR或毛重每公斤2.5SDR的国家，如智利、几内亚等国；(9) 没有承运人责任限制的国家，如多米尼加等国。

根据统计，目前世界上参加国际公约的国家中大约有80个是《海牙规则》成员国，超过20个是《海牙—维斯比规则》的成员国，其中14个国家已采用《1979年特别提款权议定书》，而实施《汉堡规则》的共有25个国家。可以看出，世界上大多数国家包括航运发达国家实施的是《海牙规则》或《海牙—维斯比规则》，而实施《汉堡规则》的均为航运不发达国家或内陆国家。在未参加国际公约的国家中，有的是将某一国际公约全部转化为国内法；有的是对某一国际公约进行加工处理，部分地转化为国内法；还有的是制定不同于任何一个国际公约的海上货物运输法律。

在立法规制上，国际公约和国内法或设一般概括性规定，原则性规定，或增设具体强制性规定。此种强制性规定可分为二类。一为绝对强制规定，即当事人不能依合意予以变更；一为相对强制规定，当事人的合意变更有利于提单持有人时，仍为有效。

4.2 司法规制

司法规制亦是各国的通例，这也是对提单条款最原始和最终极的规制方式。司法规制基本上通过两种方法：一是适用法律，将违反强行法规定的提单条款判为无效；二是自由裁量，主要表现为通过严格解释合同而规制提单条款。严格讲来，适用法律与其说是司法规制勿宁说是立法和司法的联合规制更为恰切。因而纯正的司法规制当属法官依其自由裁量权限对提单条款进行的规制。但在赋予法官规制提单条款的自由裁量权限上，各国有别。

提单应该由法院以其对待任何其他合同相同的方式予以解释或说明（民法用语）。对提单条款的争议，法官有责任进行解释，说明并认定其效力，通过法院的实际裁判来限制，否定不公平的条款，这就是对提单条款的司法规制，对提单条款的解释，英美法主要采取如下原则：

4.2.1 不利解释原则

在有疑问的情况下，对合同的解释要不利于该合同起草人的利益。据此，由于提单是由承运人印刷的标准格式合同，所以通常是作对承运人不利的解释。在Leather's Best 诉 S. S. Mormaclynx 一案中，Judd 法官裁定："提单，作为一种附意合同，要严格地按照承运人不利的解释原则加以解释。"

4.2.2 除外条款的严格解释原则

提单中的除外条款，也称免责条款（exception clause），一般以"印刷条款"形式出现在提单背面，内容一般是免除或减轻承运人将来或现在应负的法定责任。合同中的疏忽或除外条款，如同在法规中的一样，应该予以严格的解释。

4.2.3 手写体优先于印刷体原则

在提单上手写的或打印的条款优先于印刷的条款。这是因为：一是手写的条款是在印刷条款之后才出现的；二是书写的语言是由当事方为表达他们的意见而选择的直接的语言，而印刷的语言则是对所有可能使用该提单格式的各有关方均可适用的一般性方案程式。但是，提单中的特别条款只有当它与印刷条款直接相抵触时，它才优先。

4.2.4 习惯和惯例原则

长期以来已经确定了的，在商业交往中，作为习惯和惯例的外部证据是允许添加的，而且有时可以对书面合同的未定事项加以补充。因此，在提单中即使没有特别提到的惯例，法院还是可以把它认为是有关运输合同的组成部分。

4.2.5 周围环境原则

提单，同其他合同一样，必须与缔结时的特定环境结合起来进行解释。正如Wiberforce 爵士在 The Diana Prosperity 一案中所解释的那样："没有在真空中缔结的合同，总是有某种必须将合同置于其中的特定环境，但是这一措施是不精确的，它虽能被说明，但却很难下定义。在商业合同中，这一点当然是对的，即法院应当知道该合同的商业目的，并由此推测该交易的来历、背景、上下文及前后关系，当事方从事经营活动的市场情况等。”

4.2.6 小字印刷条款原则

提单背面的小字体印刷条款通常被认定为有效，但常常是衡量法院的容忍和善意的标准。在审理 Pateron，Zochonis & CO. 诉 Elder，Dempster & CO. 一案中，Scrutton 大法官认为：“同许多其他法官一样，我对这些极其模糊难辨的提单条件持否定态度。法院已不止一次地向船东们发出警告，总有一天他们会发现，由于他们没有对合同条款的除外条件提供合理的提示，他们将自己剥夺自己的除外条款的保护。”在 Bundesgerichtshof 一案中，Scrutton 大法官的至理名言得到验证，法院认为那些只有借助放大镜才能认读的提单条款，即使他们是贸易中的标准条款，也不能构成提单合同的组成部分。同样地，美国法院一般说来也并不强制执行在承运人的篇幅很长的提单中那些印得非常细密的海上货物运输法的限制条款。

因此，为合同形成的解释规则，一般同样适用于租船合同与提单。英国法院通过长期的审判实践，还确立了如下的解释方法。(1) 租船合同和提单应根据当事各方打算冒险经营的性质和细节加以解释。(2) 对租船合同和提单的解释并非不需要严格解释，而是该有关合同的目的和上下文的解释，应最有效地反映当事各方明显和明示的意思。(3) 租船合同和提单应按其常识和含义解释，除非就其有关内容，作为众所周知的贸易习惯，通常要求特定的理解，以区别于他们通俗的常识；或者依上下文表明，他们必须按特殊的例子，以便实现当事各方的直接意图，按某些其他特殊的或特定的常识加以理解，首先应按他们清晰的、普通的和通俗的常识加以理解。(4) 若词语清晰且毫无歧义，当事双方按相反的理解行事的事实，并不影响该词语的解释。(5) 假如词语可以有两种含义，订立合同之前或当时行为过程的证据，可以决定该选择。(6) 合同订立后的行为过程的证据，通常不能用于解释其术语条款。(7) 合同谈判之前的证据或当事双方意图的证据，通常不能接受。但是，如果该词语可以有两种意思，可以接受那种含有两种可能含义之一的，表明当事双方基于同意而议定的证据。(8) 租船合同经常含有许多冗词，针对该多余的冗词的推定，对于他们的解释没有什么价值。(9) 除外条款或对合同一方当事人有力的条款，应作不利于受益一方的严格解释。(10) 若文件的不同部分相互矛盾，或协议模棱两可，整个文件必须按其通常含义加以考虑。文理解释原则 (noscitur a sociis) 可以决定某一条款或某一条款之某一部分的含义。在不同的部分印刷字体的大小，不能作为衡量各有关段落重要性的标准。(11) 当解释标准格式合同或标准格式租船合同条款时，对同一条款早期相似版本的裁定应视为保留，正确的方法乃是仅考虑争议的实际条款所使用的语言。

4.3 行政规制

行政规制可分为事前规制与事后规制两类。事前规制主要是通过“事前审核制度”达到的控制，通常所言行政控制即是如此。各国事先审核制度又有差异：一种是针对特定行业强令其将一般合同条款报送主管机关审批，如德国和日本；另一种是不分行业的“自愿呈送”式的事先审核制度，如以色列。此外还有日本所谓的“行政指导”，亦应属事前规制范畴。事后规制则非通过审核，而是通过监督和发布禁令的方式进行的。典型的例子是法国，政府组成 15 人的特别委员会调查不公平合同条款，政府依据委员会的建议发布命令，禁止使用特定类型的格式条款。另一例子是英国国务大臣有权发布禁令，禁止特定不公平合同条款的使用。此外，以色列《1964 年标准合同法》的 1969 年修正案，授权总检察长及经其同意之以色列消费者委员会的撤销权，撤销标准合同中的限制性条款，这也可视为事后的行政规制。

4.4　社团规制

主要是通过一些航运协会或与航运、贸易相关的组织的规制。至于其是否为各国的通例，尚不好断言。其所能发挥的作用主要表现在以下几个方面：与有关航运及贸易企业协商建议其使用或不使用特定的格式条款；调查研究承运人与货主、保险人之间的具体纠纷；建议有关机关管理乃至取缔特定格式条款；对特定不公平条款依法以自己的名义向法院提起诉讼等。

第 5 章　中外提单规制的比较分析

5.1　国外提单规制的经验与教训

5.1.1　经验

（1）就立法规制而言，其以国际公约及国家法律的形式对提单条款作出规定，具有严肃性、明确性、非人格性和稳定性。（2）就司法规制而言，其具有规制的终极性、公正性。（3）就行政规制而言，行政审核制度具有规制的事前性，将不当或不公平的提单条款消灭于萌芽状态。（4）就社团规制而言，具有规制的简单性，能够迅速解决问题。

5.1.2　教训

（1）就立法规制而言，徒法不能自行，须在立法、司法等一系列法的运行过程中才能实现规制目的。同时，某些强制性规定如因安排不当，可能导致刚性过强而灵活性较小，进而顾此失彼，带来一些不合理的后果。（2）就司法规制而言，存在救济的事后性、救济的个别性、程序的复杂性、金钱时间的不经济性。（3）就行政规制而言，符合事先审核要求的提单条款由于要赋予其一段“豁免期”，因而在某些情况下，随着时间的推移、经济形势、交易形态、法意识等的变化，适合于过去的提单条款变得不适当时，却因“豁免期”未完成而依然有效；担任事先审核的主管机关同时又担任规划该行业的发展，其监督性格具有有限性；事后规制易给经济活动注入确定性，影响相关的计算。（4）就社团规制而言，在与船东协商的基础上解决问题，船东坚持提单条款不放，自亦无能为力，故其救济能力存有局限性。

综合上述原因，可以得出这样的结论：（1）对于提单条款，各国规制模式的差异与其各自的法律文化传统有关。“不同成员国所选择的规制不公平合同的途径反映了它们的一般合同法及其司法或行政传统”。(2) 每种规制手段都有其长处和不足，单一规制手段总也无法担负起规制提单条款的重任，对提单条款的规制是一个运用多种手段、发挥多种功能的系统工程，构造一个结构精致、功能完备的提单条款规制机制，需要立法、行政、司法等的通力协作和良性互动。

5.2 我国提单规制的现状

5.2.1 我国理论界对提单规制的态度

提单条款的规制从航运相关各方的角度来看，即是提单条款的预防与相应的救济。单从对提单持有人的救济来说，在充实完善立法的实体规定的同时，应注意相应程序规定的配套。理论界普遍认为，立法从纸上的法变为现实生活中的“活法”才算是实现了其价值，而完备的程序（当然不局限于程序法）对于实现上述转变无疑是至关重要的。对提单关系方的保护所要求的程序应具备迅速、简便、公正、经济的品性。构造我国的提单条款规制模式时，如何协调行政规制和司法规制的关系？即经过行政部门事先核准的格式合同条款能否完全绝对地排除消费者对司法救济的寻求？对这类合同条款法院是否有权审查？对后一个问题，台湾学者王泽鉴教授持肯定说。提单条款规制的有效性是检验规制模式优劣的惟一标准，理论的论证无法替代事实的实证，构建我国的提单条款规制模式应借鉴外国经验，而考察外国规制模式的实效则尤为重要，这已引起理论界的重视。

5.2.2 我国提单规制的法律依据

5.2.2.1 《合同法》

我国《合同法》第 39 条、第 40 条、第 41 条是关于格式条款的规定。我国《合同法》不称其为合同，而称其为条款。这具有重要意义。尽管格式条款有可能构成一个完整的独立的合同，但绝大多数格式条款都是以合同中的某一条或者数个条款的形式表现出来的。在这些情况下，格式条款大多只是作为整个合同的组成部分。如果法律将格式条款称为格式合同，就难以说明一个合同中存在部分格式条款的现象。格式条款可以“公告”、“告示”等形式订入合同；也可以由有关主管行政部门制定，有关企业直接采用而订入合同；还可以由有关企业单独个别拟定而订入合同。印刷在某些单证（如车船票、机票、电报稿、保险单、提单）上，确定当事人之间权利义务的条款，也是格式条款。根据《合同法》第 39 条的规定，格式条款订入合同的条件为：(1) 格式条款应当符合公平原则；(2) 提供格式条款的一方应采取合理的方式提请对方注意免除或限制其责任的条款，按对方的要求，对该条款予以说明。

《合同法》第 40 条从格式条款的内容方面加以规制。格式条款具有本法第 52 条和第 53 条规定情形的，该条款无效。第 52 条规定的是合同绝对无效的几种情形，比如一方以欺诈、胁迫的手段订立合同，损害国家利益；违反法律、行政法规的强制性规定等等。这些情形都会导致合同无效。第 53 条规定，合同中的下列免责条款无效：一是免除人身伤害责任的免责条款无效；二是免除故意或重大过失责任的免责条款无效。总之，对《合同法》第 40 条是不容以任何方式排除适用的。格式条款无效的后果包括：（1）无效的格式条款不能订入格式合同。（2）如果将格式条款订入格式合同，该格式条款不生效力。（3）格式合同成立后，如果格式条款的无效影响整个合同的效力，则导致整个格式合同无效。

《合同法》第 41 条对合同中格式条款的解释作了特别的、专门的规定。该条规定，在对格式条款的理解发生争议时，有三点原则：（1）应当按照通常理解予以解释。（2）应当作不利于提供格式条款一方的解释。（3）非格式条款优先适用。

制定《合同法》的目的，就是要能够更好地维护合同当事人的合法权益，维护国家利益和社会公共利益。做到国家该管的，要有相应的法律手段和依据，不该干预的不要干预。格式条款有效与否应取决于具体场合下个人利益和社会利益的权衡。所以法律应对免除人身伤害责任，免除故意或重大过失责任以及显失公平的格式条款进行干预。除此以外，法律不去干预就能够更好地维护当事人的合法权益，因为理性当事人是能够合理地安排好自己的事务的。

5.2.2.2 《海商法》

《海商法》第 44 条针对海上货物运输合同做了如下规定，海上货物运输合同和作为合同凭证的提单或者其他运输单证中的条款，违反本章规定的，无效。此类条款的无效，不影响该合同和提单或者其他运输单证中其他条款的效力。该法第四章对承运人的责任、托运人的责任等作出了详尽的规定。依据该法第 44 条，这些规定都属于强制性规范，违反这些规定的免责条款当然无效。但是，应该指出的是，《海商法》第 44 条所说的“违反本章规定的，无效”这一条内容过于宽泛，因为第四章包含的条款数量非常之多，这样的规定似乎把整个第四章都变成了强制性规范。正确的说法应该是违反本章关于承运人义务、责任和免责的条款无效。《海商法》第 126 条针对海上旅客运输公司做了如下规定，海上旅客运输合同中含有下列内容之一的条款无效：（1）免除承运人对旅客应当承担的一定责任；（2）降低本章规定的承运人责任限额；（3）对本章规定的举证责任作出相反的约定；（4）限制旅客提出赔偿请求的权利。前款规定的合同无效，不影响合同其他条款的效力。因此，在海上旅客运输合同中免除承运人对旅客应承担的法定责任或者降低其法定责任的免责条款无效。

5.2.2.3 《保险法》

《保险法》第 17 条规定：“保险合同中规定有关保险人责任免除条款的，保险人在订立保险合同时应当向投保人明确说明，未明确说明的，该条款不产生效力。”这一条款的规定与《合同法》第 39 条的规定有上些微妙的差异。《合同法》第 39 条规定，提供格式条款的一方应当采取合理的方式提请对方注意免除或者限制责任的条款，按照对方的要求，对该条款予以说明。这就是说，格式条款使用责任的条款只要提请对方注意就行了。而如果他负有说明义务的话，那么他所负的说明义务是以对方提出要求为前提。而根据《保险法》的规定，保险人对免责条款的说明义务的产生并不以投保人提出要求为前提。这是因为保险业务有所谓“最大诚实信用”原则。因此海上货物运输的保险人要比承运人承担较重的格式条款说明义务。

5.2.3　对我国提单规制运动的评价

5.2.3.1　优势

我国《海商法》是在世界范围内提单规制运动处于高潮时期出台的。我国《海商法》率先将《海牙一维斯比规则》和《汉堡规则》融合进一部法律。取自《海牙一维斯比规则》的主要内容包括承运人的基本义务、除外责任和责任限制条款等。同时又由于我国《海商法》出台时又恰逢《汉堡规则》生效，由于这个原因，我国《海商法》关于提单的规定必然要体现一些《汉堡规则》的特点。如《海商法》对承运人、实际承运人、收货人的定义与《汉堡规则》完全相同；关于运输条款的效力，《海商法》第44、45条与《汉堡规则》第23条（1）（2）款的规定基本相同；《海商法》关于运输单证的范围和其定义以及提单的效力规定与《汉堡规则》大致相同等。因此，可以说，我国的提单规制在某些方面走在了时代的前面。

5.2.3.2　问题

我国《海商法》在十年的司法实践和航运实践中逐渐暴露出一些问题。主要表现在：（1）有些条文是从《海牙规则》、《海牙一维斯比规则》和《汉堡规则》或其他国际公约中引用而来，但又并未完全照搬，是依照公约的解释还是依照现有条文作出解释，造成在解释上无所适从。如《海商法》第71条，按《汉堡规则》解释就不包括记名提单，而按该条解释是否包括记名提单则很难确定，造成了理论上和司法实践中的诸多争议。（2）公约的内容是妥协的产物，其中不乏漏洞，而我国《海商法》在吸收这些规定时并未弥补这些漏洞。如《海商法》41条关于“承运人”的定义与《汉堡规则》的规定完全一致，但《汉堡规则》没有明确“合同承运人”的概念，使得《海商法》没有与“实际承运人”相对应的“合同承运人”的概念。这一漏洞需要补充。（3）有些条文的语句不够明确，在适用中易产生歧义，甚至产生与立法本意完全相反的结果。《海商法》42条第2项“实际承运人”的定义中，“转委托”一词含义不明，实践中易产生误解。（4）部分规定的可操作性差，有无相应的司法解释，产生了条文在适用上的模棱两可和各法院判决不一致。如《海商法》第87条关于货物留置权的规定，在航运及司法实践中就产生了许多问题。按照该条规定，应当向承运人支付的运费、共同海损分摊、滞期费和承运人为货物垫付的必要费用以及应当向承运人支付的其他费用没有付清，又没有提供适当的担保，承运人可以在适当的限度内留置其货物。这里所说的“留置其货物”中的“其”字，有人理解为其托运的货物，有人则理解为其所有的货物，不同的理解会产生截然不同的结果。（5）《海商法》从总体上看，条文不够完善和细致，在实践中，有些问题甚至找不到法律依据。如《海商法》第2条第2款规定，本法第四章海上货物运输合同的规定不适用于中华人民共和国港口之间的海上货物运输。第269条规定，合同当事人可以选择合同适用的法律，法律另有规定的除外。如当事人没有选择，适用与合同有最密切联系的国家的法律。即我国《海商法》并未明确是否强制适用于出口或进口运输，只有当海上货物运输合同的当事方选择适用中国《海商法》或虽无选择，但中国是与合同有最密切联系的国家时，我国《海商法》第四章关于海上货物运输合同的规定才适用。这使得《海商法》第四章所规定的承运人的责任及义务的强制性受到怀疑。又如在关于承运人免责的问题上，《海商法》没有明确第47条、第48条与第51条之间的关系，而《海牙一维斯比规则》则明确了承运人只有在履行了适航、适货规定义务的前提下，才能享受免责。(6) 在立法方面有的地方走过了头。例如，《汉堡规则》为舱面货运输规定了两个条件：一个是在提单上注明货物“装于舱面”，另一个是货物确实载于舱面，符合了这样的条件，由于运输此种货物的特殊风险造成的损失，承运人才可以免责。但是，我国《海商法》在这一问题上的规定是：一个是符合合同的约定，另一个是符合法律或航海习惯，而没有规定应当在提单中载明。这就等于和大多数国家的法律规定背道而驰，难免会使我国承运人陷于不利的境地。(7) 在吸收国际公约的合理成分时没有做到全面吸收，以至在司法效果上适得其反，导致许多人避开《海商法》的规定而寻求民法的理论来解释提单条款。如《海商法》第50条关于迟延交付的定义是部分采纳《汉堡规则》的规定，其立法本意是想减轻承运人对迟延交付的责任，即无事先约定，承运人就不对迟延交付造成的经济损失负责，但由于没有用适当的语句加以阐释，使得承运人在无事先约定的情况下，依据《民法通则》反而承担了更重的责任。显然这将难以体现国际海上货物运输中承运人的责任与其他运输方式以及一般民事责任不同的特点。再如装船提单是一份物权凭证已是众所周知的说法。但《海商法》71条规定不明确，造成航运及司法实践中的争执，有的往往忽视提单在国际航运及贸易中的特殊地位，以民法理论来否认提单的物权凭证的效力，给审判工作带来困难。

5.2.3.3 结论

我国作为世界发展中的航运大国和贸易大国，应当结合21世纪国际海上货物运输法律的发展趋势和我国目前提单规制的现状，加强对国际公约和国外立法、司法的研究，适当参考和借鉴国际公约和国外立法中的合理部分以及具有先进性和现实意义的内容，要在继续立足于《海牙一维斯比规则》的责任体系并适当吸收《汉堡规则》中合理、成熟的部分的基础上，修改、完善我国的《海商法》。使我国的提单规制更符合我国国情和航运实践的发展，并且更加具有前瞻性、先进性和合理性。

第6章 提单重要条款所折射出的法律问题

6.1 首要条款

首要条款是印刷在提单背面，约定提单或承运人的权利义务受某一国际公约或某一国内法制约的条款。其内容一般表述为“本提单应依据《海牙规则》的规定而生效。该法应被视为已载入提单，而提单中所载任何内容，都不应被理解为承运人对该公约所规定的权利或豁免的放弃，或任何责任与义务的增加”。英国

《1924年海上货物运输法》规定“在不列颠和北爱尔兰签发的提单及类似物权凭证，不论其包含或以其证明的运输契约，适用《海牙规则》的前提就是包含适用《海牙规则》的‘明确表述’”。我国中远提单条款第三条也规定“有关承运人的义务、赔偿责任、权利及豁免应适用《海牙规则》”。关于首要条款的效力，通常认为，如果首要条款指定的国际公约或国内法不适用于该提单，则通过首要条款，使国际公约或国内法并入提单而成为提单条款。可见，首要条款扩大了国际公约或国内法的适用范围。但也有人认为，按照《海牙规则》，提单上虽注明适用《海牙规则》但该提单不在缔约国内签发时，该提单也不能适用《海牙规则》。首要条款选择的法律规定有时可能与提单其他条款相抵触，由于首要条款只是将所指向的法律作为合同条款并入提单，使得该法律失去了强制性。因此，当其与提单条款抵触时，应该依据合同解释规则处理。我国《海商法》并无须在运输合同或提单中插入首要条款的规定，因此，在运输合同或提单中没有插入首要条款，对运输合同或提单的效力无任何影响。

6.2　法律选择条款

法律选择条款是印刷在提单背面，明确规定一旦发生争议，应按某国法律处理的条款。提单法律关系一般具有各种涉外因素，一旦产生争议，首要问题是应依何国法律处理。如果提单中未定有法律选择条款，受理法院将根据所在国制定的冲突规范来决定适用的法律。在许多提单中，都同时订有首要条款和法律选择条款。而法律选择条款与首要条款的效力是不同的。合同中规定权利义务内容的实质性条款是根据事先确认的合同准据法来决定其效力，而以首要条款形式并入提单的法规已成为当事人之间协议的合同实质性条款，因此，决定首要条款是否有效的依据只能是合同的准据法。首要条款援引的某一法规仅在准据法中属于任意性规范的范围内有效，不得与强制性规范相抵触。法律选择条款是否有效取决于法院地国的冲突规范。只要当事人的法律选择是经双方协商一致的、明示的且通过法律选择条款所指向的法律是法院地国冲突规范所允许的，这种选择就不受任何一国法律强制性规范的限制。也就是说，当事人可以通过法律选择条款来排除某国法律的强制性规范的适用。由于法律选择条款在稳定性和确定性方面，较之一般冲突规范有着无法比拟的优越性，因此得到各国的普遍承认。我国《民法通则》、《合同法》、《海商法》都对此作出了确认。从目前各国的司法实践来看，各国提单法有关强制适用范围的规定只对其本国法院有约束力，一般是不为外国法院所承认的。如果诉讼是在外国法院进行，外国法院可能完全根据当事人选择的法律处理有关提单争议。

6.3　管辖权条款

提单管辖权条款，又称协议管辖条款，是印刷在提单背面，明确规定某国法院对提单争议具有排他管辖权的条款。在海上货物运输中，由于托运人不关心收货人在货物发生灭失或损坏后在何处及如何对承运人提起诉讼，而货物保险人要求托运人只接受注明未订立管辖协议的提单不太可行，因此，在争议发生前，承运人或船东可利用合同自由和托运人不关心最终买方的利益，在提单中任意订入对己最为有利的管辖权条款，试图以此约束货物索赔人。而由于存在大量方便旗船舶和班轮经营人分布在世界各地，最遥远、过时和陌生的诉讼管辖地在提单中也经常可见。然而，无辜的收货人或取得代位求偿权的货物保险人及其律师一般不愿意提单强加给自己不熟悉的管辖权；另一方面，提单管辖权条款并不能当然排除或否认其他国家的管辖权，因为法院的管辖权根植于法律的规定。因此，即使提单约定了管辖权条款，货物索赔人任然希望并能够寻找对自己有利的诉讼地点。这也导致了当前通过扣船“择地行诉”地盛行。最常见地是在有利的地方通过“对物诉讼”，起诉船舶和扣押船舶，使得扣船地法院取得管辖权。扣船可授予扣船国实体问题管辖权已成为国际管辖制度的一个基本规范。我国最高院 1986 年和 1994 年的扣船规定以及后来的《海事诉讼特别程序法》都做了类似的规定。在我国的海事司法实践中，法院对提单管辖权条款也一般采取限制和否定的态度。

6.4 仲裁条款

6.4.1 提单仲裁条款的效力

《海牙规则》、《海牙－维斯比规则》未涉及提单仲裁条款的问题，国外提单立法也鲜有涉及，我国《海商法》也无规定。《汉堡规则》第 20 条、第 22 条对货物运输纠纷仲裁程序作了详细规定。此项海运实务上的作法，既已行之多年，演成习惯，殊难以其所载内容不属《海商法》规定的事项而否定其合法性及拘束力。提单中的仲裁条款只要是当事人真实的意思表示且不违背强制性适用的法律，对第三者收货人或提单持有人应具有约束力。

6.4.2 租约仲裁条款并入提单

这是航运实务和司法实践中争论最多的问题。英美和约法对合并条款一直是限制在只有“与标的事项直接关联”（direct germance to subject matter）的才可以不必特别注明也能合并进去。其他“附属性条款”（ancilliary clauses/terms），想要去合并就必须明示，而不能泛泛地靠一条一般的合并条款。租约提单若没有明确表示租约的仲裁条款也一起合并进来，则提单并无仲裁协议在内。若满足下列条件之一，租船合同中的仲裁条款可以并入提单：（1）在提单中有特殊并入词语，仲裁条款按照使之在提单文本中有意义的方式表述，且该条款不与提单明示条款相冲突；或（2）在提单中有并入的一般言词表述，租船合同中的仲裁条款或某些其他条款，清楚地规定该条款管辖提单项下及租船合同项下的条款。目前，租约提单越来越多地明示租约的仲裁条款已被合并进来，其中最重要的是 BIMCO 在 1994 年对 Congenbill 这一最常见，最多使用的租约提单格式的修正。修正后的并入条款为“All terms and conditions , liberties and exceptions of the Charter－parts, dated as overleaf, including the Law and Abitration Clause, are herewith incorporated”。这会对中国带来很大的冲击，因为中国进口的不少是散装货，买卖与结汇中常会使用 Congen bill 1994，变得非要去面对这多数是伦敦仲裁的事实。关于租船合同中的仲裁条款并入提单的问题，我国《海商法》

第 95 条的规定并不明确。司法实践中，我国法院一般认为，租约仲裁条款并入提单必须是明示的、具体的、完全的，包括租约的文号、签订日期均应写明，否则视为没有完全并入。同时，我国法院一般不承认临时及浮动仲裁条款的效力。此外，由于我国是 1958 年《纽约公约》的加入国，为履行公约规定的义务，最高院对仲裁与管辖的关系问题十分慎重，特别规定了凡各级法院预否定涉外合同中仲裁条款的效力的，必须逐级上报审批的内审程序。

6.5 双方有责碰撞条款

双方有责碰撞条款是海上货物运输合同（提单或租约）中的一条标准条款。是针对美国有关船舶碰撞的判例法与 1910 年《关于船舶碰撞规定统一公约》和大多数航运国家的法律不同而在提单或租船合同中普遍订入的条款。其基本含义是：本船即载货船可向本船货主追偿本来本船可以免责的，但已由本船赔付给他船即非载货船的本船货物损害的部分。依英美普通法，有二人以上发生共有过失（contributory negligence）的场合，对于受损害的第三人应付连带责任，也即被害人可对加害人中的一人或全体请求全部的损害。此即一般所谓共同侵权行为连带责任。但约在一世纪前，英国海事法庭则依海事惯例认为因双方过失而发生船舶碰撞的场合，善意的货物所有人对于他船的损害赔偿请求权，应仅为二分之一（当时尚无过失比例的观念），超过此部分的，缩减成二分之一。此项判决，其后遂成为船舶碰撞的先例。至 1910 年采纳《关于船舶碰撞规定统一公约》，与欧陆各国采同一立场，乃有法律依据。然而，根据美国判例法，如果两船对载运的货物犯有共同侵权行为，因而两船应对货主遭受的损失付平均连带责任，而不问其过失程度如何。这就使得一船货主可以向相另一船舶所有人索赔 100％的损失，而另一船舶所有人可以向载货船舶所有人追偿其应付的 50％的责任。从而，货主可通过向对方船舶所有人索赔，获得载货船舶所有人本可以根据《哈特法》、《海牙规则》、《1936 年海上货物运输法》和运输合同中驾驶过失免责条款而免除其赔偿责任的那部分损失。为了解决这个问题，自 1951 年以来，凡是去美国的载货船舶，都在其运输合同中订入互有过失碰撞条款。该条款规定，载货船舶的承运人，可以向自己的货主追回其本可免责，却间接赔付给自己的货主的那部分损失的数额。我国虽未参加 1910 年《关于船舶碰撞规定统一公约》，但对双方责任的碰撞，一直实行过失比例原则。

第 7 章　结束语

提单已经使用几百年了，在提单基础上建立的现行国际贸易方式业已运转多年。提单功能的正常发挥对国际航运及贸易的发展至关重要。但由于提单自身的缺陷及船方、货方等不同利益方的长期较量，国际社会目前任然是三项国际公约并存的局面。提单条款虽具有其存在的必然性和必要性，但由于各国传统、体制、观念等方面的原因及政治、经济利益的取舍，使得关于提单的海上货物运输立法的国际统一仍面临诸多困难，如何妥善平衡船方和货主的利益依然是一个难题。提单条款法律规制之路依然漫长。

我国是一个经济发展较快的世界上最大的发展中国家，既不是单纯的航运大国，也不是单纯的贸易大国。因此，我国进行提单规制必须要结合我国海上运输和经贸发展的实际现状，综合考虑国际海上货物运输法律发展的现状、未来统一趋势。要在继续立足于《海牙一维斯比规则》的责任体系，适当吸收《汉堡规则》中合理、成熟的部分的基础上，修改、完善我国的《海商法》。同时，要运用多种手段，协调发挥多种功能使立法、行政、司法形成通力协作和良性互动，共同条构筑一个结构精致、功能完备的提单条款规制机制，实现真实可见的公平和正义。

参考文献：

[1] 彼得·斯坦、约翰·香德：《西方社会道德法律价值》，王献平译，中国人民公安大学出版社 1990 年 12 月第 1 版。

[2] 博登海默：《法理学一法哲学及其方法》，邓正来译，华夏出版社 1987 年 12 月第 1 版。

[3] 戴维·福克斯等：Stewart C. Body，Andrew S. Burrows，David Foxton ：《SCRUTTON 租船合同与提单》，郭国汀译，朱曾杰审校，法律出版社，2001 年 10 月第 1 版。

[4] 郭瑜：《提单法律制度研究》，北京大学出版社 1997 年 11 月第 1 版，第 137 页。

[5] 韩世远：《免责条款研究》，载梁慧星主编《民商法论丛》第 2 卷，法律出版社，1994 年 8 月第 1 版，第 457—458 页、第 481 页、第 483 页、第 502 页。

[6] 马克思、恩格斯：《马克思恩格斯选集》第三卷（上），人民出版社，1972 年 5 月第 1 版。

[7] 施米托夫：《国际贸易法文选》，赵秀文译，中国大百科全书出版社，1993 年 12 月第 1 版。

[8] 史际春、邓峰：《合同的异化与异化的合同——关于经济合同的重新定位》，载《法学研究》第 19 卷第 3 期，第 42 页。

[9] 司玉琢：《国际海事立法趋势及对策研究》，法律出版社，2002 年 1 月第 1 版。

[10] 司玉琢、傅廷中等：《新编海商法学》，大连海事大学出版社，1999 年 4 月第 1 版。

[11] 苏诗明：《契约自由与契约社会化》，载郑玉波主编《民法债编论文选辑》（上），五南图书出版公司 1984 年版，第 163 页。

[12] 王泽鉴：《民法学说与判例研究》第三册、第七册，中国政法大学出版社，1998 年 1 月第 1 版。

[13] 威廉·台特雷：《海上货物索赔》，大连海运学院出版社，1993 年 5 月第 1 版。

[14] 吴焕宁：《海商法学》，法律出版社，1996 年 11 月第 1 版。

[15] 谢怀栻等：《合同法原理》，法律出版社，2000 年 1 月第 1 版。

[16] 邢海宝：《海商提单法》，法律出版社，1996 年 6 月第 1 版。

[17] 杨良宜：《提单》，大连海运学院出版社，1994 年 2 月第 2 版。

[18] 杨良宜：《提单及其付运单证》，中国政法大学出版社，2001 年 6 月第 1 版。

[19] 姚辉：《民法的精神》，法律出版社，1999 年 1 月第 1 版。

[20] 余延满：《合同法原论》，武汉大学出版社，1999 年 12 月第 1 版。

[21] 张特生：《载货证券签发行为的性质及其所载仲裁条款之效力》，《法令月刊》第七

期，第6页。

[22] 郑蕾：《现代国际海上货物运输承运人责任制度研究》，载梁慧星：《民商法论丛》第15卷，法律出版社，2000年7月第1版，第692页。

[23] 朱奇武：《政法英语》，Joseph Chitty Ohitly on Contract，法律出版社，1988年12月第1版。

[24] Alan Mitchellhill, *Bill of Lading*, *Law and Practice*, Chapman and hall, 2th. pl.

[25] G. H. Treitel, *The Law of Contract*, 7th edition. London Steven &. Sons, 1987, p. 168.

[26] George Gluck, *Standard Form Contracts: the Contract Theory Reconsidered*, L. C. L. Q, Vol. 28, 1979.

[27] Peter Duffy, *Unfair Contract Terms and the E. C. Directive*, J. B. L, Jan. 1993, p. 69.

提单首要条款研究

汪水松

【内容摘要】由于国际海上货物运输法领域的立法分化，法律适用问题具有重要的理论和实践意义，提单首要条款在法律适用中的地位便是其中的一个难点。

本文第一部分考察了首要条款的产生历史，指出一方面它是法律要求的产物，反映了英国等《海牙规则》的缔约国对其法律效力的消极态度，但另一方面，它又日渐成为美国等国维护其强制规则适用范围的立法工具，以限制和排除当事人在法律适用方面的自由意思。

本文第二部分探究了首要条款和法律选择条款之间的关系，强调立法所要求的首要条款并非法律选择条款，两者具有不同的机理。

本文第三部分分析了首要条款在法律适用活动中的实际影响力，各国实践表明首要条款所指向的国际规则或将这些规则内国法化的国内法只要不比法院地国的有关强制性规则提供更低的承运人责任标准，一般都可以得到尊重，但笔者对首要条款的合理性持怀疑态度，因为首要条款所指向的规则与提单并不一定具有最密切的联系。

最后，本文对提单的法律适用提出了一些建议，主张提单应受到与其具有最密切联系国家的强制性规则的制约。

【关键词】首要条款　法律选择条款　海牙规则　提单的法律适用

引　言

目前，国际海上货物运输法领域正处于《海牙规则》、《海牙－维斯比规则》和《汉堡规则》三个国际公约鼎立的时代，三者关于船、货双方权利、义务规定不一，甚至大相径庭。而各国采纳公约方式的差异更加剧了法律的裂变，它们根据自己的政治、经济利益进行取舍，有的是全面采用，有的是部分采用；有的是直接批准或加入某一国际公约并加以适用，有的是将某一国际公约转化为国内法，在这些国家中，有的国内法照搬国际公约，有的对公约进行了加工。据统计，世界上至少有五种海上货物运输法律制度、九种承运人责任限制类型存在。[1]这种不统一的现状导致了大量法律冲突的产生，如何解决提单的法律适用问题成为理论和实践的当务之急。

《中华人民共和国海商法》第十四章“涉外关系的法律适用”第269条规定：“合同当事人可以选择合同适用的法律，法律另有规定的除外。合同当事人没有选择的，适用与合同有最密切联系的国家的法律。”据此，在我国，国际海上货物运输合同的当事人可以选择合同适用的法律；合同当事人没有选择时，依据最密切联系原则确定所适用的法律。

然而，实践远没有这么简单。就当事人的法律选择而言，由于提单背面往往同时载有法律适用条款、首要条款和地区条款，如在1967年“英杜萨公司诉‘兰博格’轮”案中，提单管辖权及法律适用条款约定“本提单的一切争议应在承运人主要营业地所在国家解决，并适用该国法律”；提单首要条款约定适用“海牙规则”；提单地区条款则约定适用美国《1936年海上货物运输法》。在航运实务中，载有上述其中两种条款的提单更是屡见不鲜，这无疑给提单的法律适用带来了困难。[2]

此外，海上货物运输法具有不同于一般合同法的品质——强制性，意指“调整海上货物运输的某些法律规则不能由合同当事人减损，与这些规则相冲突的合同约定将归于无效。”[3]关于海上货物运输的强制性法律规则起源于美国 Liverpool & Great Steam 案。当时，船方（主要指班轮运输中的班轮公司）与货方缔约地位悬殊，船方为了维护自身利益，在提单上插入免责条款以减轻自己的责任。到19世纪，提单上的免责条款已多达七十余项，承运人除了收取运费外，几乎到了无任何责任的地步。为了杜绝这种不合理的现象，美国最高法院在上述案件中认定免责条款违反公共政策而归于无效，并于1893年通过了《哈特法》。这种强制性通过国际公约得到了维持和扩展。[4]《中华人民共和国海商法》第四章第44条亦明确规定：“海上货物运输合同和作为合同凭证的提单或者其他运输单证中的条款，违反本章规定的，无效。”

首要条款或地区条款和法律适用条款关系如何？海上货物运输法的强制性对当事人法律选择将产生什么样的影响呢？这些都将是本文的研究内容。

1. 首要条款立法目的之历史探源

1.1　首要条款（Paramount Clause，Clause Paramount）概述

提单是海上货物运输合同的证明，各船公司的提单背面都有自己的条款，内容基本相同，主要涉及承托双方的权利和义务，以及一系列具体义务的处理和费用负担。首要条款就是最常见的提单背面条款之一，它通常指明提单受某一国际公约或者某一国内法的约束。

实践中，提单首要条款的表达呈现出多样性，无法一一列举。在这里，需要介绍的是“一般首要条款”和“美国首要条款”。前者如“1924年8月25日于布鲁塞尔签订的统一提单若干规则的国际公约中所包含的海牙规则，如果已由起运国立法通过，应适用于本提单。如果起运国无此类立法，则适用目的地国相应立法，但若该国无适用该运输之强制立法，亦适用上述公约之规定”。[5]后者“如果运输去向、来自或通过美国的港口，本提单应受美国1936年海上货物运输法约束”。[6]后者也就是所谓的地区条款（Local Clause），适用于有关运往美国或者从美国运出的货物。之所以对两者加以强调，并不仅因为条款适用情形的一般与特殊之分，而是因为两者背后的目的大相径庭，这将在下文详细阐述。

综观各船公司的提单首要条款，一般具有以下特征：

①它指向的并不是某一国的整个法律体系，而是一特定的国际公约，如《海牙规则》、《海牙一维斯比规则》，或采纳上述规则的国内法，如英国《1971年海上货物运输法》、美国《1931年海上货物运输法》。

②它指向的是多个对象，带有浮动性，如"本提单下的运输，如去往或来自美国，有效性应依照受美国海上货物运输法之约束；如去往或来自加拿大，有效性应依照加拿大水上货物运输法之约束；如去往或来自其他国家，则受该国使海牙规则或海牙一维斯比规则强制适用于本提单的法律之调整。"

提单中，每个条款的产生和存在都有其目的和意义，如互有过失碰撞条款，就是由于美国对互有过失的船舶碰撞实行与其他航运国家不同的规则，承运人为维护自身利益而订入的。[7]首要条款亦不例外。它是在《海牙规则》生效后首次出现在提单中的，[8]与其他条款不同的是：它并不是承托双方的自治选择，而是将《海牙规则》内国法化的国内立法的法定要求，英国《1924年海上货物运输法》开创了这一立法例。但是，采纳《海牙一维斯比规则》的英国《1971年海上货物运输法》舍弃了这一要求。

为什么前后两个立法相左呢？首要条款与《海牙规则》和《海牙一维斯比规则》间又存在怎样的互动关系呢？本文将对此进行历史考察。

1.2　海牙规则体制下的首要条款

1.2.1　《海牙规则》法律效力的缺陷

在美国1893年《哈特法》立法精神的驱动下，为承运人规定强制性义务在20世纪初成为不可逆转的趋势。1921年9月在海牙举行的国际法协会海商法委员会会议便已制定了提单规则的主干，也即1921年《海牙规则》。该规则由商人们起草，旨在界定依据提单海运承运人应承担的风险。但该规则并未采用国际公约的形式，而是供私人企业选择适用。1922年11月，船舶所有人国际会议建议各国船舶所有人自动采用此规则，也即对该规则采用"自愿"的采纳方式。之所以要采用这一方式，一方面是因为它一直为海事国际立法所青睐，如著名的《约克·安特卫普规则》；另一方面，最大的航运国英国在此过程中一直处于消极地位，仍不愿对"契约自由"原则加以限制。

令人失望的是，到1922年底，来自海运业的信息表明它们将不会接受该规则。于是，为了保持提单声誉，利于贸易活动，有必要以国际公约的方式使这个规则得到更广泛的适用，1922年国际海事委员会伦敦会议通过了下述决议："会议认为，一项国际公约是解决严重的法律冲突的最可行方法……"。1922年10月在布鲁塞尔举行的讨论海事法律的外交会议上亦作出决议，建议各国政府采纳这个规则，在稍作修改后使之国内法化。1923年10月，外交会议又对这个规则做了一些修改，完成了《海牙规则》的制定工作。

面对这一大势所趋，英国的立场开始改变。1923年11月，英国帝国经济会议通过决议，一方面建议各成员国政府和议会采纳上述修改后的规则，使之国内法化；另一方面率先通过国内立法，使之国内法化，由此产生了1924年英国

《海上货物运输法》，并于1924年8月1日获英王批准。1924年8月25日，《关于统一提单若干规则的国际公约》通过。1921年时的称谓《海牙规则》作为该公约的简称，仍保留了下来。[9]

从上述的历史考察中，我们可以看到一个现象：英国《1924年海上货物运输法》早于《海牙规则》出台，且其在1930年方才批准《海牙规则》。依据英国宪法，国际条约的缔结和批准是英王的特权，为了防止英王不经过国会同意而对人民立法，同时又给予国际条约必要的国内效力以遵循国际法上的义务，国会通常在条约批准前享有核准的机会，如果该条约影响到了私人的权利或者需要修改修行法律，在条约批准前就应通过必要的立法。在这个限度内，在国际法上对英国有拘束力的条约本身并不影响本国法律或形成本国法律的一部分；这些条约本身不是个人所能直接援引作为在法院上所主张的法律权利或义务的根据。[10]因此，作为国际公约的《海牙规则》在英国法院并没有直接适用的效力，而是通过《1924年海上货物运输法》发生作用。

《海牙规则》第10条简单地规定了公约的适用范围："本公约的各条规定，适用于任何缔约国所签发的提单。"英国1924年COGSA在附件中并没有照录该规定，仅在第1条中规定，规则适用于从英国出发的运输，只告诉法院什么时候适用该法附件中的规则，并没有说明法院在什么时候适用其他国家实施的规则。[11]这样一来，《海牙规则》统一的价值将大大减损，如果一提单从英国外的《海牙规则》缔约国签发，按照《海牙规则》本应适用其规定，但却不在英国《1924年海上货物运输法》的调整范围内。

更重要的是，该法第3条规定："对于在大不列颠或北爱尔兰签发的，每份相当于合同或是任何合同证明的提单或相似的物权凭证，若要适用本规则应当包含一项明确的申明，说明其受本法的所有条款的管辖。"也就是说，英国对海牙规则的采纳运用了"首要条款"技术。实践中，英国法院一般据此只赋予海牙规则"约定效力"，而不承认它的"法律效力"（force of law）。[12]所谓"法律效力"，Denning法官在The Morviken案中做了解释，"我认为，它意味着在英国的所有法院该规则的规定被赋予了强制的法律效力。因此，在英国法院审理的每一个案件中，该规则优先于提单的其他条款。如果提单中的其他条款违背该规则或减损了该规则的效力，无效。不能协议排除该规则。"[13]这意味着，尽管海牙规则秉承了美国《哈特法》强制性的品质，[14]但如果提单中缺少首要条款，海牙规则往往被拒绝适用。

《海牙规则》的大多数缔约国，特别是普通法系国家都仿效了英国《1924年海上货物运输法》关于首要条款的规定；大陆法系国家则很少要求在提单上插入首要条款（仅比利时在修改商法第91条时，设有类似规定而已），[15]因为在大陆法系国家，像《海牙规则》这类的国际条约一经批准，一般就成为国内法的一部分得以直接适用，不需另行立法。很多学者认为，承运人之所以在提单中引入首要条款，是为了扩大海牙规则的适用范围。[16]笔者认为，这仅是首要条款在实践中可能发挥的作用，[17]究其初衷，是法定的要求，反映了以英国为代表的缔约国对海牙规则效力的消极态度。

1.2.2 “首要条款”的技术瑕疵——The Vita Food案空白

1939年在英国枢密院审理的Vita Food Products Inc. v. Unus Shipping Co.案[18]中，Wright法官的推论暴露了“首要条款”技术上的瑕疵。该案涉及从纽芬兰到纽约的一项运输，作为被告的承运人住所在新斯科特，作为原告的收货人是纽约的一家公司。由于船舶触礁后搁浅，货物在新斯科特损坏。因此，除了保险公司可能是英国的以外，该案与英国没有丝毫的联系。纽芬兰在其《1932年海上货物运输法》中对开往海外的航次采纳了海牙规则，该法第3条也包含了“首要条款”要求。由于承运人的失误，使用了旧的提单，从而违背了“首要条款”的要求，相反法律选择条款规定：“本合同应受英国法调整。”当时的英国法虽然采纳了海牙规则，但仅对从英国开航海外的航次适用。

该案争论问题之一即是否适用海牙规则。装货国和卸货国以及被选择来支配合同的法律均适用海牙规则，而Wright法官发言的要旨是本合同并不受海牙规则的约束。虽然他基于其他理由驳回了原告的诉求，但从法官的附带意见中可以看出本案的论点：

1.2.2.1 即使该合同甚至于英国没有丝毫的联系，当事人选择英国法支配本合同还是有效的。他阐述了一项基本原则：合同当事人可以选择任何国家的法律来作为合同的准据法，只要这种选择是善意、合法并且不与公共政策相悖，甚至不必要与所选国家哪怕只有极少的联系。

1.2.2.2 根据纽芬兰法，运输合同未能包含一条“首要条款”并不会变为非法合同以致不可实施，因此，承运人可以主张提单合同的免责和豁免。

1.2.2.3 由于英国法仅在由英国开航海外的航次中才适用“海牙规则”，而本案并非此种航次，因此海牙规则对本案不适用。从而出现了一种为规避海牙规则的效力而选择准据法的可能性。

据此，如果当事人可以选择任何国家的法律来作为支配合同的准据法的话，那就是使故意规避海牙规则成为可能，当事人完全可以选择一个未采纳海牙规则的国家的法律，这就是所谓的“The Vita Food案的空白”。这显然是不合理的，因为“海牙规则”旨在防止通常是比托运人处于更强有力的谈判地位的承运人，将他们的责任限制到使提单变得毫无价值的范围。[19]

Wright法官的推论遭受到了各方面的批评，[20]笔者认为，他只是表达了英国《1924年海上货物运输法》立法者的意图，因“首要条款”的缺失否定海牙规则的法律效力。

1.3 后海牙规则体制下的首要条款

1.3.1 《海牙—维斯比规则》——填补“The Vita Food案”空白

正是由于The Vita Food案判决，国际社会认识到了海牙规则适用的缺陷以及“首要条款”技术的瑕疵。《海牙—维斯比规则》将《海牙规则》第10条修改为“本公约各项规定应适用于两个不同国家的港口之间有关的货物运输的每一份提单，如果：（a）提单在一个缔约国签发，或（b）从一个缔约国的港口起运，或（c）提单载有的或由提单证明的契约的规定，该契约应受本公约的各项规则约束或应本公约生效的任何国家的立法约束，不论船舶、承运人、托运人、收货人或任何其他有关人的国籍如何。每个缔约国应将本公约的各项规定适用于上述提单。”两者比较，《海牙—维斯比规则》不仅扩大了《海牙规则》的适用范围；更重要的是，它设置了一个冲突规范，给缔约国施加了依据该冲突规范适用公约的直接义务。

之所以这么说，是《海牙规则》或《海牙—维斯比规则》这类国际统一实体私法条约与传统的国际条约在对缔约国所设义务方面机理不同所致。国际条约的一般定义为“国际法主体间缔结而以国际法为准，旨在确定其相互间权利与义务的国际书面协议”。[21]对照该定义，国际统一实体私法条约似乎与第三个要素（即条约是为了确定国际法主体之间的权利与义务关系而订立）不吻合，按照国际私法的观点，其调整对象乃是跨国民商事法律关系。这一差异造成了国际统一实体私法条约在内容、责任上与传统条约的区别。此类条约的目的在于为了排除国际民商事交往的法律障碍，协调各国的民商事立法。如果说它们对缔约国赋予了什么直接义务的话，那么该义务的核心来自于其适用条款，即适用条款为缔约国法院设置了处理涉外民商事法律关系时的冲突规范，其效力高于国内法中的冲突规范。这一冲突规范保证了国际统一实体私法条约统一目的的实现。这一冲突规范在《海牙规则》中的缺失所造成的缺陷便是一个反证。

采纳《海牙—维斯比规则》的英国《1971 年海上货物运输法》放弃了“首要条款”技术，并用一条直接适用《海牙—维斯比规则》的条款取代之，即在第 1（2）条明确其具有“法律效力”，并在附件第 10 条照搬了该规则所确立的冲突规范。这就填补了 The Vita Food 案的空白。如果货物从外国缔约国运往任何其他国家（包括英国），并且该案件被提交给英国法院，那么英国法院可依据《1971 年海上货物运输法》第 10 条的冲突规范适用《海牙—维斯比规则》，而不管合同自体法怎样。[22]因此，即使提单中未包含首要条款，也应适用《海牙—维斯比规则》，从这个意义上而言，海牙—维斯比规则体制下已不再需要首要条款，海牙—维斯比规则不仅是作为部分准据法（在该法是英国法时）而且是被作为成文法取得效力，对于属于《1971 年海上货物运输法》第 1 条及第 10 条范围内的所有情况，英国法院必须赋予该规则效力，而不考虑其准据法。[23]其他国家的立法也取消了这一要求，如加拿大《2001 年海运责任法》。

1.3.2 “The Morviken 案”

与此同时，英国法院的态度也发生了改变，The Morviken 案[24]就是一例。该案涉及从苏格兰开往荷兰的航次，提单中法律选择条款约定适用荷兰法，并赋予阿姆斯特丹法院排他的管辖权。因为荷兰法适用海牙规则而不是海牙—维斯比规则，阿姆斯特丹法院将会支持提单所规定的责任限额，而如果适用海牙—维斯比规则，提单的责任限额条款将无效。上议院一致拒绝援引 The Vita Food 案方法给予当事人法律选择的自由。Diplock 法官认为，《1971 年海上货物运输法》的起草者已经有意放弃了“首要条款”技术，赋予了海牙一维斯比规则法律效力，既然本案提单在其适用范围内，如果承认法律选择条款的效力显然减轻了承运人的责任，违反海牙一维斯比规则。

尽管该案判决引发了很多非议，仍得到了嗣后很多案例的支持和沿袭。在一个案例中，一位法官说道：“Diplock 法官的观点不应被否认，即应对立法采用目的解释而不是狭义解释，尤其是当字面解释会使国际公约统一国内法的目的为各种方法所规避时。”[25]这一观点很有说服力。[26]

1.3.3 首要条款的现实作用——维护强制规则的适用

如上所述，作为国际规则的适用技术，首要条款在海牙一维斯比规则体制下已经失去存在之意义。但这并不意味着首要条款在实践中就没有任何作用。

美国《1936 年海上货物运输法》中也包含了“首要条款”的要求。与英国的态度相反，其目的是为了维护海牙规则的强制适用范围。美国法院素来肯定海牙规则的强制力。在 Shackman v. Cunard White Star Ltd 案[27]中，美国法院就明确指出：“即使首要条款不存在，《海上货物运输法》的上述规定也应成为提单的一部分。”外贸出口货物在美国签发提单时，其中若省略了首要条款，那可能是承运人为了规避《海上货物运输法》的要求，因为诉讼如果在货物运往的国家提起，很有可能适用法院国法律。“首要条款”要求所阻挠的正是承运人的这种意图。尽管美国迄今尚未出现强制执行这一要求的规定，但已有人主张如果承运人签发的提单无首要条款，该提单可因承运人的不作为而构成“非法”，承运人应丧失《海上货物运输法》及提单合同所提供的保护，从而处于“普通法中保险人的地位”来履行运输合同。对此，美国海商法权威学者吉尔摩和布莱克认为：“这种观点看起来似乎很过分，但另一方面，法律规定了此项积极条件，却对任何违反此项规定的行为无相应的惩罚措施，就不能说是令人满意的事实。……在这些情况下，禁止承运人享有成文法所规定的权益及其非法提单中的免责保护，但让货方仍享有成文法所赋予的一切权益，也就不会使人们感到这种做法过分严厉，在该问题上的“平等”是不真实的，因为提单本身就是由承运人单方面制定的。”[28]为什么美国和英国立场不一呢？众所周知，对提单运输进行管制的始作俑者便是美国《哈特法》。其一贯持保护托运人利益的政策，因为承运人往往是外国船公司。在 Blanchard Lumber Co v. S. S. Anthony Ⅱ案[29]中 Levet 法官说道：“我认为，美国法，尤其是《哈特法》在本案中必须适用以维护《哈特法》和《海上货物运输法》所证明的保护承运人的美国政策。”为了扩大强制适用范围，美国《1936 年海上货物运输法》除了适用于出口货物提单外，还适用于进口货物提单。

在美国《1999 年海上货物运输法草案》中，第 7 条（b）项保留了“首要条款”要求，更重要的是，其关于管辖权的规定进一步为新法的适用提供了保障。

1995年前，美国法院不承认提单中选择外国法院条款的效力。1995年美国最高法院在Sky Reefer案中推翻了美国下级法院判决，判定承认提单中选择法院条款的效力。这个判决对船东非常有利，但遭至美国货主及其保险人的强烈批判。《1999年海上货物运输法草案》第7条（ⅰ）款（2）项很大程度上推翻了Sky Reefer案判决。它规定："虽然本款适用的运输合同或者其他协议的条款规定，本法适用的争议在外国诉讼或仲裁，如果符合以下一项或几项条件，合同一方可以选择在美国合适的管辖地开始诉讼或仲裁：①装港或卸港在美国或拟在美国；②承运人接受货物的地方或者将货物交付给有权收取货物的人的地方在美国；③被告的主营业地或者，如果没有的话，经常住所地在美国；④合同订立地在美国；⑤运输合同或者其他协议选择在美国诉讼或者仲裁的。"其法律后果是，索赔人排除运输合同中的外国机构而选择美国的诉讼或仲裁机构的权利已经扩大，虽然外国司法管辖和仲裁条款不会再像美国1995年以前的判例那样认为是"无效的和无约束力的"，但是新的规定在实践中的影响将更国家主义化，更难以令人接受，它违背了国际私法的基本原则。[30]和《海牙一维斯比规则》一样，《汉堡规则》第2条通过设置一条冲突规范明确了自身的适用范围，"本公约的各项规定适用于两个不同国家间的所有海上运输合同，如果：(a) 海上货物运输合同所规定的装货港位于一个缔约国内，或 (b) 海上运输合同所规定的卸货港位于一个缔约国内，或 (c) 海上运输合同所规定的备选卸货港之一为实际卸货港，并且该港位于一个缔约国内，或 (d) 提单或证明海上运输合同的其他单据是在一个缔约国内签发的，或 (e) 提单或证明海上运输合同的其他单据中规定，本公约的各项规定或实施本公约的任何国家的立法，归该合同有约束。"该规定 (a)(d)(e) 项和《海牙一维斯比规则》一样，而 (b)(c) 项与美国相仿。

更值得注意的是，《汉堡规则》第23条第4款规定："在签发提单或证明海上运输合同的任何其他单据时，其中必须载有一项声明，说明该项运输遵守本公约的各项规定，任何背离本公约而有害于托运人或收货人的条款，均属无效。"也就是说，汉堡规则包含了"首要条款"要求，其立法目的与美国海上货物运输法相同。如果法院国是缔约国，汉堡规则的适用不存在问题；但如果法院国是非缔约国，汉堡规则的适用就遇到了障碍，而"首要条款"可以消除这一障碍。

1.4 小结

如果说，"首要条款"作为一项立法技术为英国法首倡，反映了相关国家对海牙规则法律效力的消极立场；在后海牙规则体制下，它已不合时宜。但从另一方面讲，"首要条款"已被立法者用于体现对适用强制性规则的维护和保障。

尽管The Vita Food案判决遭到了嗣后一些案例的质疑，[31]但这些案例中法官所面对的是当事人选择的准据法与采纳海牙规则的本国法的矛盾，其意义只能说明海牙规则本身就具有强制性。试想，如国一个提单从法院国外的缔约国签发，而当事人选择了第三国法，法院该如何处理呢？法院是否应尊重提单签发国采纳海牙规则的内国法呢？由于海牙规则的适用缺陷，这就涉及到法院是否应对他国的强制性规定予以尊重的问题。强制性规则作为法院地法或准据法的组成部分，其适用的合法性已得到确认，但对第三国的强制性规则呢？就英国而言，枢密院在 The Vita Food 案中的观点被奉为权威，Wright 法官指出枢密院是站在新斯科特法院的立场上，因此没有必要考虑纽芬兰法院依据自己的强制性规则应如何行事。民法法系最初也持同样的观点，但 1966 年荷兰最高民事法庭在 The Alnati 案[32]中接受了一个例外，如果第三国对案件有显著的利益，荷兰法院应考虑适用其强制性规则。该案案情类似于 The Vita Food 案：一艘荷兰船运输法国产的马铃薯从比利时到巴西，提单中包含了选择荷兰法的条款以及一条违背比利时采纳的海牙规则的免责条款。结果，法院认为比利时仅仅涉及运输，因而没有显著的利益，缺乏与合同的密切联系。尽管嗣后的案件中荷兰法院并没有实际适用该例外，但其所阐明的原则得到了其他民法法系国家学者的支持。《1980 年欧共体关于合同义务法律适用公约》第 7（2）条对这一问题做了规定："依据本公约适用一国法律时，如依情况与另一国有着密切关系，则该另一国的强制规则，得认为有效，但必须依该另一国法律，不可何种法律适用于该合同，均必须适用此种强制规则时为限。在考虑是否认为此种强制规则为有效时，应注意此种规定的性质和目的以及其适用或不适用的后果。"英国、卢森堡和德国对该条实施了保留。[33]

如果法院地国未采纳海牙规则，上述问题更加严重。《海牙规则》的缔约国不适用海牙规则，很可能被批评为阻碍了海牙规则统一价值的实现，如 Morris 曾指出，如果从采用海牙规则的澳大利亚至同样采用海牙规则的英国的货物运输，如果不适用海牙规则，法律冲突的逻辑与统一商法的需要就出现了不一致，意在妨碍这种统一的合同难道不应该被视为违反英国的公共政策吗？[34]而《海牙规则》的缔约国不存在这一义务。

在海牙—维斯比规则和汉堡规则体制下，非缔约国法院排除公约适用的问题同样存在。因此，美国《1999 年海上货物运输法草案》保留了，而《汉堡规则》增加了"首要条款"要求。其主要作用就在于维护强制性法律规则的适用，排除和限制当事人在选择适用法律方面的自由意思。[35]

2. 首要条款与法律选择条款之关系辨析

2.1　司法实践中的困难

如引言中所述，由于一些提单中同时存在着法律选择条款、首要条款和地区条款，或其中两种条款，一起提单纠纷案件就会涉及到两个或两个以上国家的法律（包括国际公约）。无论对何国法院来说，正确认定上述三种条款的效力并进一步选出提单适用的法律都不是件容易的事情。要处理好这个问题，必须对三个条款间的异同有一清楚的认识。地区条款主要是世界各国的班轮公司在经营美国航线的班轮运输时为满足美国 COGSA 对"首要条款"的要求在各自的提单中所列，其实质就是首要条款；这一要求在很多提单中以"美国首要条款"的形式得到满足。因此，实践中的难点在于如何界定首要条款和法律选择条款之间的关系。我国法院在首要条款和法律选择条款的关系认定上存在着很多不一致的案例。

2.1.1 首要条款与法律选择条款混同论

在1993年五矿东方贸易进出口公司诉罗马利亚班轮公司“柯兹亚”轮迟延交货纠纷中，提单背面首要条款中载明：1924年《关于统一提单的某些法律规定的国际公约》（即海牙规则）的条款作为提单条款的一部分，并入提单。广州海事法院认为：“五矿公司和班轮公司一致同意以1924年《海牙规则》作为解决本案纠纷的法律。五矿公司与班轮公司双方选择适用的意思表示，不违反中国的法律，应确认其效力。”[36]可见，广州海事法院在该案中将首要条款等同于法律选择条款，该认定得到了广州省高级人民法院的支持。在1999年原江苏省轻工业品进出口集团股份有限公司诉江苏环球国际货运有限公司、美国博联国际有限公司无单放货案中，提单背面首要条款载明经美国港口运输的货物的提单适用《1936年美国海上货物运输法》，武汉海事法院认定“当事人在提单首要条款中约定《1936年美国海上货物运输法》为处理本案的准据法，符合中国法律的规定。但本案所涉及的承运人能否不凭正本提单向记名收货人交付货物问题，该法未作出明确规定，应认定为选择的法律只调整合同当事人的部分权利义务关系，而对合同本项争议的处理没有选择适用法律。因此，处理合同本项争议，应依照最密切联系原则确定其所适用的法律。”[37]在该案中，武汉海事法院也将首要条款等同于对当事人部分权利义务关系的法律选择条款。

2.1.2 首要条款与法律选择条款区别论

与上述案例相反，还有很多司法实践认为首要条款并不是法律选择条款。在1993年香港民安保险有限公司诉永航船务（圣·文森特）有限公司、营口海运总公司“仙人轮”货损纠纷案中，提单背面首要条款规定：“本提单有关承运人的义务、责任、权利和豁免遵照1924年《关于统一提单若干规则国际公约》即海牙规则。”尽管广州海事法院对承运人的义务、责任、权利和豁免适用了海牙规则，但只是作为国际惯例适用，因为该案事故发生时《中华人民共和国海商法》还没有实施。法院认为，该案提单首要条款的实质是承运人责任条款，而不是法律选择条款。也就是说，本案提单没有法律选择条款，因此，还存在确定法律适用问题。[38]在2000年中国人民保险公司广东省分公司诉塞浦路斯海运有限公司、圣达卢船务有限公司海上货物运输合同货差赔偿纠纷案中，法院认为：“本案提单中载明适用1924年《海牙规则》和1968年《海牙—维斯比规则》，该条款是将上述两规则的内容并入提单，而不是法律适用条款。由于双方当事人未能就法律适用问题达成一致意见，而本案合同履行地之一在中国黄浦港，货差发生在中国，根据最密切联系原则，本案就可以适用中华人民共和国法律。”[39]可见，在我国司法实践中，首要条款有时候被视为法律选择条款，有时候被视为只是将有关国际公约或国内法并入提单，尚无一个统一的定论。

2.2 学术理论上的分歧关于首要条款和法律选择条款的关系，不仅中国法院在实践中十分不一致，而且中国海商法学界也是分歧很大。

2.2.1　首要条款与法律选择条款混同论

我国学者多认为首要条款即为提单适用法律条款，他们对“首要条款”所下定义大体上有四类：其一，认为“首要条款，指明提单受某一公约或国内法制约的条款。”[40]其二，认为“首要条款，指规定提单适用法律的条款。”[41]其三，认为“法律适用条款，也称首要条款，如系国际公约缔约国，一般在提单首要条款中指明适用《海牙规则》或《维斯比规则》，或使上述公约生效的国内法，如不是上述公约缔约国则规定适用本国法律。”[42]其四，认为首要条款“指规定选择提单适用的准据法和解决争议的地点。”[43]这些观点要么根本未给提单适用法律条款下定义，要么将其等同于提单适用法律条款。[44]台湾也有学者持此种观点，“倘准据法条款规定适用海牙规则或海牙一维斯比规则者，该款称之为‘至上条款’，……因此至上条款亦称为准据法条款。”[45]在这一类观点中，有人根据合同法律适用“分割论”理论，以中国远洋运输公司的提单背面条款为例，对首要条款和法律选择条款之间的关系做了界定。该提单背面条款第2条规定：“本提单受中华人民共和国法律的管辖。本提单项下或与本提单有关的所有争议应根据中华人民共和国的法律裁定……”其第3条又规定：“有关承运人的义务、责任、权利及豁免应适用海牙规则，即1924年8月25日在布鲁塞尔签订的关于统一提单若干规定的国际公约。”后者就是所谓的“首要条款”。该两条规定应表明当事人同意在案件涉及承运人的义务、责任、权利及豁免的方面适用《海牙规则》；案件的其他方面适用中国法律。因此，这两个条款都是“法律适用条款”或“法律选择条款”，只是当事人在此作了分割的法律选择。[46]此观点提出的意义在于解释了首要条款和法律选择条款何以并存于提单中的逻辑矛盾。

2.2.2　首要条款与法律选择条款区别论

近年来，上述将提单首要条款等同于法律选择条款的观点似乎越来越受到中国学者的质疑。

韩立新先生指出，虽然两者都规定了提单的法律适用问题，但仍存在明显的不同。第一，含义不同。法律适用条款是提单中指明该提单引起争议适用某国法律解决的条款，这一被选定的某国法律即为提单的准据法；而首要条款是提单中指明该提单受某一国际公约或某个国家的某一特定法规制约的条款。第二，法律选择的范围不同。当事人在法律适用条款中选择的准据法是某国的全部法律，而不是该国法律中的某一具体法规；在首要条款中，当事人仅选择适用于提单的某一个公约或某国法律的一部分，因此，该条款也叫部分选择条款。这些被纳入的个别法规此时不再是作为法规，而只是作为当事人议定的合同条款被实施。而且该条仅调整合同的某些事项或在特定情况下适用。因此，“有些人把首要条款认作法律选择条款，这是错误的，必须予以纠正”。

此外，他还认为既然首要条款中指明的某一规则或某一特定法规只是提单的一个条款，因此，该条款有效与否处理应由提单中的准据法决定。具体而言，可分为两种情况处理：第一，如果提单的法律选择条款有效，且能查明该准据法的内容，只要首要条款的内容不与该准据法中的强制性规定相抵触，应承认该首要条款的效力。否则，首要条款无效，不予适用。第二，如果提单的法律选择条款因不符上述条件而无效，或者因其内容无法查明而不能适用，或提单中根本无此条款时，法院需首先划分不同情况，或参照最高院对适用《涉外经济合同法》的解答为提单准据法，或根据《海商法》第269条以最密切联系地的法律为提单准据法。然后，再根据确定的准据法决定首要条款的效力，判断方法同第一种情况。[47]

郭国汀律师则认为首要条款是为了“强制适用某一公约或其已内国化化的公约，根据法律规定，或非缔约国的当事人为了享受公约的利益，将其并入提单作为提单的条款，具有高于其他提单条款效力的特殊条款。而提单法律适用条款又称作法律选择条款则是指有关提单的任何争议应适用某一法律也即准据法解决的条款。因此，提单法律适用条款，既不是更不等于首要条款”。提单首要条款与法律选择条款，除了韩立新先生指出的两点区别外，还存在以下区别：首要条款指明的是多种公约或内国法化的公约，诸如《海牙规则》、《维斯比规则》等，这实际是一种浮动条款；提单适用法律条款一般均明示或默示地选定一种法律，尽管也存在选定多种法律的浮动选择条款，依普通法则是无效的（直至1991年《1980年欧共体关于合同义务法律适用公约》生效实施后情形方有所改变）。前者并入提单的公约或其内国法化的公约性质只能是提单条款，尽管一般而言其具有高于其他提单条款（包括提单法律适用条款在内）之效力，后者则选定的必定是法律，只要选择合法，不违反公共政策，不违反强制适用的公约或法律（指不允许当事人用合同排除其适用的公约和法律），即生法律效力。就作用而言，首要条款在于维护强制性法律规范的适用，排除和限制当事人在选择适用法律方面的自由意思，此点本意与提单法律适用条款恰恰相反。就性质而言，如其指明的是公约，若法院国为缔约国，无论是否有首要条款并入提单，提单均受公约约束；若法院国为非缔约国，则公约并不适用，而应适用法院地国具有强制性的法律，如果该国没有此种法律，才能适用之。如其指明的是内国法化的公约，它并不比法院地国具有更高的效力。即便适用之，在上述三种情况下，既不是适用公约也非法律，而是作为提单的一项条款被适用，这是首要条款与法律适用条款的本质区别。就文义而言，顾名思义，首要条款本义在于使该条款成为提单合同至高无上的基础条款，它的效力一般高于法律选择条款。

郭国汀律师还阐析了两者间的关系：第一，首要条款指明管辖提单的是《海牙规则》等公约，若法院地国是该规则之缔约国，则该提单法律适用条款的效力低于该规则，仅在该规则适用范围之外的事项，才有准据法适用之余地；若法院地国并非该规则之参加国，而合同准据法又具有强制性，则应适用该准据法，若该准据法属任意性规范，则应优先适用该规则，提单条款本身与该规则或该准据法冲突部分无效。第二，首要条款指明制约提单的是上述规则的内国法化的法规之情况，对各该本国法院而言，在这些法规适用范围内，比如系出口船舶签发的提单，自应优先适用这些法规；对他国而言，只有当这些法规不与提单准据法相悖，或提供了比准据法更高的保护标准时，才有适用之可能。[48]

邢海宝教授亦认为首要条款不同于法律选择条款，它所指向的国际公约或国内法并不是作为法律，而是被并入提单成为提单条款。因此，决定首要条款是否有效的依据只能是合同的准据法，首要条款援引的某一法规仅在准据法中属于任意性规范的范围内有效，不得与强制性规范相抵触。[49]

2.3 评析

各国海上货物运输法仅规定了“首要条款”要求，并未确定其具体表述，各船公司首要条款的表述不尽相同，其中的很多内容已经超出了相关立法的法定要求。因此，笔者区分立法原意所指的首要条款和当事人意思下的首要条款两种情形加以分别阐述。

2.3.1 立法原意所指的首要条款

对立法原意所指的首要条款之性质，笔者持首要条款与法律选择条款区别论。但理由并非是基于两者形式或内容上的差异，如指向对象、选择范围等等，法律并没有禁止当事人选择国际或国内的个别法规，而只能选择某国完整的法律体系。之所以对两条款作出区分，是因为法律选择条款是双方当事人意思自治的体现，而首要条款的产生实际上是法定的要求，世界各国经营美国航线的班轮公司在提单中加入“美国首要条款”，显然不是出于自己的本意，这样做只能作茧自缚，它们惧怕的是因违反美国立法而导致运输无效，丧失对所应享有权利及豁免的援用。因此，首要条款的机理恰好与法律选择条款的机理相反，它是通过限制了当事人法律选择的自由来维护强制性法律规范的适用。这一观点也是为国外司法实践和学理所接受的。美国第二巡回上诉法院在 Pannell v. United States Liens 案[50]中认定：“在某一法规并入提单之场合，其条款仅是提单所证明的合同条款。”《戴西和莫里斯论冲突法》一书也指出：“应该区别当事人对合同自体法的明示选择与把自体法以外的外国法的某些规定作为合同中的一个或一些术语的情况。……支配海运人责任的法规，如美国前《哈特法》，或者是实施《海牙规则》的法规，如《1971 年英国海上货物运输法》、《1936 年美国海上货物运输法》，常常就是这样‘进入’合同的，但支配这个合同的法律并非该法规所属的那个法律。”[51]

有首要条款与法律选择条款混同论者指出，关于提单的国际公约和国内法几乎都是强制性法律规范，三个公约和各国国内法在承运人的责任、义务、权利及豁免方面差别较大，这样一来首要条款规定某些方面应适用的法律几乎肯定要和法律选择条款中规定应适用的法律相冲突，如果认为首要条款不是法律选择条款，首要条款被适用的可能性是极小的。[52]笔者认为此观点未把握关于提单的强制性法律规范之“强制”本质。从美国《哈特法》开始，海上货物运输法强制性表现在为承运人规定最低限度的义务而不容其通过免责条款予以背离。《海牙规则》第3（8）条规定："运输合同的任何条款、约定或协议，凡是免除承运人或船舶因疏忽、过失或未履行本条规定的责任和义务，导致货物的或与货物有关的灭失或损坏而引发的责任的，均为非法并归于无效。"同时，其第5条规定："承运人可以自由地全部或部分放弃本公约中规定的全部权利和豁免，或增加他所应承担的责任和义务的任何部分。"各国法律中也有类似规定。也就是说，承运人不能减轻责任和义务，但可自愿增加。因此，即使首要条款指向的法律与法律选择条款所指引的准据法在承运人责任、义务、权利和豁免方面存在差别，也并不产生硬性的冲突。如果首要条款指向的法律对承运人施加了比准据法更严格的责任，该责任并不为准据法禁止，因为它是对承运人责任的增加；反之，如果准据法下的责任严格于首要条款指向的法律，该法律亦不禁止其对承运人责任的增加。

相反，依照前一类观点，采用"分割说"对承运人的责任、义务、权利及豁免适用准据法所指引的法律，如果法律选择条款所指引的准据法规定的承运人责任更加严格，则不利于对托运人的保护，亦违背了海上货物运输法的"强制"本质以及双方当事人的意思自治。

同时，笔者并不赞同有些区别论者所主张的首要条款效力应由法律选择条款所指引的准据法决定。何谓"paramount"？即"最高的，至上的，首要的，主要的"之义。[53]它不仅对提单的具体责任条款具有至上地位，且对提单的法律选择条款以及管辖权条款具有至上地位。如上所述，它的主要目的就是为了防止承运人通过选择其他法律而规避本应适用于其的强制性义务。因此，如果将首要条款的效力取决于法律选择条款所指引的准据法，将违背首要条款的宗旨；相反，如果准据法规定的承运人责任低于首要条款指向的法律，该规定将因首要条款而无效。事实上，关于这个问题的争议似乎没有实际意义，正如刚才阐述的，首要条款指向的法律与法律选择条款所指引的准据法之间就承运人的责任并不会产生硬性的法律冲突。笔者认为，首要条款的效力应由法院国法支配。

必须指出的是，持首要条款与法律选择条款区别论，可能会产生一个问题。正如《戴西和莫里斯论冲突法》一书中所指出的，如果把自体法以外的外国法的某些规定作为合同中的一个或一些术语，"这样，该法规便不是作为一个法规，而是作为当事人协议的一套合同术语。然而，这些用语'与其在法规中的含义相同'，并且合同的其他规定并不有助于其解释。在解释英格兰合同中的外国法规用语时，法院似乎并不需要熟悉外国法，因为他们是解释英格兰合同中的术语，而不是适用外国法。"[54]

实践中，首要条款的表述是多种多样的。有的表述为"本提单视为并入了海牙—维斯比规则，即1968年2月23日于布鲁塞尔签订的1924年提单公约议定书中包含的规则，但有强制适用之法规者，不在此限"。有的则表述为"本提单下的运输，如去往或来自美国，有效性应依照受美国海上货物运输法之约束；如去往或来自加拿大，有效性应依照加拿大水上货物运输法之约束；如去往或来自其他国家，则受该国使海牙规则或海牙一维斯比规则强制适用于本提单的法律之调整”。这两者的措辞是不一致的，前者明确提及了“并入”；但两者的区别也仅限于措辞，其性质都是被作为条款并入了提单。

2.3.2 当事人意思下的首要条款

综观各国海上货物运输法，各国关于“首要条款”的要求仅限于出口货物提单，美国《1936 年海上货物运输法》尽管强制适用于出口货物提单和进口货物提单，也只要求从美国签发的提单中必须包含首要条款。但在实践中，很多首要条款的内容已超出了法定要求。有的首要条款为：“1924 年 8 月 25 日于布鲁塞尔签订的统一提单若干规则的国际公约中所包含的海牙规则，如果已由起运国立法通过，应适用于本提单。如果起运国无此类立法，则适用目的地国相应立法，但若该国无适用该运输之强制立法，亦适用上述公约之规定。”该条款可分为三部分理解：第一，起运国已将海牙规则国内法化，海牙规则适用于本提单；第二，起运国无此类立法，则适用目的国相应立法；第三，目的国亦无强制立法，适用海牙规则。如上所述，如果说，该条款第一部分是为了满足法定要求，那么第二、三部分则不在立法约束之内，虽然冠之以“首要条款”之名，已不是法定要求上的“首要条款”，而是当事人意思的一种体现。既然该两部分性质已经发生了变化，就不应再套用上述结论，而可视为其已经包含了当事人选择法律的意思表示。

同理，上文提及的中国远洋运输公司的提单背面第 3 条的规定（“有关承运人的义务、责任、权利及豁免应适用海牙规则，即 1924 年 8 月 25 日在布鲁塞尔签订的关于统一提单若干规定的国际公约。”)，其标题是“承运人责任”，并没有冠之以“首要条款”，尽管意在满足相关立法的“首要条款”要求，但措辞过于广泛，如果在具体案件中提单的签发国并没有此法定要求，则应理解为法律选择条款。另一方面，这也意味着，所有指向海牙规则、海牙一维斯比规则或汉堡规则以及采纳这些规则的国内法的条款并不都是首要条款。海牙一维斯比规则和汉堡规则中的适用条款中都明确规定，提单或提单所证明的合同规定适用本规则时，该规则便适用于此提单。实际上，多边的国际公约被非缔约国的当事人选择适用，是国际社会尤其是航运界非常普遍的现象。这也反映了当事人意思自治的精神，只有当事人才能根据自身利益，在不同的法律中选择出适用于提单的法律，只要是国际社会普遍承认的法律规范，都可以作为当事人选择的对象。在这种情形下，即使提单背面条款中另外载有法律选择条款，亦可视为双方当事人作出了法律的“分割”选择。

有时候，我们还可以看到这样的首要条款——“本提单应依据《海牙规则》的规定而生效。该法应被认为已载入提单，而提单中所载任何内容，都不应被理解为承运人对该公约所规定的权利或豁免的放弃，或任何责任与义务的增加”。该款的后半段规定显然歪曲了海上货物运输法的“强制”本质，违背了“首要条款”要求的宗旨。其效力令人怀疑。

最后需要说明的是，“首要条款”这一形式最初仅见于提单中，而后已发展到了租船合同，因为在普通法下，船东承担船舶适航的严格责任，而按《海牙规则》船东仅负有谨慎处理的不完全过失责任，将《海牙规则》纳入租船合同下的提单，承运人便可依据合同享受该项利益。如今，海运单中也开始出现了首要条款。[55]在这种情形下，应视为《海牙规则》被并入了租船合同或海运单中。

3. 首要条款在提单法律适用中之实效分析

3.1 问题的实质

如果首要条款指向海牙规则、海牙—维斯比规则或汉堡规则，而法院国是该规则的缔约国，首要条款当然会发生作用，因为缔约国承担着适用公约的义务；其实即使没有首要条款，该规则亦会为缔约国法院适用。如果首要条款指向法院国的法律，后果也是如此。问题在于，如果首要条款指向的不是法院国采纳的国际规则或其国内法，法院国对首要条款取何态度呢？

1993年，中国海商法协会向各主要海运国家发出“关于提单管辖权等条款的效力的问题单”，其中一个问题是“若规定在外国诉讼并适用当地法律，但同时订有首要条款规定优先适用海牙规则，贵国法院是否承认该条款？”澳大利亚和新西兰的回答是：“合同适用当地法律以及规定优先适用海牙规则的首要条款得到承认，但以不违反1991年海上货物运输法第11条为前提。”加拿大的回答是：“若货物从加拿大出口，加拿大法律中包含的海牙规则须强制适用。如根据加拿大法律海牙规则不予强制适用（不是从加拿大港口出口的货），……包含在首要条款之内的海牙规则所起的作用是微不足道的。”英国海商法协会则认为：“如果首要条款指明海牙—维斯比规则，英国法院有义务适用该规则，尽管该规则与适用法律的条款相径庭，但法院仍会对其他争议适用被选择的法律。”美国海商法协会回答道：“承运人不得在依法受美国海上货物运输法约束的提单中实行择地行诉条款。这种分析并不因法律条款或首要条款要求适用美国海上货物运输法以外的法律而改变。”可以看出，多数国家对此问题的回答取决于该国是不是规则缔约国，且该国的有关提单公约的国际立法是不是予以强制适用。如果是，则优先适用其国内法的海牙规则或维斯比规则，而不考虑法律选择条款或首要条款的约定。[56]

一国立法规定“首要条款”要求，是为了维护本国法的强制适用，其核心是以本国法决定提单中有关承运人责任的条款的效力（包括法律适用条款和管辖权条款）。前文已经提到，法院国是否应尊重他国的强制性规则尚存在分歧，即使对于采纳《1980年欧共体关于合同义务法律适用公约》第7（2）条的欧洲国家，该条的适用也必须符合一定的条件。其一，依据该外国法的规定，法院所审理的争议在该外国法适用范围内；其二，争议和第三国必须存在密切的联系，而这一联系又不必是“最密切的”，因此理论上也许有多个国家与争议具有该种联系，这就产生了强制规则之间的冲突；其三，法院享有决定是否第三国法的裁量权。因此，第三国的强制规范被适用之可能很小。《代理法律适用公约》第16条虽然规定在适用该公约时，如果根据与案情有重大联系的任何国家的法律，该法的强制性规则必须适用；但其起草人在对第16条的评述中建议，法院可以援引自己的冲突规则，例如将意思自治的行使从属于客观的自体法。《美洲关于国际合同法律适用公约》第11.2条明确规定每一个法院应适用自己的政策。[57]

且不说法院国依据本国政策对适用第三国强制性规则的裁量，仅就“密切联系”要求而言，提单签发国要求他国适用自己的强制规范就存在疑问。上文提及的荷兰 The Alnati 案中，提单签发国比利时就被荷兰最高民事法庭否定与案件的密切联系。对于运输合同，常常没有某个显著的因素能作为“密切联系”推断的依据，法院必须通过衡量案件所有的情况才能解决这一问题。[58]

正是这种障碍才促发了众多国家的立法中规定“首要条款”要求，但另一个问题便产生了，第三国的强制规范会因为首要条款的指引就在法院国获得尊重吗？立法者的想法可能是让强制规范以提单条款的形式出现借当事人的意思自治原则消除不被尊重的障碍。但是，首要条款会被认定为是当事人意思自治的表现吗？即使如此，也不能忽略了意思自治原则本身所遭受的反对意见——当事人之间的协议要具有决定应适用法律的效力，首先还必须解决用什么法律来赋予这种协议本身以效力的问题。[59]在 Boissevain v. Weil 案[60]中，Denning 法官明确指出：“我不认为双方当事人可以自由约定他们合同的效力应由何种法律决定，他们的意思仅仅是需要考虑的因素之一。”

世界各国海上货物运输法“强制性”的品质令这一问题更加复杂，这种强制性不仅体现在对承运人最低限度义务和责任的设定及不得减损，还可能体现在对适用外国法律的排除。澳大利亚《1991年海上货物运输法》第11条规定：“提单或类似物权平整的当事人，凡与从澳大利亚任何地点向澳大利亚以外的任何地点运输货物有关的，……均被视为是有意按照启运地的现行法律订立合同的。”就该条规定，有学者认为，从澳大利亚进口的提单和其他单据，只能适用该国法律并接受该国法院的管辖权，禁止当事人选择适用外国法律。[61]因此，无论是将首要条款看作法律选择条款，还是看作对相关规则的并入，都必然受到法院国强制立法的挑战。

3.2 各国提单法律适用之比较[62]

3.2.1 美国

美国法院一直不愿适用外国法，因为它素来奉行保护托运人权利的公共政策，而在海牙规则时代，美国《1936年海上货物运输法》所规定的500美元责任限额相对较高。美国海上货物运输法和大部分国家的海上货物运输法不一样，不仅适用于出口货物提单，还适用于进口货物提单。这一做法蒙上了法律沙文主义的阴影，损害了起运国与合同之间存在的潜在的密切和更真实的联系。随着大部分航运国家已采纳了海牙－维斯比规则，从一个海牙－维斯比规则国家开往美国的航次就受到了两个强制体制的支配：海牙－维斯比规则和海上货物运输法。美国一个地方法院将这种情况称之为一个“法律的戈耳迪难结”，[63]但“既然国会并未努力、断然地砍开这个结，美国法院就必须适用海上货物运输法，而无论提单从何处签发或运输从何处开始。”[64] 在 Sunds Defibrator v. Atlantic Star 案[65]中，美国法院适用了海上货物运输法所规定的 500 美元责任限额，尽管起运国瑞典所适用的海牙—维斯比规则限额更高。法院拒绝认可作为提单合同签订地以及起运地的瑞典的实体法，以及海牙—维斯比规则的法律效力。

不过，美国法院已经对从海牙—维斯比规则国家开往美国的运输开始承认海牙—维斯比规则所规定的更高的限额。他们认识到，尽管美国海上货物运输法强制适用于进口美国的运输，但立法本身允许运输合同的双方当事人约定适用高于海上货物运输法规定的责任限额或者更严格的承运人责任和义务。至少在一个案件中，海牙—维斯比规则责任限额得到了适用，但并非是因为海牙—维斯比规则本身的这些规定，而是因为该限额是起运国法律所强制规定的，而提单中首要条款的规定使其优先于海上货物运输法。[66]这样一来，去往美国的海上货物运输主要在两种情形下可适用海牙—维斯比规则所规定的限额：其一，提单使海牙—维斯比规则适用；[67]其二，提单中包含了模糊的首要条款，因此允许法院依据法定的解释规则对其作出不利于提单起草者承运人的解释，以保护货方利益。[68]但有时候，提单中条款的模糊性反而导致了海上货物运输法的适用。[69]

3.2.2 英国

英国以《1971 年海上货物运输法》采纳了海牙—维斯比规则，同时废止了《1924 年海上货物运输法》。1971 年法适用于所有从英国及从海牙—维斯比规则缔约国签发的提单。该法第 1（6）（b）条还规定在下列条件下将不可转让的货物收据（海运单）受海牙—维斯比规则调整，即（a）表明不可转让；（b）构成一个海上货物运输合同；（c）包含了一个明示条款，表明该规则像对提单一样调整该收据。

英国法院时常认可外国的海上货物运输法。[70] 如在 The River Gurara 案[71]中，Colman 法官适用了在西非各港口有效并并入提单标准格式的海牙规则。因此，有些有效减轻承运人责任的条款无效。在 The Chanda 案[72]中，一套沥青烘干和搅拌设备从德国运往沙特阿拉伯，设备的控制室因未经同意甲板运输及捆绑不力而损坏，Hirst 法官适用了并入提单的西德商法典中的海牙规则。

在 The Morviken 案[73]中，货物从英国运往海牙—维斯比规则强制适用的一个国家，上议院拒绝认可提单中选择荷兰为准据法的条款，因为这样做将减轻海牙—维斯比规则下承运人的责任。但在 The Benarty 案[74]中，法院准许将诉讼移送到雅加达，导致承运人可以减轻依据英国法应承担的责任。尽管受损货物的起运地是伦敦，法院认定管辖权移送虽然导致责任减轻但并不违背海牙—维斯比规则，因为承运人谋求的是基于吨位的船东责任限制，而不是单位责任限制。海牙—维斯比规则第 8 条表明像印度尼西亚商法典这样的外国责任限制立法并不为其所影响。

3.2.3 法国

法国于1936年4月9日采纳了海牙规则以适用于国际运输，1977年7月8日采纳了海牙一维斯比规则，1987年4月3日采纳了维斯比SDR议定书。国际海运单中如通过首要条款并入了海牙一维斯比规则，亦受其约束。

1936年4月2日，法国颁布了适用于国内运输的立法，并于1966年6月18日颁布新法适用于一般的租船货运以及提单货类似物证凭证下的国内货物运输，国内海运单也在其调整之列。1966年法在1979年11月21日、1986年11月23日被修订，以符合1968年和1979年的维斯比规则。

作为海牙一维斯比规则的缔约国，从另一缔约国开始的运输在法国法院都将受到该规则的约束，因为依据法国1958年宪法，一旦法国批准并颁布了一项国际公约，该公约便成为了法国国内法的一部分并优先于任何与之不相符的法律。因此，法国法官有义务遵循海牙一维斯比规则的规定进行适用。约束法国及其他欧盟成员的《1980年欧共体关于合同义务法律适用公约》强化了这一观念，它的第21条规定："……不应损害一国作为缔约国或成员国的国际公约的适用。"1966年法第16条第1款规定："本法适用于开出或去往法国港口的运输合同，而该合同不在法国作为成员国的国际公约的调整范围内，并且在任何情况下适用于不在此公约适用范围之内的运输活动。"这样，该法对不在国际公约适用范围之内的案件予以了调整，它和海牙一维斯比规则的关系与美国《哈特法》和《1936年海上货物运输法》的关系很相似。

尽管1966年法第16条第1款尚未被废止，但随着《1980年欧共体关于合同义务法律适用公约》1991年4月1日在法国生效，作为一个冲突规则，它已经形同虚设（"dead letter"）。罗马公约为所有欧盟国家法院在合同事项上设置了统一的法律选择规则。合同受双方当事人明示选择的或从合同条款以及案件事实中推导出来的默示选择的法律的支配（第3（1）条）；如果没有这一明示或默示的选择，合同被视为受与其有最密切联系的法律支配（第4（1）条）；根据一特别假设，货物运输合同被视为与承运人的主要营业地国有最密切联系，只要该国同时又是装运或卸载地或发货人的主要营业地（第4（4）条）；但是，如果案件事实作为一个整体表明合同与另一国家有更密切的联系，该假设可以被推翻（第4（5）条）。

依据《1980年欧共体关于合同义务法律适用公约》第3（1）条之规定，法国法院会对来自海牙规则国家的运输适用海牙规则，因为受制于该规则的提单中必须包含的首要条款将可能构成一种明示的选择。[75]如果运输起运国既不受制于海牙规则也不受制于海牙一维斯比规则，法国法院不再自动适用1966年法，而是适用《1980年欧共体关于合同义务法律适用公约》规定的冲突规则所指引的准据法。

法国的法律适用情况大致可以总结如下：

（1）海牙一维斯比规则在以下情况下适用

a. 提单（或其他运输）在法国签发，或

b. 提单在任何缔约国签发，或

c. 运输从法国的一个港口或其他缔约国的任何港口开始，或

d. 运输合同明确并入维斯比规则。

（2）法国根据货物运输合同中所要求的海牙规则首要条款以及《1980 年欧共体关于合同义务法律适用公约》从一个采纳海牙规则的国家起运的运输适用海牙规则；因此该法适用于：

a. 装运港和卸货港，承运人和托运人都在法国的海上货物运输；

b. 装载前和卸载后期间在法国；

c. 既没有签发也没有打算签发提单或类似物权凭证的运输；

d. 活动物运输；

e. 在合同中声明的甲板货物运输；

f. 海牙规则第 6 条意义上的具有特别性质的运输，且签发了不可转让的货物收据并如是标明。

（3）提单或类似物权凭证的签发国，或运输起运国不是海牙、维斯比或汉堡规则的缔约国，该国际运输适用罗马公约中的冲突法规则而不是 1966 年法第 16 条第 1 款所确定的准据法。

（4）无论什么国际性质的运输，法国法支配在法国对货物采取的保留或执行措施以及诉讼在法国提起时的时效规则。

3.2.4 加拿大

加拿大 1936 年通过《水上货物运输法》采纳了海牙规则。《1936 年水上货物运输法》既适用于加拿大沿海贸易，又适用于从加拿大港口的出口贸易。

1993 年，加拿大议会颁布了新的《水上货物运输法》，赋予了海牙一维斯比规则对其第 10 条范围内以及加拿大沿海贸易的适用效力，并对汉堡规则在加拿大的生效予以了前瞻。它许可议会在将来某个时间实施汉堡规则，并要求运输部在 1999 年以前为议会准备一份报告，“考虑海牙一维斯比规则是否应被汉堡规则取代”，并且在采纳汉堡规则或修改本法之前，每五年重复这一程序。2001 年，《海运责任法》出台，废止了《水上货物运输法》。该法继续赋予海牙一维斯比规则效力，对汉堡规则的实施仍出于未决状态。

《海运责任法》第 43（1）条规定，海牙一维斯比规则在加拿大依据该规则第 10 条对不同缔约国间的水上货物运输合同具有法律效力。因此，该条不仅使海牙一维斯比规则适用于从加拿大出口的提单和类似物权凭证下的运输，而且还适用于从其他海牙一维斯比规则缔约国进口加拿大的此类运输，[76]以及海牙一维斯比规则缔约国（加拿大以外的国家）间和从海牙一维斯比缔约国到非缔约国（如美国）的运输。[77]该规定还会使海牙一维斯比规则强制适用于从非缔约国起运但提单在规则缔约国签发的运输，以及提单援引海牙一维斯比规则或将其内国法化的某国内法的运输。[78]《海运责任法》第 43（3）条对海牙一维斯比规则中的“缔约国”进行了定义，使其包括了加拿大本身（加拿大并未批准或加入该规

则），以及任何虽然不是正式意义上的“缔约国”但已经通过国内立法给予了1924年布鲁塞尔公约和1968年议定书法律效力的国家，其是否给予1979年维斯比SDR议定书在所不问。这一广泛的定义确保了海牙—维斯比规则广泛的适用范围。

如果依据《海运责任法》第43（1）条，一运输合同不受海牙—维斯比规则强制约束，加拿大法院必须适用本国的冲突法规则确定提单合同的准据法。按照加拿大冲突法实践，适用合同自体法国家的实体法，[79]只要该法没有违背加拿大的国际公共秩序（或公共政策）或强制规则，[80]并且援引该法不是为了规避自体法或管辖。基于此，加拿大法院承认明示或默示选择外国海上货物运输法的效力。[81]如果没有这种选择，法院将援引运输合同自体法，衡量案件的各个连结因素来决定与其具有最密切和最真实联系的法律。[82]

《海运责任法》还赋予了海牙—维斯比规则对加拿大域内水上货物运输的法律效力，除非未曾签发提单或运输合同规定不适用该规则（第43（2）条）。因此，在加拿大国内沿海运输中，海牙—维斯比规则可以被一个不可转让的运输单证（如海运单）中明确的语言约定排除适用，即使是在通常的商业运输下。但是，如果一个海运单没有排除海牙—维斯比规则的明确规定，仍应适用该规则。

国际运输中使用的海运单应受《海运责任法》约束，除非它满足海牙—维斯比规则第6条的规定，依据托运人和承运人之间的协议具有特殊的性质。

3.2.5 中国

我国司法界和学术界曾对首要条款中约定的海牙规则能否适用进行讨论。一种观点认为应承认其效力并予以适用。理由是我国海商法只规定第四章适用于国际海上货物运输合同，并没有规定其强制适用于出口和（或）进口提单。有人认为“关于涉外关系的法律适用，我国海商法第十四章与第四章相比，居于特别的地位，当事人选择法律条款只要符合该章规定，即属有效，不应受第四章规定的限制。否则，如果要求所选择的法律内容上必须符合第四章的规定，势必将以中国法凌驾于他国法律之上，这不符合国际交往互利、尊重他国主权的现实要求，也不利于维护涉外法律关系的稳定性。”[83]所以，即使约定的海牙规则中的每件或每单位100英镑的单位责任限额低于海商法规定的每件或每货运单位666.67计算单位的限制，也不能认为是违反我国法律的强制性规定。另一种观点认为这种首要条款无效，不能适用海牙规则。理由如下：第一，我国不是该规则的缔约国，根据国内法原则，“条约非经第三国同意，不为该国设立权利和义务”，所以我国不承担执行上述公约的义务。第二，我国海商法第四章属强制性规定（第7、8节除外），而且，该法第44条强调指出：“海上货物运输合同和作为合同凭证的提单或者其他运输单证中的条款，违反本章规定的，无效。”我国现行海商法第四章主要以海牙—维斯比规则为基础，适当吸收了汉堡规则中比较合理和成熟的内容。提单首要条款约定适用海牙规则明显减低了承运人的责任（如上述责任限额方面等），违反了我国法律的强制性规定。所以，该条款无效。[84]

实际上，该两种观点的焦点是我国海商法第四章的适用范围与强制性问题，因为该法没有像英、美等国将提单公约内国法化的国内立法那样，如是适用于出口提单还是进、出口提单等。第一种观点显然无视了我国海商法的强制性，全面正确理解必然得出第四章系强制性法律的结论。我国海商法第 269 条规定："当事人可以选择合同适用的法律，法律另有规定的除外。"第 44 条明确规定："海上货物运输合同和作为合同凭证的提单或者其他运输单证中的条款，违反本章规定的，无效。"本条正是"另有规定的法律"；第 45 条进一步规定："本法第 44 条的规定不影响承运人在本章规定的承运人责任和义务之外增加其责任和义务。"这些规定无疑秉承了海上货物运输国际立法强制性的品质。此外，第 2 条规定："本法第 4 章海上货物运输合同的规定，不适用于中华人民共和国港口之间的海上货物运输。"质言之，凡是涉外海上货物运输，均无一例外地必须适用海商法第 4 章的强制性规定，也即，我国海商法的适用范围包括进出口货物运输。承认海商法第 4 章的强制性，并不必然导致排除外国法的适用，只有当准据法关于承运人责任低于海商法第 4 章承运人应负之最低责任标准时，才会适用我国海商法。在这种情况下，也就与所谓"主权"，或"凌驾"或"涉外法律关系的稳定性"不相干，而是冲突法规则的正确运用。[85]

我国法院的司法实践也基本反映了上述观点。在 1996 年上海经贸国际货运实业公司诉美商海陆联运（中国）有限公司海上货物运输合同纠纷案中，提单首要条款规定适用海牙－维斯比规则，海牙－维斯比规则第 3 条第 6 款规定"除非在交付货物或应交付货物之日起提起诉讼，在任何情况下，承运人或船舶都应被免除对于货物的任何责任。"我国海商法第 257 条也有相同的规定。该案提单背面条款第 18 条注明："除非在货物交付或应交付之日起一年内提出书面索赔，则该承运人及承运船只将免除货物残短的一切责任。或者索赔虽及时提出但已被拒绝，而在全部或部分拒绝之日起两年内未提起诉讼，直至有关承运人或船只或者两者被置于法律程序管辖之下，才认为承运人或船只已被提起诉讼。"该案争点就在于如果按照海牙－维斯比规则和我国海商法的规定，原告已超过了诉讼时效；而根据提单约定，原告并未超过诉讼时效。上海海事法院认为提单对海牙－维斯比规则下诉讼时效的延长，显然是被告加重其责任的表示，是承运人的自愿，并未违背海牙－维斯比规则的规定，依法应该约束双方。因此，原告并未超过诉讼时效。[86]

该案中，被告上诉时还提出中国未加入海牙－维斯比规则，海牙－维斯比规则只能作为国际惯例被适用，而依据中国法国际惯例须以中国法律没有规定为前提，因此海牙－维斯比规则不适用。上海市高级人民法院驳回了此项抗辩。笔者提及此点，是为了说明学者讨论中第二种观点的第一个理由并不成立，即使中国未加入某国际公约，如提单中并入了该公约，亦可适用之。

3.3 评述

3.3.1 首要条款在提单法律适用中的实效

综观各国的态度，首要条款所指向的国际规则或将这些规则内国法化的国内法只要不比法院地国的有关强制性规则提供更低的承运人责任标准，一般都可以得到尊重。实践中，首要条款被作为法律适用条款直接加以援引的案例也是屡见不鲜，这与我们在上文中从理论上对首要条款性质的探讨有径庭之处。事实上，如上文所述，由于海上运输法的“强制”本质，即使首要条款指向的规则与法院地国规则在承运人责任、义务、权利和豁免方面存在差别，也并不产生硬性的冲突。因此，海上货物运输法强制性之作用发挥更类似于公共政策，而不是直接适用的法。后两者虽然具有相关性——公共秩序是直接适用的法产生的原因和基础，在调整涉外民商事关系时，都可以起到排除外国法、适用本国法的作用；但其排除外国法的出发点不同——公共秩序的出发点是建立在适用外国法的基础上，只是因为该外国法的内容或其所适用的结果与法院地的公共秩序相抵触而排除其适用，而直接适用的法则强调某些内国法的强制性，其适用是绝对的和无条件的，并不关注外国法的内容或适用的结果；而且两者排除外国法的途径也不同——在适用公共秩序之前，法院地冲突规范已经在法律选择过程中发挥了作用，但是经该冲突规范援引的外国法的内容或其适用的结果与法院地公共政策相冲突，从而排除适用，而直接适用的法否定外国法的适用，根本没有注意或者说漠视冲突规范的作用，冲突规范并没有在法律选择过程中发挥作用，而是直接适用的法本身确定的适用范围排除了外国法适用的可能性。[87]美国《1999 年海上货物运输法草案》第 7 条明确规定“运输合同中任何减轻承运人或船舶因疏忽、过失或者因未尽到本法所规定的义务和责任而造成的货物灭失、损坏或与该货物有关的责任的条款，或减轻本法中未规定的类似责任的条款，均未有悖公共政策的无效条款。”

3.3.2 首要条款的负面效应

上述现象似乎意味着谁规定的承运人责任标准高，就会导致其适用。乍看起来，这一结论符合国际规则以及各国海上货物运输法的立法宗旨——保护弱势一方货方的利益。的确，这种因弱势或不利地位所致的不平等现象不但为社会本位的法律观念所不允许，也非国家或国际社会的总体经济秩序所能容忍。国际私法的根本任务是通过法律适用来避免或消除国际民商事冲突，取得较为公正的结果，从而保护当事人的合法权益；既然国际民商事关系中的主体之间也存在强者和弱者原则，国际私法中也必须引入保护弱者原则，否则不利于国际民商事关系的顺利发展，最终损害当事人双方的利益及相关国家利益。[88]但任何事情物极必反，保护弱者原则可以推至极端吗？答案显然是否定的。

考察海上货物运输强制法的历史发展，无不贯穿着船方和货方的妥协，立法者在其间所做的利益平衡。始作俑者美国《哈特法》第一、二和三节就包含了双方利益冲突的主要妥协：托运人获得了禁止在提单中广泛列入免责条款的利益，而承运人则获得了两项新的法定免责事由。[89]美国之所以在《1936 年海上货物运输法》生效 60 年后才提出修改建议，其间更反映了商业上的妥协。[90]海运大国对汉堡规则持消极态度，亦是同理。实体法规则如此，冲突法规则也应如此。

尽管披上了当事人意思自治的外衣，首要条款仍是相关立法的要求，旨在维护该立法强制性的适用，而这难道没有法律沙文主义之嫌吗？美国《1999年海上货物运输法草案》一出台，为什么各国将最咄咄逼人的批评指向了其用于"保证该强制性制度的广泛适用和美国法院的司法管辖权"的条款？试想，如果汉堡规则得到相当一部分航运国家的接受，并依据该规则在提单中包含了首要条款，面对该规则强制适用范围的扩张，未接受它的航运大国对首要条款还会尊重吗？

首要条款的效力是通过限制当事人法律选择的自由来实现的。但从国际私法理论上讲，并非所有的强制规则都会构成对当事人意思自治的限制。强制规则或代表了一国本身的利益，或代表了一国希望保护的私人利益。

Vischer认为，前一类规则包括"对市场、国民经济的管理和控制（反垄断法、进出口限制），对国家土地权益的保护（禁止外国人获得土地权利，保护农田），对货币资源的保护（保障支付平衡），对证券市场的控制（对收购的监管，控制权披露），对环境或劳工的保护（限制工作时间）等等。"其他事项，如对国家继承权的保护或是禁止歧视的法律，亦可划入此类。该类规则大部分属于公法事项，尽管反垄断和劳工法似不在此列。违反该类规则不仅会导致刑事惩罚，而且还会产生不法合同的无效。对于该类规则，它们的强制性质已经显而易见，问题在于它们治外法权的范围。

相比之下，第二类规则更容易产生争议。它们主要是由那些保护合同弱势一方当事人的法律所构成。该类规则面临的问题首先是是否具有国际意义上的强制性，然后才是它的适用范围。一项保护私人利益的强制性规则是否构成国际意义上的强制性，是无法精确界定的，因为它是一个程度问题，而不是性质问题。在谈及法院应如何对待本国强制规则时，Vischer指出："法院国保护性规则只有在下列情况下才可适用，即根据案件的所有事实法院国对法律适用拥有统治性的利益，包括实体关注的重要性，交易与法院国间的密切联系以及该方当事人需要保护的合理期望。"[91]在德国，有人认为《德国商法典》所附《施行法》第6条（海牙一维斯比规则适用于所有不同国家港口之间的货物运输或者位于德国的两个港口之间的货物运输中签发的提单）属于强制性规定，源于公共秩序的要求，当事人不能通过契约排除它的适用。该观点受到了其他学者的质疑，他们认为这种观点假定存在一个只有适用德国法才能够得到保障的特殊利益，人们却无法具体辨析出这是一种什么样的利益。[92]

一国仅因为是提单的签发国就可以要求该提单受其约束吗？如果给予肯定的回答，似乎过于武断。荷兰The Alnati案中，荷兰最高民事法庭就正确意识到了这一点。因此，笔者对于首要条款的合理性及其前景不抱乐观态度。

结语：关于提单法律适用的一点思考

尽管本文仅以提单的首要条款为切入点，但已可对提单法律适用的复杂性窥见一斑。首要条款、法律选择条款以及法院地法，太多的因素使得笔者有些无所适从。而在对国际私法有关书目的研习中，笔者又注意到当事人意思自治、直接适用的法以及公共政策等理论与规则似乎都与提单的法律适用实践有着密切的关联，从一定意义上说，提单法律适用实践极大地促进了国际私法的发展，The Vita Food 案、The Morviken 案等众多的海事案例被国际私法学者时常作为研究的范例。因此，笔者觉得有必要对提单的法律适用作出一点思考，并代结语。

笔者认为，提单法律适用的复杂性不仅源于运输活动连结因素的多样，且源于提单法律的强制品质。在世界范围内，这些强制规则互相割据，并都极力意图维护本身的强制适用，造成实践的混乱。同样都是国家强制力干涉的产物，同样都是为了保护弱势一方的权益，为什么消费者合同的法律适用就没有提单的法律适用这么复杂呢？让我们先看一下消费者合同的法律适用。德国国际私法规定，此类合同当事人选择的结果，不得剥夺消费者习惯居所国法律强制规则所赋予的保护；没有法律选择时，受消费者习惯居所国法支配。《1980 年欧共体关于合同义务法律适用公约》与此规定一致。而瑞士更将当事人的选择排除在外，主要适用消费者习惯居所地国法。而依据《1980 年欧共体关于合同义务法律适用公约》的规定，提单合同的法律适用规则为：尊重当事人的选择；如没有此种选择，适用与其有最密切联系的法律支配，如果订立合同时，承运人的主要营业地国同时又是装运或卸载地或发货人的主要营业地，则推定其与合同有最密切联系。尽管当事人的选择仍受制于该公约第 7 条强制规则以及第 16 条公共政策的规定，但并没有确定当事人的选择应具体受哪一国强制规则的限制，这就是提单法律适用复杂的重要症结。因此，提单的法律适用应仿效雇佣合同。

第一，还需要赋予当事人选择法律的自由？

答案是肯定的。提单合同虽然具有双方当事人地位的不平等性，但仍不乏一般合同的共性。有关的强制规则并没有扼杀当事人的自由，只是剥夺了承运人一方对合同自由权的滥用，以任意限制自身责任。在这种强制规则体系下，承运人享有放弃法定权利及豁免的自由。因此，意思自治原则仍应适用于提单合同关系的法律适用。通过强制性规则来固定交易条件的立法干预将妨碍当事人实现成本效益，只有当事人自治已经或将要损害公共利益时，政府干预才是必要的。

自海牙规则于 1924 年通过至今，七十多年过去了，国际海运形势发生了很大的变化。已有学者认为，新形势下，恢复提单合同的自由并不必然导致合同自由的滥用。首先，英国承运人不再主导国际海上运输。美、英、德、法、日、意、加、中和其他一些国家都是重要的海运大国，任何一个国家的承运人现今都不可能滥用合同自由并引发国际冲突。其次，当代班轮运输业是一个高度竞争的行业，托运人与承运人的谈判地位相当平等。如果一个承运人滥用合同自由，免除其应承担的责任，这可能只会把托运人推向另一家班轮运输公司。因此，一般而言，恢复合同自由并不会损害货主的利益。再次，即便在特定情况下，承运人滥用合同自由免除其合理责任，各国法院仍可依据公共政策或不公平合同条件法宣布免责条款无效。[93]这种观点虽然尚未得到普遍接受，但也反映出赋予提单合同当事人意思自治的必要性和可能性。

第二，当事人选择法律的自由应受到何国强制规则的制约？

这是最为关键的问题。由于提单运输中常常没有某个显著的连结因素，法律不可能像对雇佣合同的法律适用那样确定消费者习惯居所国的强制规则为坐标。因此，法院应根据案件的全部事实选择与提单合同有最密切联系的法律。对合同各要素，法院不仅要进行“量的分析”，更要进行“质的分析”。通过对合同诸要素的量的分析和质的分析，我们会发现，对于确定“与合同有最密切联系的国家”这个连结点来说，各合同要素的意义是不同的。不仅集中于一个国家的相对多数的合同要素可能具有决定性意义；而且那些地位较强的合同要素也可能具有决定性意义；至于那些分散于不同国家的相对少数的合同要素，以及那些地位较弱的合同要素，一般是没有决定性意义的。在确定“最密切联系”的过程中，“政府利益分析”等理论均应有一定的适用空间。必须强调的是，在分析过程中，法院国法应与外国法具有相同的地位，除非其和案件具有比外国法更密切的联系，不应具有优先地位。如果当事人没有对法律作出选择，则可直接适用与案件有最密切联系的强制规则。当然，上述规则并不影响法院国依据其所参加的国际公约应该承担的义务以及公共政策保留的行使。

注 释：

[1] 参见司玉琢主编《国际海事立法趋势及对策研究》，法律出版社 2002 年版，第 289 页。

[2] 参见韩立新：《论提单中有关法律适用条款》，载于《中国海商法年刊（1996）》，大连海事大学出版社 1997 年版，第 219 页。

[3] 左海聪著《国际经济法的理论与实践》，武汉大学出版社 2003 年版，第 219 页。

[4] 参见左海聪著：《国际经济法的理论与实践》，武汉大学出版社 2003 年版，第 220—225 页。

[5] “General Paramount Clause. The Hague Rules contained in the International Convention for the Unification of certain rules related to Bills of Lading, dated Brussels the 25th August 1924 as enacted in the country of shipment, shall apply to this Bill of Lading. When no such enactment is in force in the country of shipment, the corresponding legislature of the country of destination shall apply, but in respect of shipment to which no such enactments are compulsorily applicable, the terms of the said Convention shall apply.”

[6] “USA Clause Paramount. If Carriage includes Carriage to, from or through a port in the United States of America, this Bill of Lading shall be subject to the United States Carriage of Goods by Sea Act 1936 (US COGSA).”

[7] 该条款规定，本船即载货船可向本船货主追偿本船可以免责的，但已由本船赔付给他船即非载货船的本船货物损害的部分。

[8] 郭国汀：《论提单适用法律条款与首要条款》，http://www.ccmt.org.cn/hs/explore/exploreDetial.php?sId=330（2003 年 11 月 15 日访问）。

[9] 参见邢海宝著：《海商提单法》，法律出版社 1996 年第 1 版，第 3 页；左海聪著：《国际经济法的理论与实践》，武汉大学出版社 2003 年版，第 222—223 页；Robert Grime, Ship-

ping Law, London Sweet & Maxwell, 1991, pp. 159－60.

[10] 参见詹宁斯、瓦茨修订:《奥本海国际法》第一卷第一分册，王铁崖等译，中国大百科全书出版社 1995 年第 1 版，第 34－35 页。

[11] 参见《戴西和莫里斯论冲突法（下）》，李双元等译，中国大百科全书出版社 1998 年版，第 1259 页。

[12] See John F. Wilson, Carriage of Goods By Sea, Financial Time Pitman Publishing, 1998, p. 182.

[13] The Morviken, [1982] 1 Lloyd's Report. 325 at 328.

[14] 学者以及规则本身都明确表明这一点，第一，海牙规则的目的就在于在世界范围内为承运人和托运人确定统一的法律；第二，海牙规则第 3（8）条规定“运输合同中任何减轻本条所规定的承运人和船舶责任的条款、契约或协议应无效。”第三，第 2 条规定：“每一个海上货物运输合同……承运人……应按照下列规定承担责任和义务。”See William Tetley, Vita Food Products Revisited (Which Parts of the Decision Are Good Law Today?), 37 McGill Law Journal 298－299 (1992)。

[15] 参见邢海宝著:《海商提单法》，法律出版社 1996 年第 1 版，第 3 页，Robert Grime, Shipping Law, London Sweet & Maxwell, 1991, pp. 387, Paul Todd 著《现代提单的法律与实务》，郭国汀、赖民译，大连海运学院出版社 1992 年版，第 122 页。

[16] 参见邢海宝著:《海商提单法》，法律出版社 1996 年第 1 版，第 377－378 页；郭国汀:《论提单适用法律条款与首要条款》，http: //www. ccmt. org. cn/hs/explore/exploreDetial. php? sId＝330（2003 年 11 月 15 日访问）。

[17] 这涉及到首要条款的效力问题，下文将予以详细阐述。

[18] [1939] A. C. 277, 1993, 1939 AMC 257, [1939] 2 D. L. R. 1, [1939] 1 All E. R. 513, [1939] 1 W. W. R. 433. 63 Lloyd's Report 21 (P. C.).

[19] 参见 Paul Todd 著:《现代提单的法律与实务》，郭国汀、赖民译，大连海运学院出版社 1992 年版，第 122－124 页。

[20] See William Tetley, Vita Food Products Revisited (Which Parts of the Decision Are Good Law Today?), 37 McGill Law Journal 299－305 (1992)。

[21] 见万鄂湘、石磊等著:《国际条约法》，武汉大学出版社 1998 年第 1 版，第 3 页。

[22] 参见《戴西和莫里斯论冲突法（下）》，李双元等译，中国大百科全书出版社 1998 年版，第 1260 页。

[23] 参见 Stewart C. Body, Andrew S. Burrows and David Foxton 著:《SCRUTTON 租船合同与提单》，郭国汀译，法律出版社 2001 年版，第 624 页。

[24] [1983] 1 Lloyd's Rep. 1, also styled as The Hollandia in [1983] 1 A. C. 565 (H. L.) .

[25] The Benarty [1983] 2 Lloyd's Rep. 50 at p. 56 per Sheen J.

[26] See John F. Wilson, Carriage of Goods By Sea, Financial Time Pitman Publishing, 1998, p. 184.

[27] 31 F. Supp. 948 at 950, 1940 AMC 971 at 973 (S. D. N. Y 1940).

[28] G. 吉尔摩，C.L. 布莱克著:《海商法》，杨召南等译，中国大百科全书出版社 2000 年第 1 版，第 232－233 页。

[29] 295 F. Supp. 857 at 865, 1967 AMC 103 at 115, [1966] 12 Lloyd's Rep. 437 at 444

(S. D. N. Y 1966).

[30] 参见 William Tetley:《美国新〈海上货物运输法〉草案——重大的国际影响》，谢明、张晓东译，载于《海商法研究》2000年第2辑，法律出版社2000年第1版，第258—259页。

[31] See Dominition Glass Co. v. The Ship Anglo Indian, [1994] S. C. R. 209, [1944] 4 D. L. R. 721; Ocean Steamship Co. v. Queensland State Wheat Board, [1941] 1 K. B. 402, [1941] 1 All E. R. 158 (C. A.).

[32] 13 May 1966, NJ 1967, 3.

[33] See P. E. Nygh, Reasonable Exceptions of Parties in Choice of Law, Recueil Des Cours (1995), pp. 390—392.

[34] 参见《戴西和莫里斯论冲突法(下)》，李双元等译，中国大百科全书出版社1998年版，第1259页。

[35] 参见郭国汀:《论提单适用法律条款与首要条款》，http://www.ccmt.org.cn/hs/explore/exploreDetial.php?sId=330(2003年11月15日访问)。

[36] 参见金正佳主编:《中国典型海事案例评析》，法律出版社1998年第1版，第368—384页。

[37] http://www.ccmt.org.cn//hs/news/show.php?cId=700(2003年11月15日访问)。

[38] http://www.ccmt.org.cn//hs/news/show.php?cId=999(2003年11月15日访问)。

[39] http://www.ccmt.org.cn/hs/writ/judgement Detial.php?Id=165(2003年11月15日访问)。

[40] 如:司玉琢主编:《海商法详论》，大连海事大学出版社1995年版，第156页；沈木珠著:《海商法比较研究》，中国政法大学出版社1998年版，第93页；朱清著:《海商法知识必读》，大连海事大学出版社1994年版，第79页；高容著:《海商法理解适用与案例评析》，人民法院出版社1996年版，第61页。

[41] 如:郁志轰著:《美国海商法》，杭州大学出版社1996年版，第68页；宋春林著:《新编海商法》，海洋出版社1996年版，第115页；付旭梅主编:《海商法讲义》，人民法院出版社1998年版，第67页。

[42] 如:吴焕宁主编:《海商法学》，法律出版社1996年版，第104页；韦经建著《海商法》，1996年版，第210页，称"首要条款或法律适用条款，指明提单受某一公约或国内法制约，适用什么法律作准据法"；张丽英著:《海商法》，人民法院出版社1998年版，第100页，称"法律适用条款，又称首要条款，该条款解决有关提单的争议应适用何国法律解决的问题"。

[43] 如:陈宪民著:《中国海商法》，海洋出版社1996年版，第116页。

[44] 参见郭国汀:《论提单适用法律条款与首要条款》，http://www.ccmt.org.cn/hs/explore/explore Detial.php?sId=330(2003年11月15日访问)。

[45] 张新平著:《海商法》，中国政法大学出版社2002年版，第328页。

[46] 参见龚婕:《论提单法律适用中的一般原则》，载于《中国海事审判年刊(2000)》，人民交通出版社2000年版，第84—86页。

[47] 参见韩立新:《论提单中有关法律适用条款》，载于《中国海商法年刊(1996)》，大

连海事大学出版社 1997 年版，第 223—224 页。

[48] 参见郭国汀：《论提单适用法律条款与首要条款》，http：//www. ccmt. org. cn/hs/explore/explore Detial. php? sId=330（2003 年 11 月 15 日访问）。

[49] 参见邢海宝著：《海商提单法》，法律出版社 1996 年第 1 版，第 386—390 页。

[50] [1959] AMC 935，263 F. 2D 497.

[51]《戴西和莫里斯论冲突法（下）》，李双元等译，中国大百科全书出版社 1998 年版，第 1123 页。

[52] 参见龚婕：《论提单法律适用中的一般原则》，载于《中国海事审判年刊（2000）》，人民交通出版社 2000 年版，第 86 页。

[53] Oxford Advanced Learners' English Dictionary，1998，p. 1094.

[54] 参见《戴西和莫里斯论冲突法（下）》，李双元等译，中国大百科全书出版社 1998 年版，第 1123 页。

[55] 参见郭国汀：《论提单适用法律条款与首要条款》，http：//www. ccmt. org. cn/hs/explore/explore Detial. php? sId=330（2003 年 11 月 15 日访问）。

[56] 参见韩立新：《论提单中有关法律适用条款》，载于《中国海商法年刊（1996）》，大连海事大学出版社 1997 年版，第 224 页。

[57] See P. E. Nygh，Reasonable Exceptions of Parties in Choice of Law，Recueil Des Cours（1995），pp. 392—394.

[58] 参见《戴西和莫里斯论冲突法（下）》，李双元等译，中国大百科全书出版社 1998 年版，第 1244 页。

[59] 参见李双元著：《国际私法（冲突法篇）》，武汉大学出版社 2001 年修订版，第 525 页。

[60] [1949] 1 K. B. 482 at 491（C. A.）.

[61] 参见韩立新：《论提单中有关法律适用条款》，载于《中国海商法年刊（1996）》，大连海事大学出版社 1997 年版，第 222 页。

[62] 本部分参见 Tetley，Marine Cargo Claims，4th edition（to be published in 2007），pp24—36，from http：//tetley. law. mcgill. ca/maritime/chp1. pdf（2003 年 11 月 15 日访问）。

[63] Gordian Knot，传说中弗利吉亚王国的戈耳迪国王打的一个非常复杂的结，有个预言说谁能打开这个结，谁就是亚洲的下一个国王，亚历山大听到这个预言后用剑把这个结砍开了，比喻极其复杂的难题。

[64] Acciai Speciali Terni USA，Inc. v. M/V Berane 182 F. Supp. 2d 503 at 506，2002 AMC 519 at 522（D. Md. 2002），citing Farrell Lines Inc. v. Columbus Cello—Poly Corp. 32 F. Supp. 2d 118 at 128，1998 AMC 334 at 345（S. D. N. Y1997），aff'd sub nom. Farrel Lines Inc. v. Ceres Terminals，Inc. 161 F. 3D 115，1999 AMC 305（2 Cir. 1998）；and Rockwell Int'l Corp. v. S/S Koeln Express 1987 AMC 2537 at 2539（D. Md. 1987）.

[65] 1986 AMC 368（S. D. N. Y. 1983）. See also I. N. A. v. The Sealand Developer 1990 AMC 2967（S. D. N. Y. 1989）

[66] See Konica Business Machines U. S. A.，Inc. v. Intransit Container，Inc. 1997 AMC 2685 at pp. 2690—2691（Mass. Supr. Ct. 1996）.

[67] See，for example，Daval Steel Prods. v. M/V Acadia Forest 683 F. Supp. 444 at p.

447, 1988 AMC 1669 at p. 1673 (S. D. N. Y. 1988); Associated Metals & Minerals Corp. v. M/V Arktis Sky 1991 AMC 1499 (S. D. N. Y. 1991); Tuxpan Lim. Procs., 765 F. Supp. 1150, 1991 AMC 2432 (S. D. N. Y. 1991); Francosteel Corp. v. M/V Deppe Europe 1990 AMC 2962 (S. D. N. Y. 1990); Assoc. Metals & Minerals v. The Arktis Sky 1991AMC 1499 (S. D. N. Y. 1991). Summary judgement granted for defendant, 1992 AMC 1217 (S. D. N. Y. 1992), reversed on other grounds 978 F. 2d 47, 1993 AMC 509 (2 Cir. 1992); Ilva U. S. A v. M/V Botic 1993AMC 240 (E. D. Pa. 1992), aff'd 998 F. 2d. 1003, 1993 AMC 2445 (3 Cir. 1993); Francosteel Corp. v. M/V Pal Marinos 885 F. Supp. 86 at p. 90, 1995 AMC 2327 at p. 2330 (S. D. N. Y. 1995); J. C. B. Sales v. M/V Seijin 921 F. Supp. 1168, 1996 AMC 1507 (S. D. N. Y. 1996), aff'd 124 F. 3d 132, 1997 AMC 2705 (2 Cir. 1997); Itel Container v. M/V Titan Scan 1997 AMC 1568 (S. D. Ga. 1996), aff'd in part, reversed in part, 139 F. 3d 1450, 1998 AMC 1965 (11 Cir. 1998), cert denied sub nom. Mammoet Shipping B. V. v. Sky Shipping Ltd. 525 U. S. 962, 1999 AMC 2999 (1998); MacSteel Int'l USA Corp. v. M/V Ibn Abdoun 154 F. Supp. 2d 826 at p. 831, note 7, 2001 AMC 2841 at p. 2846, note 7 (S. D. N. Y. 2001). But see also Nippon Fire & Marine Ins. Co. v. M. V. Tourcoing 167 F. 3d 99 at p. 102, 1999 AMC 913 at p. 916 (2 Cir. 1999), 该案中，法院忽略了在起运国日本维斯比规则的强制性。

[68] See, for example, Daval Steel Products v. M/V Acadia Forest 683 F. Supp. 444 at p. 447, 1988 AMC 1669 at p. 1672 (S. D. N. Y. 1990); Francosteel Corp. v. M/V Deppe Europe 1990 AMC 2962 at p. 2967 (S. D. N. Y. 1990); Francosteel Corp. v. M/V Pal Marinos 885 F. Supp. 86 at pp. 89—90, 1995 AMC 2327 at pp. 2329—2330 (S. D. N. Y. 1995); Konica Business Machines U. S. A., Inc. v. Intransit Container, Inc. 1997 AMC 2685 at p. 2691 (Mass. Supr. Ct. 1996). 但在 Francosteel Corp. v. M/V Kapetan Andreas G 1993 AMC 1924 (S. D. N. Y. 1993) 和 Acciai Speciali Terni USA, Inc. v. M/V Berane 2002 AMC 519 (D. Md. 2002) 案中法院并没有援用不利解释规则来支持维斯比规则所规定的更高限额。

[69] See Valmet Materials v. Nedlloyd 1993 AMC 1243 at p. 1245 (M. D. Fla. 1993), 该案涉及从芬兰（维斯比规则国家）到美国的运输，提单首要条款援引了 COGSA，尽管提单中的另一条款规定任何以合同形式背离法律规定的条款无效，最后法院仍适用了 COGSA 规定的责任限额。但在 Konica Business Machines U. S. A., Inc. v. Intransit Container, Inc. 1997 AMC 2685 at pp. 2690—2691 (Mass. Supr. Ct. 1996) 中法院作出了相反的判决，该案涉及从日本到美国的运输，提单中存在一个类似的不符条款，法院认定该条款优先于提单中其他将承运人责任限制到 COGSA 所规定的 500 美元限额的条款。

[70] In Ocean S. S. Co. v. Queensland State Wheat Bd. [1941] 1 K. B. 402, (1940) 68 Ll. L. Rep. 136, 该案涉及从澳大利亚到英国的运输，提单援引了英国法。英国上诉法院认为该条款因澳大利亚 1924 年海上货物运输法第 9 (1) 条而无效；但枢密院在 The Halcyon Isle 案中对外国船舶优先权采取了沙文主义的态度 [1980] 2 Lloyd's Rep. 325, 1980 AMC 1221。

[71] [1996] 2 Lloyd's Rep. 53.

[72] [1989] 2 Lloyd's Rep. 494 at p. 505.

[73] [1983] 1 Lloyd's Rep. 1 at p. 6 (H. L.).

[74] [1984] 2 Lloyd's Rep. 244 (C. A.).

[75] See commentary by P. Bonassies, DMF Hors s rie No. 5, 2001, no. 70 on the decision of the Cour de Cassation, December 2, 1999 (The World Apollo), DMF 2001, 308.

[76] See, for example, Town Shoes Ltd. v. Panalpina Inc. (1999) 169 F. T. R. 267 at p. 273 (Fed. C. Can.).

[77] See, for example, Sidmar v. Fednav International Ltd. [1996] ETL 794 (Fed. C. Can.), upheld (1997) 211 N. R. 143 (Fed. C. A.), leave to appeal to the Supreme Court of Canada denied, September 18, 1997, [1997] S. C. C. A. No. 227，该案中，双方当事人合意在比利时生效的维斯比规则依据加拿大 1993 年水上货物运输法适用于从比利时到美国的货物运输提单。

[78] See, for example, Thyssen Canada Limited v. Mariana Maritime S. A. [2000] 3 F. C. 398 at p. 413, 2001AMC 769 at p. 777 (Fed. C. A.), application for leave to appeal dismissed with costs and without reasons, [2000] S. C. C. A. No. 257, November 9, 2000，该案中，也许（尽管未被认定）起运国罗马尼亚采纳的汉堡规则是提单的自体法，提单中明确并入了程租合同中援引英国法的条款，而依据英国法，维斯比规则强制适用。

[79] See, for example, Ontario Bus Industries Inc. v. The Federal Calumet [1992] 1 F. C. 245, (1991) 47 F. T. R. 149 (Fed. C. Can.), upheld (1992) 150 N. R. 149 (Fed. C. A.)，该案判决于 1993 年，当时加拿大仍是海牙规则成员国。该案中，法院对一个提单从德国（海牙规则成员国）签发但从比利时起运的运输适用了比利时采纳的维斯比规则，因为比利时和合同具有比德国更密切的联系，因此比利时法是自体法。合同解释的不利原则亦可支持这一裁决。目前则可以通过适用海运责任法第 43（3）条基于该运输从维斯比规则缔约国起运而更直接地得到相同的判决。

[80] In Dominion Glass Co. Ltd. v. The Anglo－Indian [1944] S. C. R. 409, [1944] 4 D. L. R. 721，一个从加拿大签发的提单援引了英国法，加拿大最高法院认定应适用前加拿大水上货物运输法。Kerwin 法官特别否定了 Vita Food Products 案 [1939] A. C. 277, (1939) 63 Ll. L. Rep. 21, 1939 AMC 257, [1939] 2 D. L. R. 1 (P. C.)，他强调一个加拿大法院应认定该加拿大法具有强制性。

[81] See, for example, The Ebn Al Waleed [2000] 1 Lloyd's Rep. 270 at p. 273 (Fed. C. Can.)，该案涉及从土耳其到加拿大的运输，提单确定受起运国所采纳的海牙规则的约束，因此法院适用了 1996 年土耳其商法典所采纳的海牙规则；See also Itochu Canada v. The Fu Ning Hai (1999) 173 F. T. R. 203 at p. 205 (Fed. C. Can. per Hargrave, P.)，该案涉及一个从韩国到加拿大的运输，提单中法律适用条款选择韩国法作为准据法，但首要条款中援引了 1936 年加拿大水上货物运输法，法院赋予了首要条款效力。

[82] See Richardson International, Ltd. v. The MYS Chikhacheva [2001] 3 F. C. 41 at p. 56 (Fed. C. Can.)，认为加拿大法院在适用加拿大冲突法规则时，应遵循两步法来确定准据法："1. 如果双方当事人明示或默示选择了支配合同的法律体系，该法律体系应被认为为合同的准据法；2. 如果双方当事人没有选择自体法，法院应根据案件所有事实确定与合同有最密切最真实联系的法律体系。

[83] 赵德铭主编：《国际海事法学》，北京大学出版社 1999 年版，第 311 页。

[84] 参见韩立新：《论提单中有关法律适用条款》，载于《中国海商法年刊（1996）》，大连海事大学出版社 1997 年版，第 227 页。

[85] 参见郭国汀：《论提单适用法律条款与首要条款》，http: //www. ccmt. org. cn/

hs/explore/exploreDetial. php? sId=330（2003 年 11 月 15 日访问）。

[86] 参见汪洋：《上海经贸国际货运实业公司与美商海陆联运（中国）有限公司海上货物运输合同纠纷案》，载于《海事司法论坛》，第 70—72 页。

[87] 参见田曼莉：《国际私法中“直接适用的法”之解析和比较》，载于《中国国际私法与比较法年刊（2002）》，法律出版社 2002 年版，第 129—133 页。

[88] 参见田园：《保护弱者原则对国际私法基本制度的影响》，载于《中国国际私法与比较年刊（2001）》，法律出版社 2001 年版版，第 87 页。

[89] 参见 G. 吉尔摩，C. L. 布莱克著：《海商法》，杨召南等译，中国大百科全书出版社 2000 年第 1 版，第 190 页。

[90] 参见 Michael F. Sturley：《美国海上货物运输法建议修改稿——对来自英国的批评之答复》，王琦译，载于《中国海商法年刊（1999）》，大连海事大学出版社 2000 年版，第 394—395 页。

[91] See P. E. Nygh, *Reasonable Exceptions of Parties in Choice of Law*, Recueil Des Cours (1995), pp. 380—382.

[92] 参见 Ulrich H. Wittkopp，Thomas Wambach：《德国海商法下的承运人责任制度》，魏双娟译，载于《海商法研究》2001 年第 2 辑，法律出版社 2001 年版，第 230—231 页。

[93] 参见左海聪著：《国际经济法的理论与实践》，武汉大学出版社 2003 年版，第 226—227 页。

提单并入租约仲裁条款问题研究

张江顺

【内容摘要】租约仲裁条款在什么情况下能够并入提单以及能否约束提单持有人，是一个争议很大的问题。我国对此问题立法上的不完善和理论上的分歧导致司法实践的不统一，在如何正确运用国际私法的理论确定案件的准据法问题上仍需要进行探讨。本文试图在中国的司法实践的基础上，结合并入仲裁条款的特点，从法律适用的角度，以比较分析的方法，对提单中并入仲裁条款的相关问题进行探讨，提出了二次识别和二次法律适用的观点，并对现有的法律制度中存在的问题进行了剖析。

【关键词】提单　租约　并入条款　仲裁条款　准据法

提单（Bill of Lading，B/L）是海上货物运输中特有的运输单证。航次租船合同（Charter Party，C/P）与提单是海上货物运输合同的两种基本形式。根据提单条款的不同，提单可分为租约提单和班轮提单。在标准的航次租船合同中，通常均订有一个仲裁条款，据此，围绕航次租船合同而产生的争议，有许多都可以通过仲裁的方式来解决。与班轮提单不同，租约提单是指那种专为租船而设计的提单，通常这种提单只有首要条款（Paramount Clause）、双方互有责任碰撞条款（Both to Blame Collision Clause）和新杰森条款（New Jason Clause）等几个简单的条款，因而通常将其称为简式提单（Short Form B/L）。简式提单一般在提单中订立一个并入条款（Incorporation Clause），规定租约中的所有条款并入到提单中，从而达到与租船合同中合并使用的目的。例如，当前最流行的航次租船合同是"金康"（Gencon）合同格式，与其配套使用的提单叫做"康金提单"（Congenbill），两者配套使用，相得益彰。在班轮提单中一般都专门订有解决争议条款，且争议解决方式多为诉讼方式，称为"法律与管辖权条款"（Law and Jurisdiction Clause），约定将提单项下的所有争议受某法院管辖，如中国远洋运输公司的管辖权条款便约定提单项下的争议应受其国内五个分公司所在地即大连、天津、青岛、上海、广州的海事法院管辖。但在租约提单中，并没有独立的争议解决条款。对提单签发人而言，其希望通过提单中的并入条款而将租约中的所有条款包括仲裁条款并入到提单中，从而约束提单持有人。

租约中的仲裁条款最初是由船东与承租人共同协商并签订的，在租约提单持有人就是承租人的情况下，无论并入条款是否有效地并入租约的仲裁条款，均不影响提单持有人受仲裁条款的约束，因为双方原本就是该仲裁条款的签订人。但是在租约提单持有人不是承租人，而是收货人或其他提单受让人的情况下，该并入租约中的仲裁条款对这些提单持有人是否具有约束力呢？租约中的仲裁条款究竟能否有效并入提单且须以何种方式才能有效并入租约提单呢？这一问题是海商法学界和司法实践中引起很大争论的问题。提单中的并入条款被认为是法律上的一个“灰区”（Grey Area），中国的《海商法》涉及并入条款的问题也仅有一条原则性的规定，即第 95 条：“对按照航次租船合同运输的货物签发的提单，提单持有人不是承租人的，承运人与该提单持有人之间的权利义务关系适用提单的约定。但是，提单中载明适用航次租船合同条款的，适用该航次租船合同的条款。”对该条款如何理解、能否适用于租约中的仲裁条款各有所见。在中国海事司法实践中，当海上运输合同提单持有人因提单纠纷起诉到法院，而另一方当事人以并入条款并入了租约中的仲裁条款、提单持有人应受该仲裁条款约束为由提出管辖权异议，请求法院将纠纷提交仲裁时，法院的认定并不完全一致。总的说来，法院否认此类并入仲裁条款效力的案件占多数，但在适用的法律、否认的理由方面各持己见或干脆回避法律适用问题。本文即试图在中国的司法实践的基础上，从法律适用的角度，以比较分析的方法，对提单中并入仲裁条款的相关问题进行探讨。

本文认为，对租约提单下并入仲裁条款的效力认定应分成两个步骤：首先是认定并入条款是否有效地并入了仲裁条款，它是认定承运人与提单持有人之间的仲裁条款是否存在的前提；而并入条款效力的认定取决提单准据法的规定，因此，它与提单的效力息息相关。如果并入条款无效，则租约中的仲裁条款不能有效并入提单，其效力也就无从谈起。在仲裁条款有效并入提单后，再依有关仲裁协议准据法的规定认定被并入的仲裁条款对提单持有人的效力。

第 1 章　提单并入条款的效力

1.1　并入条款的含义

在现代民事契约中，并入条款的使用越来越普遍。在实务中，并入条款所指向并入合约的条款在形式上是多种多样的。它可以是某项或几项单个的条款，也可以是另一份完整的合约，更可以是一套完整的法规。海上货运中最常见的并入条款有租船提单之对租船合约的并入；租船合约中通过首要条款对海牙规则的并入，如著名的期租标准合约 NYPE 格式第 24 条并入 1936 年美国《海上货物运输法》（类同于《海牙规则》）；货物买卖合约（FOB，CIF 买卖）则常见的有在装卸港装卸时间、滞期费计算方面适用承运船舶租约规定的并入，等等。

在海上货物运输中，货物在装货港由出租人接管或装船后，承租人（在 CIF 或 CFR 价格条件下）或托运人（在 FOB 价格条件下）通常要求出租人、船长或出租人代理人签发提单用以结汇，这种提单通常被称为根据租船合同签发的提单，简称租约提单。在这种提单中，出租人通常就是承运人，而根据有关的国际公约和大部分国家的海商法的规定，在海上货物运输上，承运人有合同承运人和实际承运人之分。即使根据租约和提单本身的规定，将承运人识别为承租人，但对货主而言，船东（出租人）被识别为实际承运人是不可避免的事。因而在租船运输中，依据租船合同签发提单时，船舶所有人具有双重身份：对于非租约当事人的提单持有人而言，他是承运人并受提单的约束；对于承租人而言，他是出租人，受租约的约束。当提单持有人与承租人为一人时，调整船东与租船人的关系的依据仅是租约，提单仅作为货物收据，而当提单持有人为非租约人时，船东则受两份合同的约束。因此，船东为了避免两合同的不一致而使自己承担额外风险，往往在租约提单中订入“并入条款”，以保护自己的利益。这种在提单中订入援引租船合同某些规定的条款，称为“并入条款”，例如：“租约中的所有术语和条件、特许和例外在此并入”。

因为租约项下签发的提单通常含有并入条款，使得船东没有必要也不可能在提单上罗列与租约相同的条款，所以租约下提单多为简式提单，现在国际上最为通用的是“康金提单”，其背面条款仅有首要条款、双方互有碰撞条款、新杰森条款及并入条款。目前国际海运市场中广泛使用的提单的并入条款主要有[1]：

CONGENBILL 1978 (Congen Bill of Lading, Issued by BIMCO, October, 1978)：另一面所注日期的租约中的所有术语和条件，特许和例外在此并入。

CONGENBILL 1994 (revised)：另一面所注日期的租约中的所有术语和条件，特许和例外，包括法律和仲裁条款，在此并入。

NORTH AMERICAN GRAIN BILL OF LADING (1974)：根据另一面所注日期的租约中的所有术语、条件和例外，及其补充，包括法律和仲裁条款（第45条），应被认为在此并入，即使与提单有冲突，也如同提单的书面条款一样。

AUSTWHEATBILL (Austwheat Bill, Australian Wheat Board, 1990)：交付给——或——指派后，他或他们应根据下述AUSTWHEAT 1990租约支付同等运费，租约中的所有术语条件条款和例外包括第33条（仲裁）在此并入。

INTANKBILL 78 [Issued (inter alia) by BIMCO, 1978]：依据下文所指的油船航次租约中的所有术语和条件，特许和例外，包括背面条款。

HEAVYCONBILL (Heavyconbill of Lading, 1986, Issued by BIMCO, 1986)：另一面所注日期的租约中的所有术语、条件、特许、条款和例外，包括法律和仲裁条款（第32条），在此直接并入。如果本提单项下的运输没有达成契约，则“HEAVYCON”合同中的所有术语被认为并入到本提单中。

HIBL BILL (Harnersley Iron Pty Ltd, Standard Form Bill of Lading, code name HIBL, 1991, rev. 2/1991)：该运输合同或租约中的术语、条件、特许和例外，包括自体法（proper law）和仲裁条款，在此并入。

CEMENTVOYBILL (Cementvoy Bill of Lading, Issued by BIMCO, 1990)：另一面所注日期的租约中的所有术语和条件，特许和例外，包括仲裁条款（第41条），在此并入。

OREVOYBILL (Orevoy Bill of Lading, 1980, Issued by BIMCO, 1980)：另一面所注日期的租约中的所有术语和条件，特许和例外，包括战争险条款（第16条）以及法律和仲裁条款（第23条），在此明确并入。如果本提单项下的运输没有达成租约，则OREVOY租约的术语并入到本提单。

1.2 并入条款的性质

认定合同中某一条款的效力，当然应以相应的法律、法规为依据。提单中并入条款的效力的认定也不例外。那么如何确定其法律依据呢？根据国际私法的理论，我们应首先对并入条款的性质进行识别[2]。根据识别的结果，如果属程序法问题就适用法院地法；如果属实体法问题，就应当视具体情况确定适用的准据法。可见对并入条款的识别将直接关系到认定其效力的准据法的确定。但是在国际私法上对程序问题和实体问题的划分并没有统一的标准，不同国家、不同学者对实质问题和程序问题的划分标准也有不同的看法。根据我国的主流观点，那些会在实质上影响案件结果的所有争议都可归为实质性的，而关于诉讼的日常例行规则，即案件中对其结果影响甚小的方面，如送达、当事人的诉讼能力等有关的例行问题，可归类为程序问题[3]。由于并入条款规定在提单中，其目的是使租约中的条款并入到提单中来。这一条款的有效性与否将在实质上影响案件的处理结果，因此，并入条款在性质上应将其识别为实体问题而非程序问题，从而不能当然地适用法院地法。

并入条款是提单所证明的合同的组成部分。含有仲裁词语的并入条款是否构成独立的仲裁条款也即是否构成解决争议条款？基于合同中解决争议条款的独立性原则，如果某一条款被识别为解决争议条款，则应有其独立的法律适用方法。仲裁条款是双方当事人在订立合同时在合同的某一条款中，约定将以后执行合同中可能发生的争议提交仲裁。它必须是明确的和确定的。在并入条款中虽有“包含仲裁条款”的字眼，但是它的目的是企图明确地将租约中的仲裁条款并入到提单中，其本身并不构成仲裁条款。迄今为止，尚没有发现将并入条款认定为仲裁条款的先例。

因此，提单中的并入条款与其他条款一样，只是提单中的普通条款。在认定并入条款是否并入租约中的条款时，首先应解决的是该条款本身的效力问题。但在我国的海事司法实践中，绝大部分案例都回避了这一问题而直接认定租约中的仲裁条款对提单持有人的效力[4]。

如海口海事法院受理的海南健成房地产开发有限公司诉土尔其库特普运输贸易有限公司案[5]。涉案提单的并入条款仅载明“租约的所有条款、条件、特许和例外作为背面条款都特此并入提单”，而未特别载明租约的仲裁条款亦同时并入提单。海口海事法院根据《中华人民共和国仲裁法》第四条关于仲裁协议达成的规定，并参照有关国际惯例认为，对于租约中的仲裁条款能否通过提单中的并入条款并入提单的问题，只有在提单特别提及将租约中的仲裁条款并入提单的情况下，该仲裁条款才能有效地并入提单并约束提单持有人。否则就违背了仲裁协议成立的法律原则，从而构成对当事人一方的不公平。提单中的并入条款只能构成对租约中的有关双方实体权利义务条款的并入，而不能当然地构成对租约中的仲裁的并入。

在上海农工商对外贸易公司诉马尔他 Domino Shipping Ltd 案[6]中，租船合同规定，租船合同项下的一切争议应提交伦敦仲裁并适用英国法。广州海事法院认为，原告是提单的受让人，而不是租船合同的一方，不受上述仲裁条款的约束，本案纠纷不在租船合同约定的仲裁事项范围内，被并入的仲裁条款对本案原告没有约束力。该案一审裁定驳回被告提出的管辖权异议。在二审裁定[7]中，广东省高级人民法院认为，租约中的仲裁条款是租船合同的承租人与出租人之间的协议。本案所涉提单约定将该条款并入，但并没有明示在提单持有人与承租人不一致的情况下该条款对提单持有人亦有约束力。从而驳回上诉。

在上述案例中，海事法院似乎都绕过了提单中的并入条款的效力问题，而直接认定仲裁条款对提单持有人的效力。这一实际做法并不妥当，因为并入条款作为提单中的一个条款，其效力并不当然有效，它还要结合提单的效力进行分析。

提单中的并入条款能否并入有效地并入租约中的仲裁条款至少要从两方面进行考虑：并入条款是否有效；在认定有效时，仲裁条款能否并入。

1.3　并入条款的法律适用

既然并入条款是提单中的条款，而提单又是运输合同的证明，因此对其效力的认定就离不开提单合同准据法的适用[8]，但是只有在涉外合同中才存在适用准据法的问题。以提单所证明的运输合同是否就是涉外合同呢？

目前我国理论界对何谓涉外合同并没有一个明确的界定，根据原《涉外经济合同法》及其《解答》，“涉外经济合同”是仅指一方当事人为中国的企业或其他经济组织与另一方当事人为外国的企业、其他经济组织或个人之间的经济合同，或者外国的企业、其他经济组织或者个人之间在我国境内订立或履行的经济合同。这就是说，涉外经济合同必须与中国有一定的联系。如果是外国当事人之间在外国订立的经济合同，就我国来讲，就不是涉外经济合同。《涉外经济合同法》现已被《合同法》所取代。但《合同法》对何谓涉外合同也未予以界定。因此，现在无论是理论界还是司法实践引用的都是我国最高人民法院发布的《关于贯彻执行〈中华人民共和国民法通则〉若干问题的意见（试行）》第 178 条的规定。该规定是“凡民事关系的一方或者双方当事人是外国人、无国籍人、外国法人的；民事关系的标的物在外国领域内的；产生、变更或者消灭民事权利义务关系的法律事实发生在外国的，均为涉外民事关系”。按照最高院的这一界定，涉外民事关系的认定有三个方面：一是主体，二是客体，三是法律事实。一般说来，租约提单项下的纠纷都具有涉外因素：托运人或提单持有人有一方是外国人，承运人可能是外国人；货物是外贸货物；法律事实可能发生在国外。但是，如果是我国的航运公司，比如中国远洋运输公司（COSCO），承运一船进口货物在国内某港口发生滞期，就产生的滞期费纠纷向国内的提单持有人索赔，这一纠纷含有涉外因素吗？严格说来，这一纠纷不具有涉外因素，因而不能构成涉外民事关系。其适用的法律只能是国内法。

在含有涉外因素的情况下，应当根据合同准据法的理论确定合同应适用的法律。但是由于提单的特殊性质，其准据法的确定并非如一般合同简单。例如承运人无单放货，提单持有人以侵权为由状告承运人的行为侵犯了其提单项下的物权。承运人能否以提单中的并入条款并入了租约中的仲裁条款为由申请中止诉讼？众所周知，提单既能反映物权关系，是物权凭证（Document of Title），也是债权关系的证明，其在持有人手中时，即是运输合同本身。因此，提单的法律适用既可能涉及到侵权关系的法律适用，也涉及到合同关系的法律适用，同时由于提单的流转包括签发、转让、注销等方面，因而还存在提单法律行为准据法、行为人行为能力准据法的问题。对于后两种准据法的确定并非提单法律关系所特有，不作为本文研究的对象。

1.3.1　提单合同关系的法律适用

提单合同关系的准据法适用合同法律适用的理论。我国理论界对合同的法律适用问题上认识基本一致，即以意思自治原则为主、以最密切联系原则为补充[9]。这种主张也为我国的立法所接受[10]。

1.3.1.1　当事人意思自治原则

当事人意思自治原则，是指当事人可以通过协商一致的意思表示自由选择应适用的法律。该原则是法国法学家杜摩林（Dumoulin）首先提出来的。自19世纪以来，该原则在国际私法的许多领域被采纳，成为涉外合同的法律适用的重要原则之一。

在租约提单中，除了首要条款以外，一般并没有专门的法律适用条款。关于首要条款的性质，在理论界和司法实践中都存在争论[11]。首要条款指向的公约是《海牙规则》或《威斯比规则》或《汉堡规则》。前两个规则均没有关于并入条款的效力的规定，因此即使在把首要条款认定为法律适用条款的情况下，也因为内容的空白而无法适用。《汉堡规则》对提单的并入条款能否并入租约中的仲裁有着原则性的规定，因此，在认定其作为法律适用条款时，可作为判断提单并入条款效力的准据法。

1.3.1.2　最密切联系原则

在提单中没有法律选择条款时，依法律规定，应适用最密切联系原则。我国法律和司法解释均为未界定何为“最密切联系”。因此在司法实践中确定最密切联系地时，有较大的随意性。例如“涉案货物运输的目的港是中国上海港，依最密切联系地原则，本案应适用中国法律”。由于最密切联系原则的不确定性，欧洲国家发展了一种“特征性履行”的理论，即以履行合同特征义务当事人的营业地法或住所地法来支配该当事人所订立的合同。我国1987年颁布的《最高人民法院关于适用〈涉外经济合同法〉若干问题的解答》第2条第6款用“特征性履行”的方法规定了13种合同的法律适用规范。《罗马公约》第4条规定，货运合同订立时，承运人的主营业所在地国也是装货地或卸货地国，或者也是托运人的主营业地国，应推定这个国家为与该合同有最密切联系的国家。1986年德国民法实施法第28条第4款规定，货物运输合同得被认为与合同订立时承运人的主要营业地国家有最密切联系，如果该国同时也是货物装运地或卸货地或收货人主要营业地所在国。

就提单为表现形式的海上货物合同而言，确定其最密切联系地应考虑如下因素：

提单签发地；货物装运地；货物卸货地；当事人住所地；当事人国籍；提单合同的格式特点；提单术语；提单文字；提单的管辖权条款；船籍港。

以上要素的地位与合同争议的内容密切相关。如就提单的效力问题与提单的签发地联系紧密，货损货差、滞期费纠纷与装运地或卸货地联系紧密。确定并入条款的效力应具体结合争议的内容。

在法院受理的含有并入条款的案件中，在当事人未明确约定合同准据法时，一般认为法院地法是密切联系地国家法律，理由是：原告（提单持有人）是中国法人；合同履行地在中国；货物目的港在中国境内；诉前海事请求保全（一般情况下会采取诉前扣押承运船舶措施）在中国；担保接受地在中国。因此，在此种情况下，中国法律会被认为是与案件有最密切联系地法律而得以适用。

1.3.2　提单侵权关系的法律适用

提单所表现的合同关系是毋庸置疑的。但是合同一方当事人的违约行为，导致对方当事人的财产、人身受到损害的，受损害方有权选择法要求其承担违约责任或者要求其承担侵权责任。提单侵权关系主要有货物损害、货物短少、无单放货、倒签提单等。

对于侵权行为的准据法，中国《民法通则》第146条作了基本的规定：“侵权行为的损害赔偿，适用侵权行为地法律。当事人双方国籍相同的或者在同一国家有住所的，也可以适用当事人本国法律或住所地法律。中华人民共和国法律不认为在中华人民共和国领域外发生的行为是侵权行为的，不作为侵权行为处理。”但是我国立法并没有对侵权行为地的认定作出明确规定，只是最高人民法院在《关于贯彻执行〈中华人民共和国民法通则〉若干问题的意见（试行）》中解释说：“侵权行为地的法律包括侵权行为实施地的法律和侵权结果发生地的法律。如果两者不一致时，人民法院可以选择适用。”

在提单持有人以侵权为由提起诉讼要求承运人承担侵权责任时，承运人是否可以提单中的并入条款为由抗辩法律的管辖权？这也是一个有争议的问题。有人认为，在海上货物索赔纠纷案件中，试图以侵权起诉被申请人（对方当事人）来绕开提单（包括其中的仲裁条款）似乎是一种变通的途径来摆脱仲裁协议，因为在承运人倒签提单或错交货等情况下，海事法院可能认定承运人负有独立于运输合同的侵权责任[12]。作者认为，即使在提单持有人提起侵权之诉下，也不能绕开提单的约定。因为提单持有人本身的所有权利也正是源于其持有提单，如果离开了提单的规定，持有人权利的合法性又如何体现？因此，在侵权之诉下，我们并不能回避提单中的并入条款问题。

提单的法律适用解决的是并入条款的效力问题。在提单有效的情况下，作为其组成部分的并入条款一般也有效。但是并入条款有效后能否全部并入租约中的所有条款，仍是一个有相当争议的问题。

1.4 并入条款效力的比较

在适用不同的准据法下，提单中的并入条款对租约中的仲裁条款的并入效力是不尽相同的。

1.4.1 中国

我国海事司法实践对提单并入仲裁条款问题的不同处理结果源于我国对这一问题的立法上的空白和对其不同的理解。目前，中国并没有关于提单并入仲裁问题的专门立法。

1.4.1.1 法律规定

我国最早对提单并入条款事项进行规范的法律是《中华人民共和国海商法》，这也是迄今唯一见诸于法律的实体规范。这一规范是该法第95条的规定："对按照航次租船合同运输的货物签发的提单，提单持有人不是承租人的，承运人与该提单持有人之间的权利义务关系适用提单的约定。但是，提单中载明适用航次租船合同条款的，适用该航次租船合同的条款。"很显然，中国法律是承认并入条款的效力的。

并入条款有效，其结果是提单包括了租约的条款，那么租约中的仲裁条款是否自动并入到提单中呢？有人认为中国应像英国一样，只有明示才能并入仲裁条款；还有人认为，即使明示了，仲裁条款也不能并入，因为仲裁属程序上的义务，中国海商法中所称的权利义务应理解为实体上的权利义务，或干脆将仲裁条款理解为不属于涉及当事人权利义务关系的条款，根据中国海商法，不能并入[13]。作者认为，权利义务关系是一个范围广泛的概念，它不仅包括实体权利义务关系，也包括程序权利义务关系。提交仲裁虽属程序义务，但海商法第95条并未明确将仲裁关系否定在权利义务关系之外，因此概括性的并入术语，如"与租约合并使用"，应理解为并入租约的全部条款。即使并入条款中没有将仲裁条款明示，也可以认为租约中的仲裁条款已并入提单，对权利义务关系作限制性解释不符合立法本意。但是，这并不是说在任何情况下，提单上只要出现并入的词语就能并入租约中的全部条款。如果提单的并入条款本身限定了并入范围，则不能对其作扩大解释。如并入的用词是"租约中的全部术语、条件、特许和例外在此并入"，则不能理解为并入仲裁条款，因为"术语、条件、特许、例外"有其特定的含义，仲裁条款并不属其中的任何一种。此外，在对被并入的租约的识别上，各国做法并不相同。

1.4.1.2 司法实践

在司法实务中，海事司法实践大部分回避了并入本身的效力问题，但否定并入条款能直接并入租约中的仲裁条款。

如巴拿马·友乐船务公司（Jollity Shipping Corporation S. A.）上诉案[14]。该案中，湖北省高级人民法院认为，"本案所涉提单是简式提单，该提单背面虽订有并入条款，但租约要并入提单应在提单中明示租约的名称，而本案提单未注明并入的租约名称和文号，且提单持有人江苏省粮油公司明确表示接受租约约定的仲裁条款的证据不足。因此，本案提单背面的并入条款对提单持有人或收货人无约束力”，从而驳回上诉人的上诉。

1997年，海口海事法院审理的中国健成房地产开发有限公司诉土尔其库特普运输贸易有限公司货损赔偿纠纷一案[15]，涉案提单的并入条款仅载明“租约的所有条款、条件、特许和例外作为背面条款都特此并入提单”，法院以仲裁条款未特别载明为由，否认仲裁条款已并入提单，驳回被告的管辖权异议。

在并入条款的效力的问题上，最权威的司法实践莫过于最高人民法院的态度。中国是《纽约公约》的签字国，因此该公约有关仲裁裁决的承认和执行的规定在中国具有法律效力，中国应当履行公约中规定的义务。为避免中国对仲裁条款的司法实践与纽约公约规定的冲突，最高人民法院采取了非常慎重的态度，于1995年8月28日发出了关于《人民法院处理与涉外仲裁及外国仲裁事项有关问题的通知》[16]，规定各法院凡涉及认为仲裁条款或者仲裁协议无效、失效或者内容不明确无法执行的，应逐级报请最高人民法院同意。基于此规定，我们可以见到最高人民法院对于并入条款的态度。

在《关于中国·贵州省粮油食品进出口公司与巴拿马·百图斯航运公司货物运输合同纠纷仲裁条款无效的请示的复函》[17]中，最高人民法院认为，康金简式提单与租船合同一并使用时，应当在提单正面明示一并使用哪一份租船合同，及租船合同的仲裁条款是否并入提单。题述案件中的康金简式提单是与1997年8月15日的期租船合同一并使用，该提单背面虽有并入租船合同及其仲裁条款的记载，但没有在正面明示并入上述租船合同及其仲裁条款。该提单正面记载的“运费依据1997年8月15日租船合同”的字样，不能作为该租船合同仲裁条款并入提单的事实依据。因此该案期租合同的仲裁条款未有效并入提单。

在《关于中国太平洋保险公司南京分公司与马尔他·艾维亚洛斯海运公司海上货物运输合同纠纷一案仲裁条款效力问题的答复》[18]中，最高人民法院进一步认为，提单与租船合同一并使用时，应当在提单正面明示哪一份租船合同并入提单及租船合同的仲裁是否并入提单。本案承运人签发的是期租合同项下的康金简式提单，虽然提单正面注明“与租船合同一并使用”，但并未在“租船合同及日期栏中注明租船合同的日期及合同号码，不能确认哪一份租船合同并入提单，租船合同中的仲裁条款未能有效地并入提单。

由于《海商法》第95条的规定过于原则，对并入条款是否能并入租约中的仲裁条款的问题未予明确，至今也未有相应的司法解释，最高人民法院就个案的函复便自然而然地成了指导海事审判的权威性意见。

受提单中的并入条款约束的必须是提单所证明的运输合同的当事人，否则无权引用并入条款。在中国包装进出口大连公司诉塞浦路斯·桑德船务有限公司(Sandown Shipping Ltd. Cyprus)海上货物运输合同货损赔偿纠纷案中，被告以并入仲裁条款为由提出管辖权异议。大连海事法院[19]和辽宁省高级人民法院[20]均认为仲裁条款有效，驳回原告起诉。但最高人民法院［（1998）交监字第49号］以被告既非租约中的当事人也非运输合同的承运人为由，认为提单中的并入条款（包括仲裁条款）对桑德公司和该案原告不具有约束力，撤销了一、二审的裁定。大连海事法院被指定对本案行使管辖权。

司法实践中也有部分案件肯定了提单中的并入条款可以并入租约中的仲裁的效力。如在上海海事法院1998年受理的湖南省某实业总公司贸易部与某外国航运公司海运纠纷赔偿案[21]，被告提出管辖权异议称：本案所涉提单为租船提单，提单的并入条款印有“租船合同项下所有的条件、条款、自由条款、除外条款及仲裁条款在此并入提单”，而租约第35条约定租约项下的任何争议应提交伦敦仲裁，请求法院驳回原告的起诉。上海海事法院认为，涉案提单已有效并入了租约中的仲裁条款，该条款对提单持有人具有约束力，遂裁定驳回原告的起诉。

1.4.2　英国

由于英国是历史上海上运输大国，其海事仲裁事业非常发达。反映在租船格式合同中，70%的租船合同指定在伦敦仲裁，20%的租船合同运用纽约条款，其余10%在香港、汉堡或北京等地仲裁[22]。租约争议在伦敦仲裁俨然是航运界的标准做法。因此，谈到并入仲裁条款的问题，离不开英国的司法实践，可以说英国的态度在海事仲裁中占着举足轻重的地位。

英国1996年《仲裁法》允许提单仲裁条款通过援引包括仲裁条款的租约而并入，但对仲裁条款是否确已并入提单，仍由法院判例解决。

在英国法下，对并入条款的效力进行审查以及可并入租约中的哪些条款，必须进行三个阶段的查询：

1. 必须解释并入条款，以便查明其是否足以将有关条款初步并入提单。

2. 若认定并入条款足以有效地初步并入，必须检查那些拟并入提单的条款，查明其是否在提单上、下文中有意义；若说不通，则必须否定之。

3. 如果某一并入条款初步有效，必须检查该条款，查明其是否与提单明示条款一致，若不相符，则应否定之。[23]

对普通的并入条款，一般都认可其效力，但对被并入提单的事项采取的标准不一。在上议院对 Thomas & Co. Ltd v. Portsea Steamship Co. 案［1912］AC 1的裁决中，最早确定了“直接关联（direct germane）”的原则，即被并入的事项应与并入用语相一致，被并入的条款应与提单的主事项（subject－matter）有直接关联才能被并入。此后，这一原则在一系列的判例中得到应用。因此，在下列用语中，是不能并入租约中的仲裁条款的：

“运费及所有其他条件依照租约合同”、“所有的条件与例外”、“所有的条款规定及除外”、“所有的术语、条件、条款和除外”[24]。

仲裁条款因属于附属性条款（ancillary clause），必须明示才能有效并入。如果租约提单没有明言仲裁条款也一起合并进来，即没有仲裁协议在内[25]。这样的判例很多，其经典案例是 The Merak 案和 The Annefield 案。

在 The Merak 案[26]中，Merak 轮船长根据租约签发的提单规定："该租约中所包含的所有术语、条件、条款和例外，包括第 30 条均被视为在此并入"。租约第 32 条规定："因本租约或依据本租约签发的任何提单而产生的所有争议应提交仲裁。"一审的 Scarman 法官和上诉审的 Sellers、Davies、Russell 大法官均认为在租约已明示提单纠纷应提交仲裁的情况下，虽然提单没有明示，租约中的仲裁条款也应并入提单。该判例表明，明示并不仅限于提单并入条款，如果并入条款未明示将仲裁并入，但在被并入的租约中的仲裁条款规定仲裁适用于租约或租约项下签发的提单，则该仲裁条款也能有效并入。

The Merak 案开创了即使并入条款未明示也能将租约中的仲裁条款并入提单的先例。这样认定的前提是租约中的仲裁条款明确规定可适用于租约项下签发的提单争议。虽然这一判例受到了广泛的批评，但还是被后来的判例所认同。值得注意的是不但在法院的判例中，在仲裁案件中也已出现了采纳这一观点的裁决，如伦敦仲裁裁决 22/00—LMLN550—7.12.00 号[27]。

在 The Annefield 案中，提单的并入条款规定"租约中的所有术语、条件和例外，包括过失条款，都在此并入"，海事法庭的布兰顿（Brandon）法官认为仲裁条款不能并入，驳回了被告方要求中止诉讼的申请[28]。在上诉法庭，丹宁（Denning）爵士在判词中称："租约中与提单的标的事项直接关联（即与货物的装船、运输以及交付直接关联）的条款可以也应该引入到提单合约中适用，即使需要在措辞上作出一定的改动以贴切适用于提单。但如果租约中的条款并非与提单直接关联，那么除非在提单中或租约中有明确文字表明其适用于提单，该条款不能引入提单。"菲利摩尔（Phillimore）爵士、卡恩斯（Cairns）爵士均认为在提单或租约中都没有明示的情况下，只有与提单主事项有直接关联的条款才能并入提单，据此驳回被告的上诉[29]。

与 The Annefield 案提单和租约术语相同的有 The Mjegos 案[30]，该案中马里兰（Boyd Merriman）爵士认为仲裁条款不能并入。在 Becher（The Phonizien）案[31]中，仲裁条款指向租约项下的争议，麦克耐尔（McNair）法官认为该条款不能并入。类似的案件很多，如 The Heidberg[32]等。

以上案例表明，"并入条款"所指向的内容必须与合约的标的事项直接关联，方能以一般的并入用语引入合约适用。如果并入条款中没有将仲裁明示，如仅规定"与租约合并使用"或"租约中所有术语和条件、自由和除外条款在此并入提单"，并且租约中的仲裁条款仅限于本租约项下的争议，则租约中的仲裁条款不被认为并入提单。关于这一点，布兰顿大法官在 The"Rena K"案中进行了很好的总结：有一连串的先例已明确了在提单以一条一般性措辞的合并条款是不足以将租约内的仲裁条款包括在内的[33]。

关于并入条款的效力，布兰顿法官在 The Annefield 案中作了综述："第一，要认定提单的条款能否并入租约里的仲裁条款，既要看提单中所称并入的明确措词，也要看被并入的租约中的仲裁条款的明确措辞；第二，并入条款并不需要明确指明仲裁条款，根据后者的措辞，并入条款的一般用语即可足已并入；第三，当仲裁条款的措词仅适用于租约项下产生的争议，则一般用语并不使它并入提单，以适用于提单所包含或证明的合同项下的争议；第四，在仲裁条款既适用于租约项下的争议也适用于提单项下的争议时，并入的一般用语将使仲裁条款并入提单，以适用于提单项下的争议[34]。”布兰顿法官的观点为后来的学者和实务界所认同和采纳[35]。

虽然后来也有判例对需经明示才可并入的观点提出挑战[36]，但在航运领域，这一观点还是得以继承，最近的 The Delos 案[37]的审理更是再次确认了的这一观点。该案是一起货物短少和受污染案。事故航次签发了多份不同格式的提单。一些是“康金提单”1994 版，其他的则是不同格式，其中包含一个参照相关租约的条款：“租约中的所有术语，除了运费费率和支付以外，应适用于并约束本次运输中的当事人的权利。”更为复杂的是，租约本身包含两个仲裁条款，一个是事先印刷的伦敦仲裁条款，一个是打上去附加条款“争议应提交伦敦仲裁，合同适用英国法”。船东认为所有争议应提交伦敦仲裁，而货主则主张所有争议不应提交仲裁，其可就其索赔向法院提起诉讼。法庭裁决，双方都错了：康金提单可并入租约中的仲裁条款，其余的不可以。Langley 法官认为，在提单规定“租约中的所有术语和条件……包括法律和仲裁条款在此并入”，而租约受英国法约束，并且“租约项下的所有争议应在伦敦仲裁（Any disputes under this Charter Party shall be settled by Arbitration in London)”，则该仲裁条款可并入提单。但如果提单的并入条款仅规定：“根据租约条款承运……租约中的所有术语……适用并约束当事人……”则租约中的仲裁条款不能并入提单，因为后者并未注明仲裁条款，且该条款与提单项下的货物运输并不直接关联。该案还有另一个有趣的地方在于法官对租约中的法律和仲裁条款的识别。法官认为，租约中有两个条款涉及仲裁，只有后者可被形容为“法律和仲裁条款”，因为它将伦敦仲裁与英国法区别开来，也只有该条款可被并入提单中，另一个没有指明法律适用的仲裁条款则不能被并入。

虽然英国判例对并入条款的用语十分讲究，但在提单是否应注明并入哪一份租约上却十分宽松。如果并入条款提及一份租船合同，法院将推定该被提及的租约就是货物据此运送的任何租约。这一观点在 L/S A/S Seateam v. Iraq National Oil Co. (The Sevonia Team)[38]案中得到证实。但如果提及的是一份期租合同，其术语有很多方面与航次货物不相一致时，则不十分明确。如果有两份租船合同，如转租的租船合同，则该并入的租约是指主租船合同。若提单已经签发，而租船合同尚未订立，则租约不能并入提单。因此，在提单中未注明租约的日期时，其效果与只是并入“租船合同”相同，省略填写日期并不证明否认将租船合同并入提单的意图[39]。与中国的法律类似，英国的判例也认为只有航租租约才能并入提单，因此，在有期租租约和航程租约并存的情况下，即使期租在先，并入的也只能是航租租约；同样的，光租租约也不适合并入提单。因此，在不能确定哪一份租约并入提单时，先看租约的性质，航次租约优先并入；再看租约的当事方，船东为当事一方的租约优先并入。如果船方订立了期租合同，其后，发生两次以上转租且皆为航次租约，则此时应看是由谁签发提单，来判断当事人意图以决定并入哪一份租约[40]。

在提单正面并入术语与背面并入条款不相一致的情况时，英国法作出了严格的解释。在前述中国太平洋保险公司诉南京分公司诉马尔他·艾维亚洛斯海运公司海上货物运输合同纠纷案中，原告在中国提起诉讼后，被告立即向英国高等法院女王座法庭申请中止诉讼禁令[41]。该案中，"Michael S"轮船长签发的提单正面印有"金康提单 1994 版"、"约束租约的所有术语条件和例外被认为在此并入"的文字，但其背面的文字是"与租约合并使用编号'康金提单'1978 版"，并入条款规定："背面所注日期的租约中的所有术语和条件，特许和例外条款在此并入。承运人对装载前和卸载后所发生的货差或货损在任何情况下都不负责任"。科尔曼（Colman ）大法官认为，提单上的用语不能解释为并入租约中的仲裁条款，提单正面指向 1994 版的用词也只是对单证形式的描述，没有超越背面 1978 版用语的效力[42]。

在没有书面租约的情况下，船东与租船人之间的往来电传也可构成租约并被并入提单。在 Welex AG v. Rosa Maritime Limited 案[43]中，提单是康金格式提单，背面的并入条款是康金提单 1994 版的并入条款。但涉案纠纷中没有正式的租约，因而并入条款所指向的内容处于争论之中。双方当事人为此同意法官以英国法为准据法。本案中唯一有用的文件是租船人发出的一份简式电传（re－cap telex)，该电传概括了协议术语并规定"伦敦仲裁，适用英国法"。大卫·斯蒂尔（David Steel）法官认为，电传可构成租约，虽然提单中未注明租约的日期，但并不妨碍电传的条款包括仲裁条款并入提单。

1.4.3 美国

依据美国的司法实践，一般认为，对并入条款的效力的认定比英国宽松。但仲裁条款是否已被有效地并入提单，在很大程度上取决于法庭的态度。有关的判例也不完全统一。

在权威性的 Son Shipping Co. v. De Fosse & Tanghe 案中，提单的并入术语是："本次运输按照 Son Shipping 和承租人 De Fosse & Tanghe 于 1948 年 6 月在安特卫普订立的租船合同条款执行。除运费费率及支付方式外，该租约中的全部条款适用并调整本运输中有关当事人的权利。"租约中含有仲裁条款。第二上诉巡回法院撤销了地区法院的判决而认为，这一并入条款并入了租约中的仲裁条款，根据提单，船东必须参加仲裁[44]。

但在 Bernuth, Lembcke Co. Inc. v. S.S. Acasta 一案中，提单只笼统地规定，"在支付运费后按租约的其他条件"交付货物，法院裁定，该条款不足以说明仲裁条款已并入提单[45]。

在美国，提单并入条款应特别提到租船合同的当事人以及订立的时间。如在

1991年10月2日美国佛罗里达部管区联邦地区法院判决的 Alucentro Div. Dell's Alusuisse Italia S. P. A. and others, v. M/V "hafinia" and others 一案[46]中，原告托运人因提单争议在伦敦起诉。被告据并入提单的伦敦仲裁条款要求中止诉讼程序。该并入条款规定："1990年3月22日签订的租约的全部条款、条件、义务、除外责任、附加条款均同时合并入提单中。"并入提单的仲裁条款规定仲裁地是伦敦，"船东和租船人各自指定一名仲裁员，并由这两名仲裁员再指定一名首席仲裁员。"佛罗里达中部管区联邦地区法区法院认为，1. 租船合同中的仲裁条款分为两种，如果该仲裁条款规定仅适用于船舶出租人与承租人之间的争议，该仲裁条款未并入提单，非租船合同当事人的提单持有人不受该仲裁条款的约定；如果该仲裁条款规定适用于该租船合同引起的所有争议，则该仲裁条款已被并入提单，非租船合同当事人的提单持有人也应受该仲裁条款的约束。2. 本案中并入条款规定，"作为根据本租约引起的任何索赔"相当于其他法院已确认的对非租约当事人有约束力的并入条款的规定。此外，该租约仲裁条款的文字也没有限定只适用于船东与承租人之间的纠纷。所以并入提单的该仲裁条款证明当事人已经就由仲裁方式解决提单纠纷达成协议。据此，法院中止了诉讼程序。

在转租的情况下，并入条款并入哪一份租约必须明确。在 Misr Ins Co. v. Har Sinai 案中，船舶以金康格式期租，合同用订明的条款规定在伦敦仲裁，定期承租人再以金康合同转租该船舶，但转租合同中无仲裁条款，定期承租人签发的提单规定："租约中约定将根据金康合同在伦敦仲裁。"但法庭判决这还不够明确，结果，定期承租人所签发提单的持有人不必参加仲裁[47]。最近审理的 Thyssen Inc. v. Calypso Shipping Corp. S. A. 案与前案形成了鲜明的对比。Thyssen 公司与香港的 Metalsrussia 公司就一批钢卷装运到美国一事签订了合同。Metalsrussia 转租 Western Bulk Carriers 公司从 Calypso Shipping Corp. S. A. 承租的船舶 Markos N 轮。Western Bulk Carriers 公司的代理人就两份租约签发了两份提单，该两份提单的运输条件均规定："正面所注日期的租约中的所有术语和条件，特许和例外，包括法律和仲裁条款，在此并入。"在发生货损后，提单持有人 Thyssen 公司在德克萨斯南区法院提起诉讼，并申请对承运船舶 Markos N 轮实施扣押，在得到保赔协会的担保后，原告释放了船舶。当事人同意将该案转到纽约南区法院审理。被告辩称根据提单的并入条款，依据联邦仲裁法，本案应根据英国法在伦敦进行仲裁。该法院的木克赛（Mukasey）法官中止了诉讼。理由是 Thyssen 的提单并入了 Western Bulk Carriers 公司与 Metalsrussia 的就 Markos N 轮租约中的伦敦仲裁条款；有充分证据证明将书面的仲裁条款并入到租约；租约包括"宽松"的仲裁条款足可以约束非缔结方；Thyssen 针对船舶的对物诉讼是可仲裁的事项。木克赛法官的观点得到了上诉法院第二巡回法院 Calabresi，Pooler 和 Sotomayor 法官的支持[48]。

1.4.4 加拿大

加拿大最早的并入仲裁条款的判例是 Agro Co. of Canada Ltd. v. The Regal Scout 案。该案中，提单引用了“相关租约中的所有条款、条件和特许……”转租合同要求在东京仲裁，而船东和承租人的合同要求在伦敦仲裁。船东提出中止诉讼的请求以便在伦敦仲裁。联邦法院的威尔士法官驳回了船东的申请，其理由之一便是提单并入条款中的含义不足以将在东京仲裁的条款并入提单合同[49]。在对待转租的问题上，加拿大与英国相似。在 Thyssen Canada Limited v. Mariana Maritime S. A. 案[50]中，一船钢铁从罗马尼亚运到加拿大，提单规定：“正面所载日期的租约的所有术语和条件，特许和例外，包括法律和仲裁条款，在此并入”，但正面并未载明所并入的租约的日期，而实际上有两份租约，一份期租，一份航租。两份租约都规定适用英国法在伦敦仲裁。布莱斯法官（Blais J.）注意到未注明租约的日期并非不同寻常，且其本身并不构成将租约并入到提单的障碍，认为租约中的仲裁条款已有效地并入到提单中，并约束货物索赔人。（根据提单，本案中的运输合同应适用《海牙规则》，而不是装运港所在地的罗马尼亚得到强制实施的《汉堡规则》，该规则允许货物索赔可在卸货港进行审理。布莱斯法官进一步指出，尽管如此，即使在汉堡规则下，海上货物运输合同的当事人也可以通过书面协议规定将其争议提交仲裁（第 22 条第 1 款），根据含有仲裁条款的租约签发并包括提单持有人受租约仲裁条款约束的特别注明的提单，也可以约束提单持有人。）

1.4.5　国际公约

迄今为止，涉及提单法律关系的国际公约有三个，即《关于统一提单的某些法律规定的国际公约》（《海牙规则》）、《关于修订统一提单某些法律规定的国际公约》（《威斯比规则》）和《1978 年联合国海上货物运输公约》（《汉堡规则》）。《海牙规则》和《威斯比规则》均没有直接对提单仲裁问题进行规范。《汉堡规则》填补了前两个国际公约的不足，对提单的并入条款作了特别的说明。该规则第 22 条第 2 款规定：“如果租船契约中载有应将该租约所引起的争议提交仲裁的条款，而根据租船契约签发的提单并未载有一项特别注解，规定该条款对提单持有人具有约束力，则承运人不得援用该条款对抗正当地取得提单的人。”根据该条款，由合同引起的争议包括本合同所引起的争议以及依租约引起的争议。但在租约仲裁条款的并入问题上规定比较严格。租约中的仲裁条款是否并入提单并约束提单持有人，关键是提单中的并入术语是否明确地指明不但包含租约中的一般条款，也包含仲裁条款，而且还应特别注明约束“提单持有人”。如果没有特别的术语，则提单不能并入租约中的仲裁条款；未注明约束“提单持有人”，也不得构成并入。

1958 年的《纽约公约》没有有关并入仲裁条款的规定。1985 年《示范法》［UNCITRAL Model Law on International Commercial Arbitration (1985)］虽然并不专门针对提单，但其内容曾试图解决并入仲裁条款的问题。该法第 7 条第 2 款规定，合同中援引包含仲裁条款的另一法律文件中，如果合同是书面的，且这种援引使该仲裁条款成为合同的一部分，那么该仲裁条款构成书面的仲裁协议。

根据该条款，租约中的仲裁条款要并入提单，应满足两个条件，一是提单是书面合同，二是并入条款是合同的一部分。但根据本款的解释，书面协议包括在各方当事人签署的文件中或含有协议的往来信件、电传、电报或其他通信方式中。由于提单本身是否构成各方当事人的书面合同存在争议，示范法对书面协议的严格规定，使其在解决提单并入仲裁的争议没有实际意义。示范法的解释是要求参阅联合国当时开会的工作报告，以求全世界较统一的解释，但在工作报告中，明显可见到对提单仲裁的有效性没有达成任何结论[51]。

从以上国家和国际公约的规定及司法实践可能看出，对提单的并入仲裁条款的问题，至今仍没有明确的制定法，而各国的司法实践也并不相同。从中国最高人民法院和各海事法院的案例中，反映出中国对提单并入条款能否并入租约中的仲裁条款的态度是比较严格的，不但提单背面的并入条款要明示并入仲裁条款，而且在提单的正面还要明确注明并入的租约的日期。英国对并入条款的态度则较为宽松，无论是提单中还是租约中，只要提单明示并入仲裁条款或明确约定租约的仲裁条款可适用于该租约项下的争议，该仲裁条款均可约束提单持有人。美国和加拿大的判例对并入条款的效力的态度也比较宽松，但也有个别案件例外。这也反映出在提单的并入条款问题上，各国还需要进一步加强协调和探讨，以求达成共识。

第 2 章　并入仲裁条款的效力

租约中的仲裁条款被认定为有效并入提单，只是解决了提单中仲裁条款是否成立的问题，但成立并不当然意味其一定有效，正如提单中其他条款并不当然有效一样。要认定仲裁条款有效，还应根据仲裁条款的性质、准据法等进行判断。

2.1　并入仲裁条款的性质

要确定仲裁条款的准据法，首先要对其性质进行认定。它是程序问题还是实体问题？

在理论界，有相当一部分学者认为提单中的仲裁协议属程序问题，而程序问题适用法院地法是国际私法的基本原则，因此中国法律会被确定为准据法[52]，应适用中国的《仲裁法》审查提单中的并入仲裁条款的效力。这一观点在过去一段时间内得到相当多人的支持，尤其是部分法官，因而在海事司法实践中采取这一观点的案例也不在少数，如广东省高级人民法院受理的和德（集团）有限公司诉樱桃谷航运有限公司上诉案[53]中，被告与新加坡 D. R. J 公司订立的租船合同约定“任何由本合同产生的争议或分歧，应在伦敦通过仲裁方式解决……本合同适用英国法律……”。该提单背面第 1 条还规定：“正面所注日期的租约中的所有条件、条款、权利和除外事项，包括法律适用和仲裁条款，都并入提单。”广州海事法院认为，虽然本案所涉提单载明与租约同时使用，租约中也有仲裁条款，但因提单并入的租约仲裁只是针对租船人和承运人约定的临时仲裁，并没有对提单持有人如何指定仲裁员做出规定，该仲裁条款对作为提单持有人的原告来讲是一种不能执行的仲裁条款。被告以本案应适用英国法为由提出上诉，广东省高级人民法院认为，本案所涉仲裁条款的效力属程序性问题，对该问题的审查应适用法院地法即中国法律，支持一审法院的观点。在安徽省粮油食品进出口公司诉广州远洋运输公司案[54]中，提单订有并入条款，被告与瑞士 MINERMETS. A. 签订的航次租船合同规定："所有因本合同产生的争议应由双方通过友好协商解决，无法达成友好协议的，争议应提交伦敦仲裁，适用英国法。"武汉海事法院认为，本案中并入提单的仲裁条款没有明确仲裁庭的组成，也未指明具体的仲裁机关，根据《中华人民共和国仲裁法》之规定，该条款无效。在上海农工商对外贸易公司诉马尔他 Domino Shipping Ltd 案中，广州海事法院也持有上述观点[55]。

将提单中的仲裁条款识别为程序问题而适用法院地法，与仲裁条款的性质是不相符的。要分清什么是程序问题，我们首先应明白国际私法中的程序问题与诉讼中的程序问题并非一致。如前所述，在国际私法中的程序问题，是指关于诉讼的日常例行规则，即案件中对其结果影响甚小的方面，如送达、当事人的诉讼能力等有关的例行问题。诉讼中的程序问题是指在诉讼中诉讼主体进行诉讼活动所应遵循的各种程序性法律规范。仲裁条款是指双方当事人愿意把他们之间将来可能发生或者业已发生的争议提交仲裁的协议。它是仲裁的前提。仲裁本身属程序问题，但对仲裁条款效力的认定并不能等同于仲裁。

首先，仲裁条款从形式上看是双方当事人之间产生的一份契约，它虽然不像经济合同会产生直接的实体权利义务，但由于世界各国制订国内法和缔结国际条约时，广泛地认可了仲裁制度存在的必要，故仲裁条款一旦在当事人产生相应的法律，即令当事人同时受仲裁条款约定的程序和实体内容的约束。

其次，仲裁条款的内容并不仅仅局限于程序问题。仲裁条款除了反映提请仲裁的意愿并约定仲裁程序规则外，当事人在仲裁条款中不仅可以选择作为合同准据法的实体规则，甚至还可以选择国际私法规则，这在国际社会中已得到普遍认可。所以仲裁条款虽是仲裁程序开始和进行的基础，但在内容上不完全是程序法调整的对象。

再次，仲裁条款本身效力的认定离不开实体法。世界上尽管有德国、日本等国家将仲裁及仲裁条款所涉及的问题规定在民事诉讼法典中，某些仲裁程序方面的问题与民事诉讼中的问题有可能大同小异，但有些问题的解决，仅靠程序法的规定是无法解决的，如当事人的缔约能力等。因此，笼统地将仲裁协议归入程序法范畴也是失之偏颇的。目前，关于仲裁立法的趋向是采取单独法体例，许多国家制定了单独的仲裁法，如中国、英国、美国、瑞典等，原因之一就是因为其与程序法有很大的区别。

所以仲裁条款是兼具程序和实体法两方面的内容的契约，提单仲裁条款作为仲裁协议的一种，并不能简单地识别为程序问题。

2.2　并入仲裁条款的法律适用

2.2.1　确定仲裁条款准据法的原则和方法

2.2.1.1　仲裁协议独立性原则

按照仲裁协议独立性原则，仲裁协议是一个独立的合同，其效力应单独判断，主合同不存在，或者无效、失效，仲裁协议并不必然不存在或无效、失效。关于仲裁协议的历史渊源，一说认为其早在1936年即在瑞典最高法院的一个判例中有所体现，便引起广泛注意的则是1963年法国最高上诉法院在“戈塞特”案中作出的判决[56]。最高上诉法院认定，仲裁条款独立于主合同，如果主合同无效，只有在无效理由影响仲裁协议时，仲裁协议才可能成为无效。另一说则认为是英国上诉法院于1942年对Heyman v. DarwinsG一案的审理中初步确立的[57]。在1967年美国高等法院审理Prima Paint Co v. Flood & Conkin Manufacturing Co. 案中，将仲裁条款独立性理论提升到一个新的水平，即承认仲裁条款可以独立存在于自始无效的欺诈合同中[58]。1976年《联合国国际贸易法委员会仲裁规则》、1985年《示范法》都规定了仲裁协议独立性原则。20世纪90年代后，仲裁协议独立性原则日益得到各国立法、司法与仲裁实践、国际常设仲裁机构的采纳和支持。国际法院的Stephen M. Schwebel法官曾经指出，全面承认仲裁独立性理论是各国仲裁立法的方向[59]。仲裁协议独立于主合同，意味着主合同的准据法不能作为仲裁协议的准据法，仲裁协议应有自己独立的准据法。

2.2.1.2　仲裁协议准据法整体制原则

不同国家对有效仲裁协议的形式要件和实质要件不尽相同，在仲裁地国家被认定为有效的仲裁协议在裁决执行地国家可能被认为无效，这必然影响仲裁裁决的执行。但是，如何确定仲裁协议的准据法，很多国家的法律没有明文规定方式，如《意大利民事诉讼法》第807条第3款规定：仲裁合同应适用支配一般业务活动的合同有效性的规定。这主要是因为仲裁协议也是合同的一种，无须也不可能为它确立一套不同于其他合同的独特的法律适用准则。从各国国际私法的立法和实践看，合同准据法的确定主要有分割制和整体制之分。所谓分割制是将合同的各个方面如当事人的缔约能力、协议的订立、形式有效性、实质有效性、效力、解释等，分别适用于不同国家的法律，这种作法受到了许多学者和国家实践的支持。但对于仲裁协议而言，分割制无疑增加了法院、仲裁庭适用法律的困难，也加大了仲裁协议有效成立的条件，不利于体现支持国际商事仲裁的政策。作者认为，亦即除当事人的缔约能力外，将仲裁协议的各个方面视为不可分割的整体，适用同一个准据法。这一方法简便易行，更能保持仲裁协议的内在和谐性。

2.2.1.3　确定仲裁协议准据法的方法

多数学者认为，仲裁协议准据法的确定，应适用当事人意思自治原则，许当事人自主选择仲裁协议适用的法律；在当事人无明示选择时，则直接适用或推定适用仲裁地法。在当事人未明示选择法律和仲裁地未确定时，依一般的冲突规则确定仲裁协议的准据法[60]。

2.2.2　提单仲裁协议的准据法

虽然我国的《民法通则》、《合同法》、《海商法》等法律对涉外合同的法律适用作了原则性的规定，但我国冲突规范对仲裁条款的法律适用并不明确。因此在司法实践中，有相当比例的案例未从仲裁协议法律适用的角度对正确适用准据法进行分析，而直接适用中国的《仲裁法》。如安徽省粮油食品进出口公司诉广州远洋运输公司案[61]。该案中，提单订有并入条款，被告与瑞士 MinermetS. A. 签订的航次租船合同规定："所有因本合同产生的争议应由双方通过友好协商解决，无法达成友好协议的，争议应提交伦敦仲裁，适用英国法。"武汉海事法院认为，本案中并入提单的仲裁条款没有明确仲裁庭的组成，也未指明具体的仲裁机关，根据《中华人民共和国仲裁法》之规定，该条款无效。在上海农工商对外贸易公司诉马尔他 Domino Shipping Ltd 案[62]中，广州海事法院也直接适用了中国法律，驳回被告的管辖权异议。

提单仲裁条款的准据法的确定源于当事人双方的意思表示或当事人的法律行为所决定的连结因素，它适用普通仲裁协议准据法的确定方法。由于仲裁条款的独立性，仲裁条款与合同准据法的确定方法有所不同。

2.2.2.1　依当事人的意思自治

当事人意思自治原则是确定准据法的基本原则。这也是理论界所公认和各国法律所遵循的首要原则。由于仲裁条款的独立性，依当事人选择的准据法并不能将其理解为当事人选择的解决主合同争议的准据法。换句话说，仲裁条款应有自己的可适用的法律，如当事人未明确指定，不能推定主合同的准据法即为仲裁条款的准据法，比如瑞典的作法[63]。但无论在独立的提单仲裁条款还是并入租约的仲裁条款中，当事人特别约定仲裁条款的准据法的情况极为罕见。在此情况下，应当区分解决实体争议的准据法和解决仲裁条款效力的准据法，不能混为一谈。因此，如果并入条款中规定"在北京仲裁，适用英国法"，我们不能当然地认为英国法是认定仲裁条款效力的准据法[64]。这是仲裁条款独立原则的体现。如果当事人未就仲裁条款单独约定其适用的准据法，只能视其未约定。

在英国法下，如果当事人对仲裁协议的准据法未作明示的选择，还可以对当事人的默示选择作出推定。例如，1997 年伦敦海事仲裁员协会（LMAA）条款第 6 条第（1）款规定，"除非当事人另有约定，所有适用本条款的仲裁程序的当事人都视为同意适用于他们之间的仲裁协议的法律为英国法。"由此可见，如果当事人没有对仲裁协议的准据法作出约定，但是他们在仲裁协议中选择了 LMAA 条款，则可据此推定他们实际上已约定以英国法为其仲裁协议的准据法[65]。

实践中，当事人在协商签订的租约或成交记录中单独约定仲裁协议准据法的情况极为少见，一般表述为"在……仲裁，适用……法"，这样的表述不能适用选择的法律作为仲裁条款的准据法。

但是，某些标准格式合同则明确了仲裁协议的准据法。如 1994 年金康租约中的第 19 条的法律和仲裁条款（与之形成对比的是目前仍广泛使用的 1976 年金康租约则没有仲裁条款）、Amwelsh 93 租约中第 32 条的仲裁条款、澳大利亚小麦租约 1990（Australian Wheat Charter 1990）第 33 条的仲裁条款、多式租约 1982（Multi—Purpose Charter Party1982）第 30 条的仲裁条款、油轮租约（Asbatankvoy）第 23 条的仲裁条款。上述格式条款不但指明了仲裁协议的准据法，而且对仲裁的程序也作了较为详尽的规定，可以说是一个比较完整的仲裁条款。

也有一些标准格式没有规定专门指定仲裁协议的准据法。如 Centrocon1914/1974 租约、Stemmor Charter Party 1983 租约、中国国际商会航租成交记录 2000 标准格式（China Chamber of International Commerce Fixture Note of Voyage Charter Party 2000 Standard Form）。这些标准格式有的也规定了诸如仲裁员的指定等程序问题，但对仲裁本身效力的认定仍应遵循下述准据法的规定。

2.2.2.2　依仲裁地法

在当事人没有明确选择提单仲裁条款的准据法的情况下，适用仲裁地法，这在理论上似乎没什么争议。但在司法实践中则情形全然不同，这在几年前显得尤为突出。在海事审判实践中，把仲裁条款识别为程序从而适用法院地法的观点占据上风。大量地适用中国法律而否定提单仲裁条款的案例已引起最高人民法院的重视。最高人民法院副院长李国光在 1998 年的《当前经济审判工作应当注意的几个问题》中谈到："对于涉外仲裁协议的效力的认定，要注意准确地适用法律，通常要适用约定的仲裁地国法律，并参照国际惯例，予以认定。只有在明确适用中国法律的情况下，才能按照仲裁法第 17 条和第 18 条的规定确认仲裁协议的效力。"[66]之后，在几次请示函复中，最高人民法院明确了态度。在（2000）交他字第 7 号函中，最高人民法院认为："对租船合同中仲裁条款效力的审查，应适用当事人在仲裁条款中约定适用的法律；若当事人没有明确选择仲裁条款的准据时，应当适用仲裁地国法律确定仲裁条款的效力。"由于法律规定的空缺，最高人民法院的复函便成了司法实践的重要指导和依据。

除了最高法院的复函外，可以适用仲裁地法的法律依据便是《纽约公约》。我国是《纽约公约》的参加国。该公约的规定除了我国声明保留的外，都应当遵守。这一义务也为我国《民法通则》、《海商法》等法律所确认。《纽约公约》第 5 条第（1）项第（1）规定："根据双方当事人选定适用的法律，或在没有这种选定的时候，根据作出裁决的国家的法律，仲裁协议是无效的，被请求承认或执行裁决的管辖当局才可以根据该当事人的要求，拒绝承认和执行该项裁决"。可见，该公约的观点是：依当事人选择的适用仲裁协议的准据法；在当事人没有选择时，依作出裁决地国法律。但是，将《纽约公约》直接作为适用仲裁地国家法律认定仲裁条款效力的依据有一个法律上的障碍。《纽约公约》是有关缔约国可以拒绝承认和执行在缔约国作出的仲裁裁决的情形和条件，它的用词是：根据裁决地国的法律。该公约第一条一款规定了其适用范围：因自然人或法人之间的争执而产生的仲裁裁决，在一个国家的领土内作成，而在另一个国家请求承认和执行时，适用本公约。不难发现，该公约所采用的上述冲突规范，只有在有关的仲裁裁决已经作出的情况下，才是完全可行的；而对于那些仲裁程序尚未开始的情况，则属形同虚设。因为在仲裁程序尚未开始，仲裁裁决尚未作出的情况下，裁决作出地尚未出现，其法律的适用当然也就无法确定。将纽约公约中的上述有关仲裁协议的冲突规范用于解决仲裁裁决作出前的仲裁协议的法律冲突问题有违公约本旨，也是行不通的[67]。纽约公约第二条三款的规定也只是提出了问题，而对仲裁裁决作出前如何认定仲裁协议效力并未规定。要解决这一问题，还得应用依一般冲突规则所指向的法律[68]。

在国际商事仲裁实践中，仲裁地法的适用得到了广泛的接受。比利时、保加利亚、瑞士、埃及等国实践均表明其在无明示选择时，直接适用或推定适用仲裁地（或裁决作出地）国法。除《纽约公约》外，1961 年《欧洲公约》、1975 年《美洲公约》和 1985 年《示范法》也都支持这一主张[69]。

英国在当事人没有对仲裁协议的准据法作出明示或默示的选择时，可以适用包含该协议的主合同的准据法，因为它是该合同的组成部分。在海事领域，仲裁协议总是包含在一个有法律选择的租约或提单中，虽然该仲裁协议在效力上独立于主合同，但主合同中的法律选择条款对仲裁协议的准据法的确定具有决定性的意义。如果当事人未明确选择主合同的准据法，则可以借助一些因素推定当事人作出的默示选择。其中最重要的因素通常是当事人选择的仲裁地，如当事人选择在伦敦仲裁，通常能说明当事人意图使其合同受英国法支配[70]。

2.2.2.3　依一般的冲突规则

在当事人既未约定准据法也未约定仲裁地时，应依一般的冲突规则确定仲裁协议的准据法。但依何种冲突规则，目前并未得到统一。有适用受理争议法院地的冲突规则所规定的有效法律，如《欧洲公约》第 6 条第 2 款的规定；也有主张适用仲裁协议缔结地法，如日本学者[71]。作者认为，应依最密切联系原则进行确定。最密切联系原则是我国法律所确定的一项基本原则，并入提单的仲裁条款作为提单条款的部分，它融合于提单中，提单作为运输合同的证明，其有明确的当事人、签发地、卸货地等与合同有关的连结因素。其中提单签发地应是与仲裁条款效力联系最为密切的因素，应以其法律作为认定仲裁条款效力的准据法。

2.3　并入仲裁条款的形式

租约中的仲裁条款并入提单，只是解决了提单中是否有仲裁条款的问题。但除记名提单外，指示提单或空白提单是一种可以转让的权利凭证，提单涉及三方当事人，在承运人签发提单后，提单从托运人流转到收货人，收货人还可以通过背书将提单转让给他人。因此，除记名提单外，收货人是不特定的。那么，被并入的提单条款是否能约束提单持有人，这一问题理论界未有定论，司法实践也未能统一。

否定论一般有两个理由：提单持有人为非合同当事人、并入的仲裁条款不是书面协议。

在实践中，提单往往都是由承运人单方签发，而没有提单持有人的签名。根据《纽约公约》和《示范法》中关于仲裁协议书面形式的严格要求，并入的仲裁条款未经持有人签字，应认定无效。这一观点在司法实践中也有反映，如武汉海事法院受理的江苏省粮油食品进出口公司诉巴拿马·友乐船务公司（Jollity Shipping CorporationS. A.）案[72]中，承运人友乐船务公司认为，提单的正面和背面条款均载明租约并入提单；租约约定的仲裁条款适用于根据本租约签发的提单；本案争议提单的签发时间和承运船舶承运该提单项下货物的航次期间，均包括在前述租约的期间内，因此，前述租约已有效地并入提单，本案应提交仲裁。武汉海事法院认为，承租双方没有在租船合同上签字盖章，表明承租双方未对仲裁事宜达成一致协议，该租船合同包括仲裁条款不能有效地并入提单，不能约束提单持有人。

作者认为，并入的仲裁条款是否对提单持有人产生效力，应该具体问题具体分析。

2.3.1 并入的仲裁条款是否构成仲裁协议

并入的仲裁条款是否构成仲裁协议，取决于仲裁条款所适用的准据法的规定。纵观各国法律和国际公约的规定，有效的仲裁协议无非涉及两个方面的内容：意思表示和形式。

有一种观点认为租约提单下的仲裁条款缺少合意性和协商性。并入的仲裁条款作为格式条款，是承运人和托运人事先拟定，而后由承运人通过并入条款强加给提单持有人的，不是提单持有人的真实意思表示，提单持有人并没有就提单的具体问题，如签发何种提单，修改哪些提单条款等，与承运人协商。并入仲裁条款很难说体现了提单持有人真实的意思表示，若提单条款能约束提单持有人，则有失公正。这一观点在海事审判实践中曾得到广泛的支持，如广东省高级人民法院审理的多米诺海运有限公司（Domino Shipping Ltd）与上海农工商对外贸易公司上诉案[73]，租约约定“本合同项下产生的一切争议，应由双方本着诚信原则友好协商解决。如协商不能解决，争议应提交伦敦仲裁应适用英国法。”广东高院认为，该条款属临时仲裁条款，是租约承租人与出租人之间的协议，该协议不能约束提单持有人。

的确，按照合同的意思自治原则和相对性原则，合同应该是当事人双方协商一致的结果，合同的效力也仅及于缔约双方，而不能约束第三方。与一般的合同条款相比，并入的仲裁条款未经当事人反复协商并签字认可，当提单持有人不是托运人时，其成了租约当事人以外的第三人。这两个特征恰恰背离了合同的合意性和相对性。因此提单持有人不应受格式提单合同的约束。但这样一来，提单持有人也不应享有提单权利，提单对持有人来说便失去了存在的意义。于是有人从提单流转的过程入手，认为持有人一旦接受提单，就意味着同时接受了提单条款，因而意思表示一致，并以此作为论据论证仲裁协议的存在[74]。

针对提单对持有人的效力问题，英国法院于 1924 年在 Brandit v. Liverpool Brazil & River Plate S. N. Co. 一案中发展了默示合同的理论，认为提单是一种新产生的合同，虽然运输合同是承运人和托运人签订的，但当收货人凭提单向承运人提货，承运人发货时，在收货人和承运人之间就形成了一份新合同。收货人出示提单构成要约，而承运人放货则构成承诺。收货人交付的运费是他付出的对价（预付运费则由托运人支付）。其合同内容与提单证明的约束合同完全一致，并可追溯到最初开始时的效力[75]。此外关于这一问题还产生了侵权行为说、证券关系说、代理说、第三契约说、让与说等理论[76]。

作者认为，提单对持有人的效力是基于法律的规定。从普通的合同法的理论来阐述提单对持有人的效力未免牵强。《海商法》作为民法的特别法，在很多方面已突破了民法的一般理论，如承运人的限制责任、共同海损等。在合同领域，海商法中的实际承运人责任制度便已突破了合同的相对性原则。提单持有人与实际承运人之间并未签订合同，但可向其主张权利，这一权利源于法律的规定。同理，《海商法》第78条、第95条已明确地规定了承运人与托运人、提单持有人以及租约当事人的关系，实际上赋予了提单对持有人的合同效力，虽然我国海商法对提单的地位定位为合同的证明。在司法实务中，有人认为以上法律条款只规定持有人和承运人之间的权利义务关系依据提单的规定确定，作为争议解决方法的仲裁条款不属权利义务关系，不适用该规定[77]。因此即使租约的仲裁并入提单，对持有人也没有法律效力。这种观点值得商榷。所谓权利义务，不能当然地理解为实体权利义务，仲裁条款通过排除法院的管辖权，限制双方诉权的行使，是一种程序上的义务，我国法律已把争议条款包括在权利义务条款之内，如《合同法》第2条规定合同是“设立、变更、终止民事权利义务关系的协议”，而第12条款所列举的合同一般条款中包括“争议的解决方法”。

从国外法律来看，英国1992年《海上运输法（the Carriage of Goods by Sea Act)》第2（1）条规定，合法的提单的持有人应转让并赋予其运输合同下的所有权利，就如同他本人就是该合同的一方[78]。美国1999年《海上货物运输法(the Carriage of Goods by Sea Act，the COGSA)》更是扩大了提单是运输合同证明的传统法律概念，将提单直接定义为合同。该法第二条（a）款（5）项规定，运输合同是指全部或部分通过海上以及部分采用一种或一种以上运输方式进行货物运输的合同，包括提单（或类似单证)，而不论该单证是否可以转让，也不论是以印刷还是以电子形式体现。而且运输合同还包括租船合同下签发的或根据租船签发的提单，但仅限于该单证调整承运人和提单持有人关系时[79]。德国《商法典》第565条规定，承运人和收货人之间的关系由提单制约，承运人和托运人之间的关系由运输合同制约[80]。1968年的《威斯比规则》和1978年《汉堡规则》采用了证据理论，即当提单转让给包括收货人在内的善意第三人时，提单上的记载内容具有绝对证据的效力。

从以上分析和法律规定可以看出，提单条款对持有人的效力源于法律的规定，无需一般合同上的合意。仲裁条款被并入到提单后与提单的其他条款一起，虽是承运人单方制作的格式条款，但已成为提单条款的一部分，是承运人与持有人之间关于争议解决的协议。

2.3.2 关于仲裁条款的形式

一项有效的仲裁协议必须具备合法的形式，各国仲裁立法以及国际公约对仲裁协议形式的要求虽然不尽一致，但绝大多数都规定仲裁协议必须采取“书面形式”。那么，什么是“书面形式”，是否应该包括当事人的签名，仲裁条款对未签字人是否具有法律效力?

《纽约公约》第2条第2款把“书面协议”定义为“应当包括当事人所签署的或者互换函电中所包含的合同中的仲裁条款和仲裁协议”。据此，该公约规定的书面仲裁协议有两种：当事人双方签字的仲裁协议、当事人通过书信往来确认的仲裁协议。

1985年联合国国际贸易法委员会的《商事仲裁示范法》第7条第2款规定：“仲裁协议应采取书面形式。书面形式包括当事人双方签署的文件或记录该协议的书信、电报或其他通信方式”。

可见公约和示范法对书面形式采取了严格的规定，要么需由双方签字，要么包含在双方当事人互换和往来的函电之中。但在航运实务中，提单作为海上货物合同的证明，只要承运人的盖章，再流转到持有人手中时，提单持有人是不会在提单上签字认可的。在指示提单和空白提单中持有人转让提单时要签字或盖章，但这是背书行为，与合同意义上的签字认可没有关系。如果按照《纽约公约》，要求双方当事人均在仲裁上签字，无论是对于载于班轮提单中的仲裁条款还是对于并入提单的租约仲裁条款而言，显然都是脱离现实的，因为这在航运实务中根本就行不通。强求仲裁协议必须由双方当事人签字才构成书面形式的话，无异于否定租约提单中仲裁条款的效力。

有些国家与纽约公约一样对仲裁协议的形式作出了严格的要求。如希腊最高法院裁定，在仲裁协议上，必须有全部当事人的签字。印度尼西亚规定仲裁协议必须包含在经各方当事人签署的文件中或者经过公证；仲裁条款也应当包含在经各方当事人签署的文件中[81]。新加坡也是采取示范法的国家，该国在1994年通过了《国际仲裁法》，其第二部分 s.2（1）规定：“‘仲裁协议’指示范法第7条所规定的书面协议，包括提单所包含的或通过并入条款并入的仲裁条款”[82]。意大利法院仅承认书面形式的仲裁协议，为此提单必须有托运人的签署[83]。

虽然《纽约公约》的规定对于统一各国的分歧、防止国内法对仲裁协议的形式施以过苛的要求起着积极的作用，但是随着商业和通讯技术的发展，《纽约公约》上述对“书面”的规定日显狭窄，它既落伍于时代的发展，又与商业社会的日常实践不相吻合[84]。

我国香港地区也是采取联合国示范法的地区。香港过去曾对书面协议作过严格的解释。在1992年审理的 Hissan Trading Co v. Orkin Shipping Corp 案中[85]，提单中的并入条款规定：“1990年2月6日的租约中所有术语、条件和例外，包括到东京仲裁条款在此全部并入。”香港高等法院的 Mayo 大法官判决在示范法下，该仲裁条款无效。这一判决引起了很大的争议，也与香港本身的利益不相符合，于是在1996年英国仲裁法实施后，香港仲裁条例以英国仲裁法为蓝本对何谓仲裁协议作了全面的修订，对书面形式作了宽松的规定。一般认为，只要有文字出现过“仲裁”二字，在香港仲裁条例下都会被认为是有效的仲裁协议[86]。

我国台湾地区于1998年6月24日颁布了《仲裁法》。该法借鉴英美德日等国仲裁制度，具有一定的先进性。对仲裁协议，该法第1条第4项规定：“当事人之间文书、证券、信函、电传、电报或其他类似方式之通讯，足认为有仲裁合意者，视为仲裁协议成立。”但就海事仲裁而似乎并未彻底改变台湾“最高法院”关于载货证券系运送人或船长‘单方’签名的证券”的见解。因而提单中的仲裁条款的效力将成为不确定的问题[87]。

英国由于其在国际上独特的仲裁地位，一直对仲裁采取鼓励的态度。尽管《纽约公约》对“书面形式”规定甚严，但它也没有将其定义说死，它只是说“应该包括（shall include）”而不是“只应该包括（shall only include）”所列举的两种书面定义。因此，在对待仲裁的形式上，英国法律解释得非常宽松。最具代表性的判例是Zambia Steel v. Clark & Eaton案[88]，上诉法院法官Ralph Gibson在该案中认为，“书面协议”至少有两种含义。第一种含义是，双方当事人协议的条款被书面表述出来。在此基础上，对某一书面协议的证明可超出该文件的范围。此证明可表现为行为，以说服法院推定存在协议，或表现为口头或任何其他证据。第二种含义是，协议提交仲裁的条款和对这些条款的表面上的同意都包括在文件中。“书写”或“书面”是指必须在协议上签字。如果有文件承认双方当事人之间存在仲裁协议，则无需签字。因此，只要提单正面订明仲载条款或并入租约的仲裁条款，都得到支持。英国1996年仲裁法被公认为迄今最先进的仲裁法。该法第5条对书面仲裁协议作了极为广泛的界定，规定以下任何一种协议都构成为其第一部分之目的而签订的书面仲裁协议：（1）以书面形式达成的协议，无论当事人签署与否；（2）以书面通讯交换方式达成的协议；（3）有书面证明的协议，例如一项由一位当事人或经所有当事人委托授权的第三人记录下来的口头协议，甚至可以包括仲裁员记录下来的协议；（4）当事人以非书面方式约定援引某项条款，只要该条款是书面的，当事人之间的协议即是书面的。（5）当事人在仲裁或司法程序中进行书面文件交换时，一方当事人书面主张他们之间存在一项非书面的仲裁协议，另一方当事人在书面答复中未作否认表示的，即在他们之间构成一项书面仲裁协议。此外，该法第5条第（6）款还规定仲裁协议的书面形式包括借以将资料记载的任何形式。1996年仲裁法的上述规定使书面仲裁协议的范围被大大拓宽了，并立即得到了1996年香港仲裁法修订案（2AC）和1998年《德国民事诉讼法典》（第1031条）的追随和仿效。

与《纽约公约》及联合国《示范法》相比，1996年英国仲裁法下的书面仲裁协议的范围被大大拓展，无论是写在纸上的传统书面协议还是以现代的电子通讯手段签订的书面仲裁协议均包括在内，这与英国前几部仲裁法相比，无疑也是一个巨大的进步。不过，不难发现的是，有一点在1996年仲裁法下并不是一个创新，而只是在原有基础上的进一步延续和发展，那就是关于书面仲裁协议无须双方当事人签字的规定。这一点的确是英国仲裁法一直以来区别于《纽约公约》和联合国《示范法》的重要之处，即使是直接反映《纽约公约》的1975年仲裁法亦不例外，而且英国上诉法院在前述案例中就书面仲裁协议所作出的扩大解释中亦特别申明和强制了这一点。

对于书面仲裁协议无须双方当事人签字亦为有效，或者说承认书面仲裁协议对未签字人的效力，不能说不是英国仲裁法的开明之处。这在《纽约公约》和联合国《示范法》对书面仲裁协议必须由双方当事人签字的严格要求越来越受到批评的今天更加得到了证实。因为在今天的商业活动中，任何协议，特别是海事仲裁协议，在双方当事人签字后再去履行已不会太多。英国仲裁法尤其是1996年仲裁法对书面仲裁协议的宽松解释本身使当事人的签字变得不再重要了。这充分体现了英国对仲裁协议效力乃至整个仲裁业的鼓励和支持，也应该是英国之所以能成为世界最重要的国际商事仲裁中心尤其是海事仲裁中心的重要原因之一。

美国《联邦仲裁法》第2条规定："在任何海事或者商事契约中，为了用仲裁方式解决可能由于契约引起的……争执提交仲裁的书面协议，都是有效的、不可撤销的和有强制性的。"美国也是《纽约公约》的签字国，因此《纽约公约》中对仲裁协议形式的规定对美国的司法实践有着相当的影响。在 U. S. Titan, Inc. v. Guangzhou Zhen Hua Shipping Co.[89]案中，上诉法院概括了根据《纽约公约》和《联邦仲裁法》仲裁协议成立的要素：(1) 要有书面的仲裁协议；(2) 协议规定仲裁在公约签字国领域内进行；(3) 仲裁事项是商业性的；(4) 仲裁事项不完全属于国内事项。在美国的司法实践中，不论其仲裁条款的条文是否明确，陈述是否完善，只要仲裁条款表明了当事人的仲裁意愿，就赋予其强制执行的效力。如果违反书面仲裁协议而将应提请仲裁的争议向美国法院提起诉讼，经一方当事人申请，法院应中止诉讼。美国由于其经纪人制度的发达，经纪人代表租约双方当事人达成的简式传真或成交记录（"recap" or "fixture" fax）足可成立一份合同，并约束双方当事人进行仲裁[90]。但是，美国对仲裁条款会根据对其作出宽严的不同的解释来确定其效力。

德国《民事诉讼法典》(1998年修订）第1031条规定："3. 如果某项合同关联或提及了含有仲裁条款的文件，该关联或提及就使得仲裁条款成为合同的一部分；4. 如果一份提单中关联或提及了租船合同中的仲裁条款，出具该提单应被认为是订立了一项仲裁协议；5. 提单一经签发，其中的仲裁条款即已达成。"

新西兰原本不承认提单仲裁条款的效力，但是，最近的司法实践和立法改变了态度。1995年在 Trackweld Group Ltd v. Contship Container Lines Ltd 案中，区法院的科尔法官（Kerr）接受了提单中的仲裁条款的效力，他指出，如果提单作为合同得到了当事人的同意，虽然当事人并不像通常那样在上面签字，这类合同中的仲裁条款对所有人都是有效的。高等法院的罗伯逊法官（Robertsong）维持了科尔法官的判决，他认为，当事人签字与否并非决定性因素[91]。

我国《仲裁法》第 16 条规定："仲裁协议包括合同中订立的仲裁条款和以其他书面方式在纠纷发生前或者纠纷发生后达成的请求仲裁的协议。"从该条款看，对何谓书面形式及是否强制当事人签字没有明确的规定。

从以上分析可以看出，主要航运大国对提单仲裁协议的形式采用了宽松的态度，提单中含有的或通过并入条款并入租约中的仲裁条款，均构成仲裁协议。《纽约公约》和《示范法》对书面形式的规定较为严格，但如何理解，还有赖于各国的解释。

2.4 并入仲裁条款对提单持有人的效力

在租约中的仲裁条款并入到提单后，按照宽松的解释，一般能认定构成与提单持有人的仲裁协议。但该协议能否当然的约束提单持有人，尚存争议。

在对提单持有人的效力方面，仲裁协议的内容起着相当重要的作用。

2.4.1 仲裁条款约定的主体

一般认为，租船合同的仲裁条款明确地将其适用范围局限于"船东和承租人之间（dispute arise between Owners and the Charterers)"的情况下，该条款只能约束指定的当事人，而不能约束第三人即提单持有人。

我国最高人民法院的数例函复均表明了这一态度。如在《关于中国太平洋保险公司南京分公司与马尔他·艾维亚洛斯海运公司海上货物运输合同纠纷一案仲裁条款效力问题的答复》[92]中，租约中的仲裁条款规定："如果船东和租船人产生任何纠纷，该纠纷应在伦敦提交三人，每方各指定一人，第三人由指定的两人推选，他们或他们中的多数的决定是终局的，为执行任何裁决，本协议可能作为法院发布命令的依据。指定的仲裁员应熟悉商业航运业务，而且是伦敦海事仲裁委员会成员。"最高人民法院认为，"本案租船合同订明仲裁条款适用于船东和租船人之间产生的纠纷。该仲裁条款只能约束签订租船合同的双方当事人，其效力不能及于租船合同以外的第三人。"

在上海农工商对外贸易公司诉天津远洋运输公司案[93]中，天津远洋运输公司作为出租人与 Northshield Limited 作为承租人订有以出租人所属的"大兴"轮为租赁标的物的期租合同，合同约定"如船舶所有人与承租人之间发生争议，争议事宜应提交香港三名仲裁员仲裁……"。同时以该轮作为租赁标的物的还有 Lucky Seaway Services Ltd Singapore 作为船东与 Continental Enterprises Ltd 作为承租人之间签订的航次租船合同，合同约定"本合同中的任何争议将在伦敦按伦敦海事仲裁协会的'小额索赔程序'进行仲裁"。争议案件的提单标有"与租船合同合并使用"字样。天津远洋运输公司以此为由提出管辖权异议。武汉海事法院认为，租船合同中的仲裁条款均针对租船合同及租船合同当事人之间的纠纷设立，并非针对海上货物运输合同设立，该仲裁条款仅对租船合同当事人有约束力。驳回天津远洋运输公司提出的管辖权异议。

美国法律认可一个未签订仲裁协议的当事人可受他人订立的合同中所包含的

仲裁协议的约束，关键在于仲裁协议的用词。在租约仲裁条款规定“在船东与租船人之间（between the Disponent Owners and the Charterers）”的争议应提交仲裁时，上诉法院认为提单中的并入租约的条款不能迫使提单持有人就其争议提交仲裁。而在租约中的仲裁条款规定“因本租约引起的任何分歧和争议（any and all differences and disputes arising out of this Charter）”时，上诉法院认为如此宽松的条款可以通过并入条款约束提单当事人[94]。

2.4.2 仲裁条款对争议事项的效力

仲裁协议在对持有人有效的情况下，并不是所有争议事项均可提交仲裁，其对争议事项的效力还要看仲裁条款的用语。在租约中涉及仲裁对象的包括争议和其范围的用语。在租约中与争议有关的用词有“索赔（claims）”、“争论（controversy）”、“分歧（differences）”和“争议（disputes）”。虽然曾有先例指出differences比disputes意义更广泛，但不少仲裁立法已把这两个词作为同义：1996年英国仲裁法在第6条说明disputes包括differences；香港仲裁法在第一部分第2条亦有同样声明[95]。在汉语中对这些词语进行严格的区分似乎意义不大，大致均可涵盖“争议”。对争议的范围的用语比较多，主要就有“因……而引起（arising out of）”，“与……有关（in connection with）”，“项下（under）”，“与……有关（in relation to，relating to）”等。虽然在国外司法实践认为“in connection with”等词是很广泛的文字，变得只是与这合同（合并了该仲裁协议）扯得上任何关系的争议，已经包括在该仲裁协议内[96]，国内也有学者认为此类条款所能约束的不仅限于原来的缔约方，而且还包括其后同意受该条款约束的各方当事人[97]。

但作者认为，即便如此，如果这些用语后面的中心词是“本合同（the contract）”或“本租约（the Charter）”，则所有这些用语都不足以适用提单争议。如果提单持有人是承租人，当然适用无疑，因为提单并非合同，提单争议就是租约争议。但如果提单持有人不是承租人，则上述用词均不能约束提单项下的争议，因为承运人与持有人之间以提单为表现形式的运输合同是独立的合同，与租约有着严格的区别。要使租约的仲裁条款适用提单争议，严格的用词应是“all disputes arising out of or in connection with the Charter Party and the Bill of Lading under the Charter Party shall be referred to arbitration（因履行租约和租约项下提单而产生的或与之有关的任何争议应提交仲裁）”。在实务中，作者见到的较好的租约仲裁条款是London Arbitration 22/00—LMLN550—7.12.00案[98]中的条款：“Any and all disputes of whatsoever nature arising out of or relating to this Charter，or to the making，performance or termination hereof，or to any Bill of Lading issued hereunder，shall be referred to the arbitration of three persons in London……”这样的仲裁条款并入到提单后，实在是挑不出毛病来。

英文里对介词的丰富的表达词语使得仲裁条款的用词也变得丰富多彩。作者最近见到了一个新鲜用词。浙江省粮油贸易公司与菲律宾·劝达国际航运（马尼拉）公司［Trend Shipping（Manila）Ltd］发生海上货物货损纠纷诉诸法院。承运人的提单中印刷的仲裁条款（并非并入的仲裁条款）为："All disputes allying out ofthis bill of lading shall be arbitrated at London……"，承运人以此仲裁条款为由提出管辖权异议。该仲裁条款中的用词"allying out of"从未在相关的判例中出现过。"Ally"的本义是"与……联盟、类似"，且通常与介词"with，to"连用，很难将"allying out of"译为"由……引起"或"与……相关"。因此本条款中的"争议"就很难理解为"由提单引起的争议"或"与提单相关的争议"。这样的用词如果出现在租约中，其结果恐怕是导致争议不是"可仲裁的争议"。

但如果该条款未明确限定其适用范围，而只笼统地提到"由本合同产生的一切争议"或"由本租船合同产生的一切争议"，则此条款所能约束的就不仅限于原来的缔约方，而且还包括其后同意受该条款约束的各方当事人。

2.4.3 仲裁条款约定的仲裁庭组成

国际商业仲裁有两大类：机构仲裁（Administered or Institutional Arbitration）和临时仲裁（Ad Hoc Arbitration）。临时仲裁，是指在两方或多方当事人之间进行的仲裁，有时根据某些机构的仲裁规则进行，比如联合国国际贸易法委员会仲裁规则，但是无须任何仲裁团体或仲裁机构的管理或控制。因此，临时仲裁又被称作非机构仲裁[99]。在普通法系国家，普遍承认临时仲裁的效力。但在我国司法实践中，临时仲裁是不被法院承认的。我国《仲裁法》第 16 条明确规定仲裁协议应当包括选定的仲裁委员会，第 18 条更是明确规定：仲裁协议对仲裁事项或者仲裁委员会没有约定或者约定不明确的，当事人可以补充协议；达不成补充协议的，仲裁协议无效。在《仲裁法》之前，《中外合资经营企业法》第 14 条、《涉外经济合同法》第 37 条第 2 款、《民事诉讼法》第 257 条第 1 款等均规定了机构仲裁。最早对临时仲裁间接地予以承认的是最高人民法院在关于福建省生产资料总公司与金鸽航运有限公司国际海运纠纷一案提单仲裁条款效力问题的复函[100]中表明的态度：涉外案件，当事人事先在合同中约定或争议发生后约定由国外的机构或非常设仲裁机构仲裁的，原则上应当承认该仲裁条款的效力，法院不再受理当事人的起诉。最高院的函复似乎是在适用中国仲裁法的情况下对临时仲裁作出的宽松解释，但这一函复从法律适用上看是不恰当的：当事人约定在国外仲裁，除非明确约定该仲裁条款的准据法是中国法，否则，判断该仲裁条款效力的准据法是约定的外国法或仲裁地法，在适用外国法的情况下，临时仲裁可能本来就是有效的[101]，何需"原则上"承认？即使承认也只是承认外国的临时仲裁，因此，严格说来，最高院的这一函复难以解释成我国承认临时仲裁的司法案例。

由于对临时仲裁的否定，近年来出现了有名的"北京仲裁条款"问题。"北京仲裁条款"即按国际海运惯例，在租约中关于争议解决的条款上只写明在北京仲裁，而未写明仲裁机构。按照仲裁协议的准据法的适用原则，在当事人未另行约定适用外国法的情况下，这一条款将适用中国法律。很明显，根据中国的仲裁法，北京仲裁条款是无效的仲裁条款[102]。因此，每年有多起这样的案件无法在中国海事仲裁委员会仲裁。据中国海事仲裁委员会的统计，这类案子1997年有10件，1998年有20件，1999年有10件[103]。大量的“北京仲裁条款”被否定其效力，严重制约了中国海事仲裁业的发展。许多学者呼吁承认临时仲裁并修改《仲裁法》[104]。

在仲裁庭组成上，如果当事人约定由三名仲裁员组成仲裁庭的，应当各自选定或者各自委托仲裁委员会主任指定一名仲裁员，第三名仲裁员由当事人共同选定仲裁员指定。租约仲裁条款使用何种术语对提单持有人是否有权指定仲裁员显得尤为重要。一些租约仲裁条款由于使用的术语不当而被否定对提单持有人的效力。如武汉海事法院审理的（1997）武海法通商字第16号案。该案中，承运人新加坡·圣琼斯航运私人有限公司（St Johns Shipping Pte. Ltd）签发的租约提单中规定：“背面所示租船合同的所有条款、条件和特许，包括仲裁和法律适用条款并入本提单”，该并入条款所指的租船合同的第17条为仲裁条款“船东和租船人之间的任何纠纷均应提交伦敦的三名仲裁员。双方各指定一名仲裁员，这两名仲裁员再指定第三名仲裁员。这三名仲裁员或其中任何两名仲裁员的裁决为终局的。”承运人以该并入条款为由请求驳回提单持有人贵州省粮油食品进出口公司的起诉。武汉海事法院驳回了承运人提出的管辖权异议，理由之一便是“该仲裁条款仅赋予船东和租船人指定仲裁员的权利，剥夺了提单持有人或收货人指定仲裁员进行仲裁的权利，该仲裁条款显然地提单持有人或收货人无约束力。”在KS维托利亚等与吉林省对外贸易公司货单不符与倒签提单侵权纠纷案[105]中，最高人民法院认为，本案提单中并入的租船仲裁条款只是针对租船人和承运人约定的临时仲裁条款，提单持有人吉林省对外贸易公司无权指定仲裁员，因此是不能执行的仲裁条款，对提单持有人无拘束力。

2.5 国外海事仲裁的立法限制

虽然承认和鼓励仲裁是一种国际趋势，但不可否认的是，在对待国外仲裁的问题上，部分国家和地区在立法上进行了严格的限制。在海事仲裁领域，这一现象似有扩大化的趋势。

2.5.1 美国

在对待提单中国外仲裁条款的问题，美国的做法是比较典型的。在1995年以前，各地方法院的判例不很统一，有承认外国仲裁条款效力的判例，如1991年美国佛里达中部管区联邦地区法院受理的“hafinia”轮并入仲裁条款案[106]、1988年纽约南就职管区联邦地区法院审理的Mediterranea Star轮案[107]。但大多数判例依据1936年《海上货物运输法》第3条第8款的规定否定提单中非美国的管辖权/仲裁条款和法律适用条款的效力。1936年《海上货物运输法》第3条第8款的规定：“运输合同中的任何条款、约定或协议，凡是解除承运人或船舶对由于疏忽、过失或未履行本条所规定的责任和义务，而引起货物或与货物有关的灭失或损害的责任的，或以不同于本章的规定减轻这种责任的，一律无效。”

在美国联邦上诉法院第 11 巡回审判庭 1988 年审理的 Wesermunde 轮案[108]中，提单的并入条款规定，“租船合同中的所有条款、条件、权利和均并入本提单”。租约仲裁条款规定：“因本租约引起的任何争议应根据仲裁法在伦敦提交仲裁”。上诉法院判决外国仲裁条款无效。

在 1995 年以后，随着 Sky Reefer[109]轮案的审理，美国法院对提单中外国仲裁条款的态度趋于统一，即承认该条款的效力。该案中，纽约进口商与摩洛哥出口商签订桔子销售合同后，与日本海运公司签订航次租船合同，由 Sky Reefer 轮（该轮由日本海运公司从巴拿马船舶所有人期而来）将桔子从摩洛哥运往美国马萨诸塞州。日本海运公司签发了提单。其仲裁条款规定，“本提单适用日本法律，因本提单引起的任何争议应在日本东京提交东京海事仲裁委员会仲裁”。发现货损后，收货人在美国提起了针对承运人的诉讼。对该仲裁条款，经过马萨诸塞管区联邦地区法院、美国联邦上诉法院、美国联邦最高法院三审审理，均裁决东京仲裁条款有效。其中最高法院对减轻承运人责任的问题作了全面的分析：

从 1936 年《海上货物运输法》第 3 条第 8 款的规定本身来看，《海上货物运输法》所要解决的是减轻该法施加给承运人的具体的、特定的责任和义务问题，而不是执行该责任的方式和费用问题。第 3 条中的任何规定都未体现该法禁止当事人协议选择在某一特定法院或仲裁机构执行该条所规定的责任和义务。

如果依据给货主造成的费用和不便来回答一个提单条款是否减轻了承运人责任的问题，那么将丧失区分内国仲裁条款与外国仲裁条款的原则性基础，因为要求一个西雅图的货主到纽约仲裁的内国仲裁条款较之于一个要求其到温哥华仲裁的外国仲裁条款可能会对其施加更高的费用和负担。

在解读“减轻责任”时排除交易中进行诉讼的费用的增加也符合海牙规则的精神。截至本案时，已经有包括美国在内的 66 个国家成为该公约的缔约国，但除美国外还没有国家将海牙规则第 3 条第 8 款的规定（与前述美国 1936 年《海上货物运输法》第 3 条第 8 款的规定基本相同）解释为禁止外国管辖权或仲裁条款。考虑到《海上货物运输法》是各国“制定调整国际贸易中承运人与托运人的权利与义务关系的统一海运提单规则”的共同努力的成果，就不应以与任何其他缔约国解决该问题所不同的方式来解释美国的海牙规则立法中的条款。法院强调指出，各国在解释海牙规则时的冲突不但会破坏国际法律秩序中的平衡而且会真正的增加该规则所调整的商业体系的费用与负担。

申请人对外国仲裁员适用《海上货物运输法》或海牙规则的能力的怀疑和对 Indussa 案在此方面的结论的依赖必须让位于国际礼让（international comity）的时代原则及商业惯例。如果不顾契约神圣原则，坚持所有争议必须根据美国法律在美国法院解决的狭隘观念，那么无疑将有害于美国商业与工业的扩张。同时，一国法院狭隘的拒绝执行国际仲裁协议也必然会破坏国际商业交易所必需的秩序和可预测性。

美国联邦仲裁法（the Federal Arbitration Act，the FAA）（关于《纽约公

约》的立法）规定任何海事交易中通过仲裁解决争议的书面条款或将此交易中已产生的争议提交仲裁解决的书面协议都是有效的、不可撤销和可以强制执行的。且FAA明确将“水运承运人的提单”包括在其关于海事交易的定义之中，而目前并不存在撤销这一规定的独立的成文法或衡平法的基础。

综合以上分析最高法院指出不应该因原告的不便或对外国仲裁员适用法律能力的不信任而将《海上货物运输法》解释为否定外国仲裁条款。

Sky Reefer案是20世纪90年代美国法院对提单外国仲裁条款的态度的一个重要判例。该判例使美国对提单外国仲裁条款的态度与世界上多数国家的态度渐趋一致。

但是Sky Reefer案明显对船东非常有利，导致美国货主及其保险人的强烈批判。作为一种妥协，1999年美国的海上货物运输法对外国管辖作出了新的规定。

其第7条（i）款（2）项规定：虽然本款适用的运输合同或者其他协议的条款规定，本法适用的争议在外国诉讼或仲裁，如果符合以下一项或几项条件，合同一方可以选择在美国合适的管辖地开始诉讼或仲裁：

①装港或卸港在美国或者拟在美国；

②承运人接收货物的地方或者将货物交付给有权收取货物的人的地方在美国；

③被告的主营业地或者，如果没有的话，经常住所地在美国；

④合同订立地在美国；

⑤运输合同或者其他协议选择在美国诉讼或者仲裁的。

第7条（i）款（3）项规定：本款规定不影响本款适用的运输或者其他协议下的索赔方就争议产生后订立协议选择在外国法院诉讼或仲裁。

美国新《海上货物运输法》草案的此种规定是十分巧妙的，一方面它既肯定了提单中仲裁条款的效力，并未像其国内很多学者所主张的以提单未经承、托双方当事人签字为由而从形式上否定提单仲裁条款的效力，这实际符合《纽约公约》后国际商事仲裁的发展趋势和海上货物运输的特殊需要。而另一方面，通过赋予原告相当大的选择在美国诉讼或仲裁的自由，实际上等于否定了提单中原有的外国管辖权或仲裁条款，从而轻松地摆脱了“Sky Reefer”案造成的困境，而最终目的仍是为了保证其《海上货物运输法》的强制适用，从而使承运人无法逃避该法施加给他的责任和义务，保护处于相对弱势一方的美国货主和保险公司的利益[110]。从该法的新的规定可以看出，该法明显扩大了美国法院或仲裁的管辖范围。由于只承认了争议发生后当事人方选择外国法院或仲裁的情况，这样争议前订立的外国管辖权条款或协议，会因为一方依据前述五项中之一项内容，申请在美国管辖而归于无效。在某种程度上将违反1958年《纽约公约》的精神[111]。同时根据“制定法优于判例法”的原则，美国对提单外国管辖权条款和外国仲裁条款将持否定态度，这极大地方便在美国提起诉讼或仲裁，极具司法扩张的性质。

2.5.2 加拿大

在美国之后，加拿大也在新近的立法中紧随美国作出了倾向于内国诉讼或仲裁的规定。2001年8月8日生效的《海事责任法》(Maritime Liability Act) 第46条规定："(1) 如果不适用汉堡规则的水上货物运输合同规定对该合同下产生的争议在加拿大以外的地方裁判或仲裁的，原告可以在加拿大有权决定该请求的法院或仲裁庭提起司法或仲裁程序，如果合同使此请求涉及到加拿大：(a) 合同实际的装货港或卸货港，或预期的装货港或卸货港在加拿大；(b) 请求相对方的住所、主要营业地、分支或代理机构在加拿大；(c) 合同在加拿大订立。(2) 即使有上述第 (1) 款的规定，其中所提及的合同的当事人仍可在该合同项下的争议产生之后，以协议指定原告可以提起司法或仲裁程序的地点。"提单争议具备上述情形之一，原告可以不管提单中的争议解决条款，在加拿大适当的地点提起诉讼或仲裁程序，被告根据提单中的争议解决条款要求中止诉讼或仲裁将变为历史。

2.5.3 澳大利亚

澳大利亚是最早在立法上限定国外仲裁的国家。其1991年海上货物运输法第11条规定，任何提单约定排除澳大利亚或大不列颠地区诉讼或仲裁的条款无效。这里的"提单约定"包括约定诉讼或仲裁。该法经1998年《海上货物运输规则》(Carriage of Goods By Sea Regulations 1998) 修改，仍保留了排除外国管辖权/仲裁的规定。该条规定如下：

2.5.3.1 所有 (a) 与从澳大利亚境内任何地方到澳大利亚境外的任何地方的货物运输有关的海上运输单证；或，(b) 与此种货物运输有关的，本法第10条第1款 (b) 项 (iii) 下所提及类型的不可流转单证的当事人，应视为本意图根据装运港所在地的有效法律订立合同。

2.5.3.2 当事人之间的协议（无论是否在澳大利亚订立）无效，只要它试图：(a) 排除限制上述第 (1) 款对提单或该款所提及单证的效力；或 (b) 排除或限制联邦或某一个州或领土的法院对提单及上述第 (1) 款所提及的单证的管辖权；或 (c) 排除或限制联邦或某一个州或领土的法院关于下列事项的管辖权：(i) 与从澳大利亚境外的任何地方到澳大利亚境内的任何地方的货物运输有关的海上运输单证；或 (ii) 与此种货物运输有关的，本法第10条第1款 (b) 项 (iii) 下所提及类型的不可流转单证。

2.5.3.3 如根据（当事人所约定的）以仲裁解决争议的协议或协议中的仲裁条款，仲裁必须在澳大利亚进行，则该协议或条款不因上述第2款的规定而无效（虽然它实际可能排除或限制了法院的管辖权）。

2.5.4 新西兰

新西兰1994年的海上货物运输法第210条第1项规定，提单或类似的权利凭证，或不得转让的海运文件，排除或限制新西兰法院管辖的条款无效。该条第

2 款规定，解决争议的仲裁无效，无论仲裁地在新西兰，还是在外国，都不受第1款的影响。

2.5.5 挪威

挪威《海商法》第 311 条规定，（海上货物运输合同）当事人可以就以仲裁解决争议达成书面协议。“原告可以选择在以下地点所在国家提起仲裁程序”应视为当事人仲裁协议约定的一部分：a）被告的主要营业所所在地，或者在没有主要营业地时被告的住所地；b）海上货物运输合同的订立地，且合同是通过被告在该地的营业所或代理机构订立的；c）海上货物运输合同规定的付运地；d）根据海上货物运输合同约定的或实际的交货地。但是，如果当事人约定的付运地或交货地或根据该法第 252 条确定的实际的交货地不在挪威、丹麦、芬兰或瑞典的，则当事人任何事先限制原告通过法定程序解决与通常货物运输有关的法律争议的权利，以致限制了原告选择在上述五处所在地法院提起诉讼的权利的协议，应为无效。该条前一部分的规定实际类似于汉堡规则第 22 条的某些规定，对当事人的仲裁地的选择作了限制，其出发点无疑也是为了保证仲裁地与海上货物运输合同的密切联系，从而限制承运人利用仲裁条款规避法律，减轻其责任和义务。但从该条后一部分的规定来看，其出发点应是确保斯堪的纳维亚国家海商法的适用。

2.5.6 台湾地区

我国台湾地区以往的制定法中，没有对提单仲裁条款作出专门的规定。在1968 年日本东亚会社诉复兴航业有限公司一案中裁定仲裁条款有效后仅过了几年，又以判例推翻了原有的判例，改为认定提单仲裁条款无效。1975 年 5 月 23 日台湾最高法院 75 年度台抗字第 239 号裁定明确诠释：查载货证券系由运送人或船长签发之证券，难谓系当事人双方签订书面之商务仲裁契约，自无依该证券之记载而主张适用商务仲裁条款条例第 3 条之余地。[112] 1999 年台湾地区修订实施的海商法增设了关于提单争议条款的规定。该法第 78 条规定：“装货港或卸货港为中华民国港口者之载货证券所生之争议，得由我国装货港或卸货港或其他依法有管辖权之法院管辖。前项载货证券订有仲裁条款者，经契约当事人同意后，得于我国进行仲裁，不受载货证券内仲裁地或仲裁规则记载之拘束。前项规定视为当事人仲裁契约之一部。但当事人于争议发生后另有书面合意者，不在此限。”该条款改变了以往提单中的仲裁条款并非仲裁协议的观点，认为提单中的仲裁条款是当事人之间的仲裁协议。但对于提单中有外国仲裁记载的，须经当事人同意后才可以提交台湾仲裁，只要承运人不同意就不能仲裁，这实际上使得扩大台湾仲裁的立法目的落空。

从以上国家或地区的立法可以看出，这些国家或地区要么作区域性认可，要么尽量扩大本国的管辖从而实际上排除外国诉讼或仲裁条款，或直接规定排除外国仲裁。应该说，这些作法与《纽约公约》的规定或多或少有些冲突，但各国竞相效仿，总有其存在的理由。目前我国在对提单并入仲裁问题上的立法并不完善，面对绝大部分的海事仲裁条款约定伦敦仲裁的现实，如果我们要争夺我国的海事司法管辖权，以上国家和地区限制国外仲裁的作法给我们提供了立法和司法参考。[113]

第3章 并入仲裁条款的法律冲突

对任何涉外法律关系的认定，只要适用不同的准据法，都有可能产生不同的结果。如对仲裁协议的内容的要求，中国和英美等国就有质的不同。对外国仲裁的态度，美国和英国又有明显的区别。除此外，还有公约与公约之间的冲突，某一国家法律体系之间的冲突。

3.1 《海牙规则》与《纽约公约》的冲突

对提单持有人而言，提单仲裁条款能否解释成属于降低承运人《海牙规则》下的责任的行为呢？

《海牙规则》最初的目的之一就是以强制性规定限制船东无限、任意免责，防止船公司随意减轻其应承担的责任。而《纽约公约》的宗旨则是为了：“一能以外国仲裁协议强制终止任何法院诉讼。二使公约成员国的法院承认和执行外国仲裁裁决。”而提单中的仲裁条款就隐含着《海牙规则》与《纽约公约》的冲突。一方面该条款可能被认定为因减轻承运人之责任违背了《海牙规则》的强制性规定而无效；另一方面又可以《纽约公约》为由申请仲裁管辖，中止法院诉讼。

《海牙规则》第3条第8款规定：“运输契约中的任何条款、约定或协议，凡是解除承运人或船舶由于疏忽、过失或为履行本条规定的责任和义务，因而引起货物的或与货物的关的灭人或损坏，或以本规则规定以外的方式减轻这种责任的，都应作废并且无效。”《海牙规则》没有对提单仲裁条款作出任何规定，因而提单中的仲裁条款是否构成“以本规则规定以外的方式减轻承运人的责任”就成了问题的关键。作者认为不可一概而论，因为仲裁条款的内容并不一定带来减轻承运人《海牙规则》公约下法定义务的后果，只是规定了提单纠纷用怎样的方式在哪里解决。而不是像规定不合理绕航也不负责任一样明确可以直接从《海牙规则》中找到依据来判定为减轻承运人的公约义务。因而只有在具体的案件中视具体情况来判定，否则会被承运人利用提单仲裁条款这一漏洞大获其利。也只有在此时，提单的仲裁条款才有可能被认为是减轻了承运人的责任，有望列为《海牙规则》所规定的“以本规则规定以外的方式减轻这种责任”。可是，判定的标准是什么？目前恐怕国际社会尚无统一标准。所以无法简单地回答说是或不是。

《纽约公约》第2条第3款规定：“当事人就诉讼事项订有本条所称之协定者，缔约国法院受理诉讼时应以当事人一方之请求，命当事人提交仲裁，但前述规定协定经法院认定无效、失效或不能实行者不在此限。”从这一规定可知，若一方当事人依据有效订立的仲裁条款向法院请求，则可使法院诉讼中止并改为提交仲裁，但“仲裁协定经法院认定无效、失效或不能实行者不在此限。”这表明法院对以仲裁协定申请中止诉讼有自由裁量权。对于提单仲裁条款来说，如果排除前文提到“书面缺陷”原因，当事人是否能以提单仲裁条款违背了《海牙规则》的强制性规定，而导致无效来抗辩呢？这一类理由在《纽约公约》中并未有说明，从而在《海牙规则》和《纽约公约》之间就产生了不和谐之处。

一方面，规范提单的《海牙规则》对适用国的提单有强制性规定，当事人完全有可能以此为由来否定提单仲裁条款之有效性；而规范仲裁的《纽约公约》则支持以仲裁协议排除法院诉讼管辖，但其前提是仲裁协议有效。这就引出另一个问题，即当事人能否以提单仲裁条款违反《海牙规则》为由而申请该条款无效来对抗《纽约公约》呢？《纽约公约》对法院如何认定仲裁条款有效亦没有详细说明。《海牙规则》与《纽约公约》这一前一后的国际公约如何协调起来就成了问题。一种观点认为：仲裁条款有以契约破坏《海牙规则》强行规定的嫌疑，加上并入条款的适用，可以说是规避强制责任的脱法行为，故提单的仲裁条款理应无效。另一种观点认为：就当事人的意思表示而言，提单仲裁条款与其他条款在订约形式上是一样的，承认提单的其他条款而否认提单的仲裁条款，于理于法不合，因此，提单仲裁有效的，能据以申请中止法院诉讼。

作者认为，对于提单仲裁条款，一方面属提单中的条款，自然理应受规范提单的《海牙规则》的约束。另一方面它又涉及仲裁，故也应到规范仲裁的《纽约公约》的约束。如果单方面以违反《海牙规则》为由而认定其仲裁无效，或仅以《纽约公约》为由坚持仲裁条款有效，以终止法院诉讼都不能称之为合理合法。这从各国、各地区实际判例对提单仲裁条款的不同态度得到印证。有的承认该条款有效，依据《纽约公约》允许当事人申请中止法院诉讼，而有的则以该条款违反《海牙规则》之强制性规定为由认定无效，排除了仲裁管辖。

因而，尽管承运人在制订提单条款的问题上占有天时、地利、人和，但这并不能由此必然得出提单仲裁条款属降低承运人公约义务的条款一类，因而不能一概而定，应具体情况具体分析，最好的办法就是在以后订立国际公约时，予以明确。

1994 年设立的国际海事委员会国际分委员会（International Sub-Committee）也一直致力于海上货物运输法的统一。由于《海牙规则》和《威斯比规则》均未涉及仲裁问题，《汉堡规则》虽有规定，但也只有原则规定，且其缔约国不多，国际海事委员会曾试图制订新的公约，并召开了多次会议，对涉及货物运输的责任制度、承运人的识别、统一规则的适用期、管辖权和仲裁等问题进行了认识统一和辩论。新草案借鉴《汉堡规则》的规定，试图统一提单争议解决机制，对解决争议条款的规定仍然有利于货方。对于仲裁问题，新草案在仲裁管辖方面作了较大的修改，对仲裁地点采取了更为自由和开放的态度，不再像《汉堡规则》那样由公约限定，对仲裁协议的形式也作了规定，即提单的仲裁条款必须是经双方签署。草案关于该条文的说明中更是指出，仲裁条款或协议必须是书面的，并且意思非常明确。提单中的仲裁条款或并入提单的租约仲裁条款经托运人签署才是充分的；仲裁条款不约束第三人（如提单持有人），除非为第三人书面接受。但也有少数意见认为，统一规则不应订有关于仲裁的任何规定。[114] 看来对提单的仲裁问题进行统一，还有漫长的路要走。

3.2 国际商事惯例的冲突

关于国际惯例的概念在我国法律中并没有明确的规定。作为国际私法渊源的国际惯例有两种：一类属于法律范畴的国际惯例，具有法律效力，不需要当事人的选择即应遵守；另一类是任意性国际惯例，只有经过选择才具有约束力，[115]海事国际惯例即属这一类。海事国际惯例是指国际海事行业在船舶关系和海运关系的长期实践中逐渐形成，由非政府组织编纂成文，在较大范围内被经常遵守和普遍接受，并由此产生合理期望的行为规范。在租约和提单方面的国际惯例，主要有波罗的海国际航运公会（BIMCO）制定的两种租船合同格式：《航次租船合同（金康格式）（VOYAGE CHARTER－GENCON）》和《定期租船合同（巴尔的摩格式）》（TIME CHARTER）。此外还有《定期租船合同（土产格式）》（TIME CHARTER－NEW YORK PRODUCE EXCHANGE——NYPE）、《澳大利亚谷物租船合同》、《油船航次租船合同》等。在航次租船领域中使用最为广泛的是金康格式。众所周知，金康格式最早于1922年即由BIMCO制订，1976年作了修订（习惯称为金康76版），最近一次修订是1994年11月（称金康94版）。在当今和租船市场，76版的金康和94版的金康格式均普遍得到应用。与这两版租约配套使用的是康金提单78版和94版。

普遍认为，康金提单主要与金康租约合并使用，也可与其他租约使用，但考虑到康金提单与金康租约合并使用的广泛性，为使金康租约的相关条款适当地并入到提单中，将这两种格式配套使用非常重要。但是，两种版本的康金提单有一个很大的不同，就是其并入条款的用语不同。78版的康金提单的并入用语是没有特别注明仲裁用语，其用词是："另一面所注日期的租约中的所有术语和条件、例外和免责，在此并入"。在英国法下，这样的用词是不足以并入租约中的仲裁条款的。为此BIMCO在94版的康金提单作了较大的修改。94版的提单是现今使用最为广泛的租约提单，其并入条款规定："提单另一面所注日期的租约的所有术语和条件，例外和免责，包括法律和仲裁条款，在此并入。"本来这两种版本的提单分开使用并不产生冲突，但如果在一份提单同时出现两种版本的表述，其并入条款是否能并入租约中的仲裁条款呢？

在"Michael S"轮提单并入条款仲裁案中，科尔曼大法官（ColmanJ.）并未简单地以"后法优于前法"的原则认定在两种格式冲突时以94格式为准，而是根据提单正面和背面的用语来判断当事人的并入意图。就本案而言，提单上的用语不能解释为并入租约中的仲裁条款，提单正面指向1994版的用词也只是对单证形式的描述，没有超越背面1978版用语的效力。[116]

3.3 中国法律的冲突

在规范有关仲裁条款效力的法律上，中国于1986年12月2日正式加入《纽约公约》，并提出了两项保留，即互惠保留和商事保留。该公约成为规范涉外仲裁的重要法律依据。为保证该公约在我国生效得到切实有效的遵守和执行，最高人民法院还于1987年4月10日发出了关于执行该公约的通知。加入该公约，方便了我国与缔约国之间仲裁裁决的相互承认与执行，也加强了我国与缔约国在仲裁领域的国际交流与合作，是我国仲裁法制迈向现代化和国际化的一个重要里程碑。在国内法方面，我国于1994年颁布了《仲裁法》，此外，《民事诉讼法》以专章的形式对我国涉外仲裁的有关问题作了规定；1999年颁布的《海事诉讼特别程序法》有6章、16个条文涉及海事仲裁。

《仲裁法》的出台，结束了我国没有仲裁法典的历史，为新时期我国仲裁法制建设和仲裁事业的发展奠定了基础。但是从《仲裁法》的有关规定来看，该法仍存在一些有待完善的地方，诸如对仲裁协议的严格要求和对临时仲裁的否定，以及在司法监督方面对国内仲裁和国际仲裁进行区别对待，等等。所有这些给司法实务带来了相应的难题。

由于立法上的缺陷，最高人民法院在司法实践中对仲裁的态度就成了非常重要的依据。迄今为止，最高人民法院已就仲裁的许多问题发布司法解释或通过函复、公布案例等形式表明其态度。虽然函复、公布的案例并非严格意义上的司法解释，但是它们对下级法院的约束力是毫无疑问的。在仲裁问题上，因时间、发布的部门不同等原因，最高人民法院的态度也有所不同，产生了相应的冲突。在涉及并入仲裁条款的问题上，有以下方面需要进一步明确：

在并入仲裁条款成立的形式上，最高人民法院的函复不尽一致。对提单中的并入条款对租约中仲裁条款的效力，最高人民法院的态度比较明确，即“提单与租船合同一并使用时，应当在提单正面明示哪一份租船合同并入提单及租船合同的仲裁是否并入提单。”[117]这一态度表明最高人民法院对并入条款是否并入其他合同中的仲裁条款采取严格的态度。但在圣·玛赛尔航运有限公司申请承认和执行伦敦临时仲裁裁决请示案[118]中，最高人民法院以（2000）交他字第9号函复认为：一个合同的仲裁协议的成立可以由合同双方援引明知含有仲裁条款的另一合同来实现；“合同所有其他条款和条件不变”中的“条款和条件”应当包括仲裁条款。从该函复看，认定一个涉外合同中有没有书面仲裁条款或协议，不仅要看当事人之间是否存在专门的仲裁条款或协议，有时还需要全面把握案情、充分考虑和尊重国际商务活动中当事人之间的习惯做法和意思表示、考虑有关国际公约和案件准据法的规定。根据本案处理结果，一个涉外合同的仲裁条款或协议的成立，可以通过援引标准合同或另一含有仲裁条款的合同的方式来实现。[119]

虽然上案并非针对提单的并入条款而作出的，但却与提单的并入条款有着类似之处。既然“合同所有其他条款和条件不变”中的“条款和条件”应当包括仲裁条款，那么，提单中的并入条款中的“租约中的所有术语、条件、特许和例外”是否也应包括仲裁条款呢？从最高院在该案中对仲裁条款成立所作的宽松的解释来看，似应包括。在针对提单的并入条款是否能并入仲裁条款时，最高院的态度是必须特别声明，否则不包括仲裁条款。在援引标准合同或另一含有仲裁条款的合同的标准上，两函复并不一致。

在对待并入的仲裁条款对持有人的效力问题上，最高院的态度不明朗也给下级法院的司法带来困扰。如在法函［1995］135号中，最高院认为，提单持有人持有承运人的含有合并租约和仲裁条款的提单，并明示接受该仲裁条款，因此，该条款对承运人和提单持有人均有约束力。从该函复中似乎可以得出结论，并入仲裁条款是否对提单持有人产生法律效力，前提是持有人明示接受该仲裁条款。最高院的这一认识成为以后各海事法院及其上诉法院否定并入仲裁条款效力的依据。众所周知，提单持有人主动接受并入仲裁条款的情况十分罕见，以最高院的认识来否定并入仲裁条款是十分容易的事情。如在广东省高级人民法院审理的多米诺海运有限公司（Dimino Shipping Ltd）与上海农工商对外贸易公司上诉案[120]中，该法院认为，涉案提单的持有人并无接受并入提单的仲裁条款的表示，因而法函［1995］135号不适用于本案，租约的仲裁条款对提单持有人没有约束力。湖北省高级人民法院在新加坡·圣琼斯航运私人有限公司提单并入条款上诉案[121]中认为，“被上诉人中国贵州省粮油食品进出口公司虽持有承运人签发合并租约和仲裁条款的提单，但明确表示接受该仲裁条款的证据不足”，从而驳回上诉，维持原裁定。最高院的复函实际上是否定了仲裁条款对未签字人的效力，从中可以看出，最高院对纽约公约的书面协议采取了严格的解释。这与国际上对仲裁协议态度的发展趋势不相协调。

在对待侵权之诉的可仲裁性问题上，最高院的态度也有冲突之处。提单欺诈构成侵权，受害人提起侵权之诉时，提单中的并入仲裁条款效力如何？虽然最高院通过数起案例认为无单放货等案件属合同纠纷案件，定其为侵权纠纷不当，[122]但最高院的这一观点显然与《合同法》的规定相违背。《合同法》第122条明确规定：“因当事人一方的违约行为，侵害对方人身、财产权益的，受损害方有权选择依照本法要求其承担违约责任或者依照其他法律要求其承担侵权责任。”在受害人选择侵权之诉时，法院依据什么否定其所诉不当？而对于侵权之诉中的仲裁问题，最高院的态度令人迷惑。在国内外有着重大影响的中国技术进出口总公司诉瑞士工业资源公司侵权损害赔偿纠纷上诉案[123]中，最高院认为：“上诉人利用合同形式进行欺诈，已超出履行合同的范围，不仅破坏了合同，而且构成了侵权。双方当事人的纠纷，已非合同权利义务的争议，而是侵权损害赔偿纠纷。被上诉人有权向法院提起侵权之诉，而不受双方所订立的仲裁条款的约束。”最高院似乎是通过否定侵权纠纷的可仲裁性，来直接排除仲裁条款的效力的。尽管当时《仲裁法》尚未颁布，但当时我国已加入《纽约公约》，该公约已规定其适用范围为契约性和非契约性的商事争议，最高院的这一观点与我国所承担的公约义务相违背。虽然后来，最高院在其他案件中又肯定了侵权纠纷的可仲裁性，[124]但始终未对该问题作一个明确的司法解释。

结束语

提单仲裁条款的效力问题一直是航运界和司法界关注的焦点问题之一。客观地说，认可并入仲裁条款的效力是一种国际趋势，但因目前尚没有统一的国际公约的规定，在将来相当长的时间里，各国国内法律还会是确定并入提单仲裁条款效力的主要法律依据。由于各国对其效力的认定的依据不同，其结果也会有差别。要消除各国对这一问题的不同作法，统一国际立法是很好的途径，如扩大纽约公约的适用范围，制订专门的冲突规则等等，但这还有很长的路要走。

对海商合同当事人而言，要使提单中的并入条款能有效地并入租约中的仲裁条款，且该仲裁条款能有效地约束提单持有人，除了要增加对各国不同的法律制度有所了解外，规范自身的作法也是必要的。如使用94版的康金提单中的背面并入条款；在提单正面明确注明并入租约的日期；使用对仲裁事项、仲裁地点、仲裁员组成没有争议的仲裁条款等等。

对于立法和司法而言，作者认为，首先应该认识到国际商事仲裁不断发展的状况。仲裁事业经过长时期的发展，仲裁事项日益广泛、仲裁规则不断完善、仲裁立法日趋完备、法院对仲裁的态度日益宽松和支持、仲裁裁决的承认和执行得到了强有力的支持，仲裁理论不断突破，商事争议尤其是国际商事争议的当事人越来越乐于选择仲裁方式解决纠纷，20世纪80年代以后，仲裁案件以前所未有的速度大幅上升，仲裁进入产业化的发展阶段。[125]其次，应该针对仲裁事业不断发展的现状，尽快对我国现有的仲裁法律和法规进行一次全方位的清理，对与仲裁发展不相适应的法律法规该废除的废除，该修改的修改。尤其对《仲裁法》中不适应国际仲裁发展的条款，应及时作出修改。同时，针对海事领域绝大部分仲裁案件在国外仲裁的事实，借鉴美国、加拿大、澳大利亚等国的立法经验，对提单和租约中约定在国外仲裁而在受害方当事人在国内提起诉讼的案件，可在立法上否定该国外仲裁条款的效力。对《海商法》第95条的规定，可由最高人民法院发布司法解释，对何谓“权利义务关系”予以明确的界定。最后，在司法实践中，在制订新的法律或对现有法律作出修改之前，我们应该运用正确的方法解决提单并入仲裁条款的问题。应依据国际私法的冲突规范选择正确的准据法，对并入条款的效力和仲裁条款的效力进行双重认定。我们既不能为争夺法院管辖权而一味地否定其效力，也不能藉口海事法律的国际化趋势而盲目地肯定其效力。只要有理有据，该由国内受理的案件，我们不能放过；[126]确应提交仲裁的案件，我们应尊重当事人的选择和有关国家法律的规定，将案件提交仲裁。

注　释：

[1] 以下提单中的并入条款转引自［英］Nicholas Gaskell, Regina Asariotis & Yvonne Baatz, Bills of Lading: Law and Contracts, LLP Professional Publishing. P690—692.

[2] 依据不同的法律对某一对象进行识别可能产生不同的结果，因而众多学者提出了不同的解决识别冲突的理论。一般说来，各国法院普遍依法院地法对与案件有关的事实或问题进行识别。参见韩德培主编：《国际私法新论》，武汉大学出版社1997年版，第181页。

[3] 韩德培、韩健著：《美国国际私法（冲突法）导论》，法律出版社1994年版，第237—238页。

[4] 作者在本文中所引用的海事审判案例仅作学术探讨之用，并非对案例本身作否定之

评价，更无意对海事司法的权威性提出挑战。

[5]《海事审判》1997年第4期，第43页。

[6]（1998）广海法商字第8号。由于国内没有案例公布制度，作者能够收集到的公开出版物中涉及并入仲裁条款问题的国内案例非常有限，因此作者转而引用审判实务中所见到的海事案例，为指明出处，特注明案号，下同。

[7]（1998）粤海法经二上字第417号。

[8]在国际私法理论上，关于合同的准据法一直存在“分割论”和“单一论”之分。就并入条款而言，因其与提单的紧密联系不宜分割，因而应当适用合同的准据法。参见韩德培主编：《国际私法新论》，武汉大学出版社1997年版，第292页。

[9]韩德培主编：《国际私法新论》，武汉大学出版社1999年版，第305页。

[10]我国《民法通则》第一百四十五条、《海商法》第二百六十九条、《合同法》第一百二十六条均规定：涉外合同的当事人可以选择处理合同争议所适用的法律，但法律另有规定的除外。涉外合同的当事人没有选择的，适用与合同有最密切联系的国家的法律。

[11]一种意见认为其属于法律适用条款，代表性文章有龚婕：《论提单法律适用的一般原则》，http：//www.ccmt.org.cn；另一种意见认为其属合同条款，代表性文章有韩立新：《论提单中有关法律适用条款》，《中国海商法年刊》1996年，大连海事大学出版社，第219页；朱芸：《论提单适用法律条款与首要条款》，《政法论坛》，2001年第3期，第115页。

[12]翁子明：《国际海运提单实务与法律研讨全综述》，《海事审判》1991年第2期，第45页。

[13]傅旭梅主编：《中华人民共和国海商法诠释》，人民法院出版社1995年9月版，第181页。

[14]（1999）鄂法立经上字第19号。

[15]《海事审判》1997年第4期，第43页。

[16]法发[1995]18号。

[17][2001]民四他字第8号。

[18][2002]民四他字第23号。

[19]（1997）大海法商初字第109号。

[20]（1997）辽经一终字第38号。

[21]转引自谢振衔：《提单仲裁条款的法理分析和司法实践》，《人民司法》2000年9月，第36页。

[22]蔡鸿达：《仲裁协议宽严规定的思考》，《中国海商法协会通讯》1997年12月，第28页。

[23][英]Stewart C. Body，Andrew S. Burrows，David Foxton著：《Scrutton租船合同与提单》，郭国汀译，法律出版社2001年版，第109页。

[24]Ibid. 第112－114页。

[25]杨良宜著：《国际商务仲裁》，中国政法大学出版社1997年7月版，第118页。

[26]（1964）2 Lloyd's Rep. 527.

[27]http：//www. richardsbutler. com/news _ events/hot _ topics/list/mon thly _ bulletin _ december _ 2000. htm. visited on May 20，2003.

[28]（1970）2Lloyd's Rep. 253.

[29]（1971）1Lloyd's Rep. 1.

[30]（1935）53 Lloyd's Rep. 286.

[31]（1966）1 Lloyd's Rep. 150.

[32]（1994）2 Lloyd's Rep. 287.

[33]（1978）1 Lloyd's Rep. 550.

[34]（1970）2 Lloyd's Rep. 261.

[35] 参见：[英] Stewart C. Body，Andrew S. Burrows，David Foxton 著：《Scrutton 租船合同与提单》，郭国汀译，法律出版社 2001 年版，第 115 页；杨良宜著：《提单及其付运单证》，中国政法大学出版社 2001 年版，第 322 页。

[36] 如在 Secretary of State for Foreign Affairs v. The Percy Thomas Partnership 案中[1995] CILL 1342，Bowsher 法官认为，即使并入条款未特别注明，被并入的合同标准条件所含的仲裁条款也具有约束力。转引自 [英] Bruce Harris，The Arbitration Act 1996－ Developments in the Courts，paper for XIV International Congress of Maritime Arbitrators.

[37]（2001）1 Lloyd's Rep. 703；同见 [英] Nicholas Walser，The Incorporation of Terms into Maritime Contracts，paper for XIV International Congress of Maritime Arbitrators.

[38]（1983）2 Lloyd's Rep. 640.

[39] [英] Stewart C. Body，Andrew S. Burrows，David Foxton 著：《Scrutton 租船合同与提单》，郭国汀译，法律出版社 2001 年版，第 111 页。

[40] 王宇：《对并入条款的初步探讨》，《中国海商法年刊》1993 年，大连海事大学出版社，第 124 页。

[41] 该案英国高等法院案号为 2001/1329。

[42] http：//www. onlinedmc. co. uk/'michael _ s'1. htm.（visited on March 29，2003.）

[43] http：//www. brookes－and－co. co. uk/newsletter－8. htm. （visited on June 25，2003.）

[44] 转引自 [美] G・吉尔摩、C・L・布莱克著：《海商法》，杨召南、毛俊纯、王君粹译，中国大百科全书出版社 2000 年版，第 288 页。

[45] 转引自 [加] 威廉・台特雷著：《海上货物索赔》第三版，张永坚、胡正良、傅延忠译，大连海运学院出版社 1993 年版，第 483 页。

[46]《海运法规通讯》，1993 年，第 26 页。

[47] 转引自 [加] 威廉・台特雷著：《海上货物索赔》第三版，张永坚、胡正良、傅延忠译，大连海运学院出版社 1993 年版，第 483 页。

[48] https：//www. tourolaw. edu/2ndCircuit/ September02/01－9044. html.（visited on March 18，2003.）

[49] 转引自 [加] 威廉・台特雷著：《海上货物索赔》第三版，张永坚、胡正良、傅延忠译，大连海运学院出版社 1993 年版，第 485 页。

[50] （1999），167 F. T. R. 105，（F. C. T. D.）；also see http：//www. admiraltylaw. com/arbit. htm.（visited on March 20，2003.）

[51] 杨良宜著：《国际商务仲裁》，中国政法大学出版社 1997 年版，第 122 页。

[52] 参见徐少林：《论并入提单的仲裁条款》，《法学评论》1998 年第 4 期，第 55 页；李海：《论涉外仲裁协议的准据法》，《海事审判》1995 年第 3 期，第 11 页。

[53]《中国海商法年刊》2001 年，大连海事大学出版社，第 411 页。

[54]（1998）武海法通商字第 2 号。

[55]（1998）广海法商字第08号。

[56] 宋连斌著：《国际商事仲裁管辖权研究》，法律出版社2000年版，第107、112页。

[57] 转此自郭寿康、赵秀文著：《国际经济贸易仲裁法》，中国法制出版社1999年版，第133页。

[58] 同上，第134页。

[59] 赵健著：《国际商事仲裁裁的司法监督》，法律出版社2000年版，第78页。

[60] 韩健著：《现代国际商事仲裁法的理论与实践》，法律出版社2000年版，第115—121页。

[61]（1998）武海法通商字第2号。

[62]（1998）广海法商字第8号。

[63] 高菲著：《中国海事仲裁的理论与实践》，中国人民大学出版社1998年版，第96—97页。

[64] 杨良宜著：《国际商务仲裁》，中国政法大学出版社1997年版，第157页。

[65] 邓杰著：《伦敦海事仲裁制度研究》，法律出版社2002年版，第101页。

[66]《最高人民法院公报》，1999年第1期，第20页。

[67] 李海：《论涉外仲裁协议的准据法》，载于《海事审判》1995年第3期，第9页。

[68] 韩健著：《现代国际商事仲裁法的理论与实践》（修订版），法律出版社2000年版，第119页。

[69] 朱克鹏著：《国际商事仲裁的法律适用》，法律出版社1999年版，第55页。

[70] 邓杰著：《伦敦海事仲裁制度研究》，法律出版社2002年版，第101页。

[71] 朱克鹏著：《国际商事仲裁的法律适用》，法律出版社1999年版，第56页。

[72]（1998）武海法通商字第9号。

[73]（1998）粤法经二上字第417号。见 http：//www. ccmt. org. cn。

[74] 王淑梅：《关于提单仲裁条款的效力问题》，《中国海商法协会通讯》2000年3月，第29页；冉再雪：《论提单仲裁条款的效力》，《中国海商法年刊》1995年，大连海事大学出版社，第45页。

[75] 参见李军：《有关提单仲裁协议的若干问题》，《仲裁与法律》，法律出版社2001年合订本，第362页。

[76] 参见邢海宝著：《海商提单法》，法律出版社1999年版，第469—471页。

[77] 朱曾杰：《论中国海商法中有关租船合同的规定》，《中国海商法协会通讯》1994年7月，第2页。

[78] 转引自杨良宜著：《提单及其付运单证》，中国政法大学出版社2001年6月版，第836—837页。

[79] 转引自司玉琢、郭萍、韩立新：《美国1999年COGSA的主要变化、影响及我国对策分析》，《中国海商法年刊》1999年，大连海事大学出版社，第374页。

[80] 转引自李军：《有关提单仲裁协议的若干问题》，《仲裁与法律》，法律出版社2001年合订本，第364页。

[81] 转引自韩健著：《现代国际商事仲裁法的理论与实践》，法律出版社2000年版，第127—128页。

[82] Y. M. LIN，Philip Yang on Shipping Practice，Dalian Maritime University Press，1995，P677.

[83] 司玉琢、胡正良:《我国海运提单订入仲裁条款的意义》,《中国海商法协会通讯》1996 年 3 月,第 3 页。

[84] 赵健著:《国际商事仲裁的司法监督》,法律出版社 2000 年版,第 70 页。

[85] 转引自杨良宜著:《国际商务仲裁》,中国政法大学出版社 1997 年版,第 122—123 页。

[86] 杨良宜著:《国际商务仲裁》,中国政法大学出版社 1997 年版,第 562 页。

[87] 刘树洁、方建华:《台湾地区"仲裁法"的最新发展及其借鉴意义》,《仲裁与法律》(2001 年合订本),法律出版社 2002 年版,第 256 页。

[88] (1986) 2 Lloyd's Rep. 225.

[89] 241 F. 3d 135, 146 (2d Cir. 2001). 转引自 [美] Charles S. Haight, Arbitration and the Courts: Some Recent American Cases, Paper Presented For the XIV International Congress of Maritime Arbitrators; Also see http://www.smany.org/congress/haight.html. (visited on May 20, 2003)

[90] 参见 Great Circle Lines, Ltd. v. Matheson & Co., 681 F. 2d 121, 125 (2d Cir. 1982). 转引同上。

[91] 参见赵健:《长臂的仲裁协议:论仲裁协议对未签字人的效力》,《中国国际私法与比较法年刊》,2000 年(第三卷),法律出版社,第 517—518 页。

[92] [2002] 民四他字第 23 号。

[93] (1996) 武海法商字第 178 号。

[94] [美] Charles S. Haight, Arbitration and the Courts: Some Recent American Cases, Paper Presented For the XIV International Congress of Maritime Arbitrators. Also see http://www.smany.org/congress/haight.html. (visited on May 20, 2003)

[95] 杨良宜著:《国际商务仲裁》,中国政法大学出版社 1997 年版,第 106 页。

[96] 同上注,第 105 页。

[97] 邢海宝著:《海商提单法》,法律出版社 1999 年版,第 405—406 页。

[98] http://www.richardsbutler.com/news_events/hot_topics/list/monthly_bulletin_december_2000.htm. (visited on Oct 10, 2001.)

[99] 高菲编译:《仲裁法和惯例辞典》,中国政法大学出版社 2000 年版,第 15 页。

[100] 法函 [1995] 135 号。

[101] 英国、美国、法国、中国香港地区、中国澳门地区的仲裁法均承认临时仲裁。

[102] 在 1996 年以前,北京仲裁条款被最高人民法院认为是可以执行的仲裁条款,因为当事人虽没有约定仲裁机构,但在北京只有中国海事仲裁委员会可以受理海事仲裁案件。在 1995 年 9 月 28 日成立北京仲裁委员会以后,国务院办公厅于 1996 年 6 月 8 日发出通知,"新组建的仲裁委员会的主要职责是受理国内仲裁案件;涉外仲裁案件的当事人自愿选择新组建的仲裁委员会仲裁的,新组建的仲裁委员会可以受理",因此,"北京仲裁"并不能推断出是在中国海事仲裁委员会仲裁,这一条款被认为是无效和不可执行的仲裁条款。

[103] 蔡鸿达:《中国海事仲裁的发展、现状及有关问题的思考》,《中国国际私法与比较法年刊》2000 年(第三卷),法律出版社,第 146 页。

[104] 参见邓杰著:《伦敦海事仲裁制度研究》,法律出版社 2002 年版,第 470—475 页;康明:《临时仲裁及其在我国的现状和发展》,《仲裁与法律》2002 年第 3 期,第 14—16 页;蔡鸿达:《中国海事仲裁的发展、现状及有关问题的思考》,《中国国际私法与比较法年刊》

2000 年（第三卷），法律出版社，第 146—153 页；等等。

［105］金正佳、宋伟莉：《提单争议解决法律机制的比较研究》，《中国海事审判年刊》2001 年，人民交通出版社，第 172 页。

［106］《海运法规通讯》，1993 年，第 26 页。

［107］Travelers Indemnity Co. v. M/V Mediterranea Star，1988 AMC 2483 (S. D. N. Y. 1988)．转引自郁志轰：《美国对提单外国仲裁条款的立法趋势》，《中国海商法协会通讯》1999 年第 5 期，第 2 页。

［108］Travelers Indemnity Co. v. M/V Mediterranea Star，1988 AMC 2483 (S. D. N. Y. 1988)．转引自郁志轰：《美国对提单外国仲裁条款的立法趋势》，《中国海商法协会通讯》1999 年第 5 期，第 2 页。

［109］［美］Roy Goldberg，《Vimar Seguros 诉 m/v Sky Reefer 案后撤销外国法院管辖条款的尝试》，万仁善、许民强译，《中国海商法年刊》2000 年，大连海事大学出版社，第 92 页。

［110］［加］William Tetley，US COGSA and other Developments，http：//www. tetley. law. mcgil. ca/maritime/comment. htm.（visited on May，26，2003）

［111］司玉琢、郭萍、韩立新：《美国 99 年 COGSA 的主要变化、影响及我国对策分析》，《中国海商法年刊》1999 年，大连海事大学出版社，第 384 页。

［112］钟伟雄：《提单仲裁条款的法律问题》，《海事审判》1997 年第 3 期，第 30 页。

［113］杨良宜先生认为，中国可以借鉴美国的做法，立例否定提单中的外国仲裁条款，理由有：1958 年纽约公约与另一国际公约（海牙规则）在这一点上有冲突，即不能有条文去减轻承运人责任；在中国发生的货损货差是不能仲裁的争议，因而提单的仲裁条款是无效的。参见杨良宜著：《国际商务仲裁》，中国政法大学出版社 1997 年版，第 120 页。

［114］《国际海事委员会国际专题委员会的工作报告》，1999 年，刘一译，《中国海商法协会通讯》2000 年第 1 期，第 5 页。

［115］肖永平：《论国际商事惯例在我国的适用》，《河南省政法管理干部学学报》2003 年第 1 期，第 73 页。

［116］http：//www. onlinedmc. co. uk/'michael _ s'1. htm.（visited on March 29，2003.）

［117］参见［2002］民四他字第 23 号函复。

［118］《中国涉外商事海事审判指导与研究》，人民法院出版社 2001 年第 1 卷，第 198—205 页。

［119］作者认为，从（2000）交他字第 9 号函的内容看，最高人民法院所持的观点本身值得探讨。因为中国是纽约公约的成员国，根据该公约，对于仲裁协议的效力的审查，首先应适用当事人选定适用的法律，在没有选定的时候，应适用仲裁地国的法律。就本案而言，应根据英国法律对该仲裁协议的效力进行认定。最高人民法院在函复中全然回避了法律适用问题，而另行列举了几条仲裁协议有效的理由，自行对纽约公约中的"书面协议"作出了宽松的解释。不论结果如何，这些理由从法律依据上存在疑问。

［120］（1998）粤法经二上字第 417 号。同见 http：//www. ccmt. org. cn。

［121］（1998）鄂法立经上字第 53 号。

［122］如粤海公司与仓码公司、特发公司等海上货物运输无单放货、提货、代理放货纠纷再审案，美国总统轮船公司与万宝集团广州菲达电器厂的无单放货纠纷再审案、富春航业有限公司、胜惟航业有限公司与鞍钢集团国际经济贸易公司海上货物运输无单放货纠纷再审

案。参见金正佳主编：《中国典型海事案件评析》，法律出版社 1998 年版，第 291 页、第 392—414 页。

[123]《中华人民共和国最高人民法院公报》，1989 年第 1 期，第 26—28 页。

[124] 如（香港）裕乙集团有限公司、（加拿大）太子发展有限公司侵权损害赔偿纠纷案。参见《中华人民共和国最高人民法院公报》，1998 年第 3 期，第 109—110 页。

[125] 赵健：《回顾与展望：世纪之交的中国国际商事仲裁》，《仲裁与法律》2001 年合订本，第 23—24 页。

[126] 货损货差纠纷被大量地提交国外仲裁，会对本国的收货人、保险人、律师行业等产生严重的不利影响。杨良宜先生对此表示了深深的忧虑，并呼吁国内能像美国那样采取相应的措施。参见杨良宜著：《国际商务仲裁》，中国政法大学出版社 1997 年 7 月版，第 119—120 页；《提单及其付运单证》，中国政法大学出版社 2001 年 6 月版，第 326—332 页。

三、疑难问题研究

内河海事法概论

饶中亨

【内容摘要】内河海事法既不同于一般民事法律规范，又有别于海商法，特殊性是显而易见的。见于内河海事法律制度未成体系，文章对内河海事法的概念、特征和形成进行了系统的研究，为内河海事法的出台做了理论准备。

【关键词】内河海事　法律制度

1. 内河海事法定义、调整范围及基本特征

1.1　内河海事法定义

1.1.1　海事法的确切涵义

关于海事法的确切涵义，各国学者有不同的解释。日本学者把海事法分为形式意义上的海事法和实质意义上的海事法。形式意义上的海事法，是指以海事法典形式予以规定的，包括海上企业组织、海上企业活动、海上企业危险和海上金融等法律规范；实体意义上的海事法，是指以海商企业，特别是以海上运输企业为对象而制定的各种私法规范，以及直接关系到海运企业正常秩序的各种公法规范之和。英美海商法学者认为“海商法是调整船舶与航运通常使用的术语”。我国台湾海商法学者郑玉波认为，“海商法是调整在航海贸易中与船舶有关的各种关系的法规的总称”，我国当代海商法专家司玉琢教授将海商法定义为“调整海上运输中发生的和与船舶有特定社会关系的法律规范的总称”，并主张“海商法的名称应正名为海事法”。1992 年颁布的《中华人民共和国海商法》的调整对象是“海上运输关系、船舶关系”，可见我国法律体系中的海商法，是调整海上运输关系和船舶关系的法律规范的总称，至于调整海上运输关系、船舶关系的法律规范，是称海商法，还是叫海事法，确实有个概念正名的问题，在海商法已发展到一个独立的法律部门的今天，“航海贸易”或“海商”已不能确切地反映这个法律部门所调整的内容，为海事法正名是必要的。但从世界各国的法学研究和法定概念来看，海商法同海事法属同一被定义项，且我国颁布不久的第一部调整海上运输关系、船舶关系的法律也叫海商法，海商法与海事法概念的同一性已既成事实。本文将不多加研究。

海事法有广义和狭义之分，广义的海事法同海商法相同，而狭义的海事法则仅调整围绕船舶而发生的特殊的社会关系。我们可以将海商法的内容，以我国海商法为例分为以下几个方面：（1）海商合同法，包括海上货物及旅客运输合同、船舶租用合同、船舶修、造、转让和抵押合同、海上拖航合同、海上保险合同，

以及海难救助合同部分的法律规范；（2）海事侵权法，我国海商法只规定了船舶碰撞一章，海上侵权还应包括船舶触损、船舶损坏其他海上或水上设施、非法留置船舶等；（3）海上行政管理法，包括船舶管理、船员管理、航行管理等；（4）特别的海上法律制度，如共同海损、海事赔偿责任限制、船舶优先权、以及贯穿于海上运输合同中的不完全过错责任的归责原则制度等。在这四个方面的内容中，海商合同法和海事侵权法是海商法的基本内核，体现海商法属于民法规范的本质特征。海上行政管理法仅是国家主权的体现，和强化海上秩序的需要，在海商法中不表现其本质特性，不构成主要内容。特别海上法律制度，是贯穿海商合同法与海事侵权法之中的特别制度，虽是海商法的基本内客，但不能独立存在，具有依附性。所以，海商法的主要内容是由海商合同法与海事侵权法两大部分组成。如果说，广义的海事法是调整海上运输关系和船舶关系的法律规范总称，那么，狭义的海事法就是调整船舶关系、船舶海事侵权关系的法律规范总称，属于民事物权法和侵权法范畴，具有民事特别法的特征。

1.1.2　内河海事法概念

内河海事法虽在海商法学理论中难以寻觅，但内河运输和海上运输同属于广义上的水上运输，所依托的“轨道”同样是水，内河船和海船同是船舶，具有水上运输工具的本质属性，海上运输有风险，内河运输同样有风险，具有同等的特殊性。有的国家直接将海事（商）法或将缔结或参加的海事国际公约适用于内河，有的国家海商法只调整海上运输关系和船舶关系。另定内河运输法调整内河运输关系和船舶关系，如美国、前苏联等；我国现行的海事立法采取的是第三种形式，即《海商法》主要调整海上运输关系、船舶关系，但不排除某些法律制度之规定调整部分特定情形下的与海相通的内河可航水域中发生的运输关系和船舶关系。如“海难救助”一章，适用于与海相通的可航水域，海船与内河船在与海相通的内河水域发生碰撞时还适用第八章“船舶碰撞”的规定，而内河运输关系和其他船舶关系则不在《海商法》的调整范围之列。按我国现行的法律体系上分工和司法制度，内河船舶关系、海事侵权关系由民法调整，而民法是调整一般民事财产关系和人身关系的法律规范总称。用一般民事法律规范调整特殊民事行为，在很大程度上调整不能，有损法律规范的调整效能。

我国不仅是海运大国，更是河运大国，江河湖泊星罗棋布。全国有河流50000余条，湖泊900多个，通航里程达420000公里，仅长江流域的通航里程就比全美内河通航里程多33000公里，堪称世界之最。1984年，代表国家行使内河海事、海商案件审判职能的武汉海事法院同广州、上海、天津、青岛、大连等五个沿海海事法院同时设立，标志着我国海事法制和司法制度一个新的里程牌。为有效调整内河船舶关系、海事侵权关系，保护当事人的合法权益，维护内河船舶交通秩序，促进内河船舶及船舶交通事业和贸易的发展，我国应建立内河海事法制度，以期与海商法配套。

因内河海事法调整对象的本质属性同（海上）海事法相同，仅是调整的法域范围和船舶种类不同，据此我们即可以将内河海事法定义为：内河海事法，是指调整内河船舶关系和海事侵权关系的法律规范的总称。

为内河海事法出台和内河海事审判作必要的理论研究，使之服务于内河船舶交通事业和海事司法实践，把内河航运搞上去，是本文的宗旨。

1.2　内河海事法的调整对象及规范内容

任何法律规范必须有自己特有的调整对象。调整对象是指某一法律规范所调整的特定的社会关系，社会关系则是指人与人之间的关系。调整，作为一种法律手段，是指对社会关系和人们的行为在法律上作出肯定或否定、支持或制裁的评判。内河海事法调整的特定对象是，围绕内河船舶、船舶交通而发生的特定的船舶关系和海事侵权关系。船舶关系的内容包括船舶物权关系和船舶航行权关系。船舶物权关系有：船舶所有权关系、船舶优先权关系、船舶抵押权关系、船舶留置权关系等；船舶航行权关系有：船舶检验、签证关系、船舶纳税关系、船舶与船员关系、船舶与航道关系、船舶航行停泊关系、船舶港作关系以及其他对船舶、船员的管理与被管理关系等；海事侵权关系的内容包括：船舶碰撞侵权损害赔偿关系、船舶触损海事侵权损害赔偿关系、非法留置船舶海事侵权损害赔偿关系和船舶港作事故损害赔偿关系等。此外，内河海事法的内容还包括贯穿于船舶关系和海事侵权关系中的特别法律制度，主要有：对船舶优先受偿权法律制度、共同海损法律制度、海事赔偿船舶所有人责任限制法律制度、海难救助法律制度等。

1.3　内河海事法调整对象的有效范围

一般来说，法律规范的调整范围是指对人的效力、空间效力和时间效力范围。基于我们研究的内河海事法，目前还仅是停留在理论上，所以我们在这里主要讨论内河海事法所调整对象中的效力范围。如果我们将法律规范调整的对象看作是规范的内涵的话，那么规范所调整对象的效力范围就是外延。一般法学理论不从这一角度研究，是因为在通常情形下一部法律调整的对象与对象的效力范围是周延的，即某一法律所调整的特定社会关系，全部属于该法律所调整的范围。但是由于法律体系的构成和部门法的分工，以及部门法内部的再分工的诸种立法意图等因素的影响，某一法律并不将其调整对象都作为自己的调整范围，而是作出必要的、合理的限制，使调整范围在调整对象中相应缩小。如：我国《海商法》的调整对象是“海上运输关系、船舶关系”，而该法并不是调整所有的海上运输关系和船舶关系，海上运输仅指海上货物运输和旅客运输，包括海江之间、江海之间的直达运输，这里先排除了内河运输。“第四章海上运输合同的规定，不适用于中华人民共和国港口之间的海上货物运输”，又进一步排除了我国港口之间的货物运输（即国内沿海贸易运输对该法不适用）。关于所调整的船舶是指海船和其他海上移运式装置，但是用于军事的、政府公务的船舶和20总吨以下的小型船艇除外，20吨以下的小型海上船艇、军事和政府公务船以及内河船舶，不属于调整范图。内河海事法调整的范围也不是所有的船舶关系和海事侵权关系，而是内河船舶物权关系和船舶交通事故引起的海事侵权关系。在船舶关系中先排除了船舶买卖租赁、修造等以船舶为标的的合同关系；在海事侵权关系中，又排除了与船舶无关的其他海事侵权损害赔偿关系。内河海事法调整的船舶范围不作吨位限制，即船舶无论其吨位大小，只要航行或停泊于内河，都是内河海事法意义上的船舶，但政府公务船、军事船舶和渔船不是内河海事民事法律关系中的客体。关于内河海事法调整的水域范围是指内河通航水域，包括“中华人民共和国境内的江河、湖泊、水库、运河内船舶可以航行的水域及港口”，与《内河交道安全管理条例》调整的水域范围一致。与《海商法》相比，内河海事法调整对象中的范围以狭义概念作了缩小的限定，其船舶范围有所扩大，水域范围和船舶范围有交叉。

1.4 内河海事法的基本特征

内河海事法本是广义海事（商）法的组成部分，具有特别民事法的属性，或称民法中的特别法律。所谓海事法属民法范畴是指海事法调整平等主体的海上运输关系和船舶关系，其法律关系要素相同。民法中的主体包括公民、法人和其他组织，海事法中的主体亦是公民、法人和其他组织，两法调整的主体相同，民法调整的民事主体具有平等地位，海商法调整的主体亦是平等的地位，主体的法律地位相同；民法调整的内容是民事权利义务，海商法调整的内容亦是民事权利义务，内容相同；民法中的客体包括合同所生之债的赔偿和侵权之债的赔偿，海事法中的客体亦包括合同之债的赔偿和侵权之债的赔偿。海事法律关系的三要素同民事法律三要素相同，所以海事法具有民法属性。所谓海事法是民法中的特别法，是指海事法中特别的法律制度是民法中所没有的，特殊的海事法律关系，按民法中的一般原则也不能调整，只能用海事法中的特别法律规范调整，这些特别法律规范就构成了特别法的属性。因此，海事法是民法中的特别法。内河海事法，因其调整对象的特定性，按其性质属船舶物权法和民事侵权法中的特别法。民事侵权法，亦称民事侵权损害赔偿法，“是损害赔偿民事法律制度的重要组成部分，加害人不法侵害他人的财产权利或人身权利，并且造成了财产上的或者在特定情况下的非财产的损失，受害人有请求赔偿的权利，加害人应负赔偿义务”的法律规范。内河海事法除具有一般民事侵权法的特征外还同时具有以下不同于一般民事侵权法的特征。

1.4.1 技术性

内河海事法具有较强的专业技术性。如内河海事法中所涉及到的船舶、船员、航行、避碰等问题却与船舶专业和驾驶技术有紧密联系，作为航行规则的《内河避碰规则》，既是内河船舶航行的技术集成，又是内河海事法的表现形式（或称渊源），法律中的假定、处理、制裁三要素本身就包涵自然科学技术。这是内河海事法所特有的，区别于一般民事法律规范的特点。

1.4.2 投资高、风险大

所谓投资高，即资本构成高。造一条船舶少则几十万元，多则几百万元，甚至几千万元，一条船即是一个资本密集型的“工厂”，一个大中型船公司其资本构成是可想而知的，这是一般工厂所不能比拟的。《海商法》中的船舶抵押权制度，实行融资买船、造船就是基于这种资本构成高的特点设立的。航海是冒险家的事业，海上有风险，内河也有风险。内河运输受客观因素制约多，风雨雾雪、潮汐流沙、暗礁险滩、水流漕窄、航道弯曲度大、航行船舶种类繁多、密度大、桥涵船闸密集、驾驶操作稍有不慎，或遇其他自然风险，可能酿成船毁人亡。一次事故经济损失高达几百万元。我国《海商法》也承认内河风险大的特点，如海事赔偿责任限制、船舶优先权、海难救助、共同海损以及货物运输合同中的不完全过失制度等特殊法律制度，当海船发生海事处在与海相通的可航内河水域时，适用相应特殊法律制度调整，其中“海难救助”一章无论其被救助目标和救助工具是否船舶，均适用于与海相通的内河可航水域。我国50年代的海事法规，规定了“海损最高赔偿额”制度，该制度完全适用于内河，这是海事赔偿责任限制在内河海事法中具体表现形式。所有这些特殊的法律制度，是民法及其他法律部门所不具备的。

2. 内河海事法的形式

2.1　内河海事法形式概述

内河海事法是国家制定或认可的，并以国家强制力保障实施的行为规则。凡是法律，必须有具体的表现形式，只有具体的表现形式才具有法律规范的效力。内河海事法的形式是指不同的国家机关依法制定的各种具有不同效力的内河海事法律规范性文件，因我国内河海事法的调整的法域范围是围绕内河中可供船舶航行的水域和港口，其主要表现形式是国内法，至于发生在与海相通的内河通航水域的外国船舶交通事故可能涉及到适用国际条约和他国法的问题，已由海商法中的“涉外关系的法律适用”作了专章规定，本书不作具体研究。

2.2　内河海事法的主要表现形式

2.2.1　国家最高权力机关的立法

我国国家最高权力机关是全国人民代表大会及其常务委员会，具有最高的立法权力，海事法由最高权力机关制定颁布的具有部门法中最高的法律效力。如《中华人民共和国海商法》就是1992年11月7日第七届全国人民代表大会常务委员会第二十八次会议通过，国家主席当日公布，自1993年7月1日起施行的法律。内河海事法也应由国家最高权力机关制定颁布，或制定广义的内河海事法(包括内河运输合同法和内河海事侵权法两大内容)，与《海商法》配套，统一调整内河运输关系和船舶关系。中华人民共和国自成立至今，还没有一部统一调整内河运输关系和船舶关系的具有最高法律效力的法律，使我国内河运输尚未纳入法制轨道。“从某种意义上讲，市场经济就是法治经济”，法治经济必须有法可依。我国的经济市场是全国统一的开放市场，在内河运力已达1390多万载重吨的今天，如果没有具有部门法中效力最高的统一调整全国内河运输关系和船舶关系的法律，将会严重影响我国统一市场的市场经济法制化的发展和完善。

2.2.2　国家最高行政机关的立法

我国最高行政机关是国务院，由国务院制定颁布的条例、办法、规则、规定等叫行政法规。行政法规的效力次于法律，行政法规不得与法律相抵触，否则应予撤销，或自动失效。但国务院制定的行政法规的法域范围同法律的法域范围相同，具有效力范围的全国性。从内容上，行政法规主要是有关国家行政管理活动的各种规范性文件，如海事法规中的《内河交通安全管理条例》就是一部“为了加强内河交通安全管理，保障船舶、排筏、设施以及人身和财产的安全，以利社会主义建设事业的发展”特制定的行政条例，但也不排除某些民事法律规范以行政法规的形式出现。内河行政管理法规是内河海事法的形式，同《海商法》一样，尽管行政管理法不是内河海事法的主要内容，但内河船舶交通必须有行政管理法进行调整，在内河船舶关系和海事侵权关系中，行政管理法往往起着重要的调整作用，在国家尚未颁布内河海事法之前尤为重要。

此外，国务院所属各部、委发布的命令、指示和规章，也具有行政法律规范的性质，其效力低于国务院的行政法规，对本部门、行业均发生法律约束力。如交通部颁布的《中华人民共和国内河避碰规则》对“在中华人民共和国境内江河、湖泊、水库、运河等通航水域及港口航行、停泊和作业的一切船舶、排筏均具有约束力”的规范性文件，构成内河海事法的表现形式。

2.2.3　地方国家机关的地方性法规

依照我国宪法的规定，省一级地方国家权力机关在法定权限内所制定、发布并报全国人大常委会备案的规范性文件，在本行政区域内有效，并不得同宪法、法律和行政法规相抵触。我国内河四通八达、网状交叉，几条主要河流、湖泊形成水系，跨越省城，如长江的通航水域就是横穿六省一市，船舶航行除渡船以外，大都跨省、越河甚至越水系运输，内河海事法应具有全国性的法域效力，原则上不应以地方性法规作表现形式。至于调整某河流全程通航水域的航行规则，如《珠江航行规范》则可视为《内河避碰规则》的实施细则，纳入《内规》体系，视为内河海事法的表现形式。

2.2.4　司法解释

根据《法院组织法》和有关《决议》，最高人民法院有权对法律有明文规定如何具体应用问题进行解释，这种解释就是司法解释。司法解释对人民法院审理案件适用法律时具有法律约束力。如《最高人民法院关于适用〈中华人民共和国海商法〉若干问题的意见（草案）》就是司法解释的法律表现形式，其中第61条关于“内河船舶之间的碰撞纠纷适用海商法的规定”的规定，就是内河海事法的法律形式，如若正式颁布《海商法》第八章的“船舶碰撞”就具有扩大适用范围的法律效力，成为内河海事法的法律形式。

2.2.5　航运习惯和国际惯例

内河海事习惯是内河船舶交道及交通事故处理中，对同一性质的问题所采取的类似行动经过长期反复实践逐渐形成的、为大多数人所接受的、具有法律约束力的不成文规则。构成内河海事习惯必备两个要件：第一，必须是相类似的重复行为，并为广大船员及有关人员广泛接受；第二，是法律、法规、规章所没有明文确定的，并与之不相抵触的，且行为人在心理上认为是在履行法律义务，如内河中的习惯航道、习惯航法、小型船舶的习惯避风港及泊位等，均构成以上要件，是内河海事习惯法的表现形式。

国际海事惯例可分为“任意性惯例”和“强制性惯例”两种，强制性惯例无需当事人意思表示，即产生法律约束力，如海难救助中的“无效果、无报酬(No Cure No Pay)”就是国际上普遍适用的一项救助费用原则，后被一些法律所采纳。任意性惯例只有在当事人表示援用时，才对他们有约束力，如“约克·安特卫普规则（York—Antwerp Rules)”就是国际民间航运团体提出的共同海损理算规则建议，只有在合同中明确签订该项规则时，才对合同当事人具有约束力。

在我国内河海事处理的法律适用上，有法律规定的适用法律，没有法律规定时适用行政法规，没有法律和行政法规规定时参照规章、规则，当以上法律规范性文件都没有规定时，就可以参照国内海事中的习惯和国际惯例，以调整内河海事法律关系。

2.2.6　关于案例和学理解释

在英美法系的判例法国家，根据“遵循先例”的原则，上级法院的判决作为先例，对下级法院具有拘束力。判例就是法。世界许多国家都编辑出版判例，我国司法机关也一直重视案例的编选工作，除《人民法院公报》刊登全国各类典型的案例以外，最高人民法院应用法学研究所于1992年开始编辑出版了《人民法院案例选》。我国是成文法国家，法律的假定、处理和制裁三要素由立法机关制定的法律规范性文件完全地体现出来。案例，包括最高司法机关判决和公布的案例，原则上不具有法律约束力。从当代世界两大法系的立法格局及发展趋势来看，判例法国家开始重视成文法的制定，成文法国家也开始重视案例的研究和编辑，并以一定的形式予以公布。两大法系的立法形式有相互渗透的发展趋势。我国目前的案例至少有以下几个方面的作用：

(1) 最高人民法院公布的案例对地方各级法院在审理同类案件时有启发和参考作用。我国经济建设蓬勃发展，改革开放日益深入，市场经济体制有待建立和完善，很多新类型案件及案件中的新情况、新问题会反映到审判实践中来，人民法院对这些案件的审理和对具体法律关系的调整的典型案例，由最高人民法院进行总结，并经审判委员会通过，在《人民法院公报》上公布，可算是审判实践的结晶，毫无疑问对地方各级法院审理同类案件或调整同类法律关系时具有启发和参考作用。我们可视《人民法院公报》公布的案例具有准法律规范文件的约束力。

(2) 案例是司法解释的重要参考资料。法律适用上的司法解释离不开社会客观实际，案例正是社会实际中具体法律关系矛盾冲突的集中和典型的反映，突出地表现了社会实际和司法实践对法律和适用法律的新要求，为司法解释提供了典型的素材和实践经验。

（3）案例是法学研究的基础，我国法学界特别注重案例的编选。博古今中外的法学研究，大都从具体案例的分析入手，如我国海商法教授侯军在对海事法研究的系列著作中，第一本书就是《国际海事法与案例分析》。案例是法学领域中由实践到理论升华的基础。

（4）案例是国家立法预测的源泉。"立法预测"是运用科学的方法和手段，对立法的发展趋势和未来状况进行考察和推测，是立法预备的必经程序，为立法规划部置和安排之必需。作为上层建筑的法律，必须首先由社会实践中来，然后进行理论研究的升华，实践和理论的结合便成为法律的雏型。这里的社会实践就包含有司法审判实践，而案例是司法审判实践的典型反映。可见案例是国家立法的基本源泉之一。

3. 内河海事法律关系

"海事法律关系就是海事法律规范作用于其调整对象所形成的具有权利义务内容的具体社会关系"。内河海事法律关系是指内河海事法律规范调整的船舶交通及船舶事故所形成的具有权利义务内容的具体社会关系。

内河海事法律关系同其他法律关系一样有主体、内容、客体三个必不可少的要素组成。

3.1　内河海事法律关系的主体

3.1.1　内河船舶交通及船舶事故中民事法律关系的主体

主体，民事法律关系的主体是参与民事法律关系的当事人。内河船舶交通及船舶事故中民事法律关系的主体，是指因内河船舶交通及船舶事故造成损害赔偿的双方当事人，分权利主体和义务主体。权利主体是指在内河船舶交通或船舶事故中其财产、人身权利遭受损害，依法享有赔偿损失请求权的当事人；义务主体是指侵害他人财产权利和人身权利，依法负有损害赔偿义务的当事人。法律关系中的主体是相对性的，有权利主体必须有义务主体，有义务主体必须有权利主体，权利主体或义务主体都不能独立存在。

内河船舶交通及船舶事故中民事法律关系中的主体有以下特点：

（1）主体的平等性。同一般民事法律关系中的主体地位相同，无论是权利主体或义务主体，其法律地位平等。这区别于海事行政管理中的主体地位。

（2）主体的特定性。内河船舶交通及船舶事故中损害赔偿法律关系的参加者，"即受害人和加害人，一方只承担权利，他方只承担义务，权利主体和义务主体都只能是特定的人"。这区别于义务合同法律关系。

（3）船舶所有人或经营管理、使用人是最主要的当事人。在船舶交通及船舶事故中不是船舶损害了他人利益，就是他人损害了船舶及其所有人利益，或船舶之间的相互损害，这些民事法律关系的参加者至少一方是船舶所有人、经营管理人或使用人。这区别于一般民事法律关系中的主体组成。

3.1.2 内河海事法中行政法律关系的主体

内河海事法中围绕船舶、船员、船舶交通、船舶事故发生的行政管理关系是行政法律关系。行政法律关系的主体，是指行政法律关系中的当事人。根据《中华人民共和国行政诉讼法》、《行政复议条例》和《中华人民共和国内河交通安全管理条例》等法律法规的规定，内河行政法律关系的主体是指对内河船舶、船员、船舶交通、船舶事故具有管理和处罚权限职能的有关国家机关和被管理的相对人（包括船舶所有人、经营管理人、使用人以及船长和其他船员及公民等）。

国家行政机关主要有国家交通主管部门设置的对内河交通安全实施统一监督管理的主管机关——海事局、国家主管部门设置的对内河船舶进行丈量检验及初次登记的船舶检验机关等。海事行政管理的相对人主要有船公司、船主、船长及船员等。

内河海事行政法律关系的主体具有以下特点：1. 主体的不平等性。国家机关和行政管理的相对人是管理和被管理的关系，是一种管理上的隶属关系，不能中和，也不能颠倒，即使管理上有错误，其行政管理机关的主体资格和地位也不会改变。2. 管理主体的特定性。内河海事行政法律关系的管理主体必须是国家法律赋予其职能权利的特定国家机关，其他国家机关、事业、企业单位无权行使其管理职权。

3.2 内河海事法律关系的内容

3.2.1 内河海事法中民事法律关系的内容

民事法律关系的内容，是指民事权利和民事义务。海事法律关系的民事内容即是，一方面，海事侵权行为的受害人请求加害人赔偿损失的权利，这种权利是实现赔偿的一种可能性；另一方面，海事侵权行为人的加害义务，这种义务是满足受害人赔偿请求而履行给付的必要性。权利义务是相互依存相互联系的，没有权利就没有义务。权利义务是为法律所确认的，以国家强制力保证实现。

3.2.2 内河海事法中行政法律关系的内容

内河海事行政法律关系的内容是指内河船舶、船员、船舶交通、船舶事故中基于行政管理而发生的权利和义务。内河海事行政法律关系的内容同其他法律关系的内容相比有如下特点：

1. 内河海事行政法律关系的当事人，在海事行政法律关系中既享有权利，又负有义务。权利和义务是统一的、相对的。当事人在某一方面享有权利，在另一方面就要承担义务，一方享有权利，另一方就要承担义务。

2. 内河海事行政法律关系的当事人的权利义务是不可分割的，权利中包含义务，义务中含有权利。如港监员依法进行船舶安全监督，这既是权利，又是义务，通常称为职责。

3.3 内河海事法律关系的客体

内河海事法律关系的客体，是内河海事法律关系中权利和义务共同指向的对象。

3.3.1　内河海事法中民事法律关系的客体

内河海事民事法律关系具有不同的民事权利和义务，所以客体也是有所不同的。可成为内河海事民事法律关系的客体有行为、物、运费和人身权利。

(1) 行为。内河海事法律关系中可作客体的行为是行为主体的各种海事活动。如船舶交通中基于避让关系的权利义务所共同指向的避碰行为，这种行为受行为规则调整，义务船应为权利船让路，这里的让船就是义务船履行的义务行为，与其他民事法律关系中的行为不同，避让行为不是债，也不能直接产生债，是法律规定的一种行为人的自然义务。这是由内河海事法既调整船舶事故发生后的法律关系，又调整事故发生前的法律关系的特征所决定的，从而区别于一般民事法律关系中的行为客体。

(2) 物。可能是未经加工的自然物，也可能是劳动创造物。作为内河海事法律关系物客体，主要是船舶，也包括其他有形财产和运费。船舶之所以成为客体，是基于船舶所有权、船舶抵押权、船舶优先权、船舶留置权等物权关系产生的权利义务以有形物的形式出现，是产生债权关系的物质基础。其他财产客体，是在船舶事故中遭受损害的有形标的物，是财产所有权关系中权利义务所共同指向的对象。运费，指船舶营运的收入，以货币作支付手段。货币是一种有特殊作用的种类物。在船舶交通中运费既是船舶的营运收入，也是货物实际价值的组成部分，"货物的实际价值，按照货物装船时的价值加保险费加运费计算"。货物实际价值中无论是否含有保险费，但船舶承运的货物价值必须包括运费。

(3) 人身权利。海事民事法律关系中的人身权利，是指人的生命健康权，不包括名誉权等仅与人身权相关的权利。人的生命健康权是至高无上的，神圣不可侵犯的权利，受法律的特别保护。船舶事故中，往往伴随人身伤亡，因海事侵权发生了人身伤亡就是侵犯了人身权利的客体。

3.3.2　海事行政法律关系的客体

海事行政法律关系的客体主要表现为国家海事行政机关对相对人的一种管理与被管理产生的活动。如船舶发生事故，海事机关进行调查处理，相对人接受调查处理，这一活动就是海事行政法律关系的客体。

3.4　内河海事法律关系的产生、变更和消灭

海事法律关系的产生、变更和消灭取决于一定的海事法律事实，海事法律事实是指海事法律规范所确认的能够引起海事权利义务（包括民事的、行政的）产生、变更和消灭的事件或行为。海事法律事件是指与人的主观意志无关的法律事实，如船舶遭遇到不可抗力的大风沉没、时间上的进行等。海事法律行为是指海事主体的有意识活动，如船舶抵押登记、船舶过失碰撞等。

4. 我国内河海事法的历史发展

随着内河航运的起源和发展，我国内河海事法有几个重要的起源和发展时期。

4.1　古代——内河海事法的首页

4.1.1　唐代，唐代是我国历史上第一个实行全面管理内河船舶运输的王朝，除建立了一套完整的水运行政管理外，还为内河船舶交通及船舶事故处理立法，揭开了我国古代内河海事立法的首页。

据《长江航运史》考证，《唐律》、《故唐律疏议》、《唐六典》和《水部式》中立有内河舟船航行法、津渡设置管理法和河道水源管理法，内容涉及到内河船舶航行、避碰原则、船舶适航及管货的安全检查、船舶停泊等法律规范。这些法律法规绝大部分出自唐律，具有国家法律的权威性和约束力。关于内河船舶航速的规定：《唐会要》载，“旧制……水行之程：舟之重者，溯河日三十里，江四十里，余水四十五里”。这是船舶航速的最早规定，关于内河船舶避碰原则的规定：《故唐律疏议》卷27《杂律》下载，“诸船人行船……若船筏应回避而不回避者，笞五十”。《疏议》说：“……行船之法各相回避。若湍碛之处，即泝上者避沿流之类，违者各笞五十。”这是我国内河避碰规则中“上行船避让下行船”避让原则的最早渊源。关于船舶签证的规定：《唐会要》载：“若遇风，水浅不得行者，即于随近官司中牒捡印记，听折半。”可谓是内河海事行政管理法的渊源。关于适航和管货义务的规定：《故唐律疏议》卷15载，依照《唐律》规定，“诸船行船……如船泻漏，安标宿止不如法……以故损失官私财物者，坐赃论减五等。杀伤人者减斗杀伤三等”。《疏议》解释说：“船人、谓公私行船之人。”可见，当时的“适航”是运输全程的适航，船主始终承担船舶的适航义务和管货义务。关于停泊的规定：《唐律》规定“安标宿止，谓行船宿泊之所，须在浦岛之内，仍即安标，使来者候望”。船舶必须在有港埠的浦洲码头岸边掌泊过夜，严禁在无人烟的荒岸处停泊宿夜，以防止抢劫或船家对旅客的谋杀。无论是白天、黑夜，船舶停泊后必须安设标志，以便旅客回船。关于船舶通航与灌溉、碾砚等水利关系的问题，水部规定，首先要保证舟船通航，其次用于灌溉，再次用于碾砚。为了保证船舶航行的水深“自夏季及于仲春皆闭斗门，有馀得听用之”。唐代内河海事法中除以上主要内容外，还有航道的管理、内河运价及征税、外来商船管理等海事法律。可以说，我国内河海事成文法是公元前7世纪就有的，比国际上最早的海事成文法典——1681年法国路易十四颁布的《海事条例》早1700年。但唐代内河海事法同其他民法一样，第一，刑民合一，民事刑罚；其二，海事法律条文散见于法律法规之中，不能自成体系，所以，还不能同现代意义上的海事法相比。

4.1.2　宋元时间。北宋有漕纲条令，南宋制定的《庆元条法》中包括有“官运船纲”，主要是有关公私船舶和航运管理方面的条款。设有市舶机构，并制定有管理法规。其中，为鼓励外国商船来华贸易，制定了一套保障外商船舶合法利益的法令，可算是我国涉外海事的最早立法。

4.1.3　明代。清运法规对海事处理程序有两项突破：（1）海事报告程序，“大江源流为大患，河道为小患；二百石为大患，二百石以内为小患。小患把总勘报，大患县奏。（2）海事免责条款，《大明律、户律、转解官物》规定：“若船行卒遇风浪；……事出不测，而有损失者，申告所有官司委官保勘，覆实显迹明白免罪”，失粮不予追究。这可算是我国海事报告，诉讼程序和海事免责的最早规定。

4.1.4 清代。海事处理的系统性条例。对于海损事故的处理，自顺治至乾隆年间朝廷逐步制定并形成了一套较完整的条律。《钦定户部漕运全书·风水事故》中载录海事处理条例100多条，详细地规定了事故的申报、查验、抢救、带运、奖励抢救有功人员、抚恤溺死的旗丁运弁等人、根据情节赔偿、处治假报事故、乘机侵盗和视灾不救罪等处理律条。可以看出，清代处理海事时，从法律规定上注意到客观情况与区分责任事故与非责任事故，特别是对飘溺死亡旗丁等人的抚恤，对抢救粮食财产物有功人员的奖励记功和对在事故中不积极救助或侵盗者予以惩罚等，体现了内河海事法的较合理性和进步性，自康熙以来，我国船舶交通业中船主与船员之间，已具有资本主义雇佣关系。沙船商郁润桂一家就雇有船工2000余名，平均每条船船员30人。船员分为耆老、舵工和水手3类。“船中主事者名耆老”，“类似经理或管事，具有船商代理地位”；“舱工又称船老大”，“专管航行”，相当于现在的内河船船长；水手则是在沙船每次启航前被招雇上船的临时船员，位居三等。后来船舶的发展，船上有船长之职，船长同时又是船主的代理人，抽取船主所得的红利一成，引水工资可得200元，此外来回可带货五十石，舵工带货十五石，无工资；管锚（相当于现在的水手长），管舵各带货九石，无工资；水手各带货七石，无工资。这可算是船员法律地位和权利义务关系的最早形式。

康熙六年起开始制定造船和检验规范，后形成“九验之法”。“一曰验木；二曰检拔；三曰验底；四曰验粱；五曰验栈；六曰验钉；七曰验缝；八曰验头；九曰验艄”。这可算是我国的最早的船检法。

从唐至清，我国古代内河海事法揭开了首页，特别是唐、清两个重要时期对内河的海事立法有着重要贡献。

4.2 现代——涉外关系的沿海内河海事法

清代光绪年间，第一次鸦片战争之后，清政府被迫与英、美、法签订了一系列丧权辱国、极不平等的条约。随着《中美望厦条约》、《中法黄浦条约》和《中日马关条约》的签订，我国内河港口被迫开放，外国军舰、商船在我国沿海、长江、珠江长驱直入。在沿海及内河航道中，外国船（当时是有机器推动的轮船）横冲直撞，经常撞沉我国小型船舶。在发生事故的责任认定和法律适用上，俄国首先将俄国的《航海船只预防碰撞章程》及《内河行驶船只管号令各条》强加于我国沿海及内河实施，德国也将德国的《行船免碰章程及定罪交易条例》及《行船免碰新章》强加我国领海及内河适用，这对我国国家主权是严重的侵犯。我国有识之士认为：“长江及上海口内之黄浦江，轮船碰损华船之案层见迭书，因无通行定章遂不能预防于事先，更不能妥办于事后。”必须“参酌中外情形”制定自己“简明易晓、轮船及华轮俱应遵从”的“船舶避碰章程”。于是，由当时的九江海关拟定呈报海关总署，1876 年 11 月由海关总署颁发《长江及沿海通商口内，内地船只防备轮船碰撞章程》。这是我国最早的，由国家主管部门颁发的单行船舶避碰章程，对于维护我国国家主权，防止或减少船舶碰撞事故以及对碰撞事故的事后处理起到了一定的作用。《章程》的主要内容有：号灯、两船对驶相遇的避让原则、尾随、划艇、帆船与轮船的避让原则、锚泊、对失控船的救助及损害赔偿、海事人身伤亡的赔偿等规定。《章程》中有关“号灯”及“避让原则”至今仍在我国现行的《内规》中得以应用。

4.3　民国政府时期的内河海事法形式

4.3.1　民国时期《海商法》调整内河部分

国民党政府颁布的“海商法”共分八章，包括：通则、船舶、海员、运送契约、船舶碰撞、救助及救捞、共同海损、海上保险。其中船舶碰撞完全适用于内河。通则对船舶的定义是“本法所称之船舶者，谓在海上航行及在与海相通能供海船行驶之水上航行船舶”，但总吨数不及二十吨，或容量不及二百担和专用于公务之船舶，“以橹为重要运输方法之船舶”除外。对适用船舶的范围作了限定。但第五章“船舶碰撞”第一条规定，本章适用之范围：船舶之碰撞，不论发生于何地皆依本章规定处理之。说明船舶碰撞一章完全适用于内河中二十总吨以上的民用船舶之间的碰撞纠纷。包括海船之间、内河船之间以及海船与内河船之间的碰撞，所以国民党时期的“海商法”中，船舶碰撞法律规范既是我国海商法的形式，也是我国内河海事法的表现形式之一。船舶碰撞一章共有五条规定，分适用范围、船舶碰撞责任（包括无责任碰撞、单方过失责任、共同过失责任、对人身伤亡的连带责任）、引水人过失责任、加害船舶之扣押、船舶碰撞诉讼管辖等内容，基本上是参照 1910 年 9 月 23 日国际海事委员会订于布鲁塞尔的《统一船舶碰撞某些法律规定的国际公约》（下称“碰撞公约”）制定的。碰撞公约第一条规定“海船与海船或海船与内河船舶发生碰撞，致使有关船舶或船上人身、财物遭受损害时，不论碰撞发生在任何水域，对这种损害的赔偿，都应按下列规定办理”。“无论碰撞发生在任何水域”，其中就包括有内河水域。

4.3.2　国民时期《交通部内河航行章程》

1931 年国民党政府颁布的《交通部内河航行章程》，是当时全国统一的内河航行规则，共有 24 条。内容包括：适用范围、航行、停泊的号灯与号型及旗号、航行与避让、能见度不良时航行、停泊及减速、遇险求救及违章处罚、防污染规定等。是一部内容比较详实的“内河避碰规则”，其中不少航行及避碰原则在以后的各内规中得以应用。

此外，国民政府还制定颁布了《船舶法》共十章，九十八条；《港商条例》，共二十九条；《海员管理规则》，共二十八条；《引水法》，共六章，四十三条；《海事报告规则》，共十二条；《船员标志管理规则》，共十五条。这些法律法规，大都抄袭西方和日本的法律条文，因国家没有统一即未能实际付诸实施，没有发挥其效能。但从立法体系看，属海商法范畴，与海商法配套，其适用范围也包括内河及内河船舶。中华人民共和国成立后，国家明令废止国民党的“六法全书”，海事法律法规随之废除。

4.4　中华人民共和国成立后的内河海事法形式

新中国成立后，国家十分重视内河船舶交通的发展，以不同形式制定颁发了一系列法律法规调整内河船舶关系和海事侵权关系，共分有“船舶管理”、“船员管理”、“航行停泊管理”、“危险货物运输管理”、“防污管理”、“航道、航标管理”、“交通事故调查处理与统计”、“江海湖泊开发及施工管理”、“大桥、船闸管理”、“规费收纳管理”及其他海事法规等类别。为有效地调整内河船舶关系和海事侵权关系起了重要的规范作用。特别是《中华人民共和国海商法》的颁布实施，为我国海事法制树立了一个新的里程碑。《海商法》为内河海事法的制定确立了基本原则，提供了立法技术和经验，为“内河海事法”的及早出台奠定了基础。

参考文献：

[1] 罗传栋主编：《长江航运史》古代部分，人民交通出版社 1991 年 6 月第 1 版。

[2] 江天凤主编：《长江航运史》近代部分，人民交通出版社 1992 年 5 月第 1 版。

论内河船舶

饶中享

【内容摘要】 内河船舶与海上船舶均为水上运输工具，其经济作用相同，只因法律制度的不同而造成了某些法律属性的差别，既不利于充分发挥其经济效能，又使得司法实践中的适用法律不统一。文章通过对内河船舶法律内涵的研究，提出了内河船舶与海船同样的法律属性，同时建立和完善相关法律制度。

【关键词】 内河船舶　法律属性　建立制度

1. 内河船舶概述

1.1　内河船舶的起源、演变与发展

1.1.1　内河船舶的起源

绵亘数千年的内河船舶史，船舶是以筏和独木舟为起源的。上古时期，每当洪水为灾，许多人葬身水中，只有那些意外地抓住了漂浮的树干的人才侥幸得救，便启发了原始人类对树木物体浮性的感性认识，《易经·系辞》记“木在水上也”。人类认识到木的自然浮性后，便将许多根木头捆扎在一起附木渡水，就产生了能使人渡水涉河的筏。这是人类造船的雏型。

先祖们并没有满足筏的成功，而是不断探索，终于悟出了“观落叶以为舟”的原理，创造了“刳木为舟”[1]的造船飞跃。1958年在江苏省武进县奄城乡出土的一只长11米，宽0.9米，内底宽0.56米，深0.42米的独木舟[2]，可以证实，舟是人类造船的起源。以筏涉水是人对木自然浮性的感性认识，而“刳木为舟”则是以舟的储备浮力为原理的一种理性认识的升华。储备浮力是是船舶建造的最基本原理，现在的船舶也仍然是运用这一原理。随着舟的建造，人类又“剡木为楫”[3]，使舟船有了原始的推进器便开始了以舟捕鱼和以舟作水上运输工具。

1.1.2　内河船舶的演变

商代中期，手工业开始分工，出现了舟车的专门制造业。人们在制造舟的手工工艺过程提高了木工工艺技术水平。由原始的刳木为舟改变为剖木为板，又接板拼合成船，于是板船被建造出来。随着货物交易运输的需要，又创造了船。船、桨（楫）、舵合为一体可定向或转向航行。使船舶成为交易运输的主要工具。由舟到船的演变，是船舶史上的重要演变过程和历史性的飞跃。由木质结构船桨、舵组成的船舶，在我国内河的民间运输中尚有现存。

木板船制造成功后，在很长一段时期，人们将船的改造重点放在推进器上。船舶的推进器——橹，约产于东汉时期[4]。英国人沃塞斯特著的《扬子江的帆船与划子》一书中写道，橹“是中国发明中最科学的一个”，船家有“一橹三桨”之说。“大约公元1世纪末到2世纪初，我国古代的航船升起了风帆，这是我国

船舶推进属具上的又一划时代的突破。

三国时期，以楼船作战，“楼船高二十丈”。孙权所乘坐的“飞云”号楼船，可载士卒3000多人。可见当时的船舶之大小。祖冲之（公元429－500）发明了车船，被当时称之为“日行百余里”的“千里船”。公元551年，梁朝的水军将领徐世谱，领造出了“楼船、拍舰、火舫、水车”等新型船只，又一次对船舶作了全面革新。公元782年，荆南节度使李皋，造成了以脚踏木轮推进的车船作战舰，能“挟两轮蹈之，翔风鼓疾，若挂帆席”，具有机械化的性质。公元960年，我国内河出现沙船，因其坚硬，得到广泛使用。公元1133年，洞庭湖起义军领袖杨么，每船装二十四轮，“以轮激水，其行如飞”，这是车船的新发展。1311年，在浏家港（现江苏太仓的浏河口）设标志船，是内河航标的始祖。1676年，长江开始设置救生船站，为内河救助船之祖。1861年，琼记洋行木质拖轮“火鸽”号航行于长江。1865年，我国江南制造局在南京试造轮船成功，定名“黄鹄”号。这是我国自己制造的第一艘轮船。1898年，立德罗的“利川”号小汽船航行于长江。1913年，湖南中华汽船公司制造的“华盛”轮正式开航，挽回湘沪航行权；同年江南造船所，制造的3000吨级长江客货轮“江华”号建成下水。1921年，招商局置“江安”、“江顺”、“江庆”、“新江天”、“新华”等5艘江海直达班轮，航行于国内江海之间。

1.1.3　内河船舶的发展

中华人民共和国成立后，我国内河船舶事业有了长足的发展。50年代初，内河船以人力和自然风力作推进器的木质船较多，机动船皆以蒸汽机为动力。60年代末至70年代初，以内燃机船替代蒸汽机船，以钢质船替代木质船；80年代所有的蒸汽机船被淘汰，以内燃机船完全取代，且钢质船占居了最主要的位置。90年代，内河船舶出现了新的种类，如用于水上运输工具的水翼船、汽垫船等高速运输工具应运而生。随着国际经济的发展，集装箱运输、游船运输及液化气船得到高速发展。此外，长江上游还出现了涉外豪华旅游船舶和滚装船。在当今的内河航道上，钢质船同木质、水泥船并存；高速船同以人力、风力低速船并存；短途运输船同长途运输船及江海直达运输船并存；万吨级船同吨级船并存。真可谓船舶种类繁多，百舸争流。

1.2　内河船舶的概念

怎样给船舶下定义，是一个复杂的技术和法律问题。

1.2.1　有关法学及法律法规对船舶的定义

《海事法律词典》对船舶的解释是：“船舶（Ship or Vissel ］广义的船舶特点是：①能在水上航行；②供航行使用。凡是具备这两个特点，均包括在船舶之内。灯塔船、浮船坞，虽然也浮在水上，但它不能航行，因此，不能称它为船舶。狭义的船舶，是指海商法上的船舶，即除军事舰艇以外的任何海船。主要指航海贸易的船舶，即商船。”

《中华人民共和国海商法》第三条规定：“本法所称船舶，是指海船和其他海上移动式装置，但是用于军事的、政府公务的船舶和20总吨以下的小型船艇除外。”本条第二款还规定，“前款所称船舶，包括船舶属具”。《中华人民共和国内河交通安全管理条例》对船舶的定义是“船舶是指各类排水或者非排水的船艇和移动式平台。”《1972年国际海上避碰规则》（The lnternational Regulation for prevention collisions at sea，1972）对船舶的定义是“船舶一词，指用作或者能够用作水上运输工具的各类水上船筏，包括非排水船舶和水上飞机”，“在公海和连接于公海而可供海船航行水域中的一切船舶”。我国不同时期的《内河避碰规则》分别对船舶的定义是，“1960年规则”：“船舶—包括各种船艇和水上其他运输工具，但不包括竹木排”；“1991年规则”：“船舶是指各种船艇、移动式平台、水上飞机和其他水上运输工具，但不包括排筏”。

从以上列举的国际国内对船舶的法定概念和学理解释中可以看出，给船舶下定义可从两个方面予以考虑。第一，从船舶在生产力中的地位，即船舶在生产中的用途下定义，这是技术规范的要求，如船舶是“水上运输工具”等；第二，从船舶在法律、法规、规则中所被调整法律关系的客体范围下定义，这是法律规范的要求，如船舶是“……移动式平台”，或“……移动式装置”等。定义是一定范围的具体含义。“一个名词在规章或法规中是否需要给出其定义，这取决于在该规章或法规中是否具有特定的含义，即是否有别于在其它规章、法规或其他科学中同一名词含义或作出的解释”[5]。如“海规”和“内规”，出于对海上运输秩序的需要，对船舶的定义范围就宽，一般包括所有的参与航行和停泊中的任何船舶。而海商法，出于对特定调整对象的需要，则将“政府公务船和军事船”排除在外。所以，船舶的概念在不同的法律规范性文件中是不尽一致的。

1.2.2　内河海事法中船舶的概念

概念的内涵是概念的质的方面，反映概念的本质属性，当法律一但对概念的内涵作出定义时，不得随意扩大或缩小，它决定着法律三要素的具体体现。概念的外延概念的量的方面，反映概念外延的范围，可以在另立条款中扩大或缩小适用。这是一个立法的技术问题。内河海事法因其调整对象的特定性，其船舶概念的内涵同海商法基本相同，而外延则比海商法要宽，比“避碰规则”的内涵要大，而外延则应合理缩小。我们认为，内河海事法中的船舶，是指航行或停泊于内河水域的水上运输工具，包括内河船和进河海船、水上飞机、水翼艇和汽垫船及其他内河移动式装置和建造中的船舶。但用于军事的、政府公务的船舶除外。根据这一定义，内河海事法中的船舶有以下特点：其一，是用于民事的水上运输工具或与之有航行、停泊关系的水上移动式装置；其二，具有船舶物权特征，如建造中的船舶虽不具备航行条件，但具有船舶物权特征；其三，是一定范围内具有法律意义的水上运输工具及水上移动式装置，而与物质结构意义上的船舶有一定差距，即不是所有的具有物质结构船舶属性的船舶都属于内河海事法调整的范围，主要在用途、航行能力、和发生的具体的法律关系等方面作了某些限制。

以下几种船舶需要作特别界定：

1. 关于渔船。渔船是用作捕鱼的水上工具。渔船的用途主要是捕鱼，捕鱼的全过程也离不开航行和停泊。《内河避碰规则》出于内河航行秩序安全的目的，对渔船实行完全调整，“渔船捕鱼时，不得阻障其他船舶航行，在航道上不得设置固定渔具”，“渔船不捕鱼时，显示为一般船舶规定的信号”。而内河海事法则不然，渔船是否受其调整，要视渔船事故当时所处在的航行能力来界定是否属于船舶，若渔船正处打网捕渔时，就不是海事法上的船舶；若渔船是在航行和停泊之中，就应以海事法意义上的船舶对待。

2. 关于政府公务船和军事船。政府公务船和军事船在物质结构上与一般民用船舶并无什么异样，同是水上运输工具。《内河避碰规则》出于对航行秩序的安全管理，包括在其调整的“一切船舶”中。内河海事法视其所处社会关系的不同，以事故当时的用途不同予以区别对待。内河政府公务船一般包括海事监督船、海关船、公安船、航标船及其他用于履行国家管理职能的船舶。这些船舶在执行公务时处在特殊的地位，不能作为海事民事法律关系中的客体，即使是在航行途中与其他民用船舶发生碰撞，造成损害应该承担的赔偿责任，也就是行政法意义上的责任，受行政法调整，而不适用内河海事法中船舶碰撞法律规范的调整。如若政府公务船长期或临时改变其用途，譬如海关船出租给他人运输货物，并收取租金时，就应以内河海事法意义上的船舶对待了。军事船是指用于国家武装力量“服役”的船舶，包括舰艇、战斗艇、潜水艇、军需供应船及舟桥船等。军事船在执行军务包括战斗、演习、运送军火、运送军需食物衣料等，或军支民的义务运输、抢险救灾运输时，都不是内河海事法中的船舶；若军事船“退役”，改作民用或出租并收取租金，运输民用物资并收取运费时，应以内河海事法中的船舶对待。

3. 关于水上移动式装置。对水上移动式装置，目前尚无法定解释和学理解释，第一次出现是在我国《海商法》的船舶定义中，移动式装置与《内河避碰规则》船舶定义中的“移动式平台”相比范围要广。构成具有船舶属性的水上移动式装置必备两个要件：其一，须是在水上人为的构造物；其二，与大地处在大于0的相对运动。如没有定位的钻井平台、趸船在江河湖泊中处于漂浮状态时等。移动式装置本不是船舶，只有在水上同船舶发生海事权利义务关系时，拟作船舶看待和处理，如船舶与水上移动式装置发生碰撞时，就适用内河海事法船舶碰撞法规范调整。

4. 关于船舶属具。船舶是用作航行的水上运输工具，船舶属具是船舶不可分割的组成部分。其意义在于：其一，是船舶航行的需要。船舶是合成物，船舶要在水上航行和停泊，单凭船体和机器是起不到其经济作用的，必须有推进器、舵装置、锚设备等船舶附属具才能完成航行任务，航运界就有“锚是船长的生命”之说。其二，具有运输关系、船舶关系法律上的意义。船舶作为特殊的运输工具，运输货物中承运人的责任期间是“舷到舷”还是“勾到勾”；船舶间的锚链相互勾损是不是船舶碰撞等，这都涉及属具。所以，我国《海商法》规定“船舶包括船舶属具”，内河海事法也一样。

构成船舶属具必须同时具备两个要件：第一，该属具是适航船舶必不可少的；第二，该属具离开船舶后即失去其经济作用。也就是说，不是属具清单所列举的所有属具都是船舶不可分割的组成部分，而要根据具体船舶的经济作用和在法律上的意义具体界定。

2. 内河船舶的属性

2.1　内河船舶的物质属性

船舶的物质属性，是船舶的最基本属性。船舶作为水上运输工具，在经济基础的生产力中只能以物的特征出现，在海事法律关系中是物客体，船舶是物。法律上的“物是指人身以外，占有一定空间，并为人力所支配和利用的物质对象”。[6]船舶的物质属性具有以下特点：

2.1.1　船舶具有一般物客体中生产资料、特定物和不可分物的属性。

船舶是社会生产和扩大再生产的物质基础，不能用作消费，只能是生产资料。船舶是特定物的属性主要表现在，船舶有建造规范、船龄、船名和船籍港，船舶间不能混淆也不能相互替代，如若船舶受侵害而发生消失，一般也只能是以恢复原船舶财经状况为标准给予折价赔偿，从而区别于种类物。船舶是合成物的整体，不能分割，否则即失去其经济价值，如将船舶折散，就变成了废钢材，这区别于可分物。

2.1.2　船舶是动产，但往往按不动产处理

船舶的经济作用是在水上航行，船舶移动并不会影响其经济价值。如某一船舶由重庆港开往南京港，该船舶还是该船舶其移动后的经济作用和价值不变。这决定了船舶的动产性。但船舶是特殊的动产物，在法律上往往按不动产处理。如“船舶所有权的取得、变更和消灭，应当进行登记，不等记的不得对抗第三人”[7]，这一登记对抗原则就使得船舶具有了法律上不动产的意义。再如，船舶抵押权的设置制度，也是将船舶拟作不动产处理的。船舶是动产，按不动产处理的特点区别于一般物客体。

2.2　内河船舶的社会属性

虽说船舶的基本属性是物，但从某些法律规定和船舶所表现的社会意义来看，是拟人化的。

2.2.1　船舶拟作自然人对待

每一条船舶必须有自己的船名、船龄、船籍港和船旗国等。船舶所表现的这些社会属性同自然人表现的社会属性是相似的。

2.2.2　船舶拟作法人，其他组织的表现

船舶有类似于半军事化的严密组织体系和严格的管理机制。如船舶有船长、船员、船务会议、班组会议，还有船章等；我国船舶还设有党、团、工会基层组织及公安乘警小队，负责党务工作的人叫政委或支部书记，乘警小队的负责人称作特派员或小队长。船舶实行船长负责制，以船长负责制的船舶管理机制如下图：（以长江客船为例）

- 船长
  - 大副
    - 驾驶部工班长→舵工
    - 水手长
      - 水手
      - 木工
  - 轮机长
    - 轮机部工班长
      - 机匠
      - 加油
    - 电机员
  - 客运主任
    - 客运工班长
      - 客运员
      - 服务员
    - 餐务组长→餐务员
    - 理货组长→理货员
    - 报务主任→报务员
    - 会计或管事

由此可见，船舶的组织体系和管理机制与法人或其他组织的社会及法律意义没有差别。

国际国内的船舶航行《避碰规则》对船舶的拟人化条款更为明显，如《内河避碰规则》第六条规定“船舶应当随时用视觉、听觉以及一切有效手段保持正规瞭望，随时注意周围环境和来船动态，以便对局面和碰撞危险作出充分的估计，”以船作主语，代替了人的位置。如果我们仅将船舶看作是生产工具的物，那么物又怎么有视觉、听觉和思维分析能力呢？很显然，“规则”是将船舶拟人化，船舶是人管理和操纵的，这里的船舶就是指操纵船舶行使的驾驶人员及组织体系。

从以上论证中可以看出，船舶主要表现为物质属性方面，但也兼有拟人化的方面。船舶的物质属性方面是船舶自然属性的表现，船舶拟人化的方面是船舶社会属性的表现。船舶物质和拟人化的两方面的属性是统一的整体，如果船舶不具备水上运输工具的特征，即不成为船舶，排除了人对船舶的驾驶及严密的组织体系和严格的管理机制，船舶的经济作用也是发挥不出来的。这是船舶区别于一般客体物的一大特征。

3. 内河船舶所有权

民法上所有权关系，是法律确认的人们之间因对物质资料的占有、使用、收益和处分而发生的权利、义务关系。船舶所有权关系同民法所有权关系的性质完全相同。只是有不同的特点。

3.1　船舶所有权的概念

船舶所有权，是指船舶所有人依法对其船舶享有占有、使用、收益和处分权利。

3.1.1　占有权，是指对船舶的实际控制的权利，它是所有权的一项重要权能。占有权可以根据船舶所有人的意志和利益分离出去，由非船舶所有人占有。占有权与占有是不同的，占有本身只是对船舶的实际控制事实，但不当然具有占有权。非所有人占有船舶除非是合法占有，如船舶租赁人占有租赁的船舶，修造人占有承揽加工和修理中的船舶等。否则，就不当然享有对船舶的占有权。

3.1.2 使用权，是指按照船舶的用途加以利用，以满足水上运输的需要，其所有人享有的一项权能。使用权的行使，以占有权为前提条件，如果没有对船舶的实际控制，使用权的行使不可能；对船舶的占有是非法的，即当然没有使用权。

3.1.3 收益权，是对船舶获取经济利益的权利，是船舶所有人一项独立的排他性的权能。

3.1.4 处分权，是对船舶所有权人在法律允许的范围内依法决定船舶转让、消灭的最终权能。处分权的行使决定着船舶的归宿，是船舶所有权内容的核心。

在以上船舶所有权的四项权能中，占有权和使用权，可以与所有权适当分离；收益权和处分权利同所有权在同一生命线上，不能分离。

3.2 船舶所有权的特点

同一般财产所有权相比，船舶所有权有如下特点：

3.2.1 客体的单一性。船舶所有权关系的主体间的权利义务所指向的对象即是船舶，没有第二种财产所指。

3.2.2 权能的分离性。船舶经常处于非所有人的控制之下，主要表现在两个方面：第一，船舶需要由具有驾驶和轮机技能的人来管理和驾驶，除个体船舶外，其他船舶所有人只是委派和雇佣船长和其他船员直接控制船舶；第二，当船舶租赁时，租赁人享有占有和使用的两项权能，而船舶所有人仅享有收益和处分的权利。

3.2.3 国有船舶所有权的授权行使性。国有船舶所有权由“国家授予具有法人资格的全民所有制企业经营管理的”[8]人行使。

3.2.4 登记对抗性。指“船舶所有权的取得、转让和消灭，应当向船舶登记机关登记；未经登记的，不得对抗第三人”[9]。如甲将自己所有的船舶转让给乙，未到船舶登记机关办理登记手续，对甲、乙双方来说是具有法律约束力的，法律尊重甲、乙转让船舶事实；但是丙提出该船舶是甲同乙同丙共有的，只要丙的主张符合事实，那么，甲、乙双方或其任何一方不得以船舶已转让为由对抗丙的主张，即甲、乙双方的船舶转让自动失效，该船舶的所有权仍属于甲和丙享有。

船舶共有所有权关系，也以登记生效为原则，“未经登记，不得对抗第三人”。

3.2.5 放弃的限制性。船舶沉没或失踪，并不意味着船舶所有权的丧失，仅在超过法定期限后注销登记时而消灭。在法定期限内，船舶所有人可通过放弃所有权而使自己的船舶所有权处于消灭，如救助或打捞费用高出船舶残值时，人们往往就放弃船舶所有权。但这种放弃是受到法律限制的，如果船舶沉没在航道上或锚泊地可能危及他船的航行和停泊安全时，船舶所有人就有义务将沉船清除使之无害。“逾期不清除的，主管机关有权采取措施强制打捞清除，其全部费用由沉没物、漂流物的所有人或者经营人承担”[10]，即使是船舶没有沉没和失踪，船舶所有人也不能随意放弃其所有权。这是出于对水上人命财产安全的目的。

3.2.6 权利主体的广泛性、义务主体的不特定性和国有船舶所有人的法定性。

船舶所有权的权利主体，即享受船舶所有权资格的人。在我国，享有船舶所有权资格的人包括：国有船公司企业法人、集体船公司企业法人、私营船公司企业法人、船舶合伙人、个体船民、中外合资船公司企业法人、国外独资船公司企业法人以及船舶有限公司、集团公司等。其范围涉及到公民、法人和其他组织，真可谓权利主体之广泛。

船舶所有权的义务主体，是指船舶所有权人在依法行使占有、使用、收益和处分船舶时，有义务不予侵犯和干预的人。没有一定的范围和限制，即所有的人，包括非特定船舶所有人以外的公民、法人和其他组织都有这种法律上的自然义务，否则就构成了侵犯船舶所有权关系。所以，船舶所有权的义务主体是不特定的。

国有船舶所有人的权利主体，是法律规定的特别主体。根据我国《海商法》第八条的规定，享受国有船舶所有权的人必须同时具备三个法定要件：其一，必须是全民所有制企业，集体所有制企业、私人企业和个人没有此权利能力；其二，必须具备企业法人资格，非法人及社会团体和其他组织，不够成此权利能力；其三，必须是由国有授权经营管理的，非经国家授权不能成为国有船舶所有权的权利主体。只有当以上三个法定要件同时具备时，才可以成为国家所有的船舶所有权人的权利主体。这是我国生产资料全民所有制决定的。国有船舶是重要的生产资料，在我国船舶中占据最高比例地位，国有船舶所有权归全民所有，具体由法定的企业行使，是我国社会主义市场经济的科学经营机制的体现。

4. 内河船舶海事优先权

4.1 船舶海事优先权概述

船舶海事优先权，亦称海事优先权或船舶优先权，作为一种权利，是海事法赋予海事债权人基于某些特定的债权而产生的一种特有权利；作为一项法律制度，是基于海事请求的特殊性，而设立的特殊海事制度，其实质是特定海事请求人对船舶的优先请求权，我国《海商法》在“船舶”一章中作了专节规定。

4.1.1 船舶海事优先权的来历

船舶优先权，“起源于古代欧洲在航海中出现的冒险船舶抵押借贷和冒险船、货抵押借贷”[11]。古代航海，船舶远离国内港口，一遇风险船长无法与船舶所有人取得联系，为使船舶安全完成航程，船长被授权可以在航行途中的挂靠港与他人签订以船舶、货物作担保，但不转移占有的船舶抵押借贷，或船、货抵押借贷契约，当船舶安全抵达目的港时，抵押权人的债权便优先于以前发生的债权受偿。这一制度后被国际航海界所接受，进而又定于国际公约之中。国际海事委员会召开国际会议，通过了《1926 年统一关于海上优先请求权和船舶抵押权若干规定的国际公约》，1967年又通过了《1967年统一海上优先请求权和抵押权若干规定的国际公约》。从此，船舶海事优先权，以国际海事法的特有制度出现。1992年，我国通过国内立法，在《中华人民共和国海商法》中规定了"船舶优先权"法律制度。

4.1.2 船舶海事优先权的概念

由于各国及各专家对船舶海事优先权性质的不同主张，而产生了船舶海事优先权概念的不同认识，首先表现在概念的被定义项上。下面择选部分学者和法律给予被定义项的名词：（1）"海上优先请求权"（杨召南《海事法教程》第186页）；（2）"船舶优先请求权又称船舶优先权"（张湘兰《新编海商法》第166页）；（3）"海事优先权"（司玉琢《新编海商法学》第86页）；（4）"船舶优先权"《中华人民共和国海商法》第二十一条；此外，英美法称"海上留置权"，日本法称"先取特权"；德国法称"法定质权"。以上列举的给予被定义项的名词，虽大同小异，但可以看出，各学者及各国法律所给予的名词有自己特定的含义。作为概念的定义项也是如此，各学者和法律，依据各自认定的船舶海事优先权性质，给予特定的内涵和外延。为了对船舶海事优先权有一个比较明确的概念，我们得先研究一下它的性质。

对船舶海事优先权的性质有如下几种不同的学术观点：（1）船舶人格化说：此说认为，船舶具有拟人化的人格，由哪条船舶所生之债，即由哪条船舶偿还；（2）诉讼程序说：此说认为，海上优先权是通过扣押船舶的诉讼程序而形成的一种法律制度，优先请求权是诉讼程序上的一种权利；（3）债权论说：此说认为，优先权法律关系是基于债而产生的；（4）船舶担保物权说：此说认为，船舶是一种充分、可靠的担保物，船舶担保物权是海事债权人依法或依协议而取得的，并以与债的发生有关的船舶为标的的物权；（5）法定质权说：此说认为，优先权是法律规定的并在法律范围内对船舶的一种质权。我们倾向于船舶担保物权说和法定质权说。理由是：船舶的自然属性是合成物，在物的同类中更多地表现为不动产属性，具有担保物权的充分性和可靠性；基于船舶的流动性和风险性，由法律规定作为法律范围内所生债权的担保，是船舶海事优先权最基本的特征和法律上的表现。船舶海事优先权既非单纯的程序权利，也非单纯的实体权利，又不同于一般债权对人的请求，至于船舶人格化的问题，则是船舶拟人化的社会属性方面。通过对船舶海事优先权性质的研究，我们可以说，所谓船舶优先权，实质是"对船舶的海事优先请求权"。

我们认为，概念的被定义项给予"船舶海事优先权"的名词是恰当的。船舶海事优先权，是海事请求权人依照法律的规定，在享有某些对船舶的法定债权时，向船舶所有人、光船承租人、船舶经营人提出的海事请求，对产生该海事请求的船舶具有优先受偿的权利。

4.1.3 船舶海事优先权的特点

4.1.3.1 优先受偿性。"船舶优先权先于船舶留置权受偿，船舶抵押权后于船舶留置权受偿”[12]，可见船舶海事优先权置于各类海事请求顺序的优先地位。

4.1.3.2 法定性。船舶海事请求权所指向的对象必须是船舶，且是产生该项海事请求的船舶；具有优先受偿的海事请求必须是法律规定的项目，当事人不得约定或变更。

4.1.3.3 随船转移性。产生于特定船舶的优先请求权，当船舶所有权转移或光船承租人、船舶经营人变更时，其权利随船转移，除非船舶灭失或其他法定事由出现，否则，将一直依附于该船舶。

4.1.3.4 法定程序性。“船舶优先权应当通过法院扣押产生优先权的船舶行使”，否则，即不能实现其实体权利的请求。

4.2 船舶海事优先权债权种类及受偿程序

4.2.1 船舶海事优先权债权种类

船舶海事优先权的种类亦称项目，是由法律具体规定的。由于各海运国家的政治、经济背景不同，其法定的船舶海事优先权的债权项目也有差异。英国主要规定有：船舶造成的损害、救助报酬、船员工资以及“冒险抵押贷款”等；而美国则较广，根据美国“1910年联邦海事优先权法”的规定，除同与英国规定的几种债权项目外，还包括“任何根据船东授权人的指示，对船舶提供了修理、补给、拖带、干船坞或修船滑道或其他必要的服务的人，都对该船舶享有海事优先权”。我国《海商法》关于船舶海事优先权的规定，以国际标准为原则，其优先请求权的法定项目同《1967年统一海事优先权及船舶抵押权若干规定的国际公约》规定的优先请求权项目基本一致。根据《海商法》第22条的规定，以下五项海事请求，具有船舶海事优先请求权。

4.2.1.1 “船长、船员和在船上工作的其他在编人员根据劳动纪律、行政法规或者劳动合同所产生的工资、其他劳动报酬、船员遣返费用和社会保险费用的给付请求”。权利主体必须是“在编”船员，包括船长和其他“在编”船员，不在编的不具备主体资格，如临时上船作安全检查的人、审计、财会人员上船清查船舶财务账目等都不能成为船舶海事优先权的权利主体。

4.2.1.2 “在船舶营运中发生的人身伤亡的赔偿请求”，包括他人和本船人员伤亡的赔偿请求。这是出于对人的生命健康权特别保护的目的，但必须是发生在船舶营运中，如：船舶在船籍港修理中发生的人身伤亡，就不是船舶海事优先请求权。

4.2.1.3 “船舶吨税、引航费、港务费和其他港口规费的缴付请求”。这一项基本上是规费范畴，是国家行政收费的项目。引航费虽与劳务有关，但海运国家多以强制引航，区别于一般劳务合同及请求的性质；港务费，是指港务管理费；规费是国家规定船舶应该负担的费用，不是装卸费和其他港口使费，港口装卸等港口使费是服务性的民事费用，不是船舶海事优先权的客体。

4.2.1.4 “海难救助的救助款项的给付请求”。救助款项，是指船舶或船上货物产生的由被救助方向援助方支付的任何救助报酬、酬金或特别补偿。

4.2.1.5　“船舶在营运中因侵权行为产生的财产赔偿的请求”。这里仅指侵权行为，而排除了合同行为，如船舶碰撞、触损、碰撞大桥、勾损水底电缆等。反之，如货损货差赔偿请求，租金及运费索赔等就不是船舶海事优先权。此外，2000吨以上的油船造成的油污也是海事侵权行为，但因为有《民事责任公约》强制保险的规定，所以不在优先权之列。

4.2.2　船舶海事优先权的受偿顺序

船舶海事优先权相对于其他海事债权而言，处在优先受偿的地位，但五项优先权内部还有一个先后受偿的顺序问题。具体如下：

4.2.2.1　一般情况下的受偿顺序。当第4项海难救助先于以上列举的1～3项请求发出时，其受偿顺序，按以上列举的1、2、3、4、5项的顺序受偿，可称为自然顺序；当1、2、3、5四个项目有两个以上海事请求的，不分先后。同时受偿。不足受偿的，按比例受偿，可称同一顺序比例受偿制。

4.2.2.2　特殊情况下的受偿顺序。当第4项海难救助后于第1项至第3项发出时，海难救助的请求，应先于第1项至3项的海事请求受偿；当第4项中有两个海事请求时，后发生的先受偿。理由是，当船舶发生海难时，经救助使船舶获救，或减少了船舶损失，可以说获救船舶的财产价值与救助有最密切的因果联系，不救助可能船舶无残值可供分摊，这就是具备了后救助的优先受偿性。特殊情况下的受偿顺序可以说是“后救助先受偿原则”。

4.2.2.3　诉讼及与之相关的费用先行拨付。“因行使船舶优先权产生的费用，保存、拍卖船舶和分配价款产生的费用，以及为海事请求人的共同利益而支出的其他费用，应当从船舶拍卖所得价款中先行拨付”。为保障或实现船舶海事优先权人的请求得以实现的费用，理应先行拨付。先行拨付是指，在船舶拍卖的价款中或船舶所有人提供的担保金中由法院先将因扣押、保存或拍卖及与之相关的费用等司法费用划拨出来，不参加海事请求权的分配。

4.3　船舶海事优先权的消灭

船舶海事优先权不是永远存在的，它会随超过法定时间和一定的法定事实的发生而消灭，消灭的原因如下：

4.3.1　因超过法定时效而消灭。所谓超过法定时效，是指法律规定的一定事实状态经过一定时期的持续而丧失权利的消灭时效。我国《海商法》在第十三章对“时效”作了专章规定，此外还对船舶海事优先权的时效作了特别规定，如：“具有船舶优先权的海事请求，自优先权产生之日起，满一年不行使”即丧失了请求权并且时效期间“不得中止或者中断”；船舶转让时，船舶优先权自法院应受让人申请予以公告之日起满六十日不行使时，其请求权丧失。

4.3.2　因法院强行出售而消灭。船舶因对其的海事请求被法院扣押后，船舶所有人在30天内拒不提供充分、可靠的担保，或者看管船舶的费用很大，或者船舶本身及其机件、设备不宜继续扣押的，法院可以应申请人的申请予以强制拍卖。受理法院便对强制拍卖予以公告，与该船舶有关的债权人（包括船舶海事优先权人）应自公告之日起60天内向受理法院办理债权登记；逾期不登记的，视为放弃在本次拍卖中受偿的权利。故此，其他债权人可以在时效期间内得以保留对债务人的请求权，而船舶海事优先权是以船舶作担保物的，船舶拍卖后不再负有债务，优先权也就随之而消灭了。我们可以将经法院拍卖而转移的船舶称作“清洁船舶”。

4.3.3 因船舶灭失而消灭。船舶海事优先权的存在，以特定的船舶存在为前提，因此，当船舶遭受灭失时，对该船舶的优先受偿权即便随之而消灭。船舶灭失分实际灭失和推定灭失两种。实际灭失，是指船舶在自然属性方面合成物的毁灭，如船舶爆炸、被拆除等。船舶实际灭失，即导致对该船舶海事优先权的自然灭失。船舶推定灭失，是指船舶失踪，或沉没等事实发生后，经有关机关推定全损，其船舶所有人放弃对其所有权，并作注销登记。船舶推定灭失，原则上其船舶海事优先权消灭，但是，如果失踪船舶重新出现或船舶经打捞出水有残值可分配时，应重新恢复船舶海事优先权的受偿权利。

4.3.4 因得到清偿而消灭。船舶海事优先权具有担保物权性，以主债权的存在为前提条件而成立。债务人已经清偿了船舶海事优先权所担保的债务，则该优先受偿权亦随之消灭。皮之不存，毛之焉附?

4.3.5 因获得充分可靠担保而消灭。扣押船舶不是目的，如果船舶海事优先权人申请法院扣押了相关船舶后，船舶所有人或经营、使用人提供了充分、可靠的担保，即船舶海事优先权有了可靠的担保，该优先权就不再附之船舶。这也是船舶被扣押后法院裁定解除扣押令的法定事由之一。

4.4 内河船舶海事优先权法律制度建立之必要

如前所述，内河船舶同海船有同样的物资属性和社会属性，同样具有风险性。为切实保护对船舶具有海事优先权人的权益，支持内河船舶交通事业的发展，维护国内法适用法律的统一性，建立内河船舶海事优先权法律制度是适宜的、必要的、也是迫切的。

4.4.1 切实保护船舶海事优先权人之合法利益。内河船舶虽仅航行于国内，但船舶流动性大，跨省域跨水系航行是常事，且船舶转让频繁，与船舶有关的债务种类繁多，如果按现行民法的规定，将与人身密切相关的工资、人身伤亡，国家规费和救助、侵权之债同一般债权同样受偿，则不便保护这些特殊债权人的合法权益。我国《民事诉讼法》有破产还债的清偿顺序；《民法通则》有留置权优先受偿的规定。对具有特殊债权性的船舶海事优先权，如不给予特别保护，既不符合我国民法的一般原则，也不符合海事法的特殊性原则。

4.4.2 有利于内河船舶交通事业的发展。内河船舶所有人，其主体广泛，合伙经营、单船公司、个体船民之多，这些船舶的所有权人对其财产基本上投入在船舶上。如果船舶灭失后，不但倾家荡产，还负有一身债务，哪还敢再经营船舶。因为一有船舶就可能有被申请扣押的风险，而被扣事由则可能就是船舶海事优先权产生的。若建立了内河船舶海事优先权法律制度，优先权可以随船舶灭失而消失，内河船舶经营人就可以在一定的法律保护下从事船舶的再经营。从此意义上讲，建立内河船舶海事优先权法律制度，有利于鼓励滞后于海船交通的内河船舶交通事业的发展。

4.4.3　便于法院适用法律的统一。按照现行法律体系的分工，海船适用《海商法》调整，内河船则由民法调整，这会出现至少两方面的冲突：第一，内河船与海船同时在内河可航水域发生船舶海事优先权事由时，对海船适用海事优先权法律制度调整，而对内河船则不适用，产生了同一水域、同一法域，不同船舶种类适用法律的不统一。第二，当海船同内河船发生碰撞或共同造成第三人的人身伤亡或财产损失时，这一冲突更为突出，法院无法适用法律。所以，建立内河船舶海事优先权法律制度，不但是适宜的、必要的，而且也是迫切的。

5. 内河船舶抵押权

5.1　船舶抵押权概念

船舶抵押权的起源和发展如同船舶海事优先权。关于船舶抵押权的概念，学理上有以下陈述：(1)“船舶抵押权，是债权人通过与债务人签订船舶抵押合同，并进行登记，而取得的一种以债务人提供的作为借贷之债担保物的船舶为主要标的的担保物权”[13]。(2)“船舶所有人的船舶及其属具，向债权人提供作为清偿债务的担保物，而不转移占有的法律行为，称为船舶抵押权”[14]。(3)“船舶抵押权指借贷合同的一方当事人或者第三人，用自己的船舶及其属具向对方当事人保证履行借贷合同义务的一种担保”[15]。至于船舶抵押权的法定概念在国际公约和外国法中，尚无统一定义；我国《海商法》第十一条规定：“船舶抵押权，是指抵押权人对于抵押人提供的作为债务担保的船舶，在抵押人不履行债务时，可以依法拍卖，从卖得的价款中优先受偿的权利。”可以说我国《海商法》的这一法定概念，完整地揭示了船舶抵押权的内涵，集学理定义之精华于一体。由此我们认为，船舶抵押权，是指由法律规定的，抵押权人对于抵押人提供的作为债务担保的船舶，在抵押人不履行债务时，可以从依法拍卖的船舶价款中优先受偿的权利。由此可见，船舶抵押权具有如下特征：

5.1.1　担保物权性。从商业角度讲，船舶抵押权是一种较为理想的融资方法。船舶的资本构成高，船舶经营人为建造和买受船舶，就要借贷高额资金，为了保证还贷偿借，借贷双方就充分利用船舶的不动产法律属性的一面，以此为抵押，使债务得以担保。

5.1.2　具有从属性。船舶抵押权不能单独存在，必须以借贷合同的成立为前提条件，当借贷合同关系不能成立或变更，消灭时，船舶抵押权也不成立或变更、消灭。

5.1.3　法定程序性。表现在：第一，船舶抵押权的设定，应当签订书面合同，这是法定的形式要件；第二，船舶抵押权的设定，应当由抵押权人和抵押人共同向船舶登记机关办理抵押登记手续，并且未经登记的，不得对抗第三人；第三“依法拍卖”，是指抵押权人在抵押人不履行债务时，向法院提出申请，由法院依照法定程序拍卖。

5.1.4 公开性。船舶抵押权的登记状况，允许公开查询，即任何人想知道船舶有没有抵押及抵押情况，都可以向登记机关查询，以便掌握自己的抵押权属于第几位。这是出于对抵押权人的保护。

5.1.5 船舶抵押权的特别保护性。虽说在所有的海事请求权中船舶抵押权居船舶海事优先权、船舶留置权之后，排列第三顺序受偿，但是，由于船舶灭失得到的保险赔偿，抵押权人有权优先于其他债权人受偿。这区别于船舶优先权，在有船舶保险赔偿的情况下，如果说船舶海事优先权随船实际灭失而消灭是真正消灭的话，那么，船舶抵押权就是假消灭，因为船舶保险费为船舶灭失后船舶抵押权的实现提供了可能。所以，《海商法》第十六条规定，除合同另有规定外，抵押人应当对被抵押船舶进行保险；未保险的，抵押权人有权对该船舶进行保险，保险费用由抵押人负担。

5.1.6 按顺序受偿性。同一船舶如有两个以上抵押权人，则按登记的先后顺序受偿；只有当两个以上抵押权人在同一天登记时，才以同一顺序受偿，不足受偿额时，按比例受偿。

5.1.7 作抵押标的船舶可以是不具有自然物质属性的合成物。如建造中的船舶，可能是图纸加船体或骨架，也可能是图纸加定做金。这是出于适应船舶出口信贷需要的目的。

5.1.8 抵押不影响船舶所有人的占有、使用、收益的权能，但转让应经抵押权人同意，否则无效。这区别于民法中的“典当”。

5.1.9 随债权转移性。抵押权人将被抵押船舶所担保的债权全部或部分转让他人时，抵押权随之转移。

5.2 船舶抵押权主体和抵押权登记

5.2.1 船舶抵押权主体

5.2.1.1 抵押权人，是指船舶抵押合同中，借贷之债关系中的债权人（或出借人、出贷人）。抵押权人一般是金融机构中的商业银行，但不限于商业银行，其他金融机构及企业、商业等经济实体也可以成为抵押权人主体。

5.2.1.2 设定船舶抵押权人，是指船舶抵押合同中，借贷之债关系中的债务人。具有船舶所有权的人或船舶所有权人授权的人可以成为设定船舶抵押权人主体。船舶所有权人授权的人包括：(1) 法定授权的船公司国营企业法人；(2) 船舶所有人授权的船舶代理公司；(3) 船舶所有人特别授权的船舶使用人、经营管理人等。

5.2.2 船舶抵押权登记

5.2.2.1 船舶抵押权登记机关是中华人民共和国海事局或港航监督机关。其他机关不得作船舶抵押权登记。

5.2.2.2 办理船舶抵押权登记应具备的条件：

(1) 申请设定抵押权登记的船舶一般是具有中华人民共和国国籍的船舶，外国籍船舶适用船旗国法律提供船舶国籍证书可在我国设定抵押权登记。

(2) 申请设定抵押权登记的航行船舶应当是先有船舶所有权登记，建造中的船舶以提交船舶建造合同为例外。

(3) 申请设定抵押权登记应当由抵押权人和抵押人共同向船舶登记机关办理手续，并提交担保债务（借贷）合同。

(4) 船舶共有人就共有船舶设定抵押权时，应当取得持有三分之二以上份额的共有人的同意，共有人之间另有约定除外。

5.2.2.3 船舶抵押权登记的主要项目

(1) 船舶抵押权人和抵押人的姓名或者名称、地址。公民或自然人填姓名，法人或其他机构经济组织填法人或机构经济组织全称，地址是指公民的住所地或法人机关所在地或其他机构经济组织所在地。(2) 被抵押船舶的基本情况，包括船舶名称、国籍、船舶所有权登记证书和颁发机关及证书号码。(3) 被抵押船舶所担保的债权数额、利息率及结算方法、受偿期限。

5.2.2.4 船舶抵押权登记的法律效力

(1) 船舶抵押权自登记完毕时对第三人发生法律效力，未经登记的，不得对抗第三人。船舶抵押权人和抵押人签订书面抵押合同后，对合同双方即产生法律效力，双方抵押权的权利义务关系自此产生，但有第三人对该船舶主张权利时，合同双方不得以签有抵押权合同对抗第三人，当第三人的主张成立时，该抵押权合同自动失效。只有当船舶抵押权办理完毕登记手续后，抵押权合同才完全生效。我们可以称前者为不完全效力或相对效力，后者为完全效力或绝对效力。《海商法》取“未经登记的，不得对抗第三人”的规定，同国际通常做法一致，《登记条例》亦作了同样规定。(2) 当一条船舶设定有两个抵押权，其中之一进行了船舶抵押权登记，另一抵押合同则没有登记，那么，进行了船舶抵押权登记的合同具有完全的法律效力，而没有登记的船舶抵押权合同则只有相对效力，当涉及受偿顺序时，无论哪一合同签订在先，进行了船舶抵押权登记的船舶抵押权人处在优先受偿的顺序。

5.3 船舶抵押权的权利义务关系

5.3.1 抵押人的权利和义务

5.3.1.1 有同抵押权人一起到登记机关申请抵押权登记的权利义务。

5.3.1.2 对船舶行使占有、使用和收益的权利，承担合理使用船舶的义务。船舶设置抵押权后，其所有权并不转移，抵押人仍有占有、使用和收益的权利。但是，由于船舶已作为担保物的标的，从某种意义上讲，船舶具有抵押人和抵押权人共同财产的性质，某些风险由双方共同承担。如船舶灭失时，抵押权随之灭失。所有抵押人在使用船舶时，一定要考虑这一因素，从而合理使用船舶。抵押人一般应在以下几个方面做到合理使用：(1) 在船舶适航方面做到必要谨慎，使之适航；(2) 努力使船舶处于良好的营运状态，进行必要的维修保养；(3) 船舶证书齐全，船员配备适当；(4) 在法律规定的范围内营运，不得利用船舶进行违法犯罪活动，以免收缴；(5) 避免不必要的风险，禁止冒险航行，以免造成船舶灭失。

5.3.1.3　享有给船舶投保的权利并承担应当投保和交纳保险费的义务。抵押人将其船舶投保既是一项权利，又是一项义务。说是一项权利，是指船舶的投保人除合同另有规定外只能是抵押人，其他与船有关的人无权作投保人主体；说是一项义务，是指船舶抵押后，除合同另有约定外，抵押人应当投保，这不同于未设定抵押权的船舶，所有人有投保或不投保的自由选定，抵押人应当将设定抵押的船舶投保，是一项法律规定的义务，且投保费由抵押人承担。

5.3.1.4　原则上有处分船舶的权利，但必须经抵押权人的同意。由于船舶抵押后，所有权的四项权能不改变，所以作为抵押人的船舶所有人有权处分自己的船舶，但是这一处分权的行使必须受到法律和合同的约束和限制，这是一种强制性义务，《海商法》第十七条规定“船舶抵押权设定后，未经抵押权人同意，抵押人不得将被抵押船舶转让给他人”。

5.3.1.5　应按时分期偿还抵押贷款及利息。抵押人必须按照抵押合同的规定，按时分期偿还抵押权人的抵押贷款和应付的利息，否则，即构成违约。

5.3.2　抵押权人的权利和义务

5.3.2.1　有同抵押人一起到船舶登记机关办理船舶抵押权登记的权利。

5.3.2.2　有依法查询设置抵押权船舶的抵押情况和船舶使用情况的权利。

5.3.2.3　有监督抵押人合理使用船舶的权利义务。这是抵押权人实现其权利，避免风险的手段之一，是权利同时也是义务。

5.3.2.4　有监督抵押人将船舶投保的权利。当抵押人不办理投保手续时，负有办理投保手续的义务，但保险费应由抵押人承担。

5.3.2.5　有根据抵押贷款合同按时收取贷款本金和利息的权利。这是抵押权人在贷款合同中的基本权利。

5.3.2.6　有将被抵押船舶所担保的债权全部或部分转让给他人的权利，同时承担债权转移后不再行使抵押权的义务。

5.3.2.7　当抵押人不按时偿还抵押贷款时，有申请法院依法拍卖抵押的船舶并优先受偿的权利，同时承担依法申请的义务。

5.4　船舶抵押权的消灭

船舶抵押权不是永远存在的，其消灭的原因有以下几种：

5.4.1　船舶抵押权未经登记时而消灭的情况。船舶抵押权优先受偿的法律意义不仅是针对抵押人而且还是对社会的一种主张，船舶抵押权未经登记，且没有第三人主张权利时，对当事人双方具有约束力。但如果有第三人主张权利时，则不得对抗第三人，其意义在于抵押权人没有优先受偿的权利。

5.4.2　因抵押船舶灭失而消灭。这同船舶优先权的消失相同，但由于船舶灭失得到的保险赔偿，抵押权人有权优先于其他债权人受偿，这是其海事请求权包括优先权在内所不及的。

5.4.3　因抵押合同所担保的原债权及时实现而消灭。船舶抵押权是一种从属于主债权的从权利，它随主债权的存在而存在，当然也随主债权的消灭而消灭。

5.4.4　抵押权人与抵押人混同。所谓混同即两人合一人，如抵押权人企业同被抵押船舶的船公司合并等。

5.4.5　船舶经法院强制拍卖，抵押权人未及时申请债权登记，抵押权消灭。

5.4.6　因受清偿顺序限制而消灭。如船舶海事优先权先于船舶抵押权受偿，当船舶优先权对船舶受偿后船舶已无剩余价款时，抵押权即消灭；当先登记的抵押权人受偿后已抵押船舶无剩余价款时，后登记的抵押权即消灭。

船舶抵押权消灭，并不意味着主权利的债权必然消灭。

5.5　内河船舶抵押权的法律适用

内河船舶抵押权适用法律的冲突。

《海商法》船舶抵押权制度不适用内河船舶。《海商法》在第二章中对“船舶抵押权”作了专节共十条的具体规定，但《海商法》所调整的“船舶是指海船和其他海上移动式装置”，内河船舶被排除在外，不适用第二章第二节船舶抵押权的规定。《民法通则》第八十九条第（二）项规定“债务人或者第三人可以提供一定的财产作为抵押物。债务人不履行债务的，债权人有权依照法律的规定以抵押物折价或者以变卖抵押物的价款优先得到偿还”。按现行法律体系的分工，《民法通则》的这一规定适用于调整内河船舶抵押权关系。

《海商法》和《民法通则》关于抵押权的规定，其基本内涵是一致的。两部法律的抵押权制度是原则和具体的关系。由于内河船舶抵押权关系不受海商法调整，即意味着该法的具体规定，如登记、查询及建造中的船舶抵押问题等不适用于内河船舶，依《民法通则》的原则规定，一方面降低了调整效能；另一方面，当海船同内河船因共同对第三者侵权时，就会产生冲突。海船有优先权的规定，优先权先于抵押权受偿，而内河船无优先权规定，抵押权优先受偿产生适用法律的不统一。所以，内河船舶抵押权以适用海商法第二章第二节的规定是适宜的，但这将通过立法或司法解释的途径解决。

6. 内河船舶留置权

6.1　船舶留置权概念

船舶留置权是指合同的一方当事人由于对方不履行合同规定的义务，对依法占有的对方的船舶采取的扣留处置措施的权利。《民法通则》第八十九条第（四）项对财产留置权的规定是“按照合同约定一方占有对方的财产，对方不按照合同给付应付款项超过约定期限的，占有人有权留置该财产，依照法律的规定该留置财产折价或者以变卖该财产的价款优先得到偿还。”《海商法》中的“船舶留置权，是指造船人、修船人在合同另一方未履行合同时，可以留置所占有的船舶，以保证造船费用或者修船费用得以偿还的权利”。从以上法理和法定概念上看，船舶留置权与一般财产留置权的共同点是，依合同占有；一方不履行合同义务；

留置标的是动产；留置权人有优先受偿的权利。而船舶留置权除具备以上特点外，还应必须是海商法上的船舶；船舶是在修造之中。依照民法原则，凡船舶被依合同占有，且具备其他要件时，权利人均可行使留置权，如依救助合同中的被救助船舶，打捞合同中的被打捞船舶等。故此，我们认为，内河船舶留置权，是指海事请求权人依照合同约定对所占有的船舶，在相对方不履行由于该船舶产生的债务，或在一定期限内不提供充分、可靠的担保时，可以依照法律的规定留置所占有的船舶，以保证债权的实现或优先受偿。

6.2　船舶留置权的实现

6.2.1　通过留置直接实现。留置权人留置船舶后，债务人履行债务，即留置权人实现其留置目的。

6.2.2　申请法院拍卖被留置船舶。留置权人留置船舶后，在一定期限内债务的不履行自己应付的债务，可以申请法院依照拍卖船舶的程序拍卖船舶，留置权人从拍卖船舶的价款中依法定顺序优先受偿。一条船舶所附的担保物权往往不止一种，如船舶海事优先权的受偿顺序居船舶留置权之前，如果船舶留置权人自行处理船舶的价款中优先受偿，即便侵犯了他人的权利。再者，处理船舶不是件容易事，船舶卖价的高低，船舶转让的手续等都会限制留置权人活动，所以，凡涉及到留置船舶的处理都应向法院提出申请。

注　释：

[1] 见《三国会要》卷一七《兵·舟师》。

[2] 见《长江航运史》，第9页。

[3] 见《河姆渡遗址第2期发掘的主要收获》、《文物》1980年第5期。

[4] 见《长江航运史》，第100页。

[5] 吴士惕《（内规）系列讲座》24《中国河运报》1993年9月3日第三版。

[6] 见《民法原理》，第86页，佟柔主编，法律出版社。

[7] 见1960年《船舶登记章程》第八条。

[8] 见《中华人民共和国海商法》第八条。

[9] 见《中华人民共和国海商法》第九条。

[10] 见《中华人民共和国内河交通安全管理条例》第三十六条。

[11] 见《海事法教程》，第186页，杨召南编著，大连海运学院出版社。

[12] 见《中华人民共和国海商法》第二十五条第一款。

[13] 见《新编海商法学》，第95页。

[14] 见《海商法概论》，第264页。

[15] 见《海事法教程》，第171页。

论内河船舶的船员

饶中享

【内容摘要】船员是特殊的劳动者，内河船舶的船员也不例外。船长是船舶的最高负责人，具有管理船舶和驾驶船舶的双重职能，集行政权和驾驶指挥权于一体。在企业法下，船公司对船舶实行船长负责制，船长具有准法人代表人的法律地位。其他船员中分船干和一般船员。船干必须取得相应的技术职称，驾驶部有大副、二副、三副及报务员等；轮机部有轮船长、大管轮、二管轮、三管轮等。一般船员也必须具备船上工作的基本知识和技能。法律对船员的工资、人身安全、海上津贴等有特别的保护制度。

【关键词】船员地位　特殊权利

1. 船员概述

在水路运输生产力中，船员是船舶安全完成运送任务的决定因素。船员在海事法中有着重要的法律地位，各国海事（商）法都对船员作了专门规定，有的国家还专立船员法。在世界劳动立法统一运动的推动下，1926 年在日内瓦会议上通过了《海员协议条款公约》和《海员遣返公约》，1978 年政府间海事协商组织在伦敦通过了《1978 年海员培训、发证和值班标准国际公约》。我国一直很重视船员的法律地位和权利义务，《海商法》颁布之前，除加入有关国际公约外，还以行政法规、规章的形式作以规定，如《内河船员职务规则》、《中华人民共和国轮船船员考试发证办法》、《（船员服务簿）实施办法》、《关于防止轮驳船船员淹溺事故的暂行规定》等，《海商法》第三章对船员作了共十条的专章规定。

1.1　船员的概念

在国际上，“船员有广义和狭义之分。广义的船员是指受船舶所有人聘用或雇用的，包括船长在内的船上一切任职人员。狭义的船员则是指受船舶所有人聘用或雇用，受船长指挥且服务于船上的人员”。[1]我国《海商法》规定的“船员，是指包括船长在内的船上一切任职人员”。《内河船舶船员职务规则》等法规、法则，对船员的定义也是取广义的概念。船员，是指在船上任职的并服务于船舶的一切任职人员。那么内河船舶的船员，是指内河船舶在编的并服务于船舶的一切任职人员。

根据以上定义，内河船舶的船员应具有如下要件：（1）在船上任职，包括调配任用、聘用和雇用三种形式；（2）必须是船舶的在编人员，内河习惯称“在册”人员；（3）服务于船舶，包括管理和驾驶船舶及为船员或旅客服务。

只有当以上三个要件同时成立时，才是内河海事法上的船员。从这个意义上讲，船舶航行或停泊中，临时派在船上的修理工，虽服务于船舶，但不在船上任职，不属于船员；引水员虽在船上驾驶引航，但不在编，也不属于船员；旅客虽在船上，但不服务于船舶，亦不属于船员。这是法律给予船员的特别规定，只有具备船员主体资格的人才享受船员的权利和承担船员的义务。

1.2 船员的种类

船员的种类可以不同标准进行划分。按船舶的等级划分：可分为一等船员、二等船员、三等船员及其他等级船员，这样划分的意义在于持证船员按等级参加资格考试，并领取相应等级证书，服务于同等级船舶。按船舶的用途划分：可分为客船船员、货船船员和油船船员。油船船员必须持有“油规”合格证书。按船舶的运输方式分：可分为自航船船员、拖船船员和驳船船员。按船员职务划分：可分为高级船员和一般船员，这是国际上较普遍的一种划分标准，有利于明确船员职责和权利义务关系，我们将主要以此划分标准进行研究。

1.2.1 高级船员，包括技术干部“船员”和其他船干[2]，是指持有船员适任证书或被组织部门任命为干部的船员。一般包括：船长、轮机长、大副、二副、三副、大管轮、二管轮、三管轮、电机员、正副驾驶、正副司机、政委、特派员及公安干警、客运主任、客运员和理货员等。其中，技术干部船员是高级船员的主要组成部分，我们将重点加以研究。

1.2.2 一般船员，是指在船上从事一般工作和服务的船员。包括：舵工、水手长、木工、水手、机匠、加油、电工、服务员、餐务员等。

1.3 船员的法律地位

(1) 船员是船上的主人。我国内河船舶的船员，无论以何种方式在船上任职，都具有主人翁的法律地位。这是我国社会主义制度决定的，我国内河船员，均为我国公民，属人民的范畴。“中华人民共和国的一切权力属于人民”，“人民依照法律的规定，通过各种途径和形式，管理国家事务，管理经济和文化事业，管理社会事务”[3]。我国宪法的这一规定，决定了船员同其他公民一样的主人翁地位。船员是劳动者，享有劳动的权利和义务。任何人不得剥夺船员的劳动权利。船员具有独立的人身权，包括生命健康权和人格权。船员无论服务于国有、集体、私营或个体船舶，也无论是调配任用、聘用或雇用，其人身权利是独立的，不依附任何人。船员是特殊工作人员，一方面须具有一定文化和实际技能修养的人担任；另一方面中国内河船员，特别是高级船员，应当由中华人民共和国公民担任。其他不具备船员资格的人不能成为船员。船长是船上最主要的船员，船长在其法律和职权范围内的活动，无须特别授权，即视为船舶所有人或经营使用人的活动，这是由船舶流动性强和船长的特殊船员地位两方面特征决定的。

1.4 船员的职责和权利义务

1.4.1 船长的职能和权利义务

船长是船舶的最高负责人，具有领导其他一切船员和管理、驾驶船舶的职能。这是由船长的行政职权和驾驶船舶技能决定的。一方面，船长受船舶所有人委任或特聘受雇担任船舶的最高行政职务，具有对船舶船员的最高行政指挥权和管理权，很多船公司对船舶实行船长负责制，从这个意义上讲，船长具有准法人的法定代表人或非法人组织的负责人身份；另一方面，船长是船上最高技术职称的工程技术人员，船长必须经过技术资格审查，参加船舶管理、驾驶技术等相关技术的理论和实践考试合格，领取主管机关颁发的船长适任证书，才具备作船长的资格。船长的职能是船舶行政领导和技术资格的综合体现，其他任何人包括其他船员是不能代替的。船长职能的权利义务体现在以下几个方面：对船员思想上、道德上负督率责任，领导并教育船员在国家宪法和法律规定的范围内活动；船长有权在职权范围内发布命令，船员、旅客和其他在船人员都必须执行；船长有领导、组织船员安全完成运输生产任务的指挥权，同时承担动员组织船员完成任务的义务；船长对于船舶在船人员、文件、邮件、货物以及其他财产，有采取必要措施，防止遭受任何伤害或损害的权利义务；船舶装载时，若发现货物包装不符合要求，或其他原因有损船舶和船上人命安全时，有权拒绝接受货物；船舶开航前或开航当时，若船舶不适航或由于天气等原因不能保证航行安全时，有权决定不开航，并及时报告船舶所有人或经营使用人；船舶在航行途中，由于发生了不安全的因素，有权决定停航、靠泊，但除情况紧急外，应当报请船舶所有人或经营使用人批准，并承担组织抢修或其他排险措施的义务；航次开始时负责制定安全航行计划，并召开航次作业会贯彻实施；船泊靠离码头、抛起锚、编解队作业，船舶通过桥梁、船闸、港区或其他危险河段、水域以及情况紧急时，应亲自驾驶操纵船舶；船舶在外港时，船长有权代理船舶所有人或经营使用人签订运输合同；船舶发生海事需要救助时，船长同救助人签订的合同对船舶所有人或经营管理人有效；船舶发生共同海损时，船长决定的合理的特殊牺牲、支付的特殊费用，应当列入共同海损；船舶收到求救信号或发现有人遭遇生命危险时，在不严重危及自身安全的情况，船长应当决定并实施尽力救助遇难人员和船舶，这对船东来说，是船长的法定权利，对航行安全秩序的社会来说又是一种法定义务；船舶在与他船碰撞后，船长应将本船船名、船籍港、船舶所有人或经营使用人名称、始发港和目的港、本船受损及危险情况通知对方，并取得对方船长签字证明；在不严重危及本船安全的情况下，船长应下令并实施，尽一切可能救助其他船舶和遇难人员，船舶不得离开事故现场；船舶发生交通事故，船长应当迅速用无线电报（话）或者其他有效手段向就近主管机关报告，在四十八小时（港区二十四小时）内向有管辖权的主管机关提交事故报告书和必要证据，并接受主管机关的调查处理；船舶发生交通事故，船长认为船舶有沉没危险或毁灭不可避免的情况下，且情况紧急时，可以作出弃船决定。弃船时，船长应当首先组织旅客安全离船，然后安排船员离船，船长最后离船。在离船前，船长应当指挥船员尽力抢救航行日志、机舱日志、油类记录簿、无线电台日志、本航次使用过的重要文件及贵重物品和邮件、现金等；船长在航行和停泊时，除非危及船上人员和船舶安全，应当承担接受船舶所有人或经营使用人的指挥的义务；船长不因引水员引领船舶航行而免除其驾驶船舶的职责。

船长在航行途中死亡或因故不能执行职务时，应当由驾驶员中职务最高的人（一般为大副）代行船长职务，船舶应在就近选定安全港口靠泊，待船舶所有人或经营使用人指派新船长接任后开航。《海商法》对海船的规定是："在下一个港口开航前，船舶所有人应当指派新船长接任"，这是出于海上航行不便随意靠泊和交通不便而制定的，内河港口密集，交通较之海上方便，应以严格要求。

1.4.2 船员的通常权利和义务

船员应具备应有的理论和实际修养，以符合所任职务的要求，高级船员应持有船员适任证书，方能在船上服务。船员服务于船舶享受法律规定的权利，同时承担法律规定的义务。

1.4.2.1 船员的权利。船员有获得规定的薪金，航行津贴及特殊补贴的权利，有按规定或约定在船上的生活舱室的权利，有获得足够食品和必要劳动安全保护的权利，有伤病治疗费和伤病期间的工资请求权和丧葬、抚恤金的请求权，船员因故在外港下船时，有权获得返港的遣返费，有依照法律规定或约定离船休假的权利，有参加学习、培训和申请晋升考试的权利，有依照劳保法律规定的享受其他劳保福利待遇的权利等。

1.4.2.2 船员的义务。船员应承担服务于船舶，在职务范围内提供优质服务的义务，应当服从船舶所有人或经营管理人的调配和安排，在船上服从船长指挥或船舶统一领导下的部门长及班组长的指挥；应当接受培训，树立在船上工作的安全责任感，搞好人身安全和船舶安全，应当按船上规定，按时值班，包括航行和停泊值班；在航行途中非因特殊事由经船长批准不得离船或离岗；应当爱护和保养船舶，使之保障船舶的航行全程处于适航状态；还应当承担法律法规及船上规章规定的其他义务等。

1.4.2.3 船员与劳动法。作为劳动者的船员，其权利义务关系，不但要受到狭义船员法的调整，还要受到劳动法的调整，即受到广义船员法的调整。海事法中对船员权利义务的规定，往往受到限制，所以我国《海商法》第十四条规定"船员的任用和劳动方面的权利、义务，本法没有规定的，适用有关法律、行政法规的规定"。这里的有关法律、行政法规就是指的劳动法律规范总称，即劳动法。劳动法，是调整劳动关系以及由此产生的其他关系的法律规范总称。

其法律规范，一般包括：劳动合同的订立和解除、集体合同的签订及执行办法、工作时间和劳动报酬、安全卫生规程、对女工和未成年工的特别保护、劳动纪律及奖惩、劳动保险、徒工培训、工会权利义务和组织原则及劳动争议处理等内容。在资本主义制度下，劳动关系视作财产关系处理，随着工人运动的工人立法，劳动法经逐步发展，现已成为一个独立于民法的部门法。我国于1922年，在中国共产党的领导下由中国劳动组合书记部提出了《劳动法大纲》十九条。中华人民共和国成立后，国家先后制定颁布了一系列劳动法律、法规和规则，如：《中华人民共和国工会法》、《中华人民共和国劳动保险条例》、《国营企业辞退违纪职工暂行规定》、《国营企业实行劳动合同制暂行规定》、《工人职员伤亡事故报告规程》、《国营工业企业职工代表大会暂行条例》、《企业职工奖惩条例》、《国营企业劳动争议处理暂行规定》等。劳动法是调整船员权利、义务的法律渊源之一，狭义的船员法和劳动法的有关规范构成广义的船员法，船员的任用和劳动方面的权利义务关系受其全面调整。

船员同船舶所有人、经营使用人或其他劳动权利义务关系的相对人发生劳动争议时，可以先申请劳动争议调解委员会调解。若调解不成时，可以在规定的期限内向劳动争议仲裁委员会申请仲裁，因不服开除、除名、辞退违纪处分争议的应当直接申请仲裁。当事人一方或双方对仲裁裁决不服的，可以在收到仲裁决定之日起十五日内向人民法院起诉。发生在海事法院管辖地域的船员劳动权利和劳动义务争议案件由海事法院管辖。我们以为，凡涉及到船员劳务合同，劳动工资或报酬，劳动纪律处分等类型的案件，船员可以直接向法院起诉。同时建议我国制定船员法取广义概念的法律规范为宜。

2. 内河船员配备

2.1　内河船员配备的基本原则

船员配备是船舶所有人或经营使用人为保证船舶的安全和运输生产，依法配备足够合格船员的活动。内河船员配备有如下基本原则：

2.1.1　安全原则。对一条船舶如何配备船员，应当首先考虑船舶的安全，树立安全第一的思想观念，保证船舶航行停泊的安全。

2.1.2　科学原则。船员配备必须讲究科学性，对船员的科学配备是船舶管理科学的组成部分，合理配备船员，保证船员结构的科学化，既要配备足够数量的船员，又不能造成人力浪费，既要保证技术船干的整体素质，又不使技术船干过余重叠。

2.1.3　等级原则。按船舶等级配备船员，是内河的通用原则。内河船舶等级差距大，一般分四个等级，不同等级的船舶也要求配备不同数量的船员和不同等级的适任证书船员。

2.1.4　种类和用途原则。船舶除有等级之分外，还有种类和用途之分，如客船必须配备客运员和服务员，自装自卸的货船应当配备装卸工等。

2.1.5　航线原则。船舶航线不同，所配船员的数量和适任证书船员也是不同的，如长途运输船舶以昼夜航行，应配备三班的值班人员，而短途或轮渡只航行白天的船舶，则以二班为限；船员的适任证书上也有航线规定，如某船舶驾驶员持长江中下游证书，就不能配备到航行上游的船舶上任驾驶员职务。

2.1.6　切实保证持有适任证书船员原则。持适任证书的船员，是船员中的骨干和最重要组成部分。《内河交通安全管理条例》第十条第（二）项规定“配备的船员、排工或者人员必须符合国家有关规定，不得任用无合格职务证书或合格证件的人员担任船长、轮机长、驾驶员、轮机员、报务员、话务员、驾长、渡工和排头工”。否则，主管机关不予签证放行。

2.2　内河船员配备的基本标准

2.2.1 持证船员配备

2.2.1.1 600总吨以上或442千瓦以上的船舶，若在24小时内连续航行16小时以上的，应当配备船长、轮机长各一名，驾驶员、轮机员各三名，报（话）务员各一名、机电员一名；船长、轮机长不参加航行值班。连续航行不超过16小时的，应当配备船长、轮机长各一名，驾驶员、轮机员各二名，报（话）务员各一名，机电员一名，船长、轮机长可以参加航行值班。

2.2.1.2 200至未满600总吨或147至未满442千瓦的船舶，若在24小时内连续航行16小时以上的，应当配备船长、轮机长各一名，驾驶员、轮机员各两名，船长、轮机长可以参加航行值班，若在24小时内连续航行不超过16小时的，应当配备船长、轮机长各一名，驾驶员、轮机员各一名，但船长、轮机长必须参加航行值班，驾驶员、轮机员各两名的，船长、轮机长不参加航行值班。

2.2.1.3 50至未满200总吨或36.8至未满147千瓦的船舶，若在24小时内连续航行16小时以上，应当配备船长、轮机长各一名，驾驶员轮机员各两名，船长、轮机长可以参加航行值班；若在24小时内连续航线不超过16小时，应当配备船长、轮机长各一名，驾驶员、轮机员各一名，船长、轮机长必须参加航行值班。

2.2.1.4 未满50总吨或未满36.8千瓦的小型机动船，若在24小时内连续航行8小时（J级航段4小时）以上的，应当配备驾驶、司机各两名；驾机合一的船舶，应当配备驾驶员两名，若连续航行不超过8小时（J级航段4小时）的，应当配备驾驶、司机各一名；驾机合一的船舶，应当配备驾驶员一名。

2.2.1.5 挂桨机船，若在24小时内连续航行16小时以上的，应当配备驾机员三名；若在24小时内连续航行8小时以上的，应当配备驾机员两名；若在24小时连续航线不超过8小时的，应当配备驾驶员一名。安装双挂桨机的，在24小时内连续航行不到16小时的船舶，应当各增配驾机员一名。

2.2.1.6 人力船、帆船，原则上应当配备至少一名持证船员。

2.2.1.7 特种船舶。原则上按等级配备持证船员，具体配备的最低限额，根据航程时间和用途由港监机关审定。

2.3 其他船员的配备

2.3.1 按班次配备足够船员。实行三班制的船舶应当配备舵工六名，机匠或加油工三名；实行二班制的船舶应当配备舵工四名，机匠或加油工二名；实行一班制的船舶，应当配备舵工、机匠加油工各一名。

2.3.2 按船舶大小、用途配备足够船员。水手，是每条船舶不可少的，其数量的多少以船舶大小不同而定，大型船舶应当配备水手长、副水手长，木工及水手若干人；小型船舶配备水手若干人；客船除配备足够的持证船员和水手部人员外，还要增配客运部、餐务部人员若干人，分设客运主任、餐务组长；大型客轮还要配备公安乘警小队，设特派员或小队长一人，乘警若干人，货轮或客货轮配备理货员若干人，大型船舶设理货组长，有船用装卸设备的，增设操作工，工程船舶配备工程员和操作工等。

2.3.3　政委或政治协理员、党支部书记的配备。我国是中国产党统一领导的国家，大型船舶设有党的支部委员会，支部书记一般为专职，通常称政委或书记；小型船舶的支部书记可以由其他船员兼任，或只设党的小组，不需要另配政工干部。

3. 内河船员资格的取得

3.1　技术船员资格的取得

为了保证船舶的航行安全，世界各国采取对船员资格严格的限定和考试考核制度。为加强我国船员技术管理，提高船员技术业务水平，根据《中华人民共和国内河交通安全管理条例》。交通部于1992年2月27日以第34号令发布《内河船舶船员考试发证规则》。该规则共五章七十一条，内容包括总则、船舶等级及船员职务、资历要求与考试科目，申请考试及发证和附则，其主要内容介绍如下：

3.1.1　考试发证机关和考试的申请

中华人民共和国港务监督局是统一管理全国内河船员考试发证工作的主管机关。其职责是，负责全面管理船员考试发证工作，制定船员考试大纲和专业训练办法。主管机关的考试发证权限机构是县以上港航监督机构或长江、黑龙江港航监督局所属二级局（分局）以上的港航监督。

年满18周岁至60周岁（女性55周岁）的船员，具备相应文化程度和一定水上服务资历，经体格检查合格可申请船员职务适任证书考试。考试申请分初级考试、升职考试、升等考试、定职考试、延伸航线考试五种。初级考试是指船员申请参加各等级船舶最低一级职务的考试，升职考试是指持证船员申请参加与原《职务适任证书》所载船舶等级相同，而职务高一级的考试，升等考试是指持证船员申请参加与原《职务适任证书》所载职务相同，而船舶等级高一级的考试（包括五等驾驶、司机报考四等大副、大管轮），定职考试是指高等、中等水运院校毕业生，军事船舶和渔船船员申请参加确定其相应等级、职务的考试，延伸航线的考试是指驾驶专业持证船员申请参加延伸或扩大所持《职务适任证书》的航线签注范围的考试。船员申请考试，应填具《船员职务适任证书申请表》，并附四张近期5厘米证件照片，递交由考试发证机关指定医院出具的《船员体格检查表》，交验《船员服务簿》，现有《职务适任证书》等有关证明文件。

3.1.2　船员证书的等级职务与资历要求、考试科目。

船员证书的等级职务是以船舶等级为基础的，船舶等级按船舶总吨位及主推动力装置功率划分为五等。

一等船舶：1600总吨以上或1500千瓦（2040马力）以上船舶的船员，若报考一等船长升职考试时，须持有一等大副《职务适任证书》，任该职务实际服务24个月，考试科目包括：船舶操纵，避碰与信号，职务与法规，航道与引航；若报考一等大副升职考试时，须持有一等二副《职务适任证书》，任该职实际服务满 18 个月，考试科目包括：船舶操纵、职务与法规、船艺、造船轮机大意；若报考一等三副初级考试时，须具有 36 个月的水上服务资历，其中在一等船舶实际担任舵工或相应职务满 18 个月，考试科目包括：船舶操纵、避碰与信号、职务与法规、航道与引航、船艺、造船轮机大意；若报考一等船长升等考试时，须持有二等船长《职务适任证书》，任该职实际服务满 18 个月，考试科目包括：船舶操纵、职务与法规、航道与引航，若报考一等大副升等考试时，须持有二等大副《职务适任证书》，任该职实际服务满 12 个月，考试科目包括：船舶操纵、避碰与信号、船艺；若报考一等二副升等考试，须持有二等二副《职务适任证书》，任该职实际服务满 12 个月，考试科目包括：船舶操纵、避碰与信号、船艺；若报考一等三副升等考试时须持有二等三副《职务适任证书》，任该职实际服务满 12 个月，考试科目包括：船舶操纵、避碰与信号、职务与法规、航道与引航；若报考一等轮机长升职考试时，须持有一等大管轮《职务适任证书》，任该职实际服务满 24 个月，考试科目包括：船舶动力装置、船舶辅机、机舱管理、船舶电器；若报考一等大管轮升职考试时，须持有一等二管轮《职务适任证书》，任该职实际服务满18 个月，考试科目包括：船舶动力装置、船舶辅机、机舱管理、轮机基础理论；若报考一等三管轮初级考试时，须具有 36 个月的水上服务资历，其中在一等船舶实际担任机匠或加油满 18 个月，考试科目包括：船舶动力装置、船舶辅机、机舱管理、船舶电器、轮机基础理论、造船大意；若报考一等轮机长升等考试时，须持有二等轮机长《职务适任证书》，任该职实际服务满 18 个月，考试科目包括：船舶动力装置、机舱管理、船舶电器；若报考一等大管轮升等考试时，须持有二等大管轮《职务适任证书》，任该职实际服务满 12 个月，考试科目包括：船舶动力装置、船舶辅机、轮机基础理论；若报考一等二管轮升等考试时，须持有二等二管轮《职务适任证书》，任该职实际服务满 12 个月，考试科目包括：船舶动力装置、船舶辅机、造船大意；若报考一等三管轮升等考试时，须持有二等三管轮《职务适任证书》，任该职务实际服务满 12 个月，考试科目包括：船舶动力装置、船舶辅机、船舶电器；若报考通用报务员时，须持有一等报务员《职务适任证书》，任该职实际服务满 24 个月，考试科目包括：无线电机务、无线电通信业务、英语；若报考一等报务员升等考试时，须持有二等报务员《职务适任证书》。任该职实际服务满 18 个月，考试科目包括：无线电机务、无线电通信业务、译电、收报、发报、英语。

二等船舶（600 总吨以上至 1600 总吨以下或 441 千瓦以上至 1500 千瓦以下）的船员若报二等船长升职考试，须持有二等大副《职务适任证书》，任该职实际服务满 24 个月，考船舶操纵、避碰与信号、职务与法规、航道与引航；若报二等大副升职考试，须持有二等二副《职务适任证书》，任该职实际服务满 18 个月，考船舶操纵、避碰与信号、船艺、造船轮机大意；若报二等三副初级考试，须具有 36 个月的水上服务资历，其中在二等船舶实际担任舵工或相应职务满 18 个月，考船舶操纵、避碰与信号、职务与法规、航道与引航、船艺、造船轮机大意；若报二等船长升等考试，须持有三等船长《职务适任证书》，任该职实际服务满24个月，考船舶操纵、避碰与信号、航道与引航、造船轮机大意；若报二等大副升等考试，须持有三等大副《职务适任证书》，任该职实际服务满18个月，考船舶操纵、职务与法规、船艺、造船轮机大意；若报二等二副升等考试，须持有三等二副《职务适任证书》，任该职实际服务满18个月，考船舶操纵、避碰与信号、船艺、造船轮机大意；若报考二等轮机长升职考试，须持有二等大管轮《职务适任证书》，任该职实际服务满24个月，考船舶动力装置、机舱管理、船舶电器、造船大意；若报二等大管轮升职考试，须持有二等二管轮《职务适任证书》，任该职实际服务满18个月，考船舶动力装置、船舶辅机、机舱管理、轮机基础理论；若报二等三管轮初级考试，须具有36个月的水上服务资历，其中在二等船舶实际担任机匠或加油满18个月，考船舶动力装置、船舶辅机、机舱管理、船舶电器、轮机基础理论、造船大意；若报二等轮机长升等考试，须持三等轮机长《职务适任证书》，任该职实际服务满24个月，考船舶动力装置、船舶辅机、船舶电器、轮机基础理论、造船大意；若报二等大管轮升等考试，须持三等大管轮《职务适任证书》，任该职实际服务满18个月，考船舶动力装置、船舶辅机、机舱管理、轮机基础理论；若报二等二管轮升等考试，须持有三等二管轮《职务适任证书》，任该职实际服务满18个月，考船舶动力装置、船舶辅机、机舱管理、轮机基础理论；若报考二等报务员，须具有36个月的水上服务资历，其中在船上见习无线电报务工作满18个月或持有话务员《职务造任证书》，任该职实际服务满12个月，考无线电机务、无线电通信业务、译电、收报、发报。

三等船舶（200总吨以上至600总吨以下或147千瓦以上至441千瓦以下）的船员，若报三等船长升职考试，须持有三等大副《职务适任证书》，任该职实际服务满24个月，考船舶操纵、避碰与信号、服务与法规、造船轮机大意；若报三等二副初级考试，须具有36个月的水上服务资历，其中在三等船舶实际担任舵工或相应职务满18个月，考船舶操纵、避碰与信号、职务与法规、航道与引航、船艺；若报三等轮机长升职考试，须持有三等大管轮《职务适任证书》，任该职实际服务满24个月，考船舶动力装置、船舶辅机、机舱管理、船舶电器；若报三等二管轮初级考试，须具有36个月的水上服务资历，其中在三等船舶实际担任机匠或加油满18个月，考船舶动力装置、机舱管理、船舶电器、轮机基础理论、造船大意；若报三等船长升等考试，须持有四等船长《职务适任证书》，任该职实际服务满18个月，考船舶操纵、职务与法规、航道与引航；若报三等大副升等考试，须持四等大副《职务适任证书》，任该职实际服务满12个月，考船舶操纵、避碰与信号、航道与引航；若报三等二副升等考试，须持四等二副《职务适任证书》，任该职实际服务满12个月，考船舶操纵、避碰与信号；若报三等轮机长升等考试，须持四等轮机长《职务适任证书》，任该职实际服务满18个月，考船舶动力装置、机舱管理、船舶辅机；若报三等二管轮升等考试，须持有四等二管轮《职务适任证书》，任该职实际服务满12个月，考船舶动力装置、船舶辅机。

四等船舶（50总吨以上至200总吨以下或36.8千瓦以上至147千瓦以下）的船员，若报四等船长升职考试，须持四等大副《职务适任证书》，任该职实际服务满18个月，考船舶操纵、避碰与信号、职务与法规、造船轮机大意；若报四等二副初级考试，须具有36个月的水上服务资历，其中在四等船舶实际担任舵工或相应职务满18个月或持五等驾驶《职务适任证书》，任该职实际服务满12个月或持有五等驾机员《职务适任证书》，任该职实际服务满18个月，考船舶操纵、避碰与信号、职务与法规、航道与引航、船艺；若报四等轮机长升职考试，须持四等大管轮《职务适任证书》，任该职实际服务满18个月，考船舶动力装置、船舶辅机、机舱管理、船舶电器；若报四等二管轮初级考试，须具有36个月的水上服务资历，其中在四等船舶实际担任机匠或加油满18个月或持有五等司机《职务适任证书》，任该职实际服务满12个月或持有五等驾机员《职务适任证书》，任该职实际服务满18个月，考船舶动力装置、机舱管理、船舶电器、轮机基础理论、造船大意；若报四等大副升等考试，须持有五等驾驶《职务适任证书》，任该职实际服务满24个月，考船舶操纵、避碰与信号、职务与法规、航道与引航、船艺；若报四等大管轮升等考试，须持有五等司机《职务适任证书》，任该职实际服务满24个月，考船舶电器、轮机基础理论、造船大意。

五等船舶（50总吨以下或36.8千瓦以下，以及所有挂桨机船舶）的船员，若报五等驾驶初级考试，须具有24个月的水上服务资历，考船舶操纵、避碰与信号、职务与法规、航道与引航；若报五等驾机员初级考试，须具有12个月的水上服务资历，考船舶驾驶常识，船舶机械常识；若报五等司机初级考试，须具有24个月的水上服务资历，考船舶机械常识、机舱管理常识。

船长、驾驶员延伸航线考试，须具有三等以上船舶船长、驾驶员，应在相应等级船舶上经所报考航线连续见习6个月，三等以下船舶的见习3个月，考避碰与信号、航道与引航。

高中等水运院校毕业生驾驶船员考试的特别规定：船舶驾驶、轮机管理专业本科毕业生，可分别报考各等级二副、二管轮、其理论考试与国家毕业考试结合进行，毕业后，在相应等级船舶上连续见习满12个月，写出见习报告或论文，经考试发证机关考核，船舶驾驶、轮机管理专业专科毕业生，可分别报考一、二等三副、三管轮，三、四等二副、二管轮，基础理论考试与国家毕业考试结合进行，毕业后，在相应等级船舶上连续见习满12个月，写出见习报告或论文，并经考试发证机关考核，船舶驾驶专业中专生，报考一、二等三副，须具备在相应等级船舶上连续见习满12个月的资历，考船舶操纵、避碰与信号、职务与法规、航道与引航；报考三等二副，须具备在相应等级船舶上连续见习满12个月的资历，考避碰与信号、航道与引航，轮机管理中专毕业生，报考一、二等三管轮，须具备在相应等级船舶上连续见习满12个月的资历，考船舶动力装置、船舶辅机、机舱管理、船舶电器；若报三等二管轮，须具备在相应等级船舶上连续见习满 12 个月的资历，考船舶动力装置、机舱管理，船舶驾驶、轮机管理中专毕业生，若报四等二副、二管轮，其理论考试与国家毕业考试结合进行，毕业后在该等级船舶上连续见习满 12 个月，写出见习报告或论文，备考试发证机关考核。船舶无线电通信专业高等水运学院毕业生，可报考二等报务员，其理论考试与国家毕业考试结合进行，毕业后在船上连续见习满 12 个月，写出见习报告或论文，备考试发证机关考核；船舶无线电通信中等专业毕业生，若报考二等报务员，须具备在船舶上连续见习满 12 个月的资历，考无线电通信业务、译电、收报、发报。

曾在军事船、渔船担任驾驶、轮机及报务员参加考试的特别规定：曾在军事船上担任驾驶、轮机及报务工作职务的人员，在本规则规定的船上从事工作，申请考试时，须具有不少于 12 个月的资历，并出具原所属部队颁发的有关专业合格证（包括军事院校毕业文凭）及在服役期内的水上服务资历证明，船员考试发证机关根据其专业学历、水上服务资历及所任职务，核准其参加除一等船长、一等轮机长、通用报务员以外的相应等级、职务的考试。

曾在渔船上工作的船员，在本规则规定的船舶从事工作申请船员考试时，须具有不少于 12 个月的见习资历，并出具渔船船只证书及渔业部门对其在渔船工作时的水上服务资历证明，船员考试发证机关根据其专业学历，水上服务资历及所任职务，核准其参加除一等船长、轮机长、通用报务员以外的相应等级、职务考试。

3.1.3　发证与验证

船员经考试后各科分数（各科考试成绩以百分制，其中《避碰与信号》一科的及格分数为 80 分，余为 60 分）及格的可由考试发证机关签发相应等级、职务的《船员适任证书》。但是，经四等以上各等级初等考试合格的船员，除话务员外，必须在相应等级船舶上见习 6 个月，见习期满后，交验《船员服务簿》，经考试发证机关审核合格时方签发相应等级、职务的《职务适任证书》。持有一、二等三副、三管轮和三、四等二副、二管轮《职务适任证书》的船员，任该职实际服务满 12 个月的，可向考试发证机关申请升职换证，填具《申请表》并附两张近期 5 厘米证件照片，交验《船员体格检查表》、《船员服务簿》，经考试发证机关审核合格后，分别换发一、二等二副、二管轮和三、四等大副、大管轮《职务适任证书》。

高、中等院校毕业，考试合格，见习报告或论文经考试发证机关考核合格的，发给《职务适任证书》。

持有《职务适任证书》的船员，在所载等级的船舶上实际担任所载职务或低一级职务满 12 个月，应在其证书有效期满前的 12 个月内，向船员考试发证机关申请换证，并填其《申请表》，递交有关证明文件和照片，经考试发证机关审查合格后，可换发与原等级、职务相同的《职务适任证书》；年龄在 60 周岁（女性

55周岁）以上的船员，如仍在船任职，应每隔一年由所服务的单位签署意见或出具聘用证明，填写《申请表》，递交有关证明文件，经考试发证机关审查合格后，予以签注验证手续；船员实际脱离水上服务超过60个月，但在不低于其《职务适任证书》所载等级的船舶见习满12个月，或在《职务适任证书》有效期内担任其所载等级、职务或低一级职务不足12个月，但满6个月的，由报考主管机关指定的考试科目合格后，换发与原等级、职务相同的《职务适任证书》，船员《职务适任证书》在其有效期内，如有毁损或遗失，经船员服务单位审查属实并出具证明，可向原考试发证机关中请补发。

3.2 其他船员资格取得

船员是特殊的水上工作人员，除技术船员必须持有《职务适任证书》才能在船上担任相应职务外，其他船员也应当掌握在船上任职的应知应会项目方能在船上工作。一般在上船前要经过一段时间的培训，在掌握了一定基本技能后，上船见习三个月合格时，方可列入船员编制。

4. 内河船员资格的丧失

4.1 船员《职务适任证书》资格的丧失

船员《职务适任证书》资格的丧失，是指持有《职务适任证书》的船员，由于脱离水上服务超过一定期限，或"证书"被吊销，或船员死亡等原因，使其《职务适任证书》处于无效的状况。船舶实际脱离水上服务超过60个月（不包括考试发证机关组织的离船培训时间，下同）时，其《职务适任证书》视自动失效。船员因违反水上交通安全管理的规定，主管机关对其扣留《职务适任证书》的，在扣留期间，该船员的《职务适任证书》不再发生效力；吊销《职务造任证书》的，自吊销处罚决定生效之日起无效。船员失踪超过60个月后重新出现的，其《职务适任证书》视为无效；船员死亡的自死亡之日起《职务适任证书》无效，但宣告死亡的，应在其实际脱离水上服务超过60个月后视为无效。船员《职务适任证书》视为无效和被吊销无效的，可依法重新获得。技术船员《职务适任证书》无效的，可在船上作其他船员任用。

4.2 其他船员资格的丧失

其他船员资格的丧失，是指非技术船员由于某种原因丧失其在船上服务的资格。丧失的原因有：船员因工作调动、解聘、辞职不再服务于船舶；船员因体格检查不合格，或其他伤残、病不适于在船舶工作的船员；船员失踪、死亡，船员受刑事处分离船等。船员丧失其船员资格由船舶在《船员服务簿》上加盖专用船章，由船长签名并注明日期。除法律法规另有规定外，船员资格的丧失不影响其依劳动法律、法规所享受的其他劳保福利。

注　释：

［1］司玉琢：《新编海商法学》，大连海事大学出版社，1999年4月第1版，第113页。

［2］《（船员服务簿）签收实施办法》第三条第（2）款。

［3］见《宪法》第2条。

浪损论

——兼述内河船舶浪损纠纷案的诉讼特征

饶中享

【内容摘要】 浪损作为船舶间接碰撞的种类之一，在长江航运中时有发生，具有间接性、无痕迹性、原因复杂性、因果联系的难确定性及适用法律的疑难性等特征，成为海事侵权案件中难度最大的一类。我们必须从浪损的特征、证据、构成及法律适用和赔偿等方面进行深入研究，以掌握其规律性和操作性，能动地驾驭此类疑案件的审判。

【关键词】 浪损　侵害　赔偿

1. 浪损及浪损纠纷案的特征

浪损，作为间接船舶碰撞，是指船舶掀浪波击他船、他物、堤坝并导致有关人员伤亡、财产受损的水上交通事故。船舶浪损是内河交通事故的一大特点。武汉海事法院成立以来，受理并审结船舶浪损纠纷案件，居全国各海事法院之首。

1.1　船舶浪损纠纷的"间接"性体现在以下几个方面：

（1）掀浪船舶与受损船、物、堤坝不直接接触、无钢体碰撞痕迹；（2）受损事实一般是掀浪船舶通过一段时间、距离后才发生的，掀浪船舶没有原始的浪损航行（海）记录，甚至其值班人员根本就不知道有浪损事实的发生；（3）船舶掀浪形态仅持续在一定的时间，无痕迹可寻；（4）内河浪损事故的原因繁多复杂，其因果关系往往不是单一的；（5）浪损案件的诉因不是基于当事人间的合同关系，也不是像船舶直接碰撞案那样基于两船的碰撞事实，而仅是受损方的损失和过失责任的举证，这种诉因直接受受损方主体意识的支配，而具有主观性和单方性。

1.2　船舶浪损纠纷案的一般争议焦点

1.2.1　时间争议。时间争议是船舶浪损案中的首要焦点，这区别于船舶直接碰撞案，在船舶碰撞案中，当事人尽管就碰撞的时间主张不一致，但碰撞事实是存在的，不影响法院对已发生碰撞这一事实的认定，而浪损纠纷，一旦当事人所主张的相遇时间不在一定范围之内，就不能认定为已发生了"间接碰撞"。在武汉海事法院审结的船舶浪损案中，当事人在相遇时间上主张的争议有四件，掀浪船方往往不承认看见过原告船舶。即使是双方主张的时间一致了，也要查明是否真实。长江中游曾发生过这样一案，某个体户的船舶停泊在江中时被大风浪致沉，次日个体船民见一客轮由此通过，记上船名和时间，报告到航政部门要求赔偿。此客轮单位坚信无这一浪损事实，派人到个体船民村庄私下走访，方查清了以上事实。

1.2.2 环境争议。环境在浪损案中十分重要，包括自然环境和船舶动态，因为掀起巨浪的河段、港区、相遇的河段已有他船余浪，各航行水面距堤安全高度低等，属于法定慢车减速河段。受损方往往会主张有以上环境存在，而掀浪船方则会持相反主张。

1.2.3 当事人及有关人员的行为争议。此争议包括：(1) 技术行为和应有谨慎；(2) 所有人（管理人）的管理行为和值班人员的操纵行为包括足够的谨慎和勤勉。如受损方是否有正常的防浪损能力，船舶是否适航（包括适航适货选人），是否采取了有效的防浪损措施，是否有要求减速的有效表示等。掀浪船方驾驶员的了望情况，船舶航速，船型及掀浪情况，是否减速和减速多少。这此情况都可以考察当事人的行为方式，注意程度、理解能力等来确定当事人是否达到应有的谨慎。

1.2.4 损失标的额和人身伤害的争议。受损方船物是否全损，价格多少？船物恢复原状的费用多少？人身伤亡的经济补偿额度大小等。

2. 浪损证据规则

浪损纠纷案一般是受损方提起诉讼索赔或主张浪损侵害成立的，掀浪船方则只是抗辩，按我国民诉法“谁主张谁举证”的原则，其举证责任首先在受损方，若举不出或举不完全浪损损害成立的证据，则由其承担可能败诉的风险责任。掀浪船方只承担抗辩受损方主张的掀浪损害的举证责任。然而受损方必须将掀浪损害的四个构成要件全部举出证据，才能取得举证责任转移的可能和胜诉的希望，而掀浪船只要抗辩四个构成要件的其中一个就会引起举证责任再转移和胜诉的可能。

2.1 受损方的举证范围一般应包括：

(1) 受损标的物的名称、标的额的大小、人员伤亡情况，若是船舶要有船舶登记证书或建造出厂证件或正在建造证件航行船舶的二证一牌一线证件，船舶的装载和流向情况；(2) 掀浪船舶名称；(3) 事故时间、地点、环境条件、旁证材料及证人住址、年龄、行为能力及与受损方的关系；(4) 原始记录和事故当时值班人的陈述。

2.2 掀浪船方的举证范围一般应包括：

(1) 船舶资料；(2) 一定时间的船舶动态、流向、航行日、轮机日、“三报”记录、车钟记录、高频电话记录、天气预报记录、雷达记录；(3) 当班驾驶人员及轮机人员的陈述；(4) 装载和船舶前后吃水记录。

2.3 法院查证方法和查证范围

运用证据证明浪损案的真实情况是法院审理的中心环节。证据作为认定案件情况的事实，是正确认定浪损案的根据，是揭露当事人捏造事实、颠倒是非的有力手段。证据包含在证明材料和证件之中，但并不是所有的证明材料和证件都是证据。法院查证的目的与当事人的举证目的是不同的，当事人举证是为了证明自己的主张成立，而法院查证目的则是为了获得能反映事物客观真实的证据。为了达到这一目的就必须确定正确的查证方法和途径。

2.3.1 明确证明对象。浪损案中的证明对象，是指法院必须运用证据予以证明的浪损纠纷事实。明确证明对象的意义在于使审判人员在查证过程中始终目标明确，既不疏漏必须查明的事实，也不为与事故无关或枝节的事实所纠缠，集中注意力，准确及时地查明事故真实情况，海事侵权纠纷案各自具有其特点，就是与浪损纠纷最接近的船舶碰撞案查证中的证明对象两者也是很不一样的。在船舶碰撞案中要证明船舶从互见（包括法定距离的应该看见）时起的船舶航路、避让关系、避让行动到碰撞概位和接触点的客观真实；而在浪损案中则要证明从互见（包括法定距离应该看见）时起的相互动态、防浪要求和措施、水流环境和周围船舶动态、掀浪夹角及掀浪形态到受浪时间和受损概位的客观真实。

2.3.2 针对具体案件的争议焦点和当事人主张异议点时行调查，争议焦点是法院在调查前针对具体案件拟订的，往往的情况是争议焦点解决了，案件就查清了。如武汉海事法院审结的“忠州501”轮浪损纠纷一案，其举证材料中已证明掀浪船舶“忠州501”轮与受浪沉没船舶“潭绍四号”相遇是肯定，并且有证据证明“忠州501”轮已慢车会船，法院确定该案的焦点是①“潭绍四号”船的适航及抗浪能力如何？②“忠州501”轮的防浪损措施是否适时、适地、适当？针对这一焦点进行具体调查和勘验。查明“潭绍四号”核定载12吨，违章搭乘搬运工5人，违章夜航等是其该船沉没的主要原因；“忠州501”轮在与“潭绍四号”船相遇过程中，所选择的慢车地点是漫滩横流的下方，掀浪台度减弱，但本船舶位却偏离自己的上水航路，迫使潭绍四号进入易掀起巨浪的乌秧溪水域受浪沉没，是事故形成的一外因条件。又如，武汉海事法院审结的“巴付23”号船受浪致损一案，由于掀浪船方坚持主张受浪方严重超载，对受浪方提出的不超载的证明材料持否定态度，针对这一当事人的异议主张，法院毅然跳出常规调查方式，依靠当地审计部门适用审计手段，直接查到基层粮站粮库装运单，证实了巴付23号船严重超载这一事实，为该案的顺利审结奠定了基础。以上案例说明，针对具体案件的争议焦点和当事人的异议主张进行查证是审判实践中法院查证的有效方法。

2.3.3 把审理前准备阶段的实地调查和开庭审理进的法院调查有机地结合起来。在法院及有关机关的实地调查材料中，有些材料和证件是零散的、局部反映事实的或从不同角度来反映事实一个侧面的，还有单一或串通的伪证（伪证问题另述）如果说实地调查是开庭审理证据准备的，那么法庭调查就是全面调查核实各种证据的关键所在。我国民诉法规定的法庭调查阶段是开庭审理的核心，这一规定有其实质性的意义。武汉海事法院在审理“复兴一号”船与“长江02016”船队浪损纠纷案的过程中，通过实地调查，查清了“复兴一号”船与“长江02016”船队的会船地点、会船横距、“复兴一号”船载重后的干舷及载牲猪骚动，船舶前倾受浪地点及沉船点的事实，虽说牲猪骚动造成“复兴一号”船前倾在该船受浪之前，但是“长江02016”船队的掀浪是波击过“复兴一号”船的，问题是“复兴一号”船在危状中是否按规定要求过慢车，法院针对这一焦点在庭审进行了着重调查。受损方两次分别陈述，“复兴一号”船上安装的是汽车用电喇叭（代汽车笛用），视听距离50米，没有用白旗发信号，临近时用衣裳摇动。而船舶汽笛的法定视听距离为1000米，当视听距离达不到时，可用白色信号旗在船首上下摇动，这证明“复兴一号”船没有按规定发出要求减速的信号及声号，相会处又不属易掀起巨浪的河段，“长江02016”轮船队没有减速义务，故不构成浪损侵害。一审上诉后，二审维持原判。这一审判实践证明，实地调查和庭审调查的有机结合是法院查证的方法之一，浪损案件尤为重要。

2.3.4　凡是经港航监督机关调查或调解过的案件，首先调取其调查材料。

2.3.5　特定的勘验和委托专家进行技术鉴定。

法院对浪损案的查、印证范围可归纳如下：

查证、印证对象是根据具体案件的证明对象而定的，就船舶浪损这类案件来说：

A. 两船对驶（或船与物、堤坝）相距一公里以上进的动态，或追越的全过程动态；

B. 自一公里以上处至让清为止进双方行动，包括流向、航速、是否有要求减速的要求，相对方是否有回答表示及行动；

C. 掀浪船舶的车速、及用车舱情况；

D. 掀浪船舶的掀浪夹角、浪岸至浪峪的大致高度和形态；

E. 驶平进的时间、地点、横距、动态、航速和周围环境；

F. 受浪地点、时间；

G. 受浪方的防浪、接浪措施；

H. 受浪船舶的适航、接浪情况；

I. 当事人不能提出或不愿提供的证明材料或证明原始证据等。

2.4　法院对证据的充分利用和综合分析及浪损案中的伪证问题

法院审查证据的主要任务是对证据的充分利用和综合分析。浪损案件也是这样。

2.4.1　充分利用证据，就是法院对当事人的举证材料，陈述意见和港航监督机关的调查材料的充分利用。不能盲目地排除某一证件，盲目地推行庞大的取证工作。如武汉海事法院审结的个体船民张友坤诉九江港务管理局船舶浪损纠纷一案，原告向港监机关的“海事报告”诉状及向法院的陈述中一致称：被告的港拖402轮是从原告的机动船舶尾15至20米处逆流通过的，原告的机动船舶尾接浪，两船夹角近90°，且会船处的中间前后有两艘千吨位重载驳船停泊，间距仅20至30米。原告的船是向左侧倾覆的。法院审查了这些证据材料后，认为原告自己的举证和陈述与其主张相背。其一，船尾接浪是破浪的最好方法之一，不会导致船舶倾覆，也不会使舱内进水；其二，两船中间有驳船相隔，使掀浪受阻，不会产生强余波；其三，被告的船逆行驶，不会浪击原告船迎水而右舷，而惟有水流才压向其右舷。法院根据原告自己提供的证据材料，说服了原告其主张是错误的，原告承认是在急流中操纵不当导致船舶翻沉的事实，并申请撤回起诉。

2.4.2　对证据的综合分析，即对证据的证明力、证明范围、证明的客观事实进行综合分析，分辨出直接证据和间接证据、实证和伪证、主要证据和参考证据，达到据以定案的基本事实都有证据予以证明，证据与证据之间有客观的，符合逻辑规律的必然联系，能相互印证，有矛盾的地方得到合理的排除的目的。武汉海事法院在审理“西陵”号轮浪损纠纷一案中，分析了事故当时的风力，风向及受浪船的抗风能力，受浪船在4～5级东南风情况下冒风航行，使货舱进水，“西陵”即掀浪船，在与受浪船对驶相遇中不到两分钟慢车两次，即由九档车慢到八档车，慢车时间各只半分钟，这两份证据证明，原告的船冒风航行已处在危险之中，而被告的船舶驾驶员是见到这一情况的（尽管该驾驶员不承认这一事实但航行记录能证明成立），且采取了一定措施，但不适当，一是慢车档次不够，二是慢车时间短，按一般规律，航行船舶将九档车减为八档车不会在短时间内减速、减弱掀浪，起到了促进原告船舶受浪翻沉的作用，法院认定受浪损方承担主要责任，掀浪船方承担一定责任，双方自愿调解结案。不综合分析这一多因一果的关系是求不出来的。

2.4.3　关于浪损案中的伪证问题。伪证即当事人单方或伙同他人，向法院故意提供的不符合或歪曲事实的证明材料，证人证言和陈述提供伪证，是一种违法行为。在各类案件中都可能会出现伪证行为，而浪损案尤为突出。武汉海事法院审结的八案中有六案中存在伪证现象。分析其原因其一是受浪损方大部分属个体船民或农村承包经营的运输户，受损材产是私产或与本人有直接的利害关系；其二是当事人法制观念淡薄；其三是浪损案的事故现场不能保留，容易作弊。法院对待伪证的原则是：第一，用实证证明的事实说话，坚决驳斥和无情揭露；第二，对作伪证的行为既要进行法制宣传教育的疏导工作。又要采取严厉的制裁，以教育当事人和公民自觉守法。

在武汉海事法院审理的浪损案中伪证行为最突出是“巴会机23”号船受浪损一案。原告屈定华与追加共同被告宜昌航运分局的掀浪船舶驾驶员黄德新、安全员李家从合谋，互证被告的1212艇没有追越受浪船，企图将浪损的全部责任推到被告川东轮船公司的“川东10号”身上，而合谋者另搞不正当交易。法院从港监调查材料和事故船舶值班人员及旁证材料中发现缺点后方决定追加宜昌航运分局为共同被告。原告屈定华在法院的法制宣传教育下，承认作了作此伪证的事实。该案中屈定华还对自己的“巴会机23号”的装载问题大造伪证，为达到法院认定23号船没有超载的目的经他串通，供货方、托运方统一口径提供伪证，隐瞒原始证据的真实情况。后被法院查证揭露。又如“复兴一号”船合伙户重庆长江轮船公司船舶浪损纠纷案，原告及其代理人，为了企图证实浪损的成立，用许愿给钱的手段串通目击者谭奇才，伪证两当事船的会船地点，当法院向谭作了法制宣传后，谭述说了伪证原因和事故真相，使原告代理人刘兴斌不得不在法庭调查时当庭作检查，他说：会船点本不在信号二台，是有人说如果不这样认定就谈不上是长江 02016 轮船队浪损的，所以我故意偏向原告，现在我向法院作检查请原谅。

审判实践证明，只要法院坚持以事实为依据，对案件的证明材料和证件进行全面的综合分析，伪证是一定能够排除的，伪证行为是一定会被揭露和鞭挞的。

掌握浪损及船浪的基本客观规律

笔者认为要审理好浪损案就像钻进浪峪一样，受几下浪的波击，看一看波的形态和变化，喝几口浪水，从而掌握其客观规律。浪，有风浪、水流浪、夹堰浪、泡水掀浪、旋水掀浪和船舶掀浪等。除船舶掀浪外其余都属自然掀浪，不论是船舶掀浪还是自然掀浪都与浪损案有关，是我们的研究对象。掌握其客观规律有助于我们的审判工作。

2.5　浪的物理形态

作为液体的水，在某种外加力作用下产生连续作用力，其水文发生变化，便形成物理形态的浪，由于产生浪的原因不同，所以浪的形态也各异。

2.5.1　风浪，是指自然风作用在水面而产生的浪。风浪一般以浪岸移动为特征，形成流动性浪涛，愈是下风浪岸高，移动速度愈大。

2.5.2　流水浪，是指流动的水截面由于岸边与中间的流速差异，上、下游的流动差异而形成的浪。水面现象不太明显，但推力较大。

2.5.3　夹堰浪，是指在两种不同流向或者两股水流交汇的水域的下方，水流相互扰动，使水文形成一种明显的，流态紊乱的浪花。

2.5.4　浅水浪，浅水区受风，船舶螺旋桨运行影响而形成的浪。一般浪的跨度小，浪低，但移动快，推力大。人们常称“卷波浪”。

2.5.5　泡水掀浪，是指水流受底层暗群礁石的影响，在流速大的情况下形成翻腾的泡水，而泡水又冲击水而形成的浪。

2.5.6　船舶掀浪，当船舶对水速度大于零时所掀起的浪。船浪又分掀波浪、拖浪、转舵浪和余浪等。a. 掀波浪，是指船艏破水后所掀起的浪。一般有浪花出现，浪移动较快，自航船如：监督艇、航标艇、客轮、货轮、油轮较明显，最明显的则是“快还船”。有人也称为首浪。b. 拖浪，指由船舶艉部行船长的 1/4 处所掀起的浪。浪高而无明显波涛，浪谷深。浪移动性小，但起伏性强。拖轮最为明显，自航船也会产生此浪。c. 转舵浪，是指船舶掉头或转大角度航向时用大舵角使船舶产生较大力矩，在转向的反方向一舷出现的一种“赶浪”现象。d. 下水把边浪，是指船舶顺流航行，船波与流水函数叠加，所产的波浪向两侧扩散较远，波击岸边的现象。e. 上水一边浪，是指当船舶逆流航行时，船速与流速相反，一般情况下止水沿缓流上，所产生的波浪靠近岸边的浪大波高，而河心移动的波浪逐步减弱，一般不会超过主流，所形成的船舶一侧明显的现象。

2.6　船波形态的因素。

2.6.1　根据佛诺德的理论，船波形成与相对速度 F_1 有关，F_1 为船舶实际

速度 V_c 与监介速度 V_k 之比，即 $F_r = V_c / V_k$

$$\because V_k = \sqrt{g^n}$$

$$\therefore F_r = V_c / \sqrt{g^n}$$

（V_k：浪水波移动的速度；g：重力加速度；n：航道水深）

2.6.2　船波形态还同船舶流线型有关。流线型性能强的船舶，航波形成稳定，波峰较低，波动力小。反之则波形变化大，波浪高，波动力大。

2.7　船浪与自然浪、船浪与船浪的关系。船舶是根据其各种不同用途和性能，按航行区域建造规范设计建造的，一般情况下不会造成浪损。但是，一旦船浪与自然浪，一船浪与另一船浪相会合时，并有可能形成新的波形，增强波动力矩，造成浪损。

2.7.1　船舶与风浪、流水浪的关系。船浪与风浪、流水浪如果是逆向波动，则相互抵损，减弱波动；如果同向波动则复合相加，增强波动。如××诉×××浪损纠纷一案中，“西陵”号轮的船舶掀浪与4～5级的风浪同向波动，增强了水文的波动强度，造成“松滋机17号”船受浪进水沉没。

2.7.2　船浪与夹堰浪相遇时会产生共振形成巨浪，出现较长时间的翻花大浪，有时会持续十来个小时，多数浪损案件与此因素有关。

2.7.3　船浪与泡花水浪相遇时会产生大浪。

2.7.4　船浪进入浅区时会形成波长大、波速慢、波浪周期长的“卷波浪”。

2.7.5　船浪与漩水浪相遇时，在漩水外缘会产生大浪。

2.7.6　船浪与船浪相遇时，根据掀浪角度的不同会产生不同形成的新波浪。a. 两船掀涩夹角近90°时，浪峰相遇会增高，但消失快。b. 两船掀浪同方向时，会增加浪峰高度和波长，延长波动时间，如“1212号”船标同“川东10号”轮所产生的同方向掀浪就是导致“巴会机23号”船翻沉的一个原因。c. 两船掀浪方向相反时，浪峰相遇会增高，但消失快。

3. 船舶掀浪损害的构成要件

船舶掀浪损害的法律责任，是指掀浪船舶的所有人，因违反法律规定，其行为导致他船、他物、堤坝受损的一种法律上的后果。是民法上侵权的民事责任的一种形式（如触犯刑律的，则应承担刑事责任，此文不论）。船舶掀浪损害主要适用过错责任原则。只有当以下四种要素同时具备时，掀浪船舶所有人（经营人）才承担赔偿责任。

3.1　必须有受损害事实存在，包括受损物和受害人人身权的损害。这是掀浪损害的前提，根据海事处理惯例，掀浪损害仅指直接损失，而不包括间接损失。

3.2　掀浪船舶的波浪与损害结果的发生有因果关系。船舶航行必然有浪，但有浪不一定会造成浪损，只有当船掀浪直接浪损他船、他物、堤坝时，该要件方才成立，否则即不能成立，如“阳新付机162号”船在九江港确定沉没全损了，港拖402轮在同时间也形成掀浪，但是“162号”船是急转舵受流压致沉的，与402轮掀浪没有因果关系，所以该案的船舶掀浪损害是不成立的。

3.3 掀浪船舶的驾驶人员或船舶所有人（或经营人）主观上要有过错，这种过错主要过失，故意是罕见的。

3.3.1 驾引人员的过失又分作为和不作为的过失，过于自信和疏忽大意的过失，主要是指驾引技术和必要谨慎不够。

a. 作为，船舶驾引中的作为是指人为改变船舶原有动态、恒速，如在浪损危险未尽时，将原慢车开为快车常车，盲目摆舵让船等。

b. 不作为，船舶驾此中的不作为是指为人为地不改变船舶原有动态，不发出必要的声号、信号、不加强了望，如船舶进入法定慢车航区仍保持快速常车通过，对要求慢车的船舶、地段等不采不理等。

c. 过于自信，是指自信能避免浪损，其实不然。

d. 疏忽大意，按主客观标准的辩证统一，所衡量的应该发现而没有发现。

3.3.2 船舶所有人（或经营人）的过失，主要是指船舶管理、船员管理方面的过失。如船舶设备、航行及助航仪器达不到应有标准，船员配备不足或不当等。

3.4 掀浪船舶驾驶人员或所有人行为的违法性。这里违法是指行为人违反了有关的行为规范，如违反《内规》等。过错责任原则只规定行为人对其实施的违法行为承担民事责任，对于法律所允许的合法行为则不承担民事责任。如："长江02116"船队的掀浪是促成"复兴一号"船沉没的因素之一，但其驾驶人员和所有人的行为针对这一事件没有违法，则不承担民事责任。为有助于保证审判的公正性和防上法官恣意擅断，我国民事审判人员一般赞成过错责任客观说，据此，只有以下三种因素同时具备时，掀浪船舶所有人才承担赔偿责任。(1) 损害事实；(2) 过错；(3) 过错与损害事实之间的因果关系。

3.5 浪损构成的逻辑分析方法

辩证唯物主义认为，世界上的一切事物都是普遍联系、互相制约的。人类认识事物不仅要考察一事物的内外联系，还必须进一步考察事物之间的因果联系。探求事物或现象间的因果关系，是个复杂的认识过程，浪损案件尤其突出。在船舶碰撞案中，国际国内都有推定过失说，即法律推定过失和事实推定过失。如果说这种理论在碰撞案中有适用价值的话，那么只是因为船舶已相接触为基本事实起点而求出事故近因的。在浪损案中，由于没有直接接触这一基本事实作起点，所以，由推定过失而导致过错责任是不真的。必须由真前提推出真结果，法院才能认定掀浪方是否有过错责任。为了达到这一目的，有必要运用传统逻辑求"因果关系五法"，辨认出真正的原因（或结果）。"求因果五法"即契合法、差异法、契合并异并用法、共变法、剩余法。这五种方法中适用于浪损案件最多的是剩余法。

剩余法是这样探求现象间的因果关系的：有个复合的被研究现象，如果已知道这个复合现象的一部分是某些情况的结果，那么这个复合现象的剩余部分就是别的情况的结果。如武汉海事法院审理的外号为"猪案"的一浪损纠纷，因装猪的船只为承载，载重干舷有1米以上，尽管受浪波击也不会导致其沉没。结果船沉了，这个复合现象的剩余部分就是猪骚动的问题，根据这一线索和推理，查明所载猪骚动前涌，使船前倾，船舱进水沉没，是事故的近因。又如武汉海事法院审理“巴会机23号”船受浪沉没一案时，法院在查清了“巴会机23号”受川东10号轮波击有影响后，又继而查清了23号严重超载和1212航通艇的掀浪同时波击到23号船的事实，找到了这一复杂现象剩余部分的两个原因。

3.6　熟悉有关的行为规范、技术规则和必要谨慎的习惯性作法

3.6.1　有关防浪损的法规条款

1979年《内规》第二十二条、即将施行的1991年《内规》第七条规定了安全航速，第三十六条规定了要求减速的信号，第四十二条第十七条、第十八条规定了要求他船减速或停车和已减速停车的声号。从条款及内窜上看1991年《内规》增加了防浪损行为规则的规定。

有的港口专门规定了减速或限速章程。如上海港除港章对限速有原则规定外，还对港内航速作了具体规定。

此外，关于与浪损有关的超载、超高、违章航行、船舶防浪能力的建造规范，在各有关法规中均立有条款。

3.6.2　技术规则（包括操纵规程）

技术规则是指各有船单位，根据船舶操纵性能，航行条件等因素制定的要求有关值班人员做到技术行为，这对不同船单位，不同船舶来说是一种主观标准，而对同单位或同类型船舶来说则是一种客观标准。

3.6.3　驾驶人员的必要谨慎

必要谨慎是驾驶人员庆具备的素质，至于程度则只能依主观标准。因为各类船舶的驾驶人员的文化程度、技术标准是不一样的，加之工作条件和环境也有不同。所以，必要谨慎是根据主观标准应该发现而没有发现，应该预见而没有预见，应该防范而没有防范而认定违法的。这和著名的“邻人检验标准”相接近，即你必须采取适当的注意以避免你能够合乎情理地预见其可能给你的邻人造成损害的作为或不作为。如一小船正处在风浪波击的危险中，一大船通过时，驾驶人员见到了或应见到而没见到仍然快车常速通过，促进了浪损的形成。这就是没有作到必要谨慎。

4. 船舶掀浪损害赔偿的基本原则

4.1　在船舶浪损纠纷案中，主要适用过错责任原则，基于这种归责制度，主要是要求针对过错行为造成的后果或不良状态，提供有效的补救措施，因此，在内河船舶浪损案件中，损害赔偿有下列原则：

4.1.1　恢复原状原则。指尽量接近掀浪损害发生之前的状况。

4.1.2　直接损失赔偿原则。

4.1.3　实际损失赔偿原则。指法院对受损标的、标的额多少进行核损和认定，排除其当事人诉讼请求的不实部分，在实际损失范围内确定责任方的赔偿

数额。

4.1.4　受损方尽力减少损失原则。这一原则要求受损方在受损当时或事后要竭尽全力减少或防止扩大损失，如果受损方没有做到这点而使损失扩大了，则扩大部分不列入赔偿范围。

4.1.5　折合人民币支付原则。这是海事案赔偿中的常用原则。

4.2　船舶浪损纠纷案的处理原则和方法

4.2.1　当船舶掀浪损害的四个构成要件同时成立时，裁判其掀浪船舶所有人（经营人）承担赔偿责任。否则当四个构成要件只要有其中一个要件不成立时，掀浪船舶所有人（经营人）不承担赔偿责任。

4.2.2　两艘及以上船舶掀浪共同造成损害的，由共同掀浪船舶所有人（经营人）共同承担连带赔偿责任。法院不分割连带责任的份额。

4.2.3　掀浪船方与受损方均有过错的，应分清各自责任的大小，按比例确定各自承担损失的分额责任。

4.2.4　掀浪船舶对水上、水下建筑物、浮坞、平台、工程及施工设备，通信及电缆设施构成掀浪损害的应该予以赔偿。

4.2.5　船舶对堤坝构成掀浪损害的应按责任由其所有人（经营人）对由此而发生一切经济损失承担赔偿责任。（构成犯罪的由其直接责任人承担刑事责任）

4.2.6　船舶掀浪损害造成环境污染的其所有人（经营人）对受害人应该承担赔偿责任。

4.2.7　船舶掀浪损害人身生命权、健康权的，其所有（经营人）应承担其民事责任。如医疗费、营养费、护理费、必要的交通费及抚恤、安葬费等。

4.2.8　受损方提不出可靠证据证明明确被告（或反诉被告）构成船舶掀浪损害四个要件，法院也查无实证的，驳回其诉讼请求。

4.2.9　因不可抗力的原因造成船队掀浪损害的，不追究掀浪船方的民事责任。

4.2.10　因紧急避险行为造成浪损的，由被证明造成该紧急危险状态的责任人承担民事责任。否则有证明义务的一方有共同承担民事责任的义务。

4.2.11　掀浪船方即使投有船舶保险，造成船舶掀浪损害赔偿的，保险公司不应按“碰撞责任”予以赔偿。

4.2.12　受浪损船方投有船舶保险的，保险公司可以向受益人预赔，再向掀浪船方代位求偿；也可以在明确责任后按规定计赔。但是船舶受损、灭失原因不明的，保险公司不予赔偿。

4.2.13　受浪损船舶所载货物，其关系人投有水路货物运输险的，参照《水路货物运输实行保险与负责运输相结合的补偿制度的规定》处理。

4.2.14　受浪损船舶对所载货物投有船舶承运货物险的，保险公司可以对货物损失给予预赔或按责任计算赔偿。

4.2.15　掀浪船方是个体、合伙户或集体所有制性质，造成船舶掀浪损害时，可以按规章适用最高赔偿额的限制。

4.3 无过错责任原则在浪损纠纷案中的适用初探

《民法通则》第一百二十三条规定“从事高空、高压、易燃、易爆、剧毒、放射性、高速运输工具等对周围环境有高度危险的作业造成他人损害的，应当承担民事责任；如果能够证明损害是受害人故意造成的，不承担民事责任”。法律的这一规定是一种典型的无过错责任。

即将施行的《内规》有“快速船”的规定。随着航运事业的不断发展，快速船、艇将在内河中不断增多，由于船舶掀浪大小与船舶速度成正比，所以快速船就可能在法律规定的航道正常快速航行，造成对他船、他物、堤坝的损害，构成浪损。如果把这种损害拘泥于过错责任原则，显然不利于保护受损方的合法权益，也不利于提出从事快速船驾驶人员和所有人的责任心。

快速船掀浪损害的赔偿责任，仅有两个要件即可构成：

(1) 受浪致损的事实；

(2) 受浪致损与快速船舶掀浪有直接因果关系。

快速船掀浪损害的除外责任是能证明受掀浪致损是受损方人为故意造成的，而这一举证责任在快速船方。

无过错责任的适用存在缺点：在现代侵权法上，无过错责任是归责方式客观化的结果，以扩大法律救济为宗旨，以提高原告求偿权的成功率为特点。然而，出现了一些问题（在审判实践中），从程度方面看，无过错责任解除了原告人对被告人过错的举证责任；以实体方面看，无过错责任排除了受害人一般过错和意外事件的免责效力，一般只承认不可抗力和受害人重大过错为正当免责事由。这样，新产业、新产品的不断出现，发生危害的机率比过去要高，适用无过错原则，受害人可以很容易地获得大批赔偿，显然，有阻于技术进步和产品的推广。

参考文献：

王卫国：《过错责任原则：第三次勃兴》，浙江人民出版社。

论海事侵权损害赔偿范围

饶中享

【内容摘要】海事赔偿范围是海事侵害赔偿法中一个重要的组成部分，明确确定赔偿范围的基本原则、赔偿范围的种类，区分实际损失与期得利益损失，明确“营运损失”是否列入赔偿范围等问题具有重大的现实意义。

【关键词】海事侵权　赔偿范围

海事侵权的赔偿范围涉及事实和法律适用两个方面的问题，国际国内立法和司法实践的差异，为审判实践带来了一定难度。本文力求就有关理论和实践问题叙一管之见，求教于同仁。

1. 确定赔偿范围的基本原则

海事侵权赔偿是民法范畴中一种特别的民事责任，受海事侵权法调整，当海事法没有具体规定时，又直接受民事侵权法调整。同时，海事侵权民事责任在一定范围内具有国际性，即不仅要受国内法调整，还要遵守国际公约和参照国际惯例。以上诸种因素形成了海事侵权损害赔偿特有的基本原则。

1. 1　实际损失赔偿原则。实际损失是指海事侵权造成的直接的、客观存在的损失。我国《民法通则》第一百一十七条第二款规定：“损坏国家的、集体的财产或者他人财产的，应当恢复原状或者折价赔偿”；第三款还规定，“受害人因此遭受其他重大损失的，侵害人应当赔偿损失。”《民法通则》的这一原则规定，确定了民事侵权的实际损失赔偿原则，即凡是因侵权行为造成的实际损失都应列入赔偿范围。

实际损失赔偿原则与国际海事侵权法中直接损失赔偿原则是一致的。国际海事侵权法中的直接损失是指海事侵权的直接后果。1985 年《碰撞损害国际公约》第五条规定：“除本公约另有规定外，碰撞直接造成的损害方可追偿。”直接造成的后果包括两种损害：（1）海事侵权后立即出现的、显而易见的后果，如船舶碰撞后的船损、货损、人身伤亡等；（2）海事侵权后可合理预见的后果，如船舶修理期间的营运损失等。直接后果的两个方面与我国民法中“恢复原状”及“其他重大损失”的两个方面基本一致，没有原则区别。然而，我国国内海事法规规定的直接损失赔偿原则与实际损失赔偿原则是有矛盾的。如交通部海督（59）字第 193 号关于函复海损赔偿范围问题时规定：“船舶全损或者推定全损，按照船舶受损前的实际价值和实际可以收到运费的损失计算赔偿；船舶损坏有修复价值的，按照恢复原状的实际修复费用、被迫停泊期间的船员维持费用、实际可以收到的运费的损失计算赔偿。”这里的是“实际可以收到的运费”是指当航次全程运费，而将船舶或水上建筑物在“修理期间停止生产和人员受伤不能工作的工资”作间接损失，不列入海损赔偿范围。我国国内的这一海损直接损失赔偿原则，将合理预见的损失排除在外。《民法通则》颁布实施后，最高人民法院以法（交）函［1991］104号复函确定了海事侵权的实际损失赔偿原则，“损害他人财产的，侵害人应当赔偿受害人因其侵权行为所遭受的实际损失，包括受害人财产的毁损、减少、灭失和为减少或消除损失所支出的费用，以及受害人在未受侵害的正常情况下可以得到的利益。因此，国内船舶在内河或沿海运输中发生海损事故造成的船舶修理期间的合理营运损失（其中包括船员工资损失），应当列入海损赔偿范围。”我国司法解释对海事侵权实际损失赔偿原则的明确规定，既克服了国内海事侵权“直接损失”赔偿原则的不合理性，又使国内规定与国际公约基本一致，为海事司法实践解决了适用法律不便的一大难题以及法律冲突问题，为正确确定海事侵权赔偿范围奠定了基础。

1.2 恢复原状原则。恢复原状是国际国内侵权法上普遍遵循的一项基本原则，所不同的是，我国民法和海事侵权法对这一原则所赋的内涵不尽一致。我国民法的“恢复原状”是指将损坏的财产恢复到原来的状态，具体是指将有形物进行修补，使其恢复到损坏前状况，如《民法通则》第一百一十七条的规定，将恢复原状同折价赔偿以选言（或）的逻辑形式并列出来，即“恢复原状或者折价赔偿”。这种民法上的“恢复原状”是狭义的，而海事侵权法上的“恢复原状”是广义的，即通过赔偿使受害方的财经状况尽可能恢复到如同没有遭受侵权时应有的状况。如最早提出恢复原状原则的鲁施恩顿（Lushington）博士在克拉恩思号轮（Claronce）案中指出，“碰撞中遭受损害的当事方有权尽实际可能将自己置于如同没有遭受损害时的同样状况”。又如1985年《碰撞损害赔偿国际公约》第三条规定，碰撞损害赔偿使索赔方尽量接近索赔事故发生之前的状况。我国海事法规将恢复原状原则表述为“按照恢复原状的实际修理费用”计算赔偿，其法律意义与国际公约是一致的。恢复原状是海事侵权赔偿法上公平合理的基本法律原则之一，一方面以恢复原状的实际费用给予金额赔偿；另一方面，金额赔偿的计算标准是恢复或尽量接近受害方原有财经状况。

1.3 受损方尽力减少损失原则。这一原则是防止受损方扩大事故损失的要求。《民法通则》第一百三十一条规定：“受害人对于损害的发生也有过错的，可以减轻侵害人的民事责任。”“也有过错”不仅指在侵权过程中加害方与受损方的过错责任划分，从立法意图讲也适用侵害事故发生后受害方未恪尽职责减轻损害，从而扩大损害的责任，即事故后受害人应当及时采取措施防止损失的扩大；没有及时采取措施致使损失扩大的，无权就扩大的损失要求赔偿。民法上这一侵害赔偿范围的原则贯穿于国际国内的海事侵权赔偿法，并且是对受害方的强制性要求。凡有能力自救的，必须采取一切有效措施自救，否则扩大损失则后果自负。例如，我国《海上交通安全法》第三十五条规定：“遇难船舶、设施或飞机及其所有人、经营人应当采取一切有效措施组织自救。”1985年碰撞国际公约也有同样规定，所以受损方尽力减少损失原则，被国际国内海事司法普遍贯彻实施。

1.4 人身伤亡的补偿原则。人身伤亡为什么不是赔偿而是补偿？笔者认为：其一，人的生命、健康权是公民（自然人）享有的不可被剥夺的权利，是神圣不可侵犯的，因而也是无价的。人死不能生还，伤残不能康复，何以能赔偿？人身伤亡侵权民事责任仅仅是对其医疗费、误工减少的收入、残废者生活补助费、精神损害补偿费，以及死亡者的安葬费、亲属生活补助费、抚恤费、精神损害补偿费等费用的一种补偿。其二，如果说恢复原状原则是对有形财产损失的一种实际赔偿，那么补偿原则是对人的生命、健康这一神圣权利受侵害后的一种有限补偿，这里的“有限”和“实际”有着本质的区别。补偿的依据不是生命、健康权的价值，而在很大程度上取决于社会的经济政治制度及社会的精神和物质文明程度。其三，人身伤害一般也不存在受害人减少伤害的相应责任，因为没有谁受伤后为了补偿的经济目的希望自己死亡，或能轻不愿轻，能活不愿活。其四，人身伤亡的请求权可能是受害人自己，也可能是其亲属（如受害者死亡），受偿主体也不同于财产赔偿案件。综上所述，对人身伤亡只能是一种特殊的补偿原则，海事侵权中的人身伤亡亦是如此，有必要加以特别研究，并作出具体规定。

2. 海事侵权损害赔偿范围的分类

依照上述基本原则，结合司法审判实践，我们将海事侵权的赔偿损害范围大体分为对财物侵害的赔偿、油污污染赔偿和对人身伤害的补偿三个方面。

2.1 财物损害赔偿范围。凡是海事侵权造成有形物的损害或根据有形物损害的合理预见的损失都应列入赔偿范围。其中包括：

（1）船损。船损是海事侵权中最常见最基本的损害事实之一。作为有形财物的船舶是指组成船舶的所有财产，包括船壳（船体）、船舶机械、锚设备、电器设备、无线电设备、航行及助航仪器、消防救生设备等。船舶全损或推定全损时，应按侵权行为地或受诉法院地的市场价格确定赔偿金额，这符合海事侵权的法律适用原则和实际赔偿原则。如果受害船方所在地的船价低于以上两地，也可以参照确定赔偿金额，这符合恢复原状和最密切联系原则。船舶损坏需要修理时，应按损坏部分的实际修理费和附带费（包括检验费、进场费、码头税、监督费等）予以赔偿。如船舶受到减少“寿命”或潜在的损害（如龙骨变形、性能降低、载重量减少）时，也应列入赔偿范围。除此以外，为减少船舶损失的救助费和自救费、打捞费、停泊或移泊费、拖带费、邮电费、合理保险费、合理差旅费等各项实际费用，以及有关船舶费用的合理利息都应列入赔偿范围。

（2）货损。货损往往伴随船损而发生，也有单纯的货损发生，如船舶掀浪致他船倾斜将舱面货物倾入水中致损。货损包括船舶承运货物受损和船舶自备货物受损，船舶自备货物指船舶为航行目的而装载的消费物品和船员生活物品，如燃料、食品和船员其他生活用品及合法的购置物等。所有这些货物都应按实际损失计算赔偿。一般以到岸或事故发生地市场价格为准。如果市场价不能确定，货损的计价应以成本加运费加保险费为宜，因为这符合实际损失赔偿原则。如果按到岸市场价，若市场价高于以上价格则考虑了期得利益，若市场价低于以上价格则使无辜的货主蒙受了低于实际损失的损失。

(3) 船舶营运损失。营运损失是指海事侵权发生后受害船舶因不能投入正常营运或暂停营运所遭受的可合理预见的损失。它是一种已发生的实际损失，又是直接损失。对营运损失的赔偿不仅符合实际损失赔偿原则，也符合被英美法系奉为“完全赔偿权”的恢复原状原则。尽管国际上各国对营运损失的计算方法不尽一致，但都力求体现使受害方“如同没有遭受损害时的同样状况”的法律公允性，所谓营运损失应是船舶不能营运期间的纯利润收入，即不包括任何成本的纯运费。纯运费的计算方法取事故前三个航次，(或三个月度) 为参照依据或同类船舶的同等期间的纯收入都是适宜的，具体适用哪种方法要根据实际情况以体现法律公允性为原则。

(4) 其他财产损失。列入海事侵权赔偿范围的其他财产是指由于海事侵权导致除船舶、货物、营运损失以外的财物损失，包括桥涵、码头及电器设备、固定建筑物、水上水下设施、电缆设施、渔具、停止生产等因海事造成的其他有形财产的损失。

2.2 污染损害赔偿范围。“海洋环境污染损害是指直接或间接地把物质或能量引入海洋环境产生损害海洋生物资源、危害人体健康、妨碍渔业和海上其他合法活动，损害海水使用素质和减损环境质量等有害影响。”具体项目有：a. 渔业短期损失；b. 工业生产损失；c. 旅游、饮食服务业损失；d. 其他海上副业损失；e. 防污、清污中发生的实际支出；f. 防污、清污中引起的二次损害等。污染损害是一种特殊的侵害，具有损害范围的不特定性，要根据环保法的有关规定结合科学技术鉴定而合理确定。

2.3 人身伤害的补偿项目。国际上没有规定人身伤害具体的补偿范围，各国仅能依照政治经济制度和精神物质文明状况确定适合本国国情的基本范围。

2.3.1 基本费用的补偿。我国《民法通则》第一百一十九条规定：“侵害公民身体造成伤害的，应当赔偿医疗费、因误工减少的收入、残疾者生活补助费等费用。”其中医疗费包括医药费、护理费、营养费和交通费，如果受害人死亡，还要补偿安葬费、抚恤费。这些费用只是对人身伤害的基本费用的补偿。

2.3.2 精神损害补偿。精神损害补偿是人身伤害补偿的一大争议：一种意见认为，人的精神伤害是种无形的损害，不存在实际损失；另一种意见认为，人身权利是人一种神圣不可侵犯的至高无上的权利，人身躯体仅是人的自然属性方面，而人的精神则是另一个更重要的社会属性方面，这两个方面才能完整组成具有自然属性和社会属性的人的全部。人的精神损失是一种实际遭受的损失，一方面，它由身体受害而产生；另一方面，在某种情况下，精神损失还会大于身躯损失。笔者持第二种意见。精神损失主要表现在以下几个方面：a. 疼痛和精神上的痛苦，指人身伤害造成受害人身体不适合和痛苦以及精神和情绪的创伤；b. 社交损失，指受害人不能享乐社会活动自由的精神负担；c. 爱情损失，指受害人因伤残而不能享受正常人爱情欢乐（幸福）的一种精神折磨；d. 职业损失，指受害人因残废而丧失自己的职业或不能像正常人那样根据自己兴趣和特长选择理想职业的一种精神压抑；e. 寿命缩短引起的一种准生命权的损失；f. 亲人丧失损失，指因亲人死亡而失去原来婚姻、家庭、照顾、陪伴、安慰、保护等亲属间的一种感情损失。由此可以看出，人身伤害的精神损失既是无形的，也是实际存在的，理应列入人身伤害的补偿范围。世界上有的国家将精神损害补偿直接用法律形式加以规定，如南斯拉夫债权法规定“对于他人造成的生理上的、心理上的或者引起恐惧的损害”应以精神损失予以赔偿。德国、美国、英国、法国都有对人身伤害精神损失赔偿的相应规定。我国民法规定的对精神损害的赔偿是指与人身权利密切相关的姓名权、名誉权、荣誉权受到侵害时的索赔权，而对于因人身生命、健康权利受到侵害时的精神损失补偿则没有规定。可想而知，仅与人身权密切相关的权利受到侵害时可以得到精神损害补偿，而人身权利本身直接受侵害却不能得到精神损害补偿，这不能说不是民事立法上的一个失误。由于涉外海事人身伤亡损害补偿的国际性，我国司法机关主张精神损害补偿，如《最高人民法院关于审理涉外海上人身伤亡案件损害赔偿的具体规定（试行）》明确提出了“对死者亲属的精神损失给予补偿”。在基本法没有规定的情况下，这无疑是一个重大的突破，为人身伤亡精神损失补偿制度的发展和完善奠定了司法基础。但是，笔者还要提出的是，死亡者亲属可能得到精神损失补偿，而伤残者作为直接受害者又为什么不能得到精神损失的补偿呢？人身伤亡精神损害补偿是人类精神文明的表现，是充分保护人身权利（人权）的法制原则的要求。无论是涉外人身伤亡还是国内人身伤亡都要实行精神损害补偿。海事人身伤亡损害补偿亦应如此。

3. 司法实践中的相关具体问题

3. 1 实际损失与期得利益损失如何划分

笔者认为，只要查清案情事实，并进行认真分析，分项计算，这一难题不难解决。对于这一问题，我们可用一宗案例来予以说明。某船队将某抗菌素厂的水泵设施碰撞致损，中断冷却水源。厂方为减轻损失一边组织抢修，一边启开厂内蓄水池补充冷却水源。然而蓄水池水源仅用了 2 小时 10 分钟，而水泵抢修却花了 7 小时 15 分钟时间，其间有 5 小时 5 分钟中断冷却水源，造成四环素、红霉素各 7 个发酵罐内发酵热无法散发，倒罐致损。加害船方只承认水泵设施的抢修费用，以倒罐损失属间接损失为由拒赔，抗菌素厂则以发酵罐内损失是直接损失（实际损失）为由向武汉海事法院起诉，要求被告赔偿水泵设施损失外，还要赔偿发酵罐倒罐损失计人民币 140488.84 元。法院审理认为，原告在生产期间水泵设施遭损坏，尽管采取了相应措施，但仍中断冷却水源，使发酵罐温度升高倒罐损失，是原告在该事故中实际遭受的损失，应该列入赔偿范围。笔者认为，法院的这一认定是正确的。其理由是：第一，发酵罐中已投入了原料，发酵失败致损是原告已经受的实际损失；第二，原告厂方发酵罐的发酵恒温（红霉素 31C°±

1C°，四环素 29C°±1C°）靠安置在长江上的水泵设施供应冷却水源，事故发生后水源中断是导致发酵罐温度升高致损的直接原因，说明此损失是海损事故的直接后果；第三，海损事故发生后，原告已恪尽职责，此损失是不可避免的。那么原告提出的 140488.84 元的损失金额是否属实呢？经查，原告生产的抗菌素粉剂有四道工序，即种子培养——发酵——提炼——包装。法院在查清基本事实后核实了实际损失金额，首先，以成本确定损失金额，原告所取单位价格以当时市场成品价格为准，市场价格的波动很大，当时处于高价时期，而有时还低于成本价，成品出厂后究竟价格如何是不确定的，按照高出成本的市场价格计算其高出部分就是一种期得利益，不应列入赔偿范围，而应以成本确定损失金额；其次，根据冷却水源的作用，提炼和包装工序是不受影响的，所以成本计算到发酵工序为止，减去了多余部分的工序成本；第三，所有证据全部取原始发票和生产工艺记录，如在原料添加工艺上，原告以应该加料单为计算依据，而法院则以实际加料单为依据，排除了不实部分。经全面细致计算，法院认定原告实际损失为 29849.75 元。此案经法院主持，原、被告双方自愿达成调解协议。结案后，原告服气地称“此案是我们的实际损失”。此案的审结说明，贯彻赔偿范围的实际损失赔偿原则，是一个适用法律问题，也是一个事实问题，正确适用法律必须以查清基本事实为基础。

3. 2　在什么情况下将“营运损失”列入赔偿范围

船舶发生海损事故造成的修理期间的合理营运损失以受害人在未受侵害的正常情况下可以得到的利益为依据，它的前提条件是：（1）事故前船舶处于适航状况；（2）事故前船舶正在投入营运或已接受任务；（3）事故后其损失的项目必须停航修理；（4）修理期间必须是合理的。以上四个前提条件同时具备，营运损失就是合理的。如某船在停航待检时被他船碰撞致损，按常规需修理 2～3 天时间，船主诉诸法院并提出了营运损失索赔，海事法院认定原告营运损失的请求不能成立，并驳回此项诉讼请求。法院的认定是正确的，其理由是受损船舶尽管确需修理，但该船已超过了检验的有效日期，正停航待检，没有投入营运，船舶修理可在停航检验期间完成，没有投入营运就谈不上营运损失。除此案的情形外，还有以下几种情况不计赔偿营运损失：（1）侵害发生前，损害船舶已被安排修船，碰撞损害的修理项不会延长原定修船期间；（2）损害船舶既需修自己的项目又需修碰损项目，两个项目同时进行时；（3）受损船舶无须即行修复，将修复时间推迟到船东自修工程一起修复时（除非修理时间超过自修项目时间）。然而，以下情况是要区别对待的：①前后两次损害的项目都需要修理，后损害修理项目时间不超过前次时，其营运损失由前项加害方承担，若超过，其超过时间的营运损失由后加害方承担；②在受损项目的修理期间船东进行自修，加害方不能因此拒赔营运损失；③在受损项目的修理期间，船东发现了自修项目，只要船东项目的修理时间不超过受损项目时间，加害方不能拒赔营运损失。

4. 建立和完善海事侵害赔偿范围法律制度展望

海事赔偿范围是海事侵害赔偿法中一个重要的组成部分，随着改革开放和航运事业的蓬勃发展，有效地调整海上运输关系和船舶关系显得越来越重要。为体现海事审判的服务宗旨，有必要由国家立法机关或最高司法机关对海事侵害赔偿范围作出具体的法律规定，或在《海商法》出台后作出具体的司法解释，以便建立具有可操作性的法律制度，使海事审判有法可依。国际上有的，我国可以参照制定；国际上没有的，我国也可以领先制定。鉴于我国现状，可以对涉外和国内在基本原则及总体范围上作统一规定，而对具体计算方法（或公式）分别作出规定，既适应调整涉外海事关系的需要，又符合我国国情及国内航运发展的实际情况，以此推动我国海事法制建设的发展。

参考文献：

司玉琢、吴兆麟著：《船舶碰撞法》，1991 年 7 月第 1 版。

记名提单无单放货的法律适用
——从一宗无单放货案谈起

许泽民

【内容提要】 有关记名提单是否具有物权凭证效力问题一直是我国海商法研究争议比较大的问题，本文通过一宗案例对记名提单的法律适用问题、记名提单物权凭证效力问题，结合美国法律和我国法律对记名提单性质的不同规定，进行比较性研究，提出自己的浅薄意见。文章认为是否赋予记名提单物权凭证效力，应由一国法律规定，它体现立法者对国际贸易的交易效率或交易风险的不同重视程度。既不能以记名提单不能转让的性质来认为其不是物权凭证，也不能以其不是物权凭证，而认可承运人可不凭正本提单交货。为在发展国际贸易的同时，更好地保护我国提单持有人依据提单对货物享有的权利，保障贸易合同的履行，降低交易风险，我国海事立法应该赋予记名提单以物权凭证的效力，规定承运人凭正本提单放货。

【关键词】 记名提单　物权凭证　无单放货　法律适用

1998年7月至12月，江苏省轻工业品进出口集团股份有限公司（简称江苏轻工）委托江苏环球国际货运有限公司（简称江苏环球）向美国博联国际有限公司（简称美国博联）托运其销售给美国M/S价值15万美元的4票箱包产品，价格条件为FOB中国。江苏环球接受委托办理了货物的订舱、报关、向承运人交付货物等事务，并代表美国博联向江苏轻工签发了4套正本记名提单。提单注明卸货港为美国佛罗里达州的迈阿密，收货人为美国M/S公司。背面条款载明经美国港口运输的货物的提单适用《1936年美国海上货物运输法》。4票货物装运后，江苏轻工将货物的正本提单直接寄交其在美国的关联公司—JSL国际公司，提示收货人付款赎单。收货人提货时称未收到正本提单，于1999年3月5日前向美国博联出具提货保函，付清运输费用后提取货物。1999年7月，江苏轻工以无正本提单交货造成其无法收回货款为由，起诉江苏环球、美国博联，要求连带赔偿其货款损失。

该案由武汉海事法院依照美国法律判决驳回了原告江苏轻工的诉讼请求后，当事人各方均表示服判不上诉。因该案法律文书在最高人民法院第二届涉外商事海事优秀法律文书评比活动中荣获一等奖，案例公布后，引起广泛的关注和讨论。一种观点认为这是适用外国法的典范，也有人提出为什么不适用中国法律，如果适用中国法律判决原告能够胜诉，由此而引出了记名提单无单放货的若干法律问题。

一、美国法律为处理本案合同争议的准据法

本案所涉的承运人能否不凭正本提单向记名收货人交付货物，《1936 年美国海上货物运输法》（下简称 COGSA 1936）却未作出明确规定，在该情况下如何适用法律引起广泛争议。

一种意见认为，现在国际上倾向允许当事人选择适用于合同全部问题（不包括缔约能力和合同形式方面）或者仅适用于合同某一方面问题的法律。我国《涉外经济合同法》以及最高人民法院《关于适用〈涉外经济合同法〉若干问题的解答》（已废止，下称解答）中选择的法律适用范围仅限于“合同是否成立，合同成立时间，合同内容的解释、合同履行、违约责任”等方面的争议，对于上述争议的问题是否也允许分割，即就多个不同的问题能否选择不同的法律，没有禁止性规定，应视为允许。针对本案的具体争议，COGSA 1936 对此未作出明确规定，提单中有关承运人的义务条款也未作出约定时，应认定当事人选择的法律只调整合同当事人部分权利义务关系，而对凭正本提单交货是否为承运人的义务，这一涉及合同效力（指合同有效成立后，当事人据此产生的权利义务关系是什么）的问题没有选择适用法律。因此，法院应依照最密切联系原则确定其所适用的准据法。

另一种意见认为，当事人选择适用某一具体的实体法为准据法就不应再改变适用其他法律，如果选择的准据法对当事人的争议没有规定，应视为法无禁止性规定，承运人不凭正本提单向记名收货人交付货物没有违约，换句话说，本案原告在证明其损失客观存在的同时，也应从 COGSA 1936 中找出保护其主张的法律依据，否则法院得认为原告的诉讼请求没有根据而予以驳回，不存在再确定准据法的问题。这种观点正确与否暂不评价，一部法律无论其规定的内容多么全面，多么具有前瞻性，也不能包罗社会现实活动发展中的新情况、新问题，并且 COGSA 1936 有关承运人的权利义务几乎接近 1924 年海牙规则的规定，其产生的当时没有考虑出现记名提单承运人如何交付货物等新问题。对于法律的欠缺，应属法律问题，不应认为是事实问题而使当事人承担举证不能的后果。因此我们认为依据合同分割理论，采纳第一种意见应当是合适的。

最密切联系原则是以保证当事人各方公平地享有权利、承担义务为前提，从法律关系各种因素中寻找相关度最高的因素作为中介点，来确定法律适用的原则。它是对意思自治原则的补充，只在合同当事人未选择适用的法律或选择的法律被确认无效时才适用此原则。最密切联系原则注重法律关系与地域的联系，采用连结因素作为媒介来确定合同的准据法，且所有与某个特定的争议有关的连结因素都应在决定该争议适用的准据法时被考虑，只有与合同存在密切联系的法律才能确定为准据法。如何判断最密切联系地，一般采用特征性履行说，把特征性履行方住所地、营业地或履行地作为场所连结因素，而确认上述所在地法为与合同有密切联系的法律。即便如此，针对合同中可分离部分的法律适用仍有例外的规定。例如国际上《罗马公约》规定：“在当事人未根据第 3 条对合同适用的法律作有效选择时，该合同应适用与它有最密切联系的国家的法律，但如果合同可

分离部分与另一国家有最密切的联系，则该部分合同作为例外，可适用那个国家的法律。”最高人民法院《关于适用〈涉外经济合同法〉若干问题的解答》规定，合同明显地与另一国家或者地区的法律有密切的关系时，人民法院应以另一国家或者地区的法律作为处理合同争议的依据。因此，当事人的合同争议不同，依据最密切联系原则确定的解决争议的准据法不同。如果当事人争议的是合同实质有效性问题，那么因合同签订地在中国，海上货物运输合同依据中国法律而成立和生效，中国法律为最密切联系的法律，应被确认为准据法。该案所涉的海上货物运输合同主要有合同签订地、履行地（包括运输始发地和目的地）、当事人营业所所在地、标的物所在地等连结因素，而当事人之间的争议点是国际海上货物运输合同履行过程中承运人交货行为的法律后果，该项争议是承运人在美国港口交货中产生，而非在提单签发地或运输始发地，属合同可分离部分，由于承运人在运输目的地交货行为直接受交货行为地法律的约束，与交货行为地美国法律的联系比其与合同签订地或运输始发地中国法律的联系更为真实具体，存在着实质性联系。因此，合同签订地的中国法律不应是与该项争议最密切联系的法律。

本案当事人之间的国际海上货物运输合同是采用由承运人提供的格式合同（提单），其首先必须符合承运人营业所所在地法的规定，承运人营业所所在地也与国际海上货物运输合同联系最密切。本案运输目的地、标的物所在地、承运人营业所所在地均在美国，因此，本案应适用相关的美国法律为准据法。

二、记名提单的法律性质

本案属无正本提单放货纠纷，案件的关键问题是如何认识记名提单的法律性质，即记名提单是否为物权凭证。

记名提单（Straight B/L）是指提单正面收货人一栏内载明特定的人或公司的提单。一般只是在运送贵重物品、个人赠送品、展览品等货物时才采用，国际海运贸易中使用不广泛。记名提单是否为物权凭证，在我国有截然相反的两种观点。

第一种观点主张记名提单非物权凭证。流通转让性是物权凭证的一个重要特征，我国《海商法》第 79 条第 1 款规定“记名提单，不得转让”，据此可以认定记名提单不具有流通转让性，不是物权凭证。一般情况下，除买方已经支付货款、或信用证特别允许等情形外，不许发行记名提单。航运实践中，签发记名提单往往是在两个合作代理公司或者子母公司之间或收货人是卖方的代理等情况下，这样体现记名提单的优点，即可减少货物买卖欺诈行为以及由于单证延迟而无法提货问题。同时物权往往并不绝对通过提单的转让而转移，而是基于买卖双方的意图以及其具体的行为，《联合国货物买卖公约》和《国际贸易术语解释通则》也没有规定货物物权在何时转让，只是规定风险何时转移。因此持有提单只能是对货物享有占有权，而非所有权，不一定需要对货物享有所有权，才可以向承运人要求交付货物。特别是对于记名提单，托运人的交货指令在货物交运时已经确定，即将货物交给记名的收货人。只要承运人交付正确的记名收货人，也就解除承运人交付的义务。因此，记名提单不具备物权凭证的功能，承运人不必凭正本记名提单交付货物。

第二种观点主张记名提单仍应为物权凭证，承运人应当凭借正本记名提单交付货物。我国《海商法》第 71 条强制规定“提单中载明的向记名人交付货物的条款，构成承运人据以交付货物的保证”。该条款并未将记名提单下的承运人负有凭单交货的义务排除在外。虽然记名提单从签发之时起，收货人就已经特定，但法律规定要求承运人凭正本提单放货，目的在于保证交货对象正确的同时，保护提单持有人依提单对货物享有的权利，即卖方不失去了收取货款的保障，或者对货物的控制和处分权利。在这种意义上讲，记名提单仍不失去其为物权凭证。同时，是否能转让，不是提单具有物权凭证功能的判断依据。如果从可转让性推定单证为物权凭证，那么保险单证的可转让性就能使保险单证成为物权凭证了。因此，记名提单并不因其不能转让而丧失物权凭证功能，否则，承运人不凭正本提单放货，将使信用证付款方式无法生存，记名提单也没有存在的必要。

我们认为，单证是否具有物权凭证的效力应来源于法律的规定或者商业的习惯。就目前而言，各国对记名提单没有一致地赋予物权凭证效力，也未形成国际惯例，那么只能是一国的法律规定。我们赞同这种观点，即是否赋予记名提单物权凭证的效力取决于一国的立法者在交易效率和交易风险两种价值取向上的倾斜程度。赋予记名提单的物权凭证效力，要求承运人凭正本提单交付货物，虽然保证了交货对象正确，保护了提单持有人依据提单对货物享有的权利，但牺牲一定的交易效率。而不赋予其物权凭证效力，则是以一定的交易风险为代价促进最高交易效率的实现。因为承运人如不凭正本提单交货，尽管交货对象可能正确，但将使卖方失去控制和处分货物的权利以及收取货款的保障，为买方逃避付款义务提供了可乘之机。因此，是否赋予记名提单物权凭证效力，是由一国法律规定，体现立法者对国际贸易的交易效率或交易风险的不同重视程度。我们既不能以记名提单不能转让的性质来认为其不是物权凭证，也不能以其不是物权凭证，而认可承运人可不凭正本提单交货。记名提单是否具有物权凭证效力与承运人是否不凭记名提单交货是两个不同的问题，均应由法律规定。

三、美国对记名提单的法律规定

《美国统一商法典》第 7－104 条第 2 款的规定为不可转让提单，不具有流通性。《美国联邦提单》第 6 条规定：记名提单，不得流通，且在其正面应载明“不得流通。”，可见，美国法律没有赋予记名提单物权凭证效力，美国记名提单是一种不可转让、不能据以提货的单据，它不具有提单性质，只不过类似于海运单。同时《美国联邦提单》第 9 条明确规定承运人有权向记名提单的收货人交付货物。本条虽然对承运人是否凭提单交货规定不是非常明确，但《美国统一商法典》第 7－303 条第 1 款第 C 项的规定就非常具体了，它规定：除非提单另有规定，承运人在接到不可流通提单的收货人的指示后，只要发货人未有相反指示，且货物已到达提单所注明的目的地或收货人已占有提单，可以依指示将货物交付给非提单注明的人或目的地或以其他方式处置货物。理解其意思就是承运人交付货物前，只要发货人未有相反要求，在货物已到达提单所注明的目的地后或者收货人已持有提单，可以将货物交付给提单注明的收货人，或者依据收货人的要求交给其指定的人。也就是说不管收货人是否拥有提单，货物运抵目的港后，收货人证明自己身份后，可以要求承运人交付货物。据此，应该认为，在美国承运人可向未提交正本记名提单的记名收货人交付货物，而无需承担任何责任。

记名提单托运人为降低交易风险，确保交易安全，也可从法律规定中得到救济。主要通过两种方式，其一是在记名提单中约定凭正本提单交货，增加承运人在交付货物时收回提单的义务；其二是在货物未交付记名收货人前，行使中途停运权。《美国统一商法典》第7－303条第1款第C项的规定“只要发货人未有相反指示”就是指托运人行使中途停运权，《美国联邦提单》第22条还规定，如果货主行使了中途停运权，承运人仍向记名收货人放货则应承担责任。美国法律的这项规定与我国合同法第308条确立的原则是一致的。可见，托运人只有通过上述两种救济措施，才来保持对货物的占有及其留置，为其货款提供担保。

本案原告江苏轻工在记名提单中未增加约定凭正本提单交货的条款，也没有及时在被告美国博联向记名收货人交付货物前，指示承运人不要交货，因此，被告美国博联依据提单将货物交给指定的记名收货人，应为适当交货，符合美国法律规定。在本案适用美国法律为准据法的前提下，作出该项判决是符合美国法律关于记名提单的规定，处理是正确的。

四、我国法律对记名提单性质的态度

我国海商法对记名提单的规定只有第71条和第79条第1款，学者和司法审判人员对其理解不一致，争论较大。第71条只规定记名提单不能转让，并没有明确其是否具有物权凭证的效力，第79条第1款表达的意思也不明确，有的学者理解是承运人交货既要做到交付的对象正确，也要凭正本提单交付，有的专家认为依据该条款承运人应向提单载明的收货人交付货物，无须收回正本提单。

司法实践中，对记名提单性质，最高人民法院也没有定论。最高人民法院(1998)交提字第3号民事判决书，认为“本案提单是记名提单，不具有物权凭证效力”，但该判决是使用美国法判决的。民四庭下发的《海事审判实务问题解答(讨论稿)》第四十条解答认为“根据《海商法》的规定，记名提单不得背书转让。在货物交付前，托运人可以凭其持有的记名提单行使中途停运权，甚至与收货人协商修改提单记载的事项。但是在货物交付给提单上记名的收货人之后，托运人即丧失了对其所持有的提单项下货物的任何权利。托运人凭记名提单向承运人主张无单放货货物损失的，其诉讼请求不能得到保护”。这也只是一种讨论意见，至今未形成正式意见。为完善我国海事立法，究竟是否应当赋予记名提单物权凭证的效力，规定承运人对记名提单仍凭提单交货，应结合我国航运业现状以及不断发展的国际贸易业务考虑。

我们认为，我国海事立法应该赋予记名提单以物权凭证的效力，规定承运人凭正本提单放货。这主要是为了在发展国际贸易的同时，更好地保护我国的提单持有人依据提单对货物享有的权利，保障贸易合同的履行，降低交易风险。若放纵承运人不凭提单放货的行为，将会使我国的提单持有人失去了收取货款的保障，也失去了对货物的控制和处分的权利，造成国际贸易不安全性加大。凭正本提单放货对承运人来讲是有能力做到的，而且，随着现代信息技术的快捷发展，电子提单的使用，由于单证延迟而无法提货问题已得到解决，记名提单对交易效率的影响越来越小。同时国际上对记名提单的立法态度也发生了变化，如英国 1992 年《海上货物运输法》强调承运人应凭提单放货的义务，无论可转让的提单还是不可转让的提单。因此，现行海商法赋予了不可转让提单以物权凭证的效力，加强了对合法提单持有人的保护，反映了国际社会降低交易风险确保交易安全的要求。

五、结束语

单证是否具有物权凭证的效力应来源于法律的规定或者商业的习惯。不管是否赋予记名提单以物权凭证的效力，还是规定承运人应凭正本提单放货，我国海商法应对该问题的解决有具体明确的态度。海商法一方面规定记名提单是据以交货的凭证，另方面又规定它又不可转让，相互矛盾。因此，为结束对此问题的审判观念持续的混乱，建议我国海商法应尽早对记名提单的规定作适当的修改，明确记名提单是否具有物权凭证的效力，承运人是否应凭正本提单放货，以适应国际惯例或便于实际操作，维护司法的统一和权威。

参考文献：

[1] 韩德培主编：《国际私法新论》，武汉大学出版社 1997 年版。

[2] 金正佳主编：《中国典型海事案例评析》，法律出版社出版 1998 年版。

[3] 邢海宝：《海商提单法》，法律出版社 1999 年版。

[4] 杨良宜：《无提单交货》，《中国海商法年刊》1994 年版。

[5] 广州海事法院编：《海事审判实务》，海天出版社 1992 年版。

[6] 最高人民法院（1998）交提字第三号民事判决书，《最高人民法院公报》2002 年第五期。

[7] 最高人民法院民四庭下发的《海事审判实务问题解答（讨论稿）》。

[8] 李守芹：《海运提单焦点问题透视——无单放货责任论纲》，《海商法研究》，法律出版社 2001 年第 4 辑。

[9] 陈三明：《记名提单的法律问题》，载于《法制日报》2003 年 4 月 17 日。

[10] 郭国汀：《记名提单若干问题研究》，载于《中国海事审判网》（http：//www. ccmt. org. cn）2003 年 1 月 9 日。

[11] 刘平：《美国总统轮船公司与菲达电器厂、菲利公司、长城公司无单放货纠纷再审案》分析，载于《武汉大学国际法研究所》网站（http：//translaw. whu. edu. cn）2003 年 6 月 23 日。

[12] 许光玉、龙玉兰：《“提单若干法律问题的论述（之一）——有关提单的功能》，载于中国涉外商事海事审判网（http：//www. ccmt. org. cn）。

[13] 高良臣：《记名提单项下货物可否无单放货》，载于文康律师事务所网站《文康你好》（http：//www. wincon. com. cn/index. htm）电子杂志 2004 年第 4 期。

论现代司法理念

王建新

【内容提要】"理念"一词由来已久，但理念与法律组合在一起，却是近代形成的。现代司法理念是法律理念的重要内容，研究现代司法理念应以法律理念为切入点。公正是现代司法理念追求的终极价值目标，并非现代司法理念的具体内容。现代司法理念是司法活动一种理性的思维方式，法律信仰、法律思维和法律方法是其三大要素。现代司法理念有引导、转化、方法和自律功能，对建设法治化社会和健康的社会秩序有十分重要的意义。现代法律文化的发展、经济全球化和法律趋同化是形成现代司法理念的外部力量。逐步改革司法制度，完善司法人员的知识结构，实现司法人员精英化才能实现现代司法理念。司法为民是法律本性的要求，因而是现代司法理念的准则。

【关键词】法律思维　法律方法　引导功能

1. 问题的提出

在人类迈进21世纪的时候，最高人民法院提出了"公正与效率"的世纪主题。围绕这一主题，近年来一些文章经常提到现代司法理念这一概念。有些文章似乎把现代司法理念理解为可以包罗万象，把一些本属于观念、理想、目标、原则等方面的问题也界定在理念范畴。我们认为，公正是现代司法理念追求的终极价值目标，而并非理念的内容。现代司法理念是一个抽象的概念，它标志着司法发展的一个特殊历程。正确理解现代司法理念对促进司法工作的全面发展，建立健康、文明的法治国家有非常重要的意义。

2. 理念的定义

"理念"一词源自古希腊文，原意是指见到的东西，即形象。柏拉图认为理念指理智的对象，即理解到的东西。他认为，善的理念是世界的顶峰、最高的本体，认识只不过是对理念的回忆。亚里士多德继承并发展了柏拉图的理念学说，认为客观的理念并不与事物分离，它存在于事物之中。德国古典哲学的代表人物黑格尔认为，理念是世界的本质，是理性构成世界的元素，人类的法律、政治、宗教、艺术、哲学均为理念的表现。显然，黑格尔是从唯心主义角度来论述理念的，但这种融普遍性和直接现实性于一体的理念，有很合理的成分[1]。司法是适用法律和执行法律的活动，是法律的现实化，因此我们认为，司法理念是法律理念的一部分，也可以说是现代法律理念的外在表现，探讨现代司法理念问题必然离不开法律理念。

最早将法与理念结合起来的仍然是黑格尔，他将法的理念定义为："法的理念，即法的概念及其现实化。"[2]该定义具有开创性，但将概念与理念混为一团，显然不恰当，因为法的概念回答的是法是什么，是静态的。法律的理念回答的则是法律应该怎么样，包括立法、司法、执法、守法等方面的内容，是动态的。台湾法学家史尚宽认为，“法律之理念，为法律的目的及其手段之指导原则”[3]。该定义将理念定义为一种原则，也有失之偏颇之处，因为原则往往是法定成文的，理念则是不成文的思想、方法和态度，它体现在法律条文之中，但法律不明文规定。我国法学理论界对法的理念有了更深刻的认识，指出“法律理念乃是指对一种法律目标指向的实现”[4]。该定义较前面几种表述有较大的进步，但仍不够全面。武汉大学李双元教授对法律理念作了很全面的表述：“法律理念就是对法律的本质及其发展规律的一种宏观的、整体的理性认知、把握和建构，是一种理智的思想，是一种方法，是一种态度，是认识论、方法论和本体论有机结合的产物。”[5]由此可见，法律理念首先是对法律的本质、根本原则及其运作规律的理性认知和整体结构的把握。它摒弃人类对法律的无知或偏见，将人们关于法律现象及其本质的观念从感觉或经验状态上升为理性认知形态。现代司法理念是法律理念在现代法治社会的新发展，从学科分类层面上理解，应属于法哲学的研究范畴。其定义应该是现代社会对司法行为的本质和发展规律的一种科学的、整体的理性认知和思维方式，并因此而形成的司法方法，是司法理论与司法实践相结合后形成高度概括的司法精神，这种司法精神是以人为本的人文关怀精神。

现代司法理念具有以下四个外在特征：（1）普遍性。现代司法理念追求人类社会的正义。不论是何种国体的国家，现代司法理念的终极目标是一致的。“法律具有某种普遍功能，可以运用于所有社会。不管是古代的还是现代的，简单的还是复杂的，都可以适用”[6]。法律的社会功能决定了司法理念在理论上具有普遍性；（2）发展性。物质文明的发展决定精神文明的发展，现代司法理念是社会精神文明的一部分，也必然随着社会的发展而发展。我国在古代社会都存在“重刑轻民”、“民刑不分”的司法理念，随着社会的发展，这种司法理念早已摒弃；（3）抽象性。现代司法理念是司法客观规律的集中反映，不包括具体的司法制度，也不同于普通的司法理论，是先进司法意识与方法的叠加，是司法领域的一种意识形态；（4）宏观性。现代司法理念不是孤立的，也不是个别的，它是从宏观和总体上理智地把握司法行为的基本思维模式。

3. 理念的要素

如前所述，现代司法理念是一种理性的认知形态，因而他是主体一系列司法心理活动的有机结合体，是主体一系列心理要素按照特定的结构组合方式所形成的司法精神系统。因此，深入探讨司法理念，全面理解和把握现代司法理念的丰富底蕴，必须具体而科学地分析现代司法理念的要素。具体而论，我们认为现代司法理念有法律信仰、法律思维和法律方法三大要素。

3.1　法律信仰——社会主体对社会现象的理性认识基础上油然而生的一种神圣体验，是对法律的一种心悦诚服的认同感和依归感，是人们对法的理性、感情和意志等各种心理因素的有机结合体[7]。由于法律信仰，人们坚信法律能够有效地实现社会的正义和社会安宁，获得现实的安全感和心灵的平静，体验到人的价值、尊严乃至社会生活的积极意义。中国在历史上的司法状况很落后，就在于对法律缺乏信仰，侧重道德和权力的作用，侧重强调理法结合，法律在社会关系中没有起到至高无上的作用。美国比较法学家和法制史学家伯尔曼说："法律必须被信仰，否则他将形同虚设。"在我国现阶段，法律体系较为完善，但法律的实施状况令人担忧，原因在很大程度上与人们的法律信仰有关。对法律信仰者来说，信仰的超越性能使信仰者从他身处的物质世界模式达到精神境界，从现实世界提升到理性认识，让人从一种事实存在变为一种价值存在[8]。

现代司法理念中的法律信仰是司法人员对法律的信仰，信仰司法的前提就是信仰法律。司法人员与社会公众对法律的信仰有不同之处。社会公众对法律的信仰体现在遵守法律和服从司法裁决，司法人员对法律的信仰除包括公众的信仰外，体现在正确理解、适用和执行法律。司法救济是权利保障的最后一道可靠的屏障，社会公众对法律的信仰程度依赖于司法人员对法律的忠诚守护。从现代司法理念的层面分析，司法人员的法律信仰体现在三个方面，一是在执法过程中，以维护法律的尊严作为自己神圣使命，推动建设现代化的法治社会；二是通过公正执法取信于民，促使社会公众信仰法律，遵守法律，创造出良好的社会秩序；三是长期钻研法学理论和法律知识、不断吸收新的司法理念，追求法的真谛。可以说，司法理念的基础在于法律信仰，法律信仰是现代司法理念的第一要素。

3.2　法律思维——司法人员运用法律、逻辑、哲学、经验等方法分析案件，形成处理意见的一种思维方法。法律思维讲求法理性，有自己独特的知识基础和知识背景。从功能上讲，法律思维是一种司法视角的思维方式。法律思维不同于常识思维，常识思维讲求情理；法律思维不同于经济思维，经济思维讲求效益；法律思维不同于政治思维，政治思维讲求平衡。律师、检察官代理一方当事人，其思维特点是攻击或防御，而法官居于中立裁决地位，要比较攻、防的理由做出判断，法律思维的典型形态是法官思维[9]。理念的最大特点就在于一种理性的思维方式。具有理性的思维，这是法官权威的内在要素之一，它是指法官思维判断力的理智与成熟，表现为法官的意识、观念或态度的自主性，法官在思想上是有自由的[10]。我们认为，法律思维是现代司法理念的关键要素，法律思维源于法官知识积累、知识结构和经验，但在一定的程度上比知识结构更重要。

从现代司法理念的层面，我们认为，司法人员的法律思维有以下几方面的特征：一是注重缜密的逻辑，排除个人情感因素的干扰，这主要体现在法官主持庭审和裁判文书之中，通过法律语言体现法律思维。二是以权利义务为主线，注重对法律规范的分析，进行合法性和理性思考。三是以程序公正为条件去寻求实体公正。司法公正的最大特点，在于通过程序公正来追求公正的结果[11]。四是追求法律事实的客观性。要求法官查明每一件案件的绝对事实本身就是不客观的，法官应该只对证据负责，尽最大努力查明案件的绝对事实，而不能要求法官对绝对事实负责。

3.3 法律方法——法官根据法律思维方法，在法定范围内适用法律原则和规则，解决具体纠纷的特有方法。法律方法包括法律思维、法律技术、审判程序的设计等等。法律思维是法律方法的核心内容，因为只有依靠正确的思维活动，包括严格合法的法律推理、法律解释和法律论证，才能形成解决法律问题的正确结论[12]。现代司法理念中所称的法律方法不同于法学理论中的法学方法，后者主要研究的是法学理论的研究方法，前者则主要研究的是法学实务和法律适用方法，这是连结法律规定、理论与实务的纽带。

法官对法律的适用不仅需要逻辑的推理，还需要根据一定的价值观念对规则做出判断，并且通过实践经验洞察事实。受过良好法学教育的法官，对事实的分析、证据的判断如果没有良好的法律方法，很难对纠纷的裁决得心应手。为什么学历较高的法官在审理具体案件有时不如资深但学历较低的法官，原因之一就在于因经验而形成的法律方法不一样。我们认为，审判过程中，法官特定法律方法的存在和运用主要体现在以下几方面：一是对法律规范的辨识和选择，避免适用法律不当。如海上货物运输合同纠纷适用《海商法》的有关规定，但沿海货物运输合同纠纷却不能适用。二是对案件事实的构筑。法官审查的是已发生的事实，一般通过当事人陈述、证据认定和推定来确认与案件争议和结果有关的法律事实，排除干扰的和虚构的事实。三是对法律论证和判决理由的挖掘，除国内法外，还有国际条约、国际惯例和行业习惯做法。法律方法对法律论证和判决理由的发掘将有助于法律推理及其方法的运用成为法律职业者的一种自觉行动[13]。由此看来，法律方法是现代司法理念的最终体现。

4. 理念的形成

现代司法理念的形成是一个动态的发展过程，与国际、国内的政治、经济、文化的发展息息相关，现代司法理念主要体现在具体的司法制度和司法行为之中，包括审判人员管理与配置、法院设置、审判制度等方面。

4.1 现代法律文化发展的结晶。“人类在法律方面的活动的一切结晶的总和，即是法律文化。具体地说，人类在改造自然和社会的过程中，所形成的法律意识形态以及与之相适应的法律制度和法律组织机构，就是法律文化”[14]。司法制度和司法理念也是一种法律文化现象。中国从春秋战国时开始到清朝末年，盛行的是“礼法并重”、“专制主义”的司法理念。人治思想在法律中占统治地位，法律文化十分落后，长期没有实质性变化。清末，中国引进了《大清新刑律》、《各级审判厅试办章程》，表面上形成了中西合璧的司法制度，但受封建专制制度根深蒂固的影响，各级地方官员依然未正确行使司法权，阻碍了法治社会的进步，中国的司法理念作为法律文化的表现形式仍然十分落后。

新中国成立初期，我国基本上是移植前苏联封闭的司法制度。在一段时期内，由于受“文化大革命”等政治运动的冲击，中国的司法制度带有较强的政治色彩，司法理念也不太先进。1978 年以来，我国实行改革开放的政治、经济和文化制度，吸收了国外先进的法律文化，现代司法理念初见雏形。近十年来，随着我对外交往的日益频繁，我国法律院校和司法机关通过学术讨论、考察访问、选派司法人员赴国外进修等多种方式对外交流法律文化。中国与世界上许多国家签订了司法方面的多边或双边条约，结合中国国情，吸收了西方发达国家许多先进的司法理念，基本上形成了现代司法理念，如颁布《法官法》，废除过时的司法解释，要求开庭时法官穿法袍、使用法槌等等。

4.2 现代经济全球化的要求。众所周知，经济与法律存在互动的关系，经济理念的变化必然会推动司法理念的变化。当代世界经济是建构于国与国之间经济联系日趋紧密，各国经济日益国际化的基础之上的。在经济发展和高科技的有力推动下，各国都要求冲破地区与国家的经济壁垒，组成国际大市场，共同发展。任何一个国家都不应脱离这个国际大市场而独立发展。各国在经济上的这种共同利益，必然同时要求法律和司法理念发挥其普遍性作用，以保证国际大市场的公平与安全。“国际关系中法律适用的统一将促进自由贸易的发展”[15]。

2001年12月11日，我国已正式成为WTO成员，这是我国参与经济全球化的重要步骤。WTO规定了若干基本原则，要求所有成员必须普遍实施。这些原则包括司法程序的独立与公正原则、法律透明原则、非歧视原则等。表面上看，这些原则与我国法律的规定似乎差别不大，深入探究就会发现，这些原则不仅是个技术性问题，而且是司法理念问题。司法人员在审判案件时，必须树立现代司法理念，排除地方保护主义、部门保护主义等陈旧观念的影响，公开平等地对待中外当事人的合法权益；否则，就会引起国际贸易争端，影响我国在国际舞台上的形象。可见，现代司法理念是司法人员驾驭WTO规则，促进经济健康发展的必然要求。

4.3 现代世界法律趋同化的结果。法律的趋同化指不同国家的法律，在国际交往日益发展基础上，逐渐相互吸收，相互渗透，从而趋于接近甚至趋于一致的现象。“其表现是在国内法律的创制和运作过程中，越来越多的涵纳国际社会的普遍实践与国际惯例，并积极参与国际法律统一的活动”[16]。法律趋同化是各种法律制度冲突与融合的必然结果。19世纪以来，出现了一些国际组织，制定了各国都能接受的许多国际公约和国际惯例，这是法律趋同化的表现形式之一。我国为与国际社会的普遍实践相协调，有两种方式参与法律趋同化，一是积极缔结或参加有关国际条约，或适用有关国际惯例；二是在制定国内法时，不同程度地大胆吸收国际条约、国际惯例和他国法的有关内容，如我国颁布实施的《海商法》、《海事诉讼特别程序法》等。

法律的趋同化必然会带动现代司法理念趋同化，统一法律适用标准。法律的适用方式表现为一种理性特征，司法人员在做出司法裁判时，会充分考虑到司法标准稳定性和统一性。“法律以及司法标准的稳定性并非来自于立法，而是来自于法律家们的思维方法，来自于表达意义所使用的语言，也来自于法律职业者的同质性所产生的对知识与行为两方面的制约”[17]。法律规范是司法裁判的依据，决定裁判结果公正性的基础却是现代司法理念。现代司法理念与法律趋同化同步甚至超前发展才符合发展规律。这样，法律趋同化才不会流于形式。

5. 理念的功能

现代司法理念不等同于司法观念，更不是一种司法理想。

观念是对已知社会现象的看法，是一种感觉，可能是正确的，也可能是错误的。理想是人们对未实现目标的一种追求，是未实现的目标。现代司法理念是对司法行为一种理性的认知状态，来源于长期以来的法律实践，是正确司法观念和司法经验的高度概括和提升，因而是先进的和科学的。司法理念可以改变司法观念，引导怎样实现司法理想。司法理念不仅有认识功能，而且有方法功能。“它使现行的法规得以表现，提供方法，使这些规定有机会合理发展，或是创造新的规则，同时提供一种指导人类行动的工具”[18]。我们认为，现代司法理念有以下几个方面的功能。

5.1　引导功能。现代司法理念对司法人员正确进行司法活动有巨大的引导作用。现代司法理念不仅为司法制度的发展指明奋斗目标和价值追求，而且为人类实现这些奋斗目标和价值追求设计方案、方式和方法。近年来，我国司法机关审判方式改革、司法人员管理模式改革等一系列改革措施，确立人民法院“公正与效率”的世纪主题，就是在现代司法理念的引导下形成的。司法机关要保证法律的有效实施，不仅需要对案件事实和法律规范进行认知和优选，而且需要依据现代司法理念把握法律精神和社会效益进行最优判断，以确立最佳实施方案。司法人员缺乏现代司法理念，就容易在司法活动中违背法律精神，不可能自觉运用和遵守法律。

德国法学家温弗里德·布鲁格教授在运用法哲学论述法律问题时，形象化地将理念列在“十字架”的顶端[19]。足见现代司法理念的引导功能。我国是成文法国家，立法具有滞后性、不周延性和模糊性是客观存在的。司法人员在现代司法理念的引导下，有助于避免同样的案情做出不同的裁决，有利于避免对法律本意和法律精神的曲解，做出偏执的、武断的结论。进一步说，司法人员只有确立现代司法理念，才能洞察比感观世界更丰富、更深刻的法律本质及其发展规律，在更高层次上提升现代司法的价值。

5.2　转化功能。有形的司法程序规则是受无形的程序理念制约甚至由无形的程序理念所决定的。司法程序理念包含了人们对司法程序的价值判断以及设计程序的价值取向[20]。正因为现代司法理念是一种理性地思考问题的方法，意识与物质关系基本理论告诉我们，当社会经济基础和物质生活关系具备一定的条件时，现代司法理念作为一种理性认知形态，来源于社会实践，必定会反作用于社会实践，如证据如何采信，多年来是争论不休的问题。最高人民法院制定的《关于民事诉讼证据的若干规定》中所体现的“最佳证据规则”、“证据失权规则”等虽然也引起了争论，但在一定程度上解决了审判实践中的问题。这就是现代司法理念的转化为法律规范的体现形式之一。有什么样的司法理念就会有什么样的司法模式。英美国家重视判例的司法理念，形成了判例法的司法模式；我国和欧洲大陆重视成文法，形成了成文法的司法模式。

现代司法理念对司法制度有转化功能，对经济制度同样有转化功能。加入WTO以后，我国对国内现实经济关系、国际贸易往来关系理智洞察和认知，废除一系列不符合WTO规则的经济制度和司法解释，也是公开、平等的现代司法理念转化功能的体现。同时，现代司法理念有助于社会公众消除落后的法律观念，提高法律素养，使社会逐步转化为关注司法活动、支持司法活动的良好风气，形成信仰法律、信任司法机关的大好局面。

5.3　方法功能。不可否认，要使现代司法理念变为现实，司法人员必须首先树立“法律至上”的理念。司法人员在审理案件时，遵守程序规范和实体规范是必须的。在现代社会，司法人员仅仅具备这样的技能是不够的。各门法律中有一些不确定的法律概念和概括性法律条款，民法上如“重大事由”、“显失公平”等；刑法上如“或以其他方法”、“情节严重”等。司法人员要正确适用这些法律概念，必须具备现代司法理念限定自己的思维方式，而不能动用个人或他人的主观法律感情。“人类并不是为规范而规范，规范本身并非人类追求的目标，而是利用规范追求公平正义，因此必须予以价值（理念）补充，实现此项伦理要求”[21]。现代司法理念是司法人员正确运用逻辑思维能力，解释法律的方法，不是简单的脑力劳动，而是一种法律思维方法。

司法是一种具有高度操作性的实践科学，主要通过法律程序和裁判文书来体现社会公信力。一份体现社会正义的裁判文书，应该客观全面地展现裁决的形成过程，使当事人和社会公众从中了解到法官做出裁决的思维过程和理由，并且准确反映出人们对公正、程序、效率的整体追求。法官在遵循法律规定的前提下，依据良知和理性对证据行使自由裁量权，从而形成法官的内心确信。法官的自由裁量不是随意裁量，而是应当符合社会正义精神，符合通常的事理、情理与法理的裁量，这正是现代司法理念方法功能的体现。

5.4　自律功能。现代司法理念是一种高尚的司法信仰和精神追求，是现代法治社会中的共同信仰。法律人，尤其是信仰法治的法律人，可以由此舍弃对名禄的追求而为法律献身，为了法律的完善而自我完善，由自我完善最终达到法律的完善，从而实现对个体利益的超越[22]。法律信仰不仅是司法人员的信仰，也是应该是其他国家机关、社会团体和社会公众的信仰。有现代司法理念的人，自觉将法律置于崇高地位，当个人意志与法律冲突时，遵守法律。有现代司法理念的人，自觉信仰和追求法治，明辨是非，意志坚强，不至于见异思迁，鼠目寸光，碌碌无为。有现代司法理念的人会廉洁奉公、遵纪守法，遵守司法职业道德，不会利用司法权为自己或他人谋取非法利益。

对非司法人员而言，如果具备现代司法理念，就会自觉地遵循司法规律。社会媒体和人大代表在监督过程中因司法监督而使司法权的正常独立行使。社会经济组织和公民会自觉接受司法权威，服从并自觉履行司法裁决；其他国家机关会积极配合法院执行和调查取证工作，不至于妨碍司法活动甚至暴力抗法。因此，现代司法理念对司法人员和其他人员都有很重要的自律作用。“我们可以说，现代司法理念是法律职业者的灵魂，是其他人遵循客观规律、顺应法治时代要求的基础”[23]。

6. 几点启示

现代司法理念是司法人员的知识结构、思维方式的综合体现；也是其对程序法和实体法综合性、原则性的理性感知。现代司法理念的形成离不开司法人员自身道德和法律素养的提高，离不开司法机关和其他国家机关对司法权威的理性认识。近几年来，我国在法院改革、审判工作和队伍建设方面取得很大成绩，第一个人民法院五年改革纲要确定的39项改革任务基本完成，体现了现代司法理念。我们对实现现代司法理念有以下几点启示。

6.1 司法人员具备高层次的职业道德是现代司法理念形成的基础。道德的失落会导致社会凝聚力的涣散，政府与司法机关的威性贬损[24]。社会伦理学上把道德分为低层次道德和高层次道德。低层次道德，比如说不盗窃、不斗殴等，这是最基本的低层次道德，大多数人都做得到，司法人员必须具备，否则就能不成为法官或检察官。现代司法理念要求司法人员具备高层次道德，也就是捍卫正义和追求公正的司法职业道德。在立法出现空白或矛盾时，法官就不得不依据经验法则或道德良知做出判断和利益平衡。法官职业道德要求法官具有捍卫法律自治的决心，具有严格坚持法律逻辑和法律推理的勇气，具有冷静和客观的心理意识，本质就是严格适用法律[25]。司法人员遵守职业道德，就应当尽量排除自己的道德直觉，而竭力去捕捉和把握深寓于法律之中的道德。

“法官有义务在他的创新权限内，在法律与道德之间，法律的戒律与那些理性和良知之间保持一种关系”[26]。司法理念与道德尽管存在较大的区别，但都是讲求理性的，在我们看来，道德理性是司法理念理性的基础。司法人员在司法裁判中往往包含道德判断的责任，应该始终保持清心寡欲和中立状态，摆脱社会世俗中人情和关系因素的影响。司法人员行使的职权是法律理性的运用，一定要与大众理性、生活理性相区别。我们称法官应该是社会上最孤独的人，理由是这样的社会群体只有与社会隔离，才能产生公正性和公信力，不无道理。没有独立的社会角色和独特的职业道德，现代意义上的法官职业道德是很难形成的。全国人大代表、湖北省高级人民法院副院长吕忠梅教授认为，做法官和做学问之间是相通的，都要保持一种非常静的心境，保持一种非常良好的心态对待社会和人生，在处理各种矛盾的时候处于一种很淡泊的心境[27]。要处于这种淡泊的心境，基础在于道德修养。司法人员政治觉悟的高低取决于其政治素养的高低，但归根结底应该是取决于道德素养的高低。道德素养与政治素养是一脉相承的，很难想象一个道德素养低劣的人能有很高的政治素养；也很难想象一个道德低下的人能真正维护司法公正。

6.2 司法人员真正精英化是现代司法理念实现的关键。现代司法理念关键取决于法官的知识结构和经验积累，这一方面要求国家切实稳定法官队伍，另一方面法官队伍必须走精英化之路。目前，我国法官队伍整体知识结构与时代不适应，人才分布也不平衡是不争的事实。以江西省为例，全省法院系统本科以上学历只占38.86%，且大多是在职学习取得的学历，正规院校毕业的法律本科以上人员不足10%。由于待遇差，责任大等原因，近3年来，江西全省法院系统流失人员265人，其中本科以上有89人，研究生14人，高级法官62人、法官169人。北京朝阳区法院本科以上学历占90%。最高人民法院的法官中仅硕士、博士比例已达47%。司法人员精英化或职业化也是经常提到的话题，这是现代司法理念对人员素质的要求。

要改变这种现状，我们建议，(1) 由国务院统一解决司法人员，特别是经济欠发达地区的司法人员的工职、福利待遇问题，留住人才；(2) 废除用行政手段管理法官的传统方法，法官不再有行政级别之分；审判人员不仅与书记员分开管理，而且应该与法院的人事、纪检、行政人员等分开管理；(3) 实行法官遴选制度，上级法院的审判人员从下级择优挑选，真正体现二审法院的整体综合素质高于一审法院，特别是专业性较强的审判岗位更应如此；(4) 各地不再采用录用公务员的方法录用法官，而应该根据地方法院和专门法院不同岗位的特点，由最高人民法院专门出题从法律专业人员中进行综合能力考试择优录用；(5) 改变法官等级的晋升办法，虽然我国已有《法官法》、《检察官法》，但基本是按行政级别和工龄确定法官等级和检察官等级，不利于司法人员积极性的提高，显然不合理，应该根据司法人员的实践能力和理论水平等因素评定。

6.3　司法权独立行使是现代司法理念实现的保障。现代司法理念追求的是司法公正。司法权是一种救济性权力和监督性权力，具有特殊的规律性，其中最根本、最基础性的规律就是司法权独立行使权。我国目前各级法院人事任免、经费来源等的主要决定权和渠道在各级党政机关和行政机关。在这种状况下，司法权想完全摆脱地方政府干涉和脱离地方保护主义是不可能的。司法权摆不脱外部因素的干扰，就不可能实现公正，不仅使社会对司法缺乏公信力，而且司法人员在某些案件的处理上也显得无所适从。只有独立司法，才能中立裁判。2004年3月，在十届全国人大二次会议期间有近50名代表在不同建议案中提出了改革法院领导体制和管理模式的建议，足见这项改革十分必要。

维护司法公正不仅仅是法院内部的职责，国家有通过体制建构维护司法公正的责任。在体制建构方面，我们认为司法机关应实行垂直管理。具体来说，在坚持党对司法机关领导和接受人大监督的前提下，最高司法机关的领导由中央选配和管理，司法经费单列，经全国人民代表大会批准后由国务院统一划拨。这是司法人员严守中立，严格公正审判，超然于各方当事人的制度保障。从司法机关内部来讲，各级法院只服从法律，非依审判监督程序，不受上级法院干涉；法官依法独立审判，不受院长等领导的干涉。

6.4　司法为民是现代司法理念的准则。培根说："为法官者务要记住罗马的十二铜表的结语：'人民的幸福即是最高的法律'。"[28]法律代表的是广大人民的利益。司法机关公正司法，一方面会带来社会秩序的健康和稳定，促进社会的全面法展。这本身就意味着会给全社会和人民群众带来一种利益。另一方面，司法为民体现了以人为本的科学发展观，当事人在法院诉讼会感觉正义得道伸张，产生信任感和安全感。所以，司法为民是现代司法理念进步的表现[29]。司法为民中的“民”是政治角度表述的概念，从法律角度讲，这里的民是指公民。司法为民指的是依法平等维护公民的合法权利，对于非法或不合理的利益，无论对方是中国公民，还是外国当事人，法律仍然不能维护。

2003年，最高人民法院在为落实司法为民，制定了10项制度，实施了23项具体措施。这些制度方便了当事人诉讼，完善了司法救济制度，注重审判质量，提高司法效率，加强了基层法院建设，依法及时公正地化解矛盾、惩罚犯罪、维护社会稳定。以人为本，促进经济交往健康发展是法律的本性。司法为民体现了法律的本性，是现代司法理念的准则。

7. 结束语

现代司法理念是司法领域的一种意识形态和方法的叠加，体现的是以人为本的司法精神。现代司法理念是法治社会共同的法律信仰，是司法人员法律、道德、哲学修养的综合反映，是司法人员的“职业灵魂”，也是非司法人员维护司法权威的精神指导。法律信仰、法律思维和法律方法是现代司法理念的三大要素。司法行为、司法仪表和裁判文书是体现现代司法理念的载体。法律文化的发展、世界经济全球化和法律趋同化给现代司法理念的形成和实践提供良好的环境，由传统司法理念向现代司法理念过渡，建设现代化的司法制度是不可逆转的历史潮流。

注　释：

［1］李双元著：《走向21世纪的国际司法——国际司法与法律趋同化》，法律出版社1999年版，第612页。

［2］［德］黑格尔著：《法哲学原理》，商务印书馆1961年版，第1页。

［3］史尚宽著：《法律之理念与经验主义法学之综合》，载刁蓉华主编：《中国法律思想论集》，台湾汉林出版社1984年版，第263页。

［4］刘作翔著：《法律的思想与法制理论》，西北大学出版社1995年版，第28页。

［5］同注［1］，第615页。

［6］［美］罗杰·科特威尔著，潘大松等译：《法律社会学导论》，华夏出版社1989年版，第89页。

［7］刘旺洪著：《法律信仰与法制现代化》，载许章润主编：《法律信仰：中国语境及其意义》，广西师范大学出版社2003年版，第4页。

［8］陈金钊著：《法律信仰——法治社会的精神要素》，载许章润主编：《法律信仰：中国语境及其意义》，广西师范大学出版社2003年版，第53页。

［9］郑成良著：《法律思维是一种职业的思考方式》，载葛洪义主编：《法律方法与法律思维》（第一辑），中国政法大学出版社2002年版第37页。

［10］孙笑侠著：《法律人的思维规律》，载葛洪义主编：《法律方法与法律思维》（第一

辑)，中国政法大学出版社，2002 年版，第 81 页。

[11] 同注 [8]，第 39 页。

[12] 葛洪义著:《法律方法与法律思维中的语言问题》，载葛洪义主编:《法律方法与法律思维》(第二辑)，中国政法大学出版社 2003 年版，第 4 页。

[13] 刘治斌著:《司法过程中的法律方法问题》，载葛洪义主编:《法律方法与法律思维》(第二辑)，中国政法大学出版社 2003 年版，第 126 页。

[14] 相自成、范忠信著:《中国法律文化及其分支学科建设的几点意见》，载中国政法大学油印本，第 1 页。

[15] 李双元著:《国际私法(冲突法篇)》，武汉大学出版社 1987 年版，第 111 页。

[16] 同注 [1]，第 585 页。

[17] 贺卫方著:《“外来和尚”与中国法官——报告人札记》，载宋冰主编:《程序、正义与现代化》，中国政法大学出版社 1998 年版，第 472 页。

[18] [英] 丹尼斯·罗伊德著，张茂柏译:《法律的理念》，台北联经出版事业公司 1984 年版，第 318 页。

[19] [德] 温弗里德·布鲁格著，李辉译:《以人类学为基础的选择性决定的十字架》，载郑永流主编:《法哲学与法社会学论丛》，中国政法大学出版社 2003 年版，第 297 页。

[20] 陈桂明著:《程序理念与程序规则》，中国法制出版社 1999 年版，第 343 页。

[21] 杨仁寿著:《法学方法论》，中国政法大学出版社 1999 年版，第 136 页。(22) 同注 8，第 54 页。

[23] 蒋惠岭著:《现代司法理念的基本问题(一)》，载中国法院网，网址: web@rmfyb.com，2004 年 3 月 15 日访问。

[24] 范愉著:《谈法律与宗教及法律与道德的关系》，载许章润主编:《法律信仰: 中国语境及其意义》，广西师范大学出版社 2003 年版，第 147 页。

[25] 张海斌著: 《司法职业道德的形成》，载 2004 年 5 月 12 日《人民法院报》，第 B2 版。

[26] [美] 本杰明·卡多佐著，苏力译:《司法过程的性质》，商务印书馆 1998 年版，第 83 页。

[27] 吕忠梅在中国法院网答网友问，载 2004 年 3 月 10 日《人民法院报》，第 4 版。

[28] 钱锋著:《以人为本的科学发展观是司法事业前进的强大动力》，载 2004 年 3 月 12 日《人民法院报》，第 3 版。

[29] [英] 培根著:《论司法》，载《培根论说集》，商务印书馆 1983 年版，第 195 页。

从经济分析法学的角度看我国民事简易程序的适用与完善

王建新

【内容提要】根据经济分析法学的理论，我们可以推定，人民法院应该合理地调配审判资源中的人力、物力和财力，在保证公正审判的前提下，以尽可能低的司法成本，在最短的时间内审结案件。特别是随着经济的发展，案件数量将不断增多，仅靠增加审判人员，并不是最科学的办法，而从审判程序上简化一些繁杂的手续是比较可行的。这就要求我国应充分适用和完善民事诉讼的简易程序。

【关键词】司法资源　司法成本　繁简分流

经济分析法学是20世纪60年代形成于美国的一种法学理论，经过70年代、80年代的发展，现正处于蓬勃发展的时期。该理论一个尤为突出的特点表现为其核心思想是“效益”，以价值得以极大化的方式分配和使用资源；或者说，社会资源的优化配置是法律的宗旨。经济分析法学的最著名代表人物美国法学家理查德·A·波斯纳认为，所有的法律活动（包括立法、执法、司法、诉讼等）和全部法律制度（私法制度、公法制度、审判制度等）的最终目的就是为了最有效地利用自然资源和最大限度地增加社会财富[1]。

1. 对我国民事简易程序立法现状的认识误区

有人撰文认为，我国现行民事诉讼法对简易程序规定的内容粗疏，与简易程序在诉讼程序中的地位不相适应[2]。其理由可概括为，（1）民事诉讼法只有5条规定简易程序；（2）没有对简易程序专章规定。为了证明这种观点，作者列举日本民诉法对简易程序规定了11个条文，台湾民诉法规定了20个条文等外国或其他地区法律规定。

我认为这种观点值得商榷，尽管我国民事诉讼法对简易程序只规定了5条，但最高人民法院《关于适用〈中华人民共和国民事诉讼法〉若干问题的意见》中则明确规定了8条。最高人民法院还颁布了《经济纠纷案件适用简易程序开庭审理的若干规定》，该规定对当即开庭审理和调解，开庭顺序等作了一些具体规定，这些司法解释是对民事诉讼法的细化和补充。司法解释虽然不是立法，但立法不能没有司法解释，两者同为我国法律体系的重要组成部分，属于审判工作中的法律依据。对简易程序是专章规定，还是单独立法，只是形式上的区别；况且简易程序是民事诉讼程序的重要组成部分，没有必要单独立法，否则就是一种立法成本的浪费，不符合经济分析法学的效益原则。法律规定是否完善要结合国情和一国的立法体例分析，不应该从形式上照抄国外。

除通常规定外，我国民事诉讼法第一百四十五条规定，简易程序案件的审理不受第一百二十二条、一百二十四条、一百二十七条规定的限制。也就是说简易程序案件不需要在开庭前3日通知当事人和其他诉讼参加人，不需要公告开庭事由，不需要受普通程序中法庭调查顺序和法庭辩论顺序的限制。另外，最高人民法院《关于民事诉讼证据的若干规定》第八十一条也规定，人民法院适用简易程序审理案件，不受答辩期，指定举证期限及裁判文书中对有争议的证据应阐明是否采纳的理由的限制。由此可见，我国民事诉讼方面的相关法律规定或司法解释对人民法院适用简易程序从立案、审理到制作裁判文书都作了比较全面的规定。因此，笼统地认为立法规定过于简单是不太准确的。

2. 适用民事简易程序中存在的突出问题

司法资源是一种有限资源，在我国从农业社会走向工业社会，从人治走向法治国家的进程中，社会上人员流动性、物质流动性增强，人的主体意识也增强，所有这些，使得必须用法律手段解决的纠纷越来越多[3]。在今年7月6日召开的全国法院队伍建设工作会议上，最高人民法院领导指出将在全国法院实行员额制，严格控制法官的人数。如何充分利用现有司法资源，充分利用简易程序解决纠纷应该是司法机关的一项重要任务。

我国各级法院之间的级别管辖主要以标的额的大小为划分依据，简易诉讼程序指专供基层人民法院和其他的派出法庭审理简单民事案件时适用，中级以上法院则不能适用简易程序。海事法院因与所在地中级法院平级，但海事法院没有设立基层法院，在海事诉讼特别程序法颁布以前，所有案件不论标的额大小，也不论争议事实的繁简，都不能适用简易程序，全部适用普遍程序审理。我院就曾有一案件，尝试适用简易程序，当事人上诉后，被上级法院发回重审。

另外，由于我国没有将简易程序放在应有地位，简易程序的适用条件没有充分利用，即使是基层法院，包括现有的海事法院，在司法实践中简易程序与普通程序的界限不清，我国民事审判中普遍存在的问题是把简易程序片面地认为只是独任审判，其他审判过程与普通程序并无区别，并没有达到提高审判效率的目标。所以，问题的关键不是立法问题，而是没有充分利用现有的法律或司法解释的规定，简易程序却按普通程序审理，简易程序不简化，大大限制了简易程序功能的发挥。

由于以上原因，人民法院审理案件违背了民事纠纷的程序设置应与案件类型相适应的程序法原理，司法资源的配置没有与案件的繁简相对立。这不仅使一部分权利受害者而有意请求公力救济时，因惧怕冗长的诉讼程序望而却步，而且，把过多的人力、物力和财力资源用在简易程序案件上，浪费了大量司法资源，影响了司法效率和权威。

3. 充分适用民事简易程序能有效节省司法成本

司法成本有两个含义，一是某一案件诉讼投入超过一般案件审理投入的平均数。另一种含义是某一案件的诉讼高于人们所认识的应投入的部分。影响诉讼结案率和诉讼投入高低的也有两种主要因素：（1）案件本身的复杂，导致诉讼程序的复杂。这种因素肯定会影响结案率和诉讼成本，但从客观上讲，人们对这种因素并不会持消极评价；(2) 诉讼程序的复杂程度，由于程序复杂，当事人的诉讼行为必须按这些复杂的程序实施诉讼行为，程序的时间和物质特征，导致了复杂程序与大量时间和物质耗费之间形成必然联系[4]。程序的繁简程度与人们的设计紧密相关。当人们设计的程序没有与诉讼公正性要求达到适当比例时，这种程序就是不科学的。从实践的角度上，诉讼程序的设计就是要符合当事人的现实需要，具有实效性。

关于诉讼模式的设计，理论上有两种不同认识，一种认为国家职权主义诉讼模式可以降低诉讼成本，即由国家直接限定当事人的答辩期间、举证期限，并主动调查案件事实等通过国家职权控制案件进展，这样可大大降低诉讼时间，从而降低司法成本。一种认为当事人主义模式可以降低诉讼成本，由当事人约定举证期限，法院原则上不调查等主要由当事人来影响案件进展，可以降低诉讼成本。这两种观点都有一定的片面性。实际上我国民事诉讼法、海事诉讼特别程序法、特别是最高人民法院《关于民事诉讼证据的若干规定》都体现了国家职权主义与当事人主义相结合的诉讼模式。如，举证期限可由当事人协商一致，也可由人民法院指定。海事担保的数额可由当事人协商，也可由人民法院决定。诉讼保全可由当事人申请，也可由法院依职权决定等规定，体现在这些法律或司法解释之中。

我国民事诉讼法中规定的简易程序是提高诉讼效率，降低诉讼成本的一种有效方法。这种方法是在诉讼正义、诉讼效率、司法成本和案件的复杂程度之间找一种平衡，使诉讼程序与案件的特点相适应和配套，从而实现司法资源的优化配置。

4. 民事简易程序充分适用的途径和建议

4.1 建立庭前准备程序制度，确定案件争点及繁简

按我国民事诉讼法的规定，权利义务关系明确的简单民事案件可适用简易程序，但在案件未经当事人双方交换证据和陈述的立案阶段，很难准确确定案件是否应适用简易程序。在民事诉讼实践中，因为缺乏庭前准备，有时开庭审理实际上成为一种准备阶段。在开庭审理时，一方当事人提出新证据，对方当事人对该证据的有效性提出质疑，但当庭不能提出反驳证据，由于该证据对案件的处理结果至关重要，法庭只能中止本次庭审，下次继续开庭。还有一种现象，案件经过初步庭审，独任审判员认为案情复杂，应转为普通程序审理，审理期限重新计算。原来的诉讼过程就是一种司法成本的浪费。如果建立庭前准备程序，由立案庭的审判人员及时传唤或通知案件当事人交换证据或接受询问，就基本上能确定案件的繁简，决定是适用普通程序，还是简易程序，然后转交审判庭指定审判人员进行审理，可有效避免上述现象的发生。

庭前准备程序还有一个重要作用，就是庭前调解。我国民事诉讼法并未要求一定要在庭审后调解，很多案件经过庭前交换证据和法官的疏导，完全可以达成

调解协议。调解结案不仅速度快、效率高，而且申请执行率低，当事人一般都能按协议履行。WTO在解决成员之间争端方面十分强调协调和磋商机制。在货物贸易多边协议（GATT）第22和23条中，规定了解决争端的第一阶段就是有关国家政府之间进行磋商，可见，庭审前调解应该是一种值得提倡的办案方式。深圳市罗湖区人民法院在探索适用简易程序的过程中，试行庭前准备工作，相当一部分案件经过庭前准备工作调解或撤诉结案，适应了社会的需要。

4.2　各级法院都应可以适用简易程序审理案件

根据法律规定，我国只有基层人民法院和其派出法院可适用简易程序，海事法院也是近2年才允许适用简易程序。地方中级以上法院仍不能适用简易程序，这种规定的初衷是因为中级以上法院审理案件的标的额较大，且可受理二审案件。实际上，案件的难易程序并不完全取决于标的额的大小。而且标的额的大小是相对的。如，一个普通的农民因2000元起诉，标额相对该农民来讲较大，因为这2000元可保证偏远地区学生小学阶段所有学费，但2000元相对于一个大企业来讲，可能不够一餐饭的费用。中级以上法院有许多案件并不复杂，而且多数是常规案件，一名合格的审判人员经过几年的锻炼基本能对付，难案件毕竟是少数。适用简易程序审理案件，仍然允许同事之间互相请教和讨论，可以发挥集体智慧，保证案件质量。即便是上诉案件，也不一定复杂。许多上诉案件存在的问题只是原审程序不完整，或部分事实不清造成上诉，有的当事人纯粹是想拖延时间而上诉，上诉案件的原因多种多样。二审法院法官的业务素质应相对较高，适用简易程序应该是行得通的，并不一定影响案件的公正性。原审适用普通程序审理案件的过程中，我国对案件承办人以外的合议庭成员参加合议时的责任并无明确的规定，每个合议庭成员的责任心也不一样。有些法院审理案件时，合而不议，参加庭审而不吃透案情的现象大量存在，许多案件的合议庭其实是承办人一个人说了算，合议庭空洞化现象有增无减。长此以往，浪费的不仅是司法成本，而且由于程序冗长，影响了结案率，这本身也是一种不公正的表现。

有的文章提到，我国应增设适用简易程序的专门机构和人员[5]，认为我国简易程序与普通程序界限不清与混用，就是因缺乏专门适用简易程序的机构和人员，并提出可依照日本建立单一的简易法院，或是建立普通庭与简易庭的混合法院。对这种观点我不敢苟同，假如利用第一种模式，恐怕要修改的不仅是普通法律，连宪法规范也得修改；第二种模式会造成法院内部机构与职责分工的混乱。众所周知，案件的繁简，不仅取决于不同当事人的认识，也取决于不同审判人员的认识，案件的繁简本身无法确定统一的标准，怎能机械地设置简易法院与简易庭呢？“皮之不存，毛将焉附”？外国的司法模式是否先进应综合该国的国情和这种模式所产生的实际效果来考查，盲目借鉴外国的司法模式是不科学的。

4.3　明确民事简易程序的适用范围，避免与普通程序混用

我国民事诉讼法和司法解释，以及海事诉讼特别程序法对民事简易程序的适用范围都无明确具体规定，有较大弹性。解决这个问题并不一定要通过立法解

决，因为各地经济发展水平参差不齐，立法只能在民事诉讼法中作出原则性规定。合适的解决办法是最高人民法院通过司法解释，将适用简易程序案件明确化，便于指导各级法院具体操作。我个人的建议是：

4.3.1 对于纯财产（含金钱给付）性质争议的案件，最高院可在标的额上确定一个基本的范围，授权各省、自治区、市辖市高级法院根据本地实际经济状况确定各级法院适用简易程序的标的额，这样既具有原则性，又具有灵活性，比较切合实际需要。

4.3.2 对于某些特殊的案件，依争议的性质列举简易程序的适用范围，如普通民事诉讼中的给付赡养费、抚养费案件，房屋租赁案件，破产清算案件等；海事诉讼中运费纠纷案件、共同海损案件等。这些案件情节未必简单，但对简捷、迅速审理有特殊要求。复杂的社会生活中肯定造就了某些特殊案件需要简速审结。

4.3.3 将当事人的自愿性引进诉讼，依当事人的合意选择适用简易程序，这里指的主要是本来可适用普通程序审理的案件，但双方当事人为迅速解决纠纷，可选择适用简易程序审理。法律明确规定适用简易程序审理的，当事人不用选择。在简易程序审理过程中，有追加诉讼请求，提起反诉等可能使案件更复杂的情节时，仍应适用简易程序，另外，可借鉴仲裁的合意性原则，如，约定不准上诉，约定书面审理等。

4.3.4 明确规定简易程序不准转入普通程序审理，但可延长审理期限，原审是简易程序的，二审仍适用简易程序。这些观点的实行，需要修改我国现行民事诉讼法的内容。

不可否认，扩大简易程序对少数案件可能带来实体上的缺陷，但提高诉讼效率，实现司法资源的优化配置，却能给社会总体上带来公正。法律程序的设置应协调个别公正与整体公正的关系，维护整体公正和司法效率。

在适用我国民事简易程序的讨论过程中，有人提出仿照外国，在我国建立一种独立于简易程序之外的小额诉讼程序[6]。这种程序的特征是：(1) 审理形式非正式化，不适用严格的证据规则；(2) 突出了法官职权主义色彩，当事人的辩论受限制，甚至禁止当事人请律师；(3) 裁决结论不准上诉，注重调解等。我个人认为，我国完全没有必要建立独立的小额诉讼程序。理由是：(1) 小额诉讼程序过于随意，可能将本属于民间调解或行政调解的案件引入法院，反而增加了法院的压力，这是片面强调“方便当事人”而忽视了司法的本质。(2) 小额诉讼程序本来属于英美国家的一种司法制度，实行效果究竟如何值得考证。据资料反映，该程序在美国各州应用极不平衡，整体效果并不理想。(3) 小额诉讼程序的顺利实施与一国公民的法律素质密切相关，我国是一个农业大国，整体法律素质不如西方发达国家，加之人口众多，在我国如果适用小额诉讼程序，后果很难尽人意。

充分适用简易程序，实现司法资源的优化配置，是先进的司法理念追求的目标。理论方面和实践方面，我国已取得一定成就，如就审时间缩短，简化法律文书的制作，当庭宣判视为送达，改变庭审方式等等。这些理论经过我国一些法院的实践检验效果较好。最高人民法院今年颁布实施的《关于民事诉讼证据的若干规定》，把推进审判方式改革，提高到一个新的高度，对提高审判效率有重大意义，对充分适用简易程序审理民事案件具有更加重要的现实意义。

参考文献：

[1] 何勤华主编《西方法学名著精萃》第224页，中国政法大学出版社。
[2] 何文燕、廖永安：《我国民事简易诉讼程序之重构》，载《中国法学》2002年第一期。
[3] 章武生、吴泽勇：《简易程序与民事纠纷的类型化解决》，载《法学》2002年第一期。
[4] 张卫平著：《诉讼构架与程式》，第126～127页，清华大学出版社。
[5] 何文燕、廖永安：《我国民事简易诉讼程序之重构》，载《中国法学》2002年第一期。
[6] 章武生：《我国民事简易程序的建构和完善》，载2001年12月31日《人民法院报》。

从抵押权的从属性与独立性看我国抵押制度的完善

王建新

【内容提要】抵押权与债权的关系，大致分为从属主义和独立主义。罗马法之后，各国根据抵押权制度的特点和需要纷纷摒弃了绝对从属主义，而采取了相对从属主义。相对从属主义在一定程度上改变了债权对抵押权的束缚，使抵押物和抵押权具有了流通的功能，但十分有限，故抵押权独立化的要求日益高涨。当特定债权消灭时，抵押权可以作为一种可以收益的特权存在。抵押权与债权分离，抵押权公示化，抵押权证券化是抵押权独立化的条件，因此，我国担保法应作相应修改。

【关键词】抵押权　独立性　担保法

一

传统理论认为，抵押权为担保债权的权利，具有从属于主债权的性质。例如，债权有效成立，抵押权才能有效成立；债权消灭，抵押权也随之消灭；抵押权不得与债权分离而单独让与或者作为其他债权的担保，抵押权人也不得单独让与债权而保留抵押权，更不能将债务与抵押权分别让与二人。这种观点为我国立法所接受，《担保法》第50条规定，抵押权不得与债权分离而单独转让或者作为其他债权的担保。第52条规定，抵押权与其担保的债权同时存在，债权消灭的，抵押权也消灭。在立法上采用从属主义，并非我国独有。受罗马法影响的大陆法系国家，如法国、日本，也都普遍认为抵押权具有从属性。但笔者认为，从属性并非抵押的本质属性，抵押权和债权间并不存在依存的关系。在实践上，两者之间建立一种既互相独立，又相互作用的新型关系，以适应市场经济发展的需要。

二

抵押权与债权的关系，大致划分有从属主义和独立主义。

早期的从属主义，具有四个基本特征，即（1）抵押产生的前提是有现实的债权存在。抵押权不能先于债权产生。（2）抵押权不能与债权分离而转让或作为其他债权的担保权。（3）债权消灭后，抵押权即消灭。（4）抵押权设定后，抵押人不得随意处分抵押物。以免危及债权人抵押权的实现。在罗马法中，约定抵押都具有绝对的从属性，抵押权因债权的产生、转让、消灭而产生、转让、消灭，而不论债权是即时的，还是将来的，抵押权不得与债权分离而转让或作为其他债权的担保。这就是所谓的成立的从属性、转让的从属性和消灭的从属性。在随后的罗马法继受运动中，法国、德国、日本等大陆法系地区都采用过这种绝对的从属主义。德国法学者海德曼对这种从属性作过描述：第一，任何应担保之债权不存在时，抵押权也决不能成立；第二，抵押权设定后，债权发生变化，如债权之增额或减额，抵押权也会随之而变化；第三，由债务关系产生抗辩权时，抵押人不得援用其抗辩权，对抗抵押权之实行；第四，债权的权利人变更时，抵押权也当然会因此而转移于新权利人；第五，债权消灭时，抵押权便无存续之可能。罗马法中的抵押源于信托质和占有质，而在信托质和占有质中，债权人占有质物，担保和债权具有一一对应的关系，担保权不具有流通性。绝对从属主义的优点在于它有力地保护了债权。但其以牺牲抵押物和抵押权的流通性为代价，尚未彻底摆脱让与担保的影响。抵押只具保全债权的功能，债务人的利益受到很大程度的限制。因此罗马法之后，各国根据抵押权制度的特点和需要纷纷摒弃了这种绝对从属主义，而采取了相对的从属主义。

在相对的从属主义中，抵押权的产生仍然依赖于债权的存在。但和绝对从属主义又有一定区别。主要表现在，一是抵押权设定时，抵押权不一定要存在。如在最高额抵押中，一具体的债权消灭后，虽然其后的债权尚未产生，但抵押权仍然有效，抵押人仍要履行一定的担保义务。二是在抵押权设定后，抵押物所有人可以处分其抵押物。对这种处分有两种看法，一种是抵押设定后，抵押人所有权行使上的限制，只是受抵押权追及效力的限制，而不是受债权人意志的限制；一种认为抵押权设立后，抵押人的所有权受到限制；一种认为抵押权设立后，抵押人的所有权受到限制，抵押人不得随意转让抵押物。这种观点为我国《担保法》所采用。《担保法》第 35 条第 2 款规定，财产抵押后，该财产的价值大于所担保债权的余额部分，可以再次抵押，但不得超出其余额部分。第 49 条规定，抵押期间，抵押人转让已办理登记的抵押物的，应当通知抵押权人并告知受让人转让物已经抵押的情况。三是债权消灭时，抵押权不一定消灭，而仍可在一定条件下存在。如在同一债权的情况下，可以适用登记留用。再如《日本民法典》第 375 条规定，抵押权单独让与同一债务人的其他债权人，受让人在原债权范围内享有抵押权。相对从属主义在一定程度上改变了债权对抵押权的束缚，使抵押物和抵押权具有了流通的可能。抵押权不仅具有了保全的功能，而且也从此可以作为一种有效的融资手段而被广泛使用。

相对的从属主义，虽然为抵押权融资提供了可能。但是在实践中，这种融资功能实际上很有限，从属主义给它造成了重重障碍。例如，抵押权并不能自由流通，抵押权只能转让给特定的其他债权人，而不能向所有其他人转让，因而就不能自由地融资，抵押物的价值也不能发挥到极致。再如抵押权先行成立和债权消灭后抵押权不同时消灭，都只能在一定条件下才能可能，使得抵押权发挥融资功能的能力大打折扣。还有，在相对从属主义条件下，每次抵押权的转让，都必须重新登记，徒增了交易成本，如何实现便捷的公示化成为一个难题。诸此种种，使得抵押权独立化的要求日益高涨。

所谓抵押权的独立化，是指抵押权并不依附于被担保债权而存在，而是具有高度流通性和有效融资性的财产权的趋向。抵押权本质上为价值权，即债权人（抵押权人）对抵押物交换价值的支配权。商品的交换价值是独立存在的，其功能的发挥需借助商品流通。商品的流通，意味着价值权可以不被某一固定的主体支配控制。因此，对商品交换价值的支配并不是一成不变的，更不是某一民事主体的特权。这就决定了抵押权的从属性并非抵押权的本质属性。

现代抵押权制度有两大功能：一是保全功能，旨在维护交易安全；一是融资功能，旨在促进商品和资金的流动。

这一点已是毋庸置疑了。关键在于如何实现两大功能的“比翼双飞”。传统从属主义重债权轻抵押权，着重的是保全功能的实现，而牺牲了抵押权的融资功能，这种观点应该摒弃。取而代之的应该是抵押权独立主义。

严格意义上的抵押权独立主义，也即绝对独立主义，我们可以从三个方面来理解。一是抵押权产生的目的是保全债权实现或投资融资。保全债权是传统抵押的功能，而融资是抵押制度适应商品经济社会需要的新功能。保全功能是抵押权作为对物支配权功能的体现，而融资功能则是抵押权作为价值权的体现。二是抵押权投资融资功能的实现，并不依赖于债权的存在与否，而是其内在价值的体现。物权不论是所有权，还是用益物权，抑或担保物权，其本身都具一定的价值，可以作为投资的客体在不同的民事主体间自由流动转让，抵押权亦不例外。三是既然抵押权流通功能不依赖于债权，因此当特定债权消灭时，抵押权仍可以作为一种可以收益的物权存在。

抵押权的独立化如何实现，学者们众说纷纭。笔者认为有三个最基本的条件：

（1）抵押权与债权分离。即抵押权作为独立的物权和价值权，与所担保的债权无论是在存在上，还是流转上、消灭上，都无必然的因果关系。但是，这种分离，不能说明抵押权和债权之间就没有任何关系。事实上，抵押权和债权之间，可以因抵押人和债权人之间的合同而产生联系。这种联系就是抵押权可以不以担保债权为存在目的，但也可以保全债权为目的。如果抵押人设定抵押不是为了担保债权，而是作为营利的手段，则抵押权和债权之间就无所谓主从关系了。

（2）抵押权公示化。抵押权的独立，造成抵押权的流通性大大增加，无疑会增加交易的风险性和经济秩序的混乱。为防止这种后果的发生，可以增加抵押权公示程度的方法来预防和解决。即所有的抵押，必须全部办理登记公示手续，实行登记成立要件主义。未行登记的抵押权，一律不认其物权效力。这样做的好处，就是增加了抵押权的公信力，使抵押权在流通的过程中，仍能得到第三人的信任。当然，为防止抵押物所有人的利益因抵押权公示化和被赋予公信力而遭受意外的损害，在登记时，登记机关必须严格审查，并承担相应的职责。

（3）抵押权证券化。将抵押权转换成证券形式，使抵押权具有了流通的载体，就会使抵押权的流通更便捷，更简单、更易被市场主体接受，同时也能保证抵押人在充分利用抵押物的同时，但又不失其责任。在抵押权证券化时，要求证券有一定物资保障，以防止信用危机的发生。

三

我国传统上是罗马法系，担保法思想受传统罗马法从属主义影响较深。从《担保法》立法上来看，我国采用的是从属主义。《担保法》制定以前，《民法通则》和最高人民法院适用民法通则的《若干意见》没有明文规定担保物权和债权的关系，但从某些规定可以看出，这时的抵押权与债权的关系带有绝对从属主义色彩。如《若干意见》第115条规定，抵押物如由抵押人自己占有并负责保管，在抵押期间，非经债权同意，抵押人将同一抵押物转让他人，或者就抵押价值已设置抵押部分再作抵押的，其行为无效。说明立法者认为一个抵押物只能对一个债权设定一个抵押权，而不管其价值的大小。其义是抵押物的交换价值从属于债权，无债权人的同意，不得处分。这无疑极大地限制了抵押物流动。在这一方面，《担保法》可以说是前进了一大步。该法指出，担保法制定的目的，是"为促进资金融通和商品流通，保障债权的实现，发展社会主义市场经济"。它将担保的融资功能摆在了保全功能之前，说明立法者已意识到担保物权在市场经济社会中的新功能。与此一脉相承，该法第5条指出担保合同可以因主合同成立而成立，消灭而消灭，但当事人也可以对此另有约定。第三章第五节更顺应担保理论新趋势，规定了最高额抵押，使抵押权可以摆脱对债权的依附性得到了法律的认可。但遗憾的是，《担保法》在分则中，其规定又自相矛盾。前述的第50条和和52条即为表现。如果溯及源头，《担保法》第5条所规定的"担保合同是主合同的从合同，主合同无效，担保合同无效"则是担保权具有从属性的依据，《担保法》第50条规定抵押权不得与债权分离而单独转让或者作为其他债权的担保。第52条规定，抵押权与其担保的债权同时存在，债权消灭的，抵押权也消灭。因此可以认为，我国《担保法》采用的是从属主义。但在特殊情况下，也可以有例外。特殊情况，一是当事人有约定，二是最高额保证和最高额抵押。后者有法律明文规定，不必赘言。前者虽有规定，但实际操作恐有困难。如果当事人约定为例外，则其民事行为应遵循何种规定？届时出现纠纷，如何解决？特殊抵押能否登记？第三人如何了解抵押的情况并保护自己的权益？这些问题不解决，就会给市场交易造成混乱，但保的功能也可能难以发挥。

笔者认为，在抵押权与债权的关系上，担保法既要考虑我国社会主义市场经济尚不成熟的国情，又要顺应潮流，具有一定的前瞻性。具体说来，就是：

(1) 完善《担保法》总则规定。

总则和分则的关系，是原则性和灵活性的关系，是抽象和具体的关系，是一般和特殊的关系。无论是人的担保，还是物的担保，或者金钱担保，都有一定的共性。如都是民事行为，需要遵循一般的民事行为规则，再如担保的功能表现为保全性时，各种担保的目的就是一致的。但担保形式的多样性决定了各种担保之间存在很大的差异，在性质方面各自不同，需要在分则中分别予以规定。

因此，《担保法》的总则，除了可以规定立法目的，立法宗旨，适用范围，民事责任外，其他各种担保的性质可放在分则中规定。

(2) 不规定抵押权的从属性，代之以对担保保全功能和融资功能的描述。

在抵押权成立方面，抵押权的成立，不论是以保全债权为目的，还是以融资为目的，都不以债权先行成立为要件。在实务中，实际上先签订抵押合同再签订债权债务合同的现象比比皆是。如银行发放贷款，一般都是要求抵押人先签订抵押合同，再与借款人签订借款合同。这样做是有一定道理的。因为如果先签订借款合同，再签订抵押合同。在签订抵押合同之前，借款人如有违反合同的行为，贷款人的利益就可能受到损害。这时先签订抵押合同，抵押合同除具有保全银行债权的功能外，对借款人来说，实际上也有一定的引资功能。

在抵押权的流通转让方面，应允许抵押权在一定条件下可以流通。抵押权自由流通，如前所述，必须具备抵押权与债权相分离，抵押权公示化和抵押权证券化三个前提。由于现实的情况是，《担保法》按照传统理论，规定抵押权与债权同生同灭，转让时不可分离（最高额抵押例外）。在抵押权的公示方面，仅规定一部分抵押权需要办理登记，另一部分抵押权无需登记，无需登记的抵押权只是没有对抗第三人的权力，而登记抵押权也仅有对抗的效力。在抵押权的证券化方面，则更是一片空白。当然，《担保法》这样规定，是有一定原因的。当前由于我国社会主义市场经济还不发达，在经济结构中，国有企业占有绝对比重，而对国有资产的处分目前还存在种种限制。另外，在商品交易中，交易主体的经济实力普遍较弱，责任意识不强，加上形形色色的商业欺诈和难以解开的企业“三角债”，使得这三个前提在目前乃至于今后一段时间内实现起来有相当难度。

从立法学的观点看，立法应具有一定的预测功能，以适应不断变化的社会状况。随着市场经济的不断成熟，商品交易的频率和规模都将呈几何级的增长，市场主体对资金的需求欲也将激增。立法对此不能不有所准备。笔者认为，允许抵押权的流通是充分实现抵押权功能所必须。对我国《担保法》的完善包括：①突破抵押权不能与债权分离而转让的局限。应允许抵押权可以独自转让。这种转让须以通知抵押人为义务。②为保障抵押权的流通，应强化对抵押权登记的公信力，要求所有的抵押权设立都必须登记。抵押权的转让，如果有抵押证券（即为证券抵押），则仅在证券上背书即可，如果没有抵押证券（即为登记担保权），则当事人仍需到登记部门办理变更登记。③允许当事人约定债权消灭时，抵押权仍可存在并转让，而不是随债权消灭而消灭。

(3) 有步骤地实行抵押权证券化。

将来，随着市场交易的规范化，抵押证券化将成为一种社会需求。当前社会市场活动的加速和社会信用的扩大也已在理论和实践上提出了抵押证券化的要求。可证券化的理想资产具有五个特征：一是持续一定时期的低违约、低损失率的历史记录；二是能产生可预见的现金流；本息的偿还分摊于整个资产的存续期；三是证券化发起人已持有该资产一定时期，信用良好；四是抵押物有较高的变现价值或对债务人效用很高；五是有高质量、标准化的合同，根据这五个标准，笔者认为可以金融抵押权作为抵押证券化的首选。

金融抵押权范围很广，当前我们可以选择个人住房抵押贷款、基建贷款、长期技术改造贷款和高速公路等有偿性基础设施贷款作为试点。以住房贷款为例，住房抵押贷款，因为消费者偿贷能力有限、银行存款利差减少、银行实现债权因难等原因，其规模一直难以扩大，使得房地产二级市场难以启动。解决上述问题，就是考虑实行银行债权和抵押权的证券化，使银行不愿承担的风险由风险投资者来承担，从而扩大住房信贷。大致的操作是：银行将其持有的抵押随同贷款债权转让给专门公司机构，专门的公司机构经过资产组合，发行抵押证券和资产证券，所获得资金用来偿还给银行。发行的证券可以进入资本市场流通。这样，贷款债权的风险可由抵押证券的持有者承担。当然，为保证抵押证券持有者的风险不致于过大，目前可以将抵押贷款债权限制在不动产（如果扩大的话，还可包括汽车、船舶、机器设备等）抵押贷款债权。至于其他则仍按现行担保法规定办理担保为妥。

论仲裁条款的独立性

王建新

【内容提要】 仲裁条款的独立性原则的来源有两种情形：合同有效情况下，仲裁条款可独立于主合同中的条款而存在，主合同无效，则仲裁条款也无效；合同无效的理由影响仲裁条款时，仲裁条款才无效，否则仲裁条款是独立的。理论上，一般从仲裁条款独立性原则的来源及理论依据等方面出发，来分析该原则的存在，但实务中却无限制地扩大了该原则的内涵，从而造成理解的偏差，认为仲裁条款不能默示援引，只能明示援引。一个仲裁条款的并入，可以通过提及某一个标准合同或者另外一个合同中所包含的具体内容来实现，甚至根本不必提及条款本身，但当事人适用仲裁的意图应该是明确的。默示援引仲裁条款与仲裁条款的独立性原则并不矛盾。

【关键词】 仲裁条款　独立性　默示援引

近年来，国外当事人在中国申请承认及执行国外仲裁裁决案件日益增多。加入 WTO 以后，我国将融入世界经济的统一大市场之中，国际商事争议的发生将更加频繁和复杂，那么随着国际仲裁事业的发展，国外当事人在中国申请承认及执行国外仲裁裁决案件必然会进一步增多。目前，讨论在执行程序中如何审查国外仲裁裁决案的论文较少，但这是一个应该讨论的论题。本文结合最近最高人民法院批复的一个案例，谈点个人对国外仲裁裁决案件中仲裁条款独立性原则的理解。

在我国，执行程序中审查国外仲裁裁决的法律依据有三种：(1)《1958 年纽约公约》(《承认及执行外国仲裁裁决公约》)；(2) 双边条约；(3) 按互惠原则办理。其中最具影响的是《1958 年纽约公约》，该公约第五条第（一）款第 3 项规定，“裁决所处理之争议非为交付仲裁之标的或不在其条款之列，或裁决载有关于交付仲裁范围以外事项之决定者，但交付仲裁事项之决定可与未交付仲裁之事项划分时，裁决中关于交付仲裁事项之决定部分得予承认及执行”。该项的中心意思是争议应该有对应的仲裁条款，言外之意是仲裁条款应具有独立性。而且，我们一般认为此条款是体现仲裁条款独立性原则的法律依据。那么如何审查一项争议是否有对应的仲裁条款呢？究竟应该怎样理解仲裁条款的独立性呢？现实中的案例从形式上看往往不是像条款规定得那么直接明了。下面就有一个案例：

1994 年 9 月 7 日，申请人塞浦路斯·玛赛尔公司作为买方与被申请人中国·江西江州造船厂签订一份船壳号为 A441 的造船合同。该合同第 13 条规定，“如果当事人各方之间因本合同项下或与本合同有关的事宜产生分歧而引起争议，且当事人各方之间不能自行解决的话，当事人应将争议提交英国伦敦仲裁”。同日，双方还订立了合同附件，约定了增购船选择条款，即“经共同商定，除了建造A441号新船合同，买方集团还握有随后再订购与首批船舶价格相同、交付时间相似的6条相同船舶选择权，该选择权应在1994年12月15日由买方声明”。1994年12月15日买方（塞浦路斯·玛赛尔公司）行使了选择权，称“就前述选择权协议，我们在此根据上述选择权协议行使我们的选择权，按照选择权协议规定的条款和条件，订造另外一艘船壳号为A444的新船”。在造船期间，卖方在答复买方A444号船改变船名请求时称，“得知船舶改名请求，合同其他条款和条件不变”。1998年3月4日，被申请人中国·江西江州造船厂将所建造新船A444号交付给申请人。申请人认为交付的A444号新船不符合质量要求，在与被申请人协商赔偿177220美元事宜不成后，遂根据A441号船造船合同中的仲裁条款在英国伦敦申请仲裁。英国伦敦仲裁员阿伦·欧克里依据英国仲裁法及仲裁规则于1999年3月14日作出临时最终裁决，买船者（申请人塞浦路斯·玛赛尔公司）索赔177220美元胜诉。1999年8月25日申请人塞浦路斯·玛赛尔公司向武汉海事法院提出承认及执行该仲裁裁决的申请。

武汉海事法院经审查后认为，本案仲裁所涉标的是A444号船，申请人向法院提供载有仲裁条款的合同依据是A441号船建造合同。虽然有选择增购船合同，但该选择权协议仅要求A444号船的价格技术、交付时间等条件与A441号船相同或相似，根据国际商事仲裁中仲裁条款的独立性原则，不能当然认定为A444号船争议就适用A441号船建造合同中的仲裁条款。按《1958年纽约公约》的规定，仲裁协议（条款）必须书面确认，仲裁裁决应有约定的仲裁条款，但本案仲裁裁决缺乏仲裁条款为依据。根据《中华人民共和国民事诉讼法》第二百六十条第（一）款第1项规定，对英国临时仲裁裁决不予承认，应驳回申请人的申请。

武汉海事法院作出此决定后，根据《最高人民法院关于人民法院处理与涉外仲裁及外国仲裁事项有关问题的通知》，将此案通过湖北省高级人民法院审查同意后，逐级上报至最高人民法院。但是最高人民法院经审查后，于2001年6月批复认为，该案当事人之间存在书面仲裁协议，仲裁裁决不具有《1958年纽约公约》第五条第（一）、（二）款所列的情形，应当得到承认和执行。理由是，一、A444号船的建造合同是以买方行使A441号船的建造合同附件选择增购权的方式订立的。根据该附件的规定，A444号船的建造合同由买方声明即可成立，并不再需要双方签字，故应认定该船舶建造合同有效；二、一个合同的仲裁协议的成立可以由合同双方援引明知含有仲裁条款的另一合同来实现。A444号船的建造合同是作为以行使A441号船的建造合同附件的方式而成立的另一建造合同，在当事人没有表示要排除A444号船的建造合同中含有A441号船的建造合同中某一条款的情况下，应当认定A444号船建造合同中含有A441号船的建造合同包括仲裁条款在内的全部条款。三、卖方在答复买方关于A444号船船舶更名的请求时清楚地写到：“合同其他条款和条件不变。”这里的“条款和条件”应包括仲裁条款。

此案中，最高人民法院作出了与湖北省高级人民法院和武汉海事法院不同的处理意见。在我个人来看，这个区别的产生根源在于对仲裁条款独立性原则的理解不同。在武汉海事法院及湖北省高级人民法院看来，尽管仲裁条款是主合同中的一个条款，但此条款与它所依据的合同是两个相互独立的合同。构成主合同一部分的仲裁条款应视为独立于主合同其他条款以外的一项协议，申请人与被申请人没有就 A444 号船另外达成仲裁协议或以其他形式明确约定，不能用其他合同（A441 号船建造合同）的仲裁条款作为申请仲裁的依据。而最高人民法院则认为，一个合同的仲裁协议的成立可以由合同双方援引明知含有仲裁条款的另一合同来实现。案例中 A444 号造船合同实际上援引了 A441 号造船合同中的仲裁条款，该仲裁有仲裁条款为依据。而且，因为案件中并没有明确提出援引"仲裁条款"这个事实，所以实际上最高人民法院在批复中确认了默示援引仲裁条款，这一法律现象。

理论上，一般从仲裁条款独立性原则的来源及理论依据等方面出发，来分析该原则的存在，但实务中却无限制地扩大了该原则的内涵，从而造成理解的偏差，认为仲裁条款不能默示援引，只能明示援引。

1. 从仲裁条款独立性原则的来源看，仲裁条款并非绝对独立，而是有其范围限制

仲裁条款独立性原则的来源有二种不同观点，一种认为该原则最早是英国上诉法院于 1942 年对海曼诉达尔文斯一案的审理中最早确定的。法官认为，仲裁条款是一个从属主合同的独立合同，因此，它可独立于主合同而存在；但是有条件的，即如果合同自始无效，或者一开始就是非法的，则无效合同的仲裁条款也就无效[1]。另一种观点认为最早是法国最高上诉法院 1963 年在"戈塞特"案中提出的。最高上诉法院认定，仲裁条款独立于主合同，如果主合同无效，只有在其无效理由影响仲裁协议时，仲裁协议才可能成为无效[2]。

本文中，这两种观点中哪种最正确并不重要，重要的是通过对比分析我们不难看出，仲裁条款的独立性原则的来源有两种情形，要么是在有效合同情况下，仲裁条款可独立于主合同中的条款而存在，主合同无效，则仲裁条款也无效。要么是指在主合同无效的理由影响仲裁条款时，仲裁条款才无效，否则仲裁条款是独立的。概括起来，可以这样认识，仲裁条款的独立性原则来源于主合同的有效性与仲裁条款的关系，而不涉及是否能默示援引仲裁条款的问题。还有一种观点认为，美国最高法院在审理首家涂料公司诉弗拉德与康克林制造公司一案时，把仲裁条款的独立性原则提高到一个新水平[3]。但很显然，该案揭示的仍是指仲裁条款可独立于自始无效的欺诈合同或其他合同，也并没有否定仲裁条款可通过默示援引其他合同来实现。

2. 从仲裁条款独立性原则的理论依据来分析，仲裁条款的独立性原则并非指是仲裁条款与合同绝对分开

一般认为，决定仲裁条款的独立性原则存在三个方面的理论依据[4]，（1）仲裁条款的特殊性要求。该理论认为仲裁条款在性质和作用上与合同中其他关于规定当事人履行合同享有的权利和承担的义务不同。仲裁条款只是解决争议的一种手段，因而应独立。(2) 当事人的意思自治原则的要求。该理论认为，当事人之间达成仲裁协议是愿意通过仲裁方式解决合同争议，并不存在欺诈或显失公平问题，与当事人的经济利益并无关系，据此认为仲裁条款应具有独立性。(3) 仲裁事业的发展要求仲裁条款具有独立性。认为只有承认仲裁条款的独立性原则，才能扩大仲裁范围，推动仲裁事业的发展，否则仲裁机构就失去存在的意义。

以上述理论为基础，仲裁条款的独立性原则表现在以下三个方面[5]：(1) 合同是否成立不影响仲裁条款的效力；(2) 合同是否有效不影响仲裁条款的效力；(3) 仲裁条款与载有该条款的合同是可分割的。

从仲裁条款独立性原则的理论依据，及由此而产生表现形式来看，仲裁条款的独立性原则体现在仲裁条款的成立、效力和形式上与其所依据的合同是可以独立的，根本目的是为了尊重当事人选择通过仲裁方式处理争议的权利，这与默示援引其他合同中的仲裁条款不仅不矛盾，而且是统一的，正是因为仲裁条款具有独立性才可以被援引，才能更加尊重当事人选择争议处理方式的权利。这种独立主要是效力内容上可以独立，在形式上并非必须独立。独立并非是指绝对分开，更不意味着仲裁条款不能以其他合同默示援引。

在国际商事活动中，大量国际贸易，特别是国际运输，造船和保险等商事活动中，争议所依据的仲裁条款在另外一份合同最为常见，这种仲裁条款不在争议本身的合同之中，而在另外一份单独合同或标准格式合同之中的仲裁条款，一般称为特别关联条款[6]。所谓特别关联是指当事人援引或参照另外一份合同中的仲裁条款，要能证明两份合同在当事人之间有效成立且知道或应该知道合同内容。当事人之间一份合同的内容参照另外一份合同时，只要未提出排除某一条款，就应认定包括所有条款，其中的仲裁条款在当事人之间也就同样成立。前文案例中，A444 号船建造合同是以 A441 号船建造合同附件的形式订立，虽然没有明确提出仲裁条款适用 A441 号船建造合同，但是并没有排除。综观整个订约及履约过程来看，双方当事人知道 A441 号船建造合同中仲裁条款的存在，实际上已默认了 A444 号船建造合同中包括仲裁条款。

传统的观点是，一份合同援引另一份合同中的仲裁条款必须明示提出援引，而不能默认或暗含。如审判实践中，司法机关一般要求提单中并入航次租船合同中的仲裁条款时，要求并入的一方当事人必须明确提出，而不能认为航次租船合同并入提单，就当然认定并入了航次租船合同中的仲裁条款。最高人民法院对前文案例的批复，已经否定了不能默认，只能明示的观点，这表明我国对仲裁条款的并入已经由以往的严格变得更加宽松。

我个人认为，此案的批复是从我国即将加入 WTO，融入经济全球化的角度出发，在承认国外仲裁裁决方面考虑到国际上一些通行的作法，是我国司法制度的重大进步。该案的另一个突出的特点是国外仲裁裁决形式是临时仲裁，而我国现行仲裁制度只规定了机构仲裁，没有规定临时仲裁，所以，最高人民法院对此案的批复不仅是对仲裁裁决效力的肯定，而且对临时仲裁这种仲裁形式也进行了肯定，可以说是我国在适应仲裁制度国际化方面又一重要进步。

3. 从国际国内立法来看，仲裁条款可以默示参照其他合同

3.1 《英国1996年仲裁法》第七条规定："除非当事人另有约定，成为或意图成为另一协议组成部分的仲裁协议，不因另一协议无效、不存在或不产生法律效力而无效、不存在或不产生法律效力，仲裁协议因此被视为一个独立协议。"这是对仲裁条款独立性原则的规定，该条规定的只是合同本身是否有效和存在与仲裁条款的独立性问题。该法第六条同时规定，"在协议中参照了书面仲裁条款或含有仲裁条款的文件，如果该参照使该条款成为该协议的组成部分，则该参照亦构成仲裁协议"（这里的"参照"与"援引"应该是同一意思）。英国是世界上仲裁最为发达的国家，特别是海事仲裁更为突出，以法律形式规定仲裁条款可参照其他文件，应该具有较强的说服力。况且，前述案例是在英国并适用英国仲裁法进行的裁决，我们在审查英国仲裁裁决时，当然应根据英国有关仲裁法律作为准据法审查。最高人民法院作出的批复意见是符合英国仲裁法的。

3.2 我国《仲裁法》对仲裁协议没有像《英国1996年仲裁法》规定得那么全面，没有规定仲裁协议可以参照其他合同。我国《仲裁法》第十九条规定："仲裁协议独立存在，合同的变更、解除、终止或者无效不影响仲裁协议的效力"。从该条规定来看，并没有排除仲裁条款可默示援引其他合同。我国《合同法》对约定解决合同争议的方法也有类似的规定，不排除仲裁条款可默示援引其他合同。我国《海商法》第九十五条规定："提单中载明适用航次租船合同条款的，适用该航次租船合同中的条款。"可见，如果并入提单中的航次租船合同中有仲裁条款，该仲裁条款也就并入提单，对提单双方当事人具有约束力。同样，一份合同并入了另一份含有仲裁条款的合同，当然也就并入了仲裁条款，并入实际上就是援引。

3.3 联合国国际贸易法律委员会《国际商事仲裁示范法》第七条也规定："在合同中提出参照载有仲裁条款的一项文件即构成仲裁协议，如果该合同是书面的而且这种参照是足以使该仲裁条款构成该合同的一部分的话，也是仲裁协议的一种形式。"《示范法》虽然对任何国家都没有强制约束力，但却应该是各国立法的参考。我国《仲裁法》没有像《英国1996年仲裁法》第六条一样，将此条体现在法律条文之中，在当今形式下，不能不说是一种缺陷。《英国1996年仲裁法》和联合国《商事仲裁示范法》对仲裁条款规定的共同之处，就是仲裁条款可默示参照（援引或并入）其他合同，但默示参照必须使其足以构成合同的一部分，也就是要求合同当事人要知道或应该知道合同中的内容，特别是仲裁条款。

本文的结论是，一个仲裁条款的并入，可以通过提及某一个标准合同或者另外一个合同中所包含的具体内容来实现，甚至根本不必提及条款本身，但当事人适用仲裁的意图应该是明确的。默示援引仲裁条款与仲裁条款的独立性原则并不矛盾。

最高人民法院从当事人之间的 A441 号船和 A444 号船建造合同形式、合同内容、订约过程等方面审查认为，当事人之间因 A444 号船争议虽然没有明确提出仲裁，但有默认的仲裁意图，实际上援引了仲裁条款，从而作出该案的国外仲裁裁决应该承认及执行的结论。该批复与国际上仲裁的基本原则是一致的，开拓了我们的思维，对我们在执行程序审查申请承认并执行国外仲裁裁决案件具有重要指导意义。

参考文献：

[1] 郭寿康、赵秀文：《国际经济贸易仲裁法》，第 133 页，1999 年 6 月，中国法制出版社。

[2] 韩健：《现代国际商事仲裁法的理论与实践》，第 101 页，2000 年 8 月，法律出版社。

[3] 赵秀文：《国际商事仲裁案例评集》，第 40 页，1999 年 6 月，中国法制出版社。

[4] 郭寿康、赵秀文：《国际经济贸易仲裁法》，第 137～138 页，1999 年 6 月，中国法制出版社。

[5] 赵威：《国际仲裁法理论与实务》，第 128～129 页，1995 年 11 月，中国政法大学出版社。

[6] 韩健：《现代国际商事裁法的理论与实践》，第 138 页，2000 年 8 月，法律出版社。

民事再审程序的改进与完善

王建新

【内容提要】我国再审案件程序存在多种问题，不仅起动程序条件宽松，而且法条规定抽象，不便于操作；同时，启动再审程序的主体多样，当事人申请再审的次数没有限制，申请再审的期限过长，对处理再审案件的机制不健全，这些都不符合现代司法理念，有必要进行完善。我们认为：对当事人申请再审的条件进行具体细化；对人民法院和人民检察院启动再审程序进行必要的限制；完善再审案件的处理机制是当务之急！

【关键词】再审程序　完善机制　司法效率

民事再审程序又称民事审判监督程序，是为了纠正法院已经发生法律效力的裁判中存在的错误而对案件再次进行审理的程序。我国法律规定再审程序的目的是为保证法院裁判的公正合法，贯彻“实事求是、有错必纠”的原则，从而维护社会的正义。再审程序作为一种特殊的纠错和救济程序，可能对一审或二审程序审理终结后的案件中有错误的部分进行纠正。对此，我国民事诉讼法第一百七十七至一百八十八条作了相关规定。

“公正与效率”是我国法院审判工作的主题，也是民事审判的价值取向，但民事审判最基本的价值取向应该是法律程序的安定，维持生效裁判的稳定性，法律程序的安定性应是“公正与效率”的基础。这样，维持既判力的稳定性必然与“有错必纠”的原则产生矛盾，这个矛盾正是存在于民事再审程序中。

1. 民事再审程序中存在的缺陷

1.1　再审的条件宽松，法条规定抽象，不便于操作

我国民事诉讼法第一百七十九条规定的当事人申请再审的理由是：（一）有新的证据，足以推翻原判决、裁定的；（二）原判决、裁定认定事实的主要证据不足的；（三）原判决、裁定适用法律确有错误的；（四）人民法院违反法定程序，可能影响案件正确判决、裁定的；（五）审判人员在审理案件时有贪污受贿，徇私舞弊，枉法裁判行为的。这是对当事人申请再审条件的规定。我国民事诉讼法第一百七十七条、第一百八十五条分别对人民法院和人民检察院启动再审程序也作出了规定。上述规定包括了对事实认定，法律适用，违反法定程序，审判人员有违法行为等多种情形，但过于概括模糊，增加了再审程序的随意性，缺乏可操作性。

因为如此，人民法院再审案件因立案条件宽松而数量巨大，给工作带来很大的压力。案件再审案件过多，人民法院已经作出裁判处于不稳定状态，导致“终审不终”。人民法院的宗旨是追求公正与效率，但从辩证唯物主义的认识论出发，

虽然法官的认识能力是无限的，但前提条件是认识时间、认识手段不受限制，这种前提在民事诉讼中是不可能时刻成就的。再审程序一旦启动，必将在使已经形成的法律关系和财产关系上再花费大量的审判资源。而且，并不是每一个再审案件都一定能推翻原来的裁判。因此，再审案件过于宽松，在一定程度上讲，无疑是一种审判资源浪费，软化了民事审判既判力在程序上的安定性。

民事纠纷的解决应具有时限性，诉讼应该受到一定的时间、空间、证明方法、主体的认知能力等方面因素的限制，不可能对同一案件无休止地去探求所谓“客观事实”，法官对案件作出最终判断就是在法定或指定期限内根据已有的证据材料所反映的“法律事实”进行裁判。因此，人民法院的一审或二审作出生效的判决不能随意动摇。法律程序的时限性要求审判机关的审判活动一方面在法律规定的时限内审结案件，另一方面法律程序已经终结就不能再随意推倒重来，条件应相当严格，而不是过于宽松。法律程序的合理性有其自身的评价标准，许多情况下，可以离开实体法的内容来鉴别法律程序的合理与不合理，科学与不科学。因此法律程序与实体法并非同步发展。

现实中，当事人在一审、二审程序中不提供证据，裁判文书生效后，再提交新证据，法院因而立案再审，或引起检察机关提出抗诉而导致再审，原案件也可能因此而改判。究竟是当事人故意隐瞒证据，还是确实因为客观原因不能及时提出，法院往往难以认定。对于当事人来讲，在一审或二审阶段就应该知道应提供哪些证据，在法定期限内，因可以克服的原因导致没有提供证据，应当自行承担败诉的风险。审判公正的内容之一是程序公正，而程序公正的一个重要内容是程序的及时终结性。诉讼程序进行到一定阶段就应当合理终止，不能随意重来。因为程序的随意重来意味诉讼拖延，诉讼的拖延就是典型的司法低效，无法实现程序正义，也就不是严格的法律正义，而且还可能引发社会问题，正所谓“迟来的公正就是不公正”。

1.2　启动再审的主体多样

按我国民事诉讼的规定，启动再审程序的途径有三种：（一）人民法院自身监督提起；（二）检察院通过抗诉引起；（三）当事人申请或申诉。

审判来源于诉讼，无诉即无审判。“不告不理”是我国民事诉讼的基本原则之一，其内涵是当事人有权在法律规定的范围内对自己的程序性权利及整体利益作出安排。如果当事人对一项生效的裁判不申请再审，应当认定默认服从了该裁判或放弃了申请再审的权利，人民法院理应尊重当事人的这种选择。除非生效的裁判书明显损害或严重损害第三人利益而必须通过人民授予法院的国家公权干预案件，否则人民法院不应依职权启动再审程序。我国民事诉讼法形成于计划经济时代，带有过浓的国家职权色彩。我国加入 WTO 是经济全球化的结果，与之相适应的法律也应全球化，法律全球化要求国家机关应注重个体“私权”的尊重，要尊重当事人对一审、二审程序的选择权，同时，也应尊重对再审程序的选择权，保持法院的“中立”地位。这不仅不会损害国家司法体制，而且有利于树立司法的权威。所以人民法院不应多分成为启动再审程序的主体。

根据我国民事诉讼法的规定，由法院启动再审程序可分为两种，一种是院长发现本院案件确有错误，由审判委员会讨论决定是否提起再审；一种上级法院发现下级法院的案件确有错误而提审或再审。任何一个案件的处理结果都是由合议庭或独任审判员依法审理后作出的裁判。院长是一种行政职务，并不是一种审判组织，事实上不可能了解本院所有案件的审理经过和依法查明的事实，只能依据当事人的申诉状或申请来了解案件，个人意见很有可能是片面的。院长提出再审实际上有干涉审判独立之嫌。而且，因院长提起再审，案件承办法官往往有一定心理压力。即使是上级法院指定再审，其最初的信息来源也仍然是当事人片面的申诉状。由此可见，与其由院长提起再审或上级法院指定再审，倒不如主要由当事人直接到法院的有关审判监督部门申请再审，该部门依法审查决定是否再审更合情理。

检察院是审判监督机关，检察机关一般因当事人申请通过抗诉程序来启动再审，其行使的是国家公权，如果因一方当事人的申请，检察机关就启动再审程序，实际上是一方当事人的“私权”，借检察机关的“公权”来与另一方当事人进行对抗，显然是不妥当的。检察机关有民事检察监督权，但没有私法上的有诉权，不应也无权启动再审程序。进行抗诉的案件法律赋予检察监督权，只是为了在国家机关之间保持一种制约机制，并不要求互相干预具体的案件，因此，有人提出废除民事抗诉权也不无道理。几年以前，也有人提出检察机关还可以单方面通过抗诉的方式纠正法院的裁判，这种观点没有任何法律依据，而且违背了宪法对法院单独行使审判权的规定。在任何社会，只有法院才可能行使审判权，如果在法院之外再创设一个机关来纠正法院的裁判，不符合现代法治中司法独立的基本理念。

综上所述，申请再审应该主要由当事人自己向法院提出，除非生效的裁判明显损害社会公共利益，审判人员有徇私枉法行为，或裁判严重损害第三人的合法权益外，人民法院不应依职权直接启动再审程序，人民检察院也不应根据一方当事人的申请通过抗诉来启动再审程序。

1.3　当事人申请再审的次数没有限制，申请再审的期限过长

我国民事诉讼法对当事人申请再审的次数没有限制，有的案件反复被提起再审，多达五、六次之多，这使当事人之间的纠纷长期处在不确定状态，权利归属不定，财产使用权受限制，物的效用无法发挥或不能充分发挥作用，特别是如果被保全的生产工具不能及时发挥作用，本身就是一种不应有的损失。反复再审时刻挑战着生效裁判的既判力，对社会也造成损失。

法院对某一案件作出的裁判生效后，产生终局性的效力，一般包括以下三方面的内容：一是裁判的约束力，即在一审、二审的诉讼即将结束时，法院根据已认定的证据材料，作出权威性的裁判，体现在裁判生效后，法院不能随意变动。二是既判力，即当事人不能就裁判确定的法律关系另行起诉，不许在其他诉讼中

提出与本案相矛盾的主张，其他法院此后的裁判也不应与此裁判相矛盾。三是执行力，即当事人可以申请法院根据生效的裁判书进行强制执行，保护其已确定的债权。

因此，虽然再审制度的目的是追求结果的正确，但反复再审会影响生效裁判的终局性效力，最终影响公众对法律稳定性的信仰和法院的权威性。法律再审的次数作出限制是十分必要而迫切的。

我国民事诉讼法规定，当事人申请再审的期限为二年，应当在判决、裁定发生法律效力后二年内提出，这就意味着生效裁判可能在二年内因提起再审而改变，这个时间与普通诉讼时效相同，远远超过15天或30天的上诉期限。再审审理的是已生效裁判中存在的问题，案件已经过法院审理，主要证据和事实一般比较清楚，当事人也应该知道及时提起再审，所以当事人申请再审的时间应缩短。

1.4 处理再审案件的机制不健全

根据我国民事诉讼的规定，再审案件的受理，由做出生效裁判的法院或其上级法院负责审理。由于再审程序并没有独立的程序规定，许多再审案件没有按照审限来审理。当事人申请再审后，法院在多长时间内作出答复，现行法律也没能规定。当前，我国法院面临许多当事人提起再审申请处理不及时问题，使得依正常法律途径提出的再审申请反而长期无结果。除立法方面的缺陷外，还由于各级法院把主要审判力量集中业务庭，而审监庭人员较少，审判力量薄弱，再审效率低下。另一个重要原因是，由做出生效裁判的法院受理本院再审案件存在许多影响再审案件及时公正审理的因素。本院因再审否定自己，从人之常情的角度讲，肯定是有困难的，加上错案追究制度不健全，地方保护主义，同事之间相互“照顾”等主客观因素都不同程度地影响再审案件的公正性和及时性。

我国民诉讼法第一百八十五条规定，检察机关发现下级法院符合法定条件的案件，应当按照审判监督程序提出抗诉。如果针对的是同级法院的案件，就提请上级人民检察院按照审判监督程序提出抗诉。该条规定虽然解决了审级中应由哪个法院来审的问题，但并未解决应向哪一级法院提出抗诉的问题。实践中一般由受理抗诉的法院通过裁定指定下级法院（生效裁判作出的法院）再审，此过程中，案件的全部卷宗及相关材料要经过上级法院指定再审的“周转”过程，这不仅增加了上一级法院的工作量，而且加大了案卷传送费用和丢失风险，不知不觉中延长了再审的时间，对案件审理也没有明显益处，应该简化。

2. 民事再审程序的改进与完善

2.1　对当事人申请再审的条件进行细化

根据我国民事诉讼法第一百七十九条的规定，从四个方面作出细化规定：一是从实体方面，主要从证据角度来考虑，需要说明的是，法律上的正义包括实体上的正义，也包括程序上的正义，两者统一才是真正的正义，因此，新证据虽然足以推翻原来裁决，但从程序正义角度讲，按照证据失权的理论，如果申请人不能有充分的理由证明新证据在一、二审期间不能取得，或者在一、二审时根本没能提出此证据，那么单纯的新证据不应作为再审的理由，以下几种情况例外(1)作为原裁判依据的主要书证或物证系伪造、变造的；(2)证据鉴定人所作出的证言、鉴定结论系伪证的；(3)作为原裁判基础的另一裁判、仲裁机关的裁决、国家行政机关的具体行政行为被依法变更或撤销的；(4)本案裁判与另一在其生效前的裁判或调解结果相抵触的；(5)有证据证明调解违反自愿原则调解协议内容违反法律、行政法规禁止性规定的；(6)主要证据取得违法或庭审时未经质证的。二是从适用法律方面考虑，即适用法律错误，影响公正裁判的，主要包括：(1)适用了失效或尚未生效的法律、法规及规章；(2)适用法律、法规以及参照规章错误的；(3)违反法律关于溯及力规定的。三是程序不合法，影响实体处理结果的方面，主要包括：(1)审判组织未依法组成，如法官无审判权；(2)违反有关回避规定的；(3)遗漏应当参加诉讼且能独立主张权利的当事人的；(4)当事人在诉讼中未合法委托代理人的；(5)剥夺或限制当事人法定诉讼权利的；(6)未依法送达就缺席审理或判决的；(7)依法应公开审理的案件未公开审理的；(8)违反案件管辖规定受理诉讼的；(9)其他严重违反法定程序的情况。四是审判该案的审判人员，经查证属实，徇私舞弊、枉法等职务上的犯罪裁判行为的。

2.2 对人民法院和人民检察院启动再审进行限制

前文已经提及，申请再审是当事人的一种诉讼权利，法院和检察院在再审程序中不具备诉权，因为法院、检察院不是当事人之间直接利益关系的主体。司法机关的“公权”启动再审，是对当事人处分权的不当干预。法院所享有的是审判权，检察院所享有的是民事检察监督权，而非诉权。大陆法系、英美法系的一些主要国家，一般只允许当事人可以成为启动再审程序的主体。民事诉讼是以国家权力解决私法关系为内容的程序。法院和检察院是国家权力的行使者，所以，应该明确规定，这两个机关只能仅限于生效的裁判明显损害社会公共利益或严重损害第三人利益而必须予以公权干预的案件，而启动再审程序。因此，我国应该完善民诉法中法院自行再审和指定再审的制度，保持法院在审判程序中的中立性，对检察院的民事抗诉范围也进行限制，避免因不同主体提起的再审而违背民事诉讼的程序安定的基本价值取向。

2.3 对申请再审的次数和时间进行限制

我国现行法律对于案件被再审的次数没有限制，按启动再审的主体分配，原告、被告、法院、检察院都启动再审程序一次，则同一案件至少可以被再审4次。实际生活中，同一案件几份判决书不乏其例，严重影响了司法的公信度。建议法律规定，每一案件只应被再审1次，且请求仅限对生效裁判不服而请求的范围，不应全案审理，更不应超越原审诉请的请求。检察机关抗诉的，一般仅围绕抗诉理由审理。另外，当事人申请再审的时间应缩短为半年到一年为宜，对检察机关提出的抗诉时间也应有一个规定，可以参照当事人申请再审的时间。

2.4 完善再审案件的处理机制

根据民事诉讼经济原则，为节约诉讼成本，提高再审效率，建议：一、充分发挥上级法院对下级法院的监督作用，再审案件的管辖权明确规定为上一级法院受理对下一级法院裁判提起再审申请，最高人民法院受理对其本院做出判决提起再审的案件。二、应规定再审申请只能针对二审裁判，维护二审终审制的司法权威。三、规定检察院的民事抗诉直接向作出生效裁判法院的上级法院提出，并由该上级法院直接调卷再审。四、法院对当事人再审申请的答复不超过一个月，再审案件的审限可以规定为半年。

与处理再审案件机制相适应，为完善再审制度，有管辖权的法院直接收到当事人的申请后，可以传唤申诉人，采取听证制度，审查当事人再审申请材料的形式要件和法定事由。对符合法定事由的，应立即中止原判决的执行。对不符合法定事由的，裁定不予受理。必要时，可以传唤申诉人和被申诉人同时参加听证，由合议庭主持听证，通过听取申诉人提出理由和出示证据，并经被申诉人简要答辩，合议庭合议后，决定是否立案再审。案件决定再审后，应该由审判监督庭业务素质较高的人员组成合议庭，公开进行审理，发挥集体的智慧，展现再审案件的公开性和案件审理结果的准确性。降低再审案件数量的根本还在于提高一审和二审案件的审判质量，让当事人输得心服，才不至于反复申请再审。

总之，根据现代司法理念和司法原则，科学地构筑再审程序，维护法院裁判的权威性和民事权利义务关系的稳定性，实现法律程序的安定性，对树立司法公信力和司法权威，做好新时期人民法院的审判工作具有重要意义。

参考文献：

［1］沈宗灵著：《现代西方法理学》，北京大学出版社 1992 年版。

［2］张文显主编：《法理学》，高等教育出版社 1999 年版。

［3］陈桂明著：《程序理念与程序规则》，中国法制出版社 1999 年版。

民事执行程序中存在的问题及对策

王建新

【内容提要】民事执行是民事审判的延续，是当事人借助国家公权实现其私权的最后一道“工序”。本文结合执行实践，根据民事执行的有关理论，采取分析法学和社会法学研究方法，探讨了我国民事执行程序方面存在的主要问题。文章内容主要包括执行通知书影响执行效率，执行中止随意性大，执行救济和监督现状不完善，执行职权主义色彩太浓，执行和解后恢复执行期限不合理以及委托执行工作等方面存在的问题，并分别提出了一些对策。这些对策有的是法律的修改问题，有的是执行机关内部管理制度问题。

【关键词】执行程序　既得权　管理制度

人民法院的民事执行就是执行机关根据生效的法律文书，采取民事执行措施，将当事人期待权向既得权、期待利益向现实利益转化，实现债权人私权的法律程序和法律制度。执行工作同审判工作一样，是司法工作的重要组成部分。实践证明，我国的民事执行程序中存在一些不完善的方面，在一定程度上影响了执行工作的开展。要实现人民法院“公正与效率”的世纪主题，应该解决民事执行程序中存在的问题，从而建立科学、公正、高效的民事执行程序。本文从法的价值和社会效果的角度，分析了我国民事执行程序中存在的主要问题，并提出了相应的对策。

1. 执行通知书影响执行效率

最高人民法院《关于人民法院执行工作若干问题的规定（试行）》（以下简称《规定》）第 24 条规定，人民法院决定受理执行案件后，应当在三日内向被执行人发出执行通知书，责令其在指定的期间内履行生效法律文书确定的义务。因此，根据现行法律规定，人民法院在采取执行措施前，向被执行人发出执行通知书，对被执行人限期主动履行债务是必经程序。这在执行程序中不仅是多余的，而且违背民事执行的基本原理，存在很大弊端。

一般认为，民事执行的目的是实现法的程序安定和债权人的权利安定。从法的程序安定的角度讲，要求裁判文书一经作出就不能轻易地变更或动摇。从债权人权利安定角度讲，裁判文书一经作出，就确定了债权人的实有权利。人民法院生效的裁判文书对当事人履行义务的期限已作了明确规定，一般规定败诉方在裁判文书生效后十日内履行义务。民事审判与民事执行应该是一脉相承，案件进入执行程序后，再向败诉方（被执行人）发出执行通知书，又多了一项程序，不仅影响了司法活动程序上的安定，而且约束了债权人及时实现的实有权利，这不符合民事执行的基本原理。而且，执行通知书指定履行期间长短，法律并无具体规定。司法实践中，一般仅凭执行员的个人意志决定，可长可短，随意性大。由执行员随意指定履行期间去改变或延长经审判程序中确定的履行期间，实际上是改变了生效裁判文书的主文，有损法律的统一和威严。

执行案件不能及时执结主要有两种原因，一种是客观上不能履行，被执行人确无财产可供执行。一种是主观上不愿履行，被执行人故意逃避债务，转移财产，造成某些案件一时无法执结。执行机关在采取强制执行措施之前，发出执行通知对主观上不愿积极履行债务的人来讲，为其逃避执行造成可乘之机，被执行人可能在执行通知书指定的期限内转移、变卖、隐藏财产，相反没有起到催促其履行的作用。对客观上无履行能力的被执行人来讲，即使发出执行通知书，也并非一定产生预期效果。

要改变这种状况，建议删去《规定》的第 24 条，同时规定在民事裁判文书中指定败诉方限期履行义务的同时，告知当事人在指定的期限未履行将导致双倍罚息的法律后果。在案件进入执行程序后，可直接依法对被执行人采取各种强制执行措施，或冻结账户，或查封财产等。程序公正是司法公正的重要内容，但追求程序公正并不等于程序复杂，甚至重复，法的社会性要求我们在尊重当事人民事权利的同时，尽可能简化程序。民事执行程序更应体现及时性和有效性，因为只有这样才有利于提高执行工作效率，及时维护当事人的合法权益，符合民事执行中的目的，实现司法公正和效率。

2. 执行中止随意性大

执行中止，有人在理论上称之为执行阻却，即在执行过程中，如果出现法定事由或者发生其他特殊情况，致使执行程序无法继续进行，或者暂时无必要继续进行时执行机关可依职权或依当事人申请裁定暂停执行程序，暂缓采取执行措施，待有关事由消失或新情况产生再继续执行程序。执行中止体现了法律的原则性与灵活性，效率与公正的统一。《中华人民共和国民事诉讼法》第 234 条规定，有下列情形之一的，人民法院应裁定中止执行：申请人表示可以延期执行的；案外人对执行标的提出确有理由的异议的；作为一方当事人的公民死亡，需要等待继承人继承权利或者承担义务的；作为一方当事人的法人或者其他组织终止，尚未确定权利义务承受人的；人民法院认为应当中止执行的其他情形。由于民事诉讼法规定得过于简单，《规定》第 102 条也列举了 5 种可中止执行的情形，其中第 2 种情形是“被执行人确无财产可供执行”。有一种理论认为，我国将当事人申请暂缓执行与法院依职权中止执行，统称为执行中止不妥，应该分别规定为暂缓执行与中止执行。我个人认为这只是中止执行的理由不同，其结果都是暂停执行程序，不必再作细化。存在的问题是，在执行工作中，有些执行人员对如何确定被执行人确无财产可供执行把握不准，滥用执行中止造成案件积压，影响了当事人对法律的信任。

民事执行应该务求高质、低耗、迅速结案，避免当事人诉累，执行程序一般不得中途停止。《规定》第 107 条规定，人民法院执行生效法律文书，一般应当在立案之日起六个月内执结，中止执行的期间应当扣除。在执行工作中，有些执行法官对其所承办的执行案件，由于即将超过六个月，在中止理由证据不充足的情况下，裁定中止执行，造成申请人债权无法及时实现，影响了司法公正。我国民事诉讼法规定，中止执行的情形消失后，执行法院可以根据当事人的申请或依职权恢复执行。于是，有的法院规定中止算结案，中止后恢复执行则重新立案，再进入执行程序，表面上案件数量较高，实际上是同一案件重复立案，不仅影响司法统计的准确性，而且延误了执行时间，同时也增加了申请人的经济负担，有损司法效率。

为防止这种现象，建议是，凡是法院认为被执行人确无财产可供执行，而需要中止执行的案件，要有充足详实的证据材料来证明中止的理由，这些材料中，被执行人是法人或其他组织的，应包括工商、税务等行政单位和设立银行账户金融事业单位的相关书面证明材料。被执行人是自然人的，应包括个人财产的相关调查材料。中止执行案件应该一律合议，由庭长和主管院长先后审批，层层把关，并通知申请人，做好解释工作。中止执行的案件不许作为法院的任务和结案数，要使执行中止规范化。

另外，案件进入执行程序后，法院经充分调查后，认定被执行人确无可供执行的财产，且申请人又不能提供被执行人的其他可供执行的财产线索时，可推广我国某些法院的做法，向申请人制发债权凭证，证明其对被执行人未能依法履行的义务享有继续申请执行的权利，并不受执行时限的限制，保留申请执行的时效，以后发现确有可供执行的财产，则可凭此证恢复执行，原执行案件则在程序上终结执行，作结案处理。这一方面保留了申请的人债权，另一方面也减轻了法院执行积案的压力。这种制度在黑龙江省法院和浙江省法院广泛推行，取得较好的效果。

3. 执行救济和监督的现状不完善

执行救济是指执行案件的当事人或利害关系人的合法权益因执行机关的不当执行而受到损害，依法请求有关机关采取保护和补救措施的法律制度。执行监督这里是指法律监督机关对人民法院的民事执行工作进行的监督。我国的执行救济和执行监督现状存在不完善的环节，主要表现为：

3.1　对执行不当和执行错误的救济制度不完善。我国民事诉讼法规定的执行异议和执行回转两种执行救济制度都属于实体上的救济。就执行异议而言，我国民事诉讼法没有对案外人的异议处理程序作出规定，尽管规定了由执行员进行审查，也仍存在问题。一是由执行员审查自己的案件，而且审查的是当事人的实体权利，实际上是执行代替了审判，有悖法理；二是执行员的审查是初步审查，还是最终审查，法律也无规定。这种情况下，异议人的实体权利难以确保不受到损害。我国民事诉讼法及其适用意见对执行回转进行了原则性规定，而且《规定》进行了完善，我个人认为，适应了实践的需要，这里不作论述。

3.2　对于执行的案件监督不够。我国执行案件监督不够，主要表现在两个方面，一是人民法院对执行案件超期久拖不结，在法院内部缺乏完善的内部监督机制，现在各级法院重点在强调审限，而对执行时限的重视似乎没有提到应有地位。二是人民检察院无权对执行程序中作出的裁定提出抗诉。1995 年 8 月 10 日，最高人民法院对广东省高级人民法院的请示批复认为，人民法院不受理人民检察院对执行程序中作出的查封财产裁定提出抗诉。人民法院是人民检察院的被监督机关。应不应该接受监督，应由国家权力机关决定，最高人民法院的批复不符合立法或法律解释的程序。

针对前述问题，改进措施是，加快建立和完善执行救济制度，从程序上讲，执行当事人或其他利害关系人对于执行法院违反法定执行程序的执行，在执行终结前，向该执行法院提出申请或异议，请求更正时，执行法院审查该申请或异议应该另外组成合议庭。经审查，认为理由成立的，裁定对原执行行为予以撤销并更正。认为申请或异议不合法或无理由，裁定驳回异议。同时为更好维护当事人的合法权益，规定这种裁定可以向上级法院提出复议一次。

为弥补被执行人或案外人的财产被不当或错误执行可能造成的损失，申请人提供执行线索，并申请采取强制措施之前，执行法院可以责令申请人提供相应的担保。执行中的强制措施，同诉前和诉中财产保全及海事强制令一样，面临因紧急情况下因审查不全面，而导致侵犯他人的合法权益问题。法院一旦因申请采取强制措施而侵犯他人的合法权益，可根据申请人提供的担保来承担责任，法院不应承担这种风险。所以，在执行程序中，执行法院采取强制措施时，根据案件情况责令申请人提供担保是很有必要的。

从执行案件管理的角度讲，为加强监督，法院完全可以将审判案件流程管理机制引用到执行程序中来，对执行案件进行全过程、全方位的监督和管理，使执行程序进一步规范。基本操作方法是，由立案庭对执行统一立案，及时转交执行，尝试实行排期执行制度。所有案件一经立案，应由立案庭进行排期执行。填写排期执行表，将案件当事人、执行法官、立案时间公布上墙，提高执行案件的公开性和透明度。立案庭负责对案件的执行进展督办，并对案件质量进行监督。同时，根据我国目前的司法体制，应允许人民检察院作为法律监督机关对民事执行行为进行必要的法律监督。

4. 执行职权主义色彩太浓

中立是人民法院司法工作的理念，即人民法院在审判和执行工作中尽可能减少职权主义色彩。我国民事诉讼法第 216 条规定，法律文书生效后，当事人可以向人民法院申请执行，也可以由审判员移送执行员执行，没有规定申请人必须申请执行和举证提供财产线索。从这一条规定来看，似乎法院在执行程序中可居于主动地位，法律文书生效后，当事人仅凭申请就可执行，法院也可以主动执行。最高人民法院《规定》第 20 条对申请人申请执行时应提交的材料进行了规定，但并没有因此改变法院在执行中的主动地位，职权主义色彩过于浓厚。因此，很多人认为，生效法律文书确定的债权，执行法院必须确保其债权实现。否则，法院的法律文书就是“法律白条”。

在此种观念下，人民法院在执行过程中过多地采取职权主义，搞粗放式的执行，其结果是既没能确保所有申请人的债权全部实现，又未获得社会的充分肯定，而且将市场经济中的商业风险转嫁到法院，把法院的强制执行权力异化为执行义务，执行法院陷入“讨债公司”，甚至是债务人的境地。从法理上讲，作为一种私权救济程序，民事执行必须尊重当事人的处分权，未经当事人请求，执行机关应无权主动采取强制措施。执行职权主义色彩过于浓厚，表面上看是维护了法院法律文书的权威，实质上是干涉了申请人是否申请执行、何时申请执行的选择权，侵犯了当事人最基本权利。

依法而论，执行程序是当事人申请，借助国家公力实现其私权的救济方式。当事人通过国家公力救济手段可望实现其债权。殊不知，当事人之间在诉讼前就已存在商业风险。人民法院依法采取公力救济手段并不能挽救债权人所有的经商风险。债权能否实现，以及实现的程度，并不完全取决于执行法院，客观上取决于债务人在执行时的履行能力及债权人举证的能力等因素。因而，债权不能通过法院的执行得到实现乃是一种不可避免的社会现象。

要改变这种现象，有关机关在修改我国民事诉讼法或制定相关执行法律法规时，应体现司法被动原则和中立地位。具体措施是：

4.1　凡是要求人民法院执行的一切案件，必须经权利人（申请人）向人民法院申请，审判业务庭不应将案件自行移送执行部门执行。在法院制作的裁判文书尾部可以告知当事人申请执行的期限。人民法院对被执行人的财产采取何种强制措施，何时采取都应由当事人提出书面申请，原则上人民法院不依职权采取强制措施。如有紧急情况，人民法院可以通知申请人，并作必要的提醒，如申请人仍不申请的，人民法院不依职权执行，执行不能的后果由申请人自行承担。

4.2　强化当事人的举证义务，推行债权凭证制度，完善被执行人申报财产制度。法院可以规定当事人在向法院申请执行立案时，向申请人发出提供财产线索通知书，向被执行人发出申报财产状况通知书，并分别限定时间。当前的现象是，当事人申请执行后，对案件不管不问，都一味要求法院依职权调查、取证和执行，放弃自己的权利和义务。而法院却被误认为是执行举证义务的主体，不利于当事人债权的实现。因此，应规定申请人在指定的期限内未能提供财产线索时，只作申请执行登记，单独编号，而不作执行立案处理。必要时，执行法院可以允许申请人申请延长提供财产线索的期限，但不宜过长。被执行人在指定期限内拒不申报财产状况时，经申请人举证或案外人举报，查明被执行人有可供执行的财产时，可按民事制裁和刑事处罚有关规定处理。

5. 执行和解后恢复执行期限不合理

执行和解是执行案件当事人在执行过程中自愿达成和解协议，同意被执行人分期或延期履行裁判文书确定的义务，从而暂停执行程序的一种制度。当被执行人不按和解协议履行义务时，申请人可向执行法院申请恢复执行。最高人民法院

《关于适用〈中华人民共和国民事诉讼法〉若干问题的意见》第 267 条规定，申请恢复执行原法律文书，适用民事诉讼法第 219 条申请执行期限的规定。申请执行期限因达成执行中的和解协议而中止，其期限自和解协议所定履行期限的最后一日起连续计算，计算时需将前次申请执行时已经经过的期间予以扣除。也就是说，当事人在执行过程中达成和解协议的，再申请恢复执行原法律文书的期限就从第一次申请执行之日起中止，一直中止到和解协议确定的最后履行日，再次申请执行就从这个最后履行日开始计算，这种计算是“连续计算”。

该规定存在两个弊端。一是具体适用起来很复杂，每个案件都有不同的申请恢复执行期限，计算起来十分繁锁，不仅当事人难以掌握，对于法院来讲，也不易操作。特别是当事人如果在执行过程中多次和解，计算起来更加麻烦。二是对于债权来说不尽合理。按《民事诉讼法》第 219 条规定，申请执行的期限，双方或一方当事人是公民的为一年，双方是法人或其他组织的为六个月。如果申请人申请执行时已接近一年或六个月，则执行和解后申请执行的期限将十分短。此时，如果申请人不能很好地把握期限，可能引起无法再次进入强制执行程序，而被执行人往往利用这个规定进行钻空子赖账，有悖法律的公平原则，不利于法院执行工作的顺利进行。

民事执行的内在价值之一是廉价而迅速。实体争议已在审判程序中解决，民事执行应以简化的程序，最少费用，实现债权人的债权，恢复正常社会秩序。建议改进措施是，将我国现行的关于申请执行期限的规定进行修改，将申请执行期限规定为申请时效，当该申请执行期限再现法定事由时，允许中断或延长，从而更好地维护申请人的合法权益。也可以考虑将申请恢复执行的期限规定为从执行和解协议规定的被执行人履行债务的最后一日起计算，再给申请人一定的申请执行期限，如三个月或半年，逾期则不能再进入执行程序。

如果是法院主持执行和解，执行人员可以提醒当事人在和解协议中约定一个恢复执行的期限，也可以在审查和解协议时，告知当事人最迟在何时申请恢复执行，消除现行规定的弊端，便于申请人及时主张权利，防止被执行人借机赖账。

6. 委托执行工作需规范

对于委托执行工作，我国民事诉讼法和执行规定等都进行了一些相关规定。为加强和改进委托执行工作，最高人民法院于 2000 年 2 月份又颁布了《关于加强和改进委托执行工作的若干规定》（以下简称《若干规定》）。但从实践来看，委托执行工作仍存在以下问题：

一是最高人民法院《关于执行工作若干问题的规定》没有将刑事判决中罚金和没收财产的执行列入委托执行的范围，委托执行只包括民事判决、裁定以及刑事判决、裁定中附带民事诉讼的部分。这不符合最高人民法院关于加强和改进委托执行工作的立法本意。《若干规定》的立法本意是降低跨地区执行的负面影响，实现执行工作廉价而迅速的执行价值。被执行人或被执行的财产在本省、自治区、直辖市辖区以外的案件，除少数特殊情况外，应该委托执行。罚金和没收财产同样属于普通财产，而司法实践中刑事案件以案件发生地为基本管辖原则，犯罪分子作案地往往与其财产不在同一地区，因而当该犯罪分子被判处罚金和没有财产时，往往需要委托异地法院执行。虽然人民法院之间存在一部分委托执行案件是申请执行罚金和没收财产的，但缺乏明确的法律依据。二是跨省、自治区、直辖市辖区以外的案件，除高级人民法院外，其他基层法院跨省、自治区、自辖市委托执行。要通过委托方和受委托方的上级法院之间委托，而不能直接委托。这种规定不仅浪费了大量司法成本，而且可能耽误及时执行的最佳时期，不利于及时保护当事人的合法权益。三是受委托法院仍没能完全摆脱地方保护主义的倾向。

建议措施是，明确将刑事判决中罚金和没收财产的执行列入委托执行的范畴，不至于在执行过程中法院之间因缺乏法律依据相互推诿，同意接受执行的法院也有法可依，当事人也就不能对此提出执行异议。同时规定无论是跨何种层次的行政辖区，都可以直接委托执行，委托法院在将委托执行案件材料邮寄或送至受托法院的同时，报其各自的上级法院备案，便于统一管理和协调，这才能够大大减少委托执行的中间环节，提高执行工作效率。最高院可以明确规定受托法院对接受委托的案件必须优先执行。委托执行工作怎样，取决于受托法院对受托案件的态度。只要每一个受托法院都能抛弃地方保护主义，把受托案件当成本院的案件一样对待，树立全国法院“一盘棋”的观念，委托执行案件就很容易得到执行。2000 年 6 月，全国海事法院执行工作研讨会上，来自全国十家海事法院都是分局布不同省、自治区、直辖市的法院。他们一致赞成海事法院之间可以直接委托，并优先执行，其各自所在地高院也表示认可。二年来的事实表明，这种委托方式是合理的，取得了较好的效果。

结束语

民事执行工作是人民法院司法工作的重要组成部分，要实现人民法院“公正与效率”的世纪主题，一方面要适时进行执行工作管理体制改革，另一方面要及时修改和完善执行程序中不合理的规定，只有将两者有效结合，才能更快地推动执行工作的发展。

参考文献：

［1］谭秋桂著：《民事执行原理研究》，中国法制出版社 2001 版。

［2］付子堂著：《法律功能论》，中国政法大学出版社 1999 年版。

［3］常怡主编：《强制执行理论与实务》，重庆出版社 1990 年版。

论电子证据的规则与效力

申　骞

【内容摘要】 证据在司法证明中的作用是毋庸置疑的。随着网络经济的蓬勃发展，诸电子邮件、电子数据交换、因特网等无纸化信息手段的运用，给传统的证据制度带来了强有力的挑战。本文对电子证据的特征，各国法制上的电子证据规则，国际上关于电子证据的统一规则和标准的立法趋势以及我国电子证据的规则及对策进行了分析和思考，提出关于进一步完善民事诉讼法及相关法律，制定新的涵盖电子证据规则的《民事证据法》，意在确立符合我国实际的电子证据的证据价值和证据地位，以适应网络经济发展的现实需要。

【关键词】

证据在司法证明中的作用是毋庸置疑的，证据可以说是争议机制的核心内容，也是法官准确认定事实、正确适用法律的标准。随着网络经济的蓬勃发展，诸如电子邮件、电子数据交换（EDI）、因特网等无纸化信息手段的运用。给传统的证据制度带来了尖锐的课题，本文试对电子证据的规则与效力作若干探讨，旨在为克服电子信息系统和无纸化贸易带来的法律效力上的障碍，并给电子商务创立更加安全的法律环境，维护交易安全，提供若干浅见和思考。

1. 电子证据的特点

本文所言的电子证据是指计算机系统运行过程中产生的或储存的以其启示的内容证明案件事实的电、磁、光记录物，这些记录的核心是电子数据并具有多种输出表现形式。电子证据是现代高科技发展的重要产物和先进成果，是现代科学技术在诉讼证据上的体现，它与其他证据相比主要有以下特点：

1.1　电子证据具有数字技术性，技术含量高，具有高度的科学技术性。电子证据的物质载体是电脉冲和磁性材料等。从技术上说，电子证据具有数字信息的准确性、精密性、迅速传递性等特点。

1.2　电子证据具有脆弱性，易被伪造、篡改。由于电子证据均以电磁波的形式储存，电子数据和无形性使得其易被毁灭与变更，因而其真实性也被大打折扣。

1.3　电子证据具有复合性、表现形式的多态性与丰富性。由于多媒体技术的出现，信息在电脑屏幕上的表现形式是多样的，其呈现出图、文、声并茂形态，甚至人机交互处理，与其他证据相比，更具表现力。

此外，电子证据由其本身的特性决定了它具有间接性、无形性、易收集性、易保存性、可反复重现等特性。

在商业贸易中，电子手段的应用诚然具有许多优点并能给用户带来巨大的经济效益。但是，由于现行法律的许多规定都是适用于传统的有纸贸易的，这些法律规定对作为一种新技术和新概念的电子数据交换（EDI）的推广使用会引起许多难以克服的障碍。其中之一就是电子数据被法院采纳为证据及其证据效力如何。在传统的贸易活动中，“书面”的文件（包括书面合同和各种单据），因其本身就具有有形物的特点，各国法律都认为它们可以被采纳为证据。因为书面文件有疑问亦可由专家进行鉴别。但电子“文件”则不同，它使用的是磁性介质（如磁带、磁盘、激光盘等），它录存的数据内容可能随时被改动，且不遗留任何痕迹。因此，这种无纸“电子文件”在诉讼中能否被采纳为证据，就成为法律上的问题。

2. 各国法制上的电子证据规则

各国现行证据法对证据的可采纳性（Admissibility）的要求是不完全相同的，因此，电子证据在各国所遇到的难题及解决方法也不尽相同。

2.1　英美证据法

英美证据法是由大量而精确的专门性规则所构成的。在这些规则中，阻碍EDI作为证据被采纳的是传闻规则和最佳证据原则。在英美证据法上，证言是最受重视的证据方法。依照传闻规则，只有自己亲自知道该事实的人的证言才能被采纳。因为只有对这样的人才能进行反讯问，即对立辩论式的审查。但计算机处理电子信息随时可能把它转变，人们是不能对计算机进行反讯问的，因此，英美证据方面的立法、学说及判例均认为，计算机输出的书面材料属于传闻证据。

依照英美证据法的最佳证据原则，只有文书的原本才能作为证据被采纳。文书是指以手写、打字、印刷、影印、照相、磁的脉冲、机械或电子录音或以其他形式的数据资料记录下来的字母、单词、数字。文书的原本是指文书本身以及作成或发行者打算给予它相同效力的复本。凡是数据储存在电子计算机或类似的装置中，一切能用肉眼看得见的，证明能正确反映数据的印出或其他输出信号，都是原本。但是，计算机输出书面材料往往只是原件（如发票、订货单）的抄录本，亦称为复制品。复制品则是指用与原本相同的印刷产生的，或者从同一字模，或者用摄影（包括扩大或缩小），或者用机械的或电子的再录音，或者用化学的复制法或者用其他正确的复制原本技术制成的复本。原本往往在信息录入后销毁。即使是直接输入，充其量原本是计算机所藏的数据，即磁性介质的或电子形式的数据。计算机上出现的数据只是一种抄录，因而不被采纳为证据。

2.1.1　传闻规则

关于传闻规则，英美证据法承认有许多例外。1965年英国上议院的一个判决指出，以后英国判例不得再制定传闻规则的新的例外。因此，英国不得不通过立法途径修改法律。1968年制定的《民事证据法》包括关于证据的一般规则以及关于计算机输出文件的具体规定。该法第2条规定“第一手”传闻证据可以被采纳。凡是输入数据者对数据亲自知道，或者在执行职务时从亲自知道者那里得悉这些数据的，该计算机输出书面材料可以采纳为证据。第5条规定，在任何民事诉讼中，计算机制作的文件中的某一陈述，如能证明该陈述和计算机符合以下条件者，应作为陈述中所包含的可以允许这个人提出直接口头证据的任何事实的证据，这些条件是：

第一，来自使用者经常在其正常活动中使用的计算机。第二，在数据输入时，计算机运转良好。第三，文件所包含的信息是重述或者来自计算机的数据。第四，陈述中所包含的情报是在正常活动中输入计算机的情报的重述，或者是从中推导出来的情报。

能够证明上述情况属实的潜在的证人有如下几种：一是由电子计算机记录其营业管理活动情况者，他们对信息输入过程中产生的差错是清楚的；二是对监视计算机信息输入负责的人；三是对计算机硬部件和程序编制负责的人。英国《民事证据法》第 4 条要求负责人向法院提出认定该项书面材料的证明书，证明书说明制成的方式与软件。所谓负责人是指与企业活动或使用计算机有关的人。英国《最高法院规则》（RSC）第 38 条规定，就计算机陈述而言，须依据民事证据法提出一份说明，以证实证人属于上述三种人之一，并且证实计算机在有关时期内一直正常工作。具备上述条件，经法院宣布可采纳的计算机输出文件，将由法院评定其证据力。从美国判例可以看到，信息文件一旦被宣告可作为证据采纳，当事人很少否认其证据力。但英国这方面的判例很少，所以不能肯定这种倾向是否存在。1968 年民事证据法第 4 条与《最高法院规则》第 23 条和第 38 条都要求法院注意信息提供者与记录制作者的可靠性，但民事证据法第 5 条第 2 款并无此种要求。第 5 条所强调的是计算机的可靠性。然而，《最高法院规则》第 24 条和第 38 条要求通知必须包括有关两种人的细节，即（1）经营管理使用电子计算机进行业务以及向电子计算机输入信息的负责人；（2）电子计算机操作的负责人。如果电子计算机的实际操作者不能胜任本项工作，缺乏训练和经验，以及不可靠，虽然不影响电子计算机记录的可采纳性，但能影响证据的分量。

此外，英国于 1979 年制定的《银行法》明文承认，银行的账簿包括用微型照片、磁带或其他保存数据的机械用电子形式所保存的数据。

在美国，判例法向来承认传闻规则的一项例外，即所谓“商务记录例外”，后来被纳入 1965 年的《统一证据法规则》，并经大多数州略加修改后采用为州法。所谓商务记录包括企业、自由职业、营业性或非营业性的行业或机关的数据。商业记录的可靠性是通过长期的商业经验证明的，即一贯的校对、正规性、持续性以及因此产生的准确习惯。加上商人信赖这些记录进行业务，职员为保持他的工作必须作正确的记录。因此，商务记录数据不须书写者的证言就能被采纳为证据，其条件是：这些数据所反映的内容是在进行正常的、正规的业务中作成，且是在业务完成时或稍后时输入的。可见，采纳性并不取决于输入的形式，而取决于输入的环境。因此，美国判例能够援引这项传闻规则的例外，承认计算机输出文件的可采纳性。

1980 年的美国《联邦证据规则》也认可了上述例外，即第 80 条第 6 款规定："任何记载行为、事件、状况意见或诊断的备忘录、报告、记录、数据汇编或其他形式的文件，由经手人通过所了解的信息当场或随后制作，经过日常进行的业务活动保存，并且制作这些备忘录、报告、记录、数据汇编等属于日常业务活动内容，均可由文件管理人或其他合格证人提供作证。除非这些材料的信息来源或准备这些材料的方法、环境表明这些材料缺乏真实性。"根据上述规定，数据资料作为证据被采纳须具备如下三个要件：第一，这些数据资料是在当时或者接近那个时候作成的，或者根据转来的信息作成的；第二，这些数据是在正常的业务活动中作成的，而且该项业务活动的正常做法是作成这些数据资料等；第三，这一切都应当由保管这些文件的人或其他合格的证人给予证明。但是，有人持反对观点，认为这些数据往往只用磁性的或者电子的形式存储，只是在发生争端时才打印在肉眼能读的文件上，而且打印在文件上与输入之时往往相隔一长段时间。因此，法律所要求的经常性与同时性都不具备。美国判例没有接受这种批评，主张商务纪录例外应从广义解释。其理由是法院不得不考虑到商界以及自由职业界的实际做法。判例认为正规性与同时性应从计算机输出文件打印时加以衡量，而不是数据输入计算机的时刻。

美国证据法由于商务记录例外的灵活性，没有再用立法规定计算机输入文件的可采纳性。但是联邦立法当局修改了《联邦诉讼规则》，规定上述例外适用于"不问使用什么样的存储方法"的数据。依官方解释，这是指以计算机存储的数据。

2.1.2　最佳证据规则

英国证据法规定，凡当事人能证明无从取得正本时，可以使用抄本证明正本的内容。英国法院援用这项判例法例外作为采纳计算机输出文件的依据。就是说，只须证明这些文件的正本在正常的业务活动中已经销毁，或者如系直接输入，无须证明基础正本从未存在。此外，最佳证据规则也有成文法规定的例外。1968年《民事证据法》第5条规定，可以采纳计算机输出文件的抄本，如关于微型胶卷只须向法院证明符合计算机输出的文件。但成文法和判例法都没有明确所谓符合的标准。

美国法持有与英国法同样的观点。依美国法，如果无从取得正本，可采纳抄本。在信息方面，美国判例对"无从取得"这一概念从宽解释。美国法还允许"大量书面材料例外"。这是指文件材料太多无从向法院出示时，只要对方能查阅正本就可以采纳节本。美国判例认为，计算机输出文件可作为节本。

在英美法国家，电子数据之所以能够得到法律的认可，从根本上说取决于现实经济和商业活动的需要。在过去的年代里，发现程序以及其他与它有关的程序受到严格的限制。坚持要求提出原本的所谓"最佳证据规则"，基本上防止了不正确和诈欺等弊病的发生。随着这些诉讼程序范围的扩大，近年来减少了援用该规则的需要。要求提出原本的规则，传统上把重点放在以文字和数字表达的，涉及法律关系的数据和词句上。换言之，在过去最佳证据规则主要适用于文书。现代技术扩大了储存数据的方法，但是，为使用上的需要和便利，信息最终采用的形式还是文字与数字。

2.2 法国证据法

法国证据法面临两方面的问题，一是关于保存书证的法律规定，二是关于成立法律行为的法律规定。前者即用计算机输入信息，并且销毁原本，在证据法上是否有效？后者即通过计算机成立的交易是否符合有关法律行为证明方式的规定？

2.2.1 保存书证的法律规定

直接录入的磁带也许可作为法国民法所指的原本。如果需要向法院提出这些信息，就必须誊清在计算机输出的文件上，这些文件应视为抄本。

法国民法第1334条规定，原本存在时，抄本只能证明原本的内容，但可以随时要求出示原本。可见，抄本无多大的法律价值。诚然，在商事诉讼中，法官倾向于把抄本视为具有与原本相同的价值。由于计算机输出文件的抄本具有新颖性，法官也许不太信任。因此，立法当局于1980年修改后的第1348条第4款，原本不存在时，确实而又耐久的抄本能够有效地取代原本。然而，由于原本既已消灭，无法判断抄本忠于原本，所以，新规定要求的可靠性很难满足。

2.2.2 成立法律行为的规定

前已指出，使用EDI系统能够加快合同的订立，却具有即时消灭性的缺点。因为，第一，荧光屏记载不断出现、不断消灭，很难保留当事人双方交易的意思。第二，即便能够证明合同的存在及其内容，合同当事人到底是何人仍难确定。因此，使用EDI系统订立的合同会发生如下问题：首先是合同存在的证明。在某些情形，一方当事人根本否认的不是合同存在，而是合同的某些规定，如交货期限、支付方式等。再次是合同当事人的证明。

法国证据法区别法律行为的证明与法律事实的证明。但两者有时难以区别，因为法律事实是与人联系的社会事实。尤其是法律事实在法律上的效果独立于人的意思。依法国法，法律事实能够使用一切证据方式加以证明，如推定、证言、自认等。相反，法律行为在原则上必须用作为证明之用而签署的书面文件予以证明。法国判例不承认用电传打字机的通信作为书面文件，因其原本未经签名，不能作为私人文书。法国民法第1341条规定，一切法律行为都需要制作书面文件，或为公证文书，或为私文书。当然，该条亦包含一些可适用EDI系统订阅的合同。第一，该规定低于5000法国法郎的交易能用一切证据方式证明，银行自动窗口进行的交易往往低于这个数目。第二，该条适用于民事法律行为，不适用于商事法律行为。依法国商法1980年的新规定（第109条），就商人而言，法律行为可使用一切证据方式予以证明。此外，商人与非商人用EDI系统订立合同时，这种法律行为属于混合法律行为范畴，是否为商事行为取决于被告的身份，即被告是商人或是人。被告的身份对证据法起着决定性的作用。许多法国学者认为，法国民法第1341条的规定不是强制性规定，更不是公共秩序性质的规定，所以，当事人可用证据协议规定在他们之间通过 EDI 系统订立的合同不适用第 1341 条，而使用一切证据方式予以证明。这些证据方式协议可采用总协议方即适用于将来采取 EDI 系统订立的所有合同。最后，第 1341 条在以下两种情形不适用：第一种情形是，债权人无从取得书证（第 1348 条）；第二种情形是，存在书证的初步证据。初步书证是指原告所书写的书面材料，它虽不能完全证明原告所主张的事实，但说明主张似乎真正存在（第 1347 条）。有认为，使用 EDI 系统属于第 1347 条、第 1348 条的例外。修改法国民法的 1980 年法律承认法国判例的新发展，规定在无从取得书面材料的场合免除适用书面材料的要求。因此，凡是在使用抽象数据传递时，法官很容易得出无从使用书面的结论。

3. 国际组织关于电子证据的“统一规则”和“统一标准”

3.1　联合国的建议

1996 年 12 月 16 日，联合国国际贸易法委员会（UNCITRAL）通过《电子商务法范本》，该法的目的，就是为了给各国国内法的制定者，就如何排除此类法律障碍，并给电子商务创造更加安全的法律环境，提供一套国际上认可接受的规则。在该法第九条“数据消息的可接受性和证据分量”规定：(1) 在任何法律程序中，在应用有关证据的任何规则时，不应否认一条数据消息作为证据的可接受性，仅仅因为（甲）它是一条数据消息；或（乙）当它是提供者在合理情况下所能提供的最好证据时，仅仅因为它不是其原初的形式。(2) 以一条数据消息形式存在的信息，应当获得其应有的证据分量……1999 年 9 月，该委员会电子商务工作组会议讨论的《电子签字统一规则草案》中，首次提出如对于一数据电文使用了一种电子签字，作为一次数据电文或其他用途之时起始终保持该信息的完整无损，则推定该数据电文为原件。

3.2　国际商会的建议

1987 年 9 月，国际商会执行委员会通过了《电传交换贸易统一行为原则》。这次规则为 EDI 用户及通讯系统的经营者拟定具体的通讯协议提供了良好基础，而订立通讯协议是进行“无纸贸易”的一个不可缺少的条件。1990 年 4 月，国际商会对《国际贸易术语解释通则》进行了第 5 次修订，这项规则也对电子单证的法律地位作了明确的规定。

3.3　欧共体的建议

欧共体委员会在《贸易电子数据交换系统协议草案》第 11 条规定，当事人一致同意：“如果发生争讼，各当事人不得根据本协议规定进行交换和保存的电文作为证据的可接受性提出疑问。”以克服英美法系国家由于传闻证据规则为了最佳证据规则的存在，使他们在接受电子证据方面有某些理论上和实践上的不确定性。

3.4　国际海事委员会的规则

为了规范有关电子贸易的行为规则，1990 年 6 月 29 日国际海事委员会第 34 次大会通过了《电子提单规则》，供国际贸易当事人协商援用。在“电子数据与书面效力等同”部分规定：“承运人为发货人以及此后所有采用本程序的当事方均同意载于计算机数据存储中，可用人类语言在屏幕上显示或由计算机打印的业经传输为确认的电子数据将满足任何国内法或地方法、习惯或实践规定运输合同必须经签署并以书面形式加以证明的要求。经采纳上述规定，所有当事方将被认为业已同意不再提出合同非书面形式的抗辩。”

4. 关于我国电子证据规则的思考及对策

4.1 电子证据的证据力

在我国，证据的证明力取决于证据同案件事实的客观内在联系及其联系的紧密程度，根据我国的证据理论，证据的证明力取决于证据是直接证据还是间接证据。

我国三部诉讼法对电子证据未作明确规定，大致将证据规定为七种，即书证、物证、视听资料、证人证言、当事人陈述、鉴定结论、勘验和检查笔录。在上述诸种形式中，电子证据似乎与视听资料更为接近。有许多学者认为，数字电文应归入“视听资料”的范畴，应对“视听资料”作扩大解释，不应限于录音带、录像带之类的资料，还应把电子数据资料也包括在内，因为电子数据同样是可以显示为“可读的形式”(Readable Form)，因而它也是“可视的”。但《民事诉讼法》第六十九条又明文规定：“人民法院对视听资料，应当鉴别真伪，并结合本案的其他证据，审查确定能否作为认定事实的根据。”这就是把电子证据的可采性和确定力置于模棱两可中，并对电子证据的效力作了苛刻的限制。这对电子商务的发展是十分不利的。因为电子合同是一种“无纸合同”，合同的载体为电脑（计算机），故通常条件下的书证、物证为电子数据所代替，所以，电子证据要与物证、书证等法定证据相印证在司法实践的操作中非常困难，即法官面临着如何认定电子证据的证明力以及如何对电子证据进行审查判断从而据以定案。电子证据作为证据来使用，必须具有能证明案件事实的证据力。在评估其证据力时，应考虑到生成、储存或传递该电子证据办法的可靠性，保持信息完整性和可靠性，用以鉴别发端人的办法以及任何其他相关因素。具体说来，电子证据要具有充分的证据力，必须符合如下要求：

4.1.1 客观性，又称实质性。证据必须是客观存在的事实。电子证据的客观性在于其内容必须是可靠的，非法虚构、篡改的电子证据没有客观性。因此，必须证明：计算机的操作有严格的规程，包括操作者处于严格控制之下，系统未被非法人员操作；操作者的操作是合法的，符合系统本身的设计；系统的维护和调试也处于严格控制之下，未被随意修改，以便于日后核查数据与原始资料是否一致。电子证据内容的可行性还涉及到数据的遗失和未经授权的接触。为保证储存的公正性，可由具有较强公信力的第三方机构提供服务。

4.1.2 相关性，又称关联性或者证明性，即电子证据同事实具有一定的联系并且对证明事实有实际意义。这就必须对诉讼有关的诸多数据进行重组与取舍，而要保证重组后的数据与诉讼事实具有本质上联系，也必须保证重组方法和过程的客观科学性和合法性，只有紧密围绕事实严格操作程序进行的重组才能符合这一要求。

4.1.3 合法性，又称有效性或者法律性，即证据必须是依法收集和查证属实的事实。对电子证据的固定、收集、存储、转移、搜查等行为必须依法进行。

4.2 电子证据的采用规则

4.2.1 修改《民事诉讼法》关于视听资料必须与其他证据相印证的规定，只要电子证据能够证明案件事实，就不必要求其与其他证据相印证。何况电子证据可以作为证据使用以及电子证据的可采性目前已得到世界上大多数国家的认可。

4.2.2 对书证作扩张解释。将电子证据作为书证。电子证据是否构成书证，其实是一个关于"书面"形式的法律解释问题。我国《合同法》第十一条明确规定：书面形式是指合同书、信件和数据电文（包括电报、电传、传真、电子数据交换和电子邮件）等可以有形地表现所载内容的形式。显然，该法对"书面"作了扩张解释，使之涵盖了电子证据，从而给电子证据作为书证营造了良好的法律环境。

4.2.3 在草拟的《中国民事证据法》中，将"电子数据"作为第八种证据而与其他传统的七种证据形式并列，同时对电子证据的证据规则可参考香港《诉讼证据条例》的立法例，即："由电脑储存所编制的文件，如果为合格人士所编制，未被干扰，电脑操作正常，其记录为业务内所用，并由相关人员宣誓作证的电脑文件，即可接纳为证据"。

总之，网络经济已经成为我们的基本经济生活环境，而完善民事诉讼法及相关法律，确立电子证据的证据价值和证据地位也将成为法制的重要组成部分。我们应当以鼓励交易为出发点，效率与安全并重，以意思自治为原则，强调国家的适度干预，制定出严格精确的电子证据规则，以适应网络经济发展的现实需要。

参考文献：

[1] 沈达明著：《英美证据法》。

[2] 齐爱民、徐亮著：《电子商务法原理与实务》。

[3] 叶自强著：《民事证据研究》。

[4] 张楚著：《电子商务法初论》。

[5] 中国人民大学民法教研室编：《外国民事诉讼法分解资料》。

[6] 冯大同著：《国际贸易中应用电子数据交换所遇到的法律问题》。

[7]《国际经济贸易规则、惯例通编》，厦门大学出版社。

浅论涉港澳商事案件管辖冲突及解决

左铭辉

【内容提要】香港和澳门依据基本法享有“行政管理权、立法权、独立的司法权和终审权。”，两地原有法律、法令、行政法规和其他规范性文件，除同基本法相抵触或经二特别行政区的立法机关或其他有关机关依照法定程序作出修改者外，予以保留，使我国区际法律冲突问题骤然显现。解决区际实体法和程序法的全部问题，不是一蹴而就的事。随着三地经济交往的日益频繁，相应民商事纠纷亦不断增加。如何解决商事案件管辖权冲突，成为当务之急。三地协商确定民商事案件管辖权范围，是合法、有效和可行的办法。协定解决三地管辖权冲突，应当尊重当事人意愿。可采取具体列举管辖权、明确禁止“一案两诉”和确定“一事不二理”的规则，适用“不方便法院原则”和“便利生效判决执行原则”等措施和制度。

【关键词】涉港澳　商事案件　管辖冲突

随着香港和澳门两个特别行政区的成立，由邓小平同志为解决台湾问题而倡导的“一国两制”设想在港、澳得以实现。《中华人民共和国香港行政区基本法》和《中华人民共和国澳门行政区基本法》的颁布和实施，对香港和澳门的繁荣与稳定起着决定性的作用。香港和澳门依据基本法享有“行政管理权、立法权、独立的司法权和终审权。”，寓意着在一个主权国家的三个地区，将同时分别拥有三个相对独立的立法和司法体系、适用三种法律制度，使我国区际法律冲突问题骤然显现。随着全球经济化进程的逐渐深入和内地与港澳间经济互补和往来的日益密切，相应的内地与港澳间商事案件不可避免地增多。内地与港澳间关于商事案件管辖权所适用的法律各不相同，直接影响着对涉及三地商事纠纷的处理。如何解决内地与港澳商事案件管辖权的冲突，成为我们首当其冲应当解决的问题。

1. 内地及港澳解决商事案件管辖权冲突的法律渊源及内容

1.1　一直以来，内地各级人民法院在处理涉外或涉港澳台商事案件管辖权的审判实践中，主要依据《中华人民共和国民事诉讼法》和《中华人民共和国海事诉讼特别程序法》中有关涉外民事案件管辖的规定和我国签订或参加的国际公约及双边条约。在适用选择上，优先适用我国签订或参加的国际公约及双边条约。在缺乏既存法律依据的情况下，也适当参照现今通行的国际惯例。我国民事诉讼法对商事案件管辖权的确定有三类：第一，一般商事案件管辖以被告住所地及诉讼标的所在地或引起法律关系发生、变更、消灭的法律事实所在地确定管辖权；第二，专属管辖案件以不动产所在地和引起法律关系发生、变更、消灭的法律事实所在地确定管辖权；第三，协商管辖以案件当事人对纠纷处理约定确定管辖权，但不得违反专属管辖和级别管辖的规定。

1.2　根据《中华人民共和国香港特别行政区基本法》第八条“香港原有法律，即普通法、衡平法、条例、附属立法和习惯法，除同本法相抵触或经香港特别行政区的立法机关作出修改者外，予以保留。”的规定，香港的法律制度除与基本法相抵触的或经香港特别行政区的立法机关作出修改者外，仍然保留了下来。由于香港在回归之前为英属殖民地，其沿用的民商事法律制度亦为英国模式，故其处理民商事案件管辖权的主要法律渊源来自于普通法、衡平法。香港本地制订的条例、附属立法、判例法、习惯法，权威著作和国际公约也是其重要组成部分。香港没有统一的民商事诉讼法典，其解决商事案件管辖权的法律规范主要承袭英国法。在处理商事案件管辖权问题方面，香港没有关于专属管辖的规定，除以协商管辖作为确定依据外，更广泛地采用对人之诉讼和对物之诉讼的连接点规则，以能够将告票送达给被告等能“有效执行”作为案件受理条件。不论当事人是否在法院所在地，只要被告有一个诸如在法院地开有账户、标的物处于法院地范围内、都可成为香港法院行使管辖权的依据。

1.3　根据《中华人民共和国澳门特别行政区基本法》第八条“澳门原有的法律、法令、行政法规和其他规范性文件，除同本法相抵触或经澳门特别行政区的立法机关或其他有关机关依照法定程序作出修改者外，予以保留。”的规定，澳门作为我国的一个特别行政区，属我国主权范围。但其法律制度除与基本法相抵触的或经澳门特别行政区的立法机关作出修改者外，仍然保留下来。由于澳门在回归之前为葡属殖民地，一直以来没有自己独立的法律体系，也没有自己的民商事诉讼制度，施行的是葡萄牙法律。在澳门回归的过渡阶段，葡澳当局开展了澳门法律本地化工作，完成了《澳门民事诉讼法典》的制定。该法典按基本法及全国人大常委会处理澳门原有法律的相关决定，实施时除删去公布时的序言和签署部分外，条文五卷保持不变，形成了其独立的民商事诉讼法律制度。葡萄牙属大陆法系国家，澳门承袭葡国成文法体系，《澳门民事诉讼法典》对民商事案件的管辖予以了专章具体的规定。对一般商事诉讼的管辖，《澳门民事诉讼法典》规定：第一，作为诉因的事实或组成诉因的事实在澳门发生的；第二，当被告不是澳门居民而原告是澳门居民时，只要被告可以在其居住地基于同一标的提出一个针对原告的诉讼；第三，当不在澳门法院提起诉讼，有关权利将无法实现，且拟提起的诉讼与澳门之间在人或物方面存在任何应予考虑的连接点时。对商事诉讼的专属管辖，《澳门民事诉讼法典》规定：第一，与在澳门的不动产的物权有关的诉讼；第二，旨在宣告被告在澳门的法人破产或无偿还能力的诉讼。

2. 内地及港澳三地商事审判管辖权冲突的特点及弊端

2.1　三地关于商事审判管辖权冲突的特点及具体表现

由上述内地和港澳对商事案件管辖权的制度可以看出，内地及港澳关于民商事案件的管辖权问题都表现出了一个共同特点，即均规定主动宽泛的管辖，亦即积极管辖。在我国内地，造成积极管辖的原因除继承法系传统外，区际法律冲突出现前，除以维护国家主权，保护本国（本地区）经济利益和公民权益为目的外，长期实行独立和封闭经济政策亦不乏为其一个重要原因。改革开放后，内地在处理涉港澳民事案件管辖问题上，有四种形式，即：合同及产权纠纷，实行与法律事实具有连接点的牵连管辖；当事人对管辖作出书面选择的，实行协商管辖；对人民法院受理的案件被告不提出管辖权异议的，实行受案管辖；民事诉讼法规定的专属管辖案件。诸种形式的管辖性质，均是以多连接点条件实现的积极管辖。香港民商事审判制度承袭英国法“有效控制”原则，以能够“有效地执行”为基本条件，以对物诉讼和对人诉讼为双重连接点，案件的管辖动因更为宽泛，从而使香港法院对商事案件的管辖权具有相当的广泛性。《澳门民事诉讼法典》关于民商事案件的管辖权规定从表象来看，集中反映的是属人兼属地原则，但其在属人原则的连接点项下，亦充分利用连接点的可扩张性延展了管辖范围。在个性方面，由于三地关于商事案件管辖权的制度产生于不同法域，各自沿袭着不同的法律文化背景，对案件管辖权的理解和规定各不相同，相互间有着明显的差异。内地和澳门的民事诉讼法对专属管辖都作了明确的规定，对案件的管辖具有明确的受案条件，对不符合标准的不予受案，在一定程度上限制了诉讼，从而产生了相对的消极管辖现象；香港法律则没有此类专门的规定，而是依“善良与公正”原则赋予法官以充分的“自由裁量权”，从而使法院对商事案件的管辖在积极管辖或消极管辖的掌握上显得更为灵活。在内地与澳门的专属管辖规定方面，澳门以属人原则和物之所在地为判定标准，而内地则兼容以属人原则、物之所在地原则和法律事实原则（如合资、合作开发合同等——笔者注），相对于澳门的专属管辖规定则显得更为宽泛。

2.2　三地商事案件管辖权冲突所产生的弊端

作为一个国家或地区，在当前全球化开放型经济的特定形势下，在行使国家对商事案件管辖权时，有条件地接受或承认已参加的国际公约，制定与国际公约相适应的民商事诉讼法律，充分行使对商事案件的管辖权，是维护国家主权，保护本国（本地区）和本民族利益的一种通行做法和有效手段。但积极管辖的弊端也逐渐表现出了其与时势不相适应的一面，为各国法学界所关注。积极管辖现象所产生的管辖冲突在国际私法理论中称为管辖权积极冲突，积极冲突产生“管辖权扩张”、“一案两诉”、“择地诉讼”和不承认和不执行他地法院判决的现象。“一案两诉”，因受案法院作出判决的判决结果不同，使当事人间的纠纷不能得到有效解决；择地诉讼，因各地法院所适用的实体法依据不同，易于产生责任规避，或加重责任的现象；“管辖权扩张”和不承认和不执行他地法院生效的判决，造成法院之间、法院与当事人间的不信任和抵抗情绪。在内地与港澳关系中作为一个主权下不同法域的各个地区，统一强盛和共同发展是一个永恒的主题，如单纯强调法域特色和单边发展，不但不会产生预期的效果，还会出现俱伤俱衰的结局。正因为如此，我国三地民事案件管辖权冲突已不仅仅是一个诉讼程序问题了，它与国家统一安定和经济发展密切相关，是我国调整区际民商事法律关系和民事诉讼的首要问题，也是实现将来一个主权下的法律真正同一的前提问题。

3. 解决内地与港澳三地商事案件管辖冲突的设想

3.1 三地商事案件管辖冲突解决的迫切性

三地商事案件管辖冲突的共同特点和法域文化差异，使得我国区际法律冲突与西方区际法律冲突有着截然不同的特点，从而对冲突的消除处理显得更为复杂。作为区际法律冲突的解决方法不外乎制定统一的区际冲突法和商事实体法。但就眼前所涉商事案件管辖冲突的解决而言，不论是制定统一的区际冲突法，还是制定统一的区际商事实体法都是不现实的事情。因为上述所提的两种方法既是对中国区际法律冲突的全方位的规定，又是涉及到宪法和基本法以及边缘法律认同的问题。它们的制定虽能一并解决管辖冲突问题，但涉及的全方位实体和程序问题并不是短时间可以解决的。同时，立即制定两法也与基本法和"一国两制"的精神实质相悖。正因为此，立即解决束缚内地与港澳商事案件管辖关系的管辖权法律冲突问题成了当务之急。

3.2 解决三地商事案件管辖权冲突的条件论证

内地与港澳之间以及香港和澳门之间虽然分属不同的法域，依基本法，港澳各自保留与基本法不相抵触的法律制度，施行各自保留的法律。但三地有着相同的民族传统文化背景，港澳都是中华人民共和国的一个行政区域，是中国不可分割的组成部分，两地有效施行的法律与宪法和各基本法精神相符合。由此，所形成的我国区际法律冲突的部分乃至全部问题，可以在"一国两制"的基本原则指导下，以平等互利和共同发展，促进本地区政治、经济、文化和社会进步为前提目标，以各法域间的通容规定为法理基础，通过协议的方式加以解决。

港澳两地的基本法均明确作出了通过协商依法进行司法方面的联系和相互提供协助的规定，为内地与港澳的司法协助和合作以协商方式进行提供了法律依据。1999 年 3 月 30 日最高人民法院通知印发了《关于内地与香港特别行政区法院相互委托送达民商事司法文书的安排》，2001 年 8 月 7 日最高人民法院审判委员会通过了《最高人民法院关于内地与澳门特别行政区法院就民商事案件相互委托送达司法文书和调取证据的安排》。通过几年来的实践证明，上述两个"安排"在三地的司法协助中发挥了显著作用，为三地更广泛领域的进一步协商协作奠定了良好基础，也为三地进一步开展司法协商作出了有益的示范。

依循《关于香港问题的联合声明》和《关于澳门问题的联合声明》及两个基本法，港澳两地的现行法律基本不变。作为香港和澳门的原依附国英国和葡萄牙所加入的国际条约，在两地回归前适用于两地的，只要不为适用于两个基本法的宪法性文件相悖，不为两个基本法相悖或被特别行政区立法机关修改或废止，仍为两地继续适用。而在前述两国参加的国际条约中，也有我国业已加入或签订的部分，对于该部分，三地对有关规定的认识是一致的；依两个联合声明的规定，两地还可以分别以"中国香港"和"中国澳门"的名义在经济、贸易、金融、航运等领域同世界各国、各地区及相关组织保持联系和发展关系，签订和履行相关协定；对于中华人民共和国缔结的国际协定，中央人民政府可根据情况和香港、澳门的需要，在征得两地政府的意见后，决定是否适用于香港或澳门行政区。如此种种，可以理解为在国家和港澳共同参加或适用的协定中，对共性问题的理解和认识上，三地拥有相同的准则。

三地目前的民商事案件的管辖权冲突，在有两个基本法为依据，以共同承认国际条约和习惯为前提，以三地法律中相同或相似制度为基础，以经过实践检验的司法协助经验为保障，通过协调和协商解决是可行的。

3.3　三地商事案件管辖权协商解决的设想

3.3.1　确认当事人协商管辖原则。

"意思自治"原则已为当今国际社会广泛采用。我国在申请加入 WTO 以来所制定的相关民商事法律制度，基本上也充分考虑和运用了这一原则。三地的有关民商事诉讼法律制度也都在一定条件下，允许当事人协议选择纠纷的解决方式和地点，这是解决涉外民事案件管辖权冲突的较好形式。民商事活动原本就是当事人之间对权利义务的设定，允许当事人自行预设和选择纷争的解决方法和地点，是按照当事人的合法意愿维护当事人合法权益的一种实际表现。当事人协议选择管辖，意味着排斥了与案件有关的其他地区对管辖权的强制设定。承认协议管辖权更便于保护当事人合法权益，从根本上解决了管辖权的积极冲突。因为当事人可以根据案件所涉及的各方面情况，选择他们认为最合法、最方便的法院来解决纠纷，该法院所作出的判决更利于当事人接受和自动执行。从根本上，当事人协商管辖原则也符合三地的法律规定，不致产生法律冲突。

3.3.2　适用"不方便法院原则"和"便利生效判决执行原则"。

"不方便法院原则"和"便利生效判决执行原则"也是当今国际社会广泛认同的国际私法原则之一。"不方便法院原则"，是指根据国内法的规定，一国法院对某一涉外民事案件享有管辖权，但如果该法院认为本法院地对该案件的任何当事人而言是一个不公平或不方便的地点，而且另有更为方便的地点作为法院地，则该法院可在其权限内拒绝行使管辖权。在实践中，这一原则的适用必须具备存在一个对当事人更为方便的法院和该法院不予拒绝的两个前提条件。适用"不方便法院原则"的目的在于减少当事人的讼累，便于查证，方便执行。当事人进行诉讼的目的是为了保护自己的合法权益，法院行使审判职能的目的是为了分清是非，维护当事人的合法权利，维护正常的社会秩序。就民商事纠纷的诉讼而言，它们的共同依托点就是对生效判决的执行。判决只有经过执行，判决确定的当事人的合法权益才能实现。对发生法律效力的判决当事人应当自动执行，如果一方当事人不能自动执行，法院将依另一方当事人的申请强制执行。作为涉外案件，强制执行标的往往位于境外，依主权原则，必然产生国际司法协助问题。如果在确定案件的管辖权时，首先考虑到方便生效判决的执行问题，则由便利执行的法院地管辖，这是"便利生效判决执行原则"的要义。内地与港澳以及台湾共同构成中华大家庭，促进国家繁荣昌盛和发展壮大是三地共同的愿望和目标。同时我们也注意到，三地虽为一个主权之下，但由于社会制度不同，司法体制相对独立，相互往来亦采用护照签证制度，具有“不方便法院”和“不便利生效判决执行”的客观现实存在。在三地协商解决民商事案件管辖权冲突问题上，确定适用“不方便法院原则”和“便利生效判决执行原则”是很有必要的。

3.3.3 明确禁止“一事两诉”，确定“一事不二理”的规则。

“一事两诉”又称“诉讼竟合”，是指当事人基于同一法律事实，在两个不同地域法院提起诉讼的状况。其有两种情形，一种是同一原告就同一诉讼标的分别在两个不同地域的法院提起诉讼，另一种是就同一诉讼标的，双方当事人分别在两个不同地域的法院作为原告向对方提起诉讼。与之对应的是“一事二理”，“一事二理”是国际上主权国家对相关的商事案件，从维护司法管辖权的目的出发，对本国法律规定具有连接点的民事纠纷，以本国法律规定为标准，基于同一事实和诉讼请求受理他国已经受理或审结的纠纷。如此，无形中会产生一个纠纷两种或多种结果的状况，使纠纷人为地复杂化，从而给当事人造成更多的麻烦，最终使纠纷无从解决，严重的还会造成国与国之间的外交纷争。有鉴于此，在内地与港澳间明确商事案件管辖权的问题时，应当将“一事不二理”作为一项规则予以制定：如果某一案件已为某地法院受理或作出了有效判决，针对同一事实的同一请求，其他地域的法院则不再予以受理。这也是国际上公认的一条原则，在处理“一事两诉”的问题上，英国一般采取终止本国诉讼或命令原告终止外国诉讼，或者要求原告作出选择的做法。一些大陆法系国家，也根据先受原则或互惠原则处理“一案两诉”问题。我国民事诉讼法在国内民事案件管辖的规定中采取先诉原则，辅以协商管辖和上级法院指定管辖的做法。在涉外案件中，基本上采取接受原则，对我国缔结或参加的国际公约的部分，则采取依据缔结或参加的国际公约规定。内地与港澳在处理“一案两诉”问题时，可以采用便利原则兼先诉原则，针对“一案两诉”的各种情况，制定具体的“一事不二理”规则。

3.3.4 明确列举具体纠纷情形和受案条件，实行国际通用的逐项明确和有限保留管辖权的作法。

具体尺度是最好的衡量标准。三地商事案件管辖权范围越明确就越便于操作，减少冲突。为此我们不妨借鉴目前国际上处理民事管辖权问题较有影响的1968年布鲁塞尔《关于民商事司法管辖权和判决执行公约》、1971年海牙《关于承认和执行外国民商事判决公约》及其《补充议定书》确定的“白色—黑色—览表”列举式做法，在三地关于解决商事案件管辖冲突的协议中，亦采取列举法协定各地法院具有管辖权的种种情形和条件。凡不符合条件的或声明保留的，列入“红色一览表”，一旦有法院行使了该列表中的事项，则视为过度行使管辖权，遭到谴责和作为协助法院拒绝承认和执行对方判决的理由；凡符合条件的，列入“蓝色一览表”，作为协议法院认同管辖权和被请求协助的法院承认和执行判决的依据。这种具体明确的方式在实际操作中简便易行，不仅可以消除法院间因法域不同所产生的对个案类别和性质理解的差异，更能减少三地在案件管辖权上的冲突。

协商解决三地商事案件管辖冲突是一个系统工程，它涉及到对相关原则、概念的共同认知，对相应规则的相容和认同，对协定方式和习惯的适应。分析三地民商事案件管辖冲突的主要表现，集中反映在对管辖的积极冲突方面。借鉴国际较为通行的习惯和中、英、葡已经参加的国际条约，制定解决内地与港澳关于民商事案件管辖问题是符合实际和方便可行的。“当事人协商管辖原则”、为三地共同遵循的准则，“不方便法院原则”也为现今国际社会逐渐认同。中、英、葡是1968年布鲁塞尔《关于民商事司法管辖权和判决执行公约》、1971年海牙《关于承认和执行外国民商事判决公约》及其《补充议定书》的参加国，作为英葡法域承袭地的港澳地区，对于以列举式方式约定条款的方法易于接受。本文的立足点是在目前各区域法律制度尚存差异的情形下，解决眼前急迫的商事案件管辖冲突问题。对最终统一区际冲突法和统一商事实体法的制定而言，这又是一个有益的尝试和必经过程。本文从原则、规则和形式三方面着手，阐述关于涉港澳商事案件管辖冲突及解决，其意亦在于此。

最后有必要阐明一点的是，三地解决商事案件管辖冲突问题，要把握好原则与尺度，不能因为解决这一问题，损害三地各自的公共秩序。应始终按照宪法和两个基本法的精神办理，既不能损害国家主权和全局利益，又不能危害港澳的基本利益。

参考文献：

[1] 张仲伯主编：《国际私法学》，2002年修订本第330页至第331页，中国政法大学出版社。

[2] 常怡主编：《民事诉讼法学》2002年修订本第510页至第513页，中国政法大学出版社。

[3] 韩德培主编：《国际私法新论》，武汉大学出版社。

[4] 韩德培、韩健著：《美国国际私法（冲突法）导论》，第87页至第88页，法律出版社1994年版。

论国际货运代理的法律地位及民事责任

刘友元

【内容摘要】 目前，我国从事对外贸易的企业已达10多万，从事国际货运代理的企业已达2000多家，全国80%以上的进出口货物运输都是通过国际货运代理企业来进行的，在我国已经形成了一个新兴的具有一定规模的代理、运输服务行业，并不断地向现代国际物流业拓展，成为以信息技术、电子商务、网络经济等专业科技知识为基础的具有全方位综合服务的代理商和运输者。但是，国际货运代理在实际工作中经常发生的代理纠纷、货运纠纷等又值得我们深思，不该赔的赔偿了、该赔的又予以拒赔；赔了的不知其原故，拒赔的讲不清何道理。鉴于此，本文试图从法律的角度，对国际货运代理的含义、特征、性质、作用、业务范围、权利义务、纠纷类型、适用规范、法律地位及民事责任等方面作一初步分析，以期了解国际货运代理的多重身份，懂得不同的身份处于不同的法律地位，应否承担责任，承担何种责任，以便当事人在从事国际货运代理业务中规范运作，提高效益，从而规避经营风险，减少企业损失。同时，为我们海事海商办案人员提供审判参考，更好地依法维护当事人的合法权益。

【关键词】 国际货运代理　法律地位　民事责任

序　　言

在海事海商审判实践中，我们经常遇到国际货运代理特别是海上货运代理人的身份不断变化，有时是货运代理人，有时是船舶经营人、有时是多式联运经营人，有时是无船承运人，有时还是提单上的托运人或通知人等。当国际货运代理与相对方一旦发生有关国际货物海上运输纠纷而提起诉讼，由于国际货运代理的身份在客观上存在着一定的复杂性，我们的审判人员往往对其在实际业务中的法律地位有时把握不准，在此情况下，也就难以公平、公正、合法地维护其正当权益，让其依法享有相应的民事权利或承担相应的民事责任。因此，很有必要弄清楚国际货运代理在从事国际货物海上运输代理中的法律地位及其相应的法律责任。

1. 国际货运代理的含义及法律特性

国际货运代理，目前在国际上没有形成一个统一的定义，最有权威的是国际货运代理协会联合会（简称FIATA）对“国际货运代理”所下的定义：国际货运代理是根据客户的指示，并为客户的利益而揽取货物运输的人，其本身并不是承运人。

在我国航运界的理论解释是：国际货运代理是指货运代理机构或个人接受货主或承运人的委托，在授权范围内，代表货主办理进出口货物的报关、交接、仓储、调拨、检验、包装、租船订舱等项业务，或代表承运人承揽货载的行为。

我国《国际货物运输代理业管理规定》及实施细则（试行）对“国际货运代理”所下的定义是：接受进出口货物收货人、发货人的委托，以委托人的名义或者以自己的名义，为委托人办理国际货物及相关业务并收取服务报酬（即代理费或佣金）的行业。

上述解释或者定义都是从传统的佣金代理的特点来界定的。其基本观点是国际货运代理不是国际货物运输关系的当事人（即托运人、承运人或收货人）。尽管世界各国对“国际货运代理”有不同称谓，但均认为国际货运代理只提供自己的货运代理服务，而不是承运人或无船承运人，仅作为接受货主的委托，就有关国际货物进出口运输、转运、仓储、保险、报关以及与货物运输有关的各种业务代办手续、提供服务的一个代理机构，并依照货主的要求来安排和处理进出口货物。据此认定国际货运代理的基本性质是“货物中间人”，它既代表货主即发货人和收货人提供周到的服务，使货物安全、迅速、廉价、及时地运达目的地，又能为承运人源源不断地揽取大批货源，并协调承运人进行运输工作，在货主与承运人之间行事。我国《关于国际货物运输代理行业管理的若干规定》也认为，国际货物运输代理是介于货主与承运人之间的中间人，是接受货主或承运人委托，在授权范围内办理国际货物运输业务的企业。

随着国际贸易、运输方式的发展，国际货运代理已渗透到国际贸易的每一领域，为国际贸易中不可缺少的重要组成部分。国际货运代理的基本特点是接受委托人委托或授权，代办各种国际贸易、货物运输以及货物保管等服务业务，并收取一定的报酬。从国际货运代理业发展的趋势来看，目前的国际货运代理业务经营实际包含着“货运代理”与“无船承运”这两层含义，一层是从事纯粹的货运代理业务，以委托代理人的身份收取船东的佣金；另一层是越来越多的担当起承运人的角色，以承运人的身份吃货主的差价。许多国际货运代理通过建立自己的运输组织，拥有自己的运输工具和设施，用来从事国际货运代理业务，包括签发多式联运提单，并以承运人的身份承担责任的方式来谋求更广阔的业务范围。为了与国际接轨，进一步发展我国的海上货物运输业、国际货运代理业，我国相关主管部门对海上货物运输业、国际货运代理业的政策作了新的调整。一方面，国际货运代理继续按照我国《国际货物运输代理业管理规定》，从事国际货运代理业务，全面占领和巩固国内、境外国际货运代理业市场；另一方面，国际货运代理又可根据我国《国际海运条例》的规定，开辟新的服务途径，发展以国际多式联运、无船承运为中心的承运人业务。同时，不少国际货运代理正在建立和发展自己独具优势的物流企业，不断扩大和拓展物流业务范围，全方位地提供包括运输、中转、仓储、保险等在内的现代物流服务，这也是当今国际货运代理业生存和发展的必然。

2. 国际货运代理的业务范围及法定职责

我国是航运大国，每年我国对外贸易进出口货物90%以上都是由船舶运输来承担的。特别是加入WTO之后，我国逐步取消对国内相关产业的保护政策，全部取消对外商的限制，将允许外商全资的国外航运企业、货代机构等进入国内市场，促使我国的海上运输业、货运代理业参与全球市场竞争，以促进我国与国际货运代理的接轨以及我国国际货运代理的转型。在这种情况下，我国的国际货运代理要有完善的竞争机制，有较强的竞争能力，掌握最新货运信息，发展多元化的业务，高效率、低成本、多便利、少环节，及时提供全面、迅速、安全、优质的货运服务。

2.1 作为国际货运代理人

其业务范围和服务对象比较广泛，通常是接受货主的委托，直接或通过其分支机构或所雇佣的其他代理机构为货主即托运人（出口商）和收货人（进口商）、海关、承运人、班轮公司、航空公司，在物流服务中还包括工、商企业等，以完成货物运输全过程各环节的工作，并利用其在海外的代理人提供服务。

国际货运代理的业务范围及主要职责包括：为托运人选择运输线路、运输方式和适当的承运人；向选定的承运人提供揽货、订舱；接收货物并签发有关单证；安排货物包装、储存、称重和量尺码；办理货物运输、保险、报关及单证手续，并将货物交给承运人；收取承运人已签发的正本提单，并交给托运人；办理有关运输的外汇交易；通过承运人或其在国外的相关代理人，监督该货物运输的进程，为托运人提供货物运输信息。代表托运人或收货人支付运费、关税及其他费用；向收货人报告货物动态；接收和审核所有与运输有关的单据；安排提货和运输过程中的存仓；向收货人交付已结关的货物；协助收货人储存或分拨货物，记录货物灭失或损坏情况，协助收货人向有关责任方进行索赔。此外，还可根据客户的需要，提供与运输有关的其他服务，如监装、监卸、混装、拼箱、拆箱及物流服务等，并以代理人的责任完成代理工作。

2.2 作为船舶经营人

在实际工作中，国际货运代理对其所从事的业务，正在越来越高的程度上直接经营船舶运输业务。根据我国《国际海运条例》规定的条件，国际货运代理只要有与经营国际海上运输业务相适应的船舶，这些投入运营的船舶符合国家规定的海上交通安全技术标准，有提单或者多式联运单证，有具备国家规定的从业资格的高级业务管理人员，经过主管部门批准，就可以经营国际船舶运输业务。国际船舶货物运输经营者使用自有或者经营的船舶、舱位，提供国际海上货物运输服务以及为完成这些服务而围绕其船舶或者货物开展的相关活动，包括签订有关协议、接受订舱、商定和收取运费、签发提单及其他相关运输单证、安排货物装卸、安排保管、进行货物交接、安排中转运输和船舶进出港等活动。若货物在承运人掌管期间发生损害，由该承运人承担责任。

2.3 作为无船承运人

我国最近颁布了《国际海运条例》及实施细则，国际货运代理按规定只要向主管部门办理提单登记，并交纳一定的保证金，就可以经营无船承运业务，成为运输合同的当事人。国际货运代理要从事无船经营业务，可以承运人身份与托运人订立国际货物运输合同；以承运人身份接收货物、交付货物；签发自己的提单或者其他运输单证；向托运人收取运费及其他服务报酬；向国际船舶运输经营者或者其他运输方式经营者为所承运的货物订舱和办理托运；支付港到港运费或者其他运输费用；办理集装箱拆箱、集拼箱业务和其他相关的业务，在国际海上货物运输过程中，承担承运人的责任。

2.4 作为多式联运经营人

国际货物多式联运是伴随国际集装箱货物运输的发展而发展起来的。多式联运方式的好处是，一票单证、一次付费、一个总承运人对货主承担整个运输责任。根据我国《海商法》的相关规定，国际货运代理可以成为多式联运经营人，从事承运人海上货运业务。

在集装箱货物运输中，国际货运代理常以多式联运经营人的身份与托运人订立国际货物多式联运合同，一次性收取全程运费，签发多式联运提单，以此把公路、铁路、内河、海上、乃至航空运输联接起来，负责把货物从托运人的工厂或仓库运至收货人的工厂或仓库，对货主提供“门到门”的一揽子综合运输服务。在运输过程中，不论国际货运代理是否直接参加运输，也不管运输事故发生在哪个运输区段，只要货物的损害发生在多式联运经营人的责任期间的责任范围内，国际货运代理作为多式联运经营人，就要对全程运输负责。

3. 国际货运代理的纠纷类型及适用规范

在海事海商审判实践中，国际货运代理常以不同的身份、在不同的阶段、承担不同的任务，经常发生的纠纷有以下几种类型：

3.1 从事代理人业务所发生的国际货运代理纠纷

这种纠纷的产生主要是国际货运代理作为代理人而未尽到代理人的职责，在业务工作中发生差错，包括：未为托运人选择好承运人，没有按托运人要求将货物安全、及时、完好地运交收货人；接收托运货物时未认真进行检验、核实，交货时数量、质量、货物状况等与提单不符；货物出运前装箱时未检查箱体、所装货物等，在目的港不能向收货人交付完好的货物；装箱时发生货物错装、混装、漏装，致使货物不能在到达港及时、如数、完好地交给收货人；有的货物出运前尽管得到指示投了保，但在选择险种时仍然出现疏忽，使货物发生保险责任范围内的损失时而得不到保险赔偿；货物报关时存在错报、误报、漏报、瞒报等情况，不能使货物及时通关出运；货物出运后未能按必要的程序取得再出口（进口）货物退税，或为索取出口商的代理费、佣金或其他垫支的相关费用而留置出口货物报关单或出口退税专用联，导致出口商要么不能正常办理退税，要么退税过期而受损；从承运人处取得签发的正本提单后，未及时将正本提单交付给托运人，使托运人不能及时到银行办理国际结汇；货物到港后未按指示交付、或没有将货物交给真正的收货人；未取得收货人的货款而交付货物，等等。

3.2 从事承运人业务所发生的海上货物运输纠纷

国际货运代理作为承运人（包括船舶经营人、无船承运人、多式联运经营人）从事国际海上货物运输，具有很强的技术性、专业性和很大的风险性，其责任涉及到船舶是否适航、船员是否合格、驾驶和管理船舶是否有过失以及货物配载、积载、装卸、管理等有无过错。在实践中，经常发生的海上货物运输纠纷主要有：承运人在船舶开航前和开航当时未做到“谨慎处理”、“恪尽职责”，使承运的船舶未满足适航要求，给货主造成经济损失；在船人员有的不持有相应的适任证书，有不适合在海上船舶工作的身体条件等，容易发生不应有的船舶绕航、航行延误；载货船舶没有妥善配备充足的燃料、物料、淡水和食品以及船舶载货处所不适于安全收受、载运和保管货物，使所载货物有不同程度的损失；在港口装载、搬移、积载以及卸载过程中，存在野蛮装卸、搬运，配载、积载不当，造成货物经济损失；货物装船后，船舶没有及时开航，没有履行速遣义务，致使货物因迟延交付或者灭失或者损坏或者其他经济损失；船舶开航后没有按约定的或习惯的或地理上的航线航行，存在着不合理绕航，以致航期过长、交货迟延；在航行途中承运人对所载货物没有尽到管理货物的责任，使货物不同程度地遭损；货物出运后，由于承运人签单有误或错填单证或航行过失，造成货物错装、漏装、错运，使收货人在目的港不能及时提到货物；货物出运后，为索取运费或其他相关费用而不把正本提单交给托运人；船舶到港前未及时向收货人发出货物到港通知书，致使收货人不能及时向卸货港口申请泊位，造成货物滞港而发生不必要的费用；在到达港未凭正本提单交货，而是凭提单副本加保函放货，事后也未收回正本提单，当正本提单持有人前来提货时又提货不着，容易形成纠纷；凭记名提单或指示提单交货时，未向提单上载明的收货人交付，有时发生错误交货；当托运人未按约定预付运费或其他在装货港发生的费用时，承运人将货物运抵目地港后交货前，为索取该笔费用而不当行使货物留置权；在到达港交货时，因承运人原因以致货物发生短少、残损、灭失，等等。

3.3　解决代理纠纷或货运纠纷所适用的法律规范

国际货运代理不论其身份如何，与对方发生何种纠纷，都是与一定的经济损失和过错责任有关。因其发生纠纷的诉因或者诉由不同，而在处理和解决这些争议时所依据的法律规定也就不同。作为代理人发生代理纠纷，目前，我国没有专门的代理法，调整代理纠纷的实体法主要是我国《民法通则》和《合同法》。《民法通则》第四章第二节对代理行为作了规定，其特点是：代理人以被代理人的名义行事，其身份是代理人，其责任由被代理人承担；代理人以自己的名义为被代理人业务同第三人签订合同，其身份是合同当事人，要承担当事人的责任。如果国际货运代理以自己的名义为托运人的货物同承运人签订货运合同，即使收取的费用是服务费或佣金，按《民法通则》的规定也要承担合同当事人的责任，而不是代理人的责任。尽管我国《国际货物运输代理业管理规定》及实施细则规定，国际货运代理可以委托人名义或者以自己的名义从事代理业务，但该规定是行业法规而不是法律，其效力高不过《民法通则》；而且，该法规没有对“以自己的名义"从事代理业务的责任承担原则作出规定，处理纠纷时只能依据《民法通则》的规定。所以，经常发生国际货运代理从事代理人业务，而承担当事人责任的情况。在实践中，为了工作上的方便，国际货运代理更多的是以自己的名义为被代理人业务与第三人签订合同，如果让签订者自己来承担应由被代理人承担的责任，不利于我国国际货运代理业的发展，也与国际市场的货运代理规则相悖。因此，我国《合同法》在立法时充分考虑到这一点，专门在该法第二十一章以委托合同内容对此作出了明确规定，解决了多年来国际货运代理以自己名义为被代理人业务与第三人签订合同而要承担当事人责任的困扰。当然，国际货运代理以承运人身份从事货运业务，应当向托运人签发自己的运输单证。若与托运人发生业务纠纷，应当以所签运输单证作为解决争议的依据；若与实际承运人发生业务纠纷，应当以其与实际承运人所签运输合同作为解决争议的依据。处理国际海上货物运输纠纷，主要依据当事人双方签订的货物运输合同、协议、租约以及托运单、订舱单、提单、海运单、仓单等所载明的条款，根据有关货物运输中所发生的基本事实、争议性质、双方义务及其过错责任，按照我国的《海商法》、《合同法》和《民法通则》等实体法律来处理货物运输合同当事人之间的纠纷。

4. 国际货运代理的主体资格及责任承担

从目前国际货运代理经营的业务来看，对货主所委托的业务，国际货运代理有的是由自己承办，有的是以中间人的身份为货主与第三方促成交易。在实践中，一方面，国际货运代理与托运人订立代理或运输合同，可能成为代理人或承运人；另一方面，国际货运代理又与承运人签订运输合同，又可能成为托运人或代理人。

4.1　作为代理人的主体资格及责任承担

一宗国际货物进出口，往往需要经过国内外的公路、铁路、内河和远洋运输才能完成。在办理出口货物时，以委托人的名义而非以自己的名义同第三人签订运输合同；货物运至港口后，代为安排预订舱位、装船、保险、报关、交货等工作，且不代表承运人签发海运提单，仅代理安排出口运输及有关各项出口业务。这时，国际货运代理并不是承运人，不取得对货物的控制权，不负责在目的地交付货物，它仅充当托运人的代理人与承运人联络以及对海运和其他运输之间的必要步骤作出安排，由于它不负责承运，只负责联系运输，落实承运工作，所以只要它在选择承运人上尽了合理谨慎之责，就算履行了合同。在此情况下，国际货运代理仅为托运人的代理人。在办理进口货物时，国际货运代理在海运提单及货物买卖合同中，往往以"通知人"身份出现，但承办的仍是代理人工作。货物不需中转的，国际货运代理只负责承办货物进口所需的一切手续，包括报关、报验、提货等业务，甚至送货上门；货物需中转的，根据货物性质，选择国内最佳运输方式，把货物运至目的地。也就是说，当国际货运代理接受托运人或收货人委托，办理进出口货物的订舱、配载、报关、仓储、代运和过境运输业务时，只要是以委托人的名义从事活动，它就是纯粹的代理人。作为代理人只要它本身无过失，包括选择第三人无过失，它是不承担责任的，包括不承担第三人所造成的货损、货差、货物灭失等责任。

国际货运代理作为代理人接受委托办理有关代理业务，根据我国有关法律法规规定，应当与进出口收货人、发货人签订书面委托协议。双方发生业务纠纷，应当以所签书面协议作为解决争议的依据。通常，委托方与国际货运代理的关系由委托协议或合同来确定；委托方与第三方的关系由货运代理人与第三方订立的合同来确定；国际货运代理与第三方的关系由国际货运代理与第三方订立的合同来确定。从国际货运代理与第三方订立的合同来看，有以下几种：

4.1.1 国际货运代理在委托人即货主（一般表现为工厂或企业）的授权范围内，就该货物与承运人签订运输合同时，承运人知道国际货运代理与委托人之间的代理关系，或者国际货运代理这时既公开其是代表委托人，又说明其受谁委托，在订立的运输合同上表明“经ＸＸＸ授权”、“为ＸＸＸ的代表”等字样；或者在向承运人提交的出口货物托运单、订舱单上载明“托运人ＸＸＸ”，或者在特别事项一栏里写明“运费由托运人ＸＸＸ支付”等文字。在这种情况下，国际货运代理的代理行为应属显名代理，即代理人在被代理人的授权范围内，以被代理人名义从事代理行为，所产生的法律后果由被代理人承担。这种代理在内部关系上，委托人和国际货运代理之间是货运代理合同关系，国际货运代理享有代理人的权利，承担代理人的义务；在外部关系上，国际货运代理不是签订运输合同的主体，不享有该合同权利，也不承担该合同义务。当发生货损、货差、货物灭失时，国际货运代理不承担运输合同责任，除非其本人有过失，委托人应直接向负有责任的承运人或其他第三人索赔。如果国际货运代理在代理工作中出现差错，造成损失，则要承担相应的代理过错法律责任，受损方有权通过法院向国际货运代理请求赔偿。这符合我国《民法通则》第六十三条第二款关于代理的规定。

4.1.2 国际货运代理说明自己的身份是委托方的代表，但并没有说明委托方是谁。此时，国际货运代理与承运人签订运输合同或向承运人提交托单、提出订舱等行为，应属于我国《合同法》委托合同中的隐名代理，即属于披露本人（委托人）的代理。如果国际货运代理没有向承运人支付预付运费或其他相关费用，根据我国《合同法》第四百零三条第二款的规定，受托人（国际货运代理）因委托人（货主）的原因对第三人（承运人）不履行义务时，受托人（国际货运代理）应当向第三人（承运人）披露委托人（货主），这时的第三人（承运人）可以选择受托人（国际货运代理）或者委托人（货主）作为相对人主张其权利。但第三承运人的这种选择权只能行使一次，如一旦选定货主，则不得变更相对人为国际货运代理，承运人只能向货主或货主的外贸代理主张权利。如果承运人选择国际货运代理作为相对人，国际货运代理应向承运人先行承担责任，然后再向货主进行追偿。如果国际货运代理未披露隐名委托人（货主）的，承运人只能向国际货运代理主张其运费或其他相关费用。

4.1.3　国际货运代理既不公开被代理人的身份，也不表明自己的代理人身份，而以自己的名义与承运人订立运输合同，这属于未披露本人的代理。这种情况若按照《民法通则》来理解，委托人、代理人与承运人三者的关系应各为一个独立的合同关系，即国际货运代理与委托人系独立的代理合同关系，国际货运代理与承运人是独立的运输合同关系。两个合同由各自双方当事人承担合同责任，三者之间并没有直接的法律联系。但依照《合同法》第四百零二条规定，国际货运代理的行为是隐名代理或未披露委托人的代理。当承运人与国际货运代理订立运输合同时，承运人知道国际货运代理是代理身份的，该运输合同直接约束托运人和承运人；如果承运人不知道托运人与国际货运代理有代理关系的，依照《合同法》第四百零三条，承运人与国际货运代理之间的运输合同不能约束托运人。因承运人的原因，国际货运代理不能对托运人履行义务时，国际货运代理应当向托运人披露承运人，托运人因此可以行使国际货运代理对承运人的权利。

4.2　作为承运人的主体资格及责任承担

因国际货物进出口的需要，托运人、国际货运代理乃至第三方之间会发生多种民事法律关系，与之相适应，国际货运代理也就具有多种主体资格，处于多种法律地位。若国际货运代理将货物揽过来后，以自己的名义与海运（航运、远洋等）公司签订货物运输合同，这时的国际货运代理就是托运人而不是承运人。当国际货运代理以自己的名义与托运人直接签订货物运输合同，或者在安排货物出运时，使用自己的仓库、运输工具，或者在安排运输、拼箱、集运时收取运费差价，或者依合同由其自己向托运人提供仓储保管、修补包装、短途运输等服务时，这时的国际货运代理一般被认定为货物运输合同的承运人，并承担承运人的责任。国际货运代理作为承运人，一般有以下几种情形：

4.2.1　船舶经营人的资格与责任：国际货运代理揽货后，以自己的名义与货主订立货物运输合同，并以自己所有的运输工具从事运输，此时，该国际货运代理为承运人（亦是实际承运人）。它与货主的法律关系不再是货运代理关系，而是海上货物运输合同法律关系，需适用《海商法》中关于承运人与托运人的规定调整两者之间的权利义务关系，而不再适用《民法通则》关于代理行为的规定和《合同法》关于委托合同的规定。国际货运代理以自己的名义与货主订立货物运输合同，常以期租船、航租船或者包船租船的方式租用他人的船舶进行运输。在此种情况下，国际货运代理不仅是租船人而且是船舶经营人，再加上货运代理，即同时具有三重身份。这时的国际货运代理，相对货主来说是契约承运人，相对船东即船舶公司来说是租船人或托运人。无论国际货运代理作为实际承运人还是契约承运人，既享有承运人的权利，又承担承运人的义务。当发生承运人责任范围内的货损、货差、货物灭失等事故时，国际货运代理应向货主承担全部责任；在租船合同中，如果最终责任属于船东即实际承运人，国际货运代理在先赔偿货主的损失后再依据期租、航租或包租合同向实际承运人即船东追偿。倘若国际货运代理与货主签订了代理协议，同时又与船东签订了运输合同，则不论其是否实际承运，均被视为契约承运人，对海运过程中的任何货损、货差、货物灭失承担全部责任；如果国际货运代理不是实际承运人，则根据其与实际承运人订立的协议再进行追偿。

4.2.2 无船承运人的资格与责任：无船承运人，又称无船公共承运人，通常是指自己不拥有船舶，但为他人提供海上运输服务，并通过海运承运人完成海上货物运输的人。我国《国际海运条例》将无船承运人称为无船承运业务经营者，是指以承运人身份接受货载或订舱、收取运费、承担承运人责任，并通过海运承运人完成货物运输的国际海上运输经营活动人。按照我国《海商法》、《国际海运条例》的相关规定，我国的无船承运人其特征为：第一，自己不拥有船舶或不经营船舶；第二，享有承运人的地位和权利，承担承运人的责任和义务；第三，将货物交由下家实际承运人完成海上运输，自己是托运人，对于上家货物的托运人，自己是承运人。正因为无船承运人具有这些特征，决定了其特殊的法律地位和民事责任。

无船承运人通常是国际货运代理人，国际货运代理业把签发自己提单的国际货运代理人称为契约承运人。在我国航运界和海商法界，认为无船承运人与契约承运人具有同等含义，而由他们签发的提单称为货代提单、契约承运人提单、无船承运人提单等。国际货运代理人作为契约承运人向不同的托运人签发自己的提单，以便这些货主用提单结汇，完成国际贸易。

当托运人托运时，无船承运人根据自己与船公司签订的运费协议和经船公司确定运价后，向托运人报价。无船承运人通常还承接货物或者集装箱在装船前的陆上运输，并负责货物的出口报关及单证制作。当货物装上船后，无船承运人在收到船公司签发的提单的同时，签发自己的提单给托运人，以便接汇。货物抵达目的港后，收货人通常要到无船承运人的代理处，凭无船承运人签发的提单换取实际承运人的提单，再凭实际承运人的提单到实际承运人的代理处办理提货手续。在这种情况下，国际货运代理与托运人的关系是承运人，与实际承运人的关系是托运人。原则上，国际货运代理如果从事无船经营业务，向托运人签发自己的货运提单，便成为无船承运人，依法应直接承担提单所规定的承运人的一切责任和义务，对运输途中的货损、货差或货物灭失负有责任。

4.2.3 多式联运经营人的资格与责任：多式联运经营人，是指其本人或通过其代表订立多式联运合同的任何人，他是委托人，而不是发货人的代理人和参加多式联运的承运人的代理人或代表他们行事，并且承担履行合同的责任。多式联运经营人与承运人相比，法律地位比较复杂。多式联运经营人传统上分为以船舶运输为主的多式联运经营人和无船多式联运经营人，国际货运代理通常是无船承运人，若以自己的名义向货主签发联运提单或多式联运提单、接收货物、组织运输、收取全程运费，便成为无船多式联运经营人，从而被看作是《海商法》意义上的承运人，将承担履行多式联运合同的法律义务。这时的国际货运代理与货主的法律关系须以《海商法》来进行调整，而不能适用《合同法》中关于委托合同的规定。

在履行合同时，多式联运经营人一般不包揽全部运输，而是仅履行其中的一部分；有的多式联运经营人本身不参与任何区段的实际运输，仅负责组织运输。多式联运经营人一方面要与托运人订立多式联运合同，签发联运单证，收取全程运费，以承运人身份向货主承担货物的全程运输责任；另一方面要以托运人身份与各区段承运人订立各区段运输合同，组织全程运输，向各区段承运人支付运费，在这些运输分合同中充当托运人或收货人角色，是一种新型运输方式下产生的具有新的法律地位的人。

我国《海商法》对国际货物多式联运经营人实行“网状责任制”，规定：多式联运经营人对全程运输负责，各区段适用的责任原则按适用于该区段的法律予以规定。国际货运代理作为多式联运经营人，负责履行或组织履行多式联运合同，并在自接收货物时起至交付货物时止的责任期间，保证货物及时、安全、完好地运抵目的地，并对发货人、收货人的货损、货差、货物灭失负有全程运输责任。多式联运经营人若将有关区段的运输委托其他承运人履行时发生损害，多式联运经营人不能以其与区段承运人所订立的合同对抗托运人，也不能以货物损害不是他造成而推卸责任。多式联运经营人赔偿托运人后，可以根据其与区段承运人签订的合同和调整该区段运输方式的法律向负有责任的区段承运人索赔。

各区段承运人虽不是多式联运合同当事人，但如果由于区段承运人或其受雇人、代理人的过错造成损害，托运人或收货人可依据侵权之责向区段承运人索赔，区段承运人的责任，依据适用于该区段的法律予以确定。因此，托运人或收货人既可向多式联运经营人索赔，也可向损害发生的区段承运人索赔，但不论向谁索赔，确定赔偿责任所适用的法律均为适用于该区段的法律。如果货物损害能够知道发生在哪个区段，将适用这一区段的法律和国际惯例的有关规定；如果货物损害无法知道发生在哪个区段，则根据货物损害的价值，承担赔偿责任。如果货物损害能够证明自己即使恪尽职守也无法防止的原因造成的，则多式联运经营人可以依法免责。同时，还应注意，我国《海商法》没有规定多式联运经营人须对货物迟延交付承担责任。

结束语

在市场经济社会，任何民事主体（包括企业和自然人）都很难亲自实施所有的民事法律行为，如果没有代理制度，不借助代理人的代理行为，民事主体在民商事（包括海事）活动中将会寸步难行。在国际贸易运输活动中，我国国际货运代理经过长期实践，积累了丰富的代理经验，熟悉各种运输业务，了解不同交通工具的载货特点，掌握各条运输路线的动态，通晓有关的规章制度，精通办理各种手续，深谙计算各种费用的门道，并与海关、商检、港口、码头、船公司、车站、机场、银行、仓库等部门，有着经常不断的联系和业务上的密切关系，因而具有接受货主委托，代办和从事各种货物国际运输的有利条件，国际货运代理在我国市场经济生活中发挥着不可替代的作用。正因为我国国际货运代理的显著地位和重要作用，作为从事该项业务工作的人员要知道在签订合同、签发单证、提交托单、接受订舱、办理手续、代理运输、交接货物等方面如何利用法律来维护自身的合法权益，避免或减少不必要的损失，消除和防止不该发生的纷争。然而，在现实生活中，人们往往发现自己在一接触琐碎具体、错综复杂的实际问题时，依然难以恰当地把握好那些已经熟记了的常用法律、法规、规章等，有时对同样一个业务上的法律问题，不同的经办人会以不同的方式去思考、去处理，其结果必然会有某种程度的不同，甚至相反。

为了进一步理解、掌握和应用好有关国际货运代理方面的法律、法规和规章，我从具体的货运业务、常见的纠纷案件、主体的资格认定、责任的最终承担等方面入手，结合自己多年从事海事海商审判工作特别是处理国际货运代理纠纷案件的实践经验，作出分析判断，提出处理意见。由于自己的水平有限，即使借鉴了诸多权威著作的论述，也依然难免错谬，并期待着同行专家、学者、同仁进一步深入探讨。

参考文献：

[1]《中华人民共和国民法通则》。

[2]《中华人民共和国海商法》。

[3]《中华人民共和国合同法》。

[4]《中华人民共和国国际货物运输代理业管理规定》及其实施细则。

[5]《中华人民共和国国际海运条例》及实施细则。

[6] 对外经济贸易部：《关于国际货物运输代理行业管理的若干规定》。

[7] 孟于群、陈震英编著：《国际货运代理法律及案例评析》，对外经济贸易大学出版社 2000 年版 8 月第 1 版。

[8] 王义源、曾凯编著：《远洋运输业务》，人民交通出版社 1997 年第 3 版。

[9] 徐海燕著：《英美代理法研究》，法律出版社 2000 年 7 月第 1 版。

[10] 联合国亚太经社理事会编著，刘洪俊、郭萍编译：《货运代理》，大连海事大学出版社 1997 年 6 月第 1 版。

[11] 金乐闻、武素秋主编：《国际货运代理实务》，对外经济贸易大学出版社 2000 年 4 月第 1 版。

[12] 金正佳主编：《中国典型海事案例》，法律出版社 1998 年第 1 版。

[13] 傅旭梅主编：《中华人民共和国海商法诠释》，人民法院出版社 1995 年 9 月第 1 版。

[14] 司玉琢、胡正良、傅廷中、李海、朱清、汪鹏南编著：《新编海商法学》，大连海事大学出版社 1999 年 4 月第 1 版。

[15] 江平主编：《中华人民共和国合同法精解》，中国政法大学出版社 1999 年 3 月第 1 版。

执行与审判的关系定位

向阳海

【内容提要】在我国现行的民事诉讼法中，未能彻底解决执行程序与审判程序之间的关系。为此，我们必须在适应经济基础发展的基础上，对民事诉讼法中的审判程序和执行程序的内涵作出正确的理解和定位，理顺审判与执行之间的法律关系，从根本上解决二者之间的矛盾。本文仅从二者的概念、法律关系方面、区别与联系方面和现有法律制度方面阐明作者的观点。

【关键词】执行　审判　关系定位

执行程序和审判程序都是民事诉讼程序的有机组成部分，其宗旨是以解决民事纠纷和保护当事人合法权益为目的。审判程序是执行程序的前提和基础，执行程序则是审判程序的后续和保障。没有审判程序，执行程序无从提起，没有执行程序，生效裁判所确认的内容往往无法实现。执行程序和审判程序在特定情况下有交叉。如在审判程序进行中，必要时可以作出先予执行的裁定，而在执行程序中因案外人提出异议，发现生效裁判确有错误的，可通过审判监督程序予以纠正。基于我国法律的实际，在现有的民事诉讼法中，仍然未能彻底解决执行程序与审判程序的关系。为此，我们必须在适应经济基础发展的基础上，对民事诉讼法中的执行程序和审判程序的内涵作出正确的理解和定位，理顺执行与审判之间的法律关系，才能制定出符合经济发展要求，满足当前执行和审判的相关法律制度，从根本上解决问题，笔者限于理论功底浅薄，对二者之间的关系定位阐明一点粗浅看法。

1. **从概念、法律关系方面看**

1.1　执行程序是指保证具有执行力的法律文书得以实施的程序，它是调整人民法院的执行组织与申请执行人，被执行人及有关协助执行单位和个人在实施法律文书中的各种活动，以及由此而产生的各种关系的行为规范的总和。它同时又是一种司法制度，通过人民法院的强制执行，使国家法律所保护的权利人的权利得到实现，义务人的义务得以履行，对依法治国，维护社会的稳定，保护当事人的合法权益，促进社会经济的良性循环起着重要的作用。执行法律关系体现强制执行行为的性质。因此，研究执行法律关系不仅具有法学理论上的意义，在当前更具有重要的现实意义。执行法律关系是指执行法律规范社会而产生的权利和义务，职权与责任的关系，它包括主体、客体和内容三方面要素。

1.1.1　主体　执行法律关系的主体是强制执行法律关系的参加者，是权利、义务的承受者，在法律关系中占有重要地位，其思想意志表示及行为产生直接的法律后果，影响执行的进程，导致执行的中止或终结，使执行程序完成，执行法律关系消灭。

1.1.2　客体　是执行法律关系中强制执行主体权利和义务所指向的对象，即强制执行标的。具体的划分，笔者以为应结合执行权和执行法律关系本身的特点进行。

1.1.3　内容　是执行法律关系主体所享有的权利和承担的义务。主要包括职责、权利、义务三个方面。职责指向的是执行机关，因为执行机关行使的执行权是国家权力，是公法上的权力，其主要内容是职权和责任。权利、义务指向的是申请人、被执行人。职责和权利、义务有着本质的不同，权利和义务的内容除了民法和民事诉讼法规定的以外，在执行中还有其特有的权利义务，分述如下：

1.1.3.1　强制执行请求权　是申请人请求实现其在执行名义上载明的权利，是申请人因执行名义而取得的程序权利。它行使的前提条件是存在发生法律效力的，具有强制执行名义存在，且被执行人不主动履行义务。所以强制执行请求权具有公权性质，申请人不能自由转让，也不能对其进行协议约定。[1]

1.1.3.2　强制执行的容忍义务　执行名义赋予被执行人的义务实质上是被执行人为其前期行为所应支付的对价，被执行人理应积极主动履行，执行程序开始的前提是被执行人没有履行或不适当履行自己的义务，已属过错在先，因而具有接受和容忍强制执行义务。[2]

1.2　审判程序　是指人民法院、当事人和其他诉讼参与人，在审理民事案件的过程中所进行的各种诉讼活动，以及由这些活动所产生的各种诉讼关系的总和。在审判法律关系中，当事人的诉讼活动对诉讼的发生、变更和消灭有很大的影响，是民事诉讼发生的基础。其他诉讼参与人的活动对诉讼的顺利进行也有促进作用，但法律的审判活动在诉讼中始终起着重要作用，对诉讼的发生、变更和消灭具有决定性意义，这是法院行使审判权的职能所规定的。审判程序必须严格按照法律规定进行，为了诉讼的公正性，民事诉讼法规定了一整套极为复杂的程序与方法。法院和诉讼参与人的活动都必须依照法定程序进行活动，同时，也必须按照其他法律规范行使诉讼权利和履行诉讼义务，如果违反了法律规定，都将会导致诉讼无效。审判程序是由若干诉讼程序与诉讼阶段相互衔接、相互联系，构成了一个统一的民事诉讼程序体系。

2. 从区别和联系方面看

从我国现行的法律规定来看，执行程序是民事诉讼程序的一部分，这一情况的出现与我国当时的历史状况即计划经济是相适应的。随着经济基础的发展，执行法律制度也必须同时发展。在当前社会主义市场经济体制下，执行应当形成自己一整套的法理基础，其与民事诉讼已存在着本质的不同，应当独立于民事诉讼之外。笔者认为，执行与审判的区别表现在以下几个方面：

2.1　权力性质不同　审判行使的是审判权，适用的是当事人主义原则，而执行行使的是强制执行权，适用的是职权主义原则。

2.2　强调对象不同　审判的调整对象是引起争议的民事法律关系，而执行的调整对象是对已经确认的民事法律关系中权利人权力的实现。

2.3　目的和任务不同　审判的任务是对争议的民事权利、义务进行确认，目的是解决纠纷。执行的目的是保护权利人的合法权益，维护法律的尊严、生效法律文书的权威和正常的社会经济秩序。

2.4　适用的原则不同　虽然执行与审判存在共有原则，但民事诉讼中的部分原则不能适用执行，如辩论原则、二审终审原则、人民检察院法律监督原则等。同时，执行又有着自己特有的原则，有其相对的独立性，如经审判程序处理的民事案件并不必然地要经过执行程序，执行程序所适用的案件不只限于审判程序处理的案件范围。又如公正机关制作的赋予强制执行效力的债权文书，仲裁机构作出的生效裁决书，需要执行的，也由人民法院适用执行程序执行。

2.5　程序的设置和要求不同　审判共有八种程序，均以公正为基本要求，而执行程序单一，在要求公正的前提下，更注重体现效率。

2.6　民事诉讼的裁判文书一经送达即生效，此程序即告终止。如果延续只能是二审或再审，与执行没有必然联系。虽然许多诉讼裁判文书具有执行名义的条件，但也存在部分诉讼裁判文书不具有执行名义的条件，如确认和变更之诉。同时，许多诉讼裁判文书之外的生效法律文书也具有执行名义的条件，如有强制执行力的公证书、仲裁裁决书、行政处罚决定书等。因此，笔者认为执行与审判是相互独立的两种程序，二者具有各自的法律关系。法律专家、学者从法理上给民事诉讼所下的定义均不包含执行的内容也说明了这一点，另外，民事诉讼法亦确立了审执分立制度。所谓审执分立，是指审判活动和执行活动各有不同的主体机构，即审判组织和执行组织。《民事诉讼法》第 209 条规定，基层人民法院、中级人民法院根据需要，可以设立执行机构。我国各基层人民法院、中级人民法院都设立执行庭，一些高级人民法院也设立了执行机构，最高人民法院也设立了相应的执行机构。执行组织的成员，主要是庭长、副庭长、执行员和书记员。执行员负责执行工作，书记员负责记录和其他日常工作。采取重大措施，应当有司法警察参加，以维持执行工作秩序，保证执行顺利进行。笔者认为，实行审执分立制度的意义有利于审判人员和执行人员分工负责，熟悉业务，积累经验，提高审判质量和执行效率；有利于通过执行发现审判工作中的问题，起到审判和执行相互配合，相互制约的作用，以确保案件的正确审判和执行。与审执分立相对应的是审执合一，所谓审执合一，是指审判活动与执行活动主持机构是同一的，审判组织兼行执行之职。根据实践需要，在我国审执分立不是绝对的，是以审执分立为原则，以审执合一为例外。最高人民法院 1998 年 7 月 8 日公布的《关于人民法院执行工作若干问题的规定（试行）》第 3 条规定，人民法院在审理民事案件中作出的财产保全和先予执行的裁定，由审判该案的审判庭执行。第 4 条规定，人民法庭审结的案件，由人民法庭执行。但复杂、疑难或被执行人不在本院辖区的案件，由执行机构负责执行。由此可见，此时的执行与审判又是相辅相成的。

3. 从现有法律制度方面看

由于现行的执行程序包容在民事诉讼法中，民事诉讼法对执行程序仅规定了30个条文，如此少的容量必然导致规定过于原则化，缺乏操作性，也必然导致执行制度的不完备和执行中的无法可依。例如，民事诉讼法规定了人民法院在执行程序中可以采取查询、冻结、划拨被执行人存款，扣留、提取被执行人应当履行义务部分的收入以及查封、扣押、冻结、变卖被执行人应当履行义务部分的财产等措施。但如果当事人隐匿、转移或者挥霍了作为执行标的的钱款或财产，人民法院似乎就无能为力了。又如，民事诉讼法在执行程序中规定有执行异议制度，即“执行过程中，案外人对执行标的提出异议的，执行员应当按照法定程序进行审查。理由不成立的，予以驳回；理由成立的，由院长批准中止执行。如果发现判决、裁定确有错误的，按照审判监督程序处理。”（《民事诉讼法》第308条）这一规定仅仅是针对案外人对执行标的提出异议所设立的制度，而对于实践中出现的案外人对程序问题提出异议的情形却没有规定。与此相仿，代执行制度虽然在最高人民法院制定的《关于适用〈中华人民共和国民事诉讼法〉若干问题的意见》第300条中作了规定，即“被执行人不能清偿债务，但对第三人享有到期债权的，人民法院可依申请执行人的申请，通知该第三人向申请执行人履行债务。该第三人对债务没有异议，但又在通知指定的期限内不履行的，人民法院可以强制执行”。然而对这一规定如何操作，如代执行是否受《民事诉讼法》第219条关于申请执行期限的限制？对代执行能否扩展为再代执行，即对第三人的债务人进行代执行？以及代执行的管辖法院、代执行后第三人的履行方式等等，缺乏系统的明确规定。[3]纵观世界各国，不论是大陆法系国还是英美法系国，都有强制执行民事判决的法律，只是名称不尽相同，立法体例有所差异而已。一般来说，民事强制执行程序或者在民事诉讼法之中，或者单独立法。[4]英国在1884年就制定有《执行法令》，日本在1979年修订《民事诉讼法》时，废除了原有的强制执行条款，在全面修改原有强制执行制度的基础上，将原来的第六编“强制执行程序”与拍卖法合并，制定了单独的《民事执行法》，奥地利在《民事诉讼法》之外，也单独制定有《强制执行法》。另外，比利时及我国的台湾地区也是如此。我国目前是将执行程序规定在民事诉讼法之中，作为独立的一编。但是，不论从理论上还是从实践上看，我国制定单独的民事强制执行法不仅是必要的，而且是可行的，也是民事强制执行制度的完善的重要一步，有极大的紧迫性。

3.1 理论方面　首先，虽然审判程序与执行程序具有一定的联系，民事诉讼往往成为强制执行的前提，强制执行也往往是民事诉讼结果的延续和保障，但两者毕竟反映出不同的法律性质。民事诉讼程序是法院行使司法审判权解决当事人之间纠纷，将双方当事人已扭曲的权利、义务关系重新确定的程序，故它是一种纠纷解决程序；而执行程序则是法院行使司法执行权，通过采取强制措施，强制实现法律文书所确定的当事人权利的程序。因此，它是一种权利实现程序。其次，由于包括在强制执行程序中的执行根据，不仅有民事判决书、裁定书、还有刑事判决、裁定中的财产部分，以及仲裁裁决书、调解书、公证债权书、支付令等。因此，执行程序并不仅仅是对法院民事判决的执行程序和民事诉讼的保障程序，而是对所有法定的执行根据的执行程序和包括民事诉讼、仲裁、公证、支付令、破产等在内的程序法的保障程序。

3.2 立法方面 我国民事诉讼法对强制执行程序的规定，为人民法院在一定范围内进行强制执行活动提供了法律依据。但是，一方面，由于强调执行程序规定在民事诉讼法之中，使现行的执行程序过于原则化；另一方面，日益拓宽的民事、经济活动，也使得人民法院强制执行的范围不断扩展，现行的立法体系和内容已显现出强制执行措施不力，强制执行制度不完备的弊端。制定单独的强制执行法，是改变强制执行立法滞后，克服执行难与执行乱的关键，可以完善各项强制执行制度，加强各种强制执行措施，使强制执行有法可依。我国先后颁布的《民法通则》、《继承法》、《企业破产法》、《仲裁法》、《合同法》等为制定单独的强制执行法奠定了基础，使其不应从属于民事诉讼法，而应成为保障所有法律确认的合法权益得以实现的强制执行法。但是，不论是单独制定强制执行法，还是建立、健全执行机构，或者是提高执行机构的法律地位和执行员的素质，都必须以提高对强制执行制度的重要性的认识，特别是克服以至根除“重审轻执”的观念为前提，并应从法律上给予相应的保障。

参考文献：

[1] 杨与龄编著：《强制执行法论》，中国政法大学出版社，2002 年 9 月第 1 版。

[2] 沈德咏著：《论强制执行若干关系》，《强制执行指导与参考》2002 年第 1 辑。

[3] 张中秋、杨春福、陈金钊编著：《法理学》，南京大学出版社，2001 年 6 月第 2 版。

[4] 张根大著：《强制执行权研究》，《强制执行法起草与论证》第 1 册。

跟单信用证司法保全中的法律问题

向阳海

【内容提要】信用证在国际贸易中被广泛使用，它实是一种付款的安排，涉及一连串付款的合约，英文称为 letter of credit（L/C）。它不会独立存在，一般总有另一个早已存在的基础合同。这基础合同最常见是一份货物买卖合同。信用证交易是单据交易，银行只要卖方提供了信用证所要求的单据，即使银行此时知道卖方交付的货物存在瑕疵，也必须履行付款义务，买方必须偿还银行垫付的费用，正是信用证的这种特点给国际买卖提供了欺诈的机会。笔者在文中介绍了目前信用证欺诈的几种主要表现形式、我国信用证司法保全的法律依据及基本原则、信用证司法保全的法律程序、信用证司法保全之立法建议及反欺诈预防。

【关键词】信用证　司法保全

信用证是国际货物买卖中使用最广泛的一种货款结算方式。它以银行信用代替商业信用，解决了国际货物买卖中买卖双方互不信任而又想占用资金的矛盾，受到了商界广泛的欢迎。信用证是银行应买方的要求和指示，开给卖方的一种有条件付款的书面承诺，当卖方在规定的期限内，提示信用证所要求的单据，银行得向卖方支付规定款项的义务。信用证以国际货物买卖为依据，但一经开出，便独立于国际货物买卖合同，这就是我们通常所说的“信用证独立原则”。同时信用证交易是单据交易，银行只要卖方提供了信用证所要求的单据，即使银行此时知道卖方交付的货物存在瑕疵，也必须履行付款义务，买方必须偿还银行垫付的费用。正由于信用证的这种特点，所以给国际买卖提供了欺诈的良机。目前信用证欺诈主要表现有以下几种方式：（1）卖方利用签定合同来欺诈买方；（2）买方利用签定合同来欺诈卖方；（3）买卖双方利用签订合同欺诈银行。

国际商会国际海事局总裁埃伦先生在《信用证与欺诈》一文中谈到：“虽然无法精确统计究竟发生多少起信用证欺诈案，但毋庸置疑，利用信用证欺诈，可每年使犯罪分子获得数亿美元的纯利。1992 年，美国汽车制造商通用汽车公司在一起精心策划的信用证欺诈案中，被诈骗了 4.36 亿美元。”这些惊人的数据足以引起国际商界、银行界及各国司法机关的高度重视。

但从 1941 年纽约最高法院 SITENJN 诉 J. HENRY SCHRODER BANKING CORP 案的判决中，人们似乎看到了解决信用证欺诈的方法。该案涉及一笔猪鬃买卖，但最终卖方交付的却是垃圾、废纸和牛毛等。纽约最高法院根据买方的申请下令禁止银行付款，并由此得出著名的“信用证欺诈例外”原则，判决指出：如果卖方确有欺诈行为，即所交付的货物不仅是质量不好，而是一文不值的垃圾等，银行在付款前已获悉这种欺诈的行为时，就不能以信用证交易独立这一原则保护肆无忌惮的卖方，让银行拒绝付款是不为苛刻的。这一原则确立之后，各国法院便将其作为一个判例广泛地加以援引。我国的司法实践中也适用信用证欺诈例外原则。

1. 我国信用证司法保全的法律依据及基本原则

1989 年最高人民法院在《全国沿海地区涉外、涉港经济审判工作座谈会纪要》中指出："根据国内国际的经验，如有充分的证据证明卖方是利用签订合同进行欺诈，而中国银行在合理的期限内尚未对外付款的，人民法院可应买方的请求，冻结信用证项下的款项。远期信用证中，如中国银行已承兑了汇票，中国银行在信用证上的责任已变成了票据上无条件的付款责任，人民法院便不应加以冻结。"在此基础上，最高人民法院又下发了《关于慎重处理止付信用证项下的通知》："对于当事人向人民法院申请止付信用证项下款项的，受理的人民法院应严格按照最高人民法院（法）发（1989）12 号《纪要》中关于冻结信用证项下款项的问题规定的精神，在申请人提供了充分的证据证明信用证的受益人进行欺诈，且开证行承兑的汇票尚未转让、贴现的情形下，才能依法裁定止付，对于不符合规定的止付申请，人民法院应通知驳回。"从这两个解释中可以看出，我国法院对信用证司法保全中遵循以下基本原则：

1.1　欺诈必须成立。欺诈是一方当事人故意告知对方虚假情况，或者故意隐瞒真实情况，诱使对方作出错误意思表示的行为。对欺诈含义的理解必须与合同的一般纠纷区别开来，例如货物短少、迟延交付等，这仅是普通的合同纠纷，并不构成欺诈。欺诈行为足以改变对方当事人是否订立合同的动机。若频频启动司法保全程序，不但不能达到保护当事人合法权益的目的，反而会使信用证正常运行机制陷入瘫痪，背离司法保全的宗旨。在实践中通常有以下几种欺诈的情形：

1.1.1　受益人充分利用信用证交易中"严格相符原则"提交的全套伪造单据以骗取银行承兑以获取货款；

1.1.2　受益人提交带有欺诈性陈述的单据。例如卖方串通船方倒签提单、预借提单、凭保函恶意签发清洁提单等。此时卖方已经隐瞒了货物的交付时间及货物的质量，将直接影响买方的合同利益；

1.1.3　受益人对开证申请人在基础合同上进行根本性欺诈，例如受益人在签订基础合同时，即没有履行合同的诚意，其目的仅仅是为了利用信用证达到违法目的，如走私，境外转汇，骗取货款等。

在采取司法保全时，欺诈必须确实成立而且已经被证实。

1.2　银行付款义务绝对化原则。当银行的付款义务成为绝对化时，且受益人已实际获取信用证项下的款项，法院便不应采取司法保全措施，否则针对参与欺诈的受益人的保全措施便失去意义。所以《纪要》规定，采取司法保全必须在银行在合理期限尚未对外付款时采取，但此时"付款"并不是指实际上的支付，还包含有在未来的时间内必须作出的付款行为。例如开证行已经承兑了汇票，其就负有到期对外付款的绝对义务。但如何理解“合理期限”呢？根据 UCP500 规定，银行审核单据并决定是否对外付款的合理时间是接到单据后的 7 个工作日，对提示承兑的汇票的还必须在 7 个工作日内决定是否承兑。为了防止开证行作出履行付款义务的承诺，法院必须在开证行收到单据的 7 个工作日内采取止付措施，这个条件极为苛刻，因为买方在这段时间对受益人的欺诈行为还不能作出反应，所以《通知》便规定只要银行承兑的汇票尚未转让贴现时，法院仍可采取保全措施，这便扩大了信用证司法保全的期限。

1.3 保护善意人原则。有的情况下，欺诈尽管存在，但汇票持有人并未参与欺诈或对欺诈毫不知情，如继续采取保全措施就会损害善意持票人的合法权益，便失去了司法保全的真实目的。根据票据的流转及信用证业务的特点，会出现以下几种善意人：

1.3.1 汇票的合法持有人。若汇票的转让具有真实的交易关系和债权债务关系，汇票的受让人支付票据双方当事人同意的对价，且付款行已经承兑了汇票时，则付款行不得以自己与出票人或持票人前手之间的抗辩事由对抗持票人。

在议付信用证中，如果出口方的银行购买了出口商出口单据，则成为善意持票人，但此时议付行必须不知悉受益人的欺诈行为而且必须支付合理对价，否则不属于善意人。在保兑信用证中，保兑行与开证行对受益人承担同等的第一付款人责任，受益人不必先向开证行要求付款，而有权要求保兑行支付信用证项下的款项，此时保兑行同样成为善意人。这是信用证业务中的相关银行担任善意人的情形，但是银行在票据的转让过程中牟取非法利益，则不能视为合法的票据持有人。

1.3.2 汇票的质权人。在动产质押中，若债务人或第三人将持有的汇票移交给债权人占有，将汇票的到期权利作为债的担保。如果受益人将汇票设定质押，则质权人则应有优先受偿权，如果法院要采取司法保全，则应充分考虑质权人的利益。

2. 信用证司法保全的法律程序

2.1 当事人的申请。当开证申请人认为受益人在利用签订合同对其进行欺诈时，其有权向法院提出司法保全申请，但同时其必须提供相应的证据材料：a. 受益人进行欺诈的证据；b. 开证行付款义务是否已成为绝对化。有时当事人一时不能提供以上两项证据材料，但必须提供 a 项证据，防止申请错误给第三人造成损失。

2.2 担保。由于信用证司法保全涉及外方当事人及银行利益，如有偏差，则可能给受益人或银行造成巨大经济损失，所以必须要求申请人提供充分可靠的担保。担保的数额应以信用证项下总货款、止付信用证可能产生的利息为基准。

2.3 审查。这是司法保全中最重要的一环，法院必须严格审查。审查之后，在确定了受益人确实进行欺诈、开证行的付款义务尚未绝对化及不存在善意人三项同时满足的情况下，方可采取保全措施。

2.4　裁定。由于我国现行法律没有规定非财产性保全，所以只有比照财产保全的有关规定，在收到申请人申请后48小时内作出裁定。裁定的内容：从即日起止付信用证项下的款项，被申请人如不服本裁定有权在收到裁定之日起十日内提出异议，异议期间不停止裁定的执行，并向银行送达协助执行通知书。

2.5　复议与异议。被申请人如不服本裁定，则在裁定作出之日起十日内提出复议，但复议期间不停止裁定的执行。银行若对止付裁定存在异议，也可向法院书面提出，法院应当予以答复。

3. 信用证司法保全之立法建议及反欺诈预防

3.1　建立行为保全制度。由于我国现行民诉法仅规定了财产保全与证据保全制度，而对行为保全却没有涉及，因此法院在制作法律文书时无法援引相关的法律条文。在其他民事纠纷领域，非财产保全制度早日完善更是众望所归，例如在知识产权领域，如果著作权人发现出版商未经其许可擅自出版著作权属于其所有的书刊，则有权要求法院强令出版商停止出版行为。船方在目的港非法留置船载货物可能给货主造成损失时，货主有权申请法院强制卸货，债务人故意破坏其财产而使债权人对债权的实现发生危险时，债权人有权申请法院强令债务人停止其破坏行为。

因此，我们可以为非财产保全下这样一个定义：当义务人或者其他利害关系人的作为与不作为可能使权利人的权利受到侵害时，则有权申请法院强制义务人或利害关系人不作为或作为的保全制度。但申请人应向法院提供相应的担保，担保数额应以被申请人的作为或不作为而获取的利益为准。同时由于非财产保全时间上的紧迫性，法院应以收到申请之日起24小时作出是否准予的裁定。同样，被申请人也可以收到裁定之日十日内提出异议，异议期间不停止裁定的执行。银行等其他行为实施人若认为裁定不当，也有权向法院提出书面异议，但应说明理由，法院应当予以答复。

3.2　建议国际商会成立一个全球性反诈骗的快速反应系统，并制定一部反欺诈协定，统一信用证司法保全制度，让各国加入这个协定并纳入国内法。因为一国法院的裁决在域外并不能完全得到承认或执行，这便需要一部各国都能尊重的公约进行调整。例如若开证行已经承兑汇票，而此时受益人正准备向通知行进行贴现，如现在开证行所在国的法院下了止付令，并已通知了通知行，试问通知行是否仍应接受受益人的贴现申请呢？一般作为通知行来讲，它不会执行外国的裁定，它照样会办理贴现，届时如果开证行拒付，便由其在本国法院起诉开证行，并执行开证行在其所在国办事处的财产。但如果实现了制定一部国际公约，则上面情形便大不相同了。

上述的一切，都是在信用证欺诈发生后所采取的补救措施，但并不是每一项都能成功。为了减少信用证欺诈的发生，关键在于防范。况且我们上面所谈到"欺诈例外"原则也仅适用于卖方的情形，其实还有很多其他的欺诈情形，例如买卖双方合谋欺诈银行等等，我们即缺乏应付的办法。但公平的讲，信用证交易中受欺诈影响只占很少比重，但对受害公司的打击却是巨大的，这应该引起国际交易各方的高度警惕。1982 年在阿姆斯特丹召开的国际海上保险联盟大会上，伯那德·韦勃先生建议银行应当：

3.2.1 强调买卖双方在达成具有约束力的协议之前进行调查，以对交易双方的资信与信誉表示满意；

3.2.2 建议买方采取可行的保护措施，请独立的专家验货；

3.2.3 让发货人了解，交易中没有“完全清白的人”，不要轻率地接受杀价运费或其他好处；

3.2.4 强调生活现实，即“没有付出代价就得到的东西”；

3.2.5 注意国内及国际的贸易促进机构在单据标准化及简化其制作方面的进展，有时会丧失可靠性。

道高一尺，魔高一丈。只要我们认真防范，欺诈活动一定没有生存的空间。

内河船舶租用合同中出租人和承租人对第三人的法律责任

许泽民

【内容摘要】 我国没有法律、法规对内河船舶租用作出期租和光租的明确划分，但两种船舶租赁的性质存在。定期租船合同条件下，出租人和承租人的法律地位为实际承运人和承运人，依法承担对第三人的法律责任。光船租赁条件下，进行光租登记的，承租人承担船舶在营运中所发生的风险和对第三人产生的责任；出租人没有过错，不应对第三人承担责任。

【关键词】 内河船舶　租用合同　出租人　承租人　法律责任

《中华人民共和国海商法》（下称海商法）在第六章对国际海上货物和国内沿海货物租船运输有关出租人、承租人的权利义务作出了规定，这些规定只在当事人没有约定和没有不同约定时适用。内河租船运输因船舶不具备海商法意义上的船舶（即海船）概念，而不能适用《海商法》。内河租船运输出租人、承租人的权利义务只能适用《中华人民共和国合同法》（下称合同法）财产租赁的有关规定调整。但《合同法》中有关财产租赁合同的规定只是对以一般租赁物作为出租对象时合同双方权利义务，未考虑船舶这个作为特殊动产所固有的法律特征，更未涉及到租赁物在使用过程中引起对第三人的赔偿责任时出租人、承租人在责任承担方面的划分。内河运输中，因经营方式的灵活性，从事租船运输的越来越多，由此引起的纠纷案件不断上升。因没有专门的法律、法规来调整内河租船合同关系，引起了法官在审判案件时适用法律的困难和不一致。本文就内河租船合同中出租人、承租人对第三人的责任谈下个人认识，以期引起更多同行对该问题的关注。

《海商法》根据出租船舶是否配备船员将船舶租赁分为定期租船合同（即期租合同）和光船租赁合同（即光租合同）。我国目前没有法律、法规对内河船舶租用作出期租和光租的明确划分，但有关行政法规、行政规章及解释可以散见。如《中华人民共和国船舶登记条例》第六条规定："船舶抵押权、光船租赁权的设立、转移和消灭，应当向船舶登记机关登记；未经登记，不得对抗第三人。"第25条规定对三种情形下出租人、承租人应办理光船租赁登记。该条例所列的船舶是指具有中华人民共和国国籍的船舶，没有区分内河船和海船。交通部1995年发出的《关于〈水路货物运输规则〉有关问题解释的函》［交函体法（1995）539号］规定："在定期租船条件下，出租人不是水路货物运单的承运人时，由于出租人在运输中的过失，造成货物灭失或损坏，也应由出租人和承租人负连带责任。"从这个解释不难看出，交通部对内河船舶租赁存在定期租船是肯定的。既然肯定了定期租船的存在，那么光船租赁就当然成立。笔者认为，船舶的期租和光租是以出租船舶是否配备船员划分，不是以船舶的其他性质来确定，内河船舶的租用亦应像《海商法》规定样，也应存在期租和光租。只有确定了船舶租用合同的性质，才能正确适用法律，真正做到保护出租人、承租人及第三人的合法权益。

内河船舶租用合同中出租人、承租人对第三人的责任包括合同责任和侵权责任。第三人主要是指运输合同中的货主，包括托运人和收货人，以及侵权责任的受损方。合同责任表现为在运输合同履行过程中对货物的损坏、灭失或者迟延交付应承担的损害赔偿责任，侵权责任为船舶在营运过程中给他人造成的财产损失和人身伤害的赔偿责任。《海商法》作为我国海运法律体系中一部较为完整的法律，对所涉及的海事法律关系进行了较为全面的调整，但第六章的船舶租用合同规定全部是出租人和承租人之间的权利义务，未涉及到其相对于第三人的责任问题。《国内水路货物运输规则》（下称货规）只是在航次租船运输特别规定章节中第78条对航次出租人、承租人对第三人合同责任作了规定，对有关期租合同和光租合同中出租人、承租人对第三人的责任也未作规定。

1. 期租船舶条件下，出租人、承租人对第三人的责任

1.1　合同责任

定期租船合同，又称期租合同，是指船舶出租人向承租人提供约定的由出租人配备船员的船舶，由承租人在约定的期间内按照约定的用途使用，并支付租金的合同。这是《海商法》对其所下的定义。期租合同中出租人转让给承租人的是船舶使用收益权，并不转移船舶的占有权。期租合同的这一特点具体表现为出租人负责船舶航行和内部管理事务，即实际从事运输；同时也表现为承租人负责船舶营运，即可调度使用该船进行货主运输和商业运输。这种没有转移租赁物占有权的财产租赁并不完全具备一般财产租赁合同的法律特征。其实，多数情况下期租合同双方约定的主要内容是船舶的技术状况说明条款、适航条款、用途条款、租期、交、还船条款及租金支付、出租人对货物灭失或损坏的责任等关于货物运输的规定，合同双方当事人权利义务的对象主要是船舶运输货物。因此，期租合同具有货物运输合同的法律特征。从另一角度讲，期租合同应该是由一段时间内出租人、承租人之间多个航次租船合同组成，只是期租合同中增加了承租人有调度船舶权利，在可由双方协商承担船舶营运中有关成本费用的同时，运费是依承租人使用船舶时间长短计算，并以租金形式支付等财产租赁内容。

《货规》虽然未对出租人、承租人相对第三人的权利义务关系作出规定，但它引进了《海商法》中一个“实际承运人”概念。《货规》第三条对实际承运人定义为“指接受承运人的委托或者接受转委托从事水路货物运输的人”。《货规》规定实际承运人的意义在于明确内河水路货物运输中经常出现的实际从事水路货物运输或部分运输，而不真正与托运人签订水路货物运输合同的承运人的法律地位。如：船舶在运输过程中发生意外情况，无法继续航行，而不得不交由他船转运；承、托双方约定货物在中途港交由其他承运人运输等联运情况。应该讲《货规》在实际承运人概念上的定义比《海商法》规定更明确，它强调的一个重要条件就是实际从事水路货物运输，只有最后实际控制船舶并在事实上从事水路货物运输的人才能是实际承运人。期租合同中，出租人为实际控制（占有）船舶并事实上从事水路货物的人，虽然他与第三人无运输合同，但正因为期租合同具有运输合同的法律特征，才构成出租人所从事的运输是受承租人合同要求委托进行。

如果从法律上解决了出租人为实际承运人的法律地位，那么出租人、承租人对第三人的合同责任就可以在《货规》中找到依据。《货规》第 46 条规定："承运人与实际承运人都负有赔偿责任的，应当在该项责任范围内承担连带责任。"当承租人进行商业运输时，运输关系就涉及到三方当事人，即出租人、承租人和货主。承租人是与货主订有运输合同，为承运人，出租人控制船舶实际从事运输，为实际承运人，承租人与货主之间为运输法律关系，出租人与货主之间无合同法律关系。在货物发生灭失、损坏或迟延交付的损失赔偿责任时，承运人（承租人）是基于与托运人的运输合同而承担违约责任，实际承运人（出租人）与托运人并无合同关系，但因实际侵犯了货主的财产权利而承担侵权责任。货主可选择依合同约定要求承运人承担违约责任，也可依照其他法律规定要求实际承运人承担侵权责任。依据我国民法，违约没有连带责任，共同侵权才承担连带责任，此处承运人、实际承运人并不构成连带责任，但《货规》的立法依据主要来自《合同法》和《海商法》。《货规》第 64 条的规定是参照《海商法》第 63 条制定的，《海商法》第 63 条是以第 60 条承运人应对全程运输负责，对实际承运人的行为负责的规定为前提，以第 61 条对承运人的责任适用于实际承运人，即实际承运人要对货物运输负责的规定为责任基础而构成，其目的是为了更充分保护货主的利益。只要承运人、实际承运人对货物的灭失、损坏或迟延交付所造成的损失负有责任，不论是侵权还是违约，都应在责任范围内承担连带责任，然后依责任产生的原因向实际应承担责任的另一方进行追偿。这就是《海商法》属特别法的地方。

1.2　侵权责任

内河船舶运输中所发生的侵权责任海事请求主要是指船舶碰撞、浪损等造成财产损失和人身伤亡损害赔偿。该责任承担的主体应依据期租合同的法律特征来确定。在期租条件下，承租人不负责配备船员，管理船舶和驾驶船舶由出租人的船员负责，船舶在营运过程中发生的损害赔偿责任应由船员所代表的船东，即出租人承担。因此船舶出租人应为侵权之债的义务主体。即使承租人在使用船舶过程中有不当行为，如强令船舶超载运输、超航区运输等，造成事故引起赔偿，依然应由出租人负赔偿责任，出租人在此后依据租船合同约定或法律规定，分清过错责任大小，向承租人索赔。

另外也有特殊侵权情况。如承租人在使用船舶期间擅自变卖船载货物引起的赔偿，出租人、承租人是否应共同承担责任？笔者认为应依过错责任原则处理，不能一概而论。期租条件下，承租人对外从事的商业运输是由其直接与托运人签订运输合同，制作运输单证，出租人往往不参与合同的签订，在何港装载货物、交付货物、完全由承租人负责指令安排。这种情况，出租人是无法控制承租人对货物的处理。根据民事责任构成理论，出租人主观上与承租人并无共同的故意，也没有具体实施变卖货物的行为，其从事运输是履行与承租人的租船合同，对货主的损失是没有过错，不应承担责任。相反，如果是出租人擅自变卖了船载货物，毫无疑义出租人应承担侵犯财产权的侵权责任，同时，承租人因未妥善保管货物，应承担运输合同的违约责任。根据《货规》第 46 条规定，二者应对货主承担连带赔偿责任。

2. 光租租赁条件下，出租人、承租人对第三人的责任

光船租赁合同，又称空船或空壳租赁合同，是指船舶出租人将没有配备船员的空船出租给承租人使用，承租人按约定的时间支付租金的合同。其法律特征为出租人只保留船舶的处分权，而将船舶占有权、使用收益权转让给承租人。这种所有权与经营权完全分离的租赁属一般财产租赁，受民法有关财产租赁法律规定的约束。即船舶在营运中所发生的风险和责任，由承租人承担，出租人没有过错的不负任何责任。

但《海商法》所指的船舶是一种具有特殊意义的租赁物体，存在不同于一般物的性质，有其具体归属。有关船舶出租人、承租人对第三人的责任可结合最高人民法院《关于海事法院拍卖船舶清偿债务的规定》（下称卖船规定）和《海事诉讼特别程序法》找到依据。《海事诉讼特别程序法》第 23 条第 1 款 2 项规定：船舶的光船承租人对海事请求负有责任，并且在实施扣押时是该船的光船承租人或所有人的，海事法院可依海事请求人申请扣押当事船舶。就是讲即使船舶所有人对海事请求不负有责任，海事请求人也可申请扣押光船租赁的当事船舶，即引起海事请求或发生海事请求与其直接有关的船舶。同时《卖船规定》规定："被拍卖船舶的所有人必须是被告，且应对该项海事请求确实负有责任。"从上述规定可以看出，出租人承担责任的基础是对海事请求负有责任，如果出租人没有责任，海事请求人申请拍卖被扣的当事船舶来实现债权是不为海事法院准许的。海事请求人只能申请扣押拍卖光船承租人所有船舶或以其他财产清偿债务。这也符合我国民法关于承担民事赔偿责任的原则。当然，船舶遭受各种由担保物权保证清偿的海事请求，属第三人法定的权利，是附属于船舶上的请求权，出租人不得以所有人的身份对抗第三人对当事船舶行使海事请求权。因此出租人出租的船舶仍然具有经济风险，这种风险不只是来源于财产的灭失和损坏，更来自于第三人对船舶行使具有担保物权性质的海事请求权。尽管《海商法》149 条第 1 款对出租人作了保护规定，要求承租人负责消除影响，尽快提供担保，或采取其他合理措施，使船舶获释，避免船舶被申请拍卖，造成出租人更大损失，但在出租人、承租人均无担保能力情况下，出租人的船舶难免被扣押拍卖以清偿债务，最后导致由承租人赔偿出租人损失的法律结果。

从《海事诉讼特别程序法》和《卖船规定》有关规定，我们可得出如下结论：光租条件下，承租人承担船舶在营运中所发生的风险和对第三人产生的责任；出租人没有过错，不应对第三人承担责任。但因承租人在经营船舶过程中对第三人产生的具有担保物权性质的海事请求，第三人可依法申请海事法院扣押承租人（扣押当时是该船的光船承租人）承租的出租人所有的当事船舶，直至申请拍卖船舶，清偿债务。

结束语

通过对内河船舶租用合同中出租人和承租人对第三人的责任的分析，我们在明确其法律责任的同时，也应认识到它与《海商法》的规定基本一致。《货规》采用了《海商法》实际承运人概念，解决了期租条件下出租人、承租人对第三人的责任。根据同样也适用内河船舶扣押和拍卖的《海事诉讼特别程序法》和《卖船规定》，我们可推定光租条件下出租人、承租人对第三人的责任。这种从程序法和司法解释中推断实体处理依据的现象势必造成执法的不严肃性。本来内河船舶和海船是按船舶的技术规范来划分，二者固有的船舶属性没有区别，《海商法》将船舶定义为海船，而抛开内河船舶的适用，使有关船舶运输法律脱节。因此，海商法第六章及相关运输法律规定不适用内河运输是有很大的弊端，特别是我国即将加入 WTO，世界贸易的全球化，这种平等民事主体之间适用法律的不一致、不平等，必将阻碍了我国海事法律与国际运输法律的接轨，它不利于保护内河承运人的合法权益，更不利于内河航运业的发展。

参考文献：

[1] 司玉琢、胡正良等编著：《新编海商法学》，大连海事大学出版社。

[2] 傅旭梅主编：《中华人民共和国海商法诠释》，人民法院出版社。

[3]《国内水路货物运输规则》条文释义，人民交通出版社。

现代司法理念与审判方式改革

李　杰

【内容摘要】我国现阶段进行的司法体制改革其最终目的与现代司法理念价值观是相同的，作为司法体制改革的重要一环—审判方式改革，在其建构方向和具体实施过程中，都应当以现代司法理念为宗旨。本文首先通过对现行法院审判方式的观察，揭示当前审判方式存在的诸多不尽人意之处，主要体现在法官审判不能够实现真正的独立、透明是现行审判方式的一大弊病；法官职业化程度不高、裁判文书制作差强人意也使现行审判方式不能确保法院裁判公正、高效。本文随后对法院审判方式改革进行了展望，并设想首先从审判委员会制度着手，弱化其权力，使之最终成为一个向承办法官或合议庭提供咨询及决策意见的顾问机构；其次，从司法精英群体中选任法官，提高我国法官的职业化程度，这也是审判方式改革成功与否的关键所在；裁判文书改革应成为审判方式改革的重中之中，对裁判文书应当公开，同时要强化法官的说理意识和证据意识。

【关键词】现代　司法理念　审判方式　改革

中国首席大法官肖扬于 2001 年 12 月提出要树立“中立、平等、透明、公正、高效、独立、文明”的现代司法理念，这无疑也是中国今后司法体制改革所应达成的最终目标。如何将这些现代司法理念化作具体的、可操作的制度，自然而然就成为推进司法体制改革的首要任务，对于司法体制改革中的重要一环—审判方式改革而言，更是如此。我国的法制建设虽然已有了长足的发展，但我们不得不承认现行的法院审判方式中仍存在着诸多弊端，如审判结果的决定与形成过程无法真正体现法院独立审判的原则，且有“暗箱操作”的嫌疑；再如裁判文书制作上还显内容简单粗糙，论证语尽意疏。因此，笔者认为认真剖析现行法院审判方式存在的弊端与不足，并结合现代司法理念对其改革的建构方向进行展望，实属迫在眉睫。

1. 现行法院审判方式的观察

我国近代的司法制度基本上是由西方移植而来，从清末沈家本修法至民国阶段是以德国等大陆法系国家的制度为蓝本，新中国成立后的相当长一段时间则是照搬前苏联的模式。改革开放以来尤其是近几年，我国的司法制度已逐渐从前苏联模式淡出，而是更加倾向于仿效英美法系国家的相关制度，如对抗制的引入。正是由于我国司法制度的上述沿革，导致该制度特别是法院审判方式事实上存在着诸多不尽人意之处，以下笔者将从审判方式及裁判者自身的素质两个大的方面来论述。

1.1　法官审判不能够实现真正的独立、透明是现行审判方式的一大弊病。

我国宪法虽然规定了审判独立原则，但实际上我国法官的独立审判权是受到一定限制的，相当部分案件的裁判实行的是层层审批的首长负责制，即审判人员办案和领导把关相结合的制度。依照现行的法院组织法规定，审判委员会对任何案件都保留最终的决定权，所以在相当一部分案件的审理中，合议庭的意见并不能自然生成正式裁判；审判委员会最终产生的判决尽管在形式上是集体讲座的结果，但实际上是利益均衡的结果，大家都默认的一种说不清起源的不成文法。比如说院长事实上决定几个案件，副院长和庭长事实上决定几个案件……这种权力的分配和均衡最终源于国家权力机构的相应授权[1]，针对这种“审而不判、判而不决”的现象，学界人士一直呼吁“裁判应当在法庭上产生”[2]，笔者作为案件的承办人也常会遇到这样的难堪，即在作出判决时，一方面不得不在基本论调上与组织保持一致，另一方面也因此种判决是集体决定的结果而不必对具体裁判结果负责。长期下来，很容易养成无创新、不思进取的惰性。而且正是由于这种所谓“把关”制度的存在，导致法院裁判的决定过程几乎没有什么透明度，也是造成当前法院的裁判结果在人民群众中公信力不高，容易产生争议和质疑的主要原因。

我们期待的审判独立是真正意义上的审判独立，它包括两方面的内容：一是审判上的独立，即法官在执行审判职务时，除受事实与法律的约束外，不允许任何外来干涉。一方面，从审判独立的对象性主体来看，包括各种国家机关、社会团体、组织、个人、其他法官与法院在内的一切主体都不得随意干涉法官的审判活动，即法院对外要独立，对内也要独立；另一方面，审判独立首先是指行使审判权的法官个人独立，其次也指整个法院机构的独立，是个人独立与整体独立的统一体。二是审判独立的配套保障。审判上的独立需要一系列配套制度加以保障。这些配套制度，既包括法院对司法资源占有的充分性和自主性等确保组织独立的内容，也包括法官的高薪制、终身制、不可撤换性等保证法官个体独立的内容。而从当前的实际国情来看，实现审判独立应首先从法院审判方式改革着手，这是成本较低效果又很显著的举措，而且容易被各方面接受。

1.2　法官素质相对低下是现行审判方式不能确保法院裁判公正、高效的主要原因。

法官对裁判的影响是举足轻重的，它包括法官的素质和法官的行为。法官的素质主要体现为法官的职业化程度，而法官的行为最根本的表现就是裁判文书的制作。然而由于种种原因，目前我国法官的职业化程度还不高，裁判文书的制作也差强人意。

1.2.1　法官的职业化程度不高。时至今日，具备大专以上文化水平（主要是法律）者已占有大多数。但尽管如此，我国多数法官所受的法律教育并不是系统的、正规的和高层次的，正规法律院校本科生以上者在法院仅占少数，而非法律资历的人士占大多数。这些人士大都边干边学，学有所偏，很难认为其具有职业法官的高水准、高素质。不仅如此，司法所独有的法律方法、技巧的价值亦未被其普遍掌握。试想，专业素质如此的法官，即使他的政治素质、实际操作能力素质、道德修养再高，又怎么能让人信服他会公正、高效的对案件特别是疑难复杂案件作出优良的裁判呢？虽然，审判案件需要专门知识已成共识，但这种处理方式和知识的独特价值却并未普遍关注。相反，大量引进非法律资历人员，短期培训即上岗操作表明法官职业的专业知识并非被看做高度复杂。所以，在今天的法院系统里，虽然法官们都在同一个场所里共事，但彼此无法沟通的情形并不鲜见。至于法律职业的共同观念，无论律师、检察官还是法官都没有普遍树立。对对方职业的伙伴性及相互交流尤其是法官交流并未成为普遍趋势。如果将审判权的行使视为一种特殊的实践活动，则作为这一实践活动的主体—法官必备的专业资质与能力不能不被视为现代型法院的重要特征。法官的司法活动需要专门的知识和技术。这是因为，司法工作是由法官凭借专业知识与实践经验进行的，这种专业知识依托于人类长期以来处理纠纷的经验及其理性抽象形态—法律规范。尤其是近代以来，随着法制的建构日趋完善，制定法与判例法的发展迅猛，一个结构庞大而又内部分工细致的庞大法律体系业已形成，公正司法要求法官具备浩瀚精深的法律知识与丰富发达的法律实践经验。司法活动还需要独特的思考论证方式。这种方式及其所谓的自主性的方法论是"法律秩序"的重要特征，它具有一种区别于科学解释以及伦理、政治、经济论证的方法或风格。由此，现代型法院制度下对法官的任命、升迁具有极高的标准，对法官的培训具有专门系统的要求。新修改的《法官法》的规定将法官的任职门槛大大提高，可谓是我国对法官作出良性裁判的要求付诸实施，且决心很大。

1.2.2　法官在裁判文书中的裁判依据还显不足、裁判理由论述不够充分是现行审判方式的一大硬伤。

我国法官习惯在证据问题上往往凭个人感觉将真伪不明的后果让其中一方当事人承担。判决书中也常常回避主要事实真伪不明时，是如何分配客观证明责任的问题[3]。另外，由于我国一向强调重实体轻程序，因而对非法证据（如某些刑事诉讼尤为突出）法官往往予以采信，但又无法对证据的可采性进行论证，只能含糊其词，不仅使裁判缺乏信服力，还体现了十足的裁判霸权。

现行法治国家都十分强调法官在判决书中充分表述判决理由。因为随着权利观念的觉醒人们日益要求获得判决理由的知情权，他们不仅要知道法官得出了什么结论，而且还要求知道法官是如何得出结论的，法官支撑其结论的根据是什么，所以法官决不能只裁判是非而不陈述审判理由，一个没有审判理由的裁判将被认为是专横的象征。法官有义务尽力形成当事人的确信，即裁判的制作并非是随心所欲、武断的，而是正当的可接受的。

法律制度现代化要求裁判依据的一元化和裁判理由分析精细。即对于任何具体的事实，都必须采用法律逻辑的手段，从适用抽象的法的原则中得出判决[4]。法律之所以被确定为现代法院制度最根本的裁判依据，在很大程度上取决于现代社会对社会控制方法以及权力性质与关系的普遍看法。一方面，现代社会的一个基本观念是视法律为社会控制之主要方式，以法律规制社会交往与国家管理，倡导并推行“法律社会”。作为其后果，法律当然充斥社会生活的各个领域。正如布莱克所言，随着从部落到现代生活、从身份到契约，社会从机械性一体化到有机一体化、从亲属社会到城市社会的演化，法律不断增长，法律之外的社会控制屡呈萎缩与减少态势。在此背景之下，法院理当依法审判；另一方面，现代社会普遍认同不同国家职能相互分工并彼此制约的观念，依法审判是约束权力、防止权力滥用的重要方式。若非如此，必然会出现孟德斯鸠所指出的那种情况：司法权与立法权合而为一，导致法官成为立法者，公民的生命与自由将因权力的专断施行而严重受害。因为并非所有的法律都能尽善尽美，并不是所有的案件都可以齐整划一地落入这个或那个众口称是的规则之内。在诉讼爆炸成为可能的今天，还存在这样的情况，由于规则的百密一疏而导致具体问题无法可依，法官仍然必须就具体问题作出结论，此时裁判的正当性领域就不囿于法律实证主义者情有独钟的规则本身而与法制一般性价值乃至政策、道德、社会常识有密切关系。因此法官在说理时不能率性而为，他应该在法律体系的逻辑完整性及法制要求的范围内进行，其界限及正当性根据都必须到法治国家的原理中去寻找。总之，裁判应具有合理根据，并使判决理由言之成理，持之有据，富于说服力，通过一步步的论证步骤使结果尽量趋近正义。

2. 现行法院审判方式改革的展望。

在当今中国法治实践中，法院制度改革无疑是焦点所在。在笔者看来，所谓法院制度改革必须置于法院制度现代化。现代化理论普遍承认传统与现代两分法，即把社会形态分为传统社会、现代社会，相应国家形态分为传统国家与现代国家，并使用传统性与现代性的概念和术语来涵指传统与现代之一切差异；并认为在全球范围内，自传统向现代的转变趋势是整体的、互动的、持久的和不可逆的。中国当下正在进行的法院制度改革是一个由传统走向现代的过程。正是认识到上述问题的存在，有关部门已着手相关改革措施，首当其冲的正是审判方式改革。如刑事诉讼由纠问制向对抗制的转变；民事诉讼证据规则的出台等等。笔者认为现行审判方式改革中最为迫切也是难度最大的就是如何还法官独立的审判权，让“行政审批式的把关制度”在我国法院彻底终结以及提高法官的素质。对于此项改革，笔者有如下设想：

2.1　从审判委员会制度着手，弱化其权力，使之最终成为一个向承办法官或合议庭提供咨询及决策意见的顾问机构。之所以要弱化审判委员会的权力，一是因为审判委员会并没有真正的参与了案件的审理，而只是听取承办法官的汇报并根据汇报情况作出决定；再就是因为我国法院现有的审判委员会选任实际是与行政职级挂钩，法官的资历、素养等反而变得不太重要了，而且这也是法院的裁判容易受到外界干预的主要原因。上述两种弊端使审判委员会实际沦为一种行政审批机构。从目前的国情来看，这两种弊端的革除绝非易事，因为阻力往往不是来自于法院自身，而是来自法院以外。有鉴于此，笔者并未提出取消审判委员会设置的激进构想。在笔者的构想中，审判委员会应多从德高望重的法官中选任，行政职级不再成为选任的主要标准，有条件的话还可以考虑面向社会聘任资深的律师、法学专家，改变法院审判委员会原本的单一人员构成，从而有效避免“一言堂”的存在，真正做到“百家争鸣”。审判委员会审议案件的范围也应逐渐缩小并进行严格控制，应只限于那些在法理意义上称得上疑难的案件，而不包括那些在事实、证据上存在疑问和社会影响大、反应强烈及人大、政府等其他机关关注的案件。这样一来，法院可以很大程度地减少来自外部的干扰，真正平等地对待案件的当事人，真正处于中立、公正的位置。笔者还认为应设立一个告知制度，对于提交审判委员会讨论的案件，应当预先告知案件所涉当事人，有条件的话还应告知审判委员会成员，既利于保护当事人的诉权，也还给民众一个正当合法的“知情权”，使外界不再对法院的审判有“暗箱操作”的猜疑。由于现行审判委员会审议案件一般遵循听取承办法官及合议庭对案件事实、证据及处理意见的汇报后再进行讨论、作出决定的规则，加之审判委员会委员又通过发言来表达自己的意见，容易受到承办法官、合议庭或委员的影响甚至于诱导，故还应对审议案件的方式、裁判决定的过程进行改革。笔者设想，随着今后审判委员会讨论案件的范围逐渐只限于法理疑难，那么承办法官及合议庭可以不再详细汇报案件事实、证据、处理意见，而是开门见山汇报在案件中所遇到的法理疑难。审判委员会委员在听取汇报后，也最好以提交书面建议的方式替代过往的讨论发言，委员们就可以排除干扰，作出自己的判断。至于最终裁判结果的决定，笔者还是认同“少数服从多数”的原则。

2.2　从司法精英群体中选任法官，提高我国法官的职业化程度，这也是审判方式改革成功与否的关键所在。我国近些年来已逐步放弃纠问制诉讼制度，对抗制诉讼制度已取而代之。相对于过去的纠问式诉讼，对抗制诉讼对于法官的素质有着更高的要求。法官并没有因为要处于中立，不再主动搜集证据而可以趴在法官席上睡大觉。恰恰相反，对抗制诉讼庭审过程高度的对抗性要求法官具有更清醒、更敏捷的判断力。不然的话，控辩双方你来我往，唇枪舌剑，难分胜负。如果法官此时不知所措，是非莫辩，对抗制诉讼也就没有存在的必要了。英美法系解决这个问题的办法是从资深的精英律师中选任法官。实际上我国采取这一模式并非不可行，在2002年以前的十四年中，我国司法职业中只有律师职业在准入时既要求具有高等法学教育背景又要求通过全国性公开选拔考试，所以相对于我国现阶段的法官、检察官群体，律师群体中的出类拔萃者不能不称之为精英。而且借鉴英美法系的法官选拔方式，不会付出很大的改革成本，应该是我国今后司法改革主要方向。

2.3　裁判文书反映了法院对案件的审理、评判过程，也同样体现了法官的素质，裁判文书改革应成为审判方式改革的重中之重。自2000年起，最高人民法院决定有选择地向社会公布已审结案件的裁判文书，并要求各级法院逐步做到裁判文书向社会公布全文，《人民法院改革纲要》也要求加强裁判文书的改革，加强对有争议证据的分析和认正，增强判决的说理性使裁判文书成为向社会公众展示司法公正的载体；一些地方法院甚至制定了不同案件的具体裁判制作模式。这可谓是中国法院实施“阳光工程”以来颇具胆识的创举。随着裁判文书的改革，对于法官说理意识和证据意识的要求也在逐步提高。

2.3.1　说理意识。过去那种认为裁判仅仅只是简单的强制性命令或纯粹是根据逻辑从法律中推导出来的具体结论的观点，已经跟不上现在的时代了。当今要求的是，首先应确定判决理由在裁定书中应有的地位，对我国法官而言，必须转变过去那种“简单明了”的裁判观，从多层次、多方面来论证说理，让正义以人们看得见的方式实现。对我们这些承办案件的法官而言，就要求对证据的采信和对事实的认定应有合理的法律原则，并在认定事实的陈述和适用法律的主张间系统阐述两者之间的联结性。

2.3.2　证据意识。裁判的基础系于证据，法院所认定的事实是为证据所证明的事实，所以证据的认定显得尤为重要。由于法官并未亲身经历案件，所以他必须凭借真实可靠的证据来认定案件事实，这就对法官正确的指导当事人举证、质证提出了更高的要求。惟有法官努力的培养良好的证据意识，才能尽力防止司法不公、司法专断。

我国审判方式改革虽然已经启动并取得了初步成效，但仍需进一步深化。审判方式的改革是一个极其复杂的系统工程，不可能一蹴而就；各项改革措施之间的功能关联也非常强，有赖于相互之间的配合。在诸多措施中，当务之急是要树立现代司法理念，让“中立、平等、透明、公正、高效、独立、文明”的理念在每个司法从业人员尤其是法官的心中根深蒂固，将这些理念化作具体的、可操作的制度，否则改革将难以取得预期的效果。以上对于法院审判方式改革和现代司法理念之间千丝万缕的复杂关系的论述无疑是很不充分的，仅作参考。

参考文献：

[1] 梁治平著：《法律解释问题》，法律出版社 1998 年版。
[2] 陈瑞华著：《看得见的正义》，中国法制出版社 2000 年版。
[3] 张卫平著：《诉讼构架与程式》，清华大学出版社 2000 年版。
[4] [德] 马克斯·韦伯著：《经济与社会》（下），商务印书馆 1997 年版。

关于承运人对5‰货差赔偿问题的思考

李　杰

【内容提要】在大宗散货运输中，承运人是否对5‰货差进行赔偿，说法不一。本文分析了5‰货差产生的原因及解决方法。

【关键词】5‰货差　原因　解决途径

在大宗散货运输中，常有货物短量发生。短量发生的原因众多，其中包括运输过程中的损耗和衡重误差等，即通常所说的5‰合理损耗问题。我们的法律是否承认这一损耗，我国《海商法》没有明文规定，这给审判工作带来了诸多不便。笔者认为，上述问题一直困扰着我国的海事审判实践，亦是当前海事审判中急需解决的问题。我国各海事法院每年都要受理大量这类案件，各海事法院判决的结果不尽相同，司法界亦存在两种不同观点。笔者就上述问题发表以下浅略之见，以求教于同仁，并希望引起同界人士之关注。

案例一：我国某海事法院1998年8月受理的某外贸公司与某远洋公司海上货物运输合同货差赔偿纠纷一案中，外贸公司向瑞士米兰公司购买931657吨印度豆粕交由远洋公司所属"A"轮承运，由印度卡基纳达港运至中国某港。货物装船前印度SGS检验机构对货物进行了检验并签发了重量证书，同时外贸公司就上述货物向国内某保险公司投保货物运输一切险。"A"轮抵达目的港卸货后，目的港商检机构对货物进行检验，发现短少111.67吨。为此外贸公司依据保险合同起诉保险公司，保险公司按照保险合同约定扣除5‰免赔额后，对外贸公司进行了赔付，但外贸公司仍遭受5‰的货物短少损失。外贸公司又根据运输合同起诉远洋公司。

远洋公司认为，货物在起运港装货时采用衡器计重，在目的港卸货时采用水尺计重，两种计重方式本身就存在一定的误差。中华人民共和国进出口商品检验局对水尺计重有明确规定即精确度在5‰以内，承运人对5‰以内的误差损失不承担赔偿责任。这也是国际贸易运输中普遍公认的做法。法院认为，我国《海商法》规定，承运人或代其签发提单的人签发的提单是承运人已经按照提单记载状况收到货物或者货物已经装船的收据，承运人应当按照提单记载向收货人交付货物。远洋公司主张承运人对货物在5‰以内的误差损失不承担赔偿责任，于法无据。判决承运人赔偿其损失。远洋公司不服上诉至某高级人民法院，二审法院认为，远洋公司所运的货物在交付时短少111.67吨，已超出提单记载重量5‰的范围，其提出是计算方式的误差，在5‰范围以内的货差损失不负赔偿责任的上诉理由，没有法律依据和事实依据，驳回上诉，维持原判。

案例二：我国另一海事法院，于1998年10月受理某饲料公司与某航运公司海上货物运输合同货差赔偿纠纷一案中，航运公司所属“B”轮承运饲料公司从印度进口的11436.90吨黄豆粕至中国某港，“B”轮抵达目的港卸货后，经目的港所在商检机构检验证明货物短少49.50吨，占提单记载重量的4.19‰，为此饲料公司起诉航运公司要求其赔偿。法院认为，我国进出口商品检验局就水尺计算行业标准规定，水尺计重准确度在±5‰以内，本案货物的短少在水尺计重合理的误差之内，判决承运人不承担赔偿责任。

上述两案产生的争议便是5‰损耗承运人是否赔偿的问题。

1. 5‰短少产生的原因

1.1 货物固有缺陷。众所周知，海上货物运输的承运人承运的货物种类繁多（指大宗散货运输），各类货物都有自己独立的特性，其内在的分子结构亦不尽相同，有些货物经过海上运输会蒸发水分；有些货物会吸收水份；亦有些货物内在分子结构不会发生变化。故蒸发水分的货物在目的港肯定会发生短少现象。

1.2 水尺计重产生的误差。水尺计重是我国普遍采取的一种计重方法，他能避免装卸损耗误差，扩大散货运输，降低成本，提高运输效率，加快运输周转和流通，促进对外贸易的发展。但是其精确度在客观上受到一定的限制，水尺计重的精确性受诸多因素的影响，如船舶拱陷变形、定量备料更动、港水风浪等，其准确度在5‰以内。根据国际惯例，公证鉴定机构规定水尺计重的允许误差为不超过5‰，故水尺计重本身就存在着误差。

1.3 计重方式不同产生的误差。通常海上运输的货物，在国外起运港装货时一般采取衡器计重方法测量货物重量，而在目的港中国一般都采取水尺计重方法来测量货物重量。衡器计重比水尺计重精确2‰，在大宗散货运输中，对货物数量的精确计算是很难的，即便是同为衡器计重或水尺计重，本身也允许不超过2‰的误差。如果装卸两港分别采用衡器计重和水尺计重，误差是不可避免的。故两种不同的计重方法本来就有误差。

1.4 承运人疏于确定装船数量/卸货数量和装卸过程中飞扬造成的损耗。由于提单上记载的货物重量是根据过磅和做水尺而得出，而过磅计重和水尺计重本身有误差，故提单上记载的重量与实际装卸的重量尚有差异。同时，货物在装卸过程中由于天气和机械作业的原因，散装货物或多或少的会发生一些洒漏。

比照上述四种情况我们不难看出，第一种情况短少原因是货物本质缺陷或者是自然损耗所致。第二种情况是由于水尺计重本身有误差。第三种情况是计重方式不同而产生。第四种情况是装卸过程中飞扬造成的损耗和承运人疏于确定装船数量/卸货数量。

2. 各方对5‰损耗的认识

2.1 关于对5‰损耗各方认识不一，航运界已明确认可5‰损耗承运人免赔，商检行业规定也明确水尺计重有5‰的误差。我国《海商法》却没有明确规定。但运输损耗乃属货物自有特性，承运人举证免责，《海商法》第77条规定，承运人应当按照提单记载数字交付货物，但《海商法》第75条又规定，承运人代其签发提单的人知道或者有合理的根据怀疑提单记载的货物、品名、标志、包装或者件数、数量或者体积，与实际接收不符，在签发已装船提单情况下，怀疑与已装船货物不符，或者没有适当方法核对提单记载的可以在提单上批注，说明不符之处，怀疑根据或者说明无法核对。故承运人可以在提单上批注5‰损耗免责的条款。

2.2　国际货物买卖合同上有溢短装条款、保险合同中有免赔额条款，在航运实务中有些承运人在签发提单时，也会在提单上打上5‰损耗免责的字样。但中国远洋运输公司的提单没有这个条款。

3. 提单格式条款与保单格式条款和国际货物买卖合同格式条款的比较

3.1　国际货物买卖合同的格式条款通常在数量一栏中载明百分之几的数量增或减（滥短装条款）。其一指卖方有发货选择权，但买方需按实际发货量支付货款：其二指买方要求卖方多发部分货，但这部分货买方是不支付货款的；其三指合同中有关卖方可按一定机动幅度比合同规定数量向船方多交或少交若干的规定。

3.2　中国人民保险公司海洋货物运输保险单正面格式条款特约事项一栏中通常记载5‰免赔额。在保险实务中，保险人在签发保单时通常在保单特约事项栏中记载5‰免赔额，其目的是在货物出险后保险人赔付被保险人货物损失时要扣除5‰的免赔额。

3.3　提单正面格式条款却无此项记载。我们将提单正面格式条款和国际货物买卖合同格式条款、保单正面格式条款相比较，不难发现提单格式条款与上述两合同格式条款之缺陷在于提单正面格式条款没有加注5‰承运人免责事项。

4. 关于提单正面格式条款加注5‰承运人免责条款的效力

4.1　提单中加注5‰损耗承运人免责条款是合理条款，并且反映了航运实践，而且是合法约定。

4.2　根据我国合同法原理，合同是约束合同的双方当事人，不能约束第三人。在提单运输中，收货人、提单持有人必须是能根据提单享有权利并承担义务。在承运人和收货人，提单持有人之间提单是具有合同性质的文件，用以确定他们之间的权利义务关系。提单的规定包括提单正面记载的内容和背面条款，亦包括提单上的保留和批注，当然提单的某些内容违反了法律的强制性规定和企图减轻或者免除承运人依法承担的责任的条款无效。货物由承运人接收后，应托运人的要求，承运人应当签发提单，提单签发后，经过提单的正当转让程序，而将提单的占有转让给善意的包括收货人在内的第三人，即提单持有人，提单对托运人与承运人之间则起到了证明运输合同的作用。而善意受让提单的人，原本是托运人与承运人之间运输合同之外的第三方，同时亦是提单的实际受益人，这就使他处于一种既要承受提单的义务，又不了解运输合同当事人之间是否有相关特殊约定矛盾境地。为了解除提单受让人的疑虑，为了维护提单的信用，鼓励提单转让，法律作出了该种选择，确认提单的文字记载是约束承运人和提单受让人的惟一依据。根据我国《海商法》第 78 条规定，承运人同收货人，提单持有人之间的权利义务依据提单的规定确定。故提单加注 5‰的免责条款是具有约束提单持有人的效力，且提单上加注 5‰的条款并不当然构成减轻承运人的责任。因为作为承运人或者代其签发提单的人或者有合理的根据怀疑提单记载的货物可能会经过海上运输后发生损耗，或者没有适当的方法核对提单记载的可以在提单上批注，说明怀疑根据或者说明无法核对理由。

5. 笔者对上述两案的观点

通过以上的分析并结合案例，笔者认为，案例一的货物短少损失，已实际超过提单货物总重量的 5‰。根据我国《民事诉讼法》的规定，人民法院对专门性问题认为需要鉴定的应当交由法定鉴定部门鉴定。中华人民共和国进出口商品检验局是我国进出口商品的法定检验机构，其做出的检验报告具有证据效力，可以作为认定事实的依据。根据我国《海商法》的规定，承运人或者代其签发提单的人签发的提单是承运人已经按照提单记载状况收到货物或者货物已装船的初步证据，承运人应当按照提单记载向收货人交付货物，故在案例一中法院将商检报告作为认定事实的依据并根据《海商法》第 77 条的规定，判决承运人承担货差赔偿责任，笔者认为正确。而案例二，法院依据商检行业规定，判决承运人不承担赔偿责任，值得商榷。水尺计重有 5‰的误差是普遍公认的，但并不意味着承运人对水尺计重的误差免赔。法院应将商检报告作为认定事实的依据，应根据法律作出判决。

6. 解决方法

笔者建议：(1) 在提单上加注 5‰损耗承运人免责的条款。(2) 承运人在签发提单时应根据不同货物的情况，凭航运经验对有些货物可能会在目的港发生短少，则应要求发货人多发一点货物，对这部分货物承运人无需签发在提单上，同时发货人对这部分货物亦无需向承运人支付运费。(3) 统一计量方法。(4) 正确分析货差原因。故上述四点是解决这类问题的关键。

综上，笔者认为，提单上加注 5‰损耗承运人的免责条款，解决了装卸飞扬、水尺计重和计重方式不同而产生的误差，且承运人无需再就上述问题对提单持有人进行赔偿。

参考文献：

[1] 钟建华著：《国际货物买卖合同的法律问题》，人民法院出版社，1995。
[2] 付旭梅主编：《海商法诠释》，人民法院出版社，1995。
[3] 刘宗荣著：《海商法》，台湾三民书局，1996。

保险委付的构成和效力

李　杰

【内容提要】本文的主旨在于讨论委付的构成和效力。委付是保险人与被保险人之间的一种双方法律行为，它由被保险人发出的委付通知和保险人接受委付的承诺构成。委付一旦有效成立，双方当事人就必须受其约束，被保险人就保险标的享有的权利应转移给保险人，保险人应以全损向被保险人赔付。

【关键词】委付　构成　效力

委付是海上保险中的一项特有制度，它是指在发生保险事故造成保险标的的推定全损时，被保险人将其对该保险标的的权利转移给保险人，而由保险人赔偿全部保险金额的法律制度。委付的构成和效力是该项制度的基本问题，然而在海上保险实务和司法实践中仍然存在很大争论，对此问题进行深入的思考，全面的梳理是非常有益的。

1. 委付的构成

讨论委付的构成首先要涉及到委付的性质，也即委付是单方法律行为还是双方法律行为的问题，从各国立法来看，认识不一。大陆法系一些国家如德国和日本认为委付是一种单方法律行为，无须保险人同意，一经发出有效的委付通知即生效力。英美法系的观点则认为委付是双方法律行为，被保险人发出委付通知，委付并不当即成立，而是必须要得到保险人的接受。依据我国《海商法》，第249条，第250条的规定，被保险人发出委付通知，保险人接受的，有关保险标的的权利和义务才发生转移，可见我国立法也认为委付是双方法律行为，由被保险人的委付通知到保险人接受委付的承诺构成，下文将分述之。

1.1　被保险人的委付通知

船舶发生保险事故后，认为实际全损已经不可避免，或者为避免发生实际全损所需支付的费用超过保险价值的，为推定全损。货物发生保险事故后，认为实际全损已经不可避免，或者为避免发生实际全损所需支付的费用与继续将货物运抵目的地的费用之和超过保险价值的，为推定全损。委付通知是在发生推定全损时，被保险人作出的将保险标的的权利转移给保险人而要求保险人赔偿全部保险金额的意思表示。一个有效的委付通知必须符合下列条件：

1.1.1　委付通知以推定全损为前提

委付是与推定全损密切联系的一项制度，委付当且仅当适用于推定全损。[1]事实上也只有在推定全损时才有委付的必要。与推定全损相对应的是实际全损和部分损失，保险标的发生保险事故后灭失或者受到严重损坏完全失去原有形体、效用，或者不能再归被保险人所拥有的，为实际全损。不属于实际全损和推定全损的损失，为部分损失。在实际全损的情况下，保险标的灭失，或者受到严重损坏完全失去原有形体，效用，或者不能再归被保险人所拥有，[2]根本无权利转移可言，被保险人向保险人发出委付通知对保险人一般无实际意义；在部分损失的情况下，保险标的仍然存留相当的经济价值，将其委付给保险人对被保险人并无太大实益（在运费看涨或货价看涨时更是如此），也严重背离了保险制度补偿损失的原则。需要说明的是，委付保险标的不是推定全损的约定或法定构成要件，而是被保险人在推定全损成立时，选择向保险人索赔推定全损的先决条件。[3]如果被保险人未发出委付通知，即使构成推定全损，亦不构成委付，也只能索赔部分损失。

1.1.2　委付通知的内容是被保险人表示将保险标的的权利转移给保险人，并要求保险人以全损赔付。

委付是在保险标的发生推定全损时的一种特殊的理赔方式，它的产生和发展与海上风险的特殊性以及保险合同双方当事人的特殊需要密切相关。在海上保险中，标的有时虽非全损，却与全损相差无几；有时虽已发生全损，但其证明的手续过于繁难而所需时间与支出甚巨，故法律为谋求实际便利，避免损失扩大，更为保护被保险人利益，在发生推定全损时，规定被保险人可要求保险人支付全部保险金额，作为对价，他应将保险标的的权利转移给保险人。若对这一规定作出变更则不构成有效的委付通知，单纯的事实通知或损失通知也不能代替委付通知。在保险实务中，委付通知并不复杂，比如船舶委付，一般是以船名，保险事故作为抬头，再写明“We give the abandonment of this vessel”和保险金额即可。

另外，许多国家的海商法要求被保险人委付保险标的时应当履行告知义务，需要将可能影响到保险人利益的有关情况通知保险人，如日本商法第 840 条第 1 款规定：“被保险人实行委付时应向保险人通知与保险标的有关的其他保险契约，有无归其负担的债务及其种类。”这种通知义务属一种附随义务，被保险人违背此项义务不足以影响委付的成立，但应承担相应的损害赔偿责任。

1.1.3　委付通知具有单纯性和不可分性

委付通知的单纯性是指它不得附条件。被保险人发出委付通知是意图在推定全损的情况下取得全部保险金额，作为对价，他应将其对保险标的的权利转移给保险人，这种转移是一种概括的，彻底的，单纯的转移，不得附条件。之所以如此，一方面是为了平衡双方当事人的利益，另一方面也是为了及时清洁当事人之间的法律关系，以免拖泥带水，徒增纠葛。委付通知的不可分性是指它应当适用于保险标的的整体，被保险人有是否委付保险标的的自由，不过如欲委付，则必须就标的物之全部为之，若一部分委付，一部分不委付，不仅关系复杂，且易酿成纠纷。同时，如许一部分委付，则被保险人势必难免就保险标的利益部分进行保留，而专就不利益部分为委付，这对保险人利益妨碍极大，所以法律乃明文规定，委付应就标的物之全部为之。[4]不过，委付原因仅就保险标的一部分发生时，可以就部分实行委付：以保险价额的一部分投保时，可以按保险金额对保险价额的比例实行委付。

1.1.4　委付通知应当在合理的期限内以适当方式作出

确定委付通知的期限大致有三种方式：(1) 由法律直接规定这一期限，如日本商法典第 836 条第 1 款规定“被保险人欲实行委付时，应于三个月内通知保险人”，台湾《海商法》第 193 条规定“委付之权利于知委付原因发生后，自得为委付之日起，经四个月不行使而消灭”。(2) 由保险合同约定，如中国人民保险公司现行船舶战争，罢工险条款规定，被保险人以承保事故为由向保险人索赔船舶推定全损的，必须从保险事故发生之日起满六个月才能提起。(3) 在既无法律规定又无合同约定的情况下，则应参酌具体情况作出合理的推断，如在 Kelly v. Walton[5]案中，一艘装着亚麻籽的船舶被扣押，货物保险人于 2 月 11 日得知这个消息。这些种子在 5 月 10 日前播种方有价值，那么委付通知至迟应在 5 月 10 日以前发出。

关于委付通知的方式，各国海商法并无强制性规定，在我国海上保险实务中，委付通知以书面形式为必要。

1.2　保险人接受委付的承诺

前文已经提到委付是一种双方法律行为，依英美法的理解，委付是转让保险单所承保的被保险人对保险标的所具有的保险利益的一种合同行为，被保险人发出的委付通知是要约，保险人接受委付的意思表示是承诺。

1.2.1　保险人应当在合理的期限内将是否接受委付的决定通知被保险人

法律赋予保险人有选择是否接受委付的权利，只不过保险人应当在合理的期限内将是否接受委付的决定通知被保险人。在我国，保险人接受委付的通知须为书面形式，且不承认默示或沉默。[6]实际上，这种做法既不经济也不符合交易习惯。从国外立法来看，接受委付的承诺既可以明示的方式作出也可以默示的方式作出（如出席有关会议并作出指示：干预或阻止处理标的物等），拒绝委付的意思表示则可为明示，默示或沉默，如英国《1906 年海上保险法》对此是这样规定的：“The acceptance of an abandonment may be either expressed or implied from the conduct of the insurer. The mere silence of the insurer after notice is not an acceptance.”（接受委付的承诺可以明示或默示的方式作出，但单纯的沉默不能视为接受委付。）[7]

为了鼓励保险人与被保险人对遇险船舶，货物积极采取施救或其他保全措施，避免他们互相推卸责任，各国海商法一般都规定有放弃条款：在推定全损的场合，保险人或被保险人为防止标的损失或对之保全所采取的行为不得视为接受或放弃委付的表示。[8]

1.2.2　“委付一经保险人接受，不得撤回。”[9]

委付因保险人接受委付的承诺而有效成立，依据禁止反言的规则，“委付一经保险人接受，不得撤回。”一方面，被保险人不得拒绝将保险标的转移给保险人；另一方面保险人也不得拒绝按全损赔偿，即使被保险人没有履行告知义务或没有交清保费等，他仍然有权取得全部保险金额。当然，委付不得撤销也不是绝对的，如果基于错误的事实，例如保险标的未遭受损失而误以为遭受损失，保险标的只发生部分损失而误以为发生全损，全损不是由承保危险引起而误以为是承保风险引起的，作出的可以撤销，保险人可以拒绝或追回赔偿，[10]因为在这些情况下违背了委付必须以推定全损为前提的原则。值得注意的是根据1999年的新合同法“撤回”与“撤销”有严格的区别，撤回的对象是尚未生效的意思表示，撤销则是针对已生效的意思表示。委付一经保险人接受就已经成立，自此，它只可能因某些原因而被撤销，但不会发生被撤回的情况。因而，从法律用语规范性的角度来看，我国《海商法》第249条第2款的“撤回”改为“撤销”比较合适。

2. 委付的效力

委付的效力不能一概而论，保险人是否接受委付将直接影响到委付在法律上的效果。

2.1　保险人不接受委付时

虽然在海上保险实务中，为了防止事后只能索赔部分损失或不能索赔，几乎每一案件中，被保险人都会向保险人发出委付通知，希望按推定全损来处理（在只投保全损险时更是如此），但是，保险人通常不接受委付，因为保险人在作全损赔付时，还有主张对保险标的的权利的机会，而匆忙接受委付可能承担巨大的油污和/或航道清除等责任，从而得不偿失。[11]我们可以得出这样的结论，在实务中，被保险人通常会发出委付通知，而保险人通常会不接受委付。保险人不接受委付会导致何种后果，我国《海商法》对此并未规定，理论界一般认为保险人不接受委付，并不影响被保险人的各项权利，只要推定全损的事实存在，保险人就应以全损赔付，只是不能以我国《海商法》第250条之规定获取标的物的相关权利。不过这并不影响保险人以全损赔付后，根据我国《海商法》第256条之规定取得残余标的物的权益。可见，在推定全损的情况下，保险人有两次主张取得保险标的所有权的权利，第一次是在被保险人发出委付通知书时，第二次是按全损赔付时，在这两个时间以内，保险标的不可由被保险人随意处分。[12]

2.2　保险人接受委付时

保险人接受委付，则委付得以有效成立，这在法律上有两方面的意义：被保险人对保险标的的权利转移给保险人；保险人应以全损赔付。本文的重点在于讨论前者。我国《海商法》第250条规定：“保险人接受委付的，被保险人对委付财产的全部权利和义务转移给保险人。”这一规定似乎已足够明确，其实不然。

2.2.1　哪些权利由被保险人转移给保险人在我国《海商法》中找不到答案，在理论界也争议颇多。一种观点认为保险人赔付全损后的权利是：（1）基于委付的对保险标的的权利，行使该权利的所得不受其赔付的限制，即使多于对被保险人的赔付，也归其所有；（2）基于对被保险人的赔付所享有的对第三人的代位权，这种权利的行使受其对被保险人的赔付范围的限制，超出其赔付的部分归被保险人所有。[13]另有一种相反的观点认为委付的结果是有关标的物的物权债权一并转移给保险人，保险人对第三人的索赔所得即使大于其对被保险人的赔付，也归保险人所有，目前有很多学者持此种观点。

无论是前一种观点还是后一种都不否认被保险人对保险标的所具有的保险利益转移给保险人，分歧的焦点是被保险人对有责任的第三人享有的索赔的权利是否也随保险标的一并转移给保险人。如果持肯定说，也就是承认保险人从第三人那里的索赔所得即使大于其对被保险人的赔付也归其所有。笔者认为否定说的观点更具有合理性。推定全损归根结底也是一种全损，尽管保险人接受了委付，其向第三人的索赔地位也没有理由比赔付实际全损后接受残余标的物的地位优越。从保险法的传统来看，保险人向第三人索赔的问题一直是放在代位制度中解决，如果把一个统一的代位制度挖出一块，则显得不太协调。也只有将保险人向第三人索赔的问题归入代位制度中才不至于违背保险法补偿损失的基本原则，避免保险制度内部的紧张关系。而且，将被保险人向第三人索赔的权利一并转移给保险人并不一定有利于保险人的利益，比如，保险人行使代位权所支付的诉讼费用及其他必要费用应由被保险人承担，然而如果认为被保险人的索赔权已转移给保险人，那么保险人向第三人索赔所花费用自然由他自己承担。

2.2.2　关于义务的范围。认为被保险人对委付财产的“义务转移给保险人”是《海商法》的独特之处，立法者的本意是强调保险人接受保险标的后，应当履行与委付财产有关的一些义务，然而这一规定的妥当性值得商榷。

义务是一种社会关系，是人与人之间的一种法律联系，权利主体（人）对且仅对另外的权利主体（人）承担义务。但我国《海商法》第250条使用“被保险人对委付财产的权利和义务”这样的措辞似乎并不恰当，因为被保险人乃是权利主体，不可能对作为权利客体的财产负有义务。[14]

而且，对义务的范围如何界定，《海商法》第250条并未予以明确。从海上保险实务来看，保险人接受委付后应承担清除航道，处理油污，向救助人支付救助费用，为赚取待收运费而支出的航次费用等义务，实际上这些所谓的义务不过是保险人行使对保险标的的权利所受到的一种限制或者必须付出的一些代价，是行使权利的应有之义，并无单独规定之必要。从国外立法来看，也无不是只规定被保险人对保险标的的权利转移给保险人，如日本商法典第839条第1款规定：“保险人因委付取得被保险人就保险标的享有的一切权利。”这也并未影响到保险人承担必要的义务。倒是我国《海商法》第250条这种十分概括的规定有加重保险人责任之嫌。

注　释：

[1] 邢海宝：《保险委付研究》，载《中国海商法协会通讯》2001年6月，第7页。

[2]《海商法》第245条。

[3] 杨良宜等：《英国海上保险条款详论》，大连海事大学出版社1996年版，第319页。

[4] 戴锌隆等：《台湾商事法论》，武汉大学出版社1992年版，第317页。

[5] (1808), 2Camp. 155.

[6] 同注 [1]，第 12 页。

[7] 英国《1906 年海上保险法》第 62 条第 5 款。

[8]《海商法》第 249 条第 2 款。

[9] 张湘兰：《海上保险法》，中国政法大学出版社 1997 年版，第 213 页。

[10] 伍载阳等：《论海上保险中的推定全损与委付制度》，载《中国海商法协会通讯》1995 年 5 月，第 39 页。

[11] 汪鹏南《海上保险合同法详论》，大连海事大学出版社 1996 年版，第 156 页。

[12] 同注 [3]，第 144 页。

[13] 李文湘：《论海上保险代位的范围》，载《中国海商法协会通讯》2001 年 3 月第 24 页。

[14] 周宏楷：《从船舶所有权论海上保险中的委付》，载《中国海商法协会通讯》2000 年 4 月，第 29 页。

试论当庭论证

汪水松

【内容提要】毫无疑问，我们当前强调审判方式改革，其关键就是如何强化庭审功能，而要强化庭审的功能其核心内容则体现在抓好举证、质证、认证三个环节的功能。本文试图结合审判实践及民事诉讼等法律规定的精神从当庭认证的含义、规则、方法等几个方面作出分析和论证。

【关键词】民事诉讼　质证　认证

审判方式改革的关键是强化庭审功能，核心内容就是强化庭审的举证、质证及认证三个环节的功能，其中当庭认证是庭审的最后环节、最核心的部分，它是裁判的前提和基础，决定了审判工作的质量和效率。民事诉讼法和司法解释对当庭认证的规定过于原则，缺乏操作性，增加了当庭认证工作的难度，笔者结合审判实践及有关法律规定的精神，就当庭认证的含义、规则及方法谈一些体会。

1. 当庭认证的含义

所谓当庭认证，就是法官在开庭审理中，对当事人及证人提供的证据和法院自行收集的证据进行分析、审查、判断，按照一定的认证规则，在法庭上对证据的客观性、合法性、关联性予以确认从而认定案件事实的一种诉讼活动。

不难看出，当庭认证是法官通过审查、判断、分析证据来认定证据成立与否的一个证明和说理过程；当庭认证是当事人举证、质证等诉讼对抗行为的结果，是法官据此对证据的证明力的大小所做的判断；当庭认证是裁判所根据的事实能够得以成立的基础，没有证据的确认与采信，裁判所根据的事实就成为空中楼阁。

理解当庭认证的含义至少应把握它的法律特征。当庭认证具有以下几个法律特征：主体特定性，认证的主体只能是审理案件的法官（合议庭）；程序法定性，认证只能是在举证、质证之后进行，未经庭审质证的证据不能作为定案的根据；内容的明确性，表现在认证的范围只能是当事人所提供的证据和人民法院收集的证据，表现在认证的结果是惟一的只能是肯定的或否定性的，不能对某一证据既肯定又否定；过程的说理性，认证过程就一个理性思维的外在表现说理过程。

2. 当庭认证的规则

认证的一般规则是民事认证体系中不可或缺的一部分，是证据认证方法的前提，虽然，最高人民法院在《关于民事经济审判方式改革问题的若干规定》中对认证的规则有所涉及，但不系统、完整，为认为认证应遵守下列规则：

2.1　对下列证据不予认定。出示的证据内容与本案事实无关的；证据的来源，形成过程不符合法律规定的；伪造的证据；证据的内容损害国家、集体或第三人合法权益的。

2.2　对下列证据应予以认定。一方当事人提出的证据，对方当事人明确表示认可，对证据的来源、内容均无异议的；一方当事人出示证据后，对方当事人对证据的形式、客观性有异议，但明确表示不能举证或不愿举证予以反驳的。

2.3　一方当事人提出的证据，对方当事人对该证据的形式、客观性提出异议，且提供反证的，应审查比较原证和反证，如反证足以推翻原证的，对原证不予认定，反证予以认定；如反证不足以推翻原证的，对原证应予以认定。

2.4　一方当事人提出的证据，对方当事人对该证据的形式、客观性表示认可，但对证据的内容、证明力提出异议，法官则应审查证据的内容，综合本案其他证据作出认定或不予认定的结论。

2.5　法院自行调查收集的证据、勘验笔录以及委托有关部门作出的鉴定结论，一方或双方当事人提出异议的，如不能或不愿提供相应证据予以反驳的，对这些证据、勘验笔录、鉴定结论应予以认定；如提出异议的当事人同时举出相应证据予以反驳的，则应审查比较这两方面的证据作出认定或不予认定的结论；如提出异议的当事人申请重新勘验或鉴定的，则审查申请的理由是否充分作出是否同意重新勘验或鉴定的决定，然后对原勘验笔录或鉴定结论作出认定或不予认定的结论。

3. 认证的方法

认证的方法重点是审查判断证据的“三性”，即证据的客观性（也称真实性）、关联性、合法性。然后结合全案证据综合分析，合理运用优势证据来确定案件真实。

3.1　审查证据的客观性，证据的客观性是证据的本质特征，即指证据以客观存在的事物为载体。审查证据的客观性，就是要查明证据材料所反映或所证明的是否是案件的客观情况，即证据是否真实可靠。这是认证工作的第一个环节，只有确定了证据的客观性后才有必要去审查其关联性和合法性。审查判断证据的客观性，一方面应从证据的来源进行审查判断，审查证据在形成过程中是否存在影响其客观性的因素，以及证据的提供者是否存在影响证据客观性的因素；另一方面从证据的内容进行审查判断，主要审查证据所反映的案件真实是否合情合理，证据所表明的事物联系是否顺理成章，重点查找矛盾和分析矛盾对于审查中发现的矛盾要认真分析其形成的原因，看其是本质性矛盾还是非本质性矛盾，从而对证据的客观性作出科学的判断。比如我们在审理船舶碰撞案件中，审查航海日志这一书证的客观性时，主要审查以下几个方面的内容，港监有没有在事故发生后立即对航海日志进行摘录、复印，航海日志事故航次和事故前后航次的记载是否吻合。又如我们在审理船舶碰撞案件中，审查证人证言的客观性时，首先根据证人的年龄、智力状况来判断，证人是否具有正确的感知和表达能力，是否能够正确辨别事物和正确表达思想；其次根据证人的身份来判断证人与案件当事人的关系，尤其是处理结果同证人之间是否存在的利害关系；最后审查证人陈述的内容是证人亲眼所见、亲耳所闻，还是借助于导航仪器看到或听到，还是从他人那里获悉的，即证人证言的来源。

3.2　审查证据的关联性，证据的关联性是指从证据事实与案件事实的相互关系方面来反映证据的特征。审查判断证据的关联性是认证工作的第二个环节。分析证据与案件事实之间有无联系，这一点比较直观，在确定证据与案件事实之间的联系存在后就分两个步骤来审查关联性，其一，分析证据与案件事实之间联系的形式和性质，证据与案件事实之间的联系多种多样，既包括联系的形式不同，也包括联系的性质不同。联系形式的多样性主要表现在联系对象多种多样，而且这种联系有直接的，也有间接的，其中间接联系又有链条式、网络式等不同形式，证据与案件事实之间联系的形式不同，其证明力自然有所不同，直接联系的证明力高于间接联系的证明力；联系性质的多样性，表现为既有因果关系，也有非因果联系，既有必然联系，也有偶然联系，证据与案件事实之间联系的性质不同，证据的证明力自然也不一样，显然，因果联系的证明力较非因果联系的证明力高，必然联系的证明力较偶然联系的证明力高。其二，分析证据与案件事实之间联系的可信性程度。证据与案件事实之间联系的可信性程度取决于证据本身的可信性程度。就是说证据本身首先应达到使人合理相信的程度，它要使法官达到内心合理的确信，这种确信至少也应符合逻推理的法则，决非是一种推测或盲目的臆断。比如我们在审理船舶碰撞案件中，审查航海日志这一书证的关联性时，主要审查航海日志记载内容（车、舵的使用情况，瞭望情况、航向、船位等）与碰撞事实是否存在联系，联系是否是直接的，在性质上是否具有因果关系，同时审查证人所陈述的内容与已知的碰撞事实之间是否具有密切联系，即，根据航道、水文情况，采用逻辑的方法分析证人关于事故发生时双方的船位、航向、航速、车舵的使用情况以及采取的其他避撞措施的陈述能否得出与已知碰撞事实相符合的结论，即时间上的一致性，碰撞地点相同性，沉船位置的吻合性。审查证人证言时的合法性时，首先审查证人是否到庭，如证人未到庭，且提供证人证言证据方面的当事人不能说明该证人不出庭的充分理由，原则上应对其合法性不予认定。

3.3　审查证据的合法性。证据的合法性也称证据的法律性，它是从证据的外部特征是否合法的角度来反映证据的基本特征。审查证据的合法性是认证工作的最后一个环节，是指审查证据的收集方法和程序是否符合法律的有关规定。具体来讲，要审查证据材料的发现、提取和保管程序的方法是否符合法律的有关规定。同样的，我们在审查船舶碰撞案件中航海日志这一书证的合法性时，既要审查航海日志的提供者是记载航海日志的一方当事人、对方当事人还是港监部门，或者由人民法院通过证据保全所取得，还要审查其收集航海日志采用的方法和程序是否合法。我们在审查证人证言的合法性时，主要针对未到庭证人所陈述的证言，首先审查证人不出庭作证是否有充分合法的理由，然后审查证人证言的收集人是当事人及其委托代理人还是港监部门，其收集证人证言的方法是否合法，收集过程中在没有诱导性或胁迫式的提问。

在对每个证据的“三性”逐一审查判断后，应对全案证据进行综合分析，利用优势证据证明方法确认案件事实。也就是说，“在所有证据不足以确切证实争议事实时，如果全案证据显示某一待证事实存在的可能性明显大于不存在的可能性，尽管还不排除存在相反的可能性，也应当允许法官根据优势证据认定这一事实。”利用优势证据证明方法，不是将证据简单地相加，而是综合双方提供的证据，比较分析证明力的大小来确定哪方当事人提供的证据更具有说服力，更接近案件的客观事实，而被认证。

只有深刻领会当事人的含义，严格遵守当庭认证的操作规则，熟练掌握科学、严谨的认证方法，才能保证庭审功能的实现，促进审判方式改革的顺利进行。

参考文献：

[1] 李洁：《鉴别证据要求与优势证据证明要求》。

[2] 王利明、江伟、黄松：《中国民事证据的立法研究与应用》。

[3] 何家弘主编：《证据调查》。

[4] 毕玉谦主编：《民事证据法及其程序功能》。

[5] 王利明：《司法改革研究》。

民事诉讼审前程序的改革与完善

汪水松

【内容提要】 本文采用比较的方法揭示了民事诉讼审前程序的功能和目的，分析了我国民事诉讼审前程序的现状并指出了其中影响民事审判方式改革的因素，最后提出了设立完善民事诉讼审前程序的构想，即规定当事人答辩是一项义务；赋予当事人调查收集证据的权利，并规定其调查收集证据的措施和渠道；规定当事人在开庭前完成举证；建立庭前证据交换制度。

【关键词】 民事诉讼　审前程序

随着民事审判方式改革的不断推进，开庭审理作为审判中心的位置也愈发不可动摇，由此带来了如何为开庭审理作好准备的问题，即民事诉讼审前程序问题。所谓民事诉讼审前程序是指为了使民事案件达到行之有效地开庭审理的目的而设置的，让当事人在开庭审理前完成举证和固定争议焦点程式，它包括法院从受理案件后到进入开庭审理之前所进行的一系列诉讼活动。由于诸多原因，我国现行民事诉讼审前程序已经严重影响了民事审判方式改革的顺利进行，存在着制约庭审功能正常发挥的制度性缺陷。因此改革和完善现行的民事诉讼审判程序已成为当务之急。

1. 民事诉讼审前程序的功能及目的

英美法系国家诉讼程序的一个共同特点就是一审程序明显地分为“trial”和“pretrial”两个大的阶段，前者大概相当于大陆法系的“开庭审理”，与此相应，后者从总体上能够被视为开庭前的准备阶段，在美国它包括“发现程序”和“审前会议”。其目的和功能有以下三个方面：其一，帮助当事人双方了解案情，以便明确争议焦点之所在或形成争议焦点本身。其二，为当事人提供了收集证据的强有力手段，以便使开庭审理时双方的攻击防御能够建立在具有充分材料的基础上，并保证经过短时间的集中审理后即做出的结论在实体上有更高程度的妥当性。其三，在使当事人对案情，自己一方和对方在掌握证据的强弱态势以及诉讼结果的预测等方面获得更加明白清醒的认识这一基础上，促进双方通过和解及其他方法尽早解决纠纷。应该说，发现程序不仅是以形成争议焦点，收集证据的方式来为开庭审理作准备的诉讼阶段，同时也是当事人双方摸索不经过开庭而达到纠纷解决的可能性的过程。在使国家能够把有限的司法资源集中到较少数确实需要以开庭审理的方式来解决的案件这一意义上，发现程序促进和解或其他解决方法的作用至少就诉讼制度的总体来讲，仍然可以被看“为审理作准备”的内容之一。审前会议是指法官可以根据自己的程序裁量权限在适当的时候把双方当事人（一般指其代理律师）召集到一起，对案件的争点及双方准备在法庭上提出的证据名单等进行协议。根据协议的结果，法官可以发布“审前命令”把开庭时审理的争点和将要提交的证据等事项固定下来，这种命令的内容对当事人双方具有拘束力，即到了开庭时双方不得再随意对已决定的争点和证据等加以变更。由此看出，“审前会议”的实质内容就是由法庭出面，帮助当事人归纳或总结通过发现程序获得的结果并将其固定下来，以便给开庭审理提供一个事前的完整计划。

大陆法系关于开庭审理前的准备程序就采用了两种不同的审理结构。第一种结构是当事人及其律师先在庭外收集证据，通过与对方交换起诉状、答辩状等文书的方式了解案情，以及进行其他必要的准备，然后法官在指定的日期开庭审理主持辩论和证据调查。这一过程也许会重复多次，直到法官最终形成了完整的心证，对案件作出终局裁决。当然在诉讼的整个过程中，随时都可能且事实上也经常以和解或其他非终局判决的方式终结案件。可以看出这种审理结构意味着整个诉讼过程中存在明确的程序阶段，可以说虽有“准备”却没有“准备程序”。从程序的内容上看，“证据的收集＝争点的形成”与“证据的审查、事实的判断”一般也是交替进行的。第二种结构则是案件受理后进入法律所规定的特别准备程序，当事人在法官的主持下相互提出主张以形成争点，并围绕这些争点各处收集证据。在争点和攻击防御的方法确定下来后，案件才被提交最终的开庭审理。最终的开庭审理（采取集中或连续的审理方式）原则上是一次性的证据调查和辩论之后即作出终局判决。采用这种结构的诉讼过程明显地分为“准备程序”和“最终开庭审理”两个阶段，准备活动主要是在制度化的准备程序内被从事或进行的。虽然两种审理结构存在明显的区别但其功能是相同的，都强调整理争议焦点和固定证据。

无论是英美法系的“准备程序”和“审前会议”，还是大陆法系两种不同结构的“审判准备”的审理结构，都表明审前程序设定的意旨是“当事人必须决定什么是需要得到判断的案件事实，并通过与对方当事人的相互作用形成对当事人双方乃至法官都具有拘束力的争议焦点，还必须收集和提出证据以便为法官的判断提供基础。毫无疑问民事诉讼审前程序具有整合当事人争议焦点之功能，另一方面，法官的主要任务是公开在法庭上按照法定程序听取当事人围绕焦点和所提示的证据而展开的辩论来形成判断。于是当事人及其代理律师在开庭前做好充分准备，一旦开庭就在有充分材料的基础上开展积极的攻击防御以便将案情尽可能完整地呈现出来；法官则通过集中的连续的审理了解把握案情，并一次性地形成最终的判定……这样的审判程序就成为加快诉讼过程，体现程序公正，充分发挥庭审功能的一种理想方案，这就是民事诉讼审前程序设定的目的之所在。因此，民事诉讼审前程序的功能是整合当事人争议焦点，其目的是达到充分发挥庭审功能，以提高诉讼效率，体现诉讼程序公正。

2. 我国民事诉讼审前程序现状

我国民事诉讼法虽然没有直接出现“民事诉讼审前程序”这样的字眼，但仍用了七个条文即第 113 条至 119 条来规定民事诉讼“开庭前的准备”。应该说这就是我国民事诉讼法关于民事诉讼审前程序的规定。现行民事诉讼审前程序主要包括，送达起诉状副本和答辩状副本；告知当事人诉讼权利和义务；告知合议庭人员组成；审核诉讼材料，调查收集必要的证据等四个方面的内容。从立法的规定中不难发现，现行的民事诉讼审前程序的显著特征是：法官实际上成了审前程序的惟一主体，其所实施的一系列诉讼行为构成了审前程序的全部内涵，而当事人的参与只是消极的和被动的。在审前程序中虽然当事人通过法院对起诉状及答辩状的送达而能在一定程度上了解彼此之间的分歧所在，法院通过认真审核诉讼材料以及调查收集必要的证据并能掌握甚至可以洞悉案情，但不管是当事人亦或是法院，其对案情的了解均是单方面的，因而很难发挥民事诉讼审前程序的整合当事人争议焦点之功能，难以达到民事诉讼审前程序所追求的加快诉讼进程，体现程序公正，充分发挥庭审功能的目的。可以说我国民事诉讼法关于审理前准备的立法规定本身及内在立法目的制度性缺陷严重限制了民事诉讼审前程序功能的发挥。

我国现行民事诉讼法关于审前程序包括送达、告知、调查几个方面。其中送达和告知只涉及程序性事务的内容，只有调查才涉及案件的实质性内容，而立法关于审前程序的 7 个条文中用了 3 个条文来规定调查活动，毫无疑问，调查是民事诉讼审前程序的立法重心所在。民事诉讼法规定“审判人员必须认真审核诉讼材料，调查收集必要的证据。”这里的诉讼材料主要指原告的起诉状及被告的答辩状以及原、被告提供的证据材料。通过审核诉讼材料，进一步熟悉案情，掌握哪些事实尚不清楚，哪些证据还需要调查，哪些证据还需要当事人提供，哪些证据需要人民法院亲自调查收集。立法的目的是使法官“了解案情，掌握争议焦点和需要庭审调查和辩论的主要问题。”事实上现行民事诉讼的这些规定本身偏离了民事诉讼审前程序的整合当事人的争议焦点之功能和目的，而且自身的内容的立法目的也难以实现。其一，就诉讼材料而言，不仅包括原告的起诉状和原告提交的证据材料，还应包括被告的答辩状和被告提交的证据材料，但民事诉讼法第 113 条在立法上只是将提交答辩状视为被告的一项诉讼权利，而缺乏相应的刚性约束，以至于被告一般不按期向法院提交答辩状和相应的证据材料，进而要求庭审前阅卷、查阅原告的诉讼材料，这对原告而言从程序上有失公平；由于只有原告提交的证据而无被告提交的证据，使得庭审前“审判人员必须认真审核诉讼材料”也成为空话。其二，就审判人员应当调查收集必要的证据而言，何为必要？应结合民事诉讼法“当事人对自己提出的主张，有责任提供证据，或者人民法院认为审理案件需要的证据，人民法院应当收集”的规定来理解。这无疑表明，当事人对其主张的事实负有提供证据加以证明的责任，但这只是一种行为意义上的举证责任，而对当事人举证不能或举证不充分时当事人应承担败诉的举证责任即结果意义上的举证责任没有规定，并且强调“收集、调查必要的证据”是审判人员的职责，查明案件事实成为法官审前程序中的主要职责。立法本身已设定当事人很可能没有顺利履行举证责任的能力，并把法院作为查明案件事实的最终可靠保证，法律也没有规定当事人及诉讼代理人调查收集证据的具体措施与渠道，不能保证当事人享有充分的举证能力，对什么是“必要的证据”并不是由双方当事人根据起诉状及答辩状的观点在审前形成的，实际上完全由法院根据对案件的理解程度来判断而裁定的，证据的必要与否充分与否，举证责任的承担，完全取决于法官对案件的认识，而案件事实正是由这些证据来确定的。其三，民事诉讼法规定的“人民法院必须审核诉讼材料，调查收集必要的证据”表面上似乎有助于法官对争议焦点的了解，但往往使开庭审理流于形式。由于这一规定，人民法院在开庭审理前，就可以而且应当对双方所提供的各种诉讼材料进行详细的程序性与实体性的双重审查，并在此基础上决定是否需要调查收集证据以及需要调查收集哪些证据，待时机成熟时再确定开庭日期，这实质上就是一种书面审理。既然法院在开庭审理之前已经先入为主，那么开庭审理就形同虚设，更不用说充分发挥其功能了。

由于民事诉讼审前程序在立法规范本身及内在立法目的也就是在诉讼的静态方面存在严重的缺陷，导致民事诉讼审前程序在司法实务中的操作形态即诉讼的动态方面也进退两难。

目前，在民事审判方式改革的进程中，许多法院正在进行多种不同的尝试，努力创造民事诉讼审前程序的新样式，但其面临的困难是不言而喻的。为了强化当事人收集的证据和提供证据的责任，避免法官在庭外接触单方当事人等“暗箱操作”的作法，有的法院执行了“一步到庭”或“直接开庭”，其含义是法院在受理案件后至开庭以前，不接触双方当事人，也不接触任何证据，甚至也不详细阅读案卷材料，当事人的一切主张和证据都要在开庭时予以出示，法官只有开庭时才能接触证据，实际了解案情。即开庭前基本上不在庭外调查询问等了解把握案情的工作，把审理的重点放在正式的开庭上，通过开庭审理来逐渐了解把握案情，但这种方式在实践中也遇到了不少问题，例如一个重要的问题就是如果不作事前的准备，开庭审理常常会因不得要领而难以控制掌握，达不到预期的效果，这样弱化甚至取消审判准备活动，但没有提出保证当事人举证能力的有力措施，必然会造成诉讼效率低下和可能被恶意利用的结果。具体表现为当事人在庭审中举证不足，质证困难；诉讼袭击，原告方不断提出新的诉讼主张，被告方也不断提出新的诉讼主张，甚至可突然提出反诉。但另一方面，如果还是靠进行庭外询问调查等方式来了解案情，等有了把握再来开庭的话，是否会回到开庭审理走过场或“先定后审”的老一套方法则又成为问题，显然与当前的民事审判方式改革所追求的程序的公正与效率的目标相违背。

3. 改革完善民事诉讼审前程序的构想

鉴于上述对民事诉讼审前程序功能及目的的了解和对我国现行民事诉讼审前程序现状的剖析。笔者认为：没有开庭前充分的准备工作，难以展开内容真正充分而有序的庭审；而庭审的准备如果不能恰如其分的话，就可能“喧宾夺主”，以至架空开庭审理本身。现就我国民事诉讼审前程序提出以下构想：

3.1　立法明确规定被告提交答辩状是应尽的一项诉讼义务，并同时规定被告如逾期提交答辩状，将由被告承担以原告起诉状所诉讼请求为依据进行判决之不利后果，避免被告不按期提交答辩状导致的诉讼不公和诉讼迟延。

3.2　立法赋予当事人收集调查证据的权利，规定其调查收集证据的措施和渠道，同时确定人民法院收集调查证据的范围仅限于当事人因法定原因不能收集调查的证据和仅涉及程序性内容的证据。

3.3　立法上规定，双方当事人应在开庭审理前完成举证。并由双方当事人向法院书证完成说明书，当事人在庭审中不得推翻已经完成的举证，但有新的证据，并有充分的理由说明该证据不能在举证期间内提交的除外。以达到庭审前固定证据固定焦点的目的。

3.4　建立庭前证据交换制度。取消原有的单方阅卷模式。在法院主持下双方当事人对彼此拥有的证据材料为主体的诉讼资料进行交换，借此以整理当事人争议焦点和防止法院对案情认识先入为主。

参考文献：

[1] 柴发邦主编：《民事诉讼法学编》，法律出版社 1998 年版。

[2] 马原主编：《民事诉讼程序司法解释实用问答》，人民法院出版社 1997 年版。

船舶融资租赁的法律性质

汪水松

【内容提要】船舶融资租赁合同是融资租赁合同的一种。它是一种贸易即船舶买卖与信贷相结合，融资与融物为一体的综合性交易合同，其内容为融资，形式为融物。在该合同中存在两个合同（船舶买卖合同和租船合同）、三方当事人（出卖人、出租人、租船人）这里的出租人同时又是买受人，它是以出租人和租船人为主体的独立有名合同。正确认识船舶融资租赁合同的法律性质无疑是我们审理船舶融资租赁合同纠纷的关键，本文对船舶融资租赁合同的性质作了肤浅的分析。

【关键词】船舶　融资租赁　合同

由于《中华人民共和国海商法》缺乏明确规范船舶融资租赁的条款，而《中华人民共和国合同法》关于融资租赁合同的规定比较原则并于融资租赁交易的实践不尽一致，因此一旦船舶融资租赁纠纷发生后，关于船舶融资租赁合同的法律特征、法律效力的认定，无效合同的处理以及如何确定诉讼主体和管辖法院，法律适用等相关法律问题的探讨，便成了海事审判人员思考与研究的新问题。

1. 船舶融资租赁合同的法律特征

所谓船舶融资租赁合同，是指当事人之间的约定由出租人提供资金购买承租人选定的船舶并出租给承租人使用，承租人支付租金的合同。依照《中华人民共和国合同法》第238条的规定，船舶融资租赁合同的条款应具备下列内容：船舶名称、船籍、船级、吨位、容积、航区、用途、租赁期限、资金构成及支付期限和方式，币种、租赁期限届满租赁物归属等条款。融资租赁合同具有以下法律特征：(1) 船舶融资租赁合同是由两个合同——船舶买卖合同和船舶租赁合同；三方当事人出卖人、出租人（买受人）、承租人结合在一起的独立的有名合同。船舶融资租赁合同是融资租赁交易的产物，其主要特征是由于融资租赁交易的特殊性决定的，而融资租赁交易是由两个合同，三方当事人所构成的交易。这两个合同是由融资租赁公司与承租人签订的融资性租赁合同以及融资租赁公司与供应商签订的买卖合同。两个合同相互交错。在实践中，融资租赁交易表现在这样一个过程；首先由用户（未来的承租人）与供应商协商买卖船舶（未来的租赁物）的合同条件，其次用户向融资租赁公司（未来的出租人）提出融资性租赁申请；再次，融资租赁公司与用户签订融资性租赁合同；然后，由融资租赁公司与供应商订立买卖合同；再后，供应商向用户交付船舶，随后，承租人向出租人交付物件受领证，并支付第一次租金，最后，买受人向出卖人支付船舶的买卖价金。两种合同效力上的相互交错，从传统的合同法的视角观察，主要体现在买卖合同的一方当事人出卖人，不是向买卖合同的另一方当事人买受人履行交付标的物的义务，而是向另一个合同，即租赁合同中的承租人交付标的物，承租人享有与受领标的物有关的买受人的权利和义务；在出卖人不履行买卖合同中的义务时，承租人可以向出卖人主张赔偿损失；买卖合同的双方当事人不得随意变更买卖合同中与租赁合同的承租人有关的合同等。(2) 船舶融资租赁合同是以融物为手段，融资为目的的合同。在船舶融资租赁合同中出租人出租船舶，并非是出于特定承租人的需要和直接根据特定人的要求购买的，出租人购置船舶，尽管也可服务于出租的目的，但其购置行为与个别、特定的租赁合同并无直接和必然的关联。船舶融资租赁合同的交易目的在于融通资金，因此，在船舶融资租赁合同中，出租人不但要按照承租人的要求购买船舶，而且在多数情况下，还只能向承租人指定的出卖人购买，出租人购置船舶的行为是与其出租船舶的行为密切联系在一起的。(3) 船舶融资租赁合同的出租人为特定的主体，即为专营的融资租赁业务公司，出租人对出租船舶的标的物不负有瑕疵担保责任，同时由承租人承担船舶的修理、维护、保险的责任。船舶融资租赁合同的出租人，只能是专营融资租赁业的租赁公司，而不能是一般的公民或法人。这是船舶融资租赁合同主体的特征。在我国，考虑到融资租赁交易具有融资性，因而只有经金融管理部门批准许可经营的公司，才能从事融资租赁交易，具有订立融资租赁合同的资格。在一般的船舶租赁合同中提供具备适航条件的船舶是出租人的法定义务，至于船舶的维修、保养、保险等问题可以在合同中约定。而船舶融资租赁合同中船舶的购买并不是依靠出租人的技能和判断；而是由承租人自行选择而确定的，因此应当由设备的供应商付瑕疵担保责任，风险由承租人承担而不是出租人承担。(4) 船舶融资租赁合同的出租物一般进行了所有权登记和租赁登记。由于出租人享有的船舶所有权受到船舶优先权、留置权和抵押权等的制约，出租人和承租人只有办理了所有权登记和租赁登记后，才能以此依法取得对抗第三人的效力，出租人收回资金（租金）的权利得以保障。因此，在船舶融资租赁合同中，船舶一般办理了所有权登记和租赁登记。另外，船舶融资租赁合同还具有一般融资租赁合同的共同特点，如是诺成性的合同，应当采用书面形式，承租人无权中途解约等。

2. 船舶融资租赁合同效力的认定

船舶融资租赁合同是否有效对当事人所承担的责任而言有着关键的意义，故合同的效力往往成为当事人争议的主要焦点，准备认定船舶融资租赁合同的效力是正确审理这类纠纷的前提。根据《中华人民共和国合同法》和最高人民法院《关于审理融资租赁合同纠纷案件若干问题的规定》，在审判实践中，我们通过审查合同的主体资格，当事人的意思表示，合同的签订目的和内容来确认船舶融资租赁合同的效力。首先，审查船舶融资租赁合同的主体资格（主要是出租人）。船舶融资租赁合同是集金融、贸易和租赁为一体的新型合同，具有金融业务的性质。我国对金融业务的主体资格具有严格限制的，同时目前在我国从事融资租赁业务的都是国家专门批准的租赁公司和其他金融机构，因此，作为船舶融资租赁合同的出租人，必须具有从事融资租赁的经营范围，既能从事租赁业务，又能经营金融业务。否则合同应认定无效。实践中，出租方除了要有工商行政管理部门领发的具有经营融资租赁业务的法人执照外，还必须执有中国人民银行颁发的《经营金融业务许可证》。其次，审查当事人的意思表示是否真实，在船舶融资租赁合同中，意思表示不真实的情况主要是因欺诈引起的，而且往往是承租方欺诈居多。由于船舶融资租赁合同主要是承租人以租船为目的的合同，承租人的意思表示是否真实，直接关系到船舶融资租赁合同的效力。实践中，承租人与供应商恶意串通，骗取出租人资金，或承租人与担保银行串通骗取出租人资金的融资租赁合同都应认定无效。再次，审理船舶融资租赁合同的目的是否合法。有些当事人为达到某些非法目的，利用融资租赁合同与借贷合同相似特征，回避国家关于企业间不得借贷的法律规定，达到既为承租人解决资金，又为出租人牟取高于贷款利息的租金利润的目的，而订立船舶融资租赁合同。按照法律规定，这种以合法形式掩盖非法目的的合同应认定为无效合同。最后，审查船舶融资租赁合同的内容即审查其买卖合同与租赁合同的关联性。也就是说其中一合同的效力状况，能否对另一合同的效力状况产生影响？有的学者认为，鉴于融资租赁交易是市场主体的创造，而非法律的创新；它是一种仍在继续发展变化的交易形式，而非进入相对的稳定期。法律作为现实生活的反映和对现实生活的解说，理应尊重并反映这一客观现实。因而法律对融资租赁合同的规制，应预留一定的法律空间，由当事人自行约定两者之间的关系。笔者认为，此论不当，理由在于，一方面，如果租赁合同不成立，无效或被解除时，买卖合同订立的最初目的就难以实现，而且缺乏意义，此时买卖合同应被解除或默示解除条件成就而自动失效才显得合理；另一方面，如果买卖合同不成立，无效或被解除，那么租赁合同实现的手段或方式就消灭了，因为船舶融资租赁合同的出租人是按照承租人的要求来选择供应商和船舶的，所以如果买卖合同不成立、无效或被解除，那么租赁合同也应被解除或因默示解除条件成就而自动失效。笔者认为，船舶融资租赁合同和船舶买卖合同是相互依存、相互制约的，是一个不可分立的整体，两合同之间的影响是显而易见，一合同无效，应确定另一合同也无效，从而认定整个合同无效。

3. 船融资租赁合同的处理

船舶融资租赁合同被确认无效后，既要按过错大小确定责任的承担，也应考虑到船舶融资租赁合同的特殊性。即在船舶是否返还上既要考虑到合同中的选择性条款，又要考虑到一般情况下出租人对船舶有无要求返还的必要，而另一方面承租方往往迫切需要的实际情况来处理。（1）出租人过错导致合同无效。如出租人没有融资租赁的经营范围，或者没有经营金融业务部门许可证等致合同无效的，属于出租人过错。如船舶已经交付承租人使用。原则上不予返还，除非出租人要求返还的，出租人收取的租金高于船舶价款部分应返还给承租人，并赔偿承租人的利息损失和其它损失，出租人损失自行承担。（2）承租人过错致合同无效，原则上不采取返还的方式，除非出租人要求返还，承租人应支付出租人买卖合同中的船价并赔偿租金损失。(3) 双方混和过错造成合同无效的，一般不适用返还船舶，出租人获取的租金中高于船舶价款本金的部分应返还给承租人，双方的损失按过错大小承担。除了正确处理无效船舶融资租赁合同外，对承租人违约的处理，也是审理这类案件常常遇到的问题，在供应商向承租人交付了符合合同要求的船舶之后，出租人实际已经履行了租赁合同的主要义务，因此在租赁期间内的违约事件常常因承租方引起的。而在租赁期间内，承租人的主要义务是按期向出租人支付足额的租金，因此承租人违约多数因支付租金问题引起的，承租人未能支付租金、迟延支付是承租人违约的常见情况。另外，出租人通常将船舶的保险当作租赁债权的一个担保手续，有时甚至把它作为向供应商支付货款的一个先决条件。因此承租人未能办理船舶保险，也会构成合同中违约事件。在上述两种情况下，出租人可以要求承租人立即支付已到期租金及利息外，还可将承租人依租赁合同应支付的未到期租金视为立即到期，要求承租人提前支付。或要求收回租赁船舶，同时有权要求承租人赔偿损失。

3.1　船舶融资租赁合同案件的诉讼主体

最高人民法院《关于审理融资租赁合同纠纷案件若干问题的规定》对诉讼主体作了如下规定："融资租赁合同纠纷案件的当事人应包括出租人、承租人，供货人是否需要列为当事人，由法院根据案件的具体情况决定。"笔者认为，如果出租方同承租方基于租金产生的纠纷，不涉及其它问题时，供应商不应列为案件当事人；如果涉及船舶未能交付或船舶延迟交付，出租人主张筹款利息损失或解除合同引起的损失时，只能向供应商主张，承租方不作为案件当事人，如果承租人主张损失的，可以申请作为有独立请求权的第三人参加诉讼。理由是，未能依约及时向承租人提供船舶，从船舶买卖合同来说是供应商违约；从船舶租赁合同来说，是出租人违约。如果交付的船舶与船舶买卖合同中约定的不相符合或者存在瑕疵时，承租人享有向出租人和供应商索赔的权利。虽然《中华人民共和国合同法》第240条的规定对此原则上采纳了债权让渡说，但要求应经过供应商的同意。事实上，这于我国融资租赁交易的实践并不完全吻合。我国各租赁公司所使用的合同文本一般均有租赁公司将购买合同中对卖主的索赔权转让给用户的规定，明显是采取出租人和承租人之间直接的债权让与，无须经出卖人的同意。事实上，实践中的这种做法，也符合《中华人民共和国合同法》第80条关于债权让与的规定，即债权让与一般无须债务人的同意，仅须让与债权的双方当事人将债权让与事项通知债务人即可。

3.2　船舶融资租赁合同纠纷诉讼管辖与法律适用

管辖法院的确定可以通过当事人之间的合意选择来实现。但通常要求合意选择的管辖法院应与争议案件有某一种联系，而且不能违背相应的国内法之强制性规定（如级别管辖、地域管辖）。依照《中华人民共和国海事诉讼特别程序法》的规定，被告住所地海事法院对船舶融资租赁合同纠纷案件均有管辖权，同时采取海事请求保全的海事法院也享有管辖权。准确适用法律是解决好这类纠纷的一个重点，笔者认为以《中华人民共和国合同法》关于船舶融资租赁合同的规定为原则，以最高人民法院《关于审理融资租赁合同纠纷案件的若干问题的规定》为指导，优先适用《中华人民共和国海商法》关于光船租赁、及船舶租购的有关规定，是解决好国内船舶融资租赁合同纠纷案件的关键。涉外船舶融资租赁合同纠纷案件的法律如何适用？根据《中华人民共和国合同法》第126条规定，涉外合同的当事人可以选择处理合同争议所适用的法律，但法律另有规定的除外。涉外合同的当事人没有选择的，适用与合同有最密切联系的国家的法律。那么何为有最密切联系的国家的法律呢，是出租人所在国，还是承租人所在国，或者供应商所在国呢。最高人民法院《关于审理融资租赁合同若干问题的规定》第4条规定，涉外融资租赁合同纠纷案件的当事人可以协议选择处理合同争议所适用的法律；当事人没有选择的，适用承租人所在地法律。也就是说最高人民法院的司法解释确认了承租人所在地法律为有最密切联系的国家的法律。笔者认为，最高人民法院的这一司法解释不符合《中国人民共和国合同法》中的最密切联系原则的立法精神，而且同国际贷款合同适用贷款所在国法律的冲突规范相违背。因为一般来说，船舶融租合同体现的是金融关系，而不是运输关系。融租合同的成立是由出租人所在国法律认定的，当事人选择是用来解决融租合同成立问以外其它相关法律问题的；出租人具有出租人和购买人的双重身份，而且出租人融资后就面临着资金回收不了的风险，依出租人所在国法律能反映出租人是信用提供者的法律特征。笔者认为在当事人没有选择法律时，适用出租人所在国的法律符合《中华人民共和国合同法》最密切联系原则。

参考文献：

[1] 王轶编著：《租赁合同　融资租赁合同》，法律出版社。

[2] 陈安主编：《国际经济法论丛》，法律出版社。

[3] 司玉琢、胡正良、朱清、李海、付延忠、王鹏南编著：《海商法详论》，大连海事大学出版社。

[4] 查松著：《融资租赁法》，人民法院出版社。

[5] 崔建远著：《合同法》，法律出版社。

现代司法理念与法官思维模式

汪水松

【内容提要】现代司法理念的培育与法官思维模式的塑造应是我国司法改革的重要内容。本文旨在明确我国现阶段所应培育塑造的司法理念与法官思维模式，并认为：司法人权是司法的终极价值与现实追求，司法公正是司法的核心价值，司法独立与司法中立是实现人权与公正的外在制度条件和内在精神要素，司法法治则是规范司法改革行为与实现司法独立与司法中立的法律保障。在现代司法理念的指引下，我国的法官应该剔除人治型思维模式而转到法治型思维模式，摒弃大众型思维模式而坚守职业型思维模式，慎待实质性思维模式而培养形式型思维模式，谨对实体型思维模式而熟谙程序型思维模式；抛弃决断型思维模式而培育推理型思维模式，以法条主义思维模式与社会学法学模式为参考，以价值分析的思维模式为补充，以此为基础，塑造出科学、成熟、理性的法官思维模式。

【关键词】司法理念　法官　思维模式

1. 现代司法理念的概念及内容

当前我国的司法改革应包括制度实体与精神状态两个层面，制度实体的改革若没有精神层面的指导与支撑，则可能造成“规则日多而秩序日少”[1]的状态。本文旨在研究司法改革精神层面内容的转换与塑造。精神层面包括两个环节，即现代司法理念与法官思维模式。现代司法理念是指导现代司法制度设计和司法权实际运作的理论基础和主导价值观，也是基于不同的价值观对司法的功能、性质和应然模式的系统思考，是现代司法制度改革必需的精神先导。本文基于研究的需要对司法作狭义理解，即司法权指审判权，[2]进而认为现代司法理念有五大内容。

1.1　司法人权的理念

司法人权的理念是指司法的终极价值与现实追求在于人权。人权是现代世界公认的政治与法律原理及价值追求，我国也分别于1997年和1998年签署人权两公约，人权理念应成为现代司法理念的首要内容。与司法人权相对的是秩序司法，这种理念在于司法权附庸于政治权力，其存在及运行以政治秩序为核心导向。该政治秩序的合法性一般建立在某种历史事实之上，有其历史的合理性，但未能通过被统治者的自由意思表示而转换成被统治者的同意，因而其稳定性始终存在理论与现实上的危机。为了对抗这种危机，国家机器运行的首要目的就是政治秩序，司法权因为其性质，必然以秩序司法为导向。秩序是目的，在价值体系中处于优位地位，其他的价值与之发生冲突都可以被牺牲。而在司法人权的社会中，人权的价值处于优位的地位，但并非不追求秩序价值，而是其政治统治理念的精髓在于统治的合法性建立于被统治者制度性的自由意思表示的同意之上，因而政治统治的合法性是牢靠的，统治者对社会秩序稳定的担忧让位于对人们意思自由表示结果的关注，获得人们意思自由表示的支持是政治统治追求与保护人权的根本动力。不仅如此，司法人权使秩序价值得到了双重保障。首先，司法人权的政治统治基础的合法性从根本上保障秩序价值；其次，正是司法权制度性的人权导向司法，使社会纠纷在人权的深度上得到解决，从个案层次上根本解决了秩序的危机，因而司法人权的理念会产生秩序价值的副产品。相反为秩序而进行秩序司法，压制包括人权在内的其他价值，结果便是恶性循环，最终是人权与秩序的双重丧失。

当前我国的司法理念不时受制于“稳定压倒一切”的政治理念。司法权是消极权、中立权，应该有别于政治理念。以“稳定压倒一切”的政治理念指导司法，则使司法本身的独立与中立属性丧失，导致司法行政化，这样会造成人权削弱，稳定也会受到损害，因此司法领域的秩序理念应让位于人权理念。

1.2　司法公正的理念

司法公正既是司法制度构建运作的理念，又是司法制度所追求的价值目标。司法公正可分为实体公正与程序公正。所谓实体公正指司法机关就诉讼当事人的实体权利与义务的裁决是公正的，实体公正强调个案处理结果的公正性。所谓程序公正指司法活动中程序运作的过程公正，强调的是独立于实体裁判的过程自身公正。作为理想的司法公正应该是实体公正与程序公正的完美对接，共同发挥司法的社会功能。然而，在司法权的实际运作中，实体公正与程序公正往往发生冲突，因此，理性认识二者之间的关系十分重要。

实体公正与程序公正的关系。实体公正与程序公正在很多时候是和谐对接的，但冲突的时候有一个何者优先的问题。从人治的角度来看，人治社会的统治者倾向于实体公正优先，因为程序公正会限制统治者的权力，而实体公正有利于统治者扩张自己的自由裁量权，维护自己的统治权威；从法治的角度来讲，程序公正有下列价值：第一，行为的可预测性。法治的经济基础是市场经济，市场经济的复杂性要求人们的行为具有可预测性，程序公正则能满足这一要求。因为程序公正使一定的规则无偏私的一贯适用，人们可以对自己的行为后果进行预测，进而计划自己的行为。第二，形式上的公正性。在实体法本身不正义的时候，如果能被一视同仁的依公正程序统一适用，至少可以达到形式上公正的目的。第三，司法公正的基础价值。在理论上，程序法是实体法实现自身的方式与途径，但因此得出程序工具主义、程序可有可无的观点则是错误的。从静态上看，实体法与程序法相互独立，实体法可不依赖程序法，但在动态上，实体法如果离开了程序法将因缺乏操作性而难以实现自身价值。很难想象离开了程序公正，司法专断与腐败不会趁虚而入，离开程序公正的司法公正是难以想像的。第四，司法的人权保障价值。在刑事诉讼中，离开了程序公正，刑讯逼供、证据的非法采集等违反程序的行为就可能泛滥，从而出现大量侵犯人权的行为。程序公正虽可能导致司法效率降低，但有利于保障人权，如果人权失去保障，则效率本身也就毫无意义；第五，普遍正义的保障。程序正义对实体正义的优先可能会使一些裁决有失实体公正，然而因为个案的实质正义而突破程序公正则可能造成普遍正义的丧失，法治所要求的法的普遍性与一般性也会受到损害。

有鉴于中国传统司法的实质公正的追求对现代中国法治的消极影响，[3]我们强调程序正义具有现实的合理性，同时也符合法治所追求的法律的普遍性与一般性原则。

1.3　司法独立的理念

司法独立主要是指司法权的配置与运行、司法机关的设置与活动以及司法主体的地位与意志的独立。司法独立具体是指司法三个要素的独立：其一是指司法权独立，其二是法院独立，其三是法官的独立，司法独立必须同时满足上述要求。

1.3.1　司法权独立。司法权独立一般主要意味着司法权独立于其他国家权力，实际上司法权独立还包括独立于社会各种力量和独立于当事人。为了从根本上保障司法权独立，必须进行政治上的改革，准确的说应该进行分权。

1.3.2　法院独立。司法机关是为了发挥其各种功能而选择的不同结构，在设置司法机关时，要根据人们需求的功能而选择不同的结构。司法独立的体制采取分权式结构，即法院系统中纵向关系存在分权，表现为审级的设置和级别管辖的分开，法院体系中的横向关系也存在分权，表现为地域管辖权的分开。

1.3.3　法官独立。法官独立表现为两层含义：一是身份独立，即对法官职位的条件和任期加以适当保障，以确保其稳定可靠；二是意志独立，即指法官在行使审判权时，仅受法律和良知的拘束，不受任何干涉，这是法官独立的精髓所在。身份独立是意志独立的保障，意志独立是身份独立的归宿。

目前，我国司法独立问题主要表现在两个方面：一是司法机关主动向政治靠拢，在政治上表现积极，使司法权行政职能化。由于我国司法行政制度上的弊端，司法人员的选任、经费的供给等地方化导致司法权呈地方化趋势。这样，司法机关在政治上表现积极实际上表现为司法权为地方政治服务。对此，贺卫方举了不少例子：法院为地方清讨“三角债”，为农业生产提供法律服务，为地方扶贫等，[4]这些行为混淆了司法机关的定位与功能，与其自身属性相背离，以此为基础办案，很难公正；二是司法机关面临来自党政机关的压力。我国法院的主要事务由院内党组织决定，而地方法院的党组织由地方党委领导，政府也可以为了地方政治的目的而通过党委这一途径对法院施压，所以地方党政机关对司法机关的压力很难抵抗。在这种情形下，司法公正处境艰难。在我国目前的政治体制下，西方的那种意义上的司法独立是不可能的，也不能被接受。目前所能做的是加强形式上的独立，使其具备司法独立之表，待政治体制改革进一步发展而使之充实起来。

1.4　司法中立的理念

司法权的本质是裁判权。中立乃是裁判权之核心要素，裁判权若不以中立的立场而作，则是为擅断权，司法权也必然会沦为政治权力的附庸。当今，在我国司法完全独立不具备成熟的条件，司法的中立对司法独立具有一定的补偿功能，使司法权与立法权、行政权及政党权力相间隔而拥有拟制的独立功能和特质。然而，这决不是说中立与独立可以互相替代，独立是司法公正的外在制度条件，中立是司法公正的内在精神因素。独立绝不等于中立，中立也不必然以独立为前提，仅有独立而没有中立的司法很可能会成为专横与腐败的王国。司法中立可分为两个阶段，第一阶段为前宪政阶段。此一阶段司法中立使司法权特质凸显并促成司法独立的主体与外围要素得以成形，在整个体制转轨成形时，司法独立便水到渠成。此一阶段司法权主要表现在私法主体间的或然性质的中立。第二阶段为宪政阶段。这一阶段司法独立已成型，一般在体制上已建立专门的宪法司法机关，司法权的政治上的中立是宪法得以良性运行的关键所在。此一阶段司法不仅在私法主体之间中立，而且表现为在以宪法为基础的公法和私法上的主体间的中立，尤其是在宪法司法上的中立是司法权成熟运行的重要标志。

司法中立从根本上说只能求诸司法主体对法律与良知的忠诚，高度自觉的职业理性与崇高的社会地位是司法中立的必要条件，法律相对政治的分离与自治是司法中立的前提条件。司法主体的中立对司法的中立具有至关重要的作用，这种政治与价值观上的中立源于高度自觉的职业理性与崇高的社会地位。司法主体的高度自觉的职业理性不仅包括作为法律共同体与政治区隔的自觉，还有维护宪政秩序的责任感和对司法中立性的深刻理解与信仰。崇高的社会地位决不仅限于司法主体的丰厚物质待遇，更在于对裁判最高权势机关之间纠纷的权力的荣耀。

1.5　司法法治的理念

司法法治包括司法改革的法治与司法制度的法治两个方面。司法改革的法治指通过制定司法改革法对司法改革予以规范；司法制度的法治指为保证司法权的公正运行，通过创制一部严谨统一的司法法使司法法治化。

1.5.1　司法改革法治。司法改革法是规范对司法权的定位、界分以及组织进行改革的法律行为的法律。从根本上来说，司法权的初始定位与界分是宪法创制上的权力，实际上是一种制宪权，只有拥有制定宪法的权力，才有权对这种权力的关系进行界分与定位。我国“五四宪法”的制定是新中国成立后制宪权的惟一次行使，它对司法权的定位与界分奠定了基础，此后的司法权的调整变动属司法改革性质，但并没有冠以改革之名。根据司法权的属性，对司法权进行改革实际上是对宪法的有关的内容进行修改，这是一个重大的法律问题。但实际上，司法改革并没有法律上的依据。司法改革这一涉及国家权力架构变革的重大问题实际上是以一种“摸着石头过河”的方式进行，它的消极后果是十分明显的：首先，改革的主体不确定。不同的主体对司法改革的利益需求并不一致，因此对司法改革的期望并不一致。主体不同直接导致改革的广度与深度不一致，主体不明确可能导致对司法改革主导权的争夺；其次，司法改革的目标不确定。司法改革的目标并不是司法公正，司法公正只是司法改革所期望的结果，它并不是目标本身。司法改革的目标，应是可见的制度目标；最后，司法改革的进度与限度不确定。这使司法改革处于一种实际上的散漫状态，因而对改革的结果也不可能有一个评价标准。以上三点的消极因素既不利于巩固司法改革既有成果，也不利于深化改革。实际上由于司法的功能随着社会需求的变化而变化，因此司法改革是一个不断深入的进程。在全球，从发展中国家到发达国家，就有四种司法改革的类型，[5]由此可见司法改革决不是权宜之计，因此司法改革的立法、法治化十分必要。

1.5.2 司法制度的法治。现代社会的司法制度由三大支柱支撑：一是有关司法权的司法组织制度，二是有关司法主体的司法管理制度，三是有关司法技术规程的司法程序制度。[6]与上述三方面的制度相对应，通过立法使司法及有关司法的行为法治化，进而创制司法组织法、司法管理法与司法程序法，三部法律统称司法法。司法组织法是司法管理法与司法程序法的立法基础。在司法制度的三大支柱中，司法权是基础，司法权在国家权力架构中的地位与关系决定了司法管理法与司法程序法的内容。司法组织法的科学理性还是司法独立与司法中立的法律保障。司法组织法所规范的司法权的定位与界分的理性与科学与否受制于我国政治体制改革的进展程度，因而理性科学的司法组织法的制定为时尚早。司法管理法与司法程序法的技术成分高而关涉政治体制改革的程度较浅，立法具有可行性。事实上，我国的司法程序法相对较为成熟，然而司法公正并没有如人们所期待的那样如期而至，因为实体法与程序法的配合还需要有一个由法律规范的司法主体的参与。司法主体当然是存在的，只是缺少法治化，以至于主体并不能发挥其应有的功能，因而配合司法程序法的实施必须引入司法管理法。就现阶段来讲，司法管理法是现有司法资源能否发挥其最佳功能的关键。因为司法管理法具有三大功能：一是抵制，司法组织法在一定程度上能够抵制来自各个方面的干涉，司法组织法提供主体在人事、待遇、经费以及法律设施管理与使用方面的可靠保障，给司法主体的意志独立提供了条件；二是保护，司法主体在遇到不法干涉时，据司法管理法以保护自身合法利益。在某种意义上，司法主体保护了自己就是保护了司法公正；三是间隔，在我国的现行体制下，司法机关受党的领导，却往往因为司法主体的人事、待遇、经费等问题的地方化而异化为受地方党委的领导。司法组织法解决了这个问题，因而在地方党委与司法机关之间竖起了一道屏障，隔断了地方党委对司法机关的直接影响力。

综上所述，在上述五大司法理念中，司法人权是司法的终极价值与现实追求，司法公正是司法的核心价值，司法独立与司法中立是实现人权与公正的外在制度条件和内在精神要素，司法法治则是规范司法改革行为与实现司法独立与司法中立的法律保障。

2. 现代法官思维模式转换

现代司法理念的内容决定了法官思维模式的构造，法官思维模式只有在现代司法理念的指引下，才能与司法制度实体的改革理性协调，发挥出现代司法的社会减压阀与调整器功能。反过来，法官思维模式是对现代司法理念在司法主体层面的具体化和现实化，只有现代司法理念的培育和制度实体的改革而没有法官思维模式的转换，司法的改革效果一样会大打折扣。现代司法理念也最终依赖法官思维模式的转换与塑造，现代司法理念的内容只有被司法主体在具体司法实践中所贯彻，才得以实现。现代司法理念与法官思维模式之间的密切关系，决定了法官思维模式的转换必须以现代司法理念为指引，确立现代法官思维模式。所谓法官思维模式，是指法官作为司法主体，在司法活动过程中，运用逻辑思维与辩证思维的方式来处理案件的一般可供学习、把握和运用的思维形式。

2.1 人治型思维模式与法治型思维模式

这是依司法与政治的关系的不同而划分的。

2.1.1 人治型思维模式。在司法人治的条件下，司法与政治的关系有以下几个特征：第一，司法权直接受政治权力的控制与影响；第二，政治权威与秩序的维护是司法机关首要关注的问题；第三，法官自由裁量权不受限制，为政治进入司法提供条件和保证。这种关系的实质在于法律问题普遍政治化，政治权力支配法律，司法是政治的工具，司法不能独立，法官的身份、社会地位均得不到应有的保障。因而在案件审理过程中，法官不仅要进行根据法律的思维，还要进行关于政治的思维，而且后者从根本上支配前者。因此，司法腐败与不公容易产生。

2.1.2 法治型思维模式。在司法法治的条件下，司法与政治的关系有以下几个特征：其一，法律与政治分离，司法独立。其二，人权与公正是司法机关首要关注的问题。其三，程序在司法中处于中心地位，起控制权力、保障权利的作用。这种关系的实质，在于政治问题法律化，政治权力的运行必须以法律为实现的方式和途径。司法法治意味着司法机构的三大主题——司法组织制度、司法管理制度和司法程序制度的完善与协调。在司法制度完善的情况下，司法权的分配与组织科学理性，司法主体的身份、待遇、社会地位均得以保障，程序法为司法权的健康运行提供框架，法官在审理案件的过程中，只需要进行根据法律的思维，法官也可能进行关于政治的思维，但受到关于法律的思维的支配，并只受到法律与良知的限制。

因此，现代法官的思维模式应该是法治型思维模式。

2.2 职业型思维模式与大众型思维模式

这是依据法官思维模式的要素、环节与特征的不同所区分的。

2.2.1 职业型思维模式，一般指法官在行使审判权的过程中，按照法律的逻辑与价值判断来观察问题、分析问题与解决问题的理性思维方式。

职业型思维模式的要素有：第一，法律规范是审判的准绳。这是法官思维区分于大众思维的最基本要素，也是法官克服个人价值偏见与舆论或道德对审判影响的基本因素。第二，法律语言是明晰法律关系的工具。法官审理的纠纷在当事人之间往往夹杂着浓重的个人情绪、倾向、道德判断，法官通过法律语言将纠纷予以转换表述，明晰纠纷所体现的法律关系，剔除非理性因素，对抑制当事人的情绪，确定法律推理的前提具有不可或缺的作用。第三，法律事实与法律关系是审理的对象。必须承认，对事实而言，在法院审理的事实从理论上来看，只能是重建的法律事实，客观事实总是先于审理之前发生。法律事实与客观事实只可能是无限接近，不可能完全同一。法律事实与客观事实的联系在于法律证据，法官不能放任个人好恶的情绪，凭联想与想象对事实进行重建并加以判决。法官还必须保证证据的合法性，不合法的证据必须排除。

职业型思维模式的环节：(1) 法律逻辑与价值是法律思维的内在环节。法律规范、法律语言与法律证据只是法官进行职业思维的孤立要素，正是法律逻辑与价值将这些要素串联起来进行推演，才得到审判的结果。在法律推理中，逻辑的推理起基础与前提性作用，价值的选择起补充作用，而且只有在穷尽逻辑推理仍不能获得确定的判决前提下，才能运用价值选择的方法确定判决结果。(2) 法律程序是法律推理得以运转的外在环节。法律程序是纠纷得以进行法律的入口，是司法审理案件的方式和途径，是法官判决的出口。法官必须依托程序控制审理的过程并实现实体法的适用，使诉讼参与人各自的权利义务得以串联并依法运行，使法律推理得以进行。

职业型思维模式的基本特征是理性化与形式化。理性化要求法官在思维过程中，将法律与个人感情与道德的因素区分开，依法决案。形式化要求法官在思维的过程中，将审理的方法、程序与实体内容区分开，将重心放在方法与程序之上。

2.2.2　大众型思维模式。大众型思维模式具有以下基本特征：一是，以朴素的道德感与正义观作为案件的评判准则。英国大法官柯克认为，法律案件是依人为理性和法律判决的，这需要经过长期的学习和实践才能掌握。[7]而普通大众缺乏系统专业的法律教育，自然地就基于朴素的道德感与正义观为出发点来评判案件了；二是强烈的个案正义与实质性思维倾向。这一特征是受朴素道德感与正义观支配的，具有以个案正义突破程序正义、以实质思维实破形式思维的倾向。三是含混片面的事实认识，用联想与想象重建事实。由于大众并不参与诉讼，对案件事实的了解缺乏足够的信息，往往偏听偏信，用主观好恶支配联想与想象重建事实，当然也不会有正确的判断。大众型思维模式对职业型思维模式具有间接的影响，大众型法律思维的理性成份的提高，有赖于对公众进行法律知识的理性教育与现实个案的感性教育，甚至艺术化的影视的职业法律思维的感染。

所以，现代法官职业的自治需要法官的思维转换到职业型思维模式上来。

2.3　形式型思维模式与实质型思维模式

这是依法官对规则与事实之间的关系的看法进行区分的。

形式具有多重的含义，在中国，形式往往具有贬义色彩。本文的“形式”，指法律形式，主要指法律及法律逻辑本身。“实质”指法律背后的世界，即与法律相对的社会现实。形式型思维模式，又称形式主义思维模式，指法官在审理案件的过程中，专注于法律规范、逻辑和法庭争讼的权利义务的结合，推演出法律纠纷判决结果的思维方式。形式型思维模式相信法律规范的明确性与权威性，法律逻辑的有效性，法律结果的确定性，认为诉诸法律形式就足以裁决纠纷。至于法律的内容、目的与结果，并不是司法所要考虑的问题，而是应该通过立法来解决。实质型思维模式又称实质主义思维模式，指法官在审理案件的过程中，注重法律的内容、目的及适用的结果，对法律规范、技术形式与法律逻辑的作用持怀疑与轻视的态度，甚至用自由裁量权或法律解释对法律形式作事实上的变通的思维方式。

抽象地对形式型思维模式与实质型思维模式进行比较，二者各有优越性与不足。形式型思维模式使法律的自治性、客观性与确定性得到了保证。现代社会生活各个方面具有相当的复杂性与变动性，人们需要形式主义法律的思维来计划与预测自己行为的法律后果，以保证行为的有效性与安全性、社会秩序的稳定性与连续性。但形式型思维模式也有不足，它不足以防范不公正不道德的目的。实质型法律思维往往透过法律走向社会现实，对法律的内容、目的与适用后果予以观照，追求实质正义。实质型思维模式将社会现实引入法律之中，通过自由裁量权或法律解释对法律作事实上的变通，损害了法律的自治性、客观性与确定性。

现代法治变革，需要“能像机器那样被信赖的法律”，[8]形式主义法律能提供这样的要求，法官的形式型思维因而正是法官所应具备的，法律的实质性问题只应通过立法和其他的途径解决。

2.4　程序型思维模式与实体型思维模式

这种分类是依法官对程序法与实体法的关系的看法不同而分的。

2.4.1　程序型思维模式。程序型思维模式可以以程序在诉讼中的地位分为两种。其一是程序具有本体地位，实体权利由程序产生，本文将其称为古典程序思维模式；其二是程序虽不占本体地位，但在法律思维中占中心地位，本文谓之为现代程序性思维模式。古典程序性思维起源于英国封建社会普通法的令状制度，到了14世纪时，普通法形成“无令状即无权利”的原则，而且程序繁琐、严格遵循形式主义，否则实体上的权利难以实现，[9]凸显令状制度上的普通法的程序本体地位。诉讼实际上是以令状为本体的一系列程序的运转，而且实体法上的权利因程序产生。在这种诉讼制度中，程序法是源，实体法是流，法官的思维与之相对应，以程序为思维的本体内容。现代程序思维模式亦源于普通法国家，它实际上是古典程序思维模式的发展。随着令状制度的僵化及普通法国家社会的发展，制定法日渐占据重要地位，实体法上的权利相对于古典程序思维模式时期摆脱了因程序法而产生的依赖，有其独立存在的价值。但是，普通法的精神仍然得到延续，程序在法律中占中心地位。美国法学家庞德称普通法“主要是一种司法和法学思想的模式，一种解决法律问题的方法而非许多一成不变的具体规定”。[10]总之，在程序型思维模式中，法官的思维始终以程序为中心地位，进而解决个案问题。

2.4.2　实体型思维模式。法官在案件的审理中，必然要对实体法进行思考，但本文所定义的实体型思维模式是以实体法为中心的思维，它视程序法为实现实体法的手段与工具，持程序工具主义的思维模式。实体型思维模式以实体法的内容为中心思维对象，对程序法进行选择性适用，有利于实体法内容实现的就适用程序法，不利于实体法内容实现的就弃而不用。这种对程序法进行选择适用的思维模式的危害很大。尤其是对涉及人权保护的刑事程序法与行政程序法，程序性思维绝对不可或缺。法治社会的程序法与实体法都极其重要，法律程序除了是实体法运行的必然的依赖外，还是将政治权力隔离在法律之外的有力屏障，因此，程序型思维模式是现代法官必要的思维模式。

2.5　决断型思维模式与推理型思维模式

这是依法官审案的过程是否需要严格而完整的思维过程表现形式而区分的。

2.5.1　决断型思维模式。当前，我国的法官在审理案件时主要采用这种模式。决断型思维模式并不一定是不以法律推理为基础，也不是法官的思维过程一定是残缺武断，而是在判决书这一法官思维的表现形式上，一般只能表现出法官思维过程的某些不连续性的决断性环节和判决结论。这种思维模式的原因主要在于大陆法系国家有系统完整的成文法，法官的作用主要在于机械适用。法官“和我们普通人一样，他的形象是一个执行重要的而实际上无创造性任务的文职官员”。[11]在一个司法信任初建的国家，这种思维模式至少存在以下几个方面的危害性：首先，为司法腐败与法官判决的武断、专横提供了可趁之机。法官思维过程的不连续性的表达，使法官有可能以个人意志替换法律意志，谋取不法利益，或武断专横，出法入法于无痕之中。第二，不利于法官职业素质的提高。这种思维模式可能掩盖了法官可能的业务素质低下与智识不足，给一些滥竽充数、不思进取的法官提供了蒙混度日的机会。最后，判决书的权威大为减损。有学者将法律的权威分为二重，第一重为普遍权威，来自立法机关的立法，制定法自身的抽象性与普遍性加上立法机关的权威性而具有普遍权威；第二重为特定权威，即制定法经过法院的适用而具有的个别性权威。[12]我们进一步分析就会发现特定权威包括普遍权威的派生的权威、司法机关的权威和判决推理的权威。人是有理性的，有理的判决当然会增加特定权威的分量，而决断型思维模式将特定权威主要建立在普遍权威的派生权威与司法权的权威之上，说理的权威空缺、稀少，特定权威当然大为减损，当事人的信任自然下降，上诉与申诉率也就相应提高。

2.5.2　推理型思维模式。指法官的判决不仅建立在连续完整的法律推理之上，而且具有严格完整的表现形式。在普通法国家这种思维模式表现明显，这与普通法国家的法官地位的崇高有关。普通法国家法官造法，同时也意味着法官运用法律推理的权力、动力与压力，进而造就出权威的判决书。普通法国家判决书称为意见，指判决的理由。意见还有“并存意见”与“反对意见”之分，前者对判决结论同意而对法律推理有不同意见，后者指反对法院判决的意见。这种严格、完整表现法官推理的思维过程的判决书的权威性是可想而知的，它使法官的思维过程以凝固的方式公开于当事人，表现了法官的职业素质，防止了腐败与武断，增强了当事人的信任度。

随着现代社会的发展，大陆法系与普通法系在法律上互相借鉴，出现了许多趋同的现象。事实上，在法律思维过程的表现形式上，现代欧美各国上诉法院有一个共同的显著特征，即公开法官对案件判决的法律推理过程，重点阐明判决的理由和正当依据。这说明了推理型思维模式的重要性与科学性。我国的法官应具备这种思维模式，改革判决书的制作方式，提高人们对司法的信任。

2.6 法条主义思维模式、价值分析的思维模式与社会学法学思维模式

这是依法官审案据以判决的依据不同而作的划分。

2.6.1 法条主义思维模式，即法官在适用法律时，严格依据法律条文进行判决。法条主义的法学理论基础是概念法学，它相信理性、系统、完整的制定法包罗万象，涉及社会生活的方方面面。法官审理案件时，只需要结合案件事实加以适用就行了，法条与事实的关系就像自动售货机与钢币的关系，二者一结合就自动产生判决。这样人们只需要通过理性发现法律，一旦发现并制定出来，就完美无缺，任何的解释与评说都是不必要的。例如，拿破仑认为他的法典清晰、完善、逻辑严密，无需解释，可以直接适用。当他听说第一本关于《拿破仑民法典》的评注出来时，他大叫“我的法典完了”。[13]在法条主义思维模式下，即使法律出现漏洞，也只能从严依字面意义进行解释与延伸，不需要运用价值分析的方法进行判决。

2.6.2 价值分析的思维模式。该模式指法官在穷尽逻辑思维的前提下，仍然不能获得确定的判决而进行价值分析、判断、选择的方式确立判决结论的方法。从严格意义上来讲，价值分析的思维模式并不是一个独立的思维模式。因为即使在普通法国家，也有先例对法官的司法进行的制约。价值分析的思维模式只能建立在穷尽制定法规或先例仍不能解决纠纷，或在法律效力位阶相同但互相冲突，以及法律严重滞后于社会以至适用会造成显见的不公的基础上方才动用的，法官运用价值分析的方法使判决结果得以确定。

2.6.3 法学思维模式。实际上该模式并没有一个确定的内涵，而只有一个笼统的倾向，即强调法律与其他社会因素的相互作用，强调法律的适用功能和效果，强调在司法中法律渊源主要并不在于规则，而在于法官个人和社会的各种因素。欧洲社会学法学创始人埃利希主张法律的自由发现，他反对概念法学那种认为法律是供法官作判决的根据的观点。他认为，制定法规则只不过是法律的一小部分，而且任何法律，一旦被制定出来，它就过时了，它既难管现在，更不用说管将来。在此基础上，埃利希提出两种判决方法，一种是严格按照成文法规则的判决方法即技术主义方法。另一种是不依据成文法规则根据法官自由发现法律的“自由的判决的”方法。[14]其实，美国的现实主义法学家弗兰克走得更远。他认为，通常所讲的法律规则本身并不是法律，至少并不是法律的全部，它只是预测

判决的工具。为了证明他的观点，弗兰克还作了一个调查报告，结论显示，审判的结果是因人而定的，它反映法官的脾气、个性、教育、处境和个人特点。由此可见，社会学法学思维模式对规则作为判决的依据持强烈的怀疑态度，而主张或认为法官的思维是“自由的或因人而异的”。[15]

我国法官思维模式的塑造是在法治初建、传统司法文化影响很深以及成文法占统治地位的环境下进行的，因此，法条主义思维模式固不可取，社会学法学思维模式更不可行。社会学法学思维模式在普通法国家之所以有市场是因为法官可以造法且国家具有法治主义传统，人们对法官是信任的。在我国，法治与司法信任初建，根本不可能选择社会学法学思维模式，至于价值分析的思维模式，则应在规则穷尽的有限的原则下才能选择，以保证法治一般性与普遍性原则。

综述：法治国家法官思维模式的转换与塑造对现代司法理念与司法制度在司法主体精神构造层面的理性衔接与协调，充分发挥司法制度的功能具有直接的作用和现实的意义。因此，我国的法官应该剔除人治型思维模式而转到法治型思维模式，摒弃大众型思维模式而坚守职业型思维模式；培养形式型思维模式而兼顾实质性思维模式；慎待实体型思维模式而熟谙程序型思维模式，抛弃决断型思维模式而培育推理型思维模式，以法条主义思维模式与社会学法学模式为参考，以价值分析的思维模式为补充，以此为基础，塑造出科学、成熟、理性的法官思维模式。

注　释：

[1] 贺卫方：《司法的理念和制度》，中国政法大学出版社 1998 年版，第 2 页。
[2] 吴卫军：《司法改革原理研究》，中国人民公安大学出版社 2003 年版，第 12 页。
[3] 孙笑侠：《中国传统法官的实质性思维》，载于《法律思想网》，2002－10－22。
[4] 前引 [1]，第 47－48 页。
[5] 苏永钦：《漂移在两种司法理念之间的司法改革——台湾司法改革的社会背景与法制基础》，载于《环球法律论坛》2002 年春季号。苏永钦将全球的司法改革分为四种类型：建立法治型、深化法治型、简化法治型、转化法治型。
[6] 汪习根：《公法法治论》，载于《中国法学》2002 年第 5 期。
[7] [美] 罗斯科・庞德：《普通法的精神》，唐前宏等译，法律出版社 2001 年版，第 42 页。
[8] [德] 韦伯著：《文明的历史脚步》，黄宪起译，上海三联书店 1997 年版，第 144 页。
[9] 何勤华、李秀清主编：《外国法制史》，复旦大学出版社 2002 年版，第 171 页。
[10] 前引 [7]，第 1 页。
[11] [美] 梅利曼：《大陆法系》，顾培东等译，法律出版社 2004 年版，第 37 页。
[12] 季卫东：《法治秩序的建构》，中国政法大学出版社 1999 年版，第 328 页。
[13] 前引 [11]，第 61 页。
[14] 沈宗灵：《现代西方法理学》，北京大学出版社 1992 年版，第 397－398 页。
[15] 前引 [14]，第 340－341 页。

论保险合同的若干法律问题

汪朝清

【内容摘要】本文着重对当前保险的几个热点问题——保险利益、告知、保险代理在理论和司法实践中存在的争论作了分析，提出了作者自己的看法，并以司法实践中的典型案例加以论证，旨在对现行保险法有关保险利益、告知、保险代理的规定存在的缺陷提出合理化的立法建议，期望能在司法实践中起到一定的指导作用。

【关键词】保险合同　法律问题

1. 引言

近年来，保险事业迅猛发展，保险对保障社会经济秩序的稳定，促进社会经济的发展起到了不可忽视的作用。随着保险事业的逐步发展，保险合同纠纷日益增多，其中因保险利益、告知、保险代理引发的保险合同纠纷呈上升趋势。正确理解保险利益的含义、范围以及违反保险利益原则的法律后果，对解决好现行保险法与保险实务和国际惯例的冲突具有重要意义。在保险法对保险利益有了明确具体的规定后，投保人可以合理地选择投保时间，避免因对保险标的无保险利益而得不到保险赔偿的后果发生。但当前保险法对保险利益的含义、取得时间等缺乏操作性较强的司法解释。告知是投保人的一项先合同义务，在司法实践中，合同当事人对哪些属投保人告知的内容经常发生争执，如何界定一个合理的“度”尤为重要。目前保险法对告知的内容没有具体规定。保险代理在社会生活中非常普遍，从事保险代理的人越来越多，通过他们使大众对保险有了初步了解。但投保人与保险人时常发生纠纷，有的直接关系到保险代理人的行为。目前我国法律对保险代理缺乏统一规范，在许多方面留有法律空白。本文将对以上几个法律问题作探讨，旨在对当前法律在上述问题上存在的缺陷，提出自己的观点和建议。

2. 保险利益

2.1　保险利益的含义

众所周知，各国保险立法都要求投保人对保险标的具有保险利益。《保险法》第12条规定：“投保人对保险标的应当具有保险利益。投保人对保险标的不具有保险利益的，保险合同无效。保险利益指投保人对保险标的具有的法律上承认的利益……”显然，法律规定保险利益，是为防止道德危险的发生，区别于赌博行为，同时，决定保险赔偿的限度，即被保险人对保险标的的全部保险利益是保险人的法定赔偿限额。

保险法规定投保人具有法律上承认的利益。首先，这种利益应当是法律所承认的，即具有合法性。其次，应当是客观的，指利益的取得具有客观的法律依据，包括现实利益和期待利益。再次，应当是经济上的利益。在财产保险中，表现为保险标的受损，被保险人经济上受到损失，从保险人处获得补偿。但在人身保险中，是否为经济上的利益有争论。

在保险理论和实践中，对保险利益的理解，有不同认识。有的认为，保险利益是保险合同当事人双方权利、义务所共同指向的对象，是保险合同的标的。[1]有的认为，保险利益是法律上认可的可确定的经济利益，它独立于保险合同而存在。[2]有的认为，保险利益又称可保利益，指投保人或被保险人对保险标的具有法律上认可的，经济上的利害关系。[3]

2.2　保险利益的范围

目前我国保险立法对人身保险的保险利益采用了列举式表述，《保险法》第53条列举了投保人对哪些人具有保险利益，而对财产保险却未作列举。财产保险中具有保险利益的人范围包括财产所有人或经营管理人，也可以是对某项财产有其它利害关系的人，如财产保管人、加工承揽人、抵押权人、承运人，等等。就同一保险标的可能存在数个不同的保险利益，如加工承揽合同中，承揽人对加工物的损害灭失具有风险，因而就加工物本身的价值承揽人具有保险利益，同时承揽方还可能就加工物是否能按期完工存在期限上的风险，其就承担的按期完工责任具有保险利益。

2.3　保险利益的取得时间

投保人应当在何时具有保险利益？在我国保险法中未明确规定。一般理解，要求投保人在投保时即应具有。但这种理解，与保险实务或国际惯例发生冲突。比如在国际货物买卖中，经常会遇到投保人在为货物投保时，并不具有保险利益。在FOB和CFR价格条件下，买方在签订货物买卖合同后，货物装船前往往会购买货物保险，这时买方既没有货物所有权，也没有承担货物的风险，对货物不具有保险利益。同时可能在货物运输途中，货物的所有权又可能发生流转，所有权处于不确定状态，使得保险利益的取得时间更是无法确定。在国际惯例中，买方在未获得所有权就买保险的情况是非常普遍的。因此，有人主张，可以视买方在未取得货物所有权及未承担货物风险时签订的保险合同为效力待定情形，在货物转让和保险事故发生时再去讨论让与人和受让人对货物是否具有保险利益，进而决定保险合同效力。[4]也即是说承认投保人在购买保险时可以没有保险利益，如买方在保险合同转让和保险事故发生当时获取保险利益，其订立或受让的保险合同就有效，如其签订保险合同后对货物一直没有取得过保险利益，或受让的保险合同本身就不具保险利益，那么保险合同无效。这种观点有一定的合理性，但操作起来有一定难度。

笔者认为，根据保险法有关保险利益的规定，对“法律上承认的利益”可解释为：(1) 投保人在投保当时是财产所有人，或是财产经营管理人，都对保险标的具有保险利益。(2) 对投保当时投保人不是财产所有人、经营管理人的，但投保人又与财产存在一种法律上的关系，或即将通过某种法律上的关系取得该项财产的，视为对该项财产具有可实现的利益，投保人则具有保险利益。也即是说利益包括即将实现但又尚未实现的可期待利益。比如在买卖合同合法存在的前提下，买方对货物具有法律上承认的一种预期的可保利益，并且是真实的利益，而不是凭空而造的，那么就可以认为买方具有可保利益。这样，对《保险法》第12条中保险利益的内涵就作了扩充解释。笔者认为这符合保险实践中的需要，而且世界其他国家也有类似的规定，如1906年《英国海上保险法》第6条规定：在合同订立之时，被保险人非必须具有保险利益，但在保险标的发生损失时，被保险人则必须具有保险利益。英国海上保险法对这种称为或然可得利益，最初可能只是一种预期的可保利益，它取决于某些偶然事件的发生，被保险人以后可能取得真正的可保利益。但是，在发生损失时被保险人应具有保险利益，否则不能取得该项利益，也即“无利益即无损失”。因此，利益有现实的，有可期待并且是真实的，那么投保人在投保时或保险事故发生时具有这种利益均可。

2.4　违反保险利益原则的法律后果

投保人对保险标的不具有保险利益的，保险合同无效，而且合同自始无效。合同无效分为部分无效和全部无效两种情形。由于保险利益决定保险赔偿的限度，当保险金额超过保险价值（保险利益）的，超过部分无效。[5]《保险法》第40条规定，保险金额不得超过保险价值；超过保险价值的，超过的部分无效。保险合同无效的，保险人不承担赔付责任。同时按合同法关于合同无效一般规定，当事人返还从对方取得的财产。

3. 告知

告知是法律赋予投保人的一项义务，体现合同当事人的诚实信用原则，它直接影响保险合同的效力。《保险法》第17条规定：“订立保险合同，保险人应当向投保人说明保险合同的条款内容，并可以就保险标的或者被保险人的有关情况提出询问，投保人应当如实告知。”

3.1　告知的基本认识

3.1.1　告知的性质

告知并非保险合同的内容，它是在合同成立之前，先于合同产生的义务，不存在保险合同的权利义务关系。但在合同签订后，合同双方对合同进行变更时，投保人仍然负有告知义务。我国《保险法》第20条规定，投保人和保险人可以就除保险合同事项外的其他事项作出约定。

3.1.2　告知的形式

告知有口头形式或书面形式。口头形式有口头叙述，电话告知等形式。书面形式有询问式，填具式等。投保人按照保险人要求填写投保单是比较通行的一种书面形式。

3.1.3　告知的内容

投保人应告知的内容，立法上采用客观主义（又称无限告知）和主观主义（又称有限告知）两类。主观主义指权利人仅对保险人询问的问题有如实告知的义务，对询问以外的问题则不负告知义务。客观主义指法律对告知的内容无确定性规定，投保人对事实上与危险状况有关的一切情况都有义务如实告知保险人。[6]我国保险法采用了主观主义（有限告知），海商法则采用了客观主义（无限告知）。投保人所告知的事实有三种。一是投保人已知的确定存在或发生的事实，如货物保险中，投保人向保险人告知货物的形状、性质、价值等。二是投保人希望或确信将来发生的事实，如投保人向保险人告知货物的目的地、运输路线等。三是投保人从无关的第三人处得知的情况而向保险人转述的事实。可能是投保人得知但不确定的，向保险人转述。如投保人得知货物目的地之一的某一地区发生战争，或其它特殊情况，而向保险人转述的。

3.2　违反告知义务的形式

违反告知义务的形式主要有两种。一是告知不确实，二是未告知。告知不确实也称不实告知，指投保人告知的内容与事实不一致。告知不确实可能是基于投保人的故意，也可能是基于投保人的过失。未告知是指投保人对有关重要事实没有向保险人告知，可分为隐匿和遗漏两种情况。

告知不确实，即投保人告知的内容与事实不一致，可能是基于投保人的故意，也可能是基于投保人的过失。无论如何，只要是不实告知的内容属重要事实，而且足以影响保险人决定是否同意承保或提高保险费率的，保险人有权解除合同。即是说这种不实告知要达到一定的“度”。对投保人故意不履行如实告知义务的，保险人对于保险合同解除前发生的保险事故，不承担赔偿或者给付保险金的责任，并不退还保险费。

隐匿，指《保险法》第 17 条第 2 款前段规定的情况，投保人故意不履行如实告知义务。如故意将危险货物以普通货物名义投保。遗漏，指《保险法》第 17 条第 2 款后段规定的情况，投保人因过失不履行如实告知义务。有因过失不知或虽知但未认识到其为重要事实或虽认识到其重要性但因疏忽而未向保险人告知。这里强调的是，未告知或告知不实的内容并不要求与保险事故的发生有因果关系。

投保人在告知时，希望或确信将来发生的事实，除非构成保证条款或欺诈，即使告知内容与将来事实不符，也不构成不实告知。对投保人向保险人转述从无关的第三人处得到的情况，除非转述有误，否则事后虽证明内容不确实，保险人亦不能据此解除保险合同。

3.3　违反告知义务的法律后果

各国保险立法对违反告知义务的法律后果规定不一致，但主要是保险人的赔付责任和保险费的承担问题。同时，对投保人的故意或过失在法律后果上也不同。《保险法》第 17 条对违反告知义务的法律后果作了具体规定，但在司法实践中，对投保人的告知内容、违反告知义务的形式认定及法律处理上有些难度。

案例：某船东在建造货轮（内河航行）时，未向船舶检验机关申报，自行变更船舶设计图纸，将载重吨位 700 吨改为 1000 吨，建造完毕后未报告船舶检验机关，船舶检验机关按载重吨 700 吨发放船舶证书（即通常所说的大吨位小证书）。某船东作为投保人向某保险公司投保船舶一切险，在投保单上船舶载重吨位栏中按船舶证书上核准的吨位填具为载重吨 700 吨，未另注明船舶实际载重情况。某日，该船舶载货 1000 吨在航行途中沉没，船舶及货物受损。船东向保险公司索赔未果后向法院提起诉讼，要求保险人赔偿船舶及货物损失。索赔理由是按船舶实载能力船舶并未超载，且船舶沉没与超载没有因果关系，保险公司应该承担保险赔付责任。保险公司认为，投保人故意不履行如实告知义务，保险人对于保险合同解除前发生的保险事故，不承担赔偿或者给付保险金的责任；而且因船舶超载，系保险人除外责任，因而保险人拒赔。

法院在审理过程中，形成两种不同的意见。一种意见认为，我国保险立法对告知采用的是主观主义说，即投保人对保险人询问的问题有如实告知的义务，对询问以外的问题则不负告知义务。船东按照船舶检验机关确认的载重吨位告知了保险人，则履行了如实告知义务，不需要注明船舶实载能力情况。同时船舶实载能力 1000 吨，实载 1000 吨并未超载，船舶沉没与船舶超载无直接因果关系（注：船舶超载属保险人除外责任），因此船舶发生沉没导致船舶及货物受损，保险公司应该履行保险赔付责任。另一种意见认为，我国保险法第 17 条规定了投保人负有如实告知义务，尽管保险人在投保单上未要求填注船舶实载能力情况，但投保人对擅自修改船舶载重吨位的事实，应该本着诚实信用原则，如实告知保险人，保险人不需要询问，投保人即应告知，这是投保人负有的默示义务。船东故意隐瞒将船舶吨位扩大的事实，违反了如实告知义务，而且船舶载重吨位属重要事实，足以影响保险人决定是否同意承保或提高保险费率，因此保险人有权解除保险合同，对保险合同解除前发生的保险事故，保险人不承担赔偿或者给付保险金的责任，并不退还保险费。

这里有二个问题涉及投保人的告知义务：(1) 投保人按照船舶登记机关核准的吨位告知保险人，是否履行了告知义务？(2) 什么是重要事实？合同法、海商法都未作具体规定，如何界定？船东擅自更改船舶设计图纸，将船舶吨位增大的事实是否为重要事实？

笔者认为：(1) 按照保险法规定，投保人告知是先合同义务，不属于保险合同双方约定的内容，不管保险合同是否成立，投保人均应遵守告知义务。(2) 保险人询问的船舶载重吨位是一个基本事实，而船东擅自改变船舶建造结构，可能影响船舶适航能力及安全性能，直接影响保险人识别风险、测定风险，以致是否决定承保或提高保费，其应当属重要事实。船东按照船舶证书上记载的吨位告知保险人，不能视为已经履行了全部的告知义务。(3) 合同当事人须遵守诚实信用原则，这是民事主体应当遵守的基本原则。尽管保险人在投保单上未要求填注船舶实载能力情况，但投保人对擅自修改船舶载重吨位的事实，可能影响船舶适航能力及安全性能，仍应如实告知保险人。(4) 合同当事人须意思表示一致。合同主体在缔约过程中，其表示行为与内心的效果意思相一致，民法理论称之为“意思表示无瑕疵”。船东未按实际情况告知保险人，导致保险人作出不真实的意思表示。综上，投保人违反告知义务，尽管船舶沉没与船舶超载无因果关系，依照保险法 17 条规定，保险人仍然有权解除合同，并对保险合同解除前发生的保险事故，不承担保险赔偿责任。

我国保险法采用了主观主义（有限告知）标准，海商法则采用了客观主义（无限告知）标准。海商法中船舶保险规定排除了内河航行船舶的保险适用问题，但内河船舶航行同样风险较大，建议立法规定内河船舶保险适用客观主义标准。

值得注意的是，《保险法》第 17 条规定，发生不实告知，保险人对合同有解除权，保险人可解除合同，也可不解除合同，而采取增加费率、降低赔偿金额等方法，目的在于鼓励合同当事人公平交易，维护现有的法律关系，活跃市场经济。当然，不实告知是在履行告知义务时存在瑕疵，如果保险标的根本不存在或标的物为价值低的物品，投保为价值高的贵重物品，则不存在不实告知的问题，而是恶意欺诈行为。

4. 保险代理

保险代理在实践中非常普遍。在保险活动中，保险代理人有单位或个人，按照《保险法》第 125 条规定，保险代理人是根据保险人的委托，向保险人收取代理费，并在保险人授权的范围内代为办理保险业务的单位或个人。保险代理合同中委托人与代理人关系适用合同法，与一般的代理合同没有多大的区别，只是保险法对保险代理人的资格条件作了严格限定。《保险法》第六章规定了保险代理人的资格条件、从业条件、行为规范等，《保险法》第 132 条、第 133 条规定，保险代理人应当具备保险监督管理机构规定的资格条件，并取得保险监督管理机构颁发的经营保险代理业务许可证……向工商行政管理机关办理登记，经领取营业执照，并缴存保证金或投保职业责任保险。保险代理人应当有自己的经营场所，设立专门账簿记载保险代理业务的收支情况，并接受保险监督管理机构的监督。同时第 136 条规定，保险人应当加强对保险代理人的培训和管理，提高保险代理人的职业道德和业务素质，不得唆使误导保险代理人进行违背诚信义务的活动。

在保险实践中，保险代理人的范围过广过滥，操作极不规范，经常发生保险合同纠纷，公众对保险的信任度不高。在财产保险中，保险代理人多为掌管、经营财产的单位或个人，如货物运输保险中，保险人委托港口经营人、货运代理人，有的甚至委托有货物检验权或货物运输工具检验权的单位，如港航监督部门、船舶检验部门。由于代理人的个人业务、道德素质参差不齐，很容易发生保险纠纷。笔者曾经遇到这样的案例：甲公司是货物代理人兼运输代理人，保险人乙公司一直委托甲公司作为保险代理人，并把盖好保险公司印章的保险单一式几份整本交给甲公司，甲公司揽到业务后，收取保费出具保单。某化工厂丙与甲公司有长期的货物代理关系，同时由甲公司为丙代办保险，保险费约定可延期给付。在一次海损事故中，某丙的货物全损，丙向乙公司索赔。乙公司通过核查，发现该批货物的保险费未交，直到事故发生后，保险费才通过甲公司的账户转到保险公司乙的账上，且保单存根（交保险人留存联）也未及时交给保险公司，据此，保险公司乙认为，保险公司未签发保单，且投保人未交保险费，因此保险合同不成立，保险人不负赔偿责任。法院审理查明，甲公司与化工厂丙有长期业务关系，未按时缴纳保险费属实，甲公司也是在事故发生后才出示了保险单，其称未及时交给货主丙，也承认同意丙延期交纳保险费。法庭审理过程中，当事人双方对何时签发保单各执一词，双方均无强有力的证据说服对方，法院也无法查证。最后，法院判决保险合同有效，由保险公司承担保险金的赔偿责任。

这个案例需要讨论以下几个问题：(1) 保险代理人何时签发保单，产生什么法律效果？(2) 保险代理人如是及时签发保单，保费未交是否影响合同效力？(3) 保险代理人是否有权向丙承诺缓交保费，其法律后果是什么？(4) 甲公司作为保险代理人，又是货物代理人兼运输代理人，属多重代理身份，保险合同是否具有法律效力？该案主要焦点集中在保险代理人的身份多重性及保险代理人的道德风险等问题。

笔者认为：(1) 保险人将保单交给代理人，由代理人代为收取保费、出具保单，形式上已经符合代理法律关系特征，保险公司乙与代理人甲公司建立了保险代理关系。(2) 保险代理人以保险人的名义从事民事活动，只要保险代理人与被保险人无串通，损害国家、集体或者第三人利益的，代理人的行为产生的法律后果应由保险人承担。(3) 尽管保险人否认签发保单，但代理人承认及时签发保单，法律效果应归于保险人。同样，代理人承诺延期交付保险费，法律效果归于保险人，由此产生的法律后果应由保险人承担。(4) 保险代理人多重代理身份问题，合同法未作禁止性规定，保险代理人签订的保险合同有效。

值得注意的是，保险代理人的身份及保险的道德风险防御问题。在实践中，由于保险人之间的无序竞争，导致保险市场的混乱。有的案例中，运输代理人兼作货物、保险代理人，不仅收取运输代理费，还赚取运费差价，双方约定在运费中含保险费，促使其为了赚取更多利润，不为货物购买保险，一旦发生保险事故，则补签保单，补交保费，不发生保险事故则保费落入自己的腰包。这种现象在短途运输中尤其突出。

对于双重或多重代理问题，1999 年 10 月 1 日新合同法实施以前，法律禁止双重代理。然而新合同法颁布实施后，并不禁止双重或多重代理行为，即保险代理人多重身份签订的合同只要无《合同法》第 52 条规定的情形则具有法律效力。《保险法》无禁止保险代理人多重代理的相关规定，中国人民银行 1997 年 11 月 30 日发布的《保险代理人管理规定（试行）》规定，个人保险代理人不得兼职从事个人保险代理业务，不得签发保险单。同时，保险法规定保险代理人实行许可证制度，但对违反许可证制度却没有相应法律规定。由此，保险代理人可能集几方代理身份为一身，从而发生自己与自己签订合同的情况，会发生合同双方的权利与义务不对等问题。显然，现行法律不利于规范保险市场，无法有效约束保险代理人的行为，不能有效预防道德风险，也不利于促进保险业的有序、健康发展。因此，保险代理人的多重代理法律问题，应该有法可依。笔者建议完善保险代理人许可证制度，严格保险代理人职业准入制度，建立保险代理人登记公示制度，禁止保险代理人兼职其它相关代理，并规定在保险代理人兼作其它代理，可能损害合同双方当事人利益时保险合同无效，由保险代理人承担相应的法律责任。

5. 结论

综上，保险利益是投保人对保险标的具有法律上承认的利益。保险利益的取得时间不仅仅限于投保当时，在事故发生时具有保险利益也可。对保险标的具有保险利益的人的范围，可以是财产所有人、经营管理人，还可是与财产存在一种法律上的关系，或即将通过某种法律上的关系取得财产的利害关系人。投保人的告知义务是先合同义务，不是保险合同的内容。告知的标准为投保人知道或者按照一个从业者通常要求应当知道，以“足以影响保险人决定是否同意承保或者提高保险费率”为“度”，达到这个“度”，不管故意或过失，均为违反告知义务。保险代理应当实行严格许可制度，职业准入制度，禁止多重代理，防止道德风险。

参考文献：

[1] 司玉琢：《新编海商法学》，人民交通出版社 1991 年出版，第 424 页。

[2] 汪鹏南：《海上保险合同法详论》，大连海事大学出版社 1996 年出版，第 46 页。

[3] 徐卫东、杨勤活等：《保险法（修订版）》，吉林人民出版社 1996 年出版，第 134 页。

[4] 黄伟青著：《论国际海运货物保险的保险利益》，登载于《第十届全国海事审判研讨会论文集》，北海海事法院编，第 83 页。

[5] 梁慧星主编：《民商法论丛》第 10 卷，法律出版社，第 662 页。

[6] 徐卫东、杨勤活等著：《保险法》，吉林人民出版社 1996 年修订版，第 154 页。

船舶融资租赁登记的法律问题

张江顺

【内容提要】船舶融资租赁是近年发展很快的一种船舶租赁方式，它具租赁与融资于一体，具有一定的生命力。但由于法律规定的相对滞后，产生了诸多新的问题。本文仅从登记的角度对船舶融资租赁的有关问题进行法律上的探讨。

【关键词】船舶　融资租赁　登记

融资租赁是20世纪50年代发展起来的一种新型的交易方式。随着我国对外开放和对内搞活政策的实施，在20世纪90年代初，这一机制进入了航运市场，出现一些由金融机构出资购买船舶交由经营人经营，由经营人支付租金的新的现象。但是由于我国的船舶融资租赁刚刚起步，很多做法不规范，更重要的是相应的配套法律法规不健全，除了金融机构制订了几份具有行政管理性质的规范性文件外，直到1995年10月31日发布的《民用航空法》才对融资租赁合同有了法律上的规定。1996年5月27日，最高人民法院发布《关于审理融资租赁合同纠纷案件若干问题的规定》，对融资租赁合同纠纷有了普通性的司法解释。1999年3月15日通过的《中华人民共和国合同法》较为系统地对融资租赁合同的概念、内容、违约责任等进行了规范，为我们审理船舶融资租赁合同纠纷提供了法律依据。但是《合同法》是一部普通法律规范，对融资租赁合同纠纷也只是从原则上进行调整，对船舶融资租赁的各种具体法律行为难以全面规范，同时，船舶融资租赁合同各个规范之间的不一致，对我们海事审判实践也带来了一定的疑惑。本文试就船舶融资租赁中的登记问题略作探讨。

1. 船舶融资租赁合同概述

目前对何谓船舶融资租赁合同并没有一个法律上的定义。结合到融资租赁合同的普通规定和海商实践，笔者认为，船舶融资租赁合同系指船舶出租人按照承租人对供货方和船舶的选择，购进船舶，出租给承租人使用，由承租人配备船员进行经营并定期交纳租金的合同。如同融资租赁合同一样，船舶融资租赁合同也有三方当事人：供货人、出租人、承租人。这三方当事人形成两个法律关系：船舶买卖关系和租赁关系。这两个法律关系共同构成船舶融资租赁法律关系。船舶融资租赁先是由船舶承租人与船舶供应商即船舶出卖人联系好想要买入的船舶，然后由承租人与船舶出租人商谈并签订租约，之后由船长出租人与船舶出卖人签订船舶买卖合同，再由船舶出卖人将船舶交给承租人验收，之后出租人支付购船款，最后由承租人向出租人支付租金。在对外关系中，一般只由船舶承租人发生，主要是与货主发生的海上（水上）货物运输合同关系、与他船发生碰撞所形成的侵权法律关系和与保险人发生保险关系。

2. 船舶融资租赁登记的法律适用问题

船舶虽然在性质上讲属于动产，但在我国海商法律体系中将其视作不动产，有关船舶所有权和他物权的取得、转让和消灭均适用不动产的法律制度，也就是适用物权公示原则中不动产的登记制度。从上述图表我们可以看出，船舶融资租赁中涉及物权变动的有两个过程：一次是船舶买受人（出租人）从出卖人购进船舶时取得船舶的所有权，另一次是船舶承租人从出租人租赁船舶时取得船舶的占有、使用、收益权。《海商法》第九条和第十三条均规定了船舶所有权和船舶抵押权应当向船舶登记机关登记．因此对船舶买受人来说，进行所有权登记是没有争议的．但对于船舶承租人来说是否要登记呢?《海商法》对船舶融资租赁并没有直接的规定。该法第一百五十四条涉及订有租购合同的光船租赁合同中船舶所有权的转移，并未规定登记问题，且该条并不能视为船舶融资租赁条款。在新颁布的《合同法》在融资租赁合同专章中也没有关于登记制度的规定，该法在总则第四十四条二款规定：“法律、行政法规规定应当输批准、登记等手续生效的，依照其规定。”《合同法》是一项普通法律规范，我们在审理船舶融资租赁合同纠纷案件时当然适用。目前我国规定船舶登记的规范性文件只有 1986 年由交通部发布的《中华人民共和国海船登记规则》和 1994 年 6 月 2 日由国务院发布的《中华人民共和国船舶登记条例》。《海船登记规则》涉及船舶登记的有所有权登记、抵押登记和租赁登记。其中租赁登记仅限于具有中国国籍的船舶光租给外国航商。同时，该规则是由交通部发布的，从法律渊源上看，它只能算作行政规章，不是《合同法》第四十四条限定的“法律、行政法规”，因此，在船舶融资租赁合同纠纷中不能适用《海船登记规则》。而作为行政法规的《船舶登记条例》有没有相应的规定呢?该条例涉及登记事由有三种：所有权登记、抵押权登记和光船租赁登记。权利人对这三种权利均应向船舶登记机关登记，不经登记的不得对抗第三人。该条例没有使用“融资租赁”这一概念。那么船舶融资租赁的登记能否适用光船租赁的相关规定呢?在此我们有必要对船舶融资租赁与光船租赁作一比较。

2.1　法律关系不同。光船租赁是传统的租赁方式，其法律关系是在出租人和承租人之间形成的租赁关系。船舶融资租赁的法律关系有两个：船舶供应商与船舶买受的（出租人）之间的船舶买卖法律出租人与船舶承租人之间的租赁关系。这两个法律关系互为条件，买关系在出租人出卖人之间形成，买卖的条件由承租人指定，承租人对买卖合同确认后，买卖合同才能成立。买卖合同的订立和履行是船舶融资租赁合同履行的前提，船舶融资租赁又是买卖行为的原因和结果。

2.2　对租赁物的选择不同。光船租赁的出租人是将自己已有的船舶予以出租，因而，承租人无权指定卖船人，只能从出租人现有的船舶中选择自己需要的租赁物。在船舶融资租赁中出租的船舶不是出租人现有的，而是由承租人自己先从卖船人选定船舶，由出租人买下后租给承租人使用、收益。

2.3　出租人的责任不同。光船租赁的出租人交船时应当做到谨慎处理，使船舶适航，否则应承担船舶缺陷的担保责任。船舶融资租赁的出租人是按承租人的要求而购进船舶，再出租给承租人使用，因而，出租人不承担舰艇的瑕疵担保责任，但承租人依赖出租人的技能确定租赁物或者出租人干预选择租赁物的除外。

2.4　承租人的权利不同。光船租赁的承租人在出租人未按要求交付适航船舶或交付的船舶不适于合同约定的，有解除合同权，并有要求出租人赔偿损失的请求权。在船舶融资租赁中，承租人因交付的船舶有瑕疵或不符合要求的，仍应支付租金，无权危险合同，也无权向出租人索赔，但可向船舶出卖人行使索赔权利。

2.5　租金的构成及性质不同。光船租赁中，租金一般包括船舶的折旧费、维修费及出租人的合理盈利等，在租赁期满后，出租人不能依靠租金来收回投资。船舶融资租赁中的租金是出租人提供融资的对价，在租赁期满后，出租人可以收回全部投资，其租金比光船租赁的租金要高。

2.6　租赁期满后的权利归属不同。光船租赁的承租人在租赁期满后不能取得所租船舶的所有权（海商法第一百五十四条规定订有租购条款的光船租赁合同的船舶所有权可归于承租人，但这并不是严格意义上的光船租赁合同，而带有融资购船的性质）。船舶融资租赁的承租人在租赁期满后，既可将所租船舶返还给出租人也可继续租用，还可向出租人支付一定价款后取得所租船舶的所有权。

可见，光船租赁与船舶融资租赁无论从形式上还是内容上都存在着显著的区别，两者难以等同。虽然光船租赁属于租赁的一种，但我国《合同法》在体例上将融资租赁合同视作与租赁合同并存的独立合同而另设专章规定，有关租赁合同的一般规定并不能当然适用于融资租赁合同。因此，现有海商法律规范中的船舶登记制度不能适用于《合同法》。从另外一个角度上讲，法律、法规对船舶融资租赁合同在形式上没有特别的规定，因而，根据《合同法》第四十四条的规定，船舶融资租赁合同不需要登记即可生效。基于同样的理由，这种生效也不存在不能对抗第三人的问题。很明显，这与现有的海商法律规范在一定程度上不相一致。

3. 现行船舶融资租赁合同的效力对海商法律规范的影响

船舶融资租赁合同的效力分为对内效力和对外效力。我国海商法律无论所有权登记还是抵押权登记，抑或是光租登记，采取的均是对抗主义，即未经登记的，认可其在买卖双方、抵押双方、租赁双方当事人之间的效力，但此效力不能对抗第三人，与第三人产生纠纷时，双方当事人均不能以此抗辩而使自己免除民事责任（本文所指的第三人均指除租船合同、船舶融资租赁合同当事人以外的任何相对人）。因此，对于现行的按《合同法》进行调整的船舶融资租赁合同法律关系对当事人内部的效力与海商法律规范相比并没有实质的不同意义。

但是，在对外效力而言，由于船舶融资租赁合同无需登记即可对抗第三人，对于第三人而言，这一认定结果对其权利义务的影响是相当大的。

3.1　对第三人责任的承担与海商法律规范不同

我国《海商法》中没有关于船舶融资租赁合同的规定。因此要探讨以《合同法》调整的船舶融资租赁合同对第三人的效力只能结合《海商法》与船舶融资租赁合同最为相近的光船租赁合同来分析。前面已经分析了光租与融租的许多区别，但是这种区别几乎都是在当事人内部之间产生的区别。对于第三人而言，笔者认为，光船租赁与船舶融资租赁并没有实质的区别，船舶融资租赁合同具有光船租赁的本质特征。这主要表现在：

（1）两种租赁都是由出租人提供不配备船员的船舶，在约定的期间内由承租人占有、使用和营运，由承租人向出租人支付租金。

（2）在租赁期间内，船舶所有权归出租人所有。

（3）船舶在营运期间内，由承租人负责配备船员。

（4）在租赁期间，由承租人负责船舶的保养和维修（在光租中，当事人另有约定的除外）。

对于第三人而言，他并不关心租赁双方当事人之间的权利义务，而只是关心船舶归谁所有，由谁对个承担责任。船舶融资租赁与光船租赁虽然对第三人而言首并没有本质区别，但是因为两者分属两个法律调整，使其承担的对外责任有显著差别。

光船租赁由于实行登记制度，未经登记的不得对抗第三人，因而，光船租赁的对外责任应分为已登记对外责任和未登记对外责任。在已登记的条件下，由于光船租赁关系已登记于港务监督机关的船舶登记簿，该关系以登记方式公示于众，使第三人知晓这一关系的存在，即该船舶已经光租，船舶的使用、经营完全由承租人负责，依光租关系的特点，出租人对于租赁期内出现的风险及责任是不承担的。在这一点上，光船租赁与船舶融资租赁并没有区别。

在未登记条件下，光船租赁由于未向外界公示，第三人无法从外界得知光船租赁关系的存在，因而对第三人而言可视光船租赁合同不存在，当产生与第三人的纠纷时，租赁双方便不能以光租为由进行免责抗辩，船舶所有人可能会受到船舶碰撞对方当事人、运输关系中的托运人、收货人的起诉并承担责任。在海上运输法律关系中，光船租赁如未登记，则出租人实际上处于实际承运人的地位，当发生货物灭失、短少、迟延交付时，货主可以将出租人和承租人同时列为被告。在船舶碰撞等侵权法律关系中，由于不能以光租为由进行抗辩，根据物权法的理论，由物之所有人即船舶所有人承担侵权责任是自然而然的事。而船舶融资租赁合同便不存在这一问题，承租人租赁船舶后，无需公示便可以对抗第三人，出租人无论在什么情况下也不会对外承担所有人的责任。《合同法》第二百四十六条更是明确规定："承租人占有租赁物期间，租赁物造成第三人的人身伤害或财产损害的，出租人不承担责任。"从多法理解释将本释义为：在承租人占有租赁物期间，因租赁物本身或者设置保管、使用等致第三人损害时，出租人不承担责任，而由出卖人或承租人承担相应的民事责任。根据本条规定，不管是船舶本身的缺陷还是承租人驾驶或管理船舶的导致船舶碰撞、货物损失、货差、迟延交付等给第三人造成的损失，出租均不承担赔偿责任。

3.2　对第三人行使权利与海商法律规范不同

船舶融资租赁合同对外效力的另外一个影响是造成承租人与第三人就债权担

保权利义务严重不对等。由于船舶融资租赁合同无需登记便可对抗第三人，因此，当第三人的行为造成承租人财产或人身损害时，他可对第三人的财产直接行使债权担保的权利。在海上货物运输合同中，因承运人直接占有托运人或收货人的货物，当托运人或收货人应当向承租人（即承运人）支付的运费、滞期费、共同海损分摊、承租人支付的其他费用没有付清，又没有适当担保时，承租人便可依据《海商法》第八十七条的规定，向托运人或收货人行使留置权，留置其占有的货物。在船舶碰撞致损时，该损失符合《海事诉讼特别程序法》第二十一条规定的海事请求的条件，承租人可依该法第二十三条的规定，申请扣押对方的船舶，从而有效地行使海事请求保全权。但是，在同样条件下，第三人是否可以向船舶融资租赁中承租人承租的船舶行使权利呢？在海上货物运输合同中，当因承租人的过失导致货物灭失、损坏或者迟延交付而给托运人或收货人造成财产上的损害时，因托运人或收货人不对承租人承租的船舶享有占有权，因而不可能行使留置权，只可能求助海事请求保全权。当发生船舶碰撞时，受害方可以海事请求人的身份行使海事请求保全权。但是，托运人或收货人及船舶碰撞的受害方能有效地行使海事请求保全权吗？根据《海事诉讼特别程序法》的规定，申请扣押船舶应当具备以下条件：

（1）申请人具有海事请求；

（2）申请人请求的不是基于船舶所有权或者占有或具有船舶优先权的海事请求时，被申请人应对该海事请求负有责任，且是该船的光租承租人或者所有人；

（3）申请人不得因同一海事请求重复申请扣押已被扣押过的船舶；

（4）被申请扣押的船舶未被其他法院扣押。

从以上条件可以看出，托运人或收货人及船舶碰撞的受害方申请扣押承租人所租的船舶的请求属于海事请求。然而，被申请人即承租人却不符合上述第（2）项条件，也就是《海事诉讼特别程序法》第二十三条所规定的条件，因为他既不是船舶所有人也不是光船承租人。在这种情形上，承租人可以依据我国现行法律规定对海事请求权人提出的海事请求进行抗辩从而有效地保护自己，而第三人却对之无可奈何。另一方面，第三人在不能对承租人行使海事请求权时，可否转向对船舶出租人也即所有人行使权利呢？从以上分析可以看出，答案是否定的，因为根据《合同法》第二百四十六条的规定，船舶出租人对承租人的经营行为是不承担责任的，也就是说船舶所有人对海事请求不负责任，根据《海事诉讼特别程序法》第二十三条一款（一）项的规定，海事请求人是不能对船舶出租人行使权利的。对第三人而言，对融资船舶行使海事请求保全是行不通的。更要紧的是，在船舶融资租赁中，正是因为承租人没有经济能力才向他人“融资”的，在租得船舶后，除了所租船舶，往往就只剩几个管理人员和几张办公桌了。在产生纠纷乃至要承担赔偿责任时，他又用什么来进行还债呢？这真是欠债的无钱，有钱的不可能欠债。顺便提一下，法院也不能对融资租赁的船舶实施扣押、拍卖以清偿债务。看来，第三人要想使自己的权利得到有效的保护，只能寄希望于承租人的

"自觉履行"了。

4. 船舶融资租赁登记问题的弊端

《合同法》作为普通法律规范，其没有对船舶融资租赁作出特别规定，并不是其本身的缺陷和不足。不足的应是作为特别法的《海商法》及有关的行政法规的规定。这一不足使得船舶融资租赁合同在法律适用的结果上与相应的法律理论和司法实践不相一致，在应用上甚至会产生不良的后果。

4.1　与物权法公示原则的冲突。物权公示原则是物权变动制度的基本原则之一。公示原则的具体内容就是"要求物权的存在与变动必须以一定的形式公开出来，并能被特定当事人以外的第三人所知悉。否则，当事人将不能得到公示效力的保护"。物权作为一种对世权，其变动涉及的范围大，不公示不足以明确物权归属，不利于保护权利人。同时，物权的义务人是不特定的任何人，物权人与一切人之间都存在物权关系。因此，物权的变动，不仅仅是权利人个人的事，对社会公众来说，也都发生权利义务变动的后果，只有以公开方式将变动事实告知社会公众，才能使他人知道自己对何人负有物权法上的不作为义务，物权人才能对任何义务人主张物权。公示原则使存在于特定当事人之间的特权变动过程外化为一定物权形式为公众所知，有利于维护交易的安全。我们知道，物权可分为所有权和他物权，他物权又包括用益物权和担保物权。在船舶融资租赁中，出租人享有船舶的所有权，而承租人享有的就是用益物权。这一物权的取得是通过合约的形式完成的，根据公示原则的要求，应当通过公示而为外界所知晓，否则不发生对外效力。船舶虽然从性质上属于动产，但其是特殊的动产，我国现有的法律法规对其所有权的取得、变更、消灭均采用不动产上的登记制度，只不过在登记效力上另有特色，一般不动产采用的是登记生效主义，船舶等特殊动产采用的是登记对抗主义。目前的船舶融资租赁合同法律规范与物权变动登记制度不相符。

4.2　不利于法律规范的统一，加大了法律适用的难度。我国现行的船舶融资租赁的登记制度与其性质相同或类似的法律是不同的，表现在：(1) 与相同性质的民用航空器融资租赁的不同。《民用航空法》第三十三条明文规定："民用航空器的融资租赁和租赁期限为六个月以上的其他租赁，承租人当就其对民用航空器的占有权向国务院民用航空主管部门办理登记，未经登记的不得对抗第三人。"(2) 与类似性质的船舶光租的不同，前已论述。法律规范的不统一，使得在船舶融资租赁在法律适用上"合法的不合理，合理的不合法"。

4.3　不利于保护第三人的利益。如上所述，由于船舶融资租赁的出租人不对承租人经营行为和船舶给第三人的人身和财产损害承担责任，除因船舶本身的质量问题致人损害，受害人可对船舶出卖人行使请求权以外，第三人在受到人身和财产损害时，只能向承租人索赔且不能对承租人承租的船舶的申请财产保全和债务清偿。鉴于承租人履行能力有限，第三人的权利得以得到有效的保护。对第三人而言，在与船舶融资租赁合同中的承租人进行运输业务往来时，惟一能使自己不被"套牢"的防范措施是只有在签订运输合同前，查明对方是融资租赁还是光船租赁抑或是定期租船，当对方是融资租赁时，赶紧撤手走人。但做到这一点显然已超出了第三人通常业务能力的范围，也不利于促进航运事业的发展。

5. 完善船舶融资登记制度的建议

船舶融资租赁的登记问题无论从理论上还是实践中都已突现出来，随着这类纠纷的增多，这一问题将更加突出。目前应当在法律上予以解决。要做到这一点，笔者认为可从以下几个方面完善：

5.1 鉴于船舶融资租赁合同的特殊性，应仿效《民用航空法》的规定在《海商法》中第六章第三节后加入“船舶融资租赁合同”专节，对船舶融资租赁合同的界定、设立、三方当事人之间的权利义务、登记问题等予以明确规定。《民用航空法》对融资租赁的规定就是专门在第三章第四节第二十六条至三十三条里规定的。

5.2 即时修改《海事诉讼特别程序法》、《船舶登记条例》等法律法规，将船舶融资租赁纳入其调整的范围。在《船舶登记条例》发布时，船舶融资租赁尚未形成法律上的概念，当时未对其作出规定可以理解，但经过这几年航运实践的发展和理论探讨的深入，尤其是有了法律的调整后，《条例》的规定已显然不适应形势的需要，对其作出修改已在所难免。对融租船舶能否拍卖，根据《合同法》第二百四十二条“租赁物不属于破产财产”的规定的立法本意，应理解为不能拍卖。但是不能拍卖并不能推断为不能扣押。光租船舶一样不能被拍卖（通常情况下），但无论是最高人民法院《关于海事法院诉讼前扣押船舶的规定》还是《海事诉讼特别程序法》都规定可以扣押。因此，笔者认为，融租船舶是可以扣押的，《海事诉讼特别程序法》应将其纳入其调整范围。

5.3 在上述措施一时难以完成的情况下，可由最高人民法院作出司法解释，对船舶融资租赁中的租赁行为是否应予登记予以明确，以解决司法实践中的疑难和保护当事人的权益。

结束语

本文仅就我国目前国内船舶融资租赁中的登记问题进行分析。其实，船舶融资租赁合同中有许多问题需要探讨和解决。随着我国对外开放步伐的加快和加入WTO，国内航运市场的开放将成必然，涉外船舶融资行业势必有所发展。但我国目前尚没有独立的专门调整船舶融资租赁合同的法律规范。现有的法律规范难以适应船舶融资租赁合同的审判需要和航运实务的要求，因此，从根本上看，建立完整的船舶融资租赁法律制度已是当务之急。

参考文献：

[1] 傅旭梅主编：《中华人民共和国海商法诠释》，人民法院出版社 1995 年版。

[2]《海商法条文释义》，人民交通出版社 1993 年版。

[3] 查松：《融资租赁法》，人民法院出版社 1999 年版。

[4] 王轶：《租赁合同与融资租赁合同》，法律出版社 1999 年版。

[5] 陈安主编：《国际经济法论丛》第 1 卷，法律出版社 1998 年版。

论海上保险代位的若干问题

张　瑜

【内容简介】代位求偿是保险制度中的非常重要的一个内容，它是指在财产保险中，当保险标的物发生了保险责任范围内由第三者责任造成的损失，保险人向被保险人履行了损失赔偿的责任后，有权取得被保险人在该损失中向第三者责任方索赔的权利。代位求偿权的实质是债权转移制度，有着久远的历史，它在解决保险争议，平衡保险人和被保险人的利益关系、维护保险合同当事人各方的合法权益方面起着重要作用。在我国海上保险中，《中华人民共和国海商法》、《中华人民共和国保险法》是有关代位求偿最重要的法律渊源。保险法理论中，保险代位分为两种，即物上代位和权利代位。海上保险中的委付便属于物上代位，是海上保险中特有的制度。本文中笔者将从海上保险代位求偿与委付的异同及海上保险代位求偿权行使时存在的诉讼时效冲突等方面展开简单论述，并对有关法律法规的不足提出改进建议。

【关键词】海上　保险　问题

1. 海上保险中的代位求偿与委付

代位求偿是种债权转移制度，各国之所以在保险立法中承认代位求偿这种债权转移制度，是因为它独特的功能存在。补偿原则是财产保险合同弥补被保险人损失这一目的所决定的原则。但也正因为该项原则所限，被保险人所得赔偿不得超过其保险利益，不能因保险关系而取得额外收益。但在实践中，被保险人因他人的过错而遭致损失并获得保险公司的赔偿之后，如果仍允许其向导致损失的第三人索赔，则其所获必然超过保险利益，这就违背了保险的补偿原则。同时，如果被保险人获得保险公司的赔偿后却使有过错的第三人逃避他在法律上的赔偿责任，则显然有失公平。另外，保险财产受损后往往有残值，保险人依约支付全部赔偿金后，应取得该残值之所有权，否则，被保险人将获得这部分物资的双重权益。因此法律创设代位求偿这种制度。

关于代位求偿权，我国《海商法》第 252 条和《保险法》第 44 条等条款都有详细规定。关于海上保险中特有的委付制度，我国《海商法》第 249 条、第 250 条也有相关规定。但是，保险人基于委付而享有的对保险标的的任何残留物的权利，及行使该代位权的具体范围应如何界定以及其与代位求偿的关系等，我国海商法并未作出明确详尽的规定。笔者将从上述几点发表自己的意见。

保险人享有的代位权，可分为物上代位权与权利代位权。海上保险中保险人基于对保险标的的实际全损或部分损失进行赔付后产生代位追偿权，属于权利代位，是债权的法定转移。而海上保险中委付，则为物上代位的具体体现。

委付，是保险代位的一种特殊形式，是指被保险人在保险标的处于推定全损状态时，以书面形式提出申请表示愿意放弃对保险标的的权利，即被保险人单方面明确表示将其对保险标的的全部权利和利益抛弃，转让给保险人，并要求保险人按全损赔偿的行为。推定全损是海上保险中特有的对被保险人有利的制度。在此种情况下，保险标的物虽未达到全部损失的程度，但实际上与全部损失无异；或其修复费用将超过本身价值；或者确为全部损失又无法证明等等，被保险人为取得实际全损的全部保险金额的赔偿，就将其标的物的残余价值和标的物上所有的权利，转移给保险人。委付时，被保险人必须向保险人发出委付的通知，经保险人接受后才生效。保险人可先取得标的物的物权，然后赔付全部保险金额。保险人一旦接受了委付，就不得撤回，在享有对保险标的的权利的同时，还承担了从保险事故发生时起附在保险标的上的义务，如打捞沉船、清除油污等责任等。

委付的成立必须具有以下条件：

1.1　委付应以推定全损为条件。即保险标的物虽未达到全部损失程度，但实际上与全部损失无异；或其修复费用将超过保险标的物的权利转移给保险人。如果标的物确属全部灭失，即实际全损，就没有什么物权可以转移，保险人也应赔偿全部损失。

1.2　委付应就保险标的物的全部提出请求。这就是委付的不可分性。如一部分标的请求委付，一部分标的物不委付，容易引起争议。如果保险单上包括的标的物的种类繁多，而其中有一部分发生委付的原因可以与其他标的物分离独立，也可以就这一部分标的物实行委付。

1.3　委付具有单纯性，被保险人必须将保险标的的一切权利转移给保险人，并不得附加条件。被保险人提出委付的意思表示，然而又附上条件，必然使保险双方关系复杂。如船舶失踪，被保险人提出委付，然而又附上条件，要求日后船舶有着落时返还其船舶，并同时允诺返还他已领受的保险金。这样将影响保险人的权益，法律上是不允许的。

1.4　委付非单独行为，须经承诺方为有效。被保险人提出委付后，保险人可能承诺，也可以拒绝。保险人如拒绝委付，不影响被保险人的索赔权利。如保险人接受委付，委付即有效成立。保险人可从被保险人手中取得标的物的剩余部分及一切权利，被保险人即可从保险人手中取得全部保险金额的赔偿。

有些国家规定，委付为单独行为，一方意思表示即可发生法律效力。而我国则采取承诺有效的原则。

委付与代位追偿权都是一种权利的转移，但是二者却有本质的区别：委付是一种物权的代位权而代位追偿权是一种债权的代位权。实践中，常会出现委付与代位追偿权相混同的情况，并且对于二者的代位范围也存在颇多争议。

Leslie　J. Buglass 曾说："保险人在赔付全损时享有两种权利：一种是基于委付（Abandon）的对保险标的的任何残留物的权利；另一种是基于代位（Subrogation）的对第三人的权利。保险人并没有义务行使这些权利，因为有时不符合他们的利益。行使权利也要承担义务。但是，尽管是全损赔付，保险人如不行使所有权，一点也不影响其代位权。委付以后，如果被委付物的价值大于赔付给被保险人的数额，保险人仍然有权拥有所有的收益。另一方面，与委付相反，代位永远不能使保险人有权收回多于其给被保险人的赔付……”

Attorney—Gerneral v. Glen Line Ltd.（1930）的判决也反映了上述观点。该案中，一船在战争爆发时被德国政府捕获，保险人接受委付并赔付了全损，战争结束后船被退还给原船东（被保险人）。卖得的价款超过了保险人的赔付，但因财产权属保险人，因此卖得的价款归保险人。后来原船东又成功地从德国政府索要到一大笔补偿金，补偿其船舶营运损失。保险人认为按英国 MIA1906 第 79 条的规定，这笔钱应归其所有。法院认为，这笔钱不是补偿船的损失的，而是为了补偿船东船舶营运的合理利润的。因此判保险人败诉。

Lord Atkin 在判决中明确总结基于委付的权利与基于代位的权利之间的区别。他说本案中保险人“困惑的产生是因为没有辨清委付的法定权利与代位的权利。……需要指出的是，在委付的情况下，权利是基于有效的委付而存在；而在代位情况下，权利是基于赔付而产生的，但代位赋予保险人权利是：赔付 1 英镑后，最多只能收回 20 先令”。

从上述论述可以得出：保险人赔付全损后享有的权利是：（1）基于委付的对保险标的的权利，行使该权利的所得不受其赔付的限制，即使多于对被保险人的赔付，也归其所有；（2）基于对被保险人的赔付所享有的对第三人的代位权，这种权利的行使受其对被保险人的赔付范围的限制，超出其赔付的部分归被保险人所有。

但另有一种相反的观点，认为委付的结果是物权债权一并转移给保险人，及：在接受委付的情况下，保险表现的所有权与债权都转移归保险人所有，行使代位权从第三人那的索赔所得即使大于其对被保险人的赔付，也归保险人所有。这种观点的理论依据在于委付是一种物权债权的概括转移的意思表示，因此，保险人一旦接受委付，则所有权利包括对第三人的追偿所得，全归保险人。

笔者认为，该两种观点比较起来，第一种观点较为科学，而第二种观点显然混同了基于委付的对保险标的的权利和基于对被保险人的赔付而享有的对第三人的代位追偿权，同时也忽略了保险人代位索赔不能超过其赔付范围的基本原则。

委付，其含义是被保险人在保险标的处于推定全损状态时，单方明确表示将保险标的的所有全及由此而产生的一切权利于义务装让给保险人的行为。那么，在保险人按标的全损赔付给被保险人后，保险人除对债权的代位求偿外，还取得被保险人对保险标的的全部物权。保险人所取得的物上代位权，不受保险人所支付的保险赔偿的限制。而保险人所取得的对债权的代位权则必须受到其向被保险人支付的保险赔偿的限制。但在不足额保险的情况下例外，保险人也只能按保险金额与保险价值的比例取得对保险标的的部分物上权利。

从委付的含义可以看出，保险人接受委付并对被保险人进行赔付后，转移给保险人的不仅仅是对第三人的追偿权，还包括保险标的的所有权及由保险标的而产生的“一切权利与义务”。虽然保险人因行使对保险标的的权利而得到的收益会大于其所赔付给被保险人的金额，但这是基于被保险人放弃保险标的的全部权利和利益而将其全部转让给保险人的自愿行为而产生的后果，一旦保险人接受了委付并向被保险人进行了赔付，即获得了保险标的的所有权及所有权利、义务，也可以再用保险标的获得收益。因此，保险人基于委付而得到保险标的的所有权及相关权益后，保险人即成为保险标的的所有人，享有对保险标的的占有、使用、处分和收益的权利，行使这些权利的所得并不受其赔付的限制，即使多于被保险人的赔付，也归其所有。但与此同时，保险人基于对被保险人的赔付所享有的对第三人的代位权，这种权利的行使仍受其对被保险人的赔付范围的限制，超出其赔付部分归被保险人所有，否则将违背保险的补偿原则。因此，第二种观点将提出委付的意思表示视为物权、债权概括转移的意思表示，忽视了海上保险中独有的委付制度的特殊性，过于简化笼统，不利于平衡保险双方的利益，也有悖于民法中的公平原则。

由此可见，海上保险代位与委付虽有联系，但仍有诸多差别。在第三人的行为造成被保险标的推定全损的场合，代位与委付可以同时存在，而且，代位与委付可以同时进行，互不影响。但是，二者有如下区别：(1) 委付只适用于推定全损。代位适用于全损和部分损失。(2) 委付主要是被保险人的权利。作出委付通知是被保险人的权利，而是否接受则是保险人的权利。代位只是保险人的权利。(3) 被保险人在索赔当时作出委付通知，保险人在收到有效通知后合理时间内作出是否接受委付的决定，委付的生效取决于保险人的同意。代位权的取得以保险人向被保险人支付赔偿为前提。代位权是保险人的法定权利。(4) 委付是物权性权利，委付转让保险标的物的所有权及相关权利义务。代位则是债权性权利，代位获得的是向第三人索赔的权利。(5) 在权利代位中，保险人只享有被保险人应该享有的权利而不是承担义务，而在委付中，保险人在获得保险标的的残余物所有权的同时，必须承担因此而产生的一切义务 (6) 委付中，保险人可能获得大于其赔偿金额的利益。也就是说，即使保险标的残余物的价值大于保险人支付的赔偿，其超出部分也归保险人。因为被保险人已经放弃了对保险标的的所有权，保险人获得了对保险标的的任意处分权，并可取得因处置而产生的额外收益。所以保险人在处理标的物时所得的利益如超过其所赔金额，则也属于保险人所有，无须返还被保险人。而代位中，保险人只能获得相当于对被保险人的赔偿数额，如有超过部分，应退还被保险人。(7) 在委付中，保险人按全损赔付后，既取得对保险标的物的全部物权及相关权利，还获得对第三人的代位权。在代位中，则不能取得残余的保险标的物，而只能取得代位权。

2. 海上保险代位求偿权诉讼时效之冲突问题

诉讼时效是我国民事诉讼法律中的一个重要内容，由于保险给付请求与损害赔偿请求权中诉讼时效起算点不同、时效长短不同，因此，在行使代位请求权时，不可避免地会产生诉讼时效冲突问题。

比如，《海商法》第257条规定，就海上货物运输向承运人要求赔偿的请求权，时效期间为一年，自承运人交付或应当交付货物之日起计算。又如《海商法》第260条规定，海商拖航合同的请求权，时效期间为一年，自知道或应该知道权利被侵害之日起计算。而《海商法》第264条第二款却规定，海商保险赔偿的请求权，时效期间为两年，自保险事故发生之日起计算。

这样，当保险事故发生后，由于运输合同、拖航合同诉讼时效与保险合同诉讼时效不一致，而且海商法也没有象规定承运人向第三人追偿时效一样规定保险人的代位追偿时效，这很容易导致保险人向被保险人赔偿后向第三人追偿往往已超过了时效期间，这样就使保险人的代位求偿权得不到时效上的保证。尤其是涉外案件中，被保险人和承运人为外国当事人的情况时，其追偿时效的矛盾就更为突出。之所以如此，与其他民事权利相比，保险人行使代位求偿权的期间就有其特殊性。从保险事故发生到保险人向第三人追偿，有两个索赔阶段，一是被保险人向保险人索赔；二是保险人代位向第三人索赔。保险人向第三人索赔的前提条件是向被保险人作出赔偿。但有时保险人于被保险人就是否应予赔偿而发生纠纷，如果经过一审、二审后，保险人败诉，则保险人在赔偿被保险人后，被保险人对第三人的请求可能已过诉讼时效，这就会剥夺保险人的代位求偿权。因此当被保险人首先向保险人提起诉讼请求赔偿，而保险合同诉讼一时难以解决时，应当加重被保险人在保险诉讼期间所负有的向责任第三人索赔的义务，借此保护运输合同诉讼时效。否则，保险人可以援引《海商法》第253条的规定：被保险人……或者由于过失致使保险人不能行使追偿权利的，保险人可以相应扣减保险赔偿。因此被保险人必须在一年内向第三人提出赔偿请求。

既然海上保险代位求偿权与被保险人赔偿请求权之间存在诸多冲突，那么笔者认为应从以下几方面减少和避免这些冲突的发生：

首先，是完善立法。海商法作为一部专门法，对海上保险合同、海上货运合同等的诉讼时效期间均作出了较详尽、全面的规定，但惟独对保险人向第三人的代位追偿时效未作明确规定，这是实践中常见海上代位追偿权行使过程中常常发生诉讼时效冲突的根本原因。因此，笔者认为海商法应完善立法、填补法律漏洞，对争议较多、矛盾较多的海商保险中保险人代位求偿的诉讼时效期间作出明确规定，以避免冲突的发生。

其次，在合同签定阶段，无论是保险合同、运输合同或是其他合同，当事人双方均应努力使法律的相关规定在合同中的约定更加具体化，特别使双方的权利、义务、违约责任，尤其使对被保险人向保险人索赔阶段的时间应作出限制，防止理赔久拖不决。

同时，在保险理赔阶段，保险人、被保险人应在查清事故原因，判明责任范围为前提的情况下，认真按保险合同中的规定履行自己的义务，尽量缩短保险理赔的时间，避免错过向责任方追偿的时效期间。

3. 结　论

综上可知，关于代位求偿权的法律是海上保险法中最为重要和复杂的理论之一。虽然我国立法正日趋完善，但不可否认在保险代位求偿尤其是海商保险代位求偿方面仍存在立法缺陷，法律规定简单概括，并且缺乏详尽的司法解释。建议有关部门尽早修改有关代位求偿的法律法规并作出详细的司法解释，以完善立法，填补法律漏洞，进一步规范海上保险的法律制度。

提单中有关法律适用问题探讨

侯振坤

【内容提要】提单纠纷的法律适用问题，是海事审判中的难点问题。本文较为详细介绍了提单中首要条款、地区条款和法律选择条款的来源，论述了上述条款的效力和在海事审判中的作用，并针对实践中的具体问题提出了建议。

【关键词】提单　法律适用

国际贸易和运输合同冲突法中的“当事人意思自治”原则，是最具特色并被绝大多数国家法律所接受的原则。在提单法律适用中，最能体现这个原则的就是提单的有关法律适用的条款，即法律选择条款、首要条款和地区条款。由于在一些提单中同时存在上述一种条款，或其中的两种条款，一起提单纠纷案件就会涉及两个或两个以上国家的法律（包括公约）。正确认定上述三种条款的效力并进一步确定提单适用的准据法，是法院审理提单纠纷案必须解决的问题。虽然提单中的法律选择条款，首要条款和地区条款都是对提单法律适用问题作出的规定，但三者无论在法律性质上还是在选择法律的范围上都存在不同之处，因而对三者效力的认定上存在差别。

1. 提单的法律选择条款

1.1　提单法律选择条款的表现方式

提单中的法律选择条款（Choice of Clause），又叫法律适用条款，是指提单中指明该提单引起争议适用何国法律解决的条款。国际海上货物运输的国际性，决定了提单争议必然会涉及到多个国家（或地区）的法律。由于各国航运法律规定的不同，承运人为了能在本国诉讼并受到其所熟悉的或对其有利的本国法律的保护，几乎毫无例外地利用可以单方制定提单条款的优势，在其提单中规定法律选择条款。在提单中，法律选择条款常与管辖权条款合并为一个条款。如某船公司的提单规定：“与提单有关的争议，除提单中另有约定外，适用某国法律。有关提单的保管或运输的任何及一切诉讼，无论基于合同、侵权或其它，应该提交某国法院。”从法律意义上讲，法律适用与管辖权是两个性质截然不同的法律问题，这种合并的订立方式并不影响法律选择条款与管辖权条款的独立性。因此，如果法院对管辖权条款的否定，并不构成法律选择条款的当然无效。提单法律选择条款另一种表现形式是将租约中的法律选择条款（通常也是和管辖权条款一起）并入提单。将租约条款并入提单并对提单持有人产生约束力，是国际航运惯常做法，这种做法同样得到我国法律的明确肯定。我国《海商法》第95条规定：“对按照航次租船合同运输的货物签发的提单，提单持有人不是承租人的承运人与该提单持有人之间的权利、义务关系适用该航次租船合同条款。”这就是所谓的“并入条款。”一条简单的“并入条款”，能否视为已将租约中所有条款包括法律选择条款并入了提单，我国《海商法》没有详细规定。1978年的《汉堡规则》第22条仲裁第2款仅对仲裁条款并入提单作特别说明，即租约并入提单时必须专门指明租约中的仲裁条款亦并入提单，否则不能约束提单持有人。[1]参照此原则，我们认为租约中的法律选择条款也必须专门指明亦并入提单，才能产生对持有人的约束力。否则，即使在法律选择条款和管辖权条款合并订立而提单中仅明确管辖权条款并入而未包括法律选择条款的并入，法律选择条款亦不能当然认为是有效并入。

1.2　提单法律选择条款的性质和效力

当事人选择适用的法律，是各国均予以承认的一种准据法的选择方式。准据法是指法院地国冲突规范指引用来确定国际民事关系中当事人的权利义务关系的特定领域的实体法规范。[2]作为准据法，应该是实体法，而不是程序法和冲突法。通常认为，能成为准据法的实体法的范围是国内实体法，不包括国际统一实体法，即国际公约或国际惯例中规定的直接调整国际民事关系的实体法规范。也有学者认为，如果国际条约和国际惯例，在下列条件下，可以成为准据法：（1）当事人选择某一国际条约（即使是非缔约国当事人）或国际惯例作为调整他们权利义务关系的准据法；（2）如果冲突规范援用某一缔约国的国内实体法为准据法，而该国国内实体法无相应的规定，或其规定与其参加的国际条约相抵触，可以将缔约国参加的某一条约视同国内法作为准据法来适用；（3）有些国家法律规定，依冲突法规范的指引应适用内国法时，如果内国法律或参加的国际条约无此规定，也可以适用国际惯例。[3]如我国《民法通则》第142条第3款规定：“中华人民共和国法律和中华人民共和国缔结或参加的国际条约没有规定的，可以适用国际惯例。”笔者同意后者的观点。由此，我们可以归纳出法律选择条款如下特性：（1）合意性。即准据法的选择是当事人协商一致的结果；（2）强制性。当事人所选择的必须是国家赋予强制力的实体法，包括国内实体法、国际公约和国际惯例。这里的国内实体法是指涉及到纠纷领域的所有实体法，而不特指某一具体法规。

提单法律选择条款虽然是承运人事先印好的格式条款，但提单是应托运人的要求而签发的，应视为是双方当事人意思自治，协商一致的结果。当提单转让到包括收货人在内的提单持有人手中时，其是否具有同等效力，有不同看法：我国有的学者认为，一旦提单已背书转让给第三人或交给收货人，提单则成为承运人与第三者之间的合同。如果承运人希望将其与托运人约定的管辖权条款和法律选择条款引入与第三人的合同中，对不了解条款的第三人是不公平的，法院应否认其效力。事实上，当提单转让到包括收货人在内的提单持有人手中时，其与承运人之间并不是出现了一个新的默示合同，而是原合同相对性的扩张。对此我国《海商法》第78条第一款明确规定：“承运人同受货人、提单持有人之间的权利、义务关系，依据提单的规定确定。”这说明收货人或提单持有人，依据提单取得诉权的同时，也要受提单中有关管辖和法律选择条款的约束。世界上主要海运国家也都有相同的规定。[4]我们同意这种观点。判断提单法律选择条款中选择的法律能否作为准据法还必须注意以下问题：

1.2.1　当事人选择的法律是否必须与合同或当事人之间有一定的客观上的联系。对此有不同看法，有的学者认为当事人在选择法律时，必须有一种合理的根据，而这种根据，主要表现为当事人或合同与所选择法律之间有着重要联系，即或合同在那里缔结、履行，或合同的标的位于该地；或当事人的住所、居所、国籍（或船籍）、营业地在该地，否则会被认为无效。虽然我国《民法通则》和《合同法》及《海商法》对当事人选择的法律范围没有限制，只有在当事人未明确选择法律或其选择的法律无效的情况下才要求采用最密切联系原则。但这种限制能防止当事人规避与运输合同有密切联系的法律之强制性的规定。[5]我们认为，提单当事人所选择的法律是基于“意思自治”原则下订立的，双方当事人自愿设立一条法律适用条款，以解决可能产生的纠纷，这对当事人来说无论是约束其自觉地履行合同，还是对违反合同所应承担的法律后果的预见性都会起到积极的作用。特别是海上运输法律，各国的发展并不平衡，当事人自愿选择一个海上运输法律体系较为完善的国家的法律作为解决争议的准据法，有利于保护交易的稳定和安全。法院如果以当事人所选法律与当事人之间无客观联系为由否定法律选择条款的效力，明显有违“当事人意志自治”这一国际私法原则。再则，提单的性质决定了提单在流转过程中，提单持有人是不确定的，提单中所选择的法律很可能与提单最终利害关系人没有任何客观联系，如果认定法律选择条款无效，在提单中选择适用法律将失去意义。也正因为如此，我国的法律未限制当事人选择适用法律的范围。

1.2.2　当事人选择的法律不得排除适用与合同有着重要联系的国家的强制性法律规定。例如美国1936年《海上货物运输法》规定进出美国港口的海上运输合同，必须适用该法。[6]不允许当事人通过法律选择条款来排除其适用。再如我国《合同法》第126条第2款规定：“在中华人民共和国境内履行的中外合资经营企业合同，中外合作经营企业合同、中外合作勘探开发自然资源合同，适用中华人民共和国法律。”这三种合同中约定适用他国法律的法律选择条款在我国是无效的。我国《海商法》第四章对进出口我国的提单运输未明确规定必须适用我国的法律，但第四章（7、8两节除外）有关内容具有强制性。这种强制性是指适用该法相关规定解释合同条款时，合同（提单）条款与该法规定相违背的无效，而不是指当事人选择的法律与该法相冲突而否定此选择。如我国《海商法》规定承运人必须凭正本提单才能交付货物，记名提单也不例外。而美国有关法律规定，在提单中没有载明要求凭正本提单交付货物的合同条款，且托运人也没有指示承运人不要放货情况下，承运人可以将货物交付给记名提单的收货人。[7]如果提单纠纷选择的美国法，我们不能以美国法的规定与我国法律规定相冲突而否定这种法律选择。因此我国《海商法》第四章有关内容的强制性只有通过当事人的选择或依我国的冲突规范使我国《海商法》成为提单准据法时，才能体现出来。

1.2.3　当事人选择法律不得违反一国的公共秩序（public order）或法律的基本原则（basicprinciples of law）。这是一项各国法院普遍适用的原则——公共秩序保留原则。我国《民法通则》第150条和《海商法》第276条均规定："适用外国法律或者国际惯例的，不得违背中华人民共和国的社会公共利益。"至于什么是"公共秩序"，世界各国尚无统一的定义，其含义不仅因国而异，而且对同一个国家来说，不同的时期也有不同的内容。在我国通常解释为法院地国的重大利益、基本政策、道德的基本观点和法律的基本原则所形成的法律秩序。我们在实践中要灵活运用，但绝不能滥用此权利。

满足上述条件或不违反上述限制条件的法律选择条款，我们应当确认其效力。另外，当事人在法院开庭以前协商放弃或变更所选择的法律，我们亦应允许。但所变更选择的法律不能影响合同的形式效力或合同第三人的利益，否则无效。放弃原来选择的，视为未选择，应根据我国《海商法》第269条的规定，以最密切联系的法律作为提单的准据法。

2. 提单首要条款和地区条款

与提单法律选择条款相类似，很多远洋货物运输提单上有首要条款和地区条款，对于这二种条款的性质和效力以及与法律选择条款的关系，是司法界长期争论的问题。提单首要条款（Paramount Clause）是指提单中指明该提单当事人的某些权利和义务受某一国际公约或某个国家的某一特定法规制约的条款。地区条款（Local Clause）是根据某些国家国内立法适用范围的强制性规定，在提单中指明从事运往和（或）运出该国家港口的货物运输时必须适用该国内法规的条款，最常见的是美国地区条款。

2.1　首要条款、地区条款的产生

提单中首要条款和地区条款的出现主要是基于提单公约和提单公约缔结国国内立法对当事人意思自治原则的影响和限制。迄今为止，三个提单公约已生效实施，提单公约的普及使它们几乎成了提单项下国际海上货物运输的"世界法"。这些公约各自的适用性都有强制的规定。如影响最大的《海牙规则》第10条规定："本公约各项规定，适用于在任何缔约国所签发的一切提单。"因此，只要某一提单的签发地在某一缔约国内，提单就受《海牙规则》的制约。由于《海牙规则》的规定对承运人比较有利，即使非缔约国的船东，也在自己的提单中订有"承运人的权利和义务、责任与豁免等适用《海牙规则》的条款"。这就是提单的首要条款。

作为公约缔约国，在使公约生效实施的方法上，主要有两种：一是使公约直接成为有效的法律——直接适用法；二是使公约成为国内立法的一部分而起作用——间接适用法。采用第二种方法的国家，在二次立法中，往往根据本国的情况，对其法律范围作出不同于公约本身规定的适用范围的强制性规定。最典型的是美国 1936 年的《海上货物运输法》（COGSA）第 13 条规定，该法适用于对外贸易中进出美国港口的海上运输。[8]于是在经营美国航线的班轮运输时，都不得不在提单中加入一条专门适用美国 COCSA 的规定，这就是所谓的“地区条款”。

2.2　首要条款、地区条款的性质和效力

在首要条款中，当事人仅选择适用提单的某一公约或某国法律的一部分。通常规定提单受《海牙规则》制约。在地区条款中，当事人强调适用的也是某个国家法律中的某一具体法规。关于此类条款的性质，实践中有人认为是属于当然的法律选择条款。如 1995 年广州海事法院审理的万宝集团广州菲达电器厂诉美国总统轮船公司无单放货案，认为：“本案所涉提单首要条款约定，因本提单而产生的争议适用美国《1936 年海上货物运输法》或 1924 年《海牙规则》。该约定没有违反中国法律，应确认其效力。”[9]这种观点值得怀疑。以英国法院为例，分两种情况处理：如果提单中无专门的法律选择条款，则英国是《海牙规则》和《海牙—维斯比规则》的缔约国，首要条款表达了当事人默示选择以英国法律作为合同准据法的意图。根据英国法的规定，首要条款的内容没有违反英国法，承认其效力。如果提单中已另行约定了适用的法律，则首要条款表明当事人意图将条款中的法规“并入”合同，使之成为合同的一部分条款。[10]笔者认为，我国法院也应把首要条款规定的内容视为提单条款的组成部分，不能当然肯定其有同法律选择条款相同的地位和效力。即把提单首要条款所指明的法律或公约的规定作为确定当事人权利义务关系的实质性条款，在判断其效力时，亦应分两种情况：一是如果提单的法律选择条款有效，且能查明该准据法的内容，只要首要条款不与该准据法的强制性规定相抵触，应承认首要条款的所有规定对当事人具有约束力，但不能作为处理纠纷所适用的法律加以引用；否则，首要条款无效，不予适用。二是如果提单中无明示的法律选择条款（我国法律不承认默示选择法律），或者法律选择条款不符合前文所述的要求而无效，或者因选择的内容无法查明而不能适用时。我们应先分别具体情况，根据我国的冲突规范，确定或以法院地法，或以其它最密切联系地法作为提单准据法。然后再依据确定的准据法决定首要条款的效力。当我国的《海商法》被确定为该提单的准据法时，该提单的所有条款，包括首要条款，须符合我国《海商法》的规定。以提单首要条款通常指明的海上运输的国际条约为例，我国不是提单公约的缔约国，虽然加入了《汉堡规则》，但至今未生效，所以有关提单的三个国际公约在我国都不具有法律效力。我国《海商法》第四章吸收了《海牙—维斯比规则》和《汉堡规则》较为合理和成熟的内容，具有较强的涉外性，充分尊重“当事人意思自治”原则，但也作出了一些限制。《海商法》第 44 条规定：“海上货物运输合同和作为合同凭证的提单或者其他运输单证中的条款，违反本章规定的，无效。此类条款的无效，不影响该合同和提单或者其他运输单证中其他条款的效力。将货物的保险利益转让给承运人的条款或者类似条款，无效。”第 45 条规定：“本法第四十四条的规定不影响承运人在本章规定的承运人责任和义务之外，增加其责任和义务。”也就是

浅析内河海难救助

潘绍龙

【内容提要】随着内河航运经济的不断发展，涉及内河海难救助方面的问题也显得愈发突出，主要表现在以下几个方面：其一，海难救助与打捞之间的关系；其二，不同救助形式下的不同法律后果；其三，救助方与被救助方在救助过程中的权利义务；其四，救助报酬的支付及确定原则。多年来，这些问题一直困惑着与航运经济相关的各个方面。作者根据自己对救助行为的理解，并结合具体的法律规定，比较系统地对上述问题进行了阐述，希望对海难救助的法律规定的完善有所帮助。

【关键词】海难救助　权利义务　救助报酬

沿海及远洋船舶运输中的海难救助问题，不管是国内立法还是国际公约、国际惯例，对于救助方和被救助方的权利义务都规定得较为详细具体，所以，在涉及救助方面的纠纷时，都能找到调整各方权利义务关系的法律依据。但是，在我国内河，由于立法的严重滞后，现阶段调整海难救助纠纷中各方权利义务关系的法律或者行政规范几近是空白。现存立法上的不足，不仅不能有效地鼓励对遇难船舶的积极救助，并且对于救助过程中产生的以及救助后产生的一些纠纷不能依据一个有效的法律规范进行准确地调整，使产生的矛盾不能得到及时、公正的解决。在此，本人结合办案实践谈谈自己的一些看法。

1. 内河海难救助的概念及种类

内河海难救助是指海损事故造成船舶、水上设施、货物或者人身处于逐步扩大的危险中，有救助能力的公民、法人或者其他组织借助船舶、水上设施或者其他有效工具基于道义或者与遇险当事人协商或者在水上行政主管部门的指派下，为了避免或者减少遇险当事人的事故损失所进行的施救行为。

海难救助按照被救助对象的不同，可分为对财产的救助和对人身的救助两种。对财产的救助是指对遇难船舶的船体、船载货物及船舶工属具的救助。对于这类救助，救助方可以依据救助的效果向被救助人主张救助报酬。

对人身的救助是指因海损事故，使船员、旅客或者其他与海损事故有关的人员的人身处于危险之中，为避免人身死亡或者受到伤害所采取的救助措施。对人身的救助，不管救助行为是否有效果，救助方不得向被救助人主张报酬。海难救助按采取救助措施的原因来划分，可分为自愿救助、协议救助和强制救助三种。

自愿救助是指海难事故发生后，救助方基于道义对遇难船舶或者人身实施具体的救助行为。这种救助方式在内河海难救助中较为常见。自愿救助的最大优点是快速、及时，缺点是救助方和被救助方的权利义务关系不明确，救助行为结束后容易产生纠纷。有救助能力的公民、法人或者其他组织，若没有积极地对遇难船舶或者人员进行救助，从我国现有的立法来看，其不应该承担法律责任，但应该受到社会道德的谴责。

协议救助是指被救助方与救助方在签订了救助协议后，双方依协议的约定所采取的海难救助行为。这种救助行为在海上较为普遍，但在内河运用得不是很多。协议救助的优点是救助方和被救助方的权利义务都依协议约定，可以在一定程度上弥补立法上的不足。协议双方若未按照救助协议的约定全面地履行义务，则应该承担相应的法律责任。

强制救助是指基于内河行政机关的行政命令而进行的救助行为。最近几年，随着内河行政执法日臻完善，这种救助方式越来越多。内河行政机关强制要求公民、法人或者其他组织对遇难船舶或者人员进行救助，首先是基于国家有义务保护公民、法人或者其他组织的财产和人身免受损害，其次，险情进一步扩大，将可能造成社会公共利益的危害，例如，对遇险船舶不进行积极地救助，有可能造成环境污染或者航道的堵塞等。强制救助的最大优点在于通过行政命令，能够动用一切有救助能力的公民、法人或者其他组织积极进行救助，防止事故损失和社会公共利益危害的进行一步扩大。但是，法律并没有规定，救助方在救助过程中遇到的风险是由被救助方承担还是由内河行政机关承担。这方面的矛盾在海难救助实务中已经出现。有救助能力的公民、法人或者其他组织若拒不按行政机关的命令履行救助义务，则应承担相应的行政责任。

2. 海难救助的构成

根据海难救助的特点及海难救助实务，我们认为，只有具备下述五个条件，才能构成法律意义上的海难救助：

2.1　船舶、水上设施、货物或者人身处于危险之中。这种危险应该是海损事故所直接引起，包括业已存在的危险和不可避免的即将出现的危险。海损事故有责任海损事故和非责任海损事故之分。船舶、水上设施、货物或者人身所处的危险不应是凝滞的，而应是变化的，亦即这种危险会随着时间的推移肯定会出现或者在现有的基础上进一步加重，若不进行及时、有效的救助，这种变化着的危险将会造成事故损失的进一步扩大。此外，船舶、水上设施、货物或者人身所面临的危险应该是客观存在的，并且是不可避免的。主观臆断下的危险，不能构成救助意义上的危险。

2.2　船舶、水上设施、货物的控制人或者遇难者本人已全部或者部分丧失了自救能力。海难事故发生后，船舶、水上设施、货物及遇难者本人，单就自身的能力，已不能进行有效的自救，只有借助外来力量的帮助，才能脱离危险。以一般的船舶驾驶知识和航运知识就能够清楚地判断出遇险方具有自救能力，但仍实施救助行为的，我们认为不够成海难救助。虽有自救能力，但以一般的船舶驾驶知识和航运知识不能清楚地判断出遇险方是否有自救能力，进而实施了救助行为的，可以认为构成海难救助。

2.3　其他船舶、水上设施或者单位和个人基于自愿、协商或者行政主管部门的指派进行救助。海难救助必须基于上述三种情况，出于遇险方的胁迫或者其他原因而实施的救助行为，不构成海难救助。

2.4　采取救助行为的目的在于使遇险船舶、水上设施、货物或者人身脱离危险或者减少危险。救助方采取救助行为前，必须出于良好的动机，并且针对遇险船舶、水上设施、货物或者人身所处的具体危险状况，从防止或者减少危险的目的出发，制订妥善的施救措施。救助行为本身是一种存在巨大风险的行为，救助方只要尽其所能，采取了所能采取的救助行为，即使没有达到预期的救助效果，该行为本身都应得到社会的鼓励。

2.5　救助人必须具备救助能力。救助行为的风险性是客观存在的，所以，救助人在采取救助行为前必须作出正确的判断，以确定在不危及本身安全的情况下，是否能够进行有效的救助。在确定有能力进行救助的情况下，必须制订尽可能周密的救助计划，在救助过程中谨小慎为，运用最为妥当、最为安全、最为有效的措施实施救助行为。以避免救助不能或者措施不当的情况下，造成被救助方损失的扩大或者救助方本身的损失。

3. 海难救助的性质

海难救助的法律性质在内河现有的法律规定和法律理论上都没有一个明确的定位。救助行为的实施过程中，有提供劳务的特点，但其结果却与劳务合同不同；有无因管理的性质，却又无无因管理之实。所以，根据海难救助的特点，正确判断其性质，对于鼓励海难救助以及正确处理海难救助纠纷是大有裨益的。

3.1　救助行为的法律性。不管是什么方式的救助行为，只要实施了该行为，则在救助方与被救助方之间形成了救助法律关系。双方都可在法律规定的范围内主张权利，承担义务。例如，依自愿进行救助的，在取得救助效果的情况下，救助方有权要求被救助方支付救助报酬。救助方因自身原因在救助过程中造成自身损失的，被救助方不承担赔偿责任。因被救助方的故意隐瞒行为造成救助方损失的，被救助方应对救助方的损失承担赔偿责任。

3.2　实施救助行为的条件性。只有在具备救助能力的条件下，救助方才能实施具体的救助行为。除了行政主管部门指定的救助以外，救助行为应该是出于救助方的自愿或者与被救助方的协商。行政主管部门在指定其他船舶、水上设施或者单位和个人实施救助行为时，应该充分考虑救助方的救助能力，不得在救助方不具备救助能力的情况下，强制要求救助方进行救助。

3.3　获得报酬的条件性。基于自愿和在行政主管部门指派下救助的情况，怎样收取救助报酬以及收取多少救助报酬，内河现有的法律、法规都没有明确、具体的规定。海上及沿海是依照《海商法》中“无效果无报酬”这一原则来确定是否支付救助报酬的，但是对于具体的报酬数额却没有明确的规定。所谓无效果无报酬，是指救助方在实施救助行为以后，并没有避免或者减少被救助方的损失，因而不得向被救助方主张救助报酬，反之，救助方有权向被救助方主张救助报酬。我们认为，在内河对救助报酬没有明确规定的情况下，也可以参照这一原则。因为这一原则与权利和义务对等原则是一致的。救助方在付出救助劳动，并为被救助方创造了价值的情况下，有权利要求得到报酬。至于通过协商进行的救助，救助方可以根据协议内容向被救助方主张报酬。

3.4　权利和义务在一定条件下的不对等性。权利和义务不对等性在自愿救助和在行政主管部门指定的救助中最为明显，主要表现在三个方面：其一，救助方即使付出了救助劳动，但没有取得救助效果，其无权向被救助方主张报酬。其二，救助方在救助过程中因自身的原因造成自身损失的，该部分损失应由自己承担。其三，因救助方的故意行为或者明显过失造成被救助方财产损失扩大的，对于扩大部分的损失，救助方应承担赔偿责任。

4. 救助方的权利和义务

4.1　基于自愿救助和在行政主管部门指定下进行的救助，救助方的权利主要有下述几个方面：

(1) 获得救助报酬的权利。在取得实际的救助效果以后，救助方有权要求被救助方支付救助报酬。被救助方拒绝支付救助报酬时，救助方有权向法院起诉。

(2) 要求被救助方提供被救助船舶、水上设施或者货物的技术资料的权利。提供被救助财产的技术资料，是救助方正确实施救助行为的保证，只有基于对被救助财产全面、清楚的了解，才能保证救助措施的安全性和有效性。

(3) 留置被救助财产的权利。救助方所实施的救助行为取得效果后，有权要求被救助方支付救助报酬，在被救助方拒绝支付救助报酬的情况下，可以对被救助财产行使留置权。但是留置财产的价值应与救助报酬相当。在一定时间内被救助方仍不支付救助报酬，救助人可以对救助的财产进行拍卖或者变卖，以取得的价款抵偿救助报酬。

(4) 拒绝救助的权利。在被救助方提出救助请求或者行政主管部门要求提供救助的情况下，救助方有权根据自身的情况，作出实施救助或者拒绝救助的选择。救助方认为自身不具有救助能力，可以拒绝采取救助行为。基于救助协议而产生的救助行为，救助方除了享有上述权利外，还可以在救助协议中作详细的约定。但是协议的内容必须是双方的真实意思表示，不得有趁人之危或者胁迫的情况出现。

4.2　救助方的义务主要表现在以下两个方面：

(1) 运用良好的救助技术进行救助。救助方在实施救助行为前，应该制订周密的救助方案，在救助过程中，必须运用良好的技术和设备进行救助。不得在条件不具备或者情况不了解的情况下，盲目实施救助行为。如果因救助方在救助过程中的明显疏忽或者故意行为造成被救助方损失扩大的，对于扩大的这部分损失，救助方应该承担赔偿责任。如果因救助方自身的原因造成自身损失的，该损失应由自己承担。

(2) 服从行政主管部门指挥的义务。救助方在有救助能力的情况下，应该服从行政主管部门的指派，积极对被救助方进行救助。如果救助方在具有救助能力的情况下拒绝实施救助行为，根据相关的行政规范，应该承担行政责任。

5. 被救助方的权利和义务

5.1 被救助方的权利主要表现在以下两个方面：

（1）有权拒绝救助。被救助方根据遇险财产的具体情况，以及自身的救助能力，可以同意或者拒绝公民、法人或者其他组织的救助行为。一般情况下，被救助方不得拒绝救助方善意的救助行为，但被救助方自身具备自救能力的情况除外。

（2）在救助没有效果的情况下，有权拒绝支付救助报酬。即使救助人实施了具体的救助行为，在该行为未取得避免或者减少被救助方损失的情况下，被救助方有权拒绝向救助方支付救助报酬。

5.2 被救助方的义务主要有以下几个方面：

（1）提供被救助船舶、水上设施技术资料的义务。这一义务是救助行为成功的保证之一，因被救助方拒绝履行这一义务或者履行该义务不全面，以至导致救助失败或者造成救助方的损失的，被救助方除了对救助失败承担责任外，还应对救助方的损失承担赔偿责任。

（2）协助救助方进行救助的义务。被救助人在具在一定自救能力的情况下，应该全力协助救助方实施救助行为。如果因被救助方未尽到协助义务，进而造成救助方损失的，被救助方同样应该承担赔偿责任。

（3）向救助方支付救助报酬的义务。在救助方实施的具体救助行为取得了挽救或者减少被救助方损失的情况下，被救助方应该及时向救助方支付救助报酬。

6. 确定救助报酬应该遵循的原则

6.1 对人命的救助，不得主张救助报酬

一般的民事法律和内河行政规范对人命的救助是否应该收取救助报酬问题都没有规定。这一欠缺导致许多海难救助中的矛盾不能得到及时、有效的解决。但是，海上人命救助是否应该索取救助报酬问题，《中华人民共和国海商法》却作了明确的规定。该法第179规定："救助方对遇险的船舶和其他财产的救助，取得效果的，有权获得救助报酬。"从该条规定看，救助方向被救助方要求救助报酬，只限于对船舶和财产的救助，而将对人命的救助排除在外。许多国家的法律和相关的国际惯例对于人命的救助的报酬问题，也明确规定救助方不得要求被救助方支付救助报酬。这主要是基于人命的最高价值及人类的道德要求所考虑。我们认为，对人命的救助不得要求支付报酬这一原则，应为内河海难救助所借用。因为这样能最大程度地弘扬道德规范，防止金钱价值凌驾于道德价值之上。

6.2 确定救助报酬的标准

救助报酬问题，除了海商法有一个较为原则的规定外，国内其他法律和法规都没有明确的规定。《海商法》第180条第2款规定："救助报酬不得超过船舶和其他财产的获救价值。"获救船舶和其他财产的获救价值是指船舶和其他财产获救后的估价价值或者实际出卖后的收入，扣除正常支出的税费、保管费、估价费和拍卖费等费用后的剩余价值。这一原则与国际惯例是一致的。我们认为，基于我国内河海难救助报酬没有一个明确标准的情况下，我们不妨援用这一原则。因为这一原则的实施，能在最大限度上兼顾救助双方的合法权益，并且能在最大范围上与双方的权利义务保持一致。但是在确定具体的救助报酬时，我们应充分考虑以下几个因素：首先，船舶和其他财产的获救的总价值。这是衡量救助效果的一个主要方面，获救报酬应与获救财产的总价值成正比。其次，救助过程的危险程度。救助过程的危险程度越高，获得的救助报酬就应该越高。第三，救助方所用的救助时间、为救助所支出的正常费用和在实施救助过程中所遭受的损失。由于救助方在救助过程中因自身的原因造成自己损失的，应由自己承担，所以，救助人在取得救助效果的情况下，其为被救助人的利益所作出的牺牲当然应成为取得救助报酬的一个重要参考因素。第四，其他因素。如救助的及时性、全面性等。

浅议《海事诉讼特别程序法》诉前保全之不足与完善

潘绍龙

【内容提要】 诉前保全是诉讼法学的一个重要课题，而对于海事司法实践来说，诉前保全显得犹为重要。本文从法律条文与实践差距的视角切入，对我国《海事诉讼特别程序法》有关保全的问题进行了一定的探讨。文章首先阐述了担保提交给海事法院与提交给海事请求人的区别，澄清了人们对这两者之间的模糊认识，并在此基础上分析了海诉法关于当事人起诉期限的漏洞与现实困惑。在剖析了现存的各种观点后，文章大胆提出了对相关法律条文进行修改的意见。以期对海诉法的完善起到一定的参考作用。

【关键词】 海事诉讼特别程序法　诉前保全　担保返还

《中华人民共和国海事诉讼特别程序法》（以下称海诉法）颁布后，对于诉讼前的财产保全问题，较之《中华人民共和国民事诉讼法》更全面更具体，在实际操作中也更加简便易行，为有效保护当事人的合法权益起到了不可低估的作用。但是其中我们也发现有些规定过于原则，在具体操作中歧义较大。在此，笔者就下述问题作以下阐述，以求与各位同仁商榷。

问题一：被申请人的担保交给海事法院和提交给申请人之不同

海诉法第74条规定："海事请求人的担保应当提交给海事法院；被请求人的担保可以提交海事法院，也可以提供给海事请求人。"

海事请求人申请诉前保全的目的在于实现其通过诉讼或仲裁形式所确定的债权。但是由于诉前保全是在诉讼程序和仲裁程序之前进行的，海事请求人的债权是否客观存在或者是否能够得到法律的支持，都是不确定的。所以，海事请求权人申请诉前保全这一法律行为本身就存在着不可预见的风险，因为若其申请诉前保全错误，就会给被请求人造成经济损失，海事请求人应该就该部分经济损失承担赔偿责任。法律规定海事请求人的担保应当提交给海事法院，其目的在于防止被请求人因申请人的保全错误所造成的损失能够得到有效的赔偿。这种规定虽是一种防范措施，但也是公平原则在诉前保全中的充分体现。

至于被请求权人的担保的交付方式，海诉法虽然规定"可以提交给海事法院，也可以提供给海事请求人"，但是结合海事担保的法律性质及审判实践，我们认为，海诉法的上述规定显得过于原则，不利于解决审判实践中出现的一些特殊情况和问题。其一，模糊了提交给海事法院的担保与提交给海事请求人的担保两者之间存在的差异；其二，不利于保护海事请求人的合法权益，也违背海事请求人申请诉前保全的初衷。从形式上看，担保提交给海事法院和提交给海事请求权人都是海事法院诉前应请求人的申请扣押被请求人船舶这一法律强制力的结果，并且目的都在于实现海事请求权人的债权。但是，两者之间在法律性质、担保范围和实现海事请求权人的债权方式上的差异是显而易见的。

其一，法律性质不同。

诉前保全的目的是通过法律强制力，扣押被请求人的船舶，并藉此责令被请求人提供符合法律规定的担保，以保证海事请求人预期的债权能够得以顺利实现。虽然不管担保是提交给海事法院，还是直接提交给海事请求人都是海事法院实施扣押船舶行为的直接法律后果，但是，两者的目的明显不同。被请求人的担保提交给海事法院，目的在于换取对被扣押船舶的解除，担保的提供并不意味保全的终结，而是以保函或其他形式的担保方式使保全得以延续。在被申请人向海事法院提供合法有效的担保后，海事法院依职权应当及时解除对被申请人的船舶的扣押。而被申请人将担保提交给申请人，目的在于对有可能承担的民事赔偿责任进行保证，通过保证人的承诺，使请求人的预期债权能够得以实现。虽然就被请求人单方愿望而言，有通过提供担保以换取被扣押船舶的解除这一目的，但是，担保的提供并不会必然导致被扣押船舶的及时解除。因为法律没有规定，海事请求人接受被请求人提供的担保后，海事法院应该及时解除对船舶的扣押。笔者认为，这种情况下能使被扣押的船舶得以解除的首要条件是请求人向海事法院申请撤回诉前保全申请。

被请求人提供给海事法院的担保，自始至终受到法律强制力的全面、有效的限制，担保人的资格、担保的内容以及担保的效力等都不以海事请求人、被请求人和担保人的主观意志为转移。海事法院应该对担保的审查负有严格的责任。但是，被请求人提供给海事请求人并为海事请求人所接受的担保则无需海事法院进行严格的审查，担保人的资格、担保的内容以及担保的效力等，是海事请求人与担保人共同意思表示的直接结果。担保能否实现海事请求人预期的目的，风险不是由海事法院承担，而是由申请人自行承担。

其二，担保内容不同。

所谓担保内容是指担保人通过担保函的形式，向海事请求人承诺对海事请求人的相关债权予以赔付的保证。海诉法第 12 条规定："海事请求保全是指海事法院根据海事请求权人的申请，为保障其海事请求权的实现，对被请求人的财产所采取的强制措施。"第 19 条规定："海事保全执行后，有关海事纠纷未进入诉讼或者仲裁程序的，当事人就该海事请求，可以向采取海事请求保全的海事法院或者其他有管辖权的海事法院提起诉讼，但当事人之间订有诉讼管辖协议或者仲裁协议的除外。"从上述规定可以看出，海事请求保全与海事诉讼和海事仲裁从非法律意义上讲是"手段"和"目的"的关系，即通过诉前保全换取担保这一"手段"，以达到最终实现生效的判决和仲裁文书所确定的债权这一"目的"。所以，被申请人提供给海事法院的担保，只是对通过诉讼程序和仲裁程序确定的债权承担保证责任，而对于其他非诉讼或者非仲裁程序确定的债权则不承担保证责任。

但是，被请求人提交给海事请求人的担保，是担保人与海事请求人之间基于请求人与被请求人之间债权、债务关系而形成的一种担保关系，这种关系的确立，是建立在担保人和海事请求人意思自治的基础之上。所以，其约定的担保内容并不受法律规定的约束，担保人与海事请求人之间既可约定担保是对生效的诉讼文书或仲裁文书确定的债权的保证，也可以约定是对其他形式确定的债权的保证，如海事请求人与被请求人通过非诉讼或非仲裁程序确定的赔款协议等。海事司法实务中，保证人提供给请求人的担保，大多都包含这方面的内容。

其三，实现债权的方式不同。

海事请求人与被请求人之间的债权、债务关系，通过生效的裁判文书确定后，在被请求人怠于履行债务或者无能力履行债务的情况下，根据最高人民法院的相关规定，海事法院可以直接裁定保证人在保证范围内承担履行债务的责任，以实现海事请求人的债权。而被请求人交付给海事请求人的担保，在被申请人怠于履行债务或无能力履行债务的情况下，海事法院是不能通过直接裁定要求保证人在保证范围内履行赔偿责任的。因为：第一，这种担保形式从严格意义上讲更趋向于一般民事担保的性质，海事请求人实现债权的途径必须依据担保法规定的相关程序才能得以实现，而不能运用法律的强制力，由海事法院通过裁定直接要求保证人履行债务后得以实现；第二，即使海事法院通过裁定强制要求保证人履行赔付义务，实现债权的可能性也是不可预料的，因为担保人的保证资格、保证内容以及担保函的法律效力，海事法院并无权加以控制。

其四，法律后果不同。

被请求人向海事法院提交有效的担保后，首先导致被扣押船舶的解除，其次，保证法院或仲裁机构后期生效的裁判文书所确定的债权能够得以顺利实现。上述法律事实的实现，不以海事请求人或其他案外人的意志而发生变化，是海事法院直接运用法律强制力的结果。而担保提交给海事请求人则不一定会产生上述法律事实。因为对被扣押船舶的解除只有三种情况：第一，海事请求人向海事法院申请解除对船舶扣押；第二，被请求人已向海事法院提供合格的担保，法院依职权解除对船舶的扣押；第三，海事请求人未在法律规定的期限内向海事法院提起诉讼或者向仲裁机构申请仲裁。在担保提交给海事请求人的情况下，由于不存在海事法院对担保审查的情况，因而也不存在海事法院依职权解除对船舶的扣押这种情况。那么海事请求人接受了由被请求人提供的担保，是否必然导致被扣押船舶的解除呢？不一定。因为法律没有规定海事请求人接受了被请求人的担保后海事法院应当依职权主动解除对船舶的扣押，也没有规定海事请求人在接受被申请人的担保后，应该无条件地申请海事法院解除对船舶的扣押。这种情况下，针对船舶的扣押是否能够解除只可能出现两种结果：第一，海事请求人接受担保后，申请解除对船舶的扣押；第二，海事请求人接受担保后，不申请海事法院解除对船舶的扣押。

从上述差异中我们可以看出，被请求人的担保提交给海事法院与提交给海事请求人，是不能简单地等同看待的。两者差异的结果最终表现在海事请求人的债权能否得到顺利实现以及被请求人的被扣押船舶能否得到解除这一风险上。可以看出，被请求人将担保提交给海事法院，不管是对海事请求人还是被请求人而言，上述风险要小得多，而被请求人将担保提交给海事请求人，上述风险则要大得多。不管从海事请求人申请诉前保全的目的而言，还是就被请求人提供担保的目的而言，这都是不能够轻易回避的严重问题。但是，非常遗憾的是，海诉法并没有对两者之间的差异及可能产生的法律风险进行严格的区分，其直接的后果必然导致当事人在现有的法律规定面前无所适从，不能作出正确的选择，进而造成合法权益不能得到法律的有效保护。

问题二：返还担保及延长起诉期限之特殊情况

海诉法第 18 条第 2 款规定："海事请求人在本法规定的期限内，未提起诉讼或者未按照仲裁协议申请仲裁的，海事法院应当及时解除保全或者返还担保。"第 28 条第 1 款规定："海事请求保全扣押船舶的期限为 30 日。"

上述法律规定有下述两个方面的含义：一，海事请求权人申请海事法院诉前对船舶进行扣押后必须在 30 日内提起诉讼或者申请仲裁。在此期限内提起诉讼有可能产生两个法律后果：首先为诉前保全自动转为诉讼保全；其次为海事请求人可以申请海事法院对扣押船舶进行拍卖。二，海事请求权人若未在 30 内提起诉讼或者申请仲裁，海事法院应当及时解除对船舶的扣押或者返还担保。

我们认为法律之所以作出上述规定，目的不外乎两个：其一，通过法律的强制力，促使当事人之间的海事纠纷最终通过诉讼或者仲裁程序解决。其二，防止海事请求权人滥用海事请求权，造成被请求人因船舶的扣押而导致的损失。海事请求权人申请扣押被请求人的船舶，一般都是基于被请求人不法侵害其合法权益，但是，并不能排除有些海事请求人通过申请海事法院扣押船舶这一法律手段，要挟被请求人，以图达到其他目的。所以法律在海事请求权人申请扣押船舶后，强制要求海事请求权人必须在规定的期限内提起诉讼或者申请仲裁，这样既可公正、有效地保护海事请求权人的合法权益，也避免了被请求人的合法权益受到不法侵害。

但是，通过对法律规定的字面理解及在司法实践中所遇到的一些特殊情况，我们认为上述规定存在以下不足：

其一，规定不明确。

从海诉法第 18 条的语言逻辑上看，海事请求人未在法律规定的期限内起诉或申请仲裁，承担解除保全或者返还担保义务的是海事法院。但是这种情况只有被请求人所有的船舶在法院扣押下或提供的担保在法院控制下才能得以实现。如果被请求人提供的担保交付给海事请求人，而海事请求人既没有向海事法院申请解除对船舶的扣押，也没有在法律规定的期限内及时起诉或申请仲裁，那么，海事请求人是否应该返还担保呢？如果应该返还，又应该采用什么样的方式实现担保的返还呢？法律在这个非常敏感的问题上并没有明确、具体的规定，其结果直接导致在审判实践中出现多种不同的观点。一种观点认为，被请求人可以向海事法院提出申请，要求海事法院及时解除对船舶的扣押或者要求海事法院责令海事请求人返还担保。理由是被请求人提供担保的首要目的是换取对被扣押船舶的解除，其次是保证通过诉讼或仲裁所确定的债权能够得以实现。在海事请求人未按法律规定的期限起诉或申请仲裁后，该担保已失去存在的法律依据。在法定期限内起诉或申请仲裁是海事请求人的法定义务，根据公平原则，海事请求人在未履行法定义务的情况下，以海事请求人履行法定义务为前提而提交给请求人的担保就不应该继续为海事请求人所持有。另一种观点认为，海事法院不能依职权强制要求海事请求人返还担保，被请求人也不能申请海事法院强制海事请求人返还担保。理由是提供给海事请求人的担保与提交给海事法院的担保在性质上存在较大的差异，不是担保人通过法律的强制力对海事请求人的一种保证，而是担保人对海事请求人因海事侵权所形成的债务的一种直接保证，担保人与海事请求人之间通过担保函的交付，已形成一种担保法意义上的保证关系。而这种保证关系的约束力应该一直延续到海事请求人的民事权益得到全部实现时止。

我们认为第一种观点不尽正确。其一，法律并没有规定海事请求人未在法律规定的期限内起诉或申请仲裁的情况下，被请求人可以向海事法院提出申请，要求海事请求人及时返还担保；其二，如果担保函的内容除了对诉讼或者仲裁文书确定的债权进行保证以外，还包括对当事人之间通过协商确定的债权进行保证，这种情况下海事法院若通过裁定的形式要求海事请求人返还担保，无异于在一定程度上剥夺了海事请求人实现债权的权利。

我们认为第二种观点是正确的。因为既然提供给海事请求人的担保是海事请求人与担保人之间意思自治的结果，更趋向于一般意义上的民事担保，那么，在担保人所保证的债权没有得到明确或者在明确以后没有得到实现以前，在海事请求人不存在其他违法行为的情况下，法律无权主动加以干涉。

其二，排除了司法实践中客观存在的一些特殊情况。

担保提供给海事法院，则不管是请求人、被请求人还是担保人，其诉讼权利和其他相关权利的行使，必须符合法律要求。法律规定，在对船舶进行扣押或者被请求人以提供担保的形式换取船舶的扣押后，海事请求人若没有在法律规定的30天内起诉或申请仲裁，海事法院可以依职权解除对船舶的扣押或者将担保人提供的担保予以返还。从法律规定看，海事法院解除对船舶的扣押或者返还担保是不附任何条件的，亦即不管担保是提交给海事法院还是提交给海事请求人，也不管担保的内容是怎样承诺的，即使海事请求人与被请求人有直接或间接表示延长30日的起诉期限也不在考虑之列。

但是，出现下述情况，海事请求人的起诉期限及担保的返还是否还应该受法律规定的约束呢？

一、担保提供给海事法院，在规定的30天起诉期限届满以前，被请求人主动要求海事请求人进行庭外和解；

二、担保提供给海事请求人，而海事请求人未在法律规定的30天内提起诉讼或申请仲裁；

三、担保的内容明确注明是对法院的裁判文书、仲裁机构的仲裁文书或者当事人之间的协议所确定的债权的保证。

针对第一种情况，笔者认为，在扣船期限届满以前，有证据证明被请求人主动要求海事请求人进行庭外和解的，则海事请求人的起诉期限不应受30日起诉期限的限制。因为规定起诉期限的目的主要在于限制海事请求人滥用海事请求权，被请求人主动提出庭外和解，从一定意义上讲，意味着因被请求人的过失造成海事请求人损失的认同，也在一定程度上意味着海事请求人申请诉前保全的目的并没有违反法律的相关规定。再则，当事人之间达成调解协议的期限并不受起诉期限的限制，有可能在起诉期限内达成调解协议，也有可能在起诉期限内达不成调解协议。另外，海事请求人在申请诉前保全的同时，也向海事法院提交了符合法律规定的担保，足以弥补因延长起诉期限可能给被请求人带来的损失。最后，也可以避免被请求人虚假的和解意思表示，造成海事请求人起诉期限的丧失。所以，在这种情况下，海事法院不应该因海事请求人未在法律规定的30日内起诉或申请仲裁而解除对船舶的扣押或者返还被请求人提供的担保。但是，海事请求人和被请求人必须将双方自愿协商的意思表示告知海事法院，并征得海事法院的同意。如果海事请求人和被请求人未将双方要求和解的意思表示及时告知海事法院，海事法院应当及时解除对船舶的扣押或者返还担保。

针对第二种情况，既然提供给请求人的担保从内容上看是海事请求人与被请求人意思自治的结果，更具有民事意义上的担保性质，那么，海事请求人与被请求人、担保人之间的权利义务关系应该由担保函的内容及担保法的相关规定进行调整。如果担保函的内容没有明确海事请求人未在法律规定的期限内起诉或申请仲裁，则海事请求人应该返还担保，那么海事请求人无须承担返还担保的义务。

第三种情况的结果则较为明了，海事请求人申请保全的目的在于实现裁判文书和仲裁文书确定的债权，而当事人之间协议确定的债权虽然与裁判文书和仲裁文书都是因同一法律关系形成的债权，但是由于这种形式的债权是海事请求人与被请求人在没有海事法院干涉的情况下意思自治的结果，并且不能直接依靠法律的强制力得以实现，因而，担保人对当事人自行协商确定的债权的担保与对生效的诉讼文书和仲裁文书确定的债权的担保在性质上完全不同，并且其对海事请求人、被请求人和担保的拘束力一直延伸到民事纠纷得以解决时为止。所以，对协商形成的债权的担保不应受海诉法有关返还担保的规定的限制，亦即海事请求人未在法律规定的期限内起诉，也不应返还担保。

弥补不足的设想及意义

由于海诉法关于诉前保全中存在上述问题，所以，我们认为在制定海诉法的实施意见时，应作一定的修改。

一、“担保提交给海事请求人的，由此产生的法律后果，应该由海事请求人自行承担。海事请求人与担保人之间的权利、义务关系由担保函的内容和担保法进行调整。”

二、“担保提交给海事法院，而海事请求人未在法律规定的30日内起诉或者申请仲裁，并且没有其他可以延长起诉或申请仲裁期限的法定事由的，海事法院应当及时将担保返还给担保人；担保提交给海事请求人，而海事请求人未在30日内起诉或者申请仲裁的，涉及诉讼或者仲裁内容的担保自动失效。”

三、“海事请求人接受被请求人提供的担保后，应该及时申请海事法院解除对船舶的扣押。”

四、“担保提交给海事法院，在海事请求人的债权明确以后，被请求人无力或怠于履行生效的诉讼文书或者仲裁文书确定的义务的情况下，海事法院可以直接执行担保人的财产以实现海事请求人的债权；担保提交给海事请求人，在被请求人无力或怠于履行生效的诉讼文书、仲裁文书或者双方通过自由协商确定的义务的情况下，海事请求人应该根据担保法的相关规定主张自己的权利。”

作上述修改，我们认为有如下意义：

首先，能够在最大程度上尊重当事人的意思自治。海事请求人申请海事法院诉前保全的目的，为的是为了保证其可期待债权的能够得到顺利实现。被请求人的担保提交给海事法院，担保人的资格、担保的内容、担保的效力以及实现海事请求人债权的方式等问题都在法律的强制力下能够得到全面、直接的保证。但是，担保提交给海事法院只是保证实现海事请求人债权的其中一种方式，对于将担保提交给海事请求人，也是实现海事请求人债权的另外一种方式，虽然这种方式较之前一种方式来说在程序上和操作上复杂得多，实现债权的风险也大得多，但是，在海事请求人自愿的情况下，海事法院不应该主动干涉。

其次，有利于保证法律的严肃性和灵活性。担保提交给海事法院和提交给海事请求人是海事请求人与被请求人意思自治的结果。法律的严肃性更多体现在海事法院对保全过程中的诸多因素的实际控制，在这种情况下，担保人的资格、担保的内容、担保的效力及实现海事请求人债权的方式等，都必须在法律的严格规定的程序下进行。法律的灵活性则体现在海事请求人和被请求人的意思自治在与法律不存在根本冲突的情况下，法律充许当事人自由作出选择。这种选择既包括当事人之间有关担保的提交问题，也包括当事人相互默认延长起诉期限或者延长申请仲裁期限等问题。当然选择过程中的风险应由当事人自行承担。

第三，有效保护海事请求人和被请求人及担保人的合法权益。海事诉前保全过程中，海事请求人与被请求人的权利、义务是对等的，亦即相互之间的权利义务是相互制约的。一方当事人怠于履行相应的法律义务，则意味着其必然丧失相应的法律权利，而对于相对一方当事人来说，则获得相对应的权利。海诉法中的有关当事人之间的权利和义务的界定过于模糊，只有作出较为详细的规定，才能保证当事人准确地承担义务、享受权利。

第四，便于当事人及海事法院对有关条文的准确理解和操作。海诉法对担保提交给海事法院与提交给海事请求人之间的差异、担保的返还及起诉和仲裁期限的延长等问题都规定得过于原则。以致在实务中，造成许多的疑惑。如果作出上述修改，实务中存在的矛盾也就不复存在了。这样，一方面可减少当事人的诉累，另一方面也可以在最大程度下提高海事法院的办案效率，保证案件审理的公正性。

浅析事故调查报告的效力

潘绍龙　汪　琼

【内容提要】在海事处理实务中，对于事故后海事主管机关依职权作出的事故调查报告的法律效力争议非常之大：其一，该报告是否具有法律约束力；其二，若对报告结论不服是否能够提起行政诉讼；其三，报告在海事诉讼中的作用。作者结合具体的海事案件的处理，对上述问题进行了一定的阐述，希望通过不断的研究和探索，使上述问题能够得以明了，更好地为水上航运经济的发展提供有效的法律服务。

【关键词】事故调查报告　行政诉讼

海事处理实务中，对港监机关在事故后出具的事故调查报告的效力问题争议较大，主要集中在事故调查报告的性质、事故调查报告在事故处理中的作用及事故调查报告在海事诉讼中的地位等。在此，笔者结合对相关法律规定的理解及多年的办案实践，谈谈自己的一些肤浅认识，希求起到抛砖引玉的作用。

1. 事故调查报告的内容

事故调查报告的内容，是指在事故调查报告中必须陈述清楚的主要事实和港监机关对事故性质、事故责任的认定情况。相关的行政规范对事故调查报告的内容都有着严格的要求，但由于具体的海事纠纷客观上存在不同以及事故调查人员和事故调查报告撰写人员主观上存在的差异，因而实务中的海事调查报告并非千篇一律。我们认为，一份严谨的事故调查报告应该包含下述几个方面的内容：

1.1　船舶、设施的概况和主要技术数据；

1.2　船舶、设施所有人或经营人的姓名、地址、邮政编码和通讯方式等；

1.3　事故的基本情况，包括事故发生的时间、地点和当时的气象、航道状况以及事故经过、事故损害程度等；

1.4　造成海损事故的原因；

1.5　对事故责任进行分析和判断；

1.6　对事故责任进行认定；

1.7　提出加强管理和改进管理措施的建议等。

2. 事故调查报告的性质

事故调查报告的性质是指事故调查报告所具有的属性，是事故调查报告与港监机关出具的其他形式的文件的不同特征。正确认识事故调查报告的性质，对于明确事故调查报告的法律效力和地位，有着重要的意义。我们认为，事故调查报告具有以下性质：

2.1行政性。《中华人民共和国内河交通事故调查处理规则》第19条规定：

"主管机关应当依据事故的调查材料，分析事故原因，明确当事方的责任，提出加强安全管理和事故预防的建议，并编写事故调查报告。"所以，港监机关在事故后编写事故调查报告是其本身的一种行政行为，是其行政权利和行政义务的具体表现，不受其他机关、单位和组织的干涉和影响。

2.2 单一性。事故调查报告是港监机关单方行使行政职权的结果，是港监机关单方意思的直接表现，不以其他公民、法人和组织的意志为转移。

2.3 间接性。事故调查报告是一种能间接引起法律后果的行政行为，其本身并不对事故当事人产生直接的法律约束力。但是，事故调查报告中认定的事实却是港监机关作出行政处罚、制订相关行政规章等其他具体行政行为的有效依据。

2.4 意识性。事故调查报告是港监机关在调查、收集的海事证据的基础上，对事故经过、事故原因和事故责任的分析和判断，因而它是港监机关工作人员智力活动的结果。由于意识因人而异，针对同一客观事实，不同的人分析判断结果也会存在差异。所以，单就事故调查报告本身来说，不具有证据的特征，因而不能成为海事法院审理船舶碰撞事故的直接证据使用。

2.5 公开性。港监机关在事故调查报告编写完毕后，应当报送上级港监机关，并抄送事故当事人和有关单位和部门。只有将事故调查报告认定的事故事实予以公开，才能使海损事故当事人和其他单位、个人从事故中汲取教训，改善工作方法，最大限度地减少海损事故发生的可能性，也才能使港监机关从事故中发现船舶安全管理工作中存在的缺陷，进一步完善船舶安全管理制度。

3. 事故调查报告的作用

从相关行政规范的规定及在海事处理实务中的运用，我们认为事故调查报告的作用主要表现在以下几个方面：

3.1 分析事故原因。事故调查报告的编写是在海损事故调查完毕后进行的，这时，与海损事故相关的主要证据已基本收集完成。港监机关依据已收集的证据材料，对造成海损事故的原因进行分析判断，确定造成事故的真正原因所在，并对事故各方在事故中存在的过失及过失大小予以列明。

3.2 划分事故责任。港监机关根据已查明的事故原因及事故各方在事故中的过失大小，确定各方在事故中的责任。事故责任主要分全部责任、主要责任、对等责任和次要责任四种。一般情况下，事故调查报告中对事故责任的正确划分，是事故当事人承担民事赔偿责任的依据。

3.3 提出整改措施。港监机关的主要职能之一就是在事故处理过程中，通过事故原因的查明、事故责任的划分，发现事故当事人在船舶航行、船舶安全管理以及港监机关在履行行政职权过程中存在的不足，进而提出加强管理、改进管理方法等一系列的合理建议，以杜绝在以后的船舶航行中发生同类的事故。从保证船舶航行安全上讲，整改措施的提出，是事故调查报告的核心所在。

3.4 是海事法院审理船舶海损事故的有力参考。事故调查报告是港监机关依法行使行政职权的结果，虽然海事法院在审理海损事故纠纷案件时不能直接援引事故调查报告中的结论认定事故原因、事故责任，但是海事法院可以参考事故调查报告的结论，进而有效地正确查明事故真相。

既然事故调查报告在船舶航行安全、水上安全管理和海事审判中有着重要的作用，所以，港监机关在编写事故报告时，要本着客观公正的原则，保证报告内容的准确和严谨。

4. 事故调查报告对海事案件审理的影响

怎样看待事故调查报告的效力，在海事案件的审理中争议很大。一种观点认为，海事法院在审理海事纠纷时，可以直接援引事故调查报告中的事故经过、事故原因和事故责任的结论，来认定案件事实和判明事故责任。这种观点在地方法院、各航运企业的安全管理人员和部分法律工作者中较为普遍。持这种观点的理由主要在于：(1) 事故调查报告是港监机关行政行为的结果，所以该结果应该有普遍的约束力；(2) 港监机关是水上交通安全的主管机关，能保证事故结论的准确性。另一种观点认为，港监机关的事故调查报告不能作为法院审理海事案件的直接依据，但可以作为认定事实的参考。持这种观点的多见于海事法院具体从事海事案件审理的审判人员以及部分法律工作者。

我们认为第二种观点是正确的：

其一，事故调查报告不是海损事故中的事故证据。事故调查报告是在调查、收集海损事故证据的基础上作出的，是对全部证据进行综合分析、判断的结果，其本身并不是海损事故中的客观事实。《中华人民共和国民事诉讼法》第 7 条规定："人民法院审理民事案件，必须以事实为根据，以法律为准绳。"所以，海事法院在审理海事纠纷案件时，可以有条件地引用港监机关调查、收集的有效证据作为法院认定事实、判明责任的依据，但是，由于事故调查报告本身不具有海损事故证据的效力，因而不得直接引用。

其二，事故调查报告不具有具体的行政约束力。具有行政约束力的行政行为一经作出，不仅对行政相对人，也对其他单位、组织和个人产生法律约束力，这种约束力只有经过行政复议程序或者行政诉讼程序才能得以变更或者撤销。事故调查报告虽是港监机关依行政职权而产生，但是，其内容主要是针对具体的海损事故发生的原因、事故责任等事故要素所作出的分析和判断，并没有对事故的责任人或者其他单位、组织和个人科以行政责任或者限制相关民事权利。事故调查报告中虽然涉及加强安全管理和事故预防的建议，但这些建议同样不具有行政约束力的内容。所以，单从内容来看，事故调查报告并不具有行政约束力。

其三，事故调查报告中以事故损失和事故责任的认定依据，决定了事故调查报告不能作为海事法院审理海事纠纷案件的直接证据。港监机关在事故中调查、收集的证据范围与海事法院调查、收集证据的范围几乎是一致的，但是事故损失的认定及事故责任的认定上却有不同的标准。例如，关于船舶碰撞损失，港监机关根据交通部的有关文件规定，船舶碰撞的间接损失不能列入事故总损，但海事法院却依据有关法律规定和最高人民法院的司法解释，将间接损失归于事故总损的范围。所以，事故调查报告中认定的海损事故损失肯定不能作为海事法院认定事故损失的有效证据。再如，海事法院在审理案件时严格根据《中华人民共和国民法通则》中的过错原则确定事故当事人在事故中的责任，而港监机关在相当一部分特殊海损事故中却引用相应的行政规范作为划分事故责任的标准。对于这些特殊的海损事故，若用过错责任原则来划分事故当事人之间的事故责任，会得出一个结果，而用行政规范来划分事故当事人之间的事故责任，又会得出另一个结果，有时，两种结果甚至是完全相反的。因而，事故调查报告中的事故责任认定同样不能作为海事法院认定事故责任的有效证据。

在海事审判实践中，海事法院在经过庭审后认定的事故结论与港监机关编写的事故调查报告的结论差异较大的案例非常普遍。这种结果并不是说明海事法院审理海事案件要比港监机关对事故的处理意见要高明，而是内河立法不完善、不统一在事故处理中的集中体现。这是一种不正常的现象，不仅有损法律的严肃性，并且在一定程度上使事故当事人对法律的适用问题产生迷茫。这种矛盾应该引起立法机关和行政机关的重视。

5. **事故调查报告的不可诉性**

最近几年，人们对港监机关作出的事故调查报告，在当事人不服的情况下，是否可以直接提起行政诉讼的争议越来越多。大多数观点认为，事故调查报告是针对具体海事纠纷的具体行政行为，在事故当事人对事故调查报告的结论不服的情况下，可以向海事法院提起行政诉讼。有些地方法院和海事法院已经受理了这类案件。另一种观点认为，事故当事人对事故调查报告的结论不服，不能提起行政诉讼。我们同意后一种意见。理由主要基于下述几个方面：

首先，前面我们已述及事故调查报告不具有行政约束力，其认定的内容对事故当事人的权利和义务并不产生实际的影响。虽然事故调查报告对事故经过、事故原因和事故责任等事故因素进行了分析认定，但并没有对事故当事人科以任何具体的行政义务，也没有限制其他单位、组织和个人的权利。而可以提起行政诉讼的行政行为，必须是对行政相对人的权利和义务加以限制或者对行政相对人以外的其他单位、组织和个人产生不利影响的行为。很明显，事故调查报告不具有可诉行政行为的特点。

其次，最高人民法院曾就交通事故责任认定行为的可诉性问题作出过司法解释。1992年12月1日，法发［1992］39号《最高人民法院、公安部关于处理道路交通事故案件有关问题的通知》第4条规定："当事人仅就公安机关作出的道路交通事故责任认定和伤残认定不服，向人民法院提起行政诉讼或民事诉讼的，人民法院不予受理。"最高人民法院与公安部联合发布的通知，具有司法解释的效力，对各级法院审理案件具有约束力。我们认为，公安机关对道路交通事故所作的责任认定与港监机关对海损事故所作出的事故调查报告中涉及的相应内容有共同的性质。因而，事故当事人对事故调查报告不服向法院提起行政诉讼，是没有法律依据的。

另外，港监机关对事故调查报告的编写虽然是其行政权力和行政义务的体现，但更多是其行政义务的体现。港监机关进行行政管理的目的在于维护航运秩序、保证船舶的航行安全，而实现这一目的的方式主要有两个方面：其一是行政义务的体现，即通过对具体事故的调查和分析，以便从中总结经验汲取教训；其二是行政权力的体现，即通过对具体事故的调查和分析，对事故责任人科以行政处罚，以告诫其他船舶单位和船员不得再犯同类过失。可以看出，事故调查报告是港监机关进行行政处罚的依据和前提。最后，从事故调查报告的性质及对相关当事人产生的影响，可以看出，事故调查报告只是港监机关的一种内部行政行为，是港监机关完善和加强行政管理的一项法定义务。而根据行政诉讼法的规定，内部行政行为是不能提起行政诉讼的。

第三编

案例实务研究

一、获奖裁判文书

中华人民共和国武汉海事法院

民事判决书

（1999）武海法宁商字第 80 号

原告中国·江苏省轻工业品进出口集团股份有限公司，住所地中国江苏省南京市建邺路 100 号。

法定代表人杨元福，董事长。

委托代理人张　霆，中国·南京金达律师事务所律师，系特别授权代理。

委托代理人周艳婷，江苏省轻工业品进出口集团股份有限公司职员，系一般授权代理。

被告中国·江苏环球国际货运有限公司，住所地中国江苏省南京市长江路 99 号长江贸易大厦 12A 层 7 座。

法定代表人许　刚，总经理。

委托代理人谢洪雁，女，江苏环球国际货运有限公司职员，系一般授权代理。

委托代理人郭春风，中国·山东海师律师事务所律师，系特别授权代理。

被告美国·博联国际有限公司（BRILLIANT INTERNATIONAL CORP. U·S·A），住所地美国纽约第五大街 350 号帝国大厦 4205 室。（EMPIRE STATE BUILDING，SUITE 4205 350 FIFTH AVENUE，NEW YORk，NY 10118，U·S·A）

法定代表人李乐民（LEMIN LI），董事长。

委托代理人郭春风，中国·山东海师律师事务所律师，系特别授权代理。

原告中国·江苏省轻工业品进出口集团股份有限公司（下简称江苏轻工）因与被告中国·江苏环球国际货运有限公司（下简称江苏环球）、被告美国·博联国际有限公司（下简称美国博联）海上货物运输合同纠纷，于 1999 年 7 月 30 日起诉至本院。本案所涉提单签发地、运输始发地以及被告江苏环球住所地均在中华人民共和国南京，本院以合同履行地及被告住所地取得管辖权。同年 8 月 10 日，本院立案受理后，依法组成合议庭，由许泽民担任审判长并承办，代理审判员王建新、人民陪审员李旭海参加合议，第二次开庭时变更李旭海为代理审判员张琳参加合议。同日，本院依法向原告江苏轻工送达受理案件通知书，8月17日，向被告江苏环球送达了应诉法律文书，9月3日，通过被告江苏环球联系，被告美国博联法定代表人李乐民到本院南京法庭签收了应诉法律文书。本案已于1999年12月21日、2001年10月29日进行了两次公开开庭审理，原告江苏轻工委托代理人张霆、周艳婷，被告江苏环球委托代理人谢洪雁、郭春风，被告美国博联委托代理人郭春风到庭参加了诉讼。本案现已审理终结。

原告江苏轻工诉称，1998年7月至12月期间，原告委托被告江苏环球出运一批箱包产品，共4票，目的港为美国迈阿密，货物总价150542.75美元。同年8月9日、9月26日、10月6日、12月18日，江苏环球以被告美国博联的名义向原告签发了四套正本记名提单。提单记载托运人均为原告江苏轻工，收货人均为美国·M/S中国（美国）公司［M/S. CHINA（U·S·A）INC.］（下简称M/S公司）。货物出运后，两被告没有收回正本提单将货物交给记名收货人，造成原告无法收回货款。诉请判令两被告连带赔偿原告的经济损失150542.75美元（折合人民币1249504.83元）及相应利息损失。

原告江苏轻工为支持其主张，庭审时提交如下证据：

1. 运编号为522109－98、522168－98、522123－98、522136－98四票货物的托运明细单、报关单、装箱单和商业发票。证明货物托运人为江苏轻工，货物价值共计150542.75美元。

江苏环球、美国博联认为报关单上的结汇方式是D/P，与海关存档的报关单上的结汇方式D/A不符，商业发票的金额除运编号为522136－98货物属实外，其他三票货物均与收货人M/S公司披露的金额不一致。美国博联陈述将提供有关证据证实。

合议庭认为该证据中有关结汇方式和货物价值应待美国博联提供证据后，再进行认证，对该证据的其他内容予以认定。

2. 由江苏环球代美国博联签发的四票货物的正本提单（每票三份）。证明四票货物的托运人为江苏轻工，收货人和通知人均为M/S公司，江苏轻工为四票货物的正本提单合法持有人。

3. 由江苏环球开具给江苏轻工四票货物有关代理费用发票。证明江苏环球已收取代理费用，实际受托运输该四票货物。

江苏环球、美国博联对四票货物的正本提单和有关代理费用发票的真实性不持异议。

合议庭认为上述两份证据双方当事人均无异议，应予以认定，并确认美国博联为四票货物的提单承运人，江苏环球为江苏轻工的货运代理人，也是美国博联的签发提单代理人，江苏轻工为四票货物的正本提单合法持有人，M/S公司为提单记名收货人。

4. 1999年3月10日至同年6月30日，江苏轻工与江苏环球、美国博联的往来传真件共15份。证明江苏轻工已要求保全货物，两被告知道原告有保全货物的愿望，仍采用欺骗的手段，隐瞒货物已被收货人提取的事实，使原告以为货物在其控制之下。

江苏环球、美国博联对上述往来传真件真实性没有异议，但认为其不能证明江苏轻工在放货前，向美国博联提出过保全货物要求，也不存在江苏环球、美国博联欺骗江苏轻工。

合议庭对双方上述往来传真件，认定可作为确定案件事实的证据使用。

被告江苏环球辩称，江苏环球是依法登记的国际货运公司，在原告江苏轻工的四票货物运输业务中，江苏环球系美国博联的揽货与签发提单代理人。原告江苏轻工提供的证据2、证据3，即四份正本提单和代理费发票可以认定上述事实。因此，被告江苏环球依法不应承担其经济损失，诉请判令驳回原告江苏轻工对江苏环球的诉讼请求。

被告江苏环球未向法庭提交其他证据。

被告美国博联辩称，江苏环球是美国博联的揽货与签发提单代理人。货物运抵目的港美国迈阿密（MIAMI）后，记名收货人称未收到正本提单，便以出具保函的形式提取货物。货物交付收货人之前，江苏轻工从未要求保全货物。货物交付之后，收货人向江苏轻工支付了部分货款。依据本提单的背面条款约定及《中华人民共和国海商法》第269条的规定，处理本案应适用《1936年美国海上货物运输法》（COGSA 1936）及美国相关法律。根据美国法律（含判例），记名提单为不可转让提单，承运人将货物交付给记名提单注明的收货人，即完成交货义务，无须收货人出示正本提单。因此，原告江苏轻工以无正本提单放货为由起诉美国博联是完全错误的，请求法院依法驳回其诉讼请求。

被告美国博联为反驳原告江苏轻工的诉讼请求，庭审时提交如下证据：

1.1999年2月23日，江苏轻工发给江苏环球的一份传真。其内容是要求江苏环球查询货物的到岸情况，咨询每票货物移至洛杉矶（LOSANGELES）所需费用。证明美国博联在3月5日交货给M/S公司前，江苏轻工没有提出保全货物要求。

2.1999年3月8日，江苏轻工发给江苏环球的传真，告知收货人未拿到提单已提取货物，要求其承担无单放货的责任。证明江苏轻工在1999年3月8日知晓收货人已提取货物。

江苏轻工对上述两份传真无异议，并陈述当时是从市场上了解货物已被M/S公司提取。

合议庭认定上述两份传真可作为确定案件事实的证据使用。

3. 收货人M/S公司提走四票货物时向美国博联出具的保函。证明美国博联分别于1998年11月16日、12月4日，1999年1月29日、3月5日与收货人办理了提货手续。

江苏轻工提出不能判断保函的真实性，并认为该证据相反证明了美国博联在无正本提单放货时知道会给江苏轻工造成损失。

结合上述证据2，合议庭认定至少在1999年3月8日前，美国博联已将货物交给收货人M/S公司，美国博联是否得到收货人M/S公司出具的提货保函，并不影响其无正本提单放货事实的成立，因此无须否认四份保函的真实性。

4. 收货人M/S公司向美国博联提供的货款支付情况。证明1998年10月6日至1999年4月13日，M/S公司分九次支付货款给江苏轻工及其在美国的关联公司—JSL国际公司（JSL INTERNATIONAL），共计195539美元，其中直接汇给江苏轻工的有两笔，表明收货人M/S公司已支付部分货款。

江苏轻工的认为，虽然付款时间是美国博联交货之后，但收货人与江苏轻工存在较长的经济往来，其至今还欠江苏轻工其他货款。美国博联提交的证据未指明汇款是哪一笔货款，且其中四笔汇款是汇给JSL国际公司，与本案无关。另两笔汇款是支付运编号为522156－98、522158－98两票货物的货款，也与本案四票货物无关。为此江苏轻工补充提供了两份证据。补证1. JSL 国际公司出具的M/S公司付款情况说明，证明M/S公司向其支付的四笔汇款属其与M/S公司之间的欠款，与江苏轻工的四票货物无关。补证2. 收货人M/S公司的汇款说明，证明M/S公司支付给江苏轻工的两笔汇款属在此以前的其他货款。

合议庭认为，美国博联提交的收货人M/S公司出具的汇款情况，内容不明确，不能证明其汇款为本四票货物的货款；江苏轻工的两份补证，无法核实其真实性。因此，美国博联举出的证明收货人M/S公司已支付江苏轻工四票货物货款的材料，不予采信。

5. 江苏轻工给收货人M/S公司的四票货物的商业发票，其上载明结汇方式为D/A120日或30日。证明江苏轻工在货物出运后，向M/S公司收款时改变了原结汇方式D/P，正因其违反贸易合同约定，未将提单交给M/S公司，而遭拒绝付款。同时证明江苏轻工向法庭提交的发票金额与M/S公司收到江苏轻工的发票上的金额不符，除运编号为522136－98的货物外，其他三票货物每票金额多出2000美元。

6. 美国博联从海关复印的一份货物报关单。证明江苏轻工向法庭提供的货物报关单与海关存档的内容不符，付款方式是D/A（承兑交单），而不是D/P（付款交单）。

江苏轻工对上述两证据不持异议，当庭提交了其从海关复印的四票货物报关单，并陈述货物的正本提单是直接寄给美国的关联公司JSL国际公司，由其提示要求收货人付款赎单，因M/S公司没有付款，就未将正本提单交付。

合议庭确认上述两证据的真实性，并认定江苏轻工与M/S公司约定的付款方式是D/A120日或30日，江苏轻工后来改变付款方式为D/P，同时认定江苏轻工提交的四票货物的商业发票价款属实，共计150542.75美元。

经庭审举证、质证、认证，结合当事人双方的陈述，本院查明如下案件事实：

1. 1998年7月、9月、12月，江苏轻工为履行其与美国M/S公司的售货合同，委托江苏环球向美国博联托运四票箱包产品。江苏环球接受委托，办理了四票货物的订舱、报关、向承运人交付货物等委托事务。四票货物运编号为：522109－98、522168－98、522123－98、522136－98。价格条件为FOB中国，货物价款共为150542.75美元，约定付款条件为D/A120日或30日。

2. 8月9日、9月26日、10月6日、12月18日，江苏环球代表美国博联向江苏轻工签发了以美国博联名称为承运人抬头的四套正本记名提单，并将提单交付江苏轻工。提单载明装货港分别为宁波、南京、宁波、南通；卸货港均为美国佛罗里达州的迈阿密；运费到付；收货人和通知人均为美国M/S公司。四票货物装运后，分别于1998年9月2日、10月29日、11月1日，1999年2月10日运抵美国迈阿密。

3. 货物的正本提单是由江苏轻工直接寄给其在美国的关联公司－JSL国际公司，由其提示要求收货人付款赎单。收货人美国M/S公司提货时称未收到正本提单，于1998年11月16日、12月4日、1999年元月29日、3月5日向美国博联出具提货保函，付清运输费用后，提取货物。

4. 四票货物出运后，1999年2月23日，原告江苏轻工以传真形式向江苏环球查询货物到岸情况，咨询货物移至洛杉矶每票单子所需费用，没有明确要求停止交货。同年3月8日，江苏轻工传真告知江苏环球已得知收货人提走了货物，要求江苏环球承担无单放货的责任。6月16日，江苏轻工要求江苏环球联系美国博联将货物转运至洛杉矶，交给尤金国际公司（EUGENE INTERNATIONAL），美国博联未交付。

5. 四票货物的正本提单均载明：经美国港口运输的货物的提单应适用《1936年美国海上货物运输法》。否则，提单应适用在货物运输国已经颁布为法律的《海牙规则》或《海牙—威斯比规则》，但在没有上述颁布的法律可以适用的情况下，应适用海牙规则的内容。

本案在诉讼过程中，美国博联向本院提供了《1936年美国海上货物运输法》、《美国统一商法典》（UNIFORM COMMERCIAL CODE OF AMERICA）和经美国公证机构公证及中国驻纽约总领事馆认证的美国海利－贝利律师事务所律师、纽约大学法学院教授约翰D凯姆鲍博士（JOHN D. KIMBALL）关于美国法律对记名提单问题的《宣誓法律意见书》。该意见书依据美国相关法律和判例，作出的结论为：在提单中没有载明要求凭正本提单交付货物的合同条款且托运人也没有指示承运人不要放货情况下，承运人将货物交给了记名提单的收货人，是履行与托运人之间的提单条款的行为，依据美国法律，承运人不违反提单条款或任何义务。

江苏轻工对《1936年美国海上货物运输法》的真实性无异议，认为《美国统一商法典》不是当事人选择适用的法律，不应适用于本案，《宣誓法律意见书》属个人意见，只能作参考。

合议庭确认《1936年美国海上货物运输法》的真实性，同时核实《美国统一商法典》出自全国人大常委会法工委办公室审定的《中国法律法规大典数据库》(2001国家),对内容真实性予以认定。《宣誓法律意见书》能够证明美国法律对处理该项争议的法律观点。

本案原、被告双方主要有如下争议焦点:1. 原告江苏轻工改变结汇方式,不向收货人交付提单,对货款不能收回有无责任;2. 原告江苏轻工要求保全货物的事实是否成立;3. 无正本提单放货引起的纠纷,应适用的法律。

第一个焦点,江苏轻工认为,贸易合同与运输合同是相互独立的,依正本提单放货是国际惯例,如果承运人不依正本提单交货,无论何种贸易付款方式均会产生货款收不回的风险。正因为承运人无正本提单放货,才使江苏轻工持有正本提单而丧失对货物的控制权,产生货款得不到收货人美国M/S公司支付的后果。

美国博联、江苏环球认为,D/P是指进口方付款后才能向代收银行领取提单提取货物,而D/A120日或30日是指贸易进口方取得提单提取货物,在120日或30日汇票到期后付款给出口方,具有商业风险。江苏轻工违反贸易约定,不通过银行结算,擅自将D/A结汇方式改为D/P,收货人美国M/S公司无法得到提单提货,造成了双方产生贸易合同纠纷。江苏轻工货款不能结算是贸易合同纠纷引起,与运输承运人无关。

合议庭认为,虽然D/A120日或30日结汇方式存在商业风险,但江苏轻工有改变结汇方式而承担贸易合同的违约责任的权利。即便M/S公司因此不接收货物,不履行合同,江苏轻工仍不丧失对货物处分权,改变结汇方式是降低商业风险的表现。因此江苏轻工改变结汇方式不是造成货款不能收回的原因,不应承担其货款损失。

第二个焦点,江苏轻工认为,江苏轻工与江苏环球、美国博联的往来传真件共15份证明江苏轻工已要求保全货物。两被告知道原告有保全货物的愿望,仍采用欺骗的手段,隐瞒货物已被收货人提取的事实,使原告以为货物在其控制之下,丧失了对货物的所有权。

美国博联、江苏环球认为,江苏轻工是在货物已被收货人提取后,才提出改变收货人。江苏轻工一直是与江苏环球联系查询货物的到岸情况,因美国博联没有及时告知江苏环球交货情况,致使江苏环球转告江苏轻工时发生时间上的误差,产生误解。江苏环球也从来没有告知江苏轻工货物在承运人的仓库,而是告知在海关监管仓库。美国博联与收货人办理交货手续后,收货人并没有及时提取货物,仍放在海关监管仓库。因此,江苏轻工后来要求改变收货人时,美国博联考虑到与江苏轻工的长期客户关系,想协助拿回货物交还,并提出了仓储费的要求。1999年3月8日,江苏轻工知道货物已被收货人提取,来函要求承担无正本提单放货的责任后,就没有做该项工作。

合议庭认为,江苏轻工无依据证明在美国博联交货前,至少在1999年3月8日前向其提出要求保全货物。1999年2月23日,江苏轻工发给江苏环球的一份传真,并没有明确提出要求不要向M/S公司交货。其后3月10日至6月30日双方往来发传真时,美国博联已与收货人办理交货手续,江苏环球虽未能查明告知，但并不能改变美国博联已交付货物的事实，也不能据此而确认江苏轻工保全货物的要求可追溯及货物交付前，或视为江苏轻工在货物交付前已向江苏环球和美国博联提出过保全货物。因此，原告江苏轻工主张在美国博联向收货人交货前，已要求其保全货物的事实，不能成立。

第三个焦点，江苏轻工认为，提单约定适用的《海牙规则》、《维斯比规则》和《1936 年美国海上货物运输法》，其基本原则与我国法律无根本冲突，应适用于本案。上述规则和法律并未规定“承运人可不凭正本提单交货”或“记名提单不是提单”。本案的提单是由一个中国法人在中国境内向另一中国法人签发，合同签订地、履行地及损害发生地都以中国最为重要和密切，因而在当事人选择的法律不足以解决双方争议时，中国法律应作为最密切联系地法律予以适用。根据我国海商法的规定，承运人依提单交货时应做到收货人正确和凭正本提单交付。美国的《美国统一商法典》等其他法律，未经当事人选择，不应适用于本案。

美国博联、江苏环球认为，因长期的业务关系，江苏轻工多次接受美国博联的格式提单，对提单约定适用的法律应有充分的了解。依据提单背面条款的约定，本提单的有效性应根据《1936 年美国海上货物运输法》或装运货物的国家适用的 1924 年《海牙规则》、1968 年《维斯比规则》确定。由于我国不是 1924 年《海牙规则》、1968 年《维斯比规则》的缔约国，所以本案只能适用《1936 年美国海上货物运输法》。双方的该项约定也符合《中华人民共和国海商法》第 269 条的规定，即“涉外合同的当事人可以选择合同适用的法律”。《1936 年美国海上货物运输法》这个特别法中没有明确规定记名提单如何交付货物问题，因此本案还要适用美国普通法的规定，如美国的 1916 年《提单法》、《美国统一商法典》等。本票货物的目的港在美国，收货人、承运人是美国公司，交货行为发生在美国，直接受美国法律的影响，与美国法律有最密切的联系。因此本案提单中即使没有适用美国法律的前述约定，根据《中华人民共和国海商法》第 269 条的规定，即“合同当事人没有选择的，适用与合同有最密切联系的国家的法律”，也应适用美国法。

合议庭认为，本案所涉提单首要条款属双方当事人在合同（提单）中对法律适用的选择，符合《中华人民共和国海商法》第 269 条的规定，为有效约定。依据该项约定，经美国港口运输的货物的提单应适用《1936 年美国海上货物运输法》，非经美国港口运输货物的提单应适用货物运输国已经颁布为法律的《海牙规则》或《海牙一维斯比规则》。本案所涉四票货物均运往美国港口，因此，处理本案应适用《1936 年美国海上货物运输法》。

综上，本院认为，提单是托运人与承运人之间海上货物运输合同的证明，双方应依提单约定履行合同义务。本案原告江苏轻工起诉被告美国博联和江苏环球无正本提单放货属合同纠纷。

双方当事人在提单首要条款中约定《1936 年美国海上货物运输法》为处理本案的法律，符合我国法律关于合同当事人可以选择合同适用的法律的规定。本案所涉的主要争议是承运人能否不凭正本提单向记名收货人交付货物，而《1936

年美国海上货物运输法》对此未作出明确规定，即当事人选择的法律不能适用合同所涉全部内容，只调整合同当事人部分权利义务关系，应视为双方当事人在合同中对该项争议的处理没有选择适用的法律。因此，根据《中华人民共和国海商法》第269条相关规定，合同当事人对该项争议所适用的法律没有选择的，应依照最密切联系原则确定其所适用的法律。

最密切联系原则注重法律关系与地域的联系，采用连结因素作为媒介来确定合同的准据法，且所有与某个特定的争议有关的连结因素都应在决定该争议适用的准据法时被考虑，只有与合同存在密切联系的法律才能确定为准据法。本案所涉的海上货物运输合同主要有合同签订地、履行地（包括运输始发地和目的地）、当事人营业所所在地、标的物所在地等连结因素，而当事人之间争议的主要问题是国际海上货物运输合同履行过程中承运人交货行为的法律后果。该项争议是承运人在美国港口交货中产生，而非在提单签发地或运输始发地，由于承运人在运输目的地交货行为直接受交货行为地法律的约束，与交货行为地美国法律的联系比其与合同签订地或运输始发地中国法律的联系更为真实具体，存在着实质性联系，交货行为地法律是事实上支配争议最有效的法律。因此，合同签订地的中国法律不是与该项争议最密切联系的法律。同时本案当事人之间的国际海上货物运输合同是采用由承运人提供的格式合同（提单），其首先必须符合承运人营业所所在地法的规定，承运人营业所所在地亦与国际海上货物运输合同联系最密切。本案运输目的地、标点物所在地、承运人营业所所在地均在美国，因此，本案应适用相关的美国法律为准据法。被告美国博联认为本案应适用《美国统一商法典》等美国相关法律的主张，应予支持。

被告美国博联提交的美国海利一贝利律师事务所律师约翰·凯姆鲍博士的《宣誓法律意见书》，虽然是就本案的法律适用提出的个人意见，但该意见书同时也提供了相关的美国法律，且经美国公证机关公证和中国驻纽约总领事馆认证，符合《最高人民法院关于贯彻执行〈民法通则〉若干问题的意见》中关于外国法的查明途径可由当事人提供的规定，对其提供的美国相关法律的真实性和有效性，本院予以认定。该法律意见书运用美国相关法律和判例对《美国统一商法典》关于记名提单问题的规定作出了解释，且货物运输目的地所在的佛罗里达州立法部门已接受《美国统一商法典》为本州法律，原告江苏轻工对该法律意见也没有举出相反依据加以排斥，因此，该法律意见可作为处理本案争议的参考，本案应适用《美国统一商法典》。

本案所涉四份记名提单均载明收货人是美国M/S公司，依照《美国统一商法典》第7－104条第2款的规定为不可转让提单，不具有流通性。《美国统一商法典》第7－303条第1款第C项的规定：除非提单另有规定，承运人在接到不可流通提单的收货人的指示后，只要发货人未有相反指示，且货物已到达提单所注明的目的地或收货人已占有提单，可以依指示将货物交付给非提单注明的人或目的地或以其他方式处置货物。即承运人交付货物前，只要发货人未有相反要求，在货物已到达提单所注明的目的地后，可以将货物交付给提单注明的收货人。原告江苏轻工在记名提单中未增加约定凭正本提单交货的条款，也没有及时在被告美国博联向记名收货人交付货物前，指示承运人不要交货，因此，被告美国博联依据提单将货物交给指定的记名收货人，应为适当交货，符合美国法律规定，被告美国博联对原告江苏轻工的经济损失不应承担赔偿责任。

被告江苏环球与原告江苏轻工为货运代理合同法律关系，其作为受托人在委托权限内完成了江苏轻工委托的有关货物运输的订舱、报关、出运、交付提单事务，已正确履行了自己的职责，其代理行为与江苏轻工经济损失没有直接的因果关系，不应承担赔偿责任。江苏环球代理被告美国博联揽货、签发提单，也没有超越代理权，对江苏轻工经济损失没有过错，亦不应承担责任。因此，原告江苏轻工对被告江苏环球的诉讼请求，不应得到支持。

依照《中华人民共和国海商法》第二百六十九条、《中华人民共和国民法通则》第六十三条第一、二款，《美国统一商法典》（UNIFORM COMMERCIAL CODE OF AMERICA）第七篇第一章第四条第二款、第七篇第三章第三条第一款第C项，以及《中华人民共和国民事诉讼法》第五条第一款、第一百二十八条的规定，判决如下：

一、驳回原告江苏省轻工业品进出口集团股份有限公司对被告博联国际有限公司的诉讼请求；

二、驳回原告江苏省轻工业品进出口集团股份有限公司对被告江苏环球国际货运有限公司的诉讼请求。

案件受理费人民币 16300 元，其他诉讼费人民币 4890 元，共计人民币 21190 元，由原告江苏省轻工业品进出口集团股份有限公司承担。

如不服本判决，原告江苏轻工、被告江苏环球可在判决书送达之日起十五日内，被告美国博联可在判决书送达之日起三十日内，向本院提交上诉状，并按对方当事人的人数提出副本，上诉于湖北省高级人民法院。

审　判　长　许泽民
代理审判员　王建新
代理审判员　张　琳

2001 年 12 月 25 日
书　记　员　张　瑜

注：上述法律文书于 2002 年荣获第二届涉外商事海事优秀裁判文书最高人民法院一等奖，湖北省高级人民法院特等奖，发表于 2003 年《中国涉外商事海事审判指导与研究》第 4 卷。

中华人民共和国武汉海事法院
民事裁定书

（2000）武海法商字第4号

原告洪都拉斯·奥萨航运公司（OSA MARINA S. DERI HONOVRAS），住所洪都拉斯·特古西加尔巴（TEGVCIGALPAO，HONDRAS）。

法定代表人诺波罗·马可苏米（NOBORV WAKASVMT），该公司总裁。

委托代理人初北平，中国·大连海事大学教师。

委托代理人王滨宁，中国·大连海事大学教师。

被告中国·中国人民保险公司湖北省分公司，住所中国湖北省武汉市汉口建设大道426号。

负责人韩千里，该公司经理。

委托代理人何韵铭，中国·湖北法辉律师事务所律师。

原告洪都拉斯·奥萨航运公司（下称奥萨公司）诉被告中国·中国人民保险公司武汉市分公司船舶保险合同保险赔偿纠纷一案，本院于2000年1月6日立案，次日依法组成合议庭，在审理过程中，发现本案被告中国·中国人民保险公司武汉市分公司已并入中国·中国人民保险公司湖北省分公司、本院依据《中华人民共和国民事诉讼法》及最高人民法院有关解释，于2000年4月5日，将本案被告变更为中国·中国人民保险公司湖北省分公司（下称保险公司），并于4月15日、5月25日两次公开开庭进行了审理。原告委托代理人初北平、被告委托代理人何韵铭到庭参加诉讼，本案现已审理终结。

原告奥萨公司诉称，我司是“奥萨罗”（OSADORA）轮船东。1997年9月1日，被告作为该轮的船舶保险人向我司签发了编号为WH74/HIP97065号保险单，“奥萨罗”轮的船舶保险价值和保险金额均为80万美元，船舶保险期为1年，自1997年8月25口12：00时起算。保险条件是1983年10日1日英国伦敦保险商协会船舶定期保险条款。1997年11月30日“奥萨罗”轮在日本（NAOETSU）港泊位装货，8时30分左右，由于风大船锚松动，船长决定起锚移泊，为避免船舶碰岸，该轮主机倒车，但09：45时船尾突然受撞击。主机停车后，经船员检查，发现船舵舵叶掉入海中，舵机室的上舵秆也受损坏。由于船舶已无法继续完成原有航程，我司只能于1997年12月6日将已装船货物卸下。同日，“奥萨罗”轮被拖带至韩国釜山港进行修理、经被告聘请的海损理算机构科里海损理算公司（KORHIAVERAGE MDJVSTERSLTD）复核，支出船舶修理费计97380000韩元，同时为将船舶拖带至修理港，我司支付拖带费计63000美元。“奥萨罗”轮受损系移泊时与水下物体碰撞所致，依据我司与被告之间的保险合同，请求判令被告赔偿上述船舶修理费和拖带费。

被告保险公司在法定答辩期内未提出答辩。庭审中辩称，（一）编号为

WH74/HIP97065号保单记载的被保险人为伯利兹瑞塔航运公司（下称瑞塔公司）和管理人韩国琴康海运公司（下称琴康公司）。原告不是保单下的被保险人，又非保单权利人，我司与原告无保险合同关系，原告无权对我司提起诉讼。请求驳回原告的起诉。（二）编号为 WH74/HIP97065 号保单下被保险人船舶“奥萨罗”轮于 1997 年 11 月 30 日出险产生保险风险损失。我司根据保单上被保险人琴康公司的请求，已和 1998 年 9 月 22 日琴康公司所属“普罗托马”（PROMOTDRA）轮在日本和歌山海域搁浅而产生的担保债务，作了债务抵销，该行为已经生效，“奥萨罗”轮保单下的保险责任我司已向保单中共同被保险人之一的琴康公司结清、被保险人保单下的利益已经实现，被保险人无权针对同一保险事故得到重复赔偿。

本案争议的焦点在于编号为 WH74/HIP97065 号保单中记载的被保险人到底是奥萨公司和管理人琴康公司，还是瑞塔公司和管理人琴康公司。

原告为支持其主张提供了以下证据：

一、“奥萨罗”轮索赔清单。用于证明“奥萨罗”轮修理项目及金额。

二、保单。用于证明原、被告之间船舶保险合同的存在。

三、香港宏泰保险顾问有限公司（下称宏泰公司）发给琴康公司的二份函件。用于证明船东及船名已更改，而被告错误地将保单中被保险人写为琴康公司，且原告要求被告更改过。

四、公证的海事声明。用于证明“奥萨罗”轮于 1997 年 11 月 30 日船舵损失后丢失。

五、科里海损理算公司验船报告。用于证明被告委托理算公司对船舶修理项目及费用进行了理算。

六、琴康公司发给被告的函件。用于证明琴康公司向被告报告船舶动态并要求其指定验船师。

七、1997 年 12 月 3 日，宏泰公司发给琴康公司的两份函件。用于证明宏泰公司已将“奥萨罗”轮发生损坏事故告知被告，被告同意船东进行修船和宏泰公司要求琴康公司将船舶的海事报告传真给被告。

八、被告发给琴康公司的函件。用于证明被告同意该轮在韩国釜山修理并请船东告知船舶到港时间以派员检验。

九、1997 年 12 月 2 日，宏泰公司发给琴康公司的函。用于证明宏泰公司要求被告指定验船师去修船厂验船。

十、1997 年 12 月 8 日、12 月 12 日，宏泰公司发给被告的函件。用于证明船东已安排修船并请被告派人检验。

十一、1998 年 4 月 22 日，宏泰公司发给琴康公司的函件。用于证明理算报告已给被告深圳办和被告可能会以原告未交保费而拒赔。

十二、1998 年 4 月 24 日，宏泰公司发给琴康公司的函件。用于证明被告未收到有关索赔文件和理算报告，并由宏泰公司负责安排向被告理赔。

十三、1998年5月20日，宏泰公司发给琴康公司的函件。用于证明宏泰公司要求被告到韩国去洽谈修船事宜。

十四、1997年12月1日，被告深圳办发给琴康公司的函件。用于证明被告要求琴康公司洽谈修船事宜。

十五、1997年12月9日，被告深圳办发给琴康公司的函件。用于证明被告同意拖船但要求拖轮要有适合的拖航证书。

十六、船舶修理发票。用于证明船舶实际修理金额。

十七、保费说明。用于证明被告已同意原告关于“奥萨罗”轮船舶保险费从“东信”（TOSHIN）轮的保险补偿中扣除。

十八、“奥萨罗”轮所有权证书。用于证明“奥萨罗”轮所有权属奥萨航运公司所有。

十九、合同备忘录。用于证明“奥萨罗”轮现已卖给辽宁永盛海运公司其船舶所有权证书原件无法向法庭提交。

二十、被告发给琴康公司的函件。用于证明有关索赔文件的原件在被告处。

上述证据均为复印件。其中证据九、十、十一、十二、十三、十四，还用于证明宏泰公司是本案被告的保险代理人。

被告对原告提供的证据经当庭质证，除对保单（证据二）、被告发给宏泰公司的函件（证据八）和被告发给琴康公司的两份函件（证据十七、二十）无异议外，对其余的证据均有异议，认为原告提供的证据缺乏真实性，合法性不能作为认定事实的依据。

被告为支持其主张提供了以下证据。

一、保单复印件。用于证明原告与被告之间无保险合同关系。

二、和解协议书复印件。用于证明被告对琴康公司拥有担保债权。

原告对被告提供的证据经当庭质证，对保单（证据一）无异议，认为和解协议（证据二）与本案无关

本院为查明事实，要求原告提供下列证据：

一、保费的发票。用于查明原告是否向被告交纳了保险费。

二、船舶修理发票。用于查明船舶实际修理费用。

三、日本海上安全厅有关“奥萨罗”轮舵机损坏的证明和船舶适航证书、航海日志、轮机日志。用于查明船舶舵机的损坏是否系触碰水下物体还是自然磨损和锈蚀所致。

四、签订保险合同时“奥萨罗”轮所有权证书。用于查明签订保险合同时“奥萨罗”轮所有权情况和原告主张的保单中被保险人的错误是否系被告的笔误。

五、宏泰公司与被告之间的保险代理协议。用于查明宏泰公司与被告之间的关系。

但上述证据原告除提交船舶修理发票、保费说明、船舶所有权证书复印件外，其余证据均未向本院提交。

经对原、被告双方提供的证据及本案争议的焦点进行审理，查明：1997 年 9 月 1 日，被告签发了编号为 WH74/HIP97065 号保险单。保单载明：被保险人为伯利兹瑞塔航运公司和管理人韩国琴康海运公司，保险船舶“奥萨罗”轮，保险价值、保险金额均为 80 万美元，保险条件依据伦敦保险人协会 1983 年 10 月 1 日船舶定期保险条款，航行范围为远东水域，保险责任期间为韩国当地时间 1997 年 8 月 25 日 12：00 起 12 个月内有效，保险费及付费办法按约定。故编号为 WH74/HIP97065 号保单中记载的被保险人为伯利兹瑞塔航运公司和管理人韩国琴康海运公司。并非本案原告奥萨航运公司。

本院认为：原告提供的证据均为复印件，被告对其提供的证据又不予认可，且原告提供的所有证据均来源于境外，对其真实性、合法性无法确认。

故本院对原告提供的证据除原、被告双方认可的保单、被告发给宏泰公司的函件（证据八）和被告发给琴康公司的两份函件（证据十七、二十）予以认可外，对其余的证据均不予采信。同时，原告提供的证据只能证明伯利兹瑞塔航运公司和管理人韩国琴康公司与被告之间有保险合同关系，不能证明奥萨公司与被告之间有船舶保险合同关系。

综上：原告与被告之间并没有船舶保险合同关系，原告以保险合同中被保险人身份诉请被告赔偿船舶保险损失不符合法律规定，本案中原告不具有诉讼主体资格。原告主张保单中被保险人属被告的笔误，无证据证明。被告主张在另一案中，拥有对琴康公司的担保债权，应于本案保险公司对琴康公司所负船舶保险赔偿之债务一并抵销、属另一法律关系。根据《中华人民共和国民事诉讼法》第六十四条、第一百零八条第一款，最高人民法院《关于适用〈中华人民共和国民事诉讼法〉若干问题的意见》第 139 条之规定，裁定如下：

驳回原告洪都拉斯·奥萨航运公司对被告中国·中国人民保险公司湖北省分公司的起诉。

案件受理费 4500 美元，由原告承担。

如不服本裁定，可在裁定书送达之日起三十日内向本院递交上诉状，并按对方当事人的人数提出副本，上诉于湖北省高级人民法院。

审 判 长 李 杰
代理审判员 解湘滨
代理审判员 冯克宁

2000 年 5 月 26 日
书 记 员 胡 勇

注：上述法律文书于 2001 年荣获第一届涉外商事海事优秀裁判文书评比全国二等奖。

中华人民共和国武汉海事法院

民事判决书

(2000) 武海法商字第 91 号

原告南京物资实业集团总公司，住所江苏省南京市中山东路 416 号 15 楼。

法定代表人刘青，总经理。

委托代理人黄顺刚，上海市华利律师事务所律师。

委托代理人刘桥民，南京市三维律师事务所律师。

被告天安保险股份有限公司南京分公司，住所江苏省南京市湖南路 6—6 号。

负责人袁雪楼，总经理。

委托代理人隋云翱，深圳民太安保险公估有限公司常务副总经理。

原告南京物资实业集团总公司（下称物资公司）因与被告天安保险股份有限公司南京分公司（下称天安保险公司）海上运输货物保险合同纠纷，于 2000 年 10 月 16 日向本院起诉，本院于 2000 年 10 月 17 日受理后，依法由本院副院长饶中享担任审判长，与审判员徐少林、代理审判员解湘滨组成合议庭，于 2001 年 1 月 16 日、11 月 22 日公开开庭进行了审理。后因情事变更，本案依法由本院审判员徐少林担任审判长，与代理审判员解湘滨、许泽民组成合议庭，于 2002 年 5 月 22 日、8 月 9 日公开开庭进行了审理。原告物资公司的委托代理人黄顺刚、刘桥民，被告天安保险公司的委托代理人隋云翱到庭参加诉讼。本案现已审理终结。

原告物资公司诉称，1999 年 8 月 23 日，原告与日商岩井公司（NISSHO IWAI CORPORATION）签定买卖合同，进口价值大约为 150 万美元的原木，合同规定的贸易条件为 C&F 张家港或上海。按照合同规定，原告向被告办理了货物保险，被告于 1999 年 9 月 27 日签发了“货物运输保险单”。保险单载明“被保险人：南京物资实业集团总公司，保险货物：原木，承运船舶：‘萨那加’(SANAGA) 轮，保险险别：平安险加舱面险。”上述货物因承运船舶“萨那加”轮于 1999 年 10 月 11 日的沉没而出险。事后，原告按照被告的要求向被告提交了理赔所需要的货物保险单等文件，但被告却以原告违反了最大诚信原则及没有可保利益为由拒绝赔偿。

原告请求判令被告根据原、被告双方签署的保险合同向原告赔付保险赔偿金 1733983 美元，并支付上述款项自应当支付之日到实际支付之日所产生的利息；判令被告负担本案的诉讼费用；判令被告承担原告支出的律师费用、差旅费及其它费用。

被告天安保险公司辩称，原告与日商岩井公司签定的买卖合同存在严重缺陷，一经签定就无法履行，实际也没有履行，买卖双方也没按有关法律规定对买卖合同采取补救措施而使合同终止履行。首先是原告违反合同规定，没有按合同的规定及时开出信用证。其次卖方也没按合同规定交付货物，移交一切与货物有关的单据并转移货物所有权。由于原告与合同卖方共同违约而使作为国际贸易重要支付方式的信用证发生“短路”，由于买卖合同终止履行，原已转移至原告的货物风险也就随着终止。货物的风险仍由卖方承担。原告投保时违反保险的最大诚信原则，没有履行如实告知义务，被告有权解除合同。出险时原告没有保险利益，被告根据有关法律规定，对原告的索赔请求有权予以拒赔。

原告物资公司为支持其主张，庭审时向本院提交了以下证据：

1. 被告于 1999 年 9 月 27 日签发的 NO. 0032852 的货物运输保险单。该保险单内容：标记为根据 NO. IQA－0119 合同，包装及数目为 7689 立方米，保险货物项目为加蓬奥古曼原木（新伐），保险金额为 1733983 美元，装载运输工具为“萨那加”轮，开航日期为根据提单自让蒂尔（GENTIL）港和奥文多（OWENDO）港至张家港港，投保险别为按照中国人民保险公司海洋运输货物保险条款（1981 年 1 月 1 日制订）平安险（简称 C. I. C，F. P. A）（包括仓至仓条款），按附加的舱面货物运输条款加保舱面险。用于证明原、被告之间存在的保险合同法律关系。

被告天安保险公司对货物运输保险单的真实性不持异议，但在 2002 年 5 月 22 日的庭审中认为该保险单系事后补签，该保险单真实签发时间为 1999 年 10 月 18 日。

本院责令被告天安保险公司于 2002 年 6 月 11 日前提供该保险单前后各五份保险单及该保险单领用登记表、电脑登记记录等证据。被告天安保险公司申请延期至 2002 年 6 月 21 日前举证，本院予以同意。

2002 年 6 月 17 日，被告天安保险公司向本院提交了该公司的保险业务单证领用记录，该记录表明 NO. 0032852（包括从 NO. 0032851 至 NO. 0032900 的保险单）的货物运输保险单于 1999 年 10 月 12 日才由该公司职员张莉领出。与该份保险单同时领出的 NO. 0032851 保险单签发时间为 1999 年 10 月 2 日，NO. 0032856 保险单签发时间为 1999 年 10 月 18 日。

领取 NO. 0032852 货物运输保险单的签字职员张莉在 2002 年 8 月 9 日的庭审中确认保险业务单证领用记录上的签名真实，但对领用时间及上述保险单是否为其领用不能确定。

签发 NO. 0032852 货物运输保险单的职员郑茜在 2002 年 8 月 9 日的庭审中确认 NO. 0032852 的货物运输保险单和编号为 0058016 的保费收据签发时间均真实，并确认签发保险单的依据是物资公司提供给其的装船通知。

被告天安保险公司对其职员张莉、郑茜之陈述无异议。

合议庭认为，被告天安保险公司提供的证人否定了保险单系事后补签，确认单据签发时间真实，且两名证人属被告方职员，同时被告对该两名证人之陈述无异议，故合议庭认为该份货物运输保险单双方当事人均无异议，应予认定。

2. 1999 年 10 月 8 日被告出具的编号为 0058016 的保费收据。收据内容：被保险人全称为南京市外商投资企业物资供应公司，保费金额为人民币 21532.65 元。用于证明原告已履行保险合同义务。

被告天安保险公司对该份保费收据真实性无异议。

合议庭认为双方当事人对该份保费收据均无异议，可作为本案定案依据。

3. 1999 年 8 月 23 日原告与日商岩井公司签订的 NO. IQA－0119 货物贸易合同。用于证明原告已购买货物的事实。

被告天安保险公司对贸易合同本身没有异议。但认为该份合同中存在严重缺陷，一经签定便无法履行，当事人也没有采取补救措施，且签字人“马德民”无权签字，合同中地址与诉状中地址不一致，根据我国有关法律规定，企业住所与法人应在一起，据查“马德民”系南京市外商投资企业物资供应公司总经理，而非原告职员，因此原告在订立保险合同时隐瞒了真实情况。

原告物资公司认为被告天安保险公司的质证与本案无关。关于被告认为原告在合同中的地址与企业住所不一致这一问题，原告认为法律没有规定签订合同必须注明企业登记住所，“马德民”本身是原告职员，有权签字，被告没有证据证明贸易合同是一份假合同。至于南京市外商投资企业物资供应公司，在投保时是其出面联系的。为此，原告物资公司于 2002 年 5 月 22 日提供如下补证：①南京市木材总公司的企业法人年检报告书；②1999 年南京市外商投资企业物资供应公司的企业法人申请变更登记注册书；③2000 年南京市外商投资企业物资供应公司的企业法人申请变更登记注册书。三份证据用以证明南京市外商投资企业物资供应公司系原告物资公司的全资孙公司、签约人马德民的身份及公司地址的变化情况。

被告天安保险公司辩称其仅对合同一个方面提出异议，对三份补证真实性不持异议。

合议庭认为双方当事人对贸易合同及三份补证之真实性不持异议，该份贸易合同及三份补证可作为本案定案的依据，并确认马德民有权签订货物贸易合同。

4. 货物发票两份。编号为 LSR0859、签发时间为 1999 年 11 月 1 日的发票记载：买方南京物资实业集团总公司，船舶“萨那加”轮，开航时间 1999 年 8 月 30 日，航程加蓬奥文多港到中国张家港港，信用证号码 010LC90101NWZ，开证行中国华夏银行南京分行，保险买方负担，货物为新伐加蓬奥古曼原木，数量为 721 根 4093.2 立方米，单价每立方米 203.20 美元，金额为 CFRFO 中国张家港港 831738.24 美元，签字人为日商岩井香港有限公司（NISSHO IWAI HONG KONG CORPORATION LTD）木材部总经理。另一张货物发票与上述货物发票记载不同之处是：航程为加蓬让蒂尔港到中国张家港，货物为新伐加蓬奥古曼原木，数量为 871 根 3596.3 立方米，金额为 CFRFO 中国张家港 730768.16 美元。其他记载均相同。两份货物发票用于证明卖方已履行出卖货物的事实。

被告天安保险公司认为发票出具日期是 1999 年 11 月 1 日，价格为 CFRFO，而信用证已在10月15日过期，根据UCP500规定，单证必须在信用证有效期间，所以这两份发票是无效的。而且被告方也拥有一套发票，签发时间为10月11日，价格为CFR，并且价格也变化了，与保单保额也不符。

原告物资公司主张上述两套发票是卖方交给原告的，之后原告再交给被告。原告曾有过一套10月11日的单证，但由于贸易原因，后来11月1日的发票取代了10月11日的发票。发票出具人为日商岩井香港有限公司，信用证受益人也是日商岩井香港有限公司。两份发票系日商岩井香港有限公司委托其上海办事处交给原告。

被告天安保险公司承认10月11日及11月1日的两套发票是原告物资公司向其索赔时提交给被告天安保险公司的，并对上述两套发票之真实性不提出异议。

合议庭认为原告提交的两套货物发票可以作为本案认定事实的依据。

5. 提单两份。NO. POG/DLC01的法国森特马（SETRAMAR FRANCE SA）公司提单记载：托运人日商岩井香港有限公司，收货人凭指示，通知方南京物资实业集团总公司，装货港加蓬让蒂尔港，船舶“萨那加”轮，卸货港张家港港，标志和编号JL红色，货物为新伐加蓬奥古曼原木，数目为871根，毛重2200.90吨，尺寸3596.30立方米，550根装于甲板，1999年8月29日清洁装船，提单签发地及签发日分别为让蒂尔港和1999年8月29日，签发人为海湾代理（香港）有限公司［GULF AGENCY COMPANY（HONG KONG）LTD］代表承运人签发。NO. 100的法国森特马公司提单记载：托运人日商岩井香港有限公司，收货人凭指示，通知方南京物资实业集团总公司，装货港加蓬奥文多港，船舶“萨那加”轮，卸货港张家港港，标志和编号JL黄色，货物为新伐加蓬原木，数目为721根，毛重2505吨，尺寸4093.20立方米，5根装于甲板，1999年8月30日清洁装船，提单签发地及签发日分别为奥文多和1999年8月30日，签发人为海湾代理（香港）有限公司代表承运人签发。两份提单均经过日商岩井香港有限公司背书。用于证明货物已装船且风险已经转移至原告。

被告天安保险公司认为，日商岩井香港有限公司将自己扮成原始卖方，提单签发人为海湾代理（香港）有限公司，签单人没有经过承运人授权，故提单无效。

原告物资公司认为，原告所持提单为正本提单。被告称提单无效，应提供相应证据。实际上日商岩井公司与法国拉朗勒公司（SOCIETE J、LALANNE）有一个买卖合同，受益人为日商岩井香港有限公司，该公司将货物卖给原告，结汇方式为信用证，但由于不符点，日商岩井香港有限公司将提单交给其上海办事处再交给原告，时间是2000年10月。同时，原告也有日商岩井公司与法国拉朗勒公司的买卖合同，且在索赔时原告已向被告经理出示过。原告物资公司为证明其持有的提单为转换提单，向本院提交以下补证：①1999年7月9日日商岩井香港有限公司与法国拉朗勒公司签定的编号为CHI864799GA的买卖合同；②法国拉朗勒公司于1999年7月12日出具的样式发票；③1999年8月29日、8月30日承运人法国森特马公司签发的编号分别为NO.POG/DLC01和NO.100的原始提单，两份提单均记载托运人为法国拉朗勒公司，收货人为凭法国拉朗勒公司指示，通知方为日商岩井公司；④日商岩井香港有限公司开立的以法国拉朗勒公司为受益人、编号为681/212/23471的信用证及付款凭证；⑤原始发货人法国拉朗勒公司及中间商日商岩井香港有限公司分别签发的货物原产地证书、植物检疫证书、原木清单。

被告天安保险公司认为本案提单非原告所称的“转换提单”。转换提单是提单批注船到中途港后可以更换的一份提单，新的签发时间为换单时间。而原告持有的提单非中途港签发，且签发的时间仍为原始提单签发的时间。被告天安保险公司对原告物资公司提交的五份补证之真实性不持异议。

被告天安保险公司对“转换提单”上出现舱面货表示异议，原告物资公司表示对此无法解释。

合议庭认为原告提交的五份补证可作为本案定案的依据。同时，针对原、被告双方对提单的意见，合议庭认为原告应提交海湾代理（香港）有限公司获授权签发提单的证据。

2001年11月29日，原告向本院提交下列证据：补证①1999年10月（具体日期不明）承运人法国森特马公司发给日商岩井公司的传真，内容为应日商岩井公司要求重新签发提单，森特马公司已指示其在香港的总代理。补证②森特马公司发给日商岩井公司关于代理海湾代理（香港）有限公司的全称、地址、联系电话及负责人的传真。补证③森特马公司发给日商岩井公司关于海湾代理（香港）有限公司地址的更正的传真。补证④日商岩井香港有限公司于1999年10月15日发给海湾代理（香港）有限公司关于提单内容修改部分的传真。

被告天安保险公司对上述四份补证真实性、有效性不持异议。

合议庭认为，结合四份补充证据，原告提交的两份提单可作为本案定案的依据，并确认海湾代理（香港）有限公司得到承运人法国森特马公司授权，其签发的两份转换提单真实。

6. 货物舱单（CARGO MANIFEST）两份。两份货物舱单记载：托运人拉朗勒公司，收货人凭拉朗勒公司指示，通知方为日商岩井公司，货物分别为871根及721根加蓬奥古曼原木。用于证明货物已装船并已签发了提单的事实。

被告天安保险公司对两份货物舱单真实性无异议。

合议庭认为双方当事人对上述舱单真实性不持异议，可作为定案依据。

7. “萨那加”轮沉没公告及毛里求斯当局关于“萨那加”轮沉没初步海事报告。用于证明本案所涉的保险标的已装上“萨那加”轮且该轮已沉没。

被告天安保险公司对此无异议。

合议庭认为上述证据经被告质证，被告没有异议，可以作为本案定案依据。

8. 被告拒赔文件。内容为被告于2000年7月24日回复原告，称：①原告投保时违反保险的最大诚信原则，没有将自己所知道的有关保险标的的重要情况如实告知，致使保单无效；②出险时，原告没有可保利益，致使上述保单无效。用于证明被告违反保险合同拒绝履行保险赔付义务的事实。

被告天安保险公司认为上述文件真实。

合议庭认为双方当事人对此均无异议，应予认定。

9. NO. 010LC90101NWZ 的信用证。用于证明货物贸易合同的真实存在。

被告天安保险公司认为该份信用证与原告以前提供给被告的信用证有很多不同，有些条款位置颠倒，该份信用证真实性值得怀疑。

原告物资公司认为其先前提供给被告的信用证是草稿，而现在提供的信用证为正式银行信用证。

原、被告均提出申请，要求法院到银行调取真实的信用证。根据原、被告之申请，2001 年 8 月 22 日本院审判人员与原、被告双方诉讼代理人及相关人员一同到华夏银行南京分行调取了 NO. 010LC90101NWZ 的信用证、银行电传信息记录、原告向银行申请关于将远期信用证改为即期信用证的报告、关于修改华夏银行签发的 NO. 010LC90101NWZ 信用证事宜文件、原告因卖方单据不符点而不接受单证的函、银行电传收集信息记录以及附随信用证的买卖合同等文件。银行工作人员证实 NO. 010LC90101NWZ 信用证因单据不符点而没有被执行、被告所持信用证为草稿。

原、被告双方当事人对上述证据无异议。

合议庭认为原告提交的信用证及本院调取的上述证据可以作为定案的依据。

被告天安保险公司为反驳原告物资公司的诉讼请求，在庭审中除提交原告已提交的货物买卖合同、保单、保费收据、提单、舱单、发票、毛里求斯当局提供的资料、原告索赔报告文件及法院调取的华夏银行南京分行开立的信用证等证据材料外，还提交了如下证据：

1. 关于原告、南京市外商投资企业物资供应公司以及南京市外商投资企业物资供应公司超世纪运动分公司的工商局市场主体登记资料查询表复印件。内容为原告法定代表人为刘青，后两家公司法定代表人为刘小锁，以及企业其它信息等。用于证明 NO. IQA－0119 买卖合同买方签字人员"马德民"身份不明。

原告物资公司认为上述查询表打印件部分是真实的，但对其中有些手写部分不予认可。

被告天安保险公司说明上述查询表中的手写部分系其公司人员所为。

合议庭认为，结合 2002 年 5 月 22 日原告物资公司提交的三份补证，工商局市场主体登记资料查询表内容与原告补证内容相符，应认定该份证据可以作为本案定案的依据。

2. 1999 年 9 月 10 日被告方人员填写的进出口货物运输保险投保单。内容：投保人全称为南京市外商投资企业物资供应公司，保险金额为 1576347.50x1.1 美元，起运港为让蒂尔港和奥文多港，目的港为张家港港，开航日期为 1999 年

9月10日，船名为“萨那加”轮，投保条款和险别为F.P.A，其他特别条款为平安险和舱面险，赔款地点为南京。用于证明原告没有履行买卖合同而进行的首次投保，目的是拿到一张保单。

原告物资公司认为其对投保单本身真实性无异议，但认为不能作证据使用，因为《保险法》规定投保人只要提供了保险合同即可。

合议庭认为双方当事人均对投保单真实性无异议，该份投保单可作为定案的依据。

3. 被告委托C.E.S.A.M（COMITE D'ETUDES ET DE SERVICES DES ASSUREURS MARITIMES ET TRANSPORTS DE FRANCE）作出的检验报告及“萨那加”轮出险报告。用于证明“萨那加”轮确实已沉没，被告不否认此事实。

原告物资公司表示对上述证据无异议。

合议庭认为双方当事人均对上述证据无异议，故应予认定。

经庭审举证、质证、认证，结合双方当事人的陈述，本院查明如下案件事实：

1999年8月23日，物资公司与日商岩井公司签订NO.IQA—0119货物贸易合同。合同约定：日商岩井公司将加蓬奥古曼原木（新伐）售与物资公司，数量和规格按ATIB测量方式为7000立方米，长度6米以上，直径60厘米以上；价格C&F（F.O）中国张家港港或上海港205美元/每吨（提单日88日后付款），共计143.5万美元；目的港为中国张家港港或上海港；付款为提单日后88天后开具以日商岩井香港有限公司为受益人的不可撤销信用证。细节按照附件“A”。

信用证1999年7月开立。开证行需经卖方同意；保险由买方负责；装运为1999年7月底至8月初；备注质量、数量均以加蓬港终端装货为准、供货人为加蓬的托运人；数量、金额可以接受上、下10%的浮动额……合同附件“A”规定：受益人日商岩井香港有限公司；金额大约143.5万美元；装运大约7000立方米加蓬奥古曼原木；贸易条件C&F（F.O）中国张家港港或上海港（提单日88日后）；通知行三和银行香港分行；装船期1999年9月15日；届满期1999年10月15日；附随单证：a. 全套3份标明“运费已付”的已装船清洁海运提单。提单应凭指示空白背书，通知方“南京市外商投资企业物资供应公司”。b. 3份签字发票。c. 原产地证明。d. 卫生检疫证书。e. 原木清单；特别指示为：a. 可以接租约提单、除了发票和汇票之外的第三方文件。b. 可以接受标注了“甲板货”的提单。c. 装运单证上除货物、数量、金额之外的书记员打印错误，可以接受。d. 提示日期：装运日21之后，在信用证有效期之内。e. 数量、金额可以接受10%上、下的浮动额。

1999年8月29日，法国森特马公司在加蓬让蒂尔港签发NO.POG/DLC01的提单。该提单记载：托运人法国拉朗勒公司，收货人凭法国拉朗勒公司指示，通知方日商岩井公司，装货港加蓬让蒂尔港，船舶“萨那加”轮，卸货港张家港港，标志和编号 JL 红色，货物为加蓬奥古曼原木，数目为 871 根，毛重 2200.90 吨，尺寸 3596.30 立方米，1999 年 8 月 29 日清洁装船，提单签发地及签发日分别为让蒂尔港和 1999 年 8 月 29 日，签发人为法国森特马公司。

1999 年 8 月 30 日，法国森特马公司在加蓬奥文多港签发 NO.100 的提单。该提单记载：托运人法国拉朗勒公司，收货人凭法国拉朗勒公司指示，通知方日商岩井公司，装货港加蓬奥文多港，船舶“萨那加”轮，卸货港张家港港，标志和编号 JL 黄色，货物为加蓬原木，数目为 721 根，毛重 2505 吨，尺寸 4093.20 立方米，1999 年 8 月 30 日清洁装船，提单签发地及签发日分别为奥文多和 1999 年 8 月 30 日，签发人为法国森特马公司。

1999 年 9 月 10 日，物资公司的全资孙公司南京市外商投资企业物资供应公司就本案所涉木材之运输向天安保险公司投保，双方未达成协议。

1999 年 9 月 21 日，华夏银行南京分行按 NO. IQA－0119 货物贸易合同及附件“A”的规定条件开具号码为 010LC90101NWZ 的不可撤销信用证。信用证申请方为物资公司，受益人为日商岩井香港有限公司，信用证到期日及地点分别为 1999 年 10 月 15 日和香港，要求已签字发票 3 份，上面记载有信用证号及合同号，付款所需其他单证和货物状况描述之要求与 NO. IQA－0119 货物贸易合同规定相同，其他附加要求有单证必须在货物装船完成之日起 21 天内且在信用证有效期内递交……该信用证注明受国际商会第 500 号出版物 UCP500（1993 年修改本）调整。

1999 年 9 月 27 日，日商岩井上海办事处就 NO. IQA－0119 合同向物资公司发出装船通知。该通知写明：货物为加蓬奥古曼原木（新伐）；船名“萨那加”轮；装货港为加蓬让蒂尔港和奥文多港；卸货港为中国张家港港；装载数量为 7689.5 立方米；发票金额为 1576347.50 美元；预计抵达张家港港时间为 1999 年 10 月 20 日。通知同时告知物资公司办理海运保险事宜。同日，南京市外商投资企业物资供应公司代表物资公司就本案所涉木材之运输再次向天安保险公司投保，天安保险公司予以同意并签发了 NO. 0032852 的货物运输保险单。该保险单内容：标记为根据 NO. IQA－0119 合同，包装及数目为 7689 立方米，保险货物项目为加蓬奥古曼原木（新伐），保险金额为 1733983 美元，装载运输工具为“萨那加”轮，开航日期为根据提单自让蒂尔港和奥文多港至张家港港，投保险别为按照中国人民保险公司海洋运输货物保险条款（1981 年 1 月 1 日制订）平安险（包括仓至仓条款），按附加的舱面货条款加保舱面险。赔款偿付地点为南京。

“萨那加”轮在加蓬让蒂尔港和奥文多港装载 19500 公吨原木后起航，于 1999 年 10 月 5 日驶进南非共和国德班港，6 日在装载 35900 吨燃油和 75 公吨海用柴油之后离开德班港。10 月 9 日 16 时（协调世界时＋2），大副接班发现船首吃水异常，在报告船长并检测所有货舱和舱底后发现，船舶 1 号左底舱有一米进水。船上用泵抽水。10 日早晨，1 号货舱内水位升至 9 米，11 日早晨，水位升至 10.3 米。11 日 11 时（协调世界时＋2），船长认为事态已无法控制，便发出了遇难信号。有四条船舶收到信号并改变航向前往救助。大约 16 时 20 分，“萨那加”轮进入前来救助的 SAGITTARIUS.

CHALLENGER 号集装箱船视线之内。经过救助，大约 20 时 50 分，“萨那加”轮所有的船员被救。“萨那加”轮在大约南纬 27°51'4"，东经 43°34'2" 的位置沉没。

1999 年 10 月 10 日，物资公司向华夏银行南京分行白下支行提交了关于将远期信用证改为即期信用证的报告，指出号码为 010LC90101NWZ 信用证开立后，日方即与物资公司取得联系，一再表示在资金周转上出现困难，希望物资公司考虑到双方的长期友好合作关系，将 88 天远期信用证改为即期信用证，并愿在价格上作出适当让步，在原有价格基础上每立方米降 1.8 美元作为补偿。1999 年 10 月 12 日，物资公司提出修改信用证具体事宜。具体内容为：将原先所述受益人修改为日商岩井香港公司（NISSHO IWAI HONG KONG CORPORATION）；将 143.5 万美元修改为 1422400 美元；将信用证开立后 88 天付款修改为按全部发票金额见票即付；将不允许分批装船修改为允许分批装船；将加蓬主要港口修改为让蒂尔港和奥文多港；删除货物长度、直径、质量的描述；将单价 CFR 张家港 205 美元/立方米修改为 CFRPO 张家港 203.20 美元/立方米；附加条款中删除了所有单证必须打上我方信用证号码；增加了过期提单可以接受；将交单期装船后 21 天内修改为单证必须在本信用证有效期内提交。1999 年 10 月 14 日，华夏银行南京分行根据物资公司之申请，对号码为 010LC90101NWZ 信用证进行了修改。

1999 年 10 月 15 日，日商岩井香港有限公司传真海湾代理（香港）有限公司，提出将提单号为 100 和 POG/DLC01 的提单按日商岩井香港有限公司要求进行修改并另行签发一套新的提单。具体修改内容为：托运人法国拉朗勒公司改为日商岩井香港有限公司；收货人凭法国拉朗勒公司指示改为凭指示；通知方日商岩井公司改为南京物资实业集团公司；货物名称加蓬奥古曼原木改为新砍伐的加蓬奥古曼原木。日商岩井香港有限公司保证海湾代理（香港）有限公司免于承担因上述事由可能引发的索赔所带来的责任，并保证赔偿海湾代理（香港）有限公司因上述行为所招致的任何损失。

1999 年 10 月 22 日，法国森特马公司传真给日商岩井公司，指出法国拉朗勒公司的爱勒芭（ELBAZ）女士就请求修改提单事宜已与法国森特马公司进行了联系，现在森特马公司指示其在香港的总代理根据日方要求重新签发提单，但只更改托运人名称、收货人、通知方三处，并要求日方（或其香港办事处）在保函上签字。

1999 年 10 月 25 日，法国森特马公司船长传真给日商岩井公司，表示收到日方的传真和提供的担保，将向海湾代理（香港）有限公司指示日方代表在拿走交换提单时，不再需要向日方收取保函，并确认了海湾代理（香港）有限公司的全称、地址、电话、负责人等。同日，法国森特马公司又传真日商岩井公司，指出其给日方的关于海湾代理（香港）有限公司全称的传真有些轻微的错误以及更正的全称，同时要求日方用航空邮寄的形式将担保函的原件尽快地发送到法国森特马公司。之后，法国森特马公司的代理人海湾代理（香港）有限公司签发了NO. POG/DLC01及NO. 100的法国森特马公司提单。NO. POG/DLC01提单记载：托运人日商岩井香港有限公司，收货人凭指示，通知方南京物资实业集团公司，装货港加蓬让蒂尔港，船舶“萨那加”轮，卸货港张家港港，标志和编号JL红色，货物为新伐加蓬奥古曼原木，数目为871根，毛重2200.90吨，尺寸3596.30立方米，550根装于甲板，1999年8月29日清洁装船，提单签发地及签发日分别为让蒂尔港和1999年8月29日，签发人为海湾代理（香港）有限公司代表承运人签发。

NO.100的提单记载：托运人日商岩井香港有限公司，收货人凭指示，通知方南京物资实业集团公司，装货港加蓬奥文多港，船舶“萨那加”轮，卸货港张家港港，标志和编号JL黄色，货物为新伐加蓬原木，数目为721根，毛重2505吨，尺寸4093.20立方米，5根装于甲板，1999年8月30日清洁装船，提单签发地及签发日分别为奥文多和1999年8月30日，签发人为海湾代理（香港）有限公司代表承运人签发。

1999年11月11日，华夏银行南京分行国际业务部通知物资公司，关于信用证号码为010LC90101NWZ，国外议付行已来电报，电文中对于单证不符情况有：信用证已过有效期，提单没有表明签署方的身份及没有承运人名称，提单货物描述为FRESH CUT GABONESS OKOUME ROUND LOG（应去掉GABONESS），单证由NISSHO IWAI HONG KONG CORPORATION LTD而不是NISSHO IWAI HONG KONG CORPORATION提交。请物资公司书面告知我行是否接受这些不符点。

1999年11月11日，物资公司致函华夏银行南京分行国际业务部，表示物资公司委托该行所开信用证号码为010LC90101NWZ，金额143.5万美元，因对方单据不符点，物资公司不接受对方的不符点。

1999年11月25日，华夏银行南京分行通过电传告知三和银行香港分行，华夏银行南京分行已将三和银行香港分行的金融电讯给开证申请方，申请方已书面回复华夏银行南京分行，他们不接受不符点，且不会接受其他不符点。

1999年11月29日，物资公司向天安保险公司提交了关于NO.0032852保单项下非洲加蓬奥古曼原木全损的索赔报告，索赔1733983美元的货物保险赔偿金。

2000年7月24日，天安保险公司书面回复物资公司，对“萨那加”轮载运新伐7689立方米加蓬奥古曼原木索赔一案，认为物资公司投保时违反保险的最大诚信原则，没有将自己所知道的有关保险标的的重要情况如实告知，致使保单无效，同时在出险时，物资公司没有可保利益，致使保单无效。

同时查明，物资公司未告知天安保险公司其修改信用证情况，亦未告知在其拒付信用证项下货款后日商岩井公司通过担保让承运人的代理人重新签发提单并通过日商岩井公司上海办事处将提单再次送交给物资公司等事实。

另查明，物资公司至今未与日商岩井公司就如何支付货款达成协议，且至今未支付给日商岩井公司任何货款。

本案争议的焦点为：一、物资公司在投保时是否未履行如实告知义务从而导致保险合同无效；二、船舶及所载货物发生海损事故时，物资公司是否具有保险利益。

关于第一个焦点，物资公司认为，天安保险公司于 1999 年 9 月 27 日签发的 NO. 0032852 的货物运输保险单，表明双方之间存在保险合同法律关系。该保险单是合法有效的。物资公司没有违反保险的诚信原则，已经完全尽到了保险合同规定的告知义务。关于装船通知问题，日商岩井公司为一大集团公司，签约的是其东京总部，但其上海办事处承担的是联系工作。装运时间是根据提单时间而定，没有强调必须写明在装船通知上。在事故发生后，物资公司在第一时间向天安保险公司进行了通报，并尽力提供了天安保险公司要求的各种文件和材料。实际上，从天安保险公司向法院提交的材料来看，也可以证明物资公司履行了如实告知义务。因为天安保险公司提供绝大部分材料是从物资公司获得的。天安保险公司指定的检验人员所作的检验报告也印证了物资公司有关投保货物出险的事实。

天安保险公司认为，根据《中华人民共和国海商法》第二百二十二条规定，被保险人应履行如实告知义务。投保单上写明开航日期为 1999 年 9 月 10 日，但无具体保险标的、金额，也缺乏装船通知。在此情况下，物资公司未执行买卖合同，信用证未开立，故是在缺少投保要件的情况下进行投保。该次投保失败后，1999 年 9 月 27 日，物资公司第二次投保，其出示的是日商岩井上海办事处的装船通知，但该通知没有具体传真日期，也没有具体开航日期，表明它不是真正的开航通知书，且其写明抄送日商岩井日本总公司，说明上海办事处无权出具该份装船通知。物资公司在 1999 年 9 月 27 日即信用证过期七天后投保，表明其不想付款，这种投保仅是为取得保单，故保险合同无效。

合议庭认为，本案属国际海上运输货物保险合同纠纷，其所涉保险合同虽是承保自加蓬让蒂尔港和奥文多港至中国张家港港的国际货物运输所涉及的货物，保险事故亦发生在国外，但因本案是由物资公司与天安保险公司两中国法人签订保险合同所致，保险单签发地及保险单约定的赔款偿付地点均在中国南京，保险单条款采用的是中国人民保险公司海洋运输货物保险条款（1981 年 1 月 1 日修订），根据《中华人民共和国合同法》第二条第一款规定“本法所称合同是平等主体的自然人、法人、其他组织之间设立、变更、终止民事权利义务关系的协议”。和根据《中华人民共和国保险法》第三条规定“在中华人民共和国境内从事保险活动，适用本法”。以及该法第一百四十七条规定“海上保险适用海商法的有关规定；海商法未作规定的，适用本法的有关规定”。故本案应适用《中华人民共和国合同法》和《中华人民共和国保险法》及《中华人民共和国海商法》

处理。根据《中华人民共和国海商法》第二百二十二条第一款之规定，告知义务是指在海上保险合同成立前被保险人所负的法定义务，它是海上保险中诚信原则的主要内容，即被保险人应当将其知道的或在通常业务中应当知道的有关影响保险人据以确定保险费率或者确定是否同意承保的重要情况，如实告知保险人。而根据贸易和航运习惯，装船通知则是指卖方在约定时间将合同号、货物品名、件数、重量、发票金额、船名及装船日期等项内容对买方的告知，以便买方尽快地办理保险并做好接卸货物的准备，及时办理进口报关手续。本案中，物资公司根据日商岩井公司上海办事处的装船通知以及货物贸易合同等文件进行投保，天安保险公司在收到装船通知后接受了投保并于 1999 年 9 月 27 日签发了保险单，货物运输的实际情况同装船通知一致，没有影响天安保险公司在海上保险合同成立前据以确定保险费率或者确定是否同意承保。1999 年 9 月 27 日的装船通知无具体传真日期，仅表明该通知不是通过传真方式送达而已。该通知虽无具体开航日期，但开航日期不是装船通知的必要内容。天安保险公司经办人员承认在收到装船通知并从中得知保险要素后签发了保险单。从这一点上看，装船通知亦不因此影响天安保险公司在海上保险合同成立前据以确定保险费率或者确定是否同意承保。至于天安保险公司主张的海上运输货物保险合同的无效问题，除应依照《中华人民共和国合同法》第五十二条规定外，还应依照《中华人民共和国保险法》第十一条第二款等规定进行判断。物资公司在 1999 年 9 月 27 日即信用证过期七天后投保，并不构成保险合同无效的法定理由。因此，天安保险公司关于物资公司没有履行如实告知义务从而导致保险合同无效的抗辩，本合议庭不予支持。

关于第二个焦点，物资公司认为，根据我国保险法第十一条第三款的规定："保险利益是指投保人对保险标的具有的法律上承认的利益。"

所谓法律上承认的利益，就是投保人或者被保险人在保险标的上因具有各种利益关系而享有的经济利益。这种经济利益，投保人因保险标的发生保险事故而受到损失，因保险事故的不发生而继续享有。从"有风险才有保险"的理念出发，应该是哪一方有风险哪一方就有保险利益。对货物的保险利益，取决于货物所有权和/或风险的转移。如果货物的所有权与风险没有分离，那么一般只有货物所有权人对货物有保险利益，或者说在货物所有权没有转移给买方之前，买方对货物没有保险利益。这通常引起保险安排方面的困难，故在现代国际贸易中，大多采用 CIF、CFR 或 FOB 等合同，根据国际商会（ICC）制定的《国际贸易术语解释通则》和《联合国国际货物销售合同公约》，采用货物所有权与风险相分离的原则，风险划分的界限是装货港船舷，即从货物在装货港越过船舷时起，风险转由买方承担，从此时起，即使买方未获得货物所有权，买方亦对货物有保险利益。我国权威理论书籍对此阐述得更为明确：以下几种人具有保险利益：虽不占有，但因合同关系对某项财产具有合法的期得利益的人。如国际货物买卖合同的买方虽未取得货物的所有权，但允许其在货物交付前为其将要取得的货物投保。总之，不仅从法律规定还是从权威的法理学说上讲，我方当事人在本案具有保险利益，从我国的司法实践中，也可以见到类似的判例。综上所述，我方当事人在本案中具有保险利益是无可置疑的。被告以我方不具有保险利益为由拒绝赔付的抗辩是没有道理的。

天安保险公司认为，“萨那加”轮沉没、货物出险时，物资公司没有保险利益，我方有权予以拒赔。《中华人民共和国保险法》第十一条规定：“投保人对保险标的应具有保险利益。投保人对保险标的不具有保险利益的，保险合同无效。”

A. 众所周知，货物运输保险单项下被保险人是否具有保险利益，取决于被保险人在出险时是否对所保货物具有所有权，即出险时，以被保险人是否合法持有货物的物权凭证——提单为要件。提单代表其项下记载的货物，提单的买卖就是提单项下货物的买卖，是一种正常的商业行为。从法律上讲，是货物的所有权的商业转移。提单与提单项下的货物是统一的，谁是货物所有人，谁就应持有提单，谁想取得提单，谁就应当付出提单对价（支付货款）而取得提单。本案由于卖方没有“凭单交货”、“凭单取款”。买方也没有“凭单付款”。买卖合同没有履行，交易没有发生，出险时物资公司没有合法持有提单，因此没有保险利益。

B. 诚然在C&F的价格条件下，买方负责保险，即买方是货物的投保人及被保险人。从风险的转移来看，当货物越过船舷时，风险就从卖方转移，由买方承担，但货物所有权此时并没有转移给买方。根据保险利益原则，只要买方具备对货物的法律上承认的利益，买方当然可以投保，这种情况下的保险应没有问题。问题是货物的保险与货物的运输、货物所有权凭证的转移之间有着密不可分的联系。国际贸易买卖合同、支付合同、运输及保险合同之间是紧密联系的一个整体，任何一个环节出了差错都会导致严重的法律后果。因此任何割裂上述各合同之间有机联系的企图均应予以驳回。有鉴于此，如果发生卖方违约或买卖双方共同违约的情况下，被保险人是否具有保险利益是本案争议的焦点。我方认为在信用证支付方式下，只要卖方提交了单证相符的单据，开证行必须付款，这是开证行在不可撤销信用证项下负第一性付款的责任，受益人也就享有取得付款的权利。如果卖方（受益人）提供的单据不符合信用证的要求，开证行就有权拒绝付款。本案由于卖方没有在信用证规定的时间内提交符合信用证要求的单据，开证银行已经以单证不符为由拒绝付款，物资公司已经明确行使拒收单据（货物）的权利。由于卖方没有按信用证要求提交单据，卖方已违反了买卖合同的规定，买方也因此拒收单据同时也不负任何付款责任，买卖合同因卖方（或因买卖双方共同）违约而终止履行。即当卖方违约时，货物买卖合同因此终止履行，已转移至买方的货物风险即告终止，该货物风险仍由卖方承担。对于保险合同来说，原来买方是有货物风险，因此具有保险利益。但由于买卖合同终止、买方不再承担货物风险，因此买方就不再具有保险利益，这时保险合同责任即告终止。如果此时或此后发生任何货物的损失，保险人不负责任。买方由于卖方违约而拒收单据，没有“付款赎单”，买方投保前、投保时及投保后均没有付出提单对价，即事实上买方根本没有任何损失。如果保险赔偿给物资公司自己，物资公司岂非不当得利？总之，由于物资公司对保险标的不具有保险利益，保单无效。因此，依据有关法律规定，物资公司的诉讼请求应依法予以驳回。

合议庭认为，根据《中华人民共和国保险法》第十一条第三款之规定："保险利益是指投保人对保险标的具有的法律上承认的利益。"有无保险利益，对于订立和履行保险合同至关重要。本案所涉国际海上运输货物保险合同纠纷涉及国际货物贸易合同，故必须依据有关的调整国际货物销售合同的法律或者国际惯例来进行判断，即《联合国国际货物销售合同公约》和《1990 国际贸易术语解释通则》(INCOTERMS 1990) 应适用于本案。同时，本案所涉国际贸易合同项下开立的信用证注明受国际商会第 500 号出版物 UCP500（1993 年修改本）调整，因此国际商会第 500 号出版物《跟单信用证统一惯例》（UCP500）亦应适用于本案。在国际贸易中，必须根据国际贸易合同中风险和货物所有权的转移来确定保险利益的有无，而在国际贸易中，货物的所有权和风险是可能分离的。《联合国国际货物销售合同公约》规定了风险的转移而没有规定货物所有权的转移。根据该公约，风险的转移依据货物销售合同的约定而确定，货物所有权的转移在实践中则是根据提单的转让情况来确定。根据《1990 国际贸易术语解释通则》，在 CFR 价格条件下，货物的交付是象征性交付，即以交付提单、信用证、产地证明等单证来交付货物，而不是货物在装货港或卸货港越过船舷这一实际交付来交付货物。货物的风险则以货物是否越过船舷来判断是否由卖方转移给买方。

在 CFR 价格条件下，付款条款与货物交付条款是买卖合同的重要条款，卖方不能有效地履行这些条款的约定而导致合同得不到履行，这并不意味着合同自动发生终止。即合同双方为了进一步履行合同，可以对付款方式与货物的交付方式进行重新约定。因此，从议付行拒绝付款时起，买方承担货物灭失或损坏的风险便发生中止，买方是否承担风险应视情况而定。

在 CFR 价格条件下，货物的所有权与风险在货物越过船舷时发生分离，如果提单等单证与货款的交换顺利实现时，货物所有权与风险将重新结合在一起；如果单证与货款的交换不顺利时，在货物灭失之前，买卖双方对货物的交付方式以及付款方式不能达成一致，风险便转由卖方承担，若达成一致，风险仍由买方承担。

但无论如何，在变更合同之前或当时，国际买卖合同当事人如果知道货物已经灭失时，那么由于货物灭失，买卖合同所指的标的物已经不复存在，因此货物不可能被实际交付。同样，作为所有权凭证的提单也就丧失了其原有的所有权凭证与要求承运人交付货物的功能，因此货物的象征性交付也无意义。即此时的国际买卖合同自动终止，买方对货物的灭失不承担风险。

本案中，物资公司于 1999 年 8 月 23 日同日商岩井公司签订 NO. IQA－0119 货物贸易合同，贸易条件为 C&F（F. O）中国张家港或上海港。C&F 即 CFR。贸易合同的付款条款规定信用证 1999 年 7 月开立，由于时间的不可逆转性，双方当事人不可能在 1999 年 7 月开立信用证，表明该付款条款存在缺陷。贸易合同项下的信用证还规定，信用证到期日及地点分别为1999年10月15日和香港；单证必须在运输单证签发之日起21天内且在信用证有效期内递交……。物资公司于1999年9月21日才开立信用证。对于上述情况，贸易合同双方均没有提出异议并及时修改。按照国际商会第500号出版物《跟单信用证统一惯例》(UCP500)第43条A项规定："除了规定交单到期日之外，每一要求运输单据的信用证还必须规定装运日期以后按信用证条款提示的具体期限。如果没有规定这样的期限，在装运日期以后二十一天外提示的单据，银行将不予接受。在任何情况下，单据都不能迟于信用证到期日提示。"按此规定，银行将不接受迟于装运日期后21天提出的单证。

NO. IQA－0119货物贸易合同项下所开立信用证中的单据提示日期亦规定为装运日期后21天内。贸易合同中的付款条款如此规定，表明双方当事人在付款条款上未达成一致。实际上，单据不可能满足合同中付款条款的要求。贸易合同规定提单通知方为南京市外商投资企业物资供应公司，而承运人法国森特马公司在1999年8月29日、30日签发的提单上通知方均为日商岩井公司，日商岩井公司也未按照贸易合同约定提供符合要求的商业发票等单证，无论是10月11日的商业发票还是11月1日的商业发票均超过装运日期以后的21天。从1999年10月15日至10月25日日商岩井公司与法国森特马公司之间关于提单修改事宜传真中，可以看出物资公司主张的转换提单签发日期为1999年10月25日以后，即转换提单的签发和11月1日的商业发票的出具都超过了信用证有效日期1999年10月15日，这些情形表明日商岩井公司未依约履行合同约定和法律规定的毫不迟延地移交与货物有关的有效单证之义务，造成提单等单证与货款的交换不能顺利实现。C&F即CFR。根据《1990国际贸易术语解释通则》，在CFR条件下，买方物资公司本应承担自货物在装运港越过船舷之时起的货物灭失或损害的一切风险，但日商岩井公司上述违约致使风险转移受阻，货物风险转由日商岩井公司承担。后来，物资公司于1999年10月12日向开证行申请改证，开证行于1999年10月14日对信用证进行了修改，但由于单证不符点而在1999年11月11日被物资公司拒收，开证银行以单据不符点及信用证过期为由拒绝付款。至此，双方当事人始终未就付款条款达成一致意思表示，故货物所有权和风险仍由卖方日商岩井公司承担。此后，日商岩井公司虽然直接将提单交给物资公司，但因货物已于1999年10月12日灭失，日商岩井公司不可能履行贸易合同，故日商岩井公司递交提单给物资公司之行为已无意义。

另外，双方当事人对于信用证的修改以及对提单的转换均发生在船舶和所载货物出现海损事故之后，此时因货物已经灭失，承运人无权再签发转换提单，当事人对付款条款的修改也不能改变风险的承担。货物风险应由日商岩井公司承担。

综上所述，本案中，物资公司与天安保险公司订立海上运输货物保险合同后，由于国际买卖合同的支付条款出现问题以及货物在变更合同之前灭失等原因，物资公司在货物灭失时不承担货物风险，亦不拥有货物所有权，无保险利益。根据《中华人民共和国保险法》第十一条第二款规定："投保人对保险标的不具有保险利益的，保险合同无效。"故本案所涉海上货物运输保险合同无效。

物资公司请求货物保险赔偿金及相关损失的主张，不能得到支持。天安保险公司因海上货物运输保险合同无效须将保险费退还给物资公司。

根据《中华人民共和国保险法》第十一条、《中华人民共和国海商法》第二百一十六条、《中华人民共和国合同法》第五十八条、《联合国国际货物销售合同公约》第三十条、第三十四条、《中华人民共和国民事诉讼法》第一百二十八条之规定，判决如下：

一、驳回原告南京物资实业集团总公司的诉讼请求；

二、被告天安保险股份有限公司南京分公司退还原告南京物资实业集团总公司保险费人民币21532.65元，于本判决生效之日起十日内一次付清。

案件受理费人民币81970元，由原告负担。用于调查收集证据的实际执行费用人民币2587元，由原、被告各自负担人民币1293.5元。

如不服本判决，可在判决书送达之日起十五日内，向本院递交上诉状，并按照对方当事人的人数提出副本，上诉于湖北省高级人民法院。

审 判 长　徐少林
代理审判员　解湘滨
代理审判员　许泽民

2002年9月10日
书 记 员　张 瑜

注：上述法律文书于2003年荣获第三届涉外商事海事优秀裁判文书最高人民法院三等奖，湖北省高级人民法院二等奖。

中华人民共和国武汉海事法院

民事判决书

（2001）武海法宁商字第132号

原告汽船相互保险协会（百慕大）有限公司［STEAMSHIP MUTUAL UNDERWRITING ASSOCIATION（BERMUDA）LIMITED］，住所地百慕大·汉密尔顿华盛顿街1号（WASHINGTON MALL 1 PO BOX HM 447 HAMILTON HM BX BERMUDA）。

法定代表人：詹姆斯·麦克唐纳（JAMES MACDONALD），公司董事长。

委托代理人崔寄语，中国·华泰保险经纪有限公司经理。

委托代理人汪鹏南，中国·大连海事法律事务所律师。

被告蓝贝壳航运有限公司（BLUESHELL SHIPPING LIMITED），住所地塞浦路斯·尼科西亚市斯科帕街10号（10 SKOPA STR，NICOSIA CYPRUS）。

法定代表人蒂米图斯·扎哈里思·利莫斯（DIMITRIOS ZAHARIAS LEMOS），公司董事长。

委托代理人徐捷，中国·上海市浩英律师事务所律师。

原告汽船相互保险协会（百慕大）有限公司与被告蓝贝壳航运有限公司船舶保赔保险合同保险费纠纷一案，原告于2001年9月21日向本院申请诉前海事请求保全，本院于同日受理原告的申请并扣押了被告所属的“菲洛克提提斯（M/V FILOKTITIS）”轮。因被告未在扣船裁定中指定的期限内提供担保，本院于2001年12月18日在中国南京市以96万美元的价格将“菲洛克提提斯”轮公开拍卖。拍卖所得价款存放于本院账户。2001年10月19日，原告以保赔保险合同纠纷为由向本院提起诉讼。本案保赔标的物所在地在中国南京，依据《中华人民共和国海事诉讼特别程序法》第六条二款（四）项的规定，保赔标的物所在地的海事法院对海上保赔合同纠纷享有管辖权，同时依据该法第十九条的规定，采取海事请求保全的海事法院对与该海事请求保全有关的海事纠纷也享有管辖权，因而本院对本案拥有管辖权，于2001年10月24日对该案立案受理，并依法由本院审判人员左铭辉、张江顺、吴强组成合议庭，于2002年5月27日和2003年1月20日在本院南京法庭公开开庭进行了审理。第一次开庭时原告委托代理人崔寄语、汪鹏南，被告委托代理人徐捷到庭参加了诉讼；第二次开庭时原告委托代理人汪鹏南到庭参加了诉讼，被告经本院传票传唤无正当理由未到庭。本案现已审理终结。

原告诉称，被告蓝贝壳航运有限公司所有的“菲洛克提提斯”轮和被告的管理人“希文卓海上企业公司（SEAVENTURE MARINE ENTERPRISES CORP. 下称希文卓公司）”所经营的数艘船舶（包括“菲洛克提提斯”轮）由原告承保相互责任保险，被告及其管理人拖欠原告保险费累计754809.11美元。根据原告与被告之间保赔保险合同中的“共同会员条款”（JOINT MEMBER CLAUSE）和“管理条款”（MANAGEMENT CLAUSE），被告作为入会船东（被保险人）之一，应对其作为共同会员（共同被保险人）的管理人所经营的所有船舶拖欠原告的保险费承担连带赔偿责任。原告在起诉时请求被告赔偿原告拖欠的保险费754809.11美元及其利息并承担全部法律费用和扣船、拍卖船舶及执行费用。在诉讼中原告将其诉讼请求变更为被告赔偿原告会费及其他应付款项共计291088.10美元及利息、原告为此次诉讼而产生的法律费用56468.97美元。

原告在第一次开庭时向法庭提交了如下主要证据：

1. 原告的协会规则，证明原告与被告格式合同的内容；

2. 原告的催付通知书，证明原告向被告主张过权利；

3. 原告出具的涉案船舶的入会证书，证明保赔保险合同成立；

4. 英国时效法的相关条款，证明原告提起的诉讼未超过时效；

5. 因本案而产生的有关费用的证明。

上列从境外提交的证据均经过公证、认证。

被告在答辩期间内未提交书面答辩。在第一次庭审过程中，被告提出原告所举的第1、2、3项证据均系单方面的证据，没有被告方和其管理人的签字，不能证明双方的保赔保险合同成立；对于原告提交的第4、5项证据，被告方没有异议，本院予以认定。

针对被告的异议，原告方在第二次开庭时向法庭提交了如下经公证、认证过的证据：

6. 原告与希文卓公司、保险经纪人、船舶抵押权人之间的往来传真、电传和发出通知（共计26份），证明原被告之间通过经纪人签订合同的经过；

7. 原告签发给涉案船舶自1991年至2001的保赔险和抗辩险的承保条（共计10份），证明原被告之间保赔保险合同成立。

由于被告第二次开庭时未到庭质证，视为放弃质证的权利，同时原告提交的以上证据确能证明原被告之间保赔保险合同已经成立，因此对原告在第二次开庭时的举证，本院予以认定。

经审理查明：1991年原告通过保险经纪人波林海事和能源有限公司（BOWRING MARINE & ENERGY LTD.）向希文卓公司签发了FILOKTITIS轮和EVRIMETON轮的承保条。该承保条约定：希文卓公司作为被保险人，将其管理的船舶FILOKTITIS轮（23230 GRT）和EVRIMEDON（23264 GRT）轮向原告投保P&I险和F，D&D险，FILOKTITIS轮保险期间自1991年8月19日至1992年2月20日，EVRIMEDON轮保险期间自1991年9月26日至1992年2月20日。承保条件分别为原告的协会规则第一类和第二类。保险费率约定：P&I险的预付会费（ADVENCE CALL）为每登记总吨每年3.6美元，估计追加会费（ ESTIMATED SUPPLEMENTARY CALL）为20%；F，D&D险的预付会费为每年每船4000美元，估计追加会费为30%。之后，该两条船续保两年。1994年2月27日，希文卓公司将其管理的FILOKTITIS轮、EVRIME-

DON 轮、DIOMIDES 轮（19166 GRT）、PTOLEMEOS 轮（19166 GRT）、ANTIGONOS 轮（19166 GRT）、TILEMAHOS 轮（19166 GRT）、PROTAGORAS 轮（19166 GRT）、FEDRA 轮（21732 GRT）加入原告的保赔保险，一直续保到 1999 年 2 月 20 日。其中 FILOKTITIS 轮和 EVRIMEDON 轮 P&I 险的预付会费为每登记总吨每年 4.11 美元；DIOMIDES 轮、PTOLEMEOS 轮、ANTIGONOS 轮、TILEMAHOS 轮和 PROTAGORAS 轮 P&I 险的预付会费为每登记总吨每年 4.34 美元；FEDRA 轮为 4.20 美元；上述船舶 P&I 险的估计追加会费为 40%；F，D&D 险的预付会费为每船每年 13800 美元，估计追加会费为 30%。1995 年 2 月 20 日至 1997 年 2 月 20 日，FILOKTITIS 轮和 EVRIMEDON 轮的预付会费调整为每登记总吨每年 3.38 美元；DIOMIDES 轮、PTOLEMEOS 轮、ANTIGONOS 轮、TILEMAHOS 轮和 PROTAGORAS 轮为 3.77 美元；FEDRA 轮为 3.72 美元；追加会费不变。上列船舶在 1995 年 2 月 20 日至 1996 年 2 月 20 日的 F，D&D 险预付会费为每船每年 15870 美元，追加会费不变。1996 年 2 月 20 日至 2000 年 2 月 20 日上列续保的船舶的 F，D&D 险预付会费为每船每年 18250 美元，追加会费不变。1996 年 2 月 22 日，FIVI 轮加入原告的保赔协会，保险期限自 1996 年 2 月 20 日 GMT 午时起一年，之后在 1997 年 2 月 20 日续保一年。其 P&I 预付会费费率为 3.77 美元，追加会费为 40%；F，D&D 险的预付会费为每年 18250 美元，追加会费为 30%。1997 年 2 月 20 日至 1998 年 2 月 20 日，FILOKTITIS 轮和 EVRIMEDON 轮的 P&I 险的预付会费调整为每登记总吨每年 3.04 美元，追加会费不变；DIOMIDES 轮、PTOLEMEOS 轮、ANTIGONOS 轮、TILEMAHOS 轮、PROTAGORAS 轮、FIVI 轮 P&I 险的预付会费调整为每登记总吨每年 3.40 美元，追加会费不变；FEDRA 轮的 P&I 险的预付会费调整为每登记总吨每年 3.35 美元，追加会费不变。1998 年 2 月 20 日至 1999 年 2 月 20 日，FILOKTITS 轮和 EVRIMEDON 轮 P&I 险的预付会费调整为每登记总吨每年 2.73 美元，追加会费不变；FEDRA 轮 P&I 险的预付会费调整为每登记总吨每年 3.02 美元，追加会费不变；、DIOMIDES 轮、PTOLEMEOS 轮、ANTIGONOS 轮、TILEMAHOS 轮、PROTAGORAS 轮和 FIVI 轮 P&I 险的预付会费调整为每登记总吨每年 3.06 美元，追加会费不变。1999 年 2 月 20 日，FILOKTITIS 轮、EVRIMEDON 轮、DIOMIDES 轮、PTOLEMEOS 轮、ANTIGONOS 轮、TILEMAHOS 轮、PROTAGORAS 轮、FIVI 轮续保一年。其中 DIOMIDES 轮 P&I 险的预付会费调整为每登记总吨每年 3.17 美元，追加会费不变；其他船舶的 P&I 险的预付会费和追加会费均不变。2000 年 2 月 20 日，FILOKTITIS 轮、EVRIMEDON 轮、DIOMIDES 轮、ANTIGONOS 轮、TILEMAHOS 轮续保一年。其中 FILOKTITIS 轮 P&I 险的预付会费为每年 15000 美元，追加会费取消；EVRIMEDON 轮 P&I 险的预付会费为每登记总吨每年 4.01 美元，追加会费取消；DIOMIDES 轮 P&I 险的预付会费调整为每登记总吨每年 4.66 美元，追加会费取消；ANTIGONOS 轮和 TILEMAHOS 轮 P&I 险的预付会费调整为每登记总吨每年 4.50 美元，追加会费取消；上列船舶的

F，D&D险的预付会费调整为每年23725美元，追加会费取消。

上述船舶在入会后，自1995年起，开始出现不同程度的拖欠会费（P&I FEE）、抗辩费免赔额（DEFENCE FEE DEDUCTIBLE）、退会费（P&I RELEASE CALL）、抗辩退会费（DEFENCE RELEASE CALL）的情况。其中FILOKTITIS轮拖欠178163.36美元、EVRIMEDON轮拖欠161129.5美元、FEDRA轮拖欠61485.98美元、DIOMIDES轮拖欠209335.57美元、PTOLEMEOS轮拖欠22958.13美元、ANTIGONOS轮拖欠188423美元、TILEMAHOS轮拖欠84134.21美元、PROTAGORAS轮拖欠9927.43美元、FIVI轮拖欠30416.93美元。上述费用总计945974.1美元。在保险期间内原告应支付上述船舶部分保险金和其他费用总计654886美元。

原告的入会和承保证书（CERTIFICATE OF ENTRY AND ACCEPTANCE）的共同会员条款规定：希文卓公司作为管理人是本保单的共同会员，其受保范围仅限于由船舶所有人承担风险的根据习惯进行的经营活动所产生的在规则和本入会证书的条款、条件和除外责任中规定的承保范围之内的风险、责任、费用和支出。任何一个共同会员根据规则和本入会证书的条款、条件和除外责任而丧失获得赔偿的行为将使全部会员丧失赔偿。全部共同会员对因入会而欠付给协会的任何保费承担连带责任；任何共同会员收到的协会支付的任何款项将解除协会支付同一款项的责任。

原告的入会和承保证书的管理条款规定：本船是希文卓公司的一部分。本船作为其船队的一员，其所有人作为被保险人与作为被保险人的船队的其他船东，对船队中船舶欠付给协会的会费、分摊和其他任何款项承担连带责任。因此，船队中任何一条船舶未支付应由其支付的会费、分摊和其他任何款项，将被视为本船船东未支付会费、分摊和其他款项。

原告的协会规则第36Ⅰd条规定：本规则和协会与会员之间的保险合同受英国法律调整，并根据英国法律解释。英国《1980年时效法（LIMITATION ACT 1980）》第5条规定："因合同而引起的诉讼时效期间为6年，自诉因产生之日起算（AN ACTION FOUNDED ON SIMPLE CONTRACT SHALL NOT BE BROUGHT AFTER THE EXPIRATION OF SIX YEARS FROM THE DATE ON WHICH THE CAUSE OF ACTION ACCRUED）。"

原告为采取诉前海事请求保全措施和提起本案诉讼，共产生了如下费用：

1. 华泰保险经济有限公司的服务费及中国再保险公司提供担保所收取的佣金8813美元；

2. 伦敦齐伯礼国际律师事务所（RICHARDS BUTLER INTERNATIONAL LAW FIRM）提供法律服务的费用6395.12美元；

3. 伦敦摩尔·费舍尔·布朗律师事务所（MORE FISHER BROWN）提供法律服务的费用1007.75美元；

4. 接受本院委托代为向被告送达的费用1348.07美元；

5. 因在中国诉讼而产生向中国律师支付的费用22360美元。

本院认为，本案系船舶保赔保险合同纠纷案件。本案的双方当事人均系外国人，属涉外民事纠纷。《中华人民共和国海商法》第十四章“涉外关系的法律适用”第二百六十九条规定：“合同当事人可以选择合同适用的法律，法律另有规定的除外。合同当事人没有选择的，适用与合同有最密切联系的国家的法律。”根据本条规定，确定涉外民事关系的准据法时应首先适用当事人选择合同适用的法律。本案原告的协会规则中明确约定了“本规则和协会与会员之间的保险合同受英国法律调整，并根据英国法律解释”，本案所涉合同系协会与会员之间的保险合同，被告未举证证明其对该约定提出过异议或该约定违反法律，视为其对该约定的认可，因此，本案应适用英国法律。英国1906年《海上保险法》（1906 MARINE INSURANCE ACT）第1条规定：“海上保险合同，是一种保险人按照约定的方式和范围，对与海上冒险有关的海上灭失，向被保险人承担赔偿责任的合同。（A CONTRACT OF MARINE INSURANCE IS A CONTRACT WHEREBY THE INSURER UNDERTAKES TO INDEMNIFY THE ASSURED, IN MANNER AND TO THE EXTENT THEREBY AGREED, AGAINST MARINE LOSSES, THAT IS TO SAY, THE LOSSES INCIDENT TO MARINE ADVENTURE)”本案所涉合同符合该法对海上保险合同的界定，故英国1906年《海上保险法》应作为本案的准据法。该法第21条规定：“保险人接受被保险人的投保单后，无论当时是否已签发保险单，海上保险合同应视为已经成立；为表明该投保单何时被接受，可以参考承保条或暂保单或其他合同习惯的备忘录（A CONTRACT OF MARINE INSURANCE IS DEEMED TO BE CONCLUDED WHEN THE PROPOSAL OF THE ASSURED IS ACCEPTED BY THE INSURER, WHETHER THE POLICY BE THEN ISSUED OR NOT AND, FOR THE PURPOSE OF SHOWING WHEN THE PROPOSAL WAS ACCEPTED, REFERENCE MAY BE MADE TO THE SLIP OR COVERING NOTE OR OTHER CUSTOMARY MEMORANDUM OF THE CONTRACT)。”该条是对海上保险合同成立的规定。本案中原被告双方并未签订正式的船舶保险合同，但根据英国的实践，承保条已被认可为海上保险单，保险人一旦签署保险经纪人准备的承保条，该保险合同便视为成立。本案中原告签发的10份承保条可以证明原被告之间的保险合同法律关系的成立，被告未能证明该合同关系无效的情形，故本案的船舶保赔保险合同为有效合同，双方应依约履行合同的义务。英国1906年《海上保险法》第85条规定：“（1）两人或两人以上的、彼此同意互相承保保险，称为相互保险。（2）本法有关保险费的各项规定，不适用于相互保险，但各方达成的担保或其他类似安排可以替代保险费。（3）本法的各项规定，在可由各方协议的范围内修改，在适用于相互保险时，可由保赔协会签发的保险单的条件或协会的规则和章程加以修改。（4）除本条所提及的除外，本法的各项规定适用于相互保险。[（1）WHERE TWO OR MORE PERSONS MUTUALLY AGREE TO INSURE EACH OTHER AGAINST MARINE LOSSES THERE IS SAID TO BE A MUTUAL INSURANCE.（2）THE

PROVISIONS OF THIS ACT RELATING TO THE PREMIUM DO NOT APPLY TO MUTUAL INSURANCE, BUT A GUARANTEE, OR SUCH OTHER ARRANGEMENT AS MAY BE AGREED UPON, MAY BE SUBSTITUTED FOR THE PREMIUM. (3) THE PROVISIONS OF THIS ACT, IN SO FAR AS THEY MAY BE MODIFIED BY THE AGREEMENT OF THE PARTIES, MAY IN THE CASE OF MUTUAL INSURANCE BE MODIFIED BY THE TERMS OF THE POLICES ISSUED BY THE ASSOCIATION, OR BY THE RULES AND REGULATIONS OF THE ASSOCIATION. (4) SUBJECT TO THE EXCEPTIONS MENTIONED IN THIS SECTION, THE PROVISION OF THIS ACT APPLY TO A MUTUAL INSURANCE]"根据本条规定，原告保险单条件中的"共同会员条款"和"管理条款"为有效担保条款，可以替代保险费。被告不仅应对未能按时支付保险费承担违约责任，还应对其管理人希文卓公司所管理的其他船舶所拖欠的保险费承担连带责任。原告要求被告支付保险费利息的诉讼请求，因原告未提供其具体数额、计算方式和计算依据，本院不予支持。依照英国 1906 年《海上保险法》第 85 条、《中华人民共和国民事诉讼法》第一百三十条的规定，判决如下：

一、由被告蓝贝壳航运有限公司支付原告汽船相互保险协会（百慕大）有限公司船舶保险费 291088.10 美元，于本判决生效之日起 10 日内一次性付清；

二、由被告蓝贝壳航运有限公司赔偿原告汽船相互保险协会（百慕大）有限公司因扣押"菲洛克提提斯"轮和提起本诉讼而产生的担保佣金、法律服务费用、中国律师费用共计 38575.87 美元，于本判决生效之日起 10 日内一次性付清；

三、驳回原告汽船相互保险协会（百慕大）有限公司提出的要求被告蓝贝壳航运有限公司支付保险费利息的诉讼请求。

案件受理费人民币 41330 元、委托送达费用 1348.07 美元、扣船申请费人民币 5000 元、拍卖费用人民币 400000 元，共计人民币 446330 元，美元 1348.07 元，由被告蓝贝壳航运有限公司承担。

如不服本判决，可在本判决书送达之日起 30 日内向本院递交上诉状正本 2 份，副本 2 份，上诉于湖北省高级人民法院。

审　判　长　张江顺
审　判　员　左铭辉
代理审判员　吴　强

2003 年 2 月 28 日
书　记　员　潘晓帆

注：上述法律文书于 2003 年荣获第三届涉外商事海事优秀裁判文书最高人民法院三等奖，湖北省高级人民法院二等奖。

中华人民共和国武汉海事法院

民事判决书

（1999）武海法商字第 65 号

原告上海申大（集团）公司浦东进出口分公司，住所上海市宁海东路 200 号申鑫大厦 905 室。

法定代表人顾克诚，该公司经理。

委托代理人杨豫洛，上海新旺律师事务所律师。

委托代理人华卫国，湖北君益律师事务所律师。

被告湖北晴川轮船有限公司，住所湖北省武汉市江汉区新华路 314 号登月大厦。

法定代表人张建卫，该公司董事长。

委托代理人张树勤，湖北大晟律师事务所律师。

委托代理人易先孟，湖北大晟律师事务所律师。

原告上海申大（集团）公司浦东进出口分公司（下称申大公司）诉被告湖北晴川轮船有限公司（下称晴川公司）海上货物运输提单纠纷一案，本院受理后，依法组成合议庭，公开开庭进行了审理。原告申大公司的委托代理人杨豫洛、华卫国，被告晴川公司的委托代理人张树勤、易先孟到庭参加诉讼。本案现已审理终结。

原告申大公司诉称：1998 年 4 月 12 日，我司与香港荣润发展有限公司（下称荣润公司）签订一份购买 20000 吨锰矿合同，同时又签订了返销 12500 吨硅锰合金合同。合同签订后，我司于 1999 年 2 月 9 日与荣润公司签订了自 1999 年 2 月至 4 月的出货计划。按照出货计划，1999 年 3 月我司要为荣润公司出货 3000 吨，1998 年 11 月 23 日和 1999 年 2 月 5 日荣润公司因出口 2000 吨硅锰合金去韩国为我司开出了二张总价值为 78 万美元的信用证，并于 1999 年 2 月 20 日通知我司已订被告“晴川 7 号”轮来装货。1999 年 3 月 10 日，我司按照荣润公司的信用证要求以 FOB 方式在最后装船期到来前将货物交给了“晴川 7 号”轮，然而被告在收到货物后未签发提单，致使我司的信用证过了 1999 年 3 月 26 日的最后议付日。后据了解被告擅自与租船人香港财讯船务有限公司签订了运往日本的运输合同，改变原应去韩国的行程，违反了有关许可证制度规定，被湛江海关扣留船舶，造成我司损失。现请求判令被告赔偿货款损失人民币（以下均为人民币）7201251 元，逾期付款滞纳金 345660.05 元，共计 7546911.05 元。庭审中，申大公司变更诉讼请求，请求判令被告赔偿市场差价损失 913000 元，货款利息损失 1321692 元，仓储、装卸、吊装损失 320000 元，共计 2554692 元。

晴川公司在法定答辩期内未提出答辩。庭审中辩称：我司与原告无合同关系，由于原告涉嫌走私，我司对货物处分权受限制，无法签发提单。我司船舶驶往日本是凭租船人香港财讯船务有限公司的指令，原告应向租船人香港财讯船务有限公司起诉。

原告为支持其主张提供了以下证据：

一、1998年4月12日，申大公司与荣润公司签订的两份贸易合同。用于证明申大公司将硅锰卖给荣润公司和荣润公司将锰矿卖给申大公司的买卖合同关系成立。

二、1998年11月23日，荣润公司开出一份信用证。用于证明信用证的受益人为申大公司，货物装运地为中国湛江，目的港为韩国浦项，信用证有效期为1999年1月10日。

三、1999年2月5日，荣润公司开出一份修改的信用证。用于证明信用证的有效期修改为1999年3月26日。

四、1999年2月9日，申大公司的出货计划。用于证明申大公司准备出运7000吨硅锰合金。

五、1999年2月25日，荣润公司发给申大公司的传真函件。用于证明荣润公司通知申大公司在1999年3月5日左右装货、请办理报关手续。

六、1999年3月8日，荣润公司发给申大公司的传真函件。用于证明荣润公司通知申大公司船已到港请立即备齐货物装船。

七、2000年4月8日，湛江港务局向申大公司开出的发票二份。用于证明申大公司向湛江港务局交纳的港口装卸作业费。

八、2000年5月，海南港澳国际贸易发展有限公司（下称港澳公司）与申大公司签订的合作出口协议。用于证明申大公司与港澳公司合作出口硅锰。

九、2000年5月10日，港澳公司向上海豪乐得旅游汽车服务有限公司（下称豪乐得公司）开出的银行汇票一张。用于证明港澳公司将出口的硅锰款260万元汇入豪乐得公司账户。

十、2000年5月11日、6月5日，港澳公司向豪乐得公司开出的发票三份。用于证明港澳公司将出口的硅锰款汇入豪乐得公司账户。

十一、2000年6月20日，湛江商业机械厂向申大公司出具的发票三份。用于证明海关扣货后将货堆存于湛江商业机械厂仓库。

十二、2000年9月18日，豪乐得公司出具证明一份，用于证明豪乐得公司代申大公司收取。其中，证据七、八、九、十、十一、十二、还用于证明因被告协助走私造成其市场差价损失每吨55美元，仓储、吊装、装卸费损失320000元。

被告对原告提供的证据经当庭质证，认为两份贸易合同（证据一）与被告无关，对湛江港务局、湛江商业机械厂向申大公司开具的发票（证据七、十一）、港澳公司向豪乐得公司开具的发票及豪乐得公司出具的证明（证据十、十二）因是原件，对其表面形式没有异议。但对内容有异议，认为一、海关处罚单上的货物数量为2389.45吨，而原告实际出口的货物数量为2370吨。二、对海关是否租用湛江机械厂的仓库堆存货物表示怀疑。对其余的证据均有异议，认为系复印件，其真实性、合法性无法确定，不能作为认定事实的依据。

被告为支持其主张提供了以下证据：

一、1999年2月14日，香港财讯船务有限公司与晴川公司签订的航次租船协议。用于证明香港财讯船务有限公司与晴川公司之间的租船合同关系成立。

二、1999年2月26日，香港财讯船务有限公司发给晴川公司的传真函件。用于证明香港财讯船务有限公司通知“晴川7号”轮将货运往日本，并告知其代理人为湛江市霞山经贸发展公司。

三、1999年3月15日，湛江海关发给湛江外代的传真函件。用于证明因“晴川7号”轮所载货物的货主涉嫌走私，湛江海关要求湛江外代配合将“晴川7号”轮押回海关辑私码头并将所载货物全部卸下。

四、1999年3月8日至1999年4月1日“晴川7号”轮的装卸事实记录。用于证明“晴川7号”轮在此期间装卸货物的记录。

原告对被告提供的上述证据经当庭质证，除对湛江海关发给湛江外代的传真函件（证据三）无异议外，对其余的证据均有异议。认为被告提供的证据均为复印件，其真实性、合法性无法确定，不能作为认定事实的依据。

本院为查明事实，调查取得下列证据：

一、1999年2月26日，晴川公司发给湛江外代的传真函件。用于证明晴川公司通知湛江外代不要在湛江签发提单，同时还证明2500吨散装硅锰可能到日本卸货，亦可能到韩国卸货。

二、1999年3月3日，“晴川7号”轮所载货主之一广西八一铁合金厂的代理人湛江报关行委托湛江外代出运货物的托运单。用于证明广西八一铁合金厂的代理人湛江报关行委托湛江外代出运硅锰合金525吨到韩国仁川。

三、1999年3月5日，“晴川7号”轮所载货主之二申大公司的代理人湛江报关行委托湛江外代出运货物的托运单二份。用于证明申大公司的代理人湛江报关行委托湛江外代出运硅锰合金共计2000吨到韩国浦项。

四、1999年3月24日，申大公司发给湛江外代的传真函件。用于证明申大公司要求湛江外代向其提交提单。

五、1999年3月25日，湛江外代发给申大公司的回函。用于证明湛江外代不签发提单是受晴川公司的指示。

六、1999年3月25日，晴川公司发给湛江外代的传真函件。用于证明晴川公司再次通知湛江外代在没有我司书面通知的情况下不要签发提单。

2000年5月30日，晴川公司向本院申请要求调查以下内容：一、2000吨硅锰合金的性质与处理结果；二、湛江海关对2000吨硅锰合金的扣货令。本院于2000年8月22日赴湛江海关调查取得下列证据：

一、1999年7月9日，湛江海关两份处罚决定书。用于证明“晴川7号”轮所载货主之一广西八一铁合金厂将运抵国伪报为韩国其行为构成走私；“晴川7号”轮协助广西八一铁合金厂将目的港为日本川崎伪报为韩国仁川，其行为构成协助走私；并对广西八一铁合金厂的货物没收，对晴川公司罚款10万元。

二、2000年3月7日，湛江海关处罚决定书一份。用于证明申大公司将出口货物进行调换，其行为构成违法，并对其罚款260万元。

2000年9月25日，申大公司向本院申请要求调查以下内容：一、海关对“晴川7号”轮实施扣船扣货的起因；二、海关扣船扣货进行调查的主要对象是涉嫌走私还是违规行为；三、海关对走私行为和违规行为的处理程序和结果有何不同；四、对出口贸易环节中的违规行为，海关是否可视情节不采取扣货措施，而只需对当事人进行处罚。本院于2000年10月8日向湛江海关发出协助调查函，要求调查上述内容。2000年10月24日，湛江海关向本院复函称：一、1999年3月11日，我关发现“晴川7号”轮及所载硅锰申报目的港为韩国仁川，而该轮实际目的港是日本川崎，有逃避海关监管的走私嫌疑，于是扣留调查。二、经查，广西八一铁合金厂将出口到日本川崎的硅锰伪报出口到韩国仁川，并装上“晴川7号”轮，“晴川7号”轮也将实际目的港日本川崎伪报为韩国仁川，逃避海关监管，是出口申报环节的走私行为；申大公司擅自转让进口料件，以国产硅锰顶替进口料件加工硅锰出口是加工环节的违规行为；广西八一铁合金厂和“晴川7号”轮与申大公司是不同主体不同环节不同性质的违法行为。三、海关对出口贸易中的货物发现违规行为是否扣押货物应视案情需要而定。

原、被告双方对法院调查取得的证据及内容均无异议。

本案的争议焦点在于原告的损失是否系被告协助走私的行为造成，即被告协助走私的行为与原告的损失有无因果关系。

经对原、被告双方提供的证据和法院调查的证据及本案争议的焦点进行审理，查明：1998年4月12日，申大公司与荣润公司签订两份货物买卖合同。其中一份合同约定，申大公司将硅锰合金12500吨卖给荣润公司。另一份合同约定，荣润公司将锰矿20000吨卖给申大公司。1998年11月23日，买方荣润公司开出以申大公司为受益人的即期信用证，信用证有效期为1999年1月10日。1999年2月5日，荣润公司又开出一份信用证将信用证的有效期修改为1999年3月26日。1999年2月14日，香港财讯船务有限公司与晴川公司签订航次租船合同，约定：香港财迅船务有限公司租用“晴川7号”轮运货到日本。1999年2月25日，荣润公司通知申大公司已订“晴川7号”轮并在1999年3月5日左右装货请安排办理报关手续。1999年2月26日，晴川公司通知湛江外代不要在湛江签发提单，并通知2500吨散装硅锰可能到日本，亦可能到韩国。1999年3月3日“晴川7号”轮所载货主之一广西八一铁合金厂委托湛江外代出运硅锰合金525吨到韩国仁川。1999年3月5日“晴川7号”轮所载货主之二申大公司委托湛江外代出运硅锰2000吨到韩国浦项。1999年3月8日，荣润公司通知申大公司船已到港请立即备齐货物装船。1999年3月10日开始装货，3月11日装货完毕，并办理离港手续。同日，海关怀疑货主有擅自改港行为，开始着手调查船载货物及船舶。1999年3月15日，湛江海关通知湛江外代因“晴川7号”轮所载货物的货主涉嫌走私请湛江外代将“晴川7号”轮押回海关缉私码头将货全部卸下。1999年3月24日，申大公司通知湛江外代要求向其提交提单。1999年3月25日，湛江外代回函申大公司称：晴川公司指示我司不要签发提单。同日晴川公司再次通知湛江外代不要签发提单。1999年3月31日，“晴川7号”轮所载货物全部卸下。湛江海关经调查于1999年7月9日，作出二份处罚决定书，认定广西八一铁合金厂将货物运抵国伪报为韩国其行为构成走私并将货物全部没收；认定晴川公司协助广西八一铁合金厂走私对其罚款10万元。2000年3月7日，湛江海关又作出一份处罚决定书，认定申大公司将出口货物进行调换其行为属违法，并对其罚款260万元后将货物办理了出口核销手续。

同时查明，本案所涉“晴川7号”轮装载有两票货物，一票货主为广西八一铁合金厂，另一票货主为申大公司。湛江外代是晴川公司的船代。

另查明，广西八一铁合金厂货物出运的目的港为日本川崎港，申大公司货物出运的目的港为韩国浦项港。

本院认为，原、被告双方提供的证据均为传真件，符合国际贸易的习惯做法，经本院对上述证据进行审查并结合本案案情和综合其他证据，本院认为原被告双方提供的证据真实、合法，本院予以采信。

综上，虽然被告主观上有协助走私的动机，且行动上已实施了协助走私行为，并受到了海关的处罚，但其协助走私的行为与原告的损失没有因果关系。原告的市场差价损失、货款利息损失、仓储、装卸、吊装损失系因其行为违法被海关查处而产生，故原告的损失系原告自身的过错造成。原告诉请被告赔偿损失的理由不能成立，原告的损失应由原告自行承担。根据《中华人民共和国民法通则》第七条、第五十八条第四款、第六十一条，《中华人民共和国民事诉讼法》第一百二十八条之规定，判决如下：

驳回原告上海申大（集团）公司浦东进出口分公司对被告湖北晴川轮船有限公司要求赔偿损失的诉讼请求。

案件受理费29618元，由原告承担。

如不服本判决，可在判决书送达之日起十五日内，向本院递交上诉状，并按对方当事人的人数提出副本，上诉于湖北省高级人民法院。

审 判 长　李 杰
代理审判员　解湘滨
代理审判员　冯克宁

2001年4月22日
书 记 员　侯 伟

注：上述法律文书于2002年荣获第二届涉外商事海事优秀裁判文书评比湖北省三等奖。

中华人民共和国武汉海事法院

民事判决书

（2001）武海法商字第19号

原告中国·安徽省服装进出口股份有限公司，住所中国·安徽省合肥市长江路436号。

法定代表人蒯世源，该公司董事长。

委托代理人董劲松，该公司法律顾问室主任。

委托代理人左海聪，中国·湖北省珞珈律师事务所律师。

被告法国·薛德卡哥斯公司（SUDCARGOS），住所法国·马赛市西德克斯街2号（MARSEILLE CEDEX 02，FRANCE）。

被告中国·安徽外运直属储运公司，住所中国·安徽省合肥市合瓦路147号。

法定代表人樊传孟，该公司经理。

委托代理人王友保，该公司职员。

委托代理人梁伟峰，中国·安徽功平律师事务所律师。

被告法国·国家塔丽娜航运公司（CGM TANYA SA），住所法国·马赛市普那多街408号（408 AVENUE DU PRADO MARSEILLE，FRANCE）。

原告中国·安徽省服装进出口股份有限公司（下称服装公司）与被告法国·薛德卡哥斯公司（下称卡哥公司）、被告中国·安徽外运直属储运公司（下称储运公司）海上货物运输合同货损索赔纠纷一案，本院于2001年2月28日受理后，依法组成合议庭，并应服装公司的申请，依法追加被告法国·塔丽娜国家航运公司（下称航运公司）为本案共同被告参加诉讼。本案货物运输的始发地为中国南京，属本院管辖范围，且三被告均在法定答辩期内未提出管辖权异议，故本院对本案取得管辖权。同年6月27日本院在《中国日报》上向被告卡哥公司、被告航运公司公告送达了起诉状副本及开庭传票，并于2002年1月30日公开开庭进行了审理。原告服装公司的委托代理人董劲松、左海聪，被告储运公司的委托代理人王友保、梁伟峰到庭参加诉讼，被告卡哥公司、航运公司未到庭参加诉讼。本案经缺席审理，现已审理终结。

原告服装公司诉称：2000年8月18日，服装公司与储运公司签订一份货物运输协议书，约定：服装公司委托储运公司配备同年8月22日达贸（DEIMAS）公司的航班，将其价值67200美元的6000床腈纶地毯，由中国南京港运往法国马赛港。然而储运公司在未获得服装公司同意的情况下，擅自配备了卡哥公司的“谭亚（TANYA）”轮，并以卡哥公司代理的身份于同日签发了提单。同年8月30日，储运公司通知服装公司称：装载服装公司托运货物的四个集装箱已全部灭失，但储运公司拒绝提交任何书面材料说明货物灭失原因，致使“谭亚”轮未作任何赔偿即驶离上海港。服装公司认为，卡哥公司在承运并接受服装公司的货物后，因管理不当导致货物全部灭失，航运公司在实际承运中，造成货物灭失，故卡哥公司、航运公司均应对货物灭失承担赔偿责任。储运公司超越代理权限为双方代理，未诚信履行代理人职责，亦应对货损负责。现请求判令卡哥公司、航运公司、储运公司对货损负连带赔偿责任。

被告卡哥公司、航运公司未提出答辩。

被告储运公司辩称：一、储运公司既非承运人，也非服装公司的货运代理人，其法律地位应是达贸公司订舱代理人，以及卡哥公司提单的代签人。二、储运公司对服装公司没有任何违约或侵权之处，服装公司所称的损失与储运公司没有任何因果关系。三、服装公司对本案货损不享有起诉权，货物越过船舷，其运输风险就已转移给买方琳达（LINDA）纺织品公司。

服装公司为支持其主张，庭审时向本院提供了以下证据：

一、货物运输协议书。用于证明服装公司与储运公司委托关系成立。

二、出口货物委托书。用于证明服装公司要求储运公司配备达贸公司的船，将货物运往法国·马赛。

三、商业发票。用于证明该批货物的总价值为67200美元。

四、装箱单。用于证明货物已装入规格为40英尺的4个集装箱内。

五、报关单。用于证明该批货物的出口已向海关申报。

六、提单。用于证明服装公司与卡哥公司、航运公司之间的海上货物运输关系，服装公司与储运公司之间的货运代理关系。

七、网上查阅的资料。用于证明实际承运人为航运公司。

储运公司对服装公司提供的上述证据经当庭质证，均无异议。

储运公司为支持其主张，庭审时向本院提供了以下证据：

一、编号为26537的提单。用于证明储运公司已按服装公司的要求配备了达贸公司的船舶，并得到了香港达贸公司的确认。

二、达贸公司于2001年5月30日出具的说明及工商登记材料。用于证明储运公司系香港达贸公司在安徽的订舱代理和香港达贸公司上海代表处的工商登记情况。

三、达贸公司的内部规定。用于证明储运公司按照达贸公司的制单原则对航行于西北非（欧洲中转）的船舶必须签发卡哥公司的提单。

四、达贸公司的船期表及达贸公司的证明。用于证明储运公司配备的“谭亚”轮是达贸公司的船舶以及证明达贸公司系卡哥公司的股东。

五、服装公司接受提单的证明。用于证明储运公司签发了卡哥公司的提单交给服装公司后，服装公司对此未提出任何异议。

六、一套出运单据。用于佐证储运公司以往对服装公司要求储运至欧洲的货物都签发的是卡哥公司的提单。

七、定舱代理协议。用于证明储运公司系达贸公司在安徽、江苏等地的订舱代理人。

八、达贸公司的证明。用于证明储运公司并非船代，而系达贸公司的定舱代理人。

储运公司提供的证据经服装公司当庭质证，服装公司对提单（证据一）、工商登记材料（证据二）、一套出运单据（证据六）、定舱代理协议（证据七）有异议，对其余的证据均为无异议。认为证据一、二、七系复印件表面形式不真实，证据六与本案无关，不能作为本案认定事实的依据。

本院为查明事实，经调查取得以下证据：

一、宁波港监交通事故查询记录。证明"谭亚"轮 T39W 航次 2000 年 8 月 30 日由上海开往宁波途中发生了海事。

二、航海日志。证明"谭亚"轮 T39W 航次的航行情况。

服装公司、储运公司对本院调查的上述证据均无异议。

本院对服装公司、储运公司提供的证据及根据双方质证的意见并结合案情进行审查分析，对双方认可的证据及法院调查的证据均予以认定，对储运公司提供的证据一、六、七经与原件核对表面形式真实亦予以认定，对储运公司提供证据二因系复印件，且没有加盖工商部门的公章，其表面形式不真实，本院对此不予认定。

根据上述证据，结合庭审调查，本院认定如下事实：2000 年 8 月 9 日，服装公司填写出口货物委托书，委托书载明：经营人服装公司，提单通知人琳达纺织品公司，货物 100%腈纶地毯，数量 6000 件，价值 67200 美元，起运港中国·南京港，目的港法国·马赛港，运费到付。同日服装公司填写装箱单将上述货物装入规格为 40 英尺的 4 个集装箱内，并向海关进行了申报。2000 年 8 月 16 日，服装公司与储运公司签订一份货物运输协议书，约定：服装公司委托储运公司配备同年 8 月 22 日达贸公司的船舶运送货物，从中国·南京港运至法国·马赛港。协议签订后，服装公司按指示将货物运至南京集装箱仓库。同年 8 月 29 日，储运公司按照达贸公司的制单原则并依据服装公司的保函，倒签了编号 DCE05426537 抬头为卡哥公司的提单，该单载明：托运人服装公司，收货人凭指示，通知方琳达纺织品公司，承运船舶"谭亚"轮，起运港中国·南京港，卸货港法国·马赛港，货物为腈纶地毯，数量为 6000 件，价值 67200 美元，装货日期 2000 年 8 月 22 日，提单由储运公司代理达贸公司签发。储运公司签发提单后，将提单交给了服装公司。同日"谭亚"轮装上货物后，离开上海港。8 月 30 日"谭亚"轮在驶往宁波的途中，由于承运人未妥善保管致使所载货物掉入海中，造成服装公司货物全损。

同时查明："谭亚"轮，属航运公司所有。提单背面条款规定本案的争议应适用法国 1966 年 6 月 18 日法律及相关法律解释或者适用《海牙—维斯比规则》(THE FRENCH LAW OF THE 18/06/1966 AND RELEVANT EDICTS, OR THEINTERNATIONAL CONVENTION FOR THE UNIFICATION OF CER-

TAIN RULES RELATING TO BILLS OF LADING OF AUGUST 25th 1924, AS AMENDED BY THE PROTOCOL SIGNED IN BRUSSELS 23rd FEBRUARY 1968)。

本案争议的焦点为：一、储运公司与服装公司的法律关系问题。二、储运公司签发卡哥公司提单的行为与服装公司货物损失有无因果关系的问题。三、服装公司有无诉权的问题。四、服装公司货物损失由谁承担的问题。

本院对争议的焦点作如下分析认定：

一、关于储运公司与服装公司的法律关系问题。经查，服装公司与储运公司签订的货物运输协议，约定：储运公司代理服装公司出运货物，并负责向其配备指定的船舶，同时储运公司在卡哥公司的提单上明确标示其为卡哥公司的货物代理人，故储运公司既是服装公司的货运代理人又是卡哥公司的船舶代理人。储运公司主张并非服装公司货运代理人的理由，本院不予采纳。

二、关于服装公司有无诉权的问题。经查，根据国际惯例，提单具有以下功能：一、提单是承运人与托运人之间达成的海上货物运输合同的证明。二、提单是承运人接管货物或将货物装船的证明。三、提单是承运人保证据以交付货物的凭证。承运人同收货人、提单持有人之间的权利义务关系，依据提单的规定确定。本案中，服装公司持有正本提单，其依据提单起诉承运人要求其赔偿货物损失符合法律规定。储运公司主张服装公司对本案货损不享有起诉权的理由，本院不予采纳。

三、关于储运公司签发卡哥公司提单的行为与服装公司货物损失有无因果关系的问题。经查，储运公司虽未完全依约履行代理职责，但按惯例签发了卡哥公司的提单，并交给了服装公司，服装公司接收提单后，未提出任何异议，且以往都议付成功，表明服装公司已对该单予以认可。同时，储运公司签发了卡哥公司的提单，并不当然造成货物损失。故服装公司的货物损失与储运公司的签单行为没有因果关系。服装公司主张货物损失应由储运公司赔偿的理由，本院亦不予采纳。

四、关于服装公司的货物损失由谁承担的问题。经查，服装公司作为提单持有人与承运人卡哥公司和实际承运人航运公司系海上货物运输合同关系。卡哥公司作为承运人接受服装公司的货物后又将货物交给航运公司所属的“谭亚”轮实际承运，航运公司未妥善保管所运之货物，造成货物损失，且货物损失亦发生在其责任期间，故航运公司应承担赔偿责任。卡哥公司应对实际承运人航运公司的行为负责，应对服装公司损失负连带赔偿责任。

综上，本院认为，提单背面条款规定本案的争议应适用法国 1966 年 6 月 18 日法律及相关法律解释或者适用《海牙—维斯比规则》，本院选择《海牙—维斯比规则》为本案的准据法。服装公司与卡哥公司、航运公司以提单为证明的海上货物运输合同关系成立。航运公司作为实际承运人未妥善保管所运之货物造成服装公司货物损失，航运公司应对货损负赔偿责任。卡哥公司应对实际承运人航运公司的行为负责，对服装公司所受损失负连带赔偿责任。储运公司虽未完全依约履行代理服装公司出运货物的职责，但与服装公司的货物损失没有因果关系，储运公司不应承担服装公司货物损失的赔偿责任。根据《海牙－维斯比规则》（THE INTERNATIONAL CONVENTION FOR THE UNIFICATION OF CERTAIN RULES RELATING TO BILLS OF LADING OF AUGUST 25th 1924，AS AMENDED BY THE PROTOCOL SIGNED IN BRUSSELS 23rd FEBRUARY 1968）第三条第二款，《中华人民共和国民事诉讼法》第一百二十八条、第一百三十条之规定，判决如下：

一、被告法国·塔丽娜国家航运公司赔偿中国·安徽省服装进出口股份有限公司货物损失 67200 美元及利息（按中国人民银行同期企业贷款利率从 2000 年 8 月 30 日起算至给付之日止），于本判决生效之日起十日内一次付清。被告法国·薛德卡哥斯公司负连带赔偿责任。

二、驳回原告中国·安徽省服装进出口股份有限公司对被告中国·安徽外运直属储运公司要求赔偿货物损失的诉讼请求。

案件受理费人民币 13770 元，由被告航运公司、被告卡哥公司连带负担。原告预交的诉讼费用，本院不再退还，两被告应负担的诉讼费应同货损赔款一并支付给原告。

如不服本判决，原告服装公司、被告储运公司可在判决书送达之日起十五日内，被告卡哥公司、被告航运公司可在判决书送达之日起三十日内，向本院递交上诉状，并按对方当事人的人数提出副本，上诉于湖北省高级人民法院。

审 判 长　解湘滨
代理审判员　李　杰
代理审判员　张　琳

2002 年 4 月 2 日
书 记 员　张　瑜

注：上述法律文书于 2003 年荣获第三届涉外商事海事优秀裁判文书评比湖北省三等奖。

中华人民共和国武汉海事法院
民事判决书

（2001）武海法重字第 11 号

原告（反诉被告）武汉港阳逻港务管理局，住所湖北省武汉市新洲区阳逻镇。

负责人张保明，该局局长。

委托代理人李保平，该局职员。

委托代理人罗国明，湖北盛德律师事务所律师。

被告（反诉原告）张传付，男，汉族，1957 年 1 2 月 31 日出生，住所江苏省邳州市运河镇向阳小区 100 号，身份证号 320325571231591。

委托代理人万学汉，湖北诺亚律师事务所律师。

被告（反诉原告）陈国庆，男，汉族，1 946 年 8 月 29 日出生，住所江苏省邳州市运河镇广场南侧，身份证号 320325460829041。

委托代理人万学汉，湖北诺亚律师事务所律师。

原告武汉港阳逻港务管理局（下称港务局）与被告张传付、陈国庆船舶租赁合同纠纷一案，本院于 2001 年 4 月 17 日受理后，依法组成合议庭，公开开庭进行了审理，并于 2001 年 5 月 23 日作出（2001）武海法宁商字第 24、28 号民事判决。被告张传付、陈国庆不服该判决，提起上诉。2001 年 9 月 10 日湖北省高级人民法院作出（2001）鄂经终字第 209 号民事裁定，发回本院重新审理。本院于 2001 年 9 月 29 日依法重新组成合议庭，并于 2002 年 1 月 14 日、3 月 5 日公开开庭对本案本诉和反诉合并进行了审理。原告（反诉被告）的委托代理人李保平（庭审结束后，港务局将其委托代理人李保平变更为本局职员佘建群）、罗国明，被告（反诉原告）张传付、陈国庆及委托代理人万学汉均到庭参加诉讼。本案现已审理终结。

原告港务局诉称：2000 年 8 月 15 日，港务局与张传付、陈国庆签订一份船舶租赁合同。合同约定租赁期内所发生的一切海损责任由张传付、陈国庆承担。合同签订后，船舶在江苏泗阳船闸发生了海损事故。张传付、陈国庆却以损失太大无力承担为由，拒绝履行协议。2000 年 10 月 31 日，港务局被迫又与张传付、陈国庆签订一份船舶租赁合同。合同签订后，张传付、陈国庆仍不及时支付租金。至 2001 年 3 月 15 日止，共欠租金 10.83 万元，即使将后期支付的 4 万元租金及风险抵押金 7 万元全部抵扣，张传付、陈国庆仍欠租金 0.63 万元。另外港务局为张传付、陈国庆垫付的船员工资 1.27 万元及返程燃料费 1.8 万元、拖轮修复费 4.5 万元。为此，请求判令被告立即支付所欠租金 0.63 万元，垫付的船员工资 1.27 万元，船舶返程燃料费 1.8 万元、拖轮修复费 4.5 万元共计 8.2 万元并解除船舶租赁合同。

被告张传付、陈国庆辩称：张传付、陈国庆与港务局签订的船舶租赁合同，合法有效。港务局单方无权擅自解除合同，张传付、陈国庆与港务局之间的船舶租赁合同应当继续履行。港务局诉称张传付、陈国庆欠付其租金，并非事实。张传付、陈国庆支付的船舶改装费、修理费应当冲抵租金。港务局要求赔偿垫付的船员工资及返程燃料费、拖轮修复费不应受到法律保护。请求驳回其诉讼请求。

反诉原告张传付、陈国庆诉称：2000 年 10 月 31 日，张传付、陈国庆与港务局签订一份船舶租赁合同，合同约定港务局将所有的长江 542 拖轮一艘，阳港甲 1501、1504、1505 轮驳船三艘租给张传付、陈国庆使用，租期二年，从 2000 年 11 月 8 日至 2002 年 11 月 8 日止，租金每月为 6 万元，风险抵押金为 7 万元。双方在执行合同过程中，如有一方需终止合同，须提前一个月通知对方。如果对方不同意终止合同，另一方强制终止合同，则应赔偿对方经济损失 30 万元。合同签订后，2001 年 4 月 12 日船队运货至南京扬子石化电厂码头时，被港务局原局长李保平带领的 30 多人将船劫持并开往武汉方向。后经船员报警，南京市公安局水上分局大厂水上派出所才将船舶追回，停靠在南京扬子石化电厂对面锚地。因港务局的上述行为致使张传付、陈国庆无法生产，亦不能履行其与虞城县铁路贸易公司签订的运输合同。现请求判令港务局给付赔偿金 30 万元、期得利益损失 64 万元，并返还风险抵押金 7 万元，同时请求判令继续履行船舶租赁合同。

反诉被告港务局在法定答辩期内未提出答辩。庭审中港务局辩称：张传付、陈国庆所述港务局劫持船舶不是事实。张传付、陈国庆违反合同约定，迟延支付租金，且欲将港务局所有的船舶进行抵押，港务局据此根据《中华人民共和国合同法》的规定有权行使不安抗辩权解除合同。现请求解除船舶租赁合同并驳回其反诉请求。

港务局为支持其主张，庭审时向本院提供了以下证据：

一、港务局与张传付、陈国庆签订的二份租船合同及一份补充协议。用于证明双方租赁关系成立。

二、收据。用于证明张传付、陈国庆共计向港务局支付租金 27.17 万元，至 2001 年 3 月止尚欠租金 10.83 万元。

三、保险合同。用于证明张传付、陈国庆未按合同约定对船舶进行保险。

四、虞城县铁路贸易公司与徐州金轮船务有限公司签订的水路货物运输合同。用于证明张传付、陈国庆侵权，欲将港务局的船舶进行抵押。

张传付、陈国庆对港务局提供的上述证据经当庭质证，均无异议。

张传付、陈国庆为支持其主张，庭审时向本院提供了以下证据：

一、港务局与张传付、陈国庆分别于 2000 年 7 月 6 日、7 月 29 日、10 月 31 日签订的船舶租赁合同及补充协议。用于证明双方签订租赁合同的过程及双方租赁关系成立。

二、保单、保费收据、保单变更协议及保险公司证明。用于证明张传付、陈国庆已按合同约定对船舶进行了保险。

三、支付租金的凭证。用于证明张传付、陈国庆已向港务局支付了租金27.17万元及船舶改装费34992.30元，共计306920.30元。

四、船舶租赁合同补充条款。用于证明合同约定船舶的改装费、维修费共计34992.30元，应由港务局承担。

五、委托书两份。用于证明港务局原局长李保平委托该局副局长陈义彪与张传付、陈国庆签订租船合同。陈义彪副局长又委托其运输部副部长霍志珍向张传付、陈国庆收取租金。

六、船舶签证簿。用于证明张传付、陈国庆经港务局同意将港务局所有的长江542号拖轮及阳港甲1501、1504、1505三艘驳船更名为徐轮拖658轮、徐轮甲8605、8606、8607轮。

七、南京市公安局水上分局大厂水上派出所一组询问笔录。用于证明港务局劫船后，船员向110求救，110出警后对船员及有关情况进行了询问。

八、船舶挂靠合同。用于证明张传付、陈国庆租用港务局船舶后挂靠徐州市金轮船务有限公司经营。

九、水路货物运输合同及虞城县铁路贸易公司情况说明。用于证明徐州市金轮船务有限公司与虞城县铁路贸易公司签订的煤炭运输合同及张传付、陈国庆未将所租用的船舶办理抵押登记。

十、江苏省泗阳县人民法院的民事调解书。用于证明2000年8月29日张传付、陈国庆在租赁期内将所租用的船舶撞上泗阳船闸，造成经济损失18万元。

十一、货物运输发票及港务费收据。用于证明张传付、陈国庆在履行其与虞城县铁路贸易公司的运输合同中，收取的运费金额及向港口支付港务费的凭证，同时还证明其取得期得利益的金额。

十二、损失清单。用于证明张传付、陈国庆遭受的损失金额为143万余元。

十三、霍志珍出具的两份证明。用于证明船舶被港务局劫持的经过以及船舶修理的过程。

港务局对张传付、陈国庆提供的证据经当庭质证，对两份船舶租赁合同及一份补充协议（证据一），保单、保费收据、保单变更协议、保险公司证明（证据二），船舶租赁合同补充条款（证据四），货物运输发票及船舶港务费收据（证据十一）表面形式无异议，但对内容有异议。认为第一份船舶租赁合同（证据一）并非2000年7月6日签订，而系同年8月15日签订；船舶租赁合同补充条款（证据四）并非2000年8月31日签订，而系同年7月29日签订。保单、保费收据、保单变更协议、保险公司证明（证据二）无法辨认其真实性。货物运输发票及港务费收据（证据十一）与本案无关。霍志珍出具的证词（证据十三）系复印件，损失清单（证据十二）系张传付、陈国庆单方计算，故该几份证据不能作为本案认定事实的依据。港务局对其余证据均无异议。

经本院对港务局和张传付、陈国庆提供的证据进行审查，并结合本案案情及双方的质证意见，本院对港务局和张传付、陈国庆认可的证据均予以认定。对第一份租船合同（证据一）签订的时间认定为2000年7月6日，对船舶租赁合同补充条款（证据四）签订的时间认定为2000年7月29日。张传付、陈国庆提供的保单、保费收据、保费变更协议、保险公司的证明（证据二）、货物运输发票及港务费收据（证据十一），因其为原件，表面形式真实，故本院予以认定。对霍志珍出具的两份证词（证据十三）、船舶租赁合同补充条款（证据四）虽系复印件，但经调查内容真实，且符合法律规定，故本院亦予以认定。对损失清单（证据十二）因系单方估算，缺乏合理性，故本院不予认定。

经对港务局和张传付、陈国庆双方提供的证据及本案争议的焦点进行审理查明：2000年7月6日，港务局与张传付、陈国庆签订一份船舶租赁合同。合同约定港务局将所有的长江542号拖轮一艘及阳港甲1501、1504、1505驳船三艘租给张传付、陈国庆使用，租期一年，从2000年8月16日起至2001年8月15日止，船舶在租赁期内所发生的一切海损事故，由张传付、陈国庆承担。2000年7月29日港务局运输部副部长霍志珍接受其法定代表人李保平的电话委托与张传付、陈国庆签订船舶租赁合同补充条款，约定船舶维修费、改装费由港务局承担。同日港务局在安庆将船舶交给了张传付、陈国庆。张传付、陈国庆接船后对船舶进行了修理，并驶入京杭运河。2000年8月10日左右船舶在到达邳州后为适合在运河上航行，张传付、陈国庆对船舶进行了改装。同年8月16日船舶开始营运。同年8月25日为便于船舶在运河上航行，张传付、陈国庆与港务局商定将船舶更名为徐轮拖658轮，徐轮甲8605、8606、8607轮，并挂靠徐州金轮船务有限公司经营。合同同时约定，更名后船舶所有权仍为港务局所有。2000年8月29日，船舶航行至江苏泗阳船闸时将10号船墩上部及人行天桥撞坏，将11号船墩撞毁，造成损失18万元。事故发生后，张传付、陈国庆以损失太大为由，拒不履行协议。2000年10月31日，港务局又与张传付、陈国庆签订一份船舶租赁合同及一份补充协议。合同约定港务局将上述船舶继续租给张传付、陈国庆使用，租期为二年，从2000年11月8日至2002年11月8日止。张传付、陈国庆在租用船舶后不得再将船舶进行转租。经营过程中所发生的一切责任均由其承担。张传付、陈国庆在租赁之日起应向港务局交纳风险抵押金7万元。每月租金为6万元，应于每月15日前交纳，年租金为72万元，年终结算。如张传付、陈国庆不按时向港务局交纳租金，则按违约处理。港务局为每艘驳船配备船员2名，并承担拖轮机务维修费，其余船员（含拖轮船员）由张传付、陈国庆配备，拖轮驾驶员配备最低不得少于2人。张传付、陈国庆配备的船员负责运河段船舶航行安全，港务局配备的船员必须配合张传付、陈国庆配备的船员工作。港务局船员的工资由港务局支付，张传付、陈国庆船员的工资应由张传付、陈国庆支付。张传付、陈国庆负责办理船舶保险，并承担保险费。船舶年检费由港务局承担。合同到期后，张传付、陈国庆应负责办理港务局船舶的复名手续并承担一切费用。如张传付、陈国庆不办理船舶复名手续作违约处理。在合同执行过程中，如一方需终止合同，须提前一个月通知对方，如对方不同意终止合同，另一方强制终止合同，则应赔偿对方经济损失30万元。补充协议约定，双方于2000年7月6日签订的船舶租赁合同终止。张传付、陈国庆向港务局支付2000年8月16日至2000年10月30日期间的租金7万元。船舶在泗阳船闸发生海损事故，由港务局补偿张传付、陈国庆损失10万元，其他费用由张传付、陈国庆承担。补偿费由张传付、陈国庆向港务局支付的租金中每月陆续扣除。合同签订后，港务局在拖轮上配备了19名船员，在每艘驳船上各配备了3名船员。张传付、陈国庆在拖轮上配备了4名船员，在每艘驳船上各配备了2名船员。2000年11月4日，张传付、陈国庆向中国太平洋保险公司徐州分公司邳州办事处办理了船舶保险，并分三次向保险公司缴纳了船舶保险费共计3.5万元。2000年11月10日港务局副局长陈义彪委托其运输部副部长霍志珍负责向张传付、陈国庆收取租金并负责向本公司的船员发放工资和伙食费。2000年7月20日，张传付、陈国庆向港务局支付3.7万元、7月26日支付5万元、8月24日支付2.5万元、8月29日支付3万元、9月27日支付0.06万元、10月12日支付0.17万元、10月14日支付0.6万元、11月5日支付0.15万元、11月7日支付0.2万元、11月9日支付0.26万元、11月14日支付0.08万元、11月15日支付0.06万元、11月16日支付0.06万元、11月21日支付0.1万元、12月2日支付0.2万元、12月12日支付0.35万元、12月19日支付1.7万元、12月30日支付0.4万元、2001年1月13日支付0.5万元、1月22日支付0.25万元、2月14日支付0.3万元、2月18日支付0.03万元、2月28日支付0.1万元、3月2日支付0.1万元、3月3日支付3万元、3月10日支付0.2万元、3月29日支付3.7万元、4月5日支付0.3万元，截止2001年4月12日，张传付、陈国庆向港务局支付租金20.17万元，风险抵押金7万元，尚欠租金7.63万元。港务局补偿给张传付、陈国庆的损失10万元未付。

同时查明，徐轮拖658轮、徐轮甲8605、8606、8607轮属港务局所有。张传付、陈国庆接船后为使船舶适合在运河上航行，对船舶进行了改装和修理，共计垫付船舶修理费、改装费34992.30元。

同时查明，张传付、陈国庆在租用港务局的船舶后，于2001年2月21日，以徐州金轮船务有限公司（承运人）的名义与虞城县铁路贸易公司（托运人）签订一份水路货物运输合同。合同约定张传付、陈国庆自2001年2月至12月每2个月3个航次为虞城县铁路贸易公司送煤炭至南京扬子石化电厂码头，每吨运费42元。张传付、陈国庆应以徐轮拖658号拖轮设定抵押。如其造成虞城县铁路贸易公司损失的，虞城县铁路贸易公司以抵押物折价优先受偿。本合同经双方签字盖章后待徐州金轮船务有限公司办理抵押手续后生效。合同签订后，张传付、陈国庆未将徐轮拖658轮办理抵押。2001年4月12日，当徐轮拖658轮及三艘驳船在履行合同过程中运煤至南京扬子石化电厂码头卸完煤炭，停靠在新生圩码头时，被港务局原局长李保平带领的10多人在向张传付、陈国庆配备的船员发放工资后强行将船舶开往武汉方向。后经船员报警，南京市公安局水上分局大厂水上派出所干警赶至现场并将船舶留置于南京扬子石化电厂锚地。

2001年4月16日，港务局向本院提起诉讼，要求张传付、陈国庆支付所欠租金并解除船舶租赁合同。2001年5月13日，港务局向本院提出诉讼财产保全申请，要求扣押其所属船舶。2001年5月16日，本院依法作出裁定对其所属船舶实施了扣押。并向南京市公安局水上分局大厂水上派出所发出协助执行通知书，委托其看管船舶。2002年2月8日，港务局向本院申请解除船舶扣押。2002年3月22日本院作出（2001）武海法重字第11—1号民事裁定，解除了对上述船舶的扣押。同日本院应港务局申请作出（2002）武海法强字第1号海事强制令，将船舶强制返还给港务局。2002年3月25日，张传付、陈国庆向本院提出海事请求保全申请，要求对上述船舶予以"活扣"（限制港务局对船舶的处分权），本院于2002年3月26日作出（2001）武海法重字第11—2号民事裁定，限制港务局对上述船舶进行处分。

本案争议的焦点为：一、港务局主张张传付、陈国庆应向其支付垫付的船员工资、船舶返程的燃料费、船舶恢复原状所需的修理费能否成立的问题；二、张传付、陈国庆主张船舶修理费能否冲抵租金的问题；三、张传付、陈国庆主张返还风险抵押金的理由能否成立的问题；四、张传付、陈国庆主张期得利益损失能否得到保护的问题；五、张传付、陈国庆欲将港务局所有的徐轮拖658轮进行抵押，是否构成侵权的问题；六、张传付、陈国庆迟延支付租金是否构成根本违约，港务局能否据此行使不安抗辩权解除船舶租赁合同的问题。

本院对双方争议的焦点作如下分析认定：

一、关于港务局诉请张传付、陈国庆支付其垫付的船员工资、船舶返程的燃料费用、船舶恢复原状所需的修理费的理由能否成立的问题。经查，港务局为达到终止合同的目的，在既无合同约定又无张传付、陈国庆授权的情况下，自愿向张传付、陈国庆配备的船员支付工资，其行为后果应由港务局自行承担。港务局主张的船舶返程燃料费，因无合同约定，且无证据证明，故本院对其主张不予采纳。对港务局主张船舶恢复原状所需的修理费，因张传付、陈国庆对船舶进行修理、改装经过了港务局的同意，故该主张本院亦不予采纳。

二、张传付、陈国庆主张船舶修理费能否冲抵租金的问题。经查，港务局法定代表人李保平委托其运输部副部长霍志珍与张传付、陈国庆签订船舶租赁合同补充条款，故霍志珍的行为系代表港务局的职务行为。该补充条款约定船舶修理费、改装费由港务局承担，故张传付、陈国庆主张船舶修理费、改装费冲抵租金的请求本院予以采纳。张传付、陈国庆垫付的34992.30元修理费应当冲抵租金。冲抵后，张传付、陈国庆尚欠港务局租金41307.70元。

三、关于张传付、陈国庆主张返还风险抵押金7万元的问题。经查，港务局与张传付、陈国庆签订的船舶租赁合同约定：抵押金7万元应当年终结算。由于港务局单方擅自终止合同，致使合同不能依约履行完毕，按照合同约定，张传付、陈国庆向港务局支付的风险抵押金7万元不应冲抵租金。故港务局应向张传付、陈国庆返还7万元风险抵押金。张传付、陈国庆要求港务局返还7万元风险抵押金的理由，本院予以采纳。

四、关于张传付、陈国庆主张期得利益损失能否得到保护的问题。经查，港务局与张传付、陈国庆双方于2001年10月31日签订的船舶租赁合同，明确约定一方强制终止合同应赔偿对方经济损失30万元。因30万元损失包含了期得利益在内的损失，故张传付、陈国庆主张在30万元经济损失之外的期得利益损失，本院不予采纳。

五、关于张传付、陈国庆欲将港务局所有的徐轮拖658轮进行抵押，是否构成侵权的问题。经查，张传付、陈国庆以徐州金轮船务有限公司的名义与虞城县铁路贸易公司签订的运输合同中，虽约定将港务局所有的徐轮拖658轮进行抵押，但在合同的实际履行中，未到船舶登记机关办理船舶抵押手续，也不可能办理船舶抵押手续，即张传付、陈国庆的行为实际并未对港务局造成损失。故张传付、陈国庆不构成对港务局的侵权。港务局主张张传付、陈国庆将其所有的船舶进行抵押已构成侵权，合同应当解除的理由本院不予采纳。

六、关于张传付、陈国庆迟延支付租金是否构成根本违约，港务局能否行使不安抗辩权解除船舶租赁合同的问题。经查，张传付、陈国庆未按合同约定向港务局支付租金构成违约，张传付、陈国庆应承担违约责任，应向港务局支付所欠租金。张传付、陈国庆迟延支付租金的行为并未导致港务局不能实现租船合同的目的，即未构成根本违约。故港务局主张张传付、陈国庆迟延支付租金构成根本违约港务局据此行使不安抗辩权解除合同的理由，本院亦不予采纳。由于港务局与张传付、陈国庆之间的租船合同因在事实上已实际不能履行，故港务局与张传付、陈国庆之间的租船合同应当终止履行。

综上，本院认为，港务局与张传付、陈国庆双方签订的两份船舶租赁合同及两份补充协议，系双方真实意志的表示，故该合同及协议合法有效。港务局与张传付、陈国庆均应按合同约定认真履行。张传付、陈国庆不按合同约定向港务局支付租金，已构成违约。张传付、陈国庆应向港务局承担违约责任，即支付所欠租金。港务局要求其支付所欠租金的本诉请求，本院应予支持。港务局主张张传付、陈国庆应向其支付垫付的船员工资、船舶返程燃料费用、船舶恢复原状修理费的本诉请求，无合同约定，本院不予支持。港务局在张传付、陈国庆违约的情况下，不按照合同约定和法律规定履行通知义务或者采取合法途径主张权利，却使用非法手段终止合同，致使合同无法履行，亦构成违约，港务局应按合同约定向张传付、陈国庆支付赔偿金。故张传付、陈国庆要求其支付赔偿金的反诉请求，本院应予支持。张传付、陈国庆主张港务局应向其返还风险抵押金的反诉请求，因港务局单方终止合同，故港务局应向张传付、陈国庆返还风险抵押金。张传付、陈国庆返还风险抵押金的反诉请求，本院予以支持。张传付、陈国庆主张期得利益损失的反诉请求不符合法律规定，故张传付、陈国庆要求港务局向其赔偿期得利益损失的反诉请求，本院不予支持。

本案在审理过程中，本院曾多次对双方进行调解，但由于双方当事人分歧较大，致调解不成。本院综合考虑双方当事人诉辩意见，并结合本案的实际情况，本院认为，双方签订的船舶租赁合同在事实上已实际不能履行，故港务局与张传付、陈国庆签订的船舶租赁合同应当终止履行。根据《中华人民共和国合同法》第九十一条第七款、第一百零七条、第一百一十条第一款、第一百一十四条第一款、第一百二十条、第二百一十六条、第二百二十三条第一款，《中华人民共和国民事诉讼法》第六十四条、第一百二十八条的规定，并经院审判委员会讨论，判决如下：

一、武汉港阳逻港务管理局与张传付、陈国庆之间的船舶租赁合同终止履行；

二、本诉被告张传付、陈国庆给付本诉原告武汉港阳逻港务管理局所欠租金41307.70元；

三、驳回本诉原告武汉港阳逻港务管理局要求本诉被告张传付、陈国庆支付其垫付船员工资1.27万元、船舶返程燃料费1.8万元、拖轮恢复原状的修理费4.5万元，共计7.57万元的本诉请求；

四、反诉被告武汉港阳逻港务管理局给付反诉原告张传付、陈国庆赔偿金30万元；

五、反诉被告武汉港阳逻港务管理局返还反诉原告张传付、陈国庆风险抵押金7万元；

六、驳回反诉原告张传付、陈国庆要求反诉被告武汉港阳逻港务管理局赔偿期得利益损失64万元的反诉请求。

七、上述第四、五项反诉请求相加与第三项本诉请求相抵，本诉原告武汉港阳逻港务管理局赔偿反诉原告张传付、陈国庆损失328692.30元，于本判决生效后十日内一次付清。

本案本诉案件受理费3625元，由本诉原告港务局承担2537元、本诉被告张传付、陈国庆承担1088元；本案反诉案件受理费18000元，由反诉原告张传付、陈国庆承担5400元，反诉被告港务局承担12600元。

如不服本判决，双方当事人可在判决书送达之日起十五日内，向本院递交上诉状，并按照对方当事人的人数提出副本，上诉于湖北省高级人民法院。

审 判 长　解湘滨
代理审判员　张　琳
代理审判员　李　杰

2002年4月28日
书 记 员　张　瑜

注：上述法律文书于2003年荣获第三届涉外商事海事优秀裁判文书评比湖北省三等奖。

中华人民共和国武汉海事法院

民事判决书

（2001）武海法渝商字第07号

原告重庆太平洋国际货物运输代理有限公司，住所地重庆市江北建新西路2号特1号金观音大厦十五楼。

法定代表人姚晓黎，该公司总经理。

委托代理人章朝晖，重庆建伍律师事务所律师。

委托代理人唐　斌，重庆建伍律师事务所律师。

被告重庆市铜梁县进出口有限公司，住所地重庆市铜梁县巴川镇解放东路226号。

法定代表人朱华良，该公司总经理。

委托代理人徐　东，该公司职员。

委托代理人孙　念，该公司职员。

原告重庆太平洋国际货物运输代理有限公司（以下简称原告）诉被告重庆市铜梁县进出口有限公司（以下简称被告）海上货物运输合同运费纠纷一案，本院受理后，依法公开开庭进行了独任审理。原告委托代理人章朝晖、唐斌，被告委托代理人徐东、孙念到庭参加诉讼。本案现已审理终结。

原告诉称：1999年12月至2000年2月，原告受被告委托为其代理运输出口7个集装箱氯化钡，3个集装箱榨菜，被告应共付运费人民币117324.00元。原告如期全部履行合同后，多次催被告支付上述运费，而被告以种种理由拒绝支付。特诉请法院判令被告支付所欠运费人民币117324.00元及逾期付款的利息，并承担本案的诉讼费用。

原告对其主张的事实提交了下列证据：

证据一，1999年12月9日签发的中海集装箱运输有限公司提单NO. CSHNG270083及该单项下货物运费发票。该证据证明原告为被告代理运输2×20’FCL榨菜及其被告所欠的运费。

证据二，1999年12月16日签发的中海集装箱运输有限公司提单NO. CSHYK270094及该单项下货物运费发票。该证据证明原告为被告代理运输1×20’FCL氯化钡及其被告所欠的运费。

证据三，2000年1月6日签发的PCS SHIPPING LTD. 提单NO. CCQAW310009及该单项下货物运费发票。该证据证明原告为实际托运人即被告代理运输3×20’FCL及其被告所欠的运费。

证据四，2000年1月26日签发的中海集装箱运输有限公司提单NO. CSHAYK270001及该单项下货物运费发票。该证据证明原告为被告代理运输3×20’FCL氯化钡及其被告所欠的运费。

证据五，2000 年 2 月 18 日签发的中远集装箱运输有限公司提单 NO. COSU432811624 及该单项下货物运费发票。该证据证明原告为被告代理运输 1×20’FCL 榨菜及其被告所欠的运费。

证据六，原告在 2000 年 1 月 6 日正式签发 PCS SHIPPING LTD. 正本提单 NO. CCQAW310009 前向被告再次提交的，经被告最后盖章确认的正本提单清样。该证据证明该批货物的提单签发是根据实际托运人即被告的指示而制作的。

证据七，2000 年 1 月 3 日原告方业务人员张建兵填制的“内部委托书”。该证据记载被告委托原告代理运输 2000 年 1 月 6 日签发的 NO. CCQAW310009 提单项下货物的情况。

证据八，2000 年 1 月 4 日由原告办理以被告名义向出口口岸吴淞海关申报的“出口货物报关单”（出口退税专用联）。该证据证明 2000 年 1 月 6 日被告委托原告出运的海关编号：070000042 项下的货物出口退税的经营单位和发货单位为被告。

证据九，2001 年 5 月 9 日被告方业务人员徐东发给原告方业务人员杨柳要求“退还 2000 年 1 月 6 日 3×20’FCL 氯化钡至安特卫普报关单 0000042 号”的传真。该证据证明 2000 年 1 月 6 日签发并出运的 NO. CCQAW310009 提单项下货物的实际托运人为被告。

证据十，2000 年 2 月 25 日被告方业务人员徐东发给原告方业务人员张建兵，要求对“1 月 6 日发运氯化钡 3×20’柜到安特卫普”、“交货时间延误”、“请贵司说明原因并提出解决办法”的传真。该证据证明 2000 年 1 月 6 日签发并出运的 NO. CCQAW310009 提单项下货物的实际托运人是被告。

证据十一，原告 2000 年 1 月 6 日向被告发送正本提单由其业务人员袁兴华签收的登记。该证据证明原告已将 NO. CCQAW 310009 提单正本提交给了实际托运人即被告。

证据十二，原告第一次向被告提交，经被告业务人员叶志明将通知人中内容修改为“CENTRE”，并签字确认后传给原告的提单正本清样传真件。该证据证明 NO. CCQAW310009 提单清样第一次经过被告修改、确认，原告根据实际托运人即被告的修改确认指示，再次制作了正本提单清样提交被告最后确认。

被告未作出书面答辩，但在庭审中辩称：原告违反了双方签订的“集装箱运输协议”的约定，在运输中对被告的货物造成了货损，至今未予解决。因此，被告暂未支付运费。

被告对其辩解提交了下列证据：

证据一，1999 年 7 月 1 日，原、被告双方签订的“集装箱运输协议”。该证据证明原、被告之间具有海上货物运输合同关系，原告为承运人，被告为货物托运人。

证据二，1999 年 12 月 6 日，被告发给原告“关于运输损失的处理意见”的函。该证据记载被告已向原告提出过与本案有关的 1999 年 12 月 9 日承运的 NO. CSHNG270083 提单项下货物和与本案无关的其他货物在运输中发生破损以及其他索赔的情况。

证据三，2001年1月18日原告收到被告“关于运输损失的处理意见”函后所作的回复。该证据记载原告曾对被告在函中所列与本案有关的1999年12月9日承运的NO. CSHNG270083提单项下货物的货损以及与本案无关的其他货损索赔提出了处理意见。

证据四，2000年1月下旬被告向原告支付费用的工商行（渝）转帐支票存根（复印件），编号为00372339。

审理中，原、被告对对方所出示的证据进行了质证。被告对原告出示的证据提出以下质证意见：原告证据三所记载的托运人不是被告，而是“皇桥有限公司（KINGBRIDGE LTD.）”，收货人是“凭指示（TO ORDER）”，也不是被告，该证据证明的问题与被告无关。原告证据六虽有被告的公章，但发货人是“皇桥有限公司”而非被告。原告证据七只是原告方经办人员的备忘记录，被告并未在该记录上签章确认。原告证据八所载明的出口货物经营发货人是被告，而原告证据三所载明的出口货物托运人不是被告。因此，原告证据八与原告证据三所载明的出口货物不为同一批货物。2000年1月6日，被告仅委托原告出运过一次货物，就是原告证据八所载明的货物，而非原告证据三所载明的货物。况且原告证据八和原告证据三均不能证明被告没有支付该笔运费，被告与原告是长期往来客户，被告采用的是“滚付”方式支付的。对原告的其他证据均无异议。

原告对被告出示的证据提出以下质证意见：被告证据二所列明的货损除1999年12月9日承运的NO. CSHNG270083提单项下货物与本案有关外，其他货损既没有经双方核实，又不与本案相关联，被告不应以与本案无关且未经确认的货损为理由来拒付本案所请求的运费。原告证据三所记载的托运人之所以是“皇桥有限公司”，是因为有原告证据六和十二所证明的提单上的托运人是原告根据被告指示制作，两次经被告确认后正式签发的，该单货物的实际托运人是被告。被告也承认2000年1月6日只委托过一次原告为其代理出运货物，当天原告也实际只为被告代理出运过一次货物，因此，被告所说原告证据八和原告证据三所载明的出口货物不是同一批货物与事实不符，而且被告至今也拿不出证据证明自己的观点。相反，原告证据六至十二均证明为同一批货物，而且原、被告双方在质证中均认为当天委托原告出运过一次货物，这也证明证据八和证据三均为同一批货物，该批货物的实际托运人是被告。被告所辩该批货物运费已“滚付”，至今也没有证据证明。被告虽提交了证据四，但该证据既不能证明被告已实际支付了运费，更不能证明被告已向原告支付了该笔运费。

根据原、被告所出示的证据，结合原、被告所发表的质证意见，本院对以下事实予以认定：

一、1999年7月1日，原、被告双方签订了一份“集装箱运输协议”。协议约定：甲方（即被告，下同）填妥委托单，发货前向乙方（即原告，下同）提交货物全套单证，并按乙方要求发货。乙方接受甲方的委托后，应尽快报关，订好舱位，及时将货物安全装箱、装船出运。全程运输费用按乙方确认为准。货物装船前，运价由双方传真确认，乙方传真提单到甲方确认，甲方在乙方运费单据完毕后40日内付清全部运费。证明该节事实的证据有：被告出示的证据一，原告在本案庭审中对此不持异议的质证意见。

二、协议签订后，原告接受被告委托，于1999年12月9日为其代办运输2×20’FCL榨菜自重庆运往日本名古屋，运费人民币14，414.00元；于1999年12月6日为其代办运输1×20’FCL氯化钡自重庆运往日本横滨，运费人民币9，260.00元；于2000年1月26日为其代办运输3×20’FCL氯化钡自重庆运往日本横滨，运费人民币27，520.00元；于2000年2月18日为其代办运输1×20’FCL榨菜自重庆运往日本横滨，运费人民币7，485.00元。上述四票货物的提单上均载明：托运人为铜梁进出口公司，运费为预付。该四票货物的运费合计人民币58，679.00元，被告至今未按协议约定支付给原告。证明该节事实的证据有：原告出示的证据一、二、四、五，被告在本案庭审中对此不持异议的质证意见。

三、原告于2000年1月6日为被告代理运输3×20’FCL氯化钡自重庆运往比利时安特卫普，运费人民币58，645.00元。该货物由原告代办运输，安排PCS船运有限公司（PCS SHIPPING LTD.）经营的太平洋3号轮第9航次（TAIPING YANG03 V.009）实际承运。货物装船后，该船公司签发了自己的提单，编号为CCQAW310009。提单上记载：托运人为皇桥有限公司（KING BRIDGE LTD.），收货人凭指示；货物为氯化钡，重量为60200公斤，体积为60立方米，运输方式为CY TO CY 3×20’FCL，并载明运费为预付。该单货物运费至今未支付。证明该节事实的证据有：原告出示的证据三、证据六至十二，被告证据一。

被告对此节事实持有异议，并出示证据二、三、四加以佐证，认为NO. CCQAW 310009号提单上记载的托运人不是被告，此运费不应由被告支付，而且该运费已经支付给了原告。被告对此节事实辩解及质证意见没有提供相应的事实和法律依据。被告证据二、三、四不能证明该单货物的托运人不是被告，不能证明被告没有支付运费的义务，也不能证明被告将此运费已经支付给了原告，因此，被告的抗辩理由不能成立。

本院认为，原告与被告签订的“集装箱运输协议”依法成立，合法有效，该协议证明原、被告之间存在着海上货物运输合同关系。原告按照协议，将编号为CSHNG270083. CSHYK270094. CCQAW310009、CSHAYK270001. COSU432811624提单项下的货物运送到目的地，证明原告已按协议全面履行了运输货物的义务，被告应按协议如期全额向原告支付运费。被告至今未向原告支付上述提单项下货物的运费，应承担相应的民事法律责任。原告依法向被告提出给付该运费的诉讼请求，本院应予支持。被告在答辩中以运输造成货损未予解决为由，拒绝向原告支付运费，没有法律依据。被告以NO. CCQAW310009提单上记载的托运人不是被告为由否认自己是该单项下货物的实际托运人从而拒付该单运费，其辩解没有提供相关的事实根据和法律依据。事实上，2000年1月6日被告仅一次委托原告为其出运过3×20’FCL氯化钡至安特卫普，当天被告没有第二次委托原告为其出运过相同数量、相同品种到相同地点的货物，原告证据三、七、八、九以及原、被告的质证意见相互印证了这一事实。在该货物交运时其所有权属于被告，有原告证据七至十一证明。该货物装船后签发正本提单前，原告根据传真提单确认的双方约定和我国海商法第七十二条第一款：应托运人的要求，承运人应当签发提单的规定，原告按照被告指示制作了正本提单清样，先后两次提交给被告修改确认，被告在收到第一次清样时作了修改，签字确认；在收到最后一次清样时盖章确认。据此，原告要求实际承运人签发了 NO. CCQAW310009 正本提单，被告当天也签收了原告发送的该正本提单。有原告证据六、十一、十二证明。因此，被告认为自己不是该单托运人的抗辩理由不能成立，本院不予采信。

被告辩称 NO. CCQAW310009 提单项下的货物运费已经支付，没有充分的事实证据加以证明。虽然被告提交了证据四，但该证据：一是填写日期不确定；二是支付的运费不符；三是转账支票中，又有现金支付的记载；四是该年 1 月发生 6 日和 26 日两次运费争议，该证据不能证明支付了该单运费；五是被告没有提交向原告“滚付”该单运费的证据。因此，被告认为运费已经支付的理由不能成立，本院不予支持。被告所辩货损并非本案所涉运输中提单项下的货损，而是另一个法律关系，应另案处理。即使有一单与本案有关的货物发生货损，但被告未依法提起反诉，本案不予审理。依照《中华人民共和国民法通则》第一百零六条第一款、第一百一十一条、第一百一十二条第一款，《中华人民共和国合同法》第一百零七条、第一百零九条，《中华人民共和国海商法》第七十二条第一款、《中华人民共和国民事诉讼法》第六十四条、第一百二十八条的规定，判决如下：

被告重庆市铜梁县进出口有限公司向原告重庆太平洋国际货物运输代理有限公司支付所欠运费人民币 117324.00 元，并承担其利息损失（按中国人民银行公布的同期同币流动资金贷款利率标准，从 2000 年 4 月 1 日起至本判决生效应当履行之日止），于本判决生效之日起十日内一次付清。

案件受理费 3857.00 元，其他诉讼费 1157.00 元，合计人民币5014.00元，由被告负担。原告预交的应由被告负担的诉讼费用，由被告在偿付上述款项时一并付给原告。

如不服本判决，可在判决书送达之日起十五日内，向本院递交上诉状正本一份，副本二份，并交纳上诉案件受理费和其他诉讼费人民币 5014.00 元，上诉于湖北省高级人民法院。

审　判　员　刘友元

2001 年 9 月 20 日

书　记　员　刘　东

注：上述法律文书于 2002 年荣获第二届涉外商事海事优秀裁判文书最高人民法院鼓励奖，湖北省高级人民法院三等奖。

二、法官手记

关于原告中国·南京华夏海运公司与被告塞浦路斯·澳非尔堤斯航运有限公司船舶碰撞损害赔偿案一案的审理报告

饶中享

(1994) 武海法事字第 40 号

一、案件的由来和审理经过

原告中国·南京华夏海运公司与被告塞浦路斯·澳非尔·堤斯航运有限公司船舶碰撞损害赔偿一案，原告以“希腊纳维尔航运总公司”为被告，于 1994 年 8 月 26 日向本院提起诉讼，经本院对诉讼材料审查发现，事故船舶“珊瑚岛”轮的所有人（船东）系塞浦路斯·澳非尔堤斯航运有限公司，该公司虽隶属于纳维尔公司，但在塞浦路斯登记注册，是塞浦路斯独立的法人，具有民事主体资格。原告以纳维尔航运总公司为被告，其被告主体不明确。法院提出质疑后，原告于 9 月 6 日更改诉讼所列被告，法院当即立案受理。本院受理后，依法组成合议庭，由代理院长姜春荣任审判长，同审判员李开森、饶中享组成合议庭。于 1994 年 11 月 29 日及 12 月 28 日分别两次公开开庭审理了本案。原告法定代表人周凝豹及委托代理人刘培其、徐苏平，被告委托代理人中国·上海海事律师事务所律师蒋正雄，中国·上海市浦东涉外律师事务所律师侯军，法庭指定翻译人李文德等到庭参加诉讼。本案现已审理完毕。

二、当事人和其他诉讼参加人的基本情况

原告中国·南京华夏海运公司，住所中国南京市下关区建宁路 293 号。

法定代表人周凝豹，公司总经理。

委托代理人刘培其，公司航运部副经理。

委托代理人徐苏平，南京金融证券律师事务所律师。

被告塞浦路斯·澳非尔堤斯航运有限公司，住所塞浦路斯尼科西亚康斯坦丁盘德尼递大街 1 号。

法定代表人阿塞德，公司经理。

委托代理人蒋正雄，中国·上海海事律师事务所律师。

委托代理人侯军，中国·上海市浦东涉外律师事务所。

翻译人李文德，男，40 岁，扬子莱茵（德国）有限公司武汉办事处首席代表，持有中国长江轮船总公司颁发的翻译证书，曾在联合国海事委员会担任过翻译工作。

三、当事人的诉讼请求，争议的事实及理由

原告诉称，原告人所属“华宇”轮于1994年6月10日20：00时抵达泰国曼谷锚地，1994年6月13日18时15分靠妥曼谷港3号码头受载12800吨散装糖去日本国。1994年6月14日13时20分开始受载，22时23分在受载2429.62吨时，被告人所属“珊瑚岛（CAY)”轮突然撞击“华宇”轮左舷船艏。“华宇”轮被撞后全船发生巨大震动，船尾断缆2根，船首左舷被撞断裂15米，右舷2仓船壳凹进长3米，深50厘米的创面并有一约20厘米的裂口，船壳左侧被撞后船体有23米严重变形。“华宇”轮被撞后丧失适航能力，被迫卸载进行修理。造成原告事故经济损失：①船期损失607200美元；②在曼谷修船等各项费用支出177427.50美元；③船舶进坞检查费用5万美元；④船铃损失34万美元；⑤香港律师代理费1500美元；⑥海损理算费用8453美元；⑦通讯费用4662美元；⑧事故当航次运费损失221000美元；⑨国内律师代理费56000美元；⑩翻译费用2000美元；利息59931美元；尼龙绳费2300美元；杂费300美元；保全费1万人民币元；差旅费15000人民币元；边防费6万人民币元；漏修费20万美元；法定代表人精神损失费5万美元。将人民币部分折合美元计算，要求赔偿1750970.74美元，并承担本案的全部诉讼费用。原告认为，本案在中国诉讼，当然适用中国的法律（实体法）。

被告澳非尔堤斯航运有限公司在答辩期间内没有向法院提交答辩状，庭审中提出共有三条船发生碰撞，请求追加另一被告共同参加诉讼。同时还认为，原告的诉讼请求缺乏基本证据，其索赔金额过大，只同意赔偿事故经济损失35万美元。被告主张本案适用中国实体法。

本案的主要争议焦点是：

1.是两船碰撞还是三船碰撞？原告认为，被告所属“珊瑚岛”轮与他轮碰撞是另一法律关系，与本案无关；被告主张，三船连环碰撞是共同侵权法律关系，应作共同诉讼处理。2.“华宇”轮在曼谷的处理费多少？原告主张为120669.38美元，并以原始发票作证；被告主张为73424.24美元，并以复印件的“预发票”予以证明。3.“华宇”轮在修理期间的营运损失多少？原告主张，“华宇”轮在曼谷停港的66天应全部为营运损失的计算天数，乘以当航次的每天运费收入9200美金，计602200美元；被告认为，“华宇”轮实际修理只有55天，应减去当航次所需35天，按每天毛收入3958美元（佣金和税金待扣）估计60000美元左右。4.“华宇”轮是否存在事故造成的船龄损失？原告认为，“华宇”轮被撞后，产生了巨大震动，船体结构、船舶属具受到不同程度破坏和损失，其船舶使用年限至少缩短2—3年，应由被告赔偿38万美元；被告认为，“华宇”轮已有25年船龄，系老龄船，不存在船龄损失。5.“华宇”轮在曼谷经海事修理后，是否存在漏修项目？原告主张，由于“珊瑚岛”轮事故后逃离现场，原告资金紧缺，在曼谷只是进行的临时修理，还存在大量的海损项目漏修，要求被告赔偿20万美元；被告认为，原告的请求可以理解，但是否存在漏修项目及恢复费用多少要待两家协商或鉴定后方可确定。6. 中国律师的代理费是否列入赔偿范围？原告主张应列入，并按涉外案件标准增加2至3倍，计56000美元由被告赔偿，附有原告与代理律师的代理合同复印件；被告认为，国外（如曼谷、香港）的律师代理费可按照国际惯例列入，而中国律师代理费列入赔偿范围则无法律依据，且原告律师没起到什么作用，不应列入，即使列入也应以国内标准。

四、事实和证据的分析与认定

法院经两次公开庭审，三次合议庭评议，查清了该案的基本事实。原告所属“华宇”轮，中国国籍，船籍港为中国南京，系钢质杂货船，1969年在德国不莱梅船厂建造出厂，船舶总长139.156米，型宽21米，型深13.34米，总吨位9249.15吨，净吨位6211.09吨，载重吨15202吨。该轮1994年第5航次为完成曼谷至日本的航次租船合同由印度尼西亚的雅加达港空载驶往泰国曼谷港，1994年6月10日抵达曼谷锚地，同月13日18时15分靠妥曼谷港湄南河南侧3号码头，计划装载散装白糖12800吨由曼谷运往日本国，14日13时20分开始装载，当日22时23分受载2429.62吨，此时被进港的被告所属“珊瑚岛”轮左舷全部撞击，后“珊瑚岛”轮顶“华宇”轮旋转180度至与“华宇”轮平行后离开。事故发生后，“华宇”轮船长吴克俭向曼谷国际法律办公室提交“海事申明”曼谷国际法律办公室作了“海事签证”。1994年7月6日，经原告申请，日本海事协会（船级社）对“华宇”轮进行了海事检验，确认了19项海事项目，认定“华宇”轮丧失船级及适航能力。“华宇”轮将已装船的2429.62吨散装白糖卸下。1994年7月14日至8月17日，“华宇”轮经曼谷海事服务工程公司进行海损修理，8月18日恢复船级及适航能力，1994年8月19日靠泊装货。“华宇”轮在曼谷港停止营运66天。（以上事实有“华宇”轮船长的海事碰撞报告；曼谷国际海事法律办公室的海事签证；日本海事协会驻曼谷办事处的检验报告；曼谷海事服务工程有限公司的船舶修理单为证）。被告所属“珊瑚岛”轮，塞浦路斯国籍，船籍港为塞浦路斯尼科西亚，系钢质杂货船，总吨位11721吨，净吨位6877吨，载重吨27265吨，全长143.64米，船宽22.5米，型深12.5米，该轮于1994年6月14日进入曼谷港湄南河，在顺涨潮流上驶过程中，其船舶左舷艏部碰撞“华宇”轮左舷艏部，由于船舶惯性及冲程作用力，顶着“华宇”轮旋转180度后离开。碰撞事故发生后，“珊瑚岛”轮没有将其船舶所有人、船籍港、船旗国告知“华宇”轮，在曼谷港16号码头卸货后于1994年6月16日离港。1994年7月30日，“珊瑚岛”轮驶抵中国南京港，经原告南京华夏海运公司申请，武汉海事法院于1994年8月1日对该轮实施扣押。被告澳非尔堤斯航运有限公司通过英国船东保赔协会提供了175万美元的担保，并在中国人民保险公司上海分公司加保，1994年8月5日武汉海事法院裁定解除对“珊瑚岛”轮的扣押。（以上事实有“珊瑚岛”轮在南京港进出口报告书；武汉海事法院1994年武海法商保字第5号民事裁定书为证。）1994年12月8日，武汉海事法院在审理该案的过程中，根据原被告的协商意见，委托中国船级社广州分社对“华宇”轮的海事漏修项目及恢复费用进行鉴定，鉴定人于12月23日作出鉴定结论，认定“华宇”轮尚有该次海损的漏修项目，其修复费用2万美元，并需3个工作日。（以上事实有，原被告签字的“协商纪要”；中国船级社广州分社作的《“华宇”轮碰撞损坏鉴定报告》为证。）该次船舶碰撞造成原告南京华夏海运公司船舶损失251007.65美元，人民币2万元；因碰撞造成的其他损失573821.52美元，人民币1万元。

1. 关于两船碰撞法律关系事实的确定及碰撞责任的划分。原告向法院提供的“海事声明”及“海事签证”，为法定证据。被告代理人在第一次庭审中提出三船碰撞的主张后，法庭当庭进行了调查，其代理人对所谓碰撞第三船的船名、船舶所有人都不知晓，且无任何举证。法庭当庭认定第三船碰撞的主张没有证据予以证明，其事实不存在，并据此当庭驳回被告代理人要求追加共同被告的请求，被告代理人明确表示无异议。在第一次庭审的法庭调查阶段，原告主张其碰撞责任是被告所属“珊瑚岛”轮的单方过失造成的，被告应承担其全部赔偿责任；被告代理人当庭表示完全同意原告的主张，认为“珊瑚岛”轮单方过失造成了该事故的发生，被告应当承担碰撞事故的全部赔偿责任。法庭根据碰撞事实及当事人意见一致的情形，当庭认定，碰撞责任是被告的单方过失责任，其船长还负有不告知的重大过失，碰撞造成的经济损失全部由被告承担。法院当庭认定后，原被告均无异议。再从被告代理人当庭对碰撞责任的承认看，说明其已完全放弃了三船碰撞的主张，更进一步证明了所谓三船碰撞是没有事实根据的。

2. 关于事故经济损失的认定

（1）赔偿范围。碰撞的赔偿范围及计算法律本身没有规定，交通部曾草拟《关于中外船舶间碰撞事故赔偿范围和赔偿金计算办法的规定（试行草案）》，没有颁布实施，只能作为一种理论上的参考。合议庭以海事赔偿法上的“恢复原状原则”为基本准则（海事赔偿法上的恢复原状原则，是指将受损害方的财产损失恢复到如同没有发生损害的财经状况一样）。同时认为，原告的索赔损失项目繁杂，缺乏组成的合理性，审理中将其分为船舶损失和因碰撞造成的其他损失两项。还认为，对船舶损失的审核认定强调事实性，要有直接证据予以证明；对因碰撞造成的其他损失的认定强调合理性，应是可合理预见的损失。同时确定，认定范围在原告的请求范围内，凡未请求的，不列入赔偿范围。其中船舶损失包括：船舶及属具的修理费用，海事检验（鉴定）费用、船舶在修理期间的正常维持费用、交通费、通讯费、海损理算等；因碰撞造成的其他损失包括事故当航次运费损失、船舶在修理期间的营运损失、卸货费、律师代理费、保全费、翻译费、利息等。

（2）关于船舶损失的认定。船舶损失部分，原告均提供了证据予以证明。争议焦点之一是“华宇”轮在曼谷的修理费。原告主张121669.38美元；被告主张73424.24美元。经第二次庭审质证，法庭当庭认定，原告提供的修船原始发票，其书证构成要件成立，来源清楚、合法，原告是该原始发票（书证）的合法持有人，具有证明效力，所以应作为定案的证据之一；同时认定，被告提供的复印件“预发票”没有被证明复印真实，来源说不清楚，不能构成书证要件，不能与原告提供的证据相对抗，故不作为定案证据。被告代理人当庭表示无异议。船舶损失争议之二是“华宇”轮的漏修费。这是原告在第一次庭审中当庭增加的一项诉讼请求，并主张2万美元；被告代理人听完原告陈述后表示理解。在1994年12月1日的休庭调解中，原被告达成两项意项协定：1. 一次性估价协商赔偿；（或）2. 进行鉴定后作恢复性修理。1994年12月8日，本院向中国船级社广州分社传真委托鉴定，广州分社指定高级主任验船师彭垂游、高级验船师谢平光和验船师程文忠为鉴定人。12月13日，本院通知原被告同到广州，当面向鉴定人陈述了各自的意见，原告提出了三个部分共16项漏修清单，鉴定人在查阅了本案有关材料后，于12月20日在广州黄浦港7号码头登“华宇”轮进行现场鉴定，23日作出鉴定结论。鉴定认为，艏楼内肘板弯曲、左舷锚机减数齿轮箱下段右侧焊缝处漏油、左舷锚链筒下端上侧与壳板连接肘板损坏，1号货舱区域上甲板左舷甲板纵骨弯曲变形，2号货舱区域二层甲板横梁舷侧肘板弯曲变形、右舷楼梯部分损坏等属漏修项目，其修理费2万美元，修理时间需3个工作日。其他项目或鉴定为不属本次碰撞所致，或损害不成立，或无法考证。第二次庭审质证中，法庭由书记员全文宣读了“鉴定结论”，原告对此表示遗憾，持保留态度；被告则表示接受。法庭当庭作了认证，此“鉴定结论”委托程序合法、鉴定人具有专业技术的权威性，鉴定活动实行了全透明度（双方当事人均派人到现场），具备证据的构成要件，可作为定案的证据之一。由此可见，“华宇”轮在曼谷海损后存在漏修项目，海事法上凡对海损项目未作永久性修复的称临时性修理，故法院作了对“华宇”“轮临时处理”结论，恢复修理费及鉴定费用同时列入赔偿范围。

（3）关于事故当航次的运费损失。依照事故当航次的《运输合同》，以一港装两港卸计算为221000美元。一方面，按照国际通行做法，发生事故当航次的运费损失无论航次进程如何，一律按全程运费计入赔偿范围，这一损失居直接损失，而区别于营运损失；另一方面，双方在第一次庭审后休庭协商时已达成一致意见，被告同意赔偿原告当航次的运费损失221000美。可直接作为定案认定的依据。

（4）关于营运损失。船舶在修理期间的营运损失是双方当事人争议的最大焦点，争议的内容包括：计算天数的确定、成本的计算方法，每天营运收入多少等。对计算的天数的确定，原告以广州海事法院审结的《“湛太036”轮与“联合企业”轮碰撞损害赔偿纠纷案》为依据，认为凡停航修理的时间都应作为计算时间，不应扣除事故当航次应用时间，故为66天；被告则认为，在停港的66天中，应减去“华宇”轮未安排修理及不属海事修理范围所用天数，船期总天数是55天，再减去碰撞当航次未用天数35天，计算天数为20天。法院认为“华宇”

轮事故影响的工作日包括：预备航次5天，事故后66天，还需3天的漏修时间，共计74天。对事故当航次应需时间原告以他院案例为依据不扣除是不能成立的。第一，他院案例对本院审判没有约束力；第二，如果不扣除即是重复赔偿，这在国际海事赔偿法及我国民事赔偿法上是禁止的。但是，被告扣除的天数过多。按概然法，曼谷至东京的航次天，以同吨位船为准，新船18天，老龄船20天，商业风险2天，自然风险1天，计23天。尽管事故当航次有预备航次5天，但在国际海运实务中，这样的商业风险概率只有10%，所以不能全部计算到以后的航程当中。故，计算营运损失的天数是74天－23天＝51天，是合情合理的。对计算费率，原告主张以每天的毛收入运费金额为准是不合理的，被告主张减去所有的船舶成本也是不合理的。因为，一方面，船舶停航后没有消耗营运成本；另一方面，船舶停航后除营运成本外，其他成本如税金、管理费、折旧、正常修理费等，原告照样需要消耗，将此营运成本（即总成本）一起都不列入赔偿范围只有事故船舶消亡时才适用，否则不合理地减轻了侵害方的责任。所以，法院采取每天营运损失＝毛收入－营运成本的计算方法。营运损失包括：1船员工资、2燃料、3物料、4润料、5淡水、6港口使费、7佣金，经原告举证计4309.82美元/天。在当庭质证中，被告代理人一再认为原告的营运成本过高。法院认为，被告抗辩的理由是相反方向的，原告的举证营运成本越高，即对原告越是不利，证明原告的这一举证是可采信的。故此，船舶在修理期间的营运损失计算为（221000÷23－4309.82）×51＝270242.65（美元）。第二次庭审中，被告代理人当庭宣读了他们向上海远洋运输公司某个人的“调查笔录”，证明对象是“华宇”轮每天收入1000美元，经当庭审查，没有实质证据证明其真实性和可靠性，且所谓的被调查人根本就不是本案的证人，法院当庭认定没有证明效力。

（5）关于代理律师费。原告请求曼谷律师代理费8111.6美元，香港律师代理费8453美元，中国律师代理费56000美元。被告代理人同意被告赔偿曼谷律师代理费及香港律师代理费给原告，不同意中国律师代理费列入赔偿范围是没有理由的。第一，在同一案件中适用法律统一，有悖于公正原则；第二，中国法律虽没能直接规定律师代理费列入赔偿范围，但在司法实践中，涉外案件的律师代理费列入赔偿有先例的；第三，被告代理人认为原告代理律师没起到什么作用，与代理费是否列入赔偿范围没有因果联系。但是，原告索赔5.6万美元过高，“合同”明显具有不真实性，被告主张（即使）要列入赔偿范围也只能依司法部的规定计费，法院应予支持。法院认为，按司法部规定的收费标准，以原告请求成立的标的额为基数，确定15491美元是合理的。

（6）关于“华宇”轮的船龄损失。“华宇”轮是1969年建造出厂的，已有25年船龄，按国际海事法规定，钢质杂货船20年以上即为老龄船，“华宇”轮实际已是超龄营运，不应存在船龄损失。原告关于船龄损失费38万美元的请求不能成立，法院不予认定。

（7）关于利息。按赔偿金额自事故一个月后（1994年8月）计算到一审判决可能生效（1995 年 2 月），以中国银行 1994 年 8 月美元半年浮动利息率 7.31%年计算为 29084.47 美元。

五、需要说明的问题

1. 关于管辖。《中华人民共和国民事诉讼法》第三十一条规定，“因船舶碰撞或者其他海事损害事故请求损害赔偿提起的诉讼，由碰撞发生地、碰撞船舶最先到达地、加害船舶被扣留地或者被告住所地人民法院管辖。”本案的事故发生地在泰国曼谷，碰撞船舶最先到达地分别在日本的东京及南朝鲜，但加害船舶“珊瑚岛”轮于 1994 年 8 月 1 日被我院在长江下游南京港依法扣留（押）我院基于扣押船舶取得管辖权。扣押船舶法院管辖原则，是国际海事法及各内国法普遍遵循的管辖原则之一。被告对这一管辖无异议。

2. 关于适用实体法。原被告双方虽都主张适用中华人民共和国的实体法，但是，对于涉外海事侵权案件，我国《海商法》及《民法通则》都没有关于当事人约定或协商选择实体法的准据法条款，不能因此当然适用我国实体法。根据我国《海商法》涉外关系的法律适用原则和海事国际私法的冲突规范，本案适用法律的第一选择是《1910 年统一船舶碰撞某些法律规定的国际公约》（下称“碰撞公约”），塞浦路斯已加入该公约，而我国虽已申请加入，但管理该公约的比利时没有通知我国的生效日期，我国不认为该公约对我国有效，故不能选择适用；第二选择是泰国法律，即我国《海商法》第二百七十三条规定的侵权行为地法，一方面泰国没有加入“碰撞公约”，该公约再一次不被选用；另一方面，双方当事人均不是泰国人，不主张适用泰国的内国法，应视为当事人对外国法律不提供的情形，不能选择适用；第三选择是法院地法，即中华人民共和国的实体法。基于以上两种选择不成立，本案选择适用《中华人民共和国海商法》为准据法。这也符合原被告的主体意识。

3. 关于诉讼费用的计算和承担。原告的诉讼请求共 18 项，依据《人民法院诉讼收费办法》第六条的规定，分别计算收取。计人民币 198643 元。该诉讼费用全部由被告承担是不公平的，原告虽然主张的碰撞事实成立，但诉讼请求几乎高出一倍多，所以，要实行分担。由原告承担 88643 元；被告承担 110000 元。判决后双方对此均满意。

4. 关于对原告未请求海损项目不保护和无证据证明项目不予认定的问题。原告在此案中共有若干项属于海损赔偿范围的项目未提出诉讼请求，法院认为，未请求不保护是我国《民诉法》“不告不理”原则一项基本内容，也是国际海事诉讼中各国所遵守的。原告的部分诉讼请求没有证据予以证明，当然承担败诉风险。这是《民诉法》中举证责任原则的一项法定内容，是一种法律真实的体现。

六、本案小结

1. 案件特点。（1）涉外性强，被告的国籍系塞浦路斯，法定代表人阿塞德是希腊人，在泰国发生的碰撞，担保人是英国（船东保赔协会）法人。其案卷文字涉及到泰文、希腊文、英文和中文。（2）标的额大，起诉标的额 175 万美元，是我院受理的海事案件中标的额最大的案件。(3) 管辖特殊，碰撞发生在他国，其中一方当事人（被告）是外国人的，在我国法院诉讼，这在全国海事审判中是首例。

2. 重视合议庭组成，发挥合议庭作用。根据本案的特点，本案由代院长姜春荣同志亲自担任审判长，审判员李开森、饶中享同志组成，其中李为研究室副主任。审理中进行了三次合议，除记录外，还进行了“当事人（包括代理人）的心理活动分析”使合议庭取得了驾驭审判的主动权。

3. 严把立案关。原告起诉时，将扣船被申请人“希腊、纳维尔航运总公司”列为被告，该公司是“珊瑚岛”轮的管理公司，不是所有人。如果以此立案，被告提出异议，要求法院驳回起诉，解除担保（因未在一个月内提起诉讼)。那么，该案是不便审理的，也不能保护受害者的利益，在涉外海事案件中，这种情况是有例可查的。法院严把立案关，将被告主体不明的案件待明确为合格被告后立案，为本案的一审顺利审结打下了基础。

4. 审判规范化。本案从立案到一审结案，全部审判过程按照规范化的要求进行。首先，立案规范化；其次，接待规范化，合议庭接待当事人（包括代理人）时，做到二人接待，接待工作在涉外法庭（接待室）进行；再次，庭审规范化，包括程序规范化、语言规范化、秩序规范化等。如：严格按照法庭调查、法庭辩论、法庭调解、法庭宣判的程序进行；强调使用法言法语，中国语言及普通话；庭上的诉辩井然有序，旁听人员按位就坐，宣判时全体起立，审判长庄严地宣读判决书。律师赞道，武汉海事法院的庭审规范化，在他们所参加的庭审中是一流的。

5. 进行庭审改革，实行直接庭审。公开、公平、公正及诉讼经济（“两便”）的民事审判原则，与诉讼模式息息相关。合议庭积极主张改革旧的庭审方式，决定对该案采取直接庭审。立案后，法院发出了受理案件通知书、应诉通知书、合议庭组成通知书和举证通知书，其中举证通知书是在全面查阅了起诉材料，初步分担了原被告各自的举证责任后发出的，内容包括：举证范围及项目，证据的基本构成要件，提供证据的期限等。合议庭认为直接庭审的条件基本具备时，决定于1994年11月29日直接开庭审理。在庭审中实行了当庭举证、当庭质证、当庭认证，变原来的纠问式为陈述抗辩式，当事人在庭上互问互答，互相质证。其中，第一次庭审当庭驳回了被告请求追加共同被告参加诉讼的请求，使庭审顺利继续进行，被告代理人庭后说，我知道你们会驳回，但没想到你们当庭驳回；当庭划分并确定了碰撞的过失责任，为以后集中精力审理争议焦点问题减轻不必要的诉累负担；原告有一提供的书面材料在质证中以无证明对象当庭撤下；原告当庭提出了增加诉讼请求的项目及内容（因此产生了第二次庭审)。第二次庭审中，原被告当庭各自提出了相互矛盾的一对证据，法庭当庭审查了各自提供证据的构成要件，认定其一为定案证据，使矛盾之处得以合理排除。在案件的基本事实查清后，法庭当庭主持了调解，在调解有分歧时，又当庭宣判。总之，该案的事实认定、责任划分、适用法律等，一切当庭进行。我们认为，对该案的审理做到了高透明度的公开（其中旁听人数达60余人次），中外当事人诉讼权利义务上的公平，处理上的公正，诉讼上的及时（只有112天的审期涉外案件判决结案，这在海事审判中是首例的）。

6. 实行对中外当事人同等的诉讼权利义务。平等原则是我国民事涉外诉讼的一项基本原则。庭审开始，法庭根据《中华人民共和国民事诉讼法》第五条第一款的规定，当庭宣布本案对中外当事人实行同等的诉讼权利义务的原则，原告无异议。在整个审判过程中此原则得以贯彻，如举证责任原则中的败诉风险的承担，将此原则告诉鉴定人，原被告同时参加鉴定活动，每次法律文书的送达（包括对被告人的传票）都提前以特快、传真“双保险”的方式送达等，特别是在当庭诉辩中，哪一方有理法庭就当庭表示支持。

7. 坚持了法院审判原则。法院审判原则既是主导原则、国家原则，又是职能原则，在涉外案件中还兼有主权原则。合议庭在审理该案中始终把握住这一原则。从我院审理的涉外、涉港、澳、台案件的结案方式看，此案以前还没有一例是判决（调解）方式结案的，全以撤诉处理。由于合议庭坚持了法院审判原则，使此案成为我院历年以来审理涉外、涉港、澳、台案件以判决（包括调解）法律文书结案的首例。

8. 宣传报道。该案在庭审中，湖北电视台、湖北省高级人民法院记者站、中国水运报社现场采访。一审结案后，湖北电视台、湖北经济台、长江日报、人民法院报、中国水运报、南京日报、楚天广播电台等分别以不同方式进行了报道，有一定的反响。其中，最高人民法院端木正副院长见报道后，指示最高人民法院交通运输审判庭，要及时总结报最高人民法院审判委员会。

关于原告巴拿马·天裕轮船有限公司与被告洪都拉斯·皮·体·迦亚航运公司船舶所有权纠纷一案的审理报告

（1999）武海法通商字第 9 号

申 骞

一、案件的由来和审理经过

原告巴拿马·天裕轮船有限公司（简称天裕公司）诉被告洪都拉斯·皮·体·迦亚航运公司（简称迦亚公司）船舶所有权纠纷一案，原告天裕公司于 1999 年 1 月 11 日向本院提起诉讼，本院以侵权行为地、船舶被扣押地取得对该案的管辖权。本院受理后，依法由审判员徐少林任审判长，同审判员申骞、代理审判员张江顺组成合议庭，于 1999 年 11 月 22 日公开开庭进行了审理。原告天裕公司的委托代理人陈向勇到庭参加诉讼，被告迦亚公司经本院合法传唤无正当理由拒不到庭。本案经缺席审理，现已审理完毕。

二、当事人和其他诉讼参加人的基本情况

原告巴拿马·天裕轮船有限公司（TENYU SHIPPING S. A. PANAMA），住所日本·兵库县相生市相生四六四一番地（4641，AIOI，AIOI CITY，HOYOGO PREF，JAPAN）。

法定代表人舛本崇雄，该公司总裁。

委托代理人周佳兴，中国·广东省海事律师事务所律师。

委托代理人陈向勇，中国·广东省海事律师事务所律师。

被告洪都拉斯·皮·体·迦亚航运公司（P. T. JAYA MARINE，HONDOURAS）。

三、当事人的诉讼请求，争议的事实及理由

原告诉称，1998 年 9 月，我司所属“天裕”（TENYU）轮装载 3006 吨铝锭从印度尼西亚库拉天琼（KUALA TANJANG）港启航前往韩国仁川港，1998 年 9 月 27 日后即告失踪，我司立即向国际海事局作了通报，要求协助查找失踪的“天裕”轮，国际海事局怀疑该轮已被海盗劫持。1998 年 12 月，一艘挂洪都拉斯方便旗，名为“姗妮 1 号”（SANEI－1）的货轮停靠在中国张家港港，该轮与我司“天裕”轮极为相似，为此，我司申请武汉海事法院对该轮采取了诉前证据及诉前财产保全措施。我司认为，所扣押的“姗妮 1 号”轮全套船舶证书系伪造；该轮的国际海事组织（IMO）编号并不存在，船舶呼号与船籍不符；该轮的航海日志、轮机日志、车钟记录、无线电通讯记录均没有 1998 年 9 月 27 日以前的记录；船上机舱内有多种油漆喷涂的痕迹；船上的救生艇和救生圈全部经过油漆粉刷；船上部分房间的门牌被撬去；船首及船尾的船名部分明显为新近粉刷；所称“姗妮1号”轮与“天裕”轮船舶结构完全相同；驾驶设备、机舱设备的制造年份均为1985年；主机号码、马力、构造完全相同；真正的“姗妮1号”轮属昆阳轮船公司所有，1998年12月29日该轮正停靠在日本。所有这些特征都证明被扣押在张家港港的“姗妮1号”轮正是我司所有的“天裕”轮。作为“天裕”轮的合法船东，请求确认1998年12月23日在张家港港被扣押的“姗妮1号”轮为具状人合法拥有的“天裕”轮；将天裕轮返还给具状人；本案产生的所有诉讼费用以及具状人为取回自己所有的船舶而支付的费用由被告承担。庭审中，天裕公司请求判令被告赔偿具状人为寻找、取回该轮而支付的船舶及船员供应费人民币180162.28元，边防监管费人民币239040元、港口费157700元，担保手续费人民币69139元、律师费用人民币317305.265元等损失，共计人民币963346.54元。原告主张适用中国的法律（实体法）。

被告迦亚公司在本院公告后的答辩期间没有应诉，也未提出答辩。

四、事实和证据的分析与认定

法院经过公开庭审，合议庭评议及审判委员会讨论，查清了该案的基本事实。天裕公司所属“天裕”轮，是一艘巴拿马籍钢质杂货船，1985年建造于日本三洋造船厂，其国际海事组织（IMO）编号是8514241，呼号是3EHV—7，曾用名“哈里马”（HARIMA）。该轮船长78.21M，船宽14.50M，型深8.70M，总吨位2660吨，净吨位1502吨，航速10.5节，马力2000PS。主发动机制造商为日本赤阪铁工所株式会社，主机编号为9152。该轮雷达型号JMA—510G—b，序号LK59477，卫星定位仪型号JLR—300，序号KN16812，卫通型号JUE—75C，序号GY62597。该轮膨胀式救生筏型号FRN—A—25，序号2850176，另一救生筏型号FRN—A—20，序号SA200117。1998年9月，该轮装载3006吨铝锭从印度尼西亚库拉天琼港启航前往韩国仁川港，1998年9月27日后，船、货及船员全部失踪。1998年12月17日，一艘悬挂洪都拉斯旗名为“姗妮1号”的货轮，配备16名印度尼西亚船员，装载3000吨棕榈油，驶进中国张家港港。1998年12月23日，“天裕”轮的船壳保险人日本·共荣火灾海上保险相互会社（THE KYOBI MUTUAL FIRE & MARINE INSURANCE COMPANY，JAPAN）向本院递交诉前证据保全申请书，请求对停泊在中国张家港港的“姗妮1号”轮予以证据保全。同日，本院作出（1998）武海法通证保字第15号民事裁定，对停泊在中国张家港港的“姗妮1号”轮的船舶证书、航海日志、轮机日志等文件予以证据保全。1998年12月23日，天裕公司向本院递交诉前财产保全申请书，请求诉前扣押停泊在中国张家港港的“姗妮1号”轮。同日，本院作出（1998）武海法通诉保字第25号民事裁定，将停泊在中国张家港港的“姗妮1号”轮予以扣押，并责令该轮证书注明的船舶所有人迦亚公司向本院提供1亿日元（折合83.3万美元）担保。本院将裁定书送达给该轮船长劳尔德萨姆布（LORD SAMBU）后，迦亚公司一直没有任何反映。为确保船舶及船员的安全，本院要求中华人民共和国张家港边防检查站协助对船舶及船员进行必要的日常供应。1999 年 1 月 11 日，天裕公司向本院提起诉讼。1999 年 2 月 11 日，天裕公司向本院提交了先予执行申请书，请求将其所有的“天裕”轮先予返还。1999 年 4 月 6 日天裕公司向本院提交了由中保财产保险有限公司武汉市分公司国际业务部出具的先予执行担保。1999 年 4 月 15 日，本院作出（1999）武海法通执字第 25 号民事裁定，将扣押在中国张家港港的冒名为“姗妮 1 号”轮实为“天裕”轮返还给天裕公司。1999 年 5 月 11 日，本院执行了该裁定，并在中国张家港港将冒名为“姗妮 1 号”轮实为“天裕”轮移交给了天裕公司。

同时查明，扣押于中国张家港港的“姗妮 1 号”轮的船舶证书载明：“姗妮 1 号”轮属洪都拉斯籍钢质杂货船，其国际海事组织（IMO）编号为 981114（国际海事组织并无上述编号），呼号为 3ETD7，船东是迦亚公司，1981 年建造于日本。该轮船长 85.30M，船宽 13.50M，型深 5.80M，总吨位 2496 吨，净吨位 1428 吨。该轮主发动机制造商为日本赤阪铁工所株式会社，编号是 9152。该轮证书的办理时间是 1998 年 8 月 18 日，有效日期至 1999 年 2 月 17 日。该轮航海日志的记载日期从 1998 年 10 月 21 日至 1998 年 12 月 23 日，此前无任何记载。该轮轮机日志的记载日期从 1998 年 10 月 21 日至 1998 年 12 月 16 日，此前无任何记载。该轮高频无线电话日志、车钟记录无任何记载。1995—1996 年劳氏船舶登记社的船舶登记摘录表明：“姗妮 1 号”轮属巴拿马籍钢质杂货船，其船舶登记号为 18848—90A，曾用名“姗妮丸”，船东为巴拿马休埃尔公司，总吨位 2496 吨，净吨位 1428 吨，载重吨 3586 吨，建造日期 1981 年。船长 85.30M，船宽 13.50M，型深 5.80M。主发动机制造商为日本赤阪铁工所株式会社。1998 年 12 月 29 日日本八户港的进港海关申报单和 1999 年 1 月 6 日日本八户港出港海关申报单载明：“姗妮 1 号”轮属巴拿马籍，呼号为 3RTD7，总吨位 2496 吨，净吨位 1428 吨，船长 85 米，船首 3.15 米，船尾 5.45 米，航速 13 节，船东为东方远洋运输公司（ORIENTAL OCEAN LINE LTD），经营人为昆阳轮船公司（KYUNG YANG SHIPPING CORPORATION）。该轮停泊时间为 1998 年 12 月 29 日 10：25 时，出港时间为 1999 年 1 月 6 日。该轮船长出具的航次备忘录载明：“姗妮 1 号”轮从 1998 年 11 月 7 日至 1998 年 12 月 29 日先后到达的港口为日本今治、韩国釜山、俄罗斯斯拉夫雅卡、韩国浦项、日本和歌山、台湾高雄、中国大连、日本石卷、日本八户。没有到过中国张家港。

1998 年 11 月 28 日，国际商会——国际海事局（ICC—INTERNATIONAL MARITIME BUREAU）发出编号为 IMB/007/98“特别通告”，寻找“天裕”轮。1998 年 12 月 21 日，中国海上搜救中心向国际海事局发出“关于发现怀疑为失踪船舶‘天裕’轮洪都拉斯籍船舶‘姗妮 1 号’轮”的电传。1999 年 1 月 14 日，中华人民共和国公安部以公刑（1999）0048 号通知，指示江苏省公安厅对“天裕”轮中国船员失踪案进行立案侦查。1999 年 1 月 22 日，江苏省苏州市公安刑事警察支队对停泊在中国张家港港的“珊妮 1 号”轮进行现场勘查，发现该轮与“天裕”轮产地与主机号码一致；对该轮被涂抹过的救生衣、驾驶舱左舷的名牌及相关器材经用化学方法处理后均显出“天裕”（TENYU）字样。1999年1月25日，苏州市公安刑事警察支队出具《关于1.21“姗妮1号”轮现场堪查情况的意见》，认定被本院扣押于张家港港的“姗妮1号”轮就是“天裕”轮。

另查明，1999年1月6日，天裕公司向中保财产保险有限公司上海市分公司支付担保手续费8330美元（折合人民币69139元）。1999年4月23日，天裕公司与张家港港务局达成“天裕”轮港口使用费结算协议。天裕公司向张家港港务局支付港口使用费19000美元（折合人民币157700元）。1999年4月25日，天裕公司向广东海事律师事务所支付了1998年12月30日至1999年4月19日关于“天裕”轮的律师费及各项杂费38229.55美元（折合人民币317305.26元）。1999年5月7日，天裕公司与中华人民共和国张家港边防检查站达成“天裕”轮船供及监护费结算的协议。天裕公司向中华人民共和国张家港边防检查站支付边防监护费28800美元（折合人民币239040元）、船舶及船员供应费20331.6美元（折合人民币168752.28元）、人民币11410元。上述费用共计人民币963346.54元。

上述事实，有经日本公证机关证明并由中华人民共和国驻日本大使馆领事部认证的巴拿马驻日本领事馆签发的天裕公司成立证明书；“天裕”轮航运许可证；“天裕”轮国际吨位证书、国际载重线证书、货船结构安全证书、货船设备安全证书、无线电安全证书；日本海事协会签发的“天裕”轮船级证书；日本海事协会签发的说明“天裕”轮主机号码为9152的证明；日本无线电有限公司的船舶登记册；日本赤阪铁工所株式会社在1985年为“天裕”轮主机安装出具的工厂实验成绩表；法定船用品整备记录；“天裕”轮吊杆、绞车和附件检验和试验证书；劳氏船舶登记社关于“天裕”轮、“姗妮1号”轮的摘录；“姗妮1号”轮进出日本八户港的海关申报单，“姗妮1号”轮船长出具的航次备忘录；国际商会——国际海事局及中国海上搜救中心的传真电函；本院扣押于中国张家港港的冒名为“姗妮1号”轮的船舶证书、航海日志、轮机日志、无线电话日志、车钟记录；中国公安部门的技术鉴定结论；照片；勘验笔录；调查笔录；庭审笔录及有关协议、函件、单据等证据在卷。

五、本案的处理意见

本案系船舶所有权纠纷案。根据《中华人民共和国海商法》第二百七十条“船舶所有权的取得、转让和消灭，适用船旗国法律。”的规定，本案船舶所有权的确认应适用船旗国法律即巴拿马共和国法律。根据《中华人民共和国民法通则》第一百四十六条第一款“侵权行为的损害赔偿，适用侵权行为地法律。”的规定，由于天裕公司为寻找、扣押、取回该轮而产生费用的损失发生在中国，因此本案侵权行为的损害赔偿应适用侵权行为结果地法律即中华人民共和国法律。船舶所有权是船舶所有人依法对其船舶享有的占有、使用、收益和处分的权利，是绝对权，具有排他性，巴拿马共和国法律规定为普通法调整。船舶所有权的取得、转让和消灭应当向船舶登记机关登记。天裕公司依照巴拿马共和国的法律，向该国授权的船舶登记机关（巴拿马商业海事登记处）提出登记申请并提供相应文件，进行了船舶登记，取得了船舶国籍。因此，天裕公司是“天裕”轮的合法所有人，依法应对“天裕”轮享有所有权。1998年12月23日被本院扣押的停泊在中国张家港港的名为“珊妮1号”的船舶是一艘冒名的“改头换面”船，而非真正的“姗妮1号”轮。该轮的船舶种类、船体材料、船舶结构和外表状况，主机种类、生产厂商、型号、序号，雷达序号及生产日期，驾驶台和机舱主要设备的制造年份及型号等与天裕公司所有的“天裕”轮完全一致；该轮上的部分器材、资料、用具也直接反映为“天裕（TENYU）”字样。现有证据足以证明1998年12月23日本院在中国张家港港扣押的冒名为“姗妮1号”的船舶就是天裕公司所有的“天裕”轮。因此，迦亚公司应当将冒名为“姗妮1号”轮实为“天裕”轮返还给天裕公司。天裕公司与中华人民共和国张家港边防检查站签订的船供及监护费协议合法有效，中华人民共和国张家港边防检查站收取上述费用属维持和监管船舶产生的协助执行费用，是正当合理的。天裕公司与张家港港务局签订的港口使费结算协议并支付港口使费没有违反中华人民共和国法律的强制性规定，本院予以认可。天裕公司支付的担保手续费和律师费用的计费标准符合中华人民共和国的法律规定，应予保护。上述各项费用均系天裕公司为寻找、扣押、取回自己所有船舶所必须，且该费用本属不应发生的损失。因此，天裕公司对其损失具有完全求偿权。根据《巴拿马商法典（COMMERCIAL CODE OF PANAMA）》第1077条、第1082条、第1083条、第1085条、第1089条，《中华人民共和国民法通则》第一百一十七条第一款、第三款，《中华人民共和国民事诉讼法》第二百三十七条、第二百四十九条、第一百二十八条、第一百三十条之规定，经本院审判委员会讨论决定，作如下判决：

一、本院于1998年12月23日扣押的冒名为“珊妮1号”轮实为“天裕”轮的船舶所有权属巴拿马·天裕轮船有限公司；

二、被告洪都拉斯·皮．体．迦亚航运公司应当将“天裕”轮返还给巴拿马·天裕轮船有限公司（于1999年4月15日先予执行）；

三、被告洪都拉斯·皮．体．迦亚航运公司赔偿巴拿马·天裕轮船有限公司船舶及船员供应费、边防监护费、港口使用费、担保手续费、律师费及各项杂费共计人民币963346.54元及相应银行利息（按中国人民银行同期企业贷款利率从1999年5月11日起算至本判决生效之日止），由被告洪都拉斯·皮．体．迦亚航运公司于本判决生效之日起十日内一次付清。

六、需要说明的问题

1. 关于主管

主管一般是指国家机关的职权范围。任何一个国家机关都有特定的职权范围。海事法院的主管是指海事法院在海事诉讼中的受案范围，也是海事法院与其他国家机关和社会组织在解决海事纠纷问题上的分工和权限。本案所涉船舶疑被海盗劫持，国际刑警、我国公安部门均介入此案。海盗行为是一种海上犯罪，一般依刑事诉讼确定主管和管辖。但是，海盗行为侵犯的不仅仅是法律保护的公权利，因其以掠财为目的，更大程度上侵害的是人身、财产的私权利。涉嫌海盗行为案的刑事附带民事诉讼，往往造成受侵害人的诉讼不能（我国刑事案件的构成必须有被告出庭，而很多情况下将跨国海盗犯罪嫌疑人送上法庭是十分困难的；涉嫌海盗行为案一般侦察时间长，受侵害者不能及时行使诉权，其损失只能越来越大，甚至根本等不起）。因此，本案经合议庭合议和审判委员会讨论，多数意见认为将本案涉嫌海盗行为的民事请求部分（船舶所有权的确认、返还、侵权行为的赔偿）单列后由海事法院审理；将被扣押船舶上的外籍船员移交我国公安机关进行刑事立案侦查，实行"人船分离"，这样既能有效地打击海上犯罪，又能及时保护受侵害人的合法权益，同时又避免了海事法院与有关机关在案件主管上的争议。这一做法得到了最高人民法院、公安部、外交部的认可。

2. 关于管辖

《中华人民共和国民事诉讼法》第二十九条规定，"因侵权行为提起的诉讼，由侵权行为地或者被告住所地人民法院管辖。""天裕"轮失踪后，改头换面为"姗妮1号"轮驶往中国并停泊在张家港港，本案侵权行为结果地在中国。同时，冒名为"姗妮1号"轮的"天裕"轮于1998年12月23日被我院在长江下游张家港依法扣押，扣押船舶法院管辖原则，是国际海事法及各内国法普遍遵循的管辖原则之一。因此，我院基于侵权行为结果地法院和扣押船舶法院取得对该案的管辖权。

3. 关于适用实体法

本案的法律适用较为复杂，涉及船舶所有权确认的法律适用、船舶所有人提起的侵权赔偿的法律适用两个方面。(1) 关于船舶所有权确认的法律适用。《中华人民共和国海商法》第二百七十条规定"船舶所有权的取得、转让和消灭，适用船旗国法律"。本案审理中有两套船舶证书，涉及两个船籍国法律，即巴拿马和洪都拉斯。经过对船舶进行现场勘验和技术鉴定以及开庭审理，天裕公司依照巴拿马共和国的法律，向该国授权的船舶登记机关（巴拿马商业海事登记处）提出登记申请并提供相应文件，进行了船舶登记，取得了船舶国籍。因此，天裕公司是"天裕"轮的合法所有人，依法应对"天裕"轮享有所有权。1998年12月23日被本院扣押的停泊在中国张家港港的名为"珊妮1号"的船舶是一艘冒名的"改头换面"船，实为"天裕"轮。原告向本院提交的船舶登记证书具有真实性、合法性以及船证之间的关联性。因此，巴拿马共和国应是船籍国，巴拿马共和国的法律应作为本案船舶所有权确认的准据法。(2) 关于侵权赔偿的法律适用。《中华人民共和国民法通则》第一百四十六条第一款规定"侵权行为的损害赔偿，适用侵权行为地法律"。本案被告在侵犯原告船舶所有权的同时，还产生了其他侵权之债，如天裕公司为寻找、扣押、取回该轮而产生费用等。对于这些侵权所生之债，可适用侵权行为实施地或结果地法律，若原被告同属一个国籍还可适用当事人所在国法律。本案中，由于天裕公司为寻找、扣押、取回该轮而产生费用的损失发生在中国，因此本案侵权行为的损害赔偿应适用侵权行为结果地法律即中华人民共和国法律。

4. 关于诉讼费用的计算和承担

原告的诉讼请求共7项，依据《人民法院诉讼收费办法》第六条的规定，分别计算收取；此外，本案还相应产生了诉前证据保全费、诉前扣押船舶费、先予执行返还船舶等费用，共计人民币141523元。由于迦亚公司侵犯了天裕公司的船舶所有权，应对由此而造成天裕公司的上述损失承担完全的赔偿责任，因此，该诉讼费用全部应由被告迦亚公司承担。

七、本案小结

1. 案件特点。(1) 涉外性强。巴拿马·天裕轮船有限公司是日本船东在巴拿马注册的一家单船公司，法定代表人舛本崇雄是日本人；被告系在洪都拉斯注册的航运公司，原被告双方均为外国人。“天裕”轮在马六甲海峡失踪，被改头换面后来到中国，“天裕”轮的船壳保险人是日本共荣火灾海上保险株式会社，货物保险人是英国劳合社，“天裕”轮失踪的船员是韩国人和中国人，“姗妮1号”轮上的船员是印度尼西亚人。案卷文字涉及到日文、韩文、英文和中文。(2) 管辖特殊。该案是我国海事法院首次审理的确认外国船舶所有权纠纷案，也是依照中国法律在中国境内首次先予返还外国船舶，是中国海事审判中是首例。

2. 适用法律准确。该案即选择适用船旗国法确认船舶所有权，又适用法院地法调整侵权损害赔偿责任，且采用了“完全求偿权”这一国际海事侵权法上的赔偿原则，使当事人请求的合法权益得到了充分保护。一方面，坚持了船旗国法的适用原则；另一方面，又体现了法律的累积适用，这是对我国现行法律制度的突破。

3. 审判规范化。本案从立案到一审结案，全部审判过程按照规范化的要求进行。首先，立案规范化；其次，接待规范化，合议庭接待当事人（包括代理人）时，做到一人不接待，接待工作在涉外法庭（接待室）进行；再次，庭审规范化，包括程序规范化、语言规范化、秩序规范化等。如：严格按照法庭调查、法庭辨论、法庭调解、法庭宣判的程序进行；强调使用法言法语，中国语言及普通话；庭上的诉辩井然有序，旁听人员按位就坐，宣判时全体起立，审判长庄严地宣读判决书。同时，该案从诉前证据保全，诉前财产保全（扣押船舶）到先予执行返还船舶；从立案到开庭审理及当庭宣判，每一个程序都有做到了公正合理，及时妥当，通过程序的公正达到了实体裁判的公正。

4. 宣传报道。该案在审理过程中，国内外诸多媒体均对该案进行了跟踪报道。一审结案后，湖北电视台、江苏电视台、湖北经济台、光明日报、长江日报、人民法院报、中国水运报、南京日报、楚天广播电台等分别以不同方式进行了报道。

5. 国际影响。通过对该案的审理，向中外当事人展现了中国法院严格遵循程序，准确认定证据，严格适用实体法，裁判结果公正的良好司法形象和公正司法的信念。同时也有效地打击了国际海上欺诈及国际犯罪集团的嚣张气焰。向全世界发出这样一个信息，即作为世界海运大国的中国不是海事欺诈及海盗的避风港！巴拿马·天裕轮船有限公司和日本舛本汽船株式会社向武汉海事法院赠送了“断疑案、伸正义、维护司法公正”的锦旗。世界著名的保险协会劳合社时任主席马克思·泰勒先生，代表劳合社保险协会的有关保险人致函武汉海事法院称：贵院站在公正的立场，给予了我们迅速和不偏不倚的支持。我们相信凭着对正义的高度责任感，贵院已经为中国的法制建设进程，特别是为中国致力于成为亚太地区海事审判中心的目标，做出了显著的贡献！

关于新加坡太平船务有限公司与中国人民保险公司扬州分公司保险代位求偿纠纷案的审理报告

陈 旗 侯振坤

【案情介绍】

上诉人（原审被告）：新加坡太平船务有限公司［Pacific International Lines (PTE) LTD］。

被上诉人（原审原告）：中国人民保险公司扬州分公司。

2000年10月，仪征化纤股份有限公司（以下简称仪征化纤）与阿莫科公司签订2000YZP014号货物买卖合同，约定由阿莫科公司提供精炼对苯二酸(PTA) 2992吨，货物价值总计1451120美元。2000年10月26日，中国人民保险公司扬州分公司（以下简称保险公司）签发了编号为C903210AFFM00000244的中国人民保险公司货物运输保险单。该保险单载明：被保险人为仪征化纤；保险货物为PTA；保险金额为1540956美元；保险费2773美元；责任期间自马来西亚至仪征化纤；承保险别为一切险及战争险。2000年10月27日，太平船务（香港）有限公司［Pacific International Lines（HK）LTD］代表太平船务在香港签发了编号为KUANKG2KI的联运提单，运输船名KOTAJAYA。该提单的背面条款载明：第5条承运人责任条款规定：承运人应对其从接收运输货物至交付货物期间发生的货差和货损承担责任。第6条赔偿金额条款规定：当承运人对货差和货损承担赔偿责任时，该赔偿的计算应参照货物的发票金额，加上运费和保险费，如果运费和保险费已支付。第30条法律和管辖权条款规定：此处证明或包含的合同受新加坡法律约束，任何因此而产生的权利主张或其他争端应完全由新加坡法院进行裁决，除非承运人另有书面同意内容。2000年11月7日23：30，KOTAJAYA轮抵达上海后，在转驳“宁武机181”轮进行内河运输时，该轮承载的136个集装箱中的25个集装箱滑入江中。11月10日滑入江中的集装箱全部被救捞上岸。2000年11月8日，仪征化纤履行了付款义务，从开证银行取得发票、提单等全套单据。2000年11月10日，货物驳运到南京，仪征化纤的货运代理时运公司办理了有关报关和提货手续，并在该提单上以自己的名义背书，提取了货物。滑入江中的15只集装箱内550吨货物被鉴定认定水损严重，已无法使用。中国外轮理货总公司南京分公司理货发现编号为PCIU2367870和YGHU2004240的集装箱分别有2袋和3袋包装货物破损。2001年6月5日，保险公司向仪征化纤支付理赔款人民币2592359元（以下货币单位除特别注明皆为人民币）。2001年5月28日，保险公司向时运公司支付赔款161369元。2001年

5月24日，仪征化纤与保险公司签订权益转让书，将所有已赔付承保货物的权益转让于保险公司。2001年5月，太平船务（中国）有限公司上海分公司向保险公司发出传真，称关于KOTA JAYA、提单号KUANKG2KI、收货人仪征化纤的落江货物残值事宜，要求作为货物保险人的保险公司以不低于每吨1500元净值价格对此批受损货物尽快处理，以避免其他不必要费用的发生。2001年6月以后，保险公司分批对受损货物以1500元的价格进行了处理，得货款833250元。2001年10月25日，保险公司以海上货物联运合同纠纷向武汉海事法院提起诉讼，请求太平船务赔偿货物损失1759109元，理货检验及额外港口费用216507元及利息52971.2元。

【焦点透视】

一审法院认为：本案系一起保险公司代位行使追偿权的海上货物多式联运合同货损纠纷，涉及的焦点问题有：

（1）保险公司的代位追偿权是否成立。太平船务在一审庭审过程中以被保险人仪征化纤对保险标的没有保险利益为由认为其与保险公司之间的保险合同无效。一审法院认为：太平船务与被保险人仪征化纤之间的法律关系系海上货物运输保险法律关系。根据最密切联系原则，适用这一法律关系的准据法应为《海商法》。根据该法第252条的规定，本案中，仪征化纤系买卖合同中的买方，与本案所涉货物有直接的利害关系，仪征化纤对保险标的具有保险利益，其与保险公司之间的保险合同合法有效。保险公司在实际支付保险赔偿后，依法取得代位追偿权，有权向有责任的第三人进行追偿。

（2）被保险人与时运公司之间是何法律关系。一审认为，仪征化纤与时运公司之间不存在运输法律关系，也并非提单第30条所指的“（提单）所证明或包含的合同”关系，两者之间无论是太平船务所称的贸易关系还是保险公司所称的代理关系，均不含涉外因素，不存在适用准据法的问题，应以中华人民共和国内国法予以调整。本案中，保险公司已证明仪征化纤是付款赎单人，其从议付行赎得提单，是提单的合法持有人；时运公司作为货物运输代理公司与中国石化仪征化纤股份有限公司及其进出口公司存在长期的货物运输代理关系。2000年10月，时运公司受中国石化仪征化纤股份有限公司的委托，为该公司提供KUANKG2K1提单项下的货物运输代理服务。代理事项包括但不限于代为在提单上签章、提货、理货、报关、转驳等事宜。在太平船务承运的该批货物于2001年11月7日发生货物损失事故后，时运公司立即向委托人仪征化纤披露并通报了该次事故及承运人的情况。时运公司是受仪征化纤的委托而以自己的名义向承运人提取货物。我国《海商法》对受托人以自己的名义提取货物并没有具体的法律规定，因此在作为特别法的《海商法》没有规定时，对受托人的行为应以作为普通法的《合同法》予以调整。根据《合同法》第403条第1款对隐名代理法律关系的规定，本案中，仪征化纤是提单的合法持有人，时运公司作为代理人以自己的名义背书提货，将仪征化纤与承运人的承收关系变成了形式上的时运公司与承运人的承收关系，时运公司的行为符合上述《合同法》中对隐名代理的描述。因此仪征化纤作为委托人可以向第三人太平船务行使权利。

(3) 关于承运人是否承担货损赔偿责任。由于太平船务与被代位人仪征化纤之间的法律关系是提单所证明的海上货物运输合同关系，这一关系首要解决的是法律适用问题。一审法院认为，在双方当事人事后就提单法律适用问题未达成一致的情况下，应适用提单中约定的法律。在提单背面条款中，除了第 30 条的法律和管辖权条款外，还有两处涉及法律适用问题。一处是第 1 条定义条款中第 6 款的规定：指向一国国内法（internal law）应被认为排除该国所应用的国际私法（private international law）的所有原则。本款应理解为：若以一国国内法为准据法，则应排除该国的冲突规范。另一处是提单第 7 条特别条款（Pecial Provision）的规定。从该份提单背面条款的体例来看，第 7 条是对法律适用的特别约定，而第 30 条是对法律适用的一般约定。按照常理，合同特别约定的效力要高于一般约定的效力，因此本提单第 7 条的效力要高于第 30 条的效力。第 7 条共有两款。第（1）款是对第 18 条和第 19 条项下发生货损货差时确定承运人责任的准据法的规定。该提单第 18 条、第 19 条是关于甲板货、活牲畜的规定。显然，本款提到的准据法不能适用于本案。第（11）款是对集装箱运输中确定承运人责任的准据法的规定。本次运输是 CY 到 CY 的集装箱运输，因此，确定承运人的责任应适用本款所规定的准据法。由于本案货损发生在内河运输转驳过程中，其时海上运输已经完毕，而货物尚未到达最终卸货港，不符合（I）款（a）项（ii）目中（1）、(2)、(3）段规定的情形。因而，本案应适用（II）款后段所提到的《海牙规则》，即《海牙规则》应作为确定承运人责任的准据法。除交付之日一年以内已经提起诉讼外，在任何情况下，承运人和船舶都解除其对灭失或损害的一切责任。本案货损发生在 2000 年 11 月 7 日，保险公司向法院提起诉讼的时间为 2001 年 10 月 25 日，根据《海牙规则》的规定，保险公司的诉讼并未超过时效。根据提单第 5 条的约定，承运人应对其在接收运输货物起至交付货物期间发生的货差和货损承担责任，这一约定未违反《海牙规则》的有关规定，应为有效条款。根据《海牙规则》第 3 条第 2 款的规定，承运人应当适当而谨慎地装载、操作、积载、运输、保管、照料和卸下所运货物。争议双方对转驳装载过程中发生货损这一事实没有异议，太平船务未能举证证明事故系由可以免责的缘由引起，因此太平船务应对此次事故所造成的货损承担赔偿责任。

(4) 关于太平船务（中国）有限公司上海分公司的代理资格。本案事故发生后，一直是太平船务（中国）有限公司上海分公司与被保险人及保险公司联系处理后续事宜，其在与保险公司的传真中也一直落款“太平船务有限公司”，从其与保险公司传真的落款及传真的内容来看，都足以使保险公司有理由相信其有代理权。由于其代理行为发生在我国境内，依据最密切联系原则，对其代理行为应适用中国法律予以调整。根据我国《合同法》第 49 条的规定，太平船务（中国）有限公司上海分公司的代理行为有效。

（5）太平船务的赔偿数额。一审认为，保险公司所承保的一切险并不包括关税险，其赔偿被保险人关税的损失没有合同依据，因此对这一部分的赔偿金额不能取得代位追偿权，太平船务对此提出的异议成立。在受损货物全损的情况下，根据提单第6条赔偿金额条款的约定，承运人应当赔偿货物的CIF价。由于本次运输系预付运费，CFR南京价格已含运费，因此承运人只需赔偿货物成本加保险费的损失。这一损失为555.5吨×485美元/吨×1.0018＝269902.45美元，折合人民币2234792.29元。上述受损货物虽经鉴定为“无法使用”，但经过残值处理，仍然先后收回货款共计833250元。扣除残值费用，此次货损总计应为1401542.29元。此外，为了处理受损货物，保险公司支付额外港口费用以及水损的25个集装箱的费用为122838元，这一费用是为避免货物全损而产生的费用，且未超过货物残值，因此这项费用应计算在总损范围之内。但是，从2000年11月10日该批货物运抵南京到2001年6月双方达成一致对该批货物进行残值处理，双方对增加的港口费用均有过错。鉴于双方过失大小无从划分，应由双方分别承担港口费用61419元。关于利息损失，保险公司主张的数额为52971.20元，原审判决认为在此请求标的内的利息损失应予保护，利息起算日期应从保险公司实际赔偿保险金之日计算。综上所述，一审判决：由太平船务赔偿保险公司货损1401542.29元，港口费用61419元及上述赔偿的利息损失，驳回保险公司提出的其他诉讼请求。

太平船务不服该判决，向省高级人民法院提起上诉称：（1）保险公司对本公司没有诉权。本案提单明确规定适用新加坡法律，根据新加坡（提单法），在背书提单委托提货的情况下，提单权利和义务从作为背书人的委托人转让给作为被背书人的受托人，仪征化纤不再享有提单所证明的运输合同项下的任何权利，被上诉人保险公司作为代位求偿人对上诉人无违约之诉的诉权。

（2）原审判决对货物残值的认定缺乏事实依据。保险公司没有提交残货处理的有关证据。（3）没有证据证明被上诉人保险公司诉请的5.5吨货物的损失程度。（4）上诉人不应承担25只集装箱受损货物的港口堆存费。（5）上诉人对货物损害的赔偿责任有权享受单位责任限制。根据提单第7条B款I项的规定，《海牙规则》中的责任限制应被认为是英国合法货币每件或每单位100英镑，故上诉人的责任限制为50000英镑。

保险公司辩称：（1）时运公司是仪征化纤的代理人。时运公司与仪征公司不是贸易关系。委托人仪征公司可以行使委托人时运化纤对第三人太平船务的索赔权利。（2）关于货物残值的认定，有被上诉人与扬州长城化工有限公司（以下简称长城化工）共同签署的残货销售证明为证。（3）上述货物打捞出水后，又经长途运输，已经不足555.5吨，实际的残值只有817500元，未收到833250元。（4）因承运人拖延处理滞留港口的25只集装箱而产生的港口费用应该由承运人承担。（5）关于责任限制。《海牙规则》所称100英镑的责任限制是金英镑，《英国货币法》规定100金英镑含金量为7533美元。500袋货物赔偿责任限制合人民币31264000元。

结合一审判决和双方当事人的上诉、答辩意见，本案焦点可以归纳为：(1)保险公司是否享有诉权（一审判决焦点问题第（1）、（2）点，上诉意见第（1）点，答辩意见第（1）点）。(2)关于太平船务的赔偿范围（一审判决焦点问题第（5）点，上诉意见第（2）、（3）、（4）点，答辩意见第（2）、（3）、（4）点），包括残货处理价值、5.5吨货物损失程度、25只集装箱受损货物的港口堆存费。(3)赔偿责任限制问题（一审判决未涉及，双方当事人亦未在一审提出，上诉人向二审法院提出作为其上诉意见第（5）点，保险公司以答辩观点（5）进行抗辩）。双方当事人对一审判决认定太平船务根据合同应当承担货损责任和责任计算标准没有异议，但是对依据什么法律确定谁有权向太平船务主张货损责任以及货损范围分歧很大。太平船务另外提出的责任限制问题，不属于原告在上诉审提出一审没有提出的新的诉讼请求的情况，而是新的抗辩理由，法律限制当事人在二审提出请求的范围（即不得超出一审双方本诉、反诉和法院审理内容），但法律没有限制当事人在一、二审提出抗辩理由的范围，这里存在一个诉讼请求与请求理由、抗辩理由的区别问题。在上述三个焦点中，货物赔偿范围是纯粹的事实问题，不具有复杂性，而诉权和责任限制问题则糅合了事实和法律的双重争议，使本案具有不同于其他涉外案件的特点。

【审判推理】

保险公司是否享有诉权是全案的基点。

本案中，关于保险公司的代位求偿权是否成立，是双方争议的焦点之一。结合本案的案情，保险人是否具有保险代位求偿权，其决定因素在于货损发生时，仪征化纤是否对保险标的具有保险利益。依常理，如果仪征化纤付款赎单后，自己提货或者委托他人以自己的名义提货，作为提单的合法持有人，当然享有保险利益。本案中，由于时运公司的介人，增加了这一问题的复杂性，也使一、二审法院在解决这一焦点问题时产生分歧。

应当说，一、二审法院均认为，仪征化纤在本案中的法律地位是解决双方争议的关键，而双方争议的焦点是超越了本案联运合同之外的保险合同关系问题，这是解决本案纠纷的前提，属于“先决问题”，应运用国际私法有关“先决问题”的理论，选择准据法加以解决。一、二审均依密切联系地原则，选择适用中国法律得出了相同的结论。其区别在于对仪征化纤的法律地位的确认。

一审法院以时运公司、仪征化纤为中国公司，不含涉外因素，两者的委托法律关系以及与第三人的关系等应当适用中国法律为由，依据《合同法》认定仪征化纤享有诉权从而保险公司享有诉权。二审法官持有不同观点。本案争议显然并不单纯是代理人与被代理人的法律关系，而是代理人、被代理人和第三人（亦即承运人）三者之间基于提单产生的诉与被诉的关系，不应当将代理人时运公司和被代理人仪征化纤的法律关系与承运人太平船务的法律关系割裂开来。既然诉者的依据是提单，其诉权也应当是来自于提单，非提单的相对方，不能提起基于提单产生的合同之诉。仪征化纤是否享有基于提单产生的诉权以及相应的保险公司是否享有代位诉权，取决于提单法律关系的内容和本案的法律事实。因此，提单在确认保险公司诉权方面居于核心地位排除调整提单的法律来确定基于提单产生的诉权是不合理的。同时，由于本案签发提单的承运人太平船务系新加坡公司，案件起因是国际海上货物运输货损，具有涉外因素，本案存在选择提单准据法的问题。提单上已经载明，本提单所证明或包含的合同受新加坡法律管辖，因此，以新加坡提单法作为确定本案诉权的准据法符合本案提单条款的规定。一审判决就这一问题适用法律不当。太平船务关于“提单明确规定适用新加坡法律”的上诉理由成立。根据太平船务提交的新加坡提单法（即英国1992提单法），时运公司是提单的合法持有人，依法享有向太平船务主张货损货差的权利。但是，时运公司被认定是提单当事人，是否意味着时运公司的委托人即真正货主仪征化纤即不享有对太平船务的合同之诉的诉权呢？这是一个需要谨慎对待的问题，并非初看上去那般简单。

本案中，虽然时运公司向承运人太平船务出示提单并提取了货物，但是，本案同时存在以下几个层次的法律事实必须予以重视：首先，提单背面条款共30条，其中26处规定了货主的权利义务，并规定货主为“任何拥有或有权拥有货物的人”。这些足以证明，货主就是提单规定的提单当事人。其次，太平船务所列举的证据证明，新加坡提单法虽然规定提单持有人享有提单的权利，但并没有“禁止提单将其他提单利害关系人例如货主或收货人列为提单当事人”的规定。太平船务在本案中更没有列举证据证明提单的这种安排违反新加坡提单法的禁止性规定。法官推定新加坡法律不禁止除提单持有人以外的其他人因某种原因成为提单当事人从而享有相关权利并承担义务。同时，依一般法律原则，当事人的合意行为不侵害他人合法权益和社会公共利益的，法律应予保护。第三，事故发生后，仪征化纤作为货物的真正所有权人得到了保险公司的赔偿，随后保险公司与承运人太平船务就赔偿和残值处理进行磋商。2001年5月和7月，太平船务分别向保险公司发出传真，两份传真均注明了涉案提单号和“收货人仪征化纤进出口公司，落江货物残值事宜”的字样。太平船务要求保险公司将涉案提单项下仪征化纤受损货物残值以不低于每吨1500元的净值价格尽快处理，以减少避免其他不必要费用的发生，并要求保险公司书面确认。保险公司于2001年6月1日传真太平船务，同意按每吨1500元的净值处理该批货物，随后分批对受损货物做了处理。可见，双方就此已达成合意且已履行。这些法律事实证明：太平船务对仪征化纤的收货人或货主身份是确认的，对随后由保险公司承接仪征化纤权利义务的事实亦认可。在双方事实上已经就货损进行了磋商且处理的情况下，任何一方推翻已经发生的合作并意图回到协商起点的主张，无疑是有违诚信并对另一方造成不公。第四，由于时运公司是合法的提单持有人，其可以凭借提单向承运人太平船务提出合同之诉，太平船务担心接受仪征化纤以及保险公司的代位诉权以后遭致时运公司的再次起诉不是完全没有道理。比较而言，时运公司的诉权更加完善一些。然而，就本案的案情而言，太平船务多虑了。时运公司在委托关系证明中声明其与仪征化纤是委托代理关系，并声明仪征化纤可以行使时运公司对太平船务的索赔权利。这一事实亦为太平船务所知晓，且在涉案货物是仪征化纤委托进口并办理相关手续的事实方面不存在争议，仪征化纤与受损货物有紧密的利害关系。据此，仪征化纤可以基于这份提单向太平船务主张该批货物运输损失，且其是仅有的诉讼权利人，太平船务在未来不会承受时运公司基于同一提单的诉讼风险。综合以上分析，法官认为仪征化纤实际已经取得对太平船务的合法诉权。

从结果来看，一、二审均认可仪征化纤具有对太平船务的诉权，似有异曲同工之妙，但却存在原则性的区别。二审法官的审理思路是将提单作为判断的核心。法官认为，在国际货物多式联运中，提单以及提单所包含的合同，是确定当事人之间权利义务的主要依据，特别对于不记名提单项下的联运经营人、区段承运人、收货人或提单持有人而言，提单是惟一的依据，提单条款的明确约定被视为当事人的真实的意思表示。提单当事人在履行合同中的任何行为，只有依提单条款来解释，才能使当事人预知其可能产生的法律后果，从而维护交易的安全和稳定。因此，处理合同纠纷时，不应轻易将当事人之间履行合同的某种行为分割开来，独立加以看待，而应当置于提单或合同约定的条款约束之下加以判断，只有这样才符合各方当事人订立合同时的预期，也更能体现公平。

仪征化纤取得诉权与保险公司取得诉权显然是两个问题。保险公司是否因仪征化纤取得诉权而得向太平船务行使代位权取决于法律的强制规定。这里又涉及一个法律选择问题。本案保险合同的标的物是跨国运输的货物，对于该保险合同而言构成标的物涉外的合同，依据我国《合同法》，涉外合同双方可以约定合同适用的法律。但本案保险合同的双方均未提出有此种约定存在，受诉法院得依据我国冲突法规则确定合同准据法。法官认为，由于保险法律关系已超越提单法律关系，且涉案保险合同的签订地和履行地均在中华人民共和国境内，根据我国《海商法》第 269 条关于在这种情形下“适用与合同有最密切联系的国家的法律”的规定，本案保险法律关系应当适用该法。该法第 251 条第 1 款规定：“保险标的发生保险责任范围内的损失是由第三人造成的，被保险人向第三人要求赔偿的权利自保险人支付赔偿之日起，相应转移给保险人。”依据上列法律事实，仪征化纤是涉案提单的当事人，对太平船务享有诉权。相应的，保险公司取得代位求偿权。太平船务关于保险公司在本案中没有诉权的上诉理由不能成立。

解决了保险公司的诉权问题，接下来的重点是太平船务的赔偿范围。双方对太平船务的赔偿责任没有异议．但对赔多少没有形成统一的认识。首先，我们来看看受损货物残值处理问题。由于双方就受损货物残值以不低于 1500 元/吨的价格处理已协商一致且保险公司在一审中出具了长城化工为购买受损货物支付 817500 元给保险公司的银行票据、银行证明等证据，由于二审诉讼中保险公司出具的残货销售证明亦佐证 817500 元残值收益的事实，太平船务虽对上列证据有不同主张，但未提出反证予以支持，且未提出保险公司应当从残货中收益更多的积极证据，应当承担举证不能的法律后果。保险公司在诉讼中免除太平船务10.5吨受损货物残值的责任属于处分其权利，符合《民事诉讼法》第13条的规定（其自认价值为1500元/吨×10.5吨＝15750元）。因此，一审判决认定保险公司对受损货物以1500元人民币的价格进行处理，得货款833250元（即817500元＋15750元）并无不当。太平船务关于“受损货物残值的认定缺乏依据”的上诉理由不能成立。

其次，是关于5包包装破损的货物（重5.5吨）的损害事实问题。法官认为，中国外轮代理总公司南京分公司理货报告注明的“包装破”的表述非常模糊。货物包装可以是单层也可以是多层，可以是遇外力易损包装也可以是抗外力损害能力强的包装，究竟是何种包装出现了何种程度的破损，都关系到包装内货物是否因此受到损害以及受到损害的程度甚至包装本身是否合理。仅仅“包装破”的表述远远不能构成货损以及货损程度的确实充分的证据。保险公司没有提交其他能够证明该5包货物除包装破损以外尚有实质损害的证据，应承担举证不能的法律后果。一审将该5.5吨货物亦认定为损失明显证据不足。太平船务关于保险公司“没有证据证明诉请的5.5吨货物损害的事实和程度”的上诉理由成立。相应的，由于5.5吨受损货物残值（即1500元/吨×5.5吨＝8250元）已被包括在前述的保险公司在诉讼中自认的10.5吨受损货物残值之内，根据民法中的公平原则，该残货价值不应再从太平船务应当承担的责任金额中扣除。

最后，关于25只集装箱的港口堆存费的问题：不同于一审，二审法官认为保险公司取得代位权以后，即具有与仪征化纤同等的法律地位，承担仪征化纤作为原告应当承担的同等的举证责任。仪征化纤向有关部门支付的因货损产生的额外费用应当有由相应的部门开具的原始单据。而本案中，保险公司仅仅出示其赔付仪征化纤的实际付款收据，但没有仪征化纤向有关部门缴付上述款项的原始凭证甚或复印件。保险公司可以基于与仪征化纤长期的往来关系建立的诚信对仪征化纤免于收取原始单据而径行赔偿，但不能免除其就港杂费向太平船务举证的责任。因此，保险公司应当承担举证不能的法律后果。太平船务关于“不应承担25只集装箱受损货物的港口堆存费”的上诉理由成立。

本案争议的最后一个焦点是赔偿责任限制问题：提单载明，有关发生在海上或内陆水路的损失，承运人有权依据《海牙规则》享有责任限制。前面已经谈到，提单载明了新加坡法律是提单适用的准据法，那么这里的《海牙规则》是否与上述约定相冲突或者是对提单特别事项约定的特别法律适用条款并优于新加坡提单法呢？

一、二审法院均依当事人意思自治原则，首先确认了新加坡法律作为处理本案的准据法。对于联运承运人太平船务公司应承担的货损赔偿责任，均依提单条款的约定，适用了《海牙规则》，裁判结果差别不大，但一、二审法院在确定本案中《海牙规则》的地位时却有质的不同。一审法院虽然认为新加坡法律是提单条款约定应适用的法律，应作为审理本案的准据法，但提单背面特别条款又有货损发生在海上或内河区段，应适用《海牙规则》的约定，应视为当事人对特别区段的运输适用特别的法律（公约）的约定，依“特别条款优于一般条款的惯例”，此处的准据法应是《海牙规则》，而排除新加坡的法律，即将《海牙规则》视为特别约定，并将其地位视为优于新加坡法。二审法院法官则将新加坡法律作为解释提单的准据法，并依据提单关于海上和内陆水路承运人依据（海牙规则）享有责任限制的约定以及本案当事人以《海牙规则》处理承运人赔偿责任限制的合意，将《海牙规则》仅仅作为本案货损发生在内河区段，联运经营人享有责任限制这一个单一问题的依据。显然，《海牙规则》不被二审法院认为是处理本案纠纷的准据法，相反，法官将其作为一种提单当事人一致认可的事实，即《海牙规则》是处理本案的承运人赔偿责任限制问题的依据。提单当事人这一主张符合涉案提单的规定，故本案承运人太平船务的赔偿责任限制应适用《海牙规则》，《海牙规则》构成了提单条款的权利义务组成部分，法官倾向于确认《海牙规则》在本案中具有合同条款的性质，但亦不排斥其作为特别事项准据法的观点，毕竟两种主张在此案的实务处理结果上没有实质差异。但这种一致性不是恒定的，取决于与合同整个准据法的比对结果。如果将《海牙规则》作为特别准据法，其是否与整个提单的准据法发生冲突都不必然影响其作为特定事项准据法的法律地位，因为其至少在特定问题上与提单准据法处于同等地位。但是，如果将适用《海牙规则》的约定作为合同条款，将面临较之将《海牙规则》视为特定事项准据法更为复杂的情形。由于合同条款必须受制于法律的强行性规范的制约，《海牙规则》作为合同条款只能较之提单准据法居于次要地位。在此种情形下，法官应当将《海牙规则》的相关规定作为提单条款的组成部分置于选定的合同准据法的规定内加以评判，只有在《海牙规则》的有关规定不违反准据法的强制性规定的情况下，才能有效，否则无效。同时，具体到本案，准据法不局限于与提单法律关系有关的法律，而是整个新加坡法律，《海牙规则》的有关规定既然成为提单权利义务的组成部分，其必须既与提单法相符又与新加坡的其他强制法一致。这里就又涉及一个外国法查明的问题，且此处的外国法查明的工作程度和范围恐怕为法院力不能及。关于这个问题下面将特别论及。

确认了《海牙规则》的合同规范性质与地位以后，我们来看看有关条文。《海牙规则》第 4 条第 5 款规定：承运人或是船舶，在任何情况下对货物或与货物有关的灭失或损害，每件或每计费单位超过 100 英镑或与之等值的货币的部分都不负责任。第 9 条规定：本公约所提到的货币单位是金价。对于《海牙规则》签署至今，英镑黄金含量是否发生过明显变化，法官不得而知，这也超出一般法官的认知范围。但至少有一点是可以确认的，即责任限制的英镑单位非普通发行并流通的英国法定货币单位，而是一定黄金含量的标志。鉴于英镑是英国法定货币，因此，英镑金价只能依据英国法律含英国法院判例确定。根据 1971 年《英国货币法》和英国判例法的解释，100 金英镑约相当于 732 克黄金的价值。虽然法官没有可能直接计算年代差异造成的金价本身的波动，只能测定责任限制单位大致的价值，但是，仅保守计算的每单位责任限制金额即已大大超出太平船务应当承担的赔偿责任。同时，鉴于太平船务没有提出充分的法律规定或其他证据支持其享有 50000 英镑赔偿责任限制的主张，法官否定了责任限制的抗辩。

综上所述，二审法院认为，保险公司因仪征化纤享有诉权并取得代位求偿权而享有向太平船务主张货损的诉权。太平船务应当赔偿货物的实际损失，其应承担的货损责任在《海牙规则》确定的责任限制范围之内，太平船务的责任金额应为 1387665.64 元（550 吨×485 美元/吨×1.0018 保险费率× 8.28 美元汇率－833250 元残值自认＋8250 元即 5.5 吨受损货物残值的扣减额）。保险公司未能提出确实证据证明港杂费发生的事实，应当承担不利的法律后果。二审法院认为，上诉人太平船务的部分上诉理由成立，原审判决认定基本事实清楚，但法律适用部分不当，实体处理欠妥，故判决：太平船务赔偿保险公司人民币 1387665.64 元及利息损失，但利息总额不超过保险公司诉请的人民币 52971.20 元。

【法官思考】

本案涉及涉外审判实务的代表性问题——外国法查明。外国法查明亦是国际私法上的重要问题之一。我国《最高人民法院关于贯彻〈中华人民共和国民法通则〉若干问题的意见（试行）》规定了外国法查明的途径：由当事人提供；由与我国订立司法协助协定的对方的中央机关提供；由我国驻该国使领馆提供；由中外法律专家提供。通过以上途径仍不能查明的，适用中华人民共和国法律。实践中各地法院对外国法查明的方式却极不统一，有的侧重当事人提供，有的侧重法院依职权主动查明，也有的不作全面努力即认为无法查明，径自适用中国法律。之所以实践中会有如此差别，源于我国立法没有明确外国法作为事实或法律的态度。虽然司法解释规定了外国法查明的途径，但没有规定上述查明的责任承担方以及相应的法律后果，因此，可以理解为法院和当事人都应当尽可能查明外国法，至于外国法查明的范围、程度以及不能查明的后果承担方式则由法官裁量。

关于外国法到底是法律还是事实，国内外素有争议。英美法系国家坚持外国法是事实，必须向法官提供和证实，证明外国法的责任由提出请求或抗辩的当事人承担，在外国法无法查明时可推断与本国法相同，并适用本国法律。许多大陆法系国家认为外国法被认为是法律，法官依职权查明，并不依赖于当事人提供的任何资料，不主观推断外国法的内容，在无法查明外国法内容时，仍然适用外国法。另有折衷说否认外国法是绝对的事实或绝对的法律，认为外国法兼具事实与法律的性质，由此，法官具有调查外国法的责任，当事人亦有辅助证明的义务，在外国法无法查明时，可以适用本国法或推定适用某一与准据法类似的法律。

考虑到“当事人提供”是外国法查明的首要方式，立法似乎更加重视当事人在外国法查明中的责任。当然，基于准据法是法院依职权根据冲突规范确定还是当事人自主约定的不同，当事人对外国法承担查明责任的程度亦不一样，个案中双方当事人的查明义务也不宜机械等同。

本案中，新加坡准据法的确定是根据涉案提单的规定，二审法官倾向于突出外国法的证据性质。由于太平船务是提单的直接当事人且是提单格式合同的制定者，其当然承担第一位的查明外国法的责任。太平船务提交了新加坡提单法（即英国1992海上运输法）及中文翻译件，没有经过新加坡公证认证。保险公司质证认为不持异议。二审法院考虑到该新加坡法与新加坡政府网站以及英国政府网站公布法律一致，且英国海上运输法为国内司法认知法律，特别是在对方当事人不持异议的前提下，裁量确认其真实，作为本案准据法。《海牙规则》作为国际惯例（作为合同条款或作为单项准据法），属于司法认知范围，法院没有要求双方当事人提供。对于英国货币法，二审法院将当事人举证与法院查明结合起来。太平船务根据《海牙规则》相关条款的字面规定，认为责任限制为每单位100英镑，而保险公司抗辩认为，责任限制指的是金英镑，即单位货币黄金含量。二审法院认为，对外国法查明的责任转由抗辩方承担，要求保险公司对其抗辩应提交法律依据，保险公司根据法院指令提交了经公证认证的1971年《英国货币法》，太平船务质证认可。二审法院亦依职权查明劳氏报告相关英国判例，结合上述法律和判例，最后认定太平船务赔偿责任未超过《海牙规则》限定范围。

对于当事人双方均未提出的除新加坡提单法以外与涉案提单有关的其他新加坡法律及其权威适用解释，二审法官将其作为当事人意志自治的结果，不作为法院查明外国法的范围。法官认为，只要提单所载文句与当事人提交并认同的新加坡提单法没有冲突，即认定其效力。至于提单条款，包括《海牙规则》责任限制条款是否违反新加坡提单法之外其他新加坡强行法的规定以及新加坡承担的国际义务，有赖于当事人提出主张，这是与内国合同纠纷审理方式上的显著差异。二审法官考虑到内国法院对外国法律认知和理解具有局限性这样一个客观事实，强调了当事人对外国法作为证据进行证明的义务，并将当事人双方均没有异议的结果作为审判依据具有合理性。当然，如果合同准据法不是当事人约定适用而是法院根据法院地冲突规范确定适用，当事人对该被指向的外国法进行查明的义务应当限定在一定范围之内。道理很简单，法官有认知的局限，当事人则更是如此。如果要求当事人对事先没有约定亦没有预计的域外法律进行全面举证且因举证瑕疵承担不利后果似有不合理之嫌。在这种情况下，法官应当依职权通过外交途径查明外国法或征询专家意见。在外国法查明方式穷尽以前，不可轻易适用中国法律代替。目前，我国已经与许多国家订立双边司法协助协定，接受他方请求提供相关法律是大多数民事司法协助协定的重要内容之一，法院进行外国法查明具有现实可行性。因此，在法律就外国法适用作出进一步细致规定以前，法官仍然应当遵循已有的规范谨慎行使自由裁量权，区别不同情况确定当事人对外国法的证明责任，忌简单化和随意性。

关于“希望”轮触碰水下沉船损害赔偿纠纷一案的审理报告

潘绍龙

一、当事人

原告：徐健，江苏省高淳县“希望”轮所有人。

被告：湖南省湘潭航运总公司，“湘航23311”号驳船所有人。

二、基本案情

1997年3月29日08：30时许，被告湖南省湘潭航运总公司（以下简称航运公司）所属“湘航2301”轮船队在上水航行过程中，与安徽省安庆轮船总公司（以下简称轮船公司）所属“芜湖518”轮船队在长江下游江阴水道夹港水域发生碰撞，两船队不同程度受损，其中“湘航2301”轮船队所拖带的“湘航23311”号驳船进水后于09：00时许沉没，沉没地点距长江北岸水沫线约500～600米之间，属上水通航分道。“湘航23311”号驳船沉没以后，在事故现场的“湘航2301”号拖轮及其他在场船员，在“时间充裕、条件具备”的情况下，既没有按照有关规定在沉船位置及时设置临时浮标，也没有采取其他有效措施，警示其他航行船舶沉船所存在的潜在危险。同日12：30时，原告徐健所属“希望”轮载黄砂2500吨下行至夹港水域时，船底与沉没于水面下的“湘航23311”驳触碰后进水沉没。本次触碰事故造成原告徐健直接经济损失为3025800元。事故发生时，“希望”轮船舶检验证书已过有效期，并且没有依法办理船舶所有权登记证书。

三、案件审理

经过庭审以后，海事法院认为，《长江下游分道航行规则》制订的目的在于调整对驶相遇的船舶航行，使上、下行船舶各行其道，减少在航船舶之间碰撞事故的发生。在无对驶相遇的情况下，即使违反《长江下游分道航行规则》的有关规定，错走航道，也不会形成在航船舶之间避让关系意义上的碰撞危险局面，增加发生碰撞事故的可能性。沉没于江底的“湘航23311”驳船应属于水下障碍物，如果没有及时采取有效的防范措施，将直接对其他航行船舶的安全造成威胁。由于被告航运公司的船员在“时间充裕、条件具备”的情况下没有及时设置临时浮标，并通过其他有效的方式警示来往船舶，从而导致“希望”轮在未得到任何警示的情况下与“湘航23311”驳船发生触碰，最终沉没。被告船员的行为严重违反了《中华人民共和国内河交通安全管理条例》和《中华人民共和国航道管理条例实施细则》的有关规定，是造成本次触碰事故的直接原因，应承担主要事故责任。“希望”轮在下水航行过程中错误进入上水航行通道，违反了《长江下游分道航行规则》的有关规定，其行为虽然并非必然导致与沉船发生触碰事故，但实际是构成本次触碰事故发生的一个重要条件，所以应该承担次要事故责任。“希望”轮没有办理船舶所有权登记证书并且所持有的船舶检验证书失效，同样违反了《中华人民共和国内河交通安全管理条例》的有关规定，但该违规行为与触碰事故的发生并不存在直接的因果关系，不应成为承担事故责任的条件。据此，海事法院判决如下：

1. 被告航运公司赔偿原告徐健直接经济损失 2420700 元。

2. 原告徐健自行承担直接经济损失 605100 元。

3. 驳回原告徐健要求被告赔偿营运损失的诉讼请求。被告航运公司对海事法院的判决不服，在法定期间向上诉审法院提起上诉。上诉审法院经过庭审后认为，海事法院的判决事实清楚、适用法律正确，据此，依法驳回被告航运公司的上诉，维持海事法院的判决。其后，被告航运公司依法向上诉审法院申诉，要求对该案进行重审。上诉审法院另行组织合议庭对该案进行了复查，认为该案的审理并无不当，依法驳回了被告的申诉。后被告航运公司继续向终审法院申诉，终审法院在调卷审查后认为，该案在事实认定和责任划分上存在不当，进而裁定撤销一、二审判决，指定上诉审法院对该案进行重审。截至现在，该案仍在审理之中。

四、案件分析

本案历经 6 年，至今仍未审结，主要原因在于下述问题没有形成统一的认识。

（一）事实认定

本案在案件事实方面争议的惟一焦点在于“湘航 23311”驳船沉没以后，被告航运公司的船员是否在沉船位置设置临时浮标。

在触碰事故发生后，被告航运公司一再强调，“湘航 23311”驳船沉没以后，其事故现场的船员已及时在沉船位置设置了临时浮标。被告航运公司向海事法院提供的证据有：

其一，船员陈述。“湘航 2301”轮的大副和水手长在海事机关进行事故调查时，表示临时浮标是他们亲手设置的。是在救生圈上插上一面小红旗，然后用尼龙绳拴上一块压舱水泥块固定在沉船位置。

其二，其他船舶的证明。“湘潭 806”轮向海事机关证实，“湘航 2301”轮船队与“芜湖 518”轮船队发生碰撞时，该轮正在事故现场附近，听到“湘航 2301”轮船队的电话求救后，该轮及时赶到事故现场进行施救，发现了漂浮在沉船位置的临时浮标——救生圈上插着的一面小红旗。

但是，在庭审过程中，通过对大量的证据材料的审查判断，海事法院最终否定了被告航运公司主张其在事故后已及时在沉船位置设置临时浮标的事实。

主要证据材料有：①“希望”轮当班船员向海事机关陈述，在经过沉船位置时，没有发现江面上有临时浮标；②海事机关的工作人员向海事法院证实，在“希望”轮与沉船发生触碰后他们驾驶监督艇及时赶到了事故现场，没有发现江面上有临时浮标；③利港过江汽渡向海事机关证实，在事故前后，过江汽渡在沉船水域频繁往来，没有发现临时浮标；④“希望”轮与沉船发生触碰前后经利港水域的多艘上、下行船舶向海事机关证实，在航经沉船水域时，没有发现临时浮标；⑤庭审中，法庭分别询问“亲手”设置临时浮标的“湘航2301”轮的大副和水手长，但两人在作证时就救生圈的颜色、连接救生圈与压舱水泥块的绳索的质地、颜色和长度上都存在着较大的差异，并且许多方面出现矛盾，这些矛盾与其正常的判断能力完全不相符；⑥“湘潭806”轮自称在“湘潭2301”轮船队与“芜湖518”轮船队发生碰撞后，及时赶到现场施救，发现江面有临时浮标，但其没能说明其发现临时浮标的时间以及其在现场停留多长时间。

从上述证明在事故后被告航运公司的船员没有及时设置临时浮标的证据来看，各个证据的取得都是合法的，没有发现存在伪造证据的情况，并且各证据之间紧密相连，形成一个互相印证的证据链。而被告航运公司所提供的证明其已设置临时浮标的证据，相互之间不仅存在矛盾，而且在时间上也不连惯。所以，海事法院最终否定了被告航运公司的主张。

另外，假设被告航运公司的船员在“湘航23311”驳船沉没后设置了临时浮标，但该临时浮标的强度只能保证在短的时间内起到一定的警示作用，在水流、风以及其他来往船舶的影响下，临时浮标求完全有可能流失，所以，被告航运公司的船员在事故后即使设置了临时浮标，仍不能免除其承担对临时浮标进行维护和守候的义务。

但是，在庭审过程中，被告航运公司并没有提供有效的证据证明其已履行了维护和守候临时浮标的义务。海事法院在否定被告航运公司设置临时浮标的同时，也认定其在“湘航23311”驳船沉没后，有时间，也有能力设置临时浮标。主要依据有：①“湘航23311”驳船沉没的时间为09：00时，“湘航2301”轮将散队的其他驳船重新编队并选择安全地点抛锚的时间为10：00时，而“湘航23311”驳船与“希望”轮发生触碰的时间为12：30时，其间整整相隔两个半小时。在这两个半小时内，作为没有任何损失的“湘航2301”轮完全有能力自行设置临时浮标并通知航道机关、海事机关及时在事故现场设置浮标或者进行现场维护。②“湘航2301”轮的大副在庭审作证时称，“湘航23311”驳船沉没后，其完全有时间有能力设置临时浮标。

海事法院之所以对被告航运公司是否具有设置临时浮标的时间和能力加以查证，目的在于判断是否应该将轮船公司列为本案共同被告。如果被告航运公司有能力也有时间设置临时浮标，则免除了轮船公司主动设置临时浮标或者协助被告设置临时浮标的义务，这种情况下，就不应该将轮船公司列为本案共同被告。如果被告航运公司没有时间也没有能力设置临时浮标，而轮船公司具备设置临时浮标的条件而没有主动设置或者协助被告设置，则应该将轮船公司列为本案的共同被告。

（二）诉讼主体

1. 原告的主体资格问题

经过庭审，海事法院查明“希望”轮所有人徐健没有办理船舶所有权登记证书。鉴于此，相当一部分人认为，由于原告徐健没有取得“希望”轮船舶所有权证书，因而其不能以原告的身份要求被告承担赔偿责任。持上述观点的理由主要基于以下两个方面：

其一，根据《中华人民共和国船舶登记条例》第5条的规定，“希望”轮的船舶所有人在取得该轮的所有权以后，应该及时向船舶登记机关办理船舶所有权登记证书。

其二，船舶所有权登记证书是证明所有人对登记船舶拥有所有权的法定文件。由于原告徐健没有取得“希望”轮船舶所有权登记证书，则不能认定原告徐健就是“希望”轮的法律意义上的所有人。

我们认为上述观点是错误的。原告徐健虽然没有根据法律规定申请办理船舶所有权登记证书，但并不能因此否定徐健是“希望”轮惟一的所有人。理由如下：

(1) 船舶是动产，其所有权的取得并不以船舶登记为必要条件。船舶所有权登记是一种行政行为，登记的目的在于加强对船舶的监督管理，保障船舶登记有关各方的合法权益。法律并没有规定，只有在取得船舶所有权登记证书的情况下，申请人才最终取得登记船舶的所有权。

(2) 财产所有权的取得方式有原始取得和继受取得。作为船舶，只要其所有人取得所有权的方式没有违反法律规定，法律就应该承认船舶所有人对该船舶拥有所有权。《中华人民共和国船舶登记条例》规定，对于一些小型、个体船舶，如果乡镇以上人民政府部门出具该船舶的产权证明，船舶登记机关就应该办理船舶所有权登记。而原告徐健住所地的政府部门和船舶管理部门都出具了徐健对“希望”轮拥有所有权的证明。

(3)《中华人民共和国船舶登记条例》有关没有办理船舶所有权登记不得对抗第三者的规定，其本意并不是说没有办理船舶所有权登记，该船舶所有人就不具有法律意义上的请求权，而是规定在没有办理船舶所有权登记的情况下，船舶所有人无权对抗第三人对该船舶主张法律上存在的权利。例如，某船为张三和李四所共有，但未办理船舶所有权登记，那么该船舶在出卖时就应该征得张三和李四的共同同意。若该船办理了船舶所有权登记，并且登记的所有权人为张三，则张三可以自行将该船出卖，无需征得李四的同意，李四也无权对该船舶主张权利。

所以，我们认为，在具有符合法律规定的政府机关出具证据证明原告徐健对“希望”轮拥有所有权，并且没有第三人对“希望”轮主张所有权的情况下，应该认定徐健为该轮所有人。因而在该轮受到不法侵害后，徐健就能够以原告的身份要求事故责任人承担赔偿责任。

2. 是否应该将轮船公司列为共同被告的问题

该案在审理过程中，被告航运公司认为应该将轮船公司列为本案的共同被告，对原告的事故损失承担连带赔偿责任。许多航运界的人士也持这一观点。其理由主要有以下几个方面：其一，“湘航 23311”驳船的沉没，是由于被告航运公司所属“湘航 2301”轮船队与轮船公司所属“芜湖 518”轮船队发生直接碰撞所致，双方在碰撞事故中存在过失。

其二，事故后，“芜湖 518”轮船队既没有采取措施对“湘航 2301”轮船队进行施救，也没有采取措施协助后者为沉没的“湘航 23311”驳设置临时警示标志。

其三，“希望”轮的沉没，是由于“芜湖 518”轮船队与“湘航 2301”轮船队的共同过失造成，而根据《民法通则》第 130 条规定，二人以上共同侵权造成他人损害的，应当承担连带赔偿责任。

我们认为，海事法院没有采纳被告航运公司要求将轮船公司追加为本案共同被告的意见是正确的。主要基于以下理由：

首先，判断某一当事人是否应作为案件的共同被告，前提是该当事人与案件事实是否有法律上的利害关系，亦即该当事人必须存在违法行为并且该违法行为与事故的发生有直接的联系。本案审理的是“希望”轮与“湘航 23311”驳船之间发生的触碰事故，从查明的事实可以看出，轮船公司在触碰事故中并不存在任何违法行为。

其次，“湘航 23311”驳船的沉没虽是轮船公司所属“芜湖 518”轮船队与“湘航 2301”轮船队发生碰撞的直接结果，但是该次碰撞事故并不是导致“湘航 23311”驳船沉没后没有设置临时浮标的理由，更不是导致“湘航 23311”驳船与“希望”轮发生触碰事故的直接原因。

再次，从船舶碰撞事故的特点看，碰撞事故始于碰撞前双方的避让态势，止于施救措施的完结，因而事故当事人只对这期间的行为负责。从查明的事实足以认定，轮船公司在船舶碰撞事故中所应该承担的义务在“湘航 23311”驳船于 09：00 时沉没以后已经完结。

最后，被告航运公司的船员在事故后坚持认为，“湘航 23311”驳船沉没后，其已及时在沉船位置设置了临时浮标。不管被告船员及时设置临时浮标这一行为是否客观存在，但已完全排除了轮船公司主动在沉船位置设置临时浮标或者协助被告设置临时浮标的义务。

（三）原、被告在事故中的过错

1. 原告徐健存在的过错：

（1）“希望”轮船舶检验证书过期后，没有续办，其行为违反内《中华人民共和国内河交通安全管理条例》第 4 条第 1 款的规定。

（2）“希望”轮没有办理船舶所有权登记证书，其行为违反《中华人民共和国内河交通安全管理条例》第 4 条第 2 款的规定。

（3）“希望”轮作为下驶船舶，应该在下行航道中正常行驶，其却驶入上行航道，该行为违反《中华人民共和国内河交通安全管理条例》第 11 条和《长江下游分道航行规则》第 4 条第 1 款的规定。

2. 被告航运公司存在的过错：

“湘航 23311”驳沉没以后，其船员在“时间充裕，条件具备”的情况下，没有及时设置临时浮标并采取向有关安全管理机关报告、在事故现场维护及其他有效的警示措施，其行为违反《中华人民共和国内河交通安全管理条例》第 35 条和《中华人民共和国航道管理条例实施细则》第 31 条第 1 款的规定。

（四）法律责任问题

1. 法律适用

正确判断原、被告在事故中的法律责任，首先必须明确法律适用问题。有关法律适用问题在本案处理过程中争议非常之大，因为适用不同的法律规范，在事故的责任承担上将出现截然不同的结果。

被告航运公司认为，原告徐健在本次事故中应该承担主要或者全部责任，其主要理由是：

其一，1996 年 6 月 25 日交通部［交安监发（1996）606 号］《关于进一步加强长江下游分道航行实施工作的通知》。该通知第 3 条规定，“凡根据现场勘察，因违反分道航行规则造成水上交通事故的船舶应承担全部或主要责任”。

其二，1997 年 1 月 22 日长江港航监督局［长督通字（1997）第 025 号］《关于当前海事管理工作中应掌握几个问题的通知》。该通知第 2 条第 1 款规定，“凡在规定航路上航行的船舶与违反‘长江下游分道航行规则’的船舶发生事故，违章船舶应负全部责任或至少负主要责任”。

其三，上述两个文件是水上交通主管机关发布的，具有法律强制力。不管从维护法律的严肃性出发，还是从保证航运秩序的实际需要出发，这两个文件都应该得到全面、有效地执行。

被告航运公司的上述观点，在航运界及部分行政管理人员中得到认同。

海事法院却否定了被告航运公司的观点，其理由有：

第一，内河行政法律规范的作用是判断航行船舶是否存在违法行为的依据，也是行政主管机关对违法行为进行行政处罚的依据，但是，行政法律规范不是调整事故当事人民事法律责任的有效依据。作为事故当事人是否应该承担民事法律责任，必须严格按照《民法通则》中的过错原则进行处理，即当事人是否应该承担民事责任必须具备行为违法、有损害事实、损害事实与违法行为之间有因果关系以及主观上存在过错这四个条件。海事法院在判决中对原、被告民事责任的认定，是严格根据《民法通则》的过错原则进行处理的。

第二，从法律意义上讲，交通部《关于进一步加强长江下游分道航行实施工作的通知》第 3 条规定和长江港航监督局《关于当前海事管理工作中应掌握几个问题的通知》第 2 条第 1 款的规定是与《民法通则》的过错原则的基本要求是矛盾的。该两个通知应属部门规章的范畴，而根据相关法律规定，部门规章在与基本法律规范存在冲突时，理应无效。鉴于此，该两个通知不能作为确定本次事故中双方当事人事故责任的有效依据。

2. 民事责任

根据民法的因果关系理论，只有当当事人的违法行为与损害事实的发生存在直接的因果关系的情况下，当事人才承担民事赔偿责任。被告航运公司在“湘航23311”驳船沉没后，没有及时设置临时浮标这一违法行为，与触碰撞事故的发生有着直接的因果关系。沉船从其物理属性来讲，应该属于水下障碍物的范畴，不仅威胁正常航行的船舶的安全，也一样威胁非正常航行的船舶的安全，例如，错走航道的船舶、在沉船水域进行调头或者其他作业的船舶等。所以，被告应该对本次触碰事故的发生承担主要事故责任。

原告徐健所属“希望”轮错走航道这一过失，虽不能必然导致本次触碰事故的发生，亦即错走航道与触碰事故的发生不存在直接的因果关系，但是，这一过失是导致触碰事故发生的一个条件，即“希望”轮若不错走航道，本次触碰事故有可能避免。因而，原告应该对本次触碰事故的发生承担次要事故责任。

对本次事故的责任判断我们试举一例加以说明，某瓜田所有人为了防止他人盗瓜，在瓜田周围偷偷设置了电网，结果一小孩在盗瓜过程中被电网击伤。在这次事故中，瓜田所有人肯定应该承担主要责任，因为其设置电网是违法的，对他人的安全造成了危害。小孩也应该承担次要事故责任，因为小孩的盗窃行为虽不会直接导致被电网击伤这一结果，但是是造成被电网击伤的一个条件。我们不能因小孩实施了盗窃行为，就应该承担被电击死的责任。

五、该案件的现实意义

该案件审结以后，在航运界引起了非常大的震动。其意义主要表现在以下几个方面：

1. 明确了民事法律规范和行政法律规范在海事处理中的不同作用。

多年来，由于体制方面的原因，内河行政主管机关的权限问题一直没有得到很好地解决。在《行政诉讼法》及其他相关的行政法律规范实施后，这一问题虽有了较大的改善，但由于“惯性”作用，许多内河行政主管机关仍超出其所享有的行政管理权，通过发布行政规范性文件的形式，行使民事法律规范所具有的权利。该案对不同的法律规范在保证船舶航行、海损事故的处理方面的作用进行了明确的区分，即行政法律规范是确定事故当事人其行为是否违法的依据，而民事法律规范是判断事故当事人是否应该承担民事赔偿责任及承担多少赔偿责任的依据。

2. 明确了事故责任人承担民事责任的条件。

事故当事人在事故中所应当承担的行政责任和民事责任是截然不同的两个法律概念，行政责任是根据行政法律规范对违法当事人进行行政处罚。对海损事故中违法当事人的行政处罚主要有警告、罚款、扣留证书、吊销证书和没收船舶等形式。民事责任是根据民事法律规范责令违法行为人所应该承担的民事赔偿责任，主要有停止侵害、恢复原状和赔偿损失。不能通过加重当事人的行政责任来代替民事责任的承担，也不能通过加重当事人的民事责任来替代行政责任的承担。事故当事人承担民事责任必须符合法律规定的条件，否则，当事人不承担民事责任。

3. 明确了有关行政规范性文件的法律效力。

根据《立法法》的规定，具有立法性质的法律规范是宪法、法律、行政法规和规章。不同阶位的法律规范有不同的法律效力，宪法具有最高层次的法律效力，依次是法律、行政法规和规章。交通部直属内河行政主管机关、地方政府及具体业务机关根据一定时间、一定范围内的船舶航行和船舶管理而制定的规定，属行政规范性文件，是行政主管机关进行行政管理的依据，具有行政强制执行力。但是，如果这些行政规范性文件与法律、行政法规和规章的规定发生抵触或者矛盾时，应该执行处于上阶位的法律、行政法规和规章。

三、疑难案例评析

徐明与南京港务管理局港口作业事故人身伤害赔偿案评析

饶中享

【案情】

原告：徐 明，男，24 岁，南京长江油运公司驳船水手

委托代理人：陈金纯，南京长江油运公司干部

委托代理人：李业斌，武汉市经济律师事务所律师

被告：南京港务管理局（下称港务局）

法定代表人：奚志诚，港务局局长

委托代理人：葛培生，港务局轮驳公司安监科科长

委托代理人：刘 忱，南京市第二律师事务所律师

1993 年 3 月 31 日，南京长江油运公司所属油 63057 驳船在南京港仪征码头装油完毕后，由南京港务管理局所属宁拖 1008 号拖轮拖带离码头作业，当日 21：00 时，宁拖 1008 号轮靠近油 63057 驳作业，当拖轮船艏接近油 63057 驳左舷 3 号与 4 号系缆桩之间时，指挥油 63057 驳船船员带缆作业，徐明及同驳水手李相铭共同接过拖轮船员递交的包头缆一根，拖轮未明确指挥系结第几号缆桩，徐明便将包头缆套在 3 号系缆桩上。钢缆套好后，宁拖 1008 号拖轮驾驶员指挥将钢缆由 3 号桩换至 4 号桩，徐明便将钢缆由桩底往上拿，这时拖轮正随水流后退，钢缆绷紧，徐明的双手被轧在钢缆与系缆桩之间，致使双手八指前二节当即被轧掉。事故发生当日，徐明被送往南京市仪征化纤医院住院治疗，1993 年 4 月 13 日出院，共住院 14 天。医院初步诊断为，双手绞压伤，2、3、4、5 指中节指骨开放性粉碎性骨折，由于中节指骨及其软组织尤其是血管受伤严重，医生认为断指再植的条件已不具备，即仅作了清创缝合术，创口愈合良好出院。计住院治疗费 864.15 元。出院后，徐明继续在其他医院治疗，计医疗费 230.22 元。1993 年 6 月 25 日，南京医学院法医教授杨增言、南京医学院附院骨科医生王宝琪、南京市公安局交警支队主检法医医师裴忠华进行活体检验，作出《关于徐明事故的致残鉴定》，鉴定认为，1. 根据《人体重伤标准》第七条第二款关于“一手指除拇指外，任何三指缺失均超过近侧指间关节，或者两手除拇指外，任何四指缺失超过近侧指间关节”的规定，属重伤。2. 根据《职工工伤与职业病致残程度鉴定标准》第四条说明，由于伤残复杂对本标准未列载的个别伤残情况，可根据上述原则参照本标准中相应等级进行评定的规定，以标准“双拇指完全缺失或无功能”进行推论（定），属四级伤残。原告徐明认为，在本次港口作业人身

伤害事故中，宁港1008号拖轮在发出“换桩”指令后，未用前进车保持拖轮原位，使拖轮随水流后退，钢缆绷紧造成的。自己没有违章及违反操作规程，宁港1008号拖轮应承担全部责任。要求被告南京港港务管理局赔偿医疗费、误工费、生活补助费共计人民币31万元。被告辩称：港口作业人身伤害事故是原告徐明不听从拖轮指挥和违反操作规程造成的，事故责任应由原告自己承担；原告是南京油运公司船员，其工伤事故可由南京油运公司按劳保法律关系作内部处理。

【审判】

徐明于1993年5月29日具状向武汉海事法院起诉，法院于5月31日收案，6月1日审查立案，并依法组成合议庭。1993年9月8日至9月14日，合议庭到当事人所在地南京市进行了巡回审理。首先，针对原、被告之间的事实争议进行了现场调查取证。其次，在查清事实的基础上，经合议庭评议划分责任。合议庭认为：在拖驳港航作业中，拖轮是指挥船，具有指挥的主动权，驳船是被指挥船，处在被指挥的地位。宁港1008号船驾驶员只指挥驳船船员接缆，而没有明确套第几号桩，指令不明确；在所递交的钢缆尾端已打死的情况下，指挥徐明换桩，没有用前进车稳住船位，使拖轮随水后退，钢缆绷紧。宁港1008号船驾驶员的两项过失是事故发生的主要原因，南京港务管理局应承担事故的主要责任。原告徐明在未得到宁港1008号船驾驶员明确指令的情况下，盲目将钢缆套在3号桩上，使套桩操作重新进行，延误了套桩时间，是事故发生的另一原因，徐明应承担事故的次要责任。再次，在责任划分明确的前提下，经合议庭主持就地通知双方当事人进行调解。调解伊始，合议庭将责任划分意见告知双方当事人，当事人均表示接受。但调解争议有二：其一，被告主张徐明是工伤事故，应由其所在单位南京长江油运公司作工伤处理，港务局适当向南京长江油运公司给予补偿，不直接向原告赔偿；其二，关于人身伤残的赔偿范围原告主张参照适用《最高人民法院关于审理涉外海上人身伤亡案件损害赔偿的具体规定（试行）》，被告认为以《道路交通事故处理办法》的标准确定。法院认为，徐明是南京长江油运公司船员，因南京港务局港作船在港口作业中的过失受伤害，是原、被告之间的人身伤害侵权法律关系，被告应向原告直接承担其法律后果，徐明伤残的赔偿范围应根据《民法通则》的基本原则，参照《最高人民法院关于审理涉外海上人身伤亡案件损害赔偿的具体规定（试行）》的赔偿范围，参考南京地区的人均收入和基本生活水平确定，并认定徐明受伤的赔偿标准为8万元。经法院在主持调解过程中的法制宣传、疏导，原、被告于1993年9月14日自愿达成协议，由被告南京港务管理局一次性赔偿原告人徐明47000元。调解书送达后，南京港务局即履行了债务。

【评析】

此案是武汉海事法院成立以来，由受害人直接向法院起诉的港口作业事故人身伤害赔偿首案，案情复杂、争议大，除原、被告之间的法律关系外，还潜在港航关系，加之国内水上人身伤害无统一赔偿的法定标准，案件审理难度大。经过此案成功的审理，取得了良好的社会效果。

关于港航关系。1984年以前，港航是一家，隶属于长江航运管理局。当时的港航作业事故属企业内部事故，对人身伤亡按劳动法作工伤事故处理。1984年以后随着长江航运经济体制改革，港航分家，港口由中央企业下放为地方企业，港航作业的协作关系仍是密切的，但港航之间却是独立的企业法人，港航作业事故纠纷即为平等主体之间的海事法律关系。港航作业事故的人身伤害，受害人与本企业之间是企业内部的工伤纠纷关系，受劳动法调整，与其他企业之间就是平等主体的海事人身伤亡事故纠纷，应受海事民事侵权法调整。本案原告徐明身体在港航作业中受伤害，与被告南京港务管理局的关系是平等主体之间的海事人身伤害事故纠纷，这一平等主体间的法律关系是成立的，因被告所属船员过失造成的人身伤害债权之债，应由被告直接向原告个人赔偿。

关于国内水上人身伤害的赔偿范围及标准，目前，法律还没有明确规定，是法律适用上的难点。《民法通则》第一百一十九条关于“侵害公民身体造成伤害的，应当赔偿医疗费，因误工减少的收入、残废者生活补助费等费用”的规定，仅是一般原则，赔偿范围和标准不具体，司法实践中难以掌握和操作。《最高人民法院关于审理涉外海上人身伤亡案件损害赔偿的具体规定（试行）》，其赔偿范围和标准虽明确，但赔偿标准之高，远超过了我国目前的人均收入和生活基准，且明文规定调整涉外关系，国内水上人身伤害不能适用。《道路交通事故处理办法》是调整道路交通事故法律关系的行政法规，而本案是水上船舶事故法律关系，调整对象不同，不能被选择适用。我们认为，本案在执行《民法通则》基本原则的前提下，参照《最高人民法院关于审理涉外海上人身伤亡案件损害赔偿的具体规定（试行）》的赔偿范围和项目，参考受害人所在单位的平均劳动收入和所在地的平均生活水平标准，认定徐明人身伤害的赔偿金额8万元是较合理的。徐明双手8指截指不能植复，重伤，四级伤残，基本丧失劳动能力，生活自理困难，其赔偿范围具有伤残情况的全面性，应参照涉外海事人身伤残赔偿范围确定。但我国目前的人平均收入还不高，因而，只能依实际情况，参考南京当地的生活水平确定赔偿标准。

四川省奉节县长青号船舶合伙户诉四川省东方轮船公司“川控河段”船舶碰撞纠纷案评析

饶中享

【案情】

原告：四川省奉节县长青号船舶合伙户（下称合伙户）

合伙负责人：赵德孝，男，36岁，长青号船舶合伙户合伙人

被告：四川省东方轮船公司（下称轮船公司）

法定代表人：冯地禄，公司经理

1992年9月23日，轮船公司所属“红旗810船队”（拖轮核定功率629.16kW，顶推三艘空载驳船，船队总长115m，总宽17.5m）由秭归开往万县港。当日19时40分，该船队两次同火焰石控制河段信号台联系，要求上行通过其控制河段。19时50分，信号台揭示信号，指示“红旗810船队”通过控制河段。“红旗810船队”驶入控制河段后，在大沱（地名）中部处发现下驶的原告所属“长青号”机动船（小轮，核定功率49.98kW，船长26.3m. 船宽4.8m），便谨慎行驶，发出要求从右舷会船的声号，声号统一后又采取了相应避让措施。由于航道狭窄，夜间行船，不能满足避让条件，两船（队）于19时55分在控制河段内链子溪下约250米处发生碰撞，“长青号”机动船在碰撞后沉没，船上货物大部分受损，两名船员受伤，其经济损失折人民币18.1335万元。“红旗810船队”在碰撞后进行了积极的救助。

火焰石控制河段，位于长江上游川江航段126.3～127.8公里处，航段全长1.5公里，是交通部1988年5月17日（88）水监字80号文批准的川江南津关至羊角滩控制河段之一，无论水位高低，实行全年控制。《川江南津关至羊角滩控制河段安全管理规定（试行）》第2条第一款规定：“一切船舶、排筏通过控制河段必须服从信号台的指挥”。《通行信号揭示船舶行动简航表》还规定，火焰石控制河段当有400马力以上船队通行时，“夜间下行船不得驶入”。

【审判】

武汉海事法院于1993年3月5日收到原告诉状，3月8日立案并依法组成合议庭，5月23日进行了开庭审理。庭审中，合伙户认为，两事故船（队）在避让过程中，“红旗810船队”没有采取有效措施，临危措施不当，要求被告赔偿全部的经济损失；轮船公司的抗辩理由是，造成本次船舶碰撞事故是因为合伙户所属“长青号”船违章驶入控制河段所致，其事故经济损失理应由原告自行承担。法院经审理认为，“红旗810船队”与“长青号”机动船在火焰石控制河段

发生碰撞致损的直接原因，是“长青号”机动船严重违反交通部（88）水监字（80）号《川江南津关至羊角滩通行信号规定（试行）》中关于信号台悬挂上行轮船通航信号时，夜间下行小轮应在控制河段以上等待，不得驶入控制河段的规定，强行驶入禁止会船的控制河段所致，原告应承担事故的全部责任。“红旗810船队”经联系，在取得火焰石信号台指示后遵章上驶，并以必要谨慎航行，没有违反行为规则的过失，不应承担事故损失的赔偿责任。依照《中华人民共和国民事诉讼法》第128条的规定，判决如下：

驳回原告“长青号”船舶合伙户的诉讼请求。

案件受理费6000元由原告承担。

本案判决后双方当事人均未上诉。

【评析】

《中华人民共和国内河交通安全管理条例》第14条规定“船舶进出港口和通过交通管制区，通航密集区或者航行条件受到限制的区域，必须遵守中华人民共和国交通部或主管机关公布的特别规定”。川江，是位于长江上游的C级航区，航道狭窄，比降大，水流湍急，礁石林立，险滩密布。虽经多年整治，其航行条件仍受到很大限制，多处狭窄，浅滩航段船舶（队）不能日夜对驶会让。根据《条例》，为保障船舶航行安全，交通部于1988年5月17日制定了《川江南津关至羊角滩控制河段安全管理规定（试行）》的特别规定，该特别规定共规定了川江36处控制河段。火焰石是全年执行的控制河段之一，明确规定：夜间当有400马力以上船队上行通过时，下行船（无论大小船，单船或船队）不得通行，应在控制河段上方等候。这是船舶避让关系中的强制性规范，下行船的避让义务是强制的，不可违反。否则，即存在发生事故的必然性。避让关系，是船舶碰撞形成要素之一，指船舶在避让过程中的具体权利义务关系。行家称“让路船”为义务船，“被让路船”为权利船，这种权利义务关系一经确定，不得任意改变。船舶避让关系有选定和法定两种。选定，是指会让船舶间经（声号、灯号、信号或无线电话）联系统一会让意图，常用于左舷或右舷通过的情况；法定，是指主管机关依据航道的实际情况和通过船舶的大小、流向、时间而依照特别规定作出的避让指示。法定避让关系具有强制性，义务方必须履行义务。如“川控”就属于法定避让关系。避让关系一经确定，不得任意改变，除义务方必须遵循外，权利方也只能在法定条件下在适用“背离规则”时才允许改变。本案中，被告所属“红旗810船队”（属400马力以上）按规定在得到控制信号台揭示允许上行通行信号的指示后，取得了上行通过权，这时“红旗810船队”相对于即将通过火焰石控制河段的一切下行船舶来说，是权利船，下行的原告所属“长青号”机动船，应严格按规定遵照信号所揭示信号的指示，在控制河段上方等待“红旗810船队”通过后，再要求下行通过，不得驶入控制河段。而“长青”号机动船于信号台的指示不顾，冒然驶入控制河段与“红旗810船队”对驶相遇，使船舶碰撞事故形成了必然的结局。严重违反了《中华人民共和国内河交通安全管理条例》

第14条的规定，构成“长青”号机动船的单方过失责任。原告提出的“红旗810船队”在控制河段中未采取有效避让措施应承担赔偿责任的理由，是将自己应承担的强制性义务转移他方的一种法律上的错误，不应支持。船舶碰撞损害赔偿适用过失责任原则。所谓过失责任原则是以下要件同时具备时，加害方才承担赔偿责任。第一，要有损害的事实存在；第二，加害方要有过失或违法行为；第三，加害方的过失或违法行为与损害事实有因果联系。该案中，原告船、货受损及人员受伤，有损害的事故存在这个要件，而被告所属船队没有过失及违法行为，当然也谈不上因果联系。这两个要件都不具备，所以被告不应因过失承担该次事故的赔偿责任。《民法通则》中的无过错责任原则，是指“从事高空、高压，易燃、易爆，剧毒、放射性、高速运输工具对周围环境有高度危险的作业造成他人损害的，应当承担民事责任；如果能够证明损害是受害人故意造成的，不承担民事责任”。“红旗810船队”不是高速船舶，对周围环境不存在高度危险，本案不能适用；《民法通则》中的公平责任原则，是指“当事人对造成损害都没有过错的，可以根据实际情况，由当事人分担民事责任”。本案中被告没有过失，而原告却有重大过失，不适用公平原则调整。所以，本案判决驳回原告诉讼请求是正确的。

关于受损方单方责任的实体法适用问题，是海事审判中适用法律上的难点之一。《民法通则》只规定了构成侵权民事责任的条款，而没有规定不构成侵权民事责任条款，如本案判决所引用的法律条款，只是程序法条文，而无实体法条文。驳回诉讼请求，是一种实体上的判决，原告败诉是实体上败诉，只引用程序法而不引用实体法条款，似乎本案未受到实体法调整。已颁布的《中华人民共和国海商法》在“船舶碰撞”专章中规定了单方责任“船舶碰撞是由于一船的过失造成的，由有过失的船舶负赔偿责任”这一规定同样适用于受损方是由于自己的过失造成的情况。《海商法》施行后，海船与海船及海船与内河船之间的船舶碰撞受其调整，内河船舶间的碰撞不受《海商法》调整，不能直接引用。我们认为，海船之间与内河船之间的碰撞法律适用没有原则的归责原则分歧，仅是民法通则“侵权的民事责任”规定得比较原则，而《海商法》中船舶碰撞规范比较具体，为解决法律适用问题，建议最高人民法院对《海商法》作出司法解释，将第九章的船舶碰撞扩大到适用调整内河船舶之间的碰撞纠纷。

招商船舶运输（蛇口）有限公司诉江西省五金矿产进出口公司远洋货物运输合同船舶滞期费纠纷案评析

饶中享

【案情】

原告：招商船舶运输（蛇口）有限公司（下称船舶公司）

法定代表人：苏蕴，船舶公司总经理

委托代理人：林顺来，船舶公司副总经理

委托代理人：张湘兰，武汉市第四律师事务所律师

被告：江西省五金矿产进出口公司（下称五矿公司）

法定代表人：万吉元，五矿公司总经理

委托代理人：陈坚，五矿公司副总经理

委托代理人：祖铁军，南昌市第一律师事务所律师

原告船舶公司因与被告五矿公司远洋货物运输合同船舶滞期纠纷一案，向武汉海事法院提起诉讼。

经审理查明：1990年5月23日被告五矿公司为履行与香港山川海河有限公司签订的《售货合约》，与原告签订了远洋货物《运输合同》，合同约定，被告租用原告远洋货船一艘运输外贸出口袋装水泥13500吨由中国南京港至菲律宾马尼拉港，运输条款为FIOS，即船方不负责装卸费、积载费用；装货率为1200吨/天，卸货率1000吨/天，均为晴天连续工作日，星期日和节假日除外，除非已使用；装卸时间的起算办法，以船舶抵港，不管靠泊与否，递交“装卸准备就绪通知书”后12小时开始计算，滞期/速遣费为USD4000/USD2000，不足一天按比例计算；合同第11条还规定，不履约的赔偿办法及其它未尽事宜均按“金康合同”条款执行，“金康合同”第7条规定，一旦船舶进入滞期达10个连续工作日，按滞期费率的规定逐日支付，不足一日按比例计算，本条款适用装卸港。船舶公司为履行《运输合同》，于5月24日同广州远洋公司签订了租用“广河”轮的《租船协议》，在取得了“广河”轮的使用权后，以第二船东的身份调度“广河”轮于6月22日抵达南京港。“广河”轮6月25日9时45分开始受载，7月11日11时40分受载完毕，同日14时25分启航，7月18日零时7分抵达菲律宾马尼拉港，零时10分向被通知人菲律宾国际贸易有限公司递交“装卸准备就绪通知书”，同日当地上班时间8时整，菲律宾国际贸易有限公司签收，10月1日1时30分开始卸货，21日1时30分卸货完毕。“广河”轮在马尼拉港停港95天。另查明：香港山川海河有限公司购买该批袋装水泥实际是卖给菲律宾国际贸

易有限公司，此两家在签订的“售货合同”后面附有“运输协议”，还订有如果发生争议“适用英国法律，在美国仲裁”的管辖条款。五矿公司与香港山川海河有限公司签订的《售货合约》中订的如果发生争议“提交北京中国国际贸易促进委员会对外贸易仲裁委员会仲裁”的争议处理条款，没有另签运输协议，在“广河”轮签发的记名提单上，托运人是中国南昌江西五金矿产进出口公司，收货人是菲律宾国家银行布恩迪亚支行，被通知人是菲律宾国际贸易有限公司。提单上未注明“运费和其它所有条件按租船合同”。

本案的争议焦点：(1) 香港山川海河有限公司是否为无独立请求权第三人；(2) 滞期时间的计算应否适用“一旦滞期，永远滞期”的原则。

【审判】

武汉海事法院审理认为，原、被告签订的远洋货物运输合同有效。被告与香港山川海河有限公司签订的《售货合约》是另一法律关系，被告提出将香港山川海河有限公司列为本案无独立请求权第三人的请求其理由不能成立，本院不予支持。滞期费的计算，依照原、被告签订的《运输合同》第 6 条、第 8 条约定和“金康合同”第 7 条的规定，“广河”轮在马尼拉港进入滞期后，按照国际通用的“一旦滞期，永远滞期”原则计算滞期时间，非晴天及节、假日的时间不再扣除，但卸货期间由于船方原因影响卸货率的时间应合理扣除。经查证计算，“广河”轮在马尼拉港实际滞期 63.75 天，滞期费 255000USD。被告延期付款 122 天，计利息 8573.92USD。根据《中华人民共和国民法通则》第一百一十一条、第一百一十二条及《中华人民共和国经济合同法》第三十七条规定，被告应向原告支付“广河”轮的滞期损失费 263695.92USD。在法院查明事实、分清责任的基础上，原、被告自愿和解，被告即时清结了债务。

【评析】

该案是武汉海事法院审理的第一宗远洋货物运输合同船舶滞期纠纷案。原、被告双方当事人虽是国内企业，但船舶滞期发生在菲律宾，具有涉外因素，且该案所涉及的法律关系复杂，远洋货物运输与国内水路货物运输合同的形式、条款内容、船舶滞期损失的计算方法有很多不同之点。法院针对当事人之间的争议焦点，理顺了诉讼法律关系，确定了船舶滞期损失的计算方法，明确了诉讼当事人间的权利义务关系，成功地审结了此案，本案的审理有两点成功之处：

第一，正确处理了当事人间的诉讼法律关系。本案是基于运输合同法律关系而确定管辖的。货物运输合同是一种支持合同，是以商品买卖为中心并以促进买卖合同的实现为目的而订立的。如该案被告就是为履行《售货合约》而与原告签订的《运输合同》。但运输合同是独立于买卖合同而设立的明确承、托、收各方权利义务关系的协议，两个合同的主体、客体、内容均不相同，买卖合同的主体是买方和卖方，客体是货物，内容是卖方交付货物和买方接受货物并支付价款；而运输合同的主体是承运人（船东）和托运人（承租人），客体是运输货物，内容是承运人提供适航船舶将货物运到目的港，托运人的基本义务是支付约定的运费和与此相关的其他费用。商品贸易离不开运输，故买卖合同中往往涉及到运输的有关内容。如“送货制”、“代办制”、“成本加运费价格”等。这些仅说明运输合同的支持性，不设立运输合同法律关系中的权利义务，因而不表现运输合同的根本属性。被告与香港山川海河有限公司签订的《售货合约》成交的价格条件是成本加运费（CNF），按《国际商会1980年国际贸易术语解释通则》自货物装上船后，货物风险责任及运费和由此产生的其他费用，由购货方承担。这只是买卖双方权利义务关系的划分依据，而不能证明原告与香港山川海河有限公司由此而设立了运输合同法律关系。因设立的法律关系不同，处理程序也是不相同的。被告与香港山川海河有限公司订立的《售货合约》背面条款第6条规定，凡因本《售货合约》而引起的争议，双方协商不成时，提交北京中国国际贸易促进委员会对外仲裁委员会仲裁。而原、被告订立的《运输合同》则无仲裁条款。根据《中华人民共和国民事诉讼法》第一百一十一条第（二）项的规定，被告与香港山川海河有限公司之间的纠纷，不属法院管辖。所以，本案只能按照《运输合同》确定原、被告双方的诉讼地位，而不能将香港山川海河有限公司称为第三人合并审理。

第二，本案以“一旦滞期，永远滞期”的计算滞期费的依据是正确的。因为国际上普遍适用的“一旦滞期，永远滞期”的原则是指船舶一旦进入滞期，除非合同中有明示的相反规定，否则，装卸时间除外条款不再适用。原、被告双方签订的《运输合同》及所选用的“金康合同”标准格式无相反规定。因此，按照国际惯例，一旦船舶进入滞期，其滞期时间的计算就不应扣除星期天、节假日和非晴天的时间。

德国奥特克公司与中国南京外运申请承认及执行外国仲裁裁决案评析

王建新

【案情】

申请人德国·鲁道夫·奥特克公司（以下简称奥特克公司）

被申请人中国·中国外运南京公司（以下简称南京外运）

1995年7月14日，新加坡的租船经纪人R公司传真给申请人奥特克公司的经纪人P公司一份丸红租约条款。该条款第一部分第7条规定，“共同理算/仲裁应于伦敦进行并适用英国法。”1995年7月17日，P公司将租用船舶“坦加杰克”号（TANJA JACOB）租船合同概要的意见和条件传真给R公司。租船合同概要中载明了租船人为南京外运、装载条款等等，另外载明了丸红租约条款，租船合同格式为ASBATANKVDY（注：该格式条款第24条对仲裁事项作了规定）。同日，R公司将上述内容相同的条款和条件传真给被申请人南京外运的经纪人丸红国际石油公司（MIPCO，简称丸红公司）和申请人奥特克公司。7月18日，丸红公司将此租船合同概要传真给被申请人南京外运，船舶船东为申请人奥特克公司，船名“坦加杰克”号。7月19日，被申请人南京外运传真给丸红公司航次指令，内容包括装货港、商品名称、数量、供货人、托运人等，并载明承租人为南京外运。同日，丸红公司将此航次指令传真给R公司，R公司又将此航次指令传真给P公司，其中包含了履行航次的细节，包括船名“坦加杰克”号，租船人南京外运等。7月20日，租船经纪人R公司将一份正式租船合同送交P公司，由P公司交申请人奥特克公司签署。申请人奥特克公司签署了该租船合同（油轮航次租船合同），该合同规定承租人南京外运，船东为申请人奥特克公司，船名“坦加杰克”号，受载期为起始日1995年7月20日，解约日1995年7月22日。文号为丸红1995年7月17日租船合同，合同上有申请人奥特克公司在船东处签字，丸红公司在承租人南京外运处签字。

1995年7月19日，申请人奥特克公司所属“坦加杰克”轮抵达新加坡港，7月20日0时，船长向丸红公司发出书面准备就绪通知书。7月22日，租船人（被申请人南京外运）在新加坡的经纪人丸红公司通知船东（申请人奥特克公司）的租船经纪人P公司取消租船合同。7月31日，申请人奥特克公司改变租船计划，同英国石油公司签订租船合同，替代该运输合同。申请人奥特克公司遂向被申请人南京外运提出书面索赔，未果。

1995年9月1日，申请人在奥特克公司在伦敦申请仲裁。1995年10月18

日，仲裁庭致被申请人南京外运函，阐明了仲裁程序，并要求双方应提交书面答辩，被申请人南京外运未提交答辩。1996年1月11日，仲裁庭通知被申请人南京外运如果未在允许的时间内（今后两周内）提出答辩要点，申请人奥特克公司即有权要求仲裁庭依据已有文件作出裁决。被申请人南京外运仍未答辩，1996年4月17日，申请人奥特克公司致被申请人南京外运函，要求被申请人南京外运对仲裁答复，被申请人未答复。5月2日，申请人奥特克公司要求仲裁庭根据已有材料做出裁决。8月13日，申请人奥特克致被申请人南京外运函，请被申请人在28天内提出答辩，同时要求仲裁庭在28天后制作裁决。1996年9月10日，被申请人南京外运对仲裁庭的管辖权提出异议，认为南京外运未与申请人奥特克公司签订租船合同，仲裁条款对南京外运无约束力。9月12日，仲裁庭回复被申请人南京外运，根据英国法律租船合同有效，仲裁合法。9月13日，被申请人南京外运告知仲裁庭，已委托律师处理此事。10月11日，被申请人南京外运向仲裁庭再次主张该仲裁庭无管辖权。1997年7月2日，申请人奥特克公司要求仲裁庭根据已提交材料进行裁决。1997年7月6日，仲裁庭再次要求被申请人南京外运在1997年7月31日之前提交进一步意见。7月31日，被申请人南京外运致函仲裁庭不存在任何有效租船合同，也不存在任何有效订租概要，将该案提交仲裁不合法。8月1日，仲裁庭通知被申请人南京外运，仲裁庭将做出裁决。11月21日，申请人奥特克公司向仲裁庭提交了损失费用清单。同日，仲裁庭通知申请人和被申请人仲裁裁决即将作出。1998年1月23日，英国伦敦仲裁庭对该案作出仲裁裁决：

船东（申请人奥特克公司）索赔完全胜诉。

租船人（被申请人南京外运）应立即向船东（申请人奥特克公司）支付332，052美元在以及1995年9月1日起到裁决之日止按年利率7.5%利息，租船人承担仲裁费8，572.79英镑及仲裁裁决费2，830英镑。

被申请人南京外运在收到裁决书后没有自动履行。1998年7月22日，申请人奥特克公司委托中国律师向武汉海事法院提出申请，要求承认及执行英国伦敦仲裁庭对该案作出的仲裁裁决。武汉海事法院经请示湖北省高级人民法院认为，该案的仲裁裁决不应承认及执行。按照有关规定，该案最终请示到最高人民法院。申请人与被申请人之间主要存在以下二个方面的争议焦点。

【审判】

一、申请人与被申请人之间没有签订租船合同，从而并非就仲裁事项达成协议，丸红公司签约的行为不应由被申请人承担责任。

二、英国伦敦仲裁庭无权未经口头开庭就直接作出裁决，因而仲裁无效。

[武汉海事法院、湖北省高级人民法院处理意见]

该仲裁裁决无效，应驳回申请人奥特克公司的申请，理由：

一、仲裁协议及仲裁条款具有独立性，仲裁条款与它所依据的合同是两个相互独立的合同。构成合同一部分的仲裁条款应视为独立于合同其他条款以外的一项协议。本案中被申请人收到租船概要后，只是向经纪人丸红公司发出一份航次指令。当事人在租船方面达成合意，并不等于就仲裁达成合意，从而不能当然认定为被申请人同意该纠纷可进行仲裁；

二、申请人奥特克公司只是与经纪人丸红公司签订航次租船合同。丸红公司作为被申请人的租船经纪人只是为委托人南京外运办理租船事宜，南京外运并未明确授权丸红公司代替南京外运同意与租船人订立仲裁条款。南京外运不应对经纪人丸红公司的所有行为承担责任。同时，被申请人南京外运并不知道包括仲裁条款在内的租船合同详细条款，也不知道该租船合同并入 ASBATANKVDY 租约格式。

三、在船舶到达新加坡之前，丸红公司未与申请人奥特克公司签订租船合同，更谈不上被申请人接受了租船合同中的仲裁条款，而仲裁条款是仲裁庭进行仲裁的权力来源和首要条件，没有合法的仲裁条款，不能进行仲裁。

基于上述理由，两级法院都认为，根据 1958 年《纽约公约》(《承认及执行外国仲裁裁决公约》第五条第一款（C）项，《中华人民共和国民事诉讼法》第二百六十九条的规定，应驳回申请人奥特克公司的申请，拒绝承认及执行该仲裁裁决。

[最高人民法院处理意见]

一、鉴于本案被申请人中国外运南京公司的所有活动都是通过其经纪人丸红公司进行的，因此应当认定丸红公司是被申请人的代理人，被申请人应当受丸红公司代其签订的租船合同的约束。

二、被申请人签发航次指令的行为是一种履行合同的行为，该行为表明被申请人与申请人之间有租船合同。

三、因为本案租船合同和租船概要中均含有仲裁条款，所以应当认定被申请人与申请人之间存在仲裁协议，本案仲裁裁决不具有不予承认的执行情形。根据《中华人民共和国民事诉讼法》第二百六十九条和《承认和执行外国仲裁裁决公约》的规定，该仲裁裁决应当得承认与执行。

【评析】

这是一件申请承认及执行国外仲裁裁决案件，由于该案由英国伦敦仲裁庭作出，被申请人南京外运在中国，而且，中国和英国都是 1958 年《纽约公约》(《承认及执行外国仲裁裁决公约》) 的成员国。在审查该案的仲裁裁决是否有效时，根据《中华人民共和国民事诉讼法》的规定，无疑应适用该公约。

根据该公约的规定，拒绝承认及执行国外仲裁裁决的主要理由可概括为以下几种情况：①协议当事人为无行为能力人，或协议所依据的准据法无效。②被申请人未得到指派仲裁员或仲裁程序的适当通知或未能申辩。③裁决所处理的争议不是交付仲裁的标的或不在仲裁条款的范围内。④无仲裁协议，仲裁机关的组成或仲裁程序与仲裁协议不符。

首先，我们来分析该案中是否存在合法的仲裁协议，这是本案争议的焦点之一，也是最高人民法院与湖北省高级人民法院和武汉海事法院的认识区别所在。

一、本案中的链带关系是，船主（申请人奥特克公司）的经纪人是P公司，该经纪人又同新加坡的经纪人R公司联系，R公司同丸红公司联系，丸红公司是租船人（申请人南京外运）的经纪人。南京外运的整个租船活动，包括从租船到解除租船都是通过其经纪人丸红公司进行的，丸红公司实质上就是成为南京外运的代理人。代理人与经纪人的主要区别就是经纪人以自己名义签订合同，而代理人必须以代被理人的名义签订合同，但法律后果是相同的，都由委托人承担。因此丸红公司作为经纪人，其以自己名义签约后果，包括合同中的仲裁条款所产生的法律后果应由南京外运承担，仲裁条款对南京外运有约束力。

二、本案中的仲裁条款是否存在呢？当然存在。案件事实是被申请人南京外运的经纪人丸红公司接受申请人奥特克公司的经纪人P公司的租船合同概要后，再转给被申请人南京处运。该租船概要中载明，租船合同格式为ASBA-TANKVDY。该格式条款中第24条对仲裁事项作了详细规定，包括仲裁地点，仲裁所依据的法律，仲裁庭的组成等。南京外运接受了该概要后，又通过其经纪人丸红公司向申请人奥特克公司发出了航次指令，这是接受要约后的一种承诺行为。此航次指令并没有对租船合同概要（要约）的内容进行实质性修改。所以，南京外运不仅应该知道含仲裁条款的租船合同内容，而且，作出了承诺通知，表明被申请人南京外运与申请人奥特克公司之间的行为符合合同构成要件，应认定双方当事人之间含有仲裁条款的合同在签订正式租船之前就成立。这与仲裁条款的独立性原则并不矛盾。

至于1995年7月20日的正式租船合同实际上是对申请人与被申请人之间租船合同关系的一种确认和证明，该正式租船合同没有改变租船概要的内容，特别是租船概要中已约定的仲裁条款没能改变。丸红公司虽以自己名义签订，但并不影响合同的性质和后果。

其次，关于本案是否能够不经口头开庭就直接作出裁决问题，这是本案争议的焦点之二。

一、本案仲裁所依据的法律应该是双方当事人约定的仲裁地法律，即英国法。英国正在实施的《1996年仲裁法》对不必口头开庭就直接作出仲裁裁决并无具体规定，但我们知道英国是判例法国家，在裁决案件时，仲裁员可直接遵循先例。英国《劳氏法律报告》载有的香港（英国）星星国际有限公司诉伯格勃—汉德股份有限公司一案中（1996年），以及“迈隆”（1969年）一案中已有此先例，此二件案例表明可以不经口头开庭就直接作出缺席裁决。本案中的仲裁员遵循先例，根据判例作出裁决是符合英国法律的。

二、尽管如此，但缺席裁决还必须同时具备两条条件：一是双方当事人在仲裁条款中没有明确规定必须口头开庭，否则视为可不必口头开庭；二是仲裁庭给予了适当的通知。何为适当通知呢？按香港著名仲裁员杨良宜先生的观点，适当通知应包括仲裁庭要向当事人把不到庭的后果讲清楚，给缺席人合理的申辩时间等，而且通知要确保送到缺席方。综观本案事实，仲裁条款中并没有约定必须口头开庭，因而可以书面审理作出裁决。仲裁庭分别在 1996 年 1 月 11 日、1997 年 7 月 6 日和 8 月 1 日先后三次直接通知被申请人南京外运，多次给予其申辩机会，要求答辩并告知其后果。但被申请人南京外运对案件事实不予理会，只是否认仲裁条款和合同的存在，但这并不能构成否认仲裁庭作出裁决的理由。

最后，该案在适用 1958 年《纽约公约》时，涉及一个重要法律问题，在此值得一提。根据我国法律规定，在适用国际公约时，我国声明保留的条款除外。我国在加入该公约时，有“互惠保留”和“商事保留”两项声明。我国对另一缔约国领土作出的仲裁裁决的承认和执行适用该公约。按照我国民事诉讼法的规定，该公约与我国民事诉讼法有不同规定的，按该公约的规定办理。可见我国所声明的互惠是对公约参加国的互惠，是执行《纽约公约》上的互惠。英国是 1958 年《纽约公约》的成员国，因而不能以“互惠保留”条款拒绝承认及执行英国仲裁裁决。另外，我国仅对按照我国法律属于契约性和非契约性商事法律关系所引起的争议适用该公约，这是我国“商事保留”声明。很明显，租船合同纠纷纯属两国企业之间的商事纠纷，在“商事保留”条款之外。

总之，根据上述事实和理由，该案应该得到我国承认及执行。

武汉中贸发国际货运公司申请执行五矿国际实业发展总公司及湖北省国营五三罐头厂案评析

王建新

【案情】

1999 年，原告武汉中贸发国际货运公司（以下简称为中贸发公司）因海上货物运输合同纠纷起诉被告五矿国际实业发展总公司（以下简称五矿公司）和被告湖北省国营五三罐头厂（以下简称五三罐头厂）。9 月 24 日，在武汉海事法院的主持下，三方当事人达成调解协议：（1）被告五矿公司在五三罐头厂 1999 年 10 月 1 日前完备退税单证的前提下，于 1999 年 12 月 15 日前，将其负责退税的 13 万元直接给付原告；（2）被告五三罐头厂于 1999 年 11 月 15 日前向原告支付运费欠款 77984.50 元，案件受理费 5630 元，由被告五三罐头厂付给原告。武汉海事法院对调解协议内容进行了认可，根据三方当事人的调解内容，依法制作了（1999）武海法商字第 73 号民事调解书，并送达给三方当事人。11 月 25 日，因被告五三罐头厂未在约定期限内完备退税单证交给五矿公司，中贸发公司与五三罐头厂又达成和解协议，约定民事调解书确定的 213614.50 元债务直接由被告五三罐头厂分期支付给原告中贸发公司，最后一笔款项的支付日期为 2000 年 12 月 30 日。该协议已通过法院传真一份给五矿公司。同日，五三罐头厂向中贸发公司支付了 8 万元。中贸发公司剩下的 133614.50 元债权没能在约定的期限内得到偿还。

2000 年 5 月 23 日，原告中贸发公司向武汉海事法院先后递交两份强制执行申请书，第一份申请书列明的被执行人为五矿公司和五三罐头厂，要求五矿公司支付 13 万元，五三罐头厂支付 3614.50 元（尚欠的诉讼费）。武汉海事法院所立案号为（2000）武海法执字第 116 号。第二份申请书列明的执行人仅为五三罐头厂，要求其支付 133614.50 元。理由是因被执行人五三罐头厂未完备退税单证，致使五矿公司不能将其退税款支付给申请人中贸发公司。武汉海事法院所立案号为（2000）武海法执字第 117 号。

2000 年 5 月 26 日，武汉海事法院分别向两被执行人发出限期履行通知书。6 月 5 日，被执行人五矿公司提出异议，理由是：（1）五三罐头厂未按民事调解书约定完备退税单证，无法退税，且已将未退税证明交给五三罐头厂；（2）中贸发公司与五三罐头厂另外达成了和解协议，所有债务已约定由五三罐头厂承担。2000 年 5 月 31 日，武汉海事法院执行人员在对五三罐头厂调查过程中，该厂承认在约定的期限内未将退税单证交给五矿公司，应由该厂直接退税后将 13 万元支付给中贸发公司。6月1日，五三罐头厂出具书面保证书，保证在2000年8月底以前支付133614.50元给中贸发公司。

【审判】

一种意见认为，应直接执行五矿公司。理由是：(1)是否退税是五矿公司与五三罐头厂之间的事，与中贸发公司无关，五矿公司应先向中贸发公司支付13万元，再向五三罐头厂追偿；(2)我国民诉法第211条第(2)款规定，一方当事人不履行和解协议的，人民法院可以根据对方当事人的申请，恢复对原生效法律文书的执行。

另一种意见认为，只能执行五三罐头厂，不能执行五矿公司。理由是：(1)五三罐头厂未在约定期限内完备退税单证，五矿公司不可能在约定期限内退税，从而也不可能支付13万元退税款；(2)中贸发公司与五三罐头厂已就未退税之事达成和解协议，由五三罐头厂分期支付所有债务。(3)中贸发公司已另案申请执行五三罐头厂，要求五三罐头厂承担所有债务。

【评析】

我个人赞成第二种处理意见，下面作简要评析：

1. 五矿公司在五三罐头厂完备退税单证的前提下，才将退税款13万元直接支付给中贸发公司，这是三方当事人的约定，而不是双方当事人的约定。中贸发公司作为合同当事人之一，在这个前提没有实现的情况下，要五矿公司直接支付13万元违反了合同的约定。五矿公司是附条件地承担付款义务，在所附条件未成就时，中贸发公司要求五矿公司直接支付13万元缺乏事实依据。

2. 武汉海事法院根据三方当事人的调解协议，制作了民事调解书，并送达三方当事人。这不仅说明三方当事人的约定是合法的，而且说明五三罐头厂在约定期限内完备退税单证也是经法院认可的。民事调解书是法律文书的一种，具有强制执行的效力，内容不经法定程序不得随意更改。倘若直接要求五矿公司支付13万元，实际上是抛开了民事调解书中的这个前提，显然是不符合民事调解书规定的内容，有损法律文书的严肃性。

3. 如果五三罐头厂未在约定期限内完备退税单证，五矿公司是否仍应向中贸发公司支付13万元，三方当事人并未在法院制作民事调解书之前达成协议，因而民事调解书没有此内容的规定，根本原因在于当事人对债务履行过程中可能出现另外一种情况的忽视。在民事调解书送达生效后，1999年11月25日，中贸发公司与五三罐头厂的约定是五三罐头厂未在期限内完备退税单证时，债务由谁承担的一种补充和完善，弥补了民事调解书的不足。

我国民诉法第211条第(2)款的规定，是在和解协议与原生效法律文书内容相冲突或不一致时适用。大多数情况下，是债权人对履行标的额、履行方式或履行时间等的一种让步。而本案并不存在上述情况，因而不能简单套用民诉法第211条第(2)款的规定。

4. 中贸发公司另案单独申请执行五三罐头厂，要求五三罐头厂承担五矿公司未退税而不能支付的债务，这实际上是进一步对 1999 年 11 月 25 日协议的认可，协议与申请是一脉相承的。案例中五矿公司与五三罐头厂不是对五矿公司承担连带责任，中贸发公司在已经确定由五三罐头厂履行债务的情况下不应再要求五矿公司履行债务。因而本案只能执行五三罐头厂，而不能执行五矿公司。

5. 中贸发公司与五三罐头厂的和解协议，中贸发公司对五三罐头厂的强制执行申请书，以及五三罐头厂的书面保证书等足以证明债权人中贸发公司同意债务转由五三罐头厂承担，债务人五三罐头厂也同意接受债务，并且已通知原债务人五矿公司，完全符合我国合同法有关债务转移的规定，本案的债务转由五三罐头厂承担是合法的，以此角度讲，本案也不应执行五矿公司，而只能执行五三罐头厂。

船舶保险合同纠纷案件评析

李　杰

【案情】

原告：海南省海口永昌兴船务有限公司（简称船务公司）。

被告：中国人民保险公司湖北省分公司（简称湖北人保）。

1998年9月，原告向被告就"兴海988"轮的船舶保险进行投保，并于9月8日缴纳了船舶保险费人民币（以下均为人民币）32000元。9月10日被告签发了编号为WH74——HIP98037的船舶保险单，保险险别为一切险。保险期限为1998年9月10日零时至1999年9月9日24时止。1999年3月22日02：00时左右，"兴海988"轮由汕头港驶往蛇口港。约06：00时"兴海988"轮在驶经陆丰市石坯三角海面时，突遇大风，船体横摇增大，振动强烈。不久大副发现船舶进水，经全体船员一个多小时的抽水抢救，未能控制，船舶在大风大浪中进水量增大并开始下沉。船长决定，将船舶驶向海岸搁浅。"兴海988"轮最终在风浪下搁浅于陆丰市湖东镇管区海滩，船舶全损。船员被湖东镇管区干警、群众救起。事故发生后，原告于当日通知被告深圳办事处，该处于3月23日、3月30日两次派人前往事发地查看沉船并拍照，此后原告多次与被告联系，由于船舶断裂无法打捞，原告派人前往被告深圳办事处及被告处商讨船舶保险赔偿事宜，但被告没有明确答复。为此，原告请求判令被告赔偿"兴海988"轮船舶保险金198万元。

被告湖北人保辩称：一、原告起诉状中所述"兴海988"轮遇大风而搁沉的观点无事实依据，因此原告的观点依法不能成立。二、原告所属的"兴海988"轮该航次不适航，被告依法不承担此次事故的保险责任。三、原告在未征得被告同意的情况下，擅自处理"兴海988"轮，因此产生的一切后果应由原告承担。

【审判】

1998年9月8日，原告向被告的代理人深圳兴保咨询有限公司支付"兴海988"轮船舶年度保险费32000元。同年9月10日，被告签发了编号为WH74/HIP98037的船舶保险单，该单记载，投保单位为原告，保险船舶为"兴海988"轮，保险价值为200万元，险别为一切险，费率为1.6%，航行线路为珠江三角洲和港澳航线，保险期限从1998年9月10日零时起至1999年9月9日24时止。1999年3月22日"兴海988"轮从汕头港起航驶往蛇口港装货。约6时许途经陆丰海域时船舶发生海事，船员被湖东镇边防干警和当地群众救起。次日"兴海988"以书面形式通知被告深圳办事处。被告深圳办事处接到通知后，于1999年3月23日到现场了解情况，后又于1999年3月30日与深圳船检检验人员一起前往事故现场。由于天气原因，未能上船查勘。同时"兴海988"轮发生海事后未向当地港监报案。“兴海988”轮发生海事后并未沉没，陆丰渔监只证明船舶发生了海事，但未查明事故原因。

武汉海事法院一审认为，原告不能举证证明船舶发生了搁浅事故，以及该事故系大风所致，故在无法查明该轮事故原因的情况下，应根据《中华人民共和国民事诉讼法》的有关规定，强调谁主张谁举证的原则。本案因原告主张船舶发生海事属保险责任范围，故原告对其主张负有举证责任，原告如不能举证证明发生事故的原因属保险责任范围，则应承担举证不能的后果。原、被告双方虽有船舶保险合同纠纷，且船舶发生海损事故亦发生在保险责任期间，但原告不能举证证明船舶发生事故的原因属船舶保险责任范围，故原告诉请被告赔偿船舶保险损失，不符合法律规定。根据《中华人民共和国民事诉讼法》第六十四条第一款、第一百二十八条之规定，判决驳回原告船务公司对被告湖北人保要求赔偿船舶保险损失的诉讼请求。案件受理费19910元由原告承担。

原告船务公司不服一审判决，以1.“兴海988”轮系因风浪进水、冲滩搁浅受损；2. 船务公司未承认过“从来不记航海日志、轮机日志”；3. 气象局关于风力的证明，只能证实陆上测量风力，不能证明海上风力与海浪的大小；4. 航海日志、轮机日志不是认定“兴海988”轮海损事故的唯一证据；5. 船务公司提供的船员证词，在无相反证据推翻的情况下，应予以认定；6. 中华人民共和国陆丰渔港监督的证明系有管辖权的行政主管机关所作，具有法定的证明效力；7. 广东海事局关于陆丰海域属汕尾海事局管辖的证明，只对外海海域而言有效，而渔港水域内的海域及岸线滩涂仍归渔港监督；8.“兴海988”轮发生海事冲滩搁浅，就是船舶搁浅，不存在“并未沉没”的判断；9. 上船检验的责任不在船务公司一方，船务公司在事发后已及时通知湖北人保，并由其聘请验船师，湖北人保及验船师也到了现场，故未作验船的责任在湖北人保；10. 一审判决脱离了船务公司与保险公司签订的保险合同所适用的船舶保险条款，冲滩搁浅属于保险合同约定的保险责任范围，即使“兴海988”轮船员故意将该轮冲滩搁浅造成全损，依据中国人保1986年1月1日的船舶保险条款，亦属保险人的保险责任范围为由向湖北省高级人民法院提起上诉。本案在二审审理期间，原、被告双方达成和解协议：1. 湖北人保补偿船务公司人民币178200元，于调解书生效后15日内付清。2. 湖北人保放弃对“兴海988”轮的一切权利。3. 船务公司的其他损失均由其自行承担。一审案件受理费19910元，其他诉讼费5970元，共计25880元，由湖北人保承担；二审案件受理费19910元，由船务公司承担。

【评析】

本案是一起船舶保险合同纠纷案，虽然在二审时双方达成和解协议而结案，但对于一审法院认定应该“由原告举证证明发生事故的原因属保险责任范围”，原告由于举证不能而承担相应的法律后果的判决结果，存在两种不同的看法。此两种不同看法争议的焦点在于保险事故发生后举证责任的分配问题上，也就是对《中华人民共和国保险法》第二十三条的理解问题。

《中华人民共和国保险法》第二十三条规定："保险事故发生后，依照保险合同请求保险人赔偿或给付保险金时，投保人、被保险人或者受益人应当向保险人提供其所能提供的与确认保险事故的性质、原因、损失程度等有关的证明和资料。"何为"其所能提供的"证据？学界和实践操作中有两种不同的理解：一种观点认为，保险事故发生后，投保人、被保险人或者受益人承担"完全的举证责任"，此种理解与《中华人民共和国民事诉讼法》中"谁主张，谁举证"原则是一致的，就本案而言，原告船务公司必须举证证明"兴海988"轮该航次是适航的，该轮产生了实际的损害结果，并且其发生海事的原因属保险责任范围。另一种观点是，投保人、被保险人或者受益人只承担"不完全的举证责任"，即只要投保人、被保险人或者受益人提供的证据中有一份证据能证明"兴海988"轮发生海事的原因属保险责任范围，就可以认定原告已经尽了举证责任，保险人就应当依照双方签订的船舶保险合同对被保险人作出相应赔偿。后一种观点要求原告的举证责任没有那么严格，更利于保护处于相对弱势的被保险人一方。笔者持第二种观点。

在本案中，原告船务公司，也就是被保险人，在其保险标的"兴海988"轮发生全损事故后，虽于当日就通知了被告湖北人保深圳办事处，履行了通知义务，但是其提供的证据，如船务公司船员的证词、中华人民共和国陆丰渔港监督的证明、广东海事局关于陆丰海域属汕尾海事局管辖的证明，均只能证明"兴海988"轮发生了海事，而其中没有一份证据能证明发生海事属保险责任范围，即使认定其举证责任为"不完全的举证责任"，仍然应当承担举证不能的法律后果。此外，虽然航海日志、轮机日志不是认定海损事故的唯一证据，但根据航运法规规定，船舶在航行中必须如实填写航海日志、轮机日志，即航海日志、轮机日志应当属于原告尽其所能提供的证据范围，原告船务公司应当在海事发生后向海事局报案，以便海事局及时赶到现场查明事故原因。

综上所述，笔者认为原告船务公司在海事发生后未按照我国《保险法》的规定，积极履行尽其所能提供相关证据的举证责任，其理应承担举证不能的法律后果。

一起货物运输货损索赔纠纷案评析

李 杰

【案情】

原告中国·安徽省服装进出口股份有限公司（下称服装公司）。

被告法国·薛德卡哥斯公司（SUDCARGOS）（下称卡哥公司）。

被告中国·安徽外运直属储运公司（下称储运公司）。

被告法国·国家塔丽娜航运公司（CMG TANYA SA）（下称航运公司）

2000年8月18日，服装公司与储运公司签订一份货物运输协议书，约定：服装公司委托储运公司配备同年8月22日达贸公司（DEIMAS）的航班，将其价值67200美元的6000床腈纶地毯，由中国南京港运往法国马赛港。然而储运公司在未获得服装公司同意的情况下，擅自配备了卡哥公司的“谭亚（TANYA）”轮，并以卡哥公司代理的身份于同日签发了提单。同年8月30日，储运公司通知服装公司称：装载服装公司托运货物的四个集装箱已全部灭失，但储运公司拒绝提交任何书面材料说明货物灭失原因，致使“谭亚”轮未作任何赔偿即驶离上海港。服装公司认为，卡哥公司在承运并接受服装公司的货物后，因管理不当导致货物全部灭失，航运公司在实际承运中，造成货物灭失，均应对货物灭失承担赔偿责任。储运公司未按服装公司的指示配备船舶，未履行代理人的职责，亦应对货损负责。服装公司请求武汉海事法院判令卡哥公司、航运公司、储运公司对货损负连带赔偿责任。

被告卡哥公司、航运公司未提出答辩。

被告储运公司辩称：一、储运公司既非承运人，也非服装公司的货运代理人，其法律地位应是达贸公司订舱代理人，以及卡哥公司提单的代签人。二、储运公司对服装公司没有任何违约或侵权之处，服装公司所称的损失与储运公司没有任何因果关系。三、服装公司对本案货损不享有起诉权，货物越过船舷，其运输风险已转移给买方琳达（LINDA）纺织品公司。

【审判】

2000年8月9日，服装公司填写出口货物委托书，委托书载明：经营人服装公司，提单通知人琳达纺织品公司，货物100%腈纶地毯，数量6000件，价值67200美元，起运港中国南京港，目的港法国马赛港，运费到付。同日服装公司填写装箱单将上述货物装入规格为40英尺的4个集装箱内，并向海关进行了申报。2000年8月16日，服装公司与储运公司签订一份货物运输协议书，约定：服装公司委托储运公司配备同年8月22日达贸公司的船舶运送货物，从中国南京港运至法国马赛港。协议签订后，服装公司按指示将货物运至南京集装箱仓库。同年8月29日，储运公司按照达贸公司的制单原则并依据服装公司的保函，倒签了编号DCE05426537抬头为卡哥公司的提单，该单载明：托运人服装公司，收货人凭指示，通知方琳达纺织品公司，承运船舶“谭亚”轮，起运港中国南京港，卸货港法国马赛港，货物为腈纶地毯，数量为6000件，价值67200美元，装货日期2000年8月22日，提单由储运公司代理达贸公司签发。储运公司签发提单后，将提单交给了服装公司。同日“谭亚”论装上货物后，离开上海港。8月30日“谭亚”轮在驶往宁波的途中，由于承运人未妥善保管致使所载货物掉入海中，造成服装公司货物全损。

武汉海事法院同时查明：“谭亚”轮，属航运公司所有。提单背面规定本案的争议应适用法国1966年6月18日法律及相关法律解释或者适用《海牙一维斯比规则》(The French law of the 18/06/1966 and relevant edicts, or the international convention for the unification of certain rules relating to bills of lading of august 25th 1924 , as amended by the protocol signed in Brussels 23rd February 1968〈here in after called the Hague一 Visby rules〉)。

武汉海事法院认为，提单背面条款规定本案的争议应适用法国1966年6月18日法律及相关法律解释或者适用《海牙一维斯比规则》，该院选择《海牙一维斯比规则》为本案的准据法。服装公司与卡哥公司、航运公司以提单为证明的海上货物运输合同关系成立。航运公司作为实际承运人未妥善保管所运之货物造成服装公司货物损失，航运公司应对货损负赔偿责任。卡哥公司应对实际承运人航运公司的行为负责，对服装公司所受损失负连带赔偿责任。储运公司虽未完全依约履行代理服装公司出运货物的职责，但与服装公司的货物损失没有因果关系，储运公司不应承担服装公司货物损失的赔偿责任。根据《海牙一维斯比规则》(The international convention for the unification of certain rules relating to bills of lading of august 25th 1924 , as amended by the protocol signed in Brussels 23rd February 1968) 第三条第二款，《中华人民共和国民事诉讼法》第一百二十八条、第一百三十条之规定，判决如下：

一、被告法国·国家塔丽娜航运公司赔偿原告中国·安徽省服装进出口股份有限公司货物损失67200美元及利息（按中国人民银行同期企业贷款利率从2000年8月30日起算至给付之日止)，于判决生效之日起十日内一次付清。被告法国·薛德卡哥斯公司负连带赔偿责任。

二、驳回原告中国·安徽省服装进出口股份有限公司对被告中国·安徽外运直属储运公司要求赔偿货物损失的诉讼请求。

案件受理费人民币13770元，由被告航运公司、被告卡哥公司连带负担。

一审宣判后，本案当事人均未上诉。

【评析】

本案系一起涉外海商合同纠纷案件，对于该案有管辖权的法院来说，首要解决的应是法律适用问题。根据我国《民法通则》的相关规定，“当事人意思自治”是确定涉外民商事案件法律适用的主要原则。本案提单背面条款规定争议应适用法国1966年6月18日法律及相关法律解释或者适用《海牙一维斯比规则》，即应视为当事人共同选择了处理争议所适用的法律，依照“当事人意思自治”原则，笔者认为，本案既可以选择适用法国1966年6月18日法律及相关法律解释，也可以选择适用《海牙一维斯比规则》。一审法院为何最终选择适用《海牙一维斯比规则》，是基于：（1）法国1966年6月18日法律及相关法律解释无法查明，且当事人亦无法提供。（2）适用《海牙一维斯比规则》没有违反我国法律的强制性或禁止性规定以及公序良俗原则，也没有超出提单条款约定的范围。3、本案被告航运公司、卡哥公司虽未到庭，但原告与另一被告储运公司均同意适用《海牙一维斯比规则》，被告储运公司还提供了《海牙一维斯比规则》。故一审法院选择适用《海牙一维斯比规则》作为处理本案当事人争议的准据法。

此外，本案还存在着几个焦点问题：一、储运公司与服装公司之间是何种性质的法律关系。二、服装公司有无诉权。三、储运公司签发卡哥公司提单的行为与货物损失有无因果关系。四、货物损失由谁承担。

笔者认为：首先，储运公司与服装公司之间是代理关系。因为服装公司与储运公司签订的货物运输协议已明确约定：储运公司代理服装公司出运货物，并负责向配备服装公司指定的船舶。其次，服装公司由于持有正本提单，而成为海上货物运输合同的一方当事人，即可向承运人主张赔偿货物损失，也就自然享有了诉权。第三，储运公司虽然没有按照与服装公司的约定签发达贸公司的提单，而签发了卡哥公司的提单，但是服装公司接收该提单后并未提出任何异议，表明服装公司对该单已予认可。同时，储运公司签发卡哥公司的提单，并不当然造成货物损失。所以服装公司的货物损失与储运公司的签单行为没有因果关系。第四，服装公司作为提单持有人与承运人卡哥公司和实际承运人航运公司之间存在海上货物运输合同关系，实际承运人航运公司未妥善保管所运货物，造成货物损失，且货物损失发生在其责任期间，故航运公司应承担赔偿责任。卡哥公司作为承运人应对实际承运人的行为负责，对货物损失应负连带赔偿责任。

值得一提的是，虽然本案被告储运公司（即货运代理人）未被一审法院判决承担赔偿货物损失的责任，但是对于货运代理人未按被代理人的指示履行代理职责的情形下是否应当承担货损赔偿责任的问题，在审判实践中一直存在争议，并有两种截然不同的观点，一种观点认为：无论是否存在故意，货运代理人未完全按被代理人的指示履行代理职责的，货运代理人应对货损承担赔偿责任。理由为：从各国民法对于代理制度的规定来看，代理人必须是在代理权限内以被代理人的名义实施民事行为，而被代理人的指示正是代理权限的一种具体表现形式。代理人违背被代理人的指示或者不完全遵照被代理人的指示，以被代理人的名义实施民事行为，就应视为超越代理权。超越代理权一般都被各国法律规定为无权代理，无权代理的行为人的行为如果给本人造成了损害，那么本人与无权代理的行为人之间就产生了损害赔偿之债。

另一种观点则认为：货运代理人并非故意，未完全按被代理人的指示履行代理职责的，则不应对货损承担赔偿责任。理由为：代理制度的价值在于“为本人计算”，而非为代理人计算或他人计算。如果代理人是出于故意，未完全按被代理人的指示履行代理职责的，则是滥用代理权，这是被法律所禁止的，自然也就应对其行为的后果承担责任。相反，如果代理人并非故意，未完全按被代理人的指示履行代理职责的，则不构成代理权的滥用，也不为法律所禁止，是有效代理，代理人的代理行为所产生的民事权利义务仍直接归属于被代理人，即使是由于代理人的过失造成的不利后果，也应由被代理人承担，代理人与被代理人之间也当然不存在损害赔偿之债。况且，上述案例中货运代理人未完全按被代理人的指示履行代理职责，并不当然导致货物损失的发生。笔者持第二种观点。

上海申大（集团）公司
浦东进出口分公司诉
湖北晴川轮船有限公司
海上货物运输提单纠纷案评析

李　杰

【案情】

原告上海申大（集团）公司浦东进出口分公司（以下简称申大公司）。

被告湖北晴川轮船有限公司（以下简称晴川公司）。

1998年4月12日，原告与香港荣润发展有限公司（下称荣润公司）签订一份购买2万吨锰矿合同，同时又签订了返销12500吨硅锰合金合同。合同签订后，原告于1999年2月9日与荣润公司签订了自1999年2月至4月的出货计划。按照出货计划，1999年3月原告要为荣润公司出货3000吨，1998年11月23日和1999年2月5日荣润公司因出口2000吨硅锰合金去韩国为原告开出了两张总价值为78万美元的信用证，并于1999年2月20日通知原告已订被告"晴川7号"轮来装货。1999年3月10日，原告按照荣润公司的信用证要求以FOB方式在最后装船期限到来前将货物交给了"晴川7号"轮，然而被告在收到货物后未签发提单，致使原告的信用证过了1999年3月26日的最后议付日。后据了解被告擅自与租船人香港财讯船务有限公司签订了运往日本的运输合同，改变原应去韩国的行程，违反了有关许可证制度规定，被湛江海关扣留船舶，造成原告损失。原告请求判令被告赔偿货款损失人民币（以下均为人民币）7201251元，逾期付款滞纳金345660.05元，共计7546911.05元。庭审中，原告变更诉讼请求，请求判令被告赔偿市场差价损失913000元，货款利息损失1321692元，仓储、装卸、吊装损失320000元，共计2554692元。

被告在法定答辩期间内未提出答辩，在庭审中辩称其与原告无合同关系，由于原告涉嫌走私，其对货物处分权受限制，无法签发提单。被告还辩称船舶驶往日本是凭租船人香港财讯船务有限公司的指令，原告应向租船人香港财讯船务有限公司起诉。

【审判】

1998年4月12日，原告与荣润公司签订两份货物买卖合同。其中一份合同约定，原告将硅锰合金12500吨卖给荣润公司。另一份合同约定，荣润公司将锰矿2万吨卖给原告。1998年11月23日，买方荣润公司开出以原告为受益人的即期信用证，信用证有效期为1999年1月10日。1999年2月5日，荣润公司又开出一份信用证将信用证的有效期修改为1999年3月26日。1999年2月14日，香港财讯船务有限公司与被告签订航次租船合同，约定：香港财讯船务有限公司租用“晴川7号”轮运货到日本。1999年2月25日，荣润公司通知原告已订“晴川7号”轮并在1999年3月5日左右装货请安排办理报关手续。1999年2月26日，被告通知湛江外代不要在湛江签发提单，并通知2500吨散装硅锰可能到日本，亦可能到韩国。1999年3月3日“晴川7号”轮所载货主之一广西八一铁合金厂委托湛江外代出运硅锰合金525吨到韩国仁川。1999年3月5日“晴川7号”轮所载货主之二即原告委托湛江外代出运硅锰2000吨到韩国浦项。1999年3月8日，荣润公司通知原告船已到港请立即备齐货物装船。1999年3月10日开始装货，3月11日装货完毕，并办理离港手续。同日，海关怀疑货主有擅自改港行为，开始着手调查船载货物及船舶。1999年3月15日，湛江海关通知湛江外代因“晴川7号”轮所载货物的货主涉嫌走私请湛江外代将“晴川7号”轮押回海关缉私码头将货全部卸下。1999年3月24日，原告通知湛江外代要求向其提交提单。1999年3月25日，湛江外代回函原告称：被告指示我司不要签发提单。同日被告再次通知湛江外代不要签发提单。1999年3月31日，“晴川7号”轮所载货物全部卸下。湛江海关经调查于1999年7月9日作出两份处罚决定书，认定广西八一铁合金厂将货物运抵国伪报为韩国的行为构成走私并将货物全部没收；认定被告协助广西八一铁合金厂走私对其罚款10万元。2000年3月7日，湛江海关有作出一份处罚决定书，认定原告将出口货物进行调换的行为属违法，并对其罚款260万元后将货物办理了出口核销手续。

武汉海事法院认为，虽然被告主观上有协助走私的动机，且行为上已实施了协助走私行为，并受到了海关的处罚，但其协助走私的行为与原告的损失没有因果关系。原告的市场差价损失、货款利息损失、仓储、装卸、吊装损失系因其行为违法被海关查处而产生，故原告的损失系原告自身的过错造成。原告诉请被告赔偿损失的理由不能成立，原告的损失应由原告自行承担。根据《中华人民共和国民法通则》第七条、第五十八条第四款、第六十一条，《中华人民共和国民事诉讼法》第一百二十八条之规定，判决驳回原告上海申大（集团）公司浦东进出口分公司对被告湖北晴川轮船有限公司要求赔偿损失的诉讼请求。案件受理费29618元，由原告承担。

原告申大公司不服一审判决，以1. 晴川公司拒签提单是导致申大公司损失最根本原因，晴川公司拒不签发提单，导致申大公司在信用证最后议付期内无法向银行持单结汇；2. 晴川公司的走私行为是导致申大公司损失的最主要原因。由于晴川公司的走私行为，致使申大公司的货物被海关扣押，贸易合同无法履行，从而导致损失的产生；3. 申大公司调换货物的违规行为与本案损失之间没有法律上的因果关系为由。海关实施扣船扣货的行为，均是针对晴川公司涉嫌走私进行的，而申大公司仅是加工贸易中的违规行为，并不必然导致海关扣货为由，向湖北省高级人民法院提出上诉，请求撤销一审判决，判令晴川公司赔偿因其过错行为给申大公司造成的损失2554692元。

晴川公司辩称：1. 晴川公司不签提单是有事实和法律依据的。晴川公司与申大公司无任何合同关系，晴川公司只能按照租船合同或租船方的指示签发提单。况且湛江海关在货一上船即责令扣押货物，晴川公司不能对已被政府行政主管机关扣押并转岸上仓库的涉嫌违法货物签发提单。2. 申大公司的损失是由自己的违法行为造成的。申大公司明知其货物被湛江海关扣押，但不积极配合海关的查处工作，致使海关的调查时间被迫延长，海关对申大公司的处罚决定书，证明了申大公司的行为构成违法。3. 申大公司的损失与晴川公司的行为之间无因果关系。即使不存在晴川公司协助走私的行为，申大公司的违法行为仍然会被海关依法查处。

二审法院经审理认为，本案"晴川 7 号"轮装载的两票货物，一票货主为广西八一铁合金厂，一票货主为申大公司。由于晴川公司协助广西八一铁合金厂走私，导致"晴川 7 号"轮被湛江海关扣押。湛江海关在查处晴川公司与广西八一铁合金厂走私的同时，又查出了申大公司将出口货物进行调换的违法行为，对申大公司也进行了处罚。上述事实表明，晴川公司协助他人走私是湛江海关扣押"晴川 7 号"轮的原因，而不时申大公司被海关处罚的必然结果，亦与晴川公司未向申大公司签发提单无直接因果关系。即使晴川公司向申大公司签发了提单，申大公司也已经结汇，在海关查明其将出口货物进行调换的违法行为后，也仍将受到处罚。因此，从表面现象看，晴川公司没有签发提单的行为，导致申大公司不能及时结汇，晴川公司协助走私的行为，致使船货被扣，导致申大公司产生货物市场差价损失、利息损失及被扣货物的仓储费、装卸费等损失，但透过表面现象，湛江海关之所以处罚申大公司，是因为申大公司擅自转让进口料件，以国产硅锰顶替进口料件加工硅锰出口，严重违反海关对保税货物监管的结果。申大公司的违规行为虽发生在加工环节，但是是在"晴川 7 号"船货被扣之后被查出的，且申大公司在已知"晴川 7 号"轮船货被扣后，不积极协助海关查明事实，办理核销手续，以便其出口货物及时出运，致使损失扩大，由此产生的法律后果理应由申大公司自己承担。申大公司将自己违反海关监管受到处罚而造成的损失归咎于晴川公司，既无事实依据，亦无法律依据。二审法院据此驳回原告申大公司的上诉，维持原判；二审案件受理费 29618 元由申大公司负担。

【评析】

本案双方争议的焦点主要集中在以下两个方面：

(1) 被告违反合同义务，拒向原告签发提单的行为是否合法，是否与原告信用证逾期造成的损失存在因果关系；

(2) 被告参与违法走私活动的行为是否与原告货物被海关扣押所造成的损失之间存在因果关系。

通过一审、二审对案件事实的认定和判决，我们不难看出：

首先，依照《中华人民共和国海商法》第七十二条："货物由承运人接收或装船后，应托运人的要求，承运人应签发提单"的规定，承运人有向托运人签发提单的义务。本案中的被告作为承运人在接收原告（托运人）货物之后，应该向原告签发提单，以此作为原告议付信用证的凭据。而被告在接收原告货物并将其装船后并未向原告签发提单，致使原告信用证逾期无法议付而造成损失。从这一表面现象来看，被告的行为确实违反了海商法的规定，与原告的损失存在因果关系，按照过错责任的原则，被告理应对原告的损失承担赔偿责任。但透过现象看本质，湛江海关 2000 年 3 月 7 日对原告作出的一份处罚决定书表明，原告将出口货物进行调换违反了我国海关法的有关规定，根据《中华人民共和国民法通则》第五十八条第（五）项、第（七）项的规定："违反法律或者社会公共利益及以合法形式掩盖非法目的的民事行为无效"的规定，原告违反海关法规定将货物交由被告承运的行为应认定为无效的民事行为。即使被告向原告签发了提单，也会因原告本身行为的违法而无效，按照《中华人民共和国民法通则》第六十一条第一款"民事行为被确认无效或者被撤销后，当事人因该行为取得的财产，应当返还给受损失的一方。有过错的一方应当赔偿对方因此所受的损失，双方都有过错的，应当各自承担相应的责任"的规定，原告也必须为其违法行为的过错承担责任。原告的这种无效民事行为按照《民法通则》第五十八条"无效的民事行为，从行为开始起就没有法律约束力"的规定，所导致的直接后果就是原被告双方的合同关系无效。因此，从案件的事实来看，原告的违法行为发生在被告拒签提单的行为之前，在合同无效和被撤销的前提下，合同对被告没有拘束力，被告拒签提单的行为并没有违反法律的规定，也不应为此向原告的损失承担赔偿责任。故二审中，法院也认同原告的损失是因其自身的违法行为导致合同无效所致，与被告是否签发提单的行为并不存在因果关系。

其次，湛江海关 1999 年 7 月 9 日作出的两份处罚决定书，证明被告实施了协助走私的行为才导致船舶及货物被扣押的直接法律后果。原告据此认为其货物被扣押的损失也是因被告这种行为的过错所致，两者之间存在因果关系。但事实上，原告货物被扣押最根本的原因是其违反了我国海关法关于出口货物监管的规定的行为所致，并不存在原告所辩称的其调换货物的行为只是加工过程中的违规行为以及如果被告不参与走私违法活动其货物就不会被扣押的侥幸，因此，被告的走私行为与原告的损失并不存在因果关系。按照《中华人民共和国海商法》第五十一条第一款第五项"政府或者主管部门的行为、检疫限制或者司法拘留，在责任期间货物发生的灭失或者损坏的，承运人不负赔偿责任"规定的免责条款，原告货物被扣押并非被告的过错所致，被告不应为此承担赔偿责任。而且原告货物被扣押后，没有积极配合海关及时做好扣押货物的核销工作，致使损失进一步扩大，其损失亦是由其自身过错所致，被告也不应为此承担赔偿责任。

综上所述，原告的损失是由其自身的违法行为所致，与被告是否签发提单及参与走私活动的行为并不存在因果关系，法院一审、二审的认定，表明了对违法民事行为的效力的否定。

陈茂权诉梁源等港口作业中人身伤害赔偿纠纷案评析

张江顺

【案情】

原告：陈茂权，男，22 岁，农民，住四川省云阳县宝坪镇江南村。

被告：梁源，男 26 岁，云故 45 号船主，住云阳县西顺街。

被告：屈其明，男，34 岁，云故 60 号船主，住云阳县云阳镇。

被告：四川省云阳县装卸公司。地址：云阳县云阳镇。

原告陈茂权系被告四川省云阳县装卸公司(集体企业,下称装卸公司)的临时工。1993 年 12 月 29 日,原告与装卸公司签订劳务合同,约定由原告向装卸公司提供劳务,原告在工作中的伤残事故由装卸公司酌情处理。1994 年 2 月 27 日,被告屈其明所有的云故 60 号船停靠在装卸公司所有的一艘趸囤外档受载水泥,原告在该趸囤上肩负水泥往返作业。在云故 60 号船外档停靠的是被告梁源所有的云故 45 号船,云故 60 号船有一根缆绳系在云故 45 号船尾部。当日 11 时,云故 45 号船起车解缆,准备开航。由于忽视了本船尾部还有一根云故 60 号船的缆绳未解,当云故 45 号船外扬离港时带动了这根缆绳,将云故 60 号船及与之相连的趸囤拉开离岸 1 米左右,使得连结趸囤与岸上的未加固定的跳板落入水中。恰在此时,原告肩负 100 公斤水泥经过此跳板,跳板下落时,原告连人带货跌入江中,造成压缩性骨折外伤性瘫痪。医疗单位对其伤残程度鉴定为一级残废。1995 年 7 月 17 日,原告向武汉海事法院提起诉讼,要求三被告赔偿医疗费及伤残补助费等各项费用 118640 元。

第一被告答辩认为原告的诉讼请求过高，要求法院重新认定。第二被告认为自己没有责任。第三被告认为自己与原告订有劳务合同，依合同对原告的损失可案外给予一定的补偿，而不应成为本案的被告，更不承担任何责任。

【审判】

武汉海事法院经审理认为：这次事故是一次人为的责任事故，三被告在此事故中均存在过失，依法应承担相应的责任。第一被告未认真做好开航前的检查和准备工作，未按操作规程操作，直接导致该事故的发生，应承担事故的主要责任，第二被告在装载作业时无人在船上值班监督，没有注意周围的船舶动态，应负事故的次要赏任；第三被告对本公司的劳动安全管理不善，对水上作业用的趸囤、跳板未加固定，增加了事故的隐患，对本事故也有不可推卸的责杆。对原告的损失，依据《中华人民共和国民法通则》第一百一十九条规定的赔偿范围和当地的生活水准，认定为 95200 元。对第三被告提出的根据合同承担补偿责任的问题，武汉海事法院根据民事责任竞合的理论，认为原告享有请求选择权，故其该主张不予支持。经过开庭审理，当事人申请调解。在法院的主持下，四方当事人自愿达成协议如下：

由被告梁源赔偿原告损失 67200 元；被告屈其明赔偿原告 14500 元；被告装卸公司赔偿原告 13500 元。上述赔款于调解书生效后 7 日内付清。

武汉海事法院于 1995 年 8 月 30 日制作调解书并向四方当事人送达；当事人均予以签收。

【评析】

本案的事故如果是云故 45 号船单方责任事故，本案法律关系十分明确。但该事故是三方责任事故，而第三被告与原告之间又订有劳务合同，因此本案中首要解决的问题，是原、被告之间的法律关系问题。原告与第三被告装卸公司之间存在着双重的法律关系。首先，原告与装卸公司之间订有劳务台词，是装卸公司的一名临时工。该劳务合同订有原告提供劳务、装卸公司提供报酬、伤残事故处理等条款，从形式和内容上看是有效的，因此，原告与装卸公司之间的关系是一种劳务合同法律关系，两者之间在此范围内的纠纷应受合同法律规范调整。原告在作业过程中负伤，应认定为工伤，根据劳务合同，装卸公司应履行给付赔偿的义务。其次，由于本案事故是在港口作业过程中发生的，三被告在本次事故中都有过失，都应当承担相应的责任，也就是说，三被告对原告共同实施了侵权行为，这种行为给原告造成了损害。因此，第三被告与原告之间同时有着侵权的法律关系，两者之间的纠纷也受侵权法律规范调整。在本案中，原告没有就劳务合同提起诉讼，而是基于人身伤害侵权行为向三被告提出索赔，在这种情况下，第三被告装卸公司的法律地位如何确定？是依劳务合同关系将其作为单独被告，还是以人身伤害侵权关系将其列为共同被告？

武汉海事法院运用民事责任竞合的理论，成功地解决了这一问题。装卸公司按劳务合同的规定负有给付补偿义务，构成对陈茂权的合同责任，同时在本次事故中与第一、第二被告共同实施了对原告生命健康的侵权行为，又构成了对原告的侵权责任。因此，装卸公司在本案中的行为构成了责任竞合。

责任竞合是指同一行为符合两个以上不同法律规范规定要件而引起两种以上不同性质的法律后果，而仅就其一承担的责任承担形式。其基本特征是：一、当事人必须同时负有合同约定和法律规定的作为或不作为的义务；二、同一行为侵犯两个以上客体，即行为人的行为不仅侵犯了对方当事人的合同债权，同时也侵犯了合同债权以外的财产权或人身权；三、行为人的行为触犯两种法律规范，即必须同时符合合同法和侵权法规定成立合同责任和侵权责任的条件。对发生责任竞合时权利人的请求权问题，我国现有的法律还没有明确的规定，对于义务人来说是承担单一的合同责任或侵权责任还是同时承担双重责任，我国法律也没有明确的规定。《中华人民共和国民法通则》第一百零六条第一、二款仅分别规定了违反合同和由于过错侵害他人财产、人身应当承担的责任。我国《劳动法》第十七条第二款仅原则性地规定劳动合同依法订立即具有法律约束力，当事人必须履行劳动合同规定的义务，但在法律责任一章中没有具体规定违反劳动合同应承担的责任，更没有规定侵权行为人对受害方的法律责任。我国法学理论界比较一致地认为，在发生合同责任和侵权责任竞合时，权利人享有选择权。即在发生责任竞合的情况下，权利人不发生分别就合同关系和侵权关系提起诉讼的独立的请求权，只发生一次统一的请求权。当责任人承担其中一种责任而使权利人的损害赔偿达到目的时，责任人的另一种责任即可解除。由于合同责任和侵权责任制度在法律上存在很大差异，在发生民事责任竞合时，责任人是受合同法律规范调整还是受侵权法律规范调整，其结果有很大的差别，因此权利人可以选择对自己有利的法律关系提起诉讼。由于我国法律对责任竞合没有明确的规定，使得这一问题困扰着司法审判。这已引起最高人民法院的注意。最高人民法院下发的《全国沿海地区涉外、涉港澳经济审判工作座谈会纪要》中指出："一个法律事实或法律行为有时可以产生两个法律关系……原告可以选择两者之中有利于自己的一种诉因提起诉讼，有管辖权的受诉法院不应以存在其他诉因为由拒绝受理"。该纪要虽然是就涉外、涉港澳经济审判工作而言，但其中说明的处理竞合问题的原则，是适用于其他竞合场合的。在本案中，原告如果选择劳务合同法律关系，则只能将合同的当事人装卸公司作为本案的被告，责任人梁源和屈其明因不是合同的当事人而不具有诉讼主体资格，本案的实体法律关系也只能适用合同法律规范调整。本案事故发生在 1994 年 2 月，当时我国的《劳动法》尚未实施，装卸公司是一集体企业单位，我国对集体企业单位招收临时工的劳动保护和福利待遇等问题没有相应的法律、法规规定，且原告与装卸公司之间订立的劳务合同也只有原则性的规定，对如何具体承担合同责任没有明确的约定，因此，如果适用合同法律规范将会导致本案无法可依，不利于对受害人权益的保护。有鉴于此，受案法院根据责任竞合理论，对装卸公司提出的依合同承担补偿责任的要求不予采纳，本案应根据侵权法律规范审理，是正确得当的，这样处理更好地保护了受害人的权益。

本案中另一个成功之处是对原告的经济损失的认定。原告的伤残程度经有关医疗部门鉴定为一级残废，对于在海事纠纷案件中人身伤害如何计算损失，我国的法律、法规也没有相应的规定。在海事审判实践中，对类似的人身伤害所造成损失的计算方法各不相同，莫衷一是。有的参照国务院《道路交通事故处理办法》的规定计算，有的参照最高人民法院《关于审理涉外海上人身伤亡案件损害赔偿的具体规定（试行）》计算，有的按照各地方行政法规计算。这样做都是不当的。根据适用法律的原则，对某一法律问题，有特别法规定的，应当适用特别法的规定；没有特别法规定的，即应适用普通法的规定。因此，本案对经济损失的计算，直接适用了民法通则中的有关规定。《中华人民共和国民法通则》第一百一十九条规定了人身伤害的赔偿范围，最高人民法院《关于贯彻执行〈中华人民共和国民法通则〉若干问题的意见（试行）》第 144、145、146、147 条规定了赔偿项目的计算办法。根据以上规定，结合当地的生活费标准，核定原告的经济损失为 95200 元。这种计算避开了参照执行法规的混乱状况，在适用法律上又无可辩驳。

需要指出的是，如果原告以合同纠纷提起诉讼，不但导致实体法律规范适用的不同，还会引起管辖权的变更。非海员的劳务合同纠纷属一般的民事纠纷，当事人应在地方法院提起民事诉讼，而港口作业过程中发生的人身伤亡事故属海事案件，应由海事法院管辖，本案原告以侵权纠纷提起诉讼，应由海事法院管辖。

利比里亚环球船运有限公司因怀疑“多拉多”轮途中出卖其货物诉前申请对该轮有关航行记录予以证据保全案评析

张江顺

【案情】

申请人：利比里亚环球船运有限公司（GLOBAL TRANSPORTATION COMPANY. LIBERIA)。

被申请人：英属维尔京岛卡布莱尔海运有限公司（CABRAL MARITIME LTD. BRITISH VIRGIN ISLAND)。

被申请人：塞浦路斯尼科西亚海上先锋航运公司（MARITIME PIONEER SHIPPING LTD. NICOSIA CYPRUS)。

1995年12月6日，申清人以期租方式向二船东卡布莱尔海运有限公司承租先锋航运公司所有的“多拉多”（DORADO）轮，运载农产品自阿根廷罗萨里奥（ROSARIO）港至中国南通港。根据该船船长的电传报告，该船于1996年1月23日0800时抵新加坡外港，加完油于1430时离开新加坡开往中国南通港。但根据申请人的查证，该船早于1996年1月23日0800时以前就已抵达新加坡外港，并在申请人所安排的加油船抵达前卸下至少80吨的MFO（油名）卖给他人。申请人安排的加油船于1996年1月23日0910时开始加油，于1230时加完油。“多拉多”轮在完成加油后并未马上开航，而是于1300时驶进新加坡内港，于2219时又离开新加坡内港驶往新加坡东面外海继续售卖其船上的MDO（油名）95.101吨和MFO64.103吨给他船。该船于1996年1月24日1645时驶离新加坡，于1996年2月3日抵中国南通港。

由于船东在航行中擅自出售申请人所有的MDO和MFO货物，又要求申请人付清所有租金，双方由此产生争议。申请人要求“多拉多”轮船长提供有关航行日记，但船长不予协助。鉴于“多拉多”轮将于1996年2月11日离开中国南通港，本次航行的有关记录有可能灭失而无法取得，申请人于1996年2月10日向武汉海事法院申请请求，将“多拉多”轮该航次的甲板记录、机舱记录、无线电通汛记录等予以诉前证据保全。

同日，华洋海事中心向武汉海事法院出具保函，担保申请人如因执行证据保全措施的申请有错误或申请理由不充分而给被申请人造成的损失承担全部责任。

【审查与执行】

武汉海事法院在接到申请后，认为申请人的申请符合国际惯例和《中华人民共和国民事诉讼法》有关证据保全的立法精神，遂决定受理此案。并根据《中华人民共和国民事诉讼法》第七十四条的规定，于1996年2月11日作出裁定：

责令“多拉多”轮向武汉海事法院提供有关该轮自1995年12月10日至1996年2月3日之间的甲板记录、机舱记录和无线电记录，在上述记录提供之前，该轮不得离开南通港。

1996年2月12日，武汉海事法院向“多拉多”轮送达民事裁定书，“多拉多”轮船长签收了该裁定。同日，该轮将所有的关于收发加油方面的电传及该航次的甲板记录、机舱记录、无线电通讯记录交与武汉海事法院。武汉海事法院在审查了这些证据之后，对有关的证据进行了复印。1996年2月13口．武汉海事法院宣布：诉前证据保全执行完毕，归还“多拉多”轮提供的证据，恢复“多拉多”轮的航行自由。

【评析】

本案系一起申请人和被申请人均为外国企业的涉外诉前证据保全案件（另有一件申请人、被申请人均为中国企业的国内诉前证据保全案，请见《人民法院案例选》总第5辑第36个案例）。在本案中，因申请人怀疑被申请人所有的“多拉多”轮出卖申请人所有的货物，故“多拉多”轮的甲板记录、机舱记录，无线电通讯记录自然成了申请人的怀疑是否成立的关键证据。由于申请人和被申请人来自不同国家，在被申请人的船舶靠泊中国港门时，如不对上述证据进行保全，将有可能导致该证据以后难以取得或被涂改，因此，申请人的请求是合理的和必要的。

根据国际私法关于识别的理论，本案所处理的问题属于程序问题。申请人向中国法院申请诉前证据保全，即在中国领域内进行民事诉讼活动。《中华人民共和国民事诉讼法》第四条规定：“凡在中华人民共和国领域内进行民事诉讼，必须遵守本法。”因此，本案适用的法律应是《中华人民共和国民事诉讼法》。也即程序依法院地法。但是，如何由法院来进行诉前证据保全，我国的法律还没有明确的规定。我国民事诉讼法第七十四条规定：“在证据可能灭失或者以后难以取得的情况下，诉讼参加人可以向人民法院申请保全证据，人民法院也可以主动采取保全措施。”从该条规定的用语和逻辑结构，可以推定出本条规定的证据保全应是指诉讼中的证据保全，对该条规定能否适用于诉前证据保全还有待明确。一般认为，对证据进行保全应由证据所在地的公证机关执行。但公证机关进行证据保全有其局限性。首先，它必须由利害关系人提出申请；再次，对申请人的公证事项，当事人、利害关系人之间须无争议；再次，公证机关无强制执行的权利。从本案案情看，被申请人不可能主动向公证机关申请证据保全，公证机关也没有权利到被申请人的船上强制执行证据保全。因此，由公证机关来对本案进行证据保全，是行不通的，申请人选择中国的海事法院进行诉前证据保全是得当的。我国民事诉讼法对法院进行诉前证据保全的程序虽没有明确的规定，但人民法院通过诉前证据保全可以很好的保护当事人的诉权，维护利害当事人的合法权益。从保护当事人的合法权益是我国民事诉讼法的目的和任务来看，武汉海事法院受理该诉前证据保全案，是正确的。

在执行证据保全的措施上，武汉海事法院做到了谨慎得当。经对代表被申请人的“多拉多”轮的船长讲明道理，该轮船长不但签收了法律文书，而且按裁定书的要求提供了有关的证据，使这一诉前证据保全案得以顺利执行完毕。

世界上其他国家主要是大陆法系国家的法律对诉前证据保全一般都作了明确的规定，如日本《民事诉讼法》第三百一十四条，法国《民事诉讼法典》第一百四十五条、德国《民事诉讼法》第四百八十六条等。武汉海事法院根据我国民事诉讼法有关证据保全规定的精神，并参照国际上的做法，受理该诉前证据保全案，并成功地予以执行，是应该肯定的。

余国琼等诉万里蓄电池股份有限公司人身伤害赔偿纠纷案评析

潘绍龙

【案情】

原告：余国琼，女，51岁，农民，住四川省铜梁县社济乡洪太村八组。

原告：汪长生，男，21岁，工人，住重庆市九龙坡区白马山8号。

原告：汪长菊，女，20岁，工人，住四川省都江堰市建设路241号。

被告：重庆市万里蓄电池股份有限公司。

被告：重庆市客轮总公司。

被告：重庆市渝中区万里蓄电池经销部二门市。

2001年4月23日09：00时许，重庆市客轮总公司（以下简称客轮公司）职工魏小春到重庆市渝中区万里蓄电池经销部二门市（以下简称经销二门市），要求更换四个新蓄电池，并要求该门市负责将更换的四个新蓄电池送到客轮公司王家沱囤船上。经销二门市负责人郑巧即安排一工作人员在外面找了四个农民搬运工。郑巧对四个农民搬运工交待，将四个新蓄电池搬到王家沱囤船上，再将四个旧蓄电池搬回，每人支付报酬10元。新蓄电池单个重量为50公斤。在征得四个搬运工的同意后，郑巧即叫了两辆出租车，每辆车上装两个蓄电池，四个搬运工分别随车一起走。临出发时，郑巧分别给汪金荣和另一个年轻搬运工（姓名不详）10元钱，作为四个搬运工的来回车费，但未向他们交待在囤船上应该注意的具体安全事项。出租车到重庆市朝天门码头后，四个搬运工将蓄电池从出租车上卸下换乘过江轮渡到达重庆市南岸区弹子石，后两人一组分别抬两个蓄电池从弹子石至王家沱309号囤船岸边。汪金荣与其中一个名叫吴勇的搬运工先将两个蓄电池经囤船跳板抬到囤船交给囤船工作人员后，发现尚未上跳板的那位年轻搬运工显得较为吃力。汪金荣遂返回岸上换下那位年轻搬运工，与另一位名叫陈运福的搬运工一起将剩下的两个蓄电池往囤船上抬。两人走到跳板上时，由于受风浪影响，跳板出现晃动，汪金荣脚下一滑，随蓄电池一道跌落江中。经囤船上的工人和其他搬运工的全力施救，仍未将汪金荣救出水面。5月1日，汪金荣的尸体被打捞出水后火化。

客轮公司所属309号囤船属公司内部维修囤船，不对外从事经营活动。该囤船由两块跳板与岸上连接，其中与囤船连接的是铝合金跳板，两侧设置了安全网，但与岸连接的木质跳板没有设置安全网。汪金荣落水处正位于木质跳板中央。该囤船在进口处没有人员值班，也没有设置警示标志。

重庆市万里蓄电池股份有限公司为独立的法人企业，其与经销二门市之间不存在隶属关系。经销二门市是一家领取工商营业执照的非法人企业，其开办单位重庆渝中区万里蓄电池经销部属独立的法人企业。

庭审过程中，诉讼当事人经协商，一致同意按照《中华人民共和国道路交通事故处理办法》来确定江金荣的死亡赔偿标准。经计算，法庭最后认定因汪金荣死亡造成原告经济损失为32267元。

【审判】

海事法院受理该案后，依法进行了开庭审理。海事法院认为：汪金荣在搬运蓄电池过程中落水死亡的事实成立。原告作为死者汪金荣的直系亲属，在汪金荣死亡后，有权向事故责任人要求赔偿。汪金荣与经销二门市之间的劳务法律关系成立，双方都应该根据口头约定履行相应的义务、享受相应的权利。囤船及其附属设施非公共场所，与公共场所比较，存在诸多的特殊风险，不仅其安全管理有着特殊的标准，在其上进行生产活动或其他活动的人员也有着严格的专业要求。客轮公司所属309囤船虽不对外从事经营作业，但仍应保证囤船上的安全设施符合安全标准，特别是在非专业人员上、下囤船时，更应及时采取有效的安全措施，谨防事故的发生。所以，在本次事故中，客轮公司所属囤船没有全面设置符合标准的安全网，并且没有安排专门人员在现场进行有效的警示，是造成本次事故的直接原因，应承担主要事故责任。经销二门市作为汪金荣的雇佣人，在被雇佣人对工作过程中的特殊风险不能正确判断的情况下，没有尽到相应的提醒和告知义务，以至被雇佣人在存在特殊风险的跳板上盲目进行搬运作业，是造成事故的另一原因，应承担次要事故责任。汪金荣作为有民事行为能力的成年人，对囤船及其设施中存在的特殊风险没有作出正确的判断，在跳板上的安全网存在严重缺陷的情况下，仍冒险进行搬运作业，是造成本次事故的另一原因，应承担一定事故责任。

重庆万里蓄电池股份有限公司与经销二门市不存在隶属关系，并且在汪金荣的死亡过程中没有过错，因而原告要求其赔偿经济损失的请求没有事实和法律上的依据。所以原告要求其赔偿经济损失的请求，海事法院不予支持。

在水上人身伤害没有一个具有普遍法律约束力，并且行之有效的赔偿标准的情况下，原、被告共同选择《中华人民共和国道路交通事故处理办法》作为汪金荣死亡赔偿计算标准，没有违反法律规定，海事法院予以认可。

据此，海事法院作出如下判决：

1. 被告客轮公司赔偿原告尸体打捞费、尸体火化费、尸体运输费、丧葬费、一次性死亡补偿费和事故处理人员的生活费、住宿费、交通费、误工费17746.85元，并赔偿精神抚慰金2750元。

2. 被告经销二门市赔偿原告尸体打捞费、尸体火化费、尸体运输费、丧葬费、一次性死亡补偿费和事故处理人员的生活费、住宿费、交通费、误工费11293.45元，并赔偿精神抚慰金1750元。

3. 原告自行承担经济损失3226.70元。

4. 驳回原告要求被告重庆万里蓄电池股份有限公司赔偿经济损失的诉讼

请求。

案件受理费3490元，由原告承担349元，被告客轮公司承担1920元，被告经销二门市承担1221元。

该案判决后，原、被告均未提起上诉。

【评析】

该案在当事人中引起争议的问题主要集中在三个方面：其一，汪金荣与被告客轮公司、被告经销二门市之间属什么法律关系？其二，汪金荣与两被告本次事故中各应承担什么责任？其三，汪金荣的死亡赔偿标准？

（一）本案的法律关系

有许多人认为，本案中死者汪金荣与被告经销二门市之间属事实劳动合同法律关系，理由是，汪金荣从事搬运工作是受被告经销二门市的委托，是双方合意的结果。双方的权利和义务关系较为明确，即汪金荣受被告经销二门市委托将蓄电池送到指定的309号囤船后，经销二门市有义务向其支付报酬。我们认为，这种观点不尽正确，因为其混淆了劳务合同与劳动合同之间的关系。其实这种错误的认识，在海事审判实务中较为普遍，直接导致法律适用、责任划分和赔偿标准上的错误。

劳动合同和劳务合同的差异主要表现在以下几个方面：

第一，法律适用上。劳动合同在劳动者与用人方之间形成的是劳动法律关系，当事人之间的权利义务由劳动法及其他配套的法律规范进行调整。劳务合同在劳务提供方和劳务接受方之间形成的是具有加工承揽性质的民事法律关系，当事人之间的权利和义务除了由双方签订或者口头约定的劳务合同进行调整外，同时也由民法中的相关原则进行调整。

第二，隶属关系上。劳动合同中的劳动者是用人方的成员之一，其隶属于用人方。而在劳务合同中，提供劳务方和劳务接受方之间则是相互独立的主体，彼此之间不存在隶属关系。

第三，在合同主体上。在劳务合同中，提供劳务的一方既可是自然人，也可以是法人或者其他形式的经济组织，提供劳务的一方不是劳务接受方的成员，与劳务接受方无人格和组织上的从属关系。而在劳动合同中，劳动者只能是自然人，他作为用人方的劳动组织成员而与用人方有人格和组织上的从属关系。

第四，在劳动方式上。按照劳务合同的要求，劳务提供方应当向劳务接受方提供的是劳务行为的物化或非物化成果。而按劳动合同的要求，劳动者只需为用人方实施一定的劳动行为即可。

第五，在风险承担上。依劳务方，劳务提供方需利用自己的生产资料进行劳务活动，并且自行组织劳务活动和自行承担风险。而依劳动合同，劳动者利用用人方的生产资料，并在用人方的组织和指挥下从事具体的劳动，同时，由用人方承担劳动过程中可能出现的风险。

第六，在报酬支付上。劳务合同中的劳务报酬与商品交换中的价款具有同样性质，其数额确定须遵循商品定价规则，即成本加合法利润，其支付方式为一次性支付或分期支付。劳动合同中的劳动报酬是生活消费品的一种分配形式，须遵循按劳分配的原则，由用人方向劳动者进行持续和定期支付。

从以上对劳动合同和劳务合同存在的差异的分析，我们可以看出本案中死者汪金荣与被告经销二门市之间的关系不应该属劳动合同法律关系，而应属劳务合同法律关系。既然属劳务合同关系，那么，汪金荣在履行劳务合同中死亡这一法律事实的责任主体的确定，不应以合同当事人作为标准，而应该以产生这一法律事实有无过失作为标准。显然，在导致汪金荣死亡这一客观事实中，二门市、客轮公司以及汪金荣本人都存在过失，所以，三者都应作为承担民事责任的责任主体。

（二）责任承担

在本次事故中，二门市、客轮公司和死者汪金荣本人都存在过失。

1. 客轮公司

客轮公司所属309囤船虽不对外从事经营作业，但仍应保证囤船上的安全设施符合安全标准，特别是在非专业人员上、下囤船时，更应及时采取有效的安全措施，谨防事故的发生。客轮公司存在的过失是显而易见的：其一，没有按规定在跳板上设置安全网；其二，没有安排人员在跳板入口处值班；其三，在跳板入口处没有设置警示性标志。这些过失与事故的发生存在着直接的因果关系。

2. 二门市

二门市作为劳务行为的接受方，有义务对汪金荣在实施劳务行为的过程中可能出现的风险作出正确的估计，并履行相应的告知、指导和提醒义务。劳务提供方在提供劳务过程中可能遇到的风险不应是一般意义上风险，而是根据其所从事的具体劳务所能预见的特殊风险。例如，在搬运过程中诸如过马路、防止路滑等风险，就一般人的智力水平就能全面预见，劳务接受方无需告知、指导和提醒，但是，因客轮公司所属囤船及其附属设施非公共场所，其中存在的风险，单凭从未在这些场所上工作的汪金荣的智力水平及工作经验是无法预知的，所以对搬运过程中这些场所上客观存在的特殊风险，二门市应该履行告知、指导和提醒的义务。

3. 汪金荣

汪金荣作为具有完全民事行为能力的成年人，应该对309囤船不对外从事经营活动的情况有所了解，并对上、下跳板过程中有可能存在的风险作出正确的判断，进而采取谨慎有效的措施，防止事故的发生。所以，汪金荣在搬运过程中的疏忽大意与事故的发生也存在着直接的因果关系。

综上，根据各方在事故中的过失大小，海事法院最终认定客轮公司应该承担主要事故责任，经销二门市应该承担次要事故责任，汪金荣（汪金荣承担的责任转至原告）应该承担一定事故责任。

（三）死亡赔偿标准

内河人身伤害的赔偿问题，在海事审判实践中存在着较大的争议。产生争议的根源在于截至现在我国内河还没有一个切实可行的具有法律意义上的人身伤害赔偿标准。现阶段海事机关和海事法院在确定内河人身伤害赔偿数额时，主要是参照其他标准，例如：《道路交通事故处理办法》、《关于审理涉外海上人身伤亡损害赔偿的具体规定（试行）》、《企业职工工伤保险试行办法》等，但是，这些标准在调整范围和适用对象上都有着严格的限制，并不能作为调整内河人身伤害赔偿标准的有效法律依据。法院若直接引用这些标准来确定内河人身伤害赔偿数额，就会出现适用法律上的错误。

如何确定内河人身伤害赔偿标准，是我国立法机关亟待解决的问题。在相关的法律规定不完善的情况下，根据客观情况，灵活地确定人身伤害赔偿数额，是保护当事人合法权益，平息社会矛盾的需要。

本案根据当事人的自愿选择，最终以《道路交通事故处理办法》来确定伤害赔偿数额的作法，既符合法律规定，也与客观实际相吻合。因为，《道路交通事故处理办法》解决的是当事人实体权利方面的问题，而在诉讼过程中，当事人有权对其实体权利和义务作出取舍，并且这种取舍并没有损害第三者的合法权益。

所以，在没有一个统一有效的内河人身伤害赔偿标准的情况下，通过当事人的合意表示，最终确定人身伤害赔偿标准，是解决法律适用上的矛盾，平息社会纠纷的一种切实有效的方法。

胥美生诉九江长江港航监督局和抚州地区航运有限公司评析

—— 内河人身伤害赔偿纠纷案

潘绍龙

【案情】

原告：胥美生，男，江西省抚州航运有限公司“玉茗油 31 号”轮船员。

被告：九江长江港航监督局（以下简称港监局）

被告：江西抚州航运有限公司（以下简称抚州公司）

原告胥美生诉称，2000 年 6 月 29 日 15：10 时许，原告在被告抚州公司所属“玉茗油 31 号”轮船队上工作时，被被告港监局所属“监督 61 号”艇挤伤，造成原告身体严重伤残。现要求两被告共同承担原告在住院期间的医疗费、生活费和交通费外，另行赔偿原告误工费、伙食补助费、护理费、生活补助费、残疾用具费、被抚养人生活费及精神损害赔偿费总计人民币（以下均为人民币）845952 元。

被告港监局辩称，原告胥美生在诉状中陈述的事故经过与案件事实不一致。“监督 61 号”艇对“玉茗油 31 号”轮船队的现场检查，属正常行政执法行为，并严格遵守了有关的航行规章。造成本次事故的原因是“玉茗油 31 号”轮船队严重超载及原告胥美生的违章操作。所以，应该由原告胥美生和被告抚州公司承担本次事故的事故责任。

被告抚州公司在法定的答辩期间未提交书面答辩状，但在庭审中认为，本次事故的发生，与“监督 61 号”艇操作不当有关。

2000 年 6 月 29 日 15：00 时许，抚州公司所属“玉茗油 31 号”轮拖带“玉茗油 32 号”驳船上行至长江下游九江水道锁江楼水域时，港监局所属“监督 61 号”艇靠上“玉茗油 31 号”轮左舷，准备对整个船队进行现场检查。在系靠过程中，因受风浪及其他原因的影响，造成在甲板上接缆绳的“玉茗油 31 号”轮船员胥美生挤伤。2002 年 5 月 23 日，海事法院委托武汉市中级人民法院同济医科大学附属同济医院法医鉴定所对胥美生的伤残程度进行了鉴定，该所作出的[同法鉴字（2002）第 267 号]《司法鉴定书》结论称：“被鉴定人胥美生伤残程度为Ⅲ级，劳动能力属于大部分丧失（80%）；后期仍需作对症及康复治疗。”在整个治疗期间，为保证胥美生的正常治疗和生活，港监局先后向胥美生本人及医院垫支医疗费、交通费和生活费等总计 140900 元；抚州公司亦先后向胥美生本人及医院垫支医疗费、交通费和生活费等总计 133455.70 元。

【审判】

本案庭审结束以后，应双方当事人的申请，在海事法院主持下，原、被告三方自愿达成了调解协议：

1. 被告港监局和被告抚州公司在本调解书生效前垫支的用以保证原告胥美生治疗、交通和生活的费用，各自自行承担。

2. 被告港监局赔偿原告胥美生误工费、护理费、伙食补助费、残疾者生活补助费、被抚养人生活费、后期治疗费和精神怃慰金，总计 140000 元，在本调解生效后 10 日内先行支付 60000 元，余款 80000 元在 2002 年 12 月 31 日以前一次付清。

3. 被告抚州公司赔偿原告胥美生误工费、护理费、伙食补助费、残疾者生活补助费、被抚养人生活费、后期治疗费和精神怃慰金，总计 50000 元，在本调解书生效后 10 日内先行支付 30000 元，余款 20000 元在 2002 年 12 月 31 日以前一次付清。

4. 原告胥美生在本调解书生效前已发生或者在本调解书生效以后有可能发生的与本次事故有关的经济损失，由其自行承担。

5. 案件受理费由被告港监局和被告抚州公司各承担一半。

【评析】

（一）案件审理过程

1. 先予执行情况

原告胥美生在向海事法院提起诉讼的同时，向海事法院递交了先予执行申请，要求两被告先行支付其住院治疗费及生活费。海事法院在审查了胥美生的申请后，认为以下事实属实：其一，胥美生伤势严重，在治疗期间将发生大量的治疗费、护理费等其他合理费用；其二，胥美生的家庭经济困难，三个未成年女儿（年龄分别为 6 岁、4 岁和 2 岁）全部依靠其收入生活；其三，根据家庭经济状况，胥美生无能力支付巨额的治疗费、护理费以及子女的生活费等费用。鉴于此种情况，海事法院在受理案件的同时，下达了先予执行裁定，要求被告港监局和被告抚州公司先行支付医疗、护理等费用总计 8 万元到海事法院的账上，作为治疗预备金。随着治疗的进行，两被告先行支付的 8 万元预备金已不足以支付相关的费用，在此情况下，海事法院应原告胥美生的申请，再次下达先予执行裁定，要求两被告再次支付 5 万元预备金。由于海事法院急原告之所难，加之被告港监局和被告抚州公司的积极配合，原告胥美生在治疗期间的全部治疗费、护理费、交通费及子女的生活费等合理支出的费用都得到了切实的保障。

2. 原告胥美生的治疗情况

原告受伤后，先在九江市第一人民医院进行抢救性治疗。在脱离生命危险以后，由于受医疗水平的限制，九江市第一人民医院要求将原告转至上海市第六人民医院进行治疗。上海市第六人民医院作为治疗肠道伤残的专业医院，在对原告的伤情进行复查后，认为原告的身体状况不能承受相应的手术，进而要求先行进行康复治疗。这样，原告又转至江西省临川市人民医院进行康复治疗。在身体状况得以改善以后，原告又从临川市人民医院转至上海市第六人民医院进行相应的手术。在上海市第六人民医院治疗期间，原告先后作了骨盆修复、尿道连接及直肠修复等大的手术。经过长期治疗以后，2002年5月中旬，上海市第六人民医院下达治疗终结通知书。在将近两年的治疗期间，被告港监局先后向原告胥美生垫支医疗费、交通费和生活费等总计140900元；被告抚州公司也先后向原告胥美生垫支医疗费、交通费和生活费等总计133455.70元。

3. 伤残鉴定

由于原告胥美生的伤势较为严重，经过长期治疗不能得以康复，事故中的医疗费用等损失不能最终确定，所以导致案件迟迟不能审结。这些问题，不仅给原、被告三方造成一定的压力，也给海事法院的审判工作带来许多不利的影响。在上海市第六人民医院的治疗终结通知书作出以前，应原、被告三方的申请，海事法院委托国内的权威医院对胥美生的伤情进行检查，希望对后期治疗、护理等合理费用进行评估，作出一个符合实际的科学的结论，以便该案能够得以早日审结。但是，有关的医学专家在对胥美生的伤情进行检查以后，认为胥美生的伤情不仅严重，而且复杂，在治疗终结以前就现有的医学水平不可能对后期治疗费用作出准确的评估。2002年5月中旬，上海市第六人民医院下达治疗终结通知书后，海事法院即委托武汉市中级人民法院同济医科大学附属同济医院法医鉴定所对胥美生的伤残程度进行了鉴定，该所作出的［同法鉴字（2002）第267号］《司法鉴定书》结论称："被鉴定人胥美生伤残程度为Ⅲ级，劳动能力属于大部分丧失（80%）；后期仍需作对症及康复治疗。"其中所称的"后期仍需作对症及康复治疗"，主要是指治疗终结后，在胥美生的左下腹部仍留有作排泄功能的瘘管。该瘘管导致腹腔与体外直接相通，受卫生条件及生活习惯的限制，在以后的生活中，必须会导致伤口感染；此外，在一定时间以后，必须作手术进行瘘管更换。这些都会发生大量的费用。所以，根据具体情况，在治疗终结后，有可能发生的对症及康复性治疗费用仍不能确定。而该部分损失仍属事故总损的一部分，若不能准确认定，本案的事故总损仍不能确认。

4. 案件调解

庭审结束以后，原、被告三方都主动要求在海事法院的主持下，通过调解的方式解决本次纠纷。在具体的调解过程中，最大的困难主要集中在四个方面：第一，原告胥美生的经济损失的赔偿标准问题；第二，原告胥美生主张的精神赔偿数额问题；第三，原告胥美生后期对症及康复治疗的费用数额问题；第四，关于原、被告三方的事故责任问题。

关于第一个问题。鉴于内河人身伤害赔偿至今没有一个统一的法律规定，所以，原、被告三方可以在协商的基础上自行确定一个赔偿标准。在海事法院将内河人身伤害赔偿的现状作了详细的介绍后，原、被告三方一致同意根据《中华人民共和国道路交通事故处理办法》作为原告胥美生伤害赔偿的计算标准。

关于第二个问题。虽然在前几年，许多法院在审判实践中对精神赔偿问题作了有力的偿试，并且在指导本院案件审理中的精神赔偿问题作了与本地区经济发展水平相一致的具体规定，例如，重庆市高级人民法院规定精神赔偿的最高限额不得超过10万元，上海市高级人民法院规定精神赔偿的最高限额不得超过5万元。各地方人民法院对精神赔偿问题所作的规定，从效力上讲只对所辖法院具有指导作用，并不具有普遍的法律约束力。真正具有普遍法律约束力的法律规定，是最高人民法院于2001年3月1日颁布实施的《关于确定民事侵权精神损害赔偿责任若干问题的解释》作出的有关精神损害赔偿的司法解释。但是，该司法解释只是在精神赔偿的法定事由及确定精神赔偿上应该考虑的因素等方面作出了较为原则的规定，在具体的赔偿标准和赔偿数额等实务性问题上并没有明确规定。这一结果，导致在具体的案件处理中，更多依靠审判人员根据具体案情对精神损害赔偿的数额作出抉择。原告在向海事法院提起诉讼时，要求被告赔偿精神损失20万元，这一要求显然与内河经济发展水平不相吻合。最后，海事法院根据最高人民法院有关精神损害赔偿的规定，在参照其他地方人民法院有关精神损害赔偿的有效作法的基础上，结合原告胥美生的伤残事实对其生活和精神的不利影响程度，最后认定精神损害赔偿的数额为5万元。原、被告三方对这一数额均无异议。

关于第三个问题。根据原告胥美生的伤残程度及现有的医学水平，其后期对症及康复治疗的费用很难准确认定。但是，这部分费用若不能确定，将导致案件不能及时审结，其结果直接影响原、被告三方的工作和生活。鉴于原告胥美生的伤情在治疗终结后已相对较为稳定，所以后期治疗费用的高低，主要取决于原告胥美生个人的卫生习惯和生活环境。所以，海事法院在后期对症及康复性治疗费用的数额上作了较为严格的控制，既考虑具体的赔偿数额能有效保证原告胥美生的治疗，又限制原告胥美生藉此漫天要价。

关于第四个问题。在庭审过程中，原、被告三方对相互之间的责任承担争议较大。主要表现在二个方面：其一，被告港监局在本次事故中的责任大小；其二，原告胥美生是否应该对自己在操作中的过失承担事故责任。在调解过程中，海事法院认为被告港监局应该承担主要事故责任。首先，《船舶安全检查规则》第5条明确规定，禁止对在航船舶进行安全检查，被告港监局作为执法机关，有义务执行这一规定。其次，被告港监局所属“监督61号”艇在进行安全检查过程中，同样应该遵守《内河避碰规则》及其他航行规章的规定。第三，单就“监督61号”艇与“玉茗油31号”轮相互之间的避让关系来看，“监督61号”艇应属义务船，而“玉茗31号”轮应属权利船。第四，“监督61号”艇在靠泊“玉茗31号”轮过程中没有正确地控制船速，并有效地控制靠泊过程中的船位，是导致事故发生的主要原因之一。原告胥美生在事故发生过程中虽然存在穿拖鞋作业等过错，但是，该过错所产生的事故责任应该由被告抚州公司承担，因为原告胥美生是被告抚州公司的职工，并且其进行的工作是为被告抚州公司的利益服务。至于原告胥美生对自己的过失所应该承担的责任，应该由其与被告抚州公司之间订立的劳动合同来调整。

海事法院在对上述四个问题作了符合法律规定的详细解释以后，原、被告三方都表示接受，进而扫除了调解过程中存在的障碍，使调解工作得以顺利进行。

（二）本案最大的法律争议

严格来讲，本案最大的争议在于对本案的定性上，即本次事故是一般的民事赔偿，还是行政赔偿。这个问题在海事法院受理该案以后，当事人虽然提起过，但并没有过多地深究，因为就被告来讲，不管是民事赔偿还是行政赔偿，都应该承担赔偿责任。但是，从法律角度来讲，对该案的不同定性则产生不同的法律后果，即若定性为民事赔偿，则只能依据民法来调整当事人之间的权利义务关系，若定性为行政赔偿则只能依据行政法和国家赔偿法来调整当事人之间的权利义务关系。海事法院在受理该案后，经过认真讨论，最终将该案定性为民事赔偿。该案虽然以调解方式得以最终解决，但是，关于定性问题在理论界仍存在着较大的争议。随着内河航运事业的不断发展，同样性质的案件不可避免地还会出现，为了对今后有可能发生的同类型案件有一个清楚统一的认识，我们觉得有必要将该案定性为民事赔偿的理由作全面的阐述。

1. 行政主体承担行政赔偿责任的条件

根据行政诉讼法和国家赔偿法的相关规定，行政主体承担行政赔偿责任必须具备四个条件：①侵权行为主体为国家行政机关或者国家行政机关授权的其他组织和个人；②具体的行政行为违反国家法律规定；③造成行政相对人财产或者人身损害；④违法行政行为与损害事实之间有因果关系。

从行政主体承担行政赔偿责任的四个条件，再结合具体事实，本案有关赔偿定性的焦点主在于“监督 61 号”艇在靠泊“玉茗 31 号”轮过程中的操作行为是否属具体行政行为。我们认为这一行为不属具体的行政行为：

（1）行政行为是享有行政权能的行政主体运用行政权对行政相对人所作的法律行为。被告港监局作为国家行政主管机关，其有权对被告抚州公司所属船舶进行检查。被告港监局实施检查行为是法律、法规授权的直接体现，例如，对船舶的适航性能、船舶资料的检查等。但是，本案中“监督 61 号”艇的靠泊行为只是为实现具体行政行为提供条件，并非是行政行为本身。

（2）行政行为一经作出，则对行政相对人产生直接的法律拘束力，具体表现为公定力、确定力、拘束力和执行力，行政相对人不得违反行政行为的具体要求。显然，被告港监局所属“监督 61 号”艇的靠泊行为不可能对被告抚州公司产生具体的法律拘束力。

（3）判断某一具体行政行为是否符合法律规定，必须依据法律、法规，并且只能是针对行政主体单方的行为。而本案中，被告港监局和被告抚州公司在靠泊过程中是否存在过错，只能依据《内河交通安全管理条例》和其他行政规范。

所以，从理论上讲，将被告港监局所属“监督 61 号”艇的靠泊行为定性为具体的行政行为是没有法律依据的。

2. 行政赔偿的法定程序

在行政主体对具体的行政行为的违法不存在异议的情况下，行政相对人对行政先行处理不服，可以直接向海事法院提起行政赔偿诉讼。如果行政主体认为其实施的具体行政行为没有违反法律规定，则需经过行政诉讼程序以确定具体行政行为存在违法事实后，行政相对人才可向海事法院提起行政赔偿诉讼。当然，行政相对人在向海事法院提起行政诉讼的同时，可以附带提起行政赔偿。

结合本案，许多具体问题都不能得到法律的有效解释。其一，本案原告胥美生是否是行政相对人是不确定的，因为被告港监局实施具体检查行为的对象是被告抚州公司所属“玉茗油31号”轮。其二，如果胥美生以行政相对人的身份提起行政诉讼及附带提起行政赔偿诉讼，港监局作为被告是毋庸置疑的，但作为事故责任人之一的抚州公司又该处于什么样的诉讼地位呢？其三，如果认为胥美生可以提起行政赔偿诉讼，则胥美生与港监局之间的赔偿标准应该根据《国家赔偿法》来确定，但是，胥美生与抚州公司之间的赔偿标准肯定不能适用《国家赔偿法》而只能适用《民法通则》及与之相配套的法律规定。在同一事故中，适用不同的实体法律规范，显然是不合理的。所以，若以行政赔偿的形式来解决本次事故纠纷，将会产生更大的法律矛盾。

从以上对行政赔偿的条件及行政赔偿的法定程序来判断解决本次事故纠纷的合法手段，很显然，原告胥美生与被告港监局之间不存在具体的行政法律关系，他们之间的纠纷不能通过行政赔偿的形式进行解决，而只能通过民事赔偿的形式解决。

"长宇"轮与"米扬"轮船舶碰撞损害赔偿纠纷案评析

潘绍龙

【案情】

原告：中国·中海发展股份有限公司（以下简称中海公司），住所广州市滨江中路308号。

被告：韩国·星湖海运株式会社（SEONG HO SHIPPING CO，LTD）（以下简称星湖会社），住所韩国釜山市中区中央洞4街81－13（81－13 JUNG ANG－DONG4－KA，JUNG－KU，BUSAN，KOREA）。

第三人：兖州煤业股份有限公司（以下简称兖州公司），住所山东省邹城市凫山路40号。

原告中海公司诉称，1999年7月18日，原告所属"长宇"轮在长江下游张家港联检锚地锚泊过程中因走锚与被告星湖会社所属"米扬"（MEE YANG）轮发生碰撞后沉没，造成原告经济损失计人民币50318582元，美金1100元。原告认为在两船发生碰撞后，被告所属"米扬"轮不顾"长宇"轮船员的强烈要求，仍将撞入"长宇"轮船体内的船艏退出，致使江水从敞开的创口处大量涌入"长宇"轮机舱，失去了施救时间，致使"长宇"轮最终沉没。因此要求被告承担40％的事故责任，并赔偿原告损失人民币（以下未注明币种的皆为人民币）20127432.80元、美金440元及利息。

被告星湖会社在法定期间没有提交书面答辩状，但在庭审中辩称，"米扬"轮在正常锚泊状态下，没有时间采取任何有效的措施防止碰撞事故的发生，并且"米扬"轮与"长宇"轮碰撞后在该轮船体上形成的破洞不至于导致该轮的最终沉没。同时，"长宇"轮的打捞费用大大超过了船舶残值，已不具备打捞价值，所以其支付的打捞费用不应得到法律的保护。"米扬"轮在本次碰撞事故中无任何过错，因而不应该承担事故责任。

第三人兖州公司称，原告中海公司所属"长宇"轮与被告星湖会社所属"米扬"轮发生碰撞，导致其委托"长宇"轮承运的17481吨煤炭受损，造成第三人经济损失3469982元。现要求中海公司和星湖会社共同赔偿经济损失3469982元及利息损失。

2001年3月9日，被告星湖会社向海事法院申请享受责任限制，认为即使承担赔偿责任，其赔偿金额也只为415830计算单位。对于第三人兖州公司要求其赔偿煤炭损失的请求，被告要求法院加以审查。

原告中海公司针对被告星湖会社的责任限制申请辩称，被告所属"米扬"轮在船舶构成和设备的配备上与船舶的吨位不相符，并且技术船员的配备存在不适任情况，因此，被告已经丧失享受责任限制的权利。对于第三人兖州公司要求其赔偿煤炭损失的请求，原告要求法院对其煤炭价值进行审查。

1999年7月15日，中海公司所属“长宇”轮23航次载煤炭18471吨由江苏连云港启航，准备至目的港江苏镇江谏壁电厂。7月17日10：00时到达吴淞口后接长江引航员上船引航。当日18：13时，该轮驶抵长江下游张家港联检锚地。18：25时，抛左锚6节下水锚泊。锚位为32°01.018′N、120°34.26′E。抛锚完毕后，“长宇”轮设置了GPS报警程序，报警范围为0.3海里，同时通知机舱使主机处于暖缸状态。23：55时，二副叶华明替换前班三副王秦值班。双方在交接班过程中核对了本船船位，未见异常情况。接班以后，值班人员在驾驶台聊天，没有进行谨慎的瞭望，也未定期对锚链的受力情况进行正常检查及观察本船与周围船舶之间距离的变化。

星湖会社所属“米扬”轮第27航次载甲苯2868.46吨由韩国仁川港至长江下游江阴港。7月17日09：45时在上海宝山水域接长江引航员上船引航。当日驶抵张家港联检锚地后，于20：45时抛左锚6节入水，也在该锚地锚泊。21：00时，泊妥。具体锚位为32°00.4′N、120°35.2′E。“米扬”轮抛锚完毕后，当班船员通过雷达测定，其船位与前方的“长宇”轮距离为0.85海里。

7月18日00：40时，“米扬”轮当班二副朴永根（PARK YONG GUN）发现“长宇”轮船位在向下漂移，通过雷达测定，两船距离为0.6海里，但自认为对本轮的安全不构成影响，因而没有采取任何预防措施。01：10时许，发现“长宇”轮进一步向本船逼近，两船距离只有约200米。此时，当班船员感觉事态严重，遂于01：15时通知船长，并通知机舱备车，这时两船距离约30～50米。

而“长宇”当班船员直至01：15时，才发现本船走锚，此时“长宇”轮与“米扬”轮已接近碰撞状态。仓促间虽通知船长上驾驶台，但仍未能采取有效的措施避免碰撞事故的发生。

01：20时，“长宇”轮左舷机舱前部与“米扬”轮右侧发生碰撞，碰撞角度约为60°。致使“长宇”轮主甲板下约3米处船体破损，创口高约1.6米、宽约1.7米。

碰撞后，江水从破损处大量进入“长宇”轮船体。随后“长宇”轮以“米扬”轮船艏为支点，沿反时钟方向向下偏转并紧贴“米扬”轮左舷向下游漂移。01：36时许，“米扬”轮通过采取进车、用舵、绞锚等措施与“长宇”轮脱离，此时与碰撞点已相距1.5海里。“米扬”轮在绞锚过程中发现本船左锚及0.5节锚链丢失。02：20时许，“米扬”轮在原抛锚处附近抛右锚重新锚泊。

两船脱开后，“长宇”轮继续向下漂移。“长宇”轮在向水上安全主管部门报告遇险经过的同时，组织全船船员用棉被、堵漏毯等工具全力堵漏，但没有收到效果。04：25时，在全船船员安全离船后，该轮在距原抛锚地点约9.27海里处沉没，方位为32°01.078’N、120°44.85’E。

事故当天，交通部南通长江港航监督局以通长督［1999］75号《关于要求尽快打捞“长宇”轮的通知》一文，要求中海公司“尽快组织打捞该船，清除航道障碍，同时做好防污染工作。”

在未落实具体打捞方案以前，为防止沉没的“长宇”轮对其他航行船舶的安全造成影响，并防止对环境造成污染，中海公司通过合约方式委托交通部上海海上救助打捞局、盐城市秦南打捞航务工程总公司、南通远洋船务工程有限公司、南通连通航务工程有限公司、盐城市郭猛疏浚打捞工程公司、长江南京航道局上海航道处、盐城市马沟打捞疏浚工程公司等单位，先行就水深、船体破损部位和水流流速进行了测定，同时进行了清障、设置围油栏和吸油毡、配置浮标、现场守护等打捞前的相关准备工作。为此，中海公司共支付相关费用2226160元。因南通远洋船务工程有限公司所属“远通4”号轮在施救过程中受损，中海公司为此向该公司赔偿船舶修理费83352元。此外，中海公司向上海金鑫船舶服务有限公司支付代理费21200元，向远东船舶检验社有限公司支付“米扬”轮的船舶检验费1100美元。

1999年7月20日和7月22日，中海公司与交通部上海海上救助打捞局签订了《委托书》和《执行委托书》，要求交通部上海海上救助打捞局就船舶打捞的前期工作作进一步的准备。1999年8月12日，中海公司与交通部上海海上救助打捞局正式签订了《“长宇”轮打捞合同》，委托交通部上海海上救助打捞局根据交通部南通长江港航监督局的要求，对沉没的“长宇”轮进行打捞，“并将沉船从目前的位置清除，以保证航道畅通”。双方约定“打捞费总价为人民币1993万元整加上沉船的产权”。

在具体实施打捞过程中，由于受河床和水流等自然因素的影响，“长宇”轮断为两截，交通部上海海上救助打捞局最终放弃了整体打捞的方案，而改为爆破打捞。打捞工程结束后，交通部上海海上救助打捞局将打捞出水的船舶残体变卖后获款2007800元。

2000年7月27日，海事法院委托中华人民共和国武汉船舶检验局对“长宇”轮受损前的船舶价值进行评估。2000年11月18日，中华人民共和国武汉船舶检验局作出编号为［2000WH9912］的《“长宇”轮船舶价值评估报告》，结论称：“长宇”轮“受损前的船舶价格约为1734万元人民币”。

2000年8月30日，本院委托湖北振宇有限责任会计师事务所对“长宇”轮受损前的盈利情况进行审计。2000年10月8日，该事务所作出鄂振宇审字（2000）065号《审计报告》。该报告称：“根据长宇轮受损事故前四个航次计算，平均营运天日盈利35323.65元，六十个天日盈利为2119419.00元。”

兖州公司委托“长宇”轮承运的18471吨煤炭在碰撞事故中严重受损。在发生事故前，兖州公司已与购货方江苏省电力燃料有限公司签订了相应的煤炭购销合同，双方约定煤炭到达收货点江苏镇江谏壁电厂的价格为242元/吨。所以，本次碰撞事故造成兖州公司经济损失为4469982元。事故后中海公司对打捞出水的煤炭处理后获款588800元，但该款并未退还给兖州公司。另，中海公司已于1999年12月29日实际赔偿兖州公司煤炭损失1000000元。

同时查明，“长宇”轮所有人为中国·中海发展股份有限公司，船籍港为中国上海，船舶呼号为BPJC。该轮总吨为12107.73吨，船型为散装货船。事故发生航次，该轮船舶技术证书齐全、有效，技术船员以及引航人员的配备和适任资格均符合有关规定。

“米扬”轮所有人为韩国·星湖海运株式会社，船籍港为韩国釜山，船舶呼号为D.S.A.J.2，船型为油/化学品特种船。该轮《国际吨位证书》载明该轮总吨为1990吨，净吨为1040吨，但是《船舶国籍证书》上载明该轮总吨为1590吨，净吨为1040吨。其船员证书上载明鲁泰善（RHO TAE SUN）、李昌渊（LEE CHANG YOU）和朴永根（PARK YONG GUN）三位高级船员在1600总吨以下的船舶上工作时，可以担任大副工作，但在1600总吨与6000总吨之间的船舶上工作时只能担任二副职务。除此之外，“米扬”轮在船的高级船员以及引航员的适任资格与相关规定是一致的。

另查明，1999年7月17日晚至7月18日凌晨，张家港联检锚地江面气候为零星小雨，能见度良好，风力2—3级，风向东北偏东。碰撞事故发生时，接近平潮落潮流。其时，正值长江高洪水位，水流湍急，事故地点附近水面表层流速为4米/秒。

另，根据“米扬”轮的主机性能，及其船员长期对主机的操作经验，“米扬”轮完全可以在五分钟之内完成备车工作，进而可采取起锚甚至弃锚等紧急移泊措施。

2000年12月2日，在海事法院主持的庭前质证中，中海公司放弃就其向上海金鑫船舶服务有限公司支付的21200元代理费及向远东船舶检验社有限公司支付的“米扬”轮船舶检验费1100美元向责任方要求赔偿的诉讼请求。

此外，1999年7月19日，中海公司向海事法院提交诉前保全申请，要求扣押“米扬”轮。7月20日，海事法院下达裁定，对停泊于江阴港的“米扬”轮实施了扣押。7月21日，中海公司向海事法院提交一份《解除扣押申请》，称星湖公司已向其提供了一份由英国汽船互保协会出具的200万美元的担保函，故申请海事法院解除对“米扬”轮的扣押。为此，海事法院当日解除对“米扬”轮的扣押。2001年3月9日，星湖会社向海事法院递交一份《返还担保申请书》，以中海公司没有在法律规定的30日内起诉为由（中海公司向海事法院提起船舶碰撞诉讼的时间为2000年5月18日），要求海事法院责令中海公司及时返还担保。

【审判】

海事法院经过庭审后认为，1999年7月18日01：20时，原告中海公司所属“长宇”轮与被告星湖会社所属“米扬”轮在长江下游张家港联检锚地发生碰撞属实。该事故发生在中华人民共和国水域，并且属侵权损害赔偿，所以应该适用中华人民共和国法律。

原告所属“长宇”轮在锚泊过程中，对洪水及潮水对本轮锚泊安全的影响估计不足，以至在复杂的流态下没有适时采取抛双锚或加强值班等预防措施防止走锚事故的发生。其值班船员在值班过程中严重失职，既疏于了望，也没有对锚链等维系船舶锚泊安全的设备进行认真检查，进而未能及早发现船舶走锚。及至发现本船走锚并有可能与他船发生碰撞的险情后，仓促间也没能采取有效的防碰撞措施以挽救危局。其行为直接违反了《中华人民共和国内河交通安全管理条例》第 11 条和《中华人民共和国内河避碰规则》第 3 条的规定，是造成本次碰撞事故的主要原因，应承担主要的事故责任。

被告所属“米扬”轮值班船员于 1999 年 7 月 18 日 00：40 时发现“长宇”轮走锚后，由于主观上的疏忽，自认为对本船的安全没有影响，以至在较长时间内没有采取可以采取的正常措施，防止碰撞事故的发生。并且在感觉到长宇轮危及本轮安全时，仍没有及时采取能够采取的一切措施——例如起锚或者弃锚——避免碰撞事故的发生，进而丧失了最后的避让时机。从被告船员发现“长宇”轮走锚到两船最终发生碰撞，其间相隔 40 分钟，在“米扬”轮备车时间只需 5 分钟的情况下，该轮完全有条件采取正常的避让措施进行合理避让。所以被告认为“米扬”轮在紧急情况下没有时间采取有效的避让措施的抗辩理由不能成立。被告的行为违反了《中华人民共和国内河避碰规则》第 3 条的规定，是造成本次碰撞事故的另一原因，应承担一定事故责任。

海事法院同时认为，“米扬”轮撞入“长宇”轮船体后，其采取的措施并无不当，并且“米扬”轮装载的甲苯为危险货物，在紧急情况下，为了避免损失的扩大，及早脱离危险处境是完全合理和必要的。所以原告认为“米扬”轮在碰撞后盲目将船艏从破洞处退出，进而加速了“长宇”的沉没的主张海事法院不予支持。

“长宇”轮沉没以后，直接妨碍了其他船舶的航行安全，并且有可能对航道条件和水流流态造成不可预测的影响，因而主管机关强制要求“长宇”轮船舶所有人对该轮进行打捞。从客观情况出发，中海公司支付超出船舶残值的打捞费是完全必要的，也是符合主管机关的管理要求的，并且支付的打捞费用不存在不合理的情况。因而海事法院对被告星湖会社以打捞费大大超过船舶残值，“长宇”轮已丧失打捞价值，进而原告所主张的打捞费损失不应得到法律保护的抗辩理由不予支持。

被告认为“长宇”轮在碰撞中形成的创口不可能导致该轮的最终沉没，但是其在庭审中不能举证证明“长宇”轮的沉没是由于该轮存在其它方面的缺陷所造成，所以被告该抗辩理由同样不为海事法院所支持。

原告因船舶碰撞造成的船舶价值损失 17340000 元、船舶营运损失 2119419 元、船舶打捞费损失 19930000 元、船舶施救费损失 2226160，总计 41615579 元，有权向事故责任人进行索赔。但是，其向“远通 4”号轮支付的 83352 元船舶修理费不是船舶碰撞所导致的必然的、合理的费用，因而就该部分诉讼请求，海事法院不予支持。

第三人兖州公司在本次碰撞事故中无过错，其煤炭损失 4469982 元，应该由事故责任人原告中海公司和被告会社按事故责任比例进行赔偿。原告中海公司在承担的赔偿总金额中，应该扣除在 1999 年 12 月 29 日先行赔付的 1000000 元。

海事法院另认为，被告有权就其应该承担的赔偿责任申请享受责任限制。原告认为被告所属“米扬”轮在船舶的构造、设备的配备上与船舶的吨位不相符，并且技术船员的配备存在不适任情况，所以被告无权享受责任限制。但是，原告在提出抗辩主张时，没有相关的证据证据证明被告存在丧失责任限制的法定事由。并且，在发生事故时，“米扬”轮的船员配备及适任资格并没有违反《1978 海员培训、发证和值班标准国际公约》（INTERATIONAL CONVENTION ON STANDARDS OF TRAINING，CERTIFICATION AND WATCHKEEPING FOR SEAFARERS，1978）和《中华人民共和国船舶最低安全配员规则》的相关规定，所以，原告针对被告享受责任限制的抗辩理由不能成立，被告主张享受责任限制的申请应该得到支持。但是，原告通过合约方式支付的救助费用和打捞费用，因其目的在于避免对社会公众利益造成危害、减少因碰撞带来的其他损失，并且，该部分费用不是船舶碰撞所直接造成，因而该部分损失不属于责任限制范围，被告不得就该部分费用享受责任限制。

“米扬”轮《国际吨位证书（1969）》载明该轮总吨为 1990 吨，所以其应该享受的赔偿责任限额为 415830 计算单位，折算人民币为 4344671.50 元。

根据《中华人民共和国民法通则》第一百四十六条第一款、《中华人民共和国海商法》第一百六十九条第一、二款、第二百零七条和《中华人民共和国民事诉讼法》第一百二十八条之规定，海事法院判决如下：

1. 被告星湖会社赔偿原告中海公司船舶损失和营运损失 2918912.90 元及利息。利息损失根据中国人民银行同期流动资金贷款利率从 1999 年 7 月 19 日起算至本判决生效之日止。但本息总额不得超过 3622219.60 元。

2. 被告星湖会社赔偿原告中海公司船舶施救费损失和打捞费损失 3323424.00 元及利息。利息损失根据中国人民银行同期流动资金贷款利率从 1999 年 7 月 19 日起算至本判决生效之日止。

3. 被告星湖会社赔偿第三人兖州公司煤炭损失 582177.30 元及利息。利息损失根据中国人民银行同期流动资金贷款利率从 1999 年 7 月 19 日起算至本判决生效之日止。但本息总额不得超过 722451.90 元。

4. 原告中海公司赔偿第三人兖州公司煤炭损失 3887804.70 元，扣除已赔付的 1000000.00 元，实际赔偿 2887804.70 元及利息。利息损失根据中国人民银行同期流动资金贷款利率从 1999 年 7 月 19 日起算至本判决生效之日止。原告中海公司的其他经济损失由其自行承担。

案件受理费及其他诉讼费 182686 元、损失鉴定费 90000 元，总计 272686 元，由原告承担 231783 元，被告承担 40903 元。

【评析】

本案是发生在长江干线上财产损失最大的一起船舶碰撞案件，事故发生，引起中、外当事人的广泛关注，中央电视台和地方电视台进行了详细的报道。在法庭庭审过程中，原、被告及第三人争议的焦点主要集中在以下几个方面：

（一）被告的事故责任

本案中原告船员的过失是导致船舶碰撞事故发生的直接原因是不争的事实。社会上争论最多的问题主要在于被告在本次碰撞事故中是否存在过失，以及是否因该过失的存在而承担相应的事故责任。有相当一部分观点认为，被告在本次碰撞事故中不应承担事故责任，因为被告所属“米扬”轮是正常抛锚船舶，事故的发生是由于原告所属“长宇”轮走锚撞上“米扬”轮。“米扬”轮是无辜的。但是，通过法庭审理，这一观点显然是错误的。

经过庭审，海事法院最终认定“米扬”轮在本次事故中存在的过失主要有以下几个方面：

1. 没有及时报告险情。及时报告险情应该包括两个方面：其一，向出险的“长宇”轮通报该轮已出现走锚；其二，向安全主管机关报告“长宇”轮走锚。庭审过程中查明的事实是，“米扬”轮当班船员于00：40时已发现“长宇”轮处于走锚状态，但在直至两轮发生碰撞的01：20时，该轮当班船员既未提醒“长宇”轮当班船员“长宇”轮已经走锚，也未向安全主管机关报告“长宇”轮正处于走锚状态之中。“米扬”轮当班船员的不作为行为，显然使“长宇”轮通过自身或者安全主管机关的措施制止业已形成的危险的机会成为不可能。

2. 在危险临近时，没有及时采取有效的避让措施。由于“长宇”轮与“米扬”轮抛锚的锚位处于上下方，并且在同一水流轴线上，根据一般的船舶驾驶操作经验进行判断，“米扬”轮的当班船员应该能够判断出“长宇”轮走锚后在随水下流的过程中有可能对本轮造成的危害，进而采取主动的避让措施，防止碰撞事故的发生。但是，从00：40时发现“长宇”轮走锚，及至01：15时两轮临近时，“米扬”轮在保持连续观察的情况下，却没有采取任何有效的主动措施。随后，“米扬”轮当班船员虽然通知了船长，并通知机舱备车，但由于时间短促，不能有效实施防止碰撞发生的措施，以至两船于01：20时发生碰撞。从整个事故发生经过来看，自发现“长宇”轮走锚，到两轮最终发生碰撞，“米扬”轮当班船员都一直以轻率的态度面对业已临近的碰撞危险。关于在长达40分钟的时间内“米扬”轮是否能够采取有效的措施避免碰撞事故发生的问题，庭审过程中，海事法院对这个问题进行了详细的调查、核实。根据“米扬”轮轮机长向海事机关所作的陈述，“米扬”轮的主机性能，及其船员长期对主机的操作经验，该轮完全可以在五分钟之内完成备车工作，进而可以采取起锚甚至弃锚等紧急移泊措施。所以，在碰撞危险临近的情况下，由于“米扬”轮没有及时采取能够采取的有效措施，至使避免碰撞的最后机会完全丧失。《中华人民共和国内河避碰规则》第3条规定：“船舶、排筏及其所有人、经营人以及船员应当对遵守本规则的疏忽而产生的后果以及对船员通常做法所要求的或者当时特殊情况要求的任何戒备上的疏忽而产生的后果负责。不论由于何种原因，两船已逼近或者已处于紧迫局面时，任何一船都应当果断地采取最有助于避碰的行动，包括在紧迫危险时而背离本规则，以挽救危局。”很显然，“米扬”轮的行为直接违反了本条规定，并且这一过失与本次事故的发生有着直接的因果关系。所以，“米扬”轮应该承担本次事故的次要责任。

（二）被告的责任限制范围

责任限制是《海商法》所特有的一项法律规定，其适用范围和适用条件，《海商法》都作了明确的规定。根据《海商法》第 207 条的规定，可以申请责任限制的债权主要包括以下几个方面：①在船上发生的或者与船舶营运、救助作业直接相关的人身伤亡或者财产的灭失；②海上货物因迟延交付或者旅客及其行李运输因迟延到达造成损失的赔偿请求；③与船舶营运或者作业直接相关的，侵犯非合同权利的行为造成其他损失的赔偿请求；④责任人以外的其他人为避免或者减少责任人可以限制赔偿责任的损失而采取措施的赔偿请求，以及因此项措施造成进一步损失的赔偿请求。对于第四个方面，海商法第 207 条第 2 款作了特殊的规定，即责任人以合同约定支付的报酬，因其不属于损害赔偿，而属合约下的“商品交换”，并且该部分费用的支付，目的在于维护社会公共利益，因此，责任人在履行赔偿责任时，不得援引责任限制的规定。

本次碰撞事故所产生的损失共分三个部分：其一为船舶价值损失和船舶营运损失；其二为救助费损失和打捞费损失；其三为货物损失。根据《海商法》的上述规定，就第一项和第三项损失，责任人有权申请责任限制，但是，就第二部分损失，责任人无权申请责任限制，因为中海公司通过合约方式委托交通部上海海上救助打捞局、盐城市秦南打捞航务工程总公司等单位，先行就水深、船体破损部位和水流流速进行了测定，同时进行了清障、设置围油栏和吸油毡、配置浮标、现场守护等打捞前的相关准备工作，并最终实施具体的打捞和清障工作，其目的都在于减少事故损失，并防止对社会公共利益造成进一步的损害。

（三）原告是否应该返还担保

本案在判决以前，被告星湖会社向海事法院提交了一份申请，要求海事法院责令原告中海公司返还 1999 年 7 月 20 日由英国汽船互保协会提供的担保函。被告的理由主要基于以下两个方面：第一，《中华人民共和国民事诉讼法》第 252 条规定，人民法院裁定准予诉前财产保全后，申请人应当在 30 日内提起诉讼，逾期不起诉的，人民法院应当解除财产保全。第二，中海公司申请诉前保全的时间为 1999 年 7 月 18 日，而其向海事法院提起诉讼的时间为 2000 年 5 月 18 日，其提起诉讼的时间大大超过了法律规定的 30 天起诉期限。申请人在向人民法院申请诉前财产保全后，若没有在法律规定的期限内及时提起诉讼，人民法院应该解除财产保全。解除财产保全的方式有两种形式：第一，解除对被申请人所属财产的扣押；第二，将被申请人提供的担保返还给被申请人。第一情况适用于被申请人的财产处于法院的实际扣押状态，第二种情况则适用于被申请人向法院提交符合法律规定的担保后，法院依法解除对具体财产的实际扣押的情况。但是，在此必须强调的是，保全的财产或者被申请人提供的担保必须是在法院的实际控制之下，如果不在法院的控制之下，也就无从谈起对被扣押财产的解除以及对担保的返还了。但是，本次事故发生后，原告中海公司申请诉前保全以后，被告星湖会社所提供的担保并没有交付海事法院而是交付给了中海公司。海事法院此时对先行扣押的“米扬”轮以及被告提供的担保并没有实际控制。现在被告星湖会社是否能够申请海事法院强制要求原告中海公司返还由其控制的担保呢？这个问题法律并没有明确的规定，因而在实务中存在较大的争议。海事法院在经过慎重考虑以后，最终决定对被告星湖会社要求原告中海公司返还担保的请求不予支持。理由主要基于以下几个方面：

1. 原告申请诉前保全后，在法律规定的起诉期限内，被告一直向原告表示要通过自行协商的方式解决本次事故纠纷。原告基于善意的考虑，进而丧失起诉期限，所以，原告就船舶碰撞纠纷提起诉讼的期限不应受民事诉讼法第 252 条的限制。

2. 英国汽船互保协会提供的担保函的担保内容包括履行双方协议、仲裁裁决和法院判决三种形式确定的债务，而没有声明在什么样的情况下可以免除其应该承担的担保义务。所以，担保人的担保义务应该从提供担保时始至担保的债务得以实际清偿时止。申请人没有在法律规定的期限内提起诉讼，只是免除了担保人对法院判决所确定的债务的担保责任，如果因此免除担保人对双方协议和仲裁裁决所确定的债务的担保责任，不仅于法无据，并且对申请人也是不公平的。

3. 被告将担保提交给海事法院与将担保提交给原告两者在性质中存在较大的差异，前者属“司法”担保，担保人的资格、担保能力、担保效力都由海事法院负责审查，所产生的风险也应该也海事法院承担，而后者更趋向是一种“民事”担保，担保人的资格、担保能力、担保效力都应由原告自行审查，所产生的风险也应由原告自行承担。既然被告将担保函提交给原告属民事担保，则原告与被告、英国汽船互保协会之间的关系应该由《担保法》进行调整，而不能因原告未在法律规定的期限内及时起诉而通过返还担保的形式来解除业已存在的担保关系。

本案中的担保返还问题，是办案实践中出现的一个特殊情况，应该引起立法机关的高度重视。

（四）打捞费的赔偿

1. 一般原则

根据内河海事机关的规定，及船舶救助打捞的习惯，在船舶沉没后，经初步核定，若支付的打捞费等合理费用超过被打捞船舶的残值时，应该放弃对沉没船舶的打捞。这一规定是实施船舶打捞时应该遵循的一般原则。这一原则从节省费用及保护当事人合法权益上考虑具有积极的意义，因为以较高的代价去挽救较低的价值，显然得不偿失，并且有可能加重责任人的赔偿责任。相关的法律、法规并没有规定执行这一原则的条件。结合海事处理实务，我们认为在执行这一原则时应具备以下条件：①打捞费用超过船舶残值；②沉没的船舶不可能对环境、航道及他人的合法权益造成妨碍；③是否执行这一原则，应尊重当事人的意愿，国家不得强制当事人执行。所以，从严格意义上理解，一般原则更多是出于对事故责任人的保护，防止沉船所有人故意扩大事故损失，以加重责任人的赔偿责任。也就是说，在打捞费超过船舶残值的情况下，事故责任人只对船舶全损承担赔偿责任。

2. 特殊原则

特殊原则是相对于一般原则而言的，是指船舶沉没后经初步核定，实施打捞行为所支付的打捞费等合理费用高于船舶残值，但是若不实施打捞，沉船有可能对环境、航道及其他航行船舶造成妨碍的情况下，应海事机关的要求，仍对沉没的船舶实施打捞。这种打捞形式，也就是通常所称的“强制打捞”。实施强制打捞应具备以下条件：①沉船所有人放弃打捞；②沉船对环境、航道及其他航行船舶形成危害；③海事机关向沉船所有人发布要求打捞的命令。在船舶的残值大于打捞费用的情况下（即沉船仍具有一定的价值），船舶所有人一般不会放弃对沉船的打捞，但是，实务中仍有相当一部分船舶所有人因受主、客观原因的限制，往往放弃对沉船的打捞，在这种情况下，海事机关出于对公共利益的保护，借助行政权，强制要求沉船所有人对船舶进行打捞。

本案中“长宇”轮沉没后，在事故当天，海事机关即以通长督［1999］75号《关于要求尽快打捞“长宇”轮的通知》一文，要求中海公司“尽快组织打捞该船，清除航道障碍，同时做好防污染工作。”经过庭审调查了解，海事机关要求中海公司尽快对“长宇”轮进行打捞的原因主要在于三个方面：①沉船对正常船舶的航行形成妨碍；②沉船对航道的正常流态造成影响；③沉船有可能对环境造成污染。可以看出，海事机关强制要求中海公司打捞“长宇”轮，其目的在于对公共利益的保护，并没有考虑打捞费用与船舶残值之间的关系。

所以，海事法院认为，对“长宇”轮的打捞，是执行海事机关行政命令的结果，其目的在于保护社会公共利益，其行为本身并不违反相关的法律规定。同时，在庭审过程中，星湖会社并没有提供有效的证据材料证明中海公司支付的打捞费存在不合理的情况。因而，星湖会社以中海公司支付的打捞费大大超过船舶残值为由，进而要求免除其对超过部分损失的赔偿责任的请求，海事法院不予支持。

（五）第三人的权利保护

第三人兖州公司在本次碰撞事故中的权益保护问题，在案件审理过程中也存在较大的争议，主要集中在两个方面：其一为第三人的诉因；其二为责任人对第三人的赔偿。

1. 第三人的诉因

第三人兖州公司是海事法院受理船舶碰撞损害赔偿纠纷案以后，主动以有独立请求权的第三人的身份申请参加进来的。从整个案件事实来看，兖州公司具有独立请求权第三人的资格。但是，兖州公司与中海公司、兖州公司与中海公司和星湖会社之间客观存在的法律关系是不同的，前者应为海上运输合同民事法律关系，而后者为船舶碰撞侵权民事法律关系。在这两个法律关系中，兖州公司有权作出选择，既可以根据海上运输合同法律关系要求承运人中海公司承担货物损害赔偿责任，也可以根据侵权民事法律关系要求侵权责任人中海公司和星湖会社承担赔偿责任。兖州公司的这种选择权利，也就是法律理论上所称的竞合。如果兖州公司以海上运输合同法律关系提起诉讼，则承担货物损害赔偿责任的主体只能为中海公司，因为中海公司既是海上运输合同的当事人，也是保证货物运输安全的实际承运人。在海上运输合同法律关系中，当事人之间的权利和义务关系应该由《经济合同法》和其他有关沿海运输的法律、法规进行调整。如果兖州公司以侵权损害赔偿法律关系提起诉讼，则承担货物损害赔偿责任的主体应该为形成船舶碰撞法律关系的中海公司和星湖会社，因为中海公司和星湖公司是导致货物损失的直接责任人，双方应该根据碰撞事故中的责任大小，对兖州公司的货物损失承担相应的赔偿责任。在侵权法律关系中，当事人之间的权利义务应该由民法中有关侵权的法律规定进行调整。本案中，第三人兖州公司显然是选择了侵权民事法律关系要求责任人承担民事责任，这是兖州公司的诉讼权利，法院应予支持。

2. 赔偿责任

既然第三人兖州公司选择了侵权法律关系要求侵权责任人承担货物损害赔偿责任，那么，作为责任人的中海公司和星湖会社只能根据其在船舶碰撞事故中的责任大小来最终确定其应该对货物损害所承担的赔偿责任。在船舶碰撞事故中，海事法院认定中海公司应该承担主要事故责任，星湖会社应该承担次要事故责任，第三人兖州公司不承担事故责任，那么，对第三人兖州公司的货物损失赔偿同样应该根据这一比例进行分摊。

赵正远诉
湖北东方皇家旅游船有限公司
船员劳动合同纠纷案评析

潘绍龙

【案情】

原告：赵某，男，59 岁，某长江轮船公司退休职工，住湖北省武汉市。

被告：湖北某旅游船有限公司（以下简称旅游公司）。

原告赵某在向海事法院起诉时称，1994 年 6 月 8 日，原告与被告签订了一份《录用合同书》，约定被告旅游公司录用原告赵某在其公司从事船长工作。双方就工作期限、每日平均劳动时间、工资标准、医疗及劳保待遇等方面达成一致。1999 年 5 月，被告旅游公司以原告赵某造成海损事故为由，单方解除双方的劳动合同关系，停止了原告的工作。原告于 1999 年 9 月 13 日向湖北省劳动仲裁委员会申请仲裁，要求被告承担解除劳动合同的违约责任，并报销原告在工作期间的医疗费及补发拖欠原告的工资等。仲裁委员会于 2000 年 11 月 27 日作出仲裁裁决，原告不服，向海事法院提起诉讼，要求被告旅游公司及时支付拖欠的工资计人民币（以下均为人民币）8436.80 元、加班工资 53100 元、违约补偿金 15205 元及医疗费 65799.65 元，总计 142542.45 元。

被告旅游公司辩称，原告赵某在我公司 DH 轮任船长期间，先后发生了 7 次海损事故，其中 1999 年 4 月 24 日在丰都码头靠泊时发生的海损事故，给被告造成巨大的经济损失。原告赵某对此次事故负有直接责任。此外，原告赵某在被告公司工作的 5 年期间，上船工作 30 个月，休息 30 个月，未按规定在公司指定的医院治疗，因而就该部分医疗费用，公司不予报销。被告是依法解除与原告的劳动合同，不应对原告的诉讼请求承担赔付责任。

原告赵某从某长江轮船公司退休后，于 1994 年 5 月受聘于被告旅游公司。1994 年 6 月 8 日，原告赵某与被告旅游公司签订了一份《录用合同书》，约定：旅游公司聘用赵某为该公司的船长，聘用期限为 10 年，从 1994 年 5 月至 2004 年 7 月 17 日；工资每月为 2200 元，其中基础工资 800 元，基本奖金 1400 元；医疗费用实行零星门诊每月 80 元包干，住院费用据实报销；合同生效后，双方无正当理由不得提前解除合同，任何一方解除合同，必须提前 30 日通知对方，并办理相关的手续。在合同实际履行过程中，被告旅游公司对原告赵某的工资进行了调整，从 1998 年 6 月至 1999 年 2 月，每月平均工资为 3041.25 元。

1999 年 4 月 24 日，原告赵某任船长的 DH 轮受港口调度指挥，决定从重庆丰都港务站 4 号码头移至 5 号码头。在移泊过程中，DH 轮与 5 号码头趸船发生碰撞，导致船体受损。4月29日，重庆长江港航监督局丰都港航监督站对本次碰撞事故作出了事故调查报告，认定本次碰撞事故的发生，5号码头应该承担全部事故责任。事故发生后，港口方和被告旅游公司对本次事故所造成的损失都未作出评估。1999年5月4日，被告旅游公司召开职工大会，以原告赵某在情况不明、船员不足的情况下，操作DH轮失误，导致该轮在碰撞事故中受损，以及原告赵某在担任DH轮船长期间，先后发生七次海损事故为由，宣布从1999年5月4日起解除与原告赵某之间的劳动合同。但是被告旅游公司始终未向赵某发出解除劳动合同的书面通知，也未对原告赵某在工作期间的工资、劳保等待遇问题进行结算。原告赵某在被告旅游公司领取的工资至1999年2月16日截止。

1999年9月21日，丰都长江港航监督站的上级主管机关重庆长江港航监督局对DH轮与5号码头碰撞一事，以"长江干线水上交通事故处理通知书"的形式对事故责任重新进行了认定，认为在本次碰撞事故中，DH轮应该承担主要事故责任，5号码头应该承担次要事故责任。

此外，1997年11月，原告赵某因患心脏病向被告旅游公司提出到北京安贞医院接受手术治疗，要求公司先行承担相关的医疗费用。被告旅游公司同意其先去治疗，但对医疗费是否应予报销未作明确答复。在北京贞安医院治疗期间，原告赵某共花费医疗费65799.65元，被告旅游公司一直未予报销。

1999年9月13日，原告赵某不服被告旅游公司单方面与其解除劳动合同的行为，向湖北省劳动争议仲裁委员会申请劳动仲裁，要求被告旅游公司承担解除劳动合同的违约责任，并报销医疗费及支付拖欠的工资报酬。湖北省劳动争议仲裁委员会于2000年11月27日作出鄂劳仲裁字（2000）140号《仲裁裁决书》，认定被告旅游公司应向原告赵某发出解除劳动合同通知书，并支付原告赵某1999年2月至4月的工资，总计6749.10元，对于原告赵某的其他请求予以驳回。

庭审过程中，被告旅游公司未向法庭提供相关的证据证明DH轮曾发生过的六次海损事故及这六次海损事故都是原告赵某本人过失所造成。原告赵某也没有向法庭提供相应的证据证明在被告旅游公司工作期间曾经加班的事实。

【审判】

（一）一审判决

海事法院经过庭审后认为，原告赵某与被告旅游公司签订的《录用合同》符合劳动合同的法律特征，合同订立以及在履行过程中对原告工资报酬的调整均遵循了平等自愿、协商一致的原则，内容合法，为有效合同。

DH轮在丰都港发生海损事故后，被告旅游公司即以原告赵某对事故的发生应该承担一定责任和原告赵某在任船长期间还发生过六次责任事故为由，解除与原告赵某的劳动合同关系，不符合《中华人民共和国劳动法》规定的用人单位可以随时地、直接地通知劳动者解除劳动合同的法定条件和《录用合同书》中双方约定的解除劳动合同的条件。同时，被告旅游公司单方解除劳动合同时的事实依据不足，因为被告旅游公司在单方解除劳动合同时，重庆长江港航监督局对本次事故的责任问题并没有作出认定。被告旅游公司在案件审理过程中提出原告赵某在任DH轮船长期间曾发生过六次责任海损事故，但其在庭审中并没有提供相关证据证明其主张的事实，所以海事法院对被告旅游公司以原告赵某在任船长期间曾发生六次责任海损事故作为单方解除劳动合同的理由不予支持。鉴于以上理由，被告旅游公司单方解除劳动合同的行为既没有事实依据，也缺乏法律依据，所以该行为应予撤销，双方仍应根据《录用合同》的约定享受权利，承担义务。

根据中华人民共和国劳动部《关于印发〈违反和解除劳动合同的经济补偿办法〉的通知》第3条规定，被告旅游公司应支付原告赵某自1999年2月16日始至1999年5月4日止拖欠的劳动工资及25%的补偿金，总计8436.80元。

原告赵某在履行劳动合同期间患心脏病，向被告旅游公司提出要求到北京安贞医院接受手术，被告旅游公司未明确表示反对，应视为默许，所以，原告赵某在北京贞安医院治疗期间发生的医疗费用，被告旅游公司应依《录用合同书》的约定据实报销。

原告赵某要求被告旅游公司支付其在该公司工作五年期间的加班报酬53100元，因未提供相应的证据证明其曾经加班的事实，海事法院对该项请求不予支持。原告赵某要求被告旅游公司支付违约解除合同补偿金的请求，于法无据，海事法院同样未予支持。

海事法院在庭审结束后当庭判决：

1. 被告旅游公司给付拖欠原告赵某的工资及补偿金8436.80元。

2. 被告旅游公司支付原告赵某医疗费65799.65元。

3. 驳回原告赵某要求被告旅游公司赔偿加班费和违法解除劳动合同补偿金的诉讼请求。

（二）二审判决

海事法院判决以后，被告旅游公司不服向上诉审法院提起上诉，认为原告赵某向湖北省劳动争议仲裁委员会申请仲裁的时间超过了法定时效，并且原告赵某到北京安贞医院进行治疗并未得到公司的许可。所以，一审判决认定事实不准，判决结果错误，请求上诉审法院撤销海事法院的一审判决。

上诉审法院经过开庭审理后认为，根据《劳动法》第26条的规定和当事人双方的合同约定，用人单位解除劳动合同应当提前30日以书面形式通知劳动者本人，而被告旅游公司至今对解除与原告赵某的劳动合同未依法律规定和双方约定发出书面通知及办理有关手续，因此申请劳动仲裁的时效尚无起算根据，故被告旅游公司主张原告赵某申请劳动争议仲裁超过时效的上诉理由不能成立。关于原告赵某住院医疗费报销问题，被告旅游公司在一、二审中都不能提供有效的证据证明其不同意原告赵某到北京安贞医院住院治疗的事实。鉴于原告赵某为了治疗疾病向被告旅游公司申请借款的请求已得到被告的批准，并且原告赵某在治疗结束后仍在被告旅游公司工作，所以，可以推定原告赵某到北京住院治疗已经得到被告旅游公司的同意，其正常支出的有关医疗费用被告旅游公司应根据双方签订的《录用合同书》予以报销。

上诉审法院在庭审结束后作出如下判决：

1. 维护海事法院判决书的第1、2项，被告旅游公司应向原告赵某支付工资及工资补偿金、医疗费用总计74236.45元。

2. 撤销海事法院判决书的第3项。

3. 解除被告旅游公司与原告赵某之间的劳动合同；

4. 驳回原告赵某的其他诉讼请求。

【评析】

该案单就原、被告双方争议的事实来看，显得较为清楚明了，但是，涉及有关的法律规定在实务中却容易产生争议。主要表现在三个方面：其一为仲裁与诉讼的关系；其二为解除劳动合同的法定条件；其三为特殊工作的加班费支付问题。

（一）仲裁与诉讼的关系

1. 一般劳动合同

《中华人民共和国劳动法》第79条规定："劳动争议发生后，当事人可以向本单位劳动争议调解委员会申请调解；调解不成，当事人一方要求仲裁的，可以向劳动争议仲裁委员会申请仲裁。当事人一方也可以直接向劳动争议仲裁委员会申请仲裁。对仲裁裁决不服的，可以向人民法院提起诉讼。"第82条规定："提出仲裁要求的一方应当自劳动争议发生之日起六十日内向劳动争议仲裁委员会提出书面申请。仲裁裁决一般应在收到仲裁申请的六十日内作出。对仲裁裁决无异议的，当事人必须履行。"第83条规定："劳动争议当事人对仲裁裁决不服的，可以自收到仲裁裁决书之日起十五日内向人民法院提起诉讼。一方当事人在法定期限内不起诉又不履行仲裁裁决的，另一方当事人可以申请人民法院强制执行。"

从《劳动法》的上述规定可以看出，解决劳动争议的途径主要有三种形式：第一，由本单位调解委员会进行调解；第二，申请劳动仲裁委员会进行仲裁；第三，对仲裁不服的可以在法定期间向人民法院提起诉讼。从三者之间的关系来看，当事人可以向本单位调解委员会申请调解，也可以不经调解委员会调解，直接向劳动仲裁机构申请仲裁。但是，关于在向人民法院提起诉讼时，是否必须经过仲裁程序的问题，在前几年的劳动争议处理实务中存在较大的争议。针对这种情况，最高人民法院专门就仲裁程序与诉讼程序的关系问题作了明确的司法解释。1998年6月，最高人民法院通过法释［1998］24号《关于劳动仲裁委员会逾期不作出仲裁裁决或者作出不予受理通知的劳动争议案件人民法院应否受理的批复》对《劳动法》第79条的规定作出了司法解释："劳动争议案件经劳动争议仲裁委员会仲裁是提起诉讼的必经程序。劳动争议仲裁委员会逾期不作出仲裁裁决或者作出不予受理的决定，当事人不服向人民法院提起行政诉讼的，人民法院不予不受理；当事人不服劳动争议仲裁委员会作出的劳动争议仲裁裁决，可以向人民法院提起民事诉讼。”

从最高人民法院司法解释的精神可以看出，当事人就劳动争议向人民法院提起诉讼的前提条件是必须经过劳动仲裁机构仲裁，只有在对仲裁机构作出的裁决不服或者仲裁机构作出不予受理的决定的情况下，当事人才可向人民法院提起诉讼。

2. 船员劳动合同

船员劳动合同也属于劳动合同的范畴，当事人之间发生劳动争议后在向海事法院起诉前也应该先行向劳动争议仲裁机构申请仲裁，只有在对仲裁裁决不服的情况下，才可向海事法院提起诉讼。以前，各海事法院都是根据这一原则受理各类船员劳动合同纠纷案件的。但是，2002 年 6 月 10 日，最高人民法院在答复湖北省高级人民法院有关劳动争议案件的仲裁前置问题时，通过（2002）民四他字第 16 号文，对船员劳动合同争议的仲裁前置问题作出了新的规定定，该答复的内容如下：“根据本院《关于海事法院受理案件范围的若干规定》，船员劳务合同纠纷案件属于海商合同纠纷的一种。根据《中华人民共和国海事诉讼特别程序法》的规定，此类案件应由海事法院受理。船员劳务合同包括国内船员劳务纠纷，不同于一般的劳务合同纠纷。船长、船员和在船上工作的其他在编人员根据劳动法律、行政法规或者劳动合同所产生的工资、其他劳动报酬、船员遣返费用和社会保险费用的给付请求，属于第一顺序的船舶优先权请求。此类案件是极具专业特点的海事案件，应由海事法院审理。有关船员劳务合同纠纷的案件，当事人向海事法院起诉的，不受本院［法释］（1998）24 号文规定的必须经过仲裁程序的限制。”

（2002）民四他字第 16 号文包括三个方面的内容：（1）船员劳动合同纠纷属海事法院专属管辖；（2）船员劳动合同纠纷不同于其他的劳动合同纠纷，当事人在向海事法院提起诉讼时，不必经过仲裁前置程序；（3）以金钱为表现形式的船员工资、其他劳动报酬、船员遣返费和社会保险费等费用，属于第一顺序的船舶优先权请求。

3. 本案中的劳动仲裁问题

本案中的劳动合同争议发生在（2002）民四他字第 16 号告布之前，所以有关仲裁程序与诉讼程序之间的关系问题仍应该由《劳动法》及最高人民法院法释［1998］24 号《关于劳动仲裁委员会逾期不作出仲裁裁决或者作出不予受理通知的劳动争议案件人民法院应否受理的批复》来调整。所以原告赵某在劳动争议发生后，先向仲裁机构申请仲裁是完全符合法律规定的。

《劳动法》第 82 条规定，提出仲裁要求的一方当事人应当自劳动争议发生之日起 60 日内向仲裁机构提出书面申请。结合本案，“争议发生之日”应以什么为标准呢？我们认为应该以被告旅游公司向原告赵某送达书面解除劳动合同通知开始起算。因为根据《劳动法》第 25 条的规定，只有下述情况之一的，用人单位才无需提前 30 天下达书面的解除合同通知：（1）在试用期间被证明不符合录用条件的。(2) 严重违反劳动纪律或者用人单位规章制度的。(3) 严重失职，营私舞弊，对用人单位利益造成重大损害的。(4) 被依法追究刑事责任的。庭审过程中，被告旅游公司没有提供相应的证据证明与原告赵某解除劳动合同存在上述法定事由。所以，被告旅游公司单方解除劳动合同，必须提前30日向原告赵正远下达解除劳动合同的书面通知，否则，被告旅游公司单方解除劳动合同的行为无效。但是，直到原告赵某向仲裁机构申请劳动仲裁时止，被告旅游公司都未向原告赵某下达解除劳动合同的书面通知。所以，原告赵某的权利受到不法侵害一直在延续，在此期间，其随时可以向劳动仲裁机构申请劳动仲裁。

综上，被告旅游公司认为原告赵某申请劳动仲裁超过法定时效的抗辩理由，既没有法律根据，也没有事实根据。

（二）关于被告旅游公司开除原告赵某的理由

被告旅游公司开除原告赵某的事实理由主要有两个方面：

其一，赵某在靠泊5号码头时，因操作失误，导致船舶碰撞事故的发生；

其二，原告赵某在被雇佣期间，共发生了大小七次海损事故，对被告旅游公司造成巨大经济损失。

根据最高人民法院《关于审理劳动争议案件适用法律若干问题的解释》第13条规定，用人单位作出的开除、除名、解除劳动合同、减少劳动报酬等发生劳动争议时，用人单位负举证责任。

但是，在案件审理过程中，被告旅游公司向海事法院提供的全部证据材料仍不足以支持其开除原告赵某的理由。(1) 被告旅游公司虽然提供了由重庆长江港航监督局于1999年9月21日作出的“长江干线水上交通事故调查处理通知书”，以证明原告赵某在靠泊5号码头过程中存在过失，但是，被告旅游公司作出开除原告赵某的决定是在1999年5月4日，显然开除行为在前，重庆长江港航监督局作出的“通知书”在后，因而该“通知书”不能作为开除原告赵某的有效证据。(2) 关于原告赵某在被雇佣期间共发生了大小七次海损事故这一理由，被告旅游公司并没有提供相应的证据加以印证。

此外，就原告赵某在被雇佣期间的工作表现，没有证据证明其存在可以依法律规定即时予以开除的法定事由。

所以，海事法院认为被告旅游公司开除原告赵某既没有法律根据，也没有事实根据是正确的，因而被告旅游公司开除原告赵某的行为应该无效，被告应该根据双方签订的劳动合同的约定，支付原告在劳动合同存续期间的工资及工资补偿金，并同时对原告在劳动合同存续期间的医疗费用予以报销。

（三）关于原告加班工资的请求

所谓加班，是指职工在法定节假日或周休日进行工作。法律、法规对特殊行业、特殊工种的加班有着明确的规定。根据《劳动法》和《国务院关于职工工作时间的规定》，作为从事交通运输行业的职工加班问题有着其他行业和工种不同的标准，即在法定节假日进行工作不应视为加班。

船员工作是交通运输行业中的一个特殊工作。有关船员加班问题应该明确两个方面的内容：其一，船员在法定节假日进行工作不属于加班；其二，船员的加班时间只能是没有休完的法定休假时间。

本案中，原告赵某向被告旅游公司主张加班工资是法律赋予的权利，根据谁主张，谁举证的原则，其有义务提供相关的证据证明其实施了加班的事实以及具体的加班时间。但是，在庭审过程中，原告赵某并没有提供上述证据，所以，其要求被告旅游公司支付加班工资的请求海事法院不予支持。

（四）关于开除无效的法律后果

既然被告旅游公司开除原告赵某的行为既无事实根据也无法律根据，所以，被告旅游公司的行为不具有法律效力。在确定该行为无效以后，原、被告之间的权利义务关系应该恢复到劳动合同存续期间的状态。主要有两个方面的后果：其一，合同当事人之间的权利义务关系仍由合同的条款进行调整；其二，被告旅游公司应该根据合同的约定对违法开除原告赵某期间所导致原告的经济损失予以赔偿。

根据法律规定，在劳动合同存续期间解除劳动合同应该具备三个条件：第一，合同当事人之间有解除合同的共同意思表示；第二，有法定事实的出现；第三，合同当事人向法院申请解除劳动合同。本案中既然认定被告旅游公司单方解除劳动合同的行为无效，则合同仍对原、被告有法律约束力，法院若解除这种法律约束力则必须具备上述三个条件。但是，在案件审理过程中，没有相关证据证明存在解除原、被告之间劳动合同的法定事由，也没有当事人单方或者共同要求法院解除合同的意思表示。所以，在相关的条件存在欠缺的情况下，上诉审法院作出解除原、被告双方之间的劳动合同的判决，是值得商榷的。

（五）该案的现实意义

最近几年，随着用工体制的不断改革，各种形式的劳动合同不断增多。由于当事人的法律意识较为淡漠，在劳动合同的签订及劳动合同的履行过程中的权利义务等问题的处置上较为随意、草率。及至发生了劳动争议，也不能正确的借助法律规定来解决纠纷。该案件的审理主要有以下几个方面的意义：

其一，劳动合同在合同当事人之间具有法律约束力，当事人的权利受劳动合同和相关法律规定的保护。

其二，劳动合同的解除必须具备法定条件，否则，解除劳动合同无效。

其三，在发生劳动争议时能够正确运用法律手段保护自己的合法权益。

第四编

外国法律介绍

加拿大海商法最新发展：2000

徐少林　译

一、简介

自 1992 年以来，《加拿大海商法最新发展》每年或每两年予以公布。本文回顾了 2000 年内立法变化和案例法发展情况。

二、立法

（一）《加拿大航运法改革》

加拿大运输部继续其努力以完善《加拿大航运法》。正如先前的《最新发展》已叙述过的，该法的现代化始于 1997 年，已经经历了两个阶段或行程。第一阶段，作为 C—15 议案提出，它关注行政管理、船舶所有人关系、登记、发证和抵押等立法方面。第二阶段，作为 C—35 议案提出，通常被称之为《2000 年加拿大航运法》，其意图修订《加拿大航运法》的所有现存部分。6 月 8 日议案被提交到众议院。然而，因为进行了一个联邦选举，2000 年 10 月 22 日议会被解散，C—35 议案死于动议议事登记簿。因为政府的重新被选举，该议案再次被提交到第 37 届议会第一次会议，现在称之为 C—14 议案。

C—14 议案被描述为完善并取代了《加拿大航运法》（而不是有关责任的部分），且具有现代化的立法，它将在商业性的海运业中提高安全性和经济效益，以及那些使用游船人群的安全性。它主要的改进包括供应品保障和提供适任的船员，从而保证旅客和船舶的安全以及保护环境。

法令的一个被宣明的意图就是澄清运输部与渔业及海洋部之间的海事职责的分配。同时也意图编排现行的《加拿大航运法》的内容、修订其专门术语、精简其实质性规定，这些都将使得立法更加方便使用。法令也将修订《1987 年航运公会免责法》，这将使航运公会之间有更多的竞争、简化该法的执法并使调整国际航线的航运公会的加拿大法律与加拿大主要贸易伙伴的相应法律一致。

C—14 议案与被其取代的原有议案 C—35 十分相似，但两者并不完全一致。例如，一个被加入的新的章节明确准许因船长和船员的工资和遣返费用可以对他们现在的或曾经被雇佣的船舶享有船舶优先权。该条规定适用于加拿大船舶，也适用于那些加拿大之外的有管辖权法院确认的在船舶雇佣中有船舶优先权的船舶。在加拿大联邦法院或者在任何有管辖权且有规则规定关于船舶的对物诉讼程序的法院，赋予了一项针对船舶的对物诉讼权利，并且规定这些船舶优先权排列在所有的其他针对船舶的请求之前，不管这些请求是否保全，除非是扣押船舶和司法拍卖船舶费用的请求以及因关于船舶救助请求而引起的任何留置权。实质上，C—14 议案在此方面编纂了现行的普通法。

相似地，C—14 议案明确规定了提供装卸服务者的权利。在此法案下，与授权代表或船舶的光船承租人在加拿大订立提供装卸合同者可以就装卸事宜拥有一项对物诉讼。只有当船舶被租给光船承租人并且光船承租人被列为被告时，该项对物诉讼权利才得以行使。

同样值得注意的是有关侵害和惩罚的各种规定，以前和现在都把侵害分为只能按简易程序处理的和可起诉的两种，前者比后者处罚较轻，C—14 议案删除了可被起诉的侵害这一种类。现在侵害只是被规定为经简易程序定罪的侵害。然而，曾经因可被起诉的侵害而致的高额处罚现在用于经简易程序定罪的侵害。例如，C—35 法案第 9 章《防止污染》，排泄污染物、未实施船舶紧急计划和违反规定这三种侵害，根据经简易程序定罪的规定，上述每种侵害将招致＄250000（如果过失实施）或＄500000（如果故意实施）的罚款和/或两年以上的刑期，在诉讼中将招致＄500000（过失实施地）或＄10000（故意实施）的罚款和/或三年以上的刑期。C—14 法案里相应的章节将处以仅仅一种罚款，对于经简易程序定罪的侵害，处以＄1000000 以上的罚款和/或 18 个月刑期。

对于环境的损害和人身伤亡，在以前的诉讼中，罚款不超过＄2000000 和/或 5 年以上的刑期。C—14 法案没有规定一个最高罚款额。

现在，经简易程序定罪应在诉讼标的物出现后的两年内提起。C—14 法案在这一点可能有所改变，诉讼可在自运输部长或渔业和海洋部长得知诉讼标的物——如果情况如此的话——之日起两年内提起。另外，在 C—14 法案下，一份由部长签发并证明部长知晓诉讼标的物之日的文件，可以被认定为证据而无需签署此文件的有关人员签字的证明或官方印记的证明，同时是部长在此日知晓诉讼标的物的证据。

在另一方面，C—14 法案将增加一个新的恪尽职守的条款。根据此条款，如果证明已经恪尽职守以防止侵害，在此法案下无人将负侵害之责。类似地，如果某人实施某些行为或者曾有过构成侵害的疏忽表明他或她已经恪尽职守以防止侵害，那么船舶将不负有责任。这一点，同样适合于编纂现行的普通法。

不用说，因为 C—14 法案只是在一读阶段（本文写作之时），如果它将成为法律，在此之前它可能会有更多的修改。所有的修改将会在将来的《最新发展》中予以报告。

（二）《沿海水产保护法》修改

一项修正《沿海水产保护法》和《加拿大航运法》的法令，以 C—27 法案的形式，于 1999 年 6 月 17 日得到了普遍的赞同并于 1999 年 7 月 28 日生效。此法案用于修改《沿海水产保护法》，有助于加拿大按照《关于洄游鱼类和高度迁徙鱼类保护与管理的1982年12月10日海洋法联合国公约实施协议》（1995年8月4日于纽约召开的关于洄游鱼类和高度迁徙鱼类的联合国大会通过）和其他的国际水产条约或协议行使其权利，履行其义务。《协议》为保护和管理公海洄游及高度迁徙鱼类提供了一个框架，尤其是为《协议》在成员国实施提供了一个管理和执行体制。修订法令的生效和次级规则的制订使得加拿大能够批准该《协议》。

（三）海事责任立法

现行的有关海运方式的加拿大法律包括数种制度。这些制度规定了国内船东、外国船东、托运人的责任以及在海运活动中他们对于财产、环境的损害，或者他人人身的伤害或死亡所应负的责任，也规定了海事事故的经济后果和法律后果。在这几年里，加拿大发展了有关具体责任制度的立法并在很多法规里采用了国际公约的条款，上述这些措施的目标是想与国际法及各国的实践保持一致。这种海事责任立法会导致难以运用，并且有时会导致具体案件法律适用中的空白或重叠。

为论述这一点，2000年3月2日，关于海事责任的一个法律——S—17议案，被提交到参议院。S—17议案把现存的数种海事制度（死亡事故、海事索赔责任限制、水路货物运输责任以及污染损害责任和赔偿）合并成单一的立法。它也包括承运人对旅客的责任和由《加拿大海商法》调整的侵权之责任的分配。然而，与C—35议案一样，当议会解散时，S—17议案死于动议议事登记薄之中。但是，同样的立法，即S—2议案，非常成功地提议到下届议会第一次会议中，S—2议案已生效成为法律。

关于人身伤亡和责任的分配，新法规的相关部分编纂了加拿大最高法院的新近裁决。例如，在俄登资产诉格瑞尔（Ordon Estate V. Grail）一案中，加拿大最高法院认为海上事故引起的人身伤害或非正常死亡的请求权仅仅依据《加拿大海商法》这一范围广博的法律，其渊源包括法定的和非法定的、国内的和国际的、普通法和民法。在先前的案件中，法院认为《加拿大海商法》在加拿大全部境内通用并且其原则形成联邦法律，故法院在俄登（ORDON）一案中认为州法很少在海事请求中适用。法院制定了确定适用州法的四部分标准。

从已知的俄登（ORDON）一案和先前的案件判决中，可以得出这样的结论：联邦议会对发生在海事中的人身伤害或死亡诉讼具有专属管辖权，政府认为联邦立法的修订是必要的。因此，新法规的第一部分总体上再次规定了有关死亡事故的条款，即现行的《加拿大航运法》第14章，但修改了这些条款使它们有效于依据这些条款作出的俄登（ORDON）案和先前的案件之裁判。第一部分也修订了《加拿大海商法》以反映州死亡事故立法的发展，肯定海事非正常死亡和伤害诉讼可以对人和船舶提起，死亡者亲属和受害者有权要求照顾、引导及陪伴，使其内容适应现代需要。

关于责任的划分，新法规第二部分编纂了加拿大最高法院在彩虹谷胡斯肯（百慕大）有限公司诉圣约翰造船有限公司（Bow Valley Husky〈Bermuda）Ltd. V. Saint John Shipbuilding Ltd.）案中的意见。在该案中，加拿大最高法院认为州内责任划分的法规不适用于海事过失诉讼，但最高法院同时认为继续适用老的普通法规则（例如，普通法禁止有过失的原告的恢复原状请求，该法规定有责任赔付原告的被告不能从对其损失有责任的他人处请求分摊）是不公正的。法规的起草者用第二部分规定了一套适用于由《加拿大海商法》调整的民事侵权行为的统一的规则，以此删除有关海事案件中责任分配法律根据的任何现存的不确定部分。新法规第三部分大体重新规定了基于《1976 年海事赔偿责任限制公约》（由其 1996 年议定书修改）而制定的《加拿大航运法》关于海事赔偿责任限制的有关现行条文。第四部分解决了关于船东对于旅客死亡或人身伤害责任的不确定规定。现在，加拿大法律没有规定责任基础（即，在什么时候及什么情况下船东/承运人对船舶运送的人员的死亡或人身伤害负责）。按照起草者之意图，第四部分规定了一个新的船东对旅客的责任制度，以保证一旦旅客死亡特别是严重的死亡事件发生时，索赔者将有赔偿的保证，并至少达到一定的标准。该制度建立在《雅典公约》(1990 年议定书对其责任限制进行了修改）基础之上。

新法规第五部分涉及水路货物运输责任。它再次规定了《水路货物运输法》关于《海牙 维斯比规则》在加拿大适用的条款（复制于该议案的附件 3 中），并规定了《汉堡规则》的最终执行（复制于该议案的附件 4 中）。当国务总理签发的命令使法规的第 45 条生效时，《汉堡规则》才生效，此后，根据法规第 43（4）条，《海牙 维斯比规则》就不再适用。一个新的条款，而不是《汉堡 维斯比规则》的一部分，确认当提单规定争议必须提交到外国法院的情况下加拿大法院有管辖权。根据第 46（1）款，如果《汉堡规则》不适用的水路货物运输合同，而合同中订明因合同引起的纠纷在加拿大之外的地方进行审判或仲裁，请求人仍然可以在加拿大法院或仲裁庭提起司法或仲裁程序。加拿大法院或仲裁庭有权裁决请求。该条款适用于合同项下的实际或者拟定的装货港或卸货港位于加拿大、被申请人在加拿大拥有住所或者营业地、分支机构或代理处、合同在加拿大缔结。第 46（2）款规定，合同项下的纠纷出现后，尽管有第 46（1）款的规定，后款所指的合同当事人可以协议确定提起司法或者仲裁程序的地点。

新法规第六部分涉及污染的责任和赔偿。它继承了现行的关于海上油污的制度。第六部分再次规定了基于《CLC 公约》和《建立油污损害赔偿国际基金的公约》两个国际公约之上的《加拿大航运法》第一十六章（673－727 部分）现行条款。调整海上油污责任和赔偿的现行条款修订于 1998 年。新法规中现行制度没有变化，只增加了一个意图与海洋石油开采现代技术保持一致的新条款。第 49（2）款规定第六部分不适用漂浮储存器具或漂浮生产、储存和卸货器具，除非它在驶往或从海洋石油开采地之外的港口或者目的地的一个航次中承运作为货物的石油。

三、管辖权

（一）劳资关系和海事管辖权

在帕森诉儒比贸易公司（Parsons V. Ruby Trading S. A.）一案中，问题是加拿大法院是否有权受理一外国船东针对它的四名外国船员和一加拿大工会及其代表提起的诉讼，诉因是工会代表引诱船员违反船东与船员之间签订的合同以及工会代表同这些船员共谋造成了经济损害。

国际运输工人联合会（一个代表在远洋船舶上工作船员的组织）的一位代表，登上了停泊在温哥华港的巴拿马注册货船“日本彩虹2号”，要求船东按照船东与一船员之间已达成的工资支付协议增加工资，并威胁他将联系其他船员并鼓励他们提出相同的工资要求。一张罢工的标语贴在船舶上，该船舶装货随即停止。船舶船东在加拿大联邦法院提起对联合会、联合会代表及所涉船员的诉讼。在诉讼中，船东得到了防止上述各方纠察或以其他方法扰乱装载货物、移动船舶的禁止令。

与此同时，联邦上诉法院被要求裁定审判庭是否有权受理本诉讼。作为上诉人，前述数被告方主张，因为诉讼是对人诉讼及建立在侵权普通法和合同的基础之上，故他们不在联邦法院的海事管辖权之内。换而言之，上诉人辩称，依照《加拿大劳动法典》，争议事项的管辖权专属于加拿大劳资关系部。上述上诉法院妥善地确立了联邦法院拥有管辖权前提条件的法理基础。

下面是在国际集散站经营人有限公司诉米依达电器公司（ITO－International Terminal Operators Ltd. v. Miida Electronics Inc.）及其随后的案件中建立的用以支持联邦法院拥有管辖权的实质要件：（1）必须有联邦议会制定的准许管辖的法律；（2）必须有一现存的联邦法，该法是案件处理必不可少的并且订有法定准许管辖的条文；（3）决定案件的法律必须是“加拿大法律”，因为《1867年宪法》第101节里有这样的措辞。

由于《加拿大联邦法院法》第22（1）节准许联邦法院对于一项根据《加拿大海商法》提出的救济诉讼拥有管辖权，并由于《加拿大海商法》是处理所有海事海商案件的联邦法律的综合部分，本案中上诉法院的决定取决于诉讼标的是否依据合同和侵权，这对本案处理至关重要，而诉讼标的和海事争议有充分的联系，这样有充分的理由适用《加拿大海商法》，因为所涉雇佣合同与船舶运营有关，且所诉请的损失是由船舶运营的延迟而生，法院得出结论：一个整体的联系确实存在，足以支持法院拥有管辖权。

上诉法院也驳回了这些争议的管辖权已经专属分配给了加拿大劳资关系部的观点。若缺乏证据或授权之支持，法院不会接受上诉人的提议——议会已经打算使《加拿大劳动法》调整一外国船东和外国船员们之间的雇佣关系。同时，法院也不会在缺乏授权的情况下，接受此观点：议会能够有效地对于外国主体之间的这样的一个境外合同进行立法。

（二）违反供应合同不在海事管辖权之内

在琼E肯灵有限公司诉垂帕昔公司（John E. Canning Ltd. V. Tripap Inc.）案中，原告——爱得华王子岛公司与被告订立了购买纸浆用木材的合同，约定了年度木材供应数量，并在魁北克省的被告码头交付。合同订立后不久，被告基于原告未履行其义务而终止协议，原告随即提起违约之诉。被告申请驳回起诉，理由是该诉讼不在联邦法院的海事管辖权之内。法院指出，当事人之间合同的中有海事因素，但仅这一点不足以构成管辖的基础。按照加拿大最高法院为取得海事管辖权的规定，提起的具体请求必须与海事标的构成统一整体的联系。由于提起的单一请求与购买销售协议的不法终止相联系，没有关于协议的海事方面违约之损失的请求，法院认为法院无权受理该请求并驳回了原告的起诉。

（三）捕虾配额作为必需品

在英特大西洋加拿大有限公司诉里约库亚瓜特杰（Inter Atlantic Canada Limited v. The Rio Cuyaguateje）案中，原告扣押了被告船舶和船上货物，作为起诉被告违反关于北大西洋渔业组织分配给古巴的捕虾配额协定的保全。船舶的承租人，拖海渔业公司（Dragsea Fishing Company），申请解除船舶扣押。法院准许了该动议，认为配额协议下的请求与海事标的不是密不可分以致成为海商法中的标的，而海商法中的标的是联邦法院管辖权的基础。法院同时驳回了原告的辩称：对被告船舶的配额规定代表了必要品的供应，这样法院就有管辖权。最后，法院总结为：即使该请求不在管辖权范围之内的结论是错误的，被告船舶本身和船上货物不是诉讼的标的，同时相应地不可能成为扣押的标的，这一点是清楚的。

（四）在装货前船东的租船合同违约不属对物管辖权

联邦上诉法院在百事敦化工公司诉帕哈芒实业国际公司（Bcston Chemical Corporation v. Paramount Enterprises International Inc.）（“安兴江”轮 The An Xing Jiang）案的判决，揭示了将船舶和货物扣押作为原告请求的保全是否为“原告诉讼的标的”并且足以支持对物诉讼程序。百事敦公司首先同意将一票货物由帕蒙公司承租的一条船舶从中国运往魁北克，但接着告知帕蒙公司其已决定将货物交托给另外的船东和另外的船舶“安兴江”轮。于是，纠纷产生了。帕哈芒公司在联邦法院提起了一项对物和对人诉讼，指控托运人违反合同及“安兴江”轮船东侵权干扰合同关系。一家保赔协会提供了担保函以避免船舶遭扣押，随后用一家加拿大银行的担保金取代了保赔协会的担保函。后来被告申请驳回对物诉讼、解除船舶扣押命令及返还担保金。法院有权管辖针对托运人和“安兴江”轮船东提起的对人诉讼，这是有共同立足点的。审判庭否认针对货物的对物诉讼的申请，但准许针对船舶的对物诉讼。在上诉审中，法院确认了针对货物的对物诉讼，同时否定了针对船舶的对物诉讼。

法院引用了《联邦法院法》第43（2）节的有关条款，这些条款规定法院的海事管辖权可对船舶或其他成为诉讼标的的财产行使。部分地基于第43（2）节法文版术语的解释，法院认为，法院若要对特定财产有对物管辖权并对其扣押，那么该财产必须是诉讼的原因并且财产和请求之间必须有足够的联系。

从法院的观点来看，原告对百事敦公司货物的诉讼建立在合同违约的指控基础之上，法院认可合同与货物存在联系。然而，合同没有执行，运输从未开始，货物不具有船舶优先权，原告从未占有货物。货物没有造成任何损失，没有产生任何利益或者卷入与诉讼有关的任何事件中。基于上述理由，法院得出结论：货物不是诉讼的标的。

同样地，原告针对"安兴江"轮的起诉是建立在对原告和百事敦公司之间的租船合同的不法干扰的指控基础之上的。"安兴江"轮不是租船合同的标的，没有造成任何损失，没有产生任何利益或者卷入与诉讼有关的任何事件中。"安兴江"轮拟承运百事敦公司的货物这一事实不足以使"安兴江"轮特定为该诉讼的标的。

法院得出结论：诉讼与船舶或货物之间不存在"连接或因果关系"，因而可以说，两者均不是诉讼的标的。而且，本诉讼的标的是租船合同及被告方的人身行为。于是，法院终结了对物诉讼程序并裁定担保金返还给被告方。

四、法律冲突

（一）不方便法院原则适用于在外国水域搁浅后造成的货物损失

在日商岩井有限公司诉上海远洋运输公司（Nissho Iwai Company Limited v. Shanghai Ocean Shipping Company）案中的裁决起源于一个申请，该申请的理由是不方便法院原则，申请终止已在加拿大联邦法院提起的货物索赔诉讼。诉讼起源于散货船"宁海"（NING HAI）轮从温哥华至日本港口的承运期间，在日本以北俄罗斯水域的一个岛屿搁浅造成承运的菜子油（CANOLA）灭失。原告货物利益人都是位于日本的公司，而被指控提供了船舶的船长和船员的被告，是一家位于中国的公司。原告提出搁浅是船长和船员的不适任造成的，并提出诉讼与加拿大存在一种真实和实质的联系，因为一批加拿大证人在船舶离开温哥华前的那些日子里有机会观察到船长和船员的不适任。原告也提出他们将得到一系列司法便利，例如文件披露与口头询问披露的可得性及费用的可恢复性，这些便利在中国法院是不可能得到的。在中国法律下有时效适用规定，但被告同意放弃对时效期间的依赖。

法院结论为：本诉讼与中国而不是加拿大存在一种真实和实质的联系，并且实际上诸如船舶船长和船员不适任的所有证据可来自中国的证人。原告在加拿大法院的程序便利不被认为足以超过这种真实和实质的联系，故法院相应地终止了加拿大诉讼程序，条件是中国法院接受被告放弃依中国法律可适用的时效的权利。

（二）针对经济和便利的诉讼实施提单管辖权条款动议法官在现代商船有限公司诉安哈渔业产品实业有限公司（Hyundai Merchand Marine CO. Ltd. V、Anraj Fish Products Industries Ltd.）案中的裁决去年被说明。它起源于原告对首席书记官中止原告对被告船舶权利的起诉、并等待韩国法院的诉讼结果的裁决的上诉。索赔请求是为了补偿一票鱼货从孟加拉国至纽约运输中的损失。在货物到达纽约时被检验，有关损坏状况及不适于人类消费的证据来自纽约的证人，尽管被指称的引起损坏的的事故发生在法国。原告是孟加拉国的托运人和安大略的收货人，对人诉讼的被告是一家韩国公司，该公司分支机构遍布全世界，包括在加拿大的三个分支机构。争议事项最有可能由韩国法律和美国法律共同调整。在提单中订有韩国管辖条款。

首席书记官借助英国法院在额勒夫特希亚（Eleftheria）案裁决作为考虑的因素来决定本案中是否有足够的理由去违反提单中确定的诉讼法院。首席书记官认同在韩国诉讼对原告非常不便利，但是认为这种不方便不足以证明违反提单管辖权条款是正当的。首席书记官考虑的还有韩国的司法制度不否定原告的公正审判要求、加拿大不是证据所在地国家，这可以说被告不是仅仅寻求程序上的优势。

案件上诉到动议法官，法院认为首席书记官不适当地关注与加拿大有限的事实联系是错误的，没有考虑到在哪里管辖证据更容易获取、诉讼成本较便宜。他的结论是：在多伦多更容易从纽约获取证据，这不仅是地理上邻近的结果，也是因为共同的语言。同时考虑综合的费用节省，法院准许上诉并且撤销中止。

现代公司（Hyundai）进一步上诉到联邦上诉法院。法院认为，审查首席书记官的自由裁量判决，动议法官应该维持首席书记官的判决，除非该判决是在错误的基础之上得出的或者它明显地是一个错误的判决，而不应该仔细地检查首席书记官的理由。上诉法院认为，首席书记官的理由，从整体上看去，表明他已经适当地应用了可适用的检验标准而动议法官却错误推翻了首席书记官的判决。法院结论为，动议法官忽视了额勒夫特希亚（Eleftheria）案判决的前提，该前提是当事人均坚持他们的协议，于是法院不能推翻管辖权条款，除非执行条款不合理或者不公正。上诉法院支持了上诉并恢复了首席书记官的判决，中止了在加拿大联邦法院的诉讼，条件是现代公司（Hyundai）放弃适用时效的限制，而这会适用于阻止在韩国的诉讼的启动。

（三）当租船货运合同这样规定，而提单那样规定时

在菲白科纸浆公司诉星星运输公司（Fibreco Pulp Inc. v. Star Shipping A/S）（多佛之星 The Star Dover）案中，原告是一批木材纸浆的利益者，他们与被告星星运输公司订立了货物租船运输合同，路线是从英属哥伦比亚的斯库米西（Squamish）至鹿特丹再至芬兰。从斯库米西至鹿特丹的运输，星星航运公司承租并雇佣了“多佛之星”（Star Dover）轮和“格朗之星”（Star Gran）轮，两轮分别由被告丹佛公司及卡夫特运输公司（Kraft Line SA）所有。为了再运到芬兰，星星运输公司又分别承租了由被告 F. S 斯伟提克（F. S. Switynk）拥有的“维瑞塔斯”（Veritas）轮和由被告斯德芬尼公司（Stephanie Co.）拥有的“斯德芬尼”（Stephanie）轮。货物到达芬兰呈损坏状态，原告在加拿大联邦法院提起对上述被告和涉及运输的四条船舶的诉讼。

前述数被告申请中止诉讼，以利于在伦敦仲裁，因为原告与星星运输公司之间的租船货运合同规定合同下引起的任何争议在伦敦仲裁。星星运输公司也签发了提单，提单规定任何争议在承运人主营业地国家解决。首席书记官审理了申请。然而，租船货运合同规定，如果合同和合同下签发的提单有任何冲突，租船货运合同优先适用。因此，法院认为这足以中止对星星运输公司的诉讼并且按照《商业仲裁法》的规定应提交争议至伦敦仲裁。

针对其他被告的诉讼，租船货运合同中仲裁条款的效力问题更复杂。提单包含了一个喜马拉雅条款，据此承运人意图将该条款的利益和适用扩展到承运人的独立合同人。P.S斯伟提克（P.S. Switynk）和斯德芬尼公司（Stephanie Co.）辩称他们有权享有仲裁条款的利益。由于缺乏他们授权承运人代表他们订立合同或者后来同意这样做的证据，法院驳回了这一辩称。然而，注意到这些被告寻求中止诉讼的意图是为在伦敦仲裁并且推断涉及星星运输公司、F.s斯伟提克以及斯德芬尼公司的仲裁将解决原告索赔中的很多请求，法院行使其余项自由裁量权，中止了全部诉讼。

首席书记官的裁决被上诉到联邦法院审判庭的一位法官那里，该法官驳回了上诉。判决再次上诉到联邦上诉法院，该法院应用可适用的审查标准，结论为首席书记官没有错误地适用法律原则或者错误地理解事实并且裁决不会产生任何不可避免的不公正。因此，上诉被驳回，首席书记官的裁决再次得到维持。

（四）提单管辖权条款也可中止第三人诉讼

在恩康清算通用加拿大公司诉唐森他加拿大（Encan Liquidation General Canada Inc. V. Transintra Canada）案中，托运人恩康公司（Encan）在加拿大联邦法院对包括从蒙特利尔至阿尔及尔承运办公设备和装饰材料的格杭帝他哥提公司（Grandi Traghetti S.p.A.）在内的海运承运人提起因货物短少和损坏的索赔诉讼。作为原告代理人安排运辖的货运代理人唐森他加拿大（Transintra Canada）也被作为被告。唐森他（Transintra）公司也将格杭帝（Grandi）公司作为第三人之诉提起诉讼。

格杭帝公司申请中止唐森他公司将其作为第三人的诉讼，因为提单中的一个条款选择热那亚（Genoa）法院对争议裁判拥有排他的管辖权（原告对格杭帝公司的诉讼基于同样的原因已被中止）。法院注意到提单的条款这样规定，商人接受提单即同意提单上的所有条款，同时在提单中“商人”一词定义为包括但不限于托运人和代表托运人行事的任何人。正因为如此，唐森他公司被视为已经接受了提单的条款并受管辖权条款的约束。法院结论为：唐森他公司没有提供一个不理会管辖权条款的权威案件，法院准许第三人诉讼程序中止。

（五）在加拿大境内由加拿大人提供给加拿大人生活必需品的船舶优先权

帝国石油有限公司诉珀曲玛公司（Imperial Oil Limited V. Petromar Inc.）案的裁决涉及到一个决定，其基础是一项业已被双方认可的因对“勒芭哈梧”（Le Brave）和“A.G. 发库阿桑”（A.G. Farquharson）两船舶的海运润滑油的供应引起争议的有关事实和应适用的法律。处于没有得到支付的供应者位置的珀曲玛公司（Petromar）和上述两船舶船东帝国石油有限公司（Imperial Oil）之间没有合同关系。

于是，珀曲玛公司不能依据加拿大法律对上述船舶提起对物诉讼。但是，双方都承认，根据调整法律冲突的加拿大法律，如果争议由美国实体法调整，那么此法律将赋予对船舶的船舶优先权以支持索赔，并可在加拿大法院对该船舶实施。

双方已认可的事实陈述详述了一系列业已被考虑的协议。船舶由一家加拿大公司帝国石油有限公司光船租赁给另一家加拿大公司索卡那梧公司（Socanav Inc.），后一公司又与一家名叫星星船舶管理有限公司（Star Ship Management Ltd.）的美国公司签订了船舶管理的合同。星星船舶管理有限公司后和另一家美国公司珀曲玛公司订立合同，约定其供给海运润滑油给由星星船舶管理有限公司管理的航行于世界各地的船舶。珀曲玛公司又和俄克松国际公司（Exxon Company International）订立合同，约定在很多港口出售和交付海运润滑油，在有点讽刺意味的曲折过程中，在加拿大东部港口供给润滑油，包括本案所涉的供给，通过帝国石油有限公司进行，它正巧是前述船舶的船东。光船租赁合同规定其由安大略省法律和加拿大海商法调整，但是星星船舶管理有限公司和珀曲玛公司之间的协议以及珀曲玛公司和俄克松国际公司之间的协议规定它们由纽约州的法律来调整。

帝国石油有限公司辩称法律的选择由《加拿大航运法》第275节来调整，它规定如下：

有关船舶或者船上人员的纠纷中产生法律冲突，如果本章中调整此纠纷的任何条文明确规定扩展至该船舶，那么案件应由该条款来调整，但如果没有此类条款，案件则由船舶登记港口的法律来调整。

帝国石油有限公司辩称应适用此条款，相应地加拿大法律应适用，因为船舶均在加拿大港口登记。但是，法院接受了珀曲玛公司的意见，即该条款包含在《加拿大航运法》处理海员利益的部分中，仅适用于与海员利益有关的问题，不适用于与船舶有关的其他纠纷。

法院同时注意到当事人间的索赔不是依据于合同，因为尽管涉及到许多合同关系，诉讼当事人之间没有合同相对性。正因如此，各种合同中的法律选择规定在本案问题中不具有决定性。法院认为，应由对与索赔有最密切和最真实联系的法律体系的评价来决定。在考虑了很多联系因素后，法院认为，供给船舶必需品的一系列合同中最重要的合同是星星船舶管理有限公司和珀曲玛公司间的合同及珀曲玛公司和俄克松国际公司间的合同，两合同均在美国订立并有美国法律选择的条款。法院也注意到这样的事实，即帝国石油有限公司供给润滑油给自己的船舶，其一定相应地知道供给润滑油的指令来自位于美国的俄克松国际公司。法院结论为：调整索赔的实体法是美国实体法，因此索赔由船舶优先权来支持并且能够对帝国石油有限公司的船舶实施。

正如不时有些法理冲突的情形，该纠纷的结果可能会被认为有点奇怪。毕竟，最终结果是因一加拿大供给者在加拿大港口供给必需品给一加拿大所有并在加拿大登记的船舶引起的索赔却由美国法律来调整。法院似乎部分地受到最终供给者和船舶船东是同一个当事人这一同样奇怪曲折事件的影响。然而，法院分析的核心是在美国订立含有美国法律适用条款的有关必需品供给的几个合同的事实。人们可能奇怪：在考虑对于明确因为诉讼当事人间没有合同相对性而引起的问题时，是否有足够的理由如此重视这些合同因素。

五、货物运输

（一）承租人避免推定起诉无提单放货的船东

在阿卡迪亚船舶经纪人有限公司诉喀那玛苏公司（Acadia Ship Brokers Limited V. Kanematsu GMBH）案中，前面已述的动议法官的判决之后，上诉就开始了。原告喀那玛苏公司寻求简易程序起诉被告“拉克”（Lark）号船舶的承租人，因为该承租人诱使其船东布尔克拉克运输公司（Bulk Lark Shipping Company）违反其对喀那玛苏公司的合同义务，在没有要求呈递正本提单的情况下，卸下和交付了一票钢条货物。喀那玛苏公司是该货物的所有人及提单价值的持有人。它已从托运人依和乐佩公司（Ironimpex S. A）处购买了该货物。喀那玛苏公司将货物售给尼科工业有限公司（Nicco Industry Co. Ltd,）但没有根据双方协议的价格条款得到支付。尼科工业有限公司设法取得了对货物的控制，但是是基于被告承租人签发的保函而取得，而被告承租人依次从尼科工业有限公司和依和乐佩公司处收到了背靠背保函。

对于此动议，被告辩称情况太复杂了，不适宜适用简易程序，被告也没有诱使船东交付货物，仅仅是从船舶上卸下货物。法院认为，法律规定得很清楚，除非是提交了提单，否则船东放弃货物控制，则风险由船东自己承担。动议法官因此得出结论，被告自己承担风险信赖保函，自己承担危险而放弃了对货物的控制，同时影响了喀那玛苏公司的权利。没有真正的审理问题，应准许适用简易程序。

在上诉中，法院再次驳回了这样的辩称：船东仅被诱使卸下货物，而没有交付货物，因为货物卸至由尼科工业有限公司所有的驳船上。而这，对于法院看来，就是将货物交付给了尼科工业有限公司。不过，上诉法院认为动议法官信赖法律规定船东没有取得正本提单而放弃对货物控制将承担责任从而准许适用简易程序是错误的。上诉法院承认上诉人不是卸下货物及由此可能承担违反运输合同责任的船东。相反，上诉人是承租人。在此情况下，任何针对他们的诉讼就象非法挪用货物或者诱使船东违反合同的侵权行为者一样。至于这些侵权行为的因素是否能清楚地看见，从申请适用简易程序而提交的证据上看，不是很清楚。因此法院准许了上诉，撤销了适用简易程序的裁定，指令案件进行审理。

（二）对未付运费的诉讼适用简易程序，尽管有抵销该诉讼的反诉在鹏特雷有限公司诉996660安大略有限公司（Pantainer Ltd. V. 996660 Ontario Ltd）案中，原告方为一家海运公司及货运代理人。该公司在与被告长期的商业关系过程中承运很多面食从意大利至加拿大，随后将货物储存在位于加拿大的仓库中，等待分配给被告的客户们。原告方诉请被告支付未付的运费及有关的费用并对诉请申请适用简易程序。被告认为自己有权反诉并以很多货物在运输过程中遭受的损害和随后仓储的损害以及交付迟延的损失来抵销运费请求。被告声称原告未储存双方已约定储存的部分货物，因此，原告违反了合同。判决认为引起被告反诉的货物与未付运费的货物并不相同。

原告申请适用简易程序的理由是海商法的原则，即如没有相反的协议，运费必须支付而不能抵销。针对于此，被告引用了联邦法院审判庭在爱克思皮底特国际货运代理公司诉颇帕可系统有限公司（Expeditors International Freihgt Forwarding 诉 Propak Systems Ltd.）案中的判决。该案中，法院准许运费请求适用简易程序，理由是有关货物迟延交付的反诉不能抵销运费请求。但还是中止了判决的执行，等待被告反诉的结果出来，因为反诉起源于同一交易，原告没有证明它将因为执行中止而遭受严重的损害。对于被告这一辩称，原告再次认为本案中反诉的一个有效成份与货物的仓储有关，而货物仓储的请求不在联邦法院的海事管辖权范围之内，因此，无论如何，爱克思皮底特公司（简称Expeditors）案裁判与本案是有区别的，因为本案中的反诉与原告的运费请求不是起源于同一交易。

法院支持了这一观点：如没有相反协议，原告有权对运费请求申请适用简易程序，法院没有给予被告抵销的权利。法院接着考虑中止判决等待反诉结果出来是否合适，尽管法院认为反诉在其管辖权范围之内，因为反诉起源于海上货物运输合同，仓储和储存是合同不可分割的部分，反诉与运费请求的同一交易没有关联。由此可见，本案与爱克思皮底特公司案之裁决有区别，法院拒绝同意中止。

（三）承运人针对驶向国外的托运人提起诉讼索取回程航次运费

在运输那位梅加拿大公司诉加拿大（Transport Navimex Canada lnc. V. Canada）案中，上诉人与联邦王国订立合同，约定从蒙特利尔运输一票货物至格陵兰岛的图勒，王国随后终止了合同，因为王国认为那位梅公司（简称Navimex）准备雇佣的船舶没有所需的舱容。那位梅公司起诉了王国，诉请其因合同终止而遭受的损失。审判庭认为，王国因不法终止协议而对那位梅公司负有责任，但驳回了诉讼请求，理由是那位梅公司未能证明其损失。

上诉主要集中在审理中的证据是否足以证明那位梅公司的损失，如果能证明，则认可该损失。上诉法院对证据的审查从法理的角度来看问题不是特别令人感兴趣。裁决中一个值得注意的方面是法院考虑了那位梅公司的辩称即其失去的利润不仅与其同意承担的为王国的货物运输有关，而且也与从图勒至蒙特利尔回程可能赚取的利润有关，因此其遭受了损失。那位梅公司的负责人在审判中证实他确实能够找到回程的货物，那位梅公司的律师在辩论中指出，众所周知在海运业中从图勒至蒙特利尔需求吨位是非常普遍的。法院仍认为这一点缺乏足够的证据证明那位梅公司能在回程中赚取运费，因此法院驳回了原告诉讼中有关此项的请求。但是，法院在这一点上的判决可能被理解暗示为：假如那位梅公司能够证明它已经订立了回程货物，那么该货物的运费就可以从王国那里收取，尽管这种回程货物的运输完全处于本案当事人间的合同范围之外。

六、碰撞

（一）随船船员对承拖船和被拖船含糊不清的号灯的解释的证词的采信

在北冰洋他哥芦诉喀加特（The Arctic Taglu V. Kajat）案中，原告在她丈夫的渔船与一拖轮和驳船编队“北冰洋他哥芦”（Arctic Taglu）轮和“灵科100”（Link 100）驳船相碰致使原告丈夫及其五岁儿子遇难后，提起了该诉讼以寻求赔偿。被告方为承拖船和驳船的所有人、涉及承拖船和驳船的操作和驾驶人员，还有代表海岸警卫队的运输部部长。法院认为事故主要是由于承拖船和其拖带物上不正确的号灯造成的。该承拖船和其拖带物构成一个合成船舶但没有按此来使用号灯。当渔船接近时，该承拖船和驳船的操作者使用探照灯上下扫射船身，从证据来看，渔船上的人误认为这是表示在承拖船和驳船前有危险的信号，渔船急忙转向，结果发生碰撞。法院裁决被告对事故负85%的过错责任。原告丈夫负15%的过错责任（因为证据表明当时他很疲惫，未能驾驶渔船使其保持离承拖船和驳船较远距离的航线）。

法院同时裁决海岸警卫队对“北冰洋他哥芦”轮和“灵科100”驳船应承担30%的责任。未适当地给予承拖船和其拖带物号灯的部分原因是海岸警卫队官员未发现由“北冰洋他哥芦”轮和“灵科100”驳船连接作为一个合成船体这一莽撞的安排，以及未正确地理解根据《加拿大航运法》制定的《避碰规则》应适用的章节而给承拖船所有人以指示。

数被告对判决进行上诉，提出法官错误认可两名商业渔夫的证词，他们讲述了晚上在某个场合遇见“北冰洋他哥芦”轮和“灵科100”驳船的经历。每一位渔夫都描述了在他们操作小渔船时发生的事故，当时他们发现承拖船和驳船合成体正用探照灯照射靠海港的那一边。两人都解释探照灯的使用从灯号上表明承拖船和其拖带物的港口方向存在危险。结果导致渔船在“北冰洋他哥芦”轮和“灵科100”驳船船艏前面急忙转向。法官将他们的证词作为证据采信。有经验的水手能把探照灯的使用理解为前面存在危险的信号，也解释在这样的情形下渔船如此接近地拖带急转向这种无理性的决定否则将会发生什么。被告在上诉中辩称法官错误地采信这种证词。因为其他两名追随者的证词完全不相同因而证词无证明价值。

联邦上诉法院引证规则的权威人士的观点，为了采信这种相似的事实证据，审理法官必须评价被声称的行为的相似程度并决定客观上巧合的不可能性是否存在。只有这样，具有充分的证明价值的证据才有可能被采信。但是，审理法官明显地依赖这种证据，记录表明她（法官）对于证据是否具有充分的证明作用而被采信没有一个明确的决定。由于未能对这些证人的证据是否构成逻辑上的证明作用而作出明确的评价，这在法律上是错误的，结果上诉法院准许被告的上诉并裁定重新审理。

（二）碰撞公约法律规定法院有扩展时效的自由裁量权

北方瑞吉渔业有限公司诉披菲德股权有限公司（North Ridge Fishing Ltd. V. Preferred Holding Ltd.）（“繁荣”轮 The Prosperity）案的起因是“野人渔夫”（savage Fisher）船的船舶所有人及船员声称“繁荣”轮切断了前者的渔网，当时两拖网正在捕捞鲱鱼，结果损坏了捕捞并使原告的鱼丧失。原告起初起诉了“繁荣”轮的船东和船长以及船舶本身。该诉讼进行大约两年后，“繁荣”轮的船东宣布了其意图，即申请撤销对他们的诉讼，理由是该船舶在碰撞时处于光船租赁人的掌握之下，相应地，此时船长和船员并非船东的雇员。为了对抗这份申请（该申请随后被准许），原告请求法院同意追加光船租赁人为被告。但是，这在碰撞发生后已超过两年，相应地对承租人的诉讼已超过了《加拿大航运法》第 572（1）节的规定的两年时效。原告起诉承租人的权利因此依据《加拿大航运法》第 572（3）节的规定，该规定授权法院在此情况下如法院认为合适的话，法院有权自由地扩展时效。注意到 572 节反映了《加拿大航运法》遵照《1910 年碰撞公约》，法院仔细讨论了可适用的英国法理，即只有当产生为何否定时效抗辩可能性的真正原因的特殊情况存在时并且平衡困难有利于原告时，才能准许时效扩展。但是，法官接着复审了可适用的加拿大法理，并得出结论：现行法律规定涉及或多或少繁重的测试，因此有必要评估原告是否有初步推定的索赔、被起诉的被告是否因扩展时效的原因而遭受到真正的损害，以及在本案件的具体情况下，在考虑了迟延开始起诉被告的本诉讼的长期性和原因后，是否因为公平的缘故而扩展时效。运用加拿大测试标准来测试本案，法院认为这是一个清楚地、明显表面证据确凿的案件，并且没有不利于光船租赁人，因为光船租赁人已从最初就知道此事。测试的第三部分需要更加慎重，特别是申请的证据表明在碰撞后不久原告的律师已经考虑到增加承租人作为一个被告方，尽管没有选择这样做。原告没有提供任何证据解释这个决定或者为何现在他们改变主意。尽管在这点上法院对缺乏证据表示不满，但法院结论为：为了公正需要准许扩展时效。

七、责任限制

（一）过失、当事人相互关系和《1976 年公约》作为加拿大法律

海滨拖轮有限公司诉加拿大太平洋铁路公司（Bayside Towing Ltd. V. Canadian Pacific Railway）案的裁决让人一眼就能看出加拿大法院怎样运用《1976 年海事赔偿责任限制公约》的责任限制制度。该公约已于 1998 年 5 月 12 日由加拿大以立法形式同意采用。它也是在 2000 年全年中对于此类问题上的三个裁决之一，这三个裁决起源于同一案件。

原告被指控给加拿大太平洋铁路公司在英属哥伦比亚密森（Misson）的桥梁造成大约 500 万美元的损失。当“锐舞投 901”（Rivtow 901），一艘无动力驳

船在海滨拖轮有限公司（简称 Bayside Towing）的拖轮“西娜 M”（Sheena M）的拖航下，于 1999 年 6 月 2 日碰撞了该桥梁。原告方即拖轮的所有者们，于 1999 年 9 月提起责任限制诉讼并随后仅依据拖轮的吨位设立了数额为 50 万美元的责任限制基金。加拿大太平洋铁路公司（简称铁路公司 Railway）对责任限制程序提出抗辩，对原告方限制责任的权利和责任限制基金的数额均表示异议。而原告方对此提出动议，要求删去抗辩的很多部分。

法院首先引用了《1976 年公约》第Ⅳ条的语言，该条规定如果被证明损失是由于责任人的故意或者明知可能造成损失而轻率地作为或不作为造成的，责任人将丧失限制责任的权利，接着法院继续删除了抗辩中关于缺少根据第Ⅳ条的规定的轻率标准而被指控为疏忽或其他过错的相关部分，法院同时删除了在驳船所有人方面有疏忽的主张，认为如此主张与原告拖轮利害关系方限制责任的权利无关。

但是，法院拒绝驳回有关拖轮船员和所有人违反《避碰规则》的指控，以及这种违反行为构成恶意行为的指控。被告方依据《加拿大航运法》第 564（3）节，该节规定，在某些情况下，视违反《避碰规则》为恶意行为。法院表示怀疑被告能否说服审理法官认定原告违反《避碰规则》和适用第 564（3）节，导致一种公认的积极的恶意行为，这将禁止适用第Ⅳ条下的责任限制，尽管恶意意味着一种放任而为之行为，并有意让结果发生。然而，因为本案是新责任限制立法后的最早的诉讼之一，法院认为这是一次争论，并有待于在审理中全面考察。相应地，法院拒绝确定抗辩中的这一部分清楚无误地不能成立。

被告对于责任限制基金的数额的主张依据于所谓的“船队原则”。他们辩称有关的责任限制吨位是拖轮和被拖物合成体的吨位。法院评论这种辨论在加拿大最高法院审理的若勒和彼得 AB 温德内（The Rhone and Peter AB windener）案中的裁决中已无效力。该裁决依据英国判例认为，损失的原因是拖轮而不是被拖物的不当驾驶，故以合成体吨位评价责任没有逻辑关系，即使两者都为同一所有人所有。但是被告向法院提交了学术解释，提议在新责任限制制度下，这种分析不再是决定性的。新责任限制制度不是同样以一船的驾驶或管理中的成为起因的疏忽的程度为基础。认为船队原则在新制度下现在应该适用的辨论是“至少为一无力抗辩”，法院结论为被告不必尴尬在审判中提出该观点，并允许抗辩中的这部分成立。

（二）对一责任限制请求后果的中止

加拿大太平洋铁路公司诉“西娜 M”轮（Canadian Pacific Railway Company V. The Sheena M）案作为前述的一船碰撞另一船的后果而出现。当铁路公司在加拿大联邦法院针对拖轮和她的拖带物的所有人提起诉讼，对于驳船碰撞铁路公司的桥梁引起的损失进行索赔时，作为拖轮的所有人海滨拖轮有限公司（Bayside Towing Ltd）也在联邦法院提起了一项责任限制的诉讼。以寻求《1976 年公约》下的责任限制。在一简易程序中，拖轮的所有人请求中止铁路公司的损害索赔诉讼，等待其责任限制诉讼的结果。

在审查了可适用的法理后，法院将测试描述为：为了准许一项中止，它必须得出这一结论中止对原告不会不公正并且诉讼的继续进行将对被告造成不公正。法院形容其为“某种意义上的不方便测试的平衡”。

从海滨拖轮有限公司（简称海滨公司 Bayside）的观点考虑中止的效果，法院注意到海滨公司实际上是一单人经营公司。在法院看来，强迫责任诉讼至审判这可能很漫长并且很可能不必要，依靠责任限制诉讼的结果，可能对海滨公司不利，因为这实际上停止了公司的营运。法院也评论，因为《1976 年公约》责任限制制度的设计是为了减少诉讼，如果责任限制程序不被允许按公约意图展开，那将是不公正的。

中止被准许对铁路公司产生不利，法院评论道它已经很难想像其他的了。预计迟延很简单，因为海滨公司利害关系人已对责任限制诉讼听证作了准备，已放弃了调查，已向铁路公司递交了文件并已让铁路公司对调查进行了审查。而且，如果铁路公司在责任限制诉讼中成功，确立了海滨公司的过错的必不可少的程度，这可能避免对责任审理的任何实际需要。法院注意到铁路公司已被给予了对文件全面调查并已在责任诉讼中被提供了对调查的全面审查，此外允许责任限制诉讼中的证据可用于任何责任诉讼审判。中止不会妨碍铁路公司寻求非正式的程序，诸如继续进行调查或者聘请专家。最后，法院结论为：因为一桥梁所有人对走错航线的驳船造成桥梁损失及其责任限制都熟悉，故铁路公司不会对援引《1976 年公约》、责任限制诉讼以及中止责任诉讼的请求等感到惊奇。

虽然注意到中止不会对铁路公司和驳船所有人间的责任诉讼产生任何影响，法院认为铁路公司和拖轮所有人之间的检测已经完成，因而准许所要求的中止。

（三）加拿大对“船队原则”观点的再确认

由同样的一船碰撞另一船的情况引起，命名为海滨拖轮有限公司诉加拿大太平洋铁路公司（Bayside Towing Ltd V. Canadian Pacific Railway Company）案的裁决起因于海滨公司对其责任限制请求申请简易程序。铁路公司已经承认损失不是由海滨公司方面有意或者明知可能产生如此损失而轻率地作为或不作为造成，海滨公司有权限制其责任，有待法院考虑的问题是责任限制基金是否以拖轮本身的吨位或者以拖轮与其被拖带物合成体的综合吨位为依据。这是一个被加拿大最高法院于 1993 年在若勒（The Rhone）案裁决中已解决的法律问题，此裁决归因于所谓的“船队原则”或者“肇事集体原则”，根据此法理，只有当拖轮和其拖带物为某人共同所有并且损失结果是两船引起的，拖轮及其拖带物的综合吨位才能被用来计算责任限制基金。

在本案中，铁路公司辩称，后来《1976 年公约》并入加拿大法律及该公约原则被制定为国内立法所使用的独特语言，证明议会意图背离若勒（The Rhone）案中所表达的原则及其结论。铁路公司辩称，在新的制度下，海滨公司的责任限制基金应按拖轮和被拖物的综合吨位计算。法院复审了新的立法规定、运输部在介绍立法修订时的声明、以及英国法理和解释。但法院最终结论为新立法没有表明议会意图变更由加拿大最高法院先前规定的原则。于是，法院裁决海滨公司有权将其责任限制到仅依其拖轮吨位计算的一个数额。

八、海上保险

(一) 不适航—船东视而不见的结果

拉映诉玻瑞尔太平洋（Laing V. Boreal Pacific）案中，加拿大联邦法院审判庭驳回上诉人根据一海运保险单对因海上事故造成一台挖掘机的损失而提起的诉讼请求，由此引起了上诉。保险人拒绝支付上诉人的任何损失。理由是上诉人的船舶“帕拉客”（the Palsquin）轮对所从事的航程不适航并且上诉人对此不适航是知情的。对适用《海上保险法》第 37（4）和（5）款引起了争论。它们规定如下：

(3) 在任何定期保单中没有默示担保船舶：在海上冒险中的任何阶段都须适航。但是，被保险人知道船舶在不适航的状态下出海，保险人对因不适航引起的任何损失不负赔偿责任。

(5) 如果船舶在各方面合理地满足能抵御已投保的海上航程中通常的海上危险，该船被视为适航。

审理法官结论为：从两个因素结合来看，“帕拉客”轮是不适航的。对其能够合理地预计其遭遇的海上状况而言，该船装载得太重了。并且对于如此的海上状况，挖掘机没有以安全的方式积载。审理法官进一步的结论为，上诉人，拉映（Laing）先生不仅对造成船舶不适航的事实知晓，而且对因那些事实致使“帕拉客”轮不适航视而不见。经证明，他没有考虑在 20 节风速的航程中船舶的安全，本案中早晨天气预报报告了有 20 节的风，他知道一年中此时期该地区存在不稳定的天气情况，同样经证明他没有将挖掘机固定在驳船上，因为他担心如果不妙情况继续扩大，挖掘机将和驳船一起沉入海底。

上诉法院复审了审理法官的分析及其从上诉人证据得出的结论：与他对安全通常的关心相反，拉映（Laing）先生故意忽视已知的风险。上诉法院的结论为：对造成船舶不适航的已知事实视而不见构成充分适用《海上保险法》第 37（4）节的相互关系，同时有证据支持审理法官关于上诉人在本案中的心理状况的结论，上诉法院维持了审理法官的裁决并驳回上诉。

(二) 船长在碰撞事故后未通过呼吸测醉器检测的保险所涉问题

科诺汉诉联合经营者公司（Conohan V. The Co-operators）案涉及渔船“灯光角Ⅱ”（Cape Light Ⅱ）轮的船东对联合经营者公司（The Co－operators）即渔船“布鲁塔尼女士”（Lady Bruttany）轮的保险人的诉讼。“灯光角Ⅱ”轮在爱德华公主岛外锚泊时，“布鲁塔尼女士”轮碰撞了“灯光角Ⅱ”轮。“布鲁塔尼女士”轮的船东彼得哥德（Peter Gaudet）船长没有保持适当的了望。碰撞后两船被带到海岸，一位警官发现从哥德（Gaudet）船长的呼吸中有酒精气味，于是对其进行了呼吸测醉器检测。随后，哥德船长被控并被判定为在酒精影响状态下操作其船舶。哥德船长承认对碰撞的责任，同意对其进行审判，并将其对联合经营者公司的所有权利转让给原告。但是，联合经营者公司提出很多理由来拒绝对原告承担责任。

由联合经营者公司提出抗辩的大多数理由被审理法官驳回。保险人提出《海上保险法》第 34 节规定，在每一海上保险单中有一默示保证条款，即被保险的海上航程是合法的。在被保险人控制的范围内，将以合法的方式进行。法院注意到“海上航程”的法定含义指可保财产遭受海上危险的任何情况及“海上危险”进一步被定义为因航行而发生的危险和事故，包括海上危险和具体的危险诸如火灾、海盗或者盗窃行为、捕获、扣押和类似的其他危险。但是，法院结论为这种危险不是被保险人能控制的事件，不像本案中发生碰撞的原因。具有讽刺意味的是，基于碰撞原因是一位船长可避免的一种危险这个理由，法院认为《海上保险法》第 34 节中的默示保证不适用，并对保险人抗辩的这一理由予以驳回。

联合经营者公司也依据《海上保险法》第 53（2）节进行辩护。该节排除了被保险人恶意不法行为造成任何损失的保险范围。保险人声称哥德船长违反避碰规则和能力减弱构成恶意不法行为。但是，法院认为，没有证据证明哥德船长恶意违反避碰规则。证据仅证明船舶是在没有适当了望的状态下被操作，因此，以此作为抗辩被驳回。

联合经营者公司还依据可运用的海上保险单中的一个条款进行辩护。该款规定了一个保证条款，禁止对由于船舶酒后或能力减弱之驾驶造成的灭失、损坏或者费用提起索赔。但是，法院将该条款与另一条款进行了比较，彼条款规定排除由于放射性污染而引起的灭失、损坏、责任或者费用等保险范围。依据前一条款中缺乏“责任”字眼，法院认为如此条款仅适用于对船舶造成损坏的索赔而不适用于保险单中责任部分赔偿的索赔。审理法官进一步认为，即使船长在此点上有错，联合经营者公司也未证明船舶在碰撞当时是被酒后或能力减弱时驾驶的。尽管哥德船长坦白能力减弱时驾驶船舶，但是有证据表明在碰撞以后他饮用了白酒，审理法官结论为不能证明在碰撞当时哥德船长能力减弱或醉酒。

联合经营者公司最终胜诉，但是依据是保险单中规定 4/4 碰撞责任保险范围。它规定了如果船舶与另一艘船舶发生碰撞，并且被保险人因此有责任并已支付了赔偿，保险人才将承担责任。参考了已被保赔协会采用的所谓“已付款应当支付条款”的英国法理，法院认为保险人没有责任，除非哥德船长首先支付了原告的索赔。由于哥德船长没有支付这种索赔，联合经营者公司也没有义务支付索赔。

九、抵押权和船舶优先权

（一）船舶优先权和姐妹船只的扣押

霍尔特货物系统公司诉“布鲁塞尔”轮（Holt Cargo Systems Inc. V. the Brussel）案的判决确定了对比利时“布鲁塞尔”（Brussel）号集装箱船变卖所得的多个竞争性诉讼请求的优先知顺序。此船在其比利时所有者破产前不久的

1996 年 3 月 30 日被原告霍尔特货物系统公司在哈里发克斯（Halifax）扣押。判决的大部分依赖于不同诉讼请求的特定事实，而很少关注法理学问题。然而，作为加拿大联邦法院法官做出的第一个关于船舶优先权诉讼请求和加拿大法律中相对较新的姐妹船只扣押权之间相互关系的判决，此案是意义重大的。

对“布鲁塞尔”轮变卖所得的请求人之一是抵押权人，他主张的船舶抵押请求额大大超出变卖所得的全部金额。假如此抵押权请求得到支持，则只有那些有船舶优先权法律地位的诉讼请求（或其他优先于抵押权的请求）才能得到补偿。其它的请求人中还有多个海上必需品的美国籍供应者，依照美国法，他们对他们已供应货物和提供服务的船只享有船舶优先权。这些请求人中有几个提出关于他们既给“布鲁塞尔”轮又给其姐妹船只提供过必需品的请求。关于向“布鲁塞尔”轮提供过必需品这一方面，基于已经确立的加拿大冲突判例法，法院认为这些请求有船舶优先权的法律地位，且应该先于抵押权得到偿付。然而，为向“布鲁塞尔”轮的姐妹船只提供过货物和服务的请求确定充足的优先次序是有很多问题的。

请求人遵照《联邦法院法案》第 43 条第 8 项提起诉讼。此条款规定：联邦法院的对物诉讼管辖权可以对在提起诉讼时由做为诉讼标的的船舶所有人享有受益所有权的任何船只行使。法院承认，对“布鲁塞尔”轮姐妹船只提供的必需品的诉讼请求从“布鲁塞尔”轮自身的变卖所得中理所当然地可以提前偿还。然而，法院驳回了请求人的论点：由对姐妹船只享有船舶优先权而提起的诉讼请求可享有与对“布鲁塞尔”轮的一样的优先次序。船舶优先权被认为是附属于特定船只的特殊请求权，依据加拿大扣押姐妹船只的法律规定，它不能向姐妹船只转移。

（二）姐妹船只的变卖和抵押权人请求的公正的降级或减损

苏格兰银行诉“勒尔”轮（Bank of Scotland V. The Nel）案涉及到对塞浦路斯（Cypriot）籍的散装货物和集装箱船舶“勒尔”（Nel）轮的变卖所得提出的多个竞争性诉讼请求的优先次序的裁决问题。“勒尔”轮被作为抵押权人的苏格兰银行在温哥华（Vancouver）扣押，随后通过联邦法院的程序而变卖。这一判决涉及多个请求人对变卖所得是否拥有船舶优先权的法律地位问题，因为苏格兰银行的抵押权请求非常大，任何没有船舶优先权法律地位的诉讼请求都将得不到偿付。同时，法院也处理了由序列位于苏格兰银行之后的请求人提出的几个论点：苏格兰银行的诉讼请求应有所减损或者其优先次序应有所改变。这些论点中最为有意义的论点可能与苏格兰银行涉及购买和转售“勒尔”轮的姐妹船只“蓝色 L”（Blue L）轮有关，而“蓝色 L”轮已在南非通过司法程序变卖。

证据证实，“蓝色 L”轮是对苏格兰银行做了抵押的另一船舶，它在南非被一法院裁定拍卖时，由苏格兰银行安排的一指名公司以 3,300,000 美元价格购买。这一指名的公司立即将其以 5,000,000 美元的价格出售给苏格兰银行的一个老客户。根据“勒尔”轮的请求人所获得的证据，苏格兰银行在它的指名的公司在南非购买“蓝色L”轮时就已经做了转售的安排，且没有任何证据证明以上事实或原始购买者就是苏格兰银行的指名的公司这一事实向南非法院披露过。在“勒尔”轮案中，法院认为，1，700，000美元的收益是对苏格兰银行的为实现船舶抵押权而不得不采取的财产保全的一种回报，因而减损了苏格兰银行的对变卖“勒尔”轮所得的整个请求。

在考虑依美国法律而享有船舶优先权的必需品供应者的诉讼请求时，法院遵循了先前判例法的效力：一个境外必需品供应者在经营时，虽然司法权并不授于其对必需品拥有船舶优先权，但是他雇佣了一个美国代理人，且在境外港口依次提供了事实上的必需品时，他可以要求依美国法而拥有船舶优先权。即使那样的船舶优先权不是一项依美国法律而拥有的高于抵押权的所谓的船舶优先权，它依加拿大的冲突原则也应位于高于抵押权的加拿大的优先权框架之中。

法院驳回了这一论点：对“勒尔”轮姐妹船只的船舶优先权的请求可以与对“勒尔”轮本身变卖所得所提出的请求一样享有同等的优先次序，因为《联邦法院法案》第43条第8项赋予了对其姐妹船只的扣押行使管辖权。然而，在驳回船舶优先权向姐妹船只的可转移性时，法院确实接受了对提供给“勒尔”轮所属的船队的其他船只的必需品的诉讼请求，可以未保全的情况下向“勒尔”轮提起的观点，尽管这些船只属于不同的所有者。在遵循现存的判例法：揭开公司面纱，可以将姐妹船只为不同的公司所有认定为一种欺诈或伪装并确定其相同的所有者的同时，此判决在实际发现注册的所有者是空壳或伪装公司并掩盖公司的根源是真正的所有者这一事实方面是相对罕见的。

此判决在另一方面也有点罕见：法院行使其管辖权，改变了优先权的通常的框架，以便将一向船上工作人员提供医疗服务的加拿大提供者置于一种与船舶优先权享有者相似的地位。依照加拿大法律，那样的请求人应是序列位于抵押人之后的必需品提供者。但法院发现，作为请求人的诊疗机构除了帮助船员外现也没有任何其他道义上的选择，因而赋予诊疗机构高于惯常序列的优先权是恰当的，也是与正义观念相吻合的。

十、实践

（一）解除扣押导致由原告但不是其律师赔付扣押费用

律师和当事人都由加拿大联邦法院的诉讼程序赋予其扣押权，但他们应该注意贸易阿贝得公司诉托勒有限公司（Trade Arbed Inc. V. Toles Limited）案中关于在解除扣押后对费用的判决。此判决的背景是涉及由一票二手钢轴的货主做为原告向由船东托勒有限公司（简称托勒公司 Toles）做为被告提起的一场诉讼，此诉讼因在“金康”（Geneon）租船合同下从克奇（Kerch）到纽瓦克（Newark）的一个运输契约而引起。依照租船合同的条款，被告荣立资产联合王国有限公司（简称荣立公司 Ronly Holdings U. K. Limited）保证托勒公司履行租船合同。运输船只“理想”（Ideal）轮离开克奇（Ketch）后发动机出现故障，并在马耳他（Malta）停留。原告随后花巨款承租了另一艘船将其货物运往目的地。

后原告着手依照租船合同的条款以仲裁的方式寻求对托勒公司和荣立公司提出赔偿请求。当此仲裁还在纽约悬而未决时，原告从加拿大联邦法院得到了扣押属于保证人荣立公司的一票货物的扣押令。当“理想”轮出现故障时，此批货物也在“理想”轮上。此票货物的运输也是由另一艘船完成的。被告的辩护律师申请解除扣押，其理由是：此票货物并不是《联邦法院法案》中规定的为支持对物管辖权所要求的诉讼标的。原告反驳，必要的联系存在于这一事实之中：被告的货物与原告的货物同时都在“理想”轮上运输，因此减少了可得的货物运费，所以被告的货物应被看作是此次整个海上冒险的一个组成部分。法院驳回了这一论点，并得出结论：被告货物的运输可能使原告货物的运输在商业上成为可行的事实并不导致被告的货物成为诉讼标的结论。对被告货物的诉讼被驳回，因而对其扣押也被解除。

在此判决之后，被告请求赔偿其已支付的律师和委托人的费用，同时请求一个由原告的律师个人赔付这些费用的命令。审理这一请求的法官注意到，做出解除扣押的判决是因为有对法院诉讼程序的滥用。他也承认，即便在海事诉讼程序中扣押货物非常普遍，但是此案中这种诉讼也是特别的，且在任何实体权利被确定之前构成了对他人财产的侵犯。法院得出结论：此案事实足以让法院行使管辖权并以被告律师和委托人的费用为基础裁定由原告但不是律师个人承担的赔偿额。

海事律师毫无疑问对原告律师无义务由个人赔付被告律师和委托人的费用感到如释重负，尽管法院认为此案中有对诉讼程序的滥用。然而，法院的如下评论的确在某些情况之下会引起如此可怕的结果：当一方当事人为外国人且所请求的程序为一技术性质的程序时，这样说是对的：在运行这一程序时外方当事人不会去理会法律的限制或要求。这样说同样也是正确的：国内的律师有责任告诉其委托人，他所期待的程序是不适当的。假使律师已告诉其委托人，但委托人还是希望律师去进行这一程序，如果真是如此做了的话，律师可被视为滥用这一程序的同谋。

（二）披露第三方当事人的实践规则

在海滨拖轮有限公司诉加拿大太平洋铁路公司（Bayside Towing Ltd. V. Canadian Pacific Railway）案中，出现了一个因适用《加拿大联邦法院规则》中可适用于实践但还没有很多司法上的考虑的一个条款而引起的问题。此案中引起争论的条款为《规则》第 238 条，它授权法院自由裁量是否允许对不是诉讼当事人的第三人提起要求披露的调查。

所提出的调查的来由是，在海滨拖轮有限公司（简称海滨公司 Bayside）的一艘拖船所拖的一艘载有木条的驳船撞击并毁坏了加拿大太平洋铁路公司（简称铁路公司 Railway）拥有的一座铁路桥梁之后，海滨公司请求依照采纳了《1976 年责任限制公约》的《加拿大海运法》的有关条款限制其责任。铁路公司试图采集当地一家拖船营运者卡泽午德拖轮有限公司（简称卡泽午德公司 Catherwood

Towing Ltd.）调用其拖船帮助驳船通过桥梁跨洞的情况的证据。铁路公司打算用这一证据证明海滨公司在事故发生时没有遵守实践上的或行业上的标准。寻求让当地拖船营运者负责人在披露程序中出庭的申请受到了拖船运营者和海滨公司的反对。几个论点被提出来反对这一动议，但被法院驳回。第一个论点是第238条只允许对自然人而不是公司提出披露，因而不能援用来获取关于卡泽午德公司实践的证据。法院似乎承认，将此做为一条法律原则它是正确的，但法院认为，卡泽午德公司负责人的知识的确是所要求的对象，因而这不是要求指令的障碍。

反对请求的第二个论点是，即使从卡泽午德（Catherwood）先生处所得到的证据证实海滨公司已违反一个行业上的标准，此种违反也只是疏忽的证据，而不是轻率作为的证据，而后者依据《1976年公约》的原则才是不享有责任限制所必需的。对于此论点，法院承认，将卡泽午德先生的通常作法作为确定轻率作为的标准是困难的，但法院判决称，这不是一个证明驳回动议是正当的，十分罕见的做法。

最后，法院驳回了这一论点：铁路公司的动议实际上是获取专家观点证据的手段，并认为铁路公司不是试图获取关于怎样通过桥梁的意见，而是关于通过桥梁的通常做法的证据。因而法院裁决：卡泽午德先生确实拥有关于诉讼中某一问题的证据。然而，法院基于铁路公司没能证明其不能以任何其他合理的方式从其他方面非正式地获得同类信息而否决了其动议。没有证据表明没有存在其他的拖船运营者并可从他们那里获取此类一般做法的信息，因而法院不准备启动由《规则》第238条规定的有点特殊的程序。

（三）为确定船舶变卖所得的请求的优先顺序而对宣誓证人的交叉询问

苏格兰皇家银行诉金色垂尼提（Royal Bank of Scotland V. Golden Trinity）案在确定对船舶变卖所得的竞争性请求的优先次序的程序中，处理了对请求的宣誓证言的交叉询问的范围，也处理对提供宣誓证言文书的宣誓证人的交叉询问的限度。熟悉加拿大联邦法院海事审判实践的人知道，对已扣押并依司法程序变卖的船舶的变卖所得的分配是一种典型的简易诉讼程序，其裁决的依据是：对变卖所得的各个请求人提供的宣誓证言，对这些宣誓证言的交叉询问的记录以及由根据这些记录而形成的论点所组成的听证资料。因而，在没有口头证据审理的情况下，宣誓证言交叉询问的利用和提交文书的义务成为揭开对方当事人弱点的惟一手段。

此案涉及由曲木普石油及海运有限公司（Tramp Oil & Maritime Ltd.），即一家必需品供应者和苏格兰皇家银行即已经联邦法院程序出卖的船舶的抵押权人。所提出的两个竞争性诉讼请求。曲木普石油公司（简称Tramp Oil）请求一项权利对苏格兰皇家银行的请求的宣誓证言的宣誓证人进行广泛的交叉询问，并有权强制提交广泛的文书，以方便其不仅能对苏格兰皇家银行根据抵押担保而提出的请求的实体问题、适当性和优先权，而且能对可能存在的可以减损苏格兰皇家银行的权利资格的任何衡平权利进行调查。

法院明白这一事实：裁决对船舶变卖所得提出的竞争性请求的程序本来是一个简易程序，但法院也认识到有必要保证相关的问题得到充分的讨论，因而对要求解决的问题总是采取了有点儿折衷的方法。关于交叉询问的范围，法院拒绝限制对宣誓证人的宣誓证言中的问题的询问，但又指出交叉询问不能像要求披露询问那样广泛。法院认为，这种程序中对宣誓证言的交叉询问应限制在：在宣誓证人的宣誓证言和提交给决定优先次序程序的其他证言中所发现的事实上的问题，从对其他问题的回答中产生的并列的问题，和对宣誓证言提交的文件。同时法院认为，在为用于确定优先权而宣誓的公司宣誓证言的情形下，宣誓证人有义务适当告知他（她）并去获取足够的信息并努力寻求回答他（她）不知道答案的正当问题。

最后，根据《联邦法院规则》规定的提交文书义务的明示的范围，法院认为文书的提交范围是相当广泛的，虽然它不像在一个成熟的诉讼中所涉及的文书披露那么广泛。宣誓证言的证人有义务在交叉询问中提交相关的属于他（她）所拥有、有权使用或控制的文书，假如清楚、简明、精确地要求他（她）这样做，且要求的文书的数量或其他因素不会使提交文书成为过于繁重的负担的话。

澳大利亚2000年海商法最新信息

王建新　译

【内容提要】本文内容包括从2000年1月份到12月份的信息。为了确保读者能及时把握信息，也包括从2001年1月份到3月份的内容。2000年悉尼奥运会和2001年国家百年庆典已经证明，并且正在证明对澳大利亚来讲是激动人心的事件，但对海事方面来讲，就不同了。当一艘轮船在大暗礁上搁浅，以及澳大利亚最重要的两部法律，即1912年航海法和1909年海上保险法被重新修改以后，澳大利亚海事方面立法的不足和缺陷被暴露出来。国会已经通过了涉及石油泄漏保险和船舶检验方面的立法，其中的一些已经显示了国际海事组织油轮公约方面的倾向。近海能源是海事立法的一个十分活跃的方面。澳大利亚政府和联合国管理部门已经开始讨论在石油和天然气丰富的东帝汶海域的权利和义务问题。澳大利亚法院、国家和联邦继续处理船舶管理和货物运输方面的大量案例，而且，有其他的许多问题值得介绍。

【关键词】国家权利　法律　条约

一

1. 国家权利的发展

1788年，英国征服澳大利亚后，澳大利亚的陆地和海洋是殖民地，因此，根本没有认识到国家权利。这就是该国约200年来的法律地位，一直到高等法院对马波与昆士仑州一案的判决，法院认为国家在哪方面可采取合适的方式起诉。此后，国会在国家权利和利益方面通过了一部立法，从而形成创造法律的案例。克尔克岛案表明这种诉讼已经被人们认识到了，但不是孤立的诉讼。从联邦上诉法院对案件的判决来看，高等法院的结论已经引起争议，当这种结论被传播以后，这方面的法律将更明确和稳定，至少可达到更深的程度。

已经出现或正在出现其他的国家权利在海洋方面的诉讼。复杂的国际问题、立法问题、宪法问题以及普通法方面的问题被解决是可能的。国家权利在海洋方面的请求对土著人及托列斯海峡岛屿的人们来讲，将是一个非常重要的利益源泉。

2. 船舶安全检验委员会

船舶安全检验委员会指定亨·波特摩尔主席、杰姆·贝尔先生，摩瑞特卡教授和贝利船长，这几位委员检验船舶安全。主席是澳大利亚人，由他发出最后的报告。所以在这里提到他对读者很有帮助。这个委员会在主要地方主持一系列的有多方面人士参加的公开或非公开会议，目的是收集信息。

这个报告很长，甚至专门的概要也太长，但据说这个报告关注船员和职业的开发利用、虚假证书、国旗的缺点和社会分类。报告的题目是《轮船、奴隶和竞争》，2001 年 6 月，主席在悉尼亚太经合组织会议上解释。

船舶指国际船舶的管理，约 85%到 90%的船舶质量符合国际要求。奴隶指发展中国家成千上万的海员被虐待、漫骂，而且收入低。竞争是符合国际标准的船与不符合国际标准船的竞争。

在演讲中，亨·波特摩尔先生继续概括了他的观点：

针对货物所有人越来越低的运费竞争，导致船舶不能安全管理以及海员非人的待遇和海洋环境的破坏。一些人可能认为此报告缺乏内部结构，但冲击了船舶安全方面的核心问题。因为这些缺陷已经被知道了多年，国际海事组织不能满意地答复。

3. 澳大利亚海洋政策

1999 年的报告介绍了澳大利亚海洋政策的开始以及国家海洋局的创立。海洋局共 19 个员工，已被固定在澳洲塔斯曼尼亚的首府荷巴特，威尔利亚·撒克任首长，这只是一个初始的政策，没有立法。首要的工作应该是东南地区的科学地图，东南部许多海底 板块已被发现，一些新的海底现象也被揭示。超出 EEZ 的大陆架已被描绘，2001 年 1 月，3 个主要的文件已被管理这项工作的部门公开，题目分别是《东南地区海洋计划鸟瞰》、《东南海洋地区鸟瞰》、《文本概要》。

这些海洋地区的三个文本组成了对自然存在，经济社会文化价值的认识。为了澳大利亚对超出 EEZ 的大陆架的需求，这三个地图提供了一个基础。

二、海上意外事故和海洋环境

1. “布格”轮搁浅在大暗礁上

2000 年一件突出的事故将长期影响澳大利亚的海洋景观。这件事就是马来西亚的“布格”轮于 2000 年 12 月 2 日搁浅在暗礁上。船的左边有 70 米的擦痕，大约 2000 平方米的珊瑚被损坏。“布格”轮在卸货减重起浮之前已被困了 12 天，但最终还是采取用炸药炸毁暗礁才将“布格”轮解困。幸运的是，没有石油泄漏，但大量的鱼被炸死，而且毒气的扩散影响了珊瑚等海洋生物。

船舶搁浅是由于船长疏忽航向所致，船长承认因违犯 1975 年海洋法和海洋条约而有罪。这件事也摆在国会立法面前。随后，昆士仑州也指控船主、大副和船长。马来西亚国际航运公司是船主。2001 年 2 月 6 日，根据 1994 年环境保护法的规定，船主被罚款 40 万澳元，这件事避免了从各级法院到高等法院因管辖权产生的争议。这件事也表明相关立法的缺陷和国际法、宪法和海洋法的复杂性。因为这关系到大暗礁这个世界性的海洋公园遗产。

虽然没有石油泄漏，但这件事影响了公共利益，因此，运输部和地方政府成立了一个委员会考虑如何保护大暗礁区域船舶安全和环境保护方法。这次对法律的修改引起了许多讨论，如，船舶是否有义务沿着暗礁的内部路线航行；能源和交通的发展哪个更重要；哪个部门立法才能效；如何惩罚违法者。

与其在这方面提出一个问题，还不如对澳大利亚近海水域的部分司法问题提出修改建议，特别是在大暗礁和托尔海峡。立法必须充分明确管辖权界限，将海洋公园的风险降低到最低限度，确保事件发生后有合适的诉讼程序。1997 年立宪会议后，澳大利亚政府没有公开这些问题，导致延误。笔者提出在足够高的水平上调查咨询这些问题，而不是中等水平调查咨询。加拿大在这方面已开始工作，澳大利亚在这方面落后了，需要认真考虑。

2. “劳拉”轮在悉尼港泄漏石油

1999 提 8 月 3 日，当“劳拉”轮在悉尼港发生石油泄漏时，整个澳大利亚人非常恐慌。由于讨厌的气味和媒体广播，澳大利亚皇家歌剧会被取消。油轮内石油流出，正好在接近居民区的槛桥旁，这件事很值得提出来，因为法院的案例因此事而产生。

船主、船长和大副被指控违反了 1987 年海洋污染法第 27 条。约 250 吨石油泄漏于水中，这件事发生是因为制动阀被误开，导致石油泄入水中而没有流入另外一个油轮中。被告承认违反了 1987 年海洋污染法，船主被判罚款 51 万澳元，大副被罚款 11 万澳元，对船长的指控被驳回。

3. “斯开达 2 号”轮泄漏石油

1996 年，当“斯开达 2 号”轮在诺福克岛卸货时，由于连在起重机上的液压软管破裂，约 5 升液压油流到水中。船主和船长被指控违反了 1987 年海洋污染法第八条第（一）款。法院根据该法第八条第（二）款驳回了原告的起诉，但案件被上诉。

为了回答上诉理由，法院不得不根据国际法来解释法律条文。作为国际船舶防污染条约的一部分，澳大利亚和所有的州完成了几乎相同的立法。在新南威尔士，相关法律是 1987 年海洋污染法。

上诉法院认为国际条约必须根据维也纳公约的要求进行解释，特别是其中的 31 条。法官陈述，“最重要的是，除了条约内容外，背境、目的也必须被考虑”。在回答这个案例的时候，上诉法院根据条约的目的和本意进行解释，借助立法的目的和态度解释时，必须符合普遍的意义。

上诉法院继续解释法律和公约的多种条款，发现“撕裂与磨损”都被认为是损坏，因此，在判断一个人是否鲁莽的时候，去考查另一个三思而行的人是不合适的。

一些人可能奇怪为什么作者利用法院 5 升油的污染事件作例子。结果是上诉法院已经阐明海洋污染法的重要性，澳大利亚根据国际船舶污染法，完成了国内立法。

三　1912 年航海法修改

1912 年航海法的修改是联邦政府对 1993 国际竞争政策委员会的一个反应。一个指导性的原则是，立法必须限制竞争，除非能证明不正当竞争比约束更有利。

可以想象，这个原则包罗万象，包括起源于英国商船法的航海法。有人可能认为既使不奇怪，也具有讽刺意味，修改航海法的动机是 1993 年的竞争政策。这部法律已经过时很久，因为民族利益的需要，也可能是某一领域的问题，航运方面有广阔的竞争空间。

立法报告的主要内容如下：

1. 澳大利亚在船舶安全和环境方面有较大的风险，通过加强管理和制定规则来降低风险。

2. 政府应采取预防的方法，避免船舶安全事故和污染环境，这些方法应符合国际标准，因此而产生的成本费用是不可避免的。

3. 要有一些条款规定船员合理的待遇，关注人身安全及与雇主的关系。

4. 在国际航运方面不采用长期标准是矛盾的和不充分的。

5. 包括国际海事组织在内，国际上的标准和管理措施，是非常好的参考内容。

6. 针对采用的基本标准，管理规则的主要变化被提出来。

7. 在改变的程序方面，与其制定新法，不如修改旧法。

最后的报告内容体现在英国商船法，大部分并入现行 1912 年航海法的内容被遭到反对。这给人们一个印象，似乎政府不再提及不安全船舶，也不再从第三世界国家吸收船员。政府准备在 2001 年年底之前通过投票来表明，反对意见获胜。无论当局政府还是反对派都没有对这件事发表意见。

最后的报告中涉及船舶的司法管辖权问题没有通过。没有一人委员在这方面有意向。这对澳大利亚来讲是非常重要的，但被忽视。毫无疑问，由于他的复杂性，法律草案将以那种形式出台，法律将在国会和议会通过。修改航海法将被否决。

四　1909 年海上保险法修改

另一个有趣的航运活动是澳大利亚法律改革委员会修改了 1909 年海上保险法。澳大利亚通过这部法律是在 1901 年联邦国家建立不久。这部法律的条款与 1906 年英国海上保险法十分接近，因此英国保险和再保险市场十分适合澳大利亚立法。近来有些观点认为，澳大利亚保险法不适合澳大利亚的条件，由于澳大利亚的保险事业依赖伦敦市场，一些人认为澳大利亚超出国际实践是不明智的。另一方面，又很难说明伦敦保险市场的优点符合澳大利亚的利益，法律中的不平等条款被传到政府部门。

澳大利亚法律改革委员会是主要的法律改革主体，其组成人员都是有经验和才能的人。该委员会已经完成对法律的修改。2000 年 7 月，出版了第一个讨论稿，最后一个稿件在 2001 年 4 月出版。澳大利亚政府已经在早些时候提出了制定 1984 年保险法中不公平的内容，这已经得到较好的认识。1986 年，政府已经在小范围内修改了1909年海上保险法，到一般的保险领域，这些变化已经被公众得到较好的接收。

作为澳大利亚和新西兰海商法协会工作的一部分，已经出台了一个新文件叫《1909年海上保险法修改》。这个文件从观察海上保险应该作为一个独立的保险制度开始，这个制度应该足够灵活，适应变化的国际环境。澳大利亚法律改革委员会已提出许多问题，但没有结论。澳大利亚和新西兰海商法协会代表律师界的意见，这个修改建议已经影响了实际性利益。

澳大利亚法律改革委员会的成员已经同许多保险和航运业的成员进行过讨论，主要的建议是：

1. 作为1909年海上保险法的继续，保险应该分开立法，就象伦敦和世界上的保险结构一样，但变化的内容应明显。

2. 非贸易目的的货物运输保险合同应该不受海上保险法调整。

3. 海上保险法应该修改，以便规定十分明确，既不同于航空事故，也不同于内河运输。

4. 保证的概念应该废除，取而代之的是相关的明确的具体条款，允许在合理损失范围内，降低承保人的责任。适航的默示保证应该被明确的保证条款代替，只有当保险人应该知道导致船舶不适航，并且不能补救的情况下，保险人才从中降低责任。非法的默示保证也应被明确的条款代替。

5. 海上保险法中不合理绕航、迟延到达条款应该被废止，取而代之是明确的合同条款，保证条款等。

6. 应该引进1984年保险法中的利益条款，保险人的权利变得更加明晰，应提倡最大诚信原则。

7. 法律应该清楚规定保证人的举证责任条款，但这个举证责任不是由被保险人引起。

8. 最大诚信原则应该相互的，包括在保险人和被保险人之间。

9. 当保险欺诈事件没有被发现的时候，对保险人来讲，就应该判断当整个事情被揭露以来，应该采取的步骤。

10. 任何一个争议选择法律应该是由合同当事人确定。

确实是由于保证条款引起法律的修改，保险人的有利方面高于被保险人。一些年以前，海上保险法感觉有些不公平方面，然而，这个报告并没有取得应有地位。

现在仍觉得这个最后报告很有价值，值得推荐和思考，但是所有的人支持澳大利亚法律改革委员会是不可能的，这对政府来讲，需要采取步骤对待这个报告。

五　帝汶海峡边的谈判

在此期间，另一个有趣的事是澳大利亚与东帝汶的联合国过渡机构之间关于东帝汶海峡的谈判。当葡萄牙控制东帝汶的时候，葡萄牙与澳大利亚之间没有对边界问题进行谈判，有一个海峡在澳大利亚北部边缘。只是当1975年印度尼西亚控制东汶帝的时候，帝汶海峡的界限划分谈判才开始。1991年，当澳大利亚与印度尼西亚之间签订关于合作开发交界地区时，这项工作才完成，并且生效。随后，澳大利亚对此进行立法。

这个条约形成了三个明确的地区，A区是两国共同享有利益和开发地区。B区在A区北面，实际在澳大利亚控制之下，C区在A区北面，在印尼控制之下。

1999年8月，东帝汶投票同意从印尼分离。经过暴乱和斗争，印尼政府最后同意允许联合国进入东帝汶，形成由澳大利亚领导的多国部队，这件事交给了安全会议，便于维持和平和人道主义援助。

多国部队维持安全以后，1999年10月，联合国以1272票同意联合国建立东帝汶过渡时期管理机构，管理东帝汶，直到能够独立自治。这个决议同意联合国与其他国家或国际组织签订国际条约，为联合国过渡管理机构履行在东帝汶职能。这件事对东帝汶海峡来讲非常重要，然而，现在已经认识到这里很有必要维持一个稳定合法的投资环境。需要再次谈判，以便确立东帝汶作为澳大利亚新伙伴，享有相同权益，从而取代印尼。虽然过去澳大利亚和印尼在帝汶海峡的税收已降到最低限度，进一步发展以后，产品、石油和天然气买卖将是东帝汶主要收入。

2000年12月10日，澳大利亚与联合国的过渡机构互换了上述三个地区的备忘录。政府随后修改了立法。这为了继续让原始的印尼东帝汶条约生效，直到东帝汶独立时才期满。在此协议下，联合国过渡机构代替印尼的权利。

澳大利亚、联合国过渡机构和东帝汶之间进一步谈判的首要原因是形成一个协议，代替现在临时的帝汶海峡条约，这看起来是一个严密的过渡协议，管理帝汶海峡的石油开发。投资者的共同事业是在水下铺设管道连接油田到瓜哇和北部地区，并且签订了一个截至2001年7月底的协议。

4月份举行的进一步的谈判没有结果，很明显从联合国过渡机构石油和天然气会议的谈判者来看，反对意见仍然存在。一个更加复杂的问题是西帝汶人，他们是印尼公民，要求印尼政府在此地区的石油和天然气方面分享利益。谈判直到此文写作时，仍在继续。

六　海事案例

1. 提单是作为运输合同的证明还是货物收据

卡基尔公司将肥料卖给海福特公司，由散货船“飞跃”轮承运。“飞跃”轮属于库凯海运公司，期租给威斯特货运公司经营。收货人海福特公司与威斯特公司有一份按金康格式条款的航次租船运输合同。从佛罗里达坦巴港到澳大利亚港口，这是第16航次运输。在坦巴港，“飞跃”轮的货舱进行了检验和清除，便于装货，但是，到达澳大利亚时，货物被发现混杂有小麦并变质，货物因此进行了检疫。卡基尔公司和海福特公司起诉库凯海运公司和威斯特公司。案件中许多货损原因被提出来，包括疏忽、交货过失，违反合同义务等。海福特公司索赔900万澳元，加上利息和诉讼费用。库凯海运公司否认提单是运输合同的证明，相反，库凯海运公司认为，因为提单中并入了专门术语，受海福特公司与威斯特公司之间运输合同的免责条款保护，而且，库凯海运公司认为海福特公司不应该起诉，因为是海福特公司的代理人在美国检查货舱时，发现货舱干净，可以装货。

问题是，提单是否为运输合同的证明。特波里法官评述认为，如果租船合同或者运输合同是有效的，而且合同当事人相同，提单可能仅仅是一个货物收据。然而，在此案例中，法官发现并非如此，运输合同当事人是船主和租船人。提单当事人是租船人和托运人。而且，根据审判，提单中并入的术语清楚表明，当事人库凯海运公司与海福特公司之间是一个独立的合同，这使海福特公司有起诉的资格。

海波里法官后来发现海福特公司与威斯特公司之间的运输合同未并入提单。这个不能适用“所有条款和条件，包括租船合同并入提单”。案例中，有两个租船合同，库凯公司与威斯特公司之间的期租合同，威斯特公司与海福特公司的航次租船合同。与原来另一案一样，特波里法官这样解释提单条款，根据首要条款，船主是租船合同当事人，他不能引用运输合同中的抗辩条款。

最后一个问题是，海福特公司能够起诉，因为他的代理人在美国检查了货舱，发现是干净的且能载货。特波里法官认为，虽然海福特公司已委托人检查了货舱，但货物需要最大限度注意，提供人证据表明船长未采取严格的控制标准。库凯海运公司是雇主，应承担责任，包括利息和诉讼费。

2. 马绍尔海军的责任及因看管扣押中船舶产生的代价

马绍尔海军的工作并非经常去法院，但海军看管扣押中的船舶引起诉讼的案件很有代表性。法院给马绍尔海军在管理船舶方面很重的责任，但这个观点已受到挑战。法院将决定哪些证据证明马绍尔海军有此有责任。在澳大利亚，这对马绍尔海军来讲是一件非常严肃的事。现在马绍尔海军很可能委托律师，甚至请法律顾问，这在联邦法院非常特别，针对这个问题，下面有一个案例。

在洛克银行诉“马卡2号”轮案中，争议是，是否马绍尔海军应该承担商业保险的完全责任，是否保险费是包括在马绍尔海军的看管成本费用内。

这个案例起源于“马卡2号”轮一连串冒险。当法院允许该船从一个港口到另一港口，以便于卸货的时候，原告发出一个指令，以便让马绍尔海军从卖船赢利收入中支付保险费用。洛克银行试图仅有一个种类关系到马绍尔海军的专业性的赔偿，费用从 卖船费用中支付，而并不是包括船舱、机器和碰撞责任。

当发现联邦法院规则确定真正给法院司法管辖权，以便改变早一些的指令后，法官的一个重要的决定内容是，马绍尔海军在领取全额保险单之后，已超过了三年半，原告才提出异议，法院根据这个事实认为，马绍尔海军已履行了他们的义务。案件没有提出上诉。

问题是，是否军队的规范允许马绍尔海军领取全额保险金，现在发现，在当时这是一个问题，马绍尔海军因此有权支付所有保险费用，作为扣押中船舶的费用，原告的申请被驳回。

蒂克公司诉“佩利”轮和“杰安”轮案涉及马绍尔海军于2000年年初提出的一个申请，法院要求其看管1993年3月扣押的一艘船舶。“佩利”轮和“杰安”轮被扣押，因为拖欠原告为其所有人修船的劳务费和材料费，当事人不同意卖船，一直要等到审判结束。

海军部规定了马绍尔海军有义务采取合适的方法监护扣押中的船舶，可采取合适的保存方法，除非法院有其他的指令，该案例中的问题是什么是马绍尔海军的义务，什么步骤是合适的。船舶已被扣押了很长一段时间。

虽然原告主张更少的花费更合适，但被告坚持要支付船舶实际发生的费用。法官认为这依赖于特定案件事实，法院认为要求马绍尔海军正好在船舶扣押时的条件下，将船舶保存完好是不合理的。根据布劳法官的观点，船舶有损坏是不可避免的。他认为合适的方法只能使船舶变坏的时间推迟。法院听完有关证据后认为，有多少费用采取什么步骤，起诉马绍尔海军时依赖于所做工作，最后判令马绍尔海军仅赔1800澳元。

这个案例是一个明显的好例子，当事人之间达成协议比在法院起诉更好，特别是合法的费用超出争议费用的情况下。

3. 澳大利亚对不便利诉讼法院的观点

在拜克公司诉“艾依”轮案中，船主希望在澳大利亚提起诉讼，以解决不同司法管辖和当事人的争议，引起的不便利法院诉讼。案例起源于“艾依”轮与一个驳船在非洲北部几内亚首都柯那克里发生碰撞，原告拜克公司在澳大利亚申请扣押了船舶，但当提供担保后，船舶被解除扣押。船主遂向澳大利亚法院送去一个文件，以便于在几内亚进行诉讼。船舶在利比利亚首都蒙罗维亚登记，所有人是利比利亚公司，管理者位于伦敦，船长和船员是印度籍。拜克公司是一家德国公司，拜克公司担心几内亚法院进行审判的充分有效性。法官很快处理这个争议，认为由于缺乏可信的证据，澳大利亚法院不应该仅凭理解坐堂审判，应对原告公正。

承办法官认为，有一个判例可表明司法管辖权问题，澳大利亚是否明显为不便利法院。可以比较传统的方法证明不便利法院的处理方法。前者关注当事人提供文件的合适性，然而，后者却顾及两法院的平衡性。

根据与澳大利亚相关的事实，船舶在澳大利亚扣押，可以确定几内亚法律适用于碰撞责任，应允许当事人在澳大利亚法院进行诉讼，但是如果有原告必须在几亚内进行诉讼的条件，应该在几内亚诉讼。

七　立法发展

就像大多数国家一样，在澳大利亚，保险业反对石油从油轮中泄漏，是国际海事组织公约整个体系中一个重要内容。这个体系给油轮泄漏石油创造了充足的保险保护内容，但仍长期存在问题。如果非油舱内泄漏的石油，将可能没能资金进行清除。这个不足之处被国际海事组织在 2001 年 3 月的一个油轮会议中提出来。

澳大利亚政府近来通过针对这方法立法和保护海洋，修改了 2000 年法律的内容，主要有四个方面：

（一）要求 400 总吨以上的船舶进入或离开澳大利亚港口，应该有一个足以防止石油污染的保险，这个保险包括专用油轮和货轮。

（二）在 1981 年海洋保护法下，明确规定船主服从海事局的处理决定。

（三）在 1981 年海洋保护法下，确保海事局有足够的资金，以便有污染威胁，或已发生污染的情况下，排除污染。

（四）在法律之下，按澳元计算处罚数量。

船舶进入澳大利亚必须出示油轮或非油轮证书。澳大利亚已走在世界前面，因为国际海事组织的油轮公约尚未生效，还需要一段时间。而且，油轮公约适用于 1000 吨的船舶，澳大利亚却适用 400 吨。

南非海商法简介

张 瑜 译

【内容简介】 由于其优越的地理位置、国内立法机构以及各社会团体的重视，南非海商法近年来开始取得长足的发展，并成为南非海事立法及海事司法实践中的一个重大飞跃，它将一个落后、过时的法律转变为世界上最先进的法律，并使南非的海商法因其在扣船方面的独特规定成为世界范围内最受欢迎的立法。本文将结合南非最新的立法及判例发展，对南非海商法特别室扣船方面的法律制度作简单介绍。

【关键词】 南非　海商法　简介

一、前言

本文将结合南非最新的立法及判例的发展，对南非海商法特别是扣船方面的法律制度作一简单介绍。

南非共和国，位于非洲大陆最南端，东、南、西三面环海，海岸线长约2500多公里。与大多数国家不同，南非有三个首都：行政首都 Pretoria，立法首都 Cape Town 和司法首都 Bloemfontein。

作为一个英国前殖民地国家，南非海商法中的内容大多源自英国海商法，但自从1983年海事诉讼法制定后，南非开始注重于本国海商法特色的发展。事实上，南非海商法的某些内容特别是扣船法律制度，使其与其他国家的海商法相比更具有自己鲜明的特色，并且也使南非在扣船方面成为世界上最具吸引力的司法管辖区域。

南非海事法案修订于1992年，着重扩大了南非法院受理海事海商案件的司法管辖范围，增加了船舶扣押的可能性。并且在此基础上，南非进一步完成了《船舶登记法案》的制定工作，从而提高了船舶抵押权受偿的顺序，增加了由船舶抵押作为担保的若干法律规定。但是不可否认，虽然有上述基本的发展，英国法律对南非海商法的影响并未减退，实际上这种影响在其海商法的某些条款中，已经根深蒂固。而在立法方面，为了保持法律的连贯性，南非的海事法律尽量保持和英国法律的一致。例如有关法院海事管辖权的问题，南非海商法第6章这样规定：对于当事人之间达成的任何关于选择适用法律的协议，南非高级法院都将在法律容许的范围内，选择适用英国高级法院在同样情况下将会适用的法律，行使海事管辖权进行审理，就像英国高级法院于1983年11月1日（英国海商法生效之日）行使海事管辖权一样。而其他方面的法律适用，南非法院则在共和国内运用可实施的 Roman—Dutch 法律（南非的法律体系以 Roman—Dutch 法律为渊源，1806年后逐渐引入英国法，在刑法、宪法、公司法、商法等领域受英国法的影响较大，而在物权、继承、租赁等方面的法律则受Roman－Dutch影响大)。英国的海事判例虽然不能直接约束南非法院，但却对南非法官的个人观点影响颇深。

二、简议南非海事请求保全制度

南非法院的海事审判权由南非海商法规定。除个别情况外，海事审判权归属于沿海岸各个高级法院（THE HIGHT COURT)。当事人若对高级法院的裁判不服，可上诉至最高上诉法院（THE SUPREME COURT OF APPERAL)，亦可直接控诉于高级法院，由高级法院另行组成合议庭（三个成员组成）进行审理。高级法院在行使其独立的司法审判权时，程序上受到单行的海商法实施细则的约束。南非海商法是南非海事立法及海事司法实践中的一个重大飞跃，它将一个落后、过时的法律转变为世界上最先进的法律，并使南非的海商法因其在扣船方面的独特规定成为世界范围内最受欢迎的立法。

（一）提出海事请求保全的条件

通常情况下，有以下几点：

1. 该请求必须是南非《海商法》第1章中所规定的“海事请求”。

2. 法院必须有管辖权，或经当事人协商后的选择享有管辖权。当被申请人为外国人时，法院的管辖权取决于被申请人被扣押船舶或被查封的其他财产是否在南非境内或在其领海内。

南非海商法第1章中详细列举了32种海事请求，其中包括了《1952年扣船公约》中所规定的可引起船舶扣押的各种海事请求。1992年海商法修订时，“CATCHALL”条款被增加到海商法第1章中，它赋予了最高法院在海事请求方面高于任何其他请求的管辖权。

无论是海事请求的发生地、船旗地或是船舶的登记地以及船东和请求人的住所地或国籍，都不会影响南非法院享有对海事请求的海事管辖权。

（二）实施海事请求保全的程序

南非海商法规定了2种诉讼的形式：

1. 对人诉讼。其中自然人、债务人或违法者作为被告。

对人诉讼中的先决条件，是被告必须是在诉讼请求中被列明为对原告承担责任的人。除非被告是居住在南非或在南非进行商务经营并同意或协议在南非法院进行诉讼，或者在被告为在南非境内设有注册登记办事处的公司，否则其在相关法院管辖范围内的财产必须被扣押，以便确定或取得该法院的管辖权。在对物诉讼中，对是否必须为发现或确定管辖权而查封扣押财产没有作出限制，并且任何财产，无论它的自然属性或价值如何，包括无形财产，都可以被查封或扣押。

除非法院其他的命令，要获得法院查封、扣押财产的命令以确定法院管辖权的法定程序，是申请人向法院递交一份宣誓书（Affidavit)，即相当于我国的财产保全申请书。宣誓书必须宣称：①其请求必须是海事索赔请求，且被告对该纠纷负有责任，②法院通过财产扣押将会取得司法管辖权，③申请人是否以及提供担保，以保证因扣押财产错误而产生的一切后果均由申请人承担。

不管法院发布的是最终命令还是临时命令，被查封扣押财产的所有人都有权在法院作出命令前或之后向法院申请另一命令以使法院撤销扣押并保障被扣财产能得以安全、完好的释放。任何时候，无论是在扣押前或被扣押之后，只要财产将要有被查封或扣押的可能性，保证被扣押财产的安全的责任就会施加于财产所有人身上，以保障财产能被顺利的查封、扣押或释放。

当财产所有人申请撤销对财产的查封或扣押时，申请财产扣押的当事人有义务提供被扣押财产属于该案被告的证据。另一方面，在诉讼保全阶段，申请财产保全的当事人只需确定他对被告有明确的诉讼请求；换句话说，他必须有证据证明存在引起诉讼的事实，如果该证据被接受的话。

2. 对物诉讼。在这一诉讼中，原告在海事请求中列明的船、仓库、设备、货物或是从拍卖这些财产所得的价款，都可以成为被告。

同时，作为1992年海商法修订的结果，当原告提出的海事请求与船载集装箱或与集装箱内所装货物有关，那么集装箱也可以作为对物诉讼中的被告。

至于对物诉讼，有2个先决条件：第一，要么原告对被扣押财产享有海事优先权，要么被扣押财产的所有人在与诉讼事由有关的对人诉讼中对原告负有法律责任。第二，依当事人的申请在法院管辖的地理范围内对被扣押财产进行查封或扣押。与之相反，对人诉讼的开始，并不以是否进行财产保全为前提条件。对物诉讼中，原告可以就以下几种财产提出扣押申请从而开始对物诉讼：

1. 船舶，而无论其是否有各种设备、装置、物料或燃料；
2. 全部或部分船上设备、装置、物料或燃料；
3. 全部或部分船载货物；
4. 运费；
5. 集装箱（如果原告海事请求的提出与船上集装箱有关或与该集装箱内的货物有关）；
6. 资金，包括拍卖上述被扣押财产的价款或担保金等。

与规定有广泛的海事优先权种类的美国法律相反，南非海商法承袭了英国法律，仅承认极为有限的几种海事优先权，而这将会导致财产扣押缺少对财产所有人责任的要求。

在对物诉讼中，这种财产扣押程序既简单又快捷：在对物诉讼中，原告无需提出申请或宣誓书，而在原告或其律师签署一份在本质上与宣誓书内容基本相同的证书之后，便可得以实现。开始诉讼的传票由法院书记官发出，而后的扣船令也由其发出。

对人诉讼与对物诉讼的重要区别在于：前者中，被扣押财产的所有人必须提供与诉讼标的等额的担保金以保障其被扣财产能得以释放；而在后者中，财产所有人只需提供与被扣押财产等值的担保金即可。

但是有一点毋庸置疑：无论是在对人诉讼或是在对物诉讼中，都不会赋予高级法院绝对的司法管辖权。

三、南非扣船法律制度的特殊规定

(一) 关联船舶的扣押

当1983年制定海商法时，最初的目的是通过它的某些规定使原告能够识破“单船公司”的面纱。但是从那以后，这些条款规定的漏洞也随之产生。此外，司法实践中，法院会要求申请人提供充分足够的证据以揭穿“单船公司”的伪装。但这种要求对于申请人来说往往是困难重重、难以实现。正是因为这些原因，在南非海商法协会的推动下，1992年南非对海商法进行了修改，并对关联船舶的扣押作出了规定。近年来的案例显示，这样的规定，一方面提高了扣押船舶的机率，但另一方面也加重了船东的负担。但是，我们不能否认，南非宽松的扣押关联船制度，使南非海商法与其他国家相关法律相比更具有鲜明的特色，同时也使得南非成为国际上海事索赔人扣船的首选之地。

对关联船舶的扣押可以有以下三个形式：

1. 扣押海事请求发生时与当事船舶同属一个公司的船舶（即姐妹船的扣押）；

2. 扣押海事请求发生时由控制拥有当事船舶的公司的人所拥有（控制）的另一家公司的任何一条船舶；

3. 第三种形式是前两种形式的联合，即当事船舶或关联船舶中有一条属于可享有利益的船东个人所有，而其他船舶则属于该人控制拥有的公司所有。

同时，在扣押中还应注意以下几个问题：

1. 姐妹船

①当事船舶（要求被扣押的船舶）在海事请求发生时必须属于可享受利益的船东所有，而在实施扣押时则不必为此人所有；

②关联船舶在诉讼开始时必须为可享有利益的船东所有；而在发生海事请求时却不必为船东所有。

2. 属于公司所有的关联船舶

①关联船舶必须为有关公司所有且此公司在诉讼开始时就被可享有利益的船东控制（拥有）；

②当事船舶只需在海事请求发生时为可享有利益的船东所有，且此公司也只需被此人所控制拥有，而在实施扣押时则无 此方面的规定。

3. 直接拥有关联船舶，而当事船舶属于公司所有

①关联船舶在实施扣押时必须为可享有利益的船东所有；

②海事请求发生时，公司只需为该船东控制的公司，且当事船舶只需为该“公司”所有。

直到最近由最高法院作出的一个重要决议中，“控制拥有”的概念仍未得以明确下来。在 The Heavy Metal No. 1 一案中，一个塞浦路斯人实际上为当事船舶 Sea Sonnet 轮所属 A 公司及被扣押关联船 Heavy Metal 轮所属的 B 公司的所

有人，但是他却证明他仅为这两家公司的名义董事和指定持股人，并且他在没有授权的情况下无权对公司的事务作出任何决定。在决定此人是否直接或间接拥有控制公司的权力的时候，法院认为尽管该塞浦路斯人仅是表面上控制了A、B两家公司并且实际上并不能真正控制这两家公司，也不能决定他们的发展方向。但是，按照南非有关法律的精神，立法本意就是要揭开法人的面纱，则应作出对申请扣船方有利的解释，即塞浦路斯人控制了这两家公司，而Heavy Metal轮就是Sea Sonnet轮的关联船。

并且，我们还应注意到，在一般情况下，南非法院对当事人在诉讼中提供有关申请扣除的相关文件资料，都会采取谨慎的审查方式，不会轻易确认其真实性。

（二）Security Arrest担保扣押

在南非，申请人可以申请南非法院扣押被申请人在南非但任何财产以便为已取得的判决或将要取得的判决寻求担保，而不论该海事请求是否正在进行或可能将会引起仲裁或其他诉讼，也不论该诉讼或仲裁是否适用南非法律。任何如此被扣押的财产，或为了这样的目的而提供的担保，或从中而得的收益，或象这样的财产，将会被视为仲裁或其他诉讼的最后裁决能得以实现的保证。这种扣押在南非通常被称作"担保扣押"（即Security Arrest），这种扣押在当事人欲对某财产进行扣押而提出海事请求时都能得到有效实施，而不论是对人诉讼中对作为财产所有人的被告提出的请求或者对物诉讼中对财产包括关联船舶提出的请求。根据南非法律，扣船申请人必须有一个在对人诉讼中对财产所有人或者对物诉讼中对物可执行的海事索赔请求；同时海事请求人就该海事索赔在南非或南非之外正在进行或将要进行诉讼或仲裁。可以确信的是，这种海事请求在南非必须是明确而可实施的，而在缺少上述要求时程序将会是无法实现的。

1983年海商法仅允许对物诉讼中出现担保扣押。而当海商法1992年修订时，法律也允许在对人诉讼中实施担保扣押。

相关的法律规定通过最高上诉法院的2个案例确定下来，根据南非法院的The Dimitris等判例，申请人欲取得担保扣押，必须向法院证明以下几点：

①申请人针对请求扣押的船舶，或者是与请求扣押的船舶相关船舶的可执行的海事请求；

②申请人提起了与海事请求有关的诉讼，并且该诉讼请求在它选择或指定的国家中能得以实现；

③申请人有真实的、合理的请求要求被申请人提供担保。

发生在1992年海商法修订后的案例中，最高上诉法院再次证明它在"The Dimitris"一案中的决定。此案中表明：当申请人为实现担保扣押而必须履行其基于上述①②而产生的义务时，他必须证明他想得到担保的真实需要是合理的，表明其正在进行或将要进行的诉讼或仲裁没有足够的担保，或是他无法取得担保；同时，申请人还需向法院提供其有在实际诉讼或仲裁中获胜的初步证据。

（三）检验和取得证据

必要时，海事法院有权作出检查、测试、检验任何船舶、货物、文件资料或其他物品命令的权利。1992年这种权力扩大到可以调取任何人（如船长、船员）的证言等证据。另外，在特殊情况下，南非法院还被赋予为海事请求而下令到境外取证的自由裁量权。同时，法院还明确规定，所谓“特殊情况”必须限定于一个有限的解释范围之内，即“特殊情况”必须为非常或尤其不寻常，且在实践中，这种特殊情况的界定必须慎之又慎。

（四）强制拍卖

1. 拍卖程序

法院可以在任何时候下令拍卖被查封或扣押的财产。拍卖的收益作为法院的一项资金予以保留或作其他的处理。如果船东未提供担保亦未参加诉讼（诉讼未受到反对），法院将会在缺席审理并判决后下令进行拍卖。或者，在特殊情况下，在答辩期间，船舶即将报废而又符合应拍卖的要求，法院也会下令进行拍卖。而与下级法院下令拍卖相反，在2001年开普敦上诉法院提出，当诉讼受到反对时（当被告提出答辩反对意见时），法院不应轻易下令进行拍卖。

在拍卖过程中，被扣船舶一直处于行政司法官（Sheriff）的监管之下，行政司法官经授权后可以拨出部分费用，用来支付自己为监管和保护被扣财产的费用，这其中也包括搬移和储存被扣货物及处置易腐烂被扣货物的费用。但是，行政司法官必须在其监管过程中与实施扣押财产的人共同商议有关事宜，同时其行为也必须符合有关法院的相关规定。在拍卖中，不会有预留款拨付出来用于支付保存财产的费用，而且还会出现行政司法官不得不向法院提出申请，希望法院责令债权人扣留船舶的预付资金，以保证行政司法官有足够的款项用于支付这些费用。在The Argun一案中，最高上诉法院就授权与行政司法官，允许其可以在被扣船舶债权人与船东的诉讼尚未结束时，从债权人处取得一笔款项用于支付上述花费。

2. 临时性判决传唤

1997年，作为南非海商法扩大部分（增设部分）的海事法实施细则进行了修订，一种专门形式的文件，通常被称作“临时性判决传票”，开始被使用。这时，原告通常会基于一份由被告签字承认无条件支付有关款项的文件而提起诉讼。这种文件可以有很多形式，大多通常为支票、交易的帐单（票据）或是承认债务的证书或抵押权证书。通过临时性判决传票，被告在特定日期被传唤到法院接受审问，回答由原告提供的上述文件中涉及到的问题。如果被告未能如实回答问题或答辩不成功，那么法院将有权作出有利于原告的临时性或终局判决。

假设被告的答辩不成功，临时性判决将会对原告有利，而且一旦被告对判决中所涉到债务数额无异议，那么他将只能允许对诉讼进行抗辩；如果被告未能成功抗辩，那么在2个月内，临时性判决将会变成终局判决。而如果被告抗辩成功并导致原告得到的临时判决被拒绝，那么诉讼将会按原来的程序继续进行下去。

四、责任限制

（一）吨位限制

南非并非是《1957 年船舶所有人责任限制的国际公约》和《1976 年海事赔偿责任限制公约》的成员国（缔约国）。但是，南非《1951 年商航法》第五章中的规定，却与 1957 年公约和 1894 年 商航法第 503 项的模式极为相似。在上述公约中，成员国如果希望自己的责任得以限制，必须证明损失或损坏并非由其"实际过失或参与"而产生。在"ATLANTIC HARVESTERS OF NAMIBIA, LTD. UNTERWESER REEDEREI GMBH OF BREMEN（THE ST. PADARN）"一案中，开普顿法院参考了大量英国案例，了解这些案例对 1894 年英国商航法第 503 项的运用，然后将此运用到该案的实际处理中。开普顿法院通过这些案例，认为申请责任限制的人应对其未有"实际过失或参与"承担举证责任。

在此基础上，有权申请责任限制的主体扩展到船东（而不论其是否在南非境内注册）、承租人、任何掌握或占有船舶的人或是船长。申请责任限制的主体，如果符合第 503 项规定的要求并能实际履行上述举证责任，那么他就可以将其对船上旅客人身伤亡、财产损害或灭失、或在任何一个单独场合产生的赔偿责任的总额限制在一定范围之内。以前责任人的责任限额有时被法律规定在一个非常有限的数额内。在 1995 年 7 月 5 日与 1997 年 9 月 1 日之间，当海商法修正案开始正式实施时，责任限额过高，以致使其失去了意义。因此，在后来 1997 年 9 月 1 日海商法对此进行了修改，弥补了这一漏洞。与 1976 年公约相同，责任人责任限额的高低，取决于是否发生了人身伤亡或是否发生了财产的损坏或灭失。在只有人身伤亡损害赔偿请求而没有财产损害或灭失的赔偿请求时，责任人的赔偿责任限额为每吨位 20667SDRS；只有财产损坏或灭失赔偿请求而没有人身伤亡赔偿请求时，责任人的赔偿责任限额为每吨位 6667SDRS。（这里的吨位指的是依商航法规定计算而出船舶注册登记的总吨位。）

因此，在南非船东或其他责任主体享有责任限额要低于 1976 年公约的缔约国，这样，使得南非成为一个承担自己无"实际过失或参与"举证责任的船东们最愿选择的司法管辖区域。另一方面，南非也是那些希望打破责任限制的原告最愿选择的司法管辖区域。而在南非要作到这一点，远比选择 1976 年公约进行诉讼要容易的多。因为 1976 年公约要求必须审查船东在发生海损事故的行为是慎重还是疏忽。

五、结束语

我们应该看到，南非海商法之所以具有今天这样一个特殊的地位，与南非的地理位置的优越、海事立法的发展及南非各社会团体，如南非海商法协会、南非海上安全委员会的积极推动和支持是分不开的，也是这些社会团体从侧面的推动使南非海商法得到了更快的发展。同时，南非立法机构给予的充分重视，也是南非海商法得以快速发展的重要原因。他们不仅认识到海商法对南非海事审判及海上营运活动的重要性，并且主动对这一法律分支进行修改，使之更加成熟。南非作为一个拥有海事司法管辖权的司法领域，其名声已广泛被世人所知晓。它的这种知名度必然会使南非法院能够处理更多的海事纠纷，同时也将会促使海商法这门法律分支学科保持同成文法相同的发展速度，甚至还会超过成文法。由于南非最高上诉法院始终能够保证用最低的诉讼成本、尽快纠正法院在诉讼中出现的错误，因此南非司法制度一贯保持着其高素质、独立司法的良好声誉。

美国被保险人订立合同后的诚信义务

汪 琼 译

【内容摘要】在美国，最大诚信原则支配着一些但并不是所有的海上保险合同。它构成了联邦海事法的一部分，并且被一些州的法律采纳且运用于海上保险合同，虽然，在其他领域，它被州保险法的一些规则所取代。它最经常运用于与合同订立前的披露有关的场合。被保险人必须披露给保险人所有已知的、对所涉风险起主要影响的情况；如果被保险人没有做到这一点，保险人有宣布合同是否无效的选择权。这项原则也构成了英国法的一部分，被编纂在1906年《海上保险法》的第17条，该条规定；“海上保险合同是基于最大诚信原则而定立的合同，并且，如果合同双方都没有遵守最大诚信原则，其他第三方可以撤销合同。”在Manifest船务公司诉Uni—polaris船务公司（星海）一案中，上议院最近考虑了一个问题，即合同签订后，被保险人基于第17条最大诚信原则的要求所应尽的义务是什么。法院也考虑了船舶所有人何时可被视为“假装不知悉”，以致在没有真正知情的情况下构成对船舶不适航状态的私下知悉。

【关健词】美国法　保险合同　被保险人　最大诚信

一、事实

原告是“星海”号的所有人，该船在靠近巴拿马运河时起火并燃烧了几天。使用船上的二氧化碳灭火系统熄灭大火的意图受阻，一部分原因是船长不能胜任，一部分是由于引擎间的气门闸有缺陷，使得二氧化碳灭火系统起不了作用。“星海”号已有被告投保海难险，原告试图追偿海上保险合同下的推定全损。当保险人拒绝赔偿时，原告因此提起了诉讼。审判前，原告没有披露给保险人一项报告，即基于另一艘属于自己的船舶的事故作出的报告，即“卡萨特拉号”。这些报告显示了“卡萨特拉号”起火灭失的原因就是船长和船员不知道如何使用船上的二氧化碳灭火系统。审判中，原告的经理人之一证明他不知道“星海”号引擎间气闸的情况，可是，该证据不被审判法官Tuckey. J. 采信。

保险人主张，没有披露事故报告和缺乏说服力的证据违反了《海上保险法》第17条赋予原告的最大诚信义务，因而，保险人有权认为合同自开始就无效。另外，保险人主张，船舶在投入航程使用时处于不适航状态这一点也应被考虑到，因为当时的船长无法胜任，引擎间的气闸也存在缺陷。保险人坚持只有原告对不适航状态私下知悉，所以其无权请求保险索赔，因为《海上保险法》第39条第（5）款规定：出于时间策略的考虑，并不要求船舶在任何的风险状态中必须有适航的默示保证，但是，在被保险人有保险利益的情况下，当船舶在不适航状态下进入航行，保险人对于因不适航引起的损失不承担任何责任。

二、观点

审判法官 Tuckey. J. 认为，一旦保险人拒绝赔偿，17 条的最大诚信义务也就终止，因此没有披露事故报告和缺乏说服力的证据并不能使保险人享有废止合同的权利。然而 Tuckek. J. 发现，当"星海"号出海时不适合航行，而且仅有原告对不适航状态知情。当没有证据表明原告即船东知晓气闸的缺陷和船长的不称职时，Tuckey. J. 认为原告对那些事实"假装看不见"，也就是说，故意不采取任何措施去确认那些事实。因此，法院驳斥了船东关于推定全损的索赔，但另外却支持他们对部分损失的索赔请求。

双方都提起了上诉。上诉庭确认了船舶所有者的上诉，认为诉讼材料无法使审判法官得出船舶不适航的结论，因为船舶经理人怀疑新上任的船长无法胜任解救船舶火灾的危险。法庭驳回了保险人的上诉，认为，当保险合同成立后，第 17 条诚实信用所要求的义务仅仅是不能以欺诈提出及坚持索赔请求。保险人上诉到了上议院，上议院维持上诉庭的结论，在两方面做出了有利于船东的判决。

三、分析

包含最大诚信义务的《1906 年海上保险法》第 17 条，规定在总标题："披露与陈述"之下。紧随其后的第 18—21 条，都阐述了与合同订立前有关的事项。然而，在"星海"号一案中，上议院认为，17 条规定的义务不只局限于契约成立前的磋商，而且应继续适用于合同成立后。虽然第 17 仅适用于合同前陈述这一简单的推论在一些时候可能存在，但这种结论是"过时的祷告"（用 Clyde 议员的话说），因为相当多的权威实体得出推论：诚信义务适用于合同订立后的行为。然而，这并不等于，合同订立后诚信原则包含的义务内容与合同订立前一样。在与合同订立前有关的磋商中，这种诚信义务非常宽泛，要求未来的被保险人披露所有重要事实。上议院得出一致结论：在合同订立后赋予相同的苛刻的义务是不可能的。

Clyde 议员说，虽然在合同成立阶段，有理由期待"高度的公开性"，但是没有正当理由要求合同订立后，继续相同程度的公开性。Woodbomudl 的 Hobhotlse 议员认为，如果主张合同订立后，还必须有宽泛的义务揭露任何保险人有权知道或者会影响其行为的事实，这将是错误的。同样，Foscote 的 Scott 议员说，合同订立后的义务"不必受被保证的合同订立前应负义务的范围的约束。"

法院认为，合同订立后的义务要求基于合同的陈述和索赔诉讼必须诚实。它并不要求如同合同订立前的义务那样，披露所有重要情节和事项。否则，将产生 Scott 议员和 Hobhouse 议员所指出的实质性的困难。合同订立前披露的内容，实质上涉及到影响保险人决定是否承保以及采用何种条款的各种事实和情节。合同一旦成立，风险的承担就被接受，披露的目的仅仅在于使保险人形成一个观点：即对待已被承保的索赔请求采取什么样的态度。正如 Scott 议员所说的：披露或不披露的决定应尽早作出。迟延的披露将令被保险人付出与本案一样的代价，在本案中，"卡斯特拉"号的两份报告在审判过程中才予以披露。被保险人经常不能知道，从“利益”的一端到“起诉决定”另一端，这一段范围之中，事情和信息将发生在什么时候——尽管如此，不尽早披露的决定被认为——构成对第 17 条的违反并赋予保险人废止合同的权利。如果那样的话，被保险人必须把一大堆与本案诉请有可能相关的事实和信息统统告诉给保险人，保险人将应接不暇。

合同订立后，第 17 条的义务不仅不能对其产生深刻影响，当诉讼开始时，它也几乎完全被取代。Hobhouse 议员说，诉讼程序的开始使得当事方的权利变得清晰明确。基于此点，关于诉状交付、给另一方当事人的告知及特殊权利的程序性条款开始起作用。那些程序性规则，不仅超越了第 17 条和最大诚信义务，它们支配着当事方披露要求的所有范围。虽然 Scott 议员认为而且也看到了，关于第 17 条不能适用于提起诉讼的行为这一争论中，存在“大部分的强势压力”。然而，由于 sbyn 和 Hoffmann 议员同意 Hobhouse 议员的观点，也就是说大部分人支持那个提议。

在考虑合同订立后的义务应包含的内容时，Hobhouse 和 Scott 议员均参考了 Connecticut 最高院 Rego 诉 Connecticut Placement Facility 一案的裁决。在 Rego，一个火灾保险人试图一审判中的错误陈述为基础，拒绝弥补损失，正如“星海”号一案中的被告，试图以原告经理提供不可信的证据以及隐瞒事故报告为由，证明原告违反了第 17 条最大诚信原则的义务。审理 Rego 案的法院认为如果允许保险人在审判中等待证据的出现，以便创造一个更好的逃脱合同责任的理由，那么这将与审判所发挥的功能作用不相一致。上议院的大多数的议员同意了这一观点。

Connecticut 之外的地方，Rego 案中的这一观点没有被遵从，但在美国法律的授权中却充斥着这个观点，即保险人不能因诉讼中的“欺诈和错误的宣誓”废止保险合同。关于最大诚信原则是否在海上保险合同订立后继续适用，如果继续适用，应到什么程度，美国的规定较为模糊。大多数美国“坦率诚实”案件中都考虑合同订立前的错误陈述。法律规定被保险人仍然有责任披露在运用和确认保险合同过程中新发现的一些事情，但这种情形比上议院在“星海”号一案中所考虑的还多一些限制。在这样的案子中，合同还未签订，关键事情的披露还可以影响保险人是否承保的判断。

在 Rallod Tramp 公司诉 Continentall Ins 公司一案，美国第九巡回上诉庭认为，依照加利福尼亚州的法律，一旦合同成立，被保险人对重要信息披露的义务也一起停止。在 Windsor Mount Joy Mut. Ins. 公司诉 Giragosian 一案，美国第一巡回上诉庭认为：“一旦保险险别、范围等条款开始实行，最大诚信原则便把一个同等严格，持续的责任加在船舶所有人身上，即令其保证，不因恶意或疏忽，有意地允许船舶处于不适航状态。”（加于强调）这种情形也比“星海”号一案考虑的情形限制更多。这个案例表明，最大诚信原则是不使船舶处于不适航状态这一义务的基础；同时，此案例并非说明，意义深远的合同订立前的披露义务与合同订立后的披露义务具有同等效力。关于合同订立后的披露问题，Giragosian 案的法院认为：

不管严格的坦率诚实标准的精确的运用范围是什么，我们都无法相信在这些场合下，诚信原则会要求一个善意的船东通知保险人，保险范围内每一次船舶少量进水或机器故障的损失。上议院将必然同意“星海”号一案中的观点，即，本质上，合同订立后没有披露关键事项或情形的义务，除非合同因增加新的风险而有所改变。然而，上诉庭的意见比上述引用的 Giragosian 所阐述的观点更进一步，即合同订立后也存在一些披露义务，尽管这些披露义务没有涉及次要事项。Giragosian 法院并没有考虑这样的披露义务应包含什么内容，因而过多的强调该法院的观点是不明智的。看起来，美国法院的决定，对联邦关于最大诚信原则须包含精确的合同订立后的披露义务的规定，似乎没有反应。鉴于“星海”号一案的决定，似乎美国法院为什么采取这一立场，也没有任何理由。

关于保险人试图用不适航和私下知悉的抗辩理由缩小自身的责任范围，“星海”案的所有当事方均承认，原告对致使船舶在航行一开始便处于不适航状态的事项确实不知情这一问题是争论的焦点，即船长不称职和引擎间气闸有缺陷这些事项。尽管如此，审判法官 Tuckey. J 认为原告所处的知悉状态相当于所谓的“假装不知悉”。上诉法院和上议院都不赞成这一观点。上议院认为，为了用“假装不知悉”证明原告实际上私下知悉，被告保险人必须证实至少一个与被保险人处于同一位置（被保险人的指导思想和思想）的人，怀疑地或现实地意识到，“星海”号在相关方面都不适航，并且有意识地决定不去检查。议员们的观点是，被保险人没有考虑到相关事情，因此无法意识到它们的含义，然而极度忽视那些无法做到的事，不能归因于私下知悉，因此也不能授权保险人否认 39 条第（5）款下的保险赔偿。“假装不知悉”要求对存在的相关事项有所怀疑，以及出于故意，不去确认它们是否存在。Foscote 的 Scott 议员以下列的方式更突出的强调了这一观点：“怀疑”这个词，从一个方面讲，可用作模糊的不安情绪的心理状态描写，从另一方面讲，是坚信相关事项存在的信念的反射。我认为，确认“假装不知悉”，“怀疑”必须牢牢地以具体事项为基础，并以具体事项为目标。

上议院认为没有任何根据可以说明，这种“假装不知悉”是由与原告公司有直接联系的任何个人引起的。

关于船舶适航的保证，美国的法律不同于英国，美国认为，被投保的船舶负有默示的绝对的保证义务，即保证其在保险开始时是适航的。然而，关于产生与保险期间的不适航的保证问题，两国的规定是一样的。美国法律规定了修改了的否定保证，即被保险人不能有意让不适航状态的船舶出海，其承担的责任几乎相当与 39 条第（5）款规定的内容。美国第五巡回上诉法庭在 Saskatehyewan 政府保险机构诉 SpotPack 公司一案的决定中，使用了一个词，引起了关于解释“违反”的标准的混淆，结果默示的保证是指“船舶所有者，不能基于恶意或疏忽，有意地使船舶出于不适航状态”。其中包含的字语“或疏忽”明显地引发了一种可能性，即不适航状态处于“疏忽”就足以剥夺船舶所有者的保险利益，尽管事实上法院在涉及相同词语是使用的是“所有者有意地使船舶处于不适航状态”。在 L&L 海运服务公司诉南美公司一案中，第八巡回法庭抱怨 Spot Pack 一案的表述，并列了两种，甚至可以说三种不同的“有意”的标准，即使第五巡回法庭在 Spot Pack 案中已作出决定，存在“疏忽”的标准就已足够的特殊例子。学者们因探讨“疏忽的标准”是否有真实的生命力而分成了两派。在美国的默示保证义务中，如果由于疏忽而不适航，就足以剥夺船舶所有者的保险利益，美国法律比英国第 39 条第（5）款的规定更有利于保险人，正如“星海”案所阐述的。即使用美国的知悉标准判断私下知悉，“星海”案中对“假装不知悉”的解释似乎是充分的，“假装不知悉”相当于知悉。

四、结论

过去，英国法律关于最大诚信义务的规定明显地有利于保险人，不时地允许他们因为被保险人对损失的发生无所作为而免除责任。这种强烈的支持保险人的英国法律遭到了正面的攻击，显而易见地，大部分来源与南非最高法院上诉分庭 Mutual and Federal 保险公司诉 Oudtshoom Municipality 一案的审理，在该案中，法院认为最大诚信的概念应该一起被抛弃。在“星海”案，上议院显示出了对那种批评的深切了解，并着手改善 Hobhouse 议员所说的“更极端的英国法律的特征”的一些问题。上议院并非重新审查关于合同订立前披露义务的定位——这个问题不久前已经作过，在 Pan Atlantic 保险公司诉 Pine Top 保险公司一案中——但它坚决拒绝将现有的关于不披露的法律规定推广到合同订立后的披露事项中。最大诚信原则的反对者可能认为那是一个小小的牺牲，但毫无疑问，那是一个牺牲。在“星海”案，上议院慎重地表示，诚实信用的注意义务是相互的。虽然法院没有直截了当地说，本案中的保险人在事故发生很久后，因被保险人的行为而拒绝保险赔偿，从而违反了他们应履行的诚实信用义务，但是，任何人都可明确地意识到了法院委婉的用语中的忧虑，以及确保保险人不再是诚信原则惟一的受益者的决心。从法院坚持不能因为适航保证的目的，而将苛刻的“疏忽”作为导致所有人对船舶不适航私下知悉的理由，可以看出，法院已作出了许多看起来都不是太偏向保险人的决心。

正如在案情提要中所提到的那样，美国法律在某些方面比英国法律更倾向于支持保险人，这从“星海”案所考虑的两个观点就可看出。英格兰最高法院已在沙地上划线并称：“没有比这更进一步的了”，这对美国法院来说意味深长，美国法院应考虑，对于美国当局在这些问题上未解决的实质内容，该采取什么样的立场。

作者简介

姜春荣：男，1946年10月出生，江苏泰州人。大学本科学历，二级高级法官。1990年11月调武汉海事法院工作，历任武汉海事法院党组成员、副院长，武汉海事法院党组副书记、代院长，武汉海事法院党组书记、院长，2001年1月任武汉海事法院党组成员、副院长。

饶中享：男，1954年12月出生，湖北孝感人。1977年毕业于武汉河运学校驾驶专业，1999年法学本科毕业，2002年中南财经政法大学法律硕士毕业，获法律硕士学位。曾在船上工作过10年。1987年至今在武汉海事法院工作，历任书记员、助审员、审判员、副庭长、庭长兼院长助理，现任武汉海事法院党组成员、副院长。兼任武汉理工大学海商法教授，中南财经政法大学素质教育专家顾问，中国航海学会驾驶专业委员会副主任委员，武汉法学会理事，中国管理科学研究院学术委员会特约研究员。

著有海事应用法学论文约40余万字，在《中国海商法年刊》、《中国司法评论》、《法律适用》、《中国河运》、《人民法院科学管理》等杂志上发表；所著《船舶碰撞新概念的理论与实践价值》、《船舶所有人责任限制的国内法冲突》获全国法院系统一等奖；《船舶碰撞过失的要素分析法》、《海事国际惯例的适用》获全国法院系统二等奖、全省法院系统一等奖等。参加了“九五”重点工程《海商法大辞典》的编写，并入选《中国当代学者名录》、《东方之光》等集。

徐少林：男，1968年2月出生，湖北孝感人。1990年毕业于上海海运学院，获法学学士学位。1995年获得英语专业大专文凭。2000年获武汉大学法律硕士研究生学历及学位。2001年入武汉大学研究生院，攻读国际法专业博士。2003年10月至2004年10月，被国家留学基金委员会公派到英国南安普敦大学做访问学者。

大学毕业后在武汉海事法院工作，历任书记员、助理审判员、审判员、南通法庭副庭长、海商庭副庭长、院审判委员会委员等职务。现任武汉海事法院副院长。

在工作期间，审理了一批重大、疑难海事案件。先后在《法律适用》、《法学评论》、《判解研究》等刊物上发表学术论文多篇。与人合著《论海事赔偿船舶所有人赔偿责任限制的国内法冲突》一文获最高人民法院举办的第五届全国法院学术讨论会优秀论文一等奖、多篇文章在湖北省论文评选中获奖。

李开森：男，1947年4月出生，湖北汉阳人。法律大专学历。现任武汉海事法院政治部副主任、审判员。所著论文《论海事行政案件的诉讼管辖》一文曾在《法律适用》1996第2期上发表。

刘友元：男，1953年3月出生，湖北汉阳人。中国地质大学法学本科毕业。1984年6月调武汉海事法院工作，历任书记员、助理审判员、审判员，并任秘书、办公室副主任；现任武汉海事法院研究室主任、院审判委员会委员。

申　骞：男，1968年8月出生，湖南醴陵人。2003年毕业于清华大学法律系，获法律硕士学位。现任武汉海事法院立案监督庭庭长、院审判委员会委员。

侯振坤：男，1967年2月出生，河南新密人。1990年毕业于中南政法学院，获法学学士学位，1999年获法学硕士学位。现任武汉海事法院南京法庭庭长、院审判委员会委员。工作期间在《法商研究》、《最高人民法院案例选》、《涉外海事审判研究与指导》上发表论文、案例十多篇。曾有论文在全国法院系统学术研讨会上获奖。

汪水松：男，1968年11月出生，湖北仙桃人。法学本科学历，2003年获武汉大学法律硕士学位。现任武汉海事法院海商审判庭副庭长。曾在《中国海商法协会通讯》、《中国水运》、《法庭内外》等刊物上发表论文或案例6篇，其中《建立海事诉讼中专家证人制度的设想》获全国法院系统第十五届学术讨论会三等奖。

李　杰：男，1962年9月出生，湖北武汉人。法律本科学历，现在中南财经政法大学攻读法律硕士学位。1989年到法院工作，现任武汉海事法院海商庭副庭长。撰写法学论文多篇，其撰写的《关于承运人5‰货差赔偿问题的思考》一文曾在大连海事大学《2000中国海商法年刊》上发表。其制作的《（2000）武海法商字第4号民事裁定书》获2001年全国法院系统第一届涉外商事海事优秀裁判文书二等奖。

潘绍龙：男，1964年8月出生，湖北武昌人。毕业于重庆河运学校驾驶专业，后从事多年船舶驾驶工作。1989年调武汉海事法院工作，现任武汉海事法院重庆法庭副庭长。在审判实践中，对海事海商应用法学进行了一定深度的研究，先后发表涉及海事海商方面的学术论文多篇，并出版《内河海事法律实务》专著一部，约101万字。

张江顺：男，现任武汉海事法院立案监督庭副庭长。

左铭辉：男，1962年9月出生，湖北武汉人。中国地质大学法学本科毕业，现任武汉海事法院审判员。曾在《中国水运》刊物上发表《浅论涉港澳商事案件管辖冲突及解决》等文章。

许泽民：男，1967年9月出生，湖北新洲人。法律本科学历。现任武汉海事法院审判员。曾在《中国涉外商事海事审判指导与研究》等刊物发表论文和案例，并获全国第二届涉外商事海事优秀法律文书一等奖。

向阳海：男，1969年11月出生，湖北武汉人。法律本科。现任武汉海事法院助理审判员。

陈　旗：女，1971年11月出生，湖北武汉人。1993年毕业于武汉大学法学院国际法专业，获法学学士学位。2002年获武汉大学法律硕士学位和英国伦敦大学国际比较法研究硕士学位。1993年至今工作于湖北省高级人民法院，现任民事审判第四庭助理审判员。参与《票据法理论与实证解析》、《涉外民商事法律原理与实证解析》、《法官手记：涉外商事海事卷》等书籍的编写，参与司法部"涉外民事诉讼中的管辖正义"研究项目，曾有论文发表于《法庭内外》、收入《法官论诉讼》论文集、《中英司法研讨会论文集》，并参与翻译编写英国司法进程汇编项目以及福特基金项目《美国法官手册》。

王建新：男，1973年2月出生，湖北红安人。1996年毕业于中南财经政法大学法律系，现在武汉大学攻读法律硕士学位。现任武汉海事法院审判员。曾在《中国涉外商事海事审判指导与研究》、《民事商事审判研究》、《中国海事审判年刊》、《法官论诉讼》、《法庭内外》等刊物上发表论文十余篇，有的论文获全国法院系统学术研讨会二等奖、全国海事法院系统学术研讨会二等奖，湖北省法院系统学术研讨会一等奖和三等奖。

汪朝清：男，1974年2月出生，重庆垫江人。1997年毕业于西南政法大学法律系，获法学学士学位，现在武汉大学攻读法律硕士学位。1997年分配到武汉海事法院工作，现任武汉海事法院助理审判员。著有《留置权的法律问题》、《论承运人权责之异同》等多篇论文。

张　瑜：女，1978年6月出生，河北武安人。2000年7月毕业于中南财经政法大学经济法专业，获法学学士学位。现任武汉海事法院书记员。

汪　琼：女，1978年12月出生，湖北监利人。2000年毕业于华侨大学法学专业，获法学学士学位。现任武汉海事法院书记员。

后　记

编完《海事应用法学研究》一书我们深感欣慰，终于实现了一个心愿，将我院海事法官们多年来潜心研究的理论与实务成果结集公开出版。

随着我国社会主义市场经济与改革开放的不断深入，社会主义法制建设和“依法治国”方略的不断强化，我国的海事专门审判工作从无到有、从创建到发展，已经走过了二十个春秋。我院建院二十年来，在邓小平理论和“三个代表”重要思想指导下，紧紧围绕“公正与效率”工作主题，努力践行“司法为民”服务宗旨，在审判工作中取得令人瞩目成绩的同时，海事应用法学研究也得到了社会及法律界的公认。

在本书付梓之际，承蒙原中共中央书记处书记、中央政法委书记、最高人民法院院长任建新同志为本书作序；国际著名国际法专家、武汉大学博士生导师、94岁高龄的韩德培教授为本书题写书名，还以“加强海事应用法学研究，发扬理论联系实际学风”的题词勉励我们，在此表示衷心的感谢！同时，还要衷心感谢湖北人民出版社及责任编辑傅爱民对本书的出版发行所给予的帮助与支持，及武汉海事法院的万怡等同志为本书的收稿、编辑所做的大量工作。

由于海事审判实践和应用理论研究处于日新月异的发展之中，加之成书匆忙，编者和作者的水平有限，书中谬误、疏漏、缺失之处在所难免，恳请广大读者惠予指正。

编　者

2004年9月